云南酒业

2005—2008

昆明酒类行业协会　编著

云南出版集团公司
云南人民出版社

《云南酒业鉴（2005－2008）》编辑委员会

顾　问：朱　奎　张宝三　戴光禄　车志敏　刘绍忠　李元书

委　员：（以姓氏笔画为序）

方志强　刘光汉　李太安　李云昆　李忠富　李祖昌　肖天洪

肖晓明　辛彩英　何永祥　何崇寿　邵　正　杨　坚　杨翔飞

武　俊　张　毅　张云超　张建学　蒋正泰　曹艳红　普必恩

彭　威　路　通　蔡　蒙　廖斌华

主　编：李祖昌

副主编：方志强　马祖林

编　辑：高自慧　赵　光　张品富　王海涛

编　务：刘　江

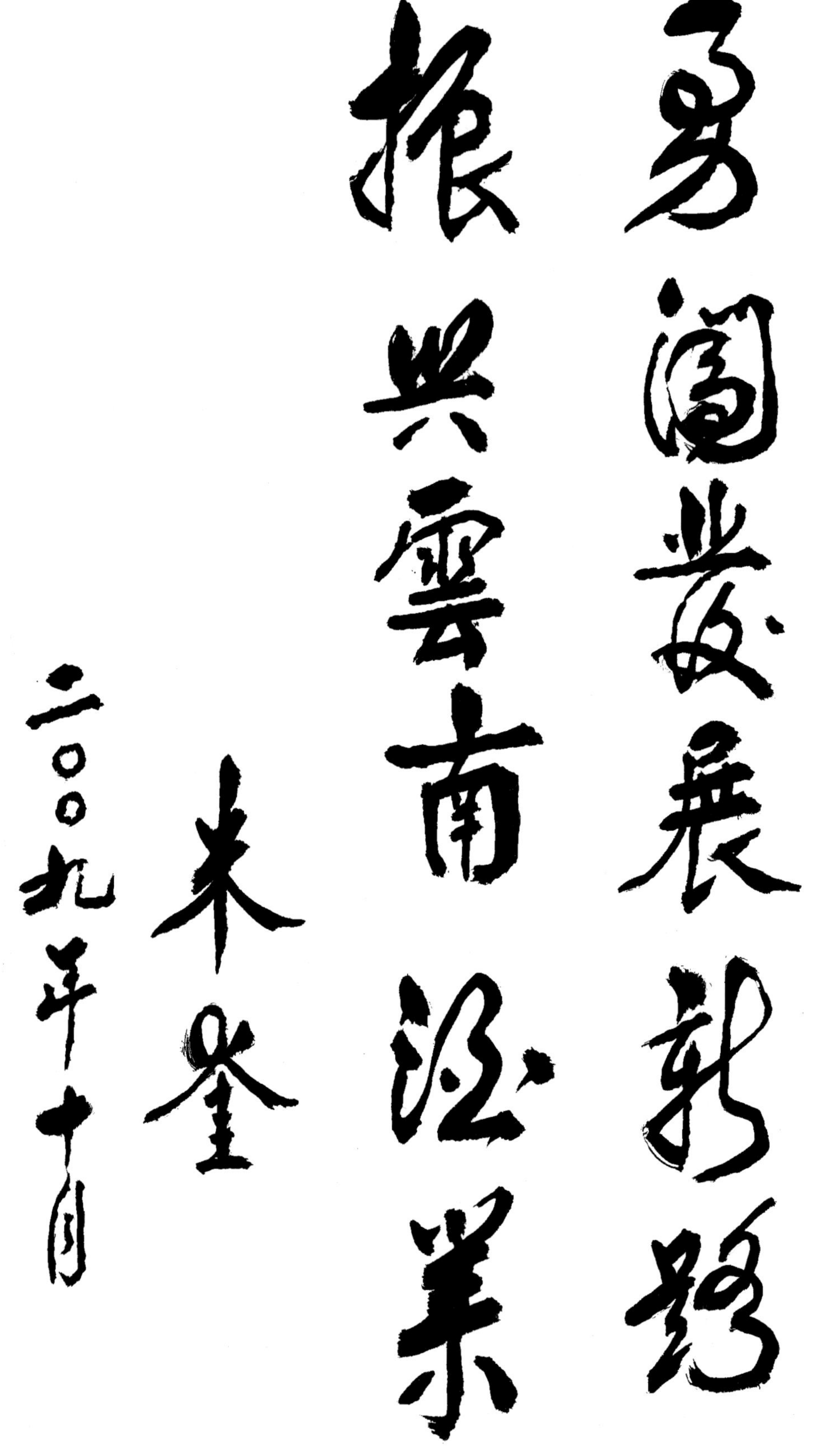

原云南省委常委、常务副省长，酒类协会名誉会长朱奎同志题词

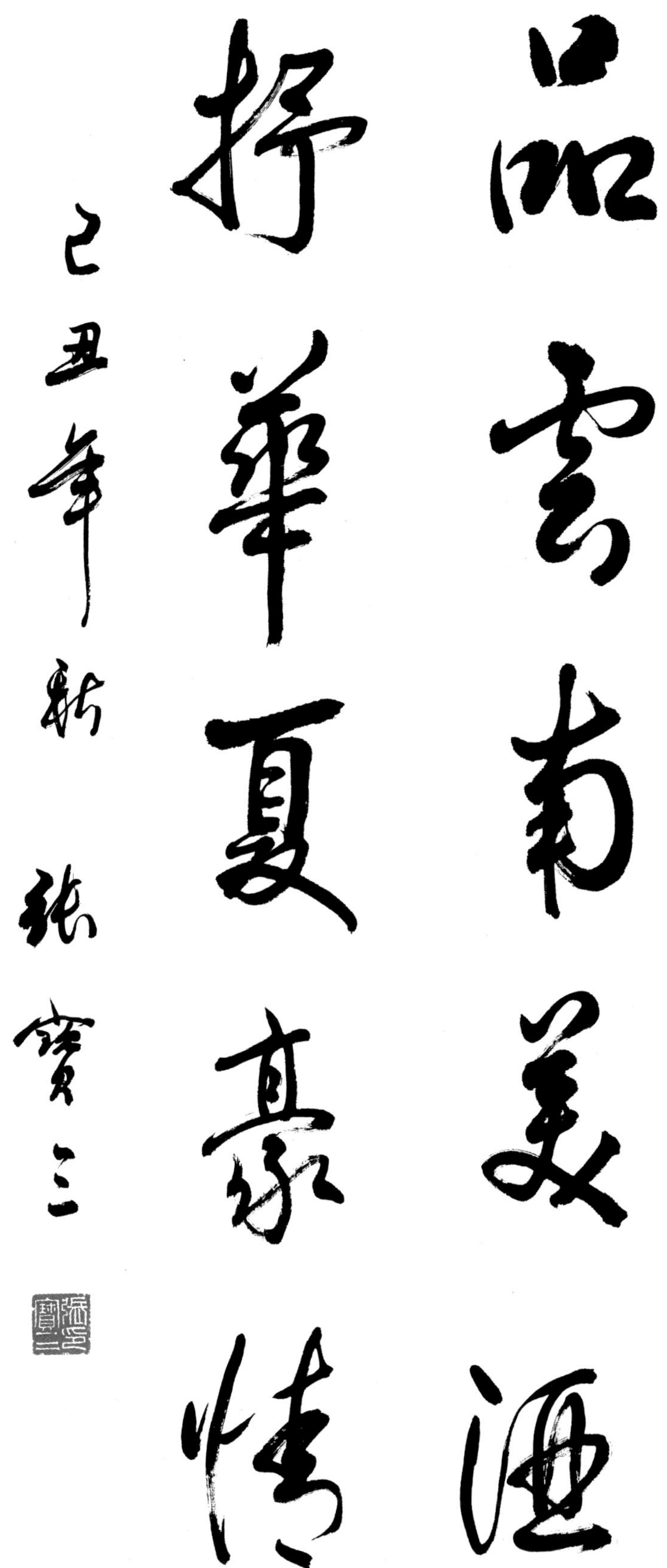

原云南省委常委、省人大常务副主任，酒类协会名誉会长张宝三同志题词

原云南省人大副主任，酒类协会名誉会长戴光禄同志题词

总结经验
展望未来
为酿酒创新
发展服务！

中国酿酒工业协会
王延才
二〇〇九·九·八

中国酿酒工业协会理事长王延才同志题词

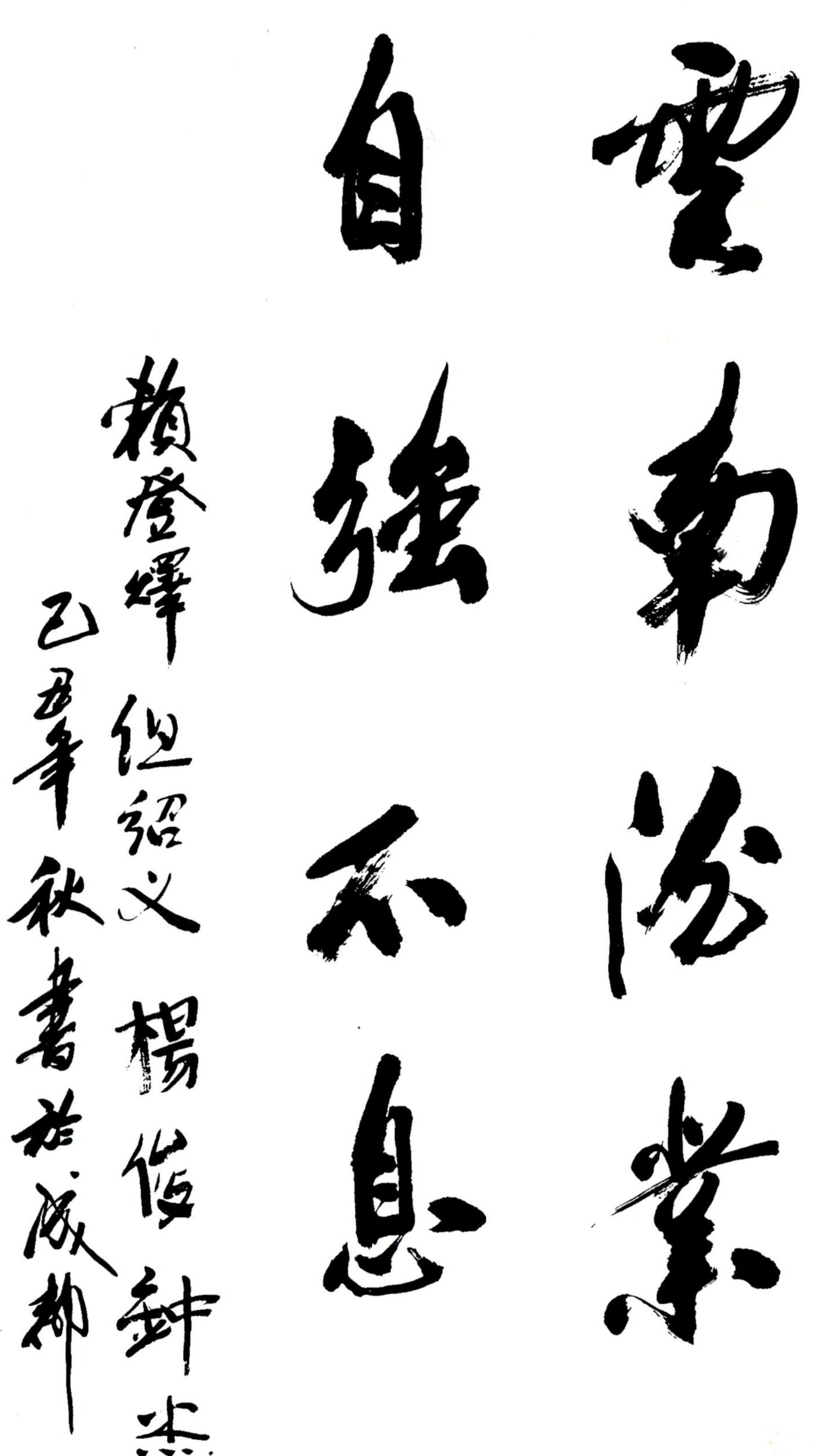

著名白酒专家赖登燡、但绍义、杨俊、钟杰同志题词

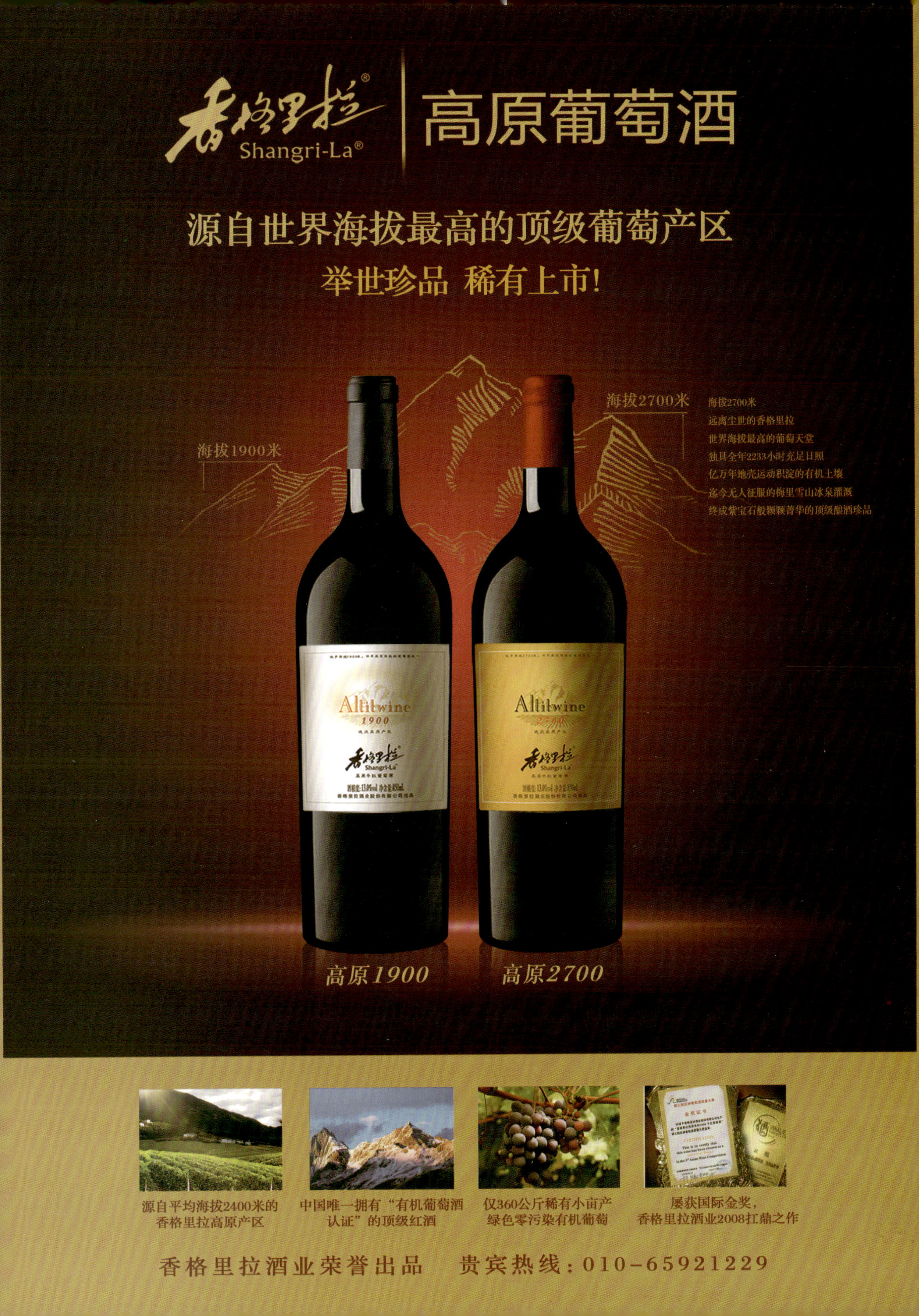
香格里拉®
Shangri-La®
高原葡萄酒
源自世界海拔最高的顶级葡萄产区
举世珍品 稀有上市!
海拔1900米
海拔2700米
海拔2700米
远离尘世的香格里拉
世界海拔最高的葡萄天堂
独具全年2233小时充足日照
亿万年地壳运动积淀的有机土壤
迄今无人征服的梅里雪山冰泉灌溉
终成紫宝石般颗颗菁华的顶级酿酒珍品
Altitwine
1900
Altitwine
高原1900
高原2700
源自平均海拔2400米的
香格里拉高原产区
中国唯一拥有“有机葡萄酒
认证”的顶级红酒
仅360公斤稀有小亩产
绿色零污染有机葡萄
屡获国际金奖,
香格里拉酒业2008扛鼎之作
香格里拉酒业荣誉出品　贵宾热线:010-65921229

TM
九田
JIUTIAN

香彩云南
九田
JIUTIAN
五年陈酿
九田酒
小曲清香型白酒
酒精度:50%vol 净含量:500mL

澜沧江 啤酒
酿造经典
澜沧江开启
纯生时代
LAN CANG RIVER
澜沧江
纯生时代
Coolbeer
澜沧江啤酒
麦芽汁浓度:11°P 净含量:600ML
云南澜沧江啤酒企业集团有限公司
LAN CANG RIVER BEER ENTERPRISE GROUP CO.,LTD.YUNNAN
云南澜沧江啤酒企业集团有限公司
LAN CANG RIVER BEER ENTERPRISE GROUP CO.,LTD.YUNNAN

进口软木塞系列

铝片顶部适合3色印刷或热标

不锈钢片直接固定在顶部，防止封帽脱落或者变形

材料可使用铝、PVC或PET等，所有材料都适合4色的印刷或3种色的热标

PVC 热缩帽、铝塑封帽、锡封帽系列

BAR-TOP 带盖软木系列

皮雕盒系列

铁艺盒系列

昆明雅诗酒业物料有限公司

KUNMING YACHT WINE ACCESSORIES CO, LTD

昆明雅诗酒业物料有限公司作为全球第一大软木塞制造企业葡萄牙AMORIM的中国西南地区总代理，是西南地区最为专业的红酒物料包装公司。

雅诗酒业物料是一家集酒类包装物料研究、开发、设计制作与销售的综合性公司。公司专注于酒类包装，主要为：蒸馏酒类（中国白酒、白兰地、威士忌等）;发酵酒类（葡萄酒、果酒、黄酒等）;配制酒类（植物型、药材型、动物型、真菌型等）等产品提供包装物料。产品主要分为封口类（瓶盖、软木塞、PVC、铝塑封帽等）;容器类（玻瓶、瓷瓶、口杯、铝塑多层袋、橡木桶等）;外包类（软硬卡纸盒、铁盒、皮雕盒、木盒、PET盒、亚克力盒等）及饮酒器具开发。

公司每年投入大量研究、设计经费，开发与创新有关酒类包装物料，并已取得多项产品专利认证。而且还根据客户要求承接全套设计开发及制作服务。

2006年公司与全球第一大软木塞企业葡萄牙AMORIM设立西南区办事处，并落户昆明；

2007年与昆明酒类行业协会联合承办云南省首届酒业博览会并获得成功；

2008年又与国内知名玻瓶制造企业重庆吉马玻璃制品有限公司合资成立云南分公司，共同开发云南市场；

2009年公司又取得国内大型包装制造企业四川省宜宾普拉斯包装材料有限公司PET酒盒、3D印刷品等产品的云南区域总代理权。

公司立足于云南地区，致力于云南酒类品牌的个性化开发及服务，贴近市场，提升云南酒类产品竞争力和附加值。创新价值及分享价值是雅诗企业的核心服务理念，公司愿与云南酒类企业共谋发展、共创未来。

着色瓶系列

水晶瓶系列

实木盒系列

软硬卡盒系列

陶瓷瓶系列

小容量瓶系列

瓶盖系列

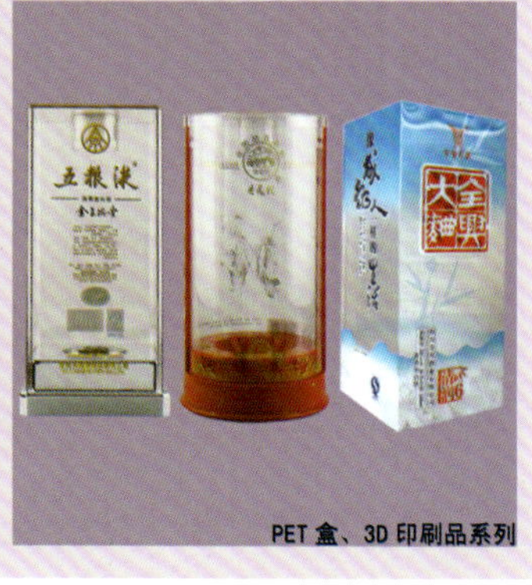

PET 盒、3D 印刷品系列

祖国陆拾年
共品大经典
玉林泉

玉林泉
云南玉林泉酒业有限公司

玉林泉
原浆酒

UT OF HIGHLAND
高原樽
葡萄烈酒

The Spirit Of Highland
葡萄烈酒
高原魂

老树

云南地道
浓香型白酒

云南地道
浓香型白酒

YACHT
雅诗

引领云南酒业包装方向

BACCHOUS

BACCHOUS

新南冲 向前冲
2009
南冲

出自北回归线太阳转身的地方

墨江酒江酒业有限公司

墨江酒江酒业有限公司（以下称公司），是原墨江酒厂励精图治，艰苦创业，成立云南亚龙总公司后历经二次改制、改革后，按《公司法》组建的有限责任公司。公司集基地、科研、生产、加工、经贸为一体化，现总资产1500多万元，股东8人，员工100余人，其中专业技术人员17人。公司坚持以高科技创造品味高雅、香馥味醇，让消费者认同、尊崇、追逐的天溪牌紫谷酒、紫米封缸酒、哈尼秘酒、情果红滇橄榄果酒等酒类产品；在生产经营的产品中，天溪紫米封缸酒被评为云南省名牌产品，荣获原国家商业部优质产品银爵奖，《中国妇女儿童用品四十周年博览会》银奖，巴黎国际名优酒金奖及巴拿马万国名酒博览会特级金奖；天溪紫谷酒荣获普洱市（原思茅地区）科技成果二等奖及云南省科技成果三等奖，云南省酒行业品评优质产品奖，云南省《销安全食品、树企业信誉》奖，多次荣获云南省消费者喜爱商品称号，第七届北京国际名特优博览会金奖及中国昆明国际旅游节优秀旅游商品奖，被指定为云南省政协八届四次会议接待专用酒；天溪牌紫米封缸酒、紫谷酒由云南省食品工业协会向社会推荐为“放心食品”。

2004年、2007年天溪牌商标连续两届被评为云南省著名商标荣誉称号，公司也屡次得到上级表彰奖励，是省、市、县“诚信单位”及市、县精神“文明单位”，云南省“放心酒”及“八大小曲酒”生产企业，云南省酒行业首家通过ISO9001:2000国际质量认证。公司成立至今，累计为国家上交税金3000多万元，为发展地方酒业、振兴地方经济、促进脱贫致富奔小康，作出了积极的贡献。

经营宗旨：资源为依托，市场为导向，质量求生存，科技求创新，诚信求发展，管理求效益。

企业精神：团结拼搏、开拓创新、诚信求是、兴我天溪。

企业理念：以人为本，坚持科学发展观，致力于利用墨江北回归线太阳转身处天然独特的资源宝库，用心酿制极具特色的天溪玉液琼浆之冠，最大限度地满足消费健康安全的酒类产品。

大理漾濞雪山清酒厂

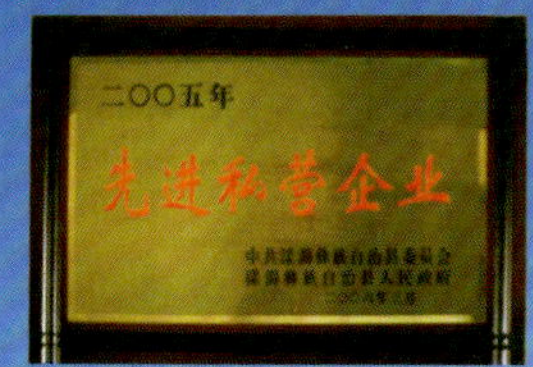

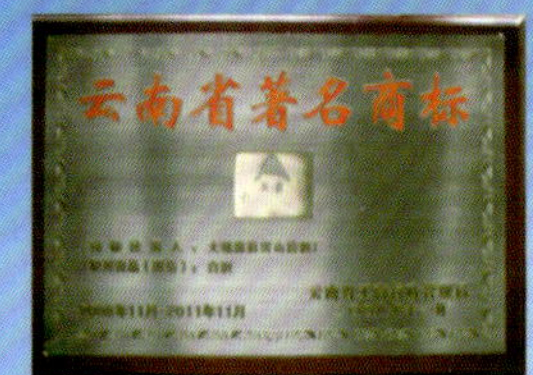

大理漾濞雪山清酒厂于1958年，位于大理苍山西坡，距离大理市36公里。我厂几十年来始终坚持“质量第一，信誉第一，用户第一”的经营理念。生产的“雪山清”牌系列白酒以优质的大米、玉米、大麦、小麦、高山苦荞为原料，选用苍山泉水酿制而成，其味纯、清香、色清、可口、对人有舒筋活血、解除疲劳之功效，其中采用传统工艺及现代的酿酒技术和先进生产设备酿制而成的雪山清苦荞白酒，苦荞酒不仅保持了苦荞富含的多种氨基酸和微量元素，有利胆健脾、降低胆固醇的特点，而且其酒清澈透明、其味甘美，香气幽雅，实为高质量的产品，赢得广大消费者的亲睐，深受滇西市场欢迎。

喝雪山清荞酒　好运天天有

厂址：漾濞县苍山西镇博南路143号　　电话：0872-7520203　7520223

www.blueblood.cn

无添加 纯发酵　　人厚道 酒地道

喝地道云南放心酒

蓝血创业投资有限公司作为一家综合型投资管理公司，资产规模达2亿元，上缴各项税收近千万元。

云南地道酒业有限公司，以浸润酒业多年的“蓝血创业”为基，根植云南，引领云南。

2005年，承古滇大地之纯善、朴素，云南地道酒业倾情酿造“地道云南”浓香白酒系列。品牌将云南的多彩文化注入产品内涵，以“七彩云南、真诚厚道，好山好水、本真原味，自然生态、真诚好客”的地道云南本色酿云南好酒。公司以“人厚道，酒地道”为企业立命之本，深切打动本土消费者的情感意识，从而奠定起“地道云南”品牌独具之实诚、亲切的人文形象。

在云南省委省政府的支持下，“蓝血创业”在墨江投资创建墨江地道酒业有限公司，注册资本2700万元，从事酒类的专业生产及紫米深加工。并根据省领导“东有绍兴，西有墨江”的指示，在秉承墨江传统的紫米封缸酒酿造工艺基础上，结合传统中国黄酒酿造工艺特点，开发出墨江紫米花雕黄酒系列产品，产品上市后，受到广大消费者、国内及国外的知名商家及黄酒专家的广泛好评。目前，墨江地道正在建设万吨黄酒生产基地。

紫米花雕·十五年　　紫米花雕·八年

目前，地道酒业有限公司主要产品有三大系列，一是地道云南系列浓香型白酒，其次是墨江紫米酒、地道紫米酒等白酒系列产品，三是以墨江紫米花雕、地道紫米封缸酒为代表的黄酒系列。

2009年，云南地道酒业重磅出击，依据《食品安全法》重构质量真标准，推出典藏、蓝陶、红陶、晶陶系列“无添加 纯发酵”高端产品，严格遵循七大细化标准体系，打造白酒安全真标准，让消费者实实在在喝到地道放心好酒。

云南地道酒业有限公司一直秉承“人厚道，酒地道”的宗旨，弃浮夸、摒吹嘘，主张做人的耿直厚道、酒品的正宗地道，坚持消费者至上、品质第一、踏实做人，认真做事的企业文化，向消费者提供品质优异、性价比高的各类中高端酒类产品。并将继续努力，进一步继承、创新，开拓新的市场，为云南酒业振兴贡献一份力量。

墨江地道酒业有限公司生产　厂址：云南省墨江县联珠镇桂香村

云南地道酒业有限公司出品　地址：云南昆明市白龙路433号博园世家1号楼　邮编：650002　咨询电话：0871-5012788　5015788

编辑说明

一、《云南酒业鉴（2005～2008）》是昆明酒类行业协会与省市相关部门协商，经云南省新闻出版局批复同意，由昆明酒类行业协会承编，特邀请有关部门、酒类行业、生产企业、新闻出版等各界权威人士、资深专家参与编写的，由云南人民出版社出版发行的一本酒类行业的工具书。全书较为系统地收集、介绍了国家，特别是云南省酒类行业的历史、现状、政策、法规、企业、人物、地产知名品牌、发展规则、市场策划与营销以及酒与文化、酒与健康等方面的知识，兼具实用性、知识性与可读性，是酒类行业、企业与政府部门、相关单位进行交流，促进酒业健康发展的宝贵资料，为云南省酒类企业提供了展示自我的平台，扩大了云南酒业的综合影响力，提升了云南酒文化的地位。

二、本书采用条目、分类编辑法。共设9个部类，即酒业法规与文件、酒业科技与论文、云酒春秋、云南酒业人物志、云南酒业大事记、地产各类知名品牌酒、酒业市场与营销、酒话纵横、云南酒类生产企业名录。其中，酒业市场与营销是新增加的一个部类。各部类按所设栏目、条目记述具体内容，条目标题用黑体字加“【　】”。

三、本书作为云南省一部酒类行业的工具书，必须以拥有丰富、准确、翔实的资料作为基础，而这正是云南省酒类行业、企业及其协会以往工作中的一大薄弱环节。为了做好本书的资料征集工作，协会及其编辑部同仁，克服诸多困难，打电话、发邮件、跑机关、下地州，广征博采，收集资料，力求做到所用资料真实、准确、经得起时间考验。经过一年多的努力，直接收集整理各种资料约80万字。经过数次认真筛选、精心编辑，最后确定本书所用资料时间断限，上限始于2005年，下限断至2008年。需要说明的是，本书有一部分内容，特别是关于酒业科技、酒与文化、酒与健康等方面的知识，节选自报刊、书籍中的相关资料综合整理而成。对所引用资料的报刊、书籍，在此谨致衷心的感谢。

四、本书采用语体文记述，对所征集、选用的资料，特别是涉及酒业大事记、人物、企业、品牌等内容，坚持述而不论的原则，寓得失褒贬、经验教训于事实记述之中。文风力求全面、翔实、严谨、简洁、通俗，有可读性。

五、本书得以在2009年出版，这与省市各相关部门、各级领导、全省酒类企业的关心支持、编辑部人员的共同努力分不开。这里特别要感谢作为酒协名誉会长的原省级老领导朱奎、张宝三、戴光禄同志，著名白酒专家赖登燡、但绍义、杨俊、钟杰为本书题词，酒协的工作及本书的编写自始至终得到了他们的关心、鼓励与指导。还要特别感谢中国酿酒工业协会白酒分会秘书长赵建华先生、全国著名白酒专家胡永松先生为本书作序。几位资深专家多次亲临云南省指导工作，深入地州企业培训基层技术人员，为云南酒业的发展不惜倾注心力。还要衷心感谢云南人民出版社对本书的编辑出版做了大量卓有成效的工作。需要感谢的单位、领导、专家还有很多，恕不一一致谢了。

编辑一本高质量的云南酒类行业的工具书，是本书编辑的指导思想与美好愿望。限于时间仓促、资料收集困难、编辑水平等原因，本书难免留有许多遗憾，不足之处，恳请读者拨冗指正。

序一

在编委会的关心指导下，经过编辑部、酒类行业、酒界朋友一年来的共同努力，《云南酒业鉴（2005～2008）》现与读者见面了。作为云南酒业的一部大型工具书，该书的正式出版发行为云南酒业、中国酒业的发展，做了一件非常有意义的事。对业者、读者、消费者也是一件喜事，甚感高兴，可喜可贺。

《云南酒业鉴（2005～2008）》对全国和云南省酒业的法规与文件、酿酒科技与论文、云酒的发展、云酒的品牌、云酒的营销与市场、云南酒业主要企业及其领军人物等均作了详细介绍，对市场信息、地区消费趋向、行业动态、畅销品牌、行业先进的管理运作经验等进行了分析评论。该书内容丰富，信息量大，装帧精美，可以说是云南酒业的一部百科全书，对行业厂家、经销商有极高的使用和借鉴价值，也是广大读者了解和研究云南酒业的首选读物。我认为，该书的出版，不仅是对云南酒业发展历程的总结，而且对云南酒业乃至中国酒业未来发展而言，也具有重要的指导意义和参考价值，值得我们认真阅读。

为此，祝《云南酒业鉴（2005～2008）》成功地出版发行。祝云南酒业做强做大、走向全国、走向世界。

四川大学生物工程系教授

[signature]

2009. 9. 9 于川大望江校区

序二

《云南酒业鉴（2005～2008）》的出版，是一件有意义的事。作为一个与酒有缘，与云酒有缘的酒业工作者，我向致力于云南酒业发展、为编撰这本酒业工具书付出了心血的昆明酒类行业协会的同仁们表示衷心的祝贺！

四年前，我就拜读了昆明酒协编撰的《云南酒业鉴（2004）》。这部书以翔实的资料，荟萃了云南酒业改革发展中的各种信息，让我更加深了对云南酒业的了解。

新出版的这本《云南酒业鉴（2005～2008）》特色鲜明，她不仅全面汇集了四年来酒类行业的法律、法规、创新科技成果，并对先进的经营管理模式、市场营销策略和成功的资本运作经验，进行了分析介绍，而且汇总了云南酒业的行业资料信息、市场信息，对云南酒类骨干生产营销企业、地方知名品牌进行了深入宣传。同时，突出了云南多民族的特点，介绍了全省各州市的地域特点和部分少数民族历史悠久的不同风格的酒文化、酒风俗，让人耳目一新。

这本书，不仅为云酒行业企业优秀品牌拓展广阔的市场、建立完善的营销网络，提供了积极帮助，为云酒的长远发展提供了广阔的思路，而且也为关注云酒的人们提供了有益的借鉴，值得一读。

近年来，中国白酒业发展迅猛，市场竞争更趋激烈，但从现实来看，云酒的发展却相对滞后。这几年，我作为云南酒业的老朋友，曾多次来到云南，对云南许多酒企进行调研，从中我看到云南酒业同仁在发挥云南独特的资源优势、大力发展云酒行业方面做了许多卓有成效的工作，同时也发现云南酒业发展中存在一些不容忽视的问题。

云南山好水好，生物资源丰富，有着许多酿好酒的有利条件，云酒有着悠久的历史，也曾出过一些不俗的好酒。怎样发挥优势，把云酒做大做强，打入全国和国际更大的市场，是云酒同仁应该深入思考和解决的首要问题。

我衷心祝福云南酒业同仁，不断改革创新，走出一条云南自己的酒业发展新路。

云南有名烟，有名茶，也一定会有在全国叫得响的名酒，云酒的明天一定会更美好！

中国酿酒工业协会白酒分会秘书长

赵建华

目录

第一编 政策法规

第二编　科技论文

第三编　云酒春秋

第四编 人物志

第五编 大事记

第六编 各类知名品牌酒

四、果酒、其他酒类 382

第七编 市场与营销

一、酒市概览 391

二、营销策略

第八编 酒话纵横

第九编　酒类企业名录

那椰酒简介

那椰酒因产于云南省广南县那椰村得名。至今已有700多年历史。“郎误闯入须尽醉，量难胜酒莫相逢”这是清举人陈龙章对那椰酒的赞誉诗。据说道光皇帝的老师宋湘（广东嘉应州进士，于1819-1820年任广南知府）任广南知府时，道光皇帝怀念老师，准备了老师爱吃的名菜佳肴和京城名酒赐给宋湘，宋湘知道后上书道光皇帝说：“佳肴名菜臣承接了，广南此处有那椰名酒，京城名酒可免送”，由此可见那椰酒在当时的兴盛与名气了。

那椰酒酿造十分考究，除了优质的水（深层优质软水，四季恒温，不受干涝季节影响，清澈透亮）及地方特产大白谷和白粒玉米外，还需用多种中草药秘方配成酒曲，采用土坛密封，低温糖化发酵，慢火蒸馏，掐头去尾，分级储存，精心勾兑等传统工艺精致而成，具有晶莹透亮，醇香浓郁，口感柔绵，回味甘甜等特点。

那椰酒属地方名特产品，多次荣获省.州优质产品称号，文山国际三七节金奖产品，1992年被授予“中国历史文化名酒称号”。

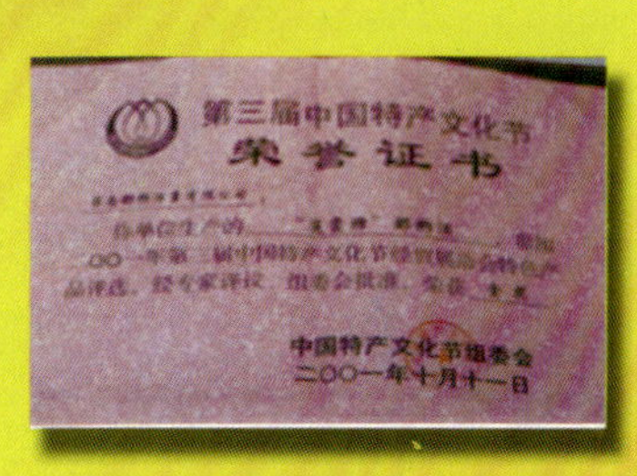
第三届中国特产文化节
荣誉证书
中国特产文化节组委会
二〇〇一年十月十一日

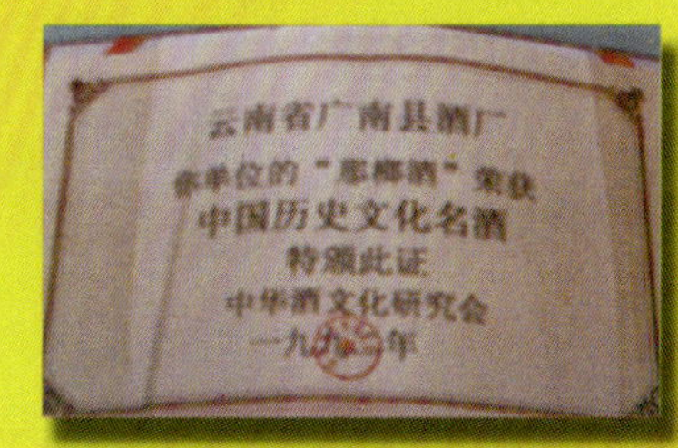
云南省广南县酒厂
贵单位的“那椰酒”荣获
中国历史文化名酒
特颁此证
中华酒文化研究会
一九[illegible]年

Life

彩之蓝陶

高天碧海，生命之蓝
蓝，生命之色
若穹顶之蓝天，若高原之湖泊
酒，生命之水
真味流转，常饮常新

彩之红陶

Warm

热情似火，赤诚之红
红，热情之色
如这方土地的赤诚
如这方民众的率真
酒，热情之味
至美至味，真情真味

彩之晶陶

Pure

晶莹剔透，本色晶纯
晶，纯净之色
无杂质而晶莹剔透
无杂念而心存明镜
酒，纯净之魅
返璞归真，以真为善

云南新平云新糖业有限责任公司
五桂酒业分公司

公司简介

该公司位于云南省玉溪市新平县桂山镇上古城。其前身为新平县果酒综合厂，1998年被云新糖业有限责任公司兼并，并于1999年6月成立“云南新平五桂酒业有限公司”，至2005年8月更名为“云南新平云新糖业有限责任公司五桂酒业分公司”。公司拥有固定资产450万元，现有职工35人（其中专业技术人员5名，分别为工程师2名，助理工程师2名，助理经济师1名）。主要生产:五桂醇酒、喜相迎酒、何首乌酒、荞酒王酒等一系列白酒产品和瓶装、桶装“磨盘山香泉”饮用山泉水等产品。

该公司组织机构健全，设备先进，技术力量雄厚，有科学、完整的管理体系和产品质量检测机构，并严格执行国家相关的质量标准和卫生标准。公司始终以“抓好基础保质量，强化服务争市场，开拓产品求生存”的宗旨，生产、经营令广大消费者满意的合格优质产品。

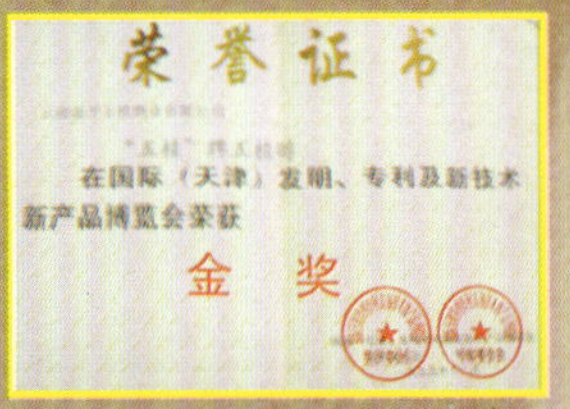

云南新平云新糖业有限责任公司
五桂酒业分公司
地址：新平县上古城
电话：0877—7772918

太阳魂梅里圣地国际冰酒庄
国际银奖诞生地
SUNSPIRIT
Produce of Yunnan
太陽魂
太阳魂普者黑文化酒庄
国际金奖诞生地
联系电话:0871-3172201 0876-4681999
云南太阳魂酒业有限公司

云南弥勒东风龙缘酒庄创建于2001年，位于云南省弥勒县东风农场，座落在拥有世界上海拔最高、纬度最低、光照最好的优质葡萄园中，交通便利。是一家集高档葡萄酒及葡萄烈酒生产、农家乐餐饮为一体的私人酒庄。酒庄拥有葡萄酒、葡萄烈酒、白兰地酿酒资质、技术、设备、人才与厂房。酒庄生产的甘思咪哚系列葡萄烈酒是最近几年在云南高原发展最快，前景最好的产品，质量受到专家的肯定和广大消费者的欢迎。现酒庄占地面积2000㎡、自有葡萄园3000㎡、油桃园及石榴园1500㎡、签约葡萄地300多亩，年产葡萄酒100余吨、葡萄烈酒30余吨。

台湾三立电视台、弥勒电视台、省市电视台等媒体也先后多次参观并作了报道。酒庄现正全力将甘思咪哚葡萄酒及葡萄烈酒打造为云南高原葡萄烈酒之乡的知名品牌。

2008年投资150万元进行了大规模土地整理和酒厂内部设施完善。

2009—2012年同时三大战略工作：1、1000吨酒厂新扩建　2、葡萄酒庄与生态旅游业建设运营　3、产品营销网络扩建和完善。

厂址：云南省弥勒县东风农场
电话：0873—6331699
传真：0873—6331699
邮编：652302
法人代表：李云飞

SHI JI HUA DE
华 德
白酒行业酒水处理
节能、减排、降耗、增效
整体解决方案
HuaDe
欲知详情请登录
WWW.shijihuade.com

南冲
云南小曲清香白酒
净含量380ml
酒精度45%vol

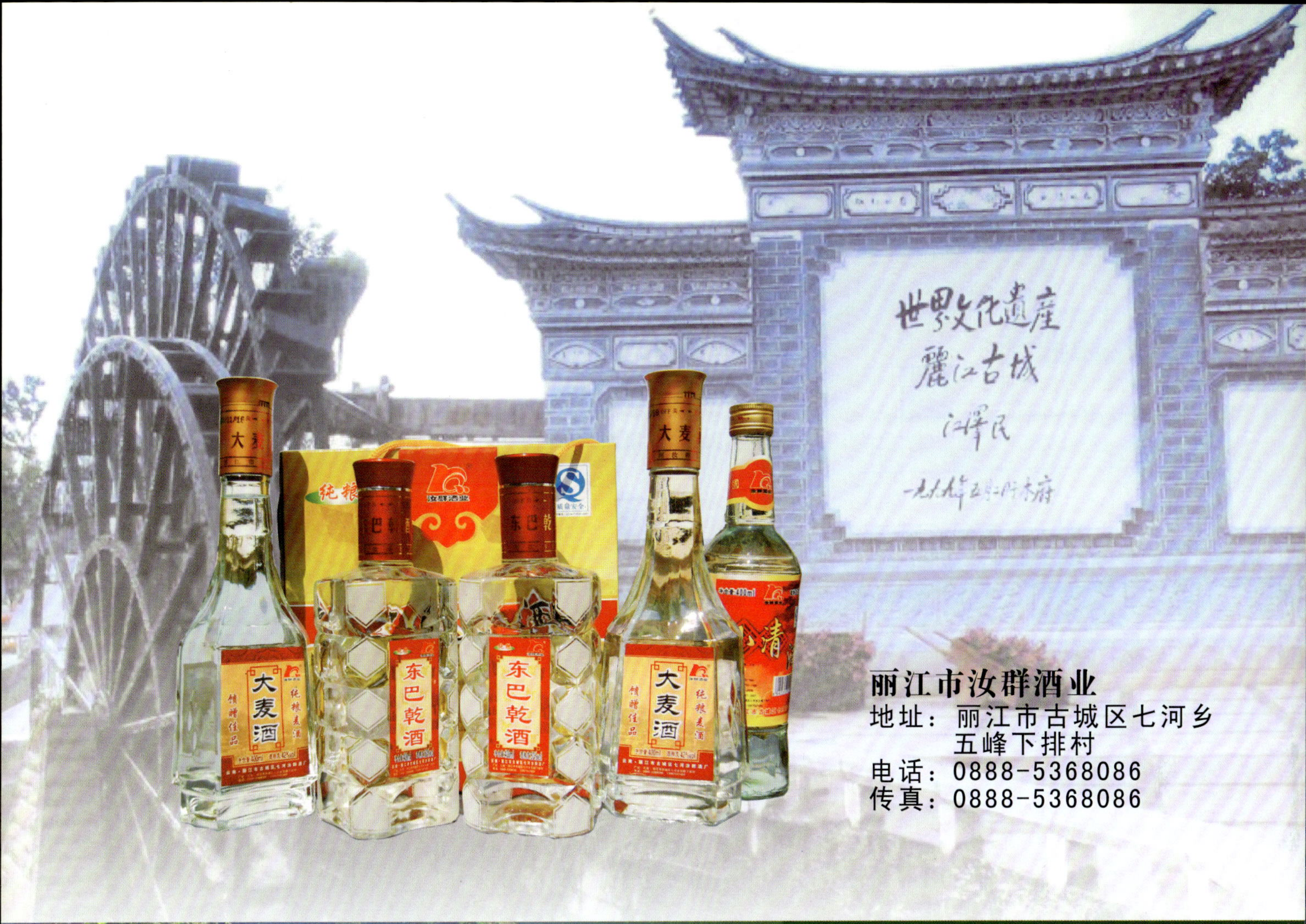

丽江市汝群酒业

地址：丽江市古城区七河乡
五峰下排村
电话：0888-5368086
传真：0888-5368086

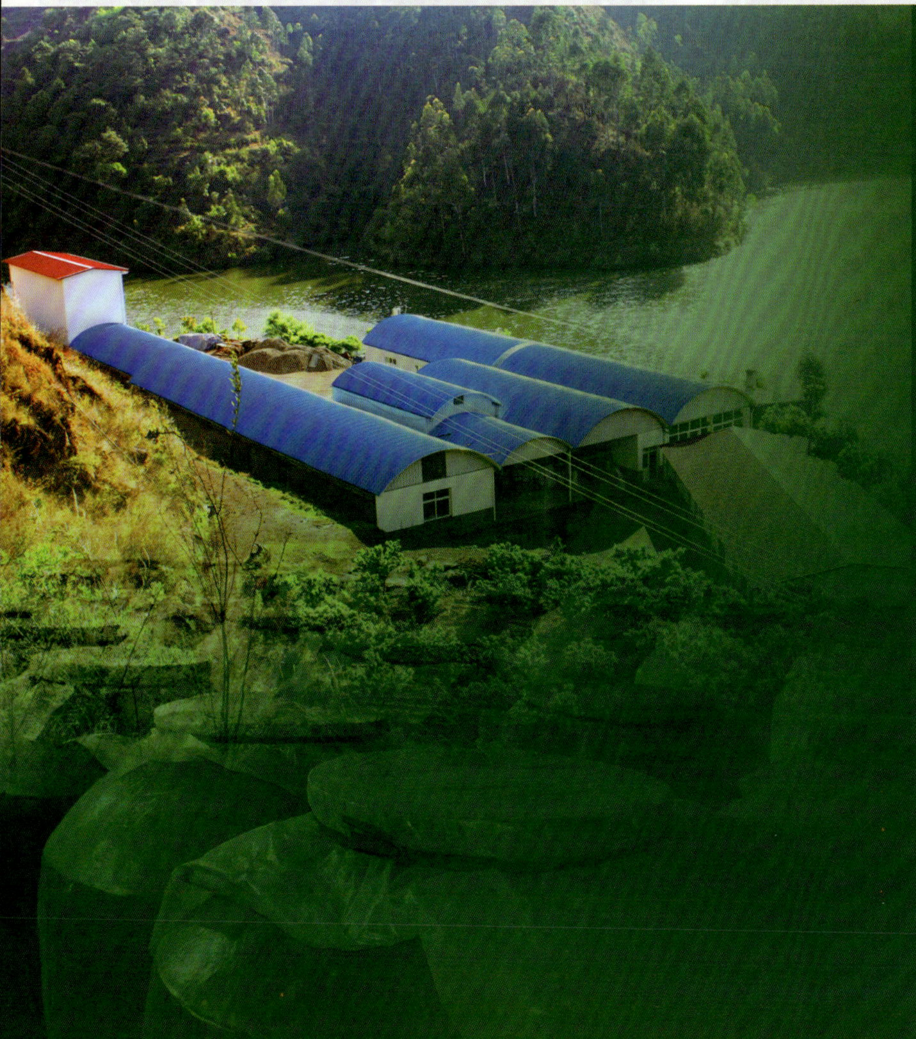

云南禄丰妥安龙潭酒厂

彝尊酒系云南禄丰妥安龙潭酒厂精选本地苦荞、糯米、包谷、小麦为主要原料，配以白沙山泉水，采用彝族民间传统工艺精心酿造的优质小曲清香型白酒。酒体清亮透明，落口清香怡人，饮后不上头。现已形成彝尊酒、小彝妹、阿老表3个品牌8种规格的系列产品。包装典雅大方，展现彝乡特色，是宴请赠友之佳品。

地址：禄丰县妥安乡
邮编：651222
电话：0878-4816599
13987884359

彝王
云南 楚雄
彝王
荞酒
小曲清香型白酒
净含量：500ml 酒精度：52%(vol)
云南楚雄吕合酒厂有限责任公司

云南 楚雄
彝王
荞酒
净含量：500ml
酒精度：52%(vol)
云南楚雄吕合酒厂有限责任公司

半个世纪
兰益
云南省著名商标
兰益松酒
兰益酿造
兰益
兰益松
松子酒·三年陈
酒精度:46%vol
净含量:400ml
云南·泸西县兰益酿造有限公司
3年
兰益松
兰益·为健康努力
SINCE 1953
兰益酿造·始创于1953年

大理州云弄峰酒业有限责任公司

该公司属自然人出资有限责任公司，注册资本300万元，法人苏源，任公司总经理。1996年创建沙坪瓶酒厂，1997年投入生产。2002年9月成立大理州云弄峰酒业有限责任公司，下辖瓶酒厂和鲜梅调味品厂。2008年工业总产值2400万元，工业销售值1960万元，公司占地140亩，总资产8000万元。

目前，该公司拥有白酒酿造生产线两条；梅子酒酿造生产线一条；调味品酿造生产线一条；微生物发酵技术设备室两幢；自主知识产权“青梅果醋”、“三七花酒”等（获国家专利证书）；立式锅炉一台；车辆12辆；生产实现自动灌、包装。

该公司发展的宗旨是以人为本，注重人才的吸收和培养，提倡学无止境，鼓励创新，奖励人才。该公司培养了一批具有较强的懂管理、业务、技术的高素质人才队伍。在云南省内建立了庞大的销售网络，积累了可抵御市场行业风险能力。公司发展的理念是来源于社会，服务于社会。建设的目标是独具特色，凝聚人才，积极为社会富裕劳动力提供就业岗位，努力促进大理州农业产业化的综合发展，把大理梅子资源优势转化为产业优势。为民增收、企业增长、财政增税、社会增效，为本地区经济的发展和社会未定做出积极的贡献。

青梅醋、青梅醋饮：

该产品在继承大理“梅醋”的传统工艺基础上，选用大理天然优质青梅为原料，采用先进的生产工艺和科学的微生物发酵技术酿造而成。产品保留了梅子含有的葡萄糖酸、琥珀酸、柠檬酸和VC、VA、VE、黄铜、铁、锌、磷、单宁与葡萄糖、果糖、游离糖等营养成分。

雕梅酒、青梅酒：

该产品选用大理天然优质青梅为原料，采用微生物发酵技术，严谨的生产工艺，酿造而成。产品保留了梅子含有的葡萄糖酸、琥珀酸、柠檬酸和Vc、Va、Ve、黄铜、铁、锌、磷、单宁与葡萄糖、果糖、游离糖等营养成分和梅子的天然香味。

三七花酒：

“云弄峰”品牌“三七花酒”系列产品，选用云南文山优质三七花为原料，配大麦陈酒，通过严谨的生产工艺制作而成。产品保留了三七含有的21种皂，17种氨基酸、17种微量元素和抗癌元素硒。

大理州云弄峰酒业有限责任公司

地址：云南.大理市上关镇沙坪街

电话：0872-5382136

平等 互助 协调
振兴云南酒业
昆明酒类行业协会

第一编 政策法规

一、2005 年酒业相关政策法规

国务院关于进一步加强食品安全工作的决定

（国发［2004］23 号）

食品安全关系到广大人民群众的身体健康和生命安全，关系到经济的健康发展和社会稳定，关系到国家和政府的形象。党中央、国务院历来高度重视食品安全，近几年一直把打击制售假冒伪劣食品等违法犯罪活动作为整顿和规范市场经济秩序的重点，采取了一系列措施加强食品安全工作。各地区、各部门做了大量的工作，取得了一定成效。

总的看，生产销售假冒伪劣食品案件多发的势头有所遏制，食品安全形势趋于好转。但是食品安全问题仍然比较严重，种植养殖、生产加工、市场流通、餐饮消费等方面存在的问题还很突出，食品安全监管体制、法制、标准等方面存在缺陷，地方保护、有法不依、执法不严、监管不力的现象时有发生。为恢复和提高我国食品信誉，确保人民身体健康和生命安全，国务院决定采取切实有效措施，进一步加强食品安全工作。

一、指导思想、工作原则和工作目标

（一）指导思想和工作原则。坚持以邓小平理论和“三个代表”重要思想为指导，认真贯彻党的十六大精神，牢固树立以人为本、执政为民的思想，全面履行人民政府的职责，切实把食品安全工作放在突出位置抓紧抓好。继续坚持“全国统一领导、地方政府负责、部门指导协调、各方联合行动”的食品安全工作机制，加强协调配合，落实责任，加大执法力度；坚持集中整治与制度建设、严格执法与科学管理、打假治劣与扶优扶强相结合，突出重点，在注重抓好专项整治的同时，强化日常监管；建立食品安全信用体系和失信惩戒机制，引导企业诚信守法；强化舆论监督，加大正面宣传力度，加强社会监督，保障人民群众的饮食安全和身体健康。

（二）工作目标。通过艰苦细致的工作，使食品生产经营秩序得到明显好转，生产、销售假冒伪劣和有毒有害食品的违法犯罪活动得到有效遏制，大案要案得到及时查处，食品安全事故大幅度下降，人民群众食品消费安全感增强，我国食品信誉得到恢复和提高。在此基础上，经过不懈努力，使食品安全法律法规和监管体制更加完善，标准体系、检验检测体系、信用体系更加科学有效，行业协会和中介组织的作用充分发挥，企业的安全责任和意识进一步增强，食品产业持续健康快速发展，人民群众日益增长的食品安全和健康需求不断得到

满足。

二、近期工作重点

（一）大力整顿食品生产加工业，切实提高食品工业水平。按照食品专项整治确定的重点食品，严厉查处无卫生许可证、无营业执照、无生产许可证的生产经营行为，不具备生产条件的要坚决予以取缔；严格实施食品质量安全市场准入制度，严格审查企业生产条件，严格按标准组织生产，严格产品出厂检验，今年基本完成肉制品、乳制品、饮料、调味品、冷冻饮品、方便面、饼干、罐头、速冻米面食品、膨化食品等10类产品实施食品质量安全市场准入工作，启动其余13类食品市场准入工作；加强食品生产加工企业监管，实行生产企业巡查、回访、年审、监督抽查等监管制度；强化企业法人作为食品安全第一责任人的责任；强化新资源食品、食品添加剂和食品包装材料等的安全性评价，严厉打击滥用添加剂、使用非食品原料生产加工食品、保健食品添加违禁药物等违法行为。

食品生产加工业的整顿由地方政府统一组织实施。通过整顿，扶持一批名优企业，关闭一批不具备产品质量安全条件的食品生产加工企业，严厉惩处一批制售假冒劣质食品的违法犯罪分子。

（二）加大农业投入品专项整治力度，从源头上防止农产品污染。继续推进“无公害食品行动计划”，深入开展农药残留、禽畜产品违禁药物滥用、水产品药物残留专项整治，向农民普及安全使用化肥、农药、兽药、饲料添加剂和动植物生长激素等知识，推广使用低残高效农药、兽药和无污染添加剂，规范种植、养殖行为；建立统一规范的农产品质量安全标准体系，建立农产品质量安全例行监测制度和农产品质量安全追溯制度，开展农产品产地环境、农业投入品和农产品质量安全状况的检测；推进无公害农产品标准化生产综合示范区、养殖小区、示范农场、无规定动物疫病区和出口产品生产基地的建设，积极开展农产品和食品认证工作，推广“公司＋基地”模式，加快对高毒、高残留农业投入品禁用、限用和淘汰进程。

（三）狠抓薄弱环节，进一步加强食品流通、消费领域的监管。深入实施以“提倡绿色消费、培育绿色市场、开辟绿色通道”为主要内容的“三绿工程”，倡导现代流通组织方式和经营方式，大力发展连锁经营和物流配送；积极推进经销企业落实进货检查验收、索证索票、购销台账和质量承诺制度，以及市场开办者质量责任制，继续推行“厂场挂钩”、“场地挂钩”等有效办法；全面落实市场巡查制度，完善监督抽查和食品卫生例行监测制度，严格实行不合格食品的退市、召回、销毁、公布制度；推进餐饮业、食堂全面实施食品卫生监督量化分级管理制度，完善和加强食品污染物监测和食源性疾病监测体系建设；加强畜禽屠宰行业管理，打破地方封锁，鼓励质量优、信誉好、品牌知名度高的食品在全国流通；健全社区食品加工流通服务体系。强化食品安全标识和包装管理，集中力量整治食品假包装、假标识、假商标印制品。

（四）把儿童及农村食品市场整治作为重中之重，切实维护未成年人、农民和低收入者的利益。采取综合措施，有效遏制制售假冒伪劣儿童食品行为。将监管的重点和工作重心下移，加强农村市场监管，加大对分散在社区、城乡结合部和村镇的各类食品批发市场、集贸市场、个体商贩、小加工作坊、小食品店、小餐馆的监管力度，强化对餐饮业、学校食堂和建筑工地食堂的检查监督。

（五）依法彻查大案要案，震慑违法犯罪分子。集中力量及时查处食品安全大案要案，依法严惩违法犯罪团伙和首恶分子。对发案率高、重大案件久拖不结的地区和单位，上级政府和有关行政执法、司法部门要组织力量直接查办，严肃追究有关人员责任。重大典型案件查处结果及时向社会公布。

（六）搞好食品安全宣传，服务发展大局。大力宣传党中央、国务院有关加强食品安全工作的精神，充分报道各地区、各有关部门加强食品安全所做的工作，宣传法律法规和食品安全知识，继续揭露、曝光食品安全方面的违法犯罪行为，及时跟踪报道采取的措施及效果；报道重视质量、讲求信誉的典型，大力宣传优质食品、优良品牌和优秀企业，增强群众消费信心，提高我国食品信誉；对外积极宣传介绍我国食品监管工作及其取得的实效。适时组织编写《中国食品安全状况》白皮书。

各地区、各有关部门要狠抓落实，明确任务和责任，实行“首问负责制”，确保各项重点工作有序开展。食品药品监管部门要进一步强化食品安全管理的综合监督、组织协调和组织开展对重大事故查处的职能，努力提高食品安全综合监管工作水平。

三、几项重要措施

加强食品安全管理是一项长期艰巨的任务，必须立足当前，规划长远，标本兼治，着力治本，建立健全监管制度和长效机制。

（一）进一步理顺有关监管部门的职责。按照一个监管环节由一个部门监管的原则，采取分段监管为主、品种监管为辅的方式，进一步理顺食品安全监管职能，明确责任。农业部门负责初级农产品生产环节的监管；质检部门负责食品生产加工环节的监管，将现由卫生部门承担的食品生产加工环节的卫生监管职责划归质检部门；工商部门负责食品流通环节的监管；卫生部门负责餐饮业和食堂等消费环节的监管；食品药品监管部门负责对食品安全的综合监督、组织协调和依法组织查处重大事故。按照责权一致的原则，建立食品安全监管责任制和责任追究制。具体由中央编办会同有关部门组织落实。这次职责调整任务繁重，各有关部门要从大局出发，认真细致地做好各项准备工作，确保2005年1月1日顺利实施。农业、发展改革和商务等部门按照各自职责，做好种植养殖、食品加工、流通、消费环节的行业管理工作。进一步发挥行业协会和中介组织的作用。

（二）强化地方政府对食品安全监管的责任。地方各级人民政府对当地食品安全负总责，统一领导、协调本地区的食品安全监管和整治工作。建立健全食品安全组织协调机制，统一组织开展食品安全专项整治和全面整顿食品生产加工业；进一步搞好与有关监管执法部门的协调和配合，加强综合执法、联合执法和日常监管，尤其要解决执法监督中的不作为和乱作为问题；切实落实责任制和责任追究制，明确直接责任人和有关负责人的责任，一级抓一级，层层抓落实，责任到人；坚决克服地方保护主义，增强大局意识，不得以任何形式阻碍监管执法，决不能充当不法企业和不法分子的“保护伞”。

（三）加强基层执法队伍建设。基层食品安全监管是基础和重点，直接关系着食品安全监管的法律法规和各项工作部署能否落到实处。要加强基层执法队伍的思想建设、业务建设和作风建设，强化法律法规培训，提高队伍整体素质和依法行政的能力，做到严格执法、公正执法、文明执法；充实基层执法人员力量，严把人员“入口”，畅通“出口”，加强监督，严肃法纪；地方政府要切实改善执法装备和检验监测技术条件，保证办公办案和监督抽查等经费。

（四）完善食品安全法律法规和部门规章。国务院法制办要抓紧组织修订《食品卫生法》和《工业产品生产许可证管理条例》，加快《农产品质量安全法（送审稿）》的审查工作。商务部要研究修订《生猪屠宰管理条例》。农业部、商务部、卫生部、工商总局、质检总局等部门要根据职责调整，尽快清理、修订涉及食品安全方面的部门规章，力争2004年年底前完成。

（五）建立健全食品安全标准和检验检测体系。尽快清理与食品安全有关的产品和卫生标准，构建食品安全标准体系，由质检总局会同发展改革委、农业部、卫生部、商务部、食品药品监管局等部门，提出制定和修订意见并抓紧实施。充分发挥农业、质检、卫生、商务等部门检测机构的作用，完善检验检测体系，严格资质审核，逐步面向社会，实现资源共享，不搞重复建设；实现检测信息共享，避免不必要的重复检测。食品检验检测体系建设由质检总局会同农业部、卫生部、商务部、工商总局等部门研究提出具体意见。

（六）加快食品安全信用体系和信息化建设。以加强食品生产经营企业信用建设为核心，通过政府监管、行业自律和社会监督，加大失信惩戒力度，综合抓好食品安全制度规范、管理服务系统与运行机制建设。继续抓好厦门、辽源、大庆、常德、银川5个城市，肉类、粮食、儿童食品3个行业的食品安全信用建设试点，建立健全食品生产、经营企业质量档案和食品安全监管信用档案，强化食品生产经营者的责任意识。力争用5年左右时间，逐步建立起我国食品安全信用体系的基本框架和运行机制。

加强食品安全信息管理和综合利用，构建部门间信息沟通平台，实现互联互通和资源共享。农业部门发布有关初级农产品农药残留、兽药残留等检测信息。质检、工商、卫生和食品药品监管4个部门联合发布市场食品质量监督检查信息。食品药品监管局负责收集汇总、及时传递、分析整理，定期向社会发布食品安全综合信息。建立畅通的信息监测和通报网络体系，逐步形成统一、科学的食品安全信息评估和预警指标体系，及时研究分析食品安全形势，对食品安全问题做到早发现、早预防、早整治、早解决。食品药品监管局要会同有关部门，拟定《食品安全监管信息发布暂行管理办法》，选择奶制品和蔬菜两个品种作为规范信息发布的试点。

国务院责成食品药品监管局会同有关部门抓好本决定的落实工作，并于2005年春节前组织开展一次食品安全工作综合检查，适时将检查情况向国务院汇报。

食品生产加工企业质量安全监督管理实施细则（试行）

（国家质检总局第79号令）

《食品生产加工企业质量安全监督管理实施细则（试行）》经2005年8月31日国家质量监督检验检疫总局局务会议审议通过，现予公布，自2005年9月1日起施行。国家质检总局2003年7月18日颁布的《食品生产加工企业质量安全监督管理办法》同时废止。

第一章　总　则

第一条　为加强食品生产加工企业质量安全监督管理，提高食品质量安全水平，保障人民群众安全健康，根据《中华人民共和国产品质量法》、《中华人民共和国工业产品生产许可证管理条例》、《国务院关于进一步加强食品安全工作的决定》和国务院赋予国家质量监督检验检疫总局（以下简称国家质检总局）的职能等有关规定，制定本细则。

第二条　凡在中华人民共和国境内从事以销售为目的的食品生产加工经营活动，必须遵守本细则。食品的进出口管理依照法律、行政法规和国家有关规定执行。

第三条　本细则所称食品是指经过加工、制作并用于销售的供人们食用或者饮用的制品。

本细则所称食品生产加工企业，是指有固定的厂房（场所）、加工设备和设施，按照一定的工艺流程，加工、制作、分装用于销售的食品的单位和个人（含个体工商户）。

第四条　食品必须符合国家法律、行政法规和国家标准、行业标准的质量安全规定，满足保障身体健康、生命安全的要求，不存在危及健康和安全的不合理的危险，不得超出有毒有害物质限量要求。

食品质量安全指标包括标准规定的理化指标、感官指标、卫生指标和标签标识。

第五条 国家实行食品质量安全市场准入制度。从事食品生产加工的企业，必须具备保证食品质量安全必备的生产条件（以下简称“必备条件”），按规定程序获取工业产品生产许可证（以下简称食品生产许可证），所生产加工的食品必须经检验合格并加印（贴）食品质量安全市场准入标志后，方可出厂销售。

国家已实行生产许可证管理的食品，企业未取得食品生产许可证的，不得生产。未经检验合格、未加印（贴）食品质量安全市场准入标志的食品，不得出厂销售。

第六条 国家质检总局负责统一组织食品生产加工企业质量安全监督管理工作。地方质量技术监督部门按照国家质检总局的统一部署和要求，在各自职责范围内负责组织实施食品生产加工企业质量安全监督管理工作。

第七条 食品生产加工企业质量安全监督管理，应当遵循科学公正、公开透明、程序合法、便民高效的原则。

从事食品生产加工企业质量安全监督管理工作的机构和人员应当依法行政、严格把关、热情服务、廉洁自律。

县级以上质量技术监督部门及其从事食品生产加工企业质量安全监督管理的人员、检验机构和检验人员，对所知悉的国家秘密和商业秘密负有保密义务。

第八条 任何单位和个人有权对违反本细则规定的行为，向各级质量技术监督部门举报。受理举报的部门应当及时调查处理并为举报人保密，对举报有功人员按照有关规定给予奖励。

第二章 食品生产加工企业必备条件

第九条 食品生产加工企业应当符合法律法规和国家产业政策规定的企业设立条件。

第十条 食品生产加工企业必须具备和持续满足保证产品质量安全的环境条件和相应的卫生要求。

第十一条 食品生产加工企业必须具备保证产品质量安全的生产设备、工艺装备和相关辅助设备，具有与产品质量安全相适应的原料处理、加工、包装、贮存和检验等厂房或者场所。生产加工食品需要特殊设备和场所的，应当符合有关法律法规和技术规范规定的条件。

第十二条 食品生产加工企业生产加工食品所用的原材料、食品添加剂（含食品加工助剂，下同）等应当符合国家有关规定。不得违反规定使用过期的、失效的、变质的、污秽不洁的、回收的、受到其他污染的食品原材料或者非食用的原辅料生产加工食品。使用的原辅材料属于生产许可证管理的，必须选购获证企业的产品。

第十三条 食品生产加工企业必须采用科学、合理的食品加工工艺流程，生产加工过程应当严格、规范，防止生物性、化学性、物理性污染，防止待加工食品与直接入口食品、原料与半成品、成品交叉污染，食品不得接触有毒有害物品或者其他不洁物品。

第十四条 食品生产加工企业必须按照有效的产品标准组织生产。依据企业标准生产实施食品质量安全市场准入管理食品的，其企业标准必须符合法律法规和相关国家标准、行业标准要求，不得降低食品质量安全指标。

第十五条 食品生产加工企业必须具有与食品生产加工相适应的专业技术人员、熟练技术工人、质量管理人员和检验人员。从事食品生产加工的人员必须身体健康、无传染性疾病和影响食品质量安全的其他疾病，并持有健康证明；检验人员必须具备相关产品的检验能力，取得从事食品质量检验的资质。食品生产加工企业人员应当具有相应的食品质量安全知识，负责人和主要管理人员还应当了解与食品质量安全相关的法律法规知识。

第十六条 食品生产加工企业应当具有与所生产产品相适应的质量安全检验和计量检测手段，检验、检测仪器必须经计量检定合格或者经校准满足使用要求并在有效期限内方可使用。企业应当具备产品出厂检验能力，并按规定实施出厂检验。

第十七条 食品生产加工企业应当建立健全企业质量管理体系，在生产的全过程实行标准化管理，实施从原材料采购、生产过程控制与检验、产品出厂检验到售后服务全过程的质量管理。

国家鼓励食品生产加工企业根据国际通行的质量管理标准和技术规范获取质量体系认证或者危害分析与关键控制点管理体系认证（以下简称HACCP认证），提高企业质量管理水平。

第十八条 出厂销售的食品应当进行预包装或者使用其他形式的包装。用于包装的材料必须清洁、安全，必须符合国家相关法律法规和标准的要求。

出厂销售的食品应当具有标签标识。食品标签标识应当符合国家相关法律法规和标准的要求。

第十九条 贮存、运输和装卸食品的容器、包装、工具、设备、洗涤剂、消毒剂必须安全，保持清洁，对食品无污染，能满足保证食品质量安全的需要。

第二十条 食品生产加工企业在生产加工过程中严禁下列行为：

（一）违反国家标准规定使用或者滥用食品添加剂；

（二）使用非食用的原料生产食品；加入非食品用化学物质或者将非食品当作食品；

（三）以未经检验检疫或者检验检疫不合格的肉类生产食品；以病死、毒死或者死因不明的禽、畜、兽、水产动物等生产食品；生产含有致病性寄生虫、微生物，或者微生物毒素含量超过国家限定标准的食品；

（四）在食品中掺杂、掺假，以假充真，以次充好，以不合格食品冒充合格食品；

（五）伪造食品的产地，伪造或者冒用他人厂名、厂址，伪造或者冒用质量标志；

（六）生产和使用国家明令淘汰的食品及相关产品。

第三章 食品生产许可

第二十一条 国家质检总局负责全国食品生产许可证的统一管理；负责高风险食品的生产许可；确定由省、自治区、直辖市（以下简称省级）质量技术监督部门负责审查发证的产品及具体办法，并对省级食品生产许可工作进行监督和指导。

省级质量技术监督部门按照国家质检总局统一部署，依法组织本辖区部分食品生产许可，并对审查发证工作负责。

市（地）级质量技术监督部门受国家质检总局或者省级质量技术监督部门委托负责组织开展本辖区食品生产许可证的受理、企业必备条件核查、产品质量检验和食品生产许可证证书送达工作。

各级质量技术监督部门按照权责一致、层级负责的原则，分别承担食品生产许可工作责任。

第二十二条 国家质检总局依据本细则第二章规定的条件，根据各类食品的不同特性和相关标准，制定并发布食品生产许可证审查通则和各类食品生产许可证审查细则，对食品生产许可证的具体要求作出规定。各类食品生产许可证审查细则按照规定程序分批发布并实施。

第二十三条 食品生产加工企业按照地域管辖原则，在规定的时间内向所在地的省级或者市（地）级质量技术监督部门提出办理食品生产许可证的申请。

食品生产加工企业获得营业执照后，应当单独申请食品生产许可证，其经营范围应当覆盖申请取证产品。

第二十四条 食品生产加工企业申领食品生产许可证，应当按规定提供相应的材料。除法律、行政法规规定的限制条件外，任何单位不得另行附加条件，限制企业申请食品生产许可证，不得要求申请人提交与其申请无关的技术资料和其他材料。

第二十五条 省级、市（地）级质量技术监督部门在接到企业申请后，应当在5日内完成对申请材料的审查。企业的申请材料符合要求的，发给行政许可申请受理决定书。企业的申请材料不符合要求的，受理部门应当发给行政许可申请材料补正告知书，一次性告知申请人需要补正的全部内容，通知企业在20日内补正；逾期未补正的，视为撤回申请。

如申请事项依法不需要取得食品生产许可

的，或者不属于本部门受理的，应当即时告知申请人不受理，发给行政许可不予受理决定书，或者告知申请人向有关行政机关申请。

第二十六条 自受理企业食品生产许可证申请之日起，国家质检总局或者省级质量技术监督部门应当在60日内做出准予许可或者不予许可决定。

产品检验所需时间（包括样品送达、检验机构检验、异议处理的时间）不计入前款规定的期限内。

第二十七条 行政许可申请受理决定书发出后，省级或者市（地）级质量技术监督部门应当组成核查组，依照食品生产许可证审查通则和审查细则，在20日内完成企业必备条件和出厂检验能力现场核查。现场核查时间一般不应当超过2日。企业所在地质量技术监督部门应当派观察员监督核查工作质量。核查组实行组长负责制。

对现场核查合格的企业，由核查组按照食品生产许可证审查通则和审查细则的要求在现场抽取和封存样品，并告知企业有资格承担该产品发证检验任务的检验机构名单和联系方式，由企业自主选择。

核查人员对企业进行实地核查，不得刁难企业，不得索取、收受企业的财物，不得谋取其他不当利益。

第二十八条 企业应当在封样后7日内将样品送达检验机构。检验机构收到样品后，应当按照规定的标准和要求进行检验，在15日内完成检验工作（检验项目有特殊要求的除外）。

第二十九条 企业对检验的结果有异议的，可以自接到检验结果之日起15日内，向组织检验的质量技术监督部门或者其上一级质量技术监督部门提出复检申请。受理申请的质量技术监督部门应当在5日内做出是否受理复检的书面答复。除国家标准规定不允许复检等客观情况外，对符合复检条件的，应当及时组织复检。

复检应当采用核查组封存的样品，按照原检验方案进行检验、判定。承担复检的检验机构由受理复检申请的质量技术监督部门在有资质的检验机构中确定。

第三十条 由市（地）级质量技术监督部门受理审查的，应当自受理之日起30日内，将企业申请材料、现场核查和产品检验材料报省级质量技术监督部门。

由省级质量技术监督部门负责审批的，省级质量技术监督部门统一汇总审核企业材料，按有关规定做出是否准予许可的决定。

由国家质检总局负责审批的，省级质量技术监督部门应当自受理企业申请之日起40日内将企业申请材料、现场核查和产品检验材料报国家质检总局。国家质检总局按有关规定做出是否准予许可的决定。

国家质检总局、省级质量技术监督部门在做出许可决定前，或者省级质量技术监督部门上报企业材料前，应当在本细则第二十六条规定的时限内组织许可前抽查。

第三十一条 对现场核查和产品检验合格的企业，国家质检总局或者省级质量技术监督部门应当做出准予生产许可的决定，并自决定之日起10日内，向企业发放食品生产许可证及副本。

对现场核查或者产品检验不合格的企业，国家质检总局或者省级质量技术监督部门应当做出不予生产许可的决定，并自做出决定之日起10日内，向企业发出不予行政许可决定书。

第三十二条 国家质检总局或者省级质量技术监督部门在职责范围内对取得食品生产许可证的企业进行公告，并将食品生产许可证的发证情况及时通报卫生、工商等有关部门。

第三十三条 出口食品生产加工企业生产加工的食品在中华人民共和国境内销售的，应当按照本细则的规定，申请办理食品生产许可证。已获得国家认监委和出入境检验检疫机构颁发的出口食品卫生注册证、登记证的企业，在申请食品生产许可证时，可免于企业必备条件现场核查。

已通过HACCP认证等国家推行的食品认证的企业，在申请食品生产许可证时，按照不重复的原则，可免于或者简化企业必备条件现场核查。

第三十四条 食品生产许可证的有效期3

年。有效期届满，企业继续生产的，应当在食品生产许可证有效期满6个月前，向原受理食品生产许可证申请的质量技术监督部门提出换证申请。质量技术监督部门应当按规定的程序对企业进行审查并换发证书。

第三十五条 在食品生产许可证有效期内，产品的有关标准、要求发生改变的，省级或者市（地）级质量技术监督部门应当按国家质检总局的统一要求组织必要的现场核查和产品检验。

企业的生产条件、检验手段、技术或者工艺发生变化的，企业应当在变化后20日内提出申请。省级或者市（地）级质量技术监督部门应当按照食品生产许可证审查通则和审查细则的规定重新组织现场核查和产品检验。

第三十六条 国家质检总局、省级和市（地）级质量技术监督部门建立食品生产许可证档案管理制度，将办理食品生产许可证的有关材料、发证情况及时归档。档案材料的保存时限为4年。

第四章 食品质量安全检验

第三十七条 食品生产加工企业对用于生产加工食品的原材料、食品添加剂、包装材料和容器等必须实施进货验收制度，不符合质量安全要求的，不得用于食品生产加工。

第三十八条 食品出厂必须经过检验，未经检验或者检验不合格的，不得出厂销售。

具备出厂检验能力的企业，可以按要求自行进行出厂检验。不具备产品出厂检验能力的企业，必须委托有资质的检验机构进行出厂检验。实施食品质量安全市场准入制度管理的食品，按审查细则的规定执行。

实施自行检验的企业，应当每年将样品送到质量技术监督部门指定的检验机构进行一次比对检验。

第三十九条 对食品生产加工企业的产品实施强制检验制度。质量技术监督部门负责确定强制检验的频次，并组织实施。

已通过HACCP认证等质量稳定的大型企业、国家和省级监督抽查连续合格的企业，应当减少强制检验的频次。

对尚未列入食品生产许可证管理且在生产过程中没有控制要求和手段、不具备标准要求的出厂检验能力的企业，应当加大强制检验频次。

第四十条 承担本细则规定的食品质量安全检验工作的检验机构，必须是依法设置或者依法授权的法定检验机构，按照国家规定经过计量认证、审查认可或者通过实验室认可，并经省级以上质量技术监督部门指定。

各级质量技术监督部门应当按照《中华人民共和国工业产品生产许可证管理条例实施办法》等有关规定，对承担本细则规定的食品检验工作的检验机构进行管理。

第四十一条 承担食品检验工作的检验机构，应当按照国家有关的标准和技术法规等要求实施产品检验。检验机构应当客观、公正、及时地出具检验报告，并对检验报告负责。

第四十二条 检验机构和检验人员进行产品检验，应当遵循诚信原则和方便企业的原则，为企业提供可靠、便捷的检验服务，不得拖延，不得刁难企业。

检验机构和检验人员不得从事与其检验的列入目录产品相关的生产、销售活动，不得以其名义推荐或者监制、监销其检验的列入目录产品。

第五章 食品质量安全市场准入标志与食品生产许可证证书

第四十三条 食品生产许可证证书分为正本和副本。证书应当载明企业名称和住所、生产地址、产品名称、证书编号、发证日期、有效期等相关内容。食品生产许可证副本用于质量技术监督部门记载接受监督检查的基本情况。

食品生产许可证证书式样由国家质检总局统一规定。食品生产许可证证书由国家质检总局统一印制，并加印食品生产许可证审批部门印章。

第四十四条 企业名称发生变化时，应当在名称变更后20日内向原受理食品生产许可证申请的质量技术监督部门提出食品生产许可证更名申请。受理的质量技术监督部门应当自受理之日起10日内完成变更审查和材料上报，由原发证部门在10日内核批。

第四十五条 企业应当妥善保管食品生产许可证证书，因毁坏或者不可抗力等原因造成生产许可证证书遗失或者无法辨认的，应当及时在省级以上报纸上刊登声明，同时报省级质量技术监督部门。企业提出补证申请的，质量技术监督部门应当及时受理，由省级质量技术监督部门按规定办理补领证书手续。

第四十六条 食品质量安全市场准入标志即食品生产许可证标志，属于质量标志，以“质量安全”的英文 Quality Safety 缩写“QS”表示，其式样由国家质检总局统一制定（以下简称 QS 标志）。

第四十七条 实施食品质量安全市场准入制度的食品，出厂前必须在其包装或者标识上加印（贴）QS 标志。没有 QS 标志的，不得出厂销售。

第四十八条 企业使用 QS 标志，表明企业承诺其产品经检验合格，符合食品质量安全的基本要求。

加印（贴）QS 标志的食品，在质量保证期内，非消费者使用或者保管不当而出现质量安全问题的，由生产者、销售者根据各自的义务，依法承担法律责任。

第四十九条 企业使用 QS 标志时，可根据需要按式样比例放大或者缩小，但不得变形、变色。QS 标志由食品生产加工企业自行加印（贴）。

第五十条 食品生产许可证编号由英文字母 QS 和 12 位阿拉伯数字组成。

第五十一条 取得食品生产许可证的企业应当在其产品包装或者标识上加印（贴）食品生产许可证编号。

第五十二条 任何单位和个人不得伪造、变造、冒用食品生产许可证证书、QS 标志和食品生产许可证编号。取得食品生产许可证的企业不得出租、出借或者以其他形式转让食品生产许可证证书、QS 标志和食品生产许可证编号。

第五十三条 国家质检总局和省级质量技术监督部门应当根据取得食品生产许可证企业的情况，及时依法作出撤销、撤回和注销食品生产许可的决定，并将注销食品生产许可证的情况向社会公告。

第六章 食品质量安全监督

第五十四条 食品生产加工企业应当持续地具备保证食品质量安全的必备条件，保证持续稳定地生产合格的食品。

食品生产加工企业应当对其所生产加工食品的质量安全负责，并应当明确承诺不滥用食品添加剂、不使用非食品原料生产加工食品、不用有毒有害物质生产加工食品、不生产假冒伪劣食品。

第五十五条 企业采购食品原材料、食品添加剂时，应当验明标识，向供货单位索取合格证明，或者自行检验、委托检验合格，并建立进货台账。食品生产加工企业要将使用的食品添加剂情况和国家要求备案的其他事项报所在地县级质量技术监督部门备案。

食品生产加工企业使用新品种的食品添加剂、新的原材料生产的食品容器、包装材料和食品用工具、设备的新品种，应当在使用前索取省级以上安全评价机构出具的安全评价报告，并留存备查。

食品生产加工企业应当建立生产记录和销售记录。销售记录应当注明食品的名称、规格、批号、购货单位名称、销货数量、销货日期等内容。

企业应当建立食品质量安全档案，保存企业购销记录、生产记录和检验记录等与食品质量安全有关的资料。企业食品质量安全档案应当保存3年。

第五十六条 取得食品生产许可证的企业连续停止生产加工获证产品1年以上的，重新生产加工时，应当向原受理食品生产许可证申请的质量技术监督部门提出重新现场核查的申请。

第五十七条 食品生产加工企业利用新资源生产食品，必须按有关规定在投产前由省级以上安全评价机构进行安全评价，并将评价结果向所在地县级质量技术监督部门报告。企业对报告的真实性负责。

第五十八条 取得食品生产许可证的企业应当在证书有效期内，每满1年的前1个月内向所在地县级质量技术监督部门提交持续保证食品质量安全必备条件情况的年度报告。

第五十九条 采用委托加工方式生产加工食品的，委托双方必须分别到所在地市（地）级质量技术监督部门备案，提交双方营业执照和委托加工合同复印件。

委托加工已纳入食品质量安全市场准入管理食品的，除符合前款要求外，被委托方必须是已取得有效的食品生产许可证的企业，其生产加工的食品应当全部交由委托方进行销售，备案时还应当提交被委托方的生产许可证复印件。委托加工食品的包装或者标识上还应当按照产品标识标注的规定，标注食品生产许可证编号和生产者的名称和地址。

第六十条 各级质量技术监督部门定期或者不定期地对食品质量安全和卫生状况、对食品生产加工企业持续保证食品质量安全必备条件的情况进行监督检查。通过巡查、加严检验、回访、强制检验、监督抽查、年度报告审查和执法检查等方式，加强监督检查，督促企业规范生产经营活动。

各级质量技术监督部门对企业实施监督检查，不得妨碍企业的正常生产经营活动，不得索取或者收受企业的财物或者谋取其他利益。

第六十一条 各级质量技术监督部门应当建立食品生产加工企业质量安全管理档案，详细记录企业基本情况、产品质量安全状况及企业监管情况，实行动态管理。

第六十二条 各级质量技术监督部门对食品生产企业实行分类监管制度。根据本辖区食品生产加工企业的生产条件、管理水平和产品质量状况等因素确定企业质量安全等级，实施分类管理。

第六十三条 对食品生产企业及其生产活动实行巡查。巡查时，应当如实记录企业执行本细则的情况。巡查中发现企业存在问题的，按照相关规定予以处理。

第六十四条 国家质检总局和各级质量技术监督部门应当根据不同类型食品的特点及产品质量状况，组织实施食品质量安全监督抽查。监督抽查应当按照有关规定执行。

监督抽查应当重点抽查存在倾向性质量问题的区域、质量不稳定的企业以及微生物、重金属、添加剂、有毒有害物质等重点指标。

第六十五条 各级质量技术监督部门对出现质量安全问题的食品，进行加严检验。

第六十六条 各级质量技术监督部门应当对取得食品生产许可证的企业提交的年度报告进行审查。必要时，对企业进行现场核查和产品检验。

第六十七条 各级质量技术监督部门对取得食品生产许可证的企业存在的不符合必备条件的问题改进情况实施回访。回访的情况应当记录存档。

第六十八条 各级质量技术监督部门在监督管理中，发现不属于本辖区管辖的质量安全问题，应当及时通报有管辖权的质量技术监督部门。

发现重大食品质量安全事件的，应当立即报送上级质量技术监督部门，也可以直接报告国家质检总局。

第六十九条 国家质检总局和省级质量技术监督部门应当建立由信息收集、风险评估和风险预警发布等构成的食品质量安全风险预警机制。

第七十条 各级质量技术监督部门应当建立食品质量安全事件快速反应机制。针对突然发生的重大食品质量安全事件，应当立即组织情况调查和产品分析，采取措施控制危害扩大，并有针对性地实施监管。

第七十一条 对不安全食品实行召回制度。食品生产加工企业发现其产品存在严重质量安全问题的，应当主动召回已出厂销售的有问题食品；企业不召回的，由企业所在地质量技术监督部门责令召回；企业拒不执行的，由省级以上质量技术监督部门公告召回。具体办法另行规定。

第七十二条 国家质检总局和省级质量技

术监督部门应当建立严重违法行为企业公布制度，定期公布生产假冒伪劣食品的企业名单。

第七十三条 国家质检总局和省级质量技术监督部门应当通过查阅检验报告、检验结论对比等方式，对检验机构的检验过程和检验报告是否客观、公正、及时进行监督检查。

核查人员、检验机构及其检验人员刁难企业的，企业有权向国家质检总局和县级以上质量技术监督部门投诉。国家质检总局和县级以上质量技术监督部门接到投诉，应当及时进行调查处理。

第七章 核查人员和检验人员

第七十四条 国家对从事企业必备条件的核查人员实行资格管理制度，对食品检验人员实行职（执）业资格管理制度。

核查人员包括食品生产许可证注册审查员、高级审查员和技术专家。

第七十五条 国家质检总局负责统一制定核查人员和检验人员的考核标准，统一培训核查人员和检验人员的师资，统一组织注册审查员和高级审查员的考核注册。省级质量技术监督部门负责组织本辖区核查人员和检验人员的培训工作，负责检验人员考核发证。

第七十六条 国家质检总局统一规定检验人员的资格注册管理办法，省级质量技术监督部门具体负责检验人员的注册管理。

第七十七条 省级质量技术监督部门根据需要，可确定技术专家参加现场核查工作。

技术专家是指未取得审查员注册证书，但可以为企业必备条件现场核查提供技术咨询的专业技术人员。技术专家参加现场核查工作时，不作为核查组成员，不参与核查结论的决策。

技术专家应当具备一定的条件，并经省级质量技术监督部门批准、国家质检总局备案。未经批准、备案的人员不得作为技术专家参加核查工作。

第七十八条 核查人员、检验人员经注册或者批准备案后，方可持证上岗。未经考核合格取得相应的资格证书的人员，不得从事核查或者检验工作。

担任核查组组长的审查员必须经省级质量技术监督部门批准并报国家质检总局备案。

第八章 法律责任

第七十九条 食品生产加工企业有下列情况之一的，责令其停止生产销售，没收违法生产销售的产品，并处违法生产销售产品（包括已售出和未售出的产品，下同）货值金额等值以上3倍以下的罚款；有违法所得的，没收违法所得；构成犯罪的，依法追究刑事责任。

（一）未取得食品生产许可证而擅自生产加工已实行生产许可证管理的食品的；

（二）已经被注销食品生产许可证或者食品生产许可证超过有效期仍继续生产加工已实行生产许可证管理的食品的；

（三）超出许可范围擅自生产加工已实行生产许可证管理的食品的。

第八十条 取得食品生产许可证的企业生产条件、检验手段、生产技术或者工艺发生变化的，未按照本细则规定办理重新申请审查手续的，责令停止生产销售，没收违法生产销售的产品，并限期办理相关手续；逾期仍未办理的，处违法生产销售产品货值金额3倍以下罚款；有违法所得的，没收违法所得；构成犯罪的，依法追究刑事责任。

取得食品生产许可证的企业名称发生变化，未按照本细则规定办理变更手续，责令限期办理相关手续；逾期仍未办理的，责令停止生产销售，没收违法生产销售的产品，并处违法生产销售产品货值金额等值以下的罚款；有违法所得的，没收违法所得。

第八十一条 取得食品生产许可证的企业未按本细则规定提交年度报告的，责令限期改正；逾期未改正的，处以5千元以下的罚款。

第八十二条 取得食品生产许可证的企业未按本细则规定标注QS标志和食品生产许可证编号的，责令限期改正；逾期未改正的，处违法生产销售产品货值金额30%以下的罚款；有违法所得的，没收违法所得；情节严重的，吊销食品生产许可证。

第八十三条 取得食品生产许可证的企业出租、出借或者转让食品生产许可证证书、QS标志和食品生产许可证编号的，责令限期改正，处20万元以下罚款；情节严重的，吊销食品生产许可证。

违法接受并使用他人提供的食品生产许可证证书、QS标志和食品生产许可证编号的，责令停止生产销售，没收违法生产销售的产品，处违法生产销售产品货值金额等值以上3倍以下的罚款；有违法所得的，没收违法所得；构成犯罪的，依法追究刑事责任。

第八十四条 取得食品生产许可证的产品经国家监督抽查或者省级监督抽查不合格的，责令限期整改；整改到期经复查仍不合格的，吊销食品生产许可证。

取得食品生产许可证的产品经国家监督抽查或者省级监督抽查，涉及安全卫生等强制性标准规定的项目或者反映产品特征性能的项目连续2次不合格的，吊销食品生产许可证。

第八十五条 取得食品生产许可证的企业由于食品质量安全指标不合格等原因发生事故造成严重后果的，吊销食品生产许可证，并按照有关法律法规给予处理。

第八十六条 伪造、变造、冒用食品生产许可证证书、QS标志或者食品生产许可证编号的，责令改正，没收违法生产销售的产品，并处违法生产销售产品货值金额等值以上3倍以下的罚款；有违法所得的，没收违法所得；构成犯罪的，依法追究刑事责任。

第八十七条 食品生产加工企业用欺骗、贿赂等不正当手段取得食品生产许可证的，撤销生产许可，并处20万元以下罚款；企业在3年内不得再次申请食品生产许可；构成犯罪的，依法追究刑事责任。

食品生产加工企业隐瞒有关情况或者提供虚假材料申请食品生产许可的，不予受理或者不予许可，给予警告。该食品生产加工企业1年内不得再次申请食品生产许可。

第八十八条 取得食品生产许可证的企业向负责监督检查的质量技术监督部门隐瞒有关情况、提供虚假材料或者拒绝提供反映其活动情况的真实材料的，责令改正，处3万元以下罚款。

第八十九条 食品生产加工企业不能持续保持应当具备的环境条件、卫生要求、厂房场所、设备设施或者检验条件，责令限期改正，处5千元以下的罚款；逾期不改正的，建议有关部门撤销相关行政许可，取得食品生产许可证的企业撤销食品生产许可。

第九十条 食品生产加工企业在生产加工活动中使用未取得生产许可证的实施生产许可证管理产品的，责令改正，处5万元以上20万元以下的罚款；有违法所得的，没收违法所得。取得食品生产许可证的企业有此行为且情节严重的，吊销食品生产许可证。

当事人有充分证据证明其不知道该产品为未取得生产许可证的实施生产许可证管理的产品并能如实说明进货来源的，可以从轻或者减轻处罚。

第九十一条 在食品生产中掺杂、掺假，以假充真，以次充好，或者以不合格产品冒充合格产品的，按照《中华人民共和国产品质量法》第五十条的规定处罚。取得食品生产许可证的企业有此行为的，吊销食品生产许可证。

第九十二条 生产和在生产中使用国家明令淘汰的食品及相关产品，按照《中华人民共和国产品质量法》第五十一条的规定处罚。取得食品生产许可证的企业有此行为且情节严重的，吊销食品生产许可证。

第九十三条 伪造产品产地的，伪造或者冒用他人厂名、厂址的，伪造或者冒用认证标志等质量标志的，按照《中华人民共和国产品质量法》第五十三条的规定处罚。取得食品生产许可证的企业有此行为且情节严重的，吊销食品生产许可证。

第九十四条 食品生产加工企业存在下列行为之一的，责令限期改正；逾期不改正的或者情节严重的，责令停止生产销售，处3万元以下罚款。取得食品生产许可证的企业有此行为且情节严重的，吊销食品生产许可证。

（一）委托未取得食品生产许可证的企业生

产加工已实行生产许可证管理的食品的；

（二）未按本细则规定实施出厂检验的；

（三）违反规定使用过期的、失效的、变质的、污秽不洁的、回收的、受其他污染的食品或者非食用的原料生产加工食品的；

（四）利用新资源生产食品、使用食品添加剂新品种、新的原材料生产的食品容器、包装材料和食品用工具、设备的新品种不能提供安全评价报告的；

（五）未按本细则规定进行委托加工食品备案或者未按规定在委托加工生产的食品包装上标注的。

第九十五条 食品生产加工企业存在下列行为之一的，责令限期改正；逾期不改正的或者情节严重的，处5千元以下罚款。

（一）未按本细则规定进行强制检验、比对检验或者加严检验的；

（二）无标或者不按标准组织生产的；

（三）未按本细则规定实施进货验收制度并建立进货台账的；

（四）未将使用食品添加剂情况备案或者未按国家规定进行其他备案的；

（五）无生产记录或者销售记录的。

第九十六条 食品生产加工企业存在本细则第二十条（二）、（三）、（四）、（五）、（六）行为的，按照《中华人民共和国食品卫生法》第四十二条的规定处理。

第九十七条 食品生产加工企业违反规定使用食品添加剂、食品容器、包装材料和食品用工具、设备以及洗涤剂、消毒剂的，按照《中华人民共和国食品卫生法》第四十四条的规定处理。

第九十八条 被吊销食品生产许可证的企业，3年内不得再次申请食品生产许可证。

第九十九条 县级以上质量技术监督部门根据已经取得的违法嫌疑证据或者举报，认为取得食品生产许可证的企业存在应当依法吊销食品生产许可证行为的，要立即暂扣其生产许可证。

暂扣许可证期限为7日（产品检验时间除外）。对经依法调查决定不吊销的，暂扣的证书应当及时发还企业。

第一百条 企业或者检验机构的检验、检测仪器属于强制检定范围的计量器具，未按照规定申请检定或者属于非强制检定范围的计量器具未自行定期检定或者送其他计量检定机构定期检定的，以及经检定不合格继续使用的，按照《中华人民共和国计量法实施细则》第四十六条的规定处罚。

第一百零一条 承担产品发证检验任务的检验机构伪造检验结论或者出具虚假证明的，责令改正，对单位处5万元以上10万元以下的罚款，对直接负责的主管人员和其他直接责任人员处1万元以上5万元以下的罚款；有违法所得的，并处没收违法所得；情节严重的，撤销其检验资格；构成犯罪的，依法追究刑事责任。

检验机构及其检验人员从事与其检验的实施食品质量安全市场准入管理食品相关的生产销售活动，或者以其名义推荐或者监制、监销其检验的列入生产许可证管理食品的，处2万元以上10万元以下罚款；有违法所得的，没收违法所得；情节严重的，撤销其检验资格。

第一百零二条 核查人员、检验人员在工作中不科学、不公正地履行职责的，视情节轻重给予批评、警告或者调离岗位及其他必要的行政处分；情节严重的，取消资格；构成犯罪的，依法追究刑事责任。

第一百零三条 从事食品质量安全监督管理工作的机构和工作人员有违法违规行为的，按照《中华人民共和国工业产品生产许可证管理条例》第六十条、第六十一条、第六十二条、第六十三条、第六十四条处理。

第一百零四条 本细则规定的吊销食品生产许可证的行政处罚由省级或者市（地）级质量技术监督部门决定。在决定吊销国家质检总局核发的食品生产许可证前，由省级质量技术监督部门统一按规定程序报总局核准。决定吊销由省级质量技术监督部门核发的食品生产许可证前，市（地）级质量技术监督部门应当按程序报省级质量技术监督部门核准。

吊销食品生产许可证的行政处罚决定应当及时通报同级卫生主管部门、工商行政管理部门等有关部门。

本细则规定的其他行政处罚由县级以上质量技术监督部门根据职权范围决定。

第一百零五条 食品生产加工企业对行政机关依据本细则所给予的行政处罚不服的，可以依法提出行政复议或者行政诉讼。

第九章 附 则

第一百零六条 食品生产加工企业申请领取食品生产许可证和进行相关的产品质量检验，应当按照国家有关规定交纳费用。收费标准按照国家和省级物价（价格）部门批准的文件执行。

第一百零七条 本细则规定的期限以工作日计算，不含法定节假日。

第一百零八条 本细则由国家质检总局负责解释。本细则自2005年9月1日起施行。国家质检总局2003年7月18日发布的《食品生产加工企业质量安全监督管理办法》同时废止。

商品条码管理办法

（2005年5月16日发布，2005年10月1日起施行）

第一章 总 则

第一条 为了规范商品条码管理，保证商品条码质量，加快商品条码在电子商务和商品流通等领域的应用，促进我国电子商务、商品流通信息化的发展，根据国家有关规定，制定本办法。

第二条 本办法所称商品条码包括零售商品、非零售商品、物流单元、位置的代码和条码标识。

我国采用国际通用的商品代码及条码标识体系，推广应用商品条码，建立我国的商品标识系统。

第三条 中华人民共和国境内商品条码的注册、编码、印制、应用及其管理，适用本办法。

第四条 国家质量监督检验检疫总局（以下简称国家质检总局）和国家标准化管理委员会（以下简称国家标准委）是全国商品条码工作的主管部门，统一组织管理全国商品条码工作。中国物品编码中心（以下简称编码中心）是全国商品条码工作机构，负责全国商品条码管理的具体实施工作。

第五条 厂商识别代码是商品条码的重要组成部分。任何单位和个人使用商品条码必须按照本办法核准注册，获得厂商识别代码。

第二章 注 册

第六条 依法取得营业执照和相关合法经营资质证明的生产者、销售者和服务提供者，可以申请注册厂商识别代码。

集团公司中具有独立法人资格的子公司需要使用商品条码时，应当按规定单独申请注册厂商识别代码。

第七条 厂商识别代码注册申请人（以下简称申请人）可以到所在地的编码中心地方分支机构（以下简称编码分支机构）申请注册厂商识别代码。

申请人应当填写《中国商品条码系统成员注册登记表》，出示营业执照或相关合法经营资质证明并提供复印件。

第八条 对申请人提供的申请资料，编码分支机构应当在5个工作日内完成初审。对初审合格的，编码分支机构签署意见并报送编码中心审批；对初审不合格的，编码分支机构应当将申请资料退给申请人并说明理由。

第九条 对初审合格的申请资料，编码中心应当自收到申请人交纳的有关费用之日起5个工作日内完成审核程序。对符合本办法第六、七条规定要求的，编码中心向申请人核准注册厂商识别代码；对不符合规定要求的，编码中心应当将申请资料退回编码分支机构并说明理由。

第十条 申请人获准注册厂商识别代码的，由编码中心发给《中国商品条码系统成员证书》（以下简称《系统成员证书》），取得中国商品条码系统成员（以下简称系统成员）资格。

第十一条 具有下列情形之一的，不予注册厂商识别代码：

（一）不能出示营业执照或相关合法经营资质证明文件的。

（二）社会组织、行业协会、中介机构等组织或单位，非本单位使用厂商识别代码的。

（三）违反法律法规或者国际物品编码协会章程的其他情形。

第十二条 编码中心应当定期公告系统成员及其注册的厂商识别代码。

第三章 编码、设计及印刷

第十三条 商品条码的编码、设计及印刷应当符合《商品条码》（GB12904）等相关国家标准的规定。编码中心应当按照有关国家标准编制厂商识别代码。

第十四条 系统成员应当按照有关国家标准编制商品代码，向所在地的编码分支机构通报编码信息。

第十五条 企业在设计商品条码时，应当根据应用需要采用《商品条码》（GB12904）、《储运单元条码》（GB/T16830）、《EAN·UCC系统128条码》（GB/T15425）等国家标准中规定的条码标识。

第十六条 从事商品条码印刷的企业可以向条码工作机构提出申请，取得印刷资质。获得印刷资质的印刷企业，可优先承接商品条码的印刷业务。具体管理办法由国家质检总局另行规定。

第十七条 印刷企业应当按照有关国家标准印刷商品条码，保证商品条码印刷质量。

印刷企业接受商品条码印刷业务时，应当查验委托人的《系统成员证书》或境外同等效力的证明文件并进行备案。

第十八条 条码工作机构鼓励系统成员和相关单位委托具有商品条码印刷资格的企业印刷商品条码。

第四章 应用和管理

第十九条 系统成员对其厂商识别代码、商品代码和相应的商品条码享有专用权。

第二十条 系统成员不得将其厂商识别代码和相应的商品条码转让他人使用。

第二十一条 任何单位和个人未经核准注册不得使用厂商识别代码和相应的条码。

任何单位和个人不得在商品包装上使用其他条码冒充商品条码；不得伪造商品条码。

第二十二条 销售者应当积极采用商品条码。销售者在其经销的商品没有使用商品条码的情况下，可以使用店内条码。店内条码的使用，应当符合国家标准《店内条码》（GB/T18283）的有关规定。

生产者不得以店内条码冒充商品条码使用。

第二十三条 销售者进货时，应当查验与商品条码对应的《系统成员证书》或者同等效力的证明文件。

第二十四条 销售者不得经销违反第二十一条规定的商品。

销售者不得以商品条码的名义向供货方收取进店费、上架费、信息处理费等费用，干扰商品条码的推广应用。

第二十五条 在国内生产的商品使用境外注册的商品条码时，生产者应当提供该商品条码的注册证明、授权委托书等相关证明，并到所在地的编码分支机构备案，由编码分支机构将备案材料报送编码中心。

第二十六条 国家质检总局、国家标准委负责组织全国商品条码的监督检查工作，各级地方质量技术监督行政部门负责本行政区域内商品条码的监督检查工作。

第二十七条 各地质量技术监督行政部门要积极配合地方政府和有关部门，引导商品生产者、销售者、服务提供者积极采用国际通用的商品代码及条码标识体系，使用商品条码，保证商品条码质量，提高企业在商品生产、储运、配送、销售等各环节的现代化管理水平。

第五章 续展、变更和注销

第二十八条 厂商识别代码有效期为2年。

系统成员应当在厂商识别代码有效期满前3个月内，到所在地的编码分支机构办理续展手续。逾期未办理续展手续的，注销其厂商识别代码和系统成员资格。

第二十九条 系统成员的名称、地址、法定代表人等信息发生变化时，应当自有关部门批准之日起30内，持有关文件和《系统成员证书》到所在地的编码分支机构办理变更手续。

第三十条 系统成员停止使用厂商识别代码的，应当在停止使用之日起3个月内到所在地的编码分支机构办理注销手续。

第三十一条 已被注销厂商识别代码的生产者、销售者和服务提供者，需要使用商品条码时，应当重新申请注册厂商识别代码。

第三十二条 任何单位和个人不得擅自使用已经注销的厂商识别代码和相应条码。

第三十三条 编码中心应当定期公告已被注销系统成员资格的企业名称及其厂商识别代码。

第六章 法律责任

第三十四条 系统成员转让厂商识别代码和相应条码的，责令其改正，没收违法所得，处以3 000元罚款。

第三十五条 未经核准注册使用厂商识别代码和相应商品条码的，在商品包装上使用其他条码冒充商品条码或伪造商品条码的，或者使用已经注销的厂商识别代码和相应商品条码的，责令其改正，处以30 000元以下罚款。

第三十六条 经销的商品印有未经核准注册、备案或者伪造的商品条码的，责令其改正，处以10 000元以下罚款。

第三十七条 销售者以商品条码的名义向供货商收取进店费等不正当费用的，供货商可依法要求退还。

第三十八条 本章所规定的行政处罚由县以上地方质量技术监督行政部门负责实施。

第三十九条 当事人对行政处罚不服的，可以依法申请行政复议或者提起行政诉讼。

第四十条 质量技术监督行政部门应当加强对条码工作机构的管理与监督。因条码工作机构及工作人员的失误，给系统成员造成重大损失的，依法给予行政处分。

第四十一条 从事商品条码管理工作的国家工作人员滥用职权、徇私舞弊的，由其主管部门给予行政处分；构成犯罪的，依法追究其刑事责任。

第七章 附 则

第四十二条 本办法下列用语的含义是：

商品条码是由一组规则排列的条、空及其对应代码组成，是表示商品特定信息的标识。

零售商品代码与条码是指以满足零售扫描结算为主要目的，而为商品单元编制的代码和条码标识。

非零售商品代码与条码是指以满足非零售结算为目的，而为商品单元所编制的代码和条码标识。在流通环节中，可以对该商品单元进行定价、订购或开具发票。

物流单元代码与条码是指对物流中临时性商品包装单元所编制的代码和条码标识。

位置代码与条码是指对厂商的物理位置、职能部门等所编制的代码与条码标识。

厂商识别代码是指国际通用的商品标识系统中表示厂商的唯一代码，是商品条码的重要组成部分。

商品代码是指包含厂商识别代码在内的对零售商品、非零售商品、物流单元、位置、资产及服务进行全球唯一标识的一组数字代码。

店内条码是指商店为便于商品在店内管理而对商品自行编制的临时性代码及条码标识。

第四十三条 商品条码收费按照国家有关规定执行。

第四十四条 本办法由国家质检总局负责解释。

第四十五条 本办法自2005年10月1日起施行。1998年7月3日原国家质量技术监督局颁布的《商品条码管理办法》同时废止。

定量包装商品计量监督管理办法

（2005年5月16日发布，2006年1月1日起施行）

第一条 为了保护消费者和生产者、销售者的合法权益，规范定量包装商品的计量监督管理，根据《中华人民共和国计量法》并参照国际通行规则，制定本办法。

第二条 在中华人民共和国境内，生产、销售定量包装商品，以及对定量包装商品实施计量监督管理，应当遵守本办法。

本办法所称定量包装商品是指以销售为目的，在一定量限范围内具有统一的质量、体积、长度、面积、计数标注等标识内容的预包装商品。

第三条 国家质量监督检验检疫总局对全国定量包装商品的计量工作实施统一监督管理。

县级以上地方质量技术监督部门对本行政区域内定量包装商品的计量工作实施监督管理。

第四条 定量包装商品的生产者、销售者应当加强计量管理，配备与其生产定量包装商品相适应的计量检测设备，保证生产、销售的定量包装商品符合本办法的规定。

第五条 定量包装商品的生产者、销售者应当在其商品包装的显著位置正确、清晰地标注定量包装商品的净含量。

净含量的标注由“净含量”（中文）、数字和法定计量单位（或者用中文表示的计数单位）三个部分组成。法定计量单位的选择应当符合本办法附表1的规定。

以长度、面积、计数单位标注净含量的定量包装商品，可以免于标注“净含量”三个中文字，只标注数字和法定计量单位（或者用中文表示的计数单位）。

第六条 定量包装商品净含量标注字符的最小高度应当符合本办法附表2的规定。

第七条 同一包装内含有多件同种定量包装商品的，应当标注单件定量包装商品的净含量和总件数，或者标注总净含量。

同一包装内含有多件不同种定量包装商品的，应当标注各种不同种定量包装商品的单件净含量和各种不同种定量包装商品的件数，或者分别标注各种不同种定量包装商品的总净含量。

第八条 单件定量包装商品的实际含量应当准确反映其标注净含量，标注净含量与实际含量之差不得大于本办法附表3规定的允许短缺量。

第九条 批量定量包装商品的平均实际含量应当大于或者等于其标注净含量。

用抽样的方法评定一个检验批的定量包装商品，应当按照本办法附表4中的规定进行抽样检验和计算。样本中单件定量包装商品的标注净含量与其实际含量之差大于允许短缺量的件数以及样本的平均实际含量应当符合本办法附表4的规定。

第十条 强制性国家标准、强制性行业标准对定量包装商品的允许短缺量以及法定计量单位的选择已有规定的，从其规定；没有规定的按照本办法执行。

第十一条 对因水分变化等因素引起净含量变化较大的定量包装商品，生产者应当采取措施保证在规定条件下商品净含量的准确。

第十二条 县级以上质量技术监督部门应当对生产、销售的定量包装商品进行计量监督检查。

质量技术监督部门进行计量监督检查时，应当充分考虑环境及水分变化等因素对定量包装商品净含量产生的影响。

第十三条 对定量包装商品实施计量监督检查进行的检验，应当由被授权的计量检定机构按照《定量包装商品净含量计量检验规则》进行。

检验定量包装商品，应当考虑储存和运输等环境条件可能引起的商品净含量的合理变化。

第十四条 定量包装商品的生产者、销售者在使用商品的包装时，应当节约资源、减少污染、正确引导消费，商品包装尺寸应当与商品净含量的体积比例相当。不得采用虚假包装或者故意夸大定量包装商品的包装尺寸，使消费者对包装内的商品量产生误解。

第十五条 国家鼓励定量包装商品生产者自愿参加计量保证能力评价工作，保证计量诚信。

省级质量技术监督部门按照《定量包装商品生产企业计量保证能力评价规范》的要求，对生产者进行核查，对符合要求的予以备案，并颁发全国统一的《定量包装商品生产企业计量保证能力证书》，允许在其生产的定量包装商品上使用全国统一的计量保证能力合格标志。

第十六条 获得《定量包装商品生产企业计量保证能力证书》的生产者，违反《定量包装商品生产企业计量保证能力评价规范》要求的，责令其整改，停止使用计量保证能力合格标志，可处5 000元以下的罚款；整改后仍不符合要求的或者拒绝整改的，由发证机关吊销其《定量包装商品生产企业计量保证能力证书》。

定量包装商品生产者未经备案，擅自使用计量保证能力合格标志的，责令其停止使用，可处30 000元以下罚款。

第十七条 生产、销售定量包装商品违反本办法第五条、第六条、第七条规定，未正确、清晰地标注净含量的，责令改正；未标注净含量的，限期改正，逾期不改的，可处1 000元以下罚款。

第十八条 生产、销售的定量包装商品，经检验违反本办法第九条规定的，责令改正，可处检验批货值金额3倍以下，最高不超过30 000元的罚款。

第十九条 本办法规定的行政处罚，由县级以上地方质量技术监督部门决定。

县级以上地方质量技术监督部门按照本办法实施行政处罚，必须遵守国家法律、法规和国家质量监督检验检疫总局关于行政案件办理程序的有关规定。

第二十条 行政相对人对行政处罚决定不服的，可以依法申请行政复议或者提起行政诉讼。

第二十一条 从事定量包装商品计量监督管理的国家工作人员滥用职权、玩忽职守、徇私舞弊，情节轻微的，给予行政处分；构成犯罪的，依法追究刑事责任。

从事定量包装商品计量检验的机构和人员有下列行为之一的，由省级以上质量技术监督部门责令限期整改；情节严重的，应当取消其从事定量包装商品计量检验工作的资格，对有关责任人员依法给予行政处分；构成犯罪的，依法追究刑事责任：

（一）伪造检验数据的。

（二）违反《定量包装商品净含量计量检验规则》进行计量检验的。

（三）使用未经检定、检定不合格或者超过检定周期的计量器具开展计量检验的。

（四）擅自将检验结果及有关材料对外泄露的。

（五）利用检验结果参与有偿活动的。

第二十二条 本办法下列用语的含义是：

（一）预包装商品是指销售前预先用包装材料或者包装容器将商品包装好，并有预先确定的量值（或者数量）的商品。

（二）净含量是指除去包装容器和其他包装材料后内装商品的量。

（三）实际含量是指由质量技术监督部门授权的计量检定机构按照《定量包装商品净含量计量检验规则》通过计量检验确定的定量包装商品实际所包含的量。

（四）标注净含量是指由生产者或者销售者在定量包装商品的包装上明示的商品的净含量。

（五）允许短缺量是指单件定量包装商品的标注净含量与其实际含量之差的最大允许量值（或者数量）。

（六）检验批是指接受计量检验的，由同一生产者在相同生产条件下生产的一定数量的同种定量包装商品或者在销售者抽样地点现场存在的同种定量包装商品。

（七）同种定量包装商品是指由同一生产者生产，品种、标注净含量、包装规格及包装材料均相同的定量包装商品。

（八）计量保证能力合格标志（也称C标志，C为英文“中国”的头一个字母）是指由国家质检总局统一规定式样，证明定量包装商品生产者的计量保证能力达到规定要求的标志。

第二十三条 本办法由国家质量监督检验检疫总局负责解释。

第二十四条 本办法自2006年1月1日起施行。原国家技术监督局发布的《定量包装商品计量监督规定》（国家技术监督局令第43号）同时废止。

表1 法定计量单位的选择和检查方法

检查要求			检查方法
	标注净含量的量限	计量单位	
质量	$Q_n<1\,000$ 克	g（克）	目测
	$Q_n \geq 1\,000$ 克	kg（千克）	
体积	$Q_n<1\,000$ 毫升	mL（ml）（毫升）	
	$Q_n \geq 1\,000$ 毫升	L（l）（升）	
长度	$Q_n<100$ 厘米	mm（毫升）或者 cm（厘米）	
	$Q_n \geq 100$ 厘米	m（米）	
面积	$Q_n<100$ 平方厘米	mm^2（平方毫米）或者 cm^2（平方厘米）	
	1 平方分米 $\leq Q_n<100$ 平方分米	dm^2（平方分米）	
	$Q_n \geq 1$ 平方米	m^2（平方米）	

表2 净含量标注字符高度的要求和检查方法

标注净含量 Q_n	字符的最小高度/mm	检查方法
$Q_n \leq 50g$ $Q_n \leq 50ml$	2	使用钢直尺或游标卡尺测量字符高度
$50g<Q_n \leq 200g$ $50ml<Q_n \leq 200ml$	3	

续　表

标注净含量 Q_n	字符的最小高度/mm	检查方法
$200g < Q_n \leq 1\ 000g$ $200ml < Q_n \leq 1\ 000ml$	4	
$Q_n > 1kg$ $Q_n > 1L$	6	
以长度、面积、计数单位标注	2	

表3　允许短缺量

质量或体积定量包装商品标注净含量（Q_n）/g 或 ml	允许短缺量 T①	
	Q_n 的百分比	g 或 ml
0~50	9	—
50~100	—	4.5
100~200	4.5	—
200~300	—	9
300~500	3	—
500~1 000	—	15
1 000~10 000	1.5	—
10 000~15 000	—	150
15 000~50 000	1	—

长度定量包装商品标注净含量（Q_n）	允许短缺量（T）
$Q_n \leq 5m$	不允许出现短缺量
$Q_n > 5m$	$Q_n \times 2\%$

面积定量包装商品标注净含量（Q_n）	允许短缺量（T）
全部 Q_n	$Q_n \times 3\%$

计数定量包装商品标注净含量（Q_n）	允许短缺量（T）
$Q_n \leq 50$	不允许出现短缺量
$Q_n > 50$	$Q_n \times 1\%$②

注：①对于允许短缺量（T），当 $Q_n \leq 1kg$（L）时，T 值的 0.01g（ml）位修约至 0.1g（ml）；当 $Q_n > 1kg$（L）时，T 值的 0.1g（ml）位修约至 g（ml）；

②对标注净含量乘以1%，如果出现小数，就把该数进位到下一个紧邻的整数。这个值可能大于1%，但这是可以接受的，因为商品的个数为整数，不能带有小数。

表4　计量检验抽样方案

第一栏	第二栏	第三栏		第四栏	
检验批量 N	抽取样本量 n	样本平均实际含量修正值（λs）		允许大于1倍，小于或者等于2倍允许短缺量（T_1 类短缺）的件数	允许大于2倍允许短缺量（T_2 类短缺）的件数
		修正因子 $\lambda = t_{0.995} \times \frac{1}{\sqrt{n}}$	样本实际含量标准偏差 s		
1～10	N	—	—	0	0
11～50	10	1.028	s	0	0
51～99	13	0.848	s	1	0
100～500	50	0.379	s	3	0
501～3 200	80	0.295	s	5	0
大于3 200	125	0.234	s	7	0

样本平均实际含量应当大于或等于标注净含量减去样本平均实际含量修正值λs即

$$\bar{q} \geq (Q_n - \lambda s)$$

式中：

$\bar{q}$——样式平均实际含量，$\bar{q} = \frac{1}{n}\sum_{i=1}^{n} q_i$；

Q_n——标注净含量；

λ——修正因子；

q_i——单件商品的实际含量；

s——样本实际含量标准偏差，$s = \sqrt{\frac{1}{n-1}\sum_{i=1}^{n}(q_i - \bar{q})^2}$。

注：

1. 本抽样方案的置信度为99.5%。

2. 一个检验批的批量小于或等于10件时，只对每个单件定量包装商品的实际含量进行检验和评定，不作平均实际含量的计算。

ICS 67.160.10
X 60

中华人民共和国国家标准

GB 10344—2005
代替 GB 10344—1989

预包装饮料酒标签通则

General standard for the labeling of prepackaged alcoholic beverage

（以正式出版物为准）

2005-09-15 发布 2006-10-01 实施

中华人民共和国国家质量监督检验检疫总局
中国国家标准化管理委员会 发布

GB 10344—2005

前　言

本标准的5.3为推荐性条文，其余是强制性的。

本标准是与GB 7718—2004《预包装食品标签通则》相配套的食品标签系列国家标准之一，其基本要求和共性条款同GB 7718—2004。GB 7718—2004是非等效采用国际食品法典委员会(CAC)CODEX STAN 1—1985(1991、1999年修订)《预包装食品标签通用标准》。

本标准代替GB 10344—1989《饮料酒标签标准》。

本标准与GB 10344—1989相比，主要变化如下：

——标准名称改为：预包装饮料酒标签通则；

——饮料酒的酒精度由原来的“0.5%～65.0%(*V*/*V*)”改为“0.5%vol以上”；

——将GB 10344—1989第4章“总则”改为“基本要求”；对GB 7718—2004中4.10作了适当修改；增加了“4.11　所有标示内容均不应另外加贴、补印或篡改”；

——删除了GB 10344—1989第6章；

——明确了强制标示内容、强制标示内容的免除和非强制标示内容(见5.1、5.2、5.3)；

——增加了除甜味剂、防腐剂、着色剂应标示具体名称外，其余食品添加剂可按GB 2760《食品添加剂使用卫生标准》规定的类别名称标示(见5.1.2.2)；“加工助剂”不需要在“原料”或“原料与辅料”中标示(见5.1.2.3)；

——玻璃瓶包装的啤酒要求标示“警示语”(见5.1.10)；

——已实施工业产品生产许可证管理的酒类，要求标示生产许可证标记和编号(见5.1.11)；

——葡萄酒和酒精度超过10%vol的其他饮料酒可以免除标示保质期(见5.2)；

——推荐采用标示饮酒的“劝说语”(见5.3.2.2)。

本标准由中国轻工业联合会提出。

本标准由全国食品发酵标准化中心归口。

本标准起草单位：中国食品发酵工业研究院、青岛啤酒股份有限公司、北京燕京啤酒集团公司、中国长城葡萄酒有限公司和五粮液集团有限公司。

本标准主要起草人：田栖静、樊伟、冯景章、田雅丽、刘沛龙、陈斌、李小青、董建军、熊正河、刘文、郭新光。

本标准所代替标准的历次版本发布情况为：

——GB 10344—1989。

GB 10344—2005

预包装饮料酒标签通则

1 范围

本标准规定了：

——预包装饮料酒标签的术语和定义(见第3章)；

——预包装饮料酒标签的基本要求(见第4章)；

——预包装饮料酒标签的强制标示内容(见5.1)；

——预包装饮料酒标签强制标示内容的免除(见5.2)；

——预包装饮料酒标签的非强制标示内容(见5.3)。

本标准适用于提供给消费者的所有预包装饮料酒标签。

2 规范性引用文件

下列文件中的条款通过本标准的引用而成为本标准的条款。凡是注日期的引用文件，其随后所有的修改单(不包括勘误的内容)或修订版均不适用于本标准；然而，鼓励根据本标准达成协议的各方研究是否可使用这些文件的最新版本。凡是不注日期的引用文件，其最新版本适用于本标准。

GB 2760 食品添加剂使用卫生标准

GB 4927—2001 啤酒

GB 7718—2004 预包装食品标签通则

GB/T 12493 食品添加剂分类和代码

GB/T 17204—1998 饮料酒分类

3 术语和定义

GB 7718—2004确立的以及下列术语和定义适用于本标准。

3.1

饮料酒 alcoholic beverage

酒精度在0.5%vol以上的酒精饮料。包括各种发酵酒、蒸馏酒和配制酒。

3.2

发酵酒 fermented alcoholic drink

酿造酒 brewed alcoholic drink

以粮谷、水果、乳类等为原料，经发酵酿制而成的饮料酒。

注：改写GB/T 17204—1998，定义3.1。

3.3

蒸馏酒 distilled spirits

以粮谷、薯类、水果等为主要原料，经发酵、蒸馏、陈酿、勾兑而制成的饮料酒。

注：改写GB/T 17204—1998，定义3.2。

3.4

配制酒 blended alcoholic beverage

露酒 liqueur

以发酵酒、蒸馏酒或食用酒精为酒基，加入可食用的辅料或食品添加剂，进行调配、混合或再加工而制成的、已改变了其原酒基风格的饮料酒。

［GB/T 17204—1998，定义 3.3］

3.5

酒精度　alcoholic strength

乙醇含量　ethanol content

在 20℃时，100 mL 饮料酒中含有乙醇的毫升数，或 100 g 饮料酒中含有乙醇的克数。

注 1：考虑到目前国际通行情况，酒精度可以用体积分数表示，符号为：%vol。

注 2：在 ISO 4805:1982 中已指出应优先使用 %vol 和 %mass。

4　基本要求

4.1　预包装饮料酒标签的所有内容，应符合国家法律、法规的规定，并符合相应产品标准的规定。

4.2　预包装饮料酒标签的所有内容应清晰、醒目、持久；应使消费者购买时易于辨认和识读。

4.3　预包装饮料酒标签的所有内容，应通俗易懂、准确、有科学依据；不得标示封建迷信、黄色、贬低其他饮料酒或违背科学营养常识的内容。

4.4　预包装饮料酒标签的所有内容，不得以虚假、使消费者误解或欺骗性的文字、图形等方式介绍饮料酒；也不得利用字号大小或色差误导消费者。

4.5　预包装饮料酒标签的所有内容，不得以直接或间接暗示性的语言、图形、符号，导致消费者将购买的饮料酒或饮料酒的某一性质与另一产品混淆。

4.6　预包装饮料酒的标签不得与包装物（容器）分离。

4.7　预包装饮料酒的标签内容应使用规范的汉字，但不包括注册商标。

4.7.1　可以同时使用拼音或少数民族文字，但不得大于相应的汉字。

4.7.2　可以同时使用外文，但应与汉字有对应关系（进口饮料酒的制造者和地址，国外经销者的名称和地址、网址除外）。所有外文不得大于相应的汉字（国外注册商标除外）。

4.8　包装物或包装容器最大表面面积大于 20 cm^2 时，强制标示内容的文字、符号、数字的高度不得小于 1.8 mm。

4.9　如果透过外包装物能清晰地识别内包装物或容器上的所有或部分强制标示内容，可以不在外包装物上重复标示相应的内容。

4.10　每个最小包装（销售单元）都应有 5.1 规定的标示内容；如果在内包装容器（瓶）的外面另有直接向消费者交货的包装物（盒）时，也可以只在包装物（盒）上标注强制标示内容。其外包装（或大包装）按相关产品标准执行。

4.11　所有标示内容均不应另外加贴、补印或篡改。

5　标示内容

5.1　强制标示内容

5.1.1　酒名称

5.1.1.1　应在标签的醒目位置，清晰地标示反映饮料酒真实属性的专用名称。

5.1.1.1.1　当国家标准或行业标准中已规定了几个名称时，应选用其中的一个名称。

5.1.1.1.2　无国家标准或行业标准规定的名称时，应使用不使消费者误解或混淆的常用名称或通俗名称。

5.1.1.2　可以标示“新创名称”、“奇特名称”、“音译名称”、“牌号名称”、“地区俚语名称”或“商标名称”；但应在所示酒名称的邻近部位标示 5.1.1.1 规定的任意一个名称。

5.1.2　配料清单

5.1.2.1　预包装饮料酒标签上应标示配料清单。单一原料的饮料酒除外。

5.1.2.1.1　饮料酒的“配料清单”，宜以“原料”或“原料与辅料”为标题。

5.1.2.1.2　各种原料、配料应按生产过程中加入量从多到少顺序列出，加入量不超过2%的配料可以不按递减顺序排列。

5.1.2.1.3　在酿酒或加工过程中，加入的水和食用酒精应在配料清单中标示。

5.1.2.1.4　配制酒应标示所用酒基，串蒸、浸泡、添加的食用动植物（或其制品）、国家允许使用的中草药以及食品添加剂等。

5.1.2.2　当酒类产品的国家标准或行业标准中规定允许使用食品添加剂时，食品添加剂应符合GB 2760的规定；甜味剂、防腐剂、着色剂应标示具体名称；其他食品添加剂可以按GB 2760的规定标示具体名称或类别名称。当一种酒中添加了两种或两种以上"着色剂"时，可以标示其类别名称（着色剂），再在其后加括号，标示GB/T 12493规定的代码。

5.1.2.3　在饮料酒生产与加工中使用的加工助剂，不需要在"原料"或"原料与辅料"中标示。

5.1.3　酒精度

5.1.3.1　凡是饮料酒，均应标示酒精度。

5.1.3.2　标示酒精度时，应以"酒精度"作为标题。

5.1.4　原麦汁、原果汁含量

5.1.4.1　啤酒应标示"原麦汁浓度"。其标注方式：以"柏拉图度"符号"°P"表示；在GB/T 17204—1998修订前，可以使用符号"°"表示原麦汁浓度，如"原麦汁浓度：12°"。

5.1.4.2　果酒（葡萄酒除外）应标注原果汁含量。其标注方式：在"原料与辅料"中，用"××%"表示。

5.1.5　制造者、经销者的名称和地址

同GB 7718—2004中5.1.5。

5.1.6　日期标示和贮藏说明

5.1.6.1　应清晰地标示预包装饮料酒的包装（灌装）日期和保质期，也可以附加标示保存期。如日期标示采用"见包装物某部位"的方式，应标示所在包装物的具体部位。

5.1.6.2　日期的标示应按年、月、日顺序；年代号一般应标示4位数字；难以标示4位数字的小包装酒，可以标示后2位数字。

示例1：

包装（灌装）日期：2004年1月15日灌装的酒，可以标示为
"2004 01 15"（年月日用间隔字符分开）；
或"20040115"（年月日不用分隔符）；
或"2004-01-15"（年月日用连字符分隔）；
或"2004年1月15日"。

示例2：

保质期：可以标示为
"2004年7月15日之前饮用最佳"
或"保质期至2004-07-15"；
或"保质期6个月（或180天）"。

5.1.6.3　如果饮料酒的保质期（或保存期）与贮藏条件有关，应标示饮料酒的特定贮藏条件，具体按相关产品标准执行。

5.1.7　净含量

5.1.7.1　净含量的标示应由净含量、数字和法定计量单位组成。

5.1.7.2　饮料酒的净含量一般用体积表示，单位：毫升或mL(ml)、升或L(l)。大坛黄酒可用质量表示，单位：千克或kg。

5.1.7.3　净含量的计量单位、字符的最小高度要求同GB 7718—2004中5.1.4.3和5.1.4.4。

5.1.7.4　净含量应与酒名称排在包装物或容器的同一展示版面。

5.1.7.5　同一预包装内如果含有相互独立的几件相同的小包装时，在标示小包装净含量的同时，还应

GB 10344—2005

标示其数量或件数。

5.1.8 产品标准号

同 GB 7718—2004 中 5.1.7。

5.1.9 质量等级

同 GB 7718—2004 中 5.1.8。

5.1.10 警示语

用玻璃瓶包装的啤酒，应按 GB 4927—2001 中 7.1.1 的规定标示“警示语”。

5.1.11 生产许可证

已实施工业产品生产许可证管理制度的酒行业，其产品应标示生产许可证标记和编号。

5.2 强制标示内容的免除

葡萄酒和酒精度超过 10%vol 的其他饮料酒可免除标示保质期。

5.3 非强制标示内容

5.3.1 批号

同 GB 7718—2004 中 5.3.1。

5.3.2 饮用方法

5.3.2.1 如有必要，可以标示（瓶、罐）容器的开启方法、饮用方法、每日（餐）饮用量、兑制（混合）方法等对消费者有帮助的说明。

5.3.2.2 推荐采用标示“过度饮酒，有害健康”、“孕妇和儿童不宜饮酒”等劝说语。

5.3.3 能量和营养素

同 GB 7718—2004 中 5.3.3。

5.3.4 产品类型

5.3.4.1 果酒、葡萄酒和黄酒可以标示产品类型或含糖量。果酒、葡萄酒和黄酒宜标示“干”、“半干”、“半甜”或“甜”型，或者标示其含糖量，标示方法按相关产品标准规定执行。

5.3.4.2 配制酒如以果酒、葡萄酒和黄酒为酒基或添加了糖的酒，宜标示其含糖量。

5.3.4.3 已确立香型的白酒，可以标示“香型”。

酒类商品批发、零售经营管理规范 SB/T10391－2005

（2005年5月17日发布，2005年7月1日实施）

前 言

为规范酒类商品市场流通秩序，指导酒类批发经营者改进经营管理，保证酒类商品在批发交易过程中的质量，保证批发交易信息的真实、完整和可追溯，特制定本标准。

本标准由中华人民共和国商务部提出并归口。

本标准起草单位：中国酿酒工业协会、中商流通生产力促进中心。

本标准主要起草人：王北鹰、曲英、王延才、刘普合、孔令羽、魏晓英、王耀荣。

1 范围

本标准规定了酒类批发经营者从事酒类商品批发交易活动应具备的经营技术条件与应实行的经营管理技术要求。

本标准适应于酒类商品的批发经营者。

2 规范性引用文件

下列文件中的条款通过本标准的引用而成为本标准的条款。凡是注日期的引用文件，其随后所有的修改单（不包括勘误的内容）或修订版均不适用于本标准，然而，鼓励根据本标准达成协议的各方研究是否可使用这些文件的最新版本。凡是不注日期的引用文件，其最新版本适用于本标准。

GB2757 蒸馏酒及配制酒卫生标准

GB2758 发酵酒卫生标准

GB10343 食用酒精

GB10344 饮料酒标签标准

GB/T17204 饮料酒分类（GB/T17204－1998，eqv OIV：1996）

3 术语和定义

下列术语和定义适用于本标准

3.1 酒类商品 alcohol commodities

作为商品流通的饮料酒，其他含酒精饮品和食用酒精。指酒精（乙醇含量）大于0.5%vol的含酒精饮料，包括各种发酵酒（啤酒、葡萄酒、果酒、黄酒等）、蒸馏酒（白酒、白兰地、威士忌、俄得克等）、配制酒（露酒）、食用酒精以及其他含有酒精成分的饮用品。

3.2 酒类商品批发 alcohol commodities wholesale

以向再销售者转售酒类商品为目的的交易活动方式。

4 经营技术条件

4.1 经营资质

应符合有关法律、法规、规章和相关标准的要求，取得营业执照、食品卫生许可证、税务登记证和有关法律、法规和规章所规定的酒类批发许可等其他证明。

4.2 经营场地

酒类批发经营者应具备固定的、与经营规模或经营技术水平相适应的经营场地，持有房屋产权证或经营场地租赁合同。保持经营场地的使用功能，不但改善经营场地环境。经过场地符合食品卫生管理、消防和建筑设计防火要求。

4.2.1 选址

应符合本地区的商业网点规划要求和酒类

商品特性要求。

4.2.2 交易场所

4.2.2.1 应设于建筑物内，具备完整的、符合批发贸易所必需的照明和空气调节条件。

4.2.2.2 应满足商品展示、交易洽谈、信息公示、资金结算等活动的要求，具备相对独立的功能空间，并有明显的标识。

4.2.3 仓储设施

4.2.3.1 应相对固定，与交易场所分离。

4.2.3.2 应远离高污染和高辐射地区，远离热源或采取必要措施使其不受热源的影响。

4.2.3.3 应设于建筑物内，干燥、通风、地面平整、清洁。

4.2.3.4 应能满足所经营酒类商品的温度等方面的储藏要求。

4.3 经营设备

酒类批发经营者应具备满足商品陈列、储运、资金结算要求的设备系统，并保持设备功能正常。

4.3.1 商品陈列设备

应有独立、稳固的商品陈列设备，有良好的照明条件，能全面、安全地展示商品。

4.3.2 商品仓储设备

应有相对固定的商品仓储设备，确保商品安全有效地储存、搬运和装卸。

4.3.3 资金结算设备

应有完整的资金结算设备，包括支票打印和发票打印设备。设备应选用国家许可的产品。

4.3.4 经营服务设施

应具备满足自身使用和客户使用的通讯、货物运输等经营服务设施，保持经营服务设施功能正常，并不断提高其服务能力。

4.4 专业人员

应拥有具备酒类知识，熟悉国家有关规定和有关标准的人员。

5 经营管理技术要求

5.1 采购管理

酒类批发经营者应保证所选择的供应商是合法的经营主体，采购的商品符合产品质量标准要求，采购过程信息记录完整、真实。

5.1.1 供应商的选择

5.1.1.1 应选择具备合法的主体资质条件的供应商，认真审核其有效的营业执照、生产许可证或准产证、批发许可证、食品卫生许可证、产品质量检验合格证明和国家规定的其他证明等，对进口酒类商品还要审核其国家出入境检验检疫部门核发的《进口食品卫生证书》和《进口食品标签审核证书》。

5.1.1.2 对在政府主管部门或政府指定的企业信用档案管理系统中被列入信用黑名单的企业不应作为供应商。

5.1.2 采购商品的质量控制

在采购商品时应实施质量控制，具备鉴别酒类质量的控制流程，执行 GB2757、GB2758、GB10343、GB/T17204 等相关条文，根据需要可与有资质的酒类商品质量检测机构建立委托检验业务关系，执行 GB10344 相关条文，应对采购的酒类商品的品种、规格、数量、批次、标识、产地、出厂检验证明等进行审核。

5.1.3 采购过程信息记录的管理

5.1.3.1 酒类批发经营者应建立采购过程信息管理台账，保证采购过程信息的真实性、完整性和可追溯性，并完整保存三年。

5.1.3.2 采购过程信息管理台账应记录下述信息：

——供应商基本信息（如企业名称、注册地址、目前办公地址、法定代表人、许可证代码、联系电话等）；

——采购商品基本信息（如名称、产地、种类、数量、批次、标准、价格、订货日期、到货期限等）；

——商品质量信息（如质量证明文件、质量检查鉴定等）；

——“索证索票”状况信息；

——采购商品入库保管的相关信息。

5.2 批发销售管理

酒类批发经营者应保证批发销售的下游客户具备合法的酒类经营主体资质条件，所批发销售的商品质量与销售合同所标明的商品质量要求相符，批发销售过程信息记录完整、真实。

5.2.1 客户的管理

5.2.1.1 酒类批发经营者应保证所选择的下游客户具备合法的酒类经营主体资质条件，认真审验其营业执照、经营许可证、食品卫生许可证等资质证明，并按照国家有关规定进行严格的索证。

5.2.1.2 对在政府主管部门或政府指定的企业信用档案管理系统中被列入信用黑名单的企业不应作为下游客户。

5.2.2 批发销售的商品质量管理

5.2.2.1 酒类批发经营者应保证向下游客户提供的商品与销售合同规定的质量要求相符，在酒类批发过程中不得混入其他商品或假冒伪劣商品，并有明确的流程控制加以保证。

5.2.2.2 酒类批发经营者应向下游客户提供发货票或供货凭证，并注明酒类商品名称、规格、数量、金额及产品批号。

5.2.2.3 酒类商品不与有毒、有害、污染物（源）、腐蚀性物品等混放。

5.2.3 批发销售过程信息记录的管理

5.2.3.1 酒类批发经营者应建立向下游客户销售过程信息管理台账，保证销售过程信息的真实性、完整性和可追溯性，并完整保存三年。

5.2.3.2 销售过程信息管理台账应记录下列信息：

——下游客户基本信息（如企业名称、注册地址、目前办公地址、法定代表人、许可证代码、联系电话等）；

——销售商品基本信息（如名称、产地、种类、数量、批次、标准、价格、出货日期、到货期限等）；

——商品质量信息（如质量证明文件、质量检查或鉴定等）；

——“索证”状况信息；

——所供应商品在库保管的相关信息。

5.3 人员管理

5.3.1 直接接触酒类商品的人员应定期进行健康检查，取得健康证。

5.3.2 配备经过专业培训，并按国家或行业规定取得岗位资格证书的人员。

5.4 财务管理

应符合国家财务管理有关要求。

5.5 广告管理

酒类商品的宣传广告应遵守《中华人民共和国广告法》的有关规定。

食品质量认证实施规则——酒类

1 目的和范围

1.1 为维护消费者权益、引导消费，规范酒类认证工作，进一步促进中国酒类行业质量安全水平的提高，创建中国酒类名牌产品和企业，根据《中华人民共和国认证认可条例》，制定本规则。

1.2 本规则规定了从事酒类质量认证的认证机构的认证受理、检查和评定的程序及管理的基本要求。

1.3 本规则对酒类生产企业的良好生产规范（GMP）、良好卫生规范（GHP）、危害分析与关键控制点（HACCP）原理的应用，以及产品卫生、理化、感官等方面提出了要求，通过一次认证活动对酒类生产质量保证能力及产品安全卫生质量水平做出全面评价。

1.4 本规则适用于蒸馏酒、发酵酒、配制酒等饮料酒及食用酒精的质量安全等级认证。

2 认证机构要求

从事酒类质量安全认证活动的认证机构，应当具备《中华人民共和国认证认可条例》规定的基本条件和从事酒类质量认证的专业技术能力，应当满足GB/T27065《产品认证机构通用要求》的技术要求。国家认证认可监督管理委员会在批准认证机构从事酒类质量安全认证过程中，应当征求商务部的意见。

3 认证人员要求

认证检查人员应当具备必要的酒类生产、食品质量安全及认证审核、检查等方面的教育、培训或工作经历，并按照《认证及认证培训、咨询人员管理办法》（质检总局2004年第61号令）有关规定，取得国家认证认可监督管理委员会确定的人员认证机构的执业注册资格。

4 认证模式

抽样检验+初始工厂检查+获证后的监督。必要时，认证机构可根据认证产品特点，采用GB/T27065《产品认证机构通用要求》规定的其他认证模式或增加技术要求实施认证。认证机构应就此制定相应的认证程序文件，并报国家认证认可监督管理委员会备案。

5 认证程序

5.1 认证申请

5.2 抽样检验

5.3 初始工厂检查

5.4 认证结果评价与批准

5.5 获证后监督

6 认证实施

6.1 认证

6.1.1 认证产品单元划分

6.1.1.1 认证产品单元按《酒类产品认证目录》划分。若同一产品单元有多种规格类型，按照国家标准或行业标准划分；同一产品单元内，若工艺和原料有较大差异，应视作不同的产品单元。

6.1.1.2 同一制造商，在不同生产场地生产的酒类产品，应视作不同的认证产品单元。

6.1.2 申请人应向认证机构提交正式申请书，并附以下申请资料：

（1）法律地位证明文件（如《营业执照》复印件、企业年检登记证明复印件、税务登记证明复印件）；

（2）法规要求的行政许可证件（如《卫生许可证》、《生产许可证》复印件）；

（3）组织简介（包括企业名称、地理位置、历史沿革、生产的产品、员工的情况、设备设施的状况等）；

（4）厂区地理位置及厂区平面布局图；

（5）申请认证产品清单（清单内容至少包括：商标、品名、含量、规格类型）描述和工艺描述（包括产品的主要原辅材料、加工过程和成品的质量特性、产品执行标准复印件及标签、适用消费对象、贮存和使用要求、产品生产工艺流程图及关键控制点的技术参数）；

（6）同一申请单元内各个类型产品之间的一致性说明及其差异说明；

（7）近一年内产品送质检、卫生监督检测机构检测的检验报告复印件；

（8）省级商务主管部门出具的企业信誉证明材料；

（9）其他。

6.2 抽样检验

6.2.1 检验样本的获得

检验样本采用抽样的方式获得。抽样人员应为检查组成员或认证机构指派的人员；抽样可以在企业现场检查前进行，也可以在企业现场检查时进行。样本应当从工厂成品仓库的合格品中随机抽取。

6.2.1.1 抽样原则

认证产品单元为单一规格类型时，应从该规格类型的产品中抽样。认证产品单元有多种规格类型的，应从中确定有代表性的产品规格类型，再从该规格类型的产品中抽样。

6.2.1.2 抽样方法

按《酒类产品认证抽样方法》执行。

6.2.1.3 样本及相关资料的处置

检验完毕且结果无争议后，除留存样本外，其余样本可按双方约定的方式处理。其相关资料应归入检验记录档案。

6.2.2　产品检验

承担认证检测工作的检测机构应满足GB/T15481《检测和校准实验室能力的通用要求》的技术要求，认证机构应优先选择取得认可资质的检测机构承担认证检测工作。检测机构应当在0个工作日内完成检验。

6.2.2.1　检验依据

按《酒类产品认证目录》和《酒类产品认证检验方法》执行。当产品执行标准与《酒类产品认证目录》中规定的产品标准不一致时，认证机构应对认证产品与执行标准的一致性进行验证。

6.2.2.2　检验项目

按照《酒类产品认证目录》执行。

6.2.2　检验方法

按照《酒类产品认证检验方法》及产品标准中的检验方法执行。

6.2.3　利用其他检验结果

如果申请人能就认证产品单元的产品提供满足以下规定的检验报告，认证机构可以此检验报告作为该产品抽样检验的结果。

（1）检验报告由具有认可资质的检测机构出具的；

（2）检验报告中所示抽样方法、检验依据标准、检验项目、检验方法符合本文件6.2.1、6.2.2.1、6.2.2.2、6.2.2.3的规定；

（3）检验报告的签发日期为最近6个月内；

（4）检验样本由第三方机构抽取的，如果申请人提供的检验报告仅在检验项目方面不满足本文件6.2.2.2的规定，则认证机构应按本文件规定补充检验缺失的项目，其他项目检验结果可利用上述报告的结果。

6.2.4　感官品评

6.2.4.1　从事认证感官品评的品酒师应取得国家认证认可监督管理委员会指定的人员认证机构的执业注册资格

6.2.4.2　认证机构应组织注册品酒师组成七人以上专家组对认证产品按照《酒类产品认证目录》中规定的产品标准或增加的技术要求进行感官品评检测，自接收样本之日起，应当在30个工作日内出具报告。认证机构增加的感官品评要求应报国家认监委备案。

6.3　初始工厂检查

6.3.1　检查内容

初始工厂检查的内容为：产品质量保证能力检查+产品一致性检查。

6.3.1.1　产品质量保证能力检查

由认证机构派出检查组按照《酒类产品质量保证能力要求》对受检查方进行产品质量保证能力检查。有相关法律法规要求的，认证机构必须遵照检查。

6.3.1.2　产品一致性检查

应在生产现场对申请认证的产品进行一致性检查。若同一产品单元有多种规格类型的，至少应抽取一个规格类型重点核实以下内容：

（1）认证产品的单件包装标签和外包装箱标示上所标明信息应符合该产品的标准、技术规范和适用的国家有关标签标准规定；

（2）认证产品标示的产品名称、规格类型及性能指标应与抽样检验报告一致；

（3）认证产品的主要原辅材料、加工工艺等应与申报资料一致。当有证据表明认证产品存在或可能存在不一致时，应对该产品抽取样本进行现场见证试验。样本应从生产线末端或成品仓库合格品中抽取。

6.3.2　初始工厂检查应覆盖申请认证产品的所有加工场所和所涉及的活动。

6.3.3　初始工厂检查所需时间

认证机构应根据受检查方的生产规模和认证产品单元数等因素确定检查人日数，检查时间应确保检查的有效性。每个生产场所检查人/日数一般不得少于2人/日数。

6.4　认证结果评价与批准

6.4.1　认证机构应对产品抽样检验和初始工厂检查的结果进行综合评价，并做出认证决定。

6.4.2　产品认证等级分为：优级、一级、二级、一级、二级。产品在符合相应检测要求和感官品评要求的基础上，工厂质量保证能力应符合《酒类产品质量保证能力要求》中“初级要求”的有关规定；优级产品在符合相应检测要求和感官品评要求的基础上，工厂质量安全管理体系应符合《酒类产品质量保证能力要求》“初级要求”和“高级要求”中不加“＊”的规定；加“＊”的规定作为企业持续改进的建议，不作为产品认证要求。

6.4.3 对于合格的申请人，认证机构应按照有关要求确定认证等级，并颁发认证证书（每个申请单元颁发一张认证证书），准予使用认证标志。对于不合格的申请人，认证机构应书面通知其不能颁证的原因。对于工厂检查、产品检验和感官品评未达到申请人申请认证级别时，由认证机构与申请人协商降等级处理；如申请人不同意降等级，按该申请人不合格处理。

6.5 申请人如对认证决定有异议，可在接到认证决定10个工作日内向认证机构申诉。认证机构自收到申诉之日起，应在一个月内进行处理，并将处理结果书面通知申诉人。对处理结果仍有异议的，可以向国家认证认可监督管理委员会提出申诉。

6.6 申请人认为认证机构行为严重侵害了自身合法权益的，可以直接向国家认证认可监督管理委员会投诉。

6.7 获证后的监督

获证后的监督内容为：产品质量保证能力监督检查＋产品一致性监督检查＋产品监督检验

6.7.1 监督的频次

一般情况下，每年至少对工厂进行一次监督检查，两次监督检查时间间隔不能超过12个月。若发生下述情况之一可增加监督频次：

（1）获证产品出现严重质量安全问题或用户提出严重投诉并经查实为认证证书持有人责任的；

（2）认证机构有足够理由对获证产品与认证要求的符合性提出质疑时；

（3）有足够的信息表明生产者、生产厂因变更组织机构、生产条件、质量管理体系等，从而可能影响产品符合性或一致性时。

6.7.2 产品质量保证能力监督检查

认证机构应按《酒类产品质量保证能力要求》的规定进行监督检查。《酒类产品质量保证能力要求》中的1.1、1.3、2.1.2、2.4、5.2、5.4、5.5、5.9、7.5是每次监督检查时必查的项目，其他项目可以选查。获得优级产品认证的，监督检查时还必查《酒类产品质量保证能力要求》中3.2.4、3.2.8、3.3.4.1、3.3.6.3、3.3.7项目内容。在证书有效期内，产品质量保证能力监督检查应至少覆盖《酒类产品质量保证能力要求》中的全部要求，以确保质量安全管理体系的有效。工厂监督检查时间应根据受检查方的生产规模和认证产品单元数等因素确定检查人日数，检查时间应确保检查的有效性。每个生产场所检查人日数一般不得少于1人/日数。

6.7.3 产品一致性监督检查

应在生产现场对认证产品进行一致性进行监督检查。若同一产品单元有多种规格类型的，至少应抽取一个规格类型重点核实以下内容：

（1）认证产品的单件包装标签和外包装箱标示上所标明信息应符合该产品的标准、技术规范和适用的国家有关标签标准规定；

（2）认证产品标示的产品名称、规格类型及性能指标应与抽样检验报告/认证证书一致；

（3）认证产品的主要原辅材料、加工工艺等应与申报资料一致当有证据表明认证产品存在或可能存在不一致时，应对该产品抽取样本进行现场见证试验。样本应从生产线末端或成品仓库合格品中抽取。

6.7.4 产品监督检验

每次的产品监督检验应对证书覆盖产品的1/2以上进行产品监督检验。产品监督检验应在证书有效期内对其覆盖的所有产品检验一遍。承担产品监督检验的检测机构应满足GB/T15481《检测和校准实验室能力的通用要求》的技术要求，认证机构应优先选择取得认可资质的检测机构承担监督检验工作。检测机构应当在20个工作日内完成检验工作。认证机构可根据产品质量特性，按照《酒类产品认证目录》规定检验项目或全项目实施检验。当产品执行标准与《酒类产品认证目录》中规定的产品标准不一致时，认证机构还应对认证产品与执行标准的一致性进行验证。检验样本应在工厂成品仓库的合格品中随机抽取。

6.7.5　利用其他检验结果同6.2.3规定

6.7.6　获证后监督结果的评价

获证后的监督结果由认证机构进行评价。评价合格者，可以继续保持认证资格、使用认证标志。若在获证后监督时发现不符要求的，则应在规定的时间内完成纠正措施。逾期将撤销认证证书、停止使用认证标志，并对外公告。

7　认证证书

7.1　认证证书格式应当符合国家有关规定，由认证机构制发认证证书包括以下基本内容：

（1）中国食品质量认证标志；

（2）申请人名称；

（3）认证产品名称、规格、商标或者系列名称；

（4）生产者名称、生产场所地址；

（5）认证模式；

（6）认证依据的标准或者技术法规；

（7）认证等级；

（8）发证日期和有效期；

（9）发证机构和证书编号。

7.2　认证证书的保持

7.2.1　证书的有效性

证书有效期为3年。认证机构通过每年的监督来确保酒类产品生产质量的持续有效性。认证证书持有人拒绝认证机构对其实施监督检查的，认证机构有权撤销其认证证书。

7.2.2　认证产品的变更

获证产品的主要原辅材料、加工工艺或商标、名称、规格类型等变更，证书持有人应向认证机构提出变更申请。认证机构对变更的内容及提供的资料进行评审，确定是否可以变更或需抽样检验，如需抽样检验，检验合格后方能进行变更。

7.2.3　认证范围的扩展与缩减

7.2.3.1　需要扩展的产品与已获得认证的产品为同一单元时，应从认证申请开始办理手续，认证机构应检查扩展的产品与已认证产品的一致性，确认原认证结果对扩展产品的有效性，针对差异做补充产品检验和（或）工厂检查。如果扩展的产品与已获得认证的产品不为同一单元时，应按初次认证的产品对待。对于新开发的产品，必须在产品研发达到模拟生产实际操作情况后，方可提出认证申请。

7.2.3.2　产品缩减生产场所，认证机构应收回原有该生产场所的产品认证证书。同一申请单元的产品，停产12个月以上或不再生产，应更改/减少认证证书覆盖的产品范围。由认证机构收回原认证证书，换发更改/减少覆盖范围的认证证书。

7.3　认证证书的使用

按《认证证书和认证标志管理办法》（国家质检总局2004年第63号令）执行。

7.4　认证的复评

认证证书有效期截止前3个月，认证证书持有人可申请复评，复评程序同初次认证。

8　认证标志

8.1　认证标志式样

在使用认证标志时，必须在认证标志下标注认证机构名称和认证证书号。

8.2　标注方式

认证证书持有人可在获得认证的产品最终包装物上标注认证标志。认证机构应当对认证证书持有人使用认证标志的情况进行有效管理。

8.3　认证标志的使用

按《认证证书和认证标志管理办法》（国家质检总局2004年第63号令）执行。认证标志使用时可以等比例放大或缩小，但不允许变形、变色。

9　认证收费

按照《国家计委国家质量技术监督局关于印发产品质量认证收费管理办法和收费标准的通知》（计价格［1999］1610号）收取认证费用。

酒类商品批发经营管理规范

（2005 年 7 月 1 日实施）

1 范围

本标准规定了酒类批发经营者从事酒类商品批发交易活动应具备的经营技术条件与应实行的经营管理技术要求。

本标准适用于酒类商品的批发经营者。

2 规范性引用文件

下列文件中的条款通过本标准的引用而成为本标准的条款。凡是注日期的引用文件，其随后所有的修改单（不包括勘误的内容）或修订版均不适用于本标准，然而，鼓励根据本标准达成协议的各方研究是否可使用这些文件的最新版本。凡是不注日期的引用文件，其最新版本适用于本标准。

GB2757 蒸馏酒及配制酒卫生标准

GB2758 发酵酒卫生标准

GBl0343 食用酒精

GBl0344 饮料酒标签标准

GB/T17204 饮料酒分类（GB/T17204 - 1998，eqv OIV：1996）

3 术语和定义

下列术语和定义适用于本标准。

3.1 酒类商品 alcohol commodities

作为商品流通的饮料酒、其他含酒精饮品和食用酒精。指酒精度（乙醇含量）大于 0.5%vol 的含酒精饮料，包括各种发酵酒（啤酒、葡萄酒、果酒、黄酒等）、蒸馏酒（白酒、白兰地、威士忌、俄得克等）、配制酒（露酒）、食用酒精以及其他含有酒精成分的饮用品。

3.2 酒类商品批发 alcohol commodities wholesale 以向再销售者转售酒类商品为目的的交易活动方式。

4 经营技术条件

4.1 经营资质

应符合有关法律、法规、规章和相关标准的要求，取得营业执照、食品卫生许可证、税务登记证和有关法律、法规和规章所规定的酒类批发许可等其他证明。

4.2 经营场地

酒类批发经营者应具备固定的、与经营规模或经营技术水平相适应的经营场地，持有房屋产权证或经营场地租赁合同。保持经营场地的使用功能，不断改善经营场地环境。经营场地符合食品卫生管理、消防和建筑设计防火要求。

4.2.1 选址

应符合本地区商业网点规划要求和酒类商品特性要求。

4.2.2 交易场所

4.2.2.1 应设于建筑物内，具备完善的、符合批发贸易所必需的照明和空气调节条件。

4.2.2.2 应满足商品展示、交易洽谈、信息公示、资金结算等活动的要求，具备相对独立的功能空间，并有明显的标识。

4.2.3 仓储设施

4.2.3.1 应相对固定，与交易场所分离。

4.2.3.2 应远离高污染和高辐射地区，远离热源或采取必要措施使其不受热源的影响。

4.2.3.3 应设于建筑物内，干燥、通风，地面平整、清洁。

4.2.3.4 应能满足所经营酒类商品的温度等方面的储藏要求。

4.3　经营设备

酒类批发经营者应具备满足商品陈列、储运、资金结算要求的设备系统，并保持设备功能正常。

4.3.1　商品陈列设备

应有独立、稳固的商品陈列设备，有良好的照明条件，能全面、安全地展示商品。

4.3.2　商品仓储设备

应有相对固定的商品仓储设备，确保商品安全有效地储存、搬运和装卸。

4.3.3　资金结算设备

应有完整的资金结算设备，包括支票打印和发票打印设备。设备应选用国家许可的产品。

4.3.4　经营服务设施

应具备满足自身使用和客户使用的通讯、货物运输等经营服务设施，保持经营服务设施功能正常，并不断提高其服务能力。

4.4　专业人员

应拥有具备酒类知识，熟悉国家有关规定和有关标准的人员。

5　经营管理技术要求

5.1　采购管理

酒类批发经营者应保证所选择的供应商是合法的经营主体，采购的商品符合产品质量标准要求，采购过程信息记录完整、真实。

5.1.1　供应商的选择

5.1.1.1　应选择具备合法的主体资质条件的供应商，认真审核其有效的营业执照、生产许可证或准产证、批发许可证、食品卫生许可证、产品质量检验合格证明和国家规定的其他证明等，对进口酒类商品还要审核其国家出入境检验检疫部门核发的《进口食品卫生证书》和《进口食品标签审核证书》。

5.1.1.2　对在政府主管部门或政府指定的企业信用档案管理系统中被列入信用黑名单的企业不应作为供应商。

5.1.2　采购商品的质量控制

在采购商品时应实施质量控制，具备鉴别酒类质量的控制流程，执行GB2757、GB2758、GB10343、GB/T17204等相关条文，根据需要可与有资质的酒类商品质量检测机构建立委托检验业务关系，执行GB10344相关条文，应对采购的酒类商品的品种、规格、数量、批次、标识、产地、出厂检验证明等进行审核。

5.1.3　采购过程信息记录的管理

5.1.3.1　酒类批发经营者应建立采购过程信息管理台账，保证采购过程信息的真实性、完整性和可追溯性，并完整保存三年。

5.1.3.2　采购过程信息管理台账应记录下述信息：

——供应商基本信息（如企业名称、注册地址、目前办公地址、法定代表人、许可证代码、联系电话等）；

——采购商品基本信息（如名称、产地、种类、数量、批次、标准、价格、订货日期、到货期限等）

——商品质量信息（如质量证明文件、质量检查或鉴定等）；

——“索证索票”状况信息；

——采购商品入库保管的相关信息。

5.2　批发销售管理

酒类批发经营者应保证批发销售的下游客户具备合法的酒类经营主体资质条件，所批发销售的商品质量与销售合同所标明的商品质量要求相符，批发销售过程信息记录完整、真实。

5.2.1　客户的管理

5.2.1.1　酒类批发经营者应保证所选择的下游客户具备合法的酒类经营主体资质条件，认真审验其营业执照、经营许可证、食品卫生许可证等资质证明，并按照国家有关规定进行严格的索证。

5.2.1.2　对在政府主管部门或政府指定的企业信用档案管理系统中被列入信用黑名单的企业不应作为下游客户。

5.2.2　批发销售的商品质量管理

5.2.2.1　酒类批发经营者应保证向下游客户提供的商品与销售合同规定的质量要求相符，在酒类批发过程中不得混入其他商品或假冒伪劣商品，并有明确的流程控制加以保证。

5.2.2.2　酒类批发经营者应向下游客户提

供发货票或供货凭证，并注明酒类商品名称、规格、数量、金额及产品批号。

5.2.2.3 酒类商品不与有毒、有害、污染物（源）、腐蚀性物品等混放。

5.2.3 批发销售过程信息记录的管理

5.2.3.1 酒类批发经营者应建立向下游客户销售过程信息管理台账，保证销售过程信息的真实性、完整性和可追溯性，并完整保存三年。

5.2.3.2 销售过程信息管理台账应记录下列信息：

——下游客户基本信息（如企业名称、注册地址、目前办公地址、法定代表人、许可证代码、联系电话等）；

——销售商品基本信息（如名称、产地、种类、数量、批次、标准、价格、出货日期、到货期限等）；

——商品质量信息（如质量证明文件、质量检查或鉴定等）；

——“索证”状况信息；

——所供应商品在库保管的相关信息。

5.3 人员管理

5.3.1 直接接触酒类商品的人员应定期进行健康检查，取得健康证。

5.3.2 配备经过专业培训，并按国家或行业规定取得岗位资格证书的人员。

5.4 财务管理

应符合国家财务管理有关要求。

5.5 广告管理

酒类商品的宣传广告应遵守《中华人民共和国广告法》的有关规定。

酒类商品零售经营管理规范

（本规范2005年7月1日起执行）

为规范酒类商品市场流通秩序，加强对酒类商品零售的管理，保证酒类商品零售交易过程的规范性和经营产品质量的可靠性，保证商品零售交易信息的真实、完整和可追溯，特制定本标准。

本标准由中华人民共和国商务部提出并归口。

本标准起草单位：中国酿酒工业协会、中商流通生产力促进中心。

本标准主要起草人：王北鹰、曲英、王延才、刘普合、魏晓英、王耀荣。

1 范围

本标准规定了酒类零售经营者从事酒类商品零售交易活动应具备的经营条件与应实行的经营管理要求。

本标准适用于酒类商品的零售经营者。

2 规范性引用文件

下列文件中的条款通过本标准的引用而成为标准的条款。凡是注日期的引用文件，其随后所有的修改单（不包括勘误的内容）或修订版均不适用于本标准。然而，鼓励根据本标准达成协议的各方研究是否可使用这些文件的最新版本。凡是不注日期的引用文件，其最新版本适用于本标准。

GB2757 蒸馏酒及配制酒卫生标准

GB2758 发酵酒卫生标准

GB10343 食用酒精

GB10344 饮料酒标签标准

GB/T17110 商店购物环境与营销设施的要求

GB/T17204 饮料酒分类（GB/T 17204 - 1998，eqv OIV：1996）

3 术语和定义

下列术语和定义适用于本标准。

3.1 酒类商品零售 alcohol commodities retail

以直接向最终消费者销售酒类商品的交易活动方式。

4 经营条件

4.1 经营资质

4.1.1 应符合国家有关法律、法规、规章和相关标准的要求。

4.1.2 应取得合法的营业执照、食品卫生许可证、税务登记证各有关法律、法规、规章所规定的酒类零售许可待其他证明。

4.2 经营场地

酒类零售经营者应有相对固定的、与经营规模或经营技术条件相适应的经营场地，持有房屋产权证或经营场地租凭合同。经营场地符合食品卫生管理、消防和建筑设计防火要求。

4.2.1 选址

应符合酒类商品特性要求。

4.2.2 销售场所

4.2.2.1 应设于建筑物内，具备完整、符合商品零售所必需的照明、空气调节、空间通透的条件。

4.2.2.2 应明亮、整洁、具有商品展示、交易的功能，主通道和货架间具备 GB/T17110 规定的要求。

4.2.2.3 与仓储设施分开。

4.2.3 仓储设施

4.2.3.1 应有相对固定的仓储设施。

4.2.3.2 应远离高污染和高辐射地区，远离热源或采取必要措施使其不受热源的影响。

4.2.3.3 应设于建筑物内，地面平整，干燥通风，能够满足所经营酒类商品的温度等要求。

4.3 经营设备

4.3.1 商品陈列设备

应有独立、稳固的商品陈列、资金结算要求的设备，并保持设备功能的正常。

4.3.2 资金结算设备

应具备国家有关规定要求的资金结算设备。

4.4 专业人员

应拥有具备酒类知识，熟悉国家有关规定和有关标准的人员。

5 经营管理要求

5.1 采购管理

酒类零售经营者应保证所选择的供应商具备合法的经营主体资质条件，采购的商品符合国家产品质量标准要求，采购过程信息记录完整、真实。

5.1.1 供应商的选择

5.1.1.1 酒类零售经营者就保证所选择的酒类商品供应商具备合法的主体资质条件，认真审核其有效的营业执照、生产许可证或准产证、批发许可证、食品卫生许可证、产品质量检验合格证明和国空规定的其他证明等，对进口酒类商品还要审核其国家出入境检疫部门核发的《进口食品卫生证书》和《进口食品标签审核证书》

5.1.1.2 酒类零售经营者对在政府指定的企业信用档案系统中被列入信用黑名单的企业不应作为供应商。

5.1.2 采购商品的质量控制

酒类零售经营者应执行 GB10344 相关条文，对采购的酒类商品的品种、规格、数量、标识、产地、出厂检验证明等进行审核，执行 GB10344、GB2757、GB2758、GB10343、GB/T17204 等相关条文，应有对酒类商品的质量进行初步鉴别的控制流程。

5.1.3 采购过程信息记录的管理

5.1.3.1 酒类零售经营者应建立采购过程信息管理台账，保证采购过程信息的真实性、完整性和可追溯性，并完整保存三年。

5.1.3.2 采购过程信息管理台账应记录下

述信息：

——供应商基本信息（如企业名称、注册地址、目前办公地址、法定代表人、许可证代码、联系电话等）；

——采购商品基本信息（如名称、种类、数量、批次、标准、价格等）；

——商品质量信息（如质量证明文件、质量检查或鉴定等）；

——“索证索票”状况信息；

——采购商品入库信息。

5.2 销售管理

5.2.1 酒类零售经营者应向消费者提供质量合格的商品，不应销售假冒伪劣商品，并有明确的流程控制加以保证。

5.2.2 酒类零售经营者不应向未成年人销售酒类商品。

5.2.3 酒类零售经营者应向消费者提供销售小票或发票。

5.2.4 所售酒类商品应明码标价。

5.2.5 酒类商品不应与有毒、有害、污染物（源）、腐蚀性物品等混放。

5.3 人员管理

5.3.1 直接接触酒类商品的人员应定期进行健康检查，取得健康证。

5.3.2 配备经过专业培训，并按国家或行业规定取得岗位资格证书的人员。

5.4 广告管理

酒类商品的宣传广告应遵守《中华人民共和国广告法》的有关规定。

酒类流通管理办法

（2006年1月1日起施行）

第一章 总 则

第一条 为规范酒类流通秩序，促进酒类市场有序发展，维护国家利益，保护酒类生产者、经营者和消费者的合法权益，根据国家有关法律、法规，制定本办法。

第二条 本办法所称酒类是指酒精度（乙醇含量）大于0.5%vol的含酒精饮料，包括发酵酒、蒸馏酒、配制酒、食用酒精以及其他含有酒精成分的饮品。经国家有关行政管理部门依法批准生产的药酒、保健食品酒类除外。

本办法所称酒类流通包括酒类批发、零售、储运等经营活动。

第三条 在中华人民共和国境内从事酒类流通活动，应当遵守本办法。

第四条 酒类流通实行经营者备案登记制度和溯源制度。

第五条 商务部负责全国酒类流通监督管理工作。

县级以上商务主管部门负责本行政区域内酒类流通监督管理工作。

第二章 备案登记

第六条 从事酒类批发、零售的单位或个人（以下统称酒类经营者）应当在取得营业执照后60日内，按属地管理原则，向登记注册地工商行政管理部门的同级商务主管部门办理备案登记。

第七条 酒类经营者备案登记程序如下：

（一）领取《酒类流通备案登记表》（以下简称《登记表》）。《登记表》可以通过商务部政府网站（www.mofcom.gov.cn）下载，或到所在地商务主管部门领取。

（二）填写《登记表》。酒类经营者应完

整、准确、真实地填写《登记表》；同时认真阅读《登记表》所附条款，并由法定代表人或业主签字、盖章。

（三）向商务主管部门提交下述备案登记材料：

1. 按本办法第七条第（二）项要求填写的《登记表》一式两份；

2. 由法定代表人或业主签字、盖章的营业执照复印件和卫生许可证复印件；

3. 经商务部认可并由省级商务主管部门公示要求提交的其他材料。

第八条 商务主管部门应自收到酒类经营者提交的上述材料之日起5个工作日内办理备案登记手续，在《登记表》上加盖印章。

第九条 商务主管部门应当完整准确地记录和保存酒类经营者的备案登记信息和登记材料，建立备案登记档案，定期向上级主管部门报送，并可向社会公布。

第十条 登记表上的任何登记事项发生变更时，酒类经营者应当自变更之日起30日内（属于工商登记事项的自工商登记变更之日起30日内）向商务主管部门办理变更手续。

商务主管部门收到酒类经营者提交的书面材料后，应当在5个工作日内办理变更手续。

《登记表》自酒类经营者在工商行政管理部门注销登记或被吊销营业执照之日起自动失效。商务主管部门应定期与同级工商行政管理部门核实注销或吊销情况。

第十一条 商务主管部门在办理备案登记或变更备案登记时，仅可收取经当地物价部门核定的工本费，不得收取其他费用。

第十二条 酒类经营者不得伪造、涂改、出租、出借、转让、买卖或骗取《酒类流通备案登记表》。

第三章 经营规则

第十三条 从事酒类批发、零售、储运等经营活动应当依法执行国家或行业有关标准的规定。

第十四条 酒类经营者（供货方）在批发酒类商品时应填制《酒类流通随附单》（以下简称《随附单》），详细记录酒类商品流通信息。《随附单》附随于酒类流通的全过程，单随货走，单货相符，实现酒类商品自出厂到销售终端全过程流通信息的可追溯性。

《随附单》内容应包括售货单位（名称、地址、备案登记号、联系方式）、购货单位名称、销售日期、销售商品（品名、规格、产地、生产批号或生产日期、数量、单位）等内容，并加盖经营者印章。

已建立完善的并符合本办法要求的溯源制度的酒类经营者，经商务部认可，可以使用自行制定的单据，代替本办法规定的《随附单》。

第十五条 酒类经营者采购酒类商品时，应向首次供货方索取其营业执照、卫生许可证、生产许可证（限生产商）、登记表、酒类商品经销授权书（限生产商）等复印件。

酒类经营者对每批购进的酒类商品应索取有效的产品质量检验合格证明复印件以及加盖酒类经营者印章的《随附单》或符合本办法第十四条第二款规定的单据；对进口酒类商品还应索取国家出入境检验检疫部门核发的《进口食品卫生证书》和《进口食品标签审核证书》复印件。

酒类经营者应建立酒类经营购销台账，保留3年。

第十六条 酒类经营者应当在固定地点贴标销售散装酒，禁止流动销售散装酒。

散装酒盛装容器应符合国家食品卫生要求，粘贴符合国家饮料酒标签标准的标识，并标明开启后的有效销售期、经营者及其联系电话。

第十七条 酒类经营者储运酒类商品时应符合食品卫生管理、防火安全和储运的相关要求。酒类商品应远离高污染、高辐射地区，不得与有毒、有害、污染物（源）、腐蚀性等物品混放。

第十八条 酒类经营者销售酒类商品应明码标价，诚实守信。

第十九条 酒类经营者不得向未成年人销售酒类商品，并应当在经营场所显著位置予以明示。

第二十条 禁止批发、零售、储运以下商品：

（一）使用非食用酒精等有害人体健康物质兑制的酒类商品；

（二）伪造、篡改生产厂名、厂址、生产日期的酒类商品；

（三）侵犯商标专用权等知识产权的酒类商品；

（四）掺杂使假、以次充好、以假充真、超过保质期等的酒类商品和非法进口酒；

（五）其他国家法律法规禁止销售的酒类商品。

第四章 监督管理

第二十一条 县级以上商务主管部门依据国家有关法律、法规和本办法，对本行政区域内酒类流通进行监督管理。

各级商务主管部门不得限制或阻碍合法酒类商品在本地区的流通。

第二十二条 商务主管部门在监督管理时，应出示有效证件，执法人员不得少于两人。在有证据或接到举报等情况下，执法人员可以查阅账册或抽取样品。抽取样品的，应当向当事人出具有效凭证。

商务主管部门有义务为当事人保守商业秘密。

酒类经营者应配合商务主管部门的监督检查，如实提供情况，不得擅自转移、销毁待查受检酒类商品。

第二十三条 商务主管部门应建立酒类流通监测体系，对当地酒类流通情况进行监测分析，建立酒类经营者信用档案，并适时向社会公布。

商务部应用现代信息技术建立酒类流通管理和酒类商品安全信息系统，各级商务主管部门和酒类经营者应及时报送相关信息。

第二十四条 商务主管部门可自行或会同有关部门对本地区销售的酒类商品进行抽样检验，并可向社会公布检验结果。

商务主管部门出具或认可的酒类鉴定结论应以国家法定检测机构检测结果或被侵权企业的鉴别报告为依据。

第二十五条 鼓励酒类行业组织建立和完善行业自律制度。

第二十六条 任何单位或个人有权向当地商务主管部门、工商行政管理部门或有关部门举报、投诉违反本办法的行为。

第五章 法律责任

第二十七条 违反本办法第六条、第十条第一款规定的，由商务主管部门给予警告，责令其限期改正；逾期拒不改正的，可视情节轻重，对酒类经营者处两千元以下罚款，并可向社会公告。

违反本办法第十二条规定的，可视情节轻重，处一万元以下罚款；违反工商行政管理法律法规的移送工商行政管理机关依法处理；构成犯罪的，依法追究刑事责任。

第二十八条 违反本办法第十四条、第十五条规定的，由商务主管部门予以警告，责令改正，并可向社会公布；拒不改正的，可视情节轻重，处五千元以下罚款，并向社会公告。

第二十九条 违反本办法第十六、十七条规定的，由商务主管部门予以警告、责令改正；情节严重的，可处一万元以下罚款，并可移送工商行政管理机关依法处理；构成犯罪的，依法追究刑事责任。

第三十条 违反本办法第十九条规定的，由商务主管部门或会同有关部门予以警告，责令改正；情节严重的，处两千元以下罚款。

第三十一条 违反本办法第二十条规定的，由商务主管部门或会同有关部门没收非法商品，并可视情节轻重处三万元以下罚款；违反工商行政管理法律法规及侵犯商标专用权的，移送工商行政管理机关依法处理；违反其他法律法规的，移送相关机关依法处理；构成犯罪的，依法追究刑事责任。

第三十二条 违反本办法第二十二条第三款规定的，由商务主管部门予以警告、责令改正；情节严重的，可处一万元以下罚款。

第三十三条 商务主管部门从事酒类流通监督管理违反本办法规定的，依法给予行政处分。

第六章 附 则

第三十四条 已依法实行酒类流通行政许可管理的地区，应继续执行许可证制度，酒类商品流通按本办法实行溯源制度，酒类流通许可证书视同《登记表》。

第三十五条 《登记表》和《随附单》由商务部统一制定，省级商务主管部门负责具体实施。

第三十六条 县级以上商务主管部门可以依法委托相关机构从事酒类流通监督管理工作。

第三十七条 本办法由商务部负责解释。

第三十八条 本办法自2006年1月1日起施行，自施行之日起设立三个月过渡期。在过渡期内，酒类经营者应当按照本办法规定办理备案登记和建立酒类流通溯源制度。

白酒、酒精生产线改、扩、新建项目国家禁止用地

为贯彻《国务院关于深化改革严格土地管理的决定》（国发〔2004〕28号）和《国务院关于发布实施〈促进产业结构调整暂行规定〉的决定》（国发〔2005〕40号），进一步加强宏观调控，促进节约集约利用土地和产业结构调整，依据《产业结构调整指导目录（2005年本）》（国家发展改革委令第40号）和国家有关产业政策、土地供应政策，国土资源部与国家发展和改革委员会日前联合发出“关于发布实施《限制用地项目目录（2006年本）》和《禁止用地项目目录（2006年本）》的通知”，对新建、扩建和改建的建设用地项目进行了明确规范。白酒生产线、酒精生产线（燃料乙醇项目除外）被列入国家禁止用地项目目录。

通知指出，凡列入《限制目录》第一至第十类的建设项目或者采用所列工艺技术、装备的建设项目，各级国土资源管理部门和投资管理部门一律不得办理相关手续；凡列入第十一至第十四类的建设项目，必须符合目录规定条件，各级国土资源管理部门和投资管理部门方可办理相关手续。凡列入《禁止目录》的建设项目或者采用所列工艺技术、装备的建设项目，各级国土资源管理部门和投资管理部门一律不得办理相关手续。

通知指出，违反本通知规定办理相关手续的，要依法追究有关部门和有关责任人的责任。按照国务院批准的《产业结构调整指导目录》，凡采用明令淘汰的落后工艺技术、装备或者生产明令淘汰产品的建设项目，各级国土资源管理部门和投资管理部门一律不得办理相关手续。

（云南酒业）

食品卫生许可证管理办法

（2006年6月1日起施行）

第一章 总 则

第一条 为规范食品卫生许可证的申请与发放，保障卫生行政部门有效实施食品卫生监督管理，维护正常的食品生产经营秩序，保护消费者健康，根据《中华人民共和国食品卫生法》（以下简称《食品卫生法》）、《中华人民共和国行政许可法》等有关法律法规的规定，制定本办法。

第二条 任何单位和个人从事食品生产经营活动，应当向卫生行政部门申报，并按照规定办理卫生许可证申请手续；经卫生行政部门审查批准后方可从事食品生产经营活动，并承担食品生产经营的食品卫生责任。

第三条 地方人民政府卫生行政部门遵守本办法，对食品生产经营者发放卫生许可证。

第四条 食品添加剂、保健食品和新资源食品生产企业生产活动的卫生许可，由省级卫生行政部门发放卫生许可证。

其他食品生产经营者生产经营活动的卫生许可证由省级、设区的市级、县级卫生行政部门根据《关于卫生监督体系建设的若干规定》确定的职责范围发放。

地方性法规或省级人民政府规章对发放卫生许可证的卫生行政部门级别做出明确规定的，依照其规定。

第五条 卫生行政部门发放卫生许可证，必须严格按照法律、法规和规章规定的权限、范围、条件与程序，遵循公开、公平、公正、便民原则。

第六条 地方人民政府卫生行政部门应当建立卫生许可证信息管理制度，定期公告取得或者注销卫生许可证的食品生产经营者名录。

第七条 地方人民政府卫生行政部门应当建立健全发放卫生许可证的监督制度，加强对卫生行政部门内部发放卫生许可证的监督检查。

第八条 各级卫生行政部门不得采取备案、登记、注册等方式重复或者变相重复设置食品卫生许可。

第九条 任何单位和个人对卫生许可证发放和管理过程中的违法行为有权进行举报，卫生行政部门应当及时核实、处理。

第十条 卫生行政部门实施食品卫生许可所需经费，应当列入本行政机关预算。按照规定可以收费的，应当按照公布的法定项目和收费标准收取，所收缴的费用全部上缴国库。

第二章 卫生许可证申请

第十一条 任何从事食品生产经营活动的单位和个人申请卫生许可证的，应当符合相应的食品卫生法律、法规、规章、标准和规范的要求，具有与其食品生产经营活动相适应的条件。

第十二条 申请从事食品生产加工的，必须具备以下条件：

（一）具有卫生管理制度、组织和经过专业培训的专兼职食品卫生管理人员；

（二）具有与食品生产加工相适应的、符合卫生要求的厂房、设施、设备和环境；

（三）具有在工艺流程和生产加工过程中控制污染的条件和措施；

（四）具有符合卫生要求的生产用原、辅材料、工具、容器及包装物料；

（五）具有能对食品进行检测的机构、人员以及必要的仪器设备；

（六）从业人员经过上岗前培训、健康检查合格；

（七）省级卫生行政部门规定的其他条件。

第十三条 申请从事食品经营的，必须具备以下条件：

（一）具有卫生管理制度、组织和经过专业培训的专兼职食品卫生管理人员；

（二）具有与食品经营相适应的、符合卫生要求的营业场所、设施、设备和环境；

（三）具有在食品贮藏、运输和销售过程中控制污染的条件和措施；

（四）从业人员经过上岗前培训、健康检查合格；

（五）省级卫生行政部门规定的其他条件。

第十四条 申请从事餐饮业和食堂经营的，必须具备以下条件：

（一）具有卫生管理制度、组织和经过专业培训的专兼职食品卫生管理人员；

（二）具有符合卫生条件和要求的加工经营场所、清洗、消毒等卫生设施、设备；

（三）具有在食品采购、贮存、加工制作过程中控制污染的条件和措施；

（四）从业人员经过上岗前培训、健康检查合格；

（五）省级卫生行政部门规定的其他条件。

第十五条 申请卫生许可证所提交的材料，应当真实、完整，具体要求由省级卫生行政部门统一规定。

第三章 卫生许可证发放审查

第十六条 卫生行政部门对食品生产经营者提出的卫生许可证申请，应当在规定的期限内，按照法定的权限、范围、条件与程序，对其必须具备的生产经营条件进行量化评分和审查。必要时，可以要求其提供卫生检验检测报告。

第十七条 卫生行政部门对卫生许可证申请的审查应当包括对申请材料的书面审查和现场实地审查。

省级卫生行政部门受理的卫生许可证申请，可以委托设区的市级卫生行政部门进行现场实地审查。

第十八条 卫生行政部门对食品生产加工者申请卫生许可证的审查内容包括：

（一）卫生管理制度、组织和经过专业培训的专兼职食品卫生管理人员设置情况；

（二）厂房、选址、布局设计、环境卫生状况及设施设备设置运行情况；

（三）工艺流程和生产过程中的污染控制措施；

（四）生产用原、辅材料、工具、容器及包装物料卫生状况；

（五）产品检验设施与能力；

（六）从业人员健康检查情况；

（七）省级卫生行政部门规定的其他内容。

第十九条 卫生行政部门对食品经营者申请卫生许可证的审查内容包括：

（一）卫生管理制度、组织和经过专业培训的专兼职食品卫生管理人员设置情况；

（二）贮存、运输和营业场所选址、面积、布局、环境卫生状况及供水、防尘防鼠防虫害、专间等设施设备设置运行情况；

（三）食品采购、贮藏、运输和销售过程中污染控制措施；

（四）从业人员健康检查情况；

（五）省级卫生行政部门规定的其他内容。

第二十条 卫生行政部门对餐饮业、食堂经营者申请卫生许可证的审查内容：

（一）卫生管理制度、组织和经过专业培训的专兼职食品卫生管理人员设置情况；

（二）食品加工经营场所的选址、环境、建筑结构、布局、分隔、面积等情况；

（三）厕所、加工制作专间、更衣室、库房、供水、通风、采光、防尘防鼠防虫害、废弃物存放、清洗、消毒、餐用具等卫生设施和设备设置情况；

（四）食品采购、贮存、加工制作及供餐等

操作过程中的污染控制措施；

（五）从业人员健康检查情况；

（六）省级卫生行政部门规定的其他内容。

第二十一条 申请卫生许可证的食品生产经营者，其实施食品卫生监督量化分级管理制度评分应达到总分60%以上。

第二十二条 卫生行政部门对符合发放条件的食品生产经营者颁发食品卫生许可证。不予发证的，应当书面说明理由，并告知申请人依法享有的申请行政复议或者提起行政诉讼的权利。

第二十三条 卫生行政部门对未达到卫生许可证发放条件的食品生产经营者，应当提出整改意见；对学校食堂、建筑工地食堂的整改意见，还应当及时通报教育、建设主管部门，提请有关主管部门督促整改。

学校食堂、建筑工地食堂经限期整改仍达不到卫生许可证发放条件的，经教育、建设主管部门同意，可以适当延长整改期限，达到发放条件的方可发放卫生许可证。

第二十四条 食品生产经营者因违反食品卫生法规，被处以吊销卫生许可证的，其法定代表人或者主要负责人三年内不得申请卫生许可证，卫生行政部门不予受理。

第四章 卫生许可证的管理

第二十五条 卫生许可证应当载明：单位名称、地址、许可范围、法定代表人或者业主、许可证编号、有效期限、发证机关（加盖公章）及发证日期等内容。

实施食品卫生监督量化分级管理制度并确定食品卫生信誉度等级的，应当在卫生许可证上加贴食品卫生等级标志。

第二十六条 卫生许可证载明的单位名称应当与工商部门核准的名称一致；单位注册地地址与生产地地址不同的，填写地址时应当分别标明。

第二十七条 卫生许可证由卫生部统一规定式样。

卫生许可证有效期为四年，临时从事食品生产经营活动的单位和个人的卫生许可证的有效期不超过半年。

第二十八条 卫生许可证编号格式为：（省、自治区、直辖市简称）卫食证字〔发证年份〕第XXXXXX－YYYYYY号（XXXXXX指行政区域代码，YYYYYY指本行政区域发证顺序编号）。

第二十九条 同一食品生产经营者在两个以上（含两个）地点从事食品生产经营活动的，应当分别申领卫生许可证。

第三十条 食品生产经营者改变生产经营地址的，应当重新申请并办理卫生许可证。

食品生产经营者变更卫生许可证其他内容的，应当按照省级卫生行政部门的有关规定办理相应的变更手续。

对生产工艺、主要设备改变或者原生产经营场所进行扩建或者改建的，卫生行政部门在予以变更前应当进行现场实地审查。

第三十一条 食品生产经营者需要延续卫生许可证的，应当在卫生许可证有效期届满前60日内向原发证机关提出申请。

同意延续卫生许可证的，原编号不变，有效期为四年。

逾期提出延续申请的，按新申请卫生许可证办理。

第三十二条 食品生产经营者遗失卫生许可证的，应当于遗失后60日内向卫生行政部门申请补办。

第三十三条 食品生产经营者在卫生许可证有效期内，停止食品生产经营活动一年以上的，卫生许可证自动失效并由原发证机关注销。

第三十四条 委托生产加工食品的，受委托方应当符合下列条件：

（一）取得卫生许可证；

（二）受委托生产加工的食品品种在其获得的许可范围内；

（三）食品卫生信誉度等级达到A级。

第三十五条 委托生产加工的食品，其产品最小销售包装、标签和说明书上应当分别标明委托方、受委托方的企业名称、生产地址和卫生许可证号。

第三十六条 食品生产经营者取得卫生许可证后，应当妥善保管，不得转让、涂改、出借、倒卖、出租或者以其他非法形式转让。

食品生产经营者应当在明显位置悬挂或者摆放卫生许可证，方便消费者监督。

第五章 监督检查

第三十七条 上级卫生行政部门应当加强对下级卫生行政部门发放卫生许可证的监督检查，发现下级卫生行政部门违反规定发放卫生许可证的，应当责令下级卫生行政部门限期纠正或者直接予以纠正。

第三十八条 卫生行政部门及其工作人员履行卫生许可证发放职责，应当自觉接受食品生产经营单位和个人以及社会的监督。

卫生行政部门接到举报内部工作人员违反规定发放卫生许可证的，应当及时进行核实；对情况属实的，应当立即纠正。

第三十九条 卫生行政部门及其工作人员违反本办法规定发放卫生许可证的，由上级卫生行政部门责令改正，对有关卫生行政部门可以给予限期整改、通报批评；对有关工作人员，可以给予批评教育、离岗培训、调离执法岗位、取消执法资格等处理；情节严重，造成严重后果的，依法给予行政处分；涉嫌犯罪的，移送司法机关处理。

追究有关人员行政责任时，按照下列原则：

（一）申请人不符合卫生许可证发放条件，承办人出具申请人符合卫生许可证发放条件的意见的，追究承办人行政责任；

（二）承办人认为申请人不符合卫生许可证发放条件，主管领导仍然批准发放卫生许可证的，追究主管领导行政责任。

承办人和主管领导均有过错的，主要追究主管领导行政责任。

第四十条 县级以上地方人民政府卫生行政部门应当根据发放的卫生许可证，建立食品生产经营者监管档案，加强对被许可人从事食品生产经营活动的监督检查，并按照规定要求做好监督检查情况和处理结果等记录的归档工作。

第四十一条 卫生行政部门对食品生产经营者进行监督检查，应当严格遵守相关法律、法规和规章的规定；按照食品卫生监督量化分级管理的要求，实行动态管理。

第四十二条 卫生行政部门发现被许可人不符合卫生许可证发放条件时，应当责令改正；被许可人有主管部门的，应当通报其主管部门督促整改。

按照规定，对违法行为应当依法进行行政处罚的，卫生行政部门应当及时作出行政处罚。

对无证无照的食品生产经营者，卫生行政部门应当积极配合工商等行政部门予以取缔。

第四十三条 有下列情形之一的，作出发放卫生许可证决定的卫生行政部门或者其上级卫生行政部门，可以撤销卫生许可证：

（一）卫生行政部门工作人员滥用职权，玩忽职守，给不符合条件的申请人发放食品卫生许可证的；

（二）卫生行政部门工作人员超越法定职权发放食品卫生许可证的；

（三）卫生行政部门工作人员违反法定程序发放食品卫生许可证的；

（四）依法可以撤销发放食品卫生许可证决定的其他情形。

被许可人以欺骗、贿赂等不正当手段取得食品卫生许可证的，应当予以撤销。

卫生行政部门依照本条第一款规定撤销食品卫生许可证，对食品生产经营者的合法权益造成损害的，应当依法予以赔偿。

第四十四条 有下列情形之一的，卫生行政部门应当依法注销卫生许可证：

（一）卫生许可证有效期届满未延续的；

（二）食品生产经营者依法终止的；

（三）卫生许可证依法被撤销、撤回或者卫

生许可证依法被吊销的；

（四）依法应当注销卫生许可证的其他情形。

第四十五条 违反本办法，根据《食品卫生法》等有关法律法规予以处罚。

第六章 附 则

第四十六条 本办法自2006年6月1日起施行。以往发布的有关规定与本办法不一致的，以本办法为准。

二、2006年酒业相关政策法规

ICS 67.160.10
X 61

中华人民共和国国家标准

GB/T 10781.1—2006
代替 GB/T 10781.1—1989,GB/T 11859.1—1989

浓香型白酒

Strong flavour Chinese spirits

2006-07-18 发布　　　　2007-05-01 实施

中华人民共和国国家质量监督检验检疫总局
中国国家标准化管理委员会　发布

GB/T 10781.1—2006

前　言

本标准代替 GB/T 10781.1—1989《浓香型白酒》和 GB/T 11859.1—1989《低度浓香型白酒》。

本标准与 GB/T 10781.1—1989 和 GB/T 11859.1—1989 相比主要变化如下：

——将 GB/T 10781.1—1989 和 GB/T 11859.1—1989 修订后合并为一项标准；

——增加了术语和定义、产品分类、分析方法、检验规则和标志、包装、运输、贮存等章条；

——分别规定了高度酒和低度酒的感官和理化要求；

——高度酒的酒精度上限由 GB/T 10781.1—1989 的 59.0%调整为 68%vol；

——低度酒的酒精度下限由 GB/T 11859.1—1989 的 35.0%调整为 25%vol；

——质量等级分为优级、一级，去掉 GB/T 10781.1—1989 和 GB/T 11859.1—1989 中的二级；

——理化指标相应进行了调整。

本标准由中国轻工业联合会提出。

本标准由全国食品发酵标准化中心归口。

本标准起草单位：中国食品发酵工业研究院、四川宜宾五粮液集团有限公司、江苏洋河集团有限公司、泸州老窖集团有限责任公司。

本标准主要起草人：康永璞、郭新光、刘凤翔、沈才洪、杨廷栋、张宿义、王述荣、彭心海。

本标准所代替标准的历次版本发布情况为：

——GB/T 10781.1—1989；

——GB/T 11859.1—1989。

GB/T 10781.1—2006

浓　香　型　白　酒

1　范围

本标准规定了浓香型白酒的术语和定义、产品分类、要求、分析方法、检验规则和标志、包装、运输、贮存。

本标准适用于浓香型白酒的生产、检验与销售。

2　规范性引用文件

下列文件中的条款通过本标准的引用而成为本标准的条款。凡是注日期的引用文件，其随后所有的修改单（不包括勘误的内容）或修订版均不适用于本标准，然而，鼓励根据本标准达成协议的各方研究是否可使用这些文件的最新版本。凡是不注日期的引用文件，其最新版本适用于本标准。

GB 2757　蒸馏酒及配制酒卫生标准

GB 10344　预包装饮料酒标签通则

GB/T 10345　白酒分析方法

GB/T 10346　白酒检验规则和标志、包装、运输、贮存

JJF 1070　定量包装商品净含量计量检验规则

国家质量监督检验检疫总局[2005]第 75 号令　定量包装商品计量监督管理办法

3　术语和定义

下列术语和定义适用于本标准。

3.1

浓香型白酒　strong flavour Chinese spirits

以粮谷为原料，经传统固态法发酵、蒸馏、陈酿、勾兑而成的，未添加食用酒精及非白酒发酵产生的呈香呈味物质，具有以己酸乙酯为主体复合香的白酒。

4　产品分类

按产品的酒精度分为：

高度酒：酒精度 41%vol～68%vol；

低度酒：酒精度 25%vol～40%vol。

5　要求

5.1　感官要求

高度酒、低度酒的感官要求应分别符合表 1、表 2 的规定。

表 1　高度酒感官要求

项　目	优　级	一　级
色泽和外观	无色或微黄，清亮透明，无悬浮物，无沉淀[a]	
香　气	具有浓郁的己酸乙酯为主体的复合香气	具有较浓郁的己酸乙酯为主体的复合香气
口　味	酒体醇和谐调，绵甜爽净，余味悠长	酒体较醇和谐调、绵甜爽净，余味较长
风　格	具有本品典型的风格	具有本品明显的风格
[a] 当酒的温度低于 10℃时，允许出现白色絮状沉淀物质或失光。10℃以上时应逐渐恢复正常。		

表 2 低度酒感官要求

项 目	优 级	一 级
色泽和外观	无色或微黄，清亮透明，无悬浮物，无沉淀[a]	
香 气	具有较浓郁的己酸乙酯为主体的复合香气	具有己酸乙酯为主体的复合香气
口 味	酒体醇和谐调，绵甜爽净，余味较长	酒体较醇和谐调、绵甜爽净
风 格	具有本品典型的风格	具有本品明显的风格
[a] 当酒的温度低于10℃时，允许出现白色絮状沉淀物质或失光。10℃以上时应逐渐恢复正常。		

5.2 理化要求

高度酒、低度酒的理化要求应分别符合表 3、表 4 的规定。

表 3 高度酒理化要求

项 目		优 级	一 级
酒精度/(%vol)		41～68	
总酸(以乙酸计)/(g/L)	≥	0.40	0.30
总酯(以乙酸乙酯计)/(g/L)	≥	2.00	1.50
己酸乙酯/(g/L)		1.20～2.80	0.60～2.50
固形物/(g/L)	≤	0.40[a]	
[a] 酒精度 41%vol～49%vol 的酒，固形物可小于或等于 0.50 g/L。			

表 4 低度酒理化要求

项 目		优 级	一 级
酒精度/(%vol)		25～40	
总酸(以乙酸计)/(g/L)	≥	0.30	0.25
总酯(以乙酸乙酯计)/(g/L)	≥	1.50	1.00
己酸乙酯/(g/L)		0.70～2.20	0.40～2.20
固形物/(g/L)	≤	0.70	

5.3 卫生要求

应符合 GB 2757 的规定。

5.4 净含量

按国家质量监督检验检疫总局[2005]第 75 号令执行。

6 分析方法

感官要求、理化要求的检验按 GB/T 10345 执行。

净含量的检验按 JJF 1070 执行。

7 检验规则和标志、包装、运输、贮存

检验规则和标志、包装、运输、贮存按 GB/T 10346 执行。

酒精度按 GB 10344 的规定,可表示为"%vol"。酒精度实测值与标签标示值允许差为±1.0%vol。

GB/T 10781.1—2006《浓香型白酒》国家标准第 1 号修改单

本修改单业经国家标准化管理委员会于 2008 年 1 月 17 日以国标委农函[2008]8 号文批准,自公布之日起实施。

GB/T 10781.1—2006《浓香型白酒》国家标准修改内容如下:

将 5.2 中表 3 修改为:

表 3 高度酒理化要求

项　　目		优　　级		一　　级
酒精度/(%vol)		41～60	61～68	41～68
总酸(以乙酸计)/(g/L)	≥	0.40		0.30
总酯(以乙酸乙酯计)/(g/L)	≥	2.00		1.50
己酸乙酯/(g/L)		1.20～2.80	1.20～3.50	0.60～2.50
固形物/(g/L)	≤	0.40[a]		

[a] 酒精度 41%vol～49%vol 的酒,固形物可小于或等于 0.50 g/L。

ICS 67.160.10
X 61

中华人民共和国国家标准

GB/T 10781.2—2006
代替 GB/T 10781.2—1989,GB/T 11859.2—1989

清 香 型 白 酒

Mild flavour Chinese spirits

2006-07-18 发布　　2007-05-01 实施

中华人民共和国国家质量监督检验检疫总局
中 国 国 家 标 准 化 管 理 委 员 会　发 布

前　言

本标准代替 GB/T 10781.2—1989《清香型白酒》和 GB/T 11859.2—1989《低度清香型白酒》。

本标准与 GB/T 10781.2—1989 和 GB/T 11859.2—1989 相比主要变化如下：

——将 GB/T 10781.2—1989 和 GB/T 11859.2—1989 修订后合并为一项标准；

——增加了术语和定义、产品分类、分析方法、检验规则和标志、包装、运输、贮存等章条；

——分别规定了高度酒和低度酒的感官和理化要求；

——高度酒的酒精度上限由 GB/T 10781.2—1989 的 59.0%调整为 68%vol；

——低度酒的酒精度下限由 GB/T 11859.2—1989 的 35.0%调整为 25%vol；

——质量等级分为优级、一级，去掉 GB/T 10781.2—1989 和 GB/T 11859.2—1989 中的二级；

——理化指标相应进行了调整。

本标准由中国轻工业联合会提出。

本标准由全国食品发酵标准化中心归口。

本标准起草单位：中国食品发酵工业研究院、山西杏花村汾酒集团有限责任公司。

本标准主要起草人：田栖静、杜小威、康健、郭新光、张素芳、史静霞。

本标准所代替标准的历次版本发布情况为：

——GB/T 10781.2—1989；

——GB/T 11859.2—1989。

GB/T 10781.2—2006

清 香 型 白 酒

1 范围

本标准规定了清香型白酒的术语和定义、产品分类、要求、分析方法、检验规则和标志、包装、运输、贮存。

本标准适用于清香型白酒的生产、检验与销售。

2 规范性引用文件

下列文件中的条款通过本标准的引用而成为本标准的条款。凡是注日期的引用文件，其随后所有的修改单(不包括勘误的内容)或修订版均不适用于本标准，然而，鼓励根据本标准达成协议的各方研究是否可使用这些文件的最新版本。凡是不注日期的引用文件，其最新版本适用于本标准。

GB 2757 蒸馏酒及配制酒卫生标准

GB 10344 预包装饮料酒标签通则

GB/T 10345 白酒分析方法

GB/T 10346 白酒检验规则和标志、包装、运输、贮存

JJF 1070 定量包装商品净含量计量检验规则

国家质量监督检验检疫总局[2005]第75号令 定量包装商品计量监督管理办法

3 术语和定义

下列术语和定义适用于本标准。

3.1

清香型白酒 mild flavour Chinese spirits

以粮谷为原料，经传统固态法发酵、蒸馏、陈酿、勾兑而成的，未添加食用酒精及非白酒发酵产生的呈香呈味物质，具有以乙酸乙酯为主体复合香的白酒。

4 产品分类

按产品的酒精度分为：

高度酒：酒精度 41%vol～68%vol；

低度酒：酒精度 25%vol～40%vol。

5 要求

5.1 感官要求

高度酒、低度酒的感官要求应分别符合表1、表2的规定。

表1 高度酒感官要求

项 目	优 级	一 级
色泽和外观	无色或微黄，清亮透明，无悬浮物，无沉淀[a]	
香 气	清香纯正，具有乙酸乙酯为主体的优雅、谐调的复合香气	清香较纯正，具有乙酸乙酯为主体的复合香气
口 味	酒体柔和谐调，绵甜爽净，余味悠长	酒体较柔和谐调、绵甜爽净，有余味
风 格	具有本品典型的风格	具有本品明显的风格

a 当酒的温度低于10℃时，允许出现白色絮状沉淀物质或失光。10℃以上时应逐渐恢复正常。

表 2 低度酒感官要求

项目	优级	一级
色泽和外观	无色或微黄，清亮透明，无悬浮物，无沉淀[a]	
香气	清香纯正，具有乙酸乙酯为主体的清雅、谐调的复合香气	清香较纯正，具有乙酸乙酯为主体的香气
口味	酒体柔和谐调，绵甜爽净，余味较长	酒体较柔和谐调，绵甜爽净，有余味
风格	具有本品典型的风格	具有本品明显的风格
[a] 当酒的温度低于 10℃时，允许出现白色絮状沉淀物质或失光。10℃以上时应逐渐恢复正常。		

5.2 理化要求

高度酒、低度酒的理化要求应分别符合表 3、表 4 的规定。

表 3 高度酒理化要求

项目		优级	一级
酒精度/(%vol)		41～68	
总酸(以乙酸计)/(g/L)	≥	0.40	0.30
总酯(以乙酸乙酯计)/(g/L)	≥	1.00	0.60
乙酸乙酯/(g/L)		0.60～2.60	0.30～2.60
固形物/(g/L)	≤	0.40[a]	
[a] 酒精度 41%vol～49%vol 的酒，固形物可小于或等于 0.50 g/L。			

表 4 低度酒理化要求

项目		优级	一级
酒精度/(%vol)		25～40	
总酸(以乙酸计)/(g/L)	≥	0.25	0.20
总酯(以乙酸乙酯计)/(g/L)	≥	0.70	0.40
乙酸乙酯/(g/L)		0.40～2.20	0.20～2.20
固形物/(g/L)	≤	0.70	

5.3 卫生要求

应符合 GB 2757 的规定。

5.4 净含量

按国家质量监督检验检疫总局[2005]第 75 号令执行。

6 分析方法

感官要求、理化要求的检验按 GB/T 10345 执行。

净含量的检验按 JJF 1070 执行。

7 检验规则和标志、包装、运输、贮存

检验规则和标志、包装、运输、贮存按 GB/T 10346 执行。

酒精度按 GB 10344 的规定，可表示为“%vol”。酒精度实测值与标签标示值允许差为±1.0%vol。

ICS 67.160.10
X 61

中华人民共和国国家标准

GB/T 10781.3—2006
代替 GB/T 10781.3—1989,GB/T 11859.3—1989

米 香 型 白 酒

Rice flavour Chinese spirits

2006-07-18 发布　　2007-05-01 实施

中华人民共和国国家质量监督检验检疫总局
中国国家标准化管理委员会　发布

前　言

本标准代替GB/T 10781.3—1989《米香型白酒》和GB/T 11859.3—1989《低度米香型白酒》。

本标准与GB/T 10781.3—1989和GB/T 11859.3—1989相比主要变化如下：

——将GB/T 10781.3—1989和GB/T 11859.3—1989修订后合并为一项标准；

——增加了术语和定义、产品分类、分析方法、检验规则和标志、包装、运输、贮存等章条；

——分别规定了高度酒和低度酒的感官和理化要求；

——高度酒的酒精度上限由GB/T 10781.3—1989的57.0%调整为68%vol；

——低度酒的酒精度下限由GB/T 11859.3—1989的35.0%调整为25%vol；

——质量等级分为优级、一级，去掉GB/T 10781.3—1989和GB/T 11859.3—1989中的二级；

——理化指标相应进行了调整。

本标准由中国轻工业联合会提出。

本标准由全国食品发酵标准化中心归口。

本标准起草单位：中国食品发酵工业研究院、桂林三花股份有限公司。

本标准主要起草人：张蔚、崔维东、张晓梅、李勇、郭新光。

本标准所代替标准的历次版本发布情况为：

——GB/T 10781.3—1989；

——GB/T 11859.3—1989。

米 香 型 白 酒

1 范围

本标准规定了米香型白酒的术语和定义、产品分类、要求、分析方法、检验规则和标志、包装、运输、贮存。

本标准适用于米香型白酒的生产、检验与销售。

2 规范性引用文件

下列文件中的条款通过本标准的引用而成为本标准的条款。凡是注日期的引用文件，其随后所有的修改单(不包括勘误的内容)或修订版均不适用于本标准，然而，鼓励根据本标准达成协议的各方研究是否可使用这些文件的最新版本。凡是不注日期的引用文件，其最新版本适用于本标准。

GB 2757 蒸馏酒及配制酒卫生标准

GB 10344 预包装饮料酒标签通则

GB/T 10345 白酒分析方法

GB/T 10346 白酒检验规则和标志、包装、运输、贮存

JJF 1070 定量包装商品净含量计量检验规则

国家质量监督检验检疫总局[2005]第75号令 定量包装商品计量监督管理办法

3 术语和定义

下列术语和定义适用于本标准。

3.1

米香型白酒 rice flavour Chinese spirits

以大米等为原料，经传统半固态法发酵、蒸馏、陈酿、勾兑而成的，未添加食用酒精及非白酒发酵产生的呈香呈味物质，具有以乳酸乙酯、β-苯乙醇为主体复合香的白酒。

4 产品分类

按产品的酒精度分为：

高度酒：酒精度 41%vol～68%vol；

低度酒：酒精度 25%vol～40%vol。

5 要求

5.1 感官要求

高度酒、低度酒的感官要求应分别符合表1、表2的规定。

表1 高度酒感官要求

项 目	优 级	一 级
色泽和外观	无色，清亮透明，无悬浮物，无沉淀[a]	
香 气	米香纯正，清雅	米香纯正
口 味	酒体醇和，绵甜、爽冽，回味怡畅	酒体较醇和，绵甜、爽冽，回味较畅
风 格	具有本品典型的风格	具有本品明显的风格

a 当酒的温度低于10℃时，允许出现白色絮状沉淀物质或失光。10℃以上时应逐渐恢复正常。

表 2 低度酒感官要求

项目	优级	一级
色泽和外观	无色，清亮透明，无悬浮物，无沉淀[a]	
香气	米香纯正，清雅	米香纯正
口味	酒体醇和，绵甜、爽冽，回味较怡畅	酒体较醇和、绵甜、爽冽，有回味
风格	具有本品典型的风格	具有本品明显的风格

[a] 当酒的温度低于 10℃时，允许出现白色絮状沉淀物质或失光。10℃以上时应逐渐恢复正常。

5.2 理化要求

高度酒、低度酒的理化要求应分别符合表 3、表 4 的规定。

表 3 高度酒理化要求

项目		优级	一级
酒精度/(%vol)		41～68	
总酸(以乙酸计)/(g/L)	≥	0.30	0.25
总酯(以乙酸乙酯计)/(g/L)	≥	0.80	0.65
乳酸乙酯/(g/L)	≥	0.50	0.40
β-苯乙醇/(mg/L)	≥	30	20
固形物/(g/L)	≤	0.40[a]	

[a] 酒精度 41%vol～49%vol 的酒，固形物可小于或等于 0.50 g/L。

表 4 低度酒理化要求

项目		优级	一级
酒精度/(%vol)		25～40	
总酸(以乙酸计)/(g/L)	≥	0.25	0.20
总酯(以乙酸乙酯计)/(g/L)	≥	0.45	0.35
乳酸乙酯/(g/L)	≥	0.30	0.20
β-苯乙醇/(mg/L)	≥	15	10
固形物/(g/L)	≤	0.70	

5.3 卫生要求

应符合 GB 2757 的规定。

5.4 净含量

按国家质量监督检验检疫总局[2005]第 75 号令执行。

6 分析方法

感官要求、理化要求的检验按 GB/T 10345 执行。

净含量的检验按 JJF 1070 执行。

7 检验规则和标志、包装、运输、贮存

检验规则和标志、包装、运输、贮存按 GB/T 10346 执行。

酒精度按 GB 10344 的规定，可表示为"%vol"。酒精度实测值与标签标示值允许差为±1.0%vol。

ICS 67.160.10
X 61

中华人民共和国国家标准

GB/T 10346—2006
代替 GB/T 10346—1989

白酒检验规则和标志、包装、运输、贮存

General principle of inspection for Chinese spirits

2006-07-18 发布　　2007-05-01 实施

中华人民共和国国家质量监督检验检疫总局
中国国家标准化管理委员会　发布

前　言

本标准是对 GB/T 10346—1989《白酒检验规则》的修订。

本标准代替 GB/T 10346—1989。

本标准与 GB/T 10346—1989 相比主要变化如下：

1） 增加了组批和抽样表；

2） 增加了检验分类，规定了出厂检验、型式检验项目；

3） 增加了判定规则。

本标准由中国轻工业联合会提出。

本标准由全国食品发酵标准化中心归口。

本标准起草单位：中国食品发酵工业研究院。

本标准主要起草人：康永璞、郭新光、张宿义。

本标准所代替标准的历次版本发布情况为：

——GB/T 10346—1989。

GB/T 10346—2006

白酒检验规则和标志、包装、运输、贮存

1 范围

本标准规定了白酒产品的检验规则和标志、包装、运输、贮存要求。

本标准适用于白酒产品的出厂检验、验收与检查。

2 规范性引用文件

下列文件中的条款通过本标准的引用而成为本标准的条款。凡是注日期的引用文件，其随后所有的修改单(不包括勘误的内容)或修订版均不适用于本标准，然而，鼓励根据本标准达成协议的各方研究是否可使用这些文件的最新版本。凡是不注日期的引用文件，其最新版本适用于本标准。

GB/T 191 包装储运图示标志

GB 2757 蒸馏酒及配制酒卫生标准

GB 2760 食品添加剂使用卫生标准

GB 10344 预包装饮料酒标签通则

国家质量监督检验检疫总局[2005]第75号令 定量包装商品计量监督管理办法

3 检验规则

3.1 组批

每次经勾兑、灌装、包装后的，质量、品种、规格相同的产品为一批。

3.2 抽样

3.2.1 按表1抽取样本，从每箱中任取一瓶，单件包装净含量小于500 mL，总取样量不足1 500 mL时，可按比例增加抽样量。

表1 抽 样 表

批量范围/箱	样本数/箱	单位样本数/瓶
50以下	3	3
50～1 200	5	2
1 201～35 000	8	1
35 000以上	13	1

3.2.2 采样后应立即贴上标签，注明：样品名称、品种规格、数量、制造者名称、采样时间与地点、采样人。将样品分为两份，一份样品封存，保留1个月备查。另一份样品立即送化验室，进行感官、理化和卫生检验。

3.3 检验分类

3.3.1 出厂检验

检验项目：甲醇、杂醇油、感官要求、酒精度、总酸、总酯、固形物、香型特征指标、净含量和标签。

3.3.2 型式检验

3.3.2.1 检验项目：产品标准中技术要求的全部项目。

3.3.2.2 一般情况下，同一类产品的型式检验每年进行一次，有下列情况之一者，亦应进行：

a) 原辅材料有较大变化时；

b) 更改关键工艺或设备；

c) 新试制的产品或正常生产的产品停产 3 个月后，重新恢复生产时；

d) 出厂检验与上次型式检验结果有较大差异时；

e) 国家质量监督检验机构按有关规定需要抽检时。

3.4 判定规则

3.4.1 检验结果有不超过两项指标不符合相应的产品标准要求时，应重新自同批产品中抽取两倍量样品进行复检，以复检结果为准。

3.4.2 若复检结果卫生指标不符合 GB 2757 要求，则判该批产品为不合格。

3.4.3 若产品标签上标注为“优级”品，复检结果仍有一项理化指标不符合“优级”，但符合“一级”指标要求，可按“一级”判定为合格；若不符合“一级”指标要求时，则判该批产品为不合格。

3.4.4 当供需双方对检验结果有异议时，可由有关各方协商解决，或委托有关单位进行仲裁检验，以仲裁检验结果为准。

4 标志、包装、运输、贮存

4.1 标志

4.1.1 预包装白酒标签应符合 GB 10344 的有关规定。非传统发酵法生产的白酒，应在“原料与配料”中标注添加的食用酒精及非白酒发酵产生的呈香呈味物质(符合 GB 2760 要求)。

4.1.2 外包装纸箱上除标明产品名称、制造者名称和地址外，还应标明单位包装的净含量和总数量。

4.1.3 包装储运图示标志应符合 GB/T 191 的要求。

4.2 包装

4.2.1 包装容器应使用符合食品卫生要求的包装瓶、盖。

4.2.2 包装容器体端正、清洁，封装严密，无渗漏酒现象。

4.2.3 外包装应使用合格的包装材料，箱内宜有防震、防碰撞的间隔材料。

4.2.4 产品出厂前，应由生产厂的质量监督检验部门按本标准规定逐批进行检验，检验合格，并附质量合格证，方可出厂。产品质量检验合格证明(合格证)可以放在包装箱内，或放在独立的包装盒内，也可以在标签上打印“合格”二字。

4.3 运输、贮存

4.3.1 运输时应避免强烈振荡、日晒、雨淋，装卸时应轻拿轻放。

4.3.2 成品应贮存在干燥、通风、阴凉和清洁的库房中，库内温度宜保持在 10℃～25℃。

4.3.3 不得与有毒、有害、有腐蚀性物品和污染物混运、混贮。

4.3.4 成品不得与潮湿地面直接接触。

商务部颁发首批中国酒类质量认证证书

2006年1月18日，国家认证认可监督管理委员会、商务部在北京联合召开了“中国酒类质量认证首批获证企业颁证大会”，向茅台、五粮液、燕京、青岛、张裕、长城、古越龙山等首批29家企业共计115个单元产品颁发了中国酒类质量认证证书。这是我国首批由政府部门组织，由第三方认证机构认证的食品质量认证产品，标志着中国酒类质量等级认证取得突破性进展。国家认监委孙大伟主任、商务部黄海部长助理及国家发改委、工商总局、食药局、国资委等部门领导出席了会议。

目前，我国啤酒产销量位居世界第一，白酒市场稳定，葡萄酒、黄酒市场以10%以上的速度递增。2005年1~11月份规模以上企业饮料酒总产量达3800万千升，同比增长10%左右，实现利润120亿元，同比增长31%，上缴税金241亿元，同比增长14%。随着市场的发展，酒类行业结构不断优化，酒类企业运行质量不断提高，酒类品牌化程度和市场深度不断改善。

但是，酒类行业存在的假冒伪劣、市场竞争环境差、消费者信任度下降等问题依然存在，危害着我国酒类行业的健康发展。为认真贯彻落实国务院关于加强食品安全工作的要求，提高我国酿酒类行业质量安全自控能力，促进我国酿酒行业集约化、规模化发展，加强和完善酒类流通管理，创建中国酒类名牌企业和名牌产品，增强优质安全酒类产品的市场竞争力，促进酒类产业升级和人民群众消费安全，国家认监委、商务部于2005年9月发布了《食品质量认证实施规则—酒类》公告，开展了酒类质量等级认证工作。中国酿酒工业协会积极发挥行业组织在政府与企业间桥梁与纽带作用，响应国家产业政策，在酿酒行业倡导开展了“质量认证工程”。

根据《食品质量认证实施规则—酒类》规定，获得优级产品认证的生产企业必须建立符合良好生产规范（GMP）、危害分析与关键控制点（HACCP）原理要求的质量管理体系，同时企业产品必须符合相关国家标准优级产品要求；获得一级和二级产品认证的生产企业的质量管理体系必须符合良好生产规范（GMP）要求，其产品也必须符合相关国家标准的相应等级要求。截止到发稿为止，中酒联合质量认证中心认证的29家酿酒企业115个获证产品，1~11月总产量为212.9万吨，占全国酒类企业生产总量的6.2%，产值为205.9亿元，占全国酒类总产值的15.3%。

实施酒类质量认证，有利于改善和规范酒类流通秩序，进一步保护消费者利益。实施有效的认证，保证认证的公信力和权威性，揭示企业产品信息，帮助消费者区分优质酒产品、普通酒产品和劣质酒产品，满足消费者安全、健康、高品质的不同层次消费需求和产品质量识别，有助于减少流通环节中假酒、劣酒生存的空间，维护酒类生产流通的健康秩序。

酒类质量认证有利于提高企业效益和行业利益。实施酒类认证，促使生产企业提高产品质量，建立和完善质量管理体系，提高管理水平，增强竞争力的自我意愿。可以实现促进企业加强能力建设，提高质量管理水平的积极目的。有利于行业自律，营造公平、和谐、诚信、健康的市场环境。有利于中国酒类产品与国际标准接轨，走出国门，走向世界。

酒类质量认证是一项公益性事业，必须保持认证的权威性、公正性和规范性。国家认监委和商务部出标准、定规则，积极扶持独立的第三方机构具体运行实施，保证对所有认证对象的公平性和一致性，切实加强对酒类质量认证工作的指导和监督，把体现公共利益的酒类安全管理，与基于市场机制的酒类认证制度相结合，使认证工作成为政府酒类安全管理的有益补充，将为获证企业，在扩大宣传、品牌建设、开拓国内国际两个市场等方面创造有利条件，提高我国酒类行业竞争力，促进酒类流通消费秩序的根本性好转，促进优质酒类产品市场规模的不断扩大，保证广大消费者喝上健康安全、高质量的“放心酒”。

（中国食品产业网）

商务部关于实施酒类流通随附单制度的通知

商运发［2006］102号

各省、自治区、直辖市、计划单列市及新疆生产建设兵团商务主管部门：

根据《酒类流通管理办法》（商务部2005年第25号令，以下简称《办法》）第十四条规定，商务部将在全国实行《酒类流通随附单》（以下简称《随附单》）制度，现就有关事项通知如下：

一、提高认识，认真做好《随附单》实施组织工作

建立和实施《随附单》制度，是加强酒类流通监督管理，严格规范酒类流通秩序，有效防止假冒伪劣酒流入市场，切实维护酒类生产者、经营者和消费者的合法权益的有效手段。各地商务主管部门要深刻领会实施《随附单》制度的重要意义，结合本地实际情况，制定具体实施办法，把《随附单》制度落到处。

二、明确职责，积极推进《随附单》制度

（一）《随附单》制度在除啤酒以外其他酒类商品上先行实施。酒类生产企业销售部门应纳入酒类批发经营者范围，依照《办法》提供《随附单》。

（二）各地商务主管部门要及时将本地随附单编号报送到商务部酒类流通管理办公室。

（三）《随附单》实行全国统一格式，由商务部统一印制表样（格式及有关说明详见附件），各地商务主管部门负责监制《随附单》。

三、及时解决实施过程中出现的问题

各地商务主管部门要认真梳理，统筹规划，积极做好以下工作：

（一）加强《随附单》的宣传和培训工作。各地商务主管部门要通过多种方式宣传《办法》和《随附单》制度，对相关酒类经营者进行培训，保证《随附单》制度深入实施。

（二）严格督促酒类经营者实施《随附单》制度

酒类批发经营者应主动开具随附单，要单随货走；酒类零售经营者（含宾馆、饭店等）应主动索取随附单，要一货一单。批发、零售经营者要妥善保管《随附单》，建立台账，严格管理，并不得重复使用、转借、代开、伪造和买卖随附单。凡不执行《随附单》制度相关要求的经营者，一经查实，按照《办法》第二十八条规定予以处理。

（三）严格审核免用《随附单》的申请。对免用《随附单》的企业进行初审，主要审核企业溯源内容和溯源制度全面达到《办法》的相关要求。对审查合格的企业，要及时报送商务部酒类流通管理办公室确认。

（四）加强部分地区已有溯源单据与《随附单》的衔接。已建立溯源制度的省份，可继续实行原有的管理办法，暂以原来的单据代替《随附单》。但在印制新的溯源单据时，要按照《办法》要求制作、编号。

中华人民共和国商务部

葡萄酒消费税管理办法

（2006年7月1日起实施）

第一条 根据《中华人民共和国税收征收管理法》及其实施细则、《中华人民共和国消费税暂行条例》及其实施细则以及其他相关规定，制定本办法。

第二条 在中华人民共和国境内（以下简称境内）生产、委托加工、进口葡萄酒的单位和个人，为葡萄酒消费税纳税人。

葡萄酒消费税适用《消费税税目税率（税额）表》“酒及酒精”税目下设的“其他酒”子目。

第三条 葡萄酒是指以葡萄为原料，经破碎（压榨）、发酵而成的酒精度在1度（含）以上的葡萄原酒和成品酒（不含以葡萄为原料的蒸馏酒）。

第四条 境内从事葡萄酒生产的单位或个人（以下简称生产企业）之间销售葡萄酒，实行《葡萄酒购货证明单》（以下简称证明单）管理。证明单由购货方在购货前向其主管税务机关申请领用，销货方凭证明单的退税联向其主管税务机关申请已纳消费税退税。

生产企业将自产或外购葡萄酒直接销售给生产企业以外的单位和个人的，不实行证明单管理，按消费税暂行条例规定申报缴纳消费税。

第五条 证明单一式四联，仅限于生产企业购货时领用。第一联为回执联，由销货方主管税务机关留存；第二联为退税联，作为销货方申请退税的报送资料；第三联为核销联，用于购货方主管税务机关核销证明单领取记录；第四联为备查联，作为销货方会计核算资料。

第六条 生产企业在购货前应向主管税务机关提出领用证明单的书面申请。主管税务机关应对书面申请进行审核，建立证明单领存销台账。

第七条 购货方携证明单购货，证明单由销货方填写。证明单中填写的品种、数量、单价、金额、发票代码、发票号码、开票日期应与销货方开具的销售发票（增值税专用发票或普通发票）的相关内容一致。

销货方在证明单所有联次加盖公章后，留存证明单备查联，将证明单回执联、退税联、核销联退还购货方。

第八条 购货方在30日内将证明单回执联、退税联、核销联及销货方开具的销售发票交主管税务机关核销证明单领用记录。

第九条 购货方主管税务机关应对证明单回执联、退税联、核销联注明的品种、数量、单价、金额、发票代码、发票号码、开票日期与销货方开具的销售发票相关内容进行审核。

证明单与销售发票相关内容一致的，购货方主管税务机关留存核销联，在证明单回执联、退税联加盖公章，并于30日内将回执联、退税联传递给销货方主管税务机关。

销货方主管税务机关收到回执联、退税联后，留存回执联，在30日内将证明单退税联转交给销货方。

第十条 购货方主管税务机关核销证明单领用记录时，应在证明单核销联“主管税务机关审核意见”栏填写核销意见，并在证明单领销存台账上作核销记录。

第十一条 发生销货退回或销售折让的，购货方也应按本办法规定申请、使用、核销证明单。

第十二条 生产企业销售葡萄酒，无论纳税申报当期是否收到主管税务机关转交的证明单退税联，均应按规定申报缴纳消费税。

第十三条 销货方收到主管税务机关转交

的证明单退税联后，应填报《葡萄酒消费税退税申请表》（以下简称退税申请表），持证明单退税联及退税申请表向主管税务机关申请退税。

第十四条 主管税务机关应加强对购销双方消费税的管理。定期查验购销双方销售、购进葡萄酒的数量及使用情况。

第十五条 以进口葡萄酒为原料连续生产葡萄酒的纳税人，实行凭《海关进口消费税专用缴款书》抵减进口环节已纳消费税的管理办法。

第十六条 以进口葡萄酒为原料连续生产葡萄酒的纳税人，在办理消费税纳税申报时，需填写消费税纳税申报表，提供《海关进口消费税专用缴款书》复印件。

第十七条 以进口葡萄酒为原料连续生产葡萄酒的纳税人，准予从当期应纳消费税税额中抵减《海关进口消费税专用缴款书》注明的消费税。如当期应纳消费税不足抵减的，余额留待下期抵减。

第十八条 主管税务机关应加强对证明单的领用、核销、核对、传递工作（在电子传递手段未建立之前，暂通过特快专递或邮寄挂号信方式传递）。

在邮递过程发生证明单丢失情况的，由购货方主管税务机关开具证明并复印证明单核销联两份，加盖公章后传递给销货方主管税务机关，一份代替回执联、一份代替退税联使用。

第十九条 纳税人未按照规定取得、保管、使用、报送证明单的，主管税务机关依照税收征管法的有关规定处理。

第二十条 证明单式样由国家税务总局统一制定，各省、自治区、直辖市和计划单列市国家税务局印制。

第二十一条 本办法由国家税务总局负责解释。各省、自治区、直辖市、计划单列市国家税务局可依照本办法制定具体实施办法。

第二十二条 本办法自2006年7月1日起实施。

工商总局发紧急通知：酒企购买陈化粮资格被取消

国家工商总局前天在其官方网站发出紧急通知，取消粮食加工企业和酒类生产企业等5类企业购买陈化粮的资格；禁止超量购买和异地加工；对倒卖陈化粮或不按规定使用陈化粮的企业，最高将处以倒卖粮食价值的5倍罚款。

通知对陈化粮的购买资格、购买程序、数量、销售、中转入库、用途等10个环节做出了具体规定和要求。国家工商总局和国家粮食局将对现有陈化粮购买企业的资格进行全面清理，严禁无陈化粮购买资格的企业参与购买。下列5类企业将被立即取消购买资格：小型酒精、饲料生产企业；近几年从未参与陈化粮购买的企业；粮食加工企业中有陈化粮购买资格的，酒类生产企业中有陈化粮购买资格的，年审时不再受理其购买资格申请；已不能正常生产经营的企业；参与倒卖陈化粮或出租、出借陈化粮购买资格的企业。

通知要求，陈化粮购买企业每次购买陈化粮的数量不得超过半年的粮食消化量，全年购买的数量不得超过全年粮食消化量。发现超量购买的，将追究陈化粮销售单位主要负责人的责任。购买的陈化粮只能用作本企业生产酒精、饲料的原料，严禁转手倒卖，不得将陈化稻谷加工成大米直接作为饲料粮销售，违者视同倒卖陈化粮处理。通知同时要求，购买企业必须将购买的陈化粮运回企业注册地加工，严禁异地加工。

通知还规定，对倒卖陈化粮或不按规定使用陈化粮的企业，将没收非法倒卖的粮食，有陈化粮购买资格的，由省级粮食部门取消购买资格，情节严重的由工商并处非法倒卖粮食价值1倍以上5倍以下的罚款，并吊销企业营业执照；构成犯罪的还将追究刑事责任。工商、粮食、国有粮食购销企业的工作人员凡参与倒卖陈化粮的、以权谋私、徇私舞弊、玩忽职守、包庇放纵、失职渎职、监管不力、弄虚作假的，要追究有关责任人的责任。情节严重触犯刑律的，移送司法机关处理。

（中国经济网）

关于批准GB2757－1981《蒸馏酒及配制酒卫生标准》国家标准第2号修改单的函

国标委农轻函［2006］58号

卫生部：

你部办公厅《关于报送蒸馏酒及配制酒卫生标准修改单的函》（卫办政法函［2006］351号）收悉。GB2757－1981《蒸馏酒及配制酒卫生标准》第2号修改单，业经我委批准，在《中国标准化》2007年第1期上公布，自批准之日起实施。

修改单见附件。

二〇〇六年十一月二十七日

附件：

GB2757－1981《蒸馏酒及配制酒卫生标准》

第2号修改单

本修改单业经国家标准化管理委员会于2006年12月8日以国标委农轻函［2006］58号文批准，自批准之日起实施。

GB2757－1981《蒸馏酒及配制酒卫生标准》国家标准修改内容如下：

取消杂醇油指标，即删除理化指标表中“杂醇油（g/100mL，以异丁醇与异戊醇计）≤0.20”。

流通领域食品安全管理办法

中华人民共和国商务部令

(2007年5月1日起施行)

第一条 为规范食品流通秩序，加强食品流通的行业管理，规范食品经营行为，保障食品消费安全，根据国家有关法律、法规，制定本办法。

第二条 本办法所称市场，是指从事食品交易活动的批发市场、零售市场（包括集贸市场、超市、百货店、仓储式会员店、便利店、食杂店等）。

本办法所称经销商，是指从事食品批发、零售、现场制作销售等活动的组织或个人。

第三条 在中华人民共和国境内从事食品流通活动，适用本办法。

第四条 商务部负责全国流通领域食品安全的行业管理。

县级以上地方商务主管部门负责本行政区域内流通领域食品安全的行业管理，负责指导、督促市场建立保障食品流通安全的管理制度。

第五条 市场和经销商应当取得营业执照等国家法律法规要求的经营食品的相关证照，其食品经营环境应当符合国家食品安全卫生的相关法律法规和标准。

第六条 市场应当设立负责食品安全的管理部门或配备食品安全管理人员，监控本市场的食品安全状况。

第七条 市场应当建立以下管理制度：

（一）协议准入制度。市场应与入市经销商签订食品安全保证协议，明确食品经营的安全责任。

鼓励市场与食品生产基地、食品加工厂“场地挂钩”、“场厂挂钩”，建立直供关系。

（二）经销商管理制度。市场应当建立经销商管理档案，如实动态记录经销商身份信息、联系方式、经营产品和信用记录等基本信息。经销商退出市场后，其档案应至少保存二年。

禁止伪造经销商档案。

（三）索证索票制度。市场应当对入市经营的食品实行索证索票，依法查验食品供货者及食品安全的有效证明文件，留存相关票证文件的复印件备查。

（四）购销台账制度。市场应当建立或要求经销商建立购销台账制度，如实记录每种食品的生产者、品名、进货时间、产地来源、规格、质量等级、数量等内容；从事批发业务的，还要记录销售的对象、联系方式、时间、规格、数量等内容。

（五）不合格食品退市制度。对有关行政主管部门公布的不合格食品，市场应当立即停止销售，并记录在案。

发现在本市场销售的食品存在安全隐患，经具有法定资质的检测机构确认，市场应当立即停止销售，并依法报相关部门处理。

第八条 鼓励市场申请绿色市场认证，并使用相应的认证标志。

禁止冒用、使用伪造的前款规定的认证标志。

第九条 市场现场制作食品、散装食品及生鲜食品销售应当具备保障食品安全的设施设备和条件，远离污染源，并符合国家有关食品安全标准。

鼓励市场现场制作食品在消费者可视范围内操作。

市场生、熟食品应分区销售，防止交叉污染。

第十条 商务主管部门应当建立市场巡查

制度，对市场食品安全管理制度的建立和实施情况进行监督检查。

第十一条 商务主管部门应当加强流通领域食品安全信用档案管理，完善食品安全的市场信用监督和失信惩戒机制。

第十二条 商务主管部门应当与食品流通行业中介组织建立沟通协作机制，充分发挥行业组织的自律作用。

第十三条 鼓励新闻媒体对违反本办法规定的行为进行舆论监督。

任何单位或个人可向当地商务主管部门举报、投诉违反本办法规定的行为。

第十四条 市场违反本办法第六条、第七条、第八条第二款规定的，由商务主管部门予以警告，责令限期改正。逾期不改正的，可处1 000元以上5 000元以下罚款；情节严重的，可处5 000元以上3万元以下罚款，并可向社会公告。

第十五条 商务主管部门工作人员不依本办法规定履行职责，或者滥用职权的，依法给予行政处分。

第十六条 本办法由商务部负责解释。

第十七条 本办法自2007年5月1日起施行。

三、2007年酒业相关政策法规

ICS 67.160.10
X 61

中华人民共和国国家标准

GB/T 20821—2007

液 态 法 白 酒

Chinese spirits by liquid fermentation

（以正式出版物为准）

2007-01-29 发布　　　　2007-07-01 实施

中华人民共和国国家质量监督检验检疫总局
中国国家标准化管理委员会　发布

GB/T 20821—2007

前　言

本标准参考了 QB/T 1498—1992《液态法白酒》,并将其主要内容纳入本标准。

本标准由全国食品工业标准化技术委员会酿酒分技术委员会提出并归口。

本标准起草单位:中国食品发酵工业研究院、中国酿酒工业协会。

本标准主要起草人:郭新光、王延才、康永璞、赵建华、张蔚。

液 态 法 白 酒

1 范围

本标准规定了液态法白酒的术语和定义、产品分类、要求、分析方法、检验规则和标志、包装、运输、贮存。

本标准适用于液态法白酒的生产、检验与销售。

2 规范性引用文件

下列文件中的条款通过本标准的引用而成为本标准的条款。凡是注日期的引用文件，其随后所有的修改单(不包括勘误的内容)或修订版均不适用于本标准，然而，鼓励根据本标准达成协议的各方研究是否可使用这些文件的最新版本。凡是不注日期的引用文件，其最新版本适用于本标准。

GB 2757 蒸馏酒及配制酒卫生标准

GB 2760 食品添加剂使用卫生标准

GB/T 5009.48 蒸馏酒与配制酒卫生标准的分析方法

GB 10344 预包装饮料酒标签通则

GB/T 10345 白酒分析方法

GB/T 10346 白酒检验规则和标志、包装、运输、贮存

JJF 1070 定量包装商品净含量计量检验规则

国家质量监督检验检疫总局[2005]第 75 号令 定量包装商品计量监督管理办法

3 术语和定义

下列术语和定义适用于本标准。

3.1

液态法白酒 Chinese spirits by liquid fermentation

以含淀粉、糖类物质为原料，采用液态糖化、发酵、蒸馏所得的基酒(或食用酒精)，可用香醅串香或用食品添加剂调味调香，勾调而成的白酒。

4 产品分类

按产品的酒精度分为：

高度酒：酒精度 41%vol～60%vol；

低度酒：酒精度 18%vol～40%vol。

5 要求

5.1 感官要求

高度酒、低度酒的感官要求应符合表 1 的规定。

表 1 感官要求

项目	要求
色泽和外观	无色或微黄，清亮透明，无悬浮物，无沉淀
香气	具有纯正、舒适、协调的香气
口味	具有醇甜、柔和、爽净的口味
风格	具有本品的风格

5.2 **理化要求**

高度酒、低度酒的理化要求应符合表 2 的规定。

表 2 理化要求

项目		高度酒	低度酒
酒精度/(%vol)		41～60	18～40
总酸(以乙酸计)/(g/L)	≥	0.25	0.10
总酯(以乙酸乙酯计)/(g/L)	≥	0.40	0.20

5.3 **卫生要求**

除甲醇、铅应符合表 3 的要求外，其余要求应符合 GB 2757 的规定。

表 3 卫生要求

项目		高度酒	低度酒
甲醇/(g/L)	≤	0.30	
铅/(mg/L)	≤	0.5	
食品添加剂		符合 GB 2760 的规定	
注：甲醇指标按酒精度 60%vol 折算。			

5.4 **净含量**

按国家质量监督检验检疫总局[2005]第 75 号令执行。

6 分析方法

感官要求、理化要求的检验按 GB/T 10345 执行。

卫生要求的检验按 GB/T 5009.48 执行。

净含量的检验按 JJF 1070 执行。

7 检验规则和标志、包装、运输、贮存

7.1 检验规则和标志、包装、运输、贮存按 GB/T 10346 执行。

7.2 标签应符合 GB 10344 的规定。酒精度可表示为“%vol”。酒精度实测值与标签标示值允许差为±1.0%vol。

ICS 67.160.10
X 61

中华人民共和国国家标准

GB/T 20822—2007

固液法白酒

Chinese spirits made from tradition and liquid fermentation

（以正式出版物为准）

2007-01-19 发布　　2007-07-01 实施

中华人民共和国国家质量监督检验检疫总局
中国国家标准化管理委员会　发布

GB/T 20822—2007

前言

本标准由全国食品工业标准化技术委员会酿酒分技术委员会提出并归口。

本标准起草单位：中国食品发酵工业研究院、中国酿酒工业协会、宜宾五粮液集团有限公司、江苏洋河酒厂股份有限公司、山西杏花村汾酒集团有限责任公司、贵州茅台酒股份有限公司、河北衡水老白干酿酒(集团)有限公司、湖北白云边股份有限公司、黑龙江华润酒精有限公司。

本标准主要起草人：郭新光、王延才、刘凤翔、陈翔、杜小威、祁小镔、张志民、熊小毛、姜开荣。

固液法白酒

1 范围

本标准规定了固液法白酒的术语和定义、产品分类、要求、分析方法、检验规则和标志、包装、运输、贮存。

本标准适用于固液法白酒的生产、检验与销售。

2 规范性引用文件

下列文件中的条款通过本标准的引用而成为本标准的条款。凡是注日期的引用文件，其随后所有的修改单(不包括勘误的内容)或修订版均不适用于本标准，然而，鼓励根据本标准达成协议的各方研究是否可使用这些文件的最新版本。凡是不注日期的引用文件，其最新版本适用于本标准。

GB 2757 蒸馏酒及配制酒卫生标准

GB/T 5009.48 蒸馏酒与配制酒卫生标准的分析方法

GB 10344 预包装饮料酒标签通则

GB/T 10345 白酒分析方法

GB/T 10346 白酒检验规则和标志、包装、运输、贮存

JJF 1070 定量包装商品净含量计量检验规则

国家质量监督检验检疫总局[2005]第75号令 定量包装商品计量监督管理办法

3 术语和定义

下列术语和定义适用于本标准。

3.1

固态法白酒 Chinese spirits by traditional fermentation

以粮谷为原料，采用固态（或半固态)糖化、发酵、蒸馏，经陈酿、勾兑而成的，未添加食用酒精及非白酒发酵产生的呈香呈味物质，具有本品固有风格特征的白酒。

3.2

液态法白酒 Chinese spirits by liquid fermentation

以含淀粉、糖类物质为原料，采用液态糖化、发酵、蒸馏所得的基酒(或食用酒精)，可用香醅串香或用食品添加剂调味调香，勾调而成的白酒。

3.3

固液法白酒 Chinese spirits made from tradition and liquid fermentation

以固态法白酒(不低于30%)、液态法白酒勾调而成的白酒。

4 产品分类

按产品的酒精度分为：

高度酒：酒精度41%vol～60%vol；

低度酒：酒精度18%vol～40%vol。

5 要求

5.1 感官要求

高度酒、低度酒的感官要求应符合表1的规定。

表1 感官要求

项 目	高度酒	低度酒
色泽和外观	无色或微黄，清亮透明，无悬浮物，无沉淀[a]	
香气	具有本品特有的香气	
口味	酒体柔顺、醇甜、爽净	酒体柔顺、醇甜、较爽净
风格	具有本品典型的风格	
[a] 当酒的温度低于10℃时，允许出现白色絮状沉淀物质或失光。10℃以上时应逐渐恢复正常。		

5.2 理化要求

高度酒、低度酒的理化要求应符合表2的规定。

表2 理化要求

项 目		高 度 酒	低 度 酒
酒精度/(%vol)		41～60	18～40
总酸(以乙酸计)/(g/L)	≥	0.30	0.20
总酯(以乙酸乙酯计)/(g/L)	≥	0.60	0.35

5.3 卫生要求

除甲醇、铅应符合表3的要求外，其余要求应符合GB 2757的规定。

表3 卫生要求

项 目		高 度 酒	低 度 酒
甲醇/(g/L)	≤	0.30	
铅/(mg/L)	≤	0.5	
注：甲醇指标按酒精度60%vol折算。			

5.4 净含量

按国家质量监督检验检疫总局[2005]第75号令执行。

6 分析方法

感官要求、理化要求的检验按GB/T 10345执行。

卫生要求的检验按GB/T 5009.48执行。

净含量的检验按JJF 1070执行。

7 检验规则和标志、包装、运输、贮存

7.1 检验规则和标志、包装、运输、贮存按GB/T 10346执行。

7.2 标签应符合GB 10344的规定。酒精度可表示为“%vol”。酒精度实测值与标签标示值允许差为±1.0%vol。

ICS 67.160.10
X 61

中华人民共和国国家标准

GB/T 10345—2007
代替 GB/T 10345.1～10345.8—1989

白酒分析方法

Method of analysis for Chinese spirits

2007-01-02 发布　　2007-10-01 实施

中华人民共和国国家质量监督检验检疫总局
中国国家标准化管理委员会　发布

前　言

本标准是对 GB/T 10345.1—1989《白酒试验方法总则》、GB/T 10345.2—1989《白酒感官评定方法》、GB/T 10345.3—1989《白酒中酒精度的试验方法》、GB/T 10345.4—1989《白酒中总酸的试验方法》、GB/T 10345.5—1989《白酒中总酯的试验方法》、GB/T 10345.6—1989《白酒中固形物的试验方法》、GB/T 10345.7—1989《白酒中乙酸乙酯的试验方法　气相色谱法》、GB/T 10345.8—1989《白酒中己酸乙酯的试验方法》的修订。

本标准代替 GB/T 10345.1～10345.8—1989。

本标准与 GB/T 10345.1～10345.8—1989 相比主要变化如下：

——将 GB/T 10345.1～10345.8—1989 八项标准整合为一项标准；

——增加了乳酸乙酯、丁酸乙酯、丙酸乙酯、正丙醇、β-苯乙醇、3-甲硫基丙醇、二元酸(庚二酸、辛二酸、壬二酸)二乙酯七个分析方法；

——酒精度的测定增加了对冷却水温度和沸腾后蒸馏时间的规定；

——气相色谱法中的色谱柱增加了毛细管柱，色谱条件和分析步骤作了相应的修改；

——总酸的测定增加了第二法电位滴定法；

——总酯的测定将电位滴定法的指示终点作了调整；

——附录 A“不同温度下酒精溶液相对密度与酒精度对照表”根据国际分析化学家学会(AOAC)的分析方法进行了修改；

——附录 B“温度 20℃时酒精计浓度与温度换算表”根据“1990 年国际温标国际酒精表”进行了修改。

本标准的附录 A 和附录 B 为规范性附录。

本标准由全国食品工业标准化技术委员会酿酒分技术委员会提出并归口。

本标准起草单位：中国食品发酵工业研究院、泸州老窖集团股份有限公司、山西杏花村汾酒集团有限责任公司。

本标准主要起草人：郭新光、康永璞、卢中明、张蔚、王凤仙。

本标准所代替标准的历次版本发布情况为：

——GB/T 10345.1—1989；

——GB/T 10345.2—1989；

——GB/T 10345.3—1989；

——GB/T 10345.4—1989；

——GB/T 10345.5—1989；

——GB/T 10345.6—1989；

——GB/T 10345.7—1989；

——GB/T 10345.8—1989。

白 酒 分 析 方 法

1 范围

本标准规定了白酒分析的总则、基本要求和详细分析步骤。

本标准适用于各种香型白酒的分析。

2 规范性引用文件

下列文件中的条款通过本标准的引用而成为本标准的条款。凡是注日期的引用文件，其随后所有的修改单(不包括勘误的内容)或修订版均不适用于本标准，然而，鼓励根据本标准达成协议的各方研究是否可使用这些文件的最新版本。凡是不注日期的引用文件，其最新版本适用于本标准。

GB/T 601 化学试剂 标准滴定溶液的制备

GB/T 603 化学试剂 试验方法中所用制剂及制品的制备(GB/T 603—2002，ISO 6353-1:1982，NEQ)

GB/T 6682—1992 分析试验室用水规格和试验方法(neq ISO 3696:1987)

3 总则

3.1 本标准中所采用的名词术语、计量单位应符合国家相关标准的规定。

3.2 本标准中所用的分析天平、酸度计、分光光度计和气相色谱仪要按时检定；所用的酒精计、温度计、微量注射器、移液管、滴定管、容量瓶等玻璃计量器具应按有关检定规程进行校正。

3.3 本标准中的"仪器"，为分析中所必需的仪器，一般实验室仪器不再列入。

3.4 本标准中所用的水，在未注明其他要求时，应符合 GB/T 6682—1992 中三级以上(含三级)水的规格。所用试剂，在未注明其他规格时，均指分析纯(AR)。

3.5 本标准中的"溶液"，除另有说明外，均指水溶液，"稀释至刻度"是指用水定容。

3.6 同一检测项目，有两个或两个以上分析方法时，各实验室可根据各自条件选用，但以第一法为仲裁法。

4 基本要求

4.1 测定样品，应做平行试验。以实测数据报告其分析结果，不需要按酒精度折算，有效数字要与技术要求相一致。

4.2 分析中所用玻璃器皿，用前应以铬酸洗涤液浸泡，用自来水冲洗，再用蒸馏水洗干净。测定金属离子(如：铅、锰)时，应用15%的硝酸浸泡，然后，直接用去离子水冲洗干净。

4.3 分析方法中的有效数字，表示吸取或称量时要求达到的精密度。

4.4 恒重系指样品经干燥，前后两次称量值之差在 2 mg 以下。

4.5 色谱分析时，微量注射器应清洗干净。通常，使用前后要用乙醚抽洗 50 次～100 次。连续进样时，也可用酒样直接抽洗干净。

5 感官评定

5.1 原理

感官评定是指评酒者通过眼、鼻、口等感觉器官，对白酒样品的色泽、香气、口味及风格特征的分析评价。

5.2 品酒环境

品酒室要求光线充足、柔和、适宜，温度为 20℃～25℃，湿度约为 60%。恒温恒湿，空气新鲜，无香气及邪杂气味。

5.3 评酒要求

5.3.1 评酒员要求感觉器官灵敏，经过专门训练与考核，符合感官分析要求，熟悉白酒的感官品评用语，掌握相关香型白酒的特征。

5.3.2 评语要公正、科学、准确。

5.3.3 品酒杯外形及尺寸见图 1。

单位为毫米

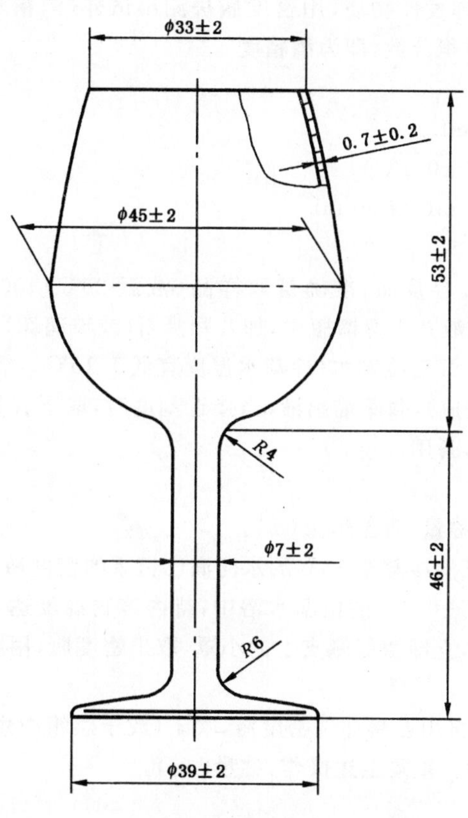

图 1 品酒杯

5.4 品评

5.4.1 样品的准备

将样品放置于 20℃±2℃环境下平衡 24 h(或 20℃±2℃水浴中保温 1 h)后，采取密码标记后进行感官品评。

5.4.2 色泽

将样品注入洁净、干燥的品酒杯中(注入量为品酒杯的 1/2～2/3)，在明亮处观察，记录其色泽、清亮程度、沉淀及悬浮物情况。

5.4.3 香气

将样品注入洁净、干燥的品酒杯中(注入量为品酒杯的 1/2～2/3)，先轻轻摇动酒杯，然后用鼻进行闻嗅，记录其香气特征。

5.4.4 口味

将样品注入洁净、干燥的酒杯中(注入量为品酒杯的 1/2～2/3),喝入少量样品(约 2 mL)于口中,以味觉器官仔细品尝,记下口味特征。

5.4.5 风格

通过品评样品的香气、口味并综合分析,判断是否具有该产品的风格特点,并记录其典型性程度。

6 酒精度

6.1 密度瓶法

6.1.1 原理

以蒸馏法去除样品中的不挥发性物质,用密度瓶法测出试样(酒精水溶液)20℃时的密度,查附录A,求得在20℃时乙醇含量的体积分数,即为酒精度。

6.1.2 仪器

6.1.2.1 全玻璃蒸馏器:500 mL。

6.1.2.2 恒温水浴:控温精度±0.1℃。

6.1.2.3 附温度计密度瓶:25 mL 或 50 mL。

6.1.3 试样液的制备

用一洁净、干燥的 100 mL 容量瓶,准确量取样品(液温 20℃)100 mL 于 500 mL 蒸馏瓶中,用50 mL水分三次冲洗容量瓶,洗液并入蒸馏瓶中,加几颗沸石(或玻璃珠),连接蛇形冷凝管,以取样用的原容量瓶作接收器(外加冰浴),开启冷却水(冷却水温度宜低于 15℃),缓慢加热蒸馏(沸腾后蒸馏时间应控制在 30 min～40 min 内完成),收集馏出液,当接近刻度时,取下容量瓶,盖塞,于 20℃水浴中保温 30 min,再补加水至刻度,混匀,备用。

6.1.4 分析步骤

将密度瓶洗净,反复烘干、称量,直至恒重(m)。

取下带温度计的瓶塞,将煮沸冷却至 15℃的水注满已恒重的密度瓶中,插上带温度计的瓶塞(瓶中不得有气泡),立即浸入 20.0℃±0.1℃的恒温水浴中,待内容物温度达 20℃并保持 20 min 不变后,用滤纸快速吸去溢出侧管的液体,立即盖好侧支上的小罩,取出密度瓶,用滤纸擦干瓶外壁上的水液,立即称量(m_1)。

将水倒出,先用无水乙醇,再用乙醚冲洗密度瓶,吹干(或于烘箱中烘干),用试样液(6.1.3)反复冲洗密度瓶 3 次～5 次,然后装满。重复上述操作,称量(m_2)。

6.1.5 结果计算

试样液(20℃)的相对密度按式(1)计算。

$$d_{20}^{20} = \frac{m_2 - m}{m_1 - m} \quad \cdots\cdots (1)$$

式中:

d_{20}^{20}——试样液(20℃)的相对密度;

m_2——密度瓶和试样液的质量,单位为克(g);

m——密度瓶的质量,单位为克(g);

m_1——密度瓶和水的质量,单位为克(g)。

根据试样液的相对密度 d_{20}^{20},查附录 A,求得 20℃时样品的酒精度。

所得结果应表示至一位小数。

6.1.6 精密度

在重复性条件下获得的两次独立测定结果的绝对差值,不应超过平均值的 0.5%。

GB/T 10345—2007

6.2 酒精计法

6.2.1 原理

用精密酒精计读取酒精体积分数示值，按附录 B 进行温度校正，求得在 20℃时乙醇含量的体积分数，即为酒精度。

6.2.2 仪器

精密酒精计：分度值为 0.1%vol。

6.2.3 分析步骤

将试样液(6.1.3)注入洁净、干燥的 100 mL 量筒中，静置数分钟，待酒中气泡消失后，放入洁净、擦干的酒精计，再轻轻按一下，不应接触量筒壁，同时插入温度计，平衡约 5 min，水平观测，读取与弯月面相切处的刻度示值，同时记录温度。根据测得的酒精计示值和温度，查附录 B，换算成 20℃时样品的酒精度。

所得结果应表示至一位小数。

6.2.4 精密度

在重复性条件下获得的两次独立测定结果的绝对差值，不应超过平均值的 0.5%。

7 总酸

7.1 指示剂法

7.1.1 原理

白酒中的有机酸，以酚酞为指示剂，采用氢氧化钠溶液进行中和滴定，以消耗氢氧化钠标准滴定溶液的量计算总酸的含量。

7.1.2 试剂和溶液

7.1.2.1 酚酞指示剂(10 g/L)：按 GB/T 603 配制。

7.1.2.2 氢氧化钠标准滴定溶液[$c(NaOH)=0.1$ mol/L]：按 GB/T 601 配制与标定。

7.1.3 分析步骤

吸取样品 50.0 mL 于 250 mL 锥形瓶中，加入酚酞指示剂(7.1.2.1)2 滴；以氢氧化钠标准滴定溶液(7.1.2.2)滴定至微红色，即为其终点。

7.1.4 结果计算

样品中的总酸含量按式(2)计算。

$$X=\frac{c\times V\times 60}{50.0} \qquad \cdots\cdots(2)$$

式中：

X——样品中总酸的质量浓度(以乙酸计)，单位为克每升(g/L)；

c——氢氧化钠标准滴定溶液的实际浓度，单位为摩尔每升(mol/L)；

V——测定时消耗氢氧化钠标准滴定溶液的体积，单位为毫升(mL)；

60——乙酸的摩尔质量的数值，单位为克每摩尔(g/mol)[$M(CH_3COOH)=60$]；

50.0——吸取样品的体积，单位为毫升(mL)。

所得结果应表示至两位小数。

7.1.5 精密度

在重复性条件下获得的两次独立测定结果的绝对差值，不应超过平均值的 2%。

7.2 电位滴定法

7.2.1 原理

白酒中的有机酸，以酚酞为指示剂，采用氢氧化钠溶液进行中和滴定，当滴定接近等当点时，利用pH变化指示终点。

7.2.2 试剂和溶液

同7.1.2。

7.2.3 仪器

电位滴定仪(或酸度计)：精度为2 mV。

7.2.4 分析步骤

按使用说明书安装调试仪器，根据液温进行校正定位。

吸取样品50.0 mL(若用复合电极可酌情增加取样量)于100 mL烧杯中，插入电极，放入一枚转子，置于电磁搅拌器上，开始搅拌，初始阶段可快速滴加氢氧化钠标准滴定溶液(7.1.2.2)，当样液pH=8.00后，放慢滴定速度，每次滴加半滴溶液，直至pH=9.00为其终点，记录消耗氢氧化钠标准滴定溶液的体积。

7.2.5 结果计算

同7.1.4。

7.2.6 精密度

同7.1.5。

8 总酯

8.1 指示剂法

8.1.1 原理

用碱中和样品中的游离酸，再准确加入一定量的碱，加热回流使酯类皂化。通过消耗碱的量计算出总酯的含量。

8.1.2 仪器

8.1.2.1 全玻璃蒸馏器：500 mL；

8.1.2.2 全玻璃回流装置：回流瓶1 000 mL、250 mL(冷凝管不短于45 cm)；

8.1.2.3 碱式滴定管：25 mL或50 mL；

8.1.2.4 酸式滴定管：25 mL或50 mL。

8.1.3 试剂和溶液

8.1.3.1 氢氧化钠标准滴定溶液[c(NaOH)=0.1 mol/L]：按GB/T 601配制与标定。

8.1.3.2 氢氧化钠标准溶液[c(NaOH)=3.5 mol/L]：按GB/T 601配制。

8.1.3.3 硫酸标准滴定溶液[$c(\frac{1}{2}H_2SO_4)$=0.1 mol/L]：按GB/T 601配制与标定。

8.1.3.4 乙醇(无酯)溶液[40%(体积分数)]：量取95%乙醇600 mL于1 000 mL回流瓶(8.1.2.2)中，加氢氧化钠标准溶液(8.1.3.2)5 mL，加热回流皂化1 h。然后移入蒸馏器中重蒸，再配成40%(体积分数)乙醇溶液。

8.1.3.5 酚酞指示剂(10 g/L)：按GB/T 603配制。

8.1.4 分析步骤

吸取样品50.0 mL于250 mL回流瓶中，加2滴酚酞指示剂(8.1.3.5)，以氢氧化钠标准滴定溶液(8.1.3.1)滴定至粉红色(切勿过量)，记录消耗氢氧化钠标准滴定溶液的毫升数(也可作为总酸含量计算)。再准确加入氢氧化钠标准滴定溶液(8.1.3.1)25.00 mL(若样品总酯含量高时,可加入50.00 mL),摇匀,放入几颗沸石或玻璃珠),装上冷凝管(冷却水温度宜低于15℃),于沸水浴上回流30 min,取下,冷却。然后,用硫酸标准滴定溶液(8.1.3.3)进行滴定,使微红色刚好完全消失为其终点,记录消耗硫酸标准滴定溶液的体积。同时吸取乙醇(无酯)溶液(8.1.3.4)50 mL,按上述方法同样操作做空白试验,记录消耗硫酸标准滴定溶液的体积。

8.1.5 结果计算

样品中的总酯含量按式(3)计算。

$$X = \frac{c \times (V_0 - V_1) \times 88}{50.0} \quad \cdots\cdots (3)$$

式中:

X——样品中总酯的质量浓度(以乙酸乙酯计),单位为克每升(g/L);

c——硫酸标准滴定溶液的实际浓度,单位为摩尔每升(mol/L);

V_0——空白试验样品消耗硫酸标准滴定溶液的体积,单位为毫升(mL);

V_1——样品消耗硫酸标准滴定溶液的体积,单位为毫升(mL);

88——乙酸乙酯的摩尔质量的数值,单位为克每摩尔(g/mol)[$M(CH_3COOC_2H_5)=88$];

50.0——吸取样品的体积,单位为毫升(mL)。

所得结果应表示至两位小数。

8.1.6 精密度

在重复性条件下获得的两次独立测定结果的绝对差值,不应超过平均值的2%。

8.2 电位滴定法

8.2.1 原理

用碱中和样品中的游离酸,再加入一定量的碱,回流皂化。用硫酸溶液进行中和滴定,当滴定接近等当点时,利用pH变化指示终点。

8.2.2 仪器

8.2.2.1 同8.1.2.1;

8.2.2.2 同8.1.2.2;

8.2.2.3 同8.1.2.3;

8.2.2.4 同8.1.2.4;

8.2.2.5 电位滴定仪(或酸度计):精度为2 mV。

8.2.3 试剂和溶液

同8.1.3。

8.2.4 分析步骤

按使用说明书安装调试仪器,根据液温进行校正定位。

吸取样品50.0 mL于250 mL回流瓶中,加两滴酚酞指示剂(8.1.3.5),以氢氧化钠标准滴定溶液(8.1.3.1)滴定至粉红色(切勿过量),记录消耗氢氧化钠标准滴定溶液的毫升数(也可作为总酸含量计算)。再准确加入氢氧化钠标准滴定溶液(8.1.3.1)25.00 mL(若样品总酯含量高时,可加入50.00 mL),摇匀,放入几颗沸石或玻璃珠),装上冷凝管(冷却水温度宜低于15℃),于沸水浴上回流30 min,取下,冷却。将样液移入100 mL小烧杯中,用10 mL水分次冲洗回流瓶,洗液并入小烧杯。插入电极,放入一枚转子,置于电磁搅拌器上,开始搅拌,初始阶段可快速滴加硫酸标准滴定溶液(8.1.3.3),当样液pH=9.00后,放慢滴定速度,每次滴加半滴溶液,直至pH=8.70为其终点,记录消耗硫酸标准滴定溶液的体积。同时吸取乙醇(无酯)溶液(8.1.3.4)50.00 mL,按上述方法同样操作做空白试验,记录消耗硫酸标准滴定溶液的体积。

8.2.5 **结果计算**

同8.1.5。

8.2.6 **精密度**

同8.1.6。

9 固形物

9.1 原理

白酒经蒸发、烘干后，不挥发性物质残留于皿中，用称量法测定。

9.2 仪器

9.2.1 电热干燥箱：控温精度±2℃。

9.2.2 分析天平：感量0.1 mg。

9.2.3 瓷蒸发皿：100 mL。

9.2.4 干燥器：用变色硅胶作干燥剂。

9.3 分析步骤

吸取样品50.0 mL，注入已烘干至恒重的100 mL瓷蒸发皿内，置于沸水浴上，蒸发至干，然后将蒸发皿放入103℃±2℃电热干燥箱内，烘2 h，取出，置于干燥器内30 min，称量。再放入103℃±2℃电热干燥箱内，烘1 h，取出，置于干燥器内30 min，称量。重复上述操作，直至恒重。

9.4 结果计算

样品中的固形物含量按式(4)计算。

$$X=\frac{m-m_1}{50.0}\times 1\,000 \qquad \cdots\cdots(4)$$

式中：

X——样品中固形物的质量浓度，单位为克每升(g/L)；

m——固形物和蒸发皿的质量，单位为克(g)；

m_1——蒸发皿的质量，单位为克(g)；

50.0——吸取样品的体积，单位为毫升(mL)。

所得结果应表示至两位小数。

9.5 精密度

在重复性条件下获得的两次独立测定结果的绝对差值，不应超过平均值的2%。

10 乙酸乙酯

10.1 原理

样品被气化后，随同载气进入色谱柱，利用被测定的各组分在气液两相中具有不同的分配系数，在柱内形成迁移速度的差异而得到分离。分离后的组分先后流出色谱柱，进入氢火焰离子化检测器，根据色谱图上各组分峰的保留值与标样相对照进行定性；利用峰面积(或峰高)，以内标法定量。

10.2 仪器和材料

10.2.1 **气相色谱仪**

备有氢火焰离子化检测器(FID)。

10.2.2 **色谱柱**

10.2.2.1 毛细管柱：LZP-930白酒分析专用柱(柱长18 m，内径0.53 mm)或FFAP毛细管色谱柱(柱长 35 m～50 m，内径 0.25 mm，涂层 0.2 μm)，或其他具有同等分析效果的毛细管色谱柱。

10.2.2.2 填充柱：柱长不短于 2 m。

10.2.2.2.1 载体：Chromosorb W(AW)或白色担体 102(酸洗，硅烷化)。80 目～100 目。

10.2.2.2.2 固定液：20%DNP(邻苯二甲酸二壬酯)加 7%吐温 80，或 10%PEG(聚乙二醇)1500 或 PEG 20M。

10.2.3 微量注射器

10 μL、1 μL。

10.3 试剂和溶液

10.3.1 乙醇溶液[60%(体积分数)]：用乙醇(色谱纯)加水配制。

10.3.2 乙酸乙酯溶液[2%(体积分数)]：作标样用。吸取乙酸乙酯(色谱纯)2 mL，用乙醇溶液(10.3.1)定容至 100 mL。

10.3.3 乙酸正戊酯溶液[2%(体积分数)]：使用毛细管柱时作内标用。吸取乙酸正戊酯(色谱纯)2 mL，用乙醇溶液(10.3.1)定容至 100 mL。

10.3.4 乙酸正丁酯溶液[2%(体积分数)]：使用填充柱时作内标用。吸取乙酸正丁酯(色谱纯)2 mL，用乙醇溶液(10.3.1)定容至 100 mL。

10.4 分析步骤

10.4.1 色谱参考条件

10.4.1.1 毛细管柱

载气(高纯氮)：流速为 0.5 mL/min～1.0 mL/min，分流比：约 37∶1，尾吹约 20 mL/min～30 mL/min；

氢气：流速为 40 mL/min；

空气：流速为 400 mL/min；

检测器温度(T_D)：220℃；

注样器温度(T_J)：220℃；

柱温(T_C)：起始温度 60℃，恒温 3 min，以 3.5℃/min 程序升温至 180℃，继续恒温 10 min。

10.4.1.2 填充柱

载气(高纯氮)：流速为 150 mL/min；

氢气：流速为 40 mL/min；

空气：流速为 400 mL/min；

检测器温度(T_D)：150℃；

注样器温度(T_J)：150℃；

柱温(T_C)：90℃，等温。

载气、氢气、空气的流速等色谱条件随仪器而异，应通过试验选择最佳操作条件，以内标峰与样品中其他组份峰获得完全分离为准。

10.4.2 校正因子(f 值)的测定

吸取乙酸乙酯溶液(10.3.2)1.00 mL，移入 100 mL 容量瓶中，加入内标溶液(10.3.3 或 10.3.4)1.00 mL，用乙醇溶液(10.3.1)稀释至刻度。上述溶液中乙酸乙酯和内标的浓度均为 0.02%(体积分数)。待色谱仪基线稳定后，用微量注射器进样，进样量随仪器的灵敏度而定。记录乙酸乙酯和内标峰的保留时间及其峰面积(或峰高)，用其比值计算出乙酸乙酯的相对校正因子。

校正因子按式(5)计算。

$$f = \frac{A_1}{A_2} \times \frac{d_2}{d_1} \qquad \cdots\cdots(5)$$

式中：

f——乙酸乙酯的相对校正因子；

A_1——标样 f 值测定时内标的峰面积(或峰高)；

A_2——标样 f 值测定时乙酸乙酯的峰面积(或峰高)；

d_2——乙酸乙酯的相对密度；

d_1——内标物的相对密度。

10.4.3 样品测定

吸取样品 10.0 mL 于 10 mL 容量瓶中，加入内标溶液(10.3.3 或 10.3.4)0.10 mL，混匀后，在与 f 值测定相同的条件下进样，根据保留时间确定乙酸乙酯峰的位置，并测定乙酸乙酯与内标峰面积(或峰高)，求出峰面积(或峰高)之比，计算出样品中乙酸乙酯的含量。

10.5 结果计算

样品中的乙酸乙酯含量按式(6)计算。

$$X_1 = f \times \frac{A_3}{A_4} \times I \times 10^{-3} \qquad (6)$$

式中：

X_1——样品中乙酸乙酯的质量浓度，单位为克每升(g/L)；

f——乙酸乙酯的相对校正因子；

A_3——样品中乙酸乙酯的峰面积(或峰高)；

A_4——添加于酒样中内标的峰面积(或峰高)；

I——内标物的质量浓度(添加在酒样中)，单位为毫克每升(mg/L)。

所得结果应表示至两位小数。

10.6 精密度

在重复性条件下获得的两次独立测定结果的绝对差值，不应超过平均值的 5%。

11 己酸乙酯

11.1 原理

同 10.1。

11.2 仪器和材料

11.2.1 气相色谱仪

备有氢火焰离子化检测器(FID)。

11.2.2 色谱柱

11.2.2.1 毛细管柱：LZP-930 白酒分析专用柱(柱长 18 m，内径 0.53 mm)或 PEG 20M 毛细管色谱柱(柱长 35 m～50 m，内径 0.25 mm，涂层 0.2 μm)，或其他具有同等分析效果的毛细管色谱柱。

11.2.2.2 填充柱：柱长不短于 2 m。

11.2.2.2.1 载体：Chromosorb W(AW)或白色担体 102(酸洗，硅烷化)。80 目～100 目。

11.2.2.2.2 固定液：20%DNP(邻苯二甲酸二壬酯)加 7%吐温 80，或 10%PEG(聚乙二醇)1500 或 PEG 20M。

11.2.3 微量注射器

10 μL、1 μL。

11.3 试剂和溶液

11.3.1 乙醇溶液[60%(体积分数)]：用乙醇(色谱纯)加水配制。

11.3.2 己酸乙酯溶液[2%(体积分数)]:作标样用。吸取己酸乙酯(色谱纯)2 mL,用乙醇溶液(11.3.1)定容至100 mL。

11.3.3 乙酸正戊酯溶液[2%(体积分数)]:使用毛细管柱时作内标用。吸取乙酸正戊酯(色谱纯)2 mL,用乙醇溶液(11.3.1)定容至100 mL。

11.3.4 乙酸正丁酯溶液[2%(体积分数)]:使用填充柱时作内标用。吸取乙酸正丁酯(色谱纯)2 mL,用乙醇溶液(11.3.1)定容至100 mL。

11.4 分析步骤

除标样改为己酸乙酯溶液(11.3.2)外,其他操作同10.4。

11.5 结果计算

同10.5。

11.6 精密度

同10.6。

12 乳酸乙酯

12.1 原理

同10.1。

12.2 仪器和材料

12.2.1 气相色谱仪

备有氢火焰离子化检测器(FID)。

12.2.2 色谱柱

12.2.2.1 毛细管柱:LZP-930白酒分析专用柱(柱长18 m,内径0.53 mm)或PEG 20M毛细管色谱柱(柱长35 m～50 m,内径0.25 mm,涂层0.2 μm),或其他具有同等分析效果的毛细管色谱柱。

12.2.2.2 填充柱:柱长不短于2 m。

12.2.2.2.1 载体:Chromosorb W(AW)或白色担体102(酸洗,硅烷化)。80目～100目。

12.2.2.2.2 固定液:20%DNP(邻苯二甲酸二壬酯)加7%吐温80,或10%PEG(聚乙二醇)1500或PEG 20M。

12.2.3 微量注射器

10 μL、1 μL。

12.3 试剂和溶液

12.3.1 乙醇溶液[60%(体积分数)]:用乙醇(色谱纯)加水配制。

12.3.2 乳酸乙酯溶液[2%(体积分数)]:作标样用。吸取乳酸乙酯(色谱纯)2 mL,用乙醇溶液(12.3.1)定容至100 mL。

12.3.3 乙酸正戊酯溶液[2%(体积分数)]:使用毛细管柱时作内标用。吸取乙酸正戊酯(色谱纯)2 mL,用乙醇溶液(12.3.1)定容至100 mL。

12.3.4 乙酸正丁酯溶液[2%(体积分数)]:使用填充柱时作内标用。吸取乙酸正丁酯(色谱纯)2 mL,用乙醇溶液(12.3.1)定容至100 mL。

12.4 分析步骤

除标样改为乳酸乙酯溶液(12.3.2)外,其他操作同10.4。

12.5 结果计算

同10.5。

12.6 精密度

同10.6。

13 丁酸乙酯

13.1 原理

同 10.1。

13.2 仪器和材料

13.2.1 气相色谱仪

备有氢火焰离子化检测器(FID)。

13.2.2 色谱柱

13.2.2.1 毛细管柱:LZP-930 白酒分析专用柱(柱长 18 m,内径 0.53 mm)或 PEG 20M 毛细管色谱柱(柱长 35 m～50 m,内径 0.25 mm,涂层 0.2 μm),或其他具有同等分析效果的毛细管色谱柱。

13.2.2.2 填充柱:柱长不短于 2 m。

13.2.2.2.1 载体:Chromosorb W(AW)或白色担体 102(酸洗,硅烷化)。80 目～100 目。

13.2.2.2.2 固定液:20%DNP(邻苯二甲酸二壬酯)加 7%吐温 80,或 10%PEG(聚乙二醇)1500 或 PEG 20M。

13.2.3 微量注射器

10 μL、1 μL。

13.3 试剂和溶液

13.3.1 乙醇溶液[60%(体积分数)]:用乙醇(色谱纯)加水配制。

13.3.2 丁酸乙酯溶液[2%(体积分数)]:作标样用。吸取丁酸乙酯(色谱纯)2 mL,用乙醇溶液(13.3.1)定容至 100 mL。

13.3.3 乙酸正戊酯溶液[2%(体积分数)]:使用毛细管柱时作内标用。吸取乙酸正戊酯(色谱纯)2 mL,用乙醇溶液(13.3.1)定容至 100 mL。

13.3.4 乙酸正丁酯溶液[2%(体积分数)]:使用填充柱时作内标用。吸取乙酸正丁酯(色谱纯)2 mL,用乙醇溶液(13.3.1)定容至 100 mL。

13.4 分析步骤

除标样改为丁酸乙酯溶液(13.3.2)外,其他操作同 10.4。

13.5 结果计算

同 10.5。

13.6 精密度

同 10.6。

14 丙酸乙酯

14.1 原理

样品被气化后,随同载气进入色谱柱,利用被测定的各组分在气液两相中具有不同的分配系数,在柱内形成迁移速度的差异而得到分离。分离后的组分先后流出色谱柱,进入氢火焰离子化检测器,根据色谱图上各组分峰的保留值与标样相对照进行定性;利用峰面积(或峰高),以内标法定量。

当采用邻苯二甲酸二壬酯+吐温 80 混合柱测定时,丙酸乙酯与乙缩醛完全重叠,为此,要先将酒样加酸水解,使其中的乙缩醛分解,该组分峰的剩余部分即为丙酸乙酯,再按常规法加以测定。

14.2 仪器和材料

14.2.1 气相色谱仪

备有氢火焰离子化检测器(FID)。

14.2.2 色谱柱

14.2.2.1 毛细管柱:LZP-930 白酒分析专用柱(柱长 18 m,内径 0.53 mm),或其他具有同等分析效果的毛细管色谱柱。

14.2.2.2 填充柱:柱长不短于 2 m。

14.2.2.2.1 载体:Chromosorb W(AW)或白色担体 102(酸洗,硅烷化)。80 目~100 目。

14.2.2.2.2 固定液:20%DNP(邻苯二甲酸二壬酯)加 7%吐温 80,或 10%PEG(聚乙二醇)1500 或 PEG 20M。

14.2.3 微量注射器

10 μL、1 μL。

14.3 试剂和溶液

14.3.1 乙醇溶液[60%(体积分数)]:用乙醇(色谱纯)加水配制。

14.3.2 丙酸乙酯溶液[2%(体积分数)]:作标样用。吸取丙酸乙酯(色谱纯)2 mL,用乙醇溶液(14.3.1)定容至 100 mL。

14.3.3 乙酸正戊酯溶液[2%(体积分数)]:使用毛细管柱时作内标用。吸取乙酸正戊酯(色谱纯)2 mL,用乙醇溶液(14.3.1)定容至 100 mL。

14.3.4 乙酸正丁酯溶液[2%(体积分数)]:使用填充柱时作内标用。吸取乙酸正丁酯(色谱纯)2 mL,用乙醇溶液(14.3.1)定容至 100 mL。

14.3.5 盐酸溶液[10%(体积分数)]。

14.4 分析步骤

14.4.1 色谱参考条件

14.4.1.1 毛细管柱

载气(高纯氮):流速为 0.5 mL/min~1.0 mL/min,分流比:约 37∶1,尾吹约 20 mL/min~30 mL/min;

氢气:流速为 40 mL/min;

空气:流速为 400 mL/min;

检测器温度(T_D):220℃;

注样器温度(T_J):220℃;

柱温(T_C):起始温度 60℃,恒温 3 min,以 3.5℃/min 程序升温至 180℃,继续恒温 10 min。

14.4.1.2 填充柱

载气(高纯氮):流速为 150 mL/min;

氢气:流速为 40 mL/min;

空气:流速为 400 mL/min;

检测器温度(T_D):150℃;

注样器温度(T_J):150℃;

柱温(T_C):90℃,等温。

载气、氢气、空气的流速等色谱条件随仪器而异,应通过试验选择最佳操作条件,以内标峰与酒样中其他组分峰获得完全分离为准。

14.4.2 校正因子(*f* 值)的测定

吸取丙酸乙酯溶液(14.3.2)1.00 mL,移入 100 mL 容量瓶中,加入内标溶液(14.3.3 或 14.3.4)1.00 mL,用乙醇溶液(14.3.1)稀释至刻度。上述溶液中丙酸乙酯和内标的浓度均为 0.02%(体积分数)。待色谱仪基线稳定后,用微量注射器进样,进样量随仪器的灵敏度而定。记录丙酸乙酯和内标峰的保留时间及其峰面积(或峰高),用其比值计算出丙酸乙酯的相对校正因子。

校正因子按式(7)计算。

$$f = \frac{A_1}{A_2} \times \frac{d_2}{d_1} \quad \cdots\cdots(7)$$

式中:

f——丙酸乙酯的相对校正因子;

A_1——标样 f 值测定时内标的峰面积(或峰高);

A_2——标样 f 值测定时丙酸乙酯的峰面积(或峰高);

d_2——丙酸乙酯的相对密度;

d_1——内标物的相对密度。

14.4.3 样品的测定

吸取样品 10.0 mL 于 10 mL 容量瓶中[如使用填充柱,吸取样品 3 mL 于 10 mL 容量瓶中,加入盐酸溶液(14.3.5)2 滴,用水定容至刻度,在室温下放置 1 h],加入内标溶液(14.3.3 或 14.3.4)0.10 mL,混匀后,在与 f 值测定相同的条件下进样,根据保留时间确定丙酸乙酯峰的位置,并测定丙酸乙酯与内标峰面积(或峰高),求出峰面积(或峰高)之比,计算出样品中丙酸乙酯的含量。

14.5 结果计算

样品中的丙酸乙酯含量按式(8)计算。

$$X_1 = f \times \frac{A_3}{A_4} \times I \times 10^{-3} \quad \cdots\cdots(8)$$

式中:

X_1——样品中丙酸乙酯的质量浓度,单位为克每升(g/L);

f——丙酸乙酯的相对校正因子;

A_3——样品中丙酸乙酯的峰面积(或峰高);

A_4——添加于酒样中内标的峰面积(或峰高);

I——内标物的质量浓度(添加在酒样中),单位为毫克每升(mg/L)。

所得结果应表示至两位小数。

14.6 精密度

在重复性条件下获得的两次独立测定结果的绝对差值,不应超过平均值的 5%。

15 正丙醇

15.1 原理

同 10.1。

15.2 仪器和材料

15.2.1 气相色谱仪

备有氢火焰离子化检测器(FID)。

15.2.2 色谱柱

15.2.2.1 毛细管柱:LZP-930 白酒分析专用柱(柱长 18 m,内径 0.53 mm)或 PEG 20M 毛细管色谱柱(柱长 35 m~50 m,内径 0.25 mm,涂层 0.2 μm),或其他具有同等分析效果的毛细管色谱柱。

15.2.2.2 填充柱:柱长不短于 2 m。

15.2.2.2.1 载体:Chromosorb W(AW)或白色担体 102(酸洗,硅烷化)。80 目~100 目。

15.2.2.2.2 固定液:20%DNP(邻苯二甲酸二壬酯)+7%吐温 80,或 10%PEG(聚乙二醇)1500 或 PEG 20M。

15.2.3 微量注射器

10 μL、1 μL。

15.3 试剂和溶液

15.3.1 乙醇溶液[60%(体积分数)]:用乙醇(色谱纯)加水配制。

15.3.2 正丙醇溶液[2%(体积分数)]:作标样用。吸取正丙醇(色谱纯)2 mL,用乙醇溶液(15.3.1)定容至100 mL。

15.3.3 乙酸正戊酯溶液[2%(体积分数)]:使用毛细管柱时作内标用。吸取乙酸正戊酯(色谱纯)2 mL,用乙醇溶液(15.3.1)定容至100 mL。

15.3.4 乙酸正丁酯溶液[2%(体积分数)]:使用填充柱时作内标用。吸取乙酸正丁酯(色谱纯)2 mL,用乙醇溶液(15.3.1)定容至100 mL。

15.4 分析步骤

除标样改为正丙醇溶液(15.3.2)外,其他操作同10.4。

15.5 结果计算

同10.5。

15.6 精密度

同10.6。

16 β-苯乙醇

16.1 原理

同10.1。

16.2 仪器和材料

16.2.1 气相色谱仪:备有氢火焰离子化检测器(FID)。

16.2.2 色谱柱:LZP-930白酒分析专用柱(柱长18 m,内径0.53 mm)或PEG 20M毛细管色谱柱(柱长35 m~50 m,内径0.25 mm,涂层0.2 μm),或其他具有同等分析效果的毛细管色谱柱。

16.2.3 微量注射器:10 μL、1 μL。

16.3 试剂和溶液

16.3.1 乙醇溶液[60%(体积分数)]:用乙醇(色谱纯)加水配制。

16.3.2 β-苯乙醇溶液[2%(体积分数)]:作标样用。吸取β-苯乙醇(色谱纯)2 mL,用乙醇溶液(16.3.1)定容至100 mL。

16.3.3 乙酸正戊酯溶液[2%(体积分数)]:使用毛细管柱时作内标用。吸取乙酸正戊酯(色谱纯)2 mL,用乙醇溶液(16.3.1)定容至100 mL。

16.4 分析步骤

除标样改为β-苯乙醇溶液(16.3.2)外,其他操作同10.4。

16.5 结果计算

同10.5。

16.6 精密度

同10.6。

17 3-甲硫基丙醇

17.1 原理

同10.1。

17.2 仪器和材料

17.2.1 气相色谱仪：备有氢火焰离子化检测器(FID)。

17.2.2 色谱柱：FFAP、PEG 20M 毛细管色谱柱(柱长 35 m～50 m，内径 0.25 mm，涂层 0.2 μm)或 LZP-930 白酒分析专用柱(柱长 18 m，内径 0.53 mm)，或其他具有同等分析效果的毛细管色谱柱。

17.2.3 微量注射器：10 μL、1 μL。

17.3 试剂和溶液

17.3.1 乙醇溶液[60%(体积分数)]：用乙醇(色谱纯)加水配制。

17.3.2 3-甲硫基丙醇溶液[2%(体积分数)]：作标样用。吸取 3-甲硫基丙醇(色谱纯)2 mL，用乙醇溶液(17.3.1)定容至 100 mL。

17.3.3 乙酸正戊酯溶液[2%(体积分数)]：使用毛细管柱时作内标用。吸取乙酸正戊酯(色谱纯) 2 mL，用乙醇溶液(17.3.1)定容至 100 mL。

17.4 分析步骤

17.4.1 色谱参考条件

载气(高纯氮)：流速为 0.5 mL/min～1.0 mL/min，分流比：约 37∶1，尾吹约 20 mL/min～30 mL/min。

氢气：流速为 40 mL/min。

空气：流速为 400 mL/min。

检测器温度(T_D)：220℃。

注样器温度(T_J)：220℃。

柱温(T_C)：PEG 20M 柱起始温度 60℃，恒温 2 min，以 3.5℃/min 程序升温至 180℃，继续恒温 15 min。

FFAP 柱起始温度 50℃，恒温 2 min，以 3.5℃/min 程序升温至 70℃，再以 6℃/min 程序升温至 100℃，然后以 15℃/min 程序升温至 210℃，再继续恒温 10 min。

载气、氢气、空气的流速等色谱条件随仪器而异，应通过试验选择最佳操作条件，以内标峰与酒样中其他组分峰获得完全分离为准。

17.4.2 校正因子(f 值)和样品的测定

除标样改为 3-甲硫基丙醇溶液(17.3.2)外，其他操作同 10.4.2 和 10.4.3。

17.5 结果计算

同 10.5。

17.6 精密度

同 10.6。

18 二元酸(庚二酸、辛二酸、壬二酸)二乙酯

18.1 原理

同 10.1。

18.2 仪器和材料

18.2.1 气相色谱仪：备有氢火焰离子化检测器(FID)。

18.2.2 色谱柱：FFAP 毛细管色谱柱(柱长 35 m～50 m，内径 0.25 mm，涂层 0.2 μm)或其他具有同等分析效果的毛细管色谱柱。

18.2.3 微量注射器：10 μL、1 μL。

GB/T 10345—2007

18.3 试剂和溶液

18.3.1 乙醇溶液[60%(体积分数)]:用乙醇(色谱纯)加水配制。

18.3.2 庚二酸二乙酯、辛二酸二乙酯、壬二酸二乙酯混合标准溶液[1%(体积分数)]:作标样用。吸取庚二酸二乙酯、辛二酸二乙酯、壬二酸二乙酯(色谱纯)各 1 mL,用乙醇溶液(18.3.1)定容至 100 mL。

18.3.3 乙酸正戊酯溶液[2%(体积分数)]:使用毛细管柱时作内标用。吸取乙酸正戊酯(色谱纯) 2 mL,用乙醇溶液(18.3.1)定容至 100 mL。

18.4 分析步骤

18.4.1 色谱参考条件

载气(高纯氮):流速为 0.5 mL/min～1.0 mL/min,分流比:约 37 : 1,尾吹约 20 mL/min～30 mL/min;

氢气:流速为 40 mL/min;

空气:流速为 400 mL/min;

检测器温度(T_D):220℃;

注样器温度(T_J):220℃;

柱温(T_C):起始温度 120℃,恒温 1 min,以 20℃/min 程序升温至 220℃,继续恒温 10 min。

载气、氢气、空气的流速等色谱条件随仪器而异,应通过试验选择最佳操作条件,以内标峰与酒样中其他组分峰获得完全分离为准。

18.4.2 校正因子(*f* 值)的测定

吸取庚二酸二乙酯、辛二酸二乙酯、壬二酸二乙酯混合标准溶液(18.3.2)1.00 mL,移入 100 mL 容量瓶中,加入内标溶液(18.3.3)1.00 mL,用 60%乙醇溶液稀释至刻度。上述溶液中庚二酸二乙酯、辛二酸二乙酯、壬二酸二乙酯和内标的浓度均为 0.01%(体积分数)。待色谱仪基线稳定后,用微量注射器进样,进样量随仪器的灵敏度而定。记录庚二酸二乙酯、辛二酸二乙酯、壬二酸二乙酯和内标峰的保留时间及其峰面积(或峰高),用其比值计算出庚二酸二乙酯、辛二酸二乙酯、壬二酸二乙酯的相对校正因子。

校正因子按式(9)计算。

$$f = \frac{A_1}{A_2} \times \frac{d_2}{d_1} \qquad \cdots\cdots(9)$$

式中:

f——庚二酸二乙酯、辛二酸二乙酯、壬二酸二乙酯的相对校正因子;

A_1——标样 f 值测定时内标的峰面积(或峰高);

A_2——标样 f 值测定时庚二酸二乙酯、辛二酸二乙酯、壬二酸二乙酯的峰面积(或峰高);

d_2——庚二酸二乙酯、辛二酸二乙酯、壬二酸二乙酯的相对密度;

d_1——内标物的相对密度。

18.4.3 样品的测定

吸取样品 10.0 mL 于 10 mL 容量瓶中,加入内标溶液(18.3.3)0.20 mL,混匀后,在与 f 值测定相同的条件下进样,根据保留时间确定庚二酸二乙酯、辛二酸二乙酯、壬二酸二乙酯峰的位置,并测定庚二酸二乙酯、辛二酸二乙酯、壬二酸二乙酯与内标峰面积(或峰高),求出峰面积(或峰高)之比,计算出样品中庚二酸二乙酯、辛二酸二乙酯、壬二酸二乙酯的含量。

18.5 结果计算

18.5.1 样品中的庚二酸二乙酯、辛二酸二乙酯、壬二酸二乙酯含量按式(10)计算。

$$X_1 = f \times \frac{A_3}{A_4} \times I \times 10^{-3} \qquad \cdots\cdots(10)$$

式中：

X_1——样品中庚二酸二乙酯、辛二酸二乙酯、壬二酸二乙酯的质量浓度，单位为克每升(g/L)；

f——庚二酸二乙酯、辛二酸二乙酯、壬二酸二乙酯的相对校正因子；

A_3——样品中庚二酸二乙酯、辛二酸二乙酯、壬二酸二乙酯的峰面积(或峰高)；

A_4——添加于酒样中内标的峰面积(或峰高)；

I——内标物的质量浓度(添加在酒样中)，单位为毫克每升(mg/L)。

18.5.2 样品中的二元酸(庚二酸、辛二酸、壬二酸)二乙酯含量按式(11)计算。

$$X = X_{庚} + X_{辛} + X_{壬} \quad \cdots\cdots(11)$$

式中：

X——样品中二元酸(庚二酸、辛二酸、壬二酸)二乙酯的质量浓度，单位为克每升(g/L)；

$X_{庚}$——庚二酸二乙酯的质量浓度，单位为毫克每升(mg/L)；

$X_{辛}$——辛二酸二乙酯的质量浓度，单位为毫克每升(mg/L)；

$X_{壬}$——壬二酸二乙酯的质量浓度，单位为毫克每升(mg/L)。

所得结果应表示至两位小数。

18.6 精密度

在重复性条件下获得的两次独立测定结果的绝对差值，不应超过平均值的5%。

GB/T 10345—2007《白酒分析方法》国家标准 第1号修改单

本修改单经国家标准化管理委员会于2007年9月5日以国标委农函[2007]62号文批准，自公布之日起实施。

---

1. 10.4.1.2第一行改用新条文：

"载气(高纯氮)：流速为50 mL/min；"。

2. 14.4.1.2第一行改用新条文：

"载气(高纯氮)：流速为50 mL/min；"。

3. 16.3.3"乙酸正戊酯溶液[2%(体积分数)]：使用毛细管柱时作内标用……"改为"2-乙基正丁酸溶液[2%(体积分数)]：使用毛细管柱时作内标用……"。

4. 18.3.1改用新条文：

"乙醇溶液[95%(体积分数)]：色谱纯。"。

5. 18.3.3"乙酸正戊酯溶液[2%(体积分数)]：使用毛细管柱时作内标用。吸取乙酸正戊酯(色谱纯)2 mL，……"改为"十四醇溶液[1%(体积分数)]：使用毛细管柱时作内标用。吸取十四醇(色谱纯)1 mL，……"。

6. 附录B(规范性附录)表B.2中酒精度48.8%vol～57.5%vol、温度22.5℃～35℃(标准文本第72页～75页)改用新表：

国务院关于加强食品等产品安全监督管理的特别规定

（2007年07月26日发布实施）

第一条 为了加强食品等产品安全监督管理，进一步明确生产经营者、监督管理部门和地方人民政府的责任，加强各监督管理部门的协调、配合，保障人体健康和生命安全，制定本规定。

第二条 本规定所称产品除食品外，还包括食用农产品、药品等与人体健康和生命安全有关的产品。

对产品安全监督管理，法律有规定的，适用法律规定，法律没有规定或者规定不明确的，适用本规定。

第三条 生产经营者应当对其生产、销售的产品安全负责，不得生产、销售不符合法定要求的产品。

依照法律、行政法规规定生产、销售产品，需要取得许可证照或者需要经过认证的，应当按照法定条件、要求从事生产经营活动。不按照法定条件、要求从事生产经营活动或者生产、销售不符合法定要求产品的，由农业、卫生、质检、商务、工商、药品等监督管理部门依据各自职责，没收违法所得、产品和用于违法生产的工具、设备、原材料等物品，货值金额不足5000元的，并处5万元罚款，货值金额5000元以上不足1万元的，并处10万元罚款，货值金额1万元以上的，并处货值金额10倍以上20倍以下的罚款。造成严重后果的，由原发证部门吊销许可证照，构成非法经营罪或者生产、销售伪劣商品罪等犯罪的，依法追究刑事责任。

生产经营者不再符合法定条件、要求，继续从事生产经营活动的，由原发证部门吊销许可证照，并在当地主要媒体上公告被吊销许可证照的生产经营者名单。构成非法经营罪或者生产、销售伪劣商品罪等犯罪的，依法追究刑事责任。

依法应当取得许可证照而未取得许可证照从事生产经营活动的，由农业、卫生、质检、商务、工商、药品等监督管理部门依据各自职责，没收违法所得、产品和用于违法生产的工具、设备、原材料等物品，货值金额不足1万元的，并处10万元罚款货值金额1万元以上的，并处货值金额10倍以上20倍以下的罚款，构成非法经营罪的，依法追究刑事责任。

有关行业协会应当加强行业自律，监督生产经营者的生产经营活动，加强公众健康知识的普及、宣传，引导消费者选择合法生产经营者生产、销售的产品以及有合法标识的产品。

第四条 生产者生产产品所使用的原料、辅料、添加剂、农业投入品，应当符合法律、行政法规的规定和国家强制性标准。

违反前款规定，违法使用原料、辅料、添加剂、农业投入品的，由农业、卫生、质检、商务、药品等监督管理部门依据各自职责没收违法所得，货值金额不足5000元的，并处2万元罚款，货值金额5000元以上不足1万元的，并处5万元罚款，货值金额1万元以上的，并处货值金额5倍以上10倍以下的罚款，造成严重后果的，由原发证部门吊销许可证照构成生产、销售伪劣商品罪的，依法追究刑事责任。

第五条 销售者必须建立并执行进货检查验收制度，审验供货商的经营资格，验明产品合格证明和产品标识，并建立产品进货台账，如实记录产品名称、规格、数量、供货商及其联系方式、进货时间等内容。从事产品批发业务的销售企业应当建立产品销售台账，如实记录批发的产品品种、规格、数量、流向等内容。在产品集中交易场所销售自制产品的生产企业，应当比照从事产品批发业务的销售企业的规定，履行建立产品销售台账的义务。进货台账和销售台账保存期限不得少于2年。销售者应当向供货商按照产品生产批次索要符合法定条件的检验机构出具的检验报告或者由供货商签字或者盖章的检验报告复印件。不能提供检验报告或者检验报告复印件的产品，不得销售。

违反前款规定的，由工商、药品监督管理部门依据各自职责，责令停止销售。不能提供检验报告或者检验报告复印件销售产品的，没收违法所得和违法销售的产品，并处货值金额3倍的罚款，造成严重后果的，由原发证部门吊销许可证照。

第六条 产品集中交易市场的开办企业、产品经营柜台出租企业、产品展销会的举办企业，应当审查入场销售者的经营资格，明确入场销售者的产品安全管理责任，定期对入场销售者的经营环境、条件、内部安全管理制度和经营产品是否符合法定要求进行检查，发现销售不符合法定要求产品或者其他违法行为的，应当及时制止并立即报告所在地工商行政管理部门。

违反前款规定的，由工商行政管理部门处以1000元以上5万元以下的罚款，情节严重的，责令停业整顿，造成严重后果的，吊销营业执照。

第七条 出口产品的生产经营者应当保证其出口产品符合进口国（地区）的标准或者合同要求。法律规定产品必须经过检验方可出口的，应当经符合法律规定的机构检验合格。

出口产品检验人员应当依照法律、行政法规规定和有关标准、程序、方法进行检验，对其出具的检验证单等负责。

出入境检验、检疫机构和商务、药品等监督管理部门应当建立出口产品的生产经营者良好记录和不良记录，并予以公布。对有良好记录的出口产品的生产经营者，简化检验、检疫手续。

出口产品的生产经营者逃避产品检验或者弄虚作假的，由出入境检验、检疫机构和药品监督管理部门依据各自职责，没收违法所得和产品，并处货值金额3倍的罚款，构成犯罪的，依法追究刑事责任。

第八条 进口产品应当符合我国国家技术规范的强制性要求以及我国与出口国（地区）签订的协议规定的检验要求。

质检、药品监督管理部门依据生产经营者的诚信度和质量管理水平以及进口产品风险评估的结果，对进口产品实施分类管理，并对进口产品的收货人实施备案管理。进口产品的收货人应当如实记录进口产品流向。记录保存期限不得少于2年。

质检、药品监督管理部门发现不符合法定要求产品时，可以将不符合法定要求产品的进货人、报检人、代理人列入不良记录名单。进口产品的进货人、销售者弄虚作假的，由质检、药品监督管理部门依据各自职责，没收违法所得和产品，并处货值金额3倍的罚款，构成犯罪的，依法追究刑事责任。进口产品的报检人、代理人弄虚作假的，取消报检资格，并处货值金额等值的罚款。

第九条 生产企业发现其生产的产品存在安全隐患，可能对人体健康和生命安全造成损害的，应当向社会公布有关信息，通知销售者停止销售，告知消费者停止使用，主动召回产品，并向有关监督管理部门报告，销售者应当立即停止销售该产品。销售者发现其销售的产品存在安全隐患，可能对人体健康和生命安全造成损害的，应当立即停止销售该产品，通知生产企业或者供货商，并向有关监督管理部门报告。

生产企业和销售者不履行前款规定义务的，由农业、卫生、质检、商务、工商、药品等监督管理部门依据各自职责，责令生产企业召回产品、销售者停止销售，对生产企业并处货值金额3倍的罚款，对销售者并处1000元以上5万元以下的罚款，造成严重后果的，由原发证部门吊销许可证照。

第十条 县级以上地方人民政府应当将产品安全监督管理纳入政府工作考核目标，对本行政区域内的产品安全监督管理负总责，统一领导、协调本行政区域内的监督管理工作，建立健全监督管理协调机制，加强对行政执法的协调、监督统一领导、指挥产品安全突发事件应对工作，依法组织查处产品安全事故，建立监督管理责任制，对各监督管理部门进行评议、考核。质检、工商和药品等监督管理部门应当在所在地同级人民政府的统一协调下，依法做好产品安全监督管理工作。

县级以上地方人民政府不履行产品安全监督管理的领导、协调职责，本行政区域内一年多次出现产品安全事故、造成严重社会影响的，由监察机关或者任免机关对政府的主要负责人和直接负责的主管人员给予记大过、降级或者撤职的处分。

第十一条 国务院质检、卫生、农业等主管部门在各自职责范围内尽快制定、修改或者起草相关国家标准，加快建立统一管理、协调配套、符合实际、科学合理的产品标准体系。

第十二条 县级以上人民政府及其部门对产品安全实施监督管理，应当按照法定权限和程序履行职责，做到公开、公平、公正。对生产经营者同一违法行为，不得给予2次以上罚款的行政处罚；对涉嫌构成犯罪、依法需要追究刑事责任的，应当依照《行政执法机关移送涉嫌犯罪案件的规定》，向公安机关移送。

农业、卫生、质检、商务、工商、药品等监督管理部门应当依据各自职责，对生产经营者进行监督检查，并对其遵守强制性标准、法定要求的情况予以记录，由监督检查人员签字后归档。监督检查记录应当作为其直接负责主管人员定期考核的内容。公众有权查阅监督检查记录。

第十三条 生产经营者有下列情形之一的，农业、卫生、质检、商务、工商、药品等监督管理部门应当依据各自职责采取措施，纠正违法行为，防止或者减少危害发生，并依照本规定予以处罚：

（一）依法应当取得许可证照而未取得许可证照从事生产经营活动的；

（二）取得许可证照或者经过认证后，不按照法定条件、要求从事生产经营活动或者生产、销售不符合法定要求产品的；

（三）生产经营者不再符合法定条件、要求继续从事生产经营活动的；

（四）生产者生产产品不按照法律、行政法规的规定和国家强制性标准使用原料、辅料、添加剂、农业投入品的；

（五）销售者没有建立并执行进货检查验收制度，并建立产品进货台账的；

（六）生产企业和销售者发现其生产、销售的产品存在安全隐患，可能对人体健康和生命安全造成损害，不履行本规定的义务的；

（七）生产经营者违反法律、行政法规和本规定的其他有关规定的。

农业、卫生、质检、商务、工商、药品等监督管理部门不履行前款规定职责，造成后果的，由监察机关或者任免机关对其主要负责人、直接负责的主管人员和其他直接责任人员给予记大过或者降级的处分；造成严重后果的，给予其主要负责人、直接负责的主管人员和其他直接责任人员撤职或者开除的处分；其主要负责人、直接负责的主管人员和其他直接责任人员构成渎职罪的，依法追究刑事责任。

违反本规定，滥用职权或者有其他渎职行为的，由监察机关或者任免机关对其主要负责人、直接负责的主管人员和其他直接责任人员给予记过或者记大过的处分；造成严重后果的，给予其主要负责人、直接负责的主管人员和其他直接责任人员降级或者撤职的处分；其主要负责人、直接负责的主管人员和其他直接责任人员构成渎职罪的，依法追究刑事责任。

第十四条 农业、卫生、质检、商务、工商、药品等监督管理部门发现违反本规定的行为，属于其他监督管理部门职责的，应当立即书面通知并移交有权处理的监督管理部门处理。有权处理的部门应当立即处理，不得推诿；因不立即处理或者推诿造成后果的，由监察机关或者任免机关对其主要负责人、直接负责的主管人员和其他直接责任人员给予记大过或者降级的处分。

第十五条 农业、卫生、质检、商务、工商、药品等监督管理部门履行各自产品安全监督管理职责，有下列职权：

（一）进入生产经营场所实施现场检查；

（二）查阅、复制、查封、扣押有关合同、

票据、账簿以及其他有关资料；

（三）查封、扣押不符合法定要求的产品，违法使用的原料、辅料、添加剂、农业投入品以及用于违法生产的工具、设备；

（四）查封存在危害人体健康和生命安全重大隐患的生产经营场所。

第十六条 农业、卫生、质检、商务、工商、药品等监督管理部门应当建立生产经营者违法行为记录制度，对违法行为的情况予以记录并公布；对有多次违法行为记录的生产经营者，吊销许可证照。

第十七条 检验、检测机构出具虚假检验报告，造成严重后果的，由授予其资质的部门吊销其检验、检测资质；构成犯罪的，对直接负责的主管人员和其他直接责任人员依法追究刑事责任。

第十八条 发生产品安全事故或者其他对社会造成严重影响的产品安全事件时，农业、卫生、质检、商务、工商、药品等监督管理部门必须在各自职责范围内及时作出反应，采取措施，控制事态发展，减少损失，依照国务院规定发布信息，做好有关善后工作。

第十九条 任何组织或者个人对违反本规定的行为有权举报。接到举报的部门应当为举报人保密。举报经调查属实的，受理举报的部门应当给予举报人奖励。

农业、卫生、质检、商务、工商、药品等监督管理部门应当公布本单位的电子邮件地址或者举报电话；对接到的举报，应当及时、完整地进行记录并妥善保存。举报的事项属于本部门职责的，应当受理，并依法进行核实、处理、答复；不属于本部门职责的，应当转交有权处理的部门，并告知举报人。

第二十条 本规定自公布之日起施行。

食品标识管理规定

（2008年9月1日起施行）

第一章 总 则

第一条 为了加强对食品标识的监督管理，规范食品标识的标注，防止质量欺诈，保护企业和消费者合法权益，根据《中华人民共和国产品质量法》、《中华人民共和国食品卫生法》、《国务院关于加强食品等产品安全监督管理的特别规定》以及《中华人民共和国工业产品生产许可证管理条例》等法律、法规，制定本规定。

第二条 在中华人民共和国境内生产（含分装）、销售的食品的标识、标注和管理，适用本规定。

第三条 本规定所称食品标识是指粘贴、印刷、标记在食品或者其包装上，用以表示食品名称、质量等级、商品量、食用或者使用方法、生产者或者销售者等相关信息的文字、符号、数字、图案以及其他说明的总称。

第四条 国家质量监督检验检疫总局（以下简称国家质检总局）在其职权范围内，负责组织全国食品标识的监督管理工作。

县级以上地方质量技术监督部门在其职权范围内，负责本行政区域内食品标识的监督管理工作。

第二章 食品标识的标注内容

第五条 食品或者其包装上应当附加标识，但是按法律、行政法规规定可以不附加标识的食品除外。

食品标识的内容应当真实准确、通俗易懂、科学合法。

第六条 食品标识应当标注食品名称。

食品名称应当表明食品的真实属性，并符合下列要求：

（一）国家标准、行业标准对食品名称有规定的，应当采用国家标准、行业标准规定的名称；

（二）国家标准、行业标准对食品名称没有规定的，应当使用不会引起消费者误解和混淆的常用名称或者俗名；

（三）标注“新创名称”、“奇特名称”、“音译名称”、“牌号名称”、“地区俚语名称”或者“商标名称”等易使人误解食品属性的名称时，应当在所示名称的邻近部位使用同一字号标注本条（一）、（二）项规定的一个名称或者分类（类属）名称；

（四）由两种或者两种以上食品通过物理混合而成且外观均匀一致，难以相互分离的食品，其名称应当反映该食品的混合属性和分类（类属）名称；

（五）以动、植物食物为原料，采用特定的加工工艺制作，用以模仿其他生物的个体、器官、组织等特征的食品，应当在名称前冠以“人造”、“仿”或者“素”等字样，并标注该食品真实属性的分类（类属）名称。

第七条 食品标识应当标注食品的产地。

食品产地应当按照行政区划标注到地、市级地域。

第八条 食品标识应当标注生产者的名称和地址。生产者名称和地址应当是依法登记注册、能够承担产品质量责任的生产者的名称、地址。

有下列情形之一的，按照下列规定相应予以标注：

（一）依法独立承担法律责任的公司或者其子公司，应当标注各自的名称和地址；

（二）依法不能独立承担法律责任的公司分公司或者公司的生产基地，应当标注公司和分公司或者生产基地的名称、地址，或者仅标注公司的名称、地址；

（三）受委托生产加工食品且不负责对外销售的，应当标注委托企业的名称和地址；对于实施生产许可证管理的食品，委托企业具有其委托加工的食品生产许可证的，应当标注委托企业的名称、地址和被委托企业的名称，或者仅标注委托企业的名称和地址；

（四）分装食品应当标注分装者的名称及地址，并注明分装字样。

第九条 食品标识应当清晰地标注食品的生产日期和保质期。

食品的保质期与贮藏条件有关的，应当标注食品的特定贮藏条件。乙醇含量10%以上（含10%）的饮料酒、食醋、食用盐、固态食糖类，可以免除标注保质期。

日期的标注方法应当符合国家标准规定或者采用“年、月、日”表示。

第十条 定量包装食品标识应当标注净含量。对含有固、液两相物质的食品，除标示净含量外，还应当标示沥干物（固形物）的含量。

净含量应当与食品名称排在食品包装的同一展示版面。净含量的标注应当符合《定量包装商品计量监督管理办法》的规定。

第十一条 食品标识应当标注食品的配料清单。

配料清单中各种配料应当按照生产加工食品时加入量的递减顺序进行标注，具体标注方法按照国家标准的规定执行。

在食品中直接使用甜味剂、防腐剂、着色剂的，应当在配料清单食品添加剂项下标注具体名称；使用其他食品添加剂的，可以标注具体名称、种类或者代码。食品添加剂的使用范围和使用量应当按照国家标准的规定执行。

第十二条 食品标识应当标注企业所执行的国家标准、行业标准、地方标准号或者经备案的企业标准号。

第十三条 食品执行的标准明确要求标注食品的质量等级、加工工艺的，应当相应地予以标明。

第十四条 实施生产许可证管理的食品，食品标识应当标注食品生产许可证编号及QS标志。

委托生产加工实施生产许可证管理的食品，委托企业具有其委托加工食品生产许可证的，可以标注委托企业或者被委托企业的生产许可证编号。

第十五条 混装非食用产品易造成误食，使用不当，容易造成人身伤害的，应当在其标识上标注警示标志或者中文警示说明。

第十六条 食品有以下情形之一的，应当在其标识上标注中文说明：

（一）医学临床证明对特殊群体易造成危害的；

（二）经过电离辐射或者电离能量处理过的；

（三）属于转基因食品或者含法定转基因原料的；

（四）按照法律、法规和国家标准等规定，应当标注其他中文说明的。

第十七条 食品在其名称或者说明中标注"营养"、"强化"字样的，应当按照国家标准有关规定，标注该食品的营养素和热量，并符合国家标准规定的定量标示。

第十八条 食品标识不得标注下列内容：

（一）明示或者暗示具有预防、治疗疾病作用的；

（二）非保健食品明示或者暗示具有保健作用的；

（三）以欺骗或者误导的方式描述或者介绍食品的；

（四）附加的产品说明无法证实其依据的；

（五）文字或者图案不尊重民族习俗，带有歧视性描述的；

（六）使用国旗、国徽或者人民币等进行标注的；

（七）其他法律、法规和标准禁止标注的内容。

第十九条 禁止下列食品标识违法行为：

（一）伪造或者虚假标注生产日期和保质期；

（二）伪造食品产地，伪造或者冒用其他生产者的名称、地址；

（三）伪造、冒用、变造生产许可证标志及编号；

（四）法律、法规禁止的其他行为。

第三章 食品标识的标注形式

第二十条 食品标识不得与食品或者其包装分离。

第二十一条 食品标识应当直接标注在最小销售单元的食品或者其包装上。

第二十二条 在一个销售单元的包装中含有不同品种、多个独立包装的食品，每件独立包装的食品标识应当按照本规定进行标注。

透过销售单元的外包装，不能清晰地识别各独立包装食品的所有或者部分强制标注内容的，应当在销售单元的外包装上分别予以标注，但外包装易于开启识别的除外；能够清晰地识别各独立包装食品的所有或者部分强制标注内容的，可以不在外包装上重复标注相应内容。

第二十三条 食品标识应当清晰醒目，标识的背景和底色应当采用对比色，使消费者易于辨认、识读。

第二十四条 食品标识所用文字应当为规范的中文，但注册商标除外。

食品标识可以同时使用汉语拼音或者少数民族文字，也可以同时使用外文，但应当与中文有对应关系，所用外文不得大于相应的中文，但注册商标除外。

第二十五条 食品或者其包装最大表面面积大于20平方厘米时，食品标识中强制标注内容的文字、符号、数字的高度不得小于1.8毫米。

食品或者其包装最大表面面积小于10平方厘米时，其标识可以仅标注食品名称、生产者名称和地址、净含量以及生产日期和保质期。但是，法律、行政法规规定应当标注的，依照其规定。

第四章 法律责任

第二十六条 违反本规定第五条第一款，食品或者其包装上未附加标识的，责令限期改正，处以1万元以下罚款。

第二十七条 违反本规定第六条至第八条、

第十一条至第十三条，未按规定标注应当标注内容的，责令限期改正，逾期不改的，处以500元以上1万元以下罚款。

第二十八条 违反本规定第九条、第十五条，未按规定标注生产日期和保质期、警示标志或中文警示说明的，依照《中华人民共和国产品质量法》第五十四条规定进行处罚。

第二十九条 违反本规定第十条，未按规定标注净含量的，依照《定量包装商品计量监督管理办法》规定进行处罚。

第三十条 实施生产许可证管理的食品，其标识未标注生产许可证编号及标志的，依照《中华人民共和国工业产品生产许可证管理条例》第四十七条规定进行处罚。

伪造、冒用、变造生产许可证编号及标志的，依照《中华人民共和国工业产品生产许可证管理条例》第五十一条规定进行处罚。

第三十一条 违反本规定第十七条，未按规定标注食品营养素、热量以及定量标示的，责令限期改正；逾期不改的，处以5000元以下罚款。

第三十二条 违反本规定第十八条，食品标识标注禁止性内容的，责令限期改正；逾期不改的，处以1万元以下罚款；违反有关法律法规规定的，按有关法律法规规定处理。

第三十三条 伪造或者虚假标注食品生产日期和保质期的，责令限期改正，处以500元以上1万元以下罚款；情节严重，造成后果的，依照有关法律、行政法规规定进行处罚。

第三十四条 伪造食品产地，伪造或者冒用其他生产者的名称、地址的，依照《中华人民共和国产品质量法》第五十三条规定进行处罚。

第三十五条 违反本规定第二十条，食品标识与食品或者其包装分离的，责令限期改正，处以5000元以下罚款。

第三十六条 违反本规定第二十一条、第二十二条第二款、第二十四条、第二十五条的，责令限期改正，逾期不改的，处以1万元以下罚款。

第三十七条 违反本规定第二十二条第一款的，依照本章有关规定处罚。

第三十八条 从事食品标识监督管理的工作人员，玩忽职守、滥用职权、包庇放纵违法行为的，依法给予行政处分，构成犯罪的，依法追究刑事责任。

第三十九条 本规定规定的行政处罚由县级以上地方质量技术监督部门在职权范围内依法实施。

法律、行政法规对行政处罚另有规定的，依照其规定。

第五章 附 则

第四十条 进出口食品标识的管理，由出入境检验、检疫机构按照国家质检总局有关规定执行。

第四十一条 本规定由国家质检总局负责解释。

第四十二条 本规定自2008年9月1日起施行。原国家技术监督局公布的《查处食品标签违法行为规定》同时废止。

四、2008年酒业相关政策法规

食品营养标签管理规范

（2008年5月1日起施行）

第一条 为指导和规范食品营养标签的标示，引导消费者合理选择食品，促进膳食营养平衡，保护消费者知情权和身体健康，制定本规范。

第二条 在中华人民共和国境内销售的预包装食品标示营养标签时，应当符合本规范的管理规定。

国家法律、行政法规和标准另有规定的，按相关规定执行。

第三条 国家鼓励食品企业对其生产的产品标示营养标签。

卫生部根据本规范的实施情况和消费者健康需要，确定强制进行营养标示的食品品种、营养成分及实施时间。

第四条 本规范所称的营养标签是指向消费者提供食品营养成分信息和特性的说明，包括营养成分表、营养声称和营养成分功能声称。

第五条 营养成分表是标有食品营养成分名称和含量的表格，表格中可以标示的营养成分包括能量、营养素、水分和膳食纤维等。

第六条 食品企业在标签上标示食品营养成分、营养声称、营养成分功能声称时，应首先标示能量和蛋白质、脂肪、碳水化合物、钠4种核心营养素及其含量。

除上述成分外，食品营养标签上还可以标示饱和脂肪（酸）、胆固醇、糖、膳食纤维、维生素和矿物质。

食品企业对第一款规定的能量和4种核心营养素的标示应当比其他营养成分的标示更为醒目。

第七条 营养标签中营养成分标示应当以每100克（毫升）和/或每份食品中的含量数值标示，并同时标示所含营养成分占营养素参考值（NRV）的百分比。各营养成分的定义、测定方法、标示方法和顺序、数值的允许误差等应当符合《食品营养成分标示准则》的规定。

营养素参考值（NRV）的具体数值应符合《中国食品标签营养素参考值》。

第八条 营养声称是指对食物营养特性的描述和说明，包括：

（一）含量声称：指描述食物中能量或营养含量水平的声称。声称用语包括“含有”、“高”、“低”或“无”等；

（二）比较声称：指与消费者熟知同类食品的营养成分含量或能量值进行比较后的声称。声称用语包括“增加”和“减少”等。

第九条 营养成分功能声称是指某营养成分可以维持人体正常生长、发育和正常生理功能等作用的声称。

第十条 营养标签中营养成分功能声称应当符合下列条件：

（一）被声称的营养成分的功能作用有公认的科学依据，并具有营养素参考值（NRV）；

（二）产品中被声称的营养成分含量应当符合《食品营养声称和营养成分功能声称准则》的要求和条件；

（三）应使用《食品营养声称和营养成分功能声称准则》的相关营养成分功能声称标准用语。

第十一条 营养标签的标示应当真实、客观，不得虚假，不得夸大产品的营养作用。任何产品标签标示和宣传等不得对营养声称方式和用语进行删改和添加，也不得明示或暗示治疗疾病的作用。

第十二条 根据科学发展和实际情况需要，卫生部负责调整食品营养标签所涉及的营养成分标示、营养声称和营养成分功能声称内容，并及时向社会发布。

第十三条 食品营养标签格式应当符合下列要求：

（一）营养成分标示内容应当以一个“方框表”形式表示，营养成分表的方框可为任何尺寸，方框可以设置为与包装的基线垂直。基本格式按照《食品营养成分标示准则》的规定；

（二）营养成分标示内容必须标示于包装的醒目位置；

（三）包装可用标签主面积小于20平方厘米（cm^2）或特大规格包装也可使用横排（水平）标示；

（四）营养标签的字体和颜色要求清晰，但营养声称的字体不得大于产品的一般名称和商标；

（五）营养成分应当按照《食品营养成分标示准则》的规定顺序标示，当标示的营养成分较多时，能量和核心营养素的标示应当醒目；

（六）如有外包装（或大包装），可以只在向消费者交货的外包装（或大包装）上标示营养标签，但内包装物（或容器）上必须标明每份净含量。

第十四条 营养标签应当使用中文。如同时使用外文标示的，其内容应当与中文相对应，外文字号不得大于中文字号。

第十五条 食品营养标签中标示的数值，可以通过食物成分计算或者产品检测获得。计算的记录或者检测报告应当完整和真实，以备核查和溯源。

第十六条 下列预包装食品可以不标示营养标签：

（一）食品每日食用量不足10克（g）或10毫升（ml）；

（二）包装的生肉、生鱼、生蔬菜和水果；

（三）包装的总表面积小于100平方厘米（cm^2）的食品；

（四）现制现售的食品；

（五）酒精含量大于等于0.5%的产品；

（六）其他法律、行政法规、标准规定可以不标示标签的食品。

第十七条 食品企业应当生产经营符合营养要求的食品，加强食品生产、保存和运输过程等环节的质量控制。

第十八条 食品企业应当对营养标签的真实性负责，配备专业人员负责营养标签的制作和审核。食品出厂前应当对标签标示内容进行核查，合格后方可出厂。

第十九条 由于虚假或者错误的营养标签对消费者产生误导造成健康损害的，食品企业应当依法承担相应责任。

第二十条 本规范自2008年5月1日起施行，以往有关食品营养标签标示的规定如与本规范不一致的，以本规范为准。

第二十一条 本规范由卫生部解释。

ICS 67.160.10
X 61
中华人民共和国国家质量监督
检验检疫总局备案号：222548-2008

DB53

云南省地方标准

DB53/T 92-2008
代替DB53/T 092-2001

云南小曲清香型白酒

（以正式出版物为准）

2008－03－16 发布 2008－07－01 实施

云南省质量技术监督局 发布

前　言

本标准代替DB53/T 092-2001《云南小曲白酒》。

本标准与DB53/T 092-2001相比主要变化如下：

——将云南小曲白酒改为云南小曲清香型白酒；

——增加了术语和定义等章条；

——质量等级原标准分为优级、一级、二级，调整为优级、一级；

——主要理化指标调整如下：

高度酒的酒精度上限调整为69%vol，下限调整为41%vol；低度酒的酒精度上限调整为40%vol。

本标准由云南省产品质量监督检验中心提出。

本标准由云南省质量技术监督局归口。

本标准起草单位：云南省产品质量监督检验中心、云南玉林泉酒业有限公司、鹤庆县酒厂、云南澜沧江啤酒企业（集团）有限公司云县酒业饮料分公司、墨江酒江酒业有限公司、云南易门大龙口酒业有限公司、云南省酿酒科学研究所、昆明酒类行业协会。

本标准主要起草人：李军明、李波、孙文通、于国忠、蒋昌、马黔飞、潘章、方志强。

本标准所代替标准的历次版本发布情况为：

——DB53/T 092-2001。

DB53/T 92—2008

云南小曲清香型白酒

1 范围

本标准规定了云南小曲清香型白酒的术语和定义、产品分类、要求、分析方法、检验规则和标志、包装、运输、贮存。

本标准适用于云南小曲清香型白酒的生产、检验与销售。

2 规范性引用文件

下列文件中的条款通过本标准的引用而成为本标准的条款。凡是注日期的引用文件，其随后所有的修改单（不包括勘误的内容）或修改版均不适用于本标准。然而，鼓励根据本标准达成协议的各方研究是否可使用这些文件的最新版本。凡是不注日期的引用文件，其最新版本适用于本标准。

GB 2757 蒸馏酒及配制酒卫生标准

GB/T 5009.48 蒸馏酒及配制酒卫生标准的分析方法

GB 8951 白酒厂卫生规范

GB 10344 预包装饮料酒标签通则

GB/T 10345 白酒分析方法

GB/T 10346 白酒检验规则和标志、包装、运输、贮存

JJF 1070 定量包装商品净含量计量检验规则

国家质量监督检验检疫总局[2005]第75号令 《定量包装商品计量监督管理办法》

3 术语和定义

下列术语和定义适用于本标准。

3.1

云南小曲清香型白酒

以粮谷为主要原料，采用小曲为糖化发酵剂，经传统固态糖化、发酵、蒸馏、陈酿、勾兑而成的，未添加使用食用酒精及非白酒发酵产生的呈香呈味物质的白酒。

4 产品分类

按产品的酒精度分为以下两个类型：

a） 高度酒：酒精度为41%vol～69%vol；

b） 低度酒：酒精度为25%vol～40%vol。

5 质量要求

5.1 感官要求

5.1.1 高度酒的感官要求应符合表1的规定。

表1　高度酒感官要求

项　目	优　级	一　级
色泽和外观	无色或微黄，清亮透明，无悬浮物，无沉淀	
香气	醇香清雅、纯正、自然	醇香清雅、较纯正、自然
口味	酒体醇和谐调，爽净，回味怡畅	酒体醇和谐调，较爽净，回味较怡畅
风格	具有本类产品典型的风格	具有本类产品明显的风格
a 当酒的温度低于10 ℃时，允许出现白色絮状沉淀物质或失光。10 ℃以上时应逐渐恢复正常。		

5.1.2 低度酒的感官要求应符合表2的规定。

表2　低度酒感官要求

项　目	优　级	一　级
色泽和外观	无色或微黄，清亮透明，无悬浮物，无沉淀	
香气	清香淡雅、纯正、自然	清香淡雅、较纯正、自然
口味	酒体柔和谐调，爽净，回味怡畅	酒体较柔和谐调，较爽净，回味较怡畅
风格	具有本类产品典型的风格	具有本类产品典型的风格
a 当酒的温度低于10 ℃时，允许出现白色絮状沉淀物质或失光。10 ℃以上时应逐渐恢复正常。		

5.2　理化要求

5.2.1　高度酒理化要求应符合表3的规定。

表3　高度酒理化要求

项　目	优　级	一　级
酒精度/（% vol）	41～69	
总酸（以乙酸计）/（g/L）　≥	0.40	0.30
总酯（以乙酸乙酯计）/（g/L）　≥	0.60	0.50
固形物/（g/L）　≤	0.5	

5.2.1　低度酒理化要求应符合表4的规定

表4　低度酒理化要求

项　目	优　级	一　级
酒精度/（% vol）	25～40	
总酸（以乙酸计）/（g/L）　≥	0.25	0.20
总酯（以乙酸乙酯计）/（g/L）　≥	0.45	0.30
固形物/（g/L）　≤	0.7	

5.3　卫生要求

应符合GB 2757的规定。

5.4　净含量

按《定量包装商品计量监督管理办法》的规定执行。

6 生产加工过程的卫生要求

应符合GB 8951的规定。

7 分析方法

7.1　感官要求、理化要求的检验按GB/T 10345执行。

7.2　卫生要求的检验按GB/T 5009.48执行。

7.3　净含量的检验按JJF 1070执行。

DB53/T 92—2008

8 检验规则和标志、包装、运输、贮存

8.1 检验规则和标志、包装、运输、贮存按GB/T 10346执行。

8.2 酒精度按GB 10344的规定，可表示为“%vol”；酒精度实测值与标签标示值包装酒允许差为±1.0%vol，散装酒允许差为±2.0%vol。

8.3 香型标识为：小曲清香型。

卫生部发布《GB2760－2007 食品添加剂卫生标准》

卫生部2008年12月22日正式发布《食品添加剂使用卫生标准》（GB2760－2007）。该标准系由卫生部与国家标准化委员会在1996年版《食品添加剂使用卫生标准》的基础上修订而成，于2008年6月1日起实施。

食品添加剂是食品生产加工过程中使用的重要物质，对食品工业发展和保障食品安全具有重要作用。《食品添加剂使用卫生标准》颁布于20世纪80年代初，为食品生产企业提供了食品生产技术规范，为保障食品添加剂的安全合理使用发挥了重要作用。随着食品工业和食品添加剂发展，以及公众不断增长的饮食健康需要，卫生部先后颁布了《食品添加剂使用卫生标准》1981、1986、1996共三个版本，期间也曾多次组织专家对标准进行修订。此次发布的《食品添加剂使用卫生标准》（GB2760－2007）系第六次修订，也是比较全面的一次。

新修订标准具有以下特点：

一、进一步明确了食品添加剂种类和使用范围。新标准全面整合和梳理了1996年以来卫生部公告的添加剂名单，将食品添加剂分为23类，共1962种，其中添加剂334种，香料1424种，加工助剂149种，胶姆糖基础剂55种。

二、标准的科学性进一步提高。标准修订过程中充分比较和吸收了国际食品法典委员会（CAC）和美国、欧盟、加拿大、澳大利亚等国家的先进成果，广泛征求了有关专家和部门、行业协会及企业的意见，系统开展了食品添加剂监测和风险评估，提高了标准的适用性和先进性。

三、建立了适用于食品添加剂使用的食品分类系统，使标准的操作性进一步增强。目前市场上存在的所有食品都能方便地找到对应可以使用的添加剂和使用要求，便于企业依法组织生产、有关部门监管以及社会监督。

卫生部将根据食品添加剂风险评估的原则以及食品工业发展的需要，严格按照《食品添加剂卫生管理办法》的要求，对《食品添加剂使用卫生标准》进行名单增补和使用要求调整，保障公众食品安全。

（中国食品商务网）

《GB2760－2007 食品添加剂卫生标准》修订说明

一、GB2760 修订的背景和意义

由于食品工业的快速发展，食品添加剂已经成为现代食品工业的重要组成部分，并且已经成为食品工业技术进步和科技创新的重要推动力。正是因为食品添加剂的使用才使我们目前的食品丰富多彩和易于接受，可以说现代生活已经离不开食品添加剂。据统计，2007年我国食品添加剂总产量达524万吨，实现销售收入529亿元，创汇超过27亿美元，食品添加剂产业已经成为了食品工业的重要组成部分。在食品添加剂的使用中，除保证其发挥应有的功能和作用外，最重要的是应保证食品的安全卫生。根据《中华人民共和国食品卫生法》等相关规定，卫生部制定并与国标委联合颁布了《食品添加剂使用卫生标准》。GB2760是我国食品安全最大的标准，标准自实施以来，在规范

食品添加剂的安全使用、促进食品工业发展方面发挥了巨大作用。

随着食品工业的快速发展，GB2760在使用和执行过程中的一些问题也越来越凸现出来。特别是我国加入WTO后，标准上的不一致很可能导致国际食品贸易纠纷。为此，卫生部启动《食品添加剂使用卫生标准》修订，委托中国疾病预防控制中心营养与食品安全所修订此项标准。修订工作组吸收了来自食品卫生、监督机构、食品及食品添加剂行业协会、食品及食品添加剂生产企业、相关部门标准化机构等60多个单位100多名人员，历经4年完成修订。

二、修订后GB2760的主要变化

修订后的新版标准与1996版标准相比，发生了很大变化。无论在标准的框架、体例、格式，以及标准的具体内容上，都与1996版标准有着很大的不同，其主要特点体现在：

1. 标准的术语、定义和使用原则更加明确。

本次修订参照国家标准编写的格式要求，对标准中出现的食品添加剂、最大使用量、残留量、食品工业用加工助剂、食品添加剂的国际编码系统、中国编码系统等名词作了定义和解释术语，有利于使用者准确掌握标准的含义。新版标准用专门的章节规定了食品添加剂的使用原则，对使用食品添加剂时应当注意的问题、何种情况下应当避免使用或者可以使用食品添加剂、所使用食品添加剂应当满足的质量规格等内容均作了说明。特别是引入“带入原则”对食品添加剂使用和监督管理中面临的原料带入问题作了十分明确的解释，解决了长期困惑食品企业和监管部门判定此类问题的难题。

2. 建立食品添加剂使用的分类，食品添加剂使用范围的界定清晰。

食品添加剂使用卫生标准中有关“添加剂的使用范围”是重要的规范内容。它所涉及的食物品种需要有良好的系统性和准确界定。本次标准修订过程中，工作组充分依据各食品行业协会的意见，并考虑食品添加剂添加使用的具体情况，从原料、工艺等几个方面入手，建立了适合于食品添加剂使用的分类体系。用新的食品分类体系界定我国食品添加剂使用范围，使食品添加剂使用范围的界定更加清晰。

3. 食品添加剂的使用科学合理。

众所周知，风险性分析原则是国内外制定卫生标准的科学原则和依据。本次标准修订过程中，利用卫生部覆盖全国的食品污染物监测网络，监测一万多份添加剂监测数据，采用了47439人的84大类食品的摄入量数据及8个省总体样本量为1000人膳食添加剂摄入量调查，利用国际通用的食品添加剂暴露量评估方法，较为全面系统地针对常用食品添加剂在食品中的使用情况开展风险评估。评估的结果表明我国食品添加剂使用是安全的。

4. 标准检索方式多样化，增强了标准的实用性。

本次修订调整了食品添加剂品种、使用范围、使用量的检索方式。新标准参照字典的排列方式，将检索方式分为以食品添加剂名称汉语拼音排序和以食品分类号排序两种形式，使用者可以从自身需要选择适合的查询方式。标准对每一种添加剂都标示了英文名称，还参照国际食品法典标准（GSFA）标出了添加剂的国际编码，便于和国际相关标准进行比较，减少了由于添加剂名称表述不一致而引起的歧义。

5. 更进一步与国际标准体系接轨。

修订后的标准充分借鉴和参照了国际食品添加剂法典标准的框架，无论从添加剂的使用原则、分类系统的设置还是添加剂使用要求的表述，都尽可能与CAC相一致。尽管每种添加剂的使用范围和量会因为国内的具体情况而不同，但标准的框架和体例已经做到了与国际标准的接轨。

新的标准于2008年6月1日实施，由于新旧标准无论从框架格式还是从实体内容都有了很大的变化，为了做好标准的贯彻实施工作，在卫生部的统一领导和组织下，中国疾病预防控制中心营养与食品安全所正在组织标准起草人编写该标准的实施指南，已经在全国范围内开展了以食品添加剂的生产、使用和监督人员为对象的标准宣传贯彻会，以便使社会各界对该标准规定的内容有清楚的了解，准确掌握标准的查询方法。在以后的工作中，中国疾病预防控制中心营养与食品安全所将继续发挥专业优势，充分利用专家资源，把《食品添加剂使用卫生标准的》的修订和完善工作作为重要的工作内容，为保证食品添加剂的正确使用、保护和增进消费者的健康做出不懈的努力。

（中国食品商务网）

关于不再直接办理与企业和产品有关的名牌评选活动的公告

2008 年第 105 号

根据《国务院办公厅关于印发国家质量监督检验检疫总局主要职责内设机构和人员编制规定的通知》（国办发［2008］69 号）的要求，国家质检总局不再直接办理与企业和产品有关的名牌评选活动。

特此公告。

国家质量监督检验检疫总局

二〇〇八年九月二十日

【第二编】

科技论文

一、2005 年

无线通讯系统在大型发酵罐中的应用简介

云南省轻工业学校　魏　华

摘　要：本文介绍了工控机在啤酒露天发酵罐中的应用，实现发酵罐相关数据采集、现场显示、报表生成及打印等功能。运用无线通讯接口模块 ADAM - 4550 实现发酵罐控制室之间的无线通讯，解决变化的发酵罐数据的推焦车与控制室实时数据交换问题。

关键词：数据　通讯　发酵罐　控制室

一、引言

在啤酒生产中，发酵罐的工控参数是由生产管理部门根据生产情况，预先排出各班的工控计划表，在各班接班时，交给操作人员，计划表规定本班发酵罐的进出罐数、罐号、进出时间，进出罐操作人员必须按计划表在规定时间内完成操作。进出罐的顺序具有一定的规律性，进出罐间隔是 21 天，即进完 1 罐后，隔 21 天再进下一轮。例如进完 1#罐后，下一个应该进 6#罐，再下一个应该进 11#罐，进完最后一罐后，再返回进 2#罐、7#罐等等。

普遍存在的问题是：1. 进出罐计划表人工抄写，每台发酵罐都要抄写一份，效率低，准确差，也不方便。2. 生产报表人工生成，同样存在效率低，准确性差，也不方便的问题。3. 发酵罐进出和控制室都无进出状态显示，对每罐的发酵情况和质量都不了解，无法实施有效的管理。4. 发酵质量与进出时间有着直接的关系，必须严格按进出罐计划表作业，否则将影响质量，而发酵时间一般与计划进出罐时间有一定差距，这个差值，管理人员难以得知。

为了解决上述问题，可以采用工控机，实现现场数据的实时采集、发酵罐上数据显示、发送，控制室数据接收、显示和储存，发酵罐进出控制表的打印，生产报表的生成和打印。

二、系统构成

本系统由机上站和控制室两大部分组成，(见图 1 系统配置图)，机上站安装在发酵罐上，如采用研华 AWS - 861P 工作站，内置 PCA - 6143PCPU 卡，完成现场数据的采集、显示处理，并将每一条信息以字符的形式发送到控制室。该工作站有 10 1024 × 768 彩色 CRT，60 键薄膜键盘，适用于恶劣的现场环境。数据采集板采用 PCL - 818L，该板有 16 个单端通道或 8 个差分通道，分辨率为 12 位，输入范围软件可选，一个 12 模拟量输出通道，16 位数字输入/输出通道，实现现场数据的采集。地面站采用

IPC－610 工控机，内置 PCA－6143P CPU 卡，配以彩显、键盘鼠标、打印机，完成发酵罐计划表的输入、打印，生产报表的生成、打印，现场操作状况的监视。机上站和地面站之间的数据通讯可采用研华的 ADAM－4550 无线通讯接口模块实现，该模块具有内置微处理器，最大传输速率为 115.2Kbps，内置 RS－232、RS－485 接口，软件设置地址和波特率，可用于点对点或一点对多点通讯，无线通讯频率为 2.4426GHZ，最大传输距离为 10KM，ADAM－4550 与工作站的通过 RS－232 连接。

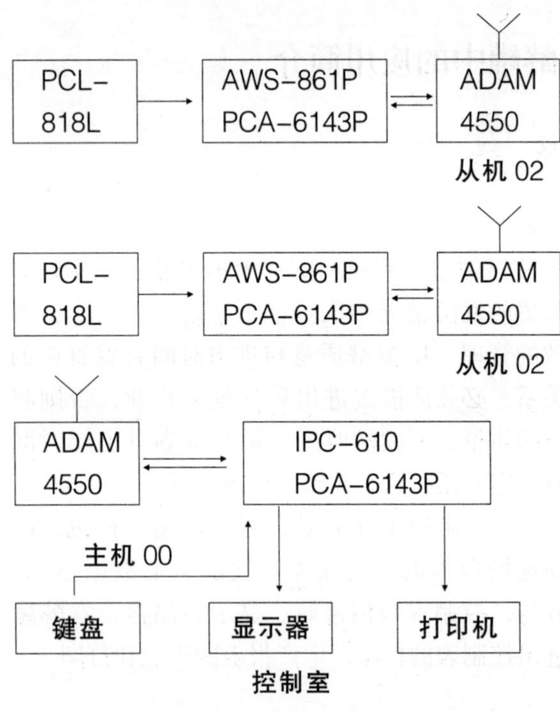

图 1　系统配置图

三、机上站软件设计

机上站安装在发酵罐各控制点，工作环境较差，腐蚀、振动很大，因此，机上站不能用一般的存储介质如硬盘，只能选用电子盘存储用户程序和数据。但电子盘容量有限，给软件开发带来一定困难，我们只能在电子盘预装简易 DOS 系统，同时在 DOS 环境下开发应用程序。我们采用 TRUBO C2.0 开发应用程序。应用程序按模块化设计，每个功能做成一个独立的函数，由主程序调用。从图 2 机上站程序结构图可以看出，共有 7 个功能模块：数据采集模块、时间显示模块、进出罐时间显示模块、罐号外理及显示模块、进出罐电流显示及报警模块、通讯数据发送模块、通讯数据接收模块。

罐号处理及显示要按工艺要求自动增加炉号，如果进出罐计划临时变动，可以人工输入新罐号，并按新罐号重新处理并显示。由于电子盘容量太小，普通汉字库在上机上无法运行，必须根据实际需要，开发字库形成程序，形成新的汉字库。

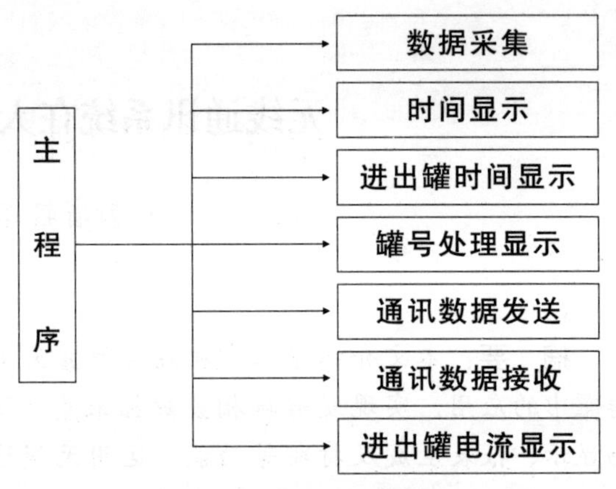

图 2　机上站程序结构图

四、控制室软件设计

地面站主要完成通讯数据的收集、显示和存储功能，对日常和生产管理、报表打印等进行自动处理。因此对地面站的要求是：操作方便、界面友好，能及时准确地接收机上站发来的数据。因此地面站选用 IPC－610 工控机，操作系统选用 WIN98，采用 VISUAL BASIC 5.0 开发应用程序，报表由 EXCEL5.0 完成，软件功能描述如下：

· 串行通讯模块：通过 VB5.0 的 MSCOMM 控件来实现数据的实时接收、显示、存储。

· 计划录入模块：实现当日计划的录入、存储

· 系统设置：开机时设置系统班别等信息。

· 时间校对：地面站将系统时间发送到机上站，以保持系统时间的一致性。

· 报表打印：系统将对应炉号的数据进行整理，传递到 EXCEL 中，由 EXCEL 完成计算

机统计，并自动打印。

·其他模块：如口令设置、计划浏览、计划打印等。

五、无线通讯

本系统的三台 ADAM－4550 共同构成无线通讯网，按主、从方式设置。与地面站相连的 ADAM－4550 设置为主机（MASTER），地址为 00；与机上站连接的 ADAM－4550 设置为从机（SLAVE），地址分别设置为 01、02；传输速率设定为9600BPS，传输距离约为1000m。数据流向为：从机01、02 分别将采集到的数据送到主机00；主机00 将数据发送到从机01、02；从机 01、02 之间无数据交换。机上站是用 TURBO C2.0 开发的通讯程序，而地面站是用 VB5.0 开发的通讯程序，两者之间如何实现通讯，关键在于数据格式，无论是机上站的 TURBO C2.0 还是地面站的 VB5.0，都必须按 ADAM－4550 的要求，以统一的数据格式发送数据。其格式为：{从（数据串）（CR）}，其中，AA 是要发往的 ADAM－4550 的地址；数据串是以字符串形式表示的通讯数据；（CR）是结束符。

TURBO C2.0 是通过调用 INT BIOSCOM（）函数，在指定端口上执行 RS－232 通讯操作来实现通讯的。VB5.0 则是通过调用 MSCOMM 控件来实现的，该控件提供了功能完善的串口数据发送和接收。MSCOMM 的主要属性和方法：

COMPORT：设置或返回串行端口号。

SETTING：设置或返回串行端口号。

PORTOPEN：打开或关闭串行端口。

INBUFFERSIZE：设置或返回接收缓冲区大小。

IFBUFFERCONT；返回接收缓冲区内等待读取的字节数：

INPUT：该属性表示从接收缓冲区移走一串字符。

收集到的数据以文件格式存放，当打印报表时，系统将对应炉号的数据从文件中读出并进行整理，传送到 EX－CEL 中，报表中相应的计算由 EXCEL 完成，并实现自动打印。

六、结束语

系统采用研华工控机，具有成本低，可靠性高，结构紧凑等特点，同时采用了 ADAM－4550 无线通讯接口模块，实现了发酵罐与控制室之间的无线通讯，解决了发酵罐数据实时传送的难题，对于提高发酵质量，加强发酵过程的管理，起到很好的作用。

（《云南酒业》）

云南白酒的误区

张云超

云南白酒业经多年的发展，逐步走向正规、科学的发展之路，产品遍及全省，为当地财政、就业作出了巨大贡献。既有几元钱一瓶的大众消费产品，也有几百元一瓶的高端产品。各个厂家在努力地创新、研究，采用新的技术、新的包装，有的厂家把自己的产品开始销往周边省区。

但是，云南省的白酒企业总起来讲：规模小、欠技术、对酿酒的研究投入不够，产品的竞争能力差。这些问题归纳起来就是一个观念问题。曾听一位老酿酒师说："建国前，云南的杨林肥酒与贵州茅台齐名，也远销到四川、贵州、广东及新、马、泰等地。"可 50 多年过去之后，我们还能去比吗？为何出现这种现象？

我认为有以下几方面的原因。

一、重经验、不重知识的错误观点

我们的烤酒房内都是由老技师手把手地教学徒怎样酿酒，老技师们尽心尽力地努力工作，他们辛勤的汗水化做一瓶瓶成品白酒，他们一代传一代地做着自己的工作。我们的老总们，你们是否想过，这样下去有创新吗？外面应用的新技术他们懂吗？他们的徒弟一定比他们强吗？

有一位老师傅，我很佩服他的工作态度、烤酒的技术（经验），可是他不懂完整的酿酒机理，不懂现代的分子筛、膜过滤，更不懂酒中甲醇、乙酸乙酯等三百多种组分的产生及呈香、呈味原理！

纵看川酒、贵酒的发展也是由经验型逐步发展起来，但是在这个过程中，他们注重知识型人才的培养，不仅继承了传统的经验，同时又进一步地创新，所以他们发展很快，我们则不动，这就是原因。

二、重勾兑、调配，轻酿酒的错误观点

在民间有很多传说，某老药师在什么药里加一点点什么东西，这药立起奇效。“云南白药”的配方之说，被拍为电影给我们留下很深的印象。所以我们很重视勾兑、调配、配方。

勾调的确是一门技术，被称为酒的后修饰技术，对有缺陷的白酒进行有效的勾兑，可以让该白酒变好，但勾调技术永远只能是辅助的。酿造过程才是根本，好酒是酿出来的，不是调出来的。问题是我们为什么要酿造出有缺陷的白酒呢？为什么不在酿造上下工夫呢？我不反对勾调，但是把白酒当做中药来处理我坚决反对！粮食在酵母菌的作用下，发酵产生乙醇的同时还产生较多的副产物，如：乙醛、丙酮酸、1，3 二磷酸甘油酸等等物质，再加上少量的细菌作用产生乳酸、丁酸、己酸等等物质，这些物质在一定条件相互发生生化反应产生了酸、醛、醇、酯等等近 300 多种物质。这些物质在酒中仅占 1～2%，但却决定了酒的香型、口感和风格。

市售的香精、香料分为单体香精与复合香精，在使用时一定要用发酵时才会产生的单体香精，否则会带来很多不必要的麻烦：香型与标识不对，固形物超标，酒度测量不出等等。

控制好酿造，酒中呈香、呈味物质是会自己产生的，不应该盲目添加香精、香料，否则越调越差，越调越乱。

三、依赖“长期贮存变好酒”的错误观点

一般来说，白酒经一段时间的贮存确实会变好，理论分析知道，贮存过程中挥发、酸醇的酯化反应、小分子物质的缩合反应、氢键的形成都有利于白酒呈香、绵柔、去除爆辣，使酒协调。由于发生的这些反应在一般条件下，低浓度时反应时间很长，所以我们认为越存越好！这种观点不全面，因为如果原酒中缺某些物质，再怎么存它也发生不了变化。例如：酸＋醇──→酯。酯多数是白酒的呈香物质，但是如果基酒中酸的含量很低，再放多久也产生不了酯类，这等于白存！

有的工厂基酒存了很长时间，降度、调配后立刻灌装，这也等于没存。

再有，为什么不考虑采用加快反应速度的方法呢？很多物理条件，化学条件下反应速度都可以大大加快，这些方法也就是人工催陈的方法。其实长期贮存（5 年以上），从经济、操作上都不可取，应该采用勾调加人工催陈的方法来解决这个问题。

四、食用酒精非粮食酒，不能用的错误观点

曾几何时，电视、报纸、广播都在发送某某地方，用酒精勾兑的假白酒致人死亡的消息。以至于消费者每当购酒时都要问“是不是酒精兑的？”，生产厂家及销售商也只能“顺势而为”宣称“绝对不是”。下面我们分别讨论一下酒精与白酒的关系。

酒精是每 100ml 溶液中含乙醇 95ml 以上的

混合溶液。白酒是每100ml溶液中含乙醇约30ml~65ml的混合溶液。

从定义上看，酒精与白酒是一回事，只不过含乙醇的浓度不同而已！常有人用食盐与食盐水说明酒精与白酒的关系。如果是这么回事，我们为什么不用酒精直接兑酒？能不能简单地稀释降度就作为白酒出售呢？

酒精的生产大致分为发酵法与合成法。发酵法主要以淀粉质、糖质等为原料经过发酵、蒸馏得到。合成法以乙烯、乙炔等为原料化学合成。但合成法生产的酒精多为工业酒精。酒精产品中又根据其所含杂质的多少分为：高纯度酒精、食用酒精、医用酒精和工业酒精等四级，只不过酒精的蒸馏采用双塔或三塔蒸馏技术，使乙醇浓度提的更高。所以不能一概而论地说酒精能或不能兑酒。这主要取决于酒精的质量。

白酒主要以淀粉质（我国）糖质（南美）等为原料经过发酵、蒸馏得到。淀粉质原料主要指富含淀粉的粮谷类及薯类等农产品。那么用粮谷或薯类农产品为原料酿出的酒是不是一定“不假”或“不致人死亡”，我们说不一定！

因为粮食发酵过程中同样产生甲醇、杂醇油，只不过一般情况甲醇、杂醇油不超标，但也不能说肯定不会超。有的小作坊自酿的白酒，虽不假但很劣。超标后同样有害，同样会致人死命。

前面我们已讲明酒精根据其含杂质量的多少分级，食用级以上的酒精其甲醇、杂醇油等有害物质的含量远远小于白酒。应该说用这样的酒精加水勾兑成的白酒绝对不假。问题在于它肯定是劣质白酒。这样的酒组分太单一，在我国是不受欢迎的。白酒中有很多物质是不能缺又不能多的。含量基本限制在某一范围内。食用酒精加水降度后往往出现其中的风味物质缺项或含量偏少。这样造成了口感、香气的严重不足，所以只能看作是一种质量差的白酒。从我们了解的情况看，很多大厂几乎都采用食用酒精勾兑白酒，全国有65%的低档白酒都是食用酒精勾兑而成，关键是技术！

对于酒精，我们不应该谈虎色变，省外早在20世纪80年代初就开始研究应用食用酒精勾兑新型白酒，我省糖厂近10万吨/年的食用酒精不都是被省外相关企业买去，经加工后成为大众消费的普通白酒，省内某几家酒厂现在不都开始尝试使用食用酒精了吗？

问题在于用什么样的酒精，怎样使用？对于其中的技术问题很值得大家去学习！

五、对出酒率的错误认识

因工作关系，笔者走访了云南省内大多数酒厂。听各厂相关人员谈到本厂出酒率时，我觉得存在较多的问题。现按国家相关法规再讨论一下“出酒率”的描述，以供参考。

1. 入库酒度与计算出酒率的酒度

各个工厂规定了不同的入库酒度，这无可厚非。因为各厂的成品酒度不一、贮存条件不等，根据各项条件自定入库的酒度这非常合理。但是在计算出酒率时，不应采用入库酒度进行计算。必须统一折算为65°（v/v），以65°为准计量产成品的数量最终计算出出酒率。

例如：某厂100kg玉米产50°白酒55kg，通常认为出酒率为55%。但是，如果将55kg50°的白酒折算为65°，100kg玉米产酒量为：41kg，出酒率为：41%。

2. 理论出酒率

100kg玉米理论上应该能出多少酒呢？我们通过下列计算来说明。

首先设100kg纯淀粉可产100%（v/v）的酒精为Xkg，

那么：$(C_6H_{10}O_5)n + nH_2O \longrightarrow nC_6H_{12}O_6 \longrightarrow n2C_2H_5OH + n2CO_2$

nx162.1　　　　n（2x46.05）

100kg　　.　　　X

X = n（2x46.05）x100/nx162.1 = 56.82kg

折算为65°（v/v）的白酒时为ykg

65°（v/v）= 57.15°（w/w）

57.15：100 = 56.82：y

y = 56.82x100/57.15 = 99.42kg

其次设含淀粉72%的玉米理论上出65°白酒为z　kg

100kg：99.42kg = 72：z

z = 72x100/99.42 = 71.58kg

结论：含淀粉 72% 的 100kg 玉米理论出酒率为：71.58/100x100% = 72%

3. 注意

a. 描述出酒率时酒度必须统一，否则甲工厂 51% 的出酒率与乙工厂 49% 的出酒率不可比。也无法说明甲厂与乙厂的生产哪家做得更好。

b. 各酒厂或各班组采用的玉米原料不同，淀粉含量也不同，不能仅说 100kg 玉米出多少公斤的白酒，应该用淀粉出酒率或按淀粉含量折算成等重量来计算出酒率。否则工厂与工厂、班组与班组之间的比较是无法进行的。

c. 实际出酒率与理论出酒率，永远都存在着差值，这是由于菌种繁殖、发酵、蒸粮损耗、酒糟残淀粉、酒份的挥发等等都消耗掉一部分淀粉，所以实际出酒率比理论值要低。但是根据上述计算，理论上淀粉含量为 72% 的 100kg 玉米出酒率应为 72%，而我们的工厂即使以 50°计也才达到 55% 左右。

总之，我省酿酒业本身确实处于出酒率较低的水平。很多工厂因为没有按标准折算，自认为出酒率多高多高，其实问题还真是不少！

六、浅谈低价酒

近几年我省酒类市场到处曼延着一些超低价的白酒品种，400ml 装的一瓶酒批发价仅为 0.80 ~ 1.0 元/瓶，仔细想来一瓶纯净水的价格也不止售 1.0 元/瓶啊。何以如此？消费者不懂，我也不懂。

1. 观点

我接触过这几家酒厂的经营者，也了解他们的想法，他们认为我省有较多的低收者，而且这些人口占总人口 60% 以上，“他们需要什么，我们就做什么！”不错，作为一个产品的生命力在于市场基础，基础越大，市场越大，销售也越大。

2. 错误

我们知道其实大多数消费者并不真正地懂酒，“他们的需要就是我们的目标”其实是不正确的。正确的观点应该是引导消费。

我们的工厂加班加点地生产，销售人员拼命地降价销售，最后我们的收入增加了吗？充其量我们仅是一个搬运工而已。犹太人赚钱绝招里反问：“我为什么要薄利多销？”问题在于我不降价便卖不动，所以只好降！你降我也降，最终形成恶性的竞争，不仅使自己的工厂越做越死，同时也破坏了市场规则。

3. 技术

不是说不能做低价位的产品，问题在于怎么做。我国的红星二锅头一直就是低价位的酒种，但你敢说它的品质劣吗？英国的金酒号称 1 元钱管喝够的世界名牌，它很差吗？我们的低价产品：甜味像甜水，酒度虚标，香气似爆米花，口味寡淡，包装之劣惨不忍睹！这不是在做大众消费品。这是粗制滥造！我甚至怀疑这些专业酿造厂里到底有没有人懂“小曲清香型”白酒的含义。往食用酒精水里加一点甜玉米香精、β-苯乙醇、米香香精、甜味剂等就做成一瓶玉米酒、米酒，让人哭笑不得。

价低而质不低，那可是水平！那才是叫管理出效益。几十年来二锅头一直畅销，没有雄厚技术基础是不可能的。

4. 出路

我认为好好地做一个低价产品不是没有前途！技术是整个生产的关键，如果自己连好坏都分清，你能做什么高质量的产品，你怎么懂得生产过程中哪些可以减少投入，哪些必须投入。所以第一步我觉得应该加强学习，掌握酒的基本知识。第二步对你的产品定位，我的产品适合什么样的人群，怎样引导他们消费。第三步自律，俗话说行有行规，我们不应盲目追求市场占有率，破坏市场，扰乱市场。第四步精心制作，虽然价低，但我们也应该严格要求，不能随便！

总之，人分不同的群体，有不同需求，在满足他们需求的同时，我们应考虑如何引导他们消费，我们应告诉消费者什么样的酒才是好酒。毕竟我们是专业的酒厂，毕竟我们是酿酒的专家，消费者不懂可以理解，如果我们不懂，我们就会出局！

（《云南酒业》）

清香型白酒的发展展望与思考

佚 名

反思小曲清香型白酒发展滞后的原因，专家们较普遍地认为，一是创新观念滞后，二是科技进步滞后，两者互为因果，相辅相成。

1. 清香型白酒最易与国际口味接轨，具有广阔的国际市场发展前景。

清香型白酒清香优雅，口味纯净，卫生指标先进，最容易与国际口味（如伏特加、威士忌）接轨，国际市场发展前景广阔。（如俄罗斯、蒙古国对二锅头非常欢迎，日本清酒占据东南亚的广大市场）。

2. 原料产地品质与所产基酒中微量成分关系的研究。

3. 注重加强曲种中微生物种类、数量、酶活等与所产基数中微量相关性的研究。借鉴浓香型白酒菌种研究，已酸菌的问世，带来了浓香型白酒发展大崛起的启示。清香型白酒企业要奋起直追，至少也应找到影响清香型白酒风格特征的特征性微生物。近年的研究显示，红曲霉的特殊代谢产物有可能作为清香型白酒特征产物的一个重要突破口。

4. 运用现代色谱分析技术，将酒类微量分析与勾兑、品评相结合。

应用现代色谱分析技术，将影响小曲酒香气，口感的骨架成分，协调成分及复杂成分等微量和痕量组分进行全面剖析，使勾兑工序由经验型向科学化提升。这是全面稳定和提高小曲酒品质的基础保证。

5. 运用现代信息和计算机技术全面改善提高小曲酒的勾调水平是稳定提高小曲酒品质的重要途径。

6. 从浓香型白酒的崛起，反思清香型白酒的技术进步滞后的原因。清香型白酒企业更要正本清源、博采众长，向浓、酱香型白酒的工艺特长学习，以为我用，如各种调味酒的制作应用，延长发酵期，晾堂堆集二次制曲、回酒发酵、回醅发酵、强化各种功能性微生物种、香醅串香蒸馏、酯化红曲酶的应用等，不能认为搞清香型白酒，浓酱香等各种香型白酒的工艺特长与己无关。更不能认为搞高新技术专门的人才，不懂酿酒工艺就不能搞清香型的白酒，要广开贤路，吸纳人才，许多重大的技术突破，必须是多专业的技术结合才能解决的。

7. 应用现代生物工程技术为传统清香型白酒酿造技术插上科技的翅膀，清香型白酒的发展和腾飞，才会指日可待。

例如当代的 DNA 技术，已达到分子生物学的水平，如果采用纯种微生物分离法，有很多缺陷，应用分子生物学技术对各种的基因组 DNA 水平直接分析检测，如以 PCR - TGGE/DGGA 为基础的指纹图技术、枋酸探针技术、克隆文库组成分析技术，可以很快了解酒曲和酒醅中微生物种群的变化规律，分离、鉴定功能性微生物及其代谢物的组成。

8. 注重知识产权原产地保护

中国加入 WTO 后，中国名酒要走向世界，要提高洋酒进入中国市场以后中国名酒的竞争力，必须特别注重知识产权和原产地保护。目前我国已有茅台、水井坊、沱牌等品牌获准了产品的原产地域保护。由于国际上通行原产地域保护产品的做法，因此，在白酒市场竞争极其剧烈的情况下，白酒企业只要继承传统工艺，应用现代科学技术，适度宣传各自特点，申报原产地域保护产品，一定能够提高白酒企业的垄断性竞争力，必定能促进白酒企业的持续发展。

我国小曲酒的历史悠久，具有深厚的历史、文化底蕴，这是一座无穷无尽的宝藏，有待我们深入发掘，开发取用。“古为今用”，创造出具有深厚文化内涵的“大品牌”小曲酒。

（《云南酒业》）

二、2006 年

木瓜酒制作工艺的研究

云南茅粮酒业集团　刘群芬　张学洲　刘金平

摘　要：以云县本地的白花木瓜为原料，经分选、去籽、清洗、去籽、去瓤，破碎打浆后加入0.1%果胶酶混合，调整酸度为8~12g/L，并加入扩培好的活性干酵母液进行发酵8~10天，分离、陈酿、调配、过滤、灌装即成木瓜酒。

关键词：木瓜；木瓜酒；工艺研究

1　木瓜

木瓜为蔷薇科木瓜属（chaenomeiesl）植物。为我国特有的野生果木之一。以“百益之果”著称，是卫生部首批公布的药食兼用食品。

木瓜的药用价值近年来已引起医学和科研界的广泛重视。现代医学证明：木瓜富含十七种以上氨基酸及多种营养元素，能抗菌消炎、舒筋活络、软化血管、抗衰养颜、祛风止痛消肿，是一种营养丰富，有百益而无一害的果中珍品。据文献记载，木瓜木属五种，而其中以毛叶木瓜和皱皮木瓜的天然杂交种中的白花木瓜为最，是木瓜中的上等品。木瓜果肉厚实、味酸、香气悦人、浓郁持久、营养成分丰富，特别是果实中的含抗坏血酸、钙、锌、钾等甚高。

从古至今，利用木瓜做酒十分普遍，但多为木瓜泡制酒。而泡制酒口感粗糙、醇香不足等缺陷，没有形成木瓜自身应用的特点，而本文研制的工艺却能弥补此缺陷，并且具备木瓜酒独特的风格，不但可以满足消费者的需求，同时可为生产企业创造良好的效益。

2　木瓜酒工艺

2.1　工艺流程图

木瓜→分选→清洗→切瓣→去籽去瓤→破碎打浆→
↑果胶酶
调整成分→发酵→分离→陈酿→调配→下胶→过滤→
↑酵母
灌装→成品

2.2　操作要点说明

2.2.1　木瓜分选：选择的白花木瓜必须是成熟、无腐烂变质、无虫害及损伤。

2.2.2　清洗：用干净的水洗去木瓜表面的泥土及微生物，以避免杂质带到发酵中去，从而造成不良异味。

2.2.3　果胶酶：用于软化木瓜果肉组织，

使发酵浸提充分。

2.2.4 成分调整：为保证发酵顺利进行，必须调整成分。

而调整成分主要是对糖进行调整：（1）木瓜中含糖较低，不能满足所需酒度的要求，可加入适量的浓缩果汁，使糖度达到20Bx。（2）木瓜含酸太高，需调酸至8~12g/L为宜。

2.2.5 发酵：将调配好的果酱送入发酵罐加入扩培好的酵母液进行发酵，并将发酵温度控制在20℃~28℃之间发酵6~8天，进行分离，清酒单独储藏进入后酵，残渣进行蒸馏制成木瓜白兰地。

2.2.6 陈酿：温度控制在20℃左右，使酒变得醇厚、柔和。

2.2.7 下胶：木瓜酒经过自然澄清后，仍然有蛋白质及其他杂物悬浮。需经过“明胶—单宁”或蛋清粉澄清，用量通过小试验决定。下胶温度控制不能超过25℃，时间约10天。

2.2.8 过滤：通过过滤去除悬浮杂质，使酒进一步澄清、透明。

2.2.9 灌装：灌装环境要洁净以防酒被第二次污染，并要尽可能地隔绝氧气。

3 结论

木瓜酒色泽金黄，清亮透明，具有明显的木瓜果香和醇正、愉悦的酒香，酸甜适口，有收敛感，醇厚和谐，余味悠长，具有木瓜酒特有的风格。

（《云南酒业》）

对白酒中使用甜味剂的一些看法

方志强

不知从何时起，各企业生产的众多白酒产品开始加入甜味剂用于改善品味，不知不觉中似乎已变成一种自然而然的事。

近年在其他省市、在我省因执法部门对白酒产品含糖精钠、甜蜜素进行专项抽查，由此引发了整个白酒行业关于对白酒中使用甜味剂的大讨论。这些事件对今后白酒相关标准的制、修订，甚至对白酒产业的发展方向将产生深刻的影响。

白酒中能不能添加甜味剂？加什么甜味剂及加多少是安全的、合适的，这确实是一个复杂的问题，但又是一个普遍存在的问题。经过我们与许多企业的交流了解，关于甜味剂的使用问题已经严重困扰了企业的生产计划和发展思路。针对这个问题，仅发表一些自己的个人观点。

首先从目前我国主导白酒产品的执行标准说起，现行国家标准GB1078·1~3中明确规定，不得添加任何非自身发酵物质，也就是说包括甜味剂在内的任何外加物质均是不得添加的，添加既视为不符合标准，为不合格产品；低度酒标准GB1078·1~3及我省地方标准DB53/T092的标准文本中则没有明确说明，但所有这些标准都引用GB2757蒸馏酒卫生标准的规定作为卫生指标，其中一条为“添加剂的使用量和使用范围参照GB2760的规定执行”，那么从GB1078·1~3的要求来看，这一条款显然是不适用的；但按GB11859及DB53/T092标准要求来看，只要是符合GB2760标准规定的使用范围和限量，应视为可以添加。从GB2760标准对甜味剂的使用范围来看，就没有哪一种明确规定可用于白酒，对白酒只字未提，不知是有意回避还是根本就没有考虑到白酒的问题，像糖精钠、甜蜜素的使用范围中未提及白酒，因此，只要白酒中检出含有该物质无论量大小均视为不合格，也成为执法部门对生产企业实施处罚的依据，而另一些甜味剂如阿斯巴甜等的使用范围是“各类食品”，也就是白酒中添加这类甜味剂是合法的。有些甜味剂的使用范围中包括饮料、配制酒，而未提白酒，其实饮料、配制酒和白酒的饮用属性我认为并没有什么太大差别，而一个合法，一个不合法，确实让生产企业难以掌握。在实际情况中我们了解到，几乎没有哪一个企业直接添加糖精钠、甜蜜素，都是因添加了所谓用糖精钠等高甜度物质复配而成的蛋白糖带入的，许多企业是被动添加的，因此被处罚的企业觉得冤枉，而未使用蛋白糖的企业暗自庆幸。经过处罚的这些企业明白了，像蛋白糖这一类东西是不能再使用了，但许多企业仍无法正确理解标准，变得无所适从。还是一个问题，究竟什么是白酒？是以粮食为原料的蒸馏酒还是蒸馏后经过其他处理而成的酒，严格意义上从国家现行标准中对白酒的描述既是指蒸馏酒，从传统意义上的白酒来理解是不能添加甜味剂的，允许与不允许添加其他物质都是多余之词，因此现行标准的不准确性和一些与实际不相吻合的情况使生产企业很难有效掌握标准。

其次，随着改革开放以后我国酿酒行业的飞速发展，广大人民群众的生活水平不断提高，白酒产品的产销量不断增长，人们对酒类的质量、品质也有了更高的要求，除了安全因素外，良好的香气、口感、后味及独具个性的白酒产品得到广大消费者的青睐。为适应新的消费需求，增加白酒的甜味、回甜感而又能有效提高生产效率成为众多白酒企业考虑的问题，因此在勾调过程中加入适度的甜味物质是一种简单而便于操作的手段。长期以来，由于缺乏对白酒中甜味剂的具体规定、要求及添加剂行业的迅猛发展，食用甜味剂鱼龙混杂，价格高的达几千元一千克，便宜的仅几十元一千克，又没有简便可行的检测手段，致使白酒中使用甜味剂泛滥难以控制。许多省、市级检测单位、实验室也是近年来才具备了检测部分甜味物质的条件。

从目前我国白酒行业的现状来看，适度使用甜味剂是一种非常正常的做法，现在应该说大多数的消费者是可以接受的。在我省的众多白酒生产企业中，几乎所有的企业均使用甜味剂，只是有些企业注意到了GB2760标准的要求，而有些企业为降低成本，大量使用廉价的甜味剂，往往造成出厂产品中含有糖精钠、甜蜜素等物质。

每一个行业的健康发展必须跟上时代前进的步伐，在我国具有悠久历史的白酒工业同样如此。随着国民经济的不断发展，国家各部门对食品安全工作越来越重视，广大消费者对产品的要求越来越高，如何规范白酒企业的生产行为，提高各企业的社会道德责任感及如何加强对白酒产品生产及销售的监督成为相关政府部门的重要工作，完全以行政处罚来处理是不能有效做好这个工作的，有时甚至会严重伤害这个行业的发展。我认为应该从以下几个方面来规范白酒企业的行为：

一、尽快修订现行的白酒行业有关标准或制定相关的补充标准，明确白酒中甜味剂的使用范围、使用限量及使用方法，让广大生产企业便于掌握，也使监督部门便于管理。

二、政府主管部门及行业组织应积极鼓励白酒生产企业不断挖掘、探索传统工艺，加强生产过程控制，生产出更多个性鲜明，品质独特的产品来满足市场的需要，引导健康消费观念。

三、生产企业的发展应符合时代的进步。欧盟早已明文禁止糖精钠在食品生产中使用，因此再采用粗糙的工艺，添加劣质低价的甜味物质是不可取的，与社会发展的走向背道而驰必将要被淘汰。

四、迫切需要尽快加强对添加剂行业的整顿和监管。目前许多食品添加剂的标识混乱，许多没有产品标准，明确的成分及使用说明，生产许可证标识编号混乱，使人很难判别，添加剂行业的混乱必然严重影响相关行业的发展。

五、社会各界应支持、帮助白酒生产企业开展员工素质培训，逐步在全行业树立健康的价值观、道德观。目前整个白酒行业总体还是低技术的劳动密集型企业居多，提高整个行业的从业人员素质是保证整个白酒行业健康发展的重要因素。

六、各级政府职能部门应加强对白酒生产、流通、消费领域的监督管理，有法可依，严肃执法，加大对广大的消费者相关基础专业知识、标准、法律、法规等方面的宣传力度，逐步形成整个社会强大的监督体系。

（《云南酒业》）

三、2007 年

困扰我国酒业发展的五大问题

佚　名

入世以来，我国酒行业发展取得了很多成绩，但是也存在一些问题，影响着行业发展。

一、缺乏严格的市场监管体系

中国加入 WTO，意味着我国的经济制度在更大范围和更深程度上参与国际经济合作与竞争。WTO 的贸易自由化原则，公平竞争原则及其他规则都适用于我国的市场经济，这就要求我们必须建立保证市场经济运行的竞争法律制度，并且使这一制度与 WTO 规则相符。

入世后，我国研究了多年的酒类立法，也出台了《酒类流通管理办法》，但是由于法律效力较低，酒类管理仍处于较混乱局面，使行业低水平重复建设现象严重，产业结构失衡、行业恶性竞争、假酒案时有发生。由于缺乏相应的标准，国际上一些劣质酒流入国内，酒业整体发展越来越无序混乱。为此，入世后国家应按照国际惯例，对酒实行专管，尽快出台《酒类管理法或者条例》，在各级政府组成专门的管理队伍，切实规范市场流通秩序，保护消费者合法权益。

二、行业不正当竞争日趋激烈

近年来，随着入世后市场的开放、监管法律缺失、监管不力等因素影响，酒行业不正当竞争日趋激烈，进店费、开瓶费等筹码越来越高。

由于法制建设滞后于市场发展，致使市场出现了混乱局面。入世后，国际上的、国内的各种竞争方法同时并存，一些企业为了赢得利润，利用抬高进店费等方式进行不正当竞争。据有关数字统计显示，入世前终端零售企业还都是暗中收取进店费，且数额较小，入世后，一些零售企业依靠终端受点数量多、规模大、位置好、产品供应商多等筹码，变本加厉逐年增加各种费用，而且将其透明化。虽然我国有关法律规定禁止收取各种不正当费用，但是由于法律效力低、执法力度不够，这种不正当竞争行为却愈演愈烈。

三、在低价倾销现象

市场开放后，酒类关税大幅下降，大量低价原酒涌入国内，涌入的这些低价原酒售价最低才2 000、3 000多元/千升，已经低于国内酒的生产价格，构成了低价倾销，但是由于国内市场有需求，没有引起有关部门注意。酒行业特别是葡萄酒行业如果产品发展到供大于求的局面的时候，行业将会受到巨大冲击，届时进行国际贸易反倾销诉讼难度将会增大。

四、国际资本考验酒企业

加入WTO后，我国与世界经济融为一体，国内资本市场及资本运作明显扩大，啤酒行业经过资本运作已经组成了三大集团。葡萄酒长城的整合也已经进行了多年，我国黄酒、白酒整合步伐加快。而白酒整合中，开始有外资进入，国外资本看好中国传统白酒市场，欲通过参股方式扩大在中国的市场份额。

虽然，资本进入可以盘活企业资金、发展技术，促进企业发展，但是从整个经济发展观察，国际资本进入主要是看好国内市场，准备利用国内企业在中国的通路、网络占领中国市场，大量外国企业如果把产品就地销售，必然会使国内市场竞争加剧，从而使国内企业的发展受到影响。

另外，酒行业企业和国际企业相比，存在规模小、资金实力处于弱势等缺陷，在资本运作中容易失去控制权，最终成为嫁衣。为此，国际资本的进入考验着中国酒类企业。

五、缺乏国际型人才

入世后，对人才素质的要求越来越高。这些人才既要懂得专业知识，又要懂得国际法律、资本运作、企业管理、市场销售，还要熟练使用外语，以便在商务交往中与对方处于对等地位。从国内洋酒销售公司分析，这些企业要求工作人员为全能型人才，对素质要求高，相应的给予的待遇也很高，年薪基本在30万以上。

但是，我国酒行业，人员待遇低，企业领导不放权，企业都在偏远地区，高精尖人才不愿前往，难以留住此类复合型人才。在国际化浪潮中，人才成了困扰行业发展的难题。

（《云南酒业》）

影响葡萄酒澄清的因素探讨

佚　名

葡萄酒质量，最直观、最能影响消费者的就是澄清度。作为商品，浑浊的葡萄酒，无论口感品质多好，消费者都无法接受。所以，葡萄酒的澄清是葡萄酒生产者必须解决的最基本的问题。

以这几年的实践经验和教训，我认为葡萄酒难以澄清的根本主要在发酵阶段，其次是后期的倒罐处理。

一、发酵阶段

第一，发酵时，果胶酶的用量不够或者果胶酶的分解能力差，致使原酒中留存过多的影响澄清的果胶质；

第二，发酵时，打循环过多或者打循环时机不当，打烂过多的果皮、果囊，造成酒中存有大量难以沉降的细小微粒；

第三，发酵结束的分离，将不该带进酒液的东西过多地带入。

二、原酒贮存阶段

第一，原酒第一次分离，没能除去大部分酵母，酵母的活动影响了澄清。

第二，原酒分离倒罐频繁。

由于急于分离澄清，却因分离时机不当，将已沉降的东西再次混入酒中，反给澄清带来难度。

基于这些分析，针对澄清问题。我个人认为，榨季及后熟应该做足以下几项工作：

1. 果胶酶的用量，必须经过充分的小试确定。不同阶段的果胶酶用量，应根据不同阶段的小试确定，而不该一个榨季一成不变。因为不同阶段葡萄的成熟度不一，果胶含量不同。

2. 严格规定打循环的时机、频率和时间。应严格规定在起帽后，即果皮浮起、果囊基本分解完毕后，才能打循环。对往年的经验和教训总结，我认为，频率控制在1次4小时，时间控制在10分钟/次较为恰当（发酵前期可缩短到5分钟/次），包括降温打循环。

3. 发酵结束后酒液分离：一般情况，我们可以将刚发酵结束的酒分为白流汁和压榨汁，在这里我们需要强调的是白流汁分白流清汁和白流浑浊汁，虽然后者数量很小一般不超过5%，但影响很大，因其成分主体为果胶类物质，经离心泵再次高速均质后进入自流清汁后对后期的自然澄清会有很大影响，严重时可能需要重新补加15～20mg/L的果胶酶处理后，才能用皂土时行下胶处理。

4. 葡萄酒的后期处理：当发酵结束的葡萄酒进入储酒罐后，我们一般需经历：自然澄清、下胶澄清、后熟三个阶段，如果前期发酵工作做得很好，那后期的工作就会很顺利，一般情况：我们的葡萄酒在进入储罐后，添加30mg/L的亚硫酸，15～20天后第一次分离，30～40天后进行第二次分离，以后根据公司的生产进度来判定，如果急需在当年春节前后上市的葡萄酒，在这时就需要进行人工下胶澄清处理，否则，可在这个阶段补加适量的亚硫酸进行大约60～70天的自然澄清，经过大约一个冬季后，次年春天再进行下胶澄清处理，这样就会很容易，下胶用量也会很小，并且能最大限度降低色素损失。经过澄清处理的葡萄酒可经历长达几个月甚至更长的时间后熟，且质量不会受到影响，直到最后的调配灌装。

综上所述，如果我们需要酿造天然的原味葡萄酒，原酒澄清是葡萄酒储存过程中形成酒体风格的一个重要过程，但处理时机把握不当，也会给葡萄酒带来严重的异味和不舒适感，因此，下胶澄清处理也是现代葡萄酒工艺的一个关键控制点，但任何一种人为的下胶处理都会破坏葡萄酒固有成分和风格，为此，我们只有严格把握葡萄酒发酵的各个阶段和后处理，才能最大限度地减少下胶材料用量和处理次数，酿造真正的纯天然的生态葡萄酒。

（葡萄酒旅游网）

云南高原冰葡萄酒生产可行性理论与实践

杨明挚　杨华峰　罗金海　吕　霞　刘加强

摘　要：多因素综合分析表明，位于青藏高原南延，云南省德钦县境内的布村及其周围的小范围区域具有适合酿酒葡萄品种赤霞珠等栽培和获得优质葡萄果实的物候条件，并具备冰葡萄酒原料生产所需的相应环境、地理因素。5年多的葡萄种植试验和酿酒工艺技术探索，已成功酿制成了首批品质优良，并独具特色的冰红葡萄酒。

关键词：高原葡萄；冰葡萄酒；赤霞珠；物候条件

冰酒［icewine（英语），eiswein（德语）］即冰葡萄酒，18世纪末首先诞生于德国的弗兰克尼地区。目前，世界上仅有加拿大、德国和奥地利3个国家的个别地方被公认能够在自然条件下生产冰酒原料并酿制冰酒。其中，加拿大安大略省的尼加拉地区和英属哥伦比亚省（BC省）是目前最著名的冰酒产区[1]，约占世界冰酒产量的2/3。加拿大尼亚加拉半岛安大略省的气候特别适合冰酒的生产，那里的气温、土壤的化学成分和周围的地理环境，形成了一个冰葡萄生长的极佳组合，使加拿大冰酒在国际上一直享有极高的声誉并占有主要的市场份额。冰酒具有口感滑润、甜美醇厚、冷藏后人口沁人心脾、甘洌爽口等特点以及极高的保健价值，已成为葡萄酒中的极品和人们消费的新宠[2]。由于冰酒高贵的品质和丰厚的商业价值，许多国家和地区都竞相寻觅新的冰酒原料生产基地并酿制冰酒。然而冰酒原料生产和酿制苛刻的自然气候条件使地球上的绝大多数地区对冰酒的生产都是可望而不可即。加拿大、德国和奥地利三国已联合制订出了冰酒的国际标准，其中对葡萄自然冰冻、采摘和压榨温度、葡萄汁的糖度、发酵残糖、不允许人工添加物、人工冰冻等工艺要求都作了严格规定[3,4]，对“冰酒”一词的使用也进行了严格的界定。这种规定和界定虽然带有许多的行业垄断性质．但也使冰酒的生产和定义规范化。我国的辽宁、甘肃等极少数地区也开始了冰酒原料葡萄的品种选育和冰酒生产探索[5]。云南省具有复杂多样的地理气候条件，是世界公认的植物多样性分布中心之一，素有植物王国之誉。参照冰酒原料生产和酿制的典型气候条件，大面积的冰酒原料生产和酿制地区在云南省境内不可能存在，但极小范围适合冰酒原料生产和酿制的地域．在如此复杂多样的地理气候环境中理论上应该存在。本文针对目前已找到的云南境内的一个小范围区域，论述了该区实现云南高原冰酒生产的可能性及其实践效果。

1 材料与方法

1.1 材料

针对在云南省迪庆州德钦县布村种植近6年的酿酒葡萄品种“赤霞珠”进行分析。

1.2 地理气候因素分析

依据材料所在地的气象资料和多年监测结果对比冰酒酿制的典型地区进行综合分析。

1.3 土壤状况分析

对材料所在地的本底土壤和经多年葡萄种植后的葡萄根际土壤，采用多点垂直采样混合后进行土壤中有机质、N、P、K以及多种植物所需矿质元素按相应的标准方法进行分析。

1.4 试制冰红葡萄酒的感官评价

参照所邀请的国家级品酒员和相关人员对酒的品评结果，冰酒的化学指标通过相应的标准方法进行测定。

2 结果与分析

2.1 地理气候因素的匹配度分析

云南有较大面积酿酒葡萄种植地区，但云南这些传统产葡萄的生产区，如红河州的弥勒县以及新兴的优质酿酒葡萄生产基地文山州丘北县，虽有超过3万亩的栽培面积但都无法实现冰酒的生产。作为冰酒原料葡萄的生产基地和冰酒酿制必须满足下列几个条件：①原料葡萄在其生育期内必须能够正常地完成其生活史，同时原料葡萄能够充分成熟，达到酿制葡萄酒的生理、生化需求；②葡萄的成熟期相对较晚。使成熟的葡萄在较短的时期内赶上当地低温而进入冰冻状态；③在葡萄采收期必须能遇上一8℃以下的低温，使采收和压榨在这一低温下顺利完成；④发酵过程也需相对的低温（10℃左右）。经多年考察，位于云南省德钦县境内的布村及其周围的小范围区域内，具有进行冰酒原料葡萄生产的典型气候条件。在该县县城所在地具有冰酒酿造的天然气候条件。德钦县布村与典型冰酒生产区的主要地理气候因素比较结果见表1。

表 1　云南德钦布村葡萄种植地与世界典型冰酒产区地理气候因素比较

地理气候因素	加拿大安省	加拿大 BC 省	Oliver	云南德钦布村
海拔（m）	<300	<1500	—	2150
纬度	~北纬 50°	~北纬 40°		北纬 27°
最热月温度（℃）	20~21	20~21	21~22	23~24
>10℃年有效积温（℃）	1100	1140	1316	>1350
年降雨量（mm）	839	291	305	<400
葡萄年生长期（d）	>180	>180	>180	>186
光照	充足	充足	充足	充足

与世界冰酒的主要产区相比[6]，德钦布村的主要气候条件能够满足冰葡萄酒酿造所需葡萄的成熟。虽然该地域处于较高的海拔，但属典型的干热河谷地带，年平均积温高，降雨量少，平均湿度小于50%。而周围环绕海拔 4 000 ~6 700m 的高山终年不乏融化的高山雪水，足以满足葡萄生育期必要的浇灌。4 ~10 月较长的生育期以及常年保持较大的昼夜温差（平均温差 >8℃，而极差则高达 308℃），使原料葡萄能够充分成熟和积累足够的内含物。加拿大最适合冰酒原料生产的几个地区都具有凉夏气候条件和较长的葡萄生长期。虽然德钦的布村与其凉夏不太相符，该地区夏季有 30℃以上的高温存在。就光合产物的积累而言，在一定范围内，较高的温度可以提高光合速率和光合产物积累，特别是糖分的积累。

有研究表明，宁夏贺兰山东麓地区葡萄酒达到优级的气象因子临界值为 7 月，其均温 i > 23.1℃；4 月均温 i > 9.2℃[7]，也暗示了 7 月较高的均温有利于优质酿酒葡萄的生产。如果同时满足较高温度和较长的生长期，那更有利于葡萄内含物的积累。纬度因素在宏观范围内影响植被的宏观分布，但对于小区域环境而言，对作物的生长发育并非主要因素。由于相对独特的高原气候，布村种植的赤霞珠葡萄的生育期与云南其他葡萄主产区的同品种葡萄相比，要晚整整两个月以上。同时，由于该地域的独特性。周围有雪山环绕，使 10 月下旬气温下降较快，11 月下旬至次年 3 月均有较低的温度，12 月份平均气温均在 -3℃以下，夜间常见 -8℃以下的低温。作为冰酒原料葡萄的生产和冰酒酿制的关键气候条件因素是满足的。但与典型冰酒产区相比某些因素具有其独特性，这些特性是优是劣有待进一步的实践证明。

2.2　“赤霞珠”葡萄品种对德钦布村葡萄种植地土壤状况的适应性

德钦县布村葡萄从 2001 年 5 月定植，至今已有 5 年多的历史和实践，该基地土壤为典型的沙壤，并含有较高比例的碎石。本研究对该地域本底土壤以及葡萄种植根际土壤进行了多次的对比分析。最近一次的分析结果见表 2。

表 2　云南德钦布村葡萄种植地本底土壤及葡萄根际土壤矿质元素分析结果

检测项目	检测结果	
	本底土壤	种植 5 年葡萄根际土壤
pH	7.91	8.78
有机质（%）	2.98	3.94
金氮（N,%）	0.184	0.199
金磷（P,%）	0.058	0.066

续 表

检测项目	检测结果	
	本底土壤	种植5年葡萄根际土壤
金钾（K,%）	2.530	2.820
碱解氮（mg/kg）	78.54	89.96
速效磷（mg/kg）	8.35	18.83
速效钾（mg/kg）	86.39	207.46
有效钙（Ca，mg/kg）	9716	9464
有效镁（Mg，mg/kg）	444	782
有效铜（Cu，mg/kg）	2.08	1.96
有效锌（Zn，mg/kg）	10.19	20.54
有效铁（Fe，mg/kg）	7.29	7.16
有效猛（Mn，mg/kg）	11.70	13.81
有效硼（B，mg/kg）	0.26	0.02
有效钼（Mo，mg/kg）	0.05	0.03

由表2的分析结果可知，布村葡萄种植基地土壤中含丰富的微量可利用营养元素，但本底土样中可利用的N、P、K含量均很低，属于贫瘠土壤。由于酿酒葡萄，特别是目前主要种植的赤霞珠葡萄对土壤的营养要求不高，适量地施肥即可满足葡萄的正常生长。经5年多的葡萄定植。除施肥引起的部分有效营养元素的改变外，土壤的主要理化性质没有发生太大的变化。部分指标还得到了有效改善。能满足葡萄的长期种植。

2.3 “赤霞珠”葡萄品种进行冰酒酿制的可行性

该基地目前主要种植赤霞珠葡萄品种，以及少量的玫瑰蜜。以及当地品种黑美人等。实践证明这些葡萄品种均适宜该地域的气候条件。赤霞珠（Carbernet Sauvinon）是目前世界范围内种植范围最广的酿酒葡萄品种。目前冰葡萄酒酿制所用的葡萄品种主要有：雷司令（Riesling），霞多丽（Chardonnay），贵人香（Italian Riesling）、米勒（Muller Thurgau）、琼瑶浆（Gewurztraminer）、白品乐（Pinot Blanc）、灰品乐（PinotGris）、美乐（Merlot）、长相思等都为白葡萄，红葡萄很少用于酿造冰葡萄酒，但有酿造师用品丽珠（CabernetFranc）葡萄也酿制出了很好的红冰酒［8］。具有品丽珠和长相思遗传背景的赤霞珠葡萄理应能酿制出很好的红冰酒嘲，但其特征值得深入研究。适合赤霞珠葡萄生长的气候条件可以总结为：温暖，湿度或降雨量适中，光照充分，最好有一定的昼夜温差以利于葡萄成熟和积累糖分；赤霞珠葡萄对土壤的要求为不要含过多的黏土，也不要太肥沃，沥水充分，最好伴有少许石头。这些条件与上述分析的气候、土壤状况非常吻合。此外，赤霞珠葡萄还具有晚熟的特征[9]，使该品种在该地区成熟后在不长的时间内赶上低温而形成冰葡萄。实践表明，该地域种植的赤霞珠葡萄与云南省其他主要的种植区相比，成熟期要晚近45d。

2.4 成熟葡萄果实状况及冰葡萄品质

云南德钦县布村葡萄种质基地种植的赤霞珠葡萄在9月上旬即可达到成熟，成熟葡萄榨汁的糖度可以达210 erE以上。在后续的低温过程中，葡萄植株还一直能保持较高的活性。葡萄和植株之间还存在着物质交流。经一个多月的冰期自然冻融脱水作用，在12月中下旬采收时，葡萄汁糖度可达400~450 erE。完全达到冰葡萄酒酿制所需的糖分要求（320 erE）。

2.5　试制成品冰红葡萄酒品质分析

是否具备冰酒生产条件的最直接评判标准，还是能否生产出品质优良的冰酒。利用种植4年的葡萄树上收获的冰葡萄，严格遵循冰葡萄酿制工艺条件，利用低温高糖下具有活性的特殊葡萄酒酵母酿制的第一批红冰酒的感官评价及理化指标见表3。

表3　感官及化学品质分析

项目	感官评价	化学指标	
颜色	宝石红色	酒精含量	11.3% vol
香气	香气浓郁，果香、蜜香和干果香优雅协调	残糖	142.2g/L
口感	口感细腻，柔软滑嫩，甜而不腻，回味甘怡，余味长久	总酸	4.12%（以硫酸计）
		总 SO_2	153mg/L
		游离 SO_2	15.3mg/L

3　讨　论

冰酒生产由于需要极其独特的气候条件而大大限制其产量。也由于冰酒的稀有性和独特性而成为葡萄酒中的极品。这些特性注定了该类酒的生产不可能存在大面积的原料产区和酿酒基地。云南省迪庆州德钦县境内的布村作为冰酒的原料基地，其范围也是非常有限的。只是在该地区立体气候梯度中一个极其狭小的范围，加之该地区极其稀少的平地极大地限制了作为冰酒原料基地的范围。面积虽小，但其地理气候多种因素与冰酒的典型生产区极大的吻合度，在理论上具备了冰酒生产的可能性，而且是在海拔2000多米，位于世界屋脊的青藏高原南延。实践也证明，利用世界著名的酿酒葡萄品种赤霞珠在这里可以酿制出品质上乘的冰红葡萄酒，是冰酒生产中的新突破。多年的观察和检测表明，该地区每年都具备冰酒生产的可能性。

参考文献：

[1] Jancis Robinson, Icewine: Canada' S Wines of-Winfer [J]. Vineyard and Winery Management, 2002, (6): 12－13.

[2] 芜茗．葡萄冰酒全新时尚［J］．中国食品，1999，(22)：11.

[3] Donald J. P. Ziraldo. Anatomy of Winery [M] _ Icewine (Sta－tion 1 9), Vintnners Quality Alliance (station 5). 1998.

[4] 郭氏葡萄酒技术中心汇编译．国际葡萄酿酒法规［M］．天津：天津大学出版社，1996.

[5] 黄卫东，李景明，王秀芹．冰葡萄酒生产及其在我国的发展［J］．农产品加工（学刊），2005，(9)：44.

[6] 王世军，修德仁，刘剑华．加拿大冰酒葡萄气候指标分析［J］．河北林业科技，2004，(5)：.

[7] 张军翔，李玉鼎，王战斗，等．气象因子对葡萄酒质量影响研究［J］．山西果树，2004，98 (2)：3－5.

[8] 邵威平．冰酒生产工艺及其品质影响因素［J］．酿酒，2004，31 (2)：73－75.

[9] 惠竹梅，刘延琳，张振文．葡萄酒优良红葡萄酒品种简介［J］．酿酒，2005，32 (3)：24－26.

（《酿酒科技》）

名酒防伪七重天——酒类最新防伪技术大观

佚 名

一、每瓶酒都有一个指纹——纹理防伪标签

纹理防伪是以物体自身的天然结构纹理来辨别真伪的技术。即在白色纸浆中按比例掺进有色纤维，经过特殊方法制造成肉眼可见的、纹理图案清晰的纹理纸，然后通过特殊技术把纹理纸印制成防伪标签，每一枚标签制成后，企业防伪中心运用图像采集系统将自然纹理拍摄登记，编号建档，并存储到计算机识别系统数据库中，供需求者查询真伪。由于每个标签的自然纹理都是独一无二的，在这一点上和人类的指纹类似，所以纹理防伪标签也可以看作酒包装的“指纹”。剑南春酒就在采用这一防伪技术。

二、商标上的万花筒——激光全息图像标签

激光全息图像防伪技术大家在很多商品包装上都能看到。这项技术是通过激光制版，在塑料标签上产生五光十色的衍射效果，并使图片具有二维、三维空间感，当光线在某一特定角度照射时，又会呈现新的图像。但是由于这项技术早已被造假者从各个方面攻破，因此，这项技术也在不断改进中。目前最新的成果是从全息图上呈现隐藏图像。

三、名酒也发身份证——电话电码标签

电码电话防伪属我国首创，它采用的是密码防伪的办法，即在防伪标志上隐藏一组密码，消费者撕开（或刮开）防伪标志，就可看到这组密码，然后拨通查询电话，键入密码，瞬间即可与全国联网的防网数码中心检索核对。同一组密码第二次输入，电脑即答复已被查询，密码作废。这样每一件产品针对一组密码，既不相同也无顺序，这就如同给每一件产品发了一个身份证，要识别真假，只需通过电话核对一下即可。水井坊酒就在采用此项防伪技术。

四、核子时代的商标——重离子微孔（核径迹）防伪技术

重离子微孔（核径迹）技术是原子能科学技术与其他学科应用技术相结合而产生的高新防伪技术。其基本原理是：利用反应堆产生的热中子轰击特定的铀靶，使铀发生裂变，用其裂变碎片穿透 PET 塑料薄膜，或者用加速器加速的重离子照射塑料薄膜，在塑料薄膜中裂变碎片（或重离子）通过的路径上，造成电离损伤，留下痕迹。这些痕迹通过化学处理，可以形成微孔，微孔很小，通常为 5 微米，为一根头发丝的百分之一左右，每平方厘米可以有几百万个。然后用微孔制成商标图案。利用光通过微孔时产生的折射和散射作用，有微孔处为乳白色，无微孔的地方透明，可以制成在视觉上呈现为乳白色的显性图案。同时，也可以通过特殊的工艺，制成人眼看不见的隐性图案。这类产品可以采用用彩色笔涂抹和抹水等手段，很方便地为消费者识别。

五、受伤总是这么轻易——易碎纸标签

易碎标签是用非常容易被撕碎的材料制成的。撕掉后，该标签不可能用另外一个标签替换。若要撕掉标签，只会使标签被撕碎，产品授权使用者由此很容易就知道标签是否被窃取过。客户也可购买不带连续编号的标签，然后自己给标签编码。对于客户需要标上条形码的

产品，条形码标签也可用作易碎标签。

六、商品上的文身——激光喷码技术

将激光以极高的能量密度聚集在被刻标的物体表面，在极短的时间内，将其表层的物质气化，并通过控制激光束的有效位移，精确地灼刻出精致的图案或文字。激光标记清晰永久，不可擦涂和更改。同时激光标记的不可擦涂性使其也具有一定的防伪效果，有许多企业已经开始利用激光打标来进行防伪，并取得了良好的效果。这项技术也是标记地区代码的最佳选择。

七、立体化防伪——酒类防伪的未来方向

随着技术的不断进步，综合各种防伪手段的立体化防伪技术逐渐成为酒类防伪的未来方向。这方面具有代表性的是五粮液的三层防伪体系：最外层包装采用的是一次性成型技术生产的PET聚酯盒，盒口是一次性扭折防伪封口盖。当酒瓶取出时，PET聚酯盒被破坏，无法再次使用，组成了第一道防伪屏障。第二道防伪是在酒瓶表面标识上。五粮液引进了意大利高温烤标技术来制作颈标，并采用了金膏边线，提高了贴标技术难度，同更加精美牢固。酒瓶的胸徽则采用了德国模内转移技术，使五粮液徽标图案更闪亮、更富立体感。第三道防伪是在瓶盖上。五粮液集团引进了目前世界上最先进的美国3M公司的回归反射防伪胶膜技术。这项技术利用了光的回归反射原理，在五粮液专用防伪酒瓶盖上，用光把直径为0.06mm的玻璃微珠，涂布在可视印刷品的表面上，形成特定的五粮液厂徽图案，并对印刷品的可视部分起到保护作用。据悉，五粮液集团下一步将采用世界上最新的综合防伪瓶盖技术，增设激光信息编码、激光综合防伪贴标，可通过网络、电话查询。

（《云南酒业》）

白酒中常见的异杂味的形成及防治措施

佚　名

好的白酒是各味平衡的结果，如果由于某种原因破坏了平衡，就会出再现异常的味道。去除邪杂味是提高白酒质量的重要手段之一，去除杂味的直接效果就是提高了香气。某一物质所表现出来的感官特征与它的浓度及其背景（即其他成分的存在情况）有密切关系，绝大部分的所谓“香味组分”都是在一定浓度下才能展现出它“迷人”的风味，实际上某些组分中是在含量不合理或与其他组分的比例失调时才表现出邪杂味。另外，白酒中很多不良风味的形成，与原辅料、用具及操作不当等因素有关。

一、苦味的形成及防治措施

苦味是白酒中较多出现的异味之一，这是因为苦味物质的阈值较低的结果，阈顶低就意味着有少量存在能被察觉，适量的苦味物质能赋予白酒丰富的感觉。苦若露了头就不好了，涩是由于某些物质作用于舌头的黏膜蛋白产生收敛作用而有涩的感觉。白酒中的苦、涩味往往同时呈现，其原因较复杂，与原料、曲子、酵母菌、工艺条件、污染杂菌等多种因素有关。

1. 原料

如使用有黑斑病的薯干原料，则含有极苦的番薯酮。使用单宁及其衍生物过多的原料，

生成某些呈苦涩味的酚类化合物。使用蛋白质含量过高的原料，则生成多量的杂醇油。其中正丙醇苦味较重，异丁醇苦味极重。

2. 用曲

若麸曲等贮存时间过长（过老）且用量过大，则因曲中孢子量太大，并能使酪氨酸变为较多的酪醇而使酒带苦味。若曲受潮，滋长青霉菌或醅污染青霉菌，也会使白酒后味苦涩。

3. 酵母菌

若使用产杂醇油多的产酯酵母，则会使酒显露苦味，酒中的这些苦味成分，大多是酵母菌的代谢产物。凡质量差的曲酒，通常正丙醇及异丁醇的含量均较高。

4. 工艺条件

若原料蒸煮或制曲温度过高，或发酵时生成的糠醛过多，则酒呈焦苦味。若发酵时污染杂菌而生成一定量的丙烯醛，则不但刺眼和有辣味，并有持久的苦味。白酒的苦涩味还与发酵温度及酒的贮存期有关。通常冬天因入池品温较低、升温缓慢，而使成品酒较甜；夏天则相反。大曲酒及多种人工菌株生产的麸曲酒，若贮存时间太短，则呈明显的苦涩味。

另外，对大量苦味物质的结构分析发现，苦味物质分子结构内部有强疏水部位。推测疏水部位和味觉细胞之间的疏水性相互作用的强度，与苦味持续时间的长短有关。酒中的单宁、过量的酸尤其是乳酸及乳酸乙酯、高级醇、醛类物质及铁、铜等金属离子都会使酒呈涩味。涩味的防治可以从以下几个方面入手：降低酒醅中的单宁含量，减少用曲量，蒸酒时要控制装甑速度，缓火蒸馏，分段入库。

二、辣味的形成及防治措施

辣也是白酒中常出现的情况，辣味不属于正常味觉反应，它是口腔和鼻粘膜受到刺激后产生的痛觉。白酒微辣是正常的。如果辣太刺激就有问题。呈辣味的成分有杂醇油、糠醛、乙醛、硫醇及丙烯醛等。若用糠量过大且不清蒸，则会使多缩戊糖在高温下生成较多的糠醛。酒醅发酵温度高，生长大量杂菌，如异型乳酸菌作用于甘油会生成丙烯醛；酒醅入窖后品温猛升骤降，发酵期不适当延长，致使酵母早衰，可生成较多的乙醛。蒸馏时接酒温度过低及未经贮存的新酒，均呈燥辣味。故蒸酒时提高流酒温度，保证流酒时间，适当掐头去尾均有助于去除刺激性气味。

三、不良酸味的形成及防治措施

白酒中需要适量的酸，但是如果酸过多会使酒味粗糙，甚至出现酸馊而影响酒质。曲或酒母用量过大、发酵期过长、品温过高、醅中水分或淀粉含量过多，以及生酸菌大量繁殖等，均可使酒醅的酸度较高。但白酒中的有机酸有挥发的与非挥发性的，这些酸大多集中于后馏分中，且被蒸出的非挥发酸只是酒醅中总量的一部分。故只需要在蒸馏时注意合理地掐尾酒，往往酸度较高的酒醅，蒸出的酒未必显露酸味，且含酸量高的酒尾可用于其他酒的调味与勾兑。但若使用变质的原料，或润料水温低、堆积时间长而使酒醅呈一股酸馊味，则在蒸馏时会带入酒中。例如在汾香型白酒生产中，若和糁、倒糁操作不当，则会制出酸馊味酒。但经贮存，其酸馊味有所减弱。

四、油味的形成及防治措施

微量的油就会使白酒出现不良味道。当用脂肪含量高的原料酿酒，如果保管不当，砂料中的脂肪极易变质，即使微量的脂肪臭对酒的质量影响是很大的，或摘取酒尾时间太迟，均会使成品酒带油味。保证原料质量，不使用霉烂变质的粮，提高入库酒度以防止酒尾中的高级脂肪酸进入酒中，这些措施均可减少油味出现。

五、糠腥味的形成及防治措施

糠腥味也是白酒中常见的杂味，这主要是辅料质量不好并且用量大造成的，如果辅料本身储存不当还会带入霉味及油哈味。保证辅料的新鲜并在使用清蒸时可以减少这些杂味。

六、其他邪杂味的形成及防治措施

水质不良，例如加浆用水有咸味等均会使成品酒呈现不良气味，原料中杂物多，会使酒呈现物异味，土腥味。使用新的锡制冷凝器会使酒色发黄且带有松香味；使用新木甑的酒呈现木味；使用新的酒篓、不同涂料的新贮酒池、新铁罐贮酒，会使酒呈现特殊的邪杂味、铁锈味。故各种容器和设备在使用前应采用实当的方法进行处理，蒸馏时装瓶不匀或摘酒不当，会使酒呈现梢子味。

总之，解决白酒异杂味最主要的是搞好生产管理。使用劣质原料及生产过程的管理不当是酒质优劣的主要根源。辅料，降低曲用量，控制发酵温度，缓慢蒸馏，量质摘酒，这些操作要点是解决酒质的基本方法也是根本方法。

勾兑也算一种解决办法，因为正像我们上面提到的，很多时候异味的产生是酒中微量成分不平衡引起的。但是这只能算是补救措施。需要注意的是靠勾兑解决异味切忌“头痛医头，脚痛医脚”。也就是说，不能靠加糖这样的简单解决方法。

（《云南酒业》）

解读2007版白酒分析方法

胡韶武　张国杰

随着新的白酒国家标准陆续发布实施，新的白酒分析方法（GB/T10345－2007）在2007年10月实施。在新版白酒分析方法中，酒精度的测定、总酯的测定、测定的平行误差都有了较大变化。随着色谱技术的发展，白酒中单体成分的气相色谱分析方法也更加完善，为了更好地配合实施，现将新版白酒分析方法讨论如下：

一、酒精度的测定

作为生产企业，使用较多的是酒度计法，密度测定虽为第一法，但不适用于大生产需要，一般只在职能部门监督时采用。尽管两种方法之间存在一定误差（不同酒度最高可达0.2%vol），但只要酒精计法测定准确，酒度尽量控制在标称值左右（±0.5%vol），一般不会因使用方法的原因使监督部门判定为不合格。

新版方法最重要的两点是：一是规定酒精度必须经过蒸馏方可测量；二是酒度、温度折算表采用国际标准折算表，且酒精度值保留两位小数使结果更加精确。

1. 酒精度是酒精水溶液中酒精体积含量的百分数，由于白酒中含有一定量的杂醇、酯类及固形物，所以直接测量出的酒精含量不是该度数酒精含量的真实值。通过蒸馏，可避免白酒中固形物对酒精度测量值的干扰，且固形物含量的不同，对白酒酒精度的影响也不同（目前尚无固形物含量高低对酒精度量值关系影响的准确文献报道）。如果不考虑固形物的影响，必定使酒精度更接近真实值。由于一般蒸馏方法很难将杂醇、酯类物质与乙醇完全分离，因此，这些影响不在考虑之列。

2. 原来使用的温度折算表中，酒精度值只保留一位小数。新版方法采用国际标准，保留两位小数，使结果更加精确，也符合过程结果比报告结果多一位小数的需要。经与新标准中酒度表的对照，在相同温度、相同酒度的条件下，折得20℃的酒度最高可相差0.1%vol，因此，采用新折算表可以使测量结果更加准确。

二、总酯的测定

新分析方法中总酯的测定使用了空白，这样做有两个好处：

1. 在酸碱滴定过程中，强酸与强碱之间的滴定，在使用同一浓度酸碱的前提下，因滴定方向不同及指示剂变色点的原因，滴定结果也不会完全相符。而本法采用同一滴定液滴定空白和试样，可以扣除返滴定带来的误差。

2. 在白酒测定的皂化过程中，冷凝管的效果最好，但由于乙醇的挥发及冷却时外来气体的进入，都将会影响氢氧化钠标准溶液在反应液中量的变化。实验证明，在无酯酒精水溶液中加一定量的氢氧化钠标准溶液，再用硫酸标准溶液滴定的毫升数，与在沸水浴上煮沸 30 分钟，再用硫酸滴定的毫升数是不相符的，而且酒度不同，差值也不同。因此，新方法通过空白校正不同程度地减小了系统误差，使结果更趋真实。

三、色谱分析

原白酒分析方法，由于制定年代较早，毛细管技术还不成熟，使用色谱分析所用的柱子为填充柱，而当时新型白酒较少，传统法白酒中的醇、酯含量较高，用填充柱法尽管有些成分分离不好，但主要指标（如己酸乙酯）也能得到重现性好、准确度高的结果。且此方法对色谱条件未作出硬性规定也是合适的。新版分析方法中用了大量篇幅对两种色谱方法的色谱条件进行规定是没有必要的，因为：

1. 色谱条件的确定，应以仪器达到较好的分离效果及再现性而定。

2. 色谱条件应根据用途而定，如浓香、清香等香型酒的常规分析，进样器、检测温度设置在 200℃以上（下称高温色谱），反而使某些相近成分分离不好，对测量的重现性及准确度都有一定的影响。

因此，各白酒企业应根据各自的实际情况，选用不同的柱子与色谱条件。

1. 填充柱（DNP）色谱法测定常规主体酯的准确度与重现性较好，唯有乙酸乙酯在乙醇拖尾上，误差较大。对低沸点成分检出限较低，分析时间一般在 30 分钟以上，如果色谱条件控制不好，会使异戊醇与内标分离度降低。

2. LZP930 柱及 AT 白酒专用柱性能相同，均为大口径毛细管柱，这类柱子选择条件不同，使用效果也不同。如果使用温度较低（150℃左右）的检测器，进样器温度（下称低温色谱）能达到填充柱的峰形效果，重现性、准确度都较好，且分离情况与检出限都比填充柱好，时间更比填充柱短（15 分钟左右），是进行各种香型常规分析的首选方法。如果使用高温色谱，用于白酒特征分析、科研分析，基本上与小口径毛细管法效果接近，一般 30 分钟能分离成分 30 种以上，且各组分分离较好，检出限好，低沸点酸也能检出 4 种以上，但峰形再现性、平行性都不如低温色谱效果好。

3. 小口径毛细管常用的 PEG20M、FFAD 柱子等，这类柱子一般都使用高温色谱，用于特征分析和科研分析，有分离好、分离组分多、检出限高等特点。但一般不太适合做常规分析，且 PEG20M 柱子对乙酸乙酯、乙缩醛、甲醇分离不好，乙酸乙酯与乙缩醛经常合并，因此，分析乙酸乙酯不太适用。分析高沸点酯类、醇类、酸类及其他组分效果好，用于白酒的香型分析应为首选。

4. 标准中规定分流比为 37：1，应视为一个参考数据，实际工作中应根据操作条件而定。理论上，当分流比大于 100：1 时组分失真最小，但实际操作中使用大口径毛细管色谱法以较小的分流比较好。

5. 标准中，使用标准溶液的配制不适用于生产分析。按标准规定的方法，标准溶液使用数次后，由于经常开启，浓度已发生微弱变化，尤其是低沸点醇、酯，直接影响了响应因子值的校正。应将常规组分按产品需要配成一定浓度后以 1ml 左右分装封存。这样，每次使用的浓度就能得到保证。这样做既节约了试剂，也保证了校正的准确性。

6. 色谱法尤其毛细管色谱法，在测量某些组分如乳酸乙酯时，其结果的准确度与进样手法、进标速度、进样量都有直接关系。因此，最好是同一人校正，同一人分析，确保进样一致，使校正与测量的内标峰面积近似，才能得到较好的分析效果。

四、固形物的测定

原标准中控制温度为100℃～105℃，与本标准103±2℃基本相同，都可防止因温度偏低而使固形物偏高，温度偏高（105℃）使固形物偏低，同时也保证了结果的平行性及恒重的要求。

五、本方法中平行误差的要求描述与原分析方法有所变化

1. 色谱法的平行误差均为不超过平均值的5%，乙酸乙酯较难达到该值，高温毛细管法测定低沸点成分也较难达到。填充柱法，低温大口径无径毛细色谱法做常规分析一般都能达到。应依成分沸点高低、组分含量大小而定较为合适。

2. 总酸、总酯、固形物、酒精度都改为依结果大小而确定平行误差大小，是比较适用的。

总之，新方法的实施可以使酒度、总酯的真实性得以提高，也可以使色谱法有更多的选择，这是比原分析方法进步的地方，也是值得我们学习并遵照执行的地方。

（中国酒业新闻网）

玉林泉酒业低度白酒发展回顾与展望

云南玉林泉酒业有限公司　普必恩

云南玉林泉酒业有限公司始建于1977年，建厂30年来，历经了从乡镇企业到国营，又从国有到私营、到外资的经营体制转变，每一次经营体制的变革都使企业的发展迈上了新的台阶。而真正促使企业变革的，却是玉林泉酒业始终站在云南省酒类行业技术的最前沿，响应国家产业政策导向，顺应市场发展潮流，最早开发云南低度白酒，适时调整产品结构，开发适销对路的低度小曲白酒。回顾玉林泉酒业低度白酒发展历程，笔者感慨颇多，既有成功的喜悦，也有失败的教训，在耕耘的艰辛中体会了收获的惊喜。

云南是白酒生产和消耗大省，但由于历史和地域的局限，至20世纪90年代初，云南只生产低档次的小曲白酒，生产规模小，产品质量差，技术水平低，再加上交通和信息闭塞，根本不知道行业的发展状况。事实上，早在20世纪70年代初，河南张弓酒厂就已着手研制低度白酒了。在当时的社会条件下研制和生产低度白酒，没有超强的胆略和对事业的执著追求是做不到的，因此，低度白酒的创始人郭宗武老先生被中国白酒专家组组长梁邦昌称为中国低度白酒首创鼻祖，是名望所归，令人肃敬。玉林泉酒业早期开发的低度白酒也是受张弓酒厂的启发和影响。

玉林泉酒业于1977年建厂，1978年开始投产，属乡镇企业，只生产散酒供县贸易公司统一销售。1984年转为国营，隶属县贸易公司，属二级法人，从1985年开始生产瓶装酒。1988年，玉林泉酒业从县贸易公司独立出来，成为自主经营、自负盈亏、具有独立法人资格的经济实体。从1987年，国家经委在贵阳召开全国酿酒工作会议以后，国家对发展低度白酒的政策导向已日趋明显，通过行业期刊和有关的会议，我们已感觉到低度白酒的发展方向和发展趋势必将引发中国白酒行业的技术革命和产品创新。

1988年，玉林泉酒厂开始试制低度白酒，受张弓酒厂的影响，我们把酒度定为38度。通过玉米淀粉甚至鸡蛋清等搅拌吸附，透明度和口感达不到要求，而且工艺复杂，成本高，最终达不到生产要求。1989年过后，我们又实行了硅藻土过滤，色泽和口感基本满足要求，通过批量生产试销后，由于当时的降度幅度大，消费者一时无法适应，再加技术上不太成熟，所以销售受限，形不成规模生产，最后以失败告终。

1991年，玉林泉酒厂通过市场调查和可行性分析后，最终确定开发42度降度白酒。总结了前几年的经验教训后，公司成立了项目开发课题小组，人、财、物一并到位，按程序进行了技术调查、技术咨询、可行性论证、小试、中试等工作。对外，我们通过与四川科华新技术研究院的合作，彻底解决了透明度的问题，保持了在－10℃加冰加水不变色、不变味的品质特征。在口感方面，根据云南小曲白酒香味成分单一、口感淡薄的特点，我们经过多次试验，最终确定了方案：①酒度为42度；②以最软水为加浆用水；③以截头去尾的中段酒的新酒（储存两个月的酒）作为基础酒；④以乙酸乙酯含量高的头酒为调香酒；⑤用高分子大孔吸附树脂解决透明度。这五方面的有机统一最终开发出了酒液晶莹剔透、香气清香幽雅、口感醇和绵甜的42度玉林泉酒，产品投放市场后引起了极大的反响，短短半年时间即成为公司的主导产品，一度出现了产品供不应求的发展态势。

42度玉林泉酒于1993年通过玉溪市科技成果评定，获玉溪市科技进步三等奖，并列入玉溪市星火项目进行技改扩建。在以后的几年中，42度玉林泉酒发展迅猛，使公司进入了发展的快车道。

随着低度白酒生产技术的日臻成熟和人民生活水平的逐年提高，消费者对低度白酒的需求也日益增强。1995年初，公司及时捕捉时机，下达了开发32度白酒的任务，并相应成立了领导小组和项目研制课题小组。

从概念上讲，当时的主导产品42度玉林泉酒属降度白酒，还不是真正意义上的低度白酒。从42度一次降到32度，这可能吗？当时的工程技术人员心里有许多的疑虑。

事实上，在20世纪90年代中期，全国低度白酒的生产技术已相当成熟，但对云南来说却依然是一片空白。当时，我们的处境是：第一，同属清香型白酒的山西、湖北、四川、重庆、贵州等省、市的同行们在低度白酒发展的技术领域内究竟取得了多大成效，能否借鉴，我们一概不知。因为在当时能查询到的相关技术资料都是浓香型的；第二，云南小曲白酒与外省同行又截然不同，虽然和重庆、湖北小曲相近，但工艺和风格有本质的差别。云南小曲白酒工艺相对简单，产品的微量成分含量相对较少，香气淡薄，口感单一，如果降度稀释至32度，结果会怎样？其透明度、香气、口感、水解问题怎么解决？作为项目主要负责人，笔者心里根本没底。但低度白酒在全国如雨后春笋般发展起来，云南岂能等歇，玉林泉必须甘担重任！

在32度玉林泉酒透明度的处理上，我们首先还是与四川科华新技术研究院合作，用处理42度的设备进行试机，结果失败，对方又用当时最先进的高分子筛过滤设备进行试验，透明度仍然达不到要求，反复几次后，其工程技术人员摇着头说："现在全国各地多数酒厂都在用我们的设备，效果都很好，唯独到云南就不行，我们也没办法了。"正当迷茫之际，偶然从相关媒体上了解到四川成都青羊环保设备厂正在试制一种酒用设备，抱着一丝希望，笔者及时赶赴成都找到对方，达成相关协议后即着手试验。这次非常成功，透明度解决了。在口感的勾调上，我们首先还是以当时在用的调味酒进行试验，结果不理想，口感达不到要求。后来，我们试着用市场上流行的几种调味品，经自己加工后进行调制，效果很好，通过高温、冷冻试验后口味和风格保持稳定。1996年底，32度玉林泉酒开始批量生产。

32度玉林泉酒属云南第一个低度白酒，消费者对该酒充满好奇与期待，因此，公司把该产品市场定位为中档产品，出厂价为25.00元/瓶（500ml）。令人欣慰的是，产品一经投放市场即引起轰动，时值公费接待高峰，32 度玉林泉酒消耗很大，产品一直脱销。由于该酒处理设备规格小、流速慢，产量远远达不到市场需求。后来增加了几台设备，但因流速太小仍然满足不了旺盛的市场需求。能不能在设备上进行改进？经与设备商协商后，对方答复："没办法解决。"由于市场急需，公司领导十分着急，催促笔者一定要想办法提高产量。怎么办？那段时间，笔者真是茶不思饮，饭不甘甜，心情十分烦躁。经过反复思考后，笔者决定打开设备看能否寻找突破口。该设备的原理是把特制的过滤介质用很厚的滤布包裹后放入不锈钢设备内压紧，再用酒泵高压过滤，根据判断，可能是阻力太大而影响流速。因此，我们决定取消滤布，直接把介质放入不锈钢桶罐进行过滤。没想到这一小小的改动，使设备流速加快了一倍，产量翻番，质量丝毫不变。从此，32 度玉林泉酒的生产和销售走入正轨。

1997 年，玉林泉酒业在兼并峨山县国营食品厂的基础上进行改制，由四家股东组建了云南峨山玉林泉酒业有限公司，生产规模逐步扩大。1999 年公司利税首次突破千万元大关，同年，32 度玉林泉酒获得玉溪市科技进步一等奖，被专家评定为"云南首创，全国领先"产品。2001 年 2 月，32 度玉林泉酒在哈尔滨举行的 2000 届国家级白酒评委培训会上得到专家的一致好评。

在以后的几年中，玉林泉酒业陆续开发出了 39 度、36 度、35 度、29 度、12 度等系列低度白酒，其中 12 度"怡人缘"超低度白酒被中国白酒专家栗永清、赵建华誉为"全国首创，中国唯一"产品，深受消费者青睐。

回顾玉林泉酒业低度白酒发展历程，我们认为有以下几方面的特点需要定论：

第一，玉林泉酒业低度白酒的开发，加快了云南小曲白酒低度化发展的进程，引导了云南白酒向低度化发展的方向，具有划时代意义。

第二，玉林泉酒全部采用纯粮固态发酵法生产，不添加食用酒精，不添加任何香精香料，全靠自身工艺生产，加大了低度白酒生产的难度。

第三，未出现水解现象。存放五至十年的样品酒酒水不分离，口感除增加了陈香陈味外无任何改变。

以上三点足以让玉林泉人自豪，特别在低度酒的水解问题上，玉林泉已经进入了全国同行业的先进水平。展望未来，我们充满信心。随着企业的发展和科技的进步，我们将进一步揭示低度化发展进程中出现的各种问题，把部分感性的认知领域提升到理性的科学指标标准体系上来，为发展云南白酒业发挥更好的作用。

（《云南酒业》）

云南地区玫瑰蜜葡萄的栽培技术

单树民 · 李曙　李丽萍

玫瑰蜜葡萄属欧美杂种，是"云南红"干红葡萄酒原料的主栽品种。该品种在云南弥勒东风农场的栽培历史已有几十年，现有面积达 $1000hm^2$。植株生长势强，芽眼萌发率高，抗旱、耐瘠薄，抗病力极强。在云南弥勒地区，每年 2 月下旬萌芽，4 月上旬开花，7 月中旬成熟。所酿之酒酒体丰满，宝石红色，具有特殊水果芳香味，10 月新鲜酒上市。

玫瑰蜜葡萄全年管理技术可分为 3 个部分：葡萄采收后的管理、冬季修剪及清园、夏季管理及病虫害防治。其栽培技术是根据弥勒东风农场特有的气候条件，在多年实践经验基础上不断完善而制定的。

1 葡萄采收后的管理技术（9～11月）

1.1 葡萄采收后，继续防治褐斑病

葡萄采收后褐斑病仍为高发期。褐斑病主要危害叶片，引起早期落叶，危害严重时直接影响树体的养分积累和第二年的健康生长。所以认真防治褐斑病，保护好叶片，是秋季管理中十分重要的工作。结合修剪，除去多余新梢、病烂果穗，选用50%多菌灵可湿性粉剂500～600倍或12.5%烯唑醇可湿性粉剂4 000倍等药剂至少喷雾2次。特殊年份可能发生霜霉病，初发生时选择58%甲霜灵—锰锌可湿性粉剂400倍或50%烯酰吗啉可湿性粉剂喷雾防治1～2次。

1.2 做好恢复树势，秋肥早施工作

玫瑰蜜葡萄采收后，应立即追肥，恢复树势，为葡萄采收后的第二生长高峰提供养分。

秋季施基肥应在9月内完成，越早越好。主要采用沟施、一次性施入以农家肥为主的肥料。具体方法：在葡萄树的一侧，位置与上次施肥相反的一方挖直沟。直沟离植株50～80厘米，沟深30～40厘米，宽20～30厘米，施入腐熟农家肥3 000kg/667m^2、钙镁磷肥40～50kg/667m^2。农家肥、钙镁磷肥放入园内之前必须充分混合，放入施肥沟以后要与土壤混合后方可覆土盖严。

1.3 及时除草，种植绿肥

玫瑰蜜葡萄采收后正值雨季，杂草极容易滋生，应及时进行浅耕，除去杂草。并在10月内种植苕子等豆科植物作为绿肥。

1.4 控制新梢生长量

葡萄采收后，树体还有一个生长高峰期，管理得当，还会抽出大量的新梢和叶片，同时也会损耗养分。这时要控制秋梢的生长，进行1～2次摘心工作，促其叶片增大，增加光合作用，提高树体养分的积累。

2 冬季修剪及清园管理（12～1月）

12月中旬～1月中旬进行修剪。以极短梢修剪为主，每株选留适宜的结果母枝35个左右。其中粗度在0.5厘米以上的枝条留2个芽修剪；粗度在0.5厘米以下的留1个芽修剪；在需要补空的地方辅以中长梢修剪，留5～8芽。其余枝条从基部剪去。

2.1 修剪注意事项

①更新修剪

为防止结果部位外延，修剪时应注意替换年代长久的结果枝组。将夏季抹芽留下的预备枝留1～2芽短截，同时从主蔓上剪去整个年代长久的结果枝组。

②摆布均匀

每株选留2～3个主蔓，主蔓之间的距离在60cm左右；主蔓上结果母枝之间的距离为20～25cm，多余的结果母枝剪除。

2.2 清 园

①修剪结束时，清除园内修剪下的枝条及落叶、杂草等，带出葡萄园外集中烧毁。

②选用45%晶体石硫合剂喷布2次，第一次在修剪结束时，浓度为80倍；第2次在2月初，芽眼萌动，鳞片微张开时进行，浓度为100倍。

③盛花至小果期，将绿肥反复压倒，均匀覆盖于葡萄园内。这样可以保持土壤水分，[FS: PAGE] 预防南方葡萄发芽后容易发生的春旱。此外，经过长时间腐化后，可增加葡萄园内表土层有机质含量。

3 夏季管理及病虫害防治技术（2～6月）

3.1 抹芽、定枝、定果穗、摘心

①抹芽：2月中下旬，葡萄大量发芽后，应抹去不需要的芽，时间越早越好。方法：a、抹去双芽中的副芽（弱小的芽）；b、抹去主蔓和结果枝组上密集的隐芽，留下需补空或做预备枝的芽；c、抹去主杆上和根部长出的芽。

②定梢：当新梢长到5～6叶时，即可定梢。方法：a、每株留50～55个挂果枝；b、每株留8～10个预备枝；

③定果穗（花穗）：当花穗完全长出后，即可定果穗。方法：a、每个挂果枝上最多留2个花穗，多余花穗抹去；b、辅养枝上的花穗均抹

去；c、剪去副穗。

④摘心：当枝条长到60cm以上，挂果枝花（果）穗以上留8～9叶摘心，辅养枝留7～8叶摘心，辅养枝不挂果。将挂果枝基部到花（果）穗以上1～2叶长出的副梢全抹去，其余叶片上长出副梢留1～2片叶摘心，辅养枝上的副梢全抹去。

3.2　肥水管理

①发芽期间施1次壮梢促花肥。在葡萄树一侧距主杆50～80cm处挖直沟，沟深宽20～25cm，每株施入复合肥300g+有机生态肥400g，施后覆土盖严，然后全园灌水1次。

②在开花前和开花后结合防治病害，喷2～3次0.2%硼肥。

③5月上中旬，选择下透雨后的天气，施1次壮果肥。在葡萄树与上次施肥相反的一侧，距主杆50～80cm挖直沟，沟深宽20～25cm，每株施入复合肥200g+有机生态肥300g，施后覆土盖严。

④5月前清理排水沟。根据地势和葡萄园面积大小，在葡萄园内已留出的纵横相通、深浅交错的排水沟，经过1年的使用，需重新修复，才能有效排出雨天流入葡萄园内多余的雨水，保持园内土壤水分适宜。

3.3　病虫害防治

以“预防以主，综合防治”的植保方针为指导，以农业防治为主，重视“防重于治”，适时选用化学防治的方法防治病虫害。

①发芽期间，可能发生食叶甲等害虫危害，可选用4.5%高效氯氰菊酯乳油2 500～3 000倍防治。

②4月中下旬小幼果期选用70%甲基托布津可湿性粉剂800倍喷雾1次。

③5月～6月中旬可选用波尔多液1：0.5：240或40%多菌灵．福美双可湿性粉剂800～1 000倍或12.5%烯唑醇可湿性粉剂4 000倍药剂，每隔10～15天交替使用1次防治病害。6月下旬后禁止使用任何农药，以保证原料的安全性。④5月中下旬应观察根叶甲成虫发生情况，视虫情选用高效、低毒、低残留杀虫剂喷雾防治。其余时间观察其他害虫发生情况，虫口密度高时同样选用高效、低毒、低残留杀虫剂喷雾防治。

（《云南酒业》）

四、2008年

云南小曲固态发酵白酒的风味物质分析

云南玉林泉酒业有限公司 李 芬

摘 要：气相色谱分析法可以快速分析白酒中的呈香、呈味物质，是指导酿酒车间、勾调车间保证产品质量的重要方法。采用气相色谱分析法分析固态发酵玉林泉白酒中的香味物质，确定其主要是以乙酸乙酯为主体香、乳酸乙酯和2-苯乙醇为辅的芳香族化合物。

关键词：白酒；气相色谱；玉林泉基酒；风味物质分析

在我国古籍中，记载云南资料最早出现“酒”字的，要算晋代，即公元四世纪中叶（约348~354年）成书的《华阳国志》。在历史上，酒与云南各少数民族有着深厚的情谊，酒离不开少数民族，正像少数民族离不开酒一样。

云南地处祖国西南边疆，气候温和，雨量充沛，空气潮润；山川秀丽，泉甘水冽；土地肥沃，资源富饶，物产丰富；且与我国名酒产区贵州、四川紧相接壤，大自然也给云南恩赐了良好的酿酒条件。因此，云南的酒源远流长，在云南传统食品中占有很重要的地位。但是云南白酒业发展较其他省份慢，主要一是管理者理念滞后；二是资金薄弱，研发实力有限，技术投入不足，大部分企业仍用传统的化学分析法，分析速度慢，不能及时指导生产；甚至一些小企业整体装备水平较低，不能对产品质量采取全面有效的检测和控制。玉林泉酒业充分认识到这一点，加大科技设备投入，以满足科研之需，不断提高产品质量。

云南酿酒原料种类较多，生产工艺也各不相同，有固态发酵白酒、半液半固发酵白酒、果露酒、配制型白酒等，品种花样繁多。笔者以云南小曲白酒典型代表酒玉林泉基酒为样品，利用气相色谱仪分析速度快、灵敏度高、分离度好、样品用量少等优点，对白酒中杂醇油、甲醇等控制性组分的含量及呈香呈味物质含量进行准确的分析。

1 材料与方法

1.1 试验材料

经纯粮固态发酵蒸馏得到不同酒度的玉林泉原酒；玉林泉20年、10年、5年陈醇酿基酒及新烤的入库酒。

1.2 仪器

日本岛津-GC2010；柱子：毛细管柱，Rtx-1，30m×0.25mm×0.25mm。

1.3 标准溶液的配制

1.3.1 乙醇标准溶液的配制

准确量取550mL无水乙醇，用蒸馏水定容至1000mL，得到55%vol的乙醇溶液。

1.3.2　标准物质溶液的配制

准确称取乙醛、乙酸乙酯、甲醇、丁酸乙酯、正丙醇、异丁醇、叔戊醇、戊酸乙酯、庚酸乙酯、乙酸异戊酯、乙酸正戊醇（内标）、异戊醇、己酸乙酯、乳酸乙酯、辛酸乙酯、乙酸、糠醛、丙酸、丁酸、丁二酸二乙酯、2－乙基丁酸、2－苯乙醇、油酸乙酯各0.2g，分别用乙醇标准溶液定容至100mL。得乙醛、乙酸乙酯、甲醇、丁酸乙酯、等2g/L的标准溶液，冷藏备用。

1.3.3　混合标准溶液

根据各香味物质在白酒中的相对含量，准确吸取乙醛、乙酸乙酯、甲醇、丁酸乙酯、正丙醇、异丁醇、叔戊醇、戊酸乙酯、庚酸乙酯、乙酸异戊酯、乙酸正戊醇（内标）、异戊醇、己酸乙酯、乳酸乙酯、辛酸乙酯、乙酸、糠醛、丙酸、丁酸、丁二酸二乙酯、2－乙基丁酸、2－苯乙醇、油酸乙酯的毫升数，定容至100mL，得到各物质浓度的混合标准溶液，冷藏备用。

1.4　色谱条件

进样量：1μL，进样方式：分流（分流比：30：1）；

进样口温度：240℃，柱温采用程序升温方式，以45℃开始，升温速度为三个阶层，终止温度230℃，检测器温度（FID）：250℃。

氢气：40mL/min，空气：400mL/min；

尾吹气流量：30mL（N2）；

1.5　定性、定量分析

分别进标样乙醛、乙酸乙酯、甲醇、丁酸乙酯、正丙醇、异丁醇、叔戊醇、戊酸乙酯、庚酸乙酯、乙酸异戊酯、乙酸正戊醇（内标）、异戊醇、己酸乙酯、乳酸乙酯、辛酸乙酯、乙酸、糠醛、丙酸、丁酸、丁二酸二乙酯、2－乙基丁酸、2－苯乙醇、油酸

乙酯标准溶液1μL，测定保留时间。再进酒样1μL，根据各物质保留时间来定性。保留时间法是基于一定操作条件下，各组分保留时间一定的原理，是目前气相色谱定性分析中方便、可靠的方法。采用内标法定量，所谓内标法就是将内标物加入到样品中，通过待测组分与内标物的峰面积比对浓度比作校正曲线，从而对未知样品进行定量计算。

2　分析与结果

表1　玉林泉酒中不同酒精度风味物质含量（g/L）

浓度 / 名称	保留时间	10% vol	20% vol	30% vol	40% vol	50% vol	60% vol	70% vol
乙醛	3.622	0.069	0.11	0.16	0.182	0.192	0.243	1.453
乙酸乙酯	5.231	0.035	0.054	0.091	0.160	0.220	0.451	4.079
甲醇	5.445	0.047	0.065	0.069	0.092	0.088	0.101	
叔戊醇	7.991	0.006						
丁酸乙酯	8.426	0.007	0.008	0.012	0.024			
正丙醇	8.830	0.066	0.108	0.137	0.231	0.244	0.038	0.422
异丁醇	10.465	0.045	0.076	0.097	0.203	0.234	0.330	0.721
戊酸乙酯	10.931	0.004	0.005	0.010	0.039			
乙酸异戊酯	11.634	0.009	0.015	0.015	0.017	0.019		
乙酸正戊酯（内标）	12.101							

续 表

名称 \ 浓度	保留时间	10% vol	20% vol	30% vol	40% vol	50% vol	60% vol	70% vol
异戊醇	12.883	0.203	0.323	0.414	0.766	0.834	1.123	1.642
己酸乙酯	13.305	0.001	0.002	0.005				
庚酸乙酯	14.475	0.003						
乳酸乙酯	15.155	0.613	0.578	0.517	0.481	0.365	0.206	0.052
辛酸乙酯	16.433	0.002		0.002	0.003	0.003	0.004	0.006
乙酸	16.532	3.947	2.952	2.340	1.967	1.266	0.732	0.277
糠醛	16.777	0.032	0.038	0.034	0.028	0.022	0.013	
丙酸	17.693	0.03	0.027	0.02	0.018	0.012	0.008	
丁酸	18.482	0.003	0.003	0.020	0.011	0.007		
丁二酸二乙酯	19.223	0.037	0.036	0.031	0.031	0.018	0.009	
戊酸	19.649	0.001	0.001					
2-乙基丁酸	20.698	0.005	0.006	0.004	0.003	0.004	0.007	0.006
2-苯乙醇	21.585	0.161	0.122	0.102	0.077	0.051	0.026	0.006
油酸乙酯	24.957	0.177	0.341	2.431	0.597	0.326	0.263	0.252

2.1.1 风味物质的定性

基于保留时间一定的原理，在1.4色谱条件下，经3次平行进样测得玉林泉样品的出峰时间（见表1），玉林泉70% vol样品的气相色谱图（见图1）。

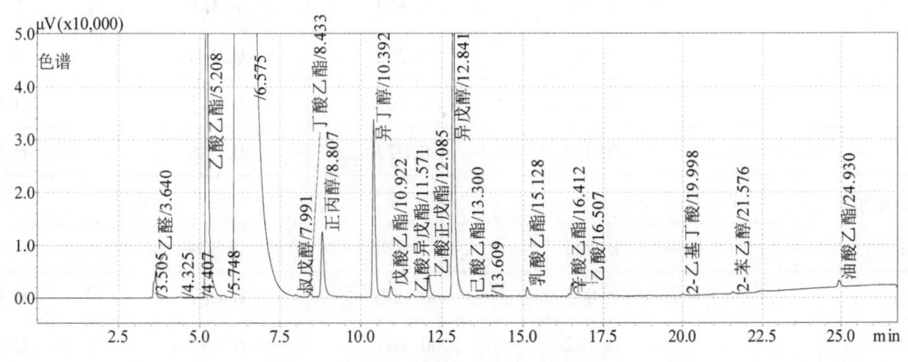

图1 70度样品酒气相色谱图

2.1.2 不同酒度香味物质定量后的变化分析

用保留时间定性后，在气相色谱条件和操作过程相同的条件下，用内标法测定，得出玉林泉酒各组分的含量（见表1）。

由表1可知，乙醛、乙酸乙酯、正丙醇、异丁醇、乙酸异戊醇、异戊醇、辛酸乙酯等随着酒精浓度的升高而增加，乳酸乙酯、乙酸、糠醛、丁二酸二乙酯随着酒精浓度的升高而含量降低。四大酯中乙酸乙酯占95%以上，丁酸乙醇和己酸乙酯只是在酒精度50% vol以上时才含有极微量的一点，随着乙酸乙酯和乳酸乙酯的比值增大，经品尝，70% vol到60% vol之间的酒口感醇香浓厚、甘甜净爽、回味悠长；50% vol以后香味减弱，微甜欠爽，酸味逐渐明显，涩味也减弱，越往下杂味越重。

从分析中可以看出，由于油酸乙酯、棕榈酸乙酯在30% vol左右时含量最高，所以从感官上观察，40% vol和30% vol时酒体不透明，比较混浊，成乳白色液状。酒体透明度由透明到不透明的顺序：70% vol = 60% vol = 50% vol ＞ 20% vol ＞ 10% vol ＞ 30% vol ＞ 40% vol。

2.2　玉林泉不同酒龄酒的分析

同上，用保留时间定性后，在气相色谱条件和操作过程相同的条件下，用内标法测定在1.4色谱条件下，经3次平行进样测得玉林泉样品的出峰时间，玉林泉酒20年酒龄的气相色谱图（见图2）。玉林泉不同酒龄段酒的含量及量比关系见表2。

从表2中可以看出，乙醛经过长时间的贮藏发生缩合反应并逐渐减少，生成了芳香族乙缩醛，减少了酒的辛辣味，突出了酒的醇甜。在20年、10年、5年的基酒中，甲醇的含量很低，并且随着贮存老熟期的延长，已被氧化和挥发掉。异丁醇和异戊醇在贮存期间醇、酸接触，发生酯化反应而减少和生成酯类物质，增加酒香及柔和感。乙酸乙酯和乳酸乙酯的比值、乙酸乙酯和己酸乙酯的比值逐渐降低、乙酸乙酯和乙酸比值的增大，酒的质量明显下降。因为，白酒在陈酿过程中，酒体的刺激性物质得以挥发，各种极性分子之间逐渐缔合，各种反应达到平衡，各成分含量更协调，酒体香气更清雅、口感更舒适、风格更突出、质量更上乘；另一方面通过酒体内长期而缓慢的生化反应，生成了一些新的微量成分，赋予酒体更好的复合香气。经分析后品尝，20年基酒：清香幽雅，柔绵圆润，清洌甘爽，回味悠扬；刚烤的新酒：清香浓厚、甘甜净爽，后味微涩。

表2　玉林泉不同酒龄段的含量及量比关系

(g/L)

名称＼序号	1号	2号	3号	4号
乙醛	0.309	0.314	0.334	0.348
乙酸乙酯	1.186	1.322	1.445	2.003
异丁醇	0.181	0.202	0.284	0.34
戊酸乙酯	0.004	0.009	0.011	0.016
乙酸异戊酯	0.023	0.023	0.026	0.010
乙酸正戊酯（内标）				
异戊醇	0.557	0.638	0.804	0.891
己酸乙酯	0.005	0.006	0.007	0.010
乳酸乙酯	0.142	0.181	0.199	0.284
乙酸	0.607	0.666	0.731	1.244
糠醛	0.008	0.008	0.007	0.026
丁酸	0.102	0.108	0.108	0.175
丁二酸二乙酯	0.017	0.021	0.022	0.014
2-苯乙醇	0.043	0.039	0.041	0.0461

续 表

名称＼序号	1号	2号	3号	4号
乙酸乙酯/乳酸乙酯	8.35	7.30	7.26	7.05
乙酸乙酯/己酸乙酯	237	220	206	200
乙酸乙酯/乙酸	1.95	1.98	1.98	1.61

注：1号代表20年的陈酿基酒，2号代表10年的基酒，3号代表5年的基酒，4号代表刚烤出的新酒。

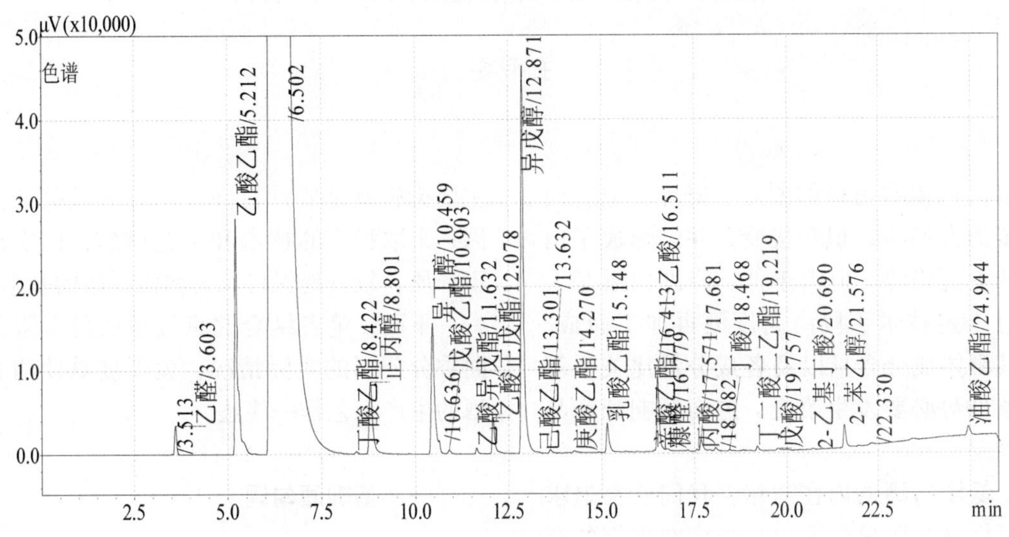

图2 20年酒龄色谱图

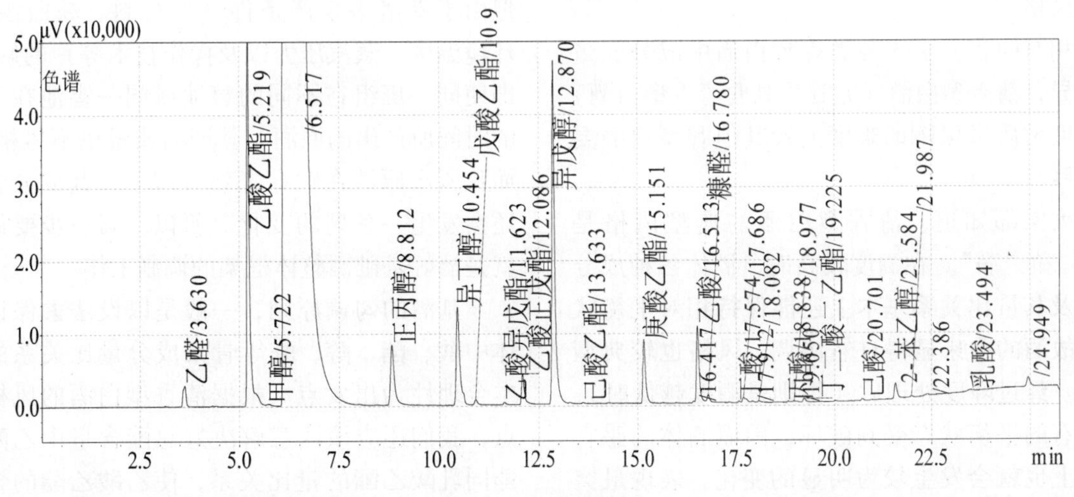

图3 新酒色谱图

3 结 论

通过分析，玉林泉白酒的呈香、呈味物质主要是以乙酸乙酯为主体香、乳酸乙酯和2－苯乙醇为辅的芳香族化合物。采用气相色谱分析法，可以快速分析白酒中的呈香、呈味物质，对白酒中的甲醇、杂醇油卫生指标进行监测，为玉林泉在生产过程中基酒的质量控制和主要微量成分的研究起着重要作用，是指导酿酒、勾调车间保证产品质量稳定、获得良好经济效益的重要措施。

参考文献：

[1] GB10345

[2] 白酒分析方法

（《云南酒业》）

低度清香型白酒质量稳定的基本条件

王平安

随着人们消费习惯的改变，降度、低度白酒已逐步为人们所认识和接受，并已形成了白酒市场的主流趋势。但由于低、降度白酒是人为的通过一定技术手段由高度酒再加工而成。因此，其酒体成分含量以及各成分量比关系等一系列条件势必要发生改变，进而影响到产品质量的稳定。

对于低度白酒的内在质量，我们所要追求的根本目标就是既要保证理化指标在规定的范围之内，又要使酒体在感官上不失传统白酒的固有风格。

相对而言，由于各类香型白酒中成分含量的差异，清香型白酒（尤其是麸曲清香型白酒）在降度后质量保障的难度上较其他香型白酒要大一些。

大家都知道，清香型白酒的典型风格是“清”和“净”。在酒度较高时，酒体各种成分含量及其量比关系基本上还能保持相对平衡状态，故酒的香味显得自然协调，风格也较典型突出。经过降度处理后（特别是酒度越低时），其原有的平衡状态受到破坏，因而酒体的感官质量上也就会发生较为明显的变化。表现最突出的方面就是：香气不足，口味短淡，有时甚至伴有较重的“水味”和明显的杂味。另外，经初步勾调后的低度白酒在未作任何处理之前还有明显的失光或沉淀现象，这时酒的一些理化指标也会偏离标准。

欲解决白酒在降度过程中出现的这些问题，主要措施就是要针对问题的存在及其产生的原因，采取相应的技术和工艺措施，以实现降度不降质，较好地保持原有白酒风格的基本目标。

下面，笔者结合北京红星股份有限公司六曲香分公司的实际情况，就低度麸曲清香型白酒的生产工艺作一浅述。

一、基础酒勾调

在原酒的生产过程中，虽然生产工艺相同，但由于受诸多生产条件（原材料、麸曲酒母、环境温度、蒸汽压力以及操作技术等）的影响，即使同一班组在不同的窖池或同一窖池在不同的时间所产出的原酒，其产品质量也不尽相同。而且所产原酒在贮存老熟过程中，其成分含量还会发生一系列的变化。所以，第一步要做的就是搞好基础酒整体框架的调制工作。

基酒的勾调原则，一般是以设法去保证酒体中酸、酯、醇、醛等骨架成分量比关系的基本合理性为出发点。根据清香型白酒的风格特点，我们还应该注意解决好总酯含量中乙酸乙酯同乳酸乙酯的量比关系，使乙酸乙酯的含量在总酯含量中不低于55%，这样才能较为充分地体现清香型白酒“清醇、爽净”的特点。为进一步满足低度白酒的生产条件，还应在具体的勾调过程中，根据库存原酒骨架成分含量的实测值，再比照酒体设计骨架成分含量的需要进行适当的勾调处理，合格后才能作为基础酒储存备用。

二、加浆降度

白酒在加浆降度的过程中，往往会出现酒体浑浊的现象，而且酒度越低浑浊现象也就越严重。这主要是一些水溶醇不溶及醇溶水不溶（下面先谈的水溶性的）成分析出的结果。解决这一问题，通常有两个方法：一是对加浆用水进行加工处理，以消除水中的金属离子；二是对降度后的白酒通过吸附装置进行处理，去除部分醇溶水不溶的成分。

根据我们的实践经验，如果直接使用原水（未经任何处置的深井水）对白酒进行加浆降度，产品在口感质量上要明显好于使用软水勾兑的低度酒。但这样会导致酒中固形物的超标，并且产品在货架期内容易析出沉淀物。为妥善解决这一问题，我们选用了徐州水处理研究所生产的“浅除盐水处理设备”，对加浆用水的水质进行了处理。所谓“浅除盐”，即经该设备处理过的水保留少量对酒质无明显副作用影响的成分。使用该设备处理后的水对白酒进行加浆降度，既解决了固形物超标问题，又满足了低度酒口感方面的基本要求（经品评对比，口感上要比使用电渗析水或反渗透水勾调的酒丰满、醇厚得多）。在解决降度白酒产生混浊现象的问题上，我们采用的是“颗粒活性炭柱”吸附法，效果比较理想。

当然，以上所采用的措施仅是针对降度酒的预处理过程实施，在进入灌装生产前还需要对其进行一系列的精加工处理，以确保低度白酒产品的整体质量水平。具体设施及处理方法应紧密结合产品需要及企业实际选择，此处不赘述。

三、调香调味

如果说对基础酒的勾兑是“画龙”的话，调香调味的过程便是“点睛”了。大家都知道，白酒在经过加浆处理后，其香味成分的净含量会发生变化，这势必影响到成品酒的风格特点。所以，不论是为了稳定产品质量的需求，还是解决好酒体风格问题，都需要通过调香调味的手法，去弥补白酒经加浆降度处理后所存在的缺陷和不足。这项工作主要是由勾酒师根据对酒液的品尝结论并结合化验结果，本着缺啥补啥的原则，使用相应的调味酒加以解决，从而进一步完善酒体的风格特点。

四、合理贮存

不论是新产原酒还是经过加浆勾调以后的低度半成品酒，都应该经过一定时间的贮存后，再投入使用。新产原酒的贮存主要是解决酒体的老熟排杂问题，而对勾调以后的低度酒进行贮存则主要是解决酒体成分间的重新缔合以及对产品质量稳定性的检验。

贮存期的长短应该紧密结合自己产品的特点和生产实践，本着科学合理的原则来确定。我厂生产的多微麸曲清香型白酒经过多年的生产实践，认为就现有的条件而言，新产原酒在陶缸内一般经过6～8个月的贮存期比较合适，最长也不要超过两年。因为现有的贮存条件尚未达到比较完善的程度，时间一长极易使酒体变得绵柔有余，香气短弱且酸味露头。这样的原酒基本上不能再作为基础酒使用，而只能是根据实际情况作为特定的调味酒使用。

原酒经过降度和重新勾调处理后已破坏了白酒原有的状态平衡，其中的水和醇、酸、酯等各成分间需要一个过程去实现新的平衡，而且经过勾调处理的酒品是否能够达到理想的协调与稳定，也还需要一定时间的考验才能确定。到期的低度酒经检测符合要求的可进入下道生产工序，达不到要求的则应重新进行勾调，直至符合标准要求为止。

五、重视基础环节

就低度白酒产品而言，其基础环节不外原酒酿造、低度勾调和半成品处理三大部分。首先是原酒生产，这是最根本、最重要的基础环节，只有把原酒做好，才能很好地为低度酒的后续生产创造有利条件；其次是低度勾调，这也是产成品润色成型的关键环节，理化指标以及风格特点全靠它来实现，应严格按照工艺条件精雕细刻去完成。最后是半成品酒的净化处理。因为其处理方法和处理效果将直接关系到产成品的最终质量水平，所以必须十分重视。

六、总　论

就目前的市场形势而言，白酒产品的竞争依然激烈。特别是对众多中小企业而言，种种原因造成多数厂家运营艰难，盈利空间无几，生存环境欠佳。而高品质则意味着高投入，此即存在一个价值取向的问题。笔者认为，企业要想长远地发展，还是应该认认真真做好酒。为使低度白酒得到更好的发展，我们还应该做到以下几点：

第一，严格要求自己，认真对待市场，诚信为本，顾客至上。摒弃短期行为，树立长远观点，稳定提升产品质量，维护白酒特别是低度白酒的产品声誉。

第二，坚持科学发展观，在继承传统的基础上，勇于开拓创新，不断完善并改进生产工艺和技术。

第三，组建一支高素质的勾调队伍（具有一定的评酒能力、专业知识和实践经验），负责产品的调配，解决生产中遇到的实际问题。

第四，积极引进科技新成果，更新生产条件，用先进的分析设施及技术协助我们进行产品的科学设计及勾调。

第五，持续完善生产工艺，保障酿造、贮存、勾调、预处理、精加工以及灌装等环节条件符合产品需求。

第六，白酒主管部门应发挥好行业的组织协调作用，建立低度白酒协作交流机制，不断协助并引导企业沿着健康科学的道路发展进步。

（《华夏酒报》）

浅述降低干啤酒中高级醇含量的措施

孟庆明

燕京啤酒（山东无名）股份有限公司生产的无名系列干啤酒，自投放市场以来，受到广大消费者的欢迎。但有个别消费者反映：饮用干啤酒后有“上头”的感觉。本着对广大消费者负责的态度，公司及时组织技术人员，进行技术攻关，找出了问题所在，并进行了认真的改进和控制，取得了成功。

一、干啤酒“上头”的原因

形成啤酒风味的物质来自于麦芽和酒花等原料中的成分及在发酵过程中酵母产生的成分。啤酒中有500余种化合物与啤酒风味有关，而主要影响啤酒风味的成分有20余种。它们是醇类、酯类、醛类、酮类、挥发酸、酚类、氨基酸类及含硫化合物等。啤酒的风味是由多种成分协调、叠加的结果。

啤酒中的高级醇种类繁多，主要有正丙醇、正丁醇、正戊醇、异戊醇等。高级醇是组成啤酒的风味物质之一，是构成啤酒酒体的重要物质。啤酒中含适量的高级醇，能赋予啤酒丰满的香味和风味，并增加酒体的协调性。高级醇的含量通常控制在〈90毫克/升，如果超过正常含量范围或各组分组成不合理，就容易使啤酒产生风味变化，如：有不愉快的后苦味、杂醇油味。由于干啤酒发酵度高，发酵副产物高级醇的含量比普通啤酒要高，致使干啤酒饮后易“上头”。因此，控制影响干啤酒中高级醇生成的因素，并对其进行合理控制，成为解决干啤酒饮后容易“上头”、改善啤酒风味、提高啤酒质量的关键。

二、高级醇形成的途径

高级醇是酵母新陈代谢的产物，它的生成途径有以下两条：

1. 氨基酸的降解代谢途径，即氨基酸在转氨酶的作用下生成α－酮酸，再经脱羧和还原转变为高级醇；

2. 合成代谢途径，即在碳水化合物合成氨基酸的过程中，形成α－酮酸中间体，经脱羧还原形成高级醇。其生成量受酵母菌种、麦汁成分、发酵工艺控制条件、微生物控制情况等方面的影响。

三、降低啤酒中高级醇含量的措施

1. 选用优良的酵母菌种

酵母菌种是影响高级醇含量的决定性因素，不同的酵母菌种生成的高级醇的种类和数量有很大的差别，在同等条件下，有的酵母菌会产生比其他菌种高数倍的高级醇。酵母接种量的大小对高级醇的生成量也有一定的影响，当加大酵母接种量时，酵母的繁殖量将减少，高级醇的生成量也相应减少；当接种量不足时，酵母的繁殖量将增大，产生较多的高级醇。因此，合理选择酵母菌种是从根本上控制高级醇含量最有效的方法。

以前，燕京啤酒（山东无名）股份有限采用西德酵母，西德酵母采用的是15℃高温逐步加压发酵工艺，酵母活性高，酵母接种量为1 000万～1 500万个/毫升，凝聚性差，使酵母细胞自溶。高温发酵也会导致发酵副产物的大量生成，使高级醇含量增多。2001年后，公司采用燕京总部提供的燕京酵母，燕京酵母采用的是低温发酵工艺。酵母的特点是：主酵温度低，酵母的起发速度比西德酵母慢，菌种凝聚性强，酵母活性高、死亡率低，酵母接种量为1 500万～2 000万个/毫升，主发酵后期酵母沉降快，酒体口味纯正，高级醇含量明显降低。因此，菌种是企业生产优质啤酒的前提，它决定了产品风味特征，只有全面、客观、真实地分析菌种的特性，最大程度地依据菌种特点、适应酵母菌种的生理特性，加强生产全过程酵母的使用和管理，才能为稳定产品质量提供可靠的保证，从而酿造出优质的啤酒。通过实验对比，公司决定弃用西德酵母而改用燕京酵母，取得了良好的效果。

2. 合理控制麦汁组分

高级醇的生成量随着麦汁浓度的升高而升高。麦汁中α－氨基酸的含量对发酵过程形成高级醇至关重要，当氨基酸含量低时，酵母将通过合成代谢途径生成自身所需的氨基酸，形成较多的α－酮酸中间体，导致高级醇生成量增大，当麦汁浓度降低时，麦汁中α－氨基酸的含量必然降低，啤酒发酵时生成的高级醇少；当其α－氨基酸含量高时，酵母繁殖量增加，代谢副产物增加，也产生较多的高级醇，一般要求12°P麦汁，α－氨基酸含量控制在140～160mg/L对啤酒整体风味有利，且不影响酵母的生长和繁殖。因此，麦汁α－氨基酸含量也不能太高，否则，将形成较多的高级醇。调整适宜的麦汁α－氨基酸水平是降低高级醇含量的重要工艺措施。

3. 麦汁氧含量的影响

麦汁中含氧量愈高，酵母增殖愈大，发酵愈旺盛，高级醇的生成量将愈多；反之，酵母增殖量少，不利于发酵的进行。一般麦汁中含氧量控制在6～10mg/L为宜。使用分锅次满罐的麦汁，最后一锅麦汁可以不充氧，防止发酵罐麦汁氧含量过高，酵母增殖量过大，产生较多的高级醇。公司生产的8°P啤酒麦汁中含氧量控制在6～8mg/L之间；10°P啤酒麦汁中含氧量控制在8～10mg/L之间。

4. 发酵温度的影响

发酵温度的高低直接影响产生高级醇含量的多少。发酵温度提高，发酵速度相应加快，高级醇生成量就多。以前，公司使用高温酵母，发酵温度高达15℃，当时在全国啤酒企业来说是最高的，因此，高级醇含量多。使用低温酵母后，发酵温度降低到10℃。高级醇含量控制在合适的范围内。

5. 后贮时间的影响

后贮时间长，高级醇含量会有小幅度上升。特别是啤酒消费淡季，后酵贮酒时间应严格控制，贮酒时间一般为7~14天，否则，可能引起啤酒中高级醇含量增多。

6. 其他杂菌的影响

啤酒发酵应在相对“纯净”的环境下进行，任何杂菌的侵入都将影响到发酵的正常进行，特别是污染了野生酵母的发酵液，会使啤酒中高级醇的含量明显上升。为此，公司改变了原来的杀菌方式，由原来的四锅麦汁一杀菌改为一锅一杀菌，增加发酵罐酸洗工艺，发酵罐清洗杀菌后，要用无菌空气备压至0.01~0.02Mpa，使发酵罐保证有一定的压力，防止空气进入而带入杂菌，进麦汁前，再用配制好的消毒剂杀菌一次。消除了各种有害菌潜在的影响，公司冷麦汁微生物控制指标由原来的（杂菌50个/毫升、厌氧菌10个/100毫升）降低到现在的（杂菌0个/毫升、厌氧菌0个/100毫升）；发酵液微生物控制指标由原来的（杂菌小于80个/毫升、厌氧菌20个/100毫升）降低到现在的（杂菌小于5个/毫升、厌氧菌3个/100毫升）。因此，做好卫生工作是保证啤酒正常发酵的基础。

实施措施前后主要高级醇含量对比（见下图）。

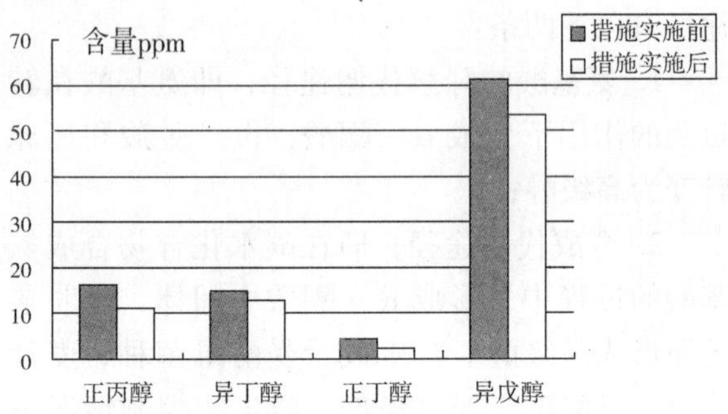

通过以上措施的实施，公司干啤酒中高级醇的含量明显降低，使高级醇的含量控制在合理的范围内，解决了个别消费者反映饮后“上头”的问题，使公司的产品质量又上了一个台阶，赢得了更多消费者的青睐。

（《华夏酒报》）

固态法低度白酒浑浊原因及处理浅析

杨静怡　沈义文

采用固态法生产的白酒，多采取兑水而成低度白酒，此法面临两个问题：一是白酒降度以后，酒味淡薄，二是降度以后出现浑浊，经除浊以后酒味更加淡薄。在低度白酒生产的同时也产生了白色浑浊、失光、絮状沉淀等问题。同时，当外界气温降低时，易出现白色絮状悬浮物，后又慢慢下沉，在容器底部形成沉淀，严重影响白酒的外观质量。解决低度白酒加水后出现浑浊、沉淀及风格变化等问题，已成为各酒厂发展低温低度白酒的一个技术难题。鉴于此，掌握低温低度白酒浑浊的原因和作为制作低温低度白酒关键技术之一的白酒降度除浊技术，就显得尤为重要。

1　低度白酒浑浊产生的原因

低度白酒浑浊主要是由白酒中的高级脂肪酸及其酯类所造成的，其中也包括杂醇油在内，其罪魁祸首是棕榈酸乙酯、油酸乙酯、亚油酸乙酯等油性高级脂肪酸酯。由于它们均溶于乙醇而不溶于水，致使在白酒降度或者温度降低时溶解度减小，出现乳白色絮状浑浊沉淀。

低度白酒浑浊的感官指标要求是无色透明、无悬浮物、无沉淀，而在低度白酒生产和勾兑过程中，由于各种原因，常常会发生白酒浑浊和沉淀现象以及成品酒在低温时出现絮状物。

三种高级脂肪酸乙酯为无色油状物质（沸点≥185.5℃），溶于醇而不溶于水，这些成分在白酒中的稳定性与其在乙醇中的溶解度、酒精度及温度有密切的关系，在不同的酒精体积分数及不同温度下，其溶解度的变化极大，低度酒在夏季发生浑浊少，而在冬季特别是高寒地区浑浊问题尤为突出；这三种高级脂肪酸乙酯可能主要来自于粮食原料中所含的脂肪酸，经发酵由酵母菌作用形成相应的乙酯，经蒸馏而进入成品酒中；无论是固态发酵还是液态发酵单釜式蒸馏，它们都聚集在酒头，随后急剧下降，又逐步回升，呈马鞍形变化。

高级脂肪酸在馏分中主要集中于酒头和酒尾，在蒸馏后期，酒精体积分数降低造成浑浊物质不溶而从气体中下降，由于冷却器中存贮的死角太多，不能及时馏出而造成酒尾中大量浑浊物质残留在冷却器内，被下一甑蒸馏的酒头冲刷下来，造成酒头中高级脂肪酸乙酯的含量大于酒尾；如果排除冷却器内残留的浑浊物质的影响，实际上在蒸馏过程中，浑浊物质是酒尾大于酒头。然而白酒中絮状物质不仅仅是棕榈酸乙酯等高级脂肪酸乙酯，而且还有醇、酸、醛等成分，它们在降度后也易产生乳白色浑浊，而且酒质越好浑浊程度就越大。其原因是它们这些物质属醇溶性物质，易溶于酒精而不溶于水，在酿酒蒸馏过程中为提高酒中香味成分含量，降低酒的挥发，采用了缓气蒸馏，使这些物质拖带出来。正常原酒一般酒精度在60度以上，因而这些物质能够被酒精溶解，没有异常浑浊现象。但是低度酒中酒精含量少，水的含量高，所以，这些物质易被析出而出现浑浊。同时，物质的溶解度与溶剂的温度也有一定的关系。

酒体浑浊现象，从胶体学讲是油性成分在酒里呈负电荷，相互结合以保持安定状态，遇到正电荷的金属氢氧化物，将电荷中和而出现的絮状。

由此可见，絮状沉淀部分实际上是白酒中的某些香味成分或其前体物质因溶解度发生变化而析出。

2 低度白酒浑浊的处理

酒是醇、酸、酯、醛等有机物质和水的混合体。各种香型白酒的主体香味物质与其他微量香味成分间的平衡、匹配构成了诸味协调的酒体。如前所述，沉淀物质实际上是白酒中的某些香味成分或其前体物质。除浊和保持香味风格是低度白酒生产所面对的一对矛盾。应在尽可能保持酒体香味风格的前提下，除去低度白酒中的沉淀物质，或除去低度白酒中潜在的会引起沉淀的物质，以免出现沉淀现象。

如何既不影响产品原风格，又能使白酒清亮透明，且符合国家卫生标准，有效地进行处理过滤，处理的方法各厂不尽相同，但不外乎两种方法：一是冷冻处理法；二是吸附法（淀粉吸附、活性炭吸附、离子交换分子筛法等）。

2.1 冷冻过滤法

根据三种脂肪酸酯的溶解度随着温度的降低而减少，将加水浑浊后的白酒冷冻到 -12℃ ~ -15℃，并保持数小时，使高级脂肪酸乙酯絮凝、析出，颗粒增大，并在低温条件下过滤除去上清液的混合物，便可获得澄清透明的低度白酒。由于沉淀物是油性物质，过滤时困难，可加石棉、纤维粉作助滤剂。

这种方法虽然有效果，但需要一套高制冷量的冷冻设备和一个低温过滤房间，酒温必须冷至 -12℃以下，否则，低度白酒以后遇冷又会出现浑浊，因而设备投资大、生产费用高。

在北方可利用冬季室外气温低的条件，将酒基降度以后放在室外进行自然冷冻，也有一定效果。但由于室外温度变化大，冷冻效果差，需要的冷冻时间较长，过滤速度也较慢。

2.2 吸附法

利用吸附剂表面许多微孔形成的巨大表面张力对低度白酒中的沉淀性物质进行吸附。吸附剂的使用原则是：既能除去酒中沉淀性物质，又不使酒中的香味物质产生较大吸附损失，更不能影响酒体的风味和风格。

2.2.1 淀粉吸附法

取样品若干个，分别按不同比例加入淀粉

摇匀后静止24小时。过滤后比较可知，淀粉对呈香物质吸附较小，易保持原酒风格，但用量不易过大，否则会给酒带来不良气味。

2.2.2　活性炭吸附法

采用果壳粉状活性炭，按不同的比例加到样品中，隔4小时搅拌一次，24小时后过滤比较，入口糙，后味稍淡，需在调味上下工夫，方能保证质量。

2.3　意文酒处理机

2.3.1　原理

四川意文食品机械有限责任公司生产的一体机、加强型处理机等采用吸附和交换的原理，对三大高级脂肪酸酯具有很强的吸附能力，通过净化吸附达到抗冷、除浊的目的。降度后经过净化除浊后的酒或冷冻实验仍保持清澈透明。

吸附是吸引和聚集一种物质到另一种物质的表面，这种有库仑力、范德华力，偶极相互作用氢键等综合力的体现。吸附能力的大小与被吸附成分的分子有很大的关系。一般来说，分子结构大，就容易被吸附，棕榈酸乙酯、油酸乙酯、亚油酸乙酯在化学结构、相对分子质量、化学键等方面均与酒液中其他微量成分有明显的差别，而我厂采用的白酒专用处理材料与其他处理方法不同，因为白酒专用处理材料具有极性基团，凡是分子中含有极性基团的物质都容易被吸附，且极性基团越多就越容易吸附。因此，用白酒专用处理材料处理低度白酒，虽然它会吸附少量有效香味成分，但它更容易吸附引起酒液浑浊的分子量相对大的高级脂肪酸乙酯类。

低度白酒，工艺简单，操作方便，除浊效果好，且吸附、过滤一次成功，增加效率，能保持酒品原风格、风味，符合工艺要求。

（中国酒业新闻网）

发酵罐改作清酒罐的应用实践

孟庆明

随着气温的升高，又到了啤酒生产企业创高产增效益的黄金季节。我公司啤酒日产量近千千升，为解决酿造车间清酒罐周转紧张的问题，公司专门拿出两个发酵罐，通过技术改造后作为清酒罐来使用，满足了旺季生产量大、清酒罐使用紧张的问题，起到了一罐二用、降低生产成本的目的。

一、发酵罐改作清酒罐的设备平面图

通过图1所示的设备技术改造，可灵活方便地用发酵罐临时贮存清酒，不用时亦可当发酵罐使用。各种管道通过采用管板作接口，使工艺管道达到无死角，便于CIP彻底清洗。

二、使用流程

1. 发酵罐进酒

由滤酒机滤出的清酒，经精滤机后进入发酵罐，随着发酵罐中酒液的上升，势差越来越大。为了保证滤酒机的正常流速，确保精滤机出口压力的稳定，开启变频泵，通过管道在线压力变送器采集的信号传输到变频器，变频器通过变频调节来改变变频泵的转速，达到实现自动调整精滤机出口压力的目的，并使精滤机出口压力稳定在设定值。通过变频技术可有效、精确地控制精滤机出口的酒体压力，保障了过滤系统的正常运行。

2. 发酵罐出酒

包装时根据罐酒机的灌装运行情况，罐酒

机人员可以通过变频调节器面板上的“▼”和“▲”键，远程控制变频泵的转速，随机调整适合的罐酒机酒缸压力，实现发酵罐出酒的压力稳定和等压灌装，操作起来极为方便。

3. 变频控制工作原理（见图2）

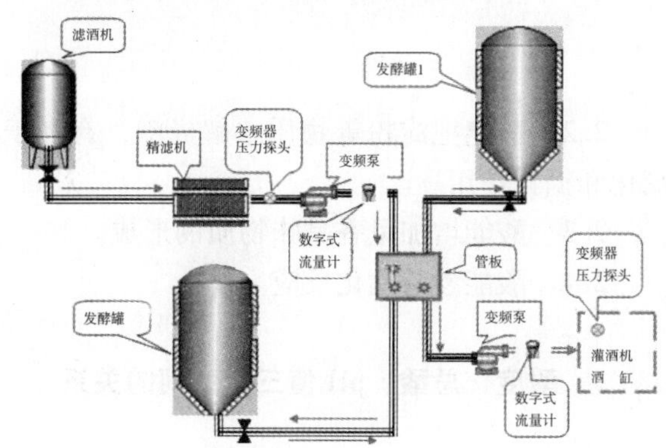

图1　发酵罐改作清酒罐的设备平面图示

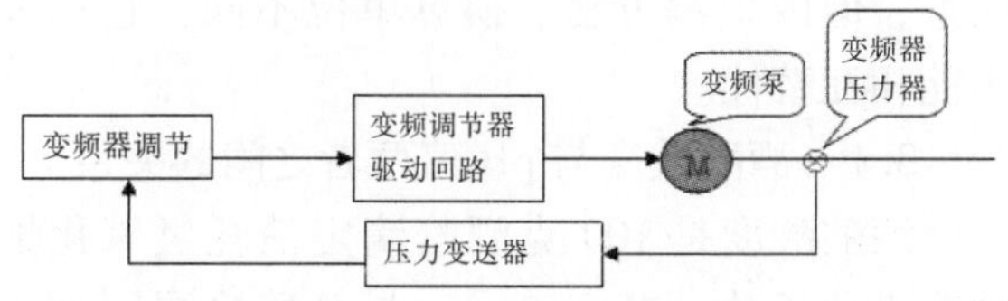

图2　变频控制工作原理

变频控制系统是通过调整泵的电机转速来精确控制泵的输出或输入酒液的压力，从而更好地保证清酒的过滤质量和包装的灌装质量。

三、清洗杀菌

1. 管道杀菌

正常使用时，每天对管道系统进行一次杀菌，杀菌时走0.1～0.15Mpa的蒸汽30～40分钟以上，同时，打开所有相关的管路阀门，确保各汽管路都能做到彻底杀菌。

2. 发酵罐清洗

（1）发酵罐使用结束后，从罐底放压排空（发酵罐如采用CO2备压，应回收）。

（2）用回收水或清水进行喷淋15～20分钟，排掉。

（3）用热水（65～80℃）进行喷淋15～20分钟。

（4）火碱（浓度2～3%、温度65～75℃）打循环45分钟，并回收，注意要把发酵罐侧管打开，防止大罐形成负压使发酵罐变形。

（5）用热水喷淋15分钟。

（6）用2%的酸洗剂酸洗，常温下喷淋15～20分钟。

（7）用清水喷淋15～20分钟。

（8）用200ppm杀菌剂喷淋消毒。

（9）控净杀菌剂，关闭取样阀、锥底阀及侧管，调整罐温至工艺温度。

四、注意事项

1. 发酵罐CIP清洗后，在进酒前必须先充入CO_2或N_2，将罐内的空气置换出，避免罐体内空气中的氧对清酒起氧化作用，减轻清酒对氧的摄入，利于保证啤酒风味的稳定性。操作时根据CO_2、N_2与空气密度的差异，要采用不同的置换方法：使用CO_2要遵循“下进上排”的做法，而使用N_2要改用“上进下排”的做法。操作方式示意图（见图3）。

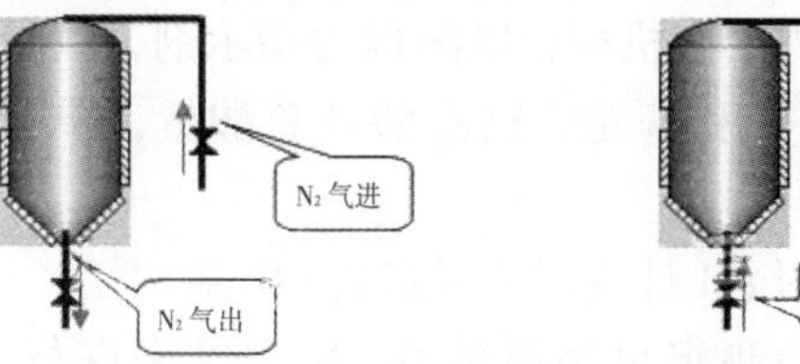

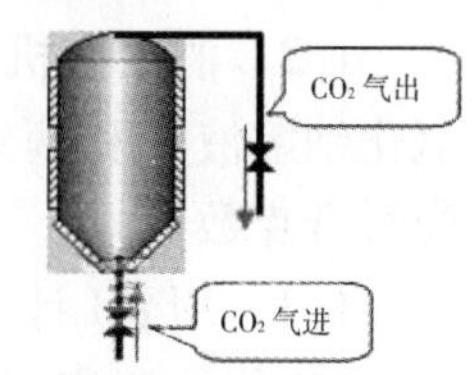

图3　操作方式示意图

2. 发酵罐备压用CO_2的纯度必须达到99.99%以上，并要定期对CO_2过滤器进行杀菌处理，确保气体无菌。

3. 发酵罐备压时要注意不能超过罐体的工作压力，一般发酵罐罐顶安全阀设定压力为0.2Mpa。

4. 入发酵罐的清酒量不宜过多，应以实际罐容的80%为宜。

5. 发酵罐如果使用CO_2或N_2备压，可每使用4～5罐次后，进行CIP刷洗一次。

6. 发酵罐CIP清洗后，要打开罐体冰水阀，将罐温控制在2℃左右，充入CO_2备压到0.08～0.1Mpa。开始进酒时要人工缓慢放压进酒，进酒15分钟后，开启调频泵自动进酒。

（《华夏酒报》）

浅析白酒中的酸

滕　抗　钱莉莉　张海燕

大曲酒生产中，酒醅发酵需要适宜的酸度，但酸度过大或过小，都会严重影响酒醅的正常糖化、发酵。因为糖化、发酵的各种酶要在适宜的pH值下，酶活力才最高。

1　酸度的概念

酸在大曲酒醅发酵中是不可缺少的物质，在白酒生产中，对酸度有三种测定方法。

1.1　在酒醅化验中，其酸度是指利用酸碱中和原理测定，其定义为100克酒醅滴定消耗氢氧化钠的毫克分子数，以度表示。

1.2　酒中有机酸，以酚酞为指示剂，用氢氧化钠溶液中和滴定，以乙酸计总酸量，单位为每升克数。

1.3　用pH计或试纸测定其pH值

pH值的测定可用简单的pH试纸来进行，这种方法简单快速，但测定精确度低，易受检查液色泽或所含的杂质干扰，影响它的准确性。

用酸度计测定，不但测定精确度更高，而且测定样品的范围也更广。它操作方便、迅速、准确，除可用于酿造、发酵酒醪和酒糟以及黄水等的pH值的测定外，也可用于对浓香型曲酒生产的窖泥的pH值的测定。在测定中，可排除或减小这些样品中所含的色泽和杂质对测定结果造成的影响，测得较准确的数据。

2　酸在酒醅发酵中的作用

酸的作用，白酒业内人士公认的有以下几点：

2.1　酒醅中适当的酸度，可以抑制部分有害杂菌的生长繁殖，起到以酸制酸的作用，不影响酵母菌的发酵能力。

2.2　酸能把淀粉等物质水解成糖，有利于糊化和糖化作用。

2.3　酸能增加呈香呈味物质的形成。

2.4　酸能参与酯化反应。

3　酸度、总酸、pH值三者之间的关系

酸度、总酸、pH值三者之间有一定的内在联系，但因检测方法、换算单位不同，它们又不能相互替代。

3.1　酒醅酸度与pH值两者之间的关系

酒醅酸度是100克酒醅滴定消耗氢氧化钠的毫克分子数，以度表示。与总酸检测原理和方法是一致的，但计算方法和换算单位不同，所得值也不同。酒醅酸度与pH的关系见图1、图2。

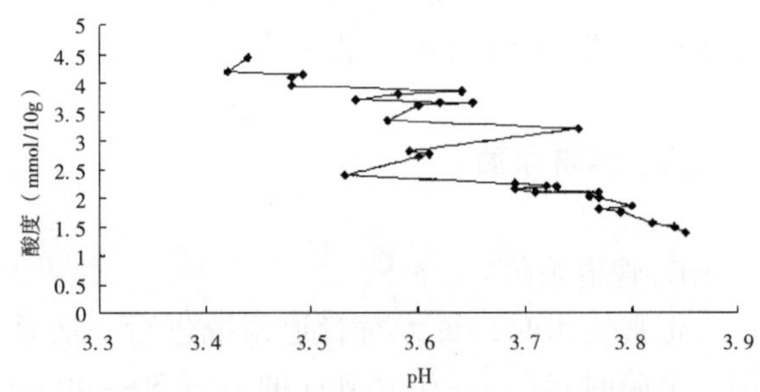

图1　酒醅酸度随pH值变化曲线

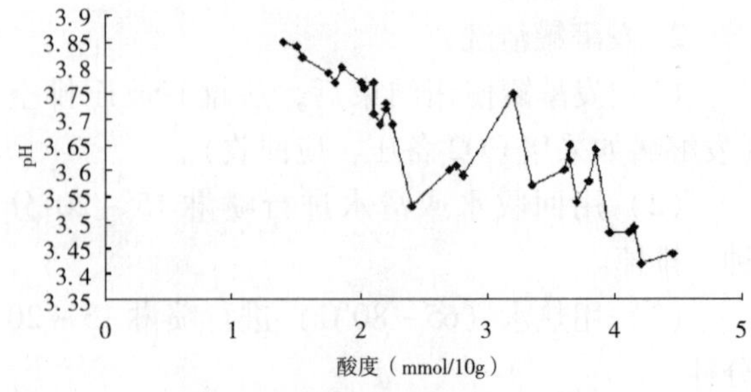

图2　酒醅pH随酸度变化曲线

酸度与pH值两者之间的关系大体上是酸值高，pH值低，但不是线性或曲线的关系，说明它们有一定的内在联系，但不是对等的关系。

3.2 酒中总酸与pH值的关系如图3、图4

从图3、图4中可以看出，总酸与pH两者呈无规律的变化，表明酒中总酸的大小不能依pH值的高低来判断。

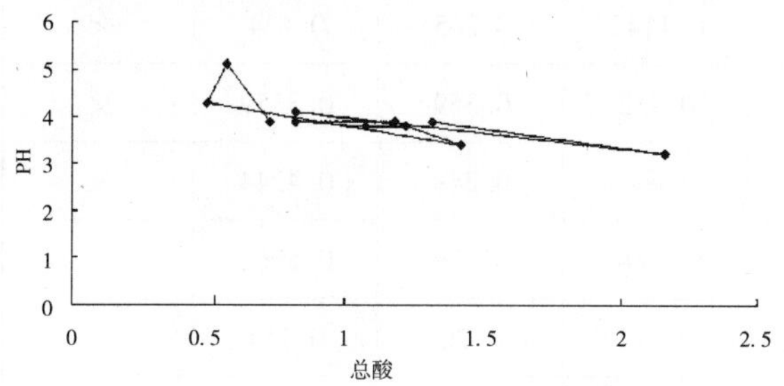

图3 几种名酒pH随总酸变化曲线

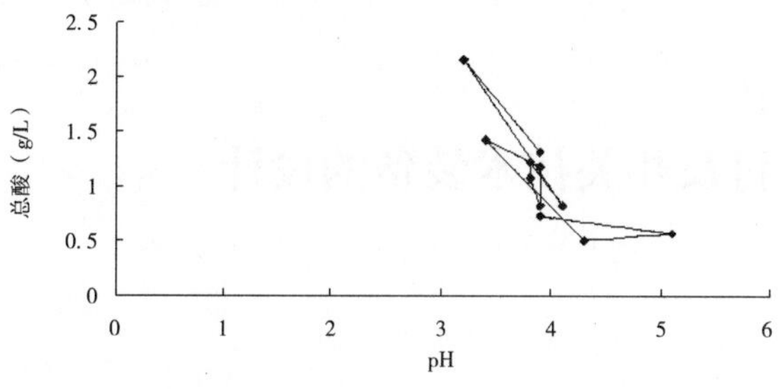

图4 几种名酒总酸随pH变化曲线

4 讨论

4.1 酒中酸的情况

对白酒而言，它的酸类物质主要由有机酸组成，主要来源于酒醅发酵过程中的乙酸、丙酸、丁酸、乳酸、己酸和高级脂肪酸等。其大部分以游离状态存在，小部分以盐类形式存在。计算白酒总酸时，以有机酸为主，折算为乙酸的含量。总酸的概念并未直接表示出酒的酸度强弱，只表明了酒中有机酸相对含量即每升的克数。我们设计了一个试验，分别称重甲酸、乙酸等9种有机酸，用30%乙醇溶液定容至100mL，测得总酸为0.359g/L。用称重法，按乙酸折算总酸是0.307g/L，每升相差52mg，两者之间误差可能来自于操作等方面的原因，可以忽略不计。此实验说明用氢氧化钠滴定测总酸能较好的反应酒中有机酸的确切总含量。

从大量的试验数据分析，白酒中酸的总体变化趋势是酸度大，pH值则低。但从小区域范围内来看，实际情况并非如此，pH值并不能比较白酒中总酸含量的多寡。

有机酸都属于弱酸，弱酸在水溶液中只有一小部分发生电离，大部分仍以未电离分子形式存在。如一种强酸在水溶液中，它的酸含量多少与pH值的高低，应该呈较好的线性关系。但酒中酸大都是有机酸，受发酵、蒸馏等多种因素的影响，酸的种类和含量并不固定，即便是同一个酿酒小组，不同的窖池，所产的酒也难有固定的值。当测定相同总酸的不同样品时，由于样品中所含酸的种类不同，酸的电离程度就各不相同，各自离解氢离子的能力也不同，所测的pH值就会存在差异性。白酒中的pH值大小取决于各种有机酸的性质、相对含量及在白酒中的状态。

酒醅的酸度因检测方法同白酒总酸检测方法一样，也是可以折算成总酸的。

4.2 酒中乳酸的测定

乳酸是白酒中一种重要的酸，检测方法多用常规化学分析中采用的比色法进行定量分析，但并不属于食品分析上酸度这一概念。气相色谱的普及特别是毛细管的运用，可以分析多种有机酸，但由于乳酸易在汽化室受热分解，质谱分析仅检出它的分解物二氧六环，因此，不能直接进样分析，只能通过其他途径解决。

有人曾提出，用酒中测出的总酸值逐一减去气相色谱测出的各种有机酸，来计算乳酸的含量。但我们有时发现，气相色谱所测出的各种有机酸的总量（按乙酸计），大于或等于总酸，这就很难证明这种计算方法的可行性。我们对10种名优白酒做过这样一系列检测，见表1。

从表1中可见，2#和9#酒样无法这样来计算乳酸含量。

表1 十种名优白酒总酸和有机酸含量

单位：g/L

酒名	总酸	乙酸	丙酸	异丁酸	丁酸	戊酸	己酸	说明
1#	0.73	0.5195	0.079	0.005				<总酸
2#	0.57	0.6225	0.27	0.042	0.917	0.196	0.113	>总酸
3#	0.50	0.2969	0.042	0.012	0.106			<
4#	1.42	0.5692	0.071	0.021	0.1206	0.21	0.5457	<
5#	1.18	0.7282	0.23	0.042	0.1146	0.265	0.434	<
6#	0.82	0.4016	0.372	0.02	0.832	0.359	0.3359	<
7#	1.08	0.466	0.99	0.009	0.671	0.249	0.4244	<
8#	1.22	0.5031	0.294	0.022	0.1694	0.579	0.5962	<
9#	2.16	1.1437	0.926	0.05	0.613	0.26	0.754	>
10#	1.32	0.6754	0.3	0.018	0.642	0.189	0.2445	<

（《华夏酒报》）

低度白酒货架期水解机理的探讨及相关技术装备的设计

李建东

安徽亳州大东白酒净化设备有限公司是一家专业从事研究、开发白酒设备的中外合资企业，公司成立15年来，研制开发具有自主知识产权的产品白酒净化器、酒精净化系统等多种酒企配套产品，被广泛用于国内外千余家酒厂。近几年，公司开展了针对白酒货架期不稳定问题的研究及相关技术装备的设计。现将此项技术装备的设计理念及理论基础简要述之。

一、新勾兑的白酒（特别是新型白酒）是一个不稳定的体系

在存放过程中，各项理化指标色谱数据均会变化，口感变化更为明显，不能立即灌装。存放一段时间之后，还需做一次补调，并在以后的数月继续微调，多次反复，酒体方能稳定。因此，勾调是一个需要较长过程的精细工作。但因此工艺占用过多的储存容器，加重了企业负担，也制约了生产效率，从而成为白酒生产环节上的瓶颈和技术难点。

1. 近几年的研究认为，白酒不是简单的真溶液：白酒是一种“胶体溶液”，是真溶液逐步转化成的“溶胶”。运用新的理论去观察和解释白酒储存期间的物理变化与化学变化，如：老熟机理、勾调存储的变化规律，金属离子对酒质的影响，白酒多样性等以前较为朦胧的、费解的现象用新理论都可释疑。

溶胶是一个较稳定的体系，因为溶胶的颗粒小，布朗运动可使它们不下沉，在动力学上具有很好的动力稳定性。新勾调的酒体均不太稳定，如果设法加速溶胶的形成，就能“加快”达到动态稳定状态。

2. 酒体中酯的变化以水解为主。酒中溶解氧是影响酯水解速度的关键性因素。在白酒勾兑过程中，由于酒度的调整及白酒骨架成分的补加，往往用压缩空气进行搅拌，在这个过程中会溶入氧气，溶解氧加快了酒内酯类的水解速度，从而影响成品酒的品质。

3. 在白酒勾兑过程中，由于酒度的调整及白酒骨架成分的补加需要压缩空气搅拌，从而无形中溶入大量的氧气。由于氧的活泼性，给酒的勾兑带来一系列的不确定因素。所以，溶解氧的去除便成为稳定勾兑后成品酒酒质的重要环节。

4. 低度酒酯类变化与溶解氧变化规律试验(见图1、图2)。

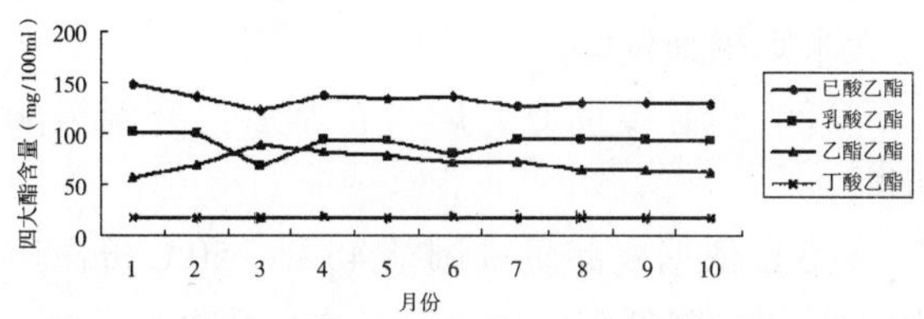

图1　浓香型大曲成品酒（陶缸装）色谱变化趋势

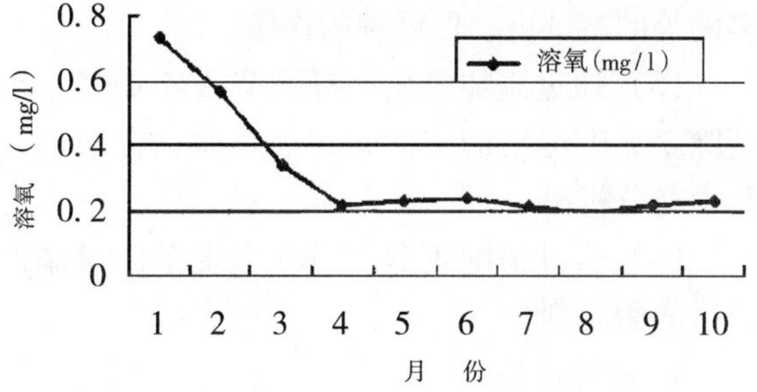

图2　陈酿过程中溶解氧与时间的关系

5. 试验小结。从图1、图2中可看出，在低度酒中，酯的水解与溶氧的下降规律非常一致，由于酒中溶氧的存在，所以酯的水解速度在前3个月中跳跃很大。3个月后，由于溶氧的消耗变得非常缓慢，成品酒进入稳定期。因此，优质低度瓶装酒只要密封较好，酒体便相对稳定。但只要打开容器进入空气，一周后再品尝此酒，就改变了原来的风格，口感出现水味及酸味。所以，瓶装酒在灌装前去氧是关键环节。

二、酒体稳定加速器设计原理及组成

1. 设备组成

设备组成主要有：金属离子源；高频电子场；高剪切胶粒研磨器。

2. 原理

（1）金属离子源

根据“白酒胶体”理论，金属元素与酒体中微量成分形成“胶核”，它的形成使白酒加快了转化溶胶进程，很快达到稳定状态。我们传统上用陶缸存酒以加速老熟，突出个性风味的经验也证明了这点。因为陶器提供了金属离子。

“金属离子源”就是专门提供各种金属离子和微量元素的装置，它提供的成分是酒体稳定所需要的，且对人体健康有益。

（2）高频电磁场

高频电磁波具有很高的能量，能加速酒内酯化，氧化反应。酒液在一定频率和特定的时间内通过高频电磁场，可提高酒质品位，加速酒体稳定和老熟。

（3）高剪切胶粒研磨器

它能高效、快速、均匀地将一个相或多个相分布到另一相中，研磨器的高速转子旋转所产生的高切线速度和高频机械效应所带来的强大的动力，使各种成分受到机械与液力的剪切、离心挤压、液层的摩擦、撞击、湍流等综合作用，瞬间完成均匀精细分散。在这种状态下，勾调时补加的酯、酸、酒头、酒尾调味料等，大颗粒的物质变小，大的分子团、胶团、胶粒分散成纳米级的胶粒，从而加速形成溶胶，缩短各种反应时间，达到稳定状态。

（4）去溶氧装置

高频电磁场和胶粒研磨器均具有排氧去氧功能，虽原理不太清，但效果较好。

以上三部分组成联合作用，对酒体稳定以及防止低度白酒货架期水解作用明显。

（《华夏酒报》）

提高啤酒非生物稳定性的工艺途径

韩　龙

啤酒是由多种有机和无机物质构成的胶体溶液，当受到机械振动、光照和高温等影响时，极易发生混浊和沉淀，正所谓“没有永远澄清的啤酒”。作为酿造者，应极力减弱混浊的发生，延长啤酒的货架期。本文中，笔者将结合生产实践，谈谈啤酒非生物稳定性的工艺控制途径和稳定化处理措施。

一、非生物混浊形成因素

影响啤酒非生物混浊的因素有很多，但依据诸多因素对非生物稳定性影响的轻重看，主要有蛋白质、多酚、β－葡聚糖、草酸钙和氧化（见下表），在此进行简单分析。

二、提高啤酒非生物稳定性的工艺途径

1. 原料

（1）选择蛋白质含量（<11%）、β－葡聚糖、花色苷和草酸含量均低的薄皮大麦。

（2）采用低温、缓慢发芽工艺，确保麦粒溶解良好，库值>42%；成品麦芽热凝固性氮<15%。同时生成更多的类黑素，提高麦芽的抗氧化能力。

（3）适当提高辅料比例，以降低含氮物和多酚的含量，但必须保证大米等辅料的新鲜度，减少脂肪酸等不利物质的含量。

（4）选用新鲜、无氧化、多酚含量低的酒花。注意酒花贮存温度、水分、氧等方面的控制，拒绝使用严重氧化变质的酒花及其制品。

2. 酿造水

（1）碱度<1.78mmol/L，铁等金属离子及其盐含量要低。

（2）降低其中碳酸根离子，pH为6.5~7.5。

（3）稀释水的pH、Ca^{2+}等离子浓度及温度等与待稀释酒接近或更低。

3. 糖化工艺

（1）采用湿法粉碎麦芽较好，能够保持潮湿麦皮的完整性，减少多酚等有害成分的溶出。对过滤槽法过滤而言，优良的麦芽粉碎物组成为麦皮占20%左右、细粒和细粉占65%左右，而大米则越细越好。

（2）糖化要彻底，碘检正常后再升温灭酶倒醪。

（3）依据麦芽质量调整45℃~50℃蛋白质休止时间，降低麦汁中高分子蛋白质含量。

（4）调整糖化醪pH为5.4~5.6，以降低多酚等的溶解度，促进酶的作用。

（5）通过添加氯化钙等调节醪液Ca^{2+}，以消除麦芽中溶出的草酸根，使草酸钙在酿造过程中充分析出。

（6）合理搭配麦芽，并依据麦芽质量添加合适的酶制剂。

4. 麦汁过滤

（1）调节洗糟水pH至5.8~6.2，水温为76℃~78℃。

（2）严禁过度洗糟，防止多酚、色素、高分子蛋白质等进入麦汁。优质啤酒控制残糖为3.0°P左右，普通啤酒控制残糖为1.5°P左右。

（3）保持过滤麦汁清亮进煮沸锅。

5. 麦汁煮沸

（1）强烈煮沸麦汁，使变性蛋白质充分析出，还原物多量形成。常压煮沸强度达到8%以上。麦汁可凝固性氮是预测啤酒蛋白质混浊的重要前提条件，要求定型麦汁其含量<2mg/100mL。

（2）调整麦汁pH至5.2~5.3，添加适量的卡拉胶等澄清剂和Ca^{2+}，促进蛋白质絮凝和

沉淀，最终麦汁热凝固性氮为 10 ~ 20mg/L（11°P）。

（3）麦汁煮沸开始不要过早添加酒花，让麦芽多酚与蛋白质充分反应，提高酒花利用率。

（4）麦汁煮沸时间不宜过长，否则会使已凝聚的大颗粒物等复溶，反而使煮沸效果下降。

6. 麦汁处理

（1）充分分离除去热、冷凝固物，控制漩涡澄清槽的热澄清时间在 30 分钟以内，在麦汁进薄板冷却前加一道过滤。

（2）对冷麦汁强烈充氧，利于满罐后迅速起发。

7. 发酵

（1）接种新鲜、强壮、无污染的酵母，低温强烈发酵，要求降糖迅速、pH 下降快。

（2）用两罐法发酵，倒罐后在 -1.0℃左右冷贮 7 天以上，保持罐内酒液温度均匀，充分析出冷混浊物。而且在保温发酵过程中，罐内温度要平稳、防止反弹，使蛋白质等复溶。

（3）及时回收排放酵母，防止酵母自溶。

（4）制定规范的卫生清洗制度，并定期开罐检查清洗效果，有效清除发酵罐内壁等部位啤酒石、残留酒花树脂等污染物。

（5）保证最终发酵度〉65%，CO_2 含量适宜。

（6）冷凝固物易堵塞酵母呼吸和其与外界物质交换的通道，造成酵母衰老、死亡，并分泌内容物使啤酒混浊，增加过滤难度，故发酵过程中要加强排放冷凝固物，以增强啤酒胶体稳定性。

8. 清酒过滤

（1）选择优质硅藻土和精良的过滤纸板、膜过滤滤芯和高效的过滤设备。

（2）过滤前激冷至 -1.5℃，分离析出冷凝固物。

（3）减少过滤中途换罐等人工操作，缩短非正常停机时间，必要时可对过滤系统循环保压，极力杜绝滤层硅藻土脱落。

（4）过滤中途检查清酒指标，并镜检有无硅藻土残留。

（5）依据过滤机进出口压差、发酵液可滤性，适时调节粗、细硅藻土搭配比例，使清酒浊度 <0.4EBC。

（6）搞好罐体、管道、设备等的卫生清洁工作。

9. 无氧酿造

含巯基的大分子蛋白质受溶解氧的氧化而聚合形成更大分子的蛋白质分子，与氧化聚多酚进一步聚合，最终形成氧化混浊。因此，整个酿造过程和包装过程都必须采取可能的措施和装备极力降低氧的侵害，具体措施不在此赘述。

三、啤酒稳定化处理

啤酒中存在 P（蛋白质）+T（多酚）（可溶性复合物）→PPTT（混浊性聚合物）的动态平衡，一旦出现蛋白质或多酚一高一低时，啤酒胶体稳定性就变差。因此，啤酒稳定化处理不能单一地降低蛋白质或多酚的含量。啤酒稳定化处理剂主要有以下几种：

1. 酿造单宁

（1）单宁对蛋白质的选择性最强，能与啤酒中分子量为 40 000 左右的蛋白质以及多肽中的 -SH 基产生反应，形成沉淀析出，而且在 0℃时沉淀速度最快，故倒罐时添加效果较好。

（2）酿造单宁可诱发部分花色苷及类黑精介入其与蛋白质的作用，吸附发酵液中的悬浮物，并沉淀析出，从而降低啤酒浊度和色度。

（3）单宁还能改善啤酒的泡持性，但必须严格控制酿造单宁中没食子酸含量，否则会影响啤酒口味。

2. 硅胶

（1）两罐法倒罐时添加，主要用于处理快速发酵或质量较差的麦芽生产的发酵液。有利于啤酒的澄清，缩短发酵周期。

（2）硅胶可以吸附造成啤酒潜在混浊的高分子蛋白质，在缓冲罐内添加，利于增强硅胶的作用效率，保证了硅胶与啤酒足够的作用时间，提高了生产的经济性。

3. PVPP

PVPP 通过氢键吸附啤酒中与蛋白质交联的多酚物质，如儿茶酸、花色素原和聚多酚等，从而降低啤酒 P. I. 值，防止冷混浊，延长啤酒保质期。PVPP 大多与硅胶共同处理啤酒，但 PVPP 处理后的啤酒对氧极为敏感，可能会破坏啤酒口味的稳定性。

四、啤酒抗氧化处理

最大限度降低啤酒中的氧是保持啤酒新鲜度和稳定性的先决条件。

目前，被啤酒生产企业广泛应用的抗氧化剂主要有抗坏血酸、植酸、SO_2、葡萄糖氧化酶等几种。其中，抗坏血酸是氧化其本身来保护可能被氧化的物质；植酸是钝化、减弱金属离子的催化氧化作用来防止啤酒中多酚等还原性物质的氧化。

五、总　结

啤酒生产中的每一细节都会对啤酒的非生物稳定性产生影响，只有采用优质的原料、最佳的工艺和装备、最适的稳定和抗氧处理，才能使蛋白质、多酚、β－葡聚糖、草酸钙等混浊因子和谐平衡的存在于啤酒中，从而使啤酒具有清亮透明的外观、新鲜的口味和丰富的营养，并得到广大消费者的青睐。当然，还要加强贮运、销售管理。

（《华夏酒报》）

白酒勾调中的关键工序

吴兆征　杜新勇

一、勾调工艺的基本流程

原酒入库——分级储存——基酒选择——勾调——成品酒储存——过滤供应灌装

二、原酒分级储存

1. 分级

通过蒸馏，把发酵过程中的乙醇和各种香味成分加以浓缩，并从酒醅中提取出来。可以利用各种物质成分的沸点不同，排除有害物质并获取不同风味物质。通过工艺操作，一般会分离出酒头、酒尾、一级酒、二级酒、三级酒（每个厂家不尽相同）等几个级别的原酒。因为每一个级别的原酒酒度、各种香味物质含量、各种成分之间的量比关系等都不相同，因此，各级酒的质量特点也具有较大区别，所以，在入库后应当分别单独存放，确保不造成混淆。同时，也保证将来在选择酒时有更多的选择空间。

2. 原酒储存

因为新生产的原酒中各种成分未达到平衡融合状态，同时，还含有大量的硫化氢、乙醛等易挥发性物质，使酒口味冲、燥辣、不醇和。经过一定时间的储存，通过挥发和缔合作用的物理变化，以及氧化还原反应、酯化反应和缩合反应等一系列化学反应，可使酒中刺激性强的成分得到挥发、缔合、氧化、酯化、缩合等变化；同时生成香味物质和助香物质，使酒达到醇和、香浓、味净等要求。

3. 储存分级

通过一定时间的储存，酒质达到一种稳定的状态，其特点就会比较明显。利用理化分析和口感品评的手段对原酒进行重新评价定级，目的有三方面：

其一，把具有明显质量缺陷的原酒降级使用。由于第一部分表述原酒分级是按工艺操作定级，并未结合酒质本身质量情况，所以，结合本公司产品质量标准，需要把不符合产品等级的原酒降级使用，以免使用时造成成品酒质量的波动。

其二，选择具有特点的原酒作为调味酒的候选对象，继续单独存放，并随时掌握其储存变化，观察其能否达到调味酒标准。

其三，了解酒质基本情况，结合原酒库存和使用情况，可以把一部分特点、质量相近的原酒组合在一起，以便节省出一些储存容器，保证整个生产活动的顺利开展，同时可作为勾调选择基础酒的备选对象。

三、勾　调

1. 选择基础酒

在实施勾调过程中，选择基础酒是关键性的第一步，是决定勾调出的产品是否能够达标的基础，因此，对基础酒的挑选应当严格要求和精细操作。第一，确保储存期。储存期不足的酒不选；第二，确保质量。质量不合格的酒不选；第三，确保风格特点。选出能够满足产品标准要求的酒，按照产品的质量要求选择相应级别的酒。

2. 酒体设计

（1）酒体设计，即产品的小样勾兑实验。酒体设计者首先应当熟练掌握所要设计产品的质量标准和风格特点要求，并以此作为最终目的，展开小样的勾兑和调味。进行小样勾调实验可避免盲目生产所造成的不必要损失，有效控制生产成本。更重要的是，通过大量实验可挑选出最佳的设计方案，更大程度地满足酒体设计的质量标准和风格特点要求。

（2）勾兑，即组合。通过对所选择基础酒的数据进行分析，按不同比例进行小样组合，使之能够达到恰当的比例，并最大程度地接近设计的目的。

（3）调味，勾兑是“画龙”，调味是“点睛”。在按照最佳方案设计完成基础酒之后，还要通过调味使产品质量保持稳定和提高，突出酒品的风格特点。调味过程中，还需要注意以下几点：

①针对性。调味是为了弥补酒体的某些缺陷，因此，应在调味前清楚地了解基础酒酒体存在哪些方面的缺陷和不足，然后有针对性地选择调味酒进行调味。

②多样性。调味酒具有重要的作用和较强的针对性，这就要求我们尽量多地生产和选择出多种特点和风味的调味酒，诸如酯香调味酒、陈香调味酒、窖香调味酒、爽型调味酒、曲香调味酒、糟香调味酒、酱香调味酒、醇甜调味酒等等，可依据各厂产品特点的不同，选择适宜的调味酒。

③原则性。调味工作是一项非常细致的工作，必须遵循一定的顺序原则：先调香，后调味；先调酯，后调酸；先调含低沸点成分高的调味酒，后调含高沸点成分高的调味酒。

④适量性。关于调味酒的用量，应当由少逐渐加量，分别品尝，选择合适用量。调味酒用量不应超过千分之一，否则会改变基础酒的基本格局，也说明所选择的此种调味酒不适合。

（4）勾兑、生产。通过酒体设计，确定了产品的组成比例、参数指标和调味酒品种以及使用比例，随后进行勾调生产，即大样组合生产。这个工序的工作重点涉及三个方面：

①酒体设计方案的完美实现。应严格按照设计方案认真执行、严格操作，把确定的组成比例、参数指标、调味酒品种及用量控制好，避免产品质量风格的波动。同时，在完成大样后，做好大、小样的对比鉴评，确保设计和生产两者效果统一稳定。

②加浆用水的质量。水是白酒的主要成分，因此，水质的好坏直接影响酒的质量。现在，水处理的方法有以下几种：砂滤、离子交换、树脂处理、电渗析和反渗透等等。每个厂家都有自己的设备和处理方法，但是对于加浆用水来说，应当按照标准从外观、口味、pH 值、氯含量、硝酸盐、腐殖质含量、固形物、硬度等全方面严格控制，确保水质的质量合格。

③白酒的后处理。经过勾调，基础酒的组合以及加浆降度后，酒体中的醇溶性高、水溶性低的物质会析出并产生浑浊或沉淀，此时，需要进行后期处理。现在大多数厂家选择活性

炭进行处理，因为活性炭可选择性地吸附酒中易被吸附的大分子物质，以达到除去混浊物质和杂味物质的目的。所以，选择适宜的活性炭至关重要。优质的酒类专用活性炭在除浊的同时还会除去酒中的邪杂味，促进酒的老熟，使酒体变得醇和。但须控制好活性炭的用量和处理时间。用量少时，达不到效果；过量，则改变酒体。处理时间短，不易除浊；过长，易使香味成分损失过多，酒体淡薄。

四、成品酒储存

白酒经过勾兑、调味以及后处理等工序后，已基本成型，随后就要确保一定时间的储存老熟。经过多次试验显示：成品酒在经过一定时间的储存后，其酒体在香、味、体等诸多方面会达到一个完美的程度。

（《华夏酒报》）

循环经济在白酒企业中的应用

景成魁

1　发展循环经济的背景

安徽古井贡酒股份有限公司虽然在环境保护方面投入了大量的人力、财力和物力，但在环保设施发挥治污作用的同时，正常运行所需的高额费用，也给公司带来了沉重的经济负担。这种末端治理方式难以从根本上缓解环境压力，一方面投资大、费用高，建设周期长，经济效益低；另一方面，末端治理往往使污染物从一种形式转化为另一种形式，不能从根本上消除污染。而且随着国家和地方对环境保护工作的日益重视，以及循环经济理论的提出，对以酿造生产为主业的白酒企业来说，环保压力在进一步加大。

2006 年，公司共处理酒糟 5 万吨、生产复糟酒 200 多吨，循环用水量 80 万吨，综合利用粉煤灰 1.2 万吨、活性污泥1 200吨。多年的实践表明：推行清洁生产，发展循环经济，减少污染排放，降低生产成本，已成为公司确保生存和发展，提高经济效益，实现可持续发展的根本保证。

2　推行清洁生产，发展循环经济的主要成效和措施

2.1　不断革新工艺技术和设备，提高水资源利用效率，减少废水污染物排放量。

2003 年以前，公司年地下水消耗量高达 300 万吨左右，单位产品耗水量在同行业中是较高的。以开展清洁生产为契机，公司先后采取了循环冷却水再利用、锅炉废水冲渣和除尘、洗瓶循环水利用、处理后污水综合利用等多项措施，使公司地下水消耗不断下降。针对公司酿酒生产蒸酒用水仅对水温有较高要求，而对水质要求不高的特点，公司先后投资 600 余万元建成了日处理量为5 000立方米的循环冷却水站，将所有车间的蒸酒用水进行循环利用，循环冷却水循环率为 85% 左右，每年节约地下水近 80 余万吨。近年来，公司又投资 50 多万元对灌装洗瓶机进行了改造，将原来的二段式冲洗改为三段式冲洗，将灌装洗瓶水循环利用率由原来的不足 30% 提高到 50% 以上，每年节约地下水 40 万吨。

2.2　改进污水处理工艺，降低末端治理成本和费用。

2006 年底，公司着手对原有污水处理设施

进行改造。在氧化沟工艺的基础上增加了厌氧处理设施，利用IC污水处理工艺，对酿酒生产车间产生的浓度高达30 000mg/L～50 000mg/L的底锅水进行处理后，再进入原有好氧工序处理。一方面，减轻了污水好氧处理系统的负荷；另一方面，可利用产生的物质进行发电。

2.3　持续抓好固体废物的综合利用，实现垃圾资源化利用。

对于白酒生产过程中的酒糟，公司建立了饲料加工车间，将丢糟加工成高蛋白饲料，年产高蛋白饲料近万吨，产品销售收入1 500万元；同时结合传统白酒工艺的特点，利用一部分丢糟作为覆盖糟，生产复糟酒，年复糟酒产量为200千升左右，形成了“粮食生产→白酒生产→饲料加工→畜牧业生产→畜牧业产生有机肥→用于粮田果园”的基本循环模式。

2.4　全面推行和加强清洁生产工作，提高能源利用率。

着力转变经济增长方式，优化产业结构，大力发展循环经济，是企业可持续发展的必由之路。近年来，公司实施了60个清洁生产方案，取得了一定的成效。如在水资源的消耗上，与开展清洁生产之初相比，公司总用水量下降了近120多万吨，单位产品耗水量从80多吨下降为52吨；再如公司地下水、电、汽损耗率分别为15%、13.5%和19%，与开展清洁生产之初相比，均有较大幅度的下降。

2.5　借鉴和推广内外部好的做法，全面实施重点工程成为公司推行循环经济工作的重点。

3　结论与思考

3.1　领导高度重视，科学决策是发展循环经济的前提。

环境保护所取得的成绩，与公司领导的高度重视是分不开的。早在淮河流域工业污染治理提上议事日程之前的1992年，公司领导就认识到，保护环境是利国利民、造福子孙后代的大事，和公司发展的最终目标相一致；只有抓好环保工作，才能为企业赢得生存权和发展权；只有环保工作做好了，才能为经济发展开好头。因此，公司在抓生产经营管理的同时，主抓环境保护工作，把环保工作放在了首位。

3.2　注重项目工程建设，加大循环经济工程项目投入的力度。

（《华夏酒报》）

自动洗瓶机洗瓶水循环使用技术

云南地道酒业有限公司　李云生

摘　要：酒类生产行业是消耗水比较多的行业。据资料介绍，酿造过程中各项用水，总量为原料粮的20～30倍。水的循环使用是酒类行业降低成本，节约水资源的重点。洗瓶机洗瓶水属轻微污染的工业废水，使用物化法处理比较容易。因其设备简单，占地面积小，一般厂均能自制。容易实现水的循环使用。单层压力式过滤器中增加不锈钢网隔离层，与传统滤罐相比，不仅便于滤料的活化与更换，而且减轻了滤料的工作负荷。各滤罐连接方式上的优化，可以使循环系统内水的利用率提高到90%以上。作者将该技术已经在墨江地道酒厂成功使用。考虑到制造成本问题，该系统没采用自动控制系统进行控制与监测，阀门操作不当会产生失误。但只需对操作者进行短期培训便可掌握。该系统不仅对酒类生产行业节约水资源、降低生产成本有成效；对饮料生产行业水资源的综合利用也具有很高的推广价值。

关键词：洗瓶水；循环使用；过滤器；石英砂；活性炭；过滤罐。

前 言

酒类生产行业和饮料生产行业对产品灌装时，大多采用自动洗瓶机对瓶子内外进行清洗。洗瓶机工作的基本原理是：对瓶体内部使用经过软化的洁净软水进行冲洗：洗瓶后的水经洗瓶机贮水槽沉淀后，用管道泵抽出冲洗瓶外壁，之后从设备的溢水管排出。一台生产效率为2 000瓶/h 的洗瓶机，每小时的耗水量大约为6～8m^3。这个规模相当于年产2 000吨酒的酒厂或同等规模的饮料厂。每年在这里消耗的水量约占工厂用水总量的25%～35%。

洗瓶水的循环使用问题还没有在国内外的资料上有过介绍。为此，解决洗瓶机水的循环使用，成为酒厂节约水资源的一个重要问题。

1　洗瓶水循环使用的可能性

洗瓶机运行时一是使用城市管网供给的自来水做水源。在正常情况下，水质已达到《生活饮用水标准》。经过离子交换器处理后，成为软化水。对于新瓶而言，冲洗到水中的污物主要是形状和比重都比较大的、不溶于水的固态物质。如：生产过程中产生的破碎物残渣；运输和存储过程中产生的灰尘等不溶于水的物质。这样污染轻微的废水处理比较容易。

酒厂为降低成本也经常使用一部分回收瓶。回收瓶各种污染的情况就比较复杂了。这一类瓶使用之前，通常要经过的工序流程是：浸泡→人工手工清洗（或刷瓶机清洗）→化学或物理的方法清毒灭菌→人工漂洗→送洗瓶机清洗。

回收瓶的处理人工耗费量很大，但由于成本低廉，工厂也经常使用。

回收瓶的清洗，工厂一般是采用池子进行浸泡、清洗。只要将这一部分清洗液排放到工厂污水处理系统统一处理，则由于经过预清洗后，瓶子上残留的污物不多。洗瓶机产生的洗瓶水也仅是污染轻微的废水。

综上所述：按照污水分类的概念，洗瓶水属于污染轻微的工业废水。净化处理过程简单；水处理设备运行成本低；使其循环使用变成可能。

2　洗瓶水循环使用系统的设计

根据上述对洗瓶水水质的分析，采用物理法和化学法相结合的工艺，（简称物化处理）使其达到国家饮用水标准。整个水循环使用的工作原理图如图1。

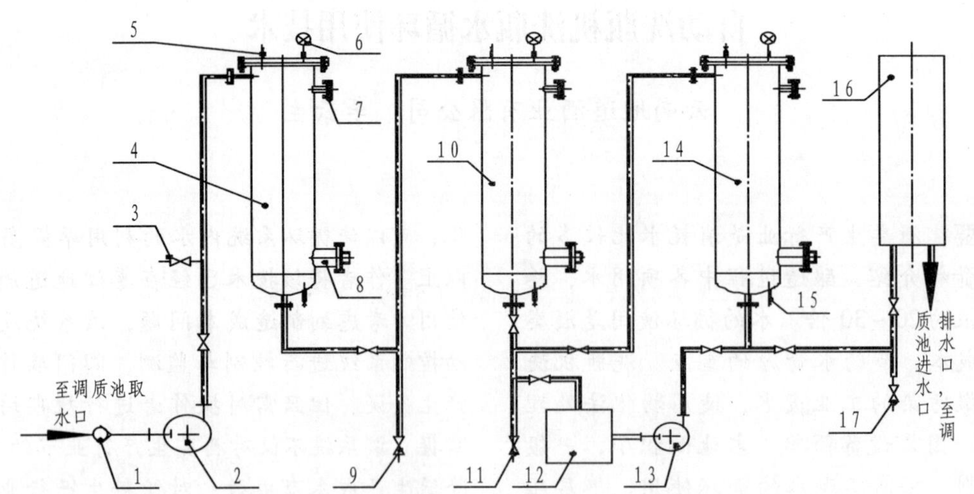

1. 止回阀　2. 清水泵　3. 反冲洗排水口（调质池换水口）　4. 石英砂过滤器　5. 排气阀　6. 压力表　7. 视镜　8. 手孔　9. 一级过滤取水口　10. 活性碳过滤器　11. 自来水补充口（反冲洗口）　12. 盐水池　13. 化工泵（树脂活化及反冲洗）　14. 离子交换器　15. 取样口　16. 自动冲瓶机　17. 软水取水口

图1　水循环使用系统工作原理图

2.1 用矩形隔墙调质池沉淀（图2）。

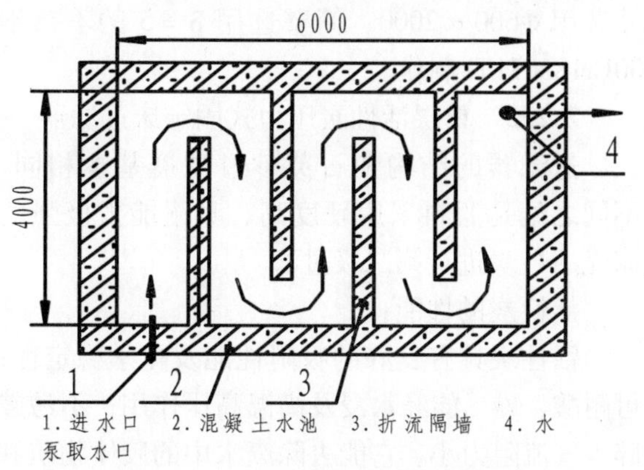

图2 矩形隔墙调质池示意图

池中设置许多折流隔墙，使废水来回折流。调质池的作用主要是沉淀和贮存、调节水量、水质。在这里，确立合适的滞留时间是设计的关键。它能使水中的固态物大部分得到沉淀，使水质得到调节。

调质池的容积按下式确定：

V = QT …… (1)

式中：V——调节池有效容积（m^3）；Q——平均进水流量（m^3/h）；T——停留时间（h）。

其中停留时间T取决于水中悬浮物的沉降、上浮的速度，由斯托克斯公式确定：

$u = g/18\mu\ (p_s - p)\ d^2$ (cm/s) …… (2)

式中：d——颗粒直径（cm）； Ps——颗粒密度（g/cm）；P——液体的密度

μ——水的绝对黏度；g——重力加速度。

由于式中一些数据如d，Ps在实际工作中，一般酒厂不容易定性、定量测量。故实际工作中采用沉淀试验，得到沉降曲线如图所示（图3）。

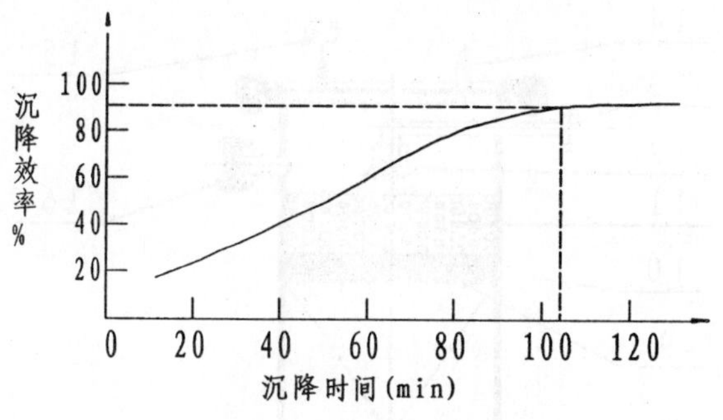

图3 沉降曲线示意图

根据沉降曲线，选定T = 1.6h，此时沉淀效率已达到90%左右。墨江地道酒厂设计能力为年产2 000吨白酒洗瓶机平均进水水流 Q = 8m^3/h，由此得到调节池容积 V = 13m^3；考虑二期工程黄酒生产设计余量，选用调节池 V = 40m^3。

调节池采用混凝土整体浇灌，（除了预留人孔外）将其修建于地下。池子有效深度为1.8米，人孔用盖密闭。节约了工厂土地使用面积，又能避免水质遭到二次污染。

2.2 采用压力过滤器作为水过滤装置。

过滤器采用物化法两级处理的设计，以保证过滤后水质的稳定性，符合饮用水的标准。

2.2.1 单层石英砂压力式过滤器设计

过滤器的结构如图4所示。滤除对象是水中不溶性悬浮物质。为保证过滤后出水口有一定的压力（0.25 - 0.3MPa），水质不被筒体材料因锈蚀等原因污染，筒体、阀门和管道均选用耐腐蚀的不锈钢，筒体做成密闭的柱形容器，在压力下工作。进水口用泵直接打入。

滤料采用传统的滤料——石英砂。其原材料来源广泛，价格低，有足够的机械强度和相当稳定的化学性质。

表1 单层石英砂压力式过滤器设计、运行参数

滤料规格		滤料技术参数		m/h 运行设计参数		比表面积	粒径与罐深比	清洁滤料水头损失
滤料粒径 (mm)	滤料厚度 (mm)	密 度 (g/cm^3)	总空隙率 (%)	滤 速 (m/h)	渗透系数 (m/s)			(m)
0.8 ~ 1.5	1200	2.65	40 ~ 45	8 ~ 30	0.49 ~ 2.21	0.15 ~ 0.20	1000	1.2

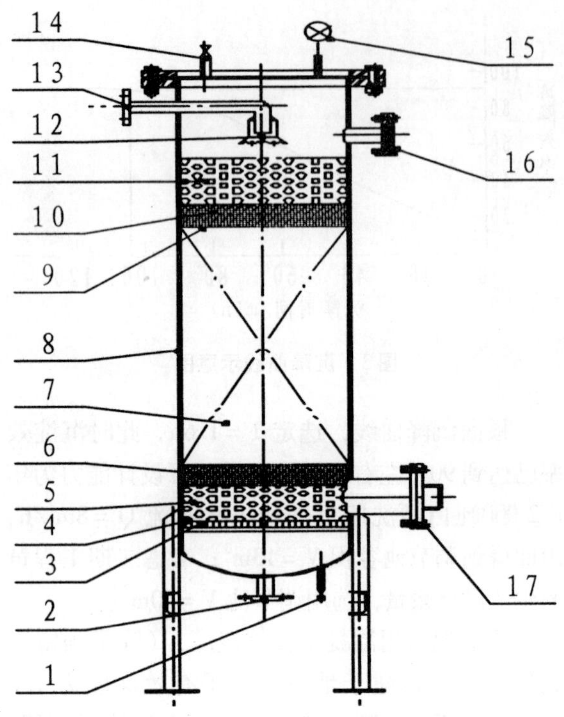

1.取样口；2.出水口；3.栅板；4.不锈钢丝网；5.瓷质拉西环；6.瓷片；7.石英砂；8.筒体；9.不锈钢丝网；10.瓷片；11.瓷质拉西环；12.布水器；13.进水口；14.排空阀；15.压力表；16.视镜，17.手孔

图4　单层石英砂压力式过滤器结构简图

根据上述数据，通过计算，过滤器外形尺寸选用Φ600×2000；筒壁选用δ=5的不锈钢00Cr18Ni11Ti制作。

2.2.2　单层活性炭压力式固定床过滤器

过滤器的结构和石英砂过滤器基本相同，不同之处是滤料采用硬度高、吸附能力极强的椰壳活性炭进行第二级过滤。

活性炭的性能：

活性炭具有良好的吸附性能及化学稳定性；可耐酸、碱，能经水浸及高温高压作用；不易破碎，气流阻力小。它能去除废水中的胶体物质和溶解性物质、水中重金属及其他有毒物质和异味，使其达到生活饮用水的标准。活性炭可以被再生，再生后可以反复使用。广泛用于水处理上。

单层活性炭压力式过滤器设计，运行参数见表2。

2.2.3　离子交换器的设计与应用在水处理系统中应用广泛，一般酒厂洗瓶机进水口已经安装该装置。设计过程就不再阐述。

离子交换器在循环系统中不仅起到软化水质的作用，也参与了过滤与吸附过程，使循环系统的水质进一步得到改善。

表2　活性炭去除有机物的设计参数

流速（m/h）	运行时间（h）	进水耗氧量（mg/L）	进有机物浓度（mg/L）	通水倍数	体积吸附容量（mgO_2mLC）	重量吸附容量（mgO_2mgC）	固定床碳层厚度（m）
11～30	360	2.82	1.18	6714	13.09	17.93	1.2－2

3　结构优化

过滤器结构优化的目标是：

第一，在运行过程中便于维护；便于进行反冲洗或更换滤料。

第二，运行成本低。

第三，尽量减少占地面积和投资成本。

3.1　按第一条的要求，过滤器采用单层压力式过滤器。

传统多层滤料式过滤器集多种滤料于一罐体内，可以减少过滤罐数目，减少管道连接和阀门数量。但过滤罐要做得很大，增加制作成本和制作难度；在定期反冲洗过程中，罐内滤料容易发生“混层”现象而降低过滤效果。当活性炭吸附达到饱和时，给活性炭活化过程的工作量增大甚至造成活性炭的报废。为解决“混层”问题，作者在设计时，将过滤分成两段进行。两种不同的滤料分别装在两个过滤罐中串联运行。相比起来，小罐有一般的酒厂便能自制，成本可以降低，有利于推广，减少占地面积等优点。在运行中便于更换石英砂或者活性炭，操作上简便。

3.2　过滤器传统的作法是使用卵石作垫

层。自然界中卵石的物理和化学成分结构复杂，可溶于水的成分一般工厂难于自己化验出来。而且各地的卵石化学成分也不同，给水质的软化处理带来一定的麻烦。作者采用该厂多年前库存且已经生产上不再使用的瓷质拉西环作垫层，由于该材料是人工烧制而成，化学成分稳定。耐酸、耐碱易清洗，硬度极高，对稳定水质及后工序软化水质起了很好的作用。

3.3 增加隔离层

和传统的过滤罐滤层间设置不同的是，在下层栅板与瓷环、瓷片与石英砂之间增设不锈钢丝网作隔离层；在滤料一上层也加了滤网，滤网上用瓷片和瓷环覆盖；这样做是为了确保：

（1）阻止滤料的破碎物从出水口排出；反冲洗时滤料不会被冲走。

（2）上层的作用主要是不让水分布器的水流直接冲击砂粒（或活性炭）造成砂粒之间的磨损。

（3）水在瓷质拉西环和不锈钢网之间滞留时，使没有被沉淀的污物大部分停留在其表面，减少滤层的工作负荷，使滤层的寿命得以延长。反冲洗活化过滤层变得容易，运行成本降低。

3.4 由于每个罐单体面积小，用串联方式连接，占地面积小，整套装置占地面积仅为 $5m^2$，(1mx5m)。适合各酒厂在现有布置的基础上安装使用。

4 系统连接优化

各个过滤器之间连接优化的目标是：

第一，要求能对各道过滤及处理工序单独抽样，监测每个过滤罐的水质情况。

第二，便于调质池水的定期更换。

第三，提高洗瓶水的综合利用率。

4.1 按第一条的要求，在每个过滤罐底部设置抽样口，每班抽样化验各个过滤罐的水质；对其进行监测。

4.2 调质池的水循环使用的次数是一定的，不能无限期的使用下去。由公式（1）得知，目前仅一条生产线生产，调质池水循环一次的时间为 5 小时。也就是大约每个班循环 1.6 次。如果确定每 30 天为一个换水周期，在换水时，只需关闭石英砂过滤器（4）与活性炭过滤器（10）之间的阀门，打开调质池抽水出口（3）就可将水全部抽出。

4.3 通过阀门间的切换，调质池里的水可送到各个地方使用：

（1）对调质池的进行水更换时，将水抽至工厂消防池贮存，消防池的水又可定期抽出供厂区绿化、打扫卫生时冲洗使用；

（2）通过一级过滤的水一可供回收瓶清洗池作泡瓶和第一次清洗使用；

（3）自来水补水口在补水时可直接向离子交换器供水，提供洗瓶机水源；可对活性炭过滤器和石英砂过滤器进行反冲洗；为离子交换器活化树脂提供水源；

（4）可向其他需要软水的地方输送软水。

通过系统优化扩展了该设备的用途。

5 该系统从 2007 年 3 月开始运行。

水质取样结果符合标准和软水指标，设备运行正常。考虑到制造成本，该系统没有使用自动控制系统进行控制与监测；阀门操作不当会引起失误，但只需对操作工进行短期培训便可掌握。

6 结论

（1）自动洗瓶机洗瓶水属于污染轻微的工业废水，经过物化处理能被循环使用。循环系统内水的利用率提高到 90% 以上；节水效果明显。

（2）单层压力式过滤器用于洗瓶水物化处理，具有安装体积小，不会产生“混层”现象。有提高过滤效果、延长滤料使用寿命、便于推广等优点，适合酒厂和饮料厂推广使用。

（3）各滤层间增加不锈钢网隔离层，不仅便于滤料的活化与更换，而且减轻了滤料的工作负荷。降低系统的运行成本。

（4）该系统虽然没有实现用自动控制系统

进行控制与监测，但阀门操的工作量不是很大，能降低系统的制造成本和运行成本，一般酒厂容易接受。

参考文献

[1] 徐志毅．环境保护技术和设备．上海交通大学出版社，ISBN7－313－02306－5

[2] 柏景方．污水处理技术．哈尔滨工业大学出版社，2006. ISBN7－5603－2302－2

[3] 郑铭环保设备—原理·设计·应用．化学工业出版社，2001. ISBN7－5025－3144－0

（《云南酒业》）

污水处理循环利用与减排

墨江地道酒业有限公司　杨志生

摘　要：本文分析了生产过程中所产生的废水对环境造成的危害，并提出了对本厂锅炉水膜除尘器及引风机传动冷却所产生的污水，采用重力分离法和化学法进行回收、澄清、酸碱中和、水循环利用、设备改造减少排放、节能降耗，体现了对污水处理设备改造及运行的可行性和所产生的效益作用。

关键词：污水　循环利用　减排

一、对污水产生的分析与认识

人们在日常生活及生产活动中，需要大量的水和生产物质，生活离不开水，生产过程也离不开水。生活和生产活动中所产生的大量污水和污染物必须排放，排入水体中的污染物的数量，超过了该物质在水体中的本底含量和水体的环境容量，就会污染水体，从而导致水体发生物理及化学变化，破坏了水体的生态平衡和水体功能，给人类和生物带来影响或危害，即为水体污染。

1. 水体污染按污染来源的不同，又可分为自然污染与社会污染

（1）自然污染，又称原生污染。是由于自然界循环过程中的不平衡性引起的，如洪水、自然灾害等造成水体原态、质量特性发生变化。

（2）社会污染，是人类在生活活动及生产过程中产生的污染物造成的水体污染，如生活污水、工业废水及堆放的固体有害物经水溶解后流入水体、有毒有害气体直接降落到水体或被雨水淋洗随地表流入水体等都会造成水体污染。

生产污水是生产企业在生产过程中不经过滤处理直接排放的废水。即在生产过程中仅是温度升高或污染轻微所产生的废水，经适当处理后即可回收利用或排放。生产产生的废水，如不经处理直接排放，会造成水体的污染，对环境和生态及农作物危害极大。

通过对污水产生的分析与认识，我们就要对污水进行防治及治理，循环利用，减少污染和排放。

2. 强化管理和综合防治

（1）强化管理

目前，我国已建立了从国家到地方的比较完整的环境保护的各种法律法规管理制度，如《环境保护法》、《水污染防治法》、《水污染防治实施细则》、《饮水水源保护区污染防治管理规定》等法律法规，让全社会都来注重环境保护，使之有法可依、违法必究。通过强化管理，促进依法治理。建设项目审批实行“三同时”，取得了明显效果，缓解了水污染发生的危害，有效地改善了环境质量。

（2）综合防治

①改革工艺，控制污染

依靠科技进步，改革产生水污染的生产工艺，研制产生废水循环综合利用，减少污染的

新工艺，是有效防治产生污染的治本措施。

②循环用水，减少排污

循环用水是解决水污染的重要措施之一。生产用冷却水及轻度污染的水经过适当物化处理后，应尽量回收循环综合利用，减少排放，降低成本，减少污染，节约水资源。

③综合利用，变害为利

生产过程中产生的废水，经适当方法深度处理后，回收循环综合利用，可减少排放，节能降耗。即充分利用循环用水，减少水的消耗，节约水的费用，又变废再用，变害为利。

④利用澄清，减少投入

处理废水需要支付前期建设费用和运行费用，所以在处理废水时，应尽量优先考虑充分利用水体的自然澄清作用，以减少处理废水的投入费用，合理利用，避免造成水污染和浪费。

二、锅炉运行中产生的烟尘和污水

1. 燃料在锅炉内燃烧过程中产生的烟尘及有害气体（SO_2、NO）是大气污染的主要污染源之一，这种污染不加以防治，必将严重污染环境，危害人体健康，影响生产。含尘烟气还会磨损受热面和引风机。为此，我们在锅炉尾部设计加装了筒式水膜除尘器，烟尘经水膜洗涤后，使排出的烟气符合国家所规定的排放标准。所以，消烟除尘是减少污染物排放的一项重要工作。

2. 利用烟气中灰尘亲水性的特点，采用重力分离法，洗涤烟尘。含尘烟气以 20 米/秒左右的流速以切线方向进入水膜除尘器筒体，形成旋转上升的气流，烟气中的尘粒在离心力的作用下被甩向筒壁，围绕在除尘器上部的喷水管将水喷淋在圆筒上形成水膜，并沿筒壁往下流，烟气中的尘粒遇到水膜被润湿而随水膜流入集尘池，集尘池上部蓄废水，底部集尘粒，从而将灰尘捕集下来。

3. 对水膜除尘废水的预处理。经过对以上的分析，我厂锅炉在运行过程中所产生的废气和烟尘，直接排放，会严重污染环境，危害极大。为此，必须对废气和烟尘进行治理，采取水膜除尘，综合治理使之达到排放标准。其工艺流程如下：

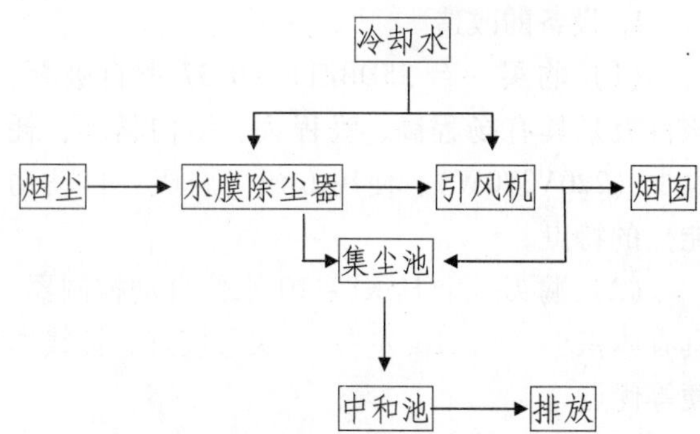

锅炉运行过程中产生大量的废气和烟尘，对废气和烟尘采取水膜除尘器除尘，效果比较理想，能对废气和烟尘进行过滤沉降。即：水膜除尘器通入一定压力（0.1Mpa）的冷却水，用水的压力及流量将烟气中的废气和尘粒洗涤下沉，尘粒与水流入集尘池沉淀，不让其排入空气中造成污染，同时引风机运转产生的热量经冷却水冷却后流入集尘池从中和池排放。

三、污水循环与利用

墨江地道酒业有限公司现有两台 DZL4－1.25 四吨锅炉，如正常运行，水膜除尘用水和引风机传动冷却用水，每天产生 40m^3 污水。所产生的污水直接排放，会造成水体的污染和水资源的浪费，并增加生产成本。本人从污水的处理和废水的循环利用，降低成本考虑，设计并改造后的污水处理循环综合利用流程如图示。

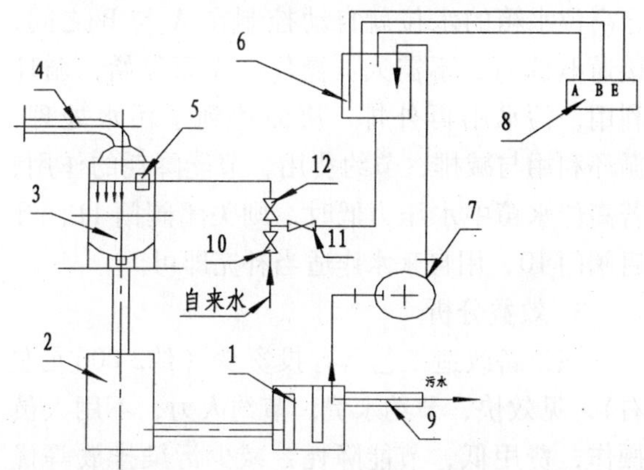

1.中和池；2.集尘池；3.水膜除尘器；4.排烟管；5.进烟口；6.高位水箱；7.离心式自吸泵；8.水位自动控制器；9.排污口；10.阀门（1）；11.阀门（2）；12、阀门（3）。

污水循环利用示意图

1. 设备的改造

(1) 购买一台 25DBZ11 - 0.37 型自吸泵，该自吸泵具有扬程高、吸程大、结构紧凑、耗电少（220V370W）、使用方便（自吸、自动功能）的特点。

(2) 购买一个 HSK1 - 10 水位自动控制器，具有体积小（约1Kg左右），灵敏度好，接线方便等优点。

(3) 购买一个 $2m^3$ 不锈钢高位水箱。

(4) 在原有设备上稍作改造即可运行。

2. 工作原理

(1) 关闭阀门 10，开启阀门 11、12，冷却水从高位水箱 6 经水膜除尘器 3 喷射出来的洗涤水、尘粒和引风机传动冷却水汇合后流到集尘池 2，其尘粒自然下沉池底集中清除，污水流至中和池 1 进行过滤澄清，采用化学法在澄清水中加入石灰将水中和 PH 为 6 ~ 9，通过水位自动控制器 8 的作用，启动自吸泵 7 将水泵至高位水箱 6，再经 0.1Mpa 的水压将水压送到水膜除尘器 3 洗涤烟尘和引风机传动冷却。

(2) 水位自动控制器中 E 为地线，A、B 为控制点，电源为 12/220V 供电。当高位水箱中水位上升到上限 A 点时，E 和 A 动作，断开电源开关，水泵自动关停；随着高位水箱水位不断下降，则 E 和 A 断开，当水位下降至 B 点下限时，E 和 B 动作，水泵启动自动泵水，使该高位水箱的水位就自动控制在 A 与 B 之间，接通电源后，不需人员操作。周而复始，循环利用，污水不再外排。从而达到了污水处理，循环利用与减排，节约费用，节能降耗的作用，若高位水箱中水压力低时，则关闭阀门 11，开启阀门 10，用自来水作适当补充即可。

3. 效益分析

该设备改造工艺具有投资少（约2 000元左右），见效快，节约水费，节约人力，不用人员操作，费用低，节能降耗，减少污染排放等优点，社会效益和经济效益较明显。

经济效益，以较小的投入，获得较大的经济效益。

(1) 以每天锅炉运行一个班，年运行 300 天计，两台四吨锅炉每天可节水 $40m^3$，每年节水 $12\ 000m^3$；

(2) 按现行水价 2.00 元/m^3 计，每天可节约水费 $40m^3 \times 2.00$ 元/m^3，为 80 元，每年可节约水费 $12\ 000m^3 \times 2.00$ 元/m^3 为24 000元；

(3) 每天泵水 $40m^3$，耗电 4kw. h，每 kw. h 电费 0.585 元，每天支出电费 4 × 0.585 元 = 2.34 元，每年支出电费 2.34 元 × 300 天 = 702 元；

(4) 改造费用投入2 000元。

支出为 702 元 + 2 000元 = 2 702元。

即：第一年可节约费用为24 000元 - 2 702元 = 21 298元，以后每年可节约24 000元 - 702元 = 23 298元。

社会效益。减少污染物排放，节能降耗。水膜除尘污水能充分循环利用经集尘池、中和池处理，并经普洱市环境监测站现场监测，各项指标如下表：

监测项目	均值或范围	执行标准值
COD	96.01	100mg/I
PH	6.10 ~ 8.70	6 ~ 9
氨氮	1。67	15mg/I
SS	59	70mg/I

表中所监测的项目，符合国家规定的污染物排放标准。2008 年 2 月 1 日由普洱市环境保护局核发了“云南省排放污染物许可证”。

四、小　结

综上所述，污染物减排是我国的一项环保大政方针政策，而且今年是完成“十一五”节能减排约束性目标的关键一年，务必增强紧迫感，加大攻坚力度，力求取得更大成效，加大科技支撑力度，开发和推广节约、替代、循环利用资源和治理污染的先进适用技术，实施节能减排重大技术和示范工程。为实现节能减排目标，全面落实科学发展观，加快构建社会主义和谐社会，实现全面建设小康社会的奋斗目标，我们必须把污染减排摆在更重要的战略位置。加强污染减排是落实科学发展观的重要举措，是全面建设小康社会的内在要求，也是构建社会主义和谐社会的有力保障。作为食品生产企业，要牢固树立减排意识和发展意识，加强污染治理，严格控制污染物的排放总量。做到增产不增污，增产也减污，从源头治理和防治污水排放是企业生产的重要环节。所以必须采用行之有效的污水治理设施，努力减少污染物的排放。

参考文献

[1] 柏景方．污水处理技术．哈尔滨工业大学出版社，2006年7月第一版．7－27。

[2] 李忠良．工业锅炉及其安全运行．黑龙江科学技术出版社，1986年6月第一版．301－313。

（《云南酒业》）

我国保健酒行业发展浅析

云南龙润酒业有限公司　灵晓燕

酒是人类生活中的主要饮料之一。自从酒出现之后，作为一种物质文化，酒的形态多种多样，其发展历程与经济发展史同步，而酒又不仅仅是一种食物，它还具有精神文化价值。作为一种精神文化，它体现在社会政治生活、文学艺术乃至人的人生态度、审美情趣等诸多方面。中国制酒历史源远流长，品种繁多，名酒荟萃，享誉中外。中国的黄酒是世界上最古老的酒类之一，约在三千多年前，商周时代，中国人独创酒曲复式发酵法，开始大量酿制黄酒。约一千年前的宋代，中国人发明了蒸馏法，从此，白酒成为中国人饮用的主要酒类。

近年来，随着人们生活水平的提高和保健意识的不断加强，保健酒以其既过酒瘾，又补身体的双重特性而为越来越多的消费者所接受，正以每年30%以上的速度增长，有从小众酒向大众酒发展之势，专家预测，到2010年，保健酒的市场规模将达到130亿元，保健酒行业正成为社会各界关注的热点，新企业、新资本不断涌入，白酒企业、保健品企业、黄酒企业、中药企业等都在积极筹划，伺机而起。其中很多企业实力雄厚、营销经验丰富、分销网络健全，必将加剧保健酒行业的竞争。具体表现在以下四个方面：

首先，人才竞争激烈。由于保健酒既有酒的特性，又有保健品的特性，市场上很难直接招聘既懂酒水营销，又懂保健品营销的双料人才，保健酒企业主要靠自己培养人才，对于具有独立操盘能力的保健酒营销人才争夺战将拉开序幕，也必将会带来保健酒营销人才的加速流动和企业间的同质化竞争。

其次，低端保健酒市场的竞争将更加激烈。由于高端酒水消费的名品消费和商务消费特性，高端保健酒市场仍需有实力的企业进行消费观念引导，而低档酒水市场进入门槛较低，自用消费较多，消费人群广，众多酒厂蜂拥而上，因此低档保健酒市场竞争将加剧。

再次，高端保健酒市场将有所发展。高端保健酒以商务消费为主，产品要有品牌力，要有滋补养生方面的独特诉求，但由于这类市场上的消费者对选用保健酒讳莫如深，要真正形成规模还有待时日。

最后，礼品市场竞争加剧。富硒康、脑白金等一批保健品企业将借鉴其保健品营销经验，在副食流通领域、在礼品市场上向保健酒发起进攻。这些企业精通礼品市场运作，又具有多产品运作的优势，保健酒在礼品市场上的份额将有所突破。

龙润集团在经营杨林肥酒的过程中，就充分考虑了白酒行业的总体发展现状及保健酒行业的竞争态势，培养了一批非常优秀的营销人才，在做实低端市场的基础上，开发了包括礼盒在内的一系列中高端产品，并凭借杨林肥酒的品牌效应将其推广开来，在业内，堪称典范。

（《云南酒业》）

试论低糖清爽型紫米封缸酒的风味

墨江酒江酒业有限公司　白恩富

摘　要：清爽型紫米封缸酒是一种在香气上具有黄酒特有的柔和、鲜爽，有生物自然发酵所形成的清雅醇和的黄酒。清爽型紫米封缸酒在口感上应达到柔和、淡雅、纯净、鲜爽；在风格上具有口感协调、淡、雅、爽的完美统一；清爽型紫米封缸酒的酒体设计应根据发酵实际降低主要骨架成分的含量，相应的增加复杂成分的含量和种类。生产清爽型紫米封封缸酒的技术措施可采用新工艺法对原酒的生产控制来解决。

关键词：紫米封缸酒　清爽型　技术

1　前　言

低糖清爽型紫米封缸酒由墨江酒江酒业有限公司研制开发，目前已成为广大消费者所喜爱的产品，并成为一种新的潮流和流派。墨江地处北回归线，是太阳转身的地方，这里汇聚了天地的灵气与神秘，独特的地理位置，造就了独特的温度、湿度、土壤、空气、水分等自然条件，为酿酒微生物繁殖营造了得天独厚的环境，从而为紫米封缸酒的酿造打下了良好的基础。

紫米是墨江的独特产品，墨江人最崇尚紫米，墨江紫米以其独特的色香味及其丰富的营养保健成分成为奇货，备受欢迎，蜚声海内外。紫米又称为“黑糯米”、“紫珍珠”、“胭脂米”、“补血米”、“贡米”、“药米”等。经现代化学分析，紫米的主要成分是：淀粉74.2%、蛋白质11.02%、脂肪3.21%、粗纤维0.6%、灰分0.88%、赖氨酸0.34%、色氨酸0.22%、硫氨酸（VB1）0.44 mg/100g、核黄素（VB_2）0.26 mg/100g、紫米比一般稻米所含蛋白质高出1.5%，赖氨酸高出40%，具有良好的营养和药用价值。

2　低糖清爽型紫米封缸酒的定义及风格

2.1　定义

低糖清爽型紫米封缸酒是以墨江紫米为主要原料，以酒曲、酶制剂和酵母为糖化发酵剂、经蒸煮、糖化、发酵，压榨、封缸澄清、过滤、杀菌、贮存、勾兑而成的发酵较彻底，香气清雅，口味清爽的酿造酒。在酿造过程中，根据生产需要可以添加符合国家规定的，既可食用又可药用的植物进行混合发酵。

2.2　低糖清爽型紫米封缸酒的风格

低糖清爽型紫米封缸酒的风格是一种在香气上呈现出醇香幽雅，细腻诱人的自然酿造生成的复合香气，这种香气醇香而雅致，淡雅而诱人，在口感上柔和、淡雅、鲜爽，在风格上各组分协调，淡、雅、爽和谐统一，使人感到有清雅而愉快之美，从而达到淡而不薄，柔和鲜爽的感觉。

3　低糖清爽型紫米封缸酒的工艺技术

从酒体设计，工艺配料，生产技术来理解，要做到真正的低糖清爽雅致，自然协调，首先应以纯发酵形式，确定酒中的各成分与传统黄酒之间的差别，某些微量成分可用传统法生产的黄酒进行勾兑实现。其次要研究决定紫米封缸酒风格特征性的挥发性风味物质，有的甚至是含量极微的芳香化合物，但对酒的风味和品质起到画龙点睛的作用。对低糖清爽型紫米封缸酒的生产工艺技术，应从以下几方面进行加以改进和提升。

3.1　从原酿基酒上解决

在保留与提高传统酿造工艺的基础上采用

新工艺黄酒酿制方法，使生产出来的原酿紫米封缸酒能达到香气既淡雅、而口味又清爽，即主体成分酒中的糖、酸、酒、固形物与氨态氮的含量低，而复杂成分，即各种风味物质的量和种类相对较高，要达到以上标准要求，必须从原料、糖化发酵剂、发酵工艺、添加植物料、合理贮存期、勾兑调味和应用新技术等来解决。

3.1.1 原料：以紫米为主，可加其他糯米、大米等多种谷物来酿造多粮型酒。由于原料的复杂性必然带来代谢产物的复杂性，同时延长原料浸泡时间取酸浆方法以及在蒸饭过程中，还会给酒带来多种粮食蒸饭后的饭香，从而使得酒香气成分和代谢产品增多，在闻香上更加丰满、细腻，复合香较好，因此，从增加复杂成分和复杂性的代谢产物来讲，酿造淡雅低糖清爽型紫米封缸酒应采用紫米为主，并辅之其他谷物原料为好。但采用原料应精白度高、淀粉含量高，蛋白质、脂肪含量应低，达到产酒多、香气好、杂味少、酒味纯正。同时所采用的原料要考虑到能否适合酿酒微生物的生长代谢，代谢的产物是否有益，产生的香气是否清雅悦人，协调醇和，这样酿好的酒才能丰满、幽雅、复合醇香好。

3.1.2 糖化发酵剂。紫米封缸酒的发酵，不仅是糖化、酒化作用，更主要是色香味形成对品质与风味的关系。如在黄酒新工艺中，在使用纯种麦曲，复配酵母的同时，补加适用量传统工艺生产的生麦曲和酒药米饭搭窝培养的淋饭酒母，既提高糖化发酵力、又能提升品质。因为生麦曲中除含有糖化作用外，还含有丰富的微生物种群，较多是米曲、根霉，还有少量毛霉、黑曲霉、青霉等。这些霉菌在生长繁殖分解时分泌出各种水解酶类，使麦曲具有糖化力和蛋白质、脂肪、粗纤维素的分解力，其次麦曲中也含有微量酵母菌，因此，它还含有发酵力、产酯力。同时麦曲在制曲过程中微生物分解原料所形成的代谢产物，如氨基酸、香草醛、香草酸等是形成黄酒特有香味的前提物质。而且麦曲中的氨基酸也提供了某些酿酒微生物的氮源，因此，对酒香和口味起到关键作用。而采用纯种培养麦曲和酶制剂，因其酶系单一，会缺少酒独特的复合香气。加入适量淋饭酒母，有利于改进纯种酒母酿酒风味。因为淋饭酒母是利用酒药中除酵母外，复杂微生物种群，使酒体更显丰满。

在酿制低糖淡雅型酒中，也可以使用小曲和红曲配合使用酿造，因为红曲霉能够产生醇、酯、酸等多种芳香物质和多种水解酶，如淀粉酶、糖化酶、麦芽糖酶、蛋白酶、半乳糖酶、果胶酶，使发酵酒类产生幽雅芳香和甘甜味道，是绝佳的酿酒糖化曲。而且红曲在生长代谢过程中产生次级代谢产物红色天然素，给酒带来喜庆颜色。

总之，以传统生麦曲代替部分纯种麦曲，酶制剂，在与自然小曲或红曲配合使用，可以取到优势互补的作用，使低糖清爽型酒的风味更明显，质量也可提高，酒的香气、口味、风格完美统一，真正清爽淡雅鲜美。

3.1.3 添加芳香植物料。在发酵过程中，通过改良工艺，配料上借助现代科技手段加入特殊功能药食同源的芳香植物料来提高低糖清爽淡雅型紫米封缸酒保健功能和风味。如添加植物中的枸杞子，桑椹子、决明子、红枣、薄荷等进行加工优化，然后添加到酒中去共同参与发酵。从中医理论上讲，枸杞子，桑椹子、红枣具有滋补肝肾、并含有丰富果糖，有抗酒精的效果。决明子口味香甜，能清肝、平肝、明目，薄荷气味清香凉有散风热，清头目等作用。以上风味植物料的加入，对低糖清爽型紫米封缸酒来说，可以增加特殊的风味且又具一定的保健作用。

3.1.4 低温冷处理及分级过滤。为了提高酒基品质，可采用“冷处理与分级过滤”的先进方法。冷处理主要是使酒中的胶体物质和蛋白质大分加速凝聚沉淀，有助于酒的澄清，提高爽适感。冷处理温度控制在－5℃～－6℃，时间最少在2天以上。

经冷处理的清爽型酒可采用分级过滤的方法，先粗滤、再精滤，要求高的可采用除菌级过滤。这样能有效去除酒中的大分子，提高酒体的稳定性

3.1.5 贮存陈酿。对于低糖清爽型酒，采

用合理的贮存期是完全必要的，刚酿出的原酒有口味粗糙、不柔和、不协调等缺陷，因此，必须经过合理的贮存来解决。同时采用贮存的容器以陶坛为好，陶坛中含有多种金属离子，对贮存过程中的化学反应有着一定的催化作用，通过贮存使酒产生幽雅的醇香和柔和的口味。

3.2　不同类型酒和清爽型酒之间的组合。在保持酿造原酒的特性不改变的前提下，经酒体设计组合，采用不同类型原酒组合，勾微量精华特制酒，调配淡雅醇香清型酒。不同类型酒和特制精华酒其微量成分的含量和种类是不同的，在同属原酒中勾入一定量的其他类型的特种陈酿酒，在增加复杂成分种类的同时，还有可能时酒中某种令人愉悦的复杂成分得以加强、缓冲、调和，从而超过阈值，使这种香气和口味成分释放出来，同时还可能对酒的原有的某些香气成分进行释放，使酒中不愉快的香气成分得以改良，有可能低于阈值，不被人感知，或者浓郁程度得以减轻，从而形成一种令人愉悦的淡雅醇香。比如在醇香酒中勾兑适量的酯类含量高的陈年老酒或酸度较高的陈年老酒，都有可能形成一种令人愉悦的清香气，使口味绵和爽适、鲜润。

综上所述，生产低糖清爽型紫米封缸酒，可采用从原料选用多粮、多菌种糖化发酵、添香多种芳香植物料以及运用低温冷处理与分级过滤等生产工艺技术来解决，辅之以酒体设计组合，不同类型酒和清爽型酒之间进行组合，提升酒的品质，从而体现新型低糖清爽型酒的流派和个性特征。

参考文献

［1］墨江紫米检验结果．云南省农科院检测中心

［2］周家骐．黄酒生产工艺．轻工业出版社，1988年6月第1版

［3］汪建国．论清爽型黄酒的风味．《中国黄酒》2007年第4期39－41

（《云南酒业》）

云南玉林泉酒工艺特征及产品特性

云南玉林泉酒业有限公司　普必恩

云南玉林泉酒业有限公司地处云南省玉溪市，距省会昆明仅116公里，这里山明水秀，四季如春，空气湿度及气温均衡，非常适宜酿酒微生物的生长和发育。公司采用连续不间断生产方式，现生产规模为年产7 000千升，是云南小曲清香白酒生产的典型代表，也是目前中国白酒行业唯一的外商独资企业。

云南是生产和消费小曲清香型白酒最典型的省份，据不完全统计，云南省年耗白酒约30万千升，而小曲清香白酒就占据95%以上的市场份额。云南小曲白酒生产和消费的区域性很强，每个地州都有自己的区域性品牌，由于民族、地域、原料和工艺的差别，云南小曲白酒呈现了百花齐放的发展态势。但令人遗憾的是：近几年来，随着科技的进步，受短期利益的驱使，云南多数小曲白酒生产企业纷纷放弃传统的生产工艺，缩短发酵周期，采用水泥窖池或塑料桶发酵，不锈钢甑子蒸、煮、蒸馏，甚至用食用酒精直接勾调等等，以致缺失了云南小曲白酒固有的个性和风格，产品同质化日趋严重。

玉林泉酒始于清朝中期，距今已有200多年的历史，民国年间便驰名于滇中。1977年在民间酿酒作坊的基础上组建玉林泉酒厂。建厂30多年来，玉林泉酒始终固守着传统的生产工艺，采用小曲固态糖化、固态发酵、固态蒸馏生产，其工艺流程为：以北方优质白高粱为原料，整粒固态糊化。糊化过程：用温水清洗浸

泡高粱24小时，次日蒸煮、吊甑、复蒸共24小时，出甑吹凉，分三次下曲后入箱糖化24小时，再按1：1.2的配糟入罐发酵32至38天，固态蒸馏，截头去尾，分级储存。其特点是：①发酵周期长。②采用小罐发酵（云南独有，罐容30～35Kg，罐高75cm最大内径125cm）。③不产黄水，不加糠壳，配糟量小。④木甑蒸煮、蒸馏（烤甑、煮甑分开，所有甑子底宽顶小：烤甑顶部直径1.00m，底部1.20m；煮甑顶部直径1.15m，底部1.30m）；⑤纯粮生产，不添加任何非自身发酵物。

玉林泉酒因其拥有特殊的地理环境和优质的云南山泉，采用古老的传统工艺纯粮酿造，因而具有独特的产品风格和个性魅力。玉林泉酒酸高酯低（年平均酸：酯=1∶1.21），香气清鲜淡雅，口感柔绵醇净，幽雅细腻，回味甘洌，余香持久。其产品风味兼容性强，非常接近国际消费潮流。

玉林泉酒以其独特的传统工艺，优越的地理环境，雄厚的技术力量赋予了优异的产品质量，确立并引领了云南名酒的至尊地位和发展方向。玉林泉酒的产品结构正趋向中高端市场，其价格区间已从一般的大众消费价格中分隔出来，无论中、高、低档产品价位均居云南省同行业之首。玉林泉酒最低价位10元/瓶·400ml以上，最高价位已超过1 000元/瓶·500ml。目前，玉林泉系列白酒中，中高价位产品占据了25%以上的市场份额，并呈上升趋势。

玉林泉酒业是云南省首家开发小曲清香低度白酒的企业。1991年，玉林泉酒业开发42度玉林泉酒首获成功。该产品很快成为公司主导产品，经专家鉴评为：“云南首创，全国领先”产品；1999年又成功开发了32度玉林泉酒，成为真正意义上的首创小曲低度白酒。32度玉林泉酒定位为中档产品，出厂价为25元/瓶，市场价位为60元左右，该产品一投放市场即供不应求，经济效益十分显著。2000年公司利税总额首次突破千万元大关，为玉林泉酒业的后续发展奠定了坚实的基础。从1991年至今，公司陆续开发了46度、42度、39度、36度、35度、32度、29度、12度等系列低度白酒，其中12度超低度白酒经专家鉴评为：“全国首创．中国唯一”产品。更令人欣喜的是：玉林泉系列低度白酒未发生水解现象。32度玉林泉酒开发至今近10年仍畅销不衰，储存五年以上均未发生水解现象，酸酯变化不大，口感除增加陈味外无任何改变。

在2007年8月河南张弓酒厂承办的“首届中国低度白酒发展高峰论坛”上，玉林泉酒作为首创云南小曲低度白酒进行了与会交流，关于玉林泉未发生水解现象的问题，从中科院成都生物所庄名扬教授在此次论坛的论述中得以证明，玉林泉酒香味物质总量较低，酯分解缓慢，玉林泉酒的酸酯比值中酸的相对含量较高，在货架期内酸也尚未增加。因此玉林泉低度白酒稳定性强，无水解现象。

玉林泉低度白酒清香淡雅、自然细腻、口感柔顺，加冰加水、加饮料、加话梅混饮效果更佳，适合夜场、休闲娱乐场所饮用。

玉林泉酒业历来十分重视科技进步和产品创新。近几年来，公司试图打破香型的桎梏，先后开发出了清兼浓香拳王酒、馥郁兼香（清兼酱）玉林泉酒。其中清兼浓香拳王酒因无特殊个性和风格，市场拓展缓慢，而馥郁兼香玉林泉酒因其幽雅的个性、细腻的口感和风格占据了玉林泉高端市场，逐步向玉林泉主导产品转变。

根据泰国TCC集团总部的要求，结合企业自身的发展机遇，玉林泉酒业已新征100亩土地，15 000千升技改扩建工程即将开工建设，预计2010年达到22 000千升生产规模。同时要充分利用泰国TCC集团的市场网络和人脉关系，提升品牌，调整产品结构，力争中高档产品比重达45%以上。在夯实云南名酒地位的前提下，稳固占领云南高端白酒市场。玉林泉酒业作为TCC集团香港国际（中国）饮料公司的子公司，将于年内在新加坡上市，在扩大生产规模的同时努力打造国际化品牌。届时，根据企业自身拥有的品牌优势、地域优势和传统工艺优势，申报国家级非物质文化遗产，申请原产地保护，为振兴中国清香类白酒作出积极的贡献。

（《云南酒业》）

创新，云南中小酒企发展壮大势在必行

云南玉林泉酒业有限公司　李　芬

摘　要：云南中小型白酒企业数量众多，厂房简陋，设备陈旧，技术能力低，创新能力弱，缺乏对资源的深度加工、缺乏共享行业发展的技术信息，资源严重浪费，产品质量没保证。中小酒企要在激烈的竞争中发展壮大、做强做大，唯有在经营理念、技术、人才、制度管理上创新，发展循环经济，企业才能长盛不衰，才能走出云南。

关键词：中小白酒企业；创新；发展壮大

随着国家宏观政策的调整、产业资源的不断整合、业外资本的入注，白酒行业不断洗牌后，各省的酿酒行业都在竞争中向优质、低度、多口味、低消耗、无污染的方向迈进。云南由于地处西南边陲、北回归线和高海拔低纬度等特殊的地理环境，身处多民族怀抱的云南，吸着不同民族风情的文化精华，有着独树一帜的小曲酿酒工艺，而且享有小曲王国的美誉。

云南省历来是一个白酒消费大省，酒类是我省众多少数民族同胞日常生活中不可缺少的消费品。云南有大大小小上千家酒厂及品牌，但在全国白酒行业里却没有一个叫得响的品牌，像云南唯一的茅粮木瓜酒——司岗里，绿色保健的杨林肥酒，独具特色的兰益松子酒、鹤庆大麦酒等，也只是“诸侯混战，各霸一方”。许多企业试图从众多酒厂中脱颖而出，到今天却也难于如愿。我省白酒产业的发展，存在一些亟待解决的问题，主要表现在：由于小酒厂数量众多，厂房简陋，设备陈旧，技术能力低，创新能力弱，缺乏对资源的深度加工，缺乏共享行业发展的技术信息，所以产品质量没保证，资源严重浪费。

面对全国各大名优白酒强大的竞争，云南中小型白酒企业如何在激烈的竞争中发展壮大、做强做大。创新，唯有创新，企业才能长盛不衰，才能走出云南。依笔者个人见解，必须实现企业经营观念创新、技术创新、制度创新和管理创新。采用新的管理理念，加快科技进步，大力培养技术人才，提高产品质量，才能实现云南白酒持续长足的发展，工作中应从以下几个方面着手，切实抓紧抓好。

1　管理者的管理思维模式主宰着企业发展壮大的命脉

纵观云南白酒企业，从管理上看，企业基本延续传统管理模式。在企业发展中，组织化程度低，不能共享行业发展的技术信息和市场信息；在资金运作上，依赖自我积累；在技术、人才上，不重视技术骨干和管理骨干的激励、培训学习等政策，使人才、技术等都远落后于省外的优秀名酒企业，而且管理者缺乏新的管理理念，必须注意解决的问题有如下几个方面。

1.1　经营管理模式的创新

经国企改制后，企业的经营管理者还停留在旧的管理模式里，由于固有的思维管理观念，不能及时地给自己充电，仍然固步自封，导致不能向全国各大市场进军。多数决策者，口里常说企业要如何发展，可实际做起来，大事做不来，小事却把它作为头等大事不抓，整天都是忙得不可开销。其实一个管理者没有必要扎进琐事堆里，这些小事只要交给助理或中层干部就可以处理解决，中层管理人员是传达和执行上级的命令，是老板与员工联系的一道桥梁。加大对中层管理者的培养，充分放权和授权，委以重任，这些措施对企业的发展是百利而无一害的。还有一些企业由一两个核心的领导人物来掌管着企业的上上下下，虽然有管理体系，有组织架构，有规章制度，但很多时候管理者不能约束自己的行为，他们的一句话，可能就会使管理制度失去效力，完全不按“章法”办事，这样一来，员工也形成了不能自觉按照制度和价值理念来规范、约束自己的行为。管理者没有真正认识自己的职责，到头来，什么也没做出来，耽误企业发展的大好时机。

1.2 品牌塑造观念的创新

很多管理者曾是个体小私营者，他们缺乏大视野、大胸怀，缺乏“山外有山、天外更有天”的大气魄。很多中小型企业的管理者，他们把品牌神圣化，认为树立品牌高不可攀，做品牌是大企业的事情，当务之急是把产品的销量搞上去，能满足当地市场是企业唯一追求的目标。还有的领导者认为做品牌就是在做销量，当前的任务是扩建生产，把产品销量搞上去。固然一个优秀品牌，必须是要保持良好的销量，但是品牌的塑造和建设也至关重要，二者相辅相成，企业才能健康持续发展。

1.3 资金、技术和人才管理等现代企业管理体制和机制缺失

资金不足使中小型企业缺乏源头活水，况且白酒的运行需要大量的资金，大部分资金沉淀在营销上，再加上大部分产品是低档产品，市场操作空间小，利润较低。这要求决策者们如何去建立健全信用担保体系，拓展融资渠道，加强经济合作等，不能仅依赖于自我积累。当然在融资方面，特别是国外资源整合过程中，管理者们更需要有创新的管理理念和敏锐的头脑去熟知企业的经营与这个产业的市场个性、消费特点和专业的运作人才。在技术、人才管理方面，决策者还没有从骨子里面彻底更新，不注重人性化管理，不重视技术人才及人才培养，专业人才很大程度上不能按劳取酬，优秀人才刚熟悉企业的基本情况又走人，造成人才流失和流动性大。还有一些决策者不具备识人才的能力，或许有，也会因为个人的偏见和好恶而造成人才在眼前却视而不见。市场的竞争实质是技术、人才的竞争，得人才者得天下，人才短缺，技术创新缺乏智力支撑点，结果有资金，企业的发展同样难于做强做大。市场竞争归根到底是人才的竞争，加强公司人力资源的建设和管理，采取有效的激励和培训机制，尊重人才，使用人才，员工的自我价值得于实现，无形中产生一种凝聚力和责任感，便会为企业奋发图强、出谋献策，不断创新，推动企业快速发展。

1.4 家族式企业管理的劣势大于优势

很多中小白酒企业都是家族式企业，家族管理的劣势略大于优势。家族管理是以情感为纽带的经营方式，他们除内部信息流通快、决策时间短而效率高外，家族成员的血缘性和天生的向心力导致家族成员在维护企业利益的一致性，成员一般情况下不会将企业经营过程中不法行为公之于众。家族管理的劣势一方面是家族管理体制与现代企业管理体制相冲突，因为决策者的独裁性和个人思维能力的局限性，与及家庭矛盾不断渗入企业，考验着企业的生存；另一方面优秀人才不能进入核心阶层，他们选择人才面窄，往往在家庭成员之中选择人才，一流人才难于进入核心，影响员工的工作热情，不利于员工充分发挥，因此同样也制约着企业做强做大。

因此，面对强大的竞争对手，云南中小白酒企业要做大做强，管理者们一是必须加强对企业员工现代管理知识和技能的培训和学习，促进思想观念更新和解放，只有观念更新和思想的进一步解放，制约发展的机制体制障碍才能消除；二是必须引进国际、国内现代企业管理经验，加快企业现代化管理步伐；三是必须建立对企业员工激励机制，消除家族式管理的弊端，激发员工参与管理，使企业优秀人才脱颖而出，企业才能在激励的市场竞争中乘浪而上。

2 技术创新，是企业做强做大的核心动力

众所周知，我们当前所处的时代，是科学技术飞速发展的时代，大量的新技术、新工艺、新品种不断涌现。在云南酒行业，随着云南白酒行业与省外同行交流的日益增多，有的企业虽然引进了四川、贵州等地的白酒生产技术，

采用池子或塑料桶发酵，缩短发酵周期，提高了产量，降低了生产成本，但产品品质严重缺失了云南小曲白酒的固有风格。而有些中小型白酒企业的管理者，他们拒绝接受先进技术，认为传承传统工艺才是最好的保持自己白酒风格，盲目地追求市场营销，用来工艺改造的费用几乎为零；而有的企业徘徊于传承和创新的十字路口，由于技术力量薄弱，加上可借鉴的技术不多和没有实践经验，不敢轻举盲动。这些因素都不利于白酒产业的健康发展。

2.1 技术创新，传统工艺与现代生物技术结合

利用现代科技知识和省外名优白酒的经验成果进行技术创新，将传统工艺与现代生物技术有机结合，提高白酒产业的技术含量。

随着国家宏观政策的实施，人民生活水平的提高，饮酒消费习惯的逐步改变，发展优质、多品种、多口味是适应社会消费潮流。从云南白酒行业发展来看，长久以来一直延续传统的生产工艺，存在着传统工艺落后、质量不稳定、手工操作粗放、成本高、劳动效率低、工作环境恶劣等问题。中小型白酒企业要在传统的基础上创新，一是必须改进生产工艺，加强技术管理，制定和研制一整套量化标准和流程体系，提高基酒的质量，根据各地方的环境、气候、水质和微生物群系及生产工艺的差异，将传统工艺与现代微生物技术有机结合，利用产酯酵母提高小曲清香白酒中乙酸乙酯的含量，利用降乳菌降低乳酸乙酯含量。利用多菌种共酵增加复杂成分，使风味物质含量增加，当加浆后其含量不低于某一范围，才能保证原酒的香气、香味成分独具风格。二是在糖化发酵剂的问题上，加大研究力度，培育筛选菌种，积极探索多菌种共酵、多粮发酵以及发酵过程中淀粉转化糖、乙醇，以及淀粉、蛋白质、脂肪等多步复杂的反应，因为曲药、酿酒原料、生产工艺决定白酒的风格、产量、质量和典型性。三是在产品同质化日趋严重的今天，增加香型、调味剂的合理使用、口感的适应度等创新在香型上的突破，研制开发中、高档优质白酒以及具有个性化地方特色白酒产品，选择好原料和调味酒，不断在香型上做文章，制备多品种、多口味、高质量的调味酒，比如利用植物、花草的季节性，酿制调香调味酒；或用不同粮食发酵的基酒组合在一起，去改变或改进酒中微量成分的量比关系，在突出每一复杂香味成分的同时，使白酒中的香味成分，特别是微量成分得于突出、缓冲、抵消、变异及互相缔合后达到协调平衡，突出醇甜、纯净、柔绵和香味、口感新颖舒适的风味特征。既避免香型间同质化的竞争，又使自己的产品具有独特的个性风格，让消费者喝过后记忆犹新。四是面对清香型白酒淡雅的口味符合国际消费潮流，云南小曲清香型白酒与台湾金门高粱酒、日本清酒及俄罗斯伏特加相近，开发适合夜场、休闲娱乐场所饮用的产品，象金门的高粱酒、竹叶青在夜场销路就是个很好的例子。五是选择合适的酒处理设备，云南小曲清香型白酒的香味体现在清香、淡爽，香味不是像其他香型白酒那么浓厚，特别是低度酒，由于酒精含量少，各种香味物质受水溶性、醇溶性和溶解度的特性的影响，当达到一定溶解度即溶解性临界值时，这些物质量析出，经过滤器过滤掉，主体香味就不明显。

另外，加强员工的技能知识培训力度，从而去改变员工缺乏科学的理论知识作指导，只能凭借经验来操作生产。因此，中小企业在重视研究消费者的心理需求同时，应加大科技投入，这才是白酒产业未来的发展方向，必须多借鉴成熟的经验和技术，运用新的科学技术去总结传统工艺，去粗存精，企业才能得到长足发展。

2.2 资源综合利用，提高警经济效益，降低生产成本

实施循环经济、节支减排，是提升企业的竞争力、提高经济效益、降低成本的重要保障。技术创新是推动循环经济的支撑，综合利用资源，减轻环境污染，清洁生产，形成开发与保护的可持续发展模式，达到生产、生态、经济和社会和谐共同发展。

白酒生产是一个耗粮、耗水、耗能、重污染的产业，长期以来企业对冷却水、底锅水、

勾调废水、洗瓶水、洗粮水、酒糟和煤渣等作为白酒生产过程中的副产物而弃之。如何提高企业的效益，必须将节能减排作为技术改造创新的重点，不断探索新工艺，充分利用企业的废水、废气、废热、废渣，废物，节能减排，降低生产成本。比如：对废水的回收、净化、循环利用；酒糟作为肥料、饲料、食用菌的培养基、提取复合氨基酸及生产新型白酒的微量元素和燃烧供能等；为节约能源，保护环境，清洁燃烧，可在燃料煤中掺烧石灰石，或安装水磨除尘设备，或取缔传统的链条锅炉，既解决烟浓度及二氧化硫的超标问题，又能杜绝产生粉尘污染，实现经济简便环保等要求；另外，炉渣活性好，含碳量低，可作水泥熟料及建筑材料（把煤渣粉碎后渗入水泥打空心砖）。煤渣中还含有一定量未完全燃烧的煤渣，在烧制砖块的过程中可以产生一定的热量，可以减少制砖的能源消耗。在节约燃煤方面，一是可以借助云南日照比较长的优势，安装太阳能，把50℃～70℃的热水送入锅炉内；二是锅炉的废水在产生水蒸气完成使命后，流到冷水池或直接排放掉，可以在排水口处建造热水蓄水池，锅炉不再进冷水产生蒸汽，而是利用原来排放掉的热水进行再加热提供蒸汽，这样能极大减少煤耗、水和抑制锅炉内部各管道水垢的生成。

同时，随着国家经济社会的不断发展，人们的文化、生活水平不断提高，不少人对酒的爱好已远远超越了酒本身的饮用价值，收藏白酒的真正含义是对酒的包装情有独钟，促使我们更需要研究其包装物的质量和包装物的循环利用，别出心裁包装设计，具能满足消费者食用酒的需求，也满足文化欣赏需要和生活使用价值的实现。像宜良的竹筒酒，香格里拉的青稞干酒，蚂蚁酒等深受省外消费者喜爱。

总之，加快云南酒业发展步伐，解决中小白酒企业在发展中存在的问题和困难，唯有管理创新、技术创新和制度创新，用现代的管理彻底改变长期以来粗放型经济发展模式，不断拓展发展空间，做强做大，云南酒的春天才会尽快到来。

（《云南酒业》）

白酒醉酒度低的产品是消费者的新追求

曾祖训

摘　要：醉酒度是指饮酒后，对人的精神激活的程度，既要满足美好的享受，又不至于影响工作，影响健康；要求酒入口时不辣嘴，不刺喉，醇和爽净，谐调自然，饮酒过程醉得慢，醒得快，酒后不口干，不上头；感觉清新舒适。影响醉酒度的因素很多，如饮酒人群的结构、饮酒人的身体状况、饮酒量、饮酒习惯、饮酒时的思想情绪、酒体成分及各成分间的比例关系等。

关键词：白酒；醉酒度；饮酒；健康

随着人们生活水平的提高，消费越来越理性，饮酒是工作交往、情感交流、亲情表现、休闲享受等观念已深入社会文化生活的方方面面。

有舆论提出：现在是“全新的喝酒时代”，转移到“应怎样喝酒？喝什么酒？在什么场合喝酒？”。研究喝白酒的消费心理、消费情感、消费方式及社会营销等成为大势所趋。

纵观当前市场，特别是中高端产品市场，突出的是团队消费，带有极强的社会性，饮酒成为工作的纽带。

白酒是精神属性大于物质属性的精神文化产品，但必须以物质性功能为基础，既要健康，又要舒适，要适应生活和工作节奏的变化。人们饮用后身体的表现尤为重要，白酒醇和舒爽的“体征”表现，才能带给人们美的享受，这已成为市场消费的时尚追求，也是科技工作的重要课题。

1 发展的由来

随着市场经济的发展，几年前在研究白酒组成的勾调工作中，当时四川胡森总工提出一种观点，生产的酒饮用时能顺口，提出不辣嘴、不刺喉、不口干、不上头的四不观念；我曾参加过五粮液研制亚洲威士忌的鉴定，他们就做过威士忌酒醉酒度的试验；又曾在纳溪参加“竹活酒”的鉴定会，发现该酒饮后，“醉得很快，醒得也很快”，当时就想如果能生产出“醉得慢，醒得快”的酒该多好；近年市场需求说明：为了适应现代生活节奏，对白酒醉酒度低的要求，越来越迫切，做到“喝时舒畅，饮后轻快”这样的产品才是我们所追求的。

2 什么是“醉酒度”

白酒是精神体验产品，也是现代时尚产品。它蕴涵了文化和精神的要求，事实说明，大多数人喝酒，除酒体优美外，更在于它能给人们一种气氛。反映出一些心里的沉积，在饮品中，只有酒才能让人们产生这诸多感觉，酒是人们的情趣和精神的寄托，是诸多情感的真实流露，品酒是一种文化，是品味人生的一种美好享受。

醉酒度是指饮酒后，对人的精神激活的程度，既要满足美好的享受，又不至于影响工作，影响健康；从具体表现来讲：要求酒入口时不辣嘴，不刺喉，醇和爽净，谐调自然，饮酒过程醉得慢，醒得快，酒后不口干，不上头。感觉清新舒适。

醉酒度实验是指酒样注入小白鼠的动物实验，与同等条件注入同浓度纯酒精实验醉酒时间的相对百分比。现在还未见到哪个品牌酒做出公示。

3 影响醉酒度的因素

影响醉酒度的因素很多，如饮酒人群的结构、饮酒人的身体状况、消费量的多少、饮酒习惯、思想情绪以及现场的空气畅通、温度高低等因素。

但我们从酒的物质性去研究，应该有共同的规律，醉酒度低的酒与基酒质量好，贮存时间长，酸、酯、醇、醛等各种香味物的平衡等因素有关，它是酒体的一种综合表现，大体上可表现在如下几方面：

①乙醛是引起上头的主要物质，又是影响酒体的放香和乙缩醛的生成，通常是靠贮存来控制；

②杂醇油的多少；

③酒精度含量的高低，如何控制和减小其刺激度；

④酯含量的多少，与其他各种酯的组成比例；

⑤酸含量的多少，与其他酸的组成比例；

⑥酒精与水的缔合程度。酒体贮存时间长，其醉酒度低，可能是香味成分间形成聚合的大分子发生了变化；

⑦酒体与其他物质的组成。如酸与酯的平衡、酯醇的平衡、酒中酸与其盐形成的缓冲性、降低离子强度等。

4 过去有关研究的启示

4.1 研究过酒精与水的缔合，有说缔合要较长时间，后来又有实验，在有其他离子存在时，缔合能很快完成。经实验取得理想的酒精度是53% vol，近年应用原子显微镜的研究说明。酒体经过贮存而形成大的凝聚体，或是由均相溶液到胶体溶液的形成。

4.2 黑龙江轻工所做过影响上头的试验，明确主要因素是酯与酸的平衡，后来又有很多经验证实，酸酯平衡不仅改善口感，而且是饮后不上头的主要措施，现在市场上的酒就有明显的改进。

4.3 从过去有关研究理论讲，乙醛（造成酒瘾）、异丁醇、异戊醇、正丙醇含量高低，是影响上头的主要原因，故在白酒卫生指标中有规定（最近颁布的新标准，取消杂醇油的规定）。川法小曲酒和带液态发酵的酒，含杂醇油就高。国外威士忌酒含杂醇油高，据说也存在有上头问题。

4.4 最近见“啤酒上头问题”的报道，经研究是酒中醇与酯的比例不合适，已由过去5.23变为3.67。金门高粱酒生产的流酒温度高，直接尝酒就无新酒味，这与醛和硫的化合物有关，酱香型酒生产流酒温度也高，关于蒸酒时的热效应，应该引起重视。

4.5 据说葛根等类物质是好的解酒物，有研制葛根酒的报导，其黄酮含量高。据西安力天公司介绍的“永生宜康”添加剂，就做过动物醉酒时间（分）的比较，是386∶274，证明添加剂的效果。笔者认为，不要排除对外加物的研究。

4.6 据有的酒厂介绍，在开发产品后，还专门组织符合条件的消费者，进行饮酒试验，观察醉酒程度，以取得市场的信任。

参考文献

［1］曾祖训．试论中国白酒的消费［J］．酿酒，2008，(1)：4

［2］郑昕．啤酒“上头”的影响因素及解决方案［J］．酿酒，2008，(1)：62

［3］梁彬霞，赵文红，陈仕俏，等．黑糯米葛根酒的研制开发［J］．酿酒，2008，(3)：74－76

［4］袁秉祥，孙晓东，罗笑宇，于晓江．永生宜康醒酒和减轻酒精致动物肝损伤药效学试验［J］．酿源科技，2005，(4)：90－92

（《酿酒科技》）

对白酒酿造企业发展循环经济的思考

周志刚　田助中　胡彦华

白酒酿造业与以矿物质为原料的产业相比，更接近生态系统，其酿酒副产品、下脚料和废弃物与炼铁、化工和造纸等传统高耗能产业相比具有更低的污染性，更容易进行废物处理和循环利用，具有实现循环经济的优势和潜力。同时，生态白酒和健康白酒已成为白酒消费的趋势和亮点，这也为白酒酿造企业发展循环经济，建设酿酒工业生态园区提供了内在的动力和外在的压力。

1 白酒企业发展循环经济的重要意义

1.1 可缓解资源约束矛盾

白酒酿造企业必须大力发展循环经济，实现资源的高效利用和循环利用，将传统的“资源—产品—废弃物排放”的单项开环式经济，转变为“资源—产品—废弃物—再生资源”的闭环式经济，当有限资源得到无限循环利用时，就能成为无限多的资源，从而保证酿造所需资源的持续供给。

1.2 可提高企业效益

目前，我国白酒酿造企业资源综合利用和酒副产品循环利用率与国际先进水平相比仍然较低，较低的资源利用水平，使得发展循环经济有更大的空间和潜力，也成为白酒酿造企业降低生产成本、提高企业效益的必由之路。

1.3 可实现可持续发展

目前，白酒酿造企业资源利用率低，特别是副产品加工利用能力在许多企业缺失，影响了企业可持续发展。

2　白酒酿造企业发展循环经济的途径

白酒自古以来就有它存在的价值和空间，白酒酿造产业又是典型的循环经济发展产业，我们要依托本地资源，通过建立粮食生产、酒副产品加工的循环利用，使企业与农村、工业与农业相结合，使酿造废料和余能多次回收复用，物质合理循环，价值逐级增值，形成各生态链之间互为资源、共耗废料、相得益彰、协同发展。

2.1　带动农业产业发展

以金徽酒业集团为例，目前金徽酒业集团在酿酒原料的采购中，有88%来自外地，本地提供的粮食原料仅占到酿造用粮总量的12%，如果年生产半成品白酒能力按照5 000t计算，所需消耗粮食和辅料约16 500t。如果按照农业集约化经营的要求，组织农户按照酿酒品质的要求生产酿酒专用粮，发展订单农业，确保酿造专用粮的供给，就可以实现酿造用粮由现在以外地采购为主变为本地种植。由于专用粮的品质要求高，因而比一般的商品粮价格也要高，这样做的直接效应可以体现在以下几方面：一是可有效缓解农民卖粮难的问题，比较稳定地增加农民收入。作为原料粮，小麦目前的收购价格是1.40元/kg，当地市场价格是1.36元/kg；玉米的收购价格是1.62元/kg，当地市场价格是1.50元/kg。可以看出，与原料收购价相比，小麦的差价是40元/t，玉米的差价是120元/t，这个数字可以直接反映出农民减收的额度。假设一年酿酒使用小麦10 000t，且都能通过当地农民种植酿酒专用粮来解决，仅此一项就直接为当地农民增加收入40万元。二是以市场需求为导向，通过发展酿造专用粮种植，实现产销链接，就能促进当地农业的市场化，并由现在的盲目生产变为以市场为导向的商品化生产，引导和帮助农民有效降低市场风险，有效提升农业产业化经营水平。三是通过专用粮种植，能促进种植业结构的调整，进一步加快市场农业、高效农业的进程，从根本上推动农业产业的升级。

2.2　副产品的加工与利用，可以带动畜牧业的发展

酒糟是蒸酒以后留下的发酵基料物，是酿酒过程中的下脚料，其含有丰富的高蛋白、酵母菌体和残余淀粉。如果这些酒糟不及时通过循环利用，不仅会污染生活环境，而且酒糟中含有的蛋白质、脂肪、氨基酸等对牲畜来讲极具营养价值的成分都被白白浪费掉。因此，我们应该注重酒糟资源的加工和综合利用，促进当地畜牧业的发展。可以从两个方面看到加工利用的效益：

一是促进畜牧业的规模化养殖。在现有情况下，金徽酒业集团年生产酒糟约18 750t，如果将这些酒糟经过加工，变成高蛋白酒糟饲料，为全县畜牧养殖提供绿色饲料，就可以提高畜牧业养殖的规模效益。

用酒糟喂牛，不但价格便宜，营养高，而且有很好的适口性和容易消化的特点，还能有效预防牛发生瘤胃臌气。因为在酒糟中含有丰富的粗蛋白，并高出玉米含量的2～3倍，同时还含有多种微量元素、维生素、酵母菌等，其中赖氨酸、蛋氨酸和色氨酸的含量也非常高，价格相对便宜。酒糟还含有一定量的酒精度，有利于牛食后安心趴卧和反刍，有促进牛育肥、缩短出栏率的积极效果。据屠宰场测定，喂酒糟的牛要比不喂酒糟的牛肉质好、纤维细、色泽鲜、有韧性，且比正常饲喂条件下的牛屠宰后的净肉率提高3%～5%。若按屠宰场达到净肉屠宰点后高出一个百分点按0.08元计算的话，每斤就额外多收入0.24～0.4元，按一头出栏牛体重在600～700kg以上出售的话，每头牛净赚300～600元，经济效益相当可观。东北有一家酒厂，用酒糟饲养商品牛，不仅占据了本地的肉品市场，而且还出口国外，其肉质比美国肥牛还要好，肉牛收入高于白酒收入。

酒糟含蛋白质和B族维生素等较丰富，经加工后的酒糟粉粗蛋白质的含量可高达13%～15%，如果因地制宜地用酒糟喂猪，可完全替代仔猪饲养中20%的麸皮或肥猪饲养中40%的麸皮，这样不仅是降低饲料成本、提高养猪经济效益的一个好办法，而且还有开胃健脾、增加食欲、

促进短期肥育的效果。

据徽县农业部门今年7月份统计的数据显示，徽县有养牛养殖小区2个，养牛专业示范村10个，千头猪场2个，百头猪场53个，50头以上的猪场201个，万只鸡场10个，5 000只以上的鸡场46个。如果都能使用酒糟或以酒糟为主的混合饲料，就能使全县畜禽养殖业的整体效益有一个大幅度的提高，有效地增加农民收入。

二是促进畜牧加工业的发展。在畜牧养殖规模化发展的基础上，大力发展畜产品加工业，实现畜产品加工业的产业化经营，可以有效地促进农村经济结构的战略性调整。畜产品加工业的发展，可以提高畜产品加工转化率，拓宽畜产品销售渠道，实现畜产品多重增值，加快农村剩余劳动力转移，进一步增加农民收入。比如在当地发展制革业、毛皮业、制鞋业等畜产品加工主体行业及为主体行业配套的皮革化工业、皮革机械制造业、皮革五金业、鞋材业等，为当地群众提供新的岗位，解决富余劳动力的就业问题，逐步形成各具特色的畜产品生产和加工产业带，引导加工业与原料基地相结合，工业与农业相结合，合理布局，实现产业链的良性循环。

2.3 牲畜排泄物和酿酒下脚料作为有机肥料，发展沼气及绿色生态农业

牲畜的排泄物经过发酵，产生沼气，用沼气做饭、取暖、发电、作能源，将会给居民提供更多的方便，实现资源的循环利用，还能减少对人体的危害和对环境的污染。

如果按照处理400m^3 的糟液，生产6 000m^3 的沼气计算，可发电6 000kWh，锅炉助燃可节约燃煤1.5t。因此，发展沼气生产，倡导清洁能源，有着很高的经济效益和社会效益，真正实现变废为宝，这也是社会主义新农村建设中的一个重要项目。

沼气池中生产出的沼渣作为有机肥料回归土壤，用于种植业，不但可以解决当地农民种植酿酒专用粮肥料需求的供应，还可以改善土壤结构，解决土壤板结，增加土地的有机肥投入，具有肥效长、成本低等优点，使养田与种田有机结合，也为白酒酿造的生态环境提供了物质保证，具有双重功效。

3 白酒企业发展循环经济存在的问题和对策

3.1 存在的问题

徽县以“种植业—酿造业—畜牧业”为模式的循环经济已经有多年的历史，但层次较低，目前还存在着以下几方面的问题。

①酒厂在酿酒过程中产生的酒糟仅仅作为废料来处理，没有加工增值，没有形成循环经济下道工序生产的初级产品或原料，也就是说没有给饲养业提供优质饲料和特色养殖的专用饲料，限制了饲养业的发展，同时酒糟在每年春播、夏收、秋播农忙时卖不出去，大量烂掉，既造成损失，又污染了环境。

②当地以小麦、玉米、高粱为主的种植业仍处在传统农业阶段，没有按市场需求组织生产，没有生产工业专用粮，高粱、小麦种植品种质量差，不能满足酿造优质五粮型白酒的需要。农民种粮存在卖粮难、效益低、种粮赔本的问题。

③以农户为主的饲养业水平低、效益低，提供的商品质量一般，只能满足市场低层次需求，因无加工业，产品只能就近销售，不能远销。

④整个循环系统科技应用水平低，没有打造出名优产品、特色产品、绿色产品，没有形成生产、加工、销售一体化的产业链，因缺乏加工、销售、科技研发组织，循环链条拉不长、不壮大，容易断链，循而不环，发展缓慢效益差。

3.2 今后的对策

徽县的循环经济应是以金徽酒业为核心，以农村为空间，以农业经济为载体的农业循环经济。按照现代农业结构改革新态势的要求重新构建产业链条，现将白酒酿造企业实现循环经济设想为“林业+种植+酿造业+畜禽饲养+各类加工业+畜粪秸秆废渣还田”的大循环。具体来讲就是壮大一个核心体系、建设一个生态圈、发展4个产业链条。

①壮大金徽酒业。它在当地循环经济中处于核心或龙头地位，我们通过引进人才，引进新工艺、新技术，改造设施设备，建设生态酿造工业园区，按照国家名酒五粮液标准提高产品质量，打造名牌、扩大产量，使世纪金徽走出甘肃、扩大市场、提高占有率，力争在3年内销售收入达3亿元，上缴利税达到5 000万元，为发展循环经济打好基础。

②保护建设好“伏镇—粟川—红川”小盆地环山生态圈。一是保护北部老爷山系，南部甸山山系原始森林既涵养酿酒的水源，又是酿酒生态环境的气候屏障；二是在东西山梁上发展生态林、经济林、能源植物（为下一步发展生物质产业打基础），形成一个环绕伏镇盆地的生态圈，给金徽酒业、红川酒业创造良好的酿酒生态环境，永续保护千年酿酒古镇所形成的酿酒微生物菌系网络；三是在游龙、榆树、伏镇三乡镇禁止开矿，禁止办污染性的加工业企业、保护好金徽酒原产地。

③按照精准农业要求，发展粮食种植业。我公司酿酒用粮为高粱、大米、糯米、小麦、玉米，其中高粱、小麦质量差不能满足优质酒的生产需要，要淘汰当地直链淀粉分子结构的红高粱品种，从四川引进以支链淀粉分子结构的糯高粱品种，这一品种有利于酿酒过程中香味物质的形成。扩大软质白皮小麦种植面积。白皮麦在大曲制造中容易粉碎成梅花瓣，在发酵过程中有利于菌系、酶系的形成，而在本地很难找到制曲专用的软质白皮麦。

④发展新型饲料加工业。酒糟应用菌酶、发酵等生物技术生产饲料，为优质畜禽品饲养提供专用饲料，利用林业资源如松针生产生态饲料，生产绿色畜禽产品。

⑤发展饲养业。前文所述徽县畜禽饲养业具有一定规模，但效益低、发展慢，抗御市场风险能力低，其原因是品质差、市场竞争力低，现在必须发展名优品种、绿色品种，如前所述的利用酒糟发酵后喂牛，其肉质比美国肥牛还鲜嫩、还能出口，发展山养鸡，在大城市酒店里一盘山养鸡售价达200多元，是一般鸡价格的近10倍，只有发展特色饲养、生产绿色食品，才能把这链条拉长。

⑥发展农业一体化。建立各类行业协会，服务经营组织和合作经济组织，包括粮食种植、畜禽饲养及屠宰加工、林业种植都要走科研技术、生产、加工、销售、服务一体化的路子，针对以家庭联产承包责任制为基础的生产单元，农民通过协会与公司建立长期收购合同关系，实行保护价和活动价，确保农民增产增收，才能把各产业链连接紧密，循环经济的效益才会提高，产业链条才会拉长。徽县从20世纪80年代初期发展种植、养殖专业户，到20世纪90年代发展种植、养殖大户，到近几年兴起规模养殖场，都走过一条“兴办—倒闭—再兴办”的曲折过程，其原因就是没有发展一体化。

因此，白酒酿造企业必须大力发展循环经济，走出一条科技含量高、经济效益好、资源消耗低、人力资源优势得到充分发挥的新型工业化道路。

（《酿酒科技》）

如何应对在白酒中添加非自身发酵物质问题

方志强

2008年12月8日，卫生部、工业和信息化部、公安部、监察部、农业部、商务部、工商总局、质检总局、食品药品监管局等9部门组成专项整治工作领导小组，召开了全国打击违法添加非食用物质和滥用食品添加剂专项整治电视电话会议，强调了“立即着手解决食品添加剂滥用问题，保护人民群众身体健康和生命安全，进一步规范和促进食品行业健康发展。”的重要性，并提出了打击违法添加非食用物质和滥用食品添加剂的违法犯罪行为的相关方案，经国务院批示同意、部署，相关方案已迅速由各级政府及相关部门组织负责实施。

近期，我省各级质检部门对多家白酒生产企业进行了突击检查，一些企业因使用食用酒精、酒用添加剂而未明确标注，某些批次产品未经出场检验即出厂销售或其他一些原因而被处罚，而且有几家是我省目前产销量较大，在市场上影响较大的企业，由此引起了我省白酒行业的巨大恐慌和强烈震动，引起了社会各界的关注。

自从 1989 年主要香型的白酒国家标准 GB10781 出台到2006 年的修订，以及我省地方标准 DB53/T92《云南小曲清香型白酒》去年的修订，标准条文中已明确规定纯粮酿造白酒不得添加任何非自身发酵物质，这是使我国具有悠久历史的传统工艺得以延续的有效保障，也是鼓励白酒生产企业提高、稳定产品质量的有效手段。GB10344 – 2005《预包装饮料酒标签通则》也明确要求标注产品原料的真实成分。随着我国经济的飞速发展，人们物质文化生活水平的不断提高，我国白酒产品的需求自改革开放 30 年来有了显著的增加，产量由 80 年代初几十万千升到目前的近五百万千升（规模以上企业）。在此过程中，由于发展速度过快，使得白酒行业的标准体系、监管体系及诚信体系的建设明显滞后了。

随着市场需求的强力推动和酿酒技术的提高，白酒相关产业也迅猛发展，食用酒精及酒用香料在白酒行业广泛使用也成为非常自然的事，由于缺乏有效的监管手段和可行的诚信体系，五花八门的白酒品牌蜂拥而起，堂而皇之地标注是地道的纯粮酿造，而广大消费者是无法分辨的，这种情况几乎涉及所有的白酒企业，包括我国的名优企业，全国范围尽皆如此。大曲白酒在 70 年代末期估计占全国产量的 1% 左右，但现在，整个市场上的浓香、清香、酱香型大曲酒比比皆是，已占 70% 以上的市场份额，有一定专业知识的人都知道这是不可能的，其中一定有很大的“水分”。使用食用香精、酒用添加剂不标注，均以纯粮酒的名义销售，这种潮流势不可挡，对于广大生产企业也似乎成为一种非常自然的习惯，成为白酒行业的一种潜规则，犹如一种久治不愈的顽疾，听之任之。如果某个企业要想打破这种规矩，其产品标明食用酒精、香料、香精、甜味剂等，不仅很有可能冒着产品被消费者拒绝、市场萎缩的巨大风险，而且还可能背上行业内“千夫指”的骂名。在正常情况下，谁愿意这样“冒天下之大不韪”呢？于是，从这个角度来看，除极少数企业利用这种状况浑水摸鱼，大肆生产销售伪劣产品获取非法利益，大多数企业的这种行为确属不得已。

我省的白酒行业与发达地区相比，无论是生产基础，生产、管理技术水平还是专业人才等多方面都有很大的差距。近年来我们看到了可喜的发展，几个龙头企业的产品质量稳定，被越来越多的消费者所喜爱，产品研发能力不断提高，产销量逐渐扩大，成为我省白酒行业的主力军，同时也带动了一批二线品牌的发展壮大。因为前些年多次假酒事件及近期的三鹿奶粉三聚氰胺事件，国家对食品质量安全引起了前所未有的高度重视，将对食品行业包括酒类行业采取广泛的、长期的、有力的监管措施。我想，在这一强大外力的作用下，是否是根治白酒行业现存顽疾的有利时机呢？

前段时间质监部门对我省白酒企业突击检查，作为行业协会，我们也密切关注着事态的发展。听说有多家我省大型白酒生产企业将面临几十万甚至几百万的从重处罚，我们深感担忧和不安。针对这次事件，我谈谈个人的一些看法：

一、各生产企业应识大体，顾全大局，面对越来越严格的监管手段及社会发展的必然潮流，再想“瞒天过海”已不现实，应踏踏实实认真组织生产、销售，严格执行现行有效的相关标准，并加强产品出厂检验工作（这是食品质量安全市场准入制度的核心部分），产品不经检验就出厂销售是对广大消费者不负责任的，不应该的行为。特别是大型企业应做诚信经营的榜样，这样才可以长久地保护自己的利益，维护企业的形象，同时又可以有效打击那些浑水摸鱼之徒。

二、受全球金融危机的影响，全省乃至全国的消费下降已经逐渐显现，落后的云南白酒行业也在艰难中爬行。处罚不是目的，但却是规范企业生产销售行为的重要手段。从保护我省酒类行业的角度出发，各级质监部门能否考虑规范、教育、从轻的原则，按《全国打击违法添加非食用物质和滥用食品添加剂专项整治方案》的要求，督促尚没造成危害后果的企业自纠自查，认真清理、清查现有的产品、包装物、原辅材料，在规定的期限内完成，整顿生产管理，否则给予重处。

现在应该是我省广大白酒行业从业者认真思考的时候。实践证明，只有通过广大白酒生产企业加强自律，政府部门的有效监督，及广大消费者的市场认可才能有力推动我省的白酒行业健康有序的发展。

（《云南酒业》）

【第三编】

云酒春秋

一、云南地理及酒业简况

云南省，简称“滇”或“云”，面积39.7万平方千米，人口约4 600万。位于祖国西南边陲，南部、西部与越南、老挝、缅甸接壤，东临广西省、贵州省，北接四川省，西接西藏自治区。

云南省下辖昆明市、昭通市、曲靖市、玉溪市、普洱市、临沧市、保山市、丽江市8市以及文山苗族壮族自治州、红河哈尼族彝族自治州、西双版纳傣族自治州、德宏傣族景颇族自治州、大理白族自治州、楚雄彝族自治州、迪庆藏族自治州、怒江傈僳族自治州8自治州。

云南高原多山，气候垂直变化显著，河流众多，长江上游金沙江沿云南北部流入长江、怒江、澜沧江由北向南流入东南亚诸国，是著名的国际河流，水力资源极其丰富。河上建有多座大型水电站。全省交通便捷，公路已建成通往四川省、重庆市、贵州省、广西省以及通达越南、缅甸、老挝的高速公路网。铁路已建成通往省外的成昆、内江—昆明、贵阳—昆明、南宁—昆明铁路以及省内昆明至玉溪、昆明至大理、丽江铁路、玉溪至蒙自的铁路正在建设中。

云南航空业发达，已通航的省内机场有15个，是全国机场最多的省份。昆明至各州市的空中航线航程不到1小时，并有通往全国各地的国内航线及通往东南亚各国的国际航线。

云南旅游资源丰富，是目前我国吸引国内外游客的著名旅游目的地之一，昆明滇池、滇西三江并流，梅里雪山、碧罗雪山、玉龙雪山、大理、丽江古城、腾冲热海、和顺古镇等都是著名的世界旅游胜地。

云南是个多民族的省份，有25个少数民族，人口最多的少数民族是彝族，遍布全省各地，总人口逾776万。各少数民族热情豪放，喜好饮酒，有着独特的酒俗和底蕴深厚的酒文化。

云南酿酒资源丰富，有丰富清澈的优质地下泉水，优质原生态无污染的稻米、小麦、大麦、青稞、玉米、高粱、荞子以及热带水果等酿酒原料。各民族在长期的历史中，曾酿出不同风味的酒之佳品。如昆明的“杨林肥酒”、傣族的“竹筒酒”、“糯米酒”、藏族的“青稞酒”、“藏秘酒”、彝族的“喜鹊窝酒”等。

据不完全统计，云南现有生产许可证的酒类生产企业560多家，另有大小不等的各类酒作坊2 700多个，家庭酿酒小作坊则不计其数。酒类流通企业和涉及酒产业的企业6 000多家(不含兼营酒零售商店)。

目前，云南全省酒产量1 200多万吨，本地酒消费年收入30多亿元。云南地产酒除本省大量消费外，在全国各地市场也占有一席之地。如“云南红”、“澜沧江”、“香格里拉”等品牌还销往越南、老挝、缅甸等东南亚国家。

云南目前还是我国酒类生产的小省，但却是酒消费的大省，年消费量近40万吨，居全国前三位，而本土酒类企业的销量仅占总销量的20%左右。

二、云酒历史

云酒渊源

在我国古籍中，记载云南资料最早出现“酒”字的，要算晋代即公元四世纪中叶（约348~354年）成书的《华阳国志》。作者常璩在该书第四卷《南中志》中写道：

“……诸葛亮乃为彝作图谱，先画天地、日月、君长、地府；次画神龙、龙生彝，及牛、马、羊；后画部主吏乘马幡盖，巡行安抚；又画夷牵牛负酒，赍金宝诣之之象，以赐彝。夷甚重之，许致生口直……”

这虽然没有写云南何处产酒和为何制酒，但从这段记述中却可以了解到：

1. 云南当时已有酒，不管是本地原产的还是外地传入的；

2. 酒与云南少数民族结下了不解之缘。

此后，虽然没发现古代记述云南酒类的专著，但在有关史籍和地方志中仍不乏涉及酒的文字，特别在骚人墨客的诗赋中还沉淀着酒香。清代乾隆初年，曾任翰林院侍读学士兼浙江道御史的云南籍人熊郢宣在其《官渡》诗写道：

“问渡何须向远垌，桑麻鸡犬信渔汀。
昆池近锁江河碧，太华平临野气青。
社饮逢人皆举酒，春耕有客更横经。
一从烟舍停舟后，风景依稀见典型。”

在成书于清际的《镜花缘》中，一张开列全国名酒的名单中，就有云南的“包裹酒”和“滴酒”。清末时出产的“玫瑰老卤”和“杨林肥酒”等，不仅声扬国内，而且在东南亚一带颇有名气。

在历史上，酒与云南各少数民族有着深厚的情谊，酒离不开少数民族，正像少数民族离不开酒一样。如壮族在每年农事告吉以后，要祭祀土地神而饮酒（见《云南通志》）；哈尼族每到农历二、三月间，则要饮酒祭龙（见《云南少数民族》）。清代赵翼《檐曝杂记·边郡风俗》中记云南、贵州一带的苗族、土族、彝族等的青年男女“春月趁墟唱歌”，“携手就酒棚里并坐而饮，彼此各赠物以定情，订期相会”；有的甚至“携酒入山，竟月忘返”（见《姚州志》）。还有文山州一带的彝族等群众，为了减轻人死的痛苦，“举家强灌酒以为别，名曰‘永诀酒’”（见《开化府志》）；景颇族的成年人死去后，附近青年男女要舞一种叫“布滚戈”的祭奠舞蹈，主人则以酒食招待，称之为“踏歌”。可见，少数民族在祭礼、恋爱、丧事等活动中都要用酒，且各民族有其各自的饮酒风俗习惯。各少数民族都很好客，有客必奉饮，甚至达到了每饮必醉的程度。饮酒必须酿酒；在云南各族人民群众中创造并流行着传统的酿酒工艺。

《汉书·食物志》中称，酒乃“天之美禄”，就是说它是大自然恩赐给人类的一种美好的享受。云南地处祖国西南边疆，气候温和，雨量充沛，空气潮润；山川秀丽，河湖相间，泉甘水冽；土地肥沃，资源富饶，物产丰富；且与我国名酒产区贵州、四川紧相接壤，大自然也给云南恩赐了良好的酿酒条件。因此，云南的酒源远流长，在云南传统食品中占有很重要的地位。正如有的客人说的，云南与四川、贵州一起，是“南中三省酒飘香，一杯未饮心先醉”的地方！

建国前，云南相当一部分地区特别是在农村中，酒的生产基本上属于自酿自饮的自然经济状况，酿制设备落后，生产十分分散，产量虽然可观，但质量却受到限制，没有形成多少很有名气的产品。新中国建立以后，随着社会经济的发展和人民生活水平的提高，酒类的生产和经营才逐步发展起来；特别是改革开放以后，发展步伐大为加快，其面貌也都大为改观。

首先，全省各地从发展民族商品经济出发，本着既有利于加强对酒类的管理，又有利于满足各民族人民的需要，从20世纪50年代以来，全省17个地、州、市和一部分县（市、区）都先后建立了酿酒企业。20世纪80年代以后，这些企业大多进行了技术改进，更新了生产设备，引进了酿制技术，改造了工艺流程，增强了检测手段，产量逐步增长，质量普遍提高。使企业的生产和管理逐步向现代化迈进。

其次，在普遍生产一般粮食白酒的基础上，一些地区和企业从本地的实际出发，引进、研究、试制成功了一批具有自己特色的优质产品，如“醉明月”、“云春”、“滇曲”、“晨曦”、“精制高粱酒”等，从而开始形成从昭通、曲靖至昆明一线的云南名酒产区。在发展白酒生产特别是具有传统特点的配制酒如“杨林肥酒”等的同时，一些地区和企业从各自的资源优势出发，研究试制成功了一批优质的配制酒，如“南七王酒”、“橄榄酒”、“木瓜酒”等。同时，黄酒特别是啤酒等也得到了很大发展。在国家酒类评比中，云南酒获得国家轻工部、商业部优质产品称号的有15个产品，获得云南省优秀产品称号的有33个产品，创造了云南酒类发展史上的新纪录，也增强了云南酒在全国的知名度。

第三，按工业总产值计算，云南的酿酒工业已成为食品工业中仅次于卷烟工业、制糖工业、粮油工业面居第四大产业。据1990年的统计资料，酒类总产量达17万余吨，其中白酒10.4万吨，啤酒3.9万吨，黄酒、果露酒及其他配制酒共2.7万吨。现在，云南酒不仅销售于全国各省、市、自治区，还远销到邻邦缅甸、老挝、越南等东南亚一些国家，以及港澳等地区。随着改革开放的深入，云南经济的发展，国际国内交往的增强和市场的开拓，云南酿酒工业将会有更加美好的发展前景！

清代的云南美酒

美酒之于人，可以饮、可以品，可以入诗、入文、入志。志者记也，《滇海虞衡志》，清朝檀举所撰辑，志云南之风物，其有“志酒”一卷，把清代云南的美酒写得有滋有味，不亚于中原之名酒。读了之后真正觉得云南之神奇，原来在一二百年前，云南的酒文化就是如此地醉人。

写酒的文字，再好也不过是写酒的色、香、味了。檀萃偏不以此入手，而是从自己的喜好入手，这也罢了，可是他又不先写自己喜欢的酒，而是先写自己不喜欢的，这样慢慢道来，仿佛先吊足了读者的口味，然后才写云酒之佳处。“予性爱饮酒，又谪居不复能择佳酒，有载而来问者，即饮之，然喜烧刀酒，于复开，转以送人，盖烧酒名酒露，元初始入中国，中国人无处不饮乎烧酒，见黄酒反攒眉，吴越爱黄酒，江右尚水白生酒，黄酒，今绍兴酒也。滇南之有绍兴酒，自孙潜村始。”绍兴黄酒，名气不小，作者不喜欢，自有其理，滇南也有绍兴酒，真是一件新鲜事。且看《滇海虞衡志》中云南的绍兴酒之酿法："孙潜村居五华，知滇之吴井水似若耶，因以绍兴之酿法为之，真绍酒也，以饷大吏及交好，每售辄数十罈，获大利，余则日与其徒乐饮酒，至今六七十年，云南有绍兴酒由孙先生韧之也。先生居滇南，开出文章理学大风气，而豪饮之风，亦由以开，且留酒法于滇南，使小子后生时奉先生之遗甕，其即鲁国夫子之甕乎。往时官场为豪举，酒之自绍兴来者，每罈十斤，值四五六金，近来滇作渐佳，可敌绍作，故绍来渐少，值亦渐低，则先生之余爱也。"孙潜村用昆明吴井的水酿绍酒，可谓一举成名，不但取得了可观的经济效益，而且"开出文章理学的大风气，而豪饮之风，亦由以开。"由酿酒而开成开文章理学的风气，酒之非仅为酒也，乃促进一方经济文化发展的载体。

孙潜村是否是浙人，檀萃倒也没有说，不过八九不离十是浙江人了。因为檀萃认为，白酒煮鸡蛋这种浙江风俗传人云南，恐怕也是孙先生所开的又一项风气。"白酒煮鸡蛋，亦浙客为之，滇人士效之，今遂以为俗，每岁腊中，人家各自酿白酒，开年客至，必供白酒煮鸡蛋满盘，乃为亲密，此风不知可开自先生。又添沽滇之一酒案。"白酒煮鸡蛋直至今天还是一道云南特色甜品，只是此白酒乃是甜白酒，大概非彼白酒吧。

绍兴酒也好，白酒煮鸡蛋也罢，总是从省外传入云南的，云南本地特有的美酒恐怕一般外地人也难品到，只有久居云南，与云南建立了深厚感情的人才能有机会品尝，檀萃正是这样的人。"老酒，滇南士大夫家亦藏之，时因予病，诸生出似相饷，予昔在博罗，饮老酒，甘之，遂以病。"病酒就是喝酒上了瘾。接着作者写道："盖李时珍云：'老酒腊月酿造，可经数十年，和血养气，暖胃辟寒，岭南人藏之以备女眷房帏之用。不轻以饮人，人亦不乐饮之者，较白酒力尤微，而发痰动火倍盛。'范志云'老酒以麦曲酿酒，密封盛之可数年，士人家尤贵重，每岁腊中，家家造鲊，便可为卒岁计。有贵客则设老酒为厚礼。'"老酒果然是深藏不露的佳品，士大夫藏之，一般的老百姓即使有，也是格外珍重，只用来招待贵客，用于婚娶时送礼。因其有"和血养气，暖胃辟寒"的效用，自然是云南腊月间过冬时必不可少的"年货"

老酒不可多得，酒铺之中的酒又如何？"省城酒清洌堪饮，东门酒铺所收尤佳，谓之南田酒。客游者每訾滇酒不中饮，而不然也，吾辈无力能饮佳酒，且就烧酒饮之，渐与之习亦渐佳，何轻訾之。"外地人嫌云南酒不中饮，他哪知云酒的奥妙，云南非无好酒，好酒往往"藏"得很紧，若真想喝，只怕有钱也买不到，更何况"吾辈无力能饮佳酒"。好酒的价格怕只有问问"云南通"檀萃再说，不然不可"轻訾之"。

昆明的南田酒有清洌之誉，此外还有武定的"花桐酒"、"行于四远"。元谋的"高粱酒"，其味"如此方之干烧"。定远的"力石酒"，其"酒力之大重如石也"。滇南果酒是云南的特产，其实早在清代，果酒就已经享誉全滇了："桑椹酒、山查（楂）酒、葡萄酒。滇产葡萄佳，不知酿酒，而中甸地接西藏，藏人多居之，酒盖自彼处来也。"葡萄酒大概是从中甸来的，这种说法颇新奇。此外还有丁香酒等。

云南与缅甸接壤，缅甸的美酒自然也融入了滇酒的体系中。檀萃写道："古刺酒，出缅甸，古刺在缅甸外，其水贮之器，数十年不干，曰古刺水，取此水以酿酒，可以久留。故曰古刺。"

云南的美酒在檀萃笔下如此醉人，其酒文化包含了本地的酒文化和外来的酒文化，本地的老酒和绍兴来的黄酒就是佐证，并且还有像古刺酒这样的外国酒。总之，云南不但有自己的特产，还歉收并蓄，形成云南丰富的酒文化资源。

（云南在线）

三、云酒现状

整合资源做大云南白酒

近500家云南白酒厂产值还不及四川一个大型酒厂！在首届云南酒业博览会上，这样的统计数据不免让人愕然和吃惊。参展本土企业一改往日“酒好不怕巷子深”的观念，向参会客商主动推介，将云南酒业做大做强成了同期举行的酒类营销高峰论坛的热门议题。

滇酒扛不住一家川酒厂

云南是个酒类消费大省，每年酒类消费近40万吨，销售收入达20多亿元，市场需求量的庞大足以让所有酒类生产企业垂涎而振奋。虽然云南在全国酒类消费中占有很大比例，但本土酒类生产企业的销量却只占总量的20%，在全国的酒类生产及销售中也仅占次要的席位。

在剧烈的市场竞争中，外来品牌逐渐占据省内中高端市场主导地位，滇酒被远远地抛在川酒、黔酒、陕酒、豫酒、晋酒、徽酒、苏酒、皖酒等八大区域酒的后面。特别是白酒企业缺乏名牌，产品附加值低，全省近500家白酒厂的产值还不及四川一个大型酒厂。

知名品牌自荐渴望蜕变

“云酒”如今的颓势让人心痛，遥想当年，“云酒”也曾有过辉煌。杨林肥酒负责人介绍，在20世纪七八十年代，杨林肥酒不但销往省外，还远销新、马、泰等海外市场，杨林肥酒一度与贵州茅台齐名。

进入上世纪90年代后，各地名酒纷纷进入云南市场，很多本土生产企业处于被动应战的尴尬境地，本地酒仅占领售价在10元左右的瓶装白酒，中高端市场绝大部分则被来自川、黔的名酒品牌瓜分；“云酒”风格多样，品牌分散，没有形成一个引导全省市场的知名品牌。

在此次开展的“云酒”博览会上，云南省内外主要的白酒、红酒、啤酒、黄酒、果酒、配制酒生产企业共100多家参展，玉溪“地道云南”、嵩明“杨林肥酒”、昭通“醉明月”、鹤庆大麦酒、丘北“腻脚烧酒”等地区知名品牌纷纷在展会上亮相，以独特的包装和宣传方式面向参会客商推介。部分酒商说，他们多年销量稳定，参加类似展会的次数很少。

整合资源做大“云酒”

与展会同期举行的酒类营销高峰论坛上，云南大学教授胡其辉认为，云南酒业目前处于一流产品、二流包装、三流营销的态势，应该以民族特色、绿色生态为依托，借助云南发达的旅游资源，在酒文化的差异性上做好文章，重新审视营销模式，改变目前酒好价低的状态。

仅靠口子酒一个单品就在西安卖出3个多亿的杨强也到论坛现身说法，以自己的实践经验与云南酒商交流探讨，共商发展出路和如何克服发展过程中的“肠梗阻”，为酒商们带来了头脑“风暴”。

参展客商均认为，“云酒”的小曲清香型能够得到市民和客商的认可和欢迎，酒企应该提高自身优势，改良技术，保证品质；抛弃小农意识，整合资源做大做强，学习洋酒的行销推广模式，做长期性的品牌文化推广，放弃低价位销售的小额利润，立足本土商务型消费人群，做上档次的包装和推广策划，提升品牌价值，争取走商务用酒路线，提升产业经济价值走出云南。

（中国酿酒网）

云南葡萄酒产区调查报告

云南具有悠久的葡萄种植历史，目前总面积达到3.5万亩。其葡萄品种多以巨峰、水晶和玫瑰等鲜食葡萄为主。其中最具代表性的品牌是“云南红”；由金六福集团控股的香格里拉酒业公司，从青稞酒的生产转入葡萄酒以来，“香格里拉”增长势头强劲，已成为当地的主导品牌之一。

产区概况

云南是一个多山脉、多丘陵，高海拔、低纬度的立体地理省份，也是一个终年积雪冰川、热带雨林、四季长春的立体气候的省份。在这里，葡萄有其适种区和不适种区。云南现有的酿酒葡萄适种主产区有：弥勒产区、丘北产区、蒙自产区、德钦产区等。

近年来，随着全国干红葡萄酒升温，云南省组建了有代表性的两家大型葡萄酒企业——云南红酒业集团有限公司和云南香格里拉酒业公司。1998年，云南红在东风农场种植酿酒葡萄7 000亩，1999年新植葡萄5 000亩，目前，该公司已拥有2万亩优质高原酿酒葡萄园，并拥有年出圃400万株优良酿酒葡萄的种苗基地。主栽品种除了原来的玫瑰蜜（Rose Honey）外，还有梅鹿辄、赤霞珠、歌海娜、烟73、贵人香、霞多丽等，其中，梅鹿辄和赤霞珠的栽培面积最大。

现状分析

云南省弥勒东风农场现有酿酒及鲜食兼用型老葡萄园约3 000亩，年产葡萄3 000～4 500吨。新种植区主要为红河州弥勒县、蒙自县和昆明市东川区及楚雄州永仁县。

种植品种主要为酿制干红的品种，有梅鹿辄、赤霞珠、玫瑰蜜、西拉、歌海娜、黑品乐、品丽珠等，其中玫瑰蜜是云南最具特色的品种。

存在问题

一、云南省葡萄酒产业的整体力量单薄，知名度不够

二、技术支撑能力不足

三、葡萄种植投入较大，初始投入每亩为3 000元。这样大的投入种植使公司和农民增加了筹资的难度。

四、水利设施建设投入不足

五、市场营销网络亟待加强和完善

六、假酒危害

发展方向

云南省葡萄酒产业发展的基本思路应因地制宜，充分发挥资源优势，以市场为导向，以

科技为支撑，走高起点、高品质、国内市场和海外市场并重的路子。同时，应该强化种植基地的建设和管理，加大对龙头企业支持的力度，发挥龙头企业对产业的带动作用，加强对云南省葡萄产业的宣传，建立云南省的葡萄酒质量管理标准。

（《华夏酒报》 徐雅玲）

云酒何时能走向全国

近年来，随着云南烟业、茶业在国内甚至国际上的品牌地位不断升高，使更多的人认识了云烟、普洱等品牌。殊不知，少数民族众多的云南也是酒类消费大省。据了解，云南每年酒类消费量在40万千升以上，销售收入达25亿元，消费量在全国仅次于广东。然而，云南酒业却依然面临尴尬现状——本土酒类生产企业销量只占全省消费总量的20%。云南酒业整体发展水平怎样，如何打造像“云烟”一样的知名品牌，成为业界广泛关注的问题。

小而散的现状

据统计，2006年云南全省近500家酒企业的纳税额不到2亿元，还不及四川省一个大型酒企的年纳税额。云南省酒类行业协会秘书长马黔飞介绍，云南酒业尤其白酒业长期处于散、小、弱状态，全省以小作坊、小酒厂为主体，2 000多家酒生产企业中，至少有85%以上年产量不超过100吨。目前，大部分“云酒”仅在低价位酒品市场占有一席之地，中高端市场几乎全被来自川、黔等地的名优大品牌所占领，使得云南长期处于有好酒而无名酒的尴尬局面。

据业内人士分析，“云酒”普遍难成气候的四大原因：第一，生产设备、技术与工艺落后，资金、人才、管理缺乏，现代营销与品牌意识滞后；第二，低价位的恶性竞争，地方保护主义严重，致使酒企各自为政；第三，某些地方监管缺位，无证生产，扰乱市场秩序；第四，普遍缺少酒体设计能力，产品口味单调、淡薄。

“云酒”如何突围

业内人士认为，“云酒”的发展潜力巨大。除了有悠久的生产历史、庞大的消费市场、多彩的民族文化内涵外，云南还拥有丰富生物资源和舒适的气候条件。但是，白酒行业激烈的竞争环境使“云酒”的突围更加艰难。

2007年8月，五粮液与国内23家白酒的龙头经销商结成品牌运营联盟，是白酒营销模式的又一创新，促进了整个行业的战略转型和升级。据有关消息，23家白酒经销商皆为各省白酒营销的“重量级人物”，年销售总额超过200亿元，占据中国白酒十分之一的市场份额。面对来势汹汹的行业竞争，“云酒”的发展道路，可谓前路崎岖，任重道远。

实际上云南并不乏底蕴深厚的好酒，拥有128年历史的“杨林肥酒”，曾与茅台同获南洋劝业会金奖，又获巴黎国际名优酒展评会银奖，因在改革开放时期受国营酒厂体制的局限，从而错失了良好的发展机遇，渐被遗忘。

对此，云南省政府以及各大企业积极研究应对措施，寻找发展新思路。茅粮集团自1995年建厂以来，倾力打造颇具民族特色的世界第一支木瓜发酵酒；2004年，龙润集团巨资收购杨林肥酒，以弘扬健康养生理念，力图全新打造中国第一绿酒，二者皆采用稳定低端市场，推进高端品牌，不断调整产品的口感以及外包装，争取五年内冲刺省外及海外市场的营销战略。

（《华夏酒报》）

云南白酒欲走出尴尬

建国前，云南的白酒也曾经有过辉煌，杨林肥酒与贵州茅台齐名，不但销往四川、贵州、广东，还远销新、马、泰等海外市场。但进入上世纪九十年代以后，作为饮酒大省的云南，白酒业却处于面对各地名酒纷纷进入云南本地市场，云南白酒生产企业被动应战、步步退后的一种尴尬境地。

饮酒大省白酒行业深处困境

据云南省白酒行业人士介绍，作为白酒传统消费大省，云南省目前约有400余家白酒酿造企业，年产白酒30多万吨，与四川、山东等白酒生产大省将近50万吨的年产量相比，从数量上看，云南与这些省的白酒产业差距不大。但一比销售额、品牌知名度和市场占有率，云南白酒的差距就不言自明了。

业内人士介绍说，白酒酿造作为一个传统产业，和全国其他地区上世纪八、九十年代白酒行业情况一样，云南基本上是“一县一厂甚至多厂”，当国内其他地区白酒业上世纪九十年代以后开始多方引资，走技术化、规模化、注重营销的路子，对白酒酿造这个传统产业进行现代化产业改造时，由于当时云南白酒酿造业国营企业负担重，限制多，缺资金，小企业效益不错，安于现状，没有跟上这个形势，造成了现在云南省缺乏成规模、上档次的大型龙头企业，更缺能在全国叫得响的知名品牌的现实。现在云南产白酒主要销路集中于省内中低端白酒市场，中高档酒市场都被省外品牌瓜分，而且销售的区域性很强，一般云南本地产白酒只在本县或本地区销售，这导致了云南白酒业获利不多，要谈规模发展、技术改造都缺乏资金，只能维持现状的艰难处境中。

最典型的例子，就是杨林肥酒，20世纪八十年代“杨林肥酒”不但在云南本地，甚至在省外一些地区都很有市场，但“杨林肥酒”一直产量很低，当时年产量最多时也仅4 000吨，虽然企业也在生产规模改造上下了一定功夫，但由于不能适应市场环境发生的变化，最后杨林肥酒厂止步不前了。

除了行业基础薄弱的原因外，专家还认为云南白酒酿造传统工艺属小曲酒，国内其他地区消费者很不适应，云南白酒业在针对市场目标消费人群的口味来进行传统工艺改良的意识上也明显滞后。

重整河山　自信不可缺

但业内行业人士同时也认为，云南白酒酿造业虽然目前困难重重，但也大有前途，关键是一个资金、技术的引进、工艺的改进、市场开拓等问题上处理好，云南白酒业并非没有希望。一个明显的例子，就是云南的葡萄酒业，如果从传统来看，云南省葡萄酒产业的“后发劣势”比白酒更加明显，但短短几年，云南现已成为西南葡萄酒生产强省，这说明云南的资源优势、传统工艺只要与外来资金及现代技术有机结合起来，云南白酒业的复兴并不是痴人说梦。年前杨林肥酒被龙润集团成功收购，这也证明了云南白酒的市场潜力。

近年来经过云南白酒生产企业的不断努力，云南白酒也有了可喜的发展，主要是茅粮集团、澜沧江集团、玉林泉酒业等龙头企业的发展壮大带动了整个云南白酒业的发展，云南澜沧江集团年产2万吨的白酒厂已经在建，这标志着云南白酒正在向规模化发展，而茅粮、玉林泉、澜沧江小白等品牌也逐渐占领了省内中档酒的市场，并有了一定的知名度，而这些龙头企业在生产、管理规范化上都有了长足进步。专家认为，这证明了只要企业根据市场经济的特点不懈努力，政府相关部门重视，加大支持力度，行业组织、中介机构在其中穿针引线，云南白酒业依托本省市场，通过不断学习省外先进经验，夯实基础，走出困境也大有希望。

走出云南　云酒要打“民族牌”

云南白酒走出云南的捷径何在，专家认为，现在大多数云南白酒企业谈走出云南还不现实，但应该依托本省市场，借力于云南现在发达的旅游资源，在酒文化的地方差异性上做文章，在传统工艺改造、民族特色挖掘上下工夫，创出几个具有浓郁民族风味、云南地方特色的拳头品牌，力争让那些喜饮酒的旅游者到云南来都能尝一尝，留下深刻印象，不但为将来走出云南作铺垫，而且也增加产品在本地市场的占有率。当年“云南红”葡萄酒就是从喜好葡萄酒的外国游客集中的大理、丽江等开始进行集中营销宣传的，云南白酒业可以借鉴这个经验。另外专家还认为，云南白酒龙头企业应该密切关注全国白酒市场的消费动向，适应流行趋势，研制适合消费大众口味的新产品，为将来的市场开拓做准备。

（邱忠文　左手）

谁能扛起滇酒大旗

云南是我国西南边陲上的一颗明珠，然而当“云烟川酒”的俗语定格了两省的特色之后，很多人对云南的白酒企业并不熟悉。从规模上讲，在云南取得国家生产许可证的企业有400多家，而分散的小酒厂却有2 000多家，用昆明酒类行业协会秘书长方志强的话来说：“滇酒板块总体上呈现出小、散、乱的特点”。但是，在采访的过程中，我们发现，一些上规模有想法的企业，如茅粮、鹤庆乾酒、澜沧江、玉林泉等纷纷有向外扩张的欲望。这些企业站在“想跨出去”的门槛上张望着，他们不知道自身的优势在哪里？自身的短板是什么，谁能带头走出去？

现状：地产酒与外来酒的较量

在采访过程中，记者发现云南白酒市场是一个特点鲜明的市场。其一，地产酒销量最大的产品主要集中在15元以下的光瓶酒其二，外地品牌如金六福、泸州老窖系列、贵州酒等盒装酒与本地的方瓶地道云南、茅粮白酒、五星鹤庆乾酒、杨林肥酒等盒装酒在拼市场；其三，价格在200元以上的高档酒基本上是茅五剑的天下。

1. 滇酒低位盘整

从以上三个特点不难看出，滇酒板块的现状还处于价低量大的阶段，同时各地州条块分割明显。比如，如玉溪地区的高粱酒，昆明地区的包谷酒；滇西地区的米酒等，虽然大家都是小曲清香的生产工艺，酿制出的却是不同酒体风格的白酒，这样导致了各地区消费者比较固定地喜欢某个口感。用云南最大的食品配送经营管理公司老总李云昆的话来说：“云南地产白酒能够在全省铺开做并不容易，因为各地的饮用方式，差异化的口感就是很难逾越的鸿沟。”这位以流通为主的大户从上世纪九十年代就开始做酒水生意，对云南的地产酒很熟悉。“云南的高山大川多，在交通不便的年代，各地州之间的贸易往来并不多。这可能是导致各地白酒各自为政的原因吧。”李云昆说。

“云南的地产酒很怪，其实质量口感各方面都不差，就是卖不起价钱。”不论是包装清秀的茅粮小清，还是现在流通量很大的鹤庆大麦酒（这两种都是光瓶酒），零售价都只有8元～12元。一些盒子装的老品牌如杨林肥酒、玉林泉等，价格也是在30～50元左右。有经销商说：

“之所以这些地产酒有量，一是数十年的产品积淀，而是价格实在太便宜了。”

2. 外地酒中高端称雄

在大部分地产都陷入10～15元/瓶的“价格怪圈”时，外地酒大举进攻市场。其中以川酒和黔酒为主。在高档酒市场上，（即价格在200元以上）基本是“茅五剑”的天下。特别是茅台酒，“基本上成了全省政务商务酒专用酒了”，有经销商抱怨道。据说，2006年茅台单品在云南的销售额是7 000多万，这个成绩是很多地产品牌的总和。

除了高档酒被外地酒垄断外，价格在80到160这个区间主要被泸州老窖特曲、永盛烧坊、老酒坊系列酒、郎酒等川酒品牌表现活跃。“以前五粮春、五粮醇的市场也做得非常好，但是后来因为厂商之间的关系发生变化，厂家强行实行渠道扁平化，经销商就不愿意再做了，不然，地产酒还要多几个竞争对手。”有经销商透露。

在30～50元/瓶这个价位段，除了银剑南、泸州醇、金六福等品牌外，贵州清酒厂的青酒销量也不小。据知情人透露，青酒一年在云南的销量也有上千万。

由此可见，在每个价格区间，外地酒都有相应的主打品牌，滇酒企业如不形成合力，很难敌得过征战经验丰富的外地酒。

滇酒的短板在哪里

据了解，云南省白酒的年产量约有30多万吨，而市场容量保守估计也有20多亿元。在这样大的市场里，为什么地产品牌价格卖不高，为什么市场做不精，为什么品牌叫不响？

1. 地产酒各自为政

白酒作为传统的产业，生产门槛低，各地州根据当地的优势资源，选择用不同的原料作为酿酒的主要材料，因此酿出来的酒在口感上各有特点。这些地州消费者长期饮用本地生产的酒，对其他的地方生产的酒比较难以接受。比如，玉溪地区的白酒消费就很典型。玉溪由于当地卷烟厂的效益好，这里的消费水平也比较高，很多品牌都想分一杯羹，但是不管是云南本地酒还是川酒黔酒，都不容易攻打进去。因为当地消费者就喜欢喝地产白酒九田酒和玉林泉，这种酒的酒精度数在35～42% vol之间，价格在10元左右一瓶，据说这两种酒占据了至少80%的市场份额。

2. 群龙无首，难以形成合力

目前，滇酒板块中规模大一点的企业产值上都差不多，白酒的销售额主要在5 000～7 000万元之间徘徊。大家都在当地有固定的消费群体，私底下谁也不服谁。这样就造成了滇酒板块群龙无首，霸主难出的局面。“如果让茅粮来运作品牌，鹤庆乾来酿酒，澜沧江来分销，云南白酒的水平可能就会有一个很大的提升。”经销商李云昆的这句玩笑话，其实很有意思，至少它代表了经销商对滇酒企业优缺点的认识和对这个市场寄予的希望。

“整合云南白酒企业，突出小曲清香型的优势，是我们协会一直想做的事情，但是由于云南白酒企业比较分散，缺少强有力的龙头企业，很难形成合力。”昆明酒类行业协会秘书长方志强说。有厂家认为：“并非外地酒的质量比本地酒高多少，而是许多前来挑战的都是名酒或者名酒的系列酒，它们有名酒这个可供背书的品牌价值，做中高档市场更有优势。”

3. 对自身的风格认识不足

在走访市场得过程中，很多厂商都认为，小曲清香型应该是云南白酒最突出的特点和风格。但是，往往在执行过程中，很多厂家却是左冲右突，一会儿开发浓香型的酒，一会儿又回来做小曲清香型的酒。品牌没有确定的方向，自然失去了个性。“大多数云南白酒企业不知道云南白酒的优势在哪里，什么才是滇酒的风格，因此容易在竞争中迷失自己。”协会一位工作人员说到。

应该说，酒协人员的话点中了云南白酒的“穴位”。纵观近年来白酒市场异军突起的区域品牌他们都有自己鲜明的个性。比如，苏酒的今世缘和洋河蓝色经典。这两个品牌在上世纪九十年代中期，都遭遇了生死考验。从高沟酒厂到今世缘，通过改制和品牌创新，今世缘通过对“缘”文化的塑造和解构，成了产值超过7亿的新秀品牌；而洋河的蓝色经典以绵柔的独特风格，成为一些地区高档酒的新贵。而滇酒企业仿佛没有搞清楚“我是谁”的问题，因此也无从发挥自己的优势。

4. 低价竞争，哪有钱来做品牌

记者在采访中，地道云南董事长杨坚指出：“滇酒企业在低价竞争是导致品牌做不上去，市场做不大的主要原因。”他说：“其实他们不是不想做品牌，但是一瓶酒10元钱，哪有利润拿出来做品牌推广。”低价、血拼价格，几乎成了地产酒最致命的问题。这种竞争状态导致的渠道的混乱和微利，让经销商也伤透了脑筋。“我之所有放弃地产酒而卖外地酒并非我不热爱自己的家乡，只是很多厂家不是在踏踏实实在做市场，而是一旦某个酒卖火了，厂家就开始想方设法降低成本，酒质不能保证，包装也变得更差，你说我们怎么做市场。”一位不愿意具名的经销商如实说。

茅粮集团董事长在谈到这个问题时举了一个例：“比如一款酒你定的终端价格是30元/瓶，很快，口感相似的产品就出来了，只卖25元/瓶。以此类推，大家互相杀价，很快这个酒还是回到了15元以下的水平，这就是现在为什么大多数地产酒都在10～15元这个价格怪圈中徘徊的原因。如果价格再低肯定要亏本。亏本的生意没人做，但微利的生意大家都爱抢。”

5. 渠道运作粗放

昆明和聚鑫商贸有限公司是金六福在云南的代理商，公司老总徐冠卿告诉记者：“在云南市场，金六福在婚寿宴市场至少占了60%的份额。”由于地产品牌在市场运作上比较粗放，基本上没有对销售人群进行细分，而金六福在婚宴和节假日的品牌宣传上做得细致而且到位，金六福基本上成了云南婚宴的专用酒。“比如在昆明婚宴市场比较好操作。一些大型的婚宴酒店如船舶连锁酒店、东南亚酒店等平均一个月有3 000多桌婚宴，而且这些婚宴都包括酒水在内，价格一般都是488元/桌起价，其中除了菜金、酒钱还包括其他结婚配套的20多种服务，被当地人成为婚宴批发店。我们给他们合作了5年多，客情关系处理得很好，再加上金六福的品牌文化在哪里，即使地产酒也想做这个市场，但是都很难打开销路。”徐冠卿说。

金六福靠包席抢占了中档的婚宴市场。而在这个细分市场，地产品牌即使想挤进来，但是由于品牌没有号召里，消费者同样不买账。

谁能扛起希望的大旗

面对诸多的问题，云南白酒的出路在哪里？谁能扛起这面沉重的“旗帜”？滇酒企业在行动吗？“现在很多滇酒企业也在积极行动，寻求突围的方法。”昆明酒协方秘书长说。

1. 茅粮：高举小曲清香的大旗

“产品结构上来看，茅粮集团的产品是比较完整而合理的。从10元/瓶的茅粮小清到300多元/瓶的云南茅粮，云南省各主流价格段，他们都有自己的产品，而且铺货都比较到位。”云南当地的大经销商李云昆说。同时，记者在多数餐厅都能看到茅粮白酒、茅粮闲品，茅粮小清这几款为集团公司带来大量现金流的产品。云南茅粮酒业集团有限公司副总吴治成说：“茅粮的文化理念是专心酿酒，酿什么酒？肯定是小曲香型的白酒。曾经我们也尝试过开发一些定制产品时，酿的是浓香型白酒，现在集团已经开始砍掉浓香型的产品，全力以赴地搞研发，搞技改，就是想提升小曲香型的品质，打造有云南特色的高档酒。”

为了达成这个目标，2006年8月16日，茅粮集团邀请了中国酿酒工业协会理事长王延才、中国酿酒工业协会白酒分会顾问沈怡方、中国酿酒工业协会白酒分会副理事长粟永清等多位专家参加了新品——云南茅粮的品鉴会。会上专家对小曲香型的这款酒给予了肯定。沈老先生的意见：“云南小曲酒，大胆地往外走。”给了当地品牌极大的信心。正如茅粮集团董事长李宗城说的：“作为云南白酒的第一品牌，茅粮不扛棋小曲清香型的大旗，我们就找不到能代表云南白酒的特色。我不赞成云南的白酒企业去做浓香型的酒，云南的白酒企业能做得过川酒吗?”

有了专家对技术的肯定，茅粮集团对小曲

清香酒充满了信心。“很多人认为清香型的酒是低档酒，浓香型的酒是高档酒，地产白酒没有勇气把产品定价在 100 元以上。云南茅粮将成为第一个敢于跟浓香酒叫板的产品，而且，我们希望这款酒能让云南白酒重塑自信。”李宗城说这话时非常认真。

2. 杨林肥酒：打造特色产品走出去

现在云南市场上，能卖到 60 元以上的产品，大多数是浓香型的。“很多人先入为主地认为，清香就是低档产品，浓香就是高档产品，其实这是不对的，小曲清香也可以做高档酒。”云南龙润酒业有限公司总经理李林华这样认为。

从 2004 年 10 月，龙润集团收购了国营酒厂杨林肥酒厂之后，集团公司加大了对高档酒市场的调研，开发了“云南绿”高档酒。这支零售价在 200 ~ 300 元的高档酒将云南少数民族的文化和白酒结合在一起，远销东南亚。目前，在一些外埠市场也开始一种崭新的运作模式。“比如，我们现在在福建与一家经销商进行深度合作，经销商了解市场的需求，厂家保证产品质量，通过裸价销售的方式，定价权交给经销商，厂家只保证出厂价里有合理利润就行了。”李林华说。正是有这种战略合作的心态，杨林肥酒在“走出去，与经销商进行深度合作上”探索出一条道路来。

当然，龙润集团的主业是药业，这位曾经在保健品行业从事营销工作的老总仍然对“营养酒”情有独钟。在与记者讨论云南白酒的出路时，李林华总经理强调说：“云南有丰富的动植物资源，做露酒可能是一个出路。”

据了解，杨林肥酒已经投入 500 多万改建老厂，并积极开放一些新的产品去适应不同的渠道，比如开发的 100ml 的袖珍品与云南旅游业业主合作，进行捆绑销售；开发出古滇醇酒准备投放餐饮终端，与外地酒一争高下。在李林华眼中：“云南白酒并非没有希望，只是现在知道、了解它的人太少了。”

3. 地道云南：会营销才会有出路

除了传统的云南白酒企业在市场中发力外，一个新的地产品牌也表现出强烈的竞争力。这就是地道云南酒。

地道云南酒的老板是业界大名鼎鼎的蓝血创业公司董事长杨坚。蓝血公司曾经代理了金剑南、永盛烧坊，也是云南红最大最重要的代理商。据杨坚的说法，2003 年到 2004 年，公司的业绩突破了 3 个亿，在与名酒合作的过程中，锻炼出一批营销人才，也拥有了强大的终端网络。但是，受制于厂商合作的利益问题，2005 年，蓝血创业收购了云南本地的一家白酒厂，创出了自己的牌子——地道云南。“云南白酒在营销上的落后就是我们的机会，在 400 多家本地酒厂中，做高档酒的只有 2 ~ 3 家，我们目前价格最低的酒都是 30 元以上的，因为对于中高档这个消费群，我们有网络，有经验。”杨坚说。

对于曾经是专业的酒类品牌运营商而言，地道云南在营销手法上显得更新颖和犀利。在上市之处，地道云南就同时启动了餐饮终端和大型超市，在产品上市时大造声势。同时，通过细分餐饮酒店，把在云南上千家餐厅酒楼分为旗舰店、起量店和陷阱店，根据酒店的实际情况开展一店一策，并且每个月对数量众多的酒店促销人员进行“推广之星”的评选。“做白酒没有什么诀窍，就是执行执行再执行。”其品牌总监李猛说。

有经销商评价说，“如果地道云南继续保持这种推拉结合的势头，必定会有所成就。”在这些经销商眼里，地道云南成了唯一正面与川酒交锋的勇士。

为了保持这种强劲的势头，杨坚说：“公司将从 7 月起，陆续投入 900 万打造品牌运作市场。地产品牌基本上都是 10 元以下的酒销量大，低档酒没利润这是世人皆知的事情，他们不可能拿这么多资金来打市场。”

地道云南正是因为有了先进的营销手段，才使自己在短期内迅速崛起。正如杨坚判断的，“在一个落后的市场，只有会营销才会有出路。”

后记：靠天靠地还要靠自己

之所以关注滇酒，是因为在 2006 年底的四川省白酒工作年会上，酿酒专家曾祖训在谈到白酒的同质化问题时，提出了“云南的小曲清香型其实是很有特点的产品，而且在当地市场表现活跃”的观点。随后，在采访过程中，有人却用“苦苦挣扎”来形容滇酒的现状。为什么一个有特点的酒却走不出来？

随着采访的深入，我发现这些问题不是一天两天造成的。有人抱怨：“白酒产业在云南与烟草和旅游行业相比，是一个小行业，从上至下，政府重视不够”，因此出现了“小而乱”的局面。当我们把更多的原因归结在外部环境时，我们又花了多少心思去“内省”呢？产品质量问题，厂家的心态问题，商家的营销能力问题，这些都不是政府出台一纸文件就可以解决的。

云南白酒要走出去，靠什么？除了上天赐给我们的五谷丰登，山美水美，更多是靠我们自己。正如茅粮集团的董事长说的“没有战略的企业，不能说是好的企业，只有把白酒当作事业来做，而不是当成产品来做，云南的白酒才能有希望！”

（杨静　薛礼）

普必恩谈云南酒业

现任中国白酒专家技术委员会委员、国家级白酒评委、国家注册高级品酒师的普必恩从事云南小曲白酒生产研究二十多年，多次参与全国性白酒行业的相关活动，先后参加了云南省小曲清香型白酒地方标准的制定、全国浓香型、清香型、米香型国家标准的修订、中国小曲白酒国家标准的制定等。

普必恩认为，云南酒业的发展应在三个方面下工夫：

1. 发挥云南小曲白酒的特色优势，建立自身原酒生产基地，提高品质、扎稳根基。

云南小曲清香型白酒由于其工艺、气候、土壤等因素，造成了其淡雅清香、柔绵的口感，顺应了国内消费嗜好由浓郁型向清爽型口味的变化，也符合国际流行的白酒消费口感特征。它既能直接饮用，也是配制各种保健酒最好的作料。因此云南小曲酒一定要保持好自己的传统优势，引进任何香型白酒或发展什么新工艺白酒都是不现实的。云南白酒业的发展无捷径可走，只有老老实实地按照传统的生产工艺，建立自己的原酒生产基地，提高产品的内在质量和包装档次，按照市场经济规律的客观要求和现代经营理念进行有效的资源整合，把具有鲜明个性特征的小曲白酒推出云南，走向世界。

2. 树立云南名牌白酒是发展云南小曲白酒的当务之急。

云南有名烟，但无名酒，这始终是云南人的遗憾。云南人为什么不借助名烟来发展名酒呢？云南白酒业的发展思路应该是扶优限劣，要有意识、有目的地选择三四家质量稳定、工艺成熟、口感适合大众口味、有潜在消费群体、经得起扩大再生产后市场检验的地方名酒作为发展重点，先树立名牌形象，再借名牌优势发展壮大，积极稳妥地站住脚跟，力求更大的发展。

就云南省而言，毫无疑问，云南经济当然以“两烟”为龙头，作为旅游大省，旅游业潜力也十分巨大，值得投资和发展，但把财税收入仅次于烟草行业的白酒作为云南新的经济增长点，无疑也是振兴云南经济的重要组成部分。在市场经济条件下，欠发达地区名牌的树立还得靠地方政府的支撑，云南小曲白酒独具特色，只要政府有选择、有重点地对那些管理严密、品质优良、有发展潜力、值得深层开发的地方名牌企业进行资金、政策等方面的重点扶持，树立云南名牌形象，稳步发展，最终达到规模化、集团化生产，从而引导和推动全省整个白酒业的健康发展。

3. 培养一支既有理论知识，又有丰富专业技能的白酒工程技术队伍，是云南小曲白酒持续发展的根本保障。

任何企业的竞争，实质上都是人才的竞争。企业人员的素质决定着工艺的创新、质量的优劣、新产品的开发、市场的营销和企业的管理水平等。云南省白酒是典型的小曲传统白酒，在长期的酿酒实践中，涌现出一批具有精湛技艺的酿酒师，但由于历史和现实的原因，云南白酒业出现了经验型人才和科技型人才相互脱节的局面，有实践经验的技术人员理论基础差，面对科学技术的突飞猛进，难于求得更大的发展；而近几年从大中专院校毕业聘用的有关技术人员，由于所学专业是酒业发达省份通用的理论知识，与云南省传统小曲白酒有本质的区别，书面上的理论知识与云南省实际的操作规程相差甚远，纸上谈兵的现象十分突出。因此，云南省白酒业求得后续发展的当务之急，一是选送企业现有技术骨干到有关部门进行理论知识的深造，多参与行业协会举办的各种培训班，丰富知识面，做到理论与实践相结合；二是把有关院校毕业聘用的技术人员充实到生产第一线，进一步加深理论到实践的转化，为云南白酒业的深层发展奠定基础。同时注意培养和引进优秀的企业管理人员和市场营销人才，用现代的经营理念打造云南白酒业，促使云南白酒业全方位地进入市场的竞争，塑造和提升云南白酒业在全国同行业中的形象和地位。

普必恩说，随着国家对酒类税赋结构的调整和税收征管力度的加大，进一步规范生产许可证的审查措施，加大对无证经营的查处，云南白酒业将走向健康有序的发展轨道。只要政府重视，行业协会引导，企业自身的努力，21世纪的云南白酒业将有一个良好的开端，展望未来，我们充满信心，满怀希望。

（玉林泉酒业）

昆明酒协助推云南“酒谐”

“滇烟川酒”、“云南有好烟好茶无好酒”，这是外界对云南的烟茶酒的普遍印象。为了全面提升云酒品牌知名度，助推云南酒业早日驶向中国酒业发展的快车道，由昆明酒类行业协会等部门承办的首届云南酒业博览会在昆明举行，这是云南酒业发展的一大盛会。云南酒类企业对此给予了高度的关注，各家企业蓄势待发，以饱满的热情和充分的准备迎接这个为自己量身定做的盛会。

对于方兴未艾的云南酒业来说，举办首届云南酒业博览会的意义任重道远。作为承办方的昆明酒类行业协会更是传达出举办此次盛会的深层意义。云南酒业工作的组织者、现任昆明酒类行业协会常务副会长、秘书长的方志强认为：“云南酒本身不缺资源、不缺资金、不缺文化，那云南酒到底缺的是什么呢？云南酒业的发展方向到底又在哪里？这些都是需要云酒人思考、探讨和改良的问题。”

云南是酒类消费大省，也是酒类生产大省。云南悠久的历史，辽阔的地域，多彩的文化，丰富的酒种，是华夏文明的重要组成部分。滇酒的生产历史，最早可以追溯到秦汉，唐代曾十分繁盛。在近代，滇酒也有不俗的表现，曾较长时间领先黔桂，其中还不乏在全国都有一定知名度的品牌。但是，在近十多年的白酒市场变化中，滇酒被远远地抛在川酒、黔酒、陕酒、豫酒、晋酒、徽酒、苏酒、皖酒等八大区域的后面，省内中高端市场，充斥着外来品牌。

近年来，云南省的一些地域品牌取得了较快的发展，在中高端市场也有较好的表现，尤其以“云南红”、“香格里拉”为代表的云南红酒在国内市场的知名度越来越高，云南酒的复苏，已初露端倪。但作为一个酒文化和资源丰富而独特的省份，云南酒存在缺乏主导市场的大企业，缺乏高端市场的产品，缺乏在大区域营销品牌的三缺现状，希望能借助本届博览会，推动云南酒业迈向一个新的高度。

云南白酒酿造业虽然目前困难重重，但也大有前途。关键是先进思想和优秀人才的加强，以及资金、技术的引进、工艺的改进、市场的开拓、品牌的宣传等。“云南无好酒”在普通人看来最多只是一大憾事，但云南白酒业并非没有希望。从传统来看，云南省葡萄酒产业的“后发劣势”比白酒更加明显，但短短几年，云南现已成为西南葡萄酒生产强省，这说明云南的资源优势、传统工艺只要与外来资金及现代技术有机结合起来，这是云南白酒发展和复兴的机遇。目前，云南除了几个红酒品牌在全国有一定影响力外，白酒在全国还没有真正叫得响的牌子。作为一个酒文化丰富而独特的省份，造成如此尴尬的局面，令人感慨颇多。

近年来，云南省内的一些地域品牌取得了较快的发展，在中高端市场也有较好的表现，滇酒的复苏，已初露端倪。但滇酒存在缺乏主导市场的大企业，缺乏高端市场的产品，缺乏在大区域销售品牌的三缺现状，复兴滇酒任重道远。云南酒业未来的发展，就必须立足自身，充分整合独有的各种优势资源，不能像川酒、黔酒一样把发展白酒作为重中之重，而是要“不走寻常路”。为了更好地展示云酒风采，推动地域民族品牌的建设，为云酒创造商机，加强云南酒类行业生产、流通等相关企业间的交流，促进云南省酒类行业的发展，经云南省商务厅批准，由昆明酒类行业协会等承办的首届云南酒业博览会在昆明隆重举办。彰显了该展会主题“振兴云南酒业，展示中外名酒精品，弘扬民族传统酒文化”。

成立于1998年的昆明酒类行业协会，始终本着“平等、协调、互助、振兴云南酒业”的发展服务理念，十余年来为了云酒的开拓、创新、发展尽心竭力，在助推云南酒业和谐发展的进程中发挥了举足轻重的作用。协会2002年创办了云南酒类行业内部交流刊物《云南酒业》。2003年还开办了云南省第一个酒类行业专业网站云南酒业网，为云南省广大酒类企业内部交流和全国相关行业组织建立了良好的关系。

（马蕊　魏延昌　王文龚）

云南酒企剑指江湖

在平常人的眼中，云南代表了一种根植于红色土地上的浓重而神秘的地域文化，在这片浓重而神秘的土地上以上好的卷烟享誉世界，但说到白酒，便无言以对。所以，广为流传的说法是：“云南有名烟却无好酒”。云南的酒在中国传统的酿酒产地中，占有的席位并不重要。难道说云南的酒就走不出去吗？因工作关系，笔者走访了云南省内的一些酒企，在与企业的接触中，笔者认为他们如果在本地市场是得益于“天时、地利、人和”的天然优势的话，云南酒走向全国市场的突围应是一种强势地域文化逐渐向产品或者品牌转移甚至增值的过程，而且云南酒企业也应该在广告宣传和产品包装上巧妙而充分地与自己特有的地域和民族文化特色结合起来，这样才有发展之地。

纵观云南酒类市场，各省厂家，各种品牌，风风火火，竞争激烈。但细细数来，在这场硝烟弥漫的酒战中，能浮出水面取得骄人业绩的本地酒业确实不多。特别是白酒市场，长期以来一直被川酒、黔酒等省外名酒所垄断，云南白酒，在实力雄厚的川酒与黔酒的夹击下，显得黯淡无光。

笔者在走访这几家酒企业过程中，也了解了他们的想法，他们认为云南省有较多的低人收者，而且这些人口占总人口的60%以上，“他们需要什么，我们就做什么！”不错，作为一个产品，其生命力在于市场基础，基础越大，市场越大，销售也越大。

在哲人看来，有即无，无即有；在企业家看来，多则难，少则易，无则有。多——中国白酒企业不可谓不多，市场竞争更不可谓不激烈。在这个硝烟弥漫的战场中，却鲜见云南白酒的身影，即便在家门口的云南市场，上演的也是外省兵团间的战斗，云南本土白酒所占据的仅是方寸之地；这也正回答了“少”的含义——有竞争力、能与省外白酒品牌乃至名牌短兵相接的本土白酒少得可怜，而云南本土浓香型白酒，则是无、是空白。空白，就意味着巨大的商机和市场空间。

“云南无好酒”在普通人看来最多只是一大憾事，可在彭汝刚、李林华、崔海波和肖天洪眼中，除了同样有同样的感受外，他们还发现了其中蕴藏的发展机遇，而且验证“云南不光有好烟更有好酒”的机会也已经到来。

云南白酒酿造业虽然目前困难重重，但也大有前途，关键是资金、技术的引进、工艺的改进、市场开拓等问题要处理好，云南白酒业并非没有希望。如果从传统来看，云南省葡萄酒产业的“后发劣势”比白酒更加明显，但短短几年，云南现已成为西南葡萄酒生产强省，这说明云南的资源优势、传统工艺只要与外来资金及现代技术有机结合起来，云南白酒业的复兴并不是痴人说梦。

杨林肥酒：打造“中国第一绿酒”

原杨林肥酒被龙润集团成功收购，这也证明了云酒的市场潜力。杨林肥酒，一个云南的百年老字号，一支飘香有半个多世纪的酒，在经历沉浮之后，今天正以新的面貌吸引着越来越多的目光。云南龙润集团收购原“云南杨林肥酒厂”改制以来，通过注入新的绿酒文化内涵，重新发掘认识中国传统的绿酒文化，“杨林肥酒”也打破了发展瓶颈，迎来了大发展的机遇，企业体制僵化、机制不活，没有有效的投入产出机制、技改和市场拓展难以展开，资金人才匮乏等劣势迎刃而解；深远的历史文化内涵、云南著名商标、较强的生产储藏能力等优势得到释放。

龙润酒业利用云南的生物资源优势，依托龙润集团在资金、管理、新产品研发、市场营销方面的优势和先进理念，传承百年历史，融合现代工艺，专业研制，做大、做强杨林肥酒，为发展健康产业作出贡献。杨林肥酒有限公司副总经理崔海波表示，杨林肥酒其一得益于龙润集团调整经营战略，改变经营方针的有效实施。龙润入主杨林肥酒厂后，积极与当地政府合作，妥善安置职工，保留“杨林肥酒”的百年老字号，针对消费人群对产品进行系列化开发，以养身健康为主线，打造“中国第一绿酒”为目标，在中国酒文化中发掘健康内涵、弘扬现代健康理念，让“绿色”走向全国，让源远流长的中国酒文化与健康结盟，再现名酒品牌新亮点。其二是得益于龙润集团强大资金注入，对软、硬件的更新改造。龙润集团按照“食品卫生法”要求，对企业厂房、设备、环境和员工进行改造和再培训。使其年生产能力达到5 000吨，年灌装能力可达10 000吨。同时加强系列酒研发，研制推出了健康营养酒——量力酒、至亲酒。目前，已有肥酒系列、喜酒系列、清酒系列、保健酒系列共20个产品。其三是得益于环境的不断优化。政府各职能部门积极转变观念，树立“工业强县”理念，增强服务意识，提高办事效率，赢得了外来投资者的信任。现已重现名酒本色，取得较好的社会效益和经济效益。

可以预见，注入新的文化内涵、管理经营模式、资金技术支持和营销能力的杨林肥酒，在“中国第一绿酒”的旗帜下，百年老字号必将焕发新的光彩。

龙锶源：力求建成云南最大的白酒生产基地

云南龙锶源酒业有限公司董事长肖天洪为原云南峨山玉林泉酒业有限公司董事长。肖总具有多年从事白酒生产经营管理的丰富经验，在云南酒业界享有较高声誉。酒厂的技改扩建立足于易门得天独厚的自然优势。（即山泉丰富，天然含锶，有益人体健康）在原易门高粱酒基础上，开发白酒新产品，把久负盛名的易门高粱酒推向更高的境界，立志把易门建成云南名酒的故乡。

业内人士都知道，从投资主体、管理层到品酒师、酿酒师，再到车间技术骨干、市场销售人员，精心打造九田酒品牌的是原云南玉林泉酒业有限公司的原班人马，按当前的生产规模，每年计划酿造优质纯粮白酒5 000吨，并于2006年农历六月二十四彝族“火把节”期间（公历7月19日）抢出首批产品，在易门野生菌节期间大量上市。

笔者在易门跟随龙锶源酒业有限公司销售队伍走了易门几个镇，发现九田酒持续热销，从乡村到“农家乐”到城区宾馆酒店，随处可见“酒逢知己，人喝九田”的热闹场面，在当地白酒市场上掀起了一股强烈的“九田风暴”，不仅引起了广大消费者的热情追捧，而且牵动了业界同行的神经。

龙锶源酒业投资人肖天洪敏锐地意识到，中国酒界发展到今天，大致经历了作坊酒、工业酒、品牌酒和文化酒等几个阶段，作为目前酒界发展最高层次的“文化酒”来说，不仅要满足消费者的物质需求，而且要在产品的命名、酒体设计、口感勾调、广告促销上给人精神需求、审美需求和文化心理需求等方面的满足，要达到“以文载酒”的境界，以酒文化去寻求新的增长点，拓展自己的一片市场空间，为此，龙锶源将在3年内达到年产10 000吨基酒的生产能力，建成全省最大的白酒生产基地之一，相信龙锶源酒业有限公司一定会在云南酒企业中脱颖而出。

澜沧江：扩大啤酒同时开发“云南老窖”高端白酒

云南省地处西南边陲，由于经济发展和地理交通等特殊原因，啤酒工业起步较晚。但近两年来，境内的澜沧江企业集团发展较快，通过对啤酒生产线的技改和扩建，已初步形成规模，并逐步培育出啤酒业的民族品牌，其系列产品已覆盖云南全省，市场占有率在60%以上。据云南目前的经济发展和生活水平来看，云南啤酒目前的总产能力还不足全国平均数的一半，与东部沿海地区相比，差距甚远。因此，云南的啤酒市场大有潜力，云南的啤酒工业方兴未艾，这无疑是云南在西部开发战略中的又一个亮点。

再者，云南山清水秀，气候宜人，名川大山遍布全境，到处都有取之不尽，用之不竭的山地矿泉，资源优势极为丰富，具有酿造美酒、铸造品牌的得天独厚的先决条件。这些正是外地啤酒厂商，尤其是“巨啤”商家纷纷看好西部酒类市场，登陆云南市场的缘由所在。因此，数十家啤酒企业不仅从战略上选择和加入了云南的市场竞争行列，而且在战术上不惜代价地使出浑身解数，从多元化、多层次的消费市场出发，奋力拼争有可能属于自己的一片天地。从目前竞争的特点看，云南本地的啤酒厂家充分利用自己的区位优势，竭力从口味质量和保鲜度以及价格和售后服务上展示自己的竞争实力；外地品牌又以各种宣传攻势尽力突出自己的品牌和企业形象，更以新颖的包装和不同的规格以及让利促销等方式来迎合云南消费者的审美心理和消费需求，真正把自己产品的消费者视为上帝。

澜沧江集团副总彭汝刚说，云南的啤酒消费潜力主要还在广大的农村地区。但由于受经济发展和消费观念、品牌宣传等条件的制约，要在全省农村以啤酒消费取代白酒和自制“土酒”，的确需要一个较长的时间周期。昆明作为省会城市，不仅是云南的主力市场，而且也是无可替代的前沿市场。因此，作为厂商，如何尽力攻占这个重要的主力和前沿市场，仍是摆在自己眼前的首要问题。因为无论是境外厂商还是境内企业，只有在昆明牢牢地占据一席之地，才有可能在将来去征服整个云南大市场。

其次，他们也开发了“云南老窖”高端白酒，他们认为在云南没有能代表云南特色的酒，“云南老窖”将打造成云南白酒第一品牌；澜沧江要打破社会上对云南无好酒的观念和偏见。近年来云南澜沧江白酒生产企业的不断努力，也取得了可喜的成绩，云南澜沧江集团年产2万吨的白酒厂已经在建，云南白酒正在向规模化发展，通过不断学习省外先进经验，夯实基础，走出困境将大有希望。

小　结

在酒行业中，云南缺乏上规模、上档次的大型龙头企业，更缺乏能在全国叫得响的知名品牌。云南白酒目前主要在省内销售，而云南本地的中高档白酒市场又被省外品牌瓜分，这导致了云南白酒获利不多，难成大器。云南白酒走出云南的捷径何在？他们都认为应该依托云南省市场，借力于云南现在发达的旅游资源，在酒文化的地方差异性上做文章，在传统工艺改造、民族特色挖掘上下工夫，创出几个具有浓郁民族风味、云南地方特色的拳头品牌，力争让那些喜饮酒的旅游者到云南来都能尝一尝，留下深刻印象，不但为将来走出云南作铺垫，而且也增加了产品在本地市场的占有率。云南酒企业应该密切关注全国白酒市场的消费动向，适应流行趋势，研制出适合消费大众口味的新产品，为将来的市场开拓作准备。

（《中国酒业》　张小东）

云南白酒方向在哪里

笔者有幸和云南许多酒业同仁一起参观了在重庆首次举办的2007年春季全国糖酒会，充分领略了山城糖酒会浓烈的气氛。走出重庆江北机场，既感到了一股热烈的气氛，让所有人都兴奋起来，纷纷议论，随之而来的是各种酒类生产技术营销策划、产品推广等各种各样活动、论坛、讲座的邀请电话和信息。中午一行人稍事休息，便加入到这个行业盛会的洪流中。几天来不断地参加活动，结识新朋友，巧遇老朋友，忙得不亦乐乎。回头一想，不禁为云南的白酒担忧起来。

近几年云南白酒业应该说进入了一个高速发展期，与20世纪90年代比有了显著的进步，产生了一批龙头企业。现在云南省产品畅销的生产企业基本上是近五六年不断发展稳定下来的，一些新生力量异军突起，但从产品结构及企业发展状况看，许多白酒企业徘徊于传承和创新、眼前利益与远景规划的十字路口，在迷茫中艰苦找寻自己的方向。云南本地产白酒以小曲清香型为绝对主导产品，多为单粮型酒，玉米、高粱、大麦、苦荞、大米、青稞等原料丰富，发酵方式有陶坛、水泥坛、地窖、塑料桶发酵等多种形式，发酵周期长短差异较大。不同原料酿制的酒风格迥异，消费群体有明显地域性，而有典型风格，质量稳定的产品不多，在全省大范围内被广大消费者接受的就更加屈指可数。澜沧江集团经多年的苦心经营，建立了强势的流通网络，“澜沧江小白”、“阿秀”等产品却始终没有做出自己独特的风格，也未能表现出应有的质量档次和水平，市场出现萎缩，彷徨中主打浓香型的“云南老窖”似乎与自身的优势和地域特点背道而驰，难成大器。“云南的、中国的、世界的澜沧江！”——这种激情使人震撼，但这种震撼在渐渐消退。玉林泉坚持传统工艺，产品有特点，质量稳定，但影响力仍十分有限，品牌投入乏力，少了一种“舍我其谁”的霸气。地道酒业强势介入云南白酒行业使人充满期盼，但真正是地道的、云南的吗？全新的策划理念和精美的包装设计、成熟的营销渠道，但喝了地道却让人感到逐流的味道。鹤庆乾酒近年市场份额不断扩大，风格较具个性，但产品体系中却难见精品，似乎少了些承担责任的勇气。

近期云南省白酒企业对产品的包装设计理念有了较大的改变，包装形式多样，档次越来越高。但酒是有文化的，有灵性的，在我省众多的白酒产品中却少见文化背景的深层挖掘，多是粗浅的刻意模仿；少有内在质量的精心打造，多了包装形式上的巧做文章。由于我省技术人才的严重匮乏及长期对白酒工艺缺乏科学的系统研究和总结，使许多企业停滞不前，安于现状，感到危机来临却又束手无策。

而今，随着人们消费的多元化，饮酒特别是白酒的危害被逐渐夸大了，云南的白酒如何找到自己的优势，如何抗击外埠酒渐强的冲击，如何应对其他酒种的激烈竞争，方向到底在哪里？

鲁酒、皖酒深深打下了中原文化的烙印，四川的浓香、陕西的凤型、山西的汾酒、贵州的酱香、广西的米酒无不有典型的风格和特点。云南的白酒应该沉下去认真地进行基础研究和总结，提高品质，挖掘文化，弘扬个性。相信自己，云南人该喝自己的酒。

振兴云南白酒，凭几人之力、凭几企业之力，何以所能！

（方志强）

云酒翼会拓市

一场空前酒业盛宴，将为云南酒业弹出最为强烈的音符。

“走出去”，这是“云酒”的发展目标。但要实现这个目标，找回“云酒”昔日的辉煌，云南酒业内部还需要来一次大的“手术”。

首届云南酒业博览会召开，放出云南酒业整合信号。

云南酒业路在何方？这个一直困扰着云南酒业的答案，也许很快就要揭晓。

一

“酒类消费量居全国前3位的云南，在每年酒类消费量近40万吨的骄人业绩中，羞以启齿的是云南本土酒的销量只占20%。”

究其原因，昆明酒类行业协会方志强秘书长在接受采访时说，“云南省酒类企业长期受到技术、资金、设备陈旧、人才缺乏、经营管理落后等制约。企业缺乏品牌，产品附加值低，与四川，山东等差距很大。”

但现在更让人担心的问题摆在了云南酒业的面前。首届云南酒业博览会上，云南酒业虽可以利用这个舞台展示自我，但面对这样的机遇，拥有400多家企业的云南白酒行业，参展企业只有可数的100多家。

100多家，是个什么概念？只是云南酒企业的1/4。另外300多家在干什么呢？企业的经营业绩真的很理想吗？答案自然是：否。

“统计显示，云南造酒的企业、作坊的数字是2 000家左右，但部分企业认为，他们的规模小承担不起参会费用，且产量太小不敢接订单，所以选择放弃。”方志强说。

方志强认为，其中的主要问题是云南很多企业在观念上没有走出去的想法，甚至怕走出去。血拼省内市场，低价成为“法宝”，甚至出现有的酒仅售2元多一瓶的价位。“出厂价才1.2元，都不知这样怎么能保住成本，怎么发展?”

当数百元甚至上千元一瓶的省外高档酒在云南卖断货时，云南白酒行业竟拿不出几种畅销全国的名酒，其总销售收入比不过四川的一个五粮液集团。

“云南产业面临着很大的困境，对这样的情况，我感到很心痛。”方志强说。

“国内许多专家在谈到云南酒业存在的问题时，多数强调的是云南酒厂规模小而散，无主导企业、无知名品牌。此次云南省内有代表性的企业基本上都来参加了，希望通过这次展会让他们能够成为行业的领头羊，帮助他们做大、做强。”

但这只是一个开始，按酒协的计划，这些企业做大后，将对一些小企业实施整合，采用横向联合，甚至收购、兼并等模式，让企业不断得到壮大。最终扶持达到国家水准的企业，这样云酒也许就打出去了。

“云南白酒高端市场基本上是茅台、五粮液占领，中端市场却只有地道云南、玉林泉这样的云南本土酒在唱配角。”

“云南人要喝自己的好酒。”水富三乘酒业有限公司董事长蒋正泰的话铿锵有力。不怕不懂酒，就怕酒比酒。蒋正泰说：“借首届酒博会的机会，醉明月酒将在云南省展开市场攻势。要让所有喝了这种酒的人一喝之后就忘不了，并把醉明月视为心目中期盼已久的好酒。”

龙润酒业有限公司总经理李林华表示，作为本土品牌，杨林肥酒其针对省外市场设计的杨林肥酒系列和云南绿酒系列产品，亮相酒博会，借此拓展全国市场。

二

“通过这次酒博会，我们要找出云南的酒与外地酒的差距。”云南省商务厅副厅长李极明说。云南的就要借展会开拓市场，形成一个酒企群体，大家拧成一根绳，才能真正走出去。李极明分析道：“五粮液、茅台经过多年发展，各自拥有一批客户群，因为中国的市场太大了，大得让人瞠目结舌，而且各地消费者的口感消费能力差别很大。这就要提醒云南产业，我们还有巨大的市场空间去发掘，但必须要走出去。”

“‘云南十佳名酒’的产生，是云南酒业发展新的起点，云酒将以此为契机，把云南的酒卖出去，吆喝出去。”

“加强云南酒类行业生产、流通等相关企业间的交流，促进云南酒类行业的发展，开展云酒的认定是和‘云品工程’有直接的关系。”

“云酒要走出去，机会与挑战共存，风险和利润同在！”李极明说。

（李锦兰）

振兴云南酒业　促进行业交流

近几年来，云南省酒企与外界的联络不断加强，2006 年的成都、西安全国糖酒会、2007 年的重庆糖酒会、广东酒饮博览会、在河南召开的中原食品博览会，都有我省酒业代表前往参观、学习的身影，昆明酒类行业协会也曾多次组织云南省酒类生产企业参观学习。近年来由于国家有关行业政策的有效实施及我省酒类企业积极的开拓进取，我省酒类行业进入了一个高速发展期，产生了一批质量稳定、品牌突出的酒类龙头企业，我们也欣喜地看到越来越多的消费场所多了地产酒种品牌，且这些地产酒也被广大消费者所接受。2007 年年初，由云南省商务厅成功牵头组织了“云南十佳名酒”评选活动，云南酒业也以前所未有的速度在发展。但我省酒业与发达地区的差距仍很大，我省酒企存在的问题很多，生产技术基础差，观念落伍，高质量、高价值产品少，过硬的品牌少，绝大多数为低科技含量，低附加值产品。如白酒产品，我省产能不低于 30 万千升/年，保守地说，云南白酒占 80% 的销售远远低于 20% 外埠酒的产值和效益，我省目前有合法经营的 500 余家白酒企业、7 家啤酒企业、5 家葡萄酒、4 家黄酒及众多的露酒配制酒企业，造成这样的现状是让人难以接受的。

每一个酒类行业工作者都应为促进我省酒类行业发展做力所能及的事。基于这种现实，去年起本协会与昆明国际会展中心、云南广电科技公司多次探讨组织本次大型活动的可行性，其中也有许多坎坷和曲折，最终在各个部门的积极支持和鼓励下大家下定决心，共同全力以赴地投入到本次酒博会的筹备工作中，通过近半年来的认真准备及得到广大酒企热切的期待和支持。

酒业博览会是酒企展示企业形象，推广新

产品，加强行业交流的良好平台，是积极推动本土酒业的发展、扩大影响力的有效方式和手段，为使酒博会内容更加丰富多彩，组委会组织了相关系列活动：

1. 与目前我国酒类行业权威专业杂志《新食品》共同主办酒类营销高峰论坛，邀请省内外专家就产品品牌塑造，市场流通建设及营销管理举行专题演讲。

2. 针对云南省生产技术基础差的情况，邀请我省著名酒类技术专家进行技术讲座，旨在推动我省酒类生产技术革新。

3. 举办第三届“云南八大小曲生产企业”评选活动。我省白酒生产以小曲酒占绝对主导地位，是具有地域特色的产品，长期以来被我省广大消费者欢迎，是云南省绝对的主流白酒产品，本协会已于2002年、2004年成功举办两届，得到我省白酒骨干企业的积极参与和认同，产生了积极有效的影响，为此我协会决定与中国权威行业媒体《中国酒业》共同组织第三届“云南八大小曲酒生产企业”评选活动，为本次酒博会助兴、添彩。希望各白酒骨干企业积极主动、自愿参加。

4. 积极协助部分企业，开展相关酒文化活动，希望借此契机，开创“云酒”品牌建设新局面，引导我省酒企加强质量和品牌建设，引导广大消费者积极消费“云酒”，使“云酒”成为继“云烟”、“云茶”之后我省又一特色品牌。

（方志强）

云南小曲白酒亟待振兴

小曲白酒起源我国，后又传至亚洲其他国家。直至19世纪末，法国的卡尔曼特氏在研究我国小曲的基础上，分离出糖化力极强的毛霉，用于生产酒精，称为“阿米诺法”酒精，才突破了西方国家认为只有使用麦芽作糖化发酵剂才能生产酒类的框架。

目前，传统小曲白酒生产技术从制曲、酿造、生产工艺、设备、香味成分分析、勾兑调配等方面已取得了不少技术成果。但云南省是酒业相对落后的省份，酒企竞争力不强，地方财税贡献小，与云南省丰富的生物资源、良好的酿酒条件不相称，云南酒业就像一座有待开发的金矿。云南小曲白酒是业界公认的最好基酒，但企业普遍缺少酒体设计能力。酒体设计是一门开发名优酒的综合性科学，是酒厂的核心技术，而不是添加剂供应商的一个简单“配方”能做到的，难怪有人惊叹，云南地产白酒品种上千，但风格特征单一，多“散”、“乱”、“差”。是什么原因导致如此惨烈的现实？根本原因就是企业基础不扎实，受到技术落后的制约。企业家应该站在一个高度审视自己的企业，面对未来的发展，不能忘了云南小曲白酒的特征，要加强酿造、勾兑、调配、分析等方面人才的培养，应用气相色谱等现代分析手段，研究清楚自己基酒的风味物质特征与曲药、原料、设备、工艺的变化关系。要加强科技投入，在实践中大胆创新，首先在技术上缩短同竞争对手之间的差距，企业才能发展。

当今的中国白酒是有史以来发展最迅猛、变化最剧烈、竞争最残酷、技术成果最丰富的大基酒、大品牌、大流通时期。云南小曲白酒只有加强技术投入，开发出自己鲜明特色、高附加值的名优产品，才能走出这种在家门口低价竞争，恶性循环的怪圈。

中国传统白酒品种繁多，工艺独特，形成各种风格，质量鉴别主要是检验卫生、理化指标，并通过色、香、味的感观品尝。现代白酒是一个继承传统民族工业，融入微生物学、有机化学、传统分析化学、现代仪器分析、生物化学、食品风味化学、物理学、微电子学等为指导，突飞猛进的产业。

1979年第三届全国评酒会，根据名酒的

香气成分，分为酱香、浓香、清香、米香等香型评优，利用技术进步推动了生产发展，也起到了指导消费的作用。现代白酒企业剑南春集团总工徐占成先生在科研和实践中把名优产品开发开创性地总结为“酒体风味设计”。综合利用现代技术，根据酒体风味物质特征的形成与曲药、原料、设备、酿造工艺等的变化关系，把传统浓香型分为清雅型、浓郁型、绵甜型、醇厚型、丰满型，以满足不同的市场需求。

云南小曲白酒是祖先留给我们的宝贵遗产，因其采用小罐发酵、发酵周期长、出酒率高而具有含而不露的韵味，已经引起了中国白酒界的关注，其香气清新淡雅、口感绵甜醇厚、回味悠长怡畅的特点，正好适应了当今淡雅型白酒消费的热潮。现在，云南制定了《云南小曲清香型白酒》地方标准，云南小曲浓香型白酒的发展前景一片广阔，但就目前的发展现状看，云南小曲浓香型白酒亟待振兴。

（《云南酒业》）

“十佳名酒”崛起之日　云南酒业腾飞之时

——访云南省商务厅副厅长王开良

当数百元甚至上千元一瓶的省外中高档白酒在云南省卖断货时，云南很大一部分本地酒的均价只有2至5元/瓶；拥有400多家企业的云南白酒行业，其总销售收入比不过四川的一个五粮液酒厂；酒类消费量居全国前5位的云南，拿不出几种畅销全国的名酒……云酒产业面临的困境，注定了我省首届十佳名酒评选的不平凡性；云酒产业遭遇的尴尬，更激励了每一位从业者突围的决心。

如今，在众多期盼的目光中，代表云南省酿酒业最高水平的首批“云南十佳名酒”已产生。作为云南省主管酒业消费、流通工作的政府职能部门，云南省商务厅如何看待这一评选的意义；要做大做强“云南十佳名酒”，有什么具体思路。带着上述问题，记者专访了云南省商务厅副厅长王开良。

云酒需告别“小散弱”

“云南有品质非常好的酒，但大部分酒企‘小、散、弱’，这已严重制约云南酒业发展壮大。推出云南的十佳名酒，将有效地改变这一局面。”王开良分析道：云南的酒企众多，基本上是一县一厂甚至多厂。据统计，当前，拿到生产许可证的我省酒企达400多家，如果再加上各种小作坊、流通企业，涉及酒产业的云南企业可达上千家。让人深思的是，不少企业安于现状，有很大一部分云酒就在本县或者本地区就销掉了，他们并未把酒当成一个产业在发展。由此导致的是，我省长期缺乏全国名酒，就连本地高端市场都被外省品牌占据；由于缺资金、缺技术，又导致云酒一直走不出去。

王开良说，从历史上看，出好酒的省主要为四川、贵州、山东等，其实，云南的酿酒条件也是十分优越的。我省空气质量、气候等自然条件良好；生物多样性决定了酿酒原料十分丰富；另外，许多少数民族都有酿酒、消费的习惯，也培育了独特的酒文化……这些因素都是产生全国名酒的重要条件。所以，从数百家酒企中严格评出十大云酒，就是要让他们起带头作用，尽快做大做强，从而改变云南酒企“小、散、弱”的不利发展局面。

“抱团式”走出去

“云南评出十佳名酒，还有一个重要意义：

让企业形成合力，从而营造产业氛围。”王开良说，许多先进行业的发展经验告诉我们，要做大一个产业，必须动员大批企业，让他们形成整体开发市场的意识，而不能只靠一两家企业打“游击战”。他举例道，就像我省的普洱茶产业，在形成消费环境、产业氛围后，整个行业都将受益。又如义乌的小商品市场，其形成一种庞大的经营生产氛围外，所产生的影响力是巨大的。

省商务厅希望，通过政府支持、协会引导、媒体支持等方式，让云南十佳名酒能整体走出去。届时，省外消费者将对“云酒军团”刮目相看。

三步走做大云酒

十佳名酒崛起之日，就是云南酒业腾飞之时。王开良表示，改写云南缺乏名酒的历史，需要云酒“第一梯队”打头阵。为此，我省正采取3大举措：首先，把省酒类技术学会升级为酒类行业协会，让云酒有了自己的协会。今后，该协会将与省餐饮美食行业协会、饭店协会等对接，以积极推荐云南十佳名酒；随着，我省将实施酒类流通随附单制度。云南名酒贴上“身份证”，会更容易打开省外高端市场；另外，我省各相关部门正研究扶持措施，希望从资金、政策等方面，帮助云南十佳名酒做大做强。

云酒壮大需借外力

“云南的一些酒类企业虽然有好酒，但规模偏小，所以每逢外商强势进入时就会喊‘狼来了’。这是一种狭隘的观念!”省商务厅副厅长王开良提醒本土企业，要想做大做强，就应学会借用外力。

他分析道，中国加入世贸组织后，已完全与世界经济融合。面对外资进入，政府不可能去堵，企业也不应回避，要做的事是以开放的态度来合作、交流。许多云南酒企的生产、加工方式还比较原始粗放，这虽然适应了当代人追求健康、生态的消费需求，却不利于企业做大做强。因此，我省酒业积极引入国外大企业，将产生4大好处：可借此打开国际市场；把高科技或技术含量高的生产技术带进来；引入现代管理模式后，帮助云企尽快成长；另外还可让云酒的消费观念、生态环保标准尽快与国际接轨。

“我们的企业不要只满足于‘小而全’，应把眼光放开，可做国内外名酒的原料基地、配套厂。有了名酒的招牌，消费者的信心会更足，认知度会更多，这同样能带动企业发展，当地农民增收。”王开良说。

（《春城晚报》）

云南也可以酿出名酒

随着全球经济一体化的进一步发展，世界酒业名牌向我国的涌来，中国酒业名牌正经受着激烈变革。面对国际酒业强势品牌的竞争与挑战，国人不禁再次想起云南，云南酒业创造“云南造”的机会已经来临。有关人士认为，云南为中国烟业创造了“云南造”、“中国造”，也能为中国酒业创造“云南造”、“中国造”，当今的中国酒业比其他任何时候都需要“云南造”、“中国造”等大腕名牌的崛起。

云南有好烟，也有好酒

有关人士对“云南有好烟，没有好酒”不以为然。他们说，就目前而言，提起烟，云南肯定是第一个让人们想起的地方，因为，名烟红塔山、云烟、红河这些品牌不容你忘记云南。提起酒，人们第一个想起的不一定是云南，因为，茅台、五粮液、长城、王朝这些不会让你首先想起云南。因为缺少能扛起中华大旗的名酒，云南酒人似乎忘记了云南可以出名酒，甚而有人怀疑云南能出好酒。然而，云南不仅有好烟，也有好酒，不仅可以出名烟，也可以出名酒。在2005年春季糖酒会上省外广大市场对云南白酒业的关注就是一个证明。

据介绍，全国糖酒会已举办了20多年了。数万买家、上千展位、数以十亿计的交易额，早已使其有了“天下第一展会”的声誉，成了全国酒类企业和产品展示形象，开拓市场的极好平台，对于“云酒”也不例外。但过去，“云酒”并没有利用好这个平台，少数企业前往参加糖酒会，收效也不理想。这一次，由昆明市酒业协会组织了17家酒类企业组成一个团队，让“云酒”首次以整体的形象出现在全国买家面前。而且，收益不菲。其中值得总结的一条是“云酒”再次引起有关方面的高度重视，给打造“云南造”创造了环境，云南酒人铸造中国酒业“云南造”的愿望，实现走出云南的计划，曙光已露。

“云南造”是“云酒”人的目标

接受采访的云南酒人，不论是企业老板还是相关人士，他们都说“酿造‘云南造’是我们的追求”。有关人士普遍认为，名牌效应已是社会各界有目共睹的事实。以“可口可乐”为例，可口可乐进入中国市场后，用的是中国的水、中国的包装材料、中国的劳动力，但由于有了“可口可乐”这个价值连城的世界品牌，“可口可乐”公司每年从中国市场捞走10多亿美元。这些世界名牌挣的就是无形资产这份钱，吃的就是名牌这个身价。作为云南酒人，他们不仅想创造“云南造”，还想创造“中国制造”。遗憾的是，因为政治的、经济的、文化的诸多因素，最终还未出现“云南造”、“中国制造”这种大腕名牌。

打造“云南造”势在必行

业界人士指出，长期以来，云南经济的增长主要是靠投资拉动的。投资增长，资产扩大，产品数量增加，效益提高。这种效益增长的方式使云南一些企业管理者有了这样一种认识：数量可以增加效益。于是有些企业不注重提高产品质量和开发新产品，更不注重培育产品在市场的知名度、美誉度。当市场供不应求时，这些企业可以“辉煌”，一旦市场供大于求，或竞争对手强大时，便举步维艰，甚至退出市场。

前车之鉴，后事之师。在云南省委、省政府强调转变云南经济增长方式的今天，就是要力求创造并形成一批云南造的“中国名牌”乃至“世界名牌”。国际市场上流行一句话：没有国际名牌的企业不是真正的国际企业。同样，没有中国名牌的企业也不是真正的名优企业。

云南的酒企业要生存，要发展，要壮大，要成为地方经济的“领头羊”，就一定要把外延式增长放在次要地位，而把培育名牌放在首位。

企业创名牌，就是要通过品牌的无形价值，增加产品的有形价值。没有这个无形价值，资源性产品不会是高附加值的产品。因此，创一批“云南造”乃至“中国造”势在必行。

名牌需要呵护

云南酒业一位资深人士告诉记者：“几年前，一些商家及企业也都看好云南的酒业势头，但是经过五六年的市场搏击，能成为知名品牌的却不多。当年云南的‘红河红’完全有机会做强起来的，不幸的是，‘红河红’商标于2001年被省外一个自然人恶意抢注。一个恶意抢注，打垮了云南省一个很有希望的品牌！”

他还认为，“一花独秀不算红，万紫千红才成林”，如果云南卷烟品牌只出了一个“红塔山”，市场是不会认可云南是中国名优烟产地的。地域名牌好比丑小鸭，在长成白天鹅之前应该得到政府与社会的共同呵护，只有当云南名牌成长成为中国名牌，对地方经济的贡献及拉动也才能真正显现！但是，由于缺乏一个创造及呵护名牌的良好的社会氛围，致使像“红河红”这样的云南酒业品牌最终没能成为中国名牌。所以，云南酒企业要创立全国名牌，要有名牌意识，同时，一定要有自我保护意识。

（邱忠文）

打造“云酒”品牌　振兴云南绿色酒业

云南省是酒类商品消费大省，每年消费量在40万吨以上，排名仅次于广东省，但是我省酒业与全国相比，发展相对滞后，特别是品牌建设滞后，竞争力弱，长期以来都处于有好酒而无名酒的局面，产品的附加值也比较低，只能占领低端市场，高端市场基本被省外酒和进口酒所垄断。我省的酒企虽然有400多家，但产量仅有12万吨，还没有“五粮液”一家酒厂的产量高。酒企大多“小、散、弱”，严重制约着云南酒产业的做强做大。针对我省酒业存在的问题，为了打造“云酒”品牌，提高“云酒”的竞争力，促进酒业快速健康发展，满足社会消费；为了促进农业增产，农民增收，推动社会主义新农村建设；为了进一步把“云酒”推向旅游市场，使更多的旅游者在饱览美好河山和民族风情的同时，又品尝到独具魅力的云南美酒；为了充分发挥云南绿色资源和民族特色优势，深入挖掘绿色酿酒资源和独具民族特色的酒文化，赋予“云酒”绿色生态和民族文化内涵，为建设云南绿色经济强省和民族文化大省增添色彩。在商务厅指导和支持下，由省酒类行业协会和云南日报报业集团共同举办了首届“云南十佳名酒”评选活动，着力打造云南名酒品牌。

首届“云南十佳名酒”评选活动，采取了政府引导，云南酒类行业协会和云南日报报业集团主办，酒企业自愿参加的方式进行。活动得到了社会各界的关心和支持，酒类生产企业参评积极踊跃，并引起了社会公众的广泛关注，公众参评短信投票量近15万票。评选活动范围涉及白酒、葡萄酒、啤酒、果酒、露酒和黄酒等系列，参评酒品达45个之多。邀请了省内外的29名国家级评酒委、国家注册高级品酒师参与品评，评选的权威性获得各方肯定。在评定过程中，综合参考了参评酒企的生产规模、专家评定、公众意见、市场占有率、生产检测水平等多方因素，最终评选出了首届“云南十佳名酒”。它们是：云南香格里拉酒业股份有限责任公司的香格里拉葡萄干酒、云南高原葡萄酒有限公司的云南红全汁干型葡萄酒、云南澜沧江啤酒企业（集团）有限公司的云南老窖酒和澜沧江啤酒、云南杨林肥酒有限公司的杨林肥酒（十年陈酿）、云南省水富三乘酒业有限公司的醉明月酒、云南易门云之南食品有限责任公司的大龙口酒、鹤庆县酒厂的鹤庆乾酒、云南茅粮酒业集团有限公司的云南茅粮酒、云南玉林泉酒业有限公司的玉林泉白酒、云南地道酒业有限公司的地道云南酒。“云南十佳名酒”代表了“云酒”的水平和品质，体现了云酒绿色生态和民族文化特色。“云南十佳名酒”评出后，引起了社会的强烈反响，给企业带来了商机，也为进一步净化酒类市场创造了条件。我们寄希望于以“云南十佳名酒”评选为契机，开创“云酒”品牌建设新局面，引导我省酒业企业加强质量和品牌建设，引导广大消费者积极消费“云酒”，使“云酒”成为继“云烟”、“云茶”之后我省又一特色品牌，从总体上增强“云酒”竞争能力，扩大“云酒”市场份额。

云南酒业的振兴千头万绪，首先要走品牌发展的道路，只有通过品牌建设，才能打造出在市场上叫得响的云南名酒。在经济全球化的今天，市场的竞争已是品牌的竞争，品牌已成为核心竞争力，谁重视品牌的建设，谁打造出知名的品牌，谁就赢得市场和发展机会：二是要改变经营观念，学会借助外力发展壮大自己。中国加入世贸组织以后，对外开放进一步扩大，面对外资的进入，要以开放的心态加强与外资的交流合作。通过引入外资和加强交流合作，引入先进的技术、先进的管理理念、先进的生产工艺，改变云南酒企生产、加工方式比较粗放的情况，使云南酒企尽快成长，让“云酒”在消费观念、生态环保标准等方面逐步与国际接轨；三是要整合社会各种资源，让云南酒企形成合力，营造出产业发展氛围。目前，我省酒企“散、小、弱”的局面，不利于云酒产业做强做大，只有加强企业之间的合作，形成良好的竞争关系，营造良好的消费和产业发展氛围，才有利于推动云南酒业的发展壮大。

“云南十佳名酒”的产生，是云南酒业发展新的起点，我们将以此为契机，千方百计采取积极有效的办法和措施，推动云南酒业健康稳定发展：一是组织“云南十佳名酒”企业与云南省餐饮美食协会、各大宾馆酒店、各大餐饮企业进行对接，增进合作，营造关心、支持、宣传“云酒”、喝“云酒”、卖“云酒”、接待用“云酒”的社会氛围。同时，积极向省政府推荐将“云南十佳名酒”作为省政府接待用酒，提高“云酒”的知名度；二是组织酒企业参加全国性的各类展会，加大对云南名酒的宣传力度，积极开拓国内市场；三是加强与国外酒类行业的交流合作，积极向国外推介“云酒”，努力开拓境外市场；四是积极推动酒类各类登记制度和酒类流通随附单的实施，以规范市场秩序，确保酒类流通安全；五是要充分发挥行业协会行业自律的积极作用。在颁奖典礼上，企业代表宣读了“承诺书”，今后将积极实践，向社会履行企业的庄严承诺。

品牌之路刚刚开启，实现品牌战略还有漫长曲折的路要走，我们衷心地期盼“云南十佳名酒”一路领先，衷心地期盼“云酒”品牌越叫越响，衷心地期盼“云酒”品牌引领云南酒业发展壮大。

云酒品质奠定行业知名度

酿酒行业是我国食品工业中的重要行业之一，多年来对国民经济建设发挥了重要作用。尤其改革开放以来，酿酒行业快速发展，年平均增长率在10%以上。但同时该行业也出现了不计成本的低价倾销和促销，产品的卫生质量和安全令人担忧，假冒名牌产品、伪劣产品、假酒名牌产品、伪劣产品、假酒中毒事件时有发生，接二连三的食品安全事件，让人忧心不已。

质量无保障　营销是空中楼阁

云南多家酒企的负责人认为，随着《食品安全法》的出台，以及今年3·15的消费主题“消费与发展”的确定，以此为主题的活动就是要督促和推动社会各有关方面进一步认真履行法律所规定的责任，加强消费维权的社会保护力度。特别是经营者作为市场主体，在保增长、扩内需、调结构、促发展方面应当发挥更大的作用，不断提高产品质量，提供优质服务，改善消费环境，满足消费需求，认真履行保护消费者权益的社会责任。

综观云南白酒市场，某些小作坊用香精、糖精、酒精即所谓的“三精”勾兑混合而成的低劣白酒产品，以及一些企业的高促销、高包装、高价位、低质量的“三高一低”等现象，危害了广大消费者的身体健康和生命安全，影响行业健康发展，扰乱了市场正常流通秩序。所有云南酒企的老总都认为，云南白酒必须首先以品质奠定行业知名度。

据云南玉林泉酒业有限公司介绍，该公司作为云南小曲白酒的龙头企业，他们认为没有稳定的产品质量，即使营销再精细，那也只是空中楼阁。一个品牌的发展，一个企业的发展，只依靠事件营销是远远不够的，产品的质量是企业生存发展的核心。据称，在坚持玉林泉品牌不变、玉林泉品质不变的前提下，玉林泉生产工艺不变、玉林泉生产场地不变和纯粮生产不变的前提下，玉林泉酒业去年成为云南唯一一家参与制定“小曲白酒”国家标准的企业，同年玉林泉组织申报并通过了产品质量优级认证，为产品安全增加了新的防线，同时完善了公司的食品安全管理体系。有着百年历史的杨林肥酒也表示，作为企业要想保障消费者权益，最主要的就是保障产品质量安全，建立诚信的营销售后服务，对消费者的投诉采取积极主动的态度；保障生产的稳定，从而最大限度地满足消费者的需求。

以特制胜　择机突变

云南界业内人士表示，云南有名烟，却无名酒，这是一个让云南酒界颇为遗憾的事情。在云南，由于白酒入行的门槛低，白酒“多、散、乱、差”的现状十分突出，云南自己的名牌产品少，产品档次普遍低，生产规模小，低价位的大众消费产品充斥市场。

不过，云南白酒也有自身得天独厚的条件，云南气候温和，空气湿润，雨量充沛，泉甘水洌，资源富饶，大自然给云南恩赐了良好的酿酒条件。在长期的酿酒实践中，云南白酒形成了自己特有的工艺操作规程，特别是小曲白酒，成为中国传统白酒中的又一朵奇葩，其最大的特点是脂低酸高、清香淡雅、柔和纯净、回味怡畅。另外还有一批具有民族特色的白酒，如大家耳熟能详的杨林肥酒、鹤庆乾酒、松子酒、竹筒酒等等，其彰显出的独特个性是外省白酒不可比拟的。

云南酒类技术学会副会长普必恩认为：要做出云南的名酒，要做出中国的名酒，从传统中汲取营养是很必要的，广才博学也不可缺少，只有踏踏实实酿酒，酿出有自己个性魅力的酒来，才能为更多的人接受。虽然当前全球金融危机的阴霾笼罩着中国大地，但是，由于生活水平的提高和生活节奏的加快，人们对消费标准的要求，已经从单纯的物质消费层次上升为对生活品位的价值消费。对于云南白酒，在不断提升其品质的同时，还要不断挖掘其有价值的独特文化，使文化价值成为最重要的附加价值，把我省特有的历史、地理、自然文化融入其中，在逆市中厚积薄发、以特制胜，并择机突变，这才是云酒得以发展的王道。

（欧阳丽妍　易泽贵）

四、云南省各州市地理及酒业简况

（一）昆明市地理及酒业简况

昆明是云南省的省会，全省的政治、经济、文化中心和交通通信枢纽，西南地区的中心城市之一，国家历史文化名城，我国旅游商贸重要城市。昆明市辖5区1市8县，国土总面积21 510平方公里，总人口500多万。

昆明酒业历史悠久，生产品牌数百个，也是云南酒类消费的中心和集散地。现有各类获生产许可证的酒企52家，其中白酒企业40家，啤酒企业2家，葡萄酒企业3家，果露酒企业5家，黄酒及其他酒企2家。云南龙润酒业有限公司云南杨林肥酒厂生产的杨林肥酒、杨林清酒、喜良缘酒，云南熊谷酒业生产的“云南白”，昆明八加一酒厂生产的“八加一”系列白酒以及金星啤酒集团昆明金星啤酒有限公司生产的“金星”系列啤酒，云南长运酒业有限公司生产的“昆明干红”葡萄酒较为有名，享有盛誉。

杨林肥酒与《滇南本草》的渊源

明、清时期，杨林的酿酒业呈现出一片“百家立灶，千村飘香”的欣欣向荣的景象。兰茂有诗云：“太平春酒贱，终日醉醺醺”。可见，当时摇曳多姿的酒文化又辟出一个新境界。酒，已经成为人们趣味人生的一个重要方面。他们讲求生活情趣，力求从苦涩的滚滚红尘中寻觅出生活的真、善、美。故而热爱生活，也善于生活，彻悟了人生的真谛，深谙生活的情趣，注重生活的质量，不仅要求活得惬意，而且追求美的享受，使自己活出品味来，活出兴味来，活出风采来，活出潇洒来。在这样的人文环境下，青翠如美玉，碧绿似玛瑙的杨林肥酒便应运而生了，成了人们饭桌上必不可少的一种质地特异的饮料。从它一入世便融入了生活的各个方面，成为清末、民国乃至今天云南人，以及省内外人民群众情趣人生的宠物。可人们“醉翁之意不在酒”，不仅喜欢它碧绿如玉的颜色，药香酒香浑然一体的口味，营养丰富强身健体的功效，而且更看重的是兰茂医药文化的深厚历史底蕴，济世救人的《滇南本草》……

以“药酒”治病，是兰茂行医生涯中的一个重要而又有特色的内容，在合订整理版《滇南本草》中，共载有药物544种，涉及药酒或服药时以酒为“使”、为“引”的多达170种，占百分之31.5%。

如下列两剂药酒方，在书中随处可见：

例一：“月下参三两，檀香三钱，沉香三钱，白豆蔻二钱，木香一钱，共为细末，每服二钱，开水点酒服”。又治酒寒（酒后感寒）效方，兼治胃气，面寒背寒，痞块，肝气不舒，五积六聚，两肋疼痛等症。

例二：“月下参二两，广木香一钱，丁香二

钱，沉香二钱，肉桂二钱，共为细末，每服一钱，烧酒送下（服后忌鱼、羊、蛋、蒜、冷水、酸菜、苦菜，用之反性）”。

以药酒疗疾，或以酒为佐、使，因酒舒筋活络，利于药物吸收，从而增强了药效，且因制作、使用方便，故深受民间欢迎，成为传统医药的重要组成部分，对后世水酒、药酒的配制产生了深远的影响。

清光绪年间，兰茂的同乡，久负盛名的杨林肥酒创始人陈鼎，他自幼饱读中医药书籍，特别喜欢钻研家传的《滇南本草》。日积月累，水滴石穿，心领神会，他参照兰茂药典中所载的水酒配方，以优质小曲白酒为基酒，配以党参、拐枣、大枣、陈皮、桂圆、云木香、丁香、茯苓、菊花等十多种有较强滋补、保健作用的中药材，再配以蜂蜜、蔗糖等配料，经过十多道工艺酿制而成杨林肥酒。陈鼎运用《滇南本草》的配方创制了独具特色的杨林肥酒，为广大劳动人民的健康作出不可磨灭的贡献。

杨林肥酒中上述药材，在《滇南本草》中均有记录。其所载的“拐枣”条目说：“或泡酒服之，亦能舒经络，久能轻身延年”；“桂圆”条目中道：“主治安血养神，长智敛汗，解蛊毒，去五脏邪气，开胃益脾……”

光绪乙酉年（1885 年），毕慧轩抄写的一本医药杂志上载：“兰止庵先生传水酒方，用麦曲酿米酒，高粱不宜。米酒五斤，加水倍之；采法洛海、绣球防风、五叶草、威灵仙、赤芍、女贞子、石椒草、灯盏花、万丈深、茜草、蓼花各三至五钱，煎汤一斤，入酒重蒸，缩为五斤，瓦罐泥封，配药服，取小半茶匙，不可多用”。清朝末年，朱学熙抄录其曾祖朱景阳（即《滇南本草》范本第三次传抄者），笔记载“杨林兰公止庵传水酒方：用黄梁米酿制后酒，加还阳参、白龙须、紫丹参、六阳草、威灵仙、蓼草花、石椒草。此七味，药林山、西山、虹山均产。增中药桑寄生、女贞子、川芎共十味，适量入酒重蒸即得”。

时至今日，在杨林、嵩明，凡中医院及民间草医行医，仍参照兰茂药酒成方施治，真可谓源远流长，功垂后世也！

龙润集团收购杨林肥酒后，更加重视兰茂及其《滇南本草》的研究宣传，加强了与兰茂纪念馆的联系，用实际行动发扬了《滇南本草》，光大兰茂医风，让饱经沧桑的杨林肥酒带着兰茂文化醇厚的历史韵味，面向全国，走向世界！

（许福荣，杨林人，兰茂博物馆馆长，多年从事兰茂文化研究。）

彩莹红：昆明红酒市场新起之秀

记者之前在走访昆明红酒市场的时候，看到一款出自昆明本地的石榴露酒在各大酒吧和夜场广为销售，记者随意采访了几个消费者发现，此款石榴酒深受时尚年轻消费者青睐，其中女性消费者居多。

据了解，此款石榴露酒出自昆明西山区彩莹红果酒厂（简称“彩莹红”），该酒厂位于昆明市团结乡，酒厂旨在充分利用当地生态资源，倡导“健康、生态”的消费理念，力图在昆明红酒市场另辟蹊径，为时下年轻消费者提供一款健康、时尚的露酒——石榴酒。石榴酒，系精选云南优质石榴、玫瑰花为原料，辅以当地白砂山矿泉水，用民族传统生产工艺精酿、调制而成的。此款酒酒度为 12% vol，酒体澄清明亮，酒质醇厚，果香、花香浑然天成，口感纯正圆润。不仅顺应了低酒度、健康消费的趋势，也不失时尚、尊贵的风范。

据昆明市西山区彩莹红张总透露，此款石榴酒一经上市就很受欢迎，主要有以下几方面原因：

1. 佐餐性：石榴酒独特的成分及风味，决定了他是目前最适合于佐餐的饮料。石榴酒中的酸味可促进胃酸分泌，在食前饮用具有开胃和增加食欲的作用。石榴酒中含有山梨醇，还有助于胆汁和胰腺的分泌，可以助消化。石榴酒的清爽口感，几乎适用于所有美味佳肴配饮，与甜味食品配合则更显默契。

2. 营养性：天然纯补，含多种微量元素、几十种氨基酸以及多种维生素，特别是钙的含量极高，是葡萄酒含钙量的数十倍乃至百倍以上，十一种新的对人体有益的天然钙源，石榴酒中的葡萄堂、果糖和多种氨基酸，能够直接被人体吸收。

3. 保健性：据宋至今（93种本草及民间验方书籍）及现代研究证实，石榴酒具有降低血脂、软化血管、增强心脏活力以及预防癌症的功效，同时对乙型肝炎抗原（HBAG）有较强的抑制作用，据国外研究人员发现本品还具有预防动脉粥样硬化和延缓生命衰老等功效。

4. 享受性：石榴酒具有丰富的内涵和美好的风味，饮用后令人愉悦欢快，增加食欲，给人以诗意般的情感享受，这正是它的精神价值所在。

就餐或娱乐时，饮用适量的石榴酒，不仅能增加圆满喜庆的氛围，且在满足清爽口感享受的同时又能使自身健康得以保证。

张总表示，产品上市之前，就做过很多市场调查和评估，昆明的红酒市场除了云南红之外基本上都是洋酒，我们自己就有得天独厚的优势资源，为什么不自己开发一款产品呢。酒厂之所以研发此款石榴露酒，就是想借助石榴露酒的独特性在昆明红酒市场另辟蹊径。“经过多方面的研究和产品定位，石榴酒于2008年3月份正式上市，上市以来反响比较好，不过，目前公司还是酒行业的‘新人’，要想在昆明红酒市场真正站稳脚步，还需要不断完善公司的经营体系和质量管理制度及品牌维护。”张总谦虚而自信地对本刊记者讲述道。

（慧　子）

宜邑老酒坊，自然古坛香

寻着老酒坊特有的芬芳和宜邑古城怡人的气息，昆明酒类行业协会一行人员来到了宜邑老酒坊——宜良县蓬莱古坛香酒厂。

酒厂地处素有“滇中粮仓”之称的宜良县，依山傍水而建，贾龙河四季清水长流，对面是宝洪山，山涧溪水门前潺潺流淌，浇灌着万亩良田，自然环境得天独厚。五千年的中华文明史，成就了五千年的中华酒文化，这座老酒坊在经历了岁月的洗礼和历史的磨炼后，越发显得神圣而极具威严。历史见证了它的神圣，也造就了它良好的品质和迷人的芬芳。

古坛香酒厂以优质的玉米、高粱、小麦、糯米等为原料，以当地优质山泉水为酿制用水，采用传统的生产工艺，结合现代科学技术进行酿制，再经长期贮存后精心勾兑而成。目前，酒厂主要有古坛香、念缸陈、天长帝酒、再整一瓶白酒等系列产品。

开坛千君醉，上桌十里香；宜邑老酒坊，自然古坛香。“古坛香”是宜良县蓬莱古坛香酒厂最具代表性的产品，该产品属小曲清香型白酒，其酒体丰满，晶莹剔透，清香扑鼻，味醇且甘，回味绵长。不仅得到广大消费者的认可和青睐，也得到了文人墨客、饮酒行家等的盛赞和好评。

“念缸陈”同属酒厂研发的小曲清香型白酒，酒体清亮透明，玉米香纯正、自然。念缸陈酒中酸、甜、苦、辣诸味齐全，醇香是酒的本色，辛辣是酒的本味，甜味赋予酒体绵柔，酸味使酒不寡淡，苦味让酒体丰满，各味相互协调、入口醇和，回味爽净、怡畅，风格突出，别具一番风味。

当酒不再是酒，当人生不仅仅只是人生的时候，酒亦是人生，人生亦是酒。不以成功论英雄，只以杯酒论人生，人生就像一杯酒，酸甜苦辣样样有，诸味协调才是好酒，才是人生。“古坛香”系列酒甘甜醇和，清、正、净、长，让人饮后心情怡畅。嗅着酒香，慢慢品味酸甜苦辣，这杯酒，就是透过这杯散发着酒香的液体，是否能让你感悟到一些什么呢？

（慧　子　赵　光）

天浩金巴酒致力打造健康酒大品牌

云南天浩集团有限公司是从事有色金属、稀贵金属、化工产品、商贸、进出口贸易等多行业性经营的集团有限公司。下属独资公司有6家，实体生产企业有7家，占股企业有3家，2个矿山采矿权，1.5亿投资昆明天浩大厦；目前集团公司注册资本5 000万元，公司管理技术人员150人，员工2 500人；总部在云南省昆明市人民中路11号天浩大厦，是云南实力雄厚的驰名集团公司。

集团公司下属的6个独资公司经营范围涉及商贸、进出口贸易、金属、融资、体育用品等行业，包括：云南瑞物经贸公司、昆明天浩体育用品有限公司、云南天浩集团进出口有限公司、云南天浩集团锗业有限公司、云南中银浩融资担保有限公司、昆明荣浩经贸有限公司；实体生产企业以金属冶炼开发为主导，有：宣威福利锌品厂、宣威精钢厂、寻甸天浩锌业有限公司、曲靖大新工贸有限公司、四川石棉天浩锌业有限公司、临沧天浩冶炼有限公司、安宁龙宝化工有限公司；占股企业以金属、化工业主，分别为：罗平锌电股份有限公司、安宁化肥厂、罗平荣信稀贵金属有限公司、会泽东兴公司等多家云南驰名企业；同时集团公司还在天浩大厦投资1.5亿，2004年在腾冲、怒江进行有色金属矿山开发，2006年7月参股临沧市临翔区勐旺昌军煤矿开发。

作为一家拥有多家下属子公司、实体生产企业以及多家参股公司的集团公司，云南天浩集团有限公司拥有雄厚的企业资金和强势的企业实力，在发展的过程中始终重注人才和科学的引进开发，形成良好的企业口碑和品牌，在全国赢得广阔的市场，成为云南实力企业巨首之一。寻甸天浩酒业有限公司，在天浩集团的科学管理下，探寻少数民族神秘配方，并引进大量的人力、物力、财力结合现代科学的酿酒技术，将金巴酒作为重点开发产品，致力于打造云南乃至全国的健康酒饮大品牌。

（二）昭通市地理及酒业简况

昭通市地处云南东北部，西、北、东与四川交界，南面与贵州省和曲靖市为邻。面积23 021平方千米，人口560多万，有苗、彝、白、回、壮、纳西、傣等少数民族。辖昭阳区、鲁甸、巧家、盐津、大关、永善、绥江、镇雄、彝良、威信、水富10个县，市政府驻昭阳区。昭通至昆明已修通高速公路，内昆铁路穿越昭通，向北可到四川、重庆，向南可达昆明。昭通盛产玉米、薯类、稻谷、小麦等，为酿酒业的发展提供了优质原料。

昭通市较大的酒企有8家。其中，云南水富三乘酒业有限公司生产的“三乘醉明月”酒是云南十大名酒之一。

做大做强“醉明月”

在漫天礼花的簇拥中，一瓶雍容华贵的醉明月·封藏酒从一个巨大的陈年酒坛里被请出来，随后，在阵阵鼓声中，莅临醉明月酒上市发布会现场的所有嘉宾和客商们举杯共祝醉明月全省上市，开怀畅饮醇香美酒。象征着沉寂了20多年的醉明月酒在云南省全面上市。

50～60岁的云南人很多人至今还记得，1988年云南省就已经拥有了足以称傲的云南名酒——醉明月。当时，醉期月为云南夺得了第一块国家级白酒金牌，被誉为“云南第一酒”。

原来，早在1985年，五粮液酒厂服务公司与云南省水富县达成协议，由五粮液酒厂提供技术支持，在水富县建造酒厂。从酒窖窖泥的拉运、培养，到酿酒原料的甄选；从生产工艺的把控，到一线工人及技术人员的培训，均由五粮液酒厂派出精兵强将指导完成。醉明月酒厂从此拥有了千年窖泥、百年母糟。依据协议，当年醉明月酒厂生产的原酒应达到五粮液酒厂各个等级酒的品质要求，成品都需在瓶身注明“五粮液酒厂服务公司监制”字样。

从建厂开始至今，酒厂培养了自己的酿酒、调酒和品酒专业人员，秉承了五粮浓香型白酒古法技艺的精髓，视“用心酿好酒”为立企之本，“回报社会、飞造福百姓”为企业使命，从原料进厂到成品出厂，用心无微不至，可谓“点点滴滴都是情”。为企业的可持续发展提供了坚实基础。

目前拥有通过国家职业资格认证的高级白酒酿造工、高级食品检验工、高级储存勾调工巧人、国家注册品酒师1人，国家注册高级品酒师3人，云南省白酒评委3人。2006年5月，云南省水富三乘酒业有限公司国家注册高级品酒师郑洁通过了中国酿酒工业协会组织的2005届国家级白酒评酒委员考试，以优异的成绩成为107名国家级白酒评委的一员。

记者采访了醉明月营销中心董总，他把醉明月的优势总结为5张醉明月的魅力名片。第1张是水富在云南的得天独厚不可复制的自然环境；第2张是来自五粮液的千年窖泥、百年母糟；第3张是醉明月的上千吨陈年原浆存酒；第4张名片是拥有云南最具有实力的专业技术队伍；第5张是醉明月为云南夺得第一块国家级白酒金牌。

在最近的一次评比中，即在2006年12月的首届"云南十佳名酒"评比活动中，一直深居滇东北的"醉明月"荣获了"云南十佳名酒"称号以及"专家评分和消费者投票综合得分第一名"。

云南白酒品牌要想持续发展而不是昙花一现？答案是成为名酒。名酒之路需要专业营销商，需要整合全省的主流销售网络和社会资源。

2006年底，醉明月酒营销中心成立，这支云南省资深的酒水营销团队联合国内顶级的设计公司，深入市场，广泛征求客商的意见，经过半年多的筹备，于2007年7月把全新的醉明月酒推向市场。该系列产品继承醉明月酒的优良品质，包装新颖、精美、丰富，价格从几十元到500元不等，充分满足云南商务、节日、亲朋好友相聚，以及普通消费用酒。同时还针对大众消费推出价格10元的金满搏酒，该酒品质普遍优于目前云南市面上同价位酒。

醉明月酒营销中心制订了一套从策略到执行、从品牌到销售、从昆明到各地州的上市方案。7月21日天恒大酒店的醉明月上市发布会上，一位老领导的寄语"衷心祝愿醉明月酒尽快走向全省，走向全国"代表了省里老领导对醉明月振兴云南酒业的殷勤期望。醉明月一上市就得到了各酒商的高度认同，目前招商工作已经基本结束。经过市场的洗涤和醉明月人的不断打造，在不久的将来它将成为一种家喻户晓的品牌。

此次醉明月的上市，将献给云南的父老乡亲一份属于自己的礼物。醉明月酒厂和全体营销人员以打造醉明月为"云南的第一白酒"视为己任，呼吁"云南人喝云南名酒——醉明月"。相信在各位父老乡亲的爱护下，在广大客商的支持下，醉明月必能快步走向全省，在未来的3年里成为云南的第一白酒，为云南酒业培养专业的营销人才，履行社会责任，承担起振兴云南酒业，献力地方经济的责任。

（《云南酒业》）

云南奇酒——云曲

红色旅游胜地威信扎西，气候润化，山川清奇，滋养万物，这里的人颇懂品酒酿酒之道，曾一度有三家酒业并获部优产品称号，其中"云曲"一家更是不同凡响。

云曲高歌情意长。相传太平天国将领石达开率部途经此地九龙溪，在醉饮当地民间酿酒后曾留下"万颗明珠一瓮，英雄到此也低头，乌龙抱起擎天柱，喝得长江水倒流"的豪言诗篇。作为"羊藿酒业"前身的云曲酒厂，吸收传统民间酿造精华，聘得酿酒高人，精选水源，酿得佳品"云曲"，以味美醇厚一炮打响，相继荣获省优部优称号，市场曾拓展到中原、东北和华北。

男人的酒，女人共享。在全国酒业像雨后春笋般出现的大背景下，云曲人审时度势，及时调整产业结构，原"云曲窖酒"作限量产销，把苗头对准保健滋补酒品的开发。与有关机构和食医专家经过多年反复研制试验，以《食医心境方》及《本早》古老验方为基础，结合现代食医理念，选定滇东北奇草"野生铁杆淫羊藿"为主料，配以十多种名贵草药，溶人本酒业成名产品浓香型云曲优质窖酒，最终精制提炼出出神入化的保健酒——淫羊藿酒，公司亦随之组建为"羊藿酒业有限责任公司"。由于该酒既有神奇的壮阳滋阴，提高免疫的保健益寿功效，又发扬了“云曲酒”甘洌醇和和回味绵长的特点，一投入市场就赢得广大消费者的厚爱和好评，称之为“云南奇酒”。在1999年连续获得国家科学技术部、国家知识产权局联合主办的“’99中国高新技术专利技术商品博览会”金奖，同年又在美国举办的“第18届国际产品博览会及国际荣誉评奖会”荣获金奖。由于其“体味两用”的卓越功效，如今的“淫羊藿”酒已成为男人们津津乐饮，女士们津津乐道的享受型佳酿和节庆馈赠珍品。而原来的“雨云斌牌云曲窖酒”，也因限量产销，市场价一路上升，已然成为人们的收藏品，同“羊藿”酒一道被市场称为酒业产品的“双子星座”。

（《云南酒业》）

（三）曲靖市地理及酒业简况

曲靖市位于昆明市以东，东与贵州接壤，南面邻广西，面积29 855平方千米，人口630万，有苗、彝、回、壮、白、瑶等少数民族。辖麒麟区、宣威市和沾益、马龙、富源、罗平、师宗、陆良、会泽7县，市府驻麒麟区，曲靖市具有深厚悠久的历史文化。5 000里珠江之源在曲靖市沾益，景色优美。

国道213、320、340、326纵横全市，贵昆、内昆铁路在境内交会，昆曲高速公路、曲陆高速公路将曲靖与昆明、陆良相连。

曲靖市有较大规模的酒类生产企业13家，其中：曲靖市进出口（集团）师宗云师青酒厂生产的“云师青”酒，师宗县五龙裕酒厂生产的“师宗白酒”，宣威市双开酒业有限公司生产的“双开酒”，“可渡酒”，罗平县老厂酒厂生产的“老厂酒”，沾益“福上福”葛根酒业有限公司生产的“福上福葛根酒”均较为有名。

珠江源圣水酿葛根奇酒

在云南省东部曲靖市，蜿蜒乌蒙山中流淌着无数涓涓溪流，清澈的溪水逐渐汇成了一条大江——珠江。

被人们称之为“珠江源”的这片神奇的土地上，不仅有如画的美景，也酝酿出了一种有益人体健康的奇酒——福上福纯葛根酒。

葛根，一种既是药物又是食品的山地珍贵植物。明代药学家李时珍著《本草纲目》中称：葛根，味辛甘，性平，无毒，有发散风寒和解热生津的作用，可止渴排毒，去烦热、化痰、助消化，还能解酒毒。现代医药学研究证实，葛根含有大量总黄酮、葛根素，并含有丰富的荷尔蒙诱导素和春量素、雄性素、氨基酸及钙、铁、锌、铜等元素。具有清热解毒、镇痛、升阳以及增加脑和冠状血流、改善人体微循环等作用。临床用高血压、高血脂、心绞痛、脑血栓、头痛、头晕、突发性耳聋、肺炎、喉炎等症有显著疗效。

云南沾益县福上福葛根酒业有限公司，看准了葛根的珍贵的药用价值，独辟捷径，采用纯葛根为原料，酿制出了口感纯正的凉性营养白酒——葛根酒，开拓出了一条非粮食纯植物酿酒的成功之路。

纯葛根酒采用100%优质葛根为原料发酵为原料发酵酿制，不仅填补了我国无“植物酿制酒”的空白，而且开辟了一条解决因粮食日趋短缺影响酒业兴衰的道路。

“福上福”葛根酒保存了葛根的原有成份。经西南大学食品研究院采用现代科学设备及手段检测，“福上福”葛根酒中保存了葛根中的大量总黄酮、氨基酸等人体必需的营养元素，是酒类中极其罕见的一种功能性、凉性营养白酒。

国家著名评酒专家认为，“福上福”纯葛根酒具有葛根的本色自然香味，酒气清香淡雅，酒液晶莹剔透，入口清凉柔和，随即回甜；易入喉，不爆口，不打头，不上火等特点。

多年来，沾益福上福葛根酒业有限公司在各级政府大力支持下，以科技为动力，以技术为支撑，以市场为导向，致力于把珠江源沾益建成国内知名的葛根酒生产加工基地；把公司建成集科研、生产、加工、销售为一体的葛根产品综合开发生产企业。

近年来，“福上福”葛根酒已畅销到全国评多省区及大城市，展现了广阔的市场前景，荣获“云南省群众喜爱的环保产品”。公司也获得“放心消费环境承诺单位”、国际3·15消费者权益组委会授予“维权先锋”等荣誉。

（林　宁）

独特工艺酿“师宗酒”

这里物华天宝，人杰地灵，是一片远离城市喧嚣，自然淳朴的“世外桃源”。

这里空气清新，水质清澈，雨热同季，气候温和，土壤中大量生长酿酒所需的微生物，有着酿酒得天独厚的自然条件。

这里的人民崇尚自然，有千万年传统酿酒历史。勤劳智慧的师宗人民引自然之物，采用地方传统工艺，精选当地优秀玉米为主料，配以优质高果、糯米、大米、小麦精心酿制出了风味独特的“师宗酒”。

曲靖市龙头企业之一的云南师宗县五龙裕酒业有限公司，地处师宗县丹凤镇文华村。这里环境幽雅，水质甘美。酿酒的历史可追溯到1 000多年前，在长期的酿酒实践中，人们创新并传承了独特的酿酒工艺。

五龙裕酒业成立后，传承了传统的酿酒工艺，先后开发了“宗竹牌竹酒”、“师宗玫瑰酒”、“师宗老窖”、“师宗清酒”、“师宗白酒”、“阿庐春”、“福顺好兄弟”、“五龙裕”等十多个品种，畅销各地。其中“师宗玫瑰酒”、“师宗老窖”存窖20年以上，具有清郁芳香，绵甜净爽，回味悠长的特点，是珍藏宴请的酒之佳品。

师宗白酒是五龙裕酒业清香型小曲酒的经典之作。它集天、地、人之灵气，是出类拔萃的酒之精品。1980年被评为曲靖地区“优质产品”，1983年获云南省“优质产品”称号，1985、1986年分别被评为省优、部优产品。

近年来，五龙裕酒业进一步深化企业机制改革，内抓管理，外拓市场，加强质量管理，企业标准化管理和营销管理，并不断调整产品结构，实现了生产、科技、信息、服务相结合，促进了生产和流通的社会化、产业化发展。从1987年至今，连续被评为“曲靖市重合同守信用先进企业”，产品畅销全省16个州、市的广大市场，享有盛誉。

（林　宇）

（四）文山壮族苗族自治州地理及酒业简况

文山州位于云南省东南部，东与广西壮族自治区为邻，南与越南接壤。面积32 239平方千米，人口360多万，有壮、苗、彝、瑶、回、白、傣等少数民族。辖文山、砚山、西畴、马关、丘北、广南、富宁、麻栗坡8县，州府驻文山县，驰名中外的名贵药材三七是本地著名特产。麻栗坡是新兴的中越边贸口岸。

文山州酒业生产历史悠久，有一定规模的酒企17家，其中广南那榔酒业有限公司生产的“那榔酒”有700多年历史，酿造考究、清香淡雅，曾获“中国历史文化名酒”称号。丘北县糖烟酒有限公司生产的腻脚酒、丘北县云南七都酒厂生产的“真情永酒”系列酒，也很受消费者喜爱。近年来，新崛起的太阳魂酒业有限公司的“太阳魂”系列红酒屡获国际奖项，备受关注。

传承历史文化的名酒——那榔酒

在云南省东南的文山壮族苗族自治州广南县，有一个壮族聚居的山村，名叫那榔。

那榔村依山傍水、风光秀丽，气候宜人，盛产优质稻米。那榔的壮乡人历来有饮酒的风俗，人们习惯自酿白酒。一年下来，他们用丰收余下的大白谷自酿白酒，举杯庆贺一年的丰收之喜。久而久之那榔人酿造的酒以其味美甘醇享誉四里八乡，很有名气，当地人称之为“那榔酒”。

那榔酒酿造的历史可追溯到700多年前。据历史记载，北宋时期那榔村属广南西路宣抚司所辖。传说，清道光皇帝的老师宋湘，于1819年~1820年在广南任知府时，道光皇帝怀念老师，准备了老师爱吃的名菜佳肴和京城名酒赐给老师享用。宋湘知道此事后，上书道光皇帝道：“佳肴名菜臣承接了，广南此处有那榔美酒，京城美酒可免送。”由此可见那榔酒在当时已非常兴盛并颇有名气。

清代举人陈龙章曾御诗：“郎语闯入须尽醉，量难胜酒莫相逢”赞誉那榔酒。

那榔酒酿造十分考究，它采用当地四季恒温，不受干涝季节影响始终清澈透亮的深层优质软水及当地特产的大白谷、金玉米、荞等优质粮食；用多种中草药秘方配制酒曲；采用独特工艺土坛密封，低温糖化发酵，慢火蒸馏，掐头去尾，分级储存，精心勾兑精制而成。具有晶莹透亮、清香淡雅、口感柔绵、回味甘甜等特点。数百年来，深受各族各界喜酒人士青睐，其名气历久不衰。

那榔酒是文山地方名特产品，多次荣获省、州“优质产品”称号，曾获“文山国际三七节”金奖产品、第三届中国特产文化节金奖。1992年被授予“中国历史文化名酒”称号。

为了传承历史文化，推动那榔酒的发展，1956年广南县成立了广南县酒厂，使其生产规模逐步扩大，质量不断提高，那榔酒的品牌知名度也不断提升。

1998年，原国有企业广南县酒厂深化企业改革，改制为股份合作制的广南那榔酒业有限公司，主要生产“那榔”系列白酒。成为文山州酒类生产的重点企业。

黄土地酿腻脚美酒

在云南省文山壮族苗族自治州丘北县，有一个彝族聚居的山村——腻脚彝族乡腻那村。腻那村的黄土地上，彝族人民世代居住，繁衍生息。这里的彝家人喜好饮酒亦喜酿酒，世代相传，迄今已有200多年历史。

腻脚酒久负盛名，因其地名而得其名。“腻脚”为彝语，意为“黄土地”。

1954年，丘北县创建了以开发生产销售腻脚酒为主的贸易小组，逐步发展成为贸易公司。1999年改制为丘北县糖烟酒有限责任公司。

五十多年来，该公司在传统工艺的基础上不断创新开发，使传统的腻脚酒形成了多种不同口感，不同档次，不同规格的腻脚酒系列产品。

该公司生产的腻脚酒以玉米为主要原料，配以特制曲药，取塘蓄雪水，用传统的固态发酵工艺精心酿制，经过一定时间陈化，形成了独特的风味。

清香飘溢味甘醇，回味延绵君难忘。渊源久远的腻脚酒，以其优异的质量，独特的风味，让彝族人民世代品味，名声远扬。

五十年来，腻脚酒又不断推陈出新，不断发展。自1973年以来，先后参加云南酒类评比，在百余种白酒中名列第五，先后荣获文山州优质产品，文山国际三七节金奖，2001年，经云南白酒品评会专家组品评，云南省产品监督检验中心检验，以其质量优异，荣获荣誉证书。

同时，丘北县糖酒有限责任公司也经历艰苦创业，不断发展，规模日益扩大，多次荣获省、州、县“重合同守信用企业”、“先进企业”等荣誉。

腻脚酒也随着公司经销网络的扩展而走向四面八方，成为各族群众喜爱的名酒。

红酒新秀太阳魂

云南太阳魂酒业有限公司（前身为云南高原葡萄产业有限公司）位于文山州丘北普者黑，是一家植根于云南，集葡萄种植、庄园葡萄酒酿造和销售于一体的民营股份制酒业有限公司。公司注册资金562万元，设备精良，技术先进，现有员工195人，其中专业技术人员92人，具有高级职称的有13人，其中两名为国家级葡萄酒专业评委。

公司在云南省内拥有文山丘北、红河弥勒和迪庆香格里拉三大酿酒葡萄基地，总面积达3万余亩。栽培有赤霞珠、梅鹿辄、烟七三、玫瑰蜜、黑美人、水晶等几十个葡萄品种。同时，公司独资下辖普者黑文化酒庄、梅里国际冰酒庄和弥勒白兰地酒庄三座特色酒庄。

普者黑文化酒庄位于丘北万亩葡萄基地的中心地带，距国家AAA级旅游区普者黑风景区仅两公里。酒庄建设专著欧洲风格，占地260亩，总投资6 800万，年生产规模5 000吨，现已建成投产。该酒庄是丘北县招商引资和调整产业结构的一项重要工程，总体规划为六大区，即生产区、综合办公区、葡萄园科技示范区、商务会馆区，酒文化展示区和职工生活区，是一座集生产加工、科研考察、商务会议、学术交流、旅游观光和休闲娱乐为一体的生态型、花园式酒庄。

梅里国际冰酒庄（德钦县梅里酒业有限公司）位于迪庆德钦县，海拔3 300米，与美丽的梅里雪山相邻而立，是中国目前海拔最高、纬度最低的葡萄酒庄园。公司主业采用传统经典的国际冰葡萄酒生产技术规范生产纯正、天然的梅里冰酒，同时酿造高级赤霞珠干红葡萄酒。酒庄占地180亩，呈典型的藏民族建筑风格，年生产天然冰酒120万瓶，固定资产总投资2 998万元。同样是一座集生产加工、科研考察、商务会议、学术交流、旅游观光和休闲娱乐为一体的生态型、花园式酒庄。

弥勒白兰地酒庄则位于云南传统的葡萄酒产区——红河弥勒东风农场内，总投资1 200万。出产的太阳魂牌葡萄烈酒由云南传统地方名种——玫瑰蜜葡萄酿制并用传统的壶式蒸馏技术蒸馏，然后陈酿、调制而成。

目前，公司已推出“太阳魂”牌赤霞珠2002，赤霞珠2005，葡萄烈酒，梅里圣地冰酒，法国野2005干红、水晶白葡萄酒，玫瑰蜜干红等产品。并荣获第二届亚洲葡萄酒质量大赛金奖、银奖、2006中国国际葡萄酒暨烈酒质量大赛铜奖等国际奖项。

（五）红河哈尼族彝族自治州地理及酒业简况

红河哈尼族彝族自治州位于滇南，南与越南接壤，面积32 930平方千米，人口434万，有哈尼、彝、苗、傣、壮、瑶、回、布依、拉祜等少数民族，辖个旧、开远2市，蒙自、建水、石屏、弥勒、泸西、元阳、红河、绿春8县及屏边苗族自治县、河口瑶族自治县、金平苗族瑶族傣族自治县。州府驻蒙自县。有红河流经并流入越南，红河物产丰富，以弥勒葡萄，以及香蕉、菠萝等热带亚热带水果著称。

红河州酒业发达，云南红葡萄酒最为有名，是云南最大的葡萄酒产区。红河州酒企众多，较大的厂家有33家，其中泸西县兰益酿造有限公司生产的“兰益”松子酒、荞酒享有盛名畅销全省各地。

云南红：做中国红酒业责任企业

“谁能发现一支用‘洋垃圾’灌装的‘云南红’，我就把整个产业送他。”在回应人们的葡萄酒勾兑疑问时，云南红酒业公司董事长武克钢说。

武克钢带着他的团队跳着——“慢三步”，却使得“云南红”12年来经历了一个高速稳健的发展历程。从1997年的年生产不足700吨，销售额不到500万元，到2008年的年产上万吨，销售额逾2亿，跻身于中国红酒品牌的前列。“云南红”占据着云南8成以上的葡萄酒市场份额，成了中国红酒市场名副其实的“南霸天”。

1. 原料工艺铸就云南又一红

据云南红有关负责人介绍，公司用来酿造“云南红”的葡萄是一种来自法国的古老品种，名为“玫瑰蜜”（ROSE HONEY），这个品种相传是两百多年前由法国传教士引入云南的，由于19世纪的欧洲葡萄根瘤芽病爆发，这个品种在法国本土早已绝迹，但在云南却得到繁衍生长。其生长期长，成熟早，种植成本低，特别是香味独特、浓郁，入口柔和，非常符合中国人的饮酒口味。以此同时，公司还引种了法国品种赤霞珠、梅鹿辄，开发出本地品种“法国野”、“水晶”等，这些葡萄资源地不断开发，也带动了葡萄酒新产品的出现，用“水晶”酿造的“水晶干白”获得了国内外专家们的交口称赞、一致认同，曾在“第二届亚洲葡萄酒大赛”上获得金奖。

“云南红”酒业集团在近五万亩的酿酒葡萄基地内，依照国际标准建立了大型现代化酿酒厂及具有国际水准的葡萄酒酿造设备，是长江以南最大的葡萄酒储酒窖。

生产设备从压榨、灌装机器到各种酒泵、输送软管都直接从欧洲引进，确保生产设备性能先进优良；几十个容量达110吨的不锈钢发酵罐也是利用了欧美先进的技术设备，结合国内厂家的先进技术建造而成，无论质量和规模都处于全国同行业的领先地位。

在产品的质量管理方面，也有了一套完整的体系。先进的实验室设备和检测工具，对每一瓶酒的出厂进行跟踪检测，确保质量合格。正因为对产品质量的严格要求，“云南红”产品多年来保持住了自己一贯的风格和口味，通过了ISO9000质量认证，取得中国名牌称号，获得过全国消费者评比信得过质量奖。

玫瑰蜜已经打破了传统的“波尔多种植理论”企业先进的工艺、严格的管理和积极的市场营销造就了继红塔山之后的云南又一红。

2. 做负责任的企业

有人说，武克钢的经历注定不会只是为赚钱而从商，做简单商人。熟悉武克钢的人在向旁人作介绍时，往往用学者型企业家作为他的标签。事实上，武克钢从未放弃过对社会民生的深度思考。

武克钢说：“其实如果我想快速发展很简单，只要像很多企业一样进口廉价原料后勾兑、灌装，不受葡萄生长周期制约，价格也能降下来。”但他把绝大部分精力都花在了“重资产”经营的路上。“每年我大部分时间都在与农民打交道、交流，有时候是吵架。甚至还出现过因为葡萄质量不过关，我们不收，愤怒的农民拿着棍棒追打我们员工的事情。”但十年多来东风农场的变化是有目共睹的，农民都盖起了小洋楼，农民们对云南红的感情非常深厚。

葡萄酒被中国人接受不过10年左右的时间，相对于历史悠远的白酒，只能算是新型产品。十年前，国人虽然不喜欢红酒的味道，但是那时红酒意味着小资，代表着时尚。今天，红酒开始成为人们消遣、应酬的习惯饮品，开始大规模饮用。但是，十年的时间，到底有多少人真正的懂红酒，会品红酒呢！

有业内人士质疑，从专业的角度说，价格昂贵的洋酒真的能做到价格与品质同步吗？好酒一定高价，但高价不一定代表着好酒。洋酒的品质无从保证，而洋酒的进货渠道更是无人知晓。专业人士说，大概同质的红酒，写有洋文的会比本地产的价格高2倍，而一款洋酒从出厂到一级经销商，价格大概翻了6倍。并且，市场上的洋酒良莠不齐、鱼龙混杂，不少都是有问题的。

多年来，云南红集团没有采用任何进口散酒灌装，一直坚持用自己种植的葡萄酿造红酒，始终如一地保持了云南红酒的品质和口味。“云南红”以其独特的风味和口感成为中国红酒界的一朵奇葩。

为了让云南人解洋酒之馋，能真正喝到优秀的外国葡萄酒，云南红酒业今年也组织专业的品酒师和酿酒师到欧洲，到葡萄种植庄园亲自品尝，挑选最优秀的葡萄酒，做进口葡萄酒代理。力求为本地消费者找到真正“物美价廉”的葡萄酒，并且公司提供品酒课程、专业培训等增值服务，意欲培养一批真正懂葡萄酒的忠实消费者，用专业的态度，塑造品牌。

为了弥补不足，公司还研发了新产品，一种用纯优质葡萄酿造的烈性酒——“高原樽”葡萄烈酒，意图在国内庞大的白酒市场上切一块蛋糕。

云南红高层认为，新的《食品安全法》正式颁布，标志着原有的《食品卫生法》退出历史舞台，从“食品卫生”到“食品安全”，这加快了食品安全法律、法规与国际标准的接轨，也增强了食品产业的国际竞争力。应该说，此事是中国食品界的幸事，他们对此感到很欣慰。公司有关负责人称，国内红酒十年，才有一个安全法，而他们在建厂的最初就按照法国最严格的葡萄酒生产标准，是高出国内标准的。当然，这部法律对于那些规模小、生产不标准的小厂是有一定约束力的。真正做诚信的企业，再有外部的重罚机制，相信企业的食品安全会做得更好。而这部法律，对于消费者无疑是一个福音。

“‘云南红’对中国葡萄酒产业是负有责任的。”2008 年 5 月，武克钢就对媒体公开表示过。昨天如此，今天如此，明天还是如此。

兰益“云南第一杯”突围云南白酒困局

云南省著名商标，云南八大小曲酒生产企业，拥有 50 年酿造历史的“酒坛”老手的泸西县兰益酿造有限公司，在云南酒业率先提出了“兰益酿造云南第一杯”的响亮概念，这标志着经过多年的不懈努力，兰益酿造以其尊贵而淳厚的品质，独特的发展模式，在云南白酒行业中独树一帜，吹响改变云南白酒行业有好酒、无好品牌历史的号角。

泸西县兰益酿造有限公司的前身是泸西县酒厂，属商办企业，1998 年 11 月改制为股份有限责任公司。2001 年 12 月，该公司进一步深化改革，产权由 3 个股东买断，变更为兰益酿造有限公司。

“兰”来自于“绿”，而“绿色”食品“有益”健康，这就是“兰益”最初的含义。在发展新品的同时，兰益酿造在产品研发中都注入了“绿色”理念。以科技创新作为绿色产品后续开发的源泉，其开发的产品例如松子酒、荞酒等产品，已能把大量提取原料中对人体有用的元素溶入酒中，开发出了比普通白酒对人体更好的保健酒系列。

但酒香还怕巷子深，经过多年平稳发展过后，泸西兰益酿造要想突破 2000 吨的产量、突破几千万元的销售就显得非常艰难。究其原因，是品牌建设存在问题，这和云南其他的白酒企业一样，守住家门口的地盘，企业可以生存，但发展很难。最近，兰益意识到企业发展的困局，这正好也是云南白酒行业的困局：有好酒没有好品牌，企业要做大做强就非常困难。于是企业提出“云南第一杯”的企业品牌形象，努力打造“一生情一杯酒”的企业酒文化，发掘“杯酒人生”的深刻内涵。实际上，中国人喝酒更多的是消费一种文化，一种情趣、一种思想、一种情怀。中国白酒品牌核心价值随着中国多元化价值观的来临不是变窄了，而是变得越来越丰富。只要云南白酒企业在品牌建设上多下工夫，在酒文化上多下工夫，云南白酒还是大有希望成为中国名酒的。

“兰益酿造云南第一杯”绝非凭空而来，提出“云南第一杯”的响亮概念，那是因为：一、兰益酿造在云南首创杯装酒，杯装已经成为兰益品牌的重要识别标志；二、兰益酿造的杯装几项专利，无论从外观、品质还是特色方面上讲，都是云南乃至全国同型产品中的“第一”；三、作为兰益酿造丰碑性的拳头产品“松子酒”，就是云南第一松子酒；四、兰益酿造的另一个拳头产品的乔酒，也是云南的第一杯乔酒；五、强势打造云南“第一杯”的响亮概念，再次诠释酒文化的博大精深。在博大的酒文化中，第一杯酒的地位、身份、礼数及意义等都有太多讲究，总之第一杯酒无论是敬酒、碰杯、自饮等，都融入了太多的内涵和意义。同时，云南“第一杯”的响亮概念还完满而准确地传达出兰益品牌酒尊贵而淳厚的品质。

“云南第一杯”极大强化和提升了“兰益酿造”这个云南传统品牌的价值。与此同时，兰益酿造结合品牌发展的历程与实际，结合产品带给消费者的独特的附加值，还为产品赋予“一生情一杯酒”美好寓意。“一生情一杯酒”，再现了兰益酿造以何永祥董事长为首的兰益人，为兰益酿造的发展所倾尽的热情与心力，“一生情一杯酒”还充分地表达了：兰益酿造独树一帜的杯装风格和淳厚品质，一定能为品酒者带来前所未有的美好感受，“杯酒人生”从中得到很好的体现。

云南有好烟好茶却无好酒，这是不争的事实，这都是云南白酒品牌意识落后，品牌塑造手段混乱，品牌影响力低下造成的。对于云南白酒企业来说，资源是如此的宝贵，时间是如此的紧迫，任何一个闪失都可能给云南白酒行业带来灭顶之灾。树立云南白酒品牌，强势打造云南白酒品牌，云南才会有名酒，才会烟酒齐名。

十年磨一剑，高原魂葡萄烈酒横空出世

云南红酒业有限公司董事长武克刚向来是个敢说敢干、个性鲜明的企业家，最近他又有惊人之举，在国内葡萄酒业界率先推出中国首支葡萄烈酒——高原魂葡萄烈酒。

1. “高原魂”大打健康牌

所谓葡萄烈酒，就是用葡萄作为酿酒原料酿造出来的高度酒。据云南红酒业有限公司品牌中心工作人员介绍，高原魂葡萄烈酒采用100%高原浓缩葡萄汁发酵而成，在原料和酿造工艺上就区别于采用粮食酿造的白酒。

高原魂葡萄烈酒在酿造过程中将葡萄汁内的葡萄糖直接发酵成葡萄酒精，饮后不会伤身，还有开胃健脾、防治心血管病、养颜益寿等保健作用。“高原魂葡萄烈酒酒精纯度高，祛除的杂质多，在保持果香芬芳的同时，喝后头不痛。”云南红酒业有限公司首席酿酒师张宁解释。高原魂葡萄烈酒是在不锈钢发酵罐中陈酿，酒体果香优雅，饮后口中久久留香，既拥有了葡萄酒的健康，又具备了中国传统白酒的烈性，是国人在商务、政宴、聚会等场面上的首选。

2. 尊贵源自血统，售价每支800元

1支酒800元的价格不仅在云南，而且在国内白酒市场上也属于绝对高端。高原魂葡萄烈酒凭什么开出此价？高原红销售有限公司总经理林雨女士向记者做了介绍。首先，酿造高原魂葡萄烈酒的葡萄采用了法国酿酒各种玫瑰蜜（Rose Honey）和云南特有各种水晶葡萄。玫瑰蜜是200多年前由法国传教士带到云南的，这个曾经为拿破仑酿造葡萄酒的名种在十九世纪的欧洲生态灾难（葡萄根瘤蚜病）中遭到灭绝。而在云南弥勒，玫瑰蜜却依然枝繁叶茂，果实累累。其次，上世纪五六十年代开始大规模开垦种植的弥勒东风农场葡萄园，没有施加过任何化肥，原生态的自然环境种植出最天然、健康的葡萄。另外，每一瓶“高原魂”葡萄烈酒均采用人工采摘的老树葡萄酿造。用树龄久远的葡萄树的果实酿制的葡萄酒最为珍贵。“在云南红葡萄种植基地拥有3 000亩树龄30年，甚至上百年的老葡萄树。这也是全国唯一一家拥有如此长久年份葡萄树的酒庄。这些葡萄每年的产量非常稀少，均采用人工手摘，保证每一粒酿酒葡萄的成熟度、饱满度。”林雨介绍。

3. 十年磨一剑，独特工艺造佳酿

高原魂葡萄烈酒是中国第一支具有独立知识产权的葡萄烈酒。“作为中国第一支葡萄烈酒，它的诞生可谓是十年磨一剑”，高原魂的总酿酒师张宁说：“从1999年起我们就开始研制这款葡萄烈酒，经过众多研试才得以成功，例如口感的调和、酒体色泽的清亮度、葡萄果肉沉淀的祛除等。”

张宁介绍，为了保持高原魂葡萄烈酒浓郁的果香，提高酒的稳定性，必须在低温状态下发酵，这对设备的要求很高。云南红不惜花重金全套引进意大利先进葡萄烈酒生产设备，为打造中国第一葡萄烈酒备足了硬件条件。其次，解决果渣沉淀问题也费了很多心思，后来终于找到了既不破坏酒体香气，又能彻底解决沉淀的方法，这

在中国是首创。

据悉，高原魂的质量检验非常严格。因为是中国首创，所以很多标准连国家质量监督检验检疫局、国家标准化管理委员会都还没有书面成立，而高原魂成形初期就开始订立各种标准提供给上述两部门。

4. 口感赢得大师称赞

高原魂葡萄烈酒上市之前对产品的口味定位做了全方位的了解，为国内消费者的需求与饮食习惯上的要求找到创新平衡点。

国际葡萄酒与烈酒评比组织主席罗伯特·约瑟夫对高原魂做出了很高的评价："非常可喜地在云南看到如此有特色的葡萄烈酒产品，它的口味是如此的纯正和纯净，在中国绝对是属于创新的产品。与法国的白兰地、意大利的葡萄蒸馏酒决然不同，高原魂葡萄烈酒在口感方面不是一味地模仿，而是突出高原葡萄的特点，应该是更多地为中国人量身定造的口味，这是可贵的。"中国酿酒协会理事、国家级品酒师单树民称："高原魂葡萄烈酒入喉后有一种疏松、逐步扩张的感觉，水晶葡萄、玫瑰蜜的香气逐渐在口腔和鼻腔中弥散、蔓延开来。"

留学法国的云南首屈一指的葡萄酒品酒师刘薇小姐则称，高原魂葡萄烈酒酒精质量特别好，不会让人产生辛辣的感觉。建议加冰饮用，或加云南红水晶葡萄汁混饮。

5. 国际资本看好市场潜质

去年3月，德太增长基金（TPG）注资云南红，用于其高端市场的拓展，同时寄予厚望：三年内，云南红要在国际化人才引进、技术力量更新、财务和管理上向国际化迈进，达到上市公司标准。

对云南红的投资是TPG第一次直接对中国的投资，高原魂葡萄烈酒的问世也完成了TPG投资目标之一。TPO增长基金北亚区负责人王先先在电话中告诉记者："红酒正在细分市场，云南红以前在中档、低档市场占了很大份额，近年向高端市场发展很猛。从市场占有结构来说，未来的想象空间很大。"

云南红酒业有限公司董事长武克钢则给记者算了一笔账，现在国内白酒市场的容量超过700亿，千分之一就是7 000万，对于新面世的高原魂葡萄烈酒来说，只要能拿到白酒市场千分之一的份额，那就很舒服了。

随着竞争层面的升级，云南红推出高原魂葡萄烈酒也是在细分市场战略下的品牌新扩张，它将把握消费结构升级变化的新潮流，创造中国酒文化的新时尚。

在葡萄酒行业整体走强背景下，云南红的未来值得期待。

建水县天波酒厂——回味悠长小罐酒

建水县天波酒厂始建于1994年，该酒厂位于云南省建水县临安镇，始建于1994年，酒厂占地面积2 380平方米，建筑面积1 519平方米，年产总值280万元。

该厂产品以白酒为主，主要有捷牌小罐酒、罐罐香酒、喜相逢酒等品种。其中，捷牌小罐酒精品，乃选用当地优质玉米、粳稻为原料，取地下白沙水，采用传统工艺——小土罐（小罐酒由此得名）发酵60天，经两次蒸馏，量质而取，陈酿3年以上，精心包装而制成。酒度为29% vol，入口爽甜，回味悠长，深受广大消费者喜爱。

该厂从建厂至今，一直注重产品质量控制，产品自问世以来，深受广大消费者的青睐，市场占有率也逐渐提高。随着该厂生产工艺、生产技术的提高和产品品种的扩大以及产品质量的稳定，本厂在总结多年酿造经验的基础上，博众家之长，以其自身独特的风格，赢得了广大消费者的赞同和信赖。

（六）玉溪市地理及酒业简况

玉溪市位于昆明市以南，面积15 285平方千米，人口215万，有彝、哈尼、傣、回、蒙古、苗、拉祜、壮等少数民族。辖红塔区和江川、澄江、通海、华宁、易门5县及峨山彝族自治县、新平彝族傣族自治县、元江哈尼族彝族傣族自治县3个自治县。

玉溪是云烟的主产区，红塔集团玉溪卷烟厂坐落在玉溪市红塔区。玉溪市交通便捷，国道213、323穿越本市，昆玉高速公路连接昆明。铁路有昆河线、昆玉线、玉蒙（玉溪至蒙自）铁路正在建设中。玉溪市境内的抚仙湖是滇中著名旅游区，湖水深152米，为我国第二深淡水湖。

玉溪市酒企众多，有规模的白酒企业25家。峨山玉林泉酒业有限公司生产的“玉林泉”酒、“拳王酒”历史悠久，名声传播。云南春酒业集团有限公司生产的“云南春”酒，易门云之南食品有限公司生产的“大龙口”高粱酒、云南通印福全酒业有限公司生产的“福全”酒在当地及省内市场上占有一定份额。

云南省唯一一家获“食品质量优级认证”企业

——记云南峨山玉林泉酒业有限公司

玉林泉酒源于清朝中叶，距今已有280多年的历史，民国年间便驰名滇中，自然条件十分优越，是云南优质白酒生产基地。

2005年6月，在“第三届东盟华商投资西南项目推介会”上，泰国TCC集团首次与玉林泉酒业公司接触，经过双方多次考察谈判，最终由TCC集团出资整体并购“云南峨山玉林泉酒业有限公司”，并于2005年9月30日签署资产并购协议，由泰方独资组建新公司——云南玉林泉酒业有限公司，成为中国白酒行业第一家外商独资企业。

泰国TCC集团入主玉林泉后，始终坚持玉林泉的传统工艺不变，坚持玉林泉的品质不变，坚持玉林泉的品牌不变，坚持玉林泉纯粮酿造不变，坚持玉林泉生产场地不变。

该公司主导的品牌“玉林泉”白酒，其酿造工艺秉承云南特有的传统小曲小罐发酵工艺，纯粮酿造，产品具有色泽晶莹剔透、香气清香淡雅、回味绵甜悠长的独特品质，深受消费者青睐，也得到国内知名白酒专家的高度评价。

高品质的产品，源于高质量的生产过程，而高质量的生产过程又得益于卓越的质量管理。作为云南省白酒业的领军企业，玉林泉三十余年来一直视产品质量为企业生存和发展的命脉。玉林泉人始终把产品质量放在首位，在硬件设施逐步升级的基础上，不断向管理要质量，通过规范、标准的管理提高产品质量和食品安全。

玉林泉酒曾先后荣获国家、省、市名特优产品称号；还先后被评为云南省名牌产品；云南省著名商标品牌；连续八届蝉联“云南省消费者喜爱商品”。2005年10月，玉林泉酒被中国酿酒工业协会评定为云南省唯一的“全国酒类产品质量安全诚信推荐品牌”，2006年选为中国国家级白酒评酒委员换届考试样品酒，52度珍品玉林泉酒被中国白酒专家推崇为中国小曲清香型白酒鉴赏标准级酒品。2006年底，玉林泉酒被省商务厅、商务部确定为中国名酒评选云南唯一推荐产品；2007年初获“云南名酒”评比专家评分第一。2008年，玉林泉酒业成为中国小曲清香型白酒的主要代表、云南省唯一的中国“小曲白酒”国家标准制定企业，现已跻身为全国37户重点白酒生产企业之一。同时，公司更加注重食品质量安全工作，在满足顾客的需求同时，于2008年12月初顺利通过了酒类产品质量安全认证，为公司产品生产质量保证能力及产品安全卫生质量水平提供更强有力的保障，企业各项经济指标不断创造着新高。

2008年，玉林泉公司积极组织申报了“酒类产品质量等级认证”，并于2008年12月初通过“中食联盟（北京）认证中心”组织的认证，公司产品获得云南省唯一一家优级产品认证标志。酒类产品质量等级认证工作的开展，有效促进了公司食品安全管理，为玉林泉酒产品的安全性增加了新的防线。

1. 员工的食品安全意识得到提升

多年来常抓不懈的食品安全意识培训教育，使食品安全意识逐步深入人心。在开展酒类产品质量等级认证过程中，为了使食品安全意识在工作中得到具体体现，公司组织各级人员学习了认证规则《食品质量认证实施规则——酒类》，使大家理解掌握了认证实施规则中一些具体的规定、要求，把员工的食品安全意识同工作具体要求结合起来，在各项具体工作中得到了落实。

2. 构建完善的食品安全管理体系

《食品质量认证实施规则—酒类》的特点是：酒类产品质量等级保证能力要求与国际组织相关要求一致，整合了GMP、GHP、HACCP认证基本要素，对酒类生产企业的良好生产规范（GMP）、良好卫生规范（GHP）、危害分析与关键控制点（HACCP）原理的应用，以及产品卫生、理化、感官等方面提出了综合性要求。

开展认证工作以来，公司依据认证规则的要求，充分利用现有控制点，结合公司生产设备，从材料进厂、酿酒生产控制、包装生产控制、储存过程控制以及运输销售进行全方位的危害分析与评估，识别了一些关键控制点，对食品安全管理职能进行了分配和落实，形成了食品安全管理体系手册。为有效控制食品安全，起草了HACCP计划、操作性前提方案，包括加工用水的安全、食品接触表面的卫生、防止交叉污染等八个卫生标准操作程序，建立并完善了公司的食品安全管理体系。

酒类产品质量等级认证工作的开展，对酿酒行业的健康持续发展将产生积极的推动作用。公司通过酒类产品质量等级认证，并获得优级认证标志。食品安全，责任重大。认证工作的开展，更加完善了公司的管理，使公司产品形象得到了进一步提升，使消费者更加放心消费。

增强消费信心，提高产品竞争力，认证促进了企业创优和增效。

现在，市场上酒类产品异常丰富。而作为普通消费者，一般都缺乏选购商品所需的技术知识，也不具备检验商品所需的技术手段，面对琳琅满目的产品，往往会产生诸多困难或疑虑，极大考验着消费者的消费信心。

公司通过了酒类产品质量等级优级认证，公司产品带有认证标志，是一种质量和信誉的证明，这使得公司产品在市场上具有更强的竞争力，受到消费者普遍的信任，经销者也愿意经营，公司产品市场覆盖面不断扩大，逐渐培育起稳定的消费群体，因而更好地占领和扩大了市场。

质量是企业拓展市场的首要战略，因为有了质量信誉就会赢得市场，有了市场就会获得效益。公司将继续努力，玉林泉公司确立了经过三至五年的时间把玉林泉做强做大，最终发展成为具有两万吨生产规模，10亿元销售收入的国内知名白酒企业的发展目标，为实现此目标，公司将继续加强科学的管理和体系的完善工作，积极推行卓越绩效管理模式，全面提高公司质量管理水平，为消费者提供安全放心、品质优良的产品，使消费者放心消费公司产品，使玉林泉酒品牌形象得到进一步提升。

国家认监委和商务部2005年发布的《食品安全认证实施规则——酒类》，在酒行业及时导入了酒类产品等级认证，目的就是通过酒类产品等级认证的实施，更好地完善酒类质量管理体系，为企业系统地构建食品安全生产平台，从而使消费者对酒类产品感到更加安全、放心。《食品安全认证实施规则——酒类》针对性强，仅限于酒类生产企业，具体分为产品质量和企业质量保证能力要求两部分。在白酒生产企业中实行酒类产品质量等级认证，不仅要建立HACCP体系，对整个白酒加工工艺过程进行分析，还要制定相应的HACCP计划，控制生物、物理、化学危害，保证白酒生产各阶段的安全性，同时对产品的色、香、味、风格进行品评，全面保障白酒的质量安全。按照《食品质量认证实施规则——酒类》规定，玉林泉公司对原料、生产、贮存、运输的每个环节都确定关键控制点，并严格实施。在原料方面，建立了原料供应的保障体系，白酒原料向基地化、良种化、规范化发展，制定酿白酒质量安全标准，保证了原料的质量和安全性。在生产控制方面，强化了原料农残、重金属、微生物代谢物等检测与控制，确保其高于国家标准。

“食品质量优级认证”证书有效期为3年。认证机构通过每年的监督来确保酒类产品生产质量的持续有效性。认证在提高产品质量的同时也提升了企业效益和行业竞争力，并且实施酒类产品认证，引导规范认证实施行为，帮助消费者进行产品质量识别，有助于减少流通环节中假酒、劣酒生存空间，维护酒类生产流通的健康秩序。

国家认监委、商务部同时出面针对酿酒行业出台法规、监管政策，说明我国政府对酿酒行业的重视，也体现了《食品质量认证实施规则——酒类》的重要性。

（李　芬）

泷井坊与“云南春”酒

1. 泷井神泉的传说

云南通海杞麓湖畔有座山叫桅杆山，相传在很久很久以前，桅杆山下的村子常年缺水，庄稼颗粒无收，全村人为了活命都纷纷背井离乡，逃命他村，老弱病者渴死、饿死不知其数。村中有一孝子名曰“陈云”，因母亲长年卧病在床只好苦苦守候在家。一天，陈云开门见一白胡子的老人倒在门前，身旁放着一根残断的拐杖，他再仔细看已是奄奄一息了，陈云把脸贴过去发现还有一丝气，他毫不犹豫地把老人背进家里，并叫妻子烧了一碗姜汤，妻子说：“家里只有一碗水了，还要给母亲煨药的。”陈云说：“救人要紧！”妻子见执拗不过只好顺从。妻子把姜汤烧好后，陈云撬开老人的嘴灌下去，老人慢慢醒了过来，有气无力地问：“这——这是何地？”陈云忙答：“这叫‘桅杆村’。”说完陈云愁着脸扭过头去。“这真是个好地方啊！”老人说：“好山、好人定出好水，您为何如此忧愁？”老人这一问，问到了陈云的伤心处，陈云一五一十地把村寨缺水的惨状和老人谈开了，说完老人不停点头说：“这里的人真善良，你们夫妻俩都是孝子，你们想要的东西一定会有的。”说完，老人起身颤颤巍巍地离去，因村子缺水，陈云也不好再留老人，当他转身发现老人忘带拐杖，欲取之追去，这时，陈云眼前的拐杖却突然变成一股雾气腾起，宛如一条乳白色的龙向村头的山箐飘去，说也奇怪，再转身找那老人时，已不见身影了。正在纳闷时，陈云好似听到山箐里有“哗哗”的流水声，他寻声探去，只见一股清泉从山箐流出。陈云激动地把这一消息告诉给留在村子里的人们，村民把这一“奇闻”传递给逃到村外的人。陈妻也激动地舀一瓢水给老母，老母“咕咕”地喝下，第二天居然能够下床了。听说桅杆山的山箐里流出泉水来了，逃到邻村的人都相继扶老携幼地回到村子来。从此后，有病的人喝了这水，慢慢地好了起来，村子里的小伙子个个帅气，小姑娘个个水灵。后人为了缅怀白胡子老人的恩情，重修古井，命名为“泷井”。

“泷井”里的水常年清澈甘甜，能医治百病，远近闻名。洗洗眼睛，眼睛明亮；洗洗手脚，手脚有力。陈云的母亲继续饮用此水后，病奇迹般地好了。更神奇的是，村子里不会生孩子的人饮用此水后，便能生儿育女。

2. 泷井坊的传奇故事

这道清泉流淌的山箐被命名为“龙潭沟”，由龙潭沟喷涌而出的泷井泉浇灌着杞麓湖畔百姓盘种的田地。一天清晨，一位名叫李玉竹的老者唠叨龙潭沟，见到儿童在泉水边嬉戏、玩耍，老人们在泉边的树荫里下棋，他从心里感叹生活在这里的人真幸福，陈云告诉老者，这里从前没有水，接着给老者讲了“泷井神泉”的水源故事，李玉竹听后连声说：山清水秀、人杰地灵，在这里我能用祖传秘方来酿得美酒，用来自饮、待客、祛病、健身。后来，他果真在龙潭沟建起了“泷井坊”，用这泉水浇灌出的杂粮（高粱、玉米、大米、糯米、荞）5中粮食，混合酿制了一种好酒，称之为“泷井窖烧”。

时至清代，李玉竹家的传人李兵，一心想当差，就把秘方传给了一个叫黄道人的当地人，黄道人继承了秘方并将“泷井窖烧”改名为“泷井”酒。黄道人年老后，为使酒坊发扬光大便将其秘方传给了徒弟陈升，陈升得到酿酒秘方后，经潜心摸索努力实践，数年后终于拥有了一套独特的酿酒工艺，并利用地窖发酵酿出了至醇美酒，更名曰“泷井液”。

3.“云南春”的起源

有一天，一位姓常的先生来到“泷井坊”，只见他身上带着一个酒壶，叫到：“店家，拿酒来。”陈升看到他这个样子，不敢怠慢，急忙给打酒。只听见这人边喝边说：“真没想到这‘泷井坊’酿出的酒这么甘甜、醇美。”当晚这位先生就在半山上露宿了一夜。临走时，照样叫店家拿酒来，陈升就把酒打给他。之后常先生的徒弟经常到泷井坊打酒，几十年后，先生告诉陈升：“我是越喝越年轻，更加有精神了，现年已经百岁，为了感激你们酿出的美酒，我给你们取个名，你看这个地方气候这么好，以后你的酒就叫‘云南春’酒吧!”陈升一听觉得这名还不错，便把“泷井酒”更名为“云南春”酒。

多年以后，“云南春”酒成了当地的名酒，陈升也成了滇南当时有名的酿酒大师，为感激这位老先生赐名的恩情，并纪念恩师黄道人，他在大师露宿的半山上建了“龙泉寺”，在寺旁供奉着酿酒名师黄道人的像，并保存了先师的“泷井窖烧”的地窖传承至今。

从那以后，陈家人继承古法酿造技术，并代代相传，酿出了被人们誉为“云南第一窖”的神秘之酿“云南春”。

（泷井酒）

解密“九田酒香彩云南”之谜

正品人酿正品酒，九田酒会老朋友!

易门有“三绝”：白酒、豆豉、野生菌，由易门龙锶源酒业有限责任公司荣誉出品的“九田酒”更是凭借易门天然含锶的珍贵独特的水源条件，以一流的专业白酒勾兑师为技术支撑，在原易门高粱酒的基础上开发出白酒新产品，把久负盛名的易门高粱酒推向更高的境界，酿造出新的云南名酒。

“九田酒”，是由曾经创造过玉溪乃至云南白酒品牌辉煌、具有20多年从业经验的白酒生产、勾兑和营销等专业团队精心打造的。“正品人酿正品酒，九田酒会老朋友”这两句诗正是九田酒身世的真实写照。

1. 解密一：好山好水出好酒

“九田酒”第一大优势是水源。水乃酒之“灵魂”，好山好水出好酒。好酒必用佳泉酿，易门山清水秀出美酒。“九田酒”特精选来自国家级森林公园——龙泉公园的珍稀含锶矿泉水为酿造水源。据世界卫生组织评价，锶是人类健康长寿不可缺少的微量元素，具有软化心脑血管、预防高血压和冠心病、生骨壮骨、补充肾气及调节人体代谢平衡等作用。可以说，锶在人体生、长、壮、老、亡的整个生命过程中，发挥着不可低估的作用。也许是被自然风光和锶泉及其佳酿的魅力所吸引吧，众多文人墨客在龙泉公园留下过足迹。明代状元、文学家杨升庵曾3次游览龙泉公园，留下了“龙武将军亦幽兴，笙歌锦琴共壶觞”、“琼液刘郎休尽醉，金屏谢妓待重携”等名诗佳句，为易门高粱酒留下了厚重的历史积淀和人文色彩。

2. 解密二：技术是企业创新、发展的驱动力

“九田酒”第二大优势是技术。龙锶源酒业人才济济、技术力量雄厚。有精通酿酒技术的工程师，其勾兑技术堪称一流，有擅长市场运作的销售经理，更有一批在市场上游刃有余、经验丰富的营销人员。同时，公司还与中国酿酒工业协会白酒分会和云南省酿酒科学研究所、昆明酒类行业协会等权威机构保持着密切的业务联系，及时掌握并学习白酒行业先进科技，以不断提高和完善公司产品质量和管理体系。正是有一支高素质的白酒生产、营销团队，龙锶源酒业才能够大大缩短成长期，具备开拓市场的核心竞争力。坚持纯粮酿造，定期储藏，把白酒里的酸、醛、醇、酯四大物质调控和平

衡到最佳状态，尽量挖掘酒品中的有益元素，朝着优质、低度、多品种、低醇、高效益、无污染的方向发展，推动白酒由传统型向功能型、营养型转变，实现健康与饮酒同步。

3. 解密三：正品人酿正品酒

“九田酒”第三大优势是品质。我国白酒行业相关专家品评鉴定后一致认为：“九田酒酒体丰满，清澈透明，绵甜清香，醇和协调，纯正爽净，酒度高而不烈、低而不淡，饮后不打头、不刺喉、不口干，符合营养型白酒的发展方向”。消费者也普遍反映，九田酒具有喷香、溢香、回香和留香等特点。打开“九田酒”，一股浓烈的酒香便扑鼻而来，实为“喷香”；酒入杯后，满屋飘散着酒香味，乃“溢香”；酒入口后亦散发着幽香的酒气，这便是“回香”；酒喝完后，空酒杯依然久久散发着醇香，则为“留香”。

“九田酒”以其纯粮、纯水、纯手工工艺的个性风格，在强手如林的白酒行业中独树一帜、自成特色。酒逢知己千杯少，九田美酒任你品尝。开瓶闻着香，倒进杯中满屋子香，喝进肚里回气香，喝完酒后空杯留香，观其色、闻其香、尝其味，唇齿留香，令人陶醉。花鼓彝乡，九田飘香。

（慧　子）

磨盘山的美酒　新平五桂酒业

深秋时节，阳光洒满蔚蓝色的天空，一尘不染，晶莹透明。呼吸着山野清新的空气，昆明酒类行业协会一行人来到了“花腰新娘”的故乡——云南省新平县。陶醉在深秋迷人的景色中，沉浸于迷人的酒香中，我们走进云南新平云新糖业有限责任公司五桂酒业分公司。

云南新平云新糖业有限责任公司五桂酒业分公司位于青山绿水的云南省玉溪市新平县桂山镇上古城。其前身为新平县果酒综合厂，1998 年被云新糖业有限责任公司兼并，并于 1999 年 6 月成立“云南新平五桂酒业有限公司”，至 2005 年 8 月更名为“云南新平云新糖业有限责任公司五桂酒业分公司”。公司拥有固定资产 450 万元，现有职工 35 人（其中专业技术人员 5 名，分别为工程师 2 名，助理工程师 2 名，助理经济师 1 名）。

其产品主要有五桂醇酒、喜相迎酒、何首乌酒、荞酒王酒等一系列白酒产品和瓶、桶装“磨盘山香泉”饮用山泉水等产品。

其中，五桂醇酒采用优质高粱、谷子、苦荞为主要原料，配以磨盘山天然山泉水采用传统工艺和现代科学技术相结合酿造而成。具有香幽如兰、入口绵甜、余味悠长，酒后不上头等特点。喜相迎酒以玉米、高粱、谷子为主要原料，采用传统工艺和现代先进的生产工艺相结合，取磨盘山天然优质泉水酿制而成，酒液清澈透明，米香纯正、入口绵甜、回味悠长。磨盘山香泉水，水源取自国家级森林公园磨盘山山麓，其水经白沙渗透，自然清洌甘甜香幽。并采用现代高科技精控设备及先进工艺生产，确保了其天然卓越的品质。

1999 年，“五桂”牌五桂醇在国际（天津）发明、专利及新技术新产品博览会荣获金奖。2001 年，云南新平“五桂醇酒”为云南省政协八届四次会议“指定用酒”。

云南新平云新糖业有限责任公司五桂酒业分公司组织机构健全，设备先进，技术力量雄厚，有科学、完整的管理体系和产品质量检测机构，并严格执行国家相关的质量标准和卫生标准。公司始终以“提高素质上管理，抓好基础保质量，强化服务争市场，开拓产品求生存”的宗旨，生产出广大消费者满意的合格优质的产品。

龙锶源：发现滇中名酒

一直以来，云南都是一个酒类消费大省，全省每年酒类消费近 40 万吨，销售收入达 20 多亿元，如此高的市场份额所获得的利润，是一个令人振奋的数字。然而，云南本土的酒类生产企业的销量却只占总销量的五分之一，在全国的酒类生产及销售中也仅占次要的席位，出现了省外产品在云南很畅销却在产地很少见的怪现象。究其原因，恐怕是云南白酒生产厂家林立，白酒品牌众多，但普遍存在风格特征单一、酒体缺乏设计、同质化趋势严重的问题，一些廉价低质酒充斥市场，导致消费者信任度不高。

基于此，立足于振兴云南白酒、提升云南酒业形象为己任的易门龙锶源酒业有限公司，在董事长肖天洪的带领下，在收购已有24年生产历史的易门所水阁酒厂的基础上，厚积薄发，二次创业。在2006年3月扩建酒厂到当年9月成品上市龙锶源仅用了半年时间，成功开发出适销对路的“九田酒”，然后一路高歌猛进，在玉溪一区八县相继设立了经销点，并迅速向昆明、楚雄、红河等州、市渗透，创造了白酒行业新品牌迅速崛起的一个奇迹。

“九田酒”的产地龙泉镇位于方屯坝子，是云南省首批生态镇之一，植被丰富、土壤肥沃、渗水性强，地下水、地表水通过层层过滤与循环，溶解了多种对人体有益的微量元素，形成了清醇、甘洌、无污染的优质含锶矿泉水，为酿酒提供了得天独厚的水源。

龙锶源人在此基础上，通过借鉴峨山、新平、易门等地彝族、哈尼族、傣族酿酒技法，走访民间酿酒世家，萃取名家工艺，并融入现代科技，在固守民族传统工艺的基础上，生产全过程仅用根霉和酵母，除此之外，不使用其他任何菌种，也不使用任何添加剂，全凭自身发酵的综合作用，形成了自然、柔和、清雅、醇香、绵甜的酒体风格，在强手如林的白酒行业中独树一帜、自成特色。

该酒一经投放市场就引起广泛关注，赢得消费者青睐，并得到业内专家的高度赞赏。专家品评鉴定认为，“九田酒”酒体丰满，清澈透明，绵甜清香，醇和协调，纯正爽净，酒度高而不烈、低而不淡，饮后不上头、不刺喉、不口干，符合营养型白酒的发展方向。一时间，“九田酒”在三乡大地声名鹊起、好评如潮。不仅市场销量节节攀升，还被定为市、县区“两会”（人代会、政协会）接待用酒、易门“二月二”和“野生食用菌交易会”活动用酒以及江川“开渔节”接待用酒。

此外，在低度、纯净、健康、物美价廉成为当今中国白酒发展主流的今天，正是基于对市场趋势和响应国家产业政策的把握，龙锶源人及时捕捉市场信息，以酿制老百姓喝得起的放心酒为目标，充分考虑消费者的消费能力和消费需求，从低、中档白酒做起，推出了35度普装、39度精装“九田酒”。价位在6.5～25元之间的系列产品，深受消费者的青睐。此后，随着市场需求的不断升级，龙锶源还陆续推出了53度普装、精装“九田”酒来响应市场，也取得了不俗的成绩。

“九田酒”之所以能够在短时期内获得如此殊荣，关键在于它是传统酿造工艺与现代科技有机结合的创新效应，迎合了市场消费需要。时下的“九田酒”正溢香于七彩云南的青山绿水间。我们有理由相信，“九田酒”在不久的将来，能够继续且不断地完善自身，使企业和品牌逐步做大做强。同时，我们也期盼九田人可以将振兴云南白酒这一神圣的使命感进行到底，生产的“九田酒”可以随着产量和市场占有率、美誉度的逐步提高，成为能够代表本土特色的纯粮酿制酒的典范。

（《云南酒业》）

（七）普洱市地理及酒业简况

普洱市原名思茅市，近年改为现名，以普洱茶著称于世。普洱市位于云南省西南部，南部江城、孟连、澜沧、西盟4县部分边境分别与老挝、越南、缅甸接壤。面积45 385平方千米，人口256万。有哈尼、彝、拉祜、佤、傣、布朗、回、瑶、白、壮、苗、满等少数民族，辖翠云区及宁洱哈尼族彝族自治县、墨江哈尼族自治县、景东彝族自治县、景谷傣族彝族自治县、镇沅彝族哈尼族拉祜族自治县、江城哈尼族彝族自治县、孟连傣族拉祜族佤族自治县、澜沧拉祜族自治县、西盟佤族自治县共9个自治县，市府驻翠云区。

普洱水利资源丰富，澜沧江纵贯全市，是通往东南亚的黄金水道，国道213、214、323纵横境内。

景谷清酒：用心酿造每一杯

“与酒有缘”，是景谷清酒业有限公司经理陶文春常挂嘴上的口头禅。

这并不意味着他能喝酒，滴酒不沾的他却把景谷清酒业一步一步推向了成功。

“当今酒业中一个纷争的时代，必将营造一种创新的精神，景谷清酒业就是在这个时代完成了产品的嬗变。”

当众多白酒经销商剑拔弩张、纵横驰骋云南白酒市场的时候，景谷清酒业却在静水深流中脚踏实地，用心酿好每一杯酒。

“从酿酒的第一天起，‘以心酿造，诚信经营’就成为景谷清酒业的经营理念。”陶文春说。心，指责任。“酿造不单指产品的精心生产过程，更重要的是品质的打造。”

酒的品质取决于人的品质。现在酒市场太浑乱，一些酒商看着其他酒好卖，就把外包装做成极为相似，滥竽充数。有些为了能让酒上柜，就用买50件送40件的方式，虽然市场打开了，但并不是长久之计。因为最终的裁判者是社会，是消费者。消费者在购买产品，一看质量，二看服务，三看性价比。因此，如何将品质提高，被社会认可、接受，才是酒企应该考虑的问题。“作为一个男人，不管对事业，对家庭，对社会都应有一份责任。”本性流露永远胜过豪言壮语。功夫不负有心人。经过10年的努力，景谷清酒业以传统的傣家酿酒工艺和现代先进的酿酒用具相结合，用独特的米酒香、柔和的口感、醇厚的品质，赢得了消费者的一片赞许。

“在普洱市内，景谷清酒几乎占据了整个酒市场。年白酒生产规模达2 000吨。”陶文春掩饰不住自己的喜悦。

“下一步，景谷清酒业将‘稳’字当头，以静制动。”

“现在云南省大大小小白酒企业有2 000多家，市场竞争激烈，每天都处在千变万化之中，景谷清酒业的产品质量永远不会变。”

陶文春语气坚定，“企业产品可以开发创新，包装可以花样翻新，营销手段可以推陈出新，但质量必须守身如玉。”

“顾客是衣食父母，信誉是企业之本，质量是取胜之道。”景谷清酒业人明白。

为什么一瓶“水井坊酒”能卖到千元的价格，“卖”的是什么？

是酒，毋庸置疑。

但这绝非是一般意义上的酒，是见证历史与文明的文化象征。

对于消费者而言，无论包装如何抢眼，广告铺天盖地，第一需求就是酒的内在本质，即酒的品质和品位。

这是白酒业发展的基础，也是白酒理性消费趋势下的必然。

“把本质做好了，就能以不变应万变。”

一段时期后，景谷清酒业将引进资金，迅速打开市场，将是第一位。

（陈　玲）

酒江酒业：着力打造“天溪”品牌

墨江酒江酒业有限公司（以下简称“酒江酒业”）坐落于北回归线太阳转身的地方——墨江县城，其前身是原墨江酒厂，是集基地、科研、生产加工、经贸为一体化的有限责任公司。

酒江酒业自开创以来，一直秉承“诚信求是，兴我天溪”的企业精神和管理理念，致力于“天溪”品牌的塑造。公司充分利用墨江北回归线太阳转身的天然独特的资源，用心酝酿极具特色的天溪玉液琼浆，最大限度地满足健康消费需求。公司始终坚持“高科技创造高质量，高质量创造高品质，高品质塑造好品牌”的理念，诚信酿酒，诚信做企业，不仅得到消费者的好评，也得到了相关单位的认可和肯定，屡次得到上级表彰奖励，是省、市、县“诚信单位”及市、县精神“文明单位”，云南省“八大小曲酒生产企业”，云南省“放心食品”生产企业，云南省酒行业首家通过ISO9001：2000国际质量认证。

目前，公司所开发产品主要有天溪牌紫谷酒、紫米封缸酒、哈尼秘酒、情果红滇橄榄酒等酒类产品。其中，“天溪紫米封缸酒”更是深受消费者喜爱和青睐。

“天溪紫米封缸酒”是以云南墨江北回归线特有的优质紫米为主要原料，集传统和现代酿酒精华研制而成的饮料黄酒。酒体晶莹剔透、香气幽雅、醇厚甘美、绵甜爽口、回味悠长、风格独特，产品以其卓越的品质、丰富的营养、上乘的质量、独特的风格，深受广大消费者的厚爱。1989年被评为云南省名优产品，1992年荣获巴黎国际名优酒金奖，1994年荣获巴拿马万国名酒博览会特级金奖，1997年荣获云南省名牌产品称号，由云南省食品工业协会向社会推介为“放心食品”，多次获云南省消费者喜爱商品。

“天溪”牌商标连续两年被评为云南省著名商标。酒江酒业，凭借其优质的产品和独具特色的产品风格赢得了广大消费者对“天溪”品牌的信赖和拥护。

（白恩富）

紫米花雕，新派黄酒

一、以厚道之心，酿地道之酒

云南地道酒业有限公司，承古滇大地之纯善、朴素，倾情酿造“地道云南”浓香白酒系列。品牌将云南的多彩文化注入产品内涵，以“七彩云南、真诚厚道，好山好水、本真原味，自然生态、真诚好客”的地道云南本色酿云南好酒。公司以“人厚道，酒地道”为企业立命之本，弃浮夸、摒吹嘘，主张做人的耿直厚道、酒品的正宗地道，深切打动广大消费者的情感意识，从而奠定起“地道云南”品牌独具之实诚、亲切的人文形象。

依托卓越可靠的产品质量，配合强大的市场营销经验，经过多年的市场耕耘，“地道云南”已形成广泛的品牌影响力。地道酒业始终坚信“一花独放不是春，万紫千红才是春”的理念，联合其他云酒企业长期致力于本地名酒的品牌提升实战。2007年初，“地道云南”荣获“云南十佳名酒”称号，改写了云南有名烟没名酒的历史。

地道云南浓香系列白酒，具有以下五大优势：

第一，独特“地道五粮”配方，首款以墨江紫米酿制的浓香白酒。

第二，采天然水源和深层地下泉水，成就“地道云南”酒体之血脉。

第三，经典古法酿艺，结合云南原生态地域生物特性，独创地道原酿窖藏工艺，使得原料中丰腴营养得以全程保存，确保每一滴“地道云南”酒以固守天成的本色气质呈现于世。

第四，云南风水物华、山水绝佳，生态资源甲天下，铸就“地道云南”独有山水气质。

第五，“人厚道，酒地道”的“本真”品质文化，诚信为本，求实求真。

二、健康新尚，意韵升腾

经过几年的精心酝酿，借2007年第15届昆交会之际，向广大新老朋友倾力推荐西南首款新派黄酒——紫米花雕，墨江紫米花雕酒。

在这次昆交会中，各方客商和与会嘉宾都对墨江紫米花雕酒给予了很高的评价；不断有各界客户希望代理和销售墨江紫米花雕酒。云南省省长秦光荣同志，更是盛情相邀老挝政府常务副总理兼老中和委会主任宋沙瓦·凌沙瓦先生来到品酒桌前同饮一杯云南美酒，感受云南人民的深厚情谊；宋沙瓦·凌沙瓦先生称赞酒香味纯。

1. 青梅煮酒，英雄论道

黄酒作为世界三大古酒之一，黄酒有正式文字记载是在越王勾践之时，距今已2 500多年。如今早已驰名中外，但在西南区域仍然缺乏此类全发酵健康型酒类产品。云南地道酒业有限公司在成功打造云南十佳名酒“地道云南”浓香系列白酒之后，为了让更多的消费者能品尝到云南独特的生态资源产品，先期投入

3 000余万元建立墨江地道酒业有限公司，让墨江的传统美酒紫米酒以崭新的姿态呈现于世。

墨江地道酒业有限公司承古韵新风，在传统墨江紫米封缸酒的基础上，联合中国黄酒龙头企业会稽山绍兴酒有限公司在墨江建立墨江地道黄酒研究所，传承创新成功开发出墨江紫米花雕酒。紫米花雕作为新派健康型黄酒是西南首款此类酒品。她独具紫米优质营养的特性，传承千年花雕古韵，云南灵性山水之美，成就了墨江紫米花雕酒的珍绝品质。

2. 紫米花雕，天成之作

紫米与花雕的结合是一个奇迹。

《红楼梦》中所称的“御田胭脂米”，便是紫米。

产于云南墨江的紫米被世人视为“米中极品”，正因为它营养丰富与低产高质而珍贵，从元朝开始就成为当地官府进贡朝廷的贡米。

紫米颗粒饱满，清香宜人，富含蛋白质、脂肪、赖氨酸、叶酸等多种维生素，以及铁、锌、钙、磷等人体所需微量元素，具有很高的营养价值。

紫米蒸熟后能使断米复续，具有接骨功效，世人又将其俗称为“接骨米”、“紫珍珠”。《本草纲目》更给予其很高的评价：滋阴补肾，健脾暖肝，明目活血。

紫米成为当世六大珍米之一，也成为紫米花雕的独特原料。

传统花雕的主要谷物原料是糯米，以取其较高的米质属性和营养成分为由。

作为六大珍米之一的紫米，其物种属性，营养成分都较糯米要高出许多。

以紫米替代糯米，花雕的口感层次及营养成分将更为丰富。

云南·墨江——紫米之源。

浙江·绍兴——花雕之韵。

紫米花雕，天成之作。

3. 健康新尚，意韵升腾

感味过红酒的多情，尽兴于啤酒的淋漓，殊不知这俗世红尘中，尚有一方雅致清新，艳而不惑的佳品珍酿。

随着社会的发展，健康的饮酒广为人们所推崇。而发酵型酒因其丰富的营养成分和较低的酒精度，已为大多数人所喜好。“紫米花雕”在酿制过程中少了高温对酒体原味的破坏。当天赐极品“御田胭脂米——紫米”以最自然的方式，在顶级酿酒师的雕琢和时间的历练下升华，人们对纯真的渴望于品味瞬间得到满足。

温，故知新

温度，
让沉睡千年的古意，
在当下沸腾。
升华的是酒，
留存的是情。

他说：温饮，讲究一份千年传统。

温饮的显著特点是酒香浓郁，酒味柔和。

温酒的方法一般有两种：一种是将盛酒器放入热水中烫热，另一种是隔火加温。

黄酒的最佳品评温度是在38℃左右。在黄酒烫热的过程中，黄酒中含有的极微量对人体健康无益的甲醇、醛、醚类等有机化合物，会随着温度升高而挥发掉，同时，脂类芳香物则随着温度的升高而蒸腾，从而使酒味更加甘爽醇厚，芬芳浓郁。

常，理于内

自然之下，生活之中，
把一天的辛劳烦恼抛下，
开启一份自己的随意，
一口，清香淡雅而悠长，
平常、普通不过的方式，
但不同的体验，
源于由内而生的气质。

他说：开启一份随意，留存的是永恒的睿智。

简单的，不需要任何的雕琢，就着餐或独饮，

亦可邀约三五好友共享于平凡之间的真情。

情谊亦在，平常之心。

冰，爽于心

冷藏？加冰？
把炙热和不安冰藏起来，
让心思的清清爽爽。
如果你喜欢，何妨一杯又一杯。
体验快意，
迸发激情。

她说：冰饮，才能清凉一夏。

在我国香港及日本地区，还流行黄酒加冰后饮用。

在台湾和沿海地区的年轻人中，更流行在冰镇黄酒中放入话梅、柠檬等。

女性爱好者还会兑入雪碧、可乐或者果汁，这样不仅好喝，更有消暑、促进食欲的功效。

创，意无限

随你，随心情，
将你那些无穷无际的想法，
大胆表达出来。
还有比这更有可塑性的酒吗？
我们一起来玩吧！

大家说：享受自由，生活在你手中

如果说黄酒温饮能让人觉出一袭传统与古意，那么时下越来越多的其他喝法则让黄酒这一中国最古老的酒类有了全新的生命力，也使黄酒渐渐成为一种“最富创意的酒”。

在当下，已经有了许多黄酒的新喝法，诸如在传统温饮时冲入鸡蛋，加入蜂蜜、红糖冰糖或生姜丝……快乐无处不在，生活由你创造。

（云南地道酒业有限公司）

（八）临沧市地理及酒业简况

临沧位于云南省西南部，耿马、沧源、镇康三县部分边境与缅甸交界，面积24 496平方千米，人口234万，有佤、彝、傣、拉祜、布朗、白、傈僳等少数民族，辖临翔区、云县、永德、镇康4县及双江拉祜族佤族布朗族傣族自治县、耿马傣族佤族自治县、沧源佤族自治县，市府驻临翔区。

临沧茶叶产量占云南三分之一以上。澜沧江流经临沧，水能资源十分丰富。在临沧辖区内已建成小湾、漫湾等大型水电站。214国道纵贯南北。

临沧市酒业生产较为发达、有较大规模的酒类生产企业29家，其中的酒生产企业25家，啤酒企业1家，葡萄酒企业1家，果酒企业1家，云南澜沧江啤酒企业集团有限公司云县酒业饮料分公司生产的澜沧江小白酒、云南茅粮酒业集团有限公司生产的“茅粮骄子酒”、茅粮白酒，享有盛誉，畅销昆明及全省各地。云县云南澜沧江啤酒集团生产的澜沧江啤酒是云南名牌，畅销全省及省外，并出口到缅甸等国家。

“澜沧江”质量铸就品牌

云南澜沧江啤酒集团历经23年风雨，一路走来，从一间石棉瓦房发展成为花园式厂房林立的云南最大啤酒、白酒、茶产业生产销售企业集团。

回眸23年澜沧江啤酒集团的发展之路，全体“澜沧江人”踏遍千山万水、历尽千辛万苦、精雕细琢，始终只为把三个字镀亮——“澜沧江”（云南名牌）。

2007年11月，一位云南知名记者慕名前往澜沧江集团，他对一个欠发达地区的边疆民营企业能打破常规，向内地兼并扩张的发展模式百思不得其解。到澜沧江集团采访后才了解，20多年来，始终有一条“红线”贯穿于澜沧江事业的始终，联结在澜沧江全体员工和部门之间，这条红线就是澜沧江集团的经营理念——“老老实实做人、实实在在做事”。

在澜沧江20年的发展历程中，始终“视质量为企业的生命和发展的根基”。针对产品质量问题，集团董事长刘光汉说过：“质量问题无小事，当品质与成本发生矛盾，要让品质先行。市场的问题要在厂里找、厂里的问题要在设备上找，设备的问题要在工艺上找，工艺上的问题要在人上找，人上的问题在管理上找，管理上的问题在思想上找”。

归根结底，人和人的思想才是保证产品质量的关键。因此，一直以来澜沧江总是把教育人、关心人作企业政治思想工作的主要内容，不断提高职工工作环境和文化生活水平，把企业发展成果与职工共享，使职工在工作中自觉把标准化当作习惯，并自觉地从源头的原料采购到产品出产，每一道程序都严格的执行标准，形成了“事事有标准、人人有标准、时时抓标准”的良好氛围。在日常质量管理上，澜沧江高层领导始终坚持“四不”原则，即：困难再多，抓质量的劲头不能减；资金再紧，用于质量的资金不能少；人员再少，抓质量的力量不能弱；工作再忙，两月一次质量分析会不能拖。

经营理念决定企业生产什么样的产品和企业的发展。如今，“老老实实做人、实实在在做事”这一理念已经成为澜沧江全体干部、员工的做人做事的准则贯穿于日常工作、生活中。正因为有了这一理念，澜沧江全体干部、员工在企业发展中才逐渐形成了“有我就有厂、有厂有我家、厂兴家和万事顺”和“我们风雨同舟、我们共同追求”的团队意识及“以质量求生存，以质量赢市场，以质量求发展，以质量赢得竞争的发言权，”的质量方针。并在任何时候都会始终坚持“诚信第一、精诚合作、科学发展”的根本原则。

在这一理念的指导下，澜沧江集团每年都步上一个新的台阶，先后被国家工商行政管理总局评为“守合同重信用单位”；被中国酒文化研究会评为“中国酒行业明星企业”；被云南省卫生厅评为“放心食品生产企业”；被云南省政府列为“农业产业化重点龙头企业”。澜沧江系列产品被中国绿色食品发展中心评为“绿色食品”A级产品，被评为“云南名牌产品”。

“澜沧江”品牌在历经20年的风雨，发展成为“云南酒业第一品牌”，究其原因质量铸就品牌。用澜沧江人自己的话说：团队+质量+诚信=我们的“澜沧江”。

（杨文平）

（九）西双版纳傣族自治州地理及酒业简况

西双版纳傣族自治州位于云南南部，东面与南面分别与老挝和缅甸接壤。面积19 700平方千米，人口94万。有傣、哈、拉祜、布朗、瑶、彝、佤、白等少数民族。下辖景洪市、勐海、勐腊2县，州府驻景洪市。被称为“东方多瑙河”的澜沧江经版纳流入缅甸老挝，是中国通往东南亚的黄金水道。

西双版纳是“植物王国”、“动物王国”的宝地。也是我国天然橡胶和热带水果的生产基地，盛产芒果、香蕉、菠萝、菠萝蜜、西瓜等热带水果和优质稻米。

我国面积最大，植物种类最丰富的植物园——中国科学院西双版纳热带植物园坐落在勐仑葫芦岛上，是全国著名的风景旅游区。西双版纳有较好的生态环境和浓郁的民族风情，吸引了众多国内外游人前来游览。

西双版纳交通便捷，昆洛公路已实现全线高速，由昆明经景洪直达中缅边境口岸打洛。

昆曼公路从勐腊勐憨口岸出境可经老挝直达泰国曼谷。版纳民航机场位于景洪市于南5公里处，可直航昆明、芒市、丽江等地。

西双版纳傣族素有喝米酒的习俗，自酿米酒的历史悠久。目前西双版纳州有生产许可证的酒类生产企业5家，以景洪市酒厂生产的“版纳酒”、勐海县勐海米酒厂生产的“勐海米酒”较为有名，畅销当地市场。

（十）德宏傣族景颇族自治州地理及酒业简况

德宏州位于云南省西部，西南与缅甸接壤。面积11 526平方千米，人口114万。有傣、景颇、阿昌、德昂、傈僳、白等少数民族。辖潞西、瑞丽2市、梁河、盈河、陇川3县，州府驻潞西（芒市）。瑞丽、畹町是著名的中缅边境国家级口岸，是闻名于世的著名风景旅游地。这里风景优美、民族风情浓郁，著名的歌曲《有一个美丽的地方》就诞生在这里。

抗日战争时修筑的闻名的滇缅公路从昆明直达瑞丽边境通往缅甸，是抗日战争时期的西南运输生命线。这条路现已全部建成高速公路，芒市建有民航机场，可直航昆明及我国多个大城市。

德宏州盛产优质大米、糯米以及热带水果，是当地酿酒的优质原料。

德宏州现有规模较大的酒类生产企业13家，其中白酒生产企业12家，黄酒及其他酒企业1家。云南象都皇酒有限公司（盈江）生产的“金桥盈江紫糯米酒”、“象都皇酒”名扬中外。在古麓川王国时期，当地酿造的“象都皇酒”作为贡品供历代国王和宫廷享用。

象都皇酒：来自傣族世界的芬芳

傣族，是我国少数民族中一个人口较多、聚居地域广阔，拥有悠久历史文化的民族。傣族主要聚居地在云南省南部、西南部。

傣族喜好饮酒。傣族先民酿酒的历史与他们民族的历史一样漫长。象都皇酒早在在司马迁的《史记》中就有记载。

当傣族还处于部落时代的“乘象国”时，象都皇酒就已成为傣族先民们祭祀、部落战争中鼓舞士气以及节庆中必不可少的佳酿。

盈江原为傣族先民“乘象国”都城，其遗址至今犹存。象都皇酒见证者傣族繁衍生息、不断发展的历史。古麓川王国时期，象都皇酒就作为贡酒，供历代国王和宫廷享用。

明末清初，南明永历皇帝逃往缅甸，途径盈江时品尝了当地土司敬贡的美酒，这位落魄的皇帝对傣族民间酿制的美酒赞不绝口。象都皇酒因此得名。原本在傣家民间饮用的酒逐渐成为傣族贵族享用的“宫廷酒”。

盈江千崖土司安仁在留学日本期间，成为孙中山先生的追随者，是中国最早的同盟会会员之一。他曾与国人孙中山共饮象都皇酒酝酿商讨辛亥革命的大计。

20世纪80年代，任中共中央总书记的胡铁邦到盈江视察，素不饮酒的总书记品尝象都皇酒后，对此念念不忘。

傣族远古部落时代早已消亡，而古老神秘的傣族酿酒工艺都代代相传，至今仍延续。

象都皇酒采用盈江特产的优质紫糯米、白香糯米、小红米酿制，纯天然自生色泽，发酵自生甜味，口味醇厚、柔和爽口，风味独特。内含二十多种人体必需的氨基酸、多种维生素及有益微量元素，并富含抗癌元素之王——硒、营养丰富，适合女士及中老年等广大人群饮用，亦可入药或作佳肴的调料。

云南象都皇酒有限公司（前身为云南省德宏州盈江黄酒总厂），历经半个世纪的发展已形成以盈江优质米生产基地为龙头，集粮食收贮加工、制酒、饲养、屠宰、食品加工、科研、销售为一体的现代企业集团。该公司生产的“金桥牌”象都皇酒已香飘边塞，誉满九州。

杨成武上将曾为该公司题词“紫糯琼浆秒，金桥通五洲”。

（十一）保山市地理及酒业简况

保山市位于云南西部，西北部分边境与缅甸相邻，面积19 637平方千米，人口258万，有彝、傣、白、傈僳、回、佤、苗、阿昌、德昂、景颇、纳西等少数民族，辖隆阳区和施甸、腾冲、龙陵、昌宁4县，市府驻隆阳区。

怒江由北向南贯穿保山市中部，流出国境，进入缅甸，腾冲地热奇观，温泉群全国有名。保山交通便捷高速公路可直达昆明大理，保山机场可直航昆明。

保山市有规模较大的酒企18家，其中昌宁县耈酒酿造有限公司生产的耈酒历史悠久，有着较广的消费群体。

耈酒的历史文化与现状

1. 历史钩沉

耈酒产于保山市昌宁县高街乡，有史料记载：泰定四年（1327年）云南蒲蛮内附，置顺宁府时就归顺宁府，后也归过大理治，由于大理与耈街永平河相隔，雨季水涨无法相通，不便管理，打通顺宁沧江通道后，顺宁与耈街山水相连，所以，顺宁管理较便，治时也较长。

根据当地出土几件文物推断，耈街在隋朝前后就有人类居住，多是躲避战乱，逃避灾荒而来的移民，因耈街地处三而环水一面环山的闭塞环境中，所以在当时条件下，政吏鞭长莫及，自然成了躲避灾难的好地方，后来无意间走到这里的做生意小商小贩看到这里的生存环境较好也就在这里安家落户，这些人主要是现在的彝族和汉族。苗族属于一个游猎民族，是从贵州、四川游猎到这里，因这里全是原始森林，猎物很多，可供他们长期狩猎，他们就在便于狩猎的山头居住下来，适当做上点农耕，据有人统计得出：一个街上住着九个省十八个县人，可见耈街将那么多地方生活方式、生产技术、文化融合在这里，创造了现在的耈街。

2. 神奇的创造

（1）曲药：据《耈街》史料记载，耈酒是这样创造出来的：相传在清朝年间，一个李姓的贵州移民来到耈街后觉得，这里是个酿酒的好地方，在当时贵州的酿酒工艺已经很成熟了，李氏也略知一二，却苦于没有曲药，一次偶然机遇，李氏顽皮的儿子生病，他就从山里采来一种奇苦无比的草药（龙胆草）给孩子治病，因其太苦，儿子就将药倒在米饭碗里藏了起来，几天后发现饭里长出一种黄色菌丝，闻其有股浓郁酒香，李氏突然明白这就是酿酒的菌种。李氏将醅菌成熟的米饭晒干磨细，用来酿酒，经过多年反复试验，还加了如辣草等几味中药在里面，酿酒的效果更好，这就是耈街最早的酒药，现在还有人在生产，市面还有售，龙胆草当地当时不知它叫什么名，是做酒药的主要原料，就给它起名叫“酒药草”。

（2）工艺：①醪（lao）：用玉米面饭做的叫“面糊酒”，用米饭做的叫“米白酒”，工艺相同，就是将饭凉至25度，把酒药粉撒在里面捂40小时即成甜白酒，可以即吃，也可以将其放缸中待用。装得越长酒味越浓，要兑水才能喝，相似于黄酒工艺。

②闷锅酒：原料以玉米沙、小麦、大麦、荞麦为主，将醒工艺酿造、储一个多月的酒，放在日常蒸饭的甄里，上面放一个盆接酒，甄口支一张锅，叫天锅，锅里放冷却水，加热酒变蒸汽到天锅遇冷水转变为液体酒，滴到盆里，这就是闷锅酒，也叫小甄酒。

③蒸馏酒：在闷锅酒基础上不知谁改进，

没有记载，制一个木勺状剪槽，勺部分放在天锅底接酒，剪槽部分在甄子中部打一个眼引出，加热蒸馏后酒就会源源不断从剪槽里流出，这就是耈街第一代蒸馏酒，即裔酒。

3. 进贡赐名传说

清朝初期，耈耈街归顺宁府管辖，风调雨顺，粮食年年丰收，促使当地酒业也有了大的发展，治安相对稳定，贩运生意的马帮也活跃起来，耈街玉米酒也由茶马古道运往其他地方，据说顺宁府知府较嗜酒，且钟爱者街玉米酒，康熙年间，耈街玉米酒正是丰产期，土司为了讨好知府，每年都要将最好的酒选一些，送给知府，知府顺手拿了几坛进贡皇室，康熙帝品尝后，感觉入口绵甜，淡雅清香，回味悠长，无曲味，与北方酒大不相同，就问："这叫什么酒?"知府不知皇帝意图，大惊说："狗街酒"，皇帝认为地名不雅，随手挥笔写了个"耈"字，说此字意：延年、高寿，喻美好长久，就叫此酒为"耈酒"吧。

4. 耈酒是一部民族沧桑史

彝族躲难来到这里，带来了种养技术，苗族大迁徙来到这里，带来了狩猎、纺织技术，被流放来、做生意来的汉族带来了中原文化、小手工艺。耈街西南面被澜沧江环绕，水流湍急，无法通行，北方的永平河和东方黑惠江在雨量较小、干旱枯水季节，可以通行一段时日，向外联系、沟通、购物也要选在这时，东北面，在两江河之间是陡峭的山和原始森林，走100公里可以到大理龙街，但虎豹豺狼很多，人迹较少，生还难度大。所以，耈街先民，自给自足的自然经济，过了几个朝代。

到元朝，人数有所增多，打通了顺宁—耈街—蒙化（巍山）—大理通道，与外界接触多了些，每年会有几次商贩马班通过，泰定四年开始接受顺宁府治，狗街名应该在大理治时定，因澜沧江水较大，通行较难，顺宁跨江治理也较难，而且，以十二属来命名的街，全部在澜沧江以东，大理境内也有一些。

酒，出现较晚，据传是一个贵州来的李氏在结合贵州酒工艺基础上，利用当地几种草药自制曲药在清朝年间创制出来的。

因李氏发明的醒酒生产工艺简单，只要将他生产的酒药买来撒在吃剩的饭里，40小时后就是甜美的白酒，既可以用来充饥，又可以用来御寒治病，如跌打损伤包药需要添加、产妇催奶也需喝、亲朋来往用于招待以示敬意、敬神祭祀必用，酒成了当地少数民族离不开的生活必需品。

5. 茶马古道驮耈酒

在民国三年（1914年）架通了安澜桥，又打通了：夷番（缅甸）—镇康—永德—湾甸—昌宁—耈街—蒙化—下关通道，此时，经济开始繁荣，加之在两条马道的交汇点，商贩活跃，耈酒也得到了较快发展，因赶马人每天都在走长路，不着边际的原始森林很多，多年的腐枝败叶导致瘴气，时不时有人得病，脚得风湿，酒对除风、降湿、御寒、抗瘴具有一定作用，每个马班都必不可少，耈街人就用酒与外来的马班兑换食盐、布匹、铁农具等生活必需品，耈酒也就沿着这两条古道源远流长。

（十二）大理白族自治州地理及酒业简况

大理白族自治州位于云南西部，面积29 459平方千米，人口364万。有白、彝、回、傈僳、苗、纳西、傣等少数民族。辖大理市及祥云、宾川、弥渡、永平、云龙、洱源、剑川、鹤庆8县和漾濞彝族自治县、南涧彝族自治县、巍山彝族回族自治县3个自治县。州府驻大理市下关。

大理是滇西交通枢纽，有通昆明的高速公路和铁路，是昆畹公路、滇藏公路、国道320、214的交会处。建有现代化民航机场，直航昆明只需半小时。

大理白族风情浓郁，民居古朴独特，是全国闻名的旅游名胜区，以风花雪月，即下关风、上关花、苍山雪、洱海月，名扬全国。

大理气候温和，土地肥沃，资源丰富，自古酿酒业较为兴盛。有生产许可证的酒类生产企业23家。其中，大理漾濞雪山清酒厂生产的“雪山清酒”、“雪山清荞酒”，大理鹤庆酒厂生产的鹤庆乾酒、大理啤酒（集团）有限公司生产的大理啤酒，不仅占据了本地大部分市场，而且畅销昆明及全省各地。

用纸带的酒——鹤庆乾酒

相传，鹤庆坝古代是一片汪洋的海子，印度僧人牟伽陀路过鹤庆，先制伏了为患的蝌蚪龙，后疏通海水现出了鹤庆坝。后人感谢牟伽陀，称他为师祖，千百年来流传着师祖开辟鹤庆的事迹……

富饶美丽的鹤庆坝，在勤劳智慧的劳动人民的辛勤耕耘下成为物阜民丰的鱼米之乡，并创造引进了酿酒技术，酿出著称于世的玉液琼浆鹤庆酒。民间多有“自古美酒出鹤庆”的说法……

一日，县城西门街一户姓古的人家办喜事，席间，主人拿出一坛上等的鹤庆酒招待宾客，不想一群戏耍追逐的顽童不小心将酒坛撞倒，一坛好酒溢洒遍地，将许多席纸也全浸湿了。这些被酒浸透的席纸在日照下很快挥发干变成原来的样子，拿来一问，酒香全留在纸上。一位好奇的客人端来一碗冷水，将干后的席纸浸泡在水中，这碗水顿时变为一碗醇酒，酒香四溢，如同坛中倒出一般，全场宾客十分惊奇！

此后，凡是鹤庆外出的马帮和远行的客商，都带上一些用鹤庆酒浸泡晾干的土纸上路，每当想念家乡时，就用冷水泡上土纸，喝起来便是地道的鹤庆醇酒，以解思乡之情和旅途的疲惫。由于马帮的交流，使鹤庆酒声明远扬，人们把这种用土纸携带的酒称为“鹤庆乾酒”，并成为云南独特的文化，云南十八怪之一“鹤庆乾酒用纸带”。

“鹤庆乾酒”经过千百年的弘扬和发展，早已名扬四海，尤其其独特的酿酒方式，更令后人惊叹。至嘉靖年间，“鹤庆乾酒”就作为当地贡品，每年均大批的送往皇宫，备受帝王将相的青睐。

今天，“鹤庆乾酒”得到了更好的发扬，由于有了现代化的交通支持，“鹤庆乾酒”再也不用倒在土纸上进行携带，然而其独特的酿酒工艺以及神秘的酒曲配方，被完整地继承下来，使这以往为帝王将相方能品尝的美酒流入了寻常百姓家。

企业文化是企业宝贵的精神财富。在有做酒历史的地方就会有酒文化的产生，有酒文化的地方才能酿出好酒，因此，像大理鹤庆酒厂这种有着悠久的做酒历史，浓厚酒文化的地方，也就有属于鹤庆乾酒的一个文化。

“沿着古老的足迹，敞开宽阔的胸怀，传承着乾酒魂魄酿就一生的追求。鹤庆乾酒！喝就茶马古道男儿的酣畅……伴着千年的传说，背负民族的希望，传承着乾酒魂魄斟满一生的祝福。鹤庆乾酒！喝就彩云之南山的神韵……乾酒！你是酿酒人的情结，你是鹤阳大地的骄傲……”这首由张华生作曲、罗旭光填词的《乾酒情怀》唱出了鹤庆乾酒的精髓，表达了热情好客的鹤庆酿酒人对酒的执著与热爱，也完美地反映了鹤庆乾酒厂的企业文化。

鹤庆县酒厂，坐落在风光秀美的西龙潭畔，以传统工艺生产清香型纯粮白酒——古翔牌鹤庆乾酒而著称。1997年鹤庆酒厂由国有变为民营。刚接手酒厂时，百废待兴，酒厂董事长及一班人深入市场考察，真诚面对消费者，听取经销商的意见和建议，组建营销队伍，重新建立营销网络。在产品质量上，继续保持鹤庆乾酒的古法工艺，辅之以现代化的检测设备，不断在产品开发、包装设计、广告宣传上下工夫，改变陈旧的经营观念，坚持“以粮为纲”的发展方针，用市场经济法则的眼光来捍卫、继承、释放乾酒的品牌价值。如今酒厂拥有鹤庆乾酒、鹤庆大麦酒两大系列产品共24个品种。特别是鹤庆乾酒系列产品，独特的工艺和神秘的配方造就了特有的韵味，其淡雅的清香，柔绵的口感，顺应了国内消费者嗜好由浓香型向清香型口味的变化，也符合国际流行的白酒消费口感的特征。正是由于重视产品质量的提升，重视消费市场的培育，产量、销售量、税收连续九年来均以30 %速度递增，为企业做强做大奠定了基础。

鹤庆乾酒系列产品在竞争中崛起，给乾酒业的进一步发展带来契机。随着企业的技术改革，生产规模的扩大，"十一五"末原酒年产量达10 000吨。届时，在全国形成销售网络，这对提升产品的知名度、品牌价值、企业形象是一个有力的推动。不久的将来，一个集乾酒系列产品于生产、研发、运输、销售、旅游为一体的大型酒业集团将在鹤阳大地上崛起。

"以粮为纲，尊贵自然；千年不变，鹤庆乾酒"。这不仅是鹤庆乾酒的广告语，也是鹤庆乾酒在激烈的市场竞争中站稳脚跟的关键，更是消费者理想的追求。纯正的本土大麦，辅之以泉潭之水，采用古法工艺手法，独特的酒曲配方，造就了鹤庆乾酒、鹤庆大麦酒纯粮的品质。

鹤庆酒厂九年来获得了许多殊荣，受到各级政府的表彰奖励。时代在前进，科技在发展，传承民族品牌的责任重大，鹤庆酒厂全体员工将同心同德、扎实工作、开拓进取、与时俱进，在拓展乾酒业的征途上书写更加辉煌的篇章。

苍山大酒坊——酝酿在酒缸中的风花雪月

1. 山好酝好水

美丽的苍山位于洱海之西，是云岭山脉南段的主峰，北起洱源邓川，南止下关天生桥，绵延50余例，东西宽约20余里，东临洱海，西濒黑惠江。苍山有19峰，海拔都在3 500米以上，南段最高的马龙峰海拔为4 122米。山顶终年积雪，大理著名的"风花雪月"四大名景中，"雪"之所指就是苍山上的雪景。绵延50余里的苍山，拥有林地面积18 909公顷，宛如一道绿色屏障呵护着烟波浩渺的洱海，森林覆盖率高达86. 3%。

2. 水好酿好酒

苍山共有雄伟秀丽的十九峰，山顶上终年积雪，被称为"炎天赤日雪不容"，更奇妙的是，每两座山峰之间都有一条溪水，共十八溪，溪水清澈透明、四季长流，形成飞瀑叠泉，由上而下，顺东流淌一直注入洱海。

为保证水质不受污染，苍山大酒坊在石门关山脚一大岩下开发了一眼出水量较大的泉水，作为酒坊的酿造用水，保证了水质不受污染。水质清澈透明，甘洌爽甜，还专门聘请了水质监测部门进行了水质取样及检测，各项指标经化验最适合用于酿酒。

3. 人好情谊真

大理苍山大酒坊的掌门人苏荣钧先生，系大理州人士，从1982年到2005年一直专注于电力行业。从县电力公司到筹建金盏河电站，苏先生都先后担当了重要工作，并出任了电力集团金盏河发电公司董事长兼总经理，国企改制后，苏先生又协夫人创办了平地坝电厂，并于2006年入股原大理五通桥酒厂，通过技改迁址到漾濞石门关。

从国企掌门人到自主创业，时间的历练已让这位身经百战的企业家积累了丰富的企业运作经验，坚忍不拔的性格以及超强的学习能力。苏先生为企业构建了一整套行之有效、科学合理的企业绩效管理及质量保障体系，并组织制订了《生产及销管理方案》《质量管理工作手册》《酿造岗位职工技能考核精要》等一系列实用性工作方案。苏先生为人谦和、内敛，待人真诚，处事认真，从新厂区的选址到水源地的选定，从酿造工艺的优化到酒体的定型，从品牌的定位到品牌内涵的延伸，都经过反复论证、研究，倾尽心力。"坚持纯粮酿造，打造大理州白酒的第一酿造坊"苏荣钧先生一直说道。

4. 酒好香万里

苍山大酒坊的前身五通桥酒厂始建于1997年，技改后迁址至苍山西坡风景绮丽的漾濞县苍山石门关，石门关是省级AA级风景名胜区。酒坊背靠点苍山，右傍石门河，四周青山环抱，山涧溪流淙淙，空气清新怡人，负氧离子浓度高，微生物群落独特，是理想的小曲白酒酿造基地。

跨入厂区，大理白族式风格的主体建筑便

映入眼帘，花园式的厂区环境，一尘不染的酿造车间，整体堆放的各类物资，无不体现出主人的精致与优雅，与传统酒厂的形象相去甚远，怪不得主人取名“苍山大酒坊”，运用酒坊式的精致工艺，结合大理苍山美丽的风土人情，酿制出风花雪月式的大理美酒。

酒坊在吸收了云南省小曲清香白酒工艺的基础上，选用高粱、大麦、小麦、大米、玉米等多粮混合蒸煮，传统小坛发酵，分段取酒，分段进行大坛贮存。工艺上吸纳了多粮酒的优点，酒体既清香爽甜、同时又有机融合了五粮香味，协调优雅，口感纯正、回味怡畅。酒坊自投产至今，已投入生产资金几百万元，贮存优质原酒几百吨，原酒全部储存在地下养酒房进行陈化，以提高品质。

酝酿已近三年的“苍洱春”即将迎来春节上市，带着苍山的巍巍秀丽与洱海美丽的湖光景色，我们一起期待和品味来自这酒杯之中的风花雪月。

（彼　岸）

大理漾濞雪山清酒厂
——闪光的苍山雪峰流泉

1. 生态环境，特色名酒

漾濞彝族自治县“大理漾濞雪山清酒厂”生产的“雪山清”系列优质名酒，这支来自雪山上的清酒，被消费者誉为“漾濞茅台”，其口感和品质深受消费者青睐和喜爱。多次荣获大理州三月街民族街地方产品“金花奖”。

漾濞雪山清酒厂建于1958年，位于苍山西坡，距大理市36公里，五十余年来，该厂始终坚持“质量第一，信誉第一，用户第一”的经营理念，企业不断发展。

曾荣获大理州“先进企业”；商业系统先进单位；“重合同守信誉”先进企业；“第四届云南省消费者喜爱商品”等殊荣。

2002年2月该厂经专家组考核获得白酒生产许可证，使生产经营销售、质量安全上了一个新台阶。

2004年至2007年被大理州工商局连续评为“守合同、重信用先进私营企业”。

2007年8月被昆明酒类协会评为“云南八大小曲酒生产企业”；同年10月被云南食品协会评为“云南省安全诚信食品企业”，私营业主杨光华被漾濞县人民政府评为“捐资助学先进个人。

2. 得天独厚，山好粮优

漾濞彝族自治县，位于连绵逶迤的苍山西后坡，有坡皆林，无峰不绿，江河交错，苍山飞瀑流泉倾落，蔚为神奇壮观。

早在1958年，漾濞县为了发展经济，在县城边依山傍水的地方建立了国营的漾濞县酒厂，生产包谷酒、酱油、醋等，由于底子薄，生产一直徘徊不前……

深化改革的春风吹遍苍山雪峰和漾江大地，环境保护进一步加强，粮食连年丰产提高，为生产名酒创造了得天独厚的条件。

进入20世纪90年代，社会主义市场经济更加活跃。面对酒市场的激烈竞争，漾濞县酒厂步履维艰。省外有些制酒私营企业为了获取暴利，不惜使用酒精兑酒，有的甚至制造假酒，损坏了消费者身体健康和经济利益。但漾濞酒厂党政领导班子却唾弃这种“坑人酒”，继续用粮食和优质水制作有特色的优良名酒，用质量和信誉在市场占领份额。于是，新的艰苦创业又在苍山后坡、漾濞江畔展开！

独特的原料和无污染的生态环境，符合生产“绿色食品”的国际标准。“雪山清”酒系选用优质的大米、玉米、高山苦荞为原料，辅以苍山雪河水和三阳峰清泉酿制而成，其味纯、清香、色清、可口。

苍山三阳峰雪水和清泉水质无污染，清洌透明，杂质少，是少有的优质“水”。而生态农业生产出的大米、玉米、小麦，无污染、营养价值高，对人体有保健作用。

“雪山清荞酒”是以优质的本地苦荞为原料，选用苍山的雪山河水，采用传统工艺和现代的酿酒技术和设备酿制而成的。漾濞苦荞生长于海拔1 800米高山上，籽粒为圆形，果瘦。常食用可预防心血管疾病、肠胃癌、腹泻等疾病。“雪山清荞酒”使彝族荞酒不仅保持了苦荞富含多种氨基酸和微量元素、利胆健脾、降低胆固醇的特点，而且，其酒清澈透明，味纯甘美，香气幽雅，为高质量的产品赢得了广大市场份额。产品远销昆明、滇东、滇西各地州，深受广大消费者喜爱。

3. 在竞争中发展，在市场上创新

漾濞县“雪山清”酒厂创出了名牌，在市场竞争中由弱变强，由小变大，逐渐形成了规模和档次。到了90年代后期，该厂占地面积12 200平方米，固定资产334万元，年生产雪山清酒450吨。

面对市场经济和各地制酒业的崛起，厂领导开拓进取，不断改进配方，完善生产工艺，使“雪山清”酒质量和档次进一步提高，1995年又荣获“中国昆明科技成果暨新技术新产品展览交易会银奖”，成为一种良好的滋补保健酒；1997年又荣获“第四届云南省消费者喜爱商品”称号。

“绿色食品”在高新技术的推动下于世界流行。漾濞县“雪山清”酒厂改制为大理漾濞雪山清酒厂，得到了快速发展。但公司领导并不满足于现状，又根据市场需求和国际时尚，对“雪山清”名酒进行发展和创新。

为适应不同消费者的需求，满足不同市场的需要，公司还研制生产出独具特色的核花王酒，核花王酒分为一般酒和窖酒两种，包装采用瓶装和杯装两种，产品一经上市便得到了广大消费者的认可和肯定。

虽然100斤荞才能酿制出30多斤酒，但该厂一直坚持生产这种薄利的名酒，又批量生产，努力降低成本，取得较好经济效益和社会效益。

4. 雪峰精华，优良结品

进入新世纪，面对我国加入WTO和实施西部大开发，给漾濞大理雪山清酒带来了发展机遇和挑战。

该公司充分发挥独有资源，发展饮料，形成雪山清系列名酒，参与国内外酒市场竞争。面对国内崛起的众多名酒和涌进的各种“洋酒”，他们又在明朝医药家兰茂“春方酒”秘方的基础上进行研制，把雪山清发展成为良好的滋补保健酒，不仅可口、纯正、清香，还有对人体舒筋活血、解除疲劳的功效，这无疑更加适合忙碌现代人的需求，市场进一步拓展。

公司领导决心进一步把名酒做大做强，把“中国核桃之乡”营养丰富的核桃应用到酿酒中，使核花王酒成为滋补名酒，拓宽名酒系列品种，与国际接轨，再创辉煌。

苍山雪峰流水清洌，大地精华取之不尽。我们坚信，大理漾濞雪山清酒厂的明天一定会更加美好！

出美酒的地方
——大理鹤庆县西邑镇阿旭酒厂

奇山出圣水，灵山酿琼浆，十粒粮食一滴酒。云南大理鹤庆县西邑镇阿旭酒厂尊传统工艺，酿出享誉滇西之“土茅台”响水河大麦酒。

“明洪武十六年二月，傅有德奉旨剿元残匪。驻佛关寨五里响水河畔。天寒大军裹行，巧翁阿旭献大麦陈酿。军顿起，灭普颜朵部。班师回京，献于朝。上曰玉液琼酿。中原乃知之。”

据传当年元朝残军盘踞马尔山，经常下山洗劫村庄。明洪武十六年2月，傅有德奉旨平乱，帅兵驻扎于佛关寨南五里的响水河一带，时下阵地倒冲寒流，马尔山满天飞雪，天寒地冻，对远征将士极为不利。正在傅将军一筹莫展之际，响水河的阿旭老翁带着乡亲，抬着几坛自酿大麦酒前来犒劳将士们。傅将军闻之大喜，让将士们饮酒御寒，乘兴而战，一举歼灭了元军左成普颜朵残部。傅有德得胜回朝，特意将平乱立功的阿旭酒进献皇帝。皇帝品后赞曰：好酒，好酒，此乃民间玉液也。阿旭酒从此走出深山，方波中原，十粒粮食一滴酒，幸福安康天地酒，好酒阿旭酒。

鹤庆有一个出美酒的地方叫西邑，位于海拔3 600米的马尔山脚下。山上古树参天、翠竹满山、白云缭饶、飞瀑散花、处处杜鹃。在马尔山上有天池、燕池和月亮湖等高山冰锁小湖泊。湖泊周围有遮天蔽日的原始森林，有各种珍奇的植物和动物。每年3、4月间正是万物萌发、百花齐放之际，满山的杜鹃花、野山茶、百合花开满了岩头坡顶，汇成了花的世界、花的海洋。远远望去，就像一片片云霞在天边燃烧，把马尔山映衬得更加艳丽。这里的一草一木都充满诗情画意，一石一水都有着优美的传说。马尔山溪流众多，溪水从天池、燕池和月亮湖如绸带一般飘飞在群山之间，顺着茶莫庆、响水河等山径叮叮咚咚淌下西邑坝子，在阳光之下显得特别绮丽。一方山水养育一方人，有人说马尔山美美在水，西邑的酒美就美在纯净。当地群众依托马尔山这些独特的地理气候和自然的生态资源，以传统工艺酿制出素有“土茅台”之称的西邑大麦酒，已在滇西北久负盛名。

云南大理鹤庆县西邑镇阿旭酒以优质的大麦、青大麦等为原料，以当地优质山泉水为酿制用水，采用传统的生产工艺，结合现代科学技术进行酿制，再经长期贮存后精心勾兑而成。目前，酒厂主要有“响水河”牌鹤庆西邑大麦酒和“彩鹤”牌鹤庆大麦酒两个系列 13 个品种。其中，52° 的“响水河”牌鹤庆大麦酒和“彩鹤”牌鹤庆大麦酒为其代表产品。

“响水河”牌鹤庆大麦酒以优质大麦为原料，取山中天池，燕池和月亮湖等冰锁小湖泊水源为生产用水，沿袭传统工艺，结合现代科学技术精工酿制，经长期贮存后装瓶，属典型的云南小曲清香型白酒。其酒体丰满、晶莹剔透、味香纯正，具有香幽如兰、入口绵甜、余味悠长、酒后不上头等特点。

“彩鹤”牌鹤庆大麦酒同属小曲清香型白酒，是以当地海拔3 600米所产的优质大麦为原料，以当地优质山泉水为酿制用水，采用传统的生产工艺，结合现代科学技术进行酿制。其酒具有清澈透明、麦香醇正、入口绵甜、清香独特等特点。

巍山县南诏宴酒业有限责任公司

巍山县南诏宴酒业有限责任公司位于南诏故都——巍山，公司占地9 500平方米，拥有总资产 470 万元，年生产各类瓶酒量高达2 000吨，是云南省首批通过 QS 市场准入认证的酒类专业厂家之一，拥有“巍蒙”、“南诏宴”两大系列注册商标，产品结构合理，既有物美价廉，适合大众消费的玉米清酒，又有工薪阶层消费的巍蒙吉祥酒的适合收藏、馈赠、业务招待的南诏宴酒、九隆御液等高中低档、高中低度的产品，可满足不同消费群体的需求。

（十三）楚雄彝族自治州地理及酒业简况

楚雄彝族自治州位于云南中北部，面积29 258平方千米，人口 272 万。有彝、苗、傣、回、白、哈尼、傈僳等少数民族。辖楚雄市及双柏、牟定、南华、姚安、大姚、永仁、元谋、武定、禄丰 9 县，州府驻楚雄市。

楚雄是古人类发祥地之一，元谋人化石、禄丰腊玛古猿、禄丰世界恐龙谷闻名于世。

楚雄是昆明往滇西的必经之路，国道 320、108，昆明至大理高速公路和成昆铁路、广通至大理的铁路，构成了滇中的交通骨干。

楚雄彝族喜好饮酒，性情豪放，来客必先敬酒，且有节庆日狂饮的风俗，酒消费量很大。

楚雄州有生产许可证的较大酒类企业有 24 家，其中牟定县喜鹊窝酒业有限公司生产的“喜鹊窝酒”历史久远，有着美丽迷人的传说，在云南很有名气，云南禄丰县妥安龙潭酒厂生产的“彝尊酒”，也畅销全省各地。

天下名酒何其多，难忘牟定喜鹊窝

喜鹊窝酒厂于 1994 年 11 月 19 日投资数十万元将第一批产品投放市场，15 年后的今天，已从一个名不见经传的小厂发展成为一家集生产、研发、销售为一体的大型酒业公司。牟定县喜鹊窝酒业有限公司年生产销售白酒2 000吨，为地方财政增长、农民增收和解决就业发挥了重要的作用。

1. 喜鹊窝的历史文化

“云南牟定喜鹊窝酒业有限公司”坐落在被誉为“云南左脚舞”故乡——云南牟定县城以南八公里的“喜鹊窝村”。该村现有人口578人，分为内喜、中喜、外迤三个自然村，以农耕为主，辅以酿酒，剩余劳力外出务工和从事建筑业。

追溯该村历史，有文字考证记载400多年，世居民族为汉族，在长期的生息繁衍中，杂居了少量彝族，汉彝文化交融，酌古斟今。这里民风淳朴、喜酒好客、本分善良，在勤劳中带有几分闯劲和拼搏精神。

当地人崇尚佛教，节日中以春节、二月八、六月六、火把节、秋会、中秋节等民族传统节日较为隆重。

据传说四百多年前的某一天，一位姓王的后生上山打柴，来到一处长满密林的深山里。一棵大楝树下有一摊清澈的泉水，他捧起泉水喝了一口，顿觉凉透心窝，便拿出身上带的饭团，和着泉水吃了一半。刚要把另一半包起来的时候，一大群喜鹊飞到树上，叽叽喳喳的叫声使他一下子分了心，手里的饭团不小心掉到了泉水里。他一边埋怨着喜鹊，一边捞起饭团用芭蕉叶子包好，放在茶楝树上的一个树洞里。第二天，他又来到这个地方，把头一天放在树洞里的饭团拿出来吃了。不一会，他就感到通体舒畅，泛起悠悠睡意，便靠在树上睡着了。迷迷糊糊中，他看到树上的喜鹊都变成了仙女在用泉水酿酒，他尝了一口，清洌甘醇，非常好喝，还听仙女们说那泉水叫“鹊泉”。后来，他就在这里建盖房屋住了下来，并按照仙女教他的方法取来鹊泉水酿造“喜鹊窝”酒。地名禀赋于佳酿，好酒渲染了地名，先人们都想不到，400年后的今天“喜鹊窝”成为云南省的著名商标，喜鹊窝酒厂也成了“第三届云南八大小曲酒生产企业”之一。

2. 王正堂与喜鹊窝酒业

15年前，一个生长在喜鹊窝，出外打拼了多年的喜鹊窝人回到了这块生他养他，给他留下了许多童年美好回忆的故乡。从此，喜鹊窝发生了人们从不曾想过的巨大变化。

王正堂是喜鹊窝村人，不管是在外读书，还是当工人、办企业，他心里一直惦记着生活还很贫困的家乡父老，一心想为家乡人民做番事业。1994年，他通过分析思考和深入的市场调查，一个大胆的计划彻底叩开了他的心扉。村里的喜鹊窝酒已经有400多年的历史，文化底蕴深厚，为什么不利用自己积累的丰富管理经验，创办“喜鹊窝酒厂”呢？他坚信自己的选择。选择外喜村一个草长莺飞、绿树成荫、清泉潺流的山坳作为酒厂。建设期间，为赶工期，王正堂带领工人们加班加点，甚至是披星戴月，废寝忘食地干。辛苦了几个月，一个初具规模的酒厂建成了。

功夫不负有心人。当年11月17日，“大玻瓶”喜鹊窝酒问世，喜鹊窝酒也在史册中翻开了新的一页。然而，当喜鹊窝酒投放市场时，市场竞争激烈，强手如林，本县的数十家酒厂已抢占了先机。可王正堂并没有胆怯，他坚信“酒好不怕巷子深”，对自己的产品很有信心。始终把质量视为企业的生命，自己兼任技术组长，严把产品质量关，在传承中创新，实行技术攻关。随着技术问题的不断解决，喜鹊窝酒迅速地与广大消费者结缘，市场空间不断扩大，短时期内就走出了牟定，跨越了楚雄。

3. “喜鹊”已翱翔

喜鹊窝酒业有限公司生产的“喜鹊窝”牌喜鹊窝系列白酒起源于明朝末期，至今已有400多年的历史，是楚雄州历史上传统名酒之一。

该酒采用喜鹊窝村的天然泉水，以优质大米、包谷、荞子为原料，再沿袭传统工艺的同时，结合现代科学技术，精工酿制，陶缸窖存后装瓶。产品经国家、省、州技术监督局和州卫生监督部门多次抽检，各项理化指标和卫生指标均符合国家标准和企业标准。

喜鹊窝酒业有限公司目前已在全州各县，大理、昆明、曲靖、攀枝花相继设立了经营部和办事处。在激烈的市场竞争中，公司加大了科技投入、自主创新和开发新产品的力度。“喜鹊窝”牌喜鹊窝系列白酒具有清洌甘醇、回味悠长、清新爽口等特点，产品自投放市场以来，颇受广大消费者青睐。

15 年来，喜鹊窝酒已发展成为彝州民族特色强势品牌。喜鹊不但飞出牟定，也飞出了彝州，产值不断攀升。如今的喜鹊窝酒业共开发出黄酒、白酒两大系列共 36 个规格、品种的高、中、低档喜鹊窝酒，价位从 156 元的珍品金喜鹊、40 元的金喜鹊窝酒到 6 元的喜鹊窝好运白酒；从 52°到 36°为各层次消费者提供了极大的选择空间。

这些年来，喜鹊窝酒业有限公司获得了许多殊荣，受到各级政府、组织和媒体的表彰奖励：

1997 年 2 月，“鹊泉”（2005 年之前的商标）牌喜鹊窝酒被全国消费品质量调查宣传跟踪行组委会推荐为“消费者信得过产品”；

1997 年 8 月，“鹊泉”牌瓶装白酒获云南省质量管理协会、云南省乡镇质协“质量信得过产品”；

1999 年 8 月“鹊泉”牌 38°杯装白酒被云南省保护消费者权益委员会评为“99 第五届云南省消费者喜爱商品”；被云南省科委评为“科技先进企业”；

2002 年 10 月，“鹊泉”牌喜鹊窝系列白酒被云南省放心食品推荐委员会、云南省食品协会推荐为“云南省放心食品”。2004 年获得“西部知名品牌”；

2005 年和 2007 年被评定为第二届、第三届“云南八大小曲酒生产企业”；2006 年“喜鹊窝”牌被认定为“云南省著名商标”，2006 年和 2008 年被评为云南省“文明单位”；2007 年获“云南省‘3 · 15’电视上榜品牌”。

2008 年被评为楚雄州建州 50 年指定用酒和楚雄州“守合同重信用企业”。

喜鹊窝文化的传承发展

喜鹊窝酒业有限公司以“诚信、务实、创新”和“清清白白做人，踏踏实实做事”从无公害逐步进入绿色食品为企业文化的主要内容，致力于将企业文化和民族文化发扬光大。2008 年 3 月，《灵山秀水喜鹊窝》DVD 系列酒歌音乐风光片拍摄制作完成，且在云南牟定正兴集团公司网站上进行播放以宣传品牌文化。2008 年 6 月，喜鹊窝酒业有限公司成功承办楚雄州“我与春天有个约会”——“喜鹊窝”大型诗会。诗酒结缘，酒助诗兴，使千里彝山留下深深的醉意。

“天下名酒何其多，难忘牟定喜鹊窝”，“喝杯喜鹊窝，心里乐呵呵”，“喝喜鹊窝酒，交知心朋友”，“喝杯喜鹊酒，年年福长久”等等脍炙人口的广告词已经沉淀了喜鹊窝酒雅俗共赏的文化。

喜鹊窝展望未来

牟定是“左脚舞的故乡”、公司将借彝族文化品牌的契机，锲而不舍地实施“名酒之乡”、经济品牌战略，以绿色食品“珍品金喜鹊”带动“喜鹊窝”品牌系列白酒。

市场经济时代是一个品牌代表一个企业的时代。“金喜鹊”的品牌已飞出牟定，跨越楚雄，走向云南。楚雄 50 年州庆指定“喜鹊窝”为州庆用酒，社会的认知不断扩大。但企业没有停止发展的脚步，他们将在近期年产白酒 2 000吨的基础上，新建一个“现代化酿酒车间”，使公司年产白酒达到3 500吨，并根据各种消费群体的喜好，开发新的产品，以满足不同消费层面的需要。

彝州大地上的琼浆佳酿

酒是人类物质文明的产物与标志之一，饮酒又是精神文明的象征与反映。人类离不开酒，美好的生活更是离不开酒，生活因酒而生色，喝一杯“吕合米酒”让我们的生活多彩，饮一口“彝人福酒”让我们的人生精彩。

“吕合米酒”、“彝人福酒”，是云南楚雄吕合酒厂有限责任公司的主打产品。先让我们了解一下这个彝州大地上的酿酒企业。云南楚雄吕合酒厂有限责任公司（以下简称“吕合酒厂”）原名楚雄吕合酒厂，是彝州酿酒业中的翘楚。该公司成立于 1958 年，是彝州历史悠久的酒厂。坐落在紫溪山西麓，位于 320 国道旁，距楚雄市区 10 余公里，这里气候温和、水质优良、环境优美。厂区占地面积 13 亩，总建筑面积2 500平方米，年生产规模可达 600 吨。该厂现实行规范管理，具备酒质检验的全套设备和技术。目前，市场销售的产品有：注册商标“吕合牌”系列的吕合米酒、高粱酒及注册商标“彝人牌”系列的彝人福酒。

在清代道光年间时，“楚雄府滴酒”就作为贡酒，被记载在文学名著《镜花缘》中，声名远扬。吕合酒厂在酿酒工艺上传承“楚雄府滴酒”传统。并随着时代的进步和科技力量的壮大，吕合酒厂“去其糟粕，取其精华”，继承和发扬了其传统的工艺，且辅之以现代科学方法调制，使成酒口感绵甜爽净，酒体丰满，回味悠长。

吕合酒厂以做酒就是做人，做正品人、产正品酒、做品牌、出效益为企业宗旨；以泰山的稳健、黄河的汹涌、水滴石穿的毅力，挑战自我、永求发展为企业精神；以质量第一、市场第一、诚信第一、服务第一、效率第一为企业目标。多年来，吕合酒厂生产的商品得到过部级、省、市的优良产品称号。

吕合酒厂始终坚持传承彝族独有的酿酒工艺，将“楚雄府滴酒”发扬光大，是吕合酒厂酿酒人的理想与责任；用彝州特有的物产酿彝州特有的佳酿，掩饰不住吕合酒厂酿酒人的热情与自豪；将彝洲佳酿的精髓发挥得淋漓尽致，体现着吕合酒厂酿酒人的智慧与精神。让我们共同举杯，为此佳酿！为此酿酒人！干杯

（《云南酒业》）

（十四）丽江市地理及酒业简况

丽江市位于云南省西北部，面积21 212平方千米，人口121万，有纳西、彝、傈僳、白、普米、傣、苗、藏、回、壮等少数民族，辖古城区及华坪、永胜2县及玉龙纳西族自治县、宁蒗彝族自治县，市府驻古城区，是云南著名旅游区。泸沽湖、玉龙雪山、虎跳峡、长江第一湾等著名风景名胜，摩梭人母系氏族遗存具有浓厚的民族文化传承。

丽江有较大的酒企19家，高档酒消费以云南红、苏浬玛为主，低档酒以大麦酒为主。丽江苏浬玛酒坊有限公司生产的苏浬玛酒是当地民族品牌，“苏浬玛”为纳西语，意为“女神的乳汁”。苏浬玛酿酒历史有2 000多年，苏浬玛属于发酵酒，目前主要有5款产品，在当地市场占有一定份额，上海、北京也有销售。云南泸沽湖酒业有限公司生产的“泸沽湖”纯粮清酒也颇有名气。

千古神韵——苏浬玛

——记丽江泸沽湖苏浬玛酒坊有限公司

“我之所以能够在滇西北这片神奇的土地生活了二十年，有赖于那醇香的土豆，美味的牦牛肉和神秘的苏浬玛酒的养育。”美国探险家约瑟夫．洛克曾经留恋于这片雪域神秘净土20余年。

“苏浬玛酒醇香浓郁，风格独特，原生态，纯天然，具有健身营养功能；苏浬玛酒的开发完全符合当今时尚、天然、健康、环保的消费潮流和国家发展酿酒工业的产业政策；苏浬玛酒酿酒工艺在全国可谓独一无二，是我国酿酒业的一大贡献，为丰富中国酒文化谱写了新篇章。”中国科学院林学钰院士，中国白酒协会沈怡方副会长，中国食品科学技术学会黄酒学会毛照显理事长，中国白酒协会专家、技术顾问陶家池教授，中国酿酒工业协会高景炎秘书长，著名酿造专家陈靖显教授、阎淳泰教授对苏浬玛酒进行品评鉴赏后如是评价。

苏浬玛酒，是丽江苏浬玛酒坊有限公司的产品，酒度15度，属低糖、低酒精度、高营养、纯天然的独特传统酒。它以泸沽湖山泉和滇西北独有不施化肥、农药的高原红米以及青稞、玉米、大麦、苦乔、糯米、六种粮食为原料，以海拔3 000米以上的雪山泉水为酿制用水，加入当地大山中特有植物根茎制成的酒曲精酿而成。具有五谷的自然芳香和回归自然的清新时尚口感。

经保健功能检测实验证实，苏浬玛酒含有二十余种氨基酸和多种维生素，其中8种是人体必须的氨基酸，氨基酸的含量是啤酒的11倍，葡萄酒的2倍，其发热量是啤酒的5倍，葡萄酒的1.5倍。常饮此酒，令人感到胃口舒适、食欲振作、睡眠香甜、周身发热、气色红润、头发黑而光亮有神。

产品经华中农业大学生命科学院保健功能检测实验证实，除含有丰富的氨基酸、有机酸外，还含有被称为肠胃健康天使的天然双歧因子。

目前，苏浬玛酒不仅受到当地广大消费者的喜爱和欢迎，在北京、上海也赢得了消费者的好评。

苏浬玛，摩梭语，意为“女神的乳汁”。语言，延续着古老的文化；美酒，亦诉说着一个美丽的传说。

在很久很久以前，有个叫格姆的摩梭姑娘，她美丽、聪慧，是摩梭人崇拜的女神。她是玉龙雪山男神的阿夏（情人），他们十分相爱，每天劳作后在一起唱泸沽湖情歌，过着幸福甜蜜的生活，但后来这件事被王母娘娘知道了，她派天神把玉龙雪山男神抓到天庭受罚，格姆伤心地哭了七天七夜，便化成了一座山，她滴下的眼泪变成涓涓细流，汇集成了今天的泸沽湖。

为了纪念她，摩梭人取来纯净的湖水，把药山上植物的根与当地的农作物放在一起，酿制成一种回味无穷的酒，取名苏浬玛酒。而摩梭人在饮用苏浬玛酒之前，不但需要净身，而且还要请喇嘛念经祈祷，在酒上洒鲜花，载歌载舞，传颂爱的命运之神、丰收之神——格姆女神。

从此，这个关于苏浬玛的美丽的爱情故事便传遍了整个泸沽湖江畔，也从此每每人们喝到苏浬玛酒的时候总能想起这个感人的美丽传说。

泸沽湖位于云南省丽江市永宁乡，与四川省的盐源县左所乡交界，是由段层陷落而形成的高原湖泊，湖面面积约52平方公里，平均水深45米，最深93米，最大可见度12米，10米内游鱼可见，年平均气温12摄氏度。泸沽湖独特的景观，被称为“人间瑶池”、“高原明珠”、“上帝创造的最后一块地方。”湖畔生活着近三万摩梭人。女山、女神、女人、暮合晨离的走婚方式构筑迷人的景致，被称为“母性王国”、“女儿国”、“后花园的最后一片桃源”。

美丽的泸沽湖畔养育着世界上唯一保持完好的母系氏族社会的活化石——摩梭人。摩梭人在每年的八、九月份采根，十月作曲，利马诵经虔诚地供奉着他们的养人奇酒——苏浬玛酒。苏浬玛酒在这个母系氏族社会中代代相传，延续至今，养育了一代又代健康充满活力的人们。

丽江泸沽湖苏浬玛酒坊有限公司筹建于2000年8月，2001年4月正式投产。公司是以开发被誉为世界母系文化活化石摩梭佳酿苏浬玛酒为主导产品的科技创新型企业。由我国著名歌唱家、全国政协委员、全国先进工作者关牧村女士发起创办的，并与微生物发酵技术处于全国领先地位的华中农业大学生命科学院结为合作单位。为了不使这一民族魂宝隐居深山，公司特聘请全国酿酒协会的专家及华中农业大学教授两年多时间，利用生物工程技术、精心酿造，解决了传统苏浬玛酒不能长时间保鲜、不易保存等技术难题。公司生产的苏浬玛不但口感清新，而且饮后倍感舒适，使苏浬玛酒走出深山，为天下人享用。

2001年8月，经国家绿色食品中心论证，苏浬玛酒符合国家绿A级标准，并荣获云南省酒类行业第一家“绿色食品”称号。2001年在国际食品博览会上，“苏浬玛酒”和“苏浬玛女人酒”分别获得金奖和银奖；同年，在2001年中国国际科技年会（国际绿色食品与人类健康博览会及学术讨论会）上荣获“科技创新奖”。2003 年，苏浬玛公司基地生产的原料和酿造的苏浬玛酒都通过了国家“有机食品”认证，经论证后其产品可免检出口日本、欧洲及东南亚地区。

今天，在这个提倡时尚、健康和绿色环保的社会潮流下，苏浬玛酒无疑顺应了社会潮流，并在酒领域内引领着这种潮流。源自泸沽湖母系社会的苏浬玛酒被人们誉为母系文化的净土、民族文化的摇篮、走婚酒的故乡、泸沽湖猪槽船的故事、一个民族的符号、一种文化的象征。

传统酿酒历史与神奇配方的融合

泸沽湖酒业有限公司位于丽江市宁蒗县城境内，是一个以生产白酒为主的酿酒企业，生产的泸沽湖白酒在当地的知名度很高。丽江及宁蒗县是我省著名的旅游风景区，玉龙雪山、虎跳峡、泸沽湖女儿国的风韵，吸引了众多的国内外游客，对当地经济的发展产生了极大的推动作用。充分挖掘“泸沽湖”白酒所具有的品牌价值和优势。近年来，公司被市、县认定为重点龙头企业，被列为倍增考核对象。为公司的发展奠定了坚实的基础。

泸沽湖酒业公司始建于 1959 年，主要生产副食品，兼营运输。1982 年后从事豆制品，酱菜、糕点和饲养经营。1992 年转产生产“小凉山”清酒，1998 年经商标登记正式注册。2002 年根据省、市国企改革政策，改制为民营企业“泸沽湖酒业有限公司”。公司位于县城大兴镇岔河路 125 号，占地 5437 平方米，拥有固定资产 556 万元，职工 50 人。泸沽湖酒业有限公司由 2002 年改制前资产 130 万元，年生产能力 300 吨；发展到现有资产 556 万元，年生产白酒达 600 吨，年销售额达 600 万元。该企业自 2002 年组建“女儿国”山泉水品牌，2005 年与华坪县焱光集团合作开发“泸沽湖矿业有限公司”，预计投资5 000万元以上。

泸沽湖酒业公司坚持发展宗旨学“五粮液”与宜宾市、“红塔山”与玉溪市；坚持质量宗旨“取植物生命，延人生益长”；坚持经营宗旨“重诚实守信、互利互惠”，坚持市场宗旨“顾客至上、服务第一”。

泸沽湖酒业有限公司目前主要生产和销售“泸沽湖”牌系列 50°、46°、38°、36°、32°高、中、低档 13 种品名白酒白酒；“女儿国”系列瓶、桶装泉水。“泸沽湖”牌白酒主要以玉米、高梁、大麦、苦荞、大米等做原料，经传统工艺结合现代科学技术精酿而成，其酒体具清澈透明，回味甘冽、自然、香气纯正等特点。产品远销省内诸地和四川攀枝花市。

曾先后荣获：99 世博云南十家“放心酒”之一；第九届中国专利新技术新产品博览会“金奖”；第六届中国国际食品博览会“名牌食品”；2003 年中国中轻产品“消费者放心购物质量可信产品”。

丽江市宁蒗县自然环境和资源非常优越。独特的气候，优质的山泉水为宁蒗县泸沽湖酒业所生产的白酒提供了优越的条件。悠久而古老的传统酿酒历史和神奇配方结合现代高科技为公司酿造优质白酒奠定了基石及提供可靠的保证。因此，酒业公司的发展前景较为乐观。

泸沽湖酒业有限公司坚持“以质量求生存，以信誉创效益”的宗旨，力争在“十一五”计划内工业总产值比“十五”计划翻一番！

尹明江与胜利酒业

丽江胜利酒业有限责任公司的前身是丽江胜利酒厂，是丽江市境内的老牌酿酒生产企业。始建于 1956 年，在当时合作化的大潮中，属于城镇的多个酿酒小组自愿组成“胜利酿酒合作社”，但由于当时条件十分艰苦、生产工艺落后、原料购进困难，所以酒社的生产也时停时续。1958 年大跃进中更是一度停顿。

1962 年，在当时县委政府的关心和支持下，“胜利酒社”得到了新生，多次派人到昆明、贵州安顺等地学习制曲和酿酒新技术。自 1962 年至 1978 酒厂不断发展壮大，产品覆盖整个滇西市场和缅甸等边境地区，企业一度走向辉煌。

1985 年以后，随着改革开放的深入，同类企业大量增加，市场竞争日益激烈。该企业的生产经营和管理模式愈来愈难以适应市场的需要，企业曾陷入困境之中。1992 年现任领导班子受命于危难之时，对企业实施一系列大胆的改革措施，至 1993 年底逐步走出了低谷，实现了扭亏增益的局面。此后企业经济效益一年上一个台阶。1997 年，实行了股份合作制的改制，2004 年以产权制度入手，实行了有限责任公司改制工作。产生了真正的董事会、监事会。改制后，以董事会为主的企业领导班子进一步深化公司各项改革措施，健全各项规章制度，完善职工社会保障制度。采取了一系列措施加强生产经营管理，经过几年的不断完善，丽江胜利酒业有限责任公司基本形成了产权明晰、权责分明、政企分开、管理科学的现代企业机制。

多年以来，公司董事长尹江明带领全公司百余名干部职工辛勤耕耘，奋力拼搏，不断完善企业的组织结构，健全职工各项社会保障制度，加强企业领导班子建设，增强领导班子的团结，提高企业决策层对整个经济运行的驾驭能力。

尹江明根据企业的实际，因地制宜进行大胆改革，最大限度地调动职工的生产积极性和劳动创造性，实行功效挂钩、按劳取酬的工资分配制度。改变企业传统“酒香不怕巷子深”的销售观念，强化经营销售工作。

同时，尹江明还要求企业努力提高产品质量，适时调整产品结构，在不断总结中逐步形成一套适合于企业发展的经营管理方法，使企业由生存而发展，由发展而逐渐壮大，呈现出各项经济指标逐年增加，职工收入大幅度提高的良好态势，为企业今后的更进一步发展奠定了坚实的基础。

丽江胜利酒业有限责任公司现位于丽江市古城区福慧路，总占地面积 24 亩。现有三个酒曲生产车间，三个白酒生产车间和一个窨酒生产车间。主要产品有：酒曲、甜曲、窨酒、大麦酒、小麦酒、丽江印象酒等。年生产能力酒曲和甜曲 800 吨，瓶装白酒 10 万多件，窨酒 200 吨。是丽江市境内历史最长、规模最大的酿酒、制曲生产企业。

产品主要销往：丽江、大理、保山、临沧、德宏、四川、西藏等地。特别是“三多”牌 35°和 46°大麦酒，因其清香醇正、绵甜爽净、回味怡畅的特点深受本地消费者和来丽江旅游人士的喜爱，是丽江酒类市场的主要商品。该产品自 1992 年至 2006 年连续荣获第四至第八届“云南省消费者喜爱商品”和 2008 年“省消费者喜爱的云南食品”称号。

丽江胜利酒业有限责任公司以“质量求生存，效率求发展”为基础，实施品牌发展战略。不断加强企业的品牌建设，把“三多”打造成为云南著名酒类品牌。

（《云南酒业》）

（十五）迪庆藏族自治州地理及酒业简况

迪庆藏族自治州位于云南西北部，西部、北部与西藏自治区、四川省为邻。面积23 870 平方千米，人口 36 万，有藏、傈僳、纳西、白、彝、回、苗、普米、怒等少数民族，辖香格里拉、德钦 2 县和维西傈僳族自治县。州府驻香格里拉县，境内高山、峡谷森林，草地分布奇特，水能、畜牧、旅游资源丰富，这里是历史上“茶马古道”的要冲，“西南丝绸之路”的物资中转站。

迪庆州有较大的酒类企业 12 家，其中香格里拉酒业有限公司生产的香格里拉青稞干酒风味独特是云南名牌产品。

迪庆州各酒企用本地出产的青稞作原料，以雪山融化的冰雪水，以临近的鹤庆大麦酒工艺技术经改进后配制酒产品。

一支好酒，来自天籁

一支好酒，来自天籁，香格里拉青稞干酒。

青稞酒是藏族地区最具代表性的传统家酿酒种，至今已有两千多年的历史，在吐蕃藏王上贡赞普及其王子布德共杰时代，藏区已有酿制青稞酒的记载，藏族著名史诗《格萨尔王传》的“降伏妖魔”一书中有青稞酒酿制方法的介绍。长期以来，藏族人民把奉献洁白的哈达和醇香的青稞酒作为对尊敬客人的最高礼遇。在那充满民族风情的民歌中，在载歌载舞的节日里，藏族同胞用青稞酒赞美自己的新生活，抒发对未来美好的向往。

在历史的长河中，青稞酒这种藏民自酿自饮的低度甜型酒，酿造技术较为原始，也从未酿制过干型青稞酒，直至1848年，一批法国传教士来到香格里拉这个理想国度，把法国葡萄酒酿造技术与青稞酒酿造工艺融为一体，才成功地酿造出风味独特的香格里拉青稞干酒。进入20世纪，高科融入干酒酿制的全过程，不仅使酒质更加醇美，而且形成了工业化生产，世人可望而不可即的青稞美酒终于呈现在人们面前，古老而年青的青稞酒风味绝世，享誉国内外，被誉为“圣酒”、酒苑中奇葩、酿酒大家庭中的新秀。青稞干酒系列产品由云南香格里拉酒业股份有限公司技术总监、国内知名酿酒专家、国家评酒委员彭德华先生等发明、监制。2000年5月1日投入生产，并申请国家发明专利。2003年青稞干红、干白被评为为云南省名牌产品。

2002年，云南省科委组织对青稞干酒鉴定，中国酿酒协会专家评价结果为：其工艺和酒的品质，在国内乃至世界都是首创的，是中国酒类中的一朵新葩，对推动中国的发酵酒的发展和技术进步作出了贡献，同时为中国酒走向世界开辟了一条新的途径。

第16届中国昆明进出口商品交易会上，“香格里拉”以其独具特色的产品和精美的展位装修吸引众多客商和参展商驻足观看，一大部分国内外客商纷纷走向我们的展位向我们了解产品情况并品尝酒。“香格里拉·藏秘”青稞干白更是以其浅黄晶亮的色调，幽雅、清新的酒香、细腻醇和、典雅流畅的口感吸引了众多客商驻足观看、品尝。青稞干红亦是以光彩照人的红色琼浆，浓郁的酒香、醇厚柔协的口感、丰满的酒体，向人们传送着美酒的诗情画意，令人陶醉，令人神往……

（云香酒）

香格里拉：梦里的葡萄酒

“香格里拉”一词源于藏语，意为“心中的日月”，一直以来就是“伊甸园、理想国”的代名词。神秘、典雅的“香格里拉”气质，恰好与葡萄酒相得益彰，两者的结合成就了香格里拉酒业股份有限公司的传奇。

1933年英国作家詹姆斯·希尔顿在《消失的地平线》一书中向世人展示了一个世外桃源，那里的人们静静地享受阳光和雪山的赏赐，有着超凡的智慧，彼此团结友爱、和睦相处。1937年，好莱坞将《消失的地平线》搬上银幕，“香格里拉”从此风靡世界，成了人们梦想追求的伊甸园，这一名词也成了永恒、和平、宁静的象征。

1997年，云南省政府根据多年的考察结果向世人宣布：“香格里拉就在云南省迪庆州”，2001年，国务院批准迪庆藏族自治州中甸县更名为香格里拉县，从此香格里拉成为一处现实中的人间仙境。在2001年，“香格里拉”又多了一重含义，她也代表着人们梦中的葡萄酒。

2000年初，香格里拉酒业股份有限公司在云南迪庆藏族自治州香格里拉经济开发区注册成立，以生产销售“香格里拉葡萄酒”和“大藏秘青稞干酒”为主。2002年1月，公司改进当地酿造青稞干酒的技艺，推出大藏秘青稞干酒系列，并同时推出赤霞珠干红、贵人香干白等葡萄酒。2007年12月，公司被华泽集团旗下香港金六福投资有限公司收购，进入整合优势资源平台，并于2008年推出独具特色的高原葡萄酒系列。

成立10年来，公司先后在香格里拉经济技

术开发区、昆明国家经济技术开发区、河北秦皇岛卢龙和山东烟台蓬莱投资建厂，并引进国内外一流的酿酒技术专家和葡萄酒生产设备，现已形成年产数万吨葡萄酒、青稞干酒生产规模。

1. 梦起：教堂里走出来的香格里拉

1848 年，一群法国传教士踏上了心灵朝圣之路，他们一边传播西方文化，一边寻找着心中的圣地。一路艰辛，最终到达雪域高原。

一个澄澈广远的湖泊从天而降，水波蔚蓝浮动，粼光闪烁，山水灵光尽现……传教士们欣喜若狂地坚信这是神赐的圣地，传说中的香格里拉。他们在此建立德钦茨中教堂安居传教，并在教堂的四周建起葡萄种植园，在传播西方文化的同时，也带来了古老的法国酿酒技艺。多年以后，传教士们早已不知身在何处，但美酒依然飘香，这就是香格里拉葡萄酒的前身。

香格里拉的神秘、圣洁，赋予香格里拉酒独特的魅力。香格里拉酒业所产的葡萄酒、青稞干酒独特的气质诠释着这个充满神秘色彩的名字。“一支好酒，来自天籁”、“世界的香格里拉”等耳熟能详的宣传语成功打造了“香格里拉”品牌神秘、尊贵、圣洁、时尚的形象。

香格里拉有着明确的品牌定位，那就是“融中西文化为一体的圣地美酒”。公司秉承“用心酿美酒，诚信铸品牌”的理念，用心酿造美酒。经过多年努力，香格里拉品牌世外桃源的概念和藏族悠久酒文化的内涵早以深入人心。公司的“香格里拉葡萄酒”及“香格里拉大藏秘青稞干酒”品牌已经确立了其在全国范围内的品牌知名度，香格里拉高档的品牌形象，满足了不同消费者的需要。

公司全力打造香格里拉品牌，在中央电视台、省级媒体、地方媒体、户外媒体等进行积极宣传，确立并巩固高端品牌的形象及地位，将“香格里拉”打造成中国红酒行业高端品牌。公司中、高端市场全力拓展香格里拉品牌，中低端市场根据竞争需要，导入副品牌产品，如香格里拉系列天籁、恒美葡萄酒等，以副品牌作为“香格里拉”向下延伸的品牌支线，坚实本公司整体品牌阵线，提升公司的综合市场竞争能力。

2. 梦境：最好的葡萄，一半给了大地，一半给了天空

从迪庆高原到蓬莱仙境，香格里拉把葡萄种在中国最美的地方。为打造独具个性的一流葡萄酒，公司不惜重金引进世界上最好的葡萄品种，分别在世界自然遗产核心保护区云南德钦高原、山东蓬莱、河北卢龙等中国优质酿酒葡萄产区投资自建了上万亩葡萄园。其中“德钦高原产区”及“蓬莱海岸产区”，也是目前中国唯一拥有南北东西气候特质和海拔差异的产区。

香格里拉云南德钦县葡萄种植基地处于“三江并流”核心保护区内平均海拔2 400米之间的干凉河谷地区，是世界海拔最高纬度最低的酿酒葡萄园。该地区降雨量少，气候干燥，年蒸发量大于降雨量，日照时间长，紫外线强，温差大，无霜期长，沙质土壤，土层深厚、肥沃，通透性好，微量元素丰富，能充分满足酿酒葡萄生长的特殊需要，并有充足的高山雪水满足葡萄生长期对水的需要，是葡萄生长最理想的地区之一。

公司在云南德钦的万亩有机葡萄园是目前世界上海拔最高的葡萄园，位于梅里雪山脚下，三江（金沙江、澜沧江、怒江）并流腹地。主要种植世界名种葡萄赤霞珠。由于藏区地处偏远，当地以农牧业为主，远离现代工业污染，生产出来的葡萄鲜果符合国家绿色食品要求，也是唯一获得国家有机认证的产区。由于这种特殊的自然条件，云南德钦的糖度能达到 21 ~ 25 度，这里出产的葡萄质量上乘，是其他产区不可复制的高原葡萄园，是公司未来推出小产区概念高档葡萄酒的主要产地之一。

香格里拉公司的蓬莱葡萄基地分布在北纬 32 ~ 45 度的环渤海湾地区。该地区受海洋气候影响，热量丰富，雨量充沛，土壤适宜，是我国酿酒葡萄栽培面积最大、品种最优、品质最好、酒厂最多、经济效益最好的产区。从烟台至蓬莱的道路两旁，当地政府着力打造了 18 公里的葡萄——葡萄酒产业地带。其中就包括香格里拉公司的1 200亩葡萄园。基地主要种植赤

霞珠、霞多丽、蛇龙珠等世界葡萄名种。

青稞是世界上麦类作物中含 β—葡聚糖最高的作物，是一种单位面积产量不高的粮食作物，在全世界几乎只有在青藏高原上种植。香格里拉“大藏秘”青稞干白、干红，以海拔2 700米以上生长的青稞酿造而成，是公司的一大特色产品。目前，公司与迪庆州农牧局合作，以公司+农户+基地的合作模式，在迪庆高原建设了万亩青稞基地，由于本地自然习惯和丰富的资源，只施用农家肥料，基本不使用合成肥料，所种植的青稞质量优良，确保了香格里拉大藏秘青稞干酒的卓越品质。

3. 梦圆：让世人喝到梦中酒

好风借力上青天

香格里拉酒业借助于华泽集团，将好酒推向世界。2006年，在金六福基础上成立的华泽集团，广泛涉及白酒、红酒、保健酒等领域，是一家集品牌打造、产品生产、分销零售于一体的集团公司。华泽集团以诚信为企业的生命，始终坚持把永争市场第一位，为一线市场提供最优质的服务作为企业的核心价值观。华泽集团慧眼识珠，与2007年正式将香格里拉酒业推上整合平台，与世界各大顶尖酒庄保持良好协作，引入法国国家酿酒师进驻迪庆研发领先产品，组建专业品牌营销团队，打造一流国际品牌。

香格里拉酒业有限公司的产品结构以中高档为主。通过建立深度分销体系，不断提高公司在福建、广东等省份高档产品的市场份额，实现区域市场较高的盈利水平。在云南、浙江、湖南、江苏、上海、河北等省份，主要依靠集团的销售网络，不断扩大品牌影响及提升销售规模，保证公司的赢利水平。

超强的产品创新意识，差异化的产品包装设计和新产品开发能力是香格里拉酒业快速发展的因素之一。独特新颖的单支、礼盒包装设计，令人耳目一新。公司相继开发了12度、10度、9度等不同酒度的干红、干白系列产品，并首先在国内推出了70年树龄等高档葡萄酒，现已开发的12年、15年树龄，30、45、70年老树龄系列葡萄酒等产品，受到市场欢迎。现已在成熟的德钦高原葡萄基地的基础上研究开发出有机的高原葡萄酒，良好的原料品质和诚实的做酒精神，使高原葡萄酒才问世就受到饮用者高度评价和认可，以其独特的品质获得“2008亚洲葡萄酒质量大赛金奖”、“中国国际葡萄酒、烈酒品评赛（VINALIES CHINA）金奖”。

实施名牌战略，建立健全市场营销网络，通过并购、技术改造方法实施低成本、快速扩张，以优质、高档的葡萄酒、青稞酒产品满足市场需求，到2010年达到产能3万吨，其中云南1.3万吨（葡萄酒5 000吨，青稞酒8 000吨），卢龙1.4万吨、蓬莱酒庄3 000吨葡萄酒。销售收入5亿元，争取在10年内将香格里拉酒业发展成为拥有10万千升生产规模的大型葡萄酒生产企业，使香格里拉品牌成为中国著名红酒品牌，产销量进入中国红酒行业前五名。

“成为中国一线葡萄酒品牌”是公司的核心目标。本公司将不懈努力，从原酒基地、产品质量、品牌、客户关系、企业管理、员工激励等方面努力，争取成为中国一流的葡萄酒企业。

特色才能赢得市场

“葡萄酒的质量先天在于葡萄”，“好的葡萄酒是种出来的”，这已被中国各葡萄酒厂和酿酒葡萄生产基地所证实和公认。为实现把香格里拉打造成中国葡萄酒高端品牌的目标，公司高度重视葡萄基地的建设。公司的葡萄园有着天然的优势，分布在长江、澜沧江、怒江三江并流之处的岸边。德钦县葡萄种植基地与梅里雪山遥遥相望，处于海拔1 900～2 800米之间的冷凉河谷地区。该地区降雨量少，气候干燥，年蒸发量大于降雨量，日照时间长，紫外线强，温差大，无霜期长，沙质土壤，土层深厚、肥沃，通透性好，微量元素丰富，能充分满足酿酒葡萄生长的特殊需要，是葡萄生长最理想的地区之一。充足的阳光，洁净的空气，高山的积雪融水，真正的绿色有机葡萄产区，逐渐形成了独具特色的“高原系列”葡萄酒产品。葡萄园主要以名贵的赤霞珠品种为主，该品种适应性强，成熟较晚，非常适合迪庆的气候特点，独特的高原气候也令其表现出了最佳的生长特性。选用此产区种植的赤霞珠酿制的高原1900、高原2700的系列葡萄酒，具有酒体丰厚、果香浓郁、结构饱满等优点，深得资深爱酒人的青睐。

从2000年开始，公司先后投资1 000多万元，在云南的德钦、山东蓬莱和河北的秦皇岛建设了10 000多亩葡萄基地，并派遣专业技术人员指导农民种植，对株距、亩产及种植技术做了严格的规定，每亩产量控制在600公斤左右，以确保葡萄的品质。经过6年多的种植，这些基地已经陆续进入盛果期，将成为本公司未来经营酒庄和开发高端产品的主要原料。

特色产品一直是香格里拉赢得市场的利器，经过多年的研究，公司已经形成了以老树系列、高原系列、风格系列、大藏秘系列为代表的特色产品线，用独特的风格征服了无数消费者。

由本公司技术顾问（原技术总监）、国内著名酿酒专家、国家葡萄酒评酒委员彭德华先生主持研发的青稞干酒系列产品，是公司的专利技术产品。青稞干酒采用高原青稞为主要原料，经发酵而成的酿造酒。含有18种种氨基酸，同时还含有丰富的有机酸、矿物质、酚类化合物等多种物质。营养价值高，口感独特、酒精含量低，自2000年5月上市以来得到消费者的很高评价。公司在香格里拉腹地，平均海拔2 700米以上坡地上拥有万亩青稞基地。高海拔、无污染的绿色生态环境保证了生产优质青稞干酒所需的原料。2000年青稞干酒荣获法国巴黎“干酒特别奖”，香格里拉也成为世界上唯一一家生产青稞干酒的企业。

除此之外，精选河北卢龙产区的名品葡萄，配以先进的酿造工艺精心酿制而成的“天籁”系列，深的阳光、大海眷顾的蓬莱海岸葡萄酒，都以其优雅的香气、独特的风格而备受关注。

4. 梦续：香格里拉：“心中有日月”

在藏语里，“香格里拉”意为“心中的日月”，谈及未来的发展，香格里拉酒业股份有限公司更是“心中有日月”。

（1）生产能力方面，通过技术升级改造实施“低成本、快速扩张”是香格里拉未来5～10年的扩张战略。公司已于在运作昆明灌装厂厂房新建和搬迁工作，到2015年将通过新建方式达到3万千升的规模。在蓬莱新建葡萄酒庄，生产高档葡萄酒。在河北秦皇岛通过扩建的方式达到6万千升的生产规模。在扩大葡萄酒产量的同时，公司将严格控制葡萄酒的投入和产出比，保持和追求低成本、快速扩张能力。此外，在生产设备及技术方面，不断进行生产设备的引进升级，努力改善各项经济技术指标，目前公司的各项经济技术指标均优于国内行业平均水平，公司将力争在2015年底的各项经济技术指标达到国际先进水平。

（2）品牌建设方面，目标是把香格里拉打造成中国葡萄酒酒著名品牌，争取在5年内，使香格里拉商标成为中国驰名商标，香格里拉干红成为国家名牌产品。香格里拉品牌管理的策略是创造品牌、拥有品牌、培育品牌。通过培养、塑造一个感性的、高档的、富有个性色彩的品牌形象，传播香格里拉企业的酒文化，使消费者充分理解品牌的内涵和诚信经营的企业文化，赢得消费者的信任和尊重，从而建立起长期稳定的消费者群体。

（3）市场方面，在未来的五年内，本公司仍将以华东、华南、华中、西南地区为主要目标市场，其中以福建、广东两个自营销售的省份为核心市场。广东、福建的市场容量大，消费者对酒品有一定的认知能力，经过本公司在该地区的多年经营，香格里拉品牌已经积累了一定的实力。本公司将集中资金和营销力量在上述地区进行市场细分和深度营销，尽快确立在上述地区的绝对优势，使其成为本公司销量和利润增长贡献重要的市场区域。

公司销量及利润贡献第二个重要的市场区域，是公司仍将继续借助金六福的资金和营销网络经验优势，搭建自己的营销网络，以巩固和扩大在浙江、云南、湖南、江苏、上海的相对竞争优势。同时，借助在上述目标市场确立的优势向临近省份渗透，在提升公司品牌影响力及促进本公司整体销售规模的同时，构筑覆盖全国营销网络。

到2010年公司在区域市场的优势将足以辐射整个全国市场。2010年以后将改变销售模式，在重点市场建立以自主的分销体系为主，经销商代理为辅的方式，管理全国的销售渠道和终端网络。届时，在销售规模达到一线品牌规模的同时，本公司的盈利能力也将有显著的提升。

根据目前的发展趋势，香格里拉酒业股份有限公司确定了两步走的发展目标：第一步，到2010年，实现产销量达到2万吨，销售收入4.6亿元，利税1.36亿元；第二步，到2015年，实现产销量达到10万吨，销售收入超12亿元，利税过4亿。

（中国葡萄酒信息网 陈涛）

（十六）怒江傈僳族自治州地理及酒业简况

怒江傈僳族自治州位于云南省西部，西南与缅甸交界，面积14 703平方千米，人口52万，有傈僳、白、怒、普米、彝、纳西、傣、独龙、藏等少数民族，辖泸水、福贡2县和兰坪白族普米族自治县、贡山独龙族怒族自治县、州府驻泸水县、片马为中缅边境省级开放口岸。怒江大峡谷奇观是闻名中外的旅游区。

怒江傈僳族有喝同心酒的风俗，大多是饮用自酿的米酒。怒江州有白酒企业7家。兰坪普米族白族自治县酒厂生产的“兰坪玉液酒”、泸水县白水河酒厂生产的“怒江荞酒系列”、泸水县干齐工酒厂生产的“布汗酒系列”、福贡县复兴综合加工厂生产的“峡谷鸡脚啤酒”，其民族风味独特，较为有名。

【第四编】人物志

人物志

牟定喜鹊窝酒业有限公司董事长——王正堂

王正堂，56岁，中共党员，曾搞过多年建筑，任过牟定县标准件厂厂长。1994年6月，毅然辞去厂长职务，满怀抱负回到家乡喜鹊窝村创办了喜鹊窝酒业有限公司，出任公司总经理。在他的带领下，至今已有400多年历史的喜鹊窝酒得以发扬光大，逐步走向州内外市场，并占有了一定的市场份额。年产量从建厂初期的20余吨增加到现在的2 000吨。共有8个基础酒生产车间，并拥有一条年产700吨瓶装酒的生产线和一次性窖存基础酒1 000余吨的窖存设施及仓库。

公司经过严格的质量管理，逐步走向规范化、规模化。目前，产品已畅销省内外。品味兼优的产品质量和商业信誉赢得了社会各界的信赖和支持，产品先后获得“省级金奖”、“质量信得过产品”、“’99第五届云南省消费者喜爱商品”称号和“云南省放心食品”。公司多次被州、县评为“先进企业”，被省科委评为“科技先进企业”，被楚雄彝族自治州评为百强企业第45强、州级文明单位和州级诚信企业。王正堂也多次荣获国家和省、州、县的表彰和奖励。

1998年6月，王正堂以酒业为龙头组建了牟定县化佛茶叶有限公司、牟定县兴龙供水有限公司和牟定县油腐乳厂。拥有总资产近2 000万元的集团私营企业牟定正兴集团董事长、喜鹊窝酒业董事长的王正堂待人谦和，乐善好施，他先后赞助过近10条（段）乡村公路的修筑和保养，多次为社会公益事业捐资捐物，为地方经济发展和家乡人民奔小康作出了积极贡献。

随着王正堂事业的发展，他得到了社会的肯定，2005年以来，他担任了牟定县工商联合会副会长、县茶叶协会会长、油腐乳协会副会长；2007年3月，任楚雄州第八届政协委员；2008年9月当选楚雄州食品协会副会长、11月当选牟定县企业家协会副会长；2009年2月任中国白酒标准化委员会米香型分会委员。同时荣获楚雄州“优秀中国特色社会主义事业建设者”称号，并被命名为“云南优秀农民工”。

附：《堂堂正正的酒业企业家》

堂堂正正的酒业企业家

他，满怀着带领乡亲脱贫致富的抱负回乡创业；

他，用心血和诚信培育了彝乡酒业的第一品牌，让金喜鹊飞出了彝乡；

他，待人谦和、乐善好施，为家乡脱贫致富的光彩事业倾其所能；

他，就是云南牟定喜鹊窝酒业公司的掌门人王正堂。

凡是与王正堂有过一面之缘的人，都会对他堂堂正正做人，堂堂正正做酒的人格魅力留下深刻的印象。

地道的喜鹊窝人

1953 年，王正堂出生在牟定县东南八公里蕨菜山下的一个小山村——喜鹊窝。

喜鹊窝村有外喜、中喜、迤喜三个自然村，皆坐山面水。这里生态环境优美，犹如陶渊明《桃花源记》中描述的“芳草鲜美，落英缤纷”。村后的蕨菜山中树木繁茂，山泉流淌，汇成了山下的喜鹊窝河。

清澈甜美的山泉水养育了王正堂，祖祖辈辈用山泉水酿制喜鹊窝酒的美丽传说，滋润了王正堂对彝乡美好未来的向往。

1971 年夏天，不满 17 岁的王正堂从牟定一中毕业了。他满怀着对未来的美好憧憬进入大队综合厂，在基建队当了一名建筑工。凭着年轻人的热情和干劲，不怕吃苦，工作中不懂就问，加上自己刻苦学习，挑沙灰不到两年就当了泥工组长，成了砖工师傅。一步一个脚印，从一名平凡的沙灰工成长为牟定县新甸建筑公司的经理。期间，辗转广通、牟定、楚雄等地，让一幢幢房屋拔地而起，一干就是 20 年。

1990 年，建筑业市场在国家宏观调控后走入低谷，时任新甸建筑公司经理的王正堂毅然放弃了建筑业，选择回乡创办了“牟定县标准件厂”。这是一个“两头在外”的企业，市场风险高，技术要求精，营销难度大。但王正堂一直坚持牵着“质量”这根主线，不断向员工灌输“厂兴我荣，厂衰我耻”的企业文化理念，在走过了市场激烈竞争的风尘岁月之后，历练了过硬的管理才能。

发展是永恒的话题，也是人生事业每迈出一步需要解决的难题。王正堂认为，只有扬长避短，抓住本地资源优势，才能促进企业发展。

开创喜鹊窝酒业

王正堂是喜鹊窝人，童年时就经常听老人们说起先辈 400 年前就用喜鹊窝优质山泉酿造了“喜鹊窝美酒”，让他从小就对家乡的未来充满了美好的憧憬。

在外读书、当工人、办企业的 20 多年时间里，“怎样为家乡父老乡亲脱贫致富尽自己的一分力”一直是他时常思考的问题。喜鹊窝有着悠久的酿酒历史和文化底蕴，有着酿酒的优良资源，为什么不利用自己积累的丰富经验，续写喜鹊窝酒业的新篇章呢。

1994 年初夏，他选择外喜村一处草长莺飞，绿树成荫、清泉潺潺的山坳为厂址，创办了喜鹊窝酒厂。他带领工人们开始了艰苦的创业，几个人挤在简易棚子里，废寝忘食、披星戴月，抬石头、搬水泥、建厂房、装设备……仅用了 5 个多月，一个初具规模的酒厂建成了。“大玻瓶”喜鹊窝酒问市了。

面对激烈的市场竞争，王正堂始终把“诚信”二字刻在心头，他把产品质量视为企业的生命，亲力亲为，严把质量关，在传承中不断创新，使喜鹊窝酒业优异的品质迅速与消费者结缘，走出了牟定，跨越了楚雄，抢占了省会昆明市场。

15 年后的今天，在王正堂与喜鹊窝人的不懈努力下，“喜鹊窝”已成为云南省著名商标，喜鹊窝酒业已成为“云南八大小曲酒生产企业”。

开创多元化发展的大事业

喜鹊窝酒业有限公司在不断地发展壮大，成就了王正堂想大干一番事业的理想。他意识到企业要谋取更大的利益必须向多元化发展，只有多元化发展，用“点”来带动“面”，用“面”来辐射“点”，市场才会越做越宽广，企业发展的空间才会不断拓展，企业才能长久地发展下去。

1996年，以喜鹊窝酒业为核心，他大胆尝试做成了腐乳，并在同年建起了“牟定油腐乳厂”。

1998年在县委政府的支持下，成立了“云南牟定正兴（集团）有限公司”，同年8月购买了约2 400亩的黄龙山，先后进行了荒山开发，改善了森林植被，防止泥沙对共和闸和福龙水库的淤积，呈现出较好的生态效益，被水利部命名为“全国水土保持生态环境建设治理开发四荒示范户”。

1999年3月购买了黄龙山茶厂，并进行了技术改造，生产出经国家认证的“无公害茶”，实现了牟定县没有“无公害食品”零的突破。

2000年在相关部门支持下，组建了“牟定化佛茶叶有限公司”，在全县建设了3 400亩无公害茶园，把牟定茶叶资源优势转化为商品经济优势。

2001年3月，王正堂又兴建了年处理100万立方米的“牟定兴龙供水公司”，解决了江坡镇与共和镇部分地区的人畜饮水难的问题。

2001年在政府相关部门支持配合下，将原属于乡镇企业性质的集团公司改制为私营企业，实行资产重组，进一步整合资源，极大地促进了公司的发展。

2004年10月，公司在县城中园路口繁华地段，通过竞标，购买土地建盖了“金喜鹊宾馆”。

2005年，为弘扬喜鹊窝酒文化，于9月成立了“喜鹊窝艺术团”，提升了企业文化。

2007年初，公司又斥资400多万元，在楚雄彝人古镇购建了“金喜鹊客栈”，以彝族风情接待八方来客，为“左脚舞的故乡”开启了一个美丽的窗口。

今日喜鹊窝

经过十余年的奋斗，王正堂的正兴集团已成为带动牟定发展增收致富和地方财政增长的农业产业化龙头企业。正兴集团迈出的每一步，都展现着王正堂对家乡的深情和他对事业的睿智、奋斗和创新精神。

王正堂带领员工经过了15个春秋的艰苦创业，如今的喜鹊窝已经旧貌换新颜。

2009年7月初，我们从牟定县城出发，驱车驶过喜鹊窝酒业投资兴建的8公里弹石公路，冒雨来到蕨菜山下的喜鹊窝酒业公司。这个建在山坡上的酒厂，厂区虽然不大，但整洁的厂房错落有致，水泥路面平整清洁。厂房四周绿树成荫，花红柳绿；清澈的小水塘里鱼儿畅游，塘边桃、李、梨树结满硕果；厂房下方，从蕨菜山上三潭泉水流淌形成的喜鹊窝河静静地在山谷中流淌。公司五年前兴建的办公楼仍然宽敞明亮，设施齐备。

王正堂的得力助手总经理陈丽珠和副总杨利宏带领我们到设在附近山村的酿酒车间参观。一个个设在农户的车间都在绿树环抱之中，环境优美，犹如一个个天然大氧吧。一个个直径约2米的蒸笼里热气腾腾；一个个发酵间摆满了1米多高的发酵罐，罐里盛满了蒸煮后在糖化的米酒，散发出醉人的酒香，每个车间旁还建有用酒糟喂养的养猪场。

陈总告诉我们，王正堂董事长开创了公司+农户的生产模式，车间在总公司统一领导下进行生产，实行统一指导，统一安排，统一计划，统一工艺，统一水质，统一酒曲，统一检验，严格管理，奖罚分明，不仅减少了企业固定资产投入，降低了生产成本，而且确保了酒的品质，这一新颖的管理模式为企业创造了可持续性发展的巨大空间。

一家农户高兴地告诉我们，按照公司下达的计划，有公司专业技术人员的技术支撑，我们这个车间一天可产基酒300公斤，家中用酿酒下脚料喂猪上百头和数百只鸡，一年下来，全家可收入6万多元。

目前，公司又征下了附近一块10多亩的山地，一个新的现代化车间即将拔地而起。

王正堂脚踏实地以极大的气魄带领着喜鹊窝人，开创着喜鹊窝酒业的新天地，创造喜鹊窝更辉煌的明天。

（林　宇）

云南红瑞柠檬开发有限公司总经理——韦青青

韦青青，1955年12月生，中共党员，1986年西南师大毕业，2001年昆明理工大经济管理研究生毕业。长期在大型企业从事管理工作，担任助理翻译、经济师、食品高级检验师、勾调储藏技师、酿造技师。多次被评为企业“优秀专业技术人才”和“三八红旗手”。自2004年担任省级农业产业龙头企业——云南红瑞柠檬开发有限公司负责人、公司总经理、红瑞柠檬研究所副所长。先后主持完成企业HACCP质量管理体系的建立与认证，ISO2001：9000认证及出口企业资质认证，引进柠檬加工设备的安装调试及加工设备技术改造，主持完成公司柠檬无公害种植管理、产业发展意见、企业管理制度等重要文件的起草拟订并组织实施，并主持了柠檬果酒、柠檬洗剂等系列产品的开发研制和市场开拓工作。具有较丰富的柠檬资源开发创新、种植管理及柠檬加工、经营管理实践经验。在百趣柠檬酒的研发过程中，她虚心求教国内外专家，聚众家酿酒之精粹，用新鲜柠檬果汁经低温微生物发酵工艺，酿制出独树一帜的百趣柠檬果酒及百趣柠檬烈酒（白兰地）。小荷初露就显现出其特别的风味魅力，为芬芳酒林增添了一枝清新婉约的奇葩。

昆明酒类行业协会秘书长——方志强

方志强，现年42岁，1989年7月毕业于无锡轻工学院食品工程系，分配到云南省产品质量监督检验中心任工程师，现任昆明酒类行业协会常务副会长、秘书长、酿酒高级工程师。

1998年方志强参与了昆明酒类行业协会筹备工作，协会成立后担任副秘书长。1999年参加了省市有关部门联合倡议实施的“放心酒”工程，并参与筹备成立云南酒类商品交易中心。2000年受协会领导委托，任常务副秘书长，主持日常工作，他工作认真负责，踏实肯干，开拓进取，展示了对云南酒业工作的组织能力和领导才干，为云南酒业发展做了大量卓有成效的工作。同年，组织参与了《云南省白酒工厂条件审查要求》的起草工作，并作为主要业务人员参与了由省质监局生产许可证办公室组织的对申证企业的现场审查工作。2001年牵头组织了DB53/T092—2001《云南小曲白酒地方标准》的前期研究和起草工作及该标准的制定、宣传贯彻，并举办了2001年全省白酒品评会，首届“八大小曲酒生产企业”评选活动。2002年先后组织举办了白酒品评勾兑培训班，《定量包装商品计量管理规定》培训班，被委派参加了云南省多家食品企业的生产必需条件审查。2003年方志强担任昆明酒类行业协会常务副会长、秘书长后，多次邀请我国著名白酒专家为指导教师，成功举办了云南省白酒品评勾兑培训班，经考核产生了云南省首届白酒评委。2004年方志强参与组织筹划了《云南酒业鉴2004》的编写工作；与省有关部门和单位筹备成立省标准化协会酒类专业委员会，担任主任委员；与省酒科所联合举办了2004年全省白酒品评会；组织骨干酒类生产企业相互观摩学习；代表云南省参加了国家质检总局举行的食品质量安全市场准入省际互查工作。

在方志强的主持领导下，几年来，协会正常开展工作，并于2002年创办了全省第一种行业交流刊物《云南酒业》；2003年开办了云南省第一个酒类行业专业网站，与云南省广大企业和全国相关行业组织建立了良好的关系。至今，《云南酒业》坚持每月一期，现已刊发了60期，为推动云南酒业科技交流搭建了一个平台，受到省市相关部门及各地酒企的欢迎和好评。

2007年8月，他主持昆明酒协与昆明国际会展中心、云南世博集团等单位共同承办“首届云南酒业博览会”，旨在振兴云南酒业，展示省内外名酒精品，促进行业交流，弘扬云酒文化，并与《中国酒业》共同举办第三届“云南八大小曲酒生产企业”评选活动。

2008年，受云南省经委生产力促进中心、中小企业服务中心委托，他主持昆明酒协开展了云南省酒行业专业技术职务评定工作，经过认真细致的培训和评审，本着公正、公平、公开原则，为云南酒业企业200多位为云南酒业发展默默奉献多年的专业技术人才评定了相应的专业技术职务，为稳定云南酒业专业技术队伍，提升云南酒业整体专业技术水平奠定了基础。

几年来，方志强还多次组织省内酒企相关人员对省内外及周边国家多家酒企及市场进行考察和交流，并亲率昆明酒协技术人员赴多家酒企开展技术交流，推广新技术、新工艺，对酒企发展提出了许多有益的建议，为推动云酒上水平、上档次，做了很多卓有成效的工作。

墨江酒江酒业有限公司副总经理——白恩富

白恩富，现年44岁，哈尼族，高级工程师，现任云南墨江酒江酒业有限公司副董事长、副总经理、党支部副书记，云南省首届评酒委员，云南省首届标准化协会酒类专业委员会委员。

1987年，白恩富从江苏无锡轻工业学院发酵工程系毕业后分配到墨江酒厂工作。后又到浙江嘉兴和贵州学习黄酒酿造工艺技术和酿酒经济管理，业务技能和管理水平都有较大提高。他担任领导干部后，从事酿酒的研制、开发及生产技术管理，坚持诚实为人、用心做人的人生理念，思想解放、勇于开拓、求实创新、敬业进取，参与研制开发出天溪紫米封缸酒、紫谷酒、情果红滇橄榄酒系列等产品，深受广大消费者欢迎。其中，天溪牌紫米封缸酒被评为云南省优质产品和云南省名牌产品，荣获1992年巴黎国际名优酒金奖和1994年巴拿马万国名酒博览会特级金奖。天溪橄榄酒系列产品及紫谷酒系列产品的开发还获得了普洱市科技成果二等奖、云南省科技成果三等奖。

白恩富在工作中善于学习和总结经验，并以论文的形式提出了自己的看法、对工作的设想等。其论文主要有：《论企业发展的源泉》、《紫稻谷与紫米封缸酒文化初探》、《研制橄榄果酒系列产品工艺探讨》、《固态白酒高产新技术探讨》、《北回归线上的玉液琼浆之冠》、《天溪牌紫谷酒的研制开发及技术总结》等。他的论文《在建立社会主义市场经济体制和现代企业制度过程中，加快企业思想政治工作的有益尝试》获得普洱市思想政治工作研究会文化建设协会三等奖。

2006年2月，白恩富被云南省食品工业协会授予“销安全食品，树企业信誉”活动“优秀管理工作者”称号。

云南澜沧江啤酒企业集团董事长——刘光汉

刘光汉，1947年11月生于云县茶房乡刘家村，1964年参加工作，大专文化，中共党员，经济师。先后在云县农行、云县县委宣传部、云县计委工作，现任云南省政协委员、云县政协常委，云南省乡镇企业协会副会长，省工商联合会执委，临沧地区工商联合会副会长，云县工商联副会长，云南澜沧江啤酒企业集团董事长。

1985年，刘光汉白手起家，开始了艰苦的创业，历经磨难后，1990年生产出了第一瓶酒；1997年刘光汉组建成立云南澜沧江啤酒企业集团；1998年云南澜沧江啤酒企业集团与保山水泥股份公司合资建设了年产10万吨的保山澜沧江啤酒有限公司。为积极应对中国“入世”，参加激烈的市场竞争，着眼于企业的长足发展，刘光汉积极参与国企改革，提出了“强化大集团，建设大市场，树立大品牌”的发展战略，并于2001年1月出资1 200万元收购了思茅南亚啤酒厂，2003年又出资2 700万元收购了楚雄德力高啤酒厂和曲靖沾益珠江源麦芽有限公司，同时还投资2 768万元在云县涌宝、茶房、漫湾、晓街等乡镇建办了白酒酒基厂，大批下岗失业人员和农村剩余劳动力获得了就业机会。2004年11月云南澜沧江啤酒企业集团投资2.5亿元、年产10万吨的“生绿茶”饮料项目建成投产。该项目安置500人就业，每年使云县18万农民增收3 258万元，上缴各项税收2 500万元。2008年，云南澜沧江啤酒企业集团在刘光汉的带领下，已形成了年产啤酒20万吨，白酒10万多吨的云南最大的啤酒、白酒企业集团。集团下设10个法人子公司，30多个分公司，产品有啤酒、白酒、生物食品、矿泉水等8大类70多个品种，在职员工6 000多人，总资产已由1985年的3 000多元发展到15.6亿元，年销售收入达6亿多元，年上缴税金6 000多万元。

在率领云南澜沧江啤酒企业集团发展壮大的历程中，刘光汉坚持“老老实实做人，实实在在做事”，他审时度势，抓住临沧地区实施文明村、小康村、生态村建设的契机，先后在云县五个乡镇建设了8个酒基厂，使700多名农村剩余劳动力进厂当了工人。随着企业的发展，公司耗粮量大量增加，云南澜沧江啤酒企业在农业部门的支持下，在曲靖建成了8万亩啤酒大麦基地，在临沧地区建设了万亩“五粮”基地。为拉动农业产业化发展起到了促进作用，项目的实施可拉动18万农户增收。

此外，刘光汉还积极参与社会公益事业。近几年来先后捐资建盖希望中学，为爱华完小、红旗完小及附近幼儿园捐资助学，还为贫困乡村、职工、学生、孤寡老人和贫困办事处捐款捐物，并捐资参与修筑道路公益设施建设。帮助他们渡过难关，完成学业，安享晚年。

澜沧江啤酒企业集团的发展得到了上级各有关部门的认可和赞誉。刘光汉也先后被国务院发展研究中心农村部评为“95创业之星”，连续两届被中共云南省委、省人民政府授予

"云南省优秀乡镇企业家"，被中共临沧地委、行署评为"临沧地区优秀企业家"；被中国酒文化研究会评为"中国酒行业卓越贡献奖"、"中国酒行业500强人奖"、"中国酒行业二十一世纪金星奖"；被临沧地委、行署、军分区评为"国防力量建设先进个人"；被云南省乡镇企业质管办、质协评为"质量管理先进工作者"；被中共云县县委、县人民政府评为"九五扶贫攻坚先进个人"等荣誉称号。2003年，刘光汉经临沧行政公署审定享受地级政府津贴。2006年被评为"云南省优秀共产党员"、"临沧市劳动模范"。2007年获"云南省道德模范"称号。2009年被评为"云南省非公企业公益之星"。

附：《刘光汉印象》

刘光汉印象

古铜色的脸庞，敦实的身材，一双眼睛闪射着自信与聪慧。脸上总是挂着和蔼的笑容，浓密的左眉上一颗硕大的"成功痣"刻着创业的艰辛；一袭深蓝色休闲装，举手投足间展现着坚定与干练；洪亮的话语，传递着亲切和热情。

这就是闻名云南的企业家、云南澜沧江啤酒企业集团董事长刘光汉给我们留下的第一印象。

酒业大亨的质朴与热情

盛夏时节，2009年7月8日，我们《云南酒业》考察采访团来到了"澜沧江酒"的故乡临沧市云县。当我们风尘仆仆跨进"澜沧江宾馆"大堂时，早已等候多时的刘光汉董事长迎了上来，有力的握手，诙谐的寒暄，像一股暖流怡人心脾。

虽是初次谋面，刘光汉对于我们并不陌生，我们早已从众多媒体的报道中认识了这位历经磨砺白手起家，靠着非凡的胆识和魄力建造了云南酒业航母的著名企业家。令我们意想不到的是，这位拥有十多亿资产的"云南酒王"却是那么朴实而可亲，那么善良而热情。

稍事休息后，刘光汉盛情邀请我们到澜沧江集团总部做客。

汽车载我们驶进了云县城边一个叫老鹳窝的小山坡上的"澜沧江庄园"。占地280亩的澜沧江集团总部，如同一座美丽的大花园。一幢幢汉白玉般灰白色建筑鳞次栉比，不算高大却很雄伟，展现着刘光汉和澜沧江人朴实而又庄重的性格。

步入宽敞明亮的餐厅，刘光汉董事长快步上前，请客人们入席。他不坐主席，拉着我们的手欣然在客席入座，神情自然而又谦和。他俯下身来，悄声对我们说："澜沧江集团有一支60多人组成的澜沧江歌舞团，都是各民族很专业的艺术人才，他们走遍了云南的山山水水，祖国的大江南北，把澜沧江人的企业文化传遍了四面八方，展示了澜沧江深厚的酒文化底蕴，让相距遥远的人们认识了'澜沧江'，认识了澜沧江人。"言语间流露出自豪和骄傲的神情。

忽然间，他立起身，高声道："进来吧，姑娘小伙们，向我们尊贵的客人敬酒！"这时，10余个身穿艳丽民族服装的姑娘小伙，唱着悦耳动听的民族歌曲鱼贯来到餐桌前。刘光汉一一介绍客人，每介绍完一位客人，姑娘小伙便围住客人，因人而异唱起了豪放嘹亮的敬酒歌，随即传来阵阵笑语欢歌。席间，刘光汉一边为客人介绍当地独特的菜肴，一边不停地为客人夹菜，让客人感觉到他的豪爽与真诚，顿时，主人与宾客的距离拉近了许多。

从3 000元到15.65亿的坎坷之路

为了让客人们更全面地了解"澜沧江"和

"澜沧江人"。第二天，刘光汉用一整天时间亲自陪同我们参观走访了澜沧江集团在云县大大小小的企业、车间。

晓街、涌宝、茶房、水磨河、头道水的几个生产原酒的酒基厂……每到一处，刘光汉总是精神矍铄，噔噔噔地走在前面。很难想象他已是年过花甲饱经风霜的老人。

来到每一个酒基厂，每一个储酒间，他都先与这里的领导和技术人员聊上几句，询问生产情况，然后转过身来，向客人们作介绍，请客人们一道品味刚酿造的醇酒。

在晓街基酒厂，刘光汉带我们看了从小到大的几个窖池车间。他深情地回顾着澜沧江白酒的发展历程："最初，我们建了8口窖池，产出了澜沧江的第一瓶白酒。第二年又建了10口，第三年建了175口，现在我们已经有1 200多口窖池，每个窖池储酒5吨，去年白酒总产量已达1.8万吨，产值1.7亿元"。

他直率地说，现在我们云南白酒业不大、不长、不强，就是因为一些企业急功近利，没有长远眼光，只追求高产量，生产的酒质次、价低，没有市场竞争力，我们澜沧江人要吸取这个教训。当我们问，你们建这么多窖池干什么？他答道："到今年底，我们存酒要达到5 000吨，我们不急功近利，不卖当年酿的酒，要做窖藏5年以上的酒，让群众喝优质的美酒。"

在现代化的啤酒灌装车间，他饶有兴致地回忆起"澜沧江啤酒"在这里诞生的那些难忘岁月。

他说，1988年，我萌发了用当地盛产的优质小麦生产啤酒的念头。当时不少人持不同意见，他们说云县是个贫困县，饭都吃不饱，喝什么啤酒。但是我认为，随着改革开放的深入，人们生活水平会不断提高，啤酒的市场一定会非常广阔。于是，我带领技术人员北上哈尔滨考察，投资500万引进了啤酒生产技术设备，建起了这座年产3 000吨的啤酒厂。1990年5月，第一瓶澜沧江啤酒诞生了。没想到，一开始啤酒销路不畅，大量啤酒卖不出去。这时候，我心里也很急，但我是一个不服输的人，我想，为什么别人能，我就不能！我请来国内知名大厂的技术专家，自己亲自参加技术攻关，跑遍全省开拓市场。果然，1991年下来澜沧江啤酒畅销云南，在云南市场上已经供不应求了。

谈到啤酒的时候，刘光汉总是神采奕奕。澜沧江是从做啤酒起家的，他对澜沧江啤酒有着很深的感情。他说："啤酒厂家不能用低档啤酒来忽悠消费者，中国人不是孬种，不能只喝低档啤酒，因此，企业家要用良心造好酒。"他告诉我们：澜沧江集团舍得花巨资引进国外先进的制酒设备，坚持用进口的优质麦芽生产中国自己的优质纯生啤酒。现在，我们已形成了年产8万吨优质纯生啤酒的能力，澜沧江优质纯生啤酒已在国内许多大都市站稳了脚跟，并走出了国门销往东南亚国家。

感恩时代倾情回馈父老乡亲

来到茶房乡刘家坡，这个山美水美的地方绿树成荫，流水潺潺，一座座新颖别致的农家屋白墙红瓦整洁清爽，吸引了我们的目光。这是刘光汉的家乡，他邀请我们到生他养他的老宅休憩。坐在绿藤缠绕、鲜花盛开的小院中，刘光汉忘情地跟我们聊起了他创业初期那些坎坷而又传奇的往事：

1985年，改革开放的春风吹绿了位于西南边陲的云县，一个为家乡脱贫致富干点事业的梦想，让当时在县党政机关当干部的刘光汉怦然心动。他毅然辞去了公职，成为云县第一个"下海""吃螃蟹"的人。

刘光汉对当初创业时曾遭遇到的种种刁难、白眼和艰辛记忆犹新。他绘声绘色地侃道：

"一次，我到一家银行请求贷款，人家怕我还不起而不肯贷，我厚着脸皮与行长软磨硬磨好几天，最后，行长不耐烦了，拿起扫帚直往我身上扫来，还口口声声叫着'出去！出去！'"。

"在申请啤酒厂立项时，当时正逢下令严禁建设五小工程，我们的申请被搁了下来。我忧心如焚，就去省里去恳求，我在计委领导办公室里苦苦守候了28天，每天风雨无阻准时去

‘上班’，帮他们扫地抹桌子清报纸理文件，终于感动了‘上帝’。后来，计委一位副主任说：‘小刘，看你心诚，是干事的人，我冒险批给你，你可一定干好啊！’项目获准通过，啤酒厂工程得以如期动工。”

刘光汉这些传奇式的经历，生动地诠释了一句著名的歌词“不经历风雨怎么能见彩虹，没有人能随随便便成功”也生动地体现了他那种追求理想不屈不挠的顽强毅力，给我们很深刻的启迪。

说起这些往事时，刘光汉面带微笑，没有厌恨，没有后悔。他说，在我获得成功的时候，我感谢那些当年给过我哪怕一点点帮助的乡亲和普通人，我也感谢那些给了我磨难的人，是那些磨难给了我勇往直前的动力，让我痛下决心，一定要坚持下去。

这时，他一往情深地回忆起一件往事：在我们刚生产汽水时，每瓶成本价 2 角 3 分钱，可是市场上人家的劣质汽水只卖 1 角 2 分，我们亏本也难卖出去。可是一个在广场边卖汽水的妇女看着我们可怜，宁可贴钱也坚持帮我们卖。当时我感动得转身去抹眼泪。我没记住她的名字，后来去找她想感谢她，可一直没能找到。像这样的事还有很多很多。

我们与刘光汉并肩行走在勐麻河边，环视刘家坡村崭新的风貌，刘光汉显得很兴奋。他告诉我们，这里新中国成立前是革命老区，但交通不便，发展缓慢，解放几十年了还是个贫困山乡。随着澜沧江事业的发展，刘光汉没有忘记生他养他的这片故土。他说：“我是一个共产党员，是改革开放成就了我和澜沧江集团，我要尽我所能，让乡亲们脱贫致富过上好日子”。

这些年来，刘光汉把自己对乡亲的承诺变成了自己的实际行动。他说，我们投资在贫困乡镇建了 2 个酒厂、一个茶厂、一个榨油厂、一个养殖场，改造了 960 亩茶园，种植核桃二千多亩，修了 2 公里长 5 米宽的水泥路，建起了小学校，并为茶房中学建盖了设施齐备的教学楼，让茶房乡旧貌换新颜。七百多农民进厂当了工人，人均年收入由原来的几十元猛涨到 2 800多元，过上了好日子。

他指着山坡上那绿树丛中的一幢幢新房，欣喜地告诉我们，为了建设社会主义新农村，村里的农民哪家要盖新房，公司每家补助 5 万元，哪家建沼气池补助1 000元，哪家的儿女考上高中、大学，哪家有人生病住院，他都会慷慨解囊，尽力帮扶。他一边说着一边向遇到的农民一一打招呼问好。陪同采访的澜沧江集团顾问杨明远老师告诉我们，刘董热心公益事业，用实际行动感恩时代，回馈社会，回报乡亲，近几年投入新农村建设和城镇建设的资金超过1 000万元。2006 年刘董事长被中共云南省委评为优秀共产党员。

这些所见所闻，不禁让我们联想起在澜沧江集团以及下属的各个企业，一进大门的墙上都有刘光汉手书、流畅刚毅的 15 个大字：“澜沧江，业系农业，厂系农村，情系农民”。这不正是刘光汉热爱家乡、回报社会真挚爱心的写照吗。

奔腾不息成就“澜沧江”梦想

从晓街到涌宝、到茶房，下晚时又来到了头道水。一整天，刘光汉精神饱满地带着我们在云县的乡镇绕行了一大圈，让我们耳闻目睹了他和澜沧江人艰苦创业 24 个春秋的不凡历程。

在头道水厂区，刘光汉冒着细雨，带我们走进正在建设中的一个1 200平方米大厂房。他踏着遍地堆放的大石头，兴奋地告诉我们，这里正在建设的是一个投资上千万元生产酱清香型白酒的大窖池。为了改变云南没有大品牌名酒的现状，澜沧江集团走在前头，率先研制出了清头酱尾的酱清香型白酒。澜沧江人勇立潮头，将要改写云南酒业的历史，让云南美酒走向全国，走向世界。

从他那深邃的目光和爽朗的笑声中，我们看到了刘光汉那种永不放弃、永不自满、勇往直前，对理想永无止境追求的魄力与勇气。

刘光汉说，澜沧江从 3 个人、3 000元钱、200 平方米石棉瓦房起步，1990 年生产出第一瓶白酒，1998 年后，陆续投资兴建或收购了保山、普洱、楚雄等分公司以及曲靖沾益优质麦芽供应基地。2005 年又投资建成了年产 10 万吨生态绿茶的生产线，开创了中国原生态绿茶饮料的崭新纪元。2007 年又在楚雄州南华县建成年产 20 万吨的啤酒厂，生产出了云南第一支纯生啤酒……

如今，历经 24 年拼搏，刘光汉领导的澜沧江集团已成为云南最大的原酒基地，拥有日产原酒 150 吨的 8 个基酒厂，成为经营啤酒、白酒、茶叶三大产业，有 10 个子公司、200 多个销售分公司，拥有6 000多员工，总资产 15.6 亿元的跨州市大型企业集团。

刘光汉翻开一本介绍公司的画册，自豪地对我们说，在澜沧江集团的发展中，得到了中央和省市领导的亲切关怀和鼓励，全国人大吴邦国委员长、布赫、何鲁丽副委员长，普朝柱、令狐安、白恩培、秦光荣、王学仁等历届省领导都曾亲临澜沧江集团或分公司视察、考察调研，给予了许多指导，为我们的发展增添了无穷动力。

他说，2008 年 9 月秦光荣省长在公司调研时看到澜沧江集团突飞猛进的发展，非常高兴地说，我看你们啤酒、白酒的产量还可以翻番，实现年产啤酒 40 万吨、白酒 20 万吨怎么样？秦省长的话给了我们巨大的鼓舞和鞭策。到今年底，秦省长给我们下的这个“目标”已经可以提前实现了。

感叹着刘光汉和澜沧江人 24 载一步步前行的足迹，令人不禁回想起曾在澜沧江集团总部餐厅墙上看到的《愚公移山》巨幅版画。这幅气势磅礴的版画是刘光汉董事长嘱咐当地著名版画家、公司广告部经理杨修安老师精心创作的。刘光汉正是以愚公移山的精神，带领澜沧江人挖山不止，为了一个远大的理想，不断拼搏进取，造就了澜沧江集团这个响当当的企业。

对于已取得的成绩，刘光汉并不满足，他说：“我们要强化大集团、建设大市场、树立大品牌，靠过硬的产品、优质的服务、创造澜沧江更辉煌的明天。”刘光汉远大的理想，宏大的气魄不正是澜沧江人精神的代表，是澜沧江人人格魅力的缩影吗。

当刘光汉要匆匆赶去外地参加一个新生产线的投产仪式与我们告别时，他靠近我们轻声说道：“你们记者团来采访考察，我衷心欢迎，不要写我，要多写写我们的企业，写写为澜沧江发展默默奉献的那些普普通通的员工。”

如果说，两天前初次谋面，刘光汉留给我们的还是一个表面的、零碎的印象，那么，随后两天的零距离接触，耳闻目睹刘光汉这个当代成功企业家的形象在我们心目中逐渐清晰起来。

他是一个有着远大理想而且不遗余力为之奋斗的人；

他是一个历经磨难却永不言败、意志刚强的人；

他是一个脚踏实地、老老实实做人，实实在在做事的人；

他是一个收获成功硕果却仍然质朴无华淡定从容的人；

他是一个充满爱心和感恩之心，倾力回报社会、回报乡亲的人……

（林 宇 肖 铸）

昆明洪园颐竹商贸有限公司董事长
——李云昆

李云昆是一位成功的酒业经销商。1992年，他辞去了昆明铜制品厂中层干部的职务，毅然下海，创办了昆明市洪园颐竹经营部，在酒业营销事业上迈出了坚实的步伐。

十七年来，李云昆勤奋好学，专程到全国知名酒企考察学习，品味探索中华酒文化的真谛，逐步走出了一条酒类经销与酒文化推广结为一体的酒类经销新途径。10年前，他在昆明兴建了两个大型酒水专用仓库，购置了现代化仓管机械设备，聘请了专业库管人员，使洪园颐竹成为昆明规模较大的酒水经销企业，成功运作了“火爆”、“金六福”、“贵州清酒”等中国名酒的市场销售。

李云昆坚持“诚信第一”的经营理念，尊重、理解每一个客户，以真诚的服务赢得了市场。目前，洪园颐竹经销的酒水品牌达到77个，170多个规格，年销售量达1 660万元，为昆明酒市场的繁荣，酒文化的传播尽了自己的一分力。

附：《李云昆——做中华酒文化的传播者》

李云昆——做中华酒文化的传播者

1992年，年仅28岁的李云昆为追求人生目标，毅然辞去了当时令人羡慕的昆明铜制品厂中层领导职务。在昆明市昆沙路开设了昆明市洪园颐竹经营部，专营酒水、饮料、副食，最终取得了事业上的成功。

每当回忆此段经历，李云昆感言：“我想故我能，自信成就未来”，李云昆先生的大家风范由此可见。谦虚好学、热爱祖国文化的秉性引领他走入了博大精深的中国酒文化。

虽然他酒精过敏、滴酒不沾，但他专程到全国的知名酒厂进行考察学习。十七年来，在中国酒都贵州怀仁、四川宜宾、四川泸州、山西汾阳、云南各地的很多酒厂都留下了他的足迹。他说“闻酒的味道，就像品味中国千年文化，融会其中百味全”。经销酒，就是想让每个国人都能感受祖国文化的丰富、底蕴的深厚。感谢大自然与人类智慧的完美结合，赐予了我们酒的灵魂。纵观古今中外，酒就像高效润滑剂，沟通、凝聚了人类文明发展史。所以，李云昆经销的酒不分地域、香型、高低价位，只要有酒厂家愿意合作，他就不留余力地为之推广。因为他推广的不只是酒，而是文化、是文明、是发展，经济利益并不是他追求的唯一目标。

在如此崇高的信念指引下，李云昆从20世纪90年代的“十大名酒”销售为切入点，深入拓展市场渠道，用自己的真心赢得了众多酒厂家的信任。十年来，合作的厂家不计其数，无论曾经辉煌一时，还是才崭露头角的厂家，与李云昆合作后，都被他的诚意所折服。

1996年，李云昆考察了昆明酒业经销商业态后发现，该行业的商家众多，进货渠道零乱，为一时经济利益相互倾轧，业态模式混乱，顾客群体不稳定，内部管理有失规范。作为酒业商家的李云昆，对此为酒深感自责，他以一个成功商人应有的敏锐眼光及推广酒文化的历史责任使命，决定在昆明建一个大型酒水基地。

李云昆坚信“栽得梧桐树，自有凤凰来”。自1996年10月开始至1997年6月，在资金紧张、并不富裕的情况下，挤出500万资金，在昆明市昆沙路50号及昆明小屯尹家村建起了两个大型酒水专用仓库，购置了现代化的叉车、拖车的机械化仓管工具，高薪聘请了专业库管人员。自此，昆明市规模较大的酒水经销商诞生了。

1997年8月，新仓库建成后两个月，四川五粮液酒厂与李云昆接触后如获至宝，他们没想到昆明还有如此规模的经销商，双方毫无悬念的牵手。昆明洪园颐竹成为了四川五粮液酒厂“火爆酒”的昆明地区合作伙伴。

为迅速拓开市场，李云昆招聘了200名高素质的业务员，亲自培训，倡导“经销的不是酒，是文化”理念。经销酒的人不能为一时的经济利益所蒙蔽。在实际运作中，李云昆始终以该理念为指导，精心运作。一时，高性价比的“火爆”酒风靡昆明，遍及省内市场。大街小巷、餐厅、食堂、小卖部、土杂店的陈列柜上家家都有火爆酒。

每天前往洪园颐竹仓库拉火爆酒的车辆排起了长队，偶尔断货时，来晚的商家暗自叹息。1998、1999、2000年火爆销量在昆明及云南省内销量达到上百万件，销售额达到上亿元。这些就是“卖文化”的辉煌业绩。从此，云南澜沧江集团、茅粮集团至省内知名厂家“鹤庆”，省外金六福、贵州清酒等产品陆续走上了洪园颐竹经销舞台，均创出了市场佳绩。

在内部管理方面，李云昆十分认可“知识是第一生产力，效率是第一生命力”。礼贤下士，招聘高素质的专业人员组成了一个极高战斗力的管理团队，对日常服务工作狠抓落实。

“细节决定成败”是李云昆管理理念的精髓。作为服务行业的分属行业，更多依靠细节服务体现品质，因此，在服务工作中，尊重、理解客户，不厌重复，就成为每一个洪园颐竹员工的工作准则。通过李云昆及颐竹人默默地付出，洪园颐竹不仅在规模上，也在品质上成为昆明较大酒水经销商。而与各酒厂交往了十七年的李云昆也成为昆明酒水经销行业发展的开拓者和引领者，成为颐竹人的精神灵魂。

作为成功者，人生最大的愿望都充满了神秘色彩。李云昆最大的愿望就是等有时间休息了，开一间茶聊室，与各行各业的人品茶聊天，听他们人生的故事，感慨生活。这个看似平凡简单的愿望中，相信每个人都能感到其中的真谛，生活就是痛并快乐着！

云南云县茅粮白酒业集团有限公司董事长——李宗城

民营企业家李宗城40多年来走过了一条曲折而坎坷的人生道路。1977年他从云县田心附中毕业后回到家乡务农，后来做过小本生意，跑过运输。1995年12月，他创办了云县晓街综合养殖场和大桥酒基厂，开始走上了一条自力更生、艰苦创业的道路。

1999年李宗城积极筹措资金对大黄桥养殖场和大黄桥酒基厂进行技术改造，扩大了生产规模，并新建了晓街隔界河养殖分场、金龙水泥石灰制品厂和饲料厂，成立了云县茅粮综合养殖有限公司。同年11月成立云南省云县茅粮酒业有限责任公司。为了更好地适应白酒生产发展的需要，使公司步入集团化发展的轨道。2002年1月，李宗城创办了云南云县茅粮白酒集团有限公司，并出任公司董事长、总经理。同年，公司正式注册登记成为临沧地区第一家私营企业集团公司。2004年3月9日，经云南省工商局批准，云南云县茅粮白酒业集团有限公司易名为云南茅粮酒业集团有限公司。公司在经营过程中，注重管理，遵纪守法，诚实守信，照章办事，塑造了良好形象，获得了较好的经济效益和社会效益。

目前，茅粮集团已逐步形成以酒业为主，集酿造、生物、食品为一体，多业并举、立足云南、面向全国、着眼世界的多元化经营集团公司，下设商贸有限公司、野生动物特种养殖场、木瓜酒厂等子公司。隶属企业有：茅粮白酒厂、晓街隔界河综合养殖场、大黄桥综合养殖场、金龙石灰制品厂、饲料加工厂、工程机械公司、大黄桥酒基厂。集团拥有总资产5.6亿元，总占地面积为1 472.3亩，年产值近2亿元。云南茅粮酒业集团有限公司目前拥有员工1 600多人，其中，大专以上学历的有356人，高中（中专）学历的426人，获得初、中、高级职称的有22人，形成了一个具有强大凝聚力、奋斗力，拼搏向上、敬业爱企的茅粮团队。公司始终坚持了诚信经营、服务社会的经营理念，赢得了政府和社会的广泛认同，知名度和美誉度越来越高。茅粮集团生产的司岗里木瓜酒在2008年香港国际美酒博览会上荣获金奖。

随着企业的发展和进步，李宗城的工作受到上级领导和职工的肯定，他创办的企业和他本人曾多次被评为先进集体和先进个人。2001年他被授予临沧地区劳动模范称号。1998年到2002年，企业先后被授予“重合同，守信用”单位。2001年被昆明酒类行业协会授予“云南八大小曲酒生产企业”荣誉称号，同年被列为云南省重点扶持企业。在茅粮集团不断发展的同时，李宗城不忘回馈社会，积极参与捐资助学等公益事业。2005年李宗城倡导建立了茅粮集团高等教育基金，几年来，已资助近百名集团大学生完成了学业。

附：《在拼搏创新中打造茅粮品牌》

在拼搏创新中打造茅粮品牌

李宗城在拼搏和创造中打造了茅粮品牌，一系列荣誉助推着他不懈地拼搏努力，他为临沧市工业振兴和农村产业结构调整闯出了一条新路。

李宗城1965年出生于云县晓街邦烘山村，1977年中学毕业后，由于生活所迫，毅然挑起了生活的重担。他挑过鸡、卖过猪、烧过砖瓦、跑过运输。1995年，靠着他几年的积累，创办了综合养殖场，随后又创办了晓街隔界河综合养殖场、饲料加工厂、石灰制品厂、茅粮白酒厂。2002年注册成立了云南云县茅粮白酒业集团有限公司，并于2004年3月发展成为省级企业集团。目前，茅粮集团已形成了以酒业为主，集白酒酿造、木瓜发酵酒、野生动物养殖为主要产业的民营企业。公司拥有员工1 600多人，总资产达5.6亿元，年产值近两亿元，接纳安置社会就业人员900多人，安置下岗人员200多人，解决农村富余劳动力500多人，劳动农民增收累计达8 000多万元。

为了企业的发展，李宗城并不满足于眼前的成绩，他带领企业与高等院校联姻，在南京大学、江南大学、四川大学、昆明医学院等科研院校的通力技术合作与支持下，研究开发了世纪第一支木瓜发酵果酒。临沧市委、市政府将木瓜酒的原料基地建设纳入全市工业原料基地规划，全市规划于2007年前完成白花木瓜基地建设30万亩，惠及临沧8县、区，使13.8万农户、67.9万人稳定增加收入。按照公司加基地连农户的运作模式，茅粮酒业集团与种植木瓜农户签订种植收购协议，企业负责提供种苗、木瓜专用肥料、技术指导，并以最低保护价收购价收购优质木瓜。仅茅粮集团所在的云县就规划了10万亩的白花木瓜种植基地，2006年全云县完成木瓜种植4.6万亩，占全市7.8万亩的58.9%。

由于茅粮集团的龙头带动作用，云县广大农民种植木瓜积极性高涨，对原有木瓜果园的管理更加重视，木瓜产品已成农民增收的一个新亮点，每年销售木瓜收入5 000元左右的农户逐步增多。2005年12月，李宗城与法国葡萄酒酿造技术权威机构签订了技术合作意向协议，为木瓜发酵酒进一步发展提供了技术质量保障。按项目发展前景，李宗城还勾画着更加宏伟的蓝图，打算用15年的时间，把现有“茅粮·司岗里”木瓜发酵酒生产规模扩展到年产30万吨，在企业发展的同时，为临沧农民开辟一条致富之路。

白酒是集团的基础产业，是目前集团发展的生力军。茅粮白酒被云南省消费者协会评为“消费者喜爱产品”，其中茅粮骄子酒荣获2003年“中国酒文化科技成果一等奖”，茅粮系列白酒被评为“云南省优质酒”。2006年茅粮白酒产业技术含量进一步提升，中国酿酒工业协会组织15名全国知名酿酒专家对“云南茅粮酒”举行专家鉴品会。鉴品结果“云南茅粮酒”以其卓越的品质代表云南小曲清香型的典范入选中国名优酒，进一步夯实了“茅粮”云南第一白酒品牌地位，茅粮白酒自上市至今一直供不应求。

“司岗里”木瓜酒是茅粮集团核心产品，该酒于2005年1月18日投产，现已拥有年产1万吨生产规模。2005年11月，司岗里木瓜发酵酒参展法国第戎美食国际博览会，引起了欧洲品酒专家的好评及欧洲消费者的青睐。欧洲食品研究中心葡萄酒协会会长雨德罗先生亲临茅粮集团考察指导，并达成了技术合作和欧洲六国市场开发合作协议。2008年司岗里荣获香港国际美酒博览会金奖。

李宗城带领“茅粮人”拼搏奋进十五个春秋，让茅粮集团与时俱进大步发展。目前，茅粮集团产销两旺，市场网络遍布云南省各个州市以及北京等重要城市。云南茅粮酒业集团成为国家、国务院扶贫龙头企业，省级农业产业化龙头企业，省级林业产业化龙头企业之一。

在事业上取得成功的李宗城，没有忘记过去贫困的日子，没有忘记尚未致富的父老乡亲。从创办企业的1995年以来，先后出资500多万元支持云县晓街乡教育、饮水、街道修建、道路改造等社会公益事业，用一颗爱心回报社会。其中，出资17万余元帮助修复乡村公路、架设桥梁，捐资5万元，资助22名失学儿童重返校园；出资30多万元帮助晓街乡兴修水利，治理河道；出资48万元建盖了茅粮希望小学；用自己所获的临沧市首届创业奖8万元资助了45名应届贫困大学生；出资22万元，资助希望工程，为云县社会经济发展作出了积极的贡献。茅粮集团从2005年开始建立茅粮集团高等教育基金，从茅粮集团所有员工工资及各种奖金里面提取一定比率每年向基金注入资金几十万元，用以帮助当地贫困学生完成大学学业。几年来已资助了近百名大学生。

墨江酒江酒业有限公司董事长——李忠富

墨江酒江酒业有限公司董事长、高级工程师李忠富，曾任云南亚龙总公司总经理。在他接任酒江酒业时，企业处于极端困难的境地：负债累累，生产举步维艰，大部分职工待岗下岗，企业到了破产倒闭的境地。受命于危难之中的李忠富审时度势，强化企业内部管理，依法建章立制，对企业进行了大刀阔斧的改革，使墨江酒厂部分资产从臃肿无力的亚龙公司中分离出来，从2000年7月起实行了企业内部的合伙租赁经营。为进一步深化企业改革，加快企业发展，李忠富大胆改革，彻底置换国有职工身份，由10个自然人为发起人自愿重组成立了《墨江酒江酒业有限公司》，成为“自主经营、自负盈亏、自我发展、自我约束”的独立法人实体，使企业出现了生机和活力。成立了以他为组长的新产品开发小组，聘请省内外酿酒专家作指导，充分发挥科技人员的积极性和聪明才智，把传统蒸馏白酒和低度酿造酒工艺有机地结合起来，反复进行调试，攻克了低度酒浑浊、香气淡、后味苦、有水味等一系列技术难题，于1999年8月开发成功32°、38°紫谷酒。坚持开发一代、研制一代、生产一代、储备一代，根据不同的市场需求，相继推出了35°天溪醇，42°、52°紫谷酒系列产品，并于2002年4月通过思茅地区科技成果鉴定。天溪紫谷酒等产品以其卓越的品质，上乘的质量，独特的口味，饮后不打头、喉不干等特点，受到广大消费者的欢迎，并被云南省食品工业协会推荐为“云南省放心食品”。2001年天溪牌紫谷酒、天溪醇双双荣获第六届云南省消费者喜爱商品。产品销售到省内的思茅、景洪、临沧、红河、玉溪、曲靖、大理、楚雄、昆明9个州市和北京、河南、四川、上海、福建、两广等地。

在李忠富的带领下，一个濒临倒闭的企业重新焕发出生机与活力，一跃成为墨江财政收入的骨干企业。

2004年、2008年天溪牌商标连续被认定为“云南省著名商标”；

2005年他主持开发出以墨江北回归线上生长的野生滇橄榄果为主要原料的“情果红”新产品。

2008年产量、销量、销售收入、税金都突破了千万元，创造了“天溪”品牌的辉煌历史。生产各种酒2 780吨，实现工业总产值3 217万元，工业增加值1 692万元，完成销售收入3 132万元；实现税金1 010万元，公司实现利润497万元。

2009年3月，他又主持开发出50°、33°“金紫谷酒”及豪华珍品、经典66°“天溪紫谷液”，成为普洱市有突出贡献的优秀专业技术人员。

易门龙锶源酒业有限公司董事长
——肖天洪

肖天洪，彝族，52岁，高中毕业后曾在一家国企工作，后调到安宁市民政局从事管理工作。1992年辞去民政局公职，创办了云南顺天骨灰盒厂。经过11年艰苦创业，2001年创办“秀漫山庄”，开发山庄观光旅游业。2002年斥资2 266万元收购易门玉林泉酒厂。在对企业进行整改，保持传统纯粮酿造工艺的同时，引进现代化的先进自动化生产线，提高了成品酒生产能力，经过3年苦心经营，使这个濒临倒闭的企业起死回生。到2004年，玉林泉酒业进入最辉煌的时期。2005年香港TCC集团并购玉林泉酒业后，肖天洪通过招商引资在易门县引进龙锶源公司收购所水河酒业，创办了龙锶源酒业有限公司。2006年投入资金5 000万元进行技改，创出了“九田酒”。在肖天洪带领龙锶源人辛勤的努力下，目前该公司已发展成为占地148亩，建筑面积2.5万平方米，年产纯粮基酒1.2万吨的生态型环保企业。2007年4月龙锶源酒业跻身第三届“云南八大小曲酒生产企业”。

附：《肖天洪——为梦而奋斗！》

肖天洪——为梦而奋斗！

生活中的肖天洪

没有拜访肖天洪之前，也不曾在媒体上看到过他的照片，心想，这位肖天洪究竟具有怎样的人格魅力，如此作为竟还能在信息爆炸的时代有此城府，沉稳低调，心中一股敬仰之情油然而生。

在常人的眼里，企业的一把手，应该有其特殊角色的气质，应该具有居高临下的架势和气势，具有一言九鼎和一呼百应的威严。和肖天洪的初识有些仓促，但随之而来的似曾谋面的亲切却多少让我有些始料未及。2007年，当我们决定去龙锶源探访时，事先并没有联系肖天洪，谁都知道他很忙。从昆明辗转到易门，直到龙锶源酒厂的大门展现在我眼前的时候，我暗自琢磨：龙锶源厂门的风格和气势远不及某些大牌企业的规模和气派，肖天洪低调务实的特点由此可见一斑。进入厂区，一股酒香随风而至，清馨的香味似乎在这一刻缓释了我们初来乍到的急促。厂房还在扩建，工人们都在紧张有序地忙碌着，眼前的景象欣欣向荣……

说明来意后，保安告诉我们，肖总的办公室在一楼第一个房间。敲门的瞬间我还在暗想：我们的拜访会不会有些冒失，一声“请进”之后我们推门而入，屋内一位看起来非常憨厚的中年人正在批改文件，“我们是《中国酒业》的记者……”话还没有说完，他热情地站了起来，“哦，我知道你们的杂志，办得不错，我每一期都能收到，谢谢你们呀，你看我的书柜里都放着你们的杂志，怎么不提前打个电话过来，我好派车接你们去，一路上辛苦了……”我心生疑问，难道这就是肖天洪？我不禁为自己之前过于主观的判断和猜测感到歉疚，面前的肖天洪热情、直爽，俨然一副可亲又可敬的样子。

随着采访的不断深入，一个完整的肖天洪略带几分传奇的形象已经在脑海中浮现随之清晰：一个土生土长的彝族汉子，带着云南峨山古朴的文化和智慧的气质，怀揣梦想潜心历练，虽几经风雨却越挫越勇，用独特的“正品”文化酿就了“龙锶源”这个如日中天的白酒品牌。如今虽声名显赫，却依然独留一身家乡人的古朴淡泊，令人钦佩。

征战中的肖天洪

时间回拨到1990年。他在高中毕业后便背井离乡到昆明闯荡，进入一家国企工作。由于他工作积极主动，具有吃苦耐劳精神，领导看中了这位年富力强，各方面发展比较全面并且善于管理的技术骨干，决定把他调往安宁市民政局从事管理工作。在民政局工作期间，他走访了安宁市大大小小的企业，看到了民营企业如同春笋般地不断涌现，看到了民营企业的老板们在经过自己多年的奋斗后逐步成为十万富翁、百万富翁，在为国家的经济建设作出贡献的同时也使自己不断发展壮大，成为财富的主人。自己自幼酷爱雕刻工艺，善于做各种建筑装潢，凭借自身的技术和多年的管理经验，国家又为民营企业提供了广阔的发展空间，自己为何不可以试一试呢。当他萌生了这个念头之后，马上又被自己否定了，资金、厂房、设备在哪里？这要多少钱，这些钱到哪里去找？他苦苦思索着，突然他眼前一亮，为什么不可以从小做起呢，先做起来再图谋发展。于是他开始选择发展门道，他看到当时安宁市西郊办起了殡仪馆，可骨灰盒却要到很远的地方去买，大部分还得从省外购进。于是他凭着自己的手艺开始试做骨灰盒，不曾想到的是刚做出几个立刻就被买走。1992年他辞去了民政局工作，着手创办“云南顺天骨灰盒厂”。

经过11年的艰苦创业，肖天洪闯出了一片新天地。2001年他已经拥有了上百万的资产。这年的春天，他回到了自己的家乡，在对家乡周边作考察之后，他琢磨着该为家乡做点什么。当他看到在距家乡4里外的地方森林茂密，泉水叮咚，地势平坦开阔，可作为一个旅游景点开发。他想，何不趁此为家乡做点好事，在谈妥用地事宜之后，马上投入资金在家乡建设“春漫山庄”。经过一年多的建设，占地2 000余亩的山庄初具规模，先后在山庄建起了客房部、歌舞厅、爱昵茶庄和4幢别墅，建筑面积达20 000平方米，可容纳游客1 000余人，种植了500余亩日本风水梨，佛手、香樱200余亩，为家乡增添了一道靓丽的风景线。一时之间，“春漫山庄”游人如织，歌声如潮，吸引了中外众多游客到山庄观光旅游。

2002年，拥有250年酿造历史的峨山玉林泉酒与云南其他老牌白酒一样，遭遇到了市场残酷的挤压，产量、销量节节下滑，企业濒临倒闭。为应对市场竞争，峨山县政府决定公开拍卖这家国字号酒厂。谁能在此时力挽狂澜，救企业于水火中。在得知玉林泉公开竞卖的消息后，救民族企业于危难之中的责任心和使命感使肖天洪下决心去竞买。2002年2月23日，经过122轮激烈的竞争，顺天公司终以2 566万元的高价将玉林泉酒厂收入囊中。重金入主玉林泉之后，肖天洪对企业进行了整改，在保持传统纯粮酿造工艺的同时，加入了现代化的元素，引进先进的自动化生产线，提高了成品酒的生产能力。经过3年的苦心经营，肖天洪使一个几近倒闭的企业起死回生。2004年玉林泉酒业进入了最辉煌的时期，白酒酿造班发展到28个，产值接近1个亿，“玉林泉”品牌誉满滇中……

“玉林泉酒业”逐步发展壮大，不仅占领了玉溪市场，而且向周边州、市辐射，赢得了广大消费者的喜爱，收到了良好的经济效益和社会效益，享誉省内外。特别是2005年9月，“全国重点白酒企业总工程师会议”在“玉林泉酒业”召开，全面提升了“玉林泉”的知名度和品牌价值。

由于业绩突出，云南玉林泉被中国酿酒工业协会确定为云南唯一入选的全国37家重点白酒企业。肖天洪说，“结束云南有好烟无好酒的历史，并打造云南第一白酒品牌，是玉林泉酒的责任。”我想从那一刻开始，肖天洪应该是很自豪的，宛如驰骋沙场征战凯旋的英雄。

失落中的肖天洪

2005年，正当肖天洪振奋精神，准备在“玉林泉”大干一番事业的时候，泰国TCC集团入驻“玉林泉”，由于种种原因，肖天洪在无奈之下舍弃了在“玉林泉”长期经营的打算。

对于志存高远的肖天洪来讲，这犹如晴天霹雳，让这位执著的汉子遭受了沉闷的一击。虽然如今事情已过去几年，但当我在采访中提到那段往事时，肖天洪的眼神仍旧闪过一丝忧伤，他选择了回避这个曾让他备受煎熬的话题。我知道，这一次他痛在了心里。

暂且不讨论肖天洪转让玉林泉的原因，我可以想象到当时肖天洪的心情，可以说玉林泉就是他苦心经营的“宝贝”，他深爱着的“孩子”，自己辛辛苦苦培养其长大成人，就在将要瓜熟蒂落的时候，却硬生生地划归别人的名下，那种割舍之疼、难言之痛，恐怕至今依然在肖天洪心底的最深处流转。转让玉林泉，是因为经营不善或者资金短缺吗，我想不是。在肖天洪众多的产业中，酒业只是其中的很小一部分，不是万不得已，自己钟爱的“大珠小珠”又何以会落入别人的“玉盘”。

我想，肖天洪是个智者。当事业处在巅峰时期却因外因而急转直下跌入低谷的时候，恐怕没有什么比站起来的勇气更可贵的了。无论人生抑或是事业，受伤在所难免，是一味地守着“旧伤”伤感还是另辟蹊径逆境前行，二者终将成为决定人生成败的关键。还好，肖天洪选择了后者，或许就是这个选择，最终成就了他日后扶摇直上的事业。

回归中的肖天洪

玉林泉酒业转让后，肖天洪旋即告退，但他并没有离开深爱的酒行业，他一直在思考如何继续发挥自己在白酒生产、经营方面积累的经验和资金、技术、团队优势，再为地方经济建设和社会文明进步作出自己应有的贡献。在经历了一番卧薪尝胆、思变图强之后，肖天洪婉言谢绝了许多亲朋好友推荐的多个投资项目，果断决策重操旧业。就这样，肖天洪毅然选择在易门投资兴办酿酒厂，立足振兴易门高粱酒业，开发白酒新产品，打造云南白酒名优品牌。肖天洪通过招商引资，在易门县引进龙铭源公司收购所水河酒厂，实施异地技改扩建。2006年，龙铭源酒业有限公司首期投入资金5 000万元，进行了技改，产品注册商标为“九田酒”。他扛起云南小曲清香型白酒这面大旗，引领云南小曲清香型白酒走出云南，确立云南白酒在全国白酒行业中的地位。

3年的奋斗使肖天洪如愿以偿，因为在他的努力下，他所创办的龙铭源酒业有限责任公司现在已经发展成为占地148亩，建筑面积达25 000平方米，年产纯粮基酒12 000吨的生态型环保企业，一举成为云南较大的纯粮白酒基地。公司所生产的“九田”牌系列白酒已占据了云南市场的半壁江山。2007年4月，龙锶源酒业入选第三届云南八大小曲酒生产企业。

对于九田酒的质量和市场前景，肖天洪说：“我们的副总、工艺师、勾兑师、国家级酿造师都是以前的老部下，这种产品的质量已经获得市场认可，现在每年保持着20%以上的销售增长率。”肖天洪内心深处非常清楚，如果一个企业要有自己的企业文化和理念，没有品牌绝对不行，于是，一直很迷恋文化和理念这两个词的肖天洪开始了他的“九田”之路。“我不指望九田酒现在就能赚钱，但是，我一定要把‘九田’的牌子坚持下去，总有一天，人们会接受它。”正因为有了肖天洪这样坚持不懈的毅力，踏实做酒的决心，才成就了龙锶源今天的辉煌，成就了肖天洪的梦想。

记得在几年前，我们到龙锶源考察的时候，龙锶源还是当地的一个小酒厂，所有的一切也都在紧张的扩建当中。而如今，当我们再次来到龙锶源的时候，看到龙锶源车间又粗又亮的蒸汽管连接着大而明亮、可装数吨高粱的大圆甑子。虽然热气腾腾，但车间通风透光，并用流动的蒸汽代替煤来蒸，因此既没灰尘又容易操作。我们走到堆放高粱饭的案板前，看到案板干干净净、一尘不染。工人手拿光亮而洁净的搅拌器，细心地将酒曲和高粱饭均匀搅拌，时不时还用手捏捏，小心察看是否到位，这种对消费者负责、对工作负责的精神让我们敬佩。

我们走了一个车间又一个车间，每个车间都上万平方米，每年的生产量达12 000吨。接着又看了公司的其他设施，都是科技化、规模化、现代化，尤其是公司顶上巨大的锅炉。当打开炉门时，烈火熊熊燃烧，但却不见半点烟尘，在生产区有效地保护了生态环境。

“玉林泉”的割舍是肖天洪的痛，而“龙锶源”的崛起像失去孩子的父亲得到了一点补偿。

成就中的肖天洪

谈到龙锶源今后的发展时，肖天洪非常自豪地说，我们对公司很有信心，我们采取走出去、请进来的办法学习先进经验，学习科学技术。不惜花血本，派几批人员到省外名家酒厂取经，同时花150万元以上的薪金聘请国内知名白酒、饮料酿造、勾兑专家做业务指导，还与省内外高校、科研院所食品、酒类研究的专业机构合作，充分发挥科技人员的作用，成立了质检中心、技术研发中心、引进先进的生产设备和检测仪器，高标准、高起点建立了一套严格的质量保障机制，在科技攻关和工艺改造上下工夫。不仅创出九田酒品牌，还生产“九田山楂蜜醋”饮料等系列产品，已被国家质监部门批准上市。

在龙锶源这两天，我们真正体会到了“正品人，正品酒”的“正”。九田人珍爱自己的酒，他们说已经有太多的假酒事件危害了太多的人，应该让更多的人喝到正品的纯粮酿造的好酒。谈到这里，肖天洪脸上除了对未来的美好憧憬外，更有一份凝重的社会责任感。有这样的引领者，有这样热爱着“九田”酒的九田人，我们仿佛已经看见新的滇中名酒崛起在易门龙锶源。

近两年的快马加鞭，肖天洪已经把龙锶源酒业的基础设施全部建设完毕，质量管理体系、市场运营都理顺了。即便是拥有这么大的产业，肖天洪也并未沉醉在龙锶源的春风得意中。他毕其一生的精力、财力打造九田酒，不能有半点闪失，做酒这个行业，毕竟风险太大，竞争也很大，鱼龙混杂，是非多，不踏踏实实做事，没有好酒，也就没有市场。云南人会喝酒的多，别人的舌头就是市场，没有货真价实的好酒怎么立足市场，这一行不好做，如履薄冰。但肖天洪最大的信心就是在这一行已经积累了丰厚扎实的从业经验，企业里的中坚力量绝大部分也都是在酿酒行业有一二十年资深酿酒经验的行家。他坦言道：“我的目标就是企业的一句广告语：九田酒香彩云南。就是要通过三至五年的时间让云南各地的同胞喝到九田酒。如果要用数据说话，2008年，基酒产量力争达到8 000吨，踏踏实实走一条大企业、大战略、大发展、大品牌的路线，目前企业的市场拓展路线主要是以玉溪为中心，按昆明—曲靖一线；楚雄—大理一线；普洱—西双版纳一线和红河—文山一线发展。在提高普装酒质量和市场服务质量的同时，今年企业将集中物力、财力、人力研发精品酒、高端酒，把工作重心放在中高档酒的研发和生产上，因为现在储备的几千吨基酒到时候就会派上大用场了。我就是要做出代表云南清香型白酒的典范之作，哪怕花再多的经费和时间。企业一定要走出去请进来，搞研发，走一条继承传统与利技创新之路。到时候，我的好酒出来后，我会请全国的知名白酒专家和你们媒体来见证九田酒的成果。”

采访后记

采访至此，我心中释然。这是一个普通人的故事，但在这个普通人的身上，我却惊讶地发现了传奇人物的成长痕迹。都说“时势造英雄”，正是因为有梦想，才会有今天的肖天洪。在这个日益开放、多元化的社会中，肖天洪找到了成就自己的方式。把他作为一个个体来看，他自信、乐观、坚韧、敏锐；将他置于社会的大背景中，他身上的品质恰恰符合了这个时代的精神。朝着自己的梦想前行，以敏锐的嗅觉和蓬勃的活力，成就着自己，成就着事业，成就着梦想，成就着酒业，成就着九田……

（《中国酒业》）

云南泷井酒业集团有限公司总顾问兼总工程师——陈俊霖

陈俊霖，现年47岁，大学文化，工程师、经济师，通海县政协第七届、第八届委员。曾先后到昆明理工大学、云南大学、海尔大学、中共中央党校、中国人民大学高等学府进修。曾任通海县第三建筑公司三队队长、锦华有限公司总经理、通海泷井酒厂厂长、云南春酒业集团有限公司董事长、云南省青联委员、云南省国际文化交流中心理事。现任云南泷井酒业集团有限公司总顾问兼总工程师。

陈俊霖是一个善于思维、勇于开拓的人。在他的故乡通海郊区龙泉寺下，有一个龙泷洞，洞中长年流淌着一股清甜爽口，被当地人称之为“神水”的清澈泉水。生长在龙潭沟，喝着泷泉水长大的陈俊霖，看着古泷洞汩汩冒出的泉水白白流淌，他寻思，通海海拔高、气温低、日照充分、气候适宜，有较好的发展酿酒业的环境条件，古人能用泷泉水酿出泷井老酒，我们何不借助古人留给我们的宝贵财富，引入新的理念，酿出新一代的好酒。他力促采用龙泉水与当地优势的高粱、大米、糯米、小麦、玉米五种粮食原料，用古老而悠久的地窖池发酵传统工艺，酿制出新一代的大曲酒——云南春。被誉为“云南第一窖”神秘之酿的云南春，以窖香浓郁、入口柔和、醇厚丰满、清洌甘爽、尾净怡畅的独特风格而誉满云南。

近十年来，云南春曾荣获’98亚太国际名牌产品交流展金奖、’99第五届云南省消费者喜爱商品、“中国名优食品”、云南省著名商标等称号。云南春酒业跻身玉溪市私营企业50强。

云南红酒业集团有限公司董事长——武克钢

武克钢，山西五台县人，大学文化，北方交大电信学无线通信专业毕业，后移居香港。

1997 年 6 月，武克钢携巨资来到滇南小城弥勒，与弥勒县东风农场合资组建“云南高原葡萄酒业公司”，办起了“云南红”酒业。他倾注心血将“云南红”与建立中国民族品牌紧密联系起来，不断追加投资，欲将“云南红”打造成红遍世界的民族品牌。

12 年来，武克钢带着他的团队，跳着“慢三步”，却使“云南红”经历了一个高速稳健发展的历程。从 1997 年的年产量不足 700 吨、销售额不到 500 万元，到 2008 年年产上万吨、销售额逾 2 亿元，跻身中国红酒品牌的前列。目前，“云南红”占据着云南葡萄酒市场的 8 成以上，成了中国红酒市场名副其实的“南霸天”。

武克钢坚守着诚信的信念，坚持“云南红”用的全部是云南高原葡萄原汁，做的都是真酒，从不掺一滴水，树立了“云南红”的诚信大旗，并于 2008 年 7 月面对全国百家新闻媒体，郑重发布“诚信宣言”，因此获得了全国各地消费者的青睐，跻身“中国名牌”之列。

年进天命之年的武克钢，当过兵，当过知青，当过工人，当过工程师，是省政协委员。他有着极强的社会责任感，近几年来他捐资助学，支持希望小学，修桥铺路等等，赞助公益事业的款项已达数百万元。武克钢说，我们创的名牌还不够大，兴的产业还不够强，一方百姓还不够富，云南红要走的路还很长。目前，武克钢和“云南红”举起中国名牌，又在新的起点上，顽强地迈开坚实的步伐。

附：《武克钢：拼搏是民族的底气》

武克钢：拼搏是民族的底气

“酒是一种豪气，做女人、做男人都要有一种豪气，该拼搏就要拼搏，这是一个民族的性格和底气！”

说这话的人名叫武克钢，是一位在云南投资开发红葡萄酒的香港商人。1997 年 6 月香港回归前夕，他麾下的云南红高原葡萄酒业在滇南小城弥勒诞生了，酿酒师来自法国。此时的中国红酒企业正值 600 余家酒厂、上千个品牌群雄割据之际，多支葡萄名酒正大举挺进西南市场，一些新崛起的葡萄酒品牌也开始激烈争夺云南市场份额。

在如此激烈的市场竞争中，武克钢带领他的团队经过短短6年的浴血拼杀，就使得“云南红”摘取了70%的云南市场份额。国内葡萄酒企业因此惊呼：中国出了个“南霸天”！

“刺头”刺出一片天

被誉为“中国老绅士”的武克钢常说：“我的人生已经足够精彩了！”他是中国著名经济学家孙冶方的外孙，他的家族也是个地道的“经济世家”。同样是一位响当当的经济学家，由他谱写的“云南红神话”近年来已成为国内商学界必读的经典案例。

这样的人生当然已足够精彩，不过最精彩的还是他此前的拼搏历程。

武克钢的父亲是山西省五台县人，与徐向前元帅是村邻，他亲手创建了中国银行湖北分行和招商银行。这样的经济世家出身，令武克钢接受到了最好的教育，也为他后来在商界打拼提供了学术血统。

1977年，武克钢已经从北方交大电信系无线通信专业学成毕业了，分配到交通部科学研究院从事科研工作。按理说，作为交通部最有前途的工程师，接下来等待武克钢的或许就是教授、博导、学科带头人甚至院士等桂冠，然而令研究院领导们忧心的是，这位潜力非凡的栋梁型人才竟然是个典型的“刺头”。

“置身社会大变革的前夜，待在北京会很闷，我反倒很喜欢蛇口这个地方。”武克钢是这样为自己的“走麦城”解嘲的。

让“云南红”红遍世界

1997年4月，已在内地完成多项投资的武克钢，在陪同其夫人回云南娘家探亲时，意外地发现在距离昆明不远的红河州弥勒县有着数千亩葡萄园和一座废弃已久的葡萄酒厂，这使他立即联想起了几年前红酒业抢滩沿海地区的情景。“红酒这个市场太大了！”凭借对市场的了解，触角敏锐的他当即作出了一个决定。一个多月后，他便携带巨额资金到云南南部的弥勒县投资办起了“云南红”酒业。

之所以选择在滇南小城弥勒投资兴办葡萄酒厂，武克钢坦言是相中了这里宜人的气候资源，且因为他的夫人是云南人，他觉得应当为云南做些事情。他欣喜地看到这里生长着大片200年前种植下的法国酿酒葡萄名种“玫瑰蜜”，喜欢冒险的他决定放手一搏。

1997年6月，武克钢麾下的香港通恒国际投资公司兴资5 000万元，与弥勒县东风农场合资组建了“云南高原葡萄酒业公司”，深谙“兵贵神速”的武克钢自投下第一笔资金后，就没再将“云南红”酒业视为自己的私人酒庄，而是将其与建立中国民族品牌紧密联系起来，投资额不断追加到了1.9亿港元，并倾注了几多心血。如今，他在弥勒县的葡萄种植园已达到2万余亩，用法国名种“玫瑰蜜”生产的“云南红”具有法国葡萄酒的高贵血统，又在云南红土地上兼收并蓄了多彩的民族文化特征，成为全国产能万吨以上却能基本销光的红酒企业代表。

“在开启木塞的瞬间，阿拉伯神话中那个禁锢千年的香魔便逃逸而出，在空气中弥漫渗透，诱惑着你的视觉、味觉和灵魂，让你身不由己地去闻、去品。”这就是武克钢眼中的“云南红’。尽管在通恒集团的内地投资企业中，云南红只排第十三位，但却是武克钢最看好的品牌，他有信心将其打造成红遍世界的民族品牌，因为“法国最大的酒庄都没有云南红的一个角落大”。

“西部大开发”的号角尚未吹响，他便以一位经济学家、企业家、社会活动家的眼光和责任感，始终用全国平均最高价格收购葡萄以反哺农民。

在云南缔造了跻身中国十大红酒之列的“云南红”奇迹，并形成葡萄种植、栽培、酿造、销售、研究，开发鲜食葡萄及葡萄皮籽药用提炼一体化的产业集团。

武克钢的梦想不仅仅是赚钱，他更希望素

有拼搏传统的中华民族能以足够的底气傲立于世界民族之林。为了让自己的女儿也牢牢记住其华夏血脉，他在香港家中的女儿房间里悬挂了一面五星红旗。

“孩子出生在香港，所见的外国人较多，听到的也大都是英语，但要让她在红旗下成长，知道自己是中国人，是炎黄子孙，长大后才会懂得爱祖国、爱人民，才会成为一名有责任感、使命感的有用之才。”武克钢说。

云南杨林肥酒有限公司总经理——邵正

邵正，中共党员，1969年5月出生，大专学历，高级品酒师，云南杨林肥酒有限公司法定代表人、总经理。

云南杨林肥酒有限公司始建于1956年，历史悠久。其主要产品杨林肥酒至今已有129年历史，以其味香醇、功能健身，为饮者传扬，多次获得国际、国内大奖，是云南省首屈一指的历史名酒，深受广大消费者喜爱。1914年，在云南省第一次物产品评会上荣获一等奖；1981年后多次获得云南省优质产品称号；1988年荣获全国营养食品金奖；1989年荣获商业部优质产品奖；1992年荣获巴黎国际名优酒展评会国际银奖；2003年“杨林肥酒”荣获云南省著名商标。

邵正以“干就干一流、争就争第一”的精神，干一行，爱一行，精一行，立足本职，务实创新，不断加强学习，对酿酒的技术精益求精，对员工关怀备至，对社会力求奉献，讲求信誉，被誉为“经济效益、社会效益”双丰收的能人。2004年10月，龙润集团整体收购“云南杨林肥酒厂”，并注册成立“云南杨林肥酒有限公司”。通过投入巨资并按照《食品卫生法》的要求对原酒厂的厂房、设备、环境进行了优化改造，原国有企业员工转换身份后100%重新上岗，同时注入了新的绿酒文化内涵，重现了“杨林肥酒”名酒之本色。现云南杨林肥酒有限公司固定资产达2 590余万元，年生产能力达5 000吨，年灌装能力达10 000吨。同时本着“为人类健康服务”这一宗旨，在传统的基础上，加强健康营养酒研发，从而把这个关乎人类健康的事业做大、做稳、做强、做快、做长。人类健康事业的实践是一种历史的责任，杨林肥酒要承担这一历史使命，本着“让传统结合现代，把文化融入健康”的理念，邵正在传承杨林肥酒百年工艺和优异品质的同时，为了适应现代社会健康消费的需要，在产品研发和营销推广上不断创新，公司相继研制推出了健康营养酒——古滇醇、至亲酒、龙润1880、龙润红运、龙润春晖等多款中高端酒。目前，已有肥酒系列、喜酒系列、清酒系列、保健酒系列30多个产品，这些产品一投放市场就取得了良好的经济效益和广大消费者的认可。云南杨林肥酒有限公司利用云南的生物资源优势，依托龙润集团在资金、管理、新产品研发、市场营销方面的优势和先进理念，融合现代工艺，传承百年历史，专业研制，做大、做强杨林肥酒，光大绿酒文化，为肥酒产业作出贡献。现公司年缴税额上百万元，已成为嵩明县的纳税大户，出色的业绩，赢得广大干部和群众的信任和爱戴。邵正总经理还非常重视企业的管理，曾多次带领广大职工认真制定完善各项管理制度，并把质量管理工作列入企业的重要地位：建立了完善的质量管理制度、企业标准体系；加强生产现场及生产过程的质量监督管理；建立了质量信息反馈通道等系统的质量技术管理方案。作为企业家，他最关心的是企业的发展，关注的是良好的社会经济环境，所以邵正时时刻刻按高标准严要求，发挥专长、倾注心血，为公司的发展竭尽全力，为酒业的辉煌奉献自己的满腔热血！

2006年“杨林肥酒”被评为“领袖云南·十大历史品牌”；2007年“杨林肥酒”荣获“云南十佳名酒”称号；2008年“杨林肥酒”被评为“消费者喜爱的云南食品”；2009年“杨林肥酒”作为云南首届知青文化旅游节专用酒；多次荣获“消费者满意企业”、嵩明县“先进党支部”、“嵩明县文明单位”、“嵩明县重合同守信用单位”、嵩明县“先进私营企业”、“中华酒文化研究会——全国酒行业优秀企业”等荣誉称号。云南杨林肥酒有限公司正在邵正总经理大力弘扬“团结、创新、务实、争先”的精神下，抓住机遇，大胆开拓，与时俱进，为实现嵩明县的经济腾飞作出更大贡献。

昌宁县耈酒酿造有限责任公司董事长——杨永忠

杨永忠，彝族，出生于1964年12月，大专学历。1984年在耈街供销社工作，于2000年9月任昌宁县耈酒酿造有限责任公司董事长。

昌宁县耈酒酿造有限责任公司，前身为昌宁县耈酒供销社食品加工厂，建于1957年，属昌宁县第一个国营酒厂。1965年划归供销社，但由于体制上的原因，效益一直不好，年产量还不到1吨。杨永忠担任董事长后，从体制改革入手，大胆对企业进行改革，努力提高职工的积极性，一举改变了生产的被动局面。

2001年3月酒厂正式改制，成立了有限责任公司。公司遵循“质量求生存，效益谋发展，精益求精，追求卓越”的经营宗旨，严把质量关，从而保证了产品质量。公司开发生产的28°耈酒系纯粮酿造，品质纯正，喝后不打头，深受消费者喜爱。目前，公司拥有资产1 334万元，职工135人，基酒车间18个，耈酒年生产能力达4 000吨，年产值1 000多万元。在杨永忠带领下，公司在生产经营活动中注重质量、讲求信誉，连续多年获得了“消费者信得过单位”、“先进私营企业”等荣誉称号。2002年被保山市人民政府评为“质量管理先进企业”。2005年、2007年，昌宁县耈酒酿造有限责任公司被评定为第二届、第三届“云南八大小曲酒生产企业”；2007年度“昌宁县谋发展先进企业”；2008年4月被昌宁县县委、县政府授予2007年度创品牌先进企业。

附：《杨永忠：我与耈酒》

杨永忠：我与耈酒

本人叫杨永忠，1964年12月28日生于云南省保山市昌宁县耈街乡栗木村歇场，彝族。1984年2月耈街民族中学毕业后，考取县供销社统一招收的合同工，经一个月培训，分配到耈街供销社合作社。这次培训为以后我的供销经济工作打下了一定的理论基础。

在这段工作经历中，由于本人是国家人事改革过程中供销系统内招收的第一批农民合同工，与国家正式工相比是另类工人，所以我就加倍努力工作、学习，在业务方面取得了较突出成绩，同时，对供销社基层工作有了较深的了解和认识，业余时间还对高中以前所学的文化知识作了复习，1989年参加全国成人高等教育考试，考取了云南民族学院经济管理系函授专科，于1991年6月毕业。

1993年3月我调到着街供销社食品加工厂任厂长。该厂主要产品是白酒，副业养猪，全厂在职人员6人，日生产50°白酒75公斤，申报注册“着”字牌商标后，开始生产50°瓶装“着酒”。但由于当时消费已向低度酒方向转型，保山市场的低度酒被腾粮酒占领，我厂的高度酒虽有着悠久历史和优良品质，但在低度化消费潮流下，销量较小，养活6人都成问题。从1995年开始我就带领全厂员工探索研究低度酒开发。1997年11月得到了昌宁县委高度重视，由县财政局派出一名技术员，贷款57万资金，从昆明酒科所请了一名工程师指导，开发出了28°、38°两种低度酒。1998年下半年投放市场一举成功，得到了消费者认可。经过两年多时间发展完善、市场推广，基本占领了保山昌宁的白酒市场，逐步向周边市场渗透。随着国家改革政策的进一步深化，着街供销社食品加工厂，以本厂职工为主，供销社人员自愿加入的方式，用35万元资金将整体资产买断，成立了昌宁县着酒酿造有限责任公司，本人亲自起草了《公司章程》，并多次带领全体职工学习《中华人民共和国公司法》，修改完善《公司章程》，于2001年3月20日正式注册昌宁县着酒酿造有限责任公司，注册资本金119.6万元。

着酒公司在本人直接管理下，由原来只有6人，年产值10万元左右，现在已发展为130名员工，年产值1 000多万元，总资产1 300多万元，能满足现代白酒生产工艺要求，在云南酒行业排名前十名的白酒生产企业。十六年来，本人从生产技术到勾兑技术，都作了大量的探讨研究，从不懂到基本掌握。在吸收老生产工艺的基础上将现代白酒生产工艺融入创新发展，摸索着培植和发展市场，现拥有近20名生产管理技术人员，20多名专职营销人员，销售网络遍及云南省大部分地区。同时本人还主编了近10万字的《公司管理规章制度》，2万多字的《营销员手册》，用于公司管理和内部培训资料，对完善公司管理培训营销人员起了很大作用。

在这20多年的工作经历中，我从一个站柜台的营业员做到现在，历程很艰难，也是一个人生磨炼过程。自己得到的体会有这样几点：第一，是学习。古人说“学无止境”，在这瞬息万变的信息时代，做企业所需掌握的知识内容范围很广，很大，所以随时加强学习，尽快掌握一些实用的知识和技能，对企业而言把握好市场很重要。第二，守法，诚信经营。要守法，首先就要懂法，不然就会在自己不知情的情况下违反法律法规的规定受到处罚，从而增加企业经营成本和困扰，严重情况下还会导致企业破产。诚信是一种市场法则，也是一种无形资产，需要尽心尽力维护和培养，将“诚实、守信”的原则贯穿于整个生产经营过程中，就可避免一些不必要的纠纷，就能培养和建立起源源不断的合作伙伴，从而建立起生产销售所需的优质网络，整合出最佳资源优势，在你的经营管理中会产生很大效果。第三，创新。人类在发展，社会在进步，这都是由于各种创新推动的结果，没有创新，作为一个企业就会停滞不前，最终就会落后，落后就会被淘汰出局。一个企业要有竞争优势，就要永远领先于别人，这最终需要落实在创新上，创新就是一个企业发展永恒的主题。

在以上的管理理念指导下，我将踏踏实实，一步一个脚印，尽心尽力管理好着酒公司，做好“着”牌系列产品，重视吸纳、培养人才，使着酒公司成为集白酒生产、山泉水生产、房地产开发、养殖、服务娱乐餐饮为一体多元化发展的集团公司，使“着”牌产品在云南省占有一席之地，逐步向省外扩张，争取走出国门。

大理漾濞雪山清酒厂厂长——杨光华

杨光华，1981 年杨光华从州属企业调回漾濞县国有企业食品加工厂（现雪山清酒厂）工作，1985 年起任厂长。二十四年来，杨光华带领全厂员工深化企业改革，2002 年 10 月实现了企业经营体制的根本转变，改制为私营企业。改制后，杨光华用全新的经营理念，改革企业经营机制和分配制度，确定了不同工种的不同报酬，分配向技术含量高的工种倾斜，调动了员工的生产积极性与创造性，使企业面貌焕然一新，经济效益逐步上升。

杨光华把诚信经营、不断创新作为企业发展的根本来抓，使“漾濞雪山清酒”质量不断提高，杯装 38°雪山清养酒达到国家一级酒标准，深受消费者欢迎，在大理州市场上占有较大份额，还进入了昆明、广西等地市场。

2004 年 4 月，企业和雪山清系列酒分别获得“云南省放心食品企业”和“云南省放心食品”荣誉证书。同时对 50°瓶装“雪山清酒”勾兑工艺进行改进，使产品质量上了一个档次。2005 年又开发出用核桃花粉为原料精工酿制的保健酒——漾濞核花王酒，成为中国核桃之乡的一个新亮点。2007 年被评为第三届云南八大小曲酒生产企业，云南省安全诚信食品企业。

在企业发展的同时，杨光华大力支持公益事业，扩大了企业社会知名度，2004 年 7 月被评为大理州优秀共产党员，受到州委表彰。

附：《杨光华：雪山清泉酿名酒》

杨光华：雪山清泉酿名酒

杨光华，1981 年从州属企业调回漾濞县国有企业食品加工厂也就是现在的雪山清酒厂工作，1985 年开始任厂长，在这个企业一干就是二十多年。通过市场经济大潮的洗礼，企业改革的风风雨雨，使他从一个普通员工成为一个私营企业家。用他的话说，“自己的命运与企业的兴衰成败是息息相关的”。在他的精心运作下，这个食品加工老企业没有像有些人担心的那样“被拆散瓜分”，而是通过改制，强化管理，科技创新，焕发出了蓬勃生机，呈现出强劲的发展势头，成为县内私营企业的佼佼者，产生了较好的社会效益和经济效益。

大胆改革，树立私企新形象

雪山清酒厂原来是县内的骨干国营食品加

工企业，1997 年改制为股份制企业，改名为“大理漾濞雪山清工贸公司”。1998 年，作为县的“股权集中”企业改革试点，进行了又一次改革。在改革中，各种矛盾交错出现，突出的就是涉及员工的切身利益问题。作为企业的法人代表，他自觉服从改革的大局，做了大量的工作。杨光华既维护企业的利益，也关注员工的利益。职责所系，体现了一个共产党员的高风亮节。至 2002 年 10 月，通过县政府批准，确定企业一次性整体出售，改制为私营企业。但是，出售公告发布后迟迟无人报名整体购买。资产不能实现，员工应得到的补偿无法兑现，全厂人心浮动，人们在焦急的等待观望。严峻的形势摆在杨光华面前，要么自己功成身退，绕开矛盾；要么迎难而上，妥善解决全厂员工的后顾之忧。在大家的支持下，他以 286 万元整体购买了企业（其中向银行贷款 146 万元、向员工借款 140 万元）。原有 57 名员工一次性了段，下岗 20 人，退休一人，下岗再就业 36 人。按政策全部兑现了各种经费，做到了走的人高兴满意，留的人安心生产。没有引发任何问题，也没有给国家造成任何经济损失，还偿还了县财政欠款 10 万元，按规定交纳了 6.3 万元契税。2002 年 10 月，作为私营企业的雪山清酒厂开始正式运作，树立起了私营企业的新形象。

建队伍，激活经营机制

改制后，杨光华用全新的理念经营企业，组建私营企业员工队伍。通过从股份制向私营企业的改革，进一步激活了企业的经营机制。一是再就业的员工思想状态有了明显转变，他们过去或多或少有一种“国家职工”的优越感，对企业的经营状况不大关心，厂兴我兴，厂子垮了或工作不好就要重新下岗，因而工作更加努力。二是上下左右的各种关系环节减少了，作为企业法人可以一心扑在经营上，自己的聪明才智得到了最大限度的发挥，私营企业比国有企业或股份制企业有了更大的发展空间。再是经营更加灵活，一些费用明显下降。加之杨光华是企业的老当家，经营起来轻车熟路，游刃有余。改制后，人还是原来的人，厂还是原来的厂，但是经营方式变了，企业面貌焕然一新。真是改革显活力，改革出生产力，企业改革天地宽。

抓管理，广开就业门路

但凡企业，管理是第一位的，离开了严格的行之有效的管理，

要想提高经济效益是不可能的。杨光华对原来的管理办法进行了大刀阔斧的改革，对原来的技术力量进行有效整合。首先对分配制度进行了改革，不同工种确定不同报酬，工资向技术含量高的工种倾斜，改变了过去按级别定工资的老传统。二是分别与班组、个人确定报酬标准，责权利明确，企业与员工在平等的条件下形成新的劳动关系。三是减少了管理人员，增加了一线生产人员。四是充分发扬民主，鼓励技术创新，不搞“家天下”。他发动员工出点子、想办法，集思广益，进行技术公关。对提出合理化建议、攻克技术难关的员工给予奖励。五是建立激励机制。每年春节前，以“红包”的形式按照不同工种给每位员工发放 600 ~ 800 元的奖金，鼓舞士气，用感情留人。使广大员工看到了企业有奔头，员工有盼头。增强了企业的凝聚力、向心力和业主与员工之间的亲和力。一些员工原来担心改制后下岗而因此失业，生活无着。改制后他们在新的私营企业再就业，解除了他们的后顾之忧。再就业 36 人，因为生产需要又招用了 13 人，该厂现有员工 49 人。在某种意义上说，这些人的就业，给政府分了忧解了难，产生了很好的社会效益，为维护社会的稳定作出了贡献。员工月工资 2002 年为 812 元，2003 年提高到 860 元，增长 6%，随着企业效益的提高，员工收入逐年上升。

拓市场，创新地方品牌

“要喝纯粮酒，请找雪山清”，这句耳熟能详的话既是形象的广告语，又是企业的形象。

"漾濞雪山清酒"是该厂的当家产品，多年来深受消费者欢迎，曾获得大理州三月街民族节地方产品"金花奖"，在大理州市场上占有较大份额。如何做大做强拳头产品，实现"人无我有、人有我优、人优我强"，是不断发展壮大企业、增强企业竞争力的关键。杨光华广泛听取顾客意见，进行新产品市场跟踪，通过技术改革与创新，杯装38°"雪山清荞酒"达到了国家一级酒标准，成为广大消费者首选白酒，去年以来进入了昆明市场，还远销广西。同时，厂里对原"漾濞雪山清"52°散装白酒的包装进行了改进，推出了礼品包装，扩大了新产品销路。进行50°瓶装"雪山清酒"的勾兑工艺改进，使产品质量上了一个档次，不久即大量投放市场，前景看好。2005年杨光华又推出全新名优产品"漾濞核花王酒"。这种用核桃花粉为原料精工酿制的医药保健酒，成为中国核桃之乡的又一个新亮点。另外还投入8万元资金，进行了酱油生产线的技改，生产优质大豆酱油，目前产品覆盖全州，市场信誉良好。近年来，粮价普遍上涨，每公斤包谷入库达1.44元。有的员工建议应该相应提高白酒销售价格，但是杨光华却认为，白酒价格不能上涨，因为广大消费者已经接受了这个价格，一旦上涨，会波及市场销售，有损于企业的信誉。他说："我们既要考虑眼前利益，又要考虑长远利益；既要考虑企业利益，又要考虑消费者利益，这样才能立于不败之地。"

企业有了发展，杨光华不忘回馈社会积极参与社会公益事业。去年以来，杨光华捐5 000元参与了市镇建设，对"三月街民族节"、核桃文化节、全国山地自行车冠军赛漾濞站比赛、大理山友登山活动等都进行了资助。不仅支持地方社会事业，又扩大了企业的宣传，实现了双赢。2005年以来，企业加大投入开展产品广告宣传，进一步提高了企业的知名度。企业改制前，该厂年产值一般保持在180万元左右，2008年已突破了1 000万元大关。企业多次被县委、县政府评为"先进私营企业"，受到了表彰奖励。并荣获"2004～2005年度云南省放心食品企业"称号。2007年被评为"云南省安全诚信食品企业"、第三届"云南八大小曲酒生产企业"。同时，杨光华同志被县委表彰为优秀共产党员。杨光华热情支持党支部实施"云岭先锋"工程，加强企业党支部建设，充分发挥党支部的战斗堡垒作用和党员的先锋模范作用。近年来，杨光华带领全厂员工抓住机遇，拓展市场，适时扩大生产规模，又吸收了100多名员工。杨光华表示，一定要把企业做强做大，把"漾濞雪山清"系列酒品牌打造成真正的地方拳头产品，为"三个文明"建设作出新的贡献。通过杨光华运筹帷幄和精心运作，大理漾濞雪山清酒酒厂的明天一定会更加美好。

云南省太阳魂酒业有限公司总经理
——杨华峰

杨华峰，1970年10月出生于山东省高密县。1992年毕业于北京轻工业学院（现中国工商大学）生物化工系生物化学工程专业，获工学学士学位，北京市优秀大学毕业生。

大学毕业后的十几年来主要从事葡萄酒酿造，对葡萄酒的加工、处理及橡木桶陈酿极具心得，曾获北京技术改造成果三等功。1992年至2000年底在北京龙徽酿酒有限公司担任本土酿酒师期间，先后与法国酿酒师 Denis DEGARCHE，Christophe AETZ，Jerome SABATE 和 Mathilde MOREL 合作，为酿造中国最优质的葡萄酒乐此不疲。在此期间，杨华峰作为主要酿造技术人员之一，公司产品多次荣获国内外葡萄酒质量相关竞赛的大奖。

2000年，经严格考核被聘为中国酿酒工业协会葡萄酒国家评委。

2001年8月，响应开发大西北的号召，应新疆新天国际葡萄酒业有限公司董事长贾伯炜之邀加盟新天酒业，担任新天酒业的首席酿酒师并兼任玛纳斯葡萄酒厂厂长之职，全面负责新天葡萄酒的技术与生产管理，制定完善了公司的技术工艺和生产系统控制规程，2003年初被聘为新天酒业公司技术总监。在2002年，主持了酒业公司的“尼雅葡萄酒夺金技术研究”项目并取得了圆满的成功，之后公司产品获得了一系列的专业赛事荣誉。

2004年，应云南太阳魂酒业有限公司董事长刘加强的邀请，出任公司总经理，全面负责公司的生产、技术、人事、销售等。上任之初，积极参与了“梅里冰葡萄酒的研制与开发”这一云南省级科研项目，产品在2006年4月举行的“亚洲第二届葡萄酒质量大赛”上荣获银奖，并通过了省级科技成果鉴定。获得鉴定专家的高度评价：“产品技术达到国际先进水平”。同时，组织承担云南省科技厅省院省校科技合作项目“优质干红葡萄酒研制与开发”，所推出的“太阳魂”牌赤霞珠干红葡萄酒荣获第二届亚洲葡萄酒质量大赛金奖，第八届中国葡萄酒暨烈酒大赛银奖等荣誉。

曾在《中外葡萄与葡萄酒》杂志发表《葡萄是葡萄酒质量的关键》、《橡木桶的选择、使用与维护》等论文，并在《酿酒》杂志发表《新鲜葡萄酒的高压电磁场催陈研究》一文。先后与香港葡萄酒会、英国葡萄酒暨烈酒教育基金会合作，主译有美国加州国际葡萄酒学院教科书《永远的时尚——葡萄酒》、《葡萄酒专用术语集锦》、《世界最佳葡萄酒推销员》等书，其中《永远的时尚——葡萄酒》一书业已出版并被收于国家图书馆。

2006年，经严格考核，再次取得中国酿酒工业协会国家级葡萄酒专业评委资格、国家葡萄酒检测中心葡萄酒专业评委资格。

2007年5月，经考核被中国食品工业协会聘为第二届中国葡萄酒专家委员会委员。

云南地道酒业有限公司董事长——杨坚

杨坚，1993年大学毕业，曾在首都钢铁公司设计院工作，不久即下海受聘于荷兰飞利浦亚太区成都办事处主管销售业务。1997年加盟“云南红”专业从事酒类经销。随后与几个朋友一起成立云南红销售分公司，开始了自己的创业之路。创业仅一年，云南红销售额即达到800多万元，杨坚为云南红成立的独立经营的专销公司——云南恒升酒业有限公司应运而生。从2000年开始，年销售突破4 000多万元，占据了云南红酒市场84.7%的市场份额。2001年，他们又共同创立了云南蓝血创业有限公司，杨坚出任董事长。2002年蓝血创业成为全国名酒剑南春的高端产品“金剑南”在全国的第一家省级经销商。

2005年，杨坚成立了全新的云南地道酒业有限公司，推出了自己的白酒品牌——“地道云南”，同年11月，第一批地道云南白酒问市。2006年，“地道云南”被评为“中国首届西部文化产业博览会唯一指定用酒”，2007年荣获“云南十佳名酒”称号，成为云南酒业最年轻的名酒品牌。

2006年杨坚又有了新的行动，投资3 000万元建立了“墨江地道酒业有限公司”，联合国内黄酒龙头企业会稽山绍兴酒有限公司和昆明理工大学，成立了“墨江地道黄酒研究所”，开发成功以云南特色紫米入酒的特色黄酒——“紫米花雕酒”。2007年在第十五届昆交会上一炮打响。

如今，经过9年的拼搏奋斗，杨坚的酒业集团，已拥有云南恒升酒业、云南地道酒业两家酒类专业销售公司，两家非酒水行业的子公司，以及专业酒水生产企业墨江地道酒业集团年销售额达到2亿元。

附：《杨坚：梦想，指引未来之路！》

杨坚：梦想，指引未来之路！

在云南省昆明市世博园附近，有一幢外观优雅简约、设计风格现代的办公楼，不同于传统酒水商满屋产品、熙熙攘攘的情形，这里反倒是充满着人性化的设计，一处处精细的装饰陈设，流露出一种以人为本的经营风貌。就在二层最里间的宽大办公室里，记者见到云南蓝血创业投资有限公司董事长杨坚。这位生于江苏，长于部队大院的传奇人物，身材高大，皮肤黝黑，然在言谈之间竟又透着几分令人舒适的儒雅与谦和。

在与笔者两个多小时的交谈里，杨坚说得最多的就是——成功来自于机遇。但在记者看来，杨坚的成功更源于他“心中有梦，把握机遇；全心投入，不断挑战”的创业精神。

一支红酒，开启梦想之路

1993年，杨坚大学毕业。在当时，有个“铁饭碗”是大多数大学生的梦想，所以，从杨坚毅然放弃首都钢铁公司设计院的优越工作那一刻起，就注定了他这一生将要成为人群中的“少数人”。

但是，年轻的杨坚并不安于此，在他心中一个更大的梦想正在涌动着。杨坚进入商界的第一站，是受聘于荷兰飞利浦亚太区成都办事处，主管云贵两省销售业务。在这里，杨坚做着一份让同龄人羡慕的工作。

1998年1月，杨坚辞掉了飞利浦公司的工作，带着简单的行李，开始了他的酒业营销之路。追随时任云南红总经理的覃文华，来到云南，可是，杨坚生来就是个不甘平淡的人，这注定他要接受生命中一次又一次的挑战。凭着一股初生牛犊不怕虎的闯劲儿，28岁的杨坚带着7个人，在云南红公司提供的40万货品赊销支持下，在一套三室两厅的出租房里，正式开始了他的创业之路。

创业仅仅一年时间，“云南红”的销售额即达到800多万元，这令杨坚有了足够实力进一步做大市场。同年，“云南恒升酒业有限公司”应运而生，这是杨坚为“云南红”所成立的一家独立经营的专销公司。恒升酒业的出现，使“云南红”的销售网点遍布云南全省各地州市县、迅速打开了云南的红酒市场，令云南人“不喝红酒”的陈旧观念土崩瓦解，更开创了云南省专业网络联销公司的先河。在这样的大好形势下，云南红再创市场新高，半年实现了两千万元的销售额，从2000年开始，“云南红”更引爆了整个云南市场，一年突破4千万元的销售，此后每年销售额以50%的增幅逐年上升，占据了云南红酒市场84.7%的市场份额。

创新平台，理想的实现

2001年末，岁月交替的季节，还是这群充满激情的青年，又一次跨出了梦想的一大步——他们共同创立了云南蓝血创业有限公司，由杨坚出任公司董事长。作为云南省第一家全新模式、建立在大流通环境下的现代营销平台，蓝血创业定位于产品品牌运营，这意味着事业的又一个新起点。公司之所以取名“蓝血”，源于杨坚的思想与“蓝血十杰”有着精准的契合。二战时期的蓝血十杰是美国政府从百万大军中挑选出来的人中之龙，他们在战争中建立了精准的空军指挥体系。战后，这十个人进入福特汽车，把数字化管理引入现代企业，拯救了衰退的福特事业，开创了全球现代企业科学管理的先河，推动了美国历史上最惊人的经济成长期。蓝血团队，不是某个领域的工匠，而是充满智慧的群体。

杨坚说：“蓝血从创建开始，就和以前的恒升不同。蓝血的核心定位不是酒水，而是人才”，他所要打造的蓝血企业，是一个精英汇集的团队。团队信奉“知识为父、市场为母”，他们以高新知识为依托，信息资源化为条件，准确的市场研究为基础，进行专业精准的市场操作——这种探求、开拓的科学化运作流程和公司系统，甚至直到今天都是云南大多数民营企业所需要而又无法建立的。

至此，“凝合至远，激情创新”的蓝血谱写了新的创业篇章。

2002年，恒升酒业在红酒界已是声名鹊起。然而热爱冒险与挑战的杨坚却并不满足，他一直在寻找一个让公司进一步发展的机遇。彼时，恰逢全国名酒剑南春的高端产品“金剑南”初上市，杨坚瞄准了这只潜力巨大的产品，开始与金剑营销团队频繁接触。双方在理念上高度的认同感和蓝血强劲的市场实力，使得金剑南无法拒绝与杨坚的合作——蓝血创业顺理成章地成为“金剑南”酒在全国的第一家省级经销商，并对金剑南云南市场进行全权管理。

面对这个新的机遇，生来好战的杨坚又一

次摩拳擦掌。凭借几年来成功运作云南红的经验，结合对云南省白酒市场判断，他思虑良久，定下了一着“决胜终端，重金铸剑”的营销之棋。后来成功的市场数据印证了杨坚果敢的判断。2003年，通过蓝血的运营，作为外来品牌的“金剑南”竟然在云南中高档白酒市场的销售中占据了绝对的优势地位！这是金剑南的荣耀，更是杨坚与蓝血的荣耀。

“金剑南”的一战成名以及“永盛烧坊”的绝地反击，成为国内中高档酒水界的著名事件。众多国内知名厂家纷纷慕名前来寻求合作，然而，面对日渐壮大的声名，蓝血却表现得格外严谨与苛刻，他们在等待的，是一只更有品质感的产品，是一次更有成就感的挑战。经过长时间耐心的蛰伏，国际酒水巨头联合多美洋酒公司走进了蓝血的世界。这不正是蓝血一直所期待的吗。2005年，蓝血创业顺理成章地成为“百龄坛”威士忌、“将军”金酒等多支世界级名酒的首家省级代理商。

随着代理产品市场份额的稳定攀升，蓝血的羽翼不断丰满，所有人都认为这是杨坚的全盛时期，但是，飞得高的鸟永远不会落在跑得慢的牛背上，在同行业还竞相寻着蓝血的轨迹复制效仿时，杨坚却开始对企业日后的发展方向进行着新的酝酿。是的，他一直在求变，这让他骄傲地行走在大浪潮头。

自主战略，创牌“地道云南”

蓝血几年来接触了太多的酒类品牌，随着对酒类行业认识的加深，杨坚意识到，经销商到最后只有两条路，一条是往上走，一条往下走。往上走就是自己做品牌，这样可以避免为别人“做嫁衣”；而往下走，就是做好渠道，做好终端，成为专业的销售商和物流商——杨坚的事业仿佛就是被这样一个个“抉择”所串接起来的，这一次，一直以代理为主业的杨坚，果断地选择了一条迎难而上的路：他要创出云南人自己的高端酒类品牌，不再为外人“做嫁衣”。在他看来，云南并不缺乏发展本土高端品牌的土壤，缺乏的只是现代品牌意识和长线科学的规划。

本着这样的思想，2005年初杨坚成立了全新的云南地道酒业有限公司，邀请专业的酒类品牌机构进行工作辅助，推出了自己的白酒品牌“地道云南”。产品高调亮相，主攻云南省内中高档市场，同年11月，第一批地道云南白酒上市。

杨坚说：“做自己的品牌，压力很大，特别是在品牌树立时期，我们明显地感觉到了吃力，但是既然选择了，我相信就一定能做好。”

从品牌的名称、酒质到包装，“地道云南”几乎倾注了杨坚所有的心血，通过一次又一次的修正，“地道云南”终于建立起了一条完整、合理的产品线，精心培育的品牌体系获得了各方的认同。稳健发展的背后，随之而来的便是一系列的荣誉——2006年，地道云南被评为“中国首届西部文化产业博览会唯一指定用酒”；2006年末，被评为“国际民族服饰研讨会唯一指定用酒”；连续四届“中国云南墨江北回归线国际双胞胎节暨哈尼太阳节唯一指定用酒”；2007年荣获云南省“十佳名酒”称号，成为云南历史上最年轻的名酒品牌；2007年入围“中国品牌馆企业”；2008年“第十六届昆交会指定用酒”；2008获评最具成长性品牌，首届中国（昆明）品牌论坛指定用酒；2009中国企业家活动日指定用酒；2009全国企业家活动日指定用酒；2009年“第十七届昆交会指定用酒”……

……

地道云南，赫然承载着杨坚的又一次光荣与梦想。

破冰蓝海，“紫米花雕”剑指全国

作为长期战斗在酒类营销战线上的专业人士，杨坚深知云南白酒要在全国市场有更大作为绝非易事，但是，自2003年起他就抱着一定要在全国酒水业为云南酒振名的决心，多方收集信息，准备着再度出击。至2006年，“地道云南”白酒系列产品在云南市场已日趋成熟，此时，杨坚又有了新的行动——先是在墨江首期投入3千万人民币，建立“墨江地道酒业有限公司”，随即联合国内黄酒龙头企业会稽山绍兴酒有限公司和昆明理工大学成立了“墨江地道黄酒研究所”。经过一年多的精心酝酿，墨江生产基地和研发中心正式揭幕，产品同期开发成功破冰蓝海。这就是以云南特色紫米入酒的特色黄酒产品——“紫米花雕”酒。

2007年，第十五届昆交会在昆明召开。定位于全国市场的墨江“紫米花雕”酒盛装亮相——气韵大方的展场，精致婉约的细节，独具心思的品鉴演示，令“紫米花雕”酒从品牌定位、包装展示到口感品质的方方面面都获得了与会各界、各国人士的高度赞扬。一时间，“紫米花雕”的名号不胫而走，成为时年昆交会上的最亮点……不过这一切并没有冲昏杨坚这个历经艰难的男人的头脑，在获得一丝满足与喜悦的同时，杨坚却无比理智地表示：“虽然紫米花雕酒是全发酵健康型酒品，符合酒水市场未来发展的主流，但是此类产品在云南基本没有任何厂家操作过，西南都少有同类型产品的市场成功经验，在品牌产品开发的基础上，市场的成功运作更为重要。这是个竞争激烈的市场，打造创新型产品既是飞跃的机会也是风险挑战，我们，还需要付出更多的努力。”

一个人的梦想，一群人的未来

2001年，杨坚在云南成立了云南蓝血创业有限公司，这家公司，没有老板，只有伙伴。“我想把蓝血公司创办成一个致力于培养职业经理人和创业者展现自己的平台。”这是杨坚创业中的理想模式。

历数云南企业，因为缺乏高效的营销手段和可持续发展规划，使得产品不能长盛于市场者并不鲜见。回顾几年间曾经辉煌一时的云南企业，我们发现，有了优质的产品并不意味着就一定敌得过市场规则的演进变幻，观念陈旧的企业最终难免走向消亡。“这是残酷又真实的事”，面对这一切，杨坚显得十分婉息：“云南这么好的地理环境资源，各地州都不乏优质产品，为什么打不开市场？就是死在营销上和缺乏科学的产品定位及规划上。”所以，杨坚赋予蓝血团队的使命，除了企业自身发展外，更希望能用这个高效的综合型团队更多地服务于其他行业企业，给云南企业的薄弱环节装上引擎，为云南的企业发展和经济发展尽自己的一份力量。

今天，由蓝血代理的“云南红”依然占据着云南84.7%的市场份额，集团旗下拥有云南恒升酒业、云南地道酒业两家酒类专业营销公司，墨江地道酒业为核心的生产企业，以及两家非酒水行业的子公司，集团体系年销售额超过两个亿……但这个喜欢挑战自我的男人并不善罢甘休，因为在他身旁，还有一群人正与他并肩而立。九年，见证了一个人的梦想，寄托着一群人的未来。

在梦想的指引下，在顽强的坚持里，在无数的抉择中，杨坚把自己从一个对酒一窍不通的门外汉，锻塑成为今天孜孜不倦、探索求变的酒业企业家，荡平光荣，那一瓶又一瓶芬芳四溢的酒里，激荡着杨坚无所畏惧的青春。

宁蒗县泸沽湖酒业公司董事长——杨金龙

杨金龙，现年46岁，1978年初中毕业回乡担任过小学教师、乡文书、经济管理员等职。1989年至1992年就读于四川凉山州民族干部学校。毕业后回到宁蒗县工作。2002年担任泸沽湖酒业有限责任公司董事长。

泸沽湖酒业有限责任公司前身为宁蒗县副食品加工厂，始建于1959年，以生产副食品为主，兼营运输。1992年转产生产“小凉山”牌清酒。1998年，泸沽湖牌清酒经商标登记正式注册，2001年成立“泸沽湖酒业有限责任公司”。2002年9月杨金龙担任泸沽湖酒业有限责任公司董事长时，公司已欠交各种税金9万余元，厂里无任何流动资金，41名职工已连续3年没有领到一分钱工资，更谈不上有任何福利待遇。面对苍凉凋敝的境况，杨金龙一方面积极奔波于县委、政府及各部门，多方寻求支持，另一方面加强了对内部管理体制的改革，建立了各项规章制度，调动了职工的积极性，从而为泸沽湖酒业重振雄风打下了扎实的基础。

面对缺乏资金的困难，杨金龙广泛动员职工集资，积极争取相关部门的关心支持，千方百计筹措了105.7万元资金，利用这些资金对灌装车间、窖酒车间、仓库门市等进行了彻底改建；引进了全自动矿泉水生产线，开发了“女儿国”牌矿泉水；建起了两条“泸沽湖清酒”专利瓶生产线和一条设计印刷包装、商标、广告制作生产线；增添了53个贮存罐，改善了“泸沽湖清酒”的窖存条件；设计了防伪标码，杜绝了制假行为；开发了“泸沽湖牌”中、高档品牌系列酒，产品从改造前的一个品牌系列增加到现在的2个品牌、10个系列产品，从而改变了品牌单一、品种单一的局面。通过各种科技项目的实施，企业面貌焕然一新，硬件设施大大改善。“泸沽湖酒业公司”生产的“泸沽湖牌”系列清酒各项理化指标均达到了国家一级标准，整体酒质达到优级标准。灌装能力由改制前的日均1 000千克提高到现在的2 000千克。目前全厂的储备能力已达100吨，年生产能力达到31万千克。由于生产规模不断扩大，产品质量不断提高，“泸沽湖清酒”先后荣获了“第九届中国专利新技术产品博览会金奖”、“第六届中国国际食品博览会中国名牌食品”等殊荣。2003年7月在昆明举行的酒类产品评品会上获得云南省酒类产品“优质奖”。同年11月，被中国中轻产品保障中心审定为“中国消费者放心购物质量可信产品”。2003年“泸沽湖牌”系列清酒产量达40万瓶，完成销售收入244万元，上缴各种税费30.56万元。公司被列为云南省60户非公有制经济重点扶持企业，丽江市重点骨干企业。被丽江市委、市人民政府授予先进民营企业称号，杨金龙被授予丽江市优秀民营企业家称号。2005年当选为丽江市、宁蒗县两级人大代表。

附：《杨金龙：我和公司共同走过的路》

杨金龙：我和公司共同走过的路

我是一名刚学做生意的人。1978 年初中毕业后回到家乡，曾担任过小学教师、村文书、乡经济管理员。1989 年，经组织安排，被推荐到四川省凉山州民族干部学校深造。1992 年学成回来后，先后任县委秘书、县粮食局办公室主任、粮贸公司副总经理、白鹤宾馆经理、县商业办主任、县经贸局副局长等职。2002 年 9 月，原泸沽湖酒厂根据中央、省、地、县关于深化国有企业改革的政策精神，“以产权制度改革为突破口，终止企业国有的性质，终止职工的国有身份为基本原则”下。我辞去了县经贸局副局长领导职务，担任了泸沽湖酒业有限责任公司董事长。2005 年我当选为丽江市第一届人大代表。宁蒗县第十四届人大代表，众所周知，宁蒗县是一个国家级特困县，社会发育程度低，基础设施薄弱，工业规模小，管理不规范，生产力水平十分低下，工业经济发展基础非常缓慢。以旅游为突破口，工业为基础，大力发展工业才是宁蒗发展的基础。于是我努力学习有关法律、法规和经济知识，从零开始在商海中拼搏。

自从担任泸沽湖酒业有限责任公司董事长后，我深感责任重大，当初由于自己是半路出家，对市场营销一筹莫展。面对生产经营的重重困难，我从管理入手，以盘活资产、重振泸沽湖品牌雄风为切入口，抓住国企改革这一十分难得的历史机遇，将“泸沽湖酒业有限责任公司”发展为丽江市重点酒业生产企业。

泸沽湖酒业有限责任公司其前身是宁蒗县副食品加工厂，始建于 1959 年，主要以生产副食品为主，兼营运输。1982 年专门从事豆类制品、酱菜、糕点和饲养经营。1992 年实行转产，开始生产“小凉山”牌清酒。1998 年，泸沽湖牌清酒经商标登记正式注册，2001 年成立“泸沽湖酒业有限公司”。截至 2002 年 9 月，尽管所生产的泸沽湖牌清酒深受广大消费者的喜爱，产品供不应求，但由于体制及经营管理等方面的原因，生产数量、质量无法提升；生产车间、生产工具简陋破旧，原始的酿制技术难以满足市场需求；假冒伪劣商品趋之若鹜、随处可见，消费者深受其害，外地酒类也乘虚而入，逐渐占据了县内大部分消费市场，致使泸沽湖酒业陷入低谷，产品滞销，职工工资、福利无法保障。至改制时，全厂已欠交各种税金 9 万余元，厂里无任何流动资金，41 名职工三个月没有领到一分钱工资，更谈不上任何福利待遇。工人士气低落、无所事事、怨声载道，为了寻求企业解困的途径，我们一方面不停地奔波于县委、政府及各部门，多方面寻求支持，另一方面加强了内部管理体制的改革。为了组合一支讲团结、求创业、谋发展的职工队伍，彻底改变长期以来形成的等、靠、要的思想，建立完善的用人机制，我们按照现代企业的经营理念要求，以整合人力资源、规范管理、面向市场为目标，对公司领导集体进行了整改重组。按照企业发展目标、发展思路统一全体员工思想，克服消极情绪，正视眼前困难。以发展为主题、以质量求生存、以信誉为准则，重塑泸沽湖品牌，扩大生产、不断提高质量、不断拓宽市场、着力打造丽江酒业龙头企业新形象。随着酿酒生产科技含量不断提高，生产规模不断增大，酿酒技艺不断精湛的实际，公司加强了职工队伍的职能技术培训，培养职工一岗多能的技术本领。通过多方面的不懈努力，一支掌握过硬酿酒技术本领，讲团结、守纪律、识大局、顾大体的职工队伍逐渐形成，为泸沽湖酒业重振雄风打下了扎实的基础。

改革是市场经济体制的必然要求，改善工作环境，增加科技含量，提高工作效率是市场经济体制对现代企业制度的客观要求，而加强技术改造是建立现代企业制度的先决条件。改制后的泸沽湖酒业公司无论在硬件设施，还是在软件建设方面都面临着许多困难。一是生产设备陈旧、库房不足、工作环境差；二是企业负债大，累计负债高达 190 万元；三是缺乏技改资金和流动资金。面对这些困难，我们没有被吓倒，而是以积极的态度迎难而上。广泛动员职工集资，充分利用职工股金及经营利润，在相关部门的关心支持下，累计筹措资金 300 多万元。开展了一系列技改工作，对灌装车间、窖酒车间、仓库门市等进行了彻底改建；加强了污水治理和环保工作；分别与四川蜀波集团和安徽京天集团合作，建设了两条“泸沽湖清酒”专利瓶生产线和一条包装、商标、广告制作等印刷和设计的生产线，开展了多领域性的业务合作；增添了 53 个贮存罐，改善了“泸沽湖清酒”的窖存条件，提高了窖存规模，为今后开发高、中、低档系列品牌清酒创造了条件；利用现代防伪技术，通过华美龙防伪公司及国家防伪中心，设计了防伪标码，输入中国电信网络，并举办有奖防伪活动，彻底杜绝制假行为，让消费者喝到他真正想喝的泸沽湖清酒；改善了清酒生产条件，提高了酿酒技艺，加大了“泸沽湖牌”清酒的科技投入；针对市场需求，开发了“泸沽湖牌”中、高档品牌系列清酒，从而使产品由改制前的一个品牌系列增加到现在的 2 个品牌、16 个系列产品，改变了过去品牌单一、品种单一的局面，赢得了广大消费者的青睐。通过各种技改项目的投入，泸沽湖酒业有限公司企业面貌焕然一新，各种硬件设施得到了改善。“泸沽湖酒业公司”生产的“泸沽湖牌”系列清酒各项理化指标均达到了国家一级标准，整体酒质已达优级标准。灌装能力由改制前的日均1 000千克提高到现在的2 000千克。目前全厂的储存能力已达 135 吨，年消耗原料 100 万公斤，燃煤1 000吨，年生产能力达到了 120 万千克，为泸沽湖品牌走出丽江、走向云南乃至全国打下了良好基础。

泸沽湖清酒自它诞生之日起，就有着良好的市场基础，深受广大消费者的青睐和喜爱。在“泸沽湖”清酒走过的 20 年中，泸沽湖清酒曾荣获“第九届中国专利新技术产品博览会金奖”、“第六届中国国际食品博览会中国名牌食品”等殊荣。我们十分珍惜企业这一十分难得的荣誉，不惜代价，向国家工商局注册了商标，制作了防伪条码；为了珍惜这荣誉，我们对车间酿酒生产的每道工序都严格要求，甚至达到了苛刻的地步。功夫不负有心人，在公司内部管理下，随着公司经营生产的正常化、规模化。泸沽湖酒业公司的生产规模不断扩大，职工由改制前的 41 人增加到现在的 100 余人。继改制前获得的殊荣后，2003 年 7 月在昆明举办的酒类产品品评会上，“泸沽湖清酒”再次以精湛的酿艺，纯正的口味获得云南省酒类产品“优质奖”。在加大科技投入，提高产品质量，扩大广告宣传的同时，公司干部职工明白，要获到效益与利益双丰收，除了产品质量得到消费者的认可外，还必须拓宽市场，提高产品在市场上的占有率和竞争力。为此，我们加强了营销网络队伍建设，一是通过各种途径培养了一支能策划、会包装、善宣传的营销队伍；二是加大了销售网点建设，扩大销售覆盖面；三是加大了舆论工作的力度。通过努力，“泸沽湖清酒”产品在县内市场占有率达 90% 以上，市内各区县市场占有率均达 35% 左右，产品远销昆明、大理、楚雄、攀枝花等地，达到了泸沽湖品牌在省内家喻户晓，走进省内千家万户的目的。良好的信誉、诚信的经营获得了丰硕的回报。公司资产由改制前的 5 万元发展到近 800 万元。

经国家、省、市技术监督部门质检，我厂攻破了纯粮酒液中杂醇油指标过高的难题，产品质量标准达到一级以上，是云南省一家纯粮酒生产企业，公司先后被中华酒文化研究会认定为“全国文化研究重点单位”；农业部规划设计研究院、中国农业工程学会认定为“绿色食品理事会”；云南省人民政府授予“讲诚信、重质量企业”；云南省消费协会“诚信单位”；市委、市政府“先进民营企业”，成为中国酒类行业协会会员，昆明酒类行业协会会员单位。产品被中国中轻产品质量保障中心认定为“中国消费者放心质量购物可信产品”，荣获“第九届中国专利新技术新产品博览会金奖”、“第五届中国国际食品博览会中国名牌食品”等殊荣。

我利用自己是县市两级人大代表的有利条

件，积极为宁蒗的民营企业的发展写建议，积极探寻民营企业的发展之路，并且取得了一点成绩。但这点成绩与上级领导的要求，与带领全县人民脱贫致富奔小康的要求，与“三个代表”重要思想的要求还相差甚远。在今后的工作中，结合自己的创业历程为宁蒗县的民营企业献计献策，到达共同发展的目的，加快宁蒗社会经济发展步伐，做一名合格的公民，当一名为民为企的公司法人，把公司做大做强。

这就是我和我的公司共同走过的创业路。

鹤庆乾酒有限公司董事长——杨金林

杨金林，男，1962年4月出生，鹤庆县云鹤镇人，中共党员、经济师，现任鹤庆乾酒有限公司董事长。

1979年7月中学毕业后，经考干进国营曾在鹤庆县百货公司工作，担任过营业员、仓管员、采购员、业务员、秘书等职务，1985年7月光荣加入中国共产党。1990年初脱产到大理财校经济管理专业学习。1994年停薪留职自谋职业。1997年6月创办鹤庆县金盛祥食品饮料有限公司。

1997年12月国营鹤庆县酒厂因经营不善宣布破产，对外公开拍卖。杨金林深入周边市场详细进行市场调研和经济效益分析看到鹤庆乾酒、大麦酒在省内外的品牌价值，通过竞拍以374万元购得国营鹤庆县酒厂。从此，他倾注毕生心血致力于鹤庆乾酒的发展及市场拓展，并逐步把鹤庆酒厂发展成为以鹤庆乾酒为主的多元化经营实体。下属分支机构有：鹤庆酒厂、PIC猪场、鹤庆县百货公司、鹤庆饭店、金盛祥大药房、下关金盛祥酒店、昆明玻璃制瓶厂等，是一家集食品生产、销售、饭店服务、药品销售、生猪养殖等业务为一体的集团化公司，于2008年8月更名为“鹤庆乾酒有限公司”。

在杨金林的苦心经营下，鹤庆酒厂如今已旧貌换新颜，近年来，该公司新征土地，新建了现代化的酿酒生产线，在继续保持鹤庆干酒古老酿制工艺的基础上，辅之以现代化的检测设备，使这种源于明嘉靖年间，有着悠久历史与文化传承的美酒焕发了青春。同时在产品开发，包装、设计及营销网络建设上下工夫，改变了陈旧的经营观念，使鹤庆乾酒的品牌价值大幅提升，成为畅销全省的地方名牌产品，并逐步向省外市场拓展。近几年该公司酒产量，销量及税收均逐年增加。目前，鹤庆乾酒已跻身“云南十佳名酒”。“古翔”牌被认定为云南省著名商标，鹤庆酒厂被评为“云南八大小曲酒生产企业”之一。

近五年，鹤庆乾酒有限公司多次被评为鹤庆县先进企业、诚信企业、大理州守合同重信用企业，以及云南省放心食品企业，古翔牌鹤庆乾酒2007年被评为第七届“云南省消费者喜爱商品”。2006年杨金林荣获“大理州农村乡土拔尖人才”、“大理州中小企业优秀企业家”受到州委州政府表彰奖励。

酒厂占地面积从30多亩，发展到现在的400亩，增长了10多倍，一个现代化的酒厂已屹立于九顶山下西龙潭畔。

云南玉林泉酒业有限公司董事长——周美珠女士

周美珠女士，泰籍华人，泰国TCC集团高级顾问，现年已76岁高龄。现任云南玉林泉酒业有限公司董事长，法定代表人。

周美珠女士善良、博学，长期从事酒类企业经营管理，积累了丰富的经验。2005年10月，多年从事酒业生产经营的世界500强企业泰国TCC集团全资收购云南玉林泉酒业后，周美珠女士出任公司董事长。她虽已过古稀之年，但仍以其高度的责任感，为玉林泉酒业的发展不遗余力，她充分发挥国外企业先进的经营管理经验，重视品牌发展，在坚持传统生产工艺，坚持100%纯粮酿造，确保产品高质量的基础上，积极引进巨资大搞科技创新，加快企业技术进步，使企业生产规模和市场占有率在短短一年时间翻了一番。玉林泉酒以独特的个性魅力和优异品质征服了中国白酒专家，被推崇为“中国小曲清香型白酒的典型代表”，被中国酿酒工业协会确定为国家级白酒评委考试样品酒。

2007年4月，周美珠女士被峨山县委、县政府授予“峨山县优秀企业家”称号，2008年10月被云南省侨商会聘为副会长，并任云南省海外交流协会第四届理事会海外顾问。

附：《年逾古稀的女企业家》

年逾古稀的女企业家

在云南酒业，有一位虽年逾古稀却仍为云酒发展尽心尽力的女企业家。她就是云南玉林泉酒业的董事长——周美珠女士。

周美珠是一位泰籍华人，她曾长期在被誉为泰国酒王的TCC集团董事局主席苏旭明先生创办的TCC集团，从事经营管理工作，积累了丰富的管理经验。

TCC集团从经营酒厂供料起步，1960年起逐步发展成为总资产超过30亿美元的泰国巨型企业，拥有世界一流的酒类生产线，年产量达1亿吨，并占据了泰国酒市场80%的市场份额。其酒企中以泰国皇家兰姆酒厂最具盛名。同时TCC集团在世界多个国家拥有26家高级酒店，其中有世界顶级酒店之一的曼谷安蒂尼酒店。2006年TCC集团成功收购了昆明邦克酒店及樱花酒店。

2005年10月，TCC集团全资并购了云南玉林泉酒业，使之成为中国白酒行业第一家外资独资企业，云南省唯一一家全国重点白酒生产企业。

周美珠女士在古稀之年荣任玉林泉酒业董事长后，她不顾年事已高，仍然尽心尽力地为玉林泉，为中国白酒的发展贡献自己的心血和智慧，她要在有生之年，为玉林泉品牌的进一步发展做好工作。她充分发挥国外先进经营管理理念和方法，一方面引导企业坚持传统的生产工艺，坚持100%的纯粮酿造；另一方面，她非常重视品牌发展，重视科技创新和技术进步，并积极引进资金，先后投资了3 000多万元人民币进行第一期白酒生产技改扩建。在她的领导下，企业生产规模及市场占有率在短短一年时间内翻了一番，其产品以优异的品质赢得了消费者的厚爱，以独特的个性魅力征服了中国的白酒专家。玉林泉白酒被专家推崇为“中国小曲清香型白酒的典型代表”；被中国酿酒工业协会确定为国家级白酒评委考试样品酒；被云南省政府指定为省政府公务接待专用酒。2006年公司上缴国家税金是外资进入前5年的总和，2008年税收在2007年的基础上翻了一番。

在周美珠女士的领导下，云南玉林泉酒业有限公司共获得包括云南省唯一的“全国酒类产品质量诚信品牌”、“云南十佳名酒”、“云南省著名商标”、“云南省第三届工商诚信企业诚信单位”、商务部“中国名酒”评选云南省唯一推荐品牌、“云南省2007年度社会扶贫工作先进集体”等近30个殊荣。2007年4月，周美珠女士被峨山县委、政府授予“峨山县优秀企业家”称号；2008年10月，云南省侨商会聘请周美珠女士为云南省侨商会副会长；2008年10月，任云南省海外交流协会“第四届理事会海外顾问”。

在发展生产经营的同时，周美珠不忘社会各界对玉林泉的支持与帮助，把积极参与社会公益事业当作自己应尽义务。先后投资近百万元人民币解决公司邻村的人、蓄饮水、道路修建问题，并为邻村建盖集体餐厅，解决了村社婚嫁宴请难题；她不忘社会，积极吸纳社会下岗失业人员和农村富余劳力就业，为带动地方经济发展、员工增收、财政增长、企业增效，作出了积极贡献。

她始终引导玉林泉酒业有限公司始终坚持以人为本、诚信经营的原则，牢固树立“诚信是企业生命”意识，坚持诚信经营、合法经营、依法纳税，关注社会公益事业，为国家、为社会多作贡献。2006年下半年，公司投资公司200余万元增建环保设施，彻底解决环境污染问题，顺利通过国家环保部门验收，取得排污许可证，各项指标达国家标准。

周美珠女士还积极参与和支持地方文化事业，捐资助学贡献力量。先后获得云南省人民政府授予的“社会扶贫工作先进集体”荣誉称号；玉溪市关工委、教育局、妇联、赏识教育教育中心联合授予的“捐资助学、功在千秋”匾牌及荣誉证书。

2008年5月12日四川汶川大地震，牵动着周美珠女士爱国、善良的心，远在泰国TCC总部的她积极倡议向灾区人民捐资救灾。在这次捐助活动中，公司总部泰国TCC集团捐赠了人民币1 000余万元，周美珠女士个人带动企业干部员工捐助了部分资金，向灾区人民送去了温暖。

周美珠女士有着远大的战略目标，她表示：今后要用余生的精力按照公司的发展战略，力争经过3年努力，使企业年生产规模达2.5万吨，把玉林泉酒业打造成为中国小曲清香型白酒生产基地，再创玉林泉酒业发展的新辉煌。

云南高原葡萄酒有限公司总经理
——单树民

单树民，男，1955年5月出生于安徽省萧县，今年54岁。中共党员，酿酒工程师，国家级葡萄酒评酒员，意大利酿酒协会名誉会员。曾任烟台南山庄园葡萄酒有限公司总工程师，现任云南高原葡萄酒有限公司总经理。

1976年大学毕业后在安徽萧县葡萄酒厂工作，历任检验员、工艺员、质检科长、技术科长、技术部长等职务。1983年经轻工部酿酒专业考核及国家统考，获联合国奖学金赴意大利罗马欧共体农学院学习葡萄酒酿造专业，因学习成绩突出，被意大利酿酒协会吸收为终身名誉会员。1985年回国后，继续在原厂从事技术工作。1993年任丰县贝特兰饮料酒公司总工程师，副总经理。1995年任徐州食品饮料厂厂长、书记。1999年起任烟台南山庄园葡萄酒有限公司总工程师。

单树民自进入酒厂工作就立志为中国葡萄酒业的发展奉献自己的青春和心血。1977～1978年在萧县葡萄酒厂对葡萄单品种酿酒试验和不同酵母菌种进行发酵菌种选择试验，选出干白发酵优良菌珠1450及白羽、佳利酿等酿酒葡萄品种。1979年在萧县葡萄酒厂研制开发味美思、桂花酒、干红、优质干白等新产品，干白葡萄酒获国家银质奖。1980年承担省轻工厅科研处对传统工艺和热浸提酿制干红葡萄酒新工艺进行研究对比工作，并取得成功。1986年承担萧县葡萄酒厂万吨葡萄酒扩建工作。1987年在承担安徽省政府下达的创优工作中，干白、干红等8个产品荣获安徽省优质产品称号，干白继续冠名国优称号，梅鹿辄单品种干红、桂花酒在法国第29届国际评酒会上，荣获大奖和特别大奖。1989年进行过对国产皂土、PVPP等新材料的试验，1990年进行了葡萄汁保鲜及干白提前装瓶试验，1990年以后从事葡萄酒企业全面生产技术质量的管理工作。

20多年来，单树民先后在省级以上刊物发表酒业论文3篇，为企业撰写技术报告10余篇；先后完成了《葡萄酒生产工艺计算》、《应用葡萄酒检验方法》、《葡萄酒企业酿酒设备配置及说明》、《葡萄酒企业筹建》、《葡萄酒工艺规程》、《葡萄酒检验教程》、《葡萄酒企业全面质量管理》等约50万字的资料编写，曾获省、地县企业奖项10余次。2000年4月参加中国酿酒工业协会考试，被聘为国家级葡萄酒评酒委员。

2004年，以其在葡萄酒业全面丰富的专业技术和管理经验，受聘担任云南高原葡萄酒业有限公司总经理，为“云南红”持续跨越式发展继续竭尽全力。

昆明酒类行业协会总工程师——张云超

张云超，1987年毕业于江苏无锡轻工业学院发酵系工业发酵专业，毕业后在云南省轻工业学校任教师讲授发酵专业课程近10年。在校任职期间先后为我省糖厂酒精车间的技术革新及新技术应用作出较大贡献。曾为我省酒企推广酒精连续发酵活性干酵母的运用以及固定化酵母的使用等等做了许多工作。1994年获得讲师资格，2000年获得高级讲师资格，同时被任命为学科带头人。先后为学校编辑出版了《糖蜜酒精工艺》一书，并于1994年、1995年、2006年在《酿酒科技》、《云南酒业》等专业刊物上发表论文若干篇。

1996年底技术协助到思茅南亚啤酒厂任厂长助理，并负责该厂750万元技改项目，为公司组织引进了250万元灌装线，70立方米发酵大罐及主持了CIP原位清洗系统的设计，并首次将微机温控引入发酵控制生产中，为公司赢得了一定效益。

2003年到昆明酒类行业协会任总工程师后，一直围绕提高云南白酒的质量、提升云南白酒的品牌而尽心尽力，他带领协会相关技术人员积极与相关工厂合作推广使用糖化酶、酒类澄清剂、催陈老熟设备及过滤、灌装、计量等制剂和设备，为我省多家工厂新产品开发、工厂改造提供了技术支持。白酒及酒精纳入生产许可证管理后，张总工取得了国家注册审查员资格。作为专家组成员审订了DB53/T92－2008《云南小曲清香型白酒》地方标准。多次到工厂为职工技术培训授课，参与“云南省八大小曲酒生产企业”的审核评定工作。作为省科技部门白酒专家，先后多次参与对企业申报的科技项目进行评审。目前，年过四旬的张工正引领他的技术团队，积极与相关的科研院所合作，为推动云南酒行业的技术进步、节能减排及创云南名酒而不断努力工作。

云南登鸿贸易有限公司总经理——曹艳红

曹艳红，昆明人，现年34岁，一位年轻的酒类营销女企业家。1993年，刚满17岁的曹艳红读了半年高中便离开了学校踏入社会。为了生计，她向朋友借了3万多元钱，在昆明广丰批发市场租下一间铺面，试着做起了酒水生意，开始了她酒类营销的人生拼搏。

曹艳红是一个有理想、有追求的人。她志存高远，以坚强的意志、永恒的耐心、果敢利落，循序渐进，坚持创新，致力于整合中国与世界名酒资源，把稳健成就具有相当区域与全国市场竞争力优势的卓越酒类营销商作为自己的战略目标，一步一步踏踏实实地把自己的事业推向前进。

她创办的新大龙酒水经营部（云南登鸿贸易有限公司的前身），从代理“乡巴佬”酒开始起步，适时把握99’世博会带来的无限商机，逐步成为茅台、五粮液、剑南春等中国名酒在云南的经销商，成为昆明市官渡区颇具影响力的酒类营销企业。

曹艳红是个好学的人。为了弥补知识水平的不足，她边干边学，不断提升自己市场营销和企业管理的知识和技能。她坚持高调做事，低调做人，诚信做人，诚信做事的为人准则，上对生产厂家，下对普通客户都讲究诚信为先，并以严格的企业管理方法和自己的一言一行影响和教育员工，从而树立了登鸿企业在酒类市场上的良好形象，获得了厂家和客户的信赖，使登鸿企业营销管理登上了一个又一个新台阶。

历经16年的拼搏，几经坎坷沉浮，登鸿企业已发展成为有员工二十余人，商铺500多平方米，储存仓库1 000多平方米，在省内多个州市拥有多家客户，拥有一支智能复合型营销队伍的白酒销售知名企业。2008年销售收入已超过1 000万元。

云南玉林泉酒业有限公司总工程师——普必恩

普必恩，1964年出生，中共党员，高级工程师，现任中国白酒专家技术委员会委员（全国共53位）、国家级白酒评委、国家注册高级品酒师、食品生产许可证国家注册审查员、中食联盟（北京）质量认证中心认证品酒师、全国白酒标准化技术委员会委员、清香型分技术委员会委员、白酒行业职业技能鉴定国家注册考评员、中国管理科学研究院学术委员会持约研究员，《酿酒科技》编辑委员会委员、云南省酒类行业协会副会长、云南玉林泉酒业有限公司总工程师、副总经理、技术中心主任、玉溪市中青年学科技术带头人。

普必恩从事云南小曲白酒生产研究二十多年，1985年参加工作以来，刻苦钻研业务技能，成长为云南省屈指可数的白酒行业高级技术专家。先后参加了云南省小曲清香型白酒地方标准的制定、全国浓香型、清香型、米香型国家标准的修订、中国小曲白酒国家标准的制定等。几年来他研究开发了系列低度白酒，获多项科技进步成果奖，其中12度超低度营养型“怡人缘”白酒被中国白酒专家鉴评为“全国首创、中国唯一”的产品，他在“国际蒸馏酒论坛”、“中国低度白酒发展高峰论坛”、“清香型合作组织识论坛”等国家级的行业论坛中多次作为云南省资深的白酒专家阐述云南小曲白酒的工艺特征和风格特点，为发展云南白酒业、提升云南小曲白酒的整体地位作出了卓越的贡献。

1992年普必恩任峨山玉林泉酒厂副厂长，同年被云南省食品工业协会、云南省酿酒工业协会考核聘任为首届云南省评酒委员会委员，参与了云南省经济贸易委员会组织的云南省优质产品的评选活动。1997年任云南峨山玉林泉酒业有限公司副董事长兼副总经理，同年被玉溪市委、市人民政府授予“玉溪市有突出贡献优秀专业技术人才”称号，得到了表彰和奖励。

附：《普必恩与酒的不解之缘》

普必恩与酒的不解之缘

还没去玉溪之前就听说了玉溪有一个酒仙，他就是云南玉林泉酒业有限公司副总经理兼总工程师普必恩。说起普必恩，来过玉林泉酒厂考察的中国白酒界专家都会说：“普必恩是云南白酒界一位不可多得的人才”。他勾兑的玉林泉酒被中国著名白酒专家栗永清、赵建华教授推崇为云南小曲清香型白酒的典型代表，并对普必恩自主创新、自己研发勾兑的12度“怡人缘”鉴评后，肯定其为“全国首创，中国唯一”，是云南酿酒业的骄傲。

23年与酒的不解之缘

翻开普必恩的简历，发现他在云南白酒行业已经工作了23年，与白酒亲密接触了23年，足够见证云南白酒的发展历程。“成为中国的评酒权威，成为发展云南小曲白酒的引领者！”这是普必恩的奋斗目标。

就是这样一个来自彝家山寨的创业者，既承袭了彝家儿女勤劳朴实的优良传统，又体现了彝家男儿那不达目的誓不罢休的执著精神。

1985年，普必恩进入玉林泉酒厂时，酒在他的潜意识中只是一种人们用于消遣的东西，他甚至还没有从高考落榜和求职不如愿的痛苦中走出来。不过，很快，他以好学得到了厂领导的赏识，并在短时间内成了酒厂的技术骨干。两年后，他被推荐参加了中国食品工业协会和四川省酒类专卖管理局举办的浓香型大曲酒勾兑调味培训班。1988年，他勾兑出了成本低、口感好的玉林泉酒，从此使玉林泉酒厂走上了一个崭新的发展阶段。1990年，由普必恩亲手研制并组织实施勾兑的“纯高粱酒”和“玉林大曲酒”双双被评为云南省优质产品，填补了玉溪无名优白酒的空白。

1990至1995年，普必恩大胆打破常规的坛内勾兑法，确立了“组合式勾兑，排列式调味”的酒体设计方案，并克服种种技术难关，充分应用于生产实践，不仅使酒厂的产品质量得到稳定和提高，并且大大提高了工作效率，节约了生产成本，为酒厂的发展奠定了基础。

1992年，他被任命为玉林泉酒厂副厂长。1995年，普必恩带领课题研制小组，在没有技术借鉴、没有外出培训学习的情况下，凭借多年来的实践经验和技术水平，大胆打破“陈酿佳酒”的传统习惯，研制出了酒液晶莹剔透、香气清鲜幽雅、口感绵甜净爽、回味悠长怡畅，且加冰加水不变色、不变味的清香型42°玉林泉酒，1997年12月19日经玉溪市科委主持的科技成果评定，获得玉溪市科技进步三等奖。之后，普必恩一发而不可收，相继推出了12°、32°、35°、36°、39°等玉林泉系列白酒。

他成就了玉林泉　玉林泉成就了他

如今提起玉林泉，必然提起普必恩。普必恩说玉林泉酒好像是在夸自己得意的孩子：“玉林泉属清香型白酒，与日本的清酒、韩国的烧酒和国内的老白干酒都有相似之处。河北老白干酒厂的总工一喝玉林泉说，这酒怎么似曾相识？像老白干，细品却另有风味。”

著名白酒专家、中国酿酒工业协会白酒专家组组长、高级工程师梁邦昌先生评价普必恩勾兑的玉林泉酒时说：“名不虚传，走遍南北无数酒厂，还没见过这么好的小曲清香白酒”。中国食品协会白酒专业委员会副秘书长、高级工程师高景炎品评普必恩勾兑的玉林泉酒后，欣然挥毫留下了“独特传统工艺，别具一格佳酿”的墨宝。

泸州老窖集团副总工程师、国家级白酒评委吴晓萍赞誉普必恩勾兑的玉林泉酒：甘洌清爽，清香纯净，绵长幽雅，酒体饱满，技术含量高，有很强的包容性，并兼容了云贵川及湖南、两广等地清香型酒品的特征，创出了自己的个性特色，不愧为云南清香型白酒的典型代表。

从这些白酒界专家对普必恩的赞誉中，我们便可得知普必恩酿酒和勾兑技术的高超。近年来，随着他对云南白酒业的贡献，他也被中国白酒界越来越多的专家同行认可，而他酿造的玉林泉酒也成为云南白酒中首屈一指的代表。

此次玉林泉酒业投资约2亿元，用于扩建生产1.5万吨基础白酒，计划用两年时间完工，完工后玉林泉酒业销售收入能达到12～15亿元，税收上亿元，产能2.5万吨。普必恩告诉记者，此举标志着玉林泉酒业将从中型向大型白酒生产企业成功转型。万吨生产规模、百年纯粮酿造的醇香历史，作为中国第一家白酒外商独资企业、云南唯一的全国重点白酒生产企业、拥有万吨级的白酒生产基地，玉林泉酒业将以领跑者的姿态，迅速助推云南白酒迅速崛起，真正终结云南有好烟、无好酒的历史。在采访中，普总还向记者透露：即将上市的3种主打新品——原浆酒定价为98元，12年陈酿定价为198元，20年陈酿则定价为278元，而且这些中高档次白酒将占到玉林泉总产量的40%，这意味着玉林泉将打破云南省白酒长期处于中低价位的格局，跻身中高档次的行列。

玉林泉要打造云南第一白酒

如今在云南，只要提到玉林泉，很多人都能一一说出玉林泉系列白酒产品。而在玉林泉的“大本营”玉溪，“抽玉溪烟，喝玉林泉”已成为一种消费时尚。“争创云南白酒业龙头企业，打造全国白酒名牌”一直都是玉林泉的奋斗目标。

“玉林泉酒业1.5万吨基础白酒二期工程扩建项目的启动只是玉林泉做大做强云南白酒的第一步。”普必恩说。

云南是生产和消费小曲清香型白酒最典型的省份，玉林泉酒作为中国小曲清香型白酒的典型代表，以其独特的传统工艺、与众不同的个性魅力和优越的酿酒生态环境，历来都是云南小曲清香型白酒发展的风向标。

2008年6月，玉林泉酒业作为七家发起单位之一，加入了全国清香类型白酒企业合作组织。与合作组织成立同期召开的全国清香类型白酒企业高峰论坛，骨干清香类型白酒企业代表为清香白酒发展献计献策，商讨分析了目前行业发展现状，提出了促进行业发展的建议，由此拉开了清香类型白酒生产企业间交流、联合发展的序幕，有望推动新时期清香类型白酒快速发展。这标志着全国白酒“清香”共振终于迈出了最具实质性的一步，将成为新时期清香类型白酒快速发展的“拐点”。玉林泉酒业积极参与助推行业交流的举动，也将为振兴云南小曲清香白酒的发展迈出具有开创性的一大步。

普必恩也表示，清香型白酒发展应该资源共享，竞争与合作才能推动行业的整体发展。通过全国最先进的大企业的带动作用，促进企业的技术、产品、营销等方面的全方位的提升。全行业应该利用清香复兴的契机，顺应新市场环境下的好酒标准，为中国白酒走向世界作出积极探索。

2008年7月，由中国酿酒工业协会分会和中国食品发酵工业研究院共同组织的“小曲白酒”国家标准立项工作研讨会在重庆召开。会议决定组建“小曲白酒”国家标准制定起草工作组，其中小曲白酒生产企业为4家，玉林泉酒业成为云南唯一一家参与制定“小曲白酒”国家标准的企业。据悉，获准“小曲白酒”国标制定的殊荣，是相关行业权威组织根据企业技术能力、产品质量、行业影响力、工艺技术特点等方面来确定起草标准的企业和个人。玉林泉酒业正是因为具备了上述条件，才能成为国标制定单位。身为国家白酒专家委员的该公司的总工程师、副总经理普必恩则成为起草“小曲白酒”国标的个人。

“打造云南第一白酒，不是件简单的事情。但玉林泉走出云南大山，乃至走向世界已经成为可能。作为云南省唯一全国重点白酒生产企业、中国白酒行业第一家外商独资企业、云南唯一一家参与制定‘小曲白酒’国家标准的企业、拥有万吨级的白酒生产基地，玉林泉有能力终结云南无好酒、无品牌名酒的历史，有能力打造出云南第一白酒。”普必恩信心满满地说。

（龚群辉）

【第五编】大事记

一、2005 年（1～12 月）大事记

1 月

●云南桑椹产业化开发正式打响

1 月 10 下午，云南红河国家农业科技园区内彩球飘扬，乐鼓喧天，红河马桑饮品有限公司在这里举行了首届产品（桑椹离口酒）下线庆典仪式。

一年多来，红河马桑饮品有限公司在云南省科技厅和红河州委、州政府及州科技局的关心支持下，在中国农业大学专家的帮助下，承担了国家科技农业专家学院科技项目“桑椹产业化开发”和云南省科技厅省院省校科技合作项目“优质桑椹系列产品开发”，并投资约1 000万元，完成了年产1 000千升《桑椹干酒生产技术及产业化》这一省院省校科技合作项目的投资建设。桑椹离口酒下线，标志着云南红河国家农业科技园区主导产业——桑椹系列产品开发已经正式形成。公司负责人表示，该公司将不断加大桑椹产业生物产品开发的投入力度，争取用 5 至 10 年的时间把公司建设成引领红河州种桑农户增加收入的龙头企业。

●第二届“云南八大小曲酒生产企业”评选揭晓

云南小曲白酒是具有典型地域特点、风格独特的白酒产品，占云南省白酒产量的 95% 以上，长期以来一直深受云南省广大消费者喜爱。近几年来，云南省白酒有了迅速发展，但与发达省区相比仍有很大的差距。“名烟出云南，美酒岂等闲”。云南省白酒业应有自己的代表企业、代表产品，引领云南白酒企业不断开拓进取、公平竞争、提高产品质量、增强企业市场竞争能力、创出名牌，让广大消费者喝到“放心酒”，让云南小曲白酒走出云南、走向全国。

评选活动是由云南省各主要白酒生产企业参与的行业活动。评选办法是：由专家组结合市场问卷调查、到厂实地考察、考评表记分等几方面严格评审，评选出云南省生产规模大、产品信誉好、销售范围广的企业，进行统一推广、宣传。评选结果如下：云南澜沧江啤酒企业集团有限公司、泸西县兰益酿造有限公司、昌宁县鲞酒酿造有限责任公司、牟定县喜鹊窝酒业有限公司、云南大禹普洱茶乡食品饮料有限公司、云南茅粮酒业集团有限公司、墨江酒江酒业有限公司墨江酒厂、云南玉林泉酒业有限公司。

3 月

●2004 年度中国酿酒行业百强揭晓

在 2005 年 3 月举行的中国酿酒工业协会第三次会员代表大会上，中国酿酒工业协会发布 2004 年中国酿酒行业百强企业名单，云南酒企无一上榜。

2004 年酿酒行业利税总额 100 强中，白酒企业有 36 家，啤酒企业有 50 家，葡萄酒企业

有7家，黄酒企业有3家，果露酒和酒精企业各2家。

百强企业销售收入占全行业的51.97%，利润占有一席之地96.81%，税金占57.9%，利润总额占70.72%。

利税总额超过20亿元的有两家，他们是四川宜宾五粮液集团有限公司，利税总额为38.16亿元，中国贵州茅台酒厂（集团）有限责任公司，利税总额为24.10亿元。

●《云南酒业鉴（2004）》出版发行

2005年3月，昆明酒类行业协会编撰的《云南酒业鉴（2004）》一书，由云南科技出版社面向全国出版发行。该书首次较为系统地收集、介绍了云南类行业的历史、现状、地产知名品牌、企业、人物以及酒与文化，酒与健康等方面的知识，兼具实用性、知识性、可读性。为云南省酒类企业提供了展示自我的平台，扩大了云南酒业的综合影响力，提升了云南酒文化的地位，使云南酒业绽放出瑰丽的光彩。

●普必恩获首届“全国白酒行业科技与发展优秀论文奖”

2005年3月19日中国酿酒工业协会发布公告，按照“全国白酒行业科技与发展优秀论文奖”评选办法，经《酿酒》杂志、《酿酒科技》杂志和2000届国家级白酒评酒委员会专家组对近年来公开发表的论文筛选，再经全国重点白酒企业总工程师（技术负责人）评选，最后由“首届专家评审组”审查，最终评选出首届全国白酒行业科技与发展优秀论文：特等奖1篇、一等奖20篇、二等奖36篇。我省白酒专家、云南玉林泉酒业有限公司总工程师、副总经理普必恩撰写的论文《云南小曲白酒的现状与未来》荣获二等奖。

●云酒兵团“八大小曲酒”亮相成都2005年春季糖酒会

3月25日，2005年春季糖酒会在成都拉开序幕。至今年，全国糖酒会已举办了20多年了。数万买家、上千展位、数以十亿计的交易额，早已使其有了“天下第一展会”的声誉。当然也就成为全国酒类和产品展示形象，开拓市场的平台，对于“云酒”也不例外。

“但过去云酒并没有利用好这个平台，只有少数企业自己去糖酒会上摸路。但这次不一样了。”据昆明酒类行业协会有关人士介绍，此次的云南展团，将由10余家酒类企业组成。再加上另外几家企业自己去，“是云南参展规模最大的一次”。

而记者在采访中了解到，除了参会规模，此次云南展团为全国的买家还精心准备了其他的“不一样”。为了最大地让全国糖酒会这个平台发挥作用，云南展团派出“先头部队”订下5个展位，在糖酒会的大门处拿下了一个200多平方米的表演舞台，到时要利用这些“硬件”对云酒和其中所蕴涵的云南文化进行宣传。展位上要展示与国内主流的浓香、酱香酒类不一样的云南八大小曲酒和部分地产知名酒，外面的舞台则会在开幕式、闭幕式和会展期间成为演示云南民族文化的场地，让不一样的文化内涵迷醉全国买家。

4月

●红河光明因商标侵权被起诉

4月初，红河光明啤酒公司收到广东省佛山市中级人民法院传票及相关起诉书，该院就山东泰和世纪投资有限公司、济南红河饮料制剂经营部起诉公司商标侵权纠纷一案，要求公司于2005年4月11日到该法院开庭。

两原告要求法院判令红河光明停止生产、销售和宣传标注“红河红”啤酒的商品，向原告赔偿经济损失1 000万元，在指定报刊上向原告赔礼道歉，承担案件诉讼费、原告调查取证费、律师代理费。

（《华夏酒报》）

5月

●中酒协发出关于第一批《白酒酿造工》高级技师职业技能培训和等级鉴定的通知

中国酿酒工业协会受劳动和社会保障部委托，对全国酿酒行业从业人员进行职业技能培训和鉴定，特成立了中国轻工酿酒行业职工技能培训和鉴定管理总站并定于2005年6~7月组织第一批《白酒酿造工》高级技师职业技能培训和等级鉴定工作。请各省、区、市酿酒（白酒）协会组织本地区白酒企业从业人员申报，并于5月27日前将《轻工行业特有工种职业技能鉴定申报表》报中国轻工酿酒行业职业技能培训和鉴定管理总站。

《通知》规定了申报《白酒酿造工》高级技师职工等级鉴定的条件以及申请参加高级技师职业技能培训和等级鉴定的程序等事项。

●云南省质量技术监督局开展“标准化良好行为企业”试点工作

云南省质量技术监督局从5月中旬起开展“标准化良好行为企业”试点工作，本次试点工作实施时间为2005年5月20日至2006年3月31日。经我省标准化协会和市、州局推荐，首批批准31家各类企业成为试点企业，其中有易门云之南有限公司、昆明健也生物技术有限公司等五家酒类生产企业。

本次推荐活动的目的是提高企业的质量管理水平和扩大企业的知名度，澜沧江啤酒（企业）集团被作为云南省标准良好行为企业推荐给国家标准化管理委员会。云南省标协酒专委，鼓励企业积极参与这项活动，不断提高管理水平。

8月

●我省举办首届酒类职业资格培训

8月10日由云南省劳动和社会保障厅所属劳动就业培训中心与云南省酿酒科学研究所联合开展的白酒酿造、检验、储存勾调职业资格培训认证工作在昆明市云南劳动保障大厦开班授课，来自全省各酒类生产企业的近240名学员参加了此次培训班。参加培训的工种有白酒检验工、白酒储存勾调工、白酒酿造工；分为中级、高级两个级别。通过近一个星期的专业知识学习，经过理论考试和技能实作考核，两部分考核合格者，将颁发国家劳动和社会保障部制发的全国通用《中华人民共和国职业资格证书》和云南省酿酒科学研究所培训《结业证书》。

此次培训班是根据云南省劳动和社会保障厅［2000］26号文件规定“白酒生产列为应持证上岗的工种之一”，同时为配合国家质检总局扶优限劣，加强监督，实施白酒生产许可证制度，规范白酒生产技术，杜绝假、劣酒流入市场的举措等综合因素条件下举办的，也是我省首次举办的白酒职业资格培训、认证活动，并得到了我省各酒类生产企业的广泛支持。

●云南红发表诚信宣言向假年份酒说“不”

8月初，云南红酒业集团有限公司董事长武克钢、云南红酒庄总经理苏彬、云南高原葡萄酒公司总经理单树民等高层齐齐亮相，向全国40多家媒体公开发表自律诚信宣言，并呼吁同行要诚信生产，不能为了短期的利益生产假年份酒，从而断送了葡萄酒行业的声誉。

武克钢说，假年份酒事件在终端引起了巨大反响，像云南红这样做真正年份酒的正规企业深受假年份酒的毒害。武克钢指出，由于葡萄酒业这几年发展速度过快，“洋垃圾”、“山葡萄酒勾兑水”、“假酒庄酒”、“假年份酒”等事件使葡萄酒在消费者心目中的声誉越来越差。

在此次宣言会上，云南红公开痛斥勾兑年份酒的不负责行为。对于业内有企业以进口洋酒勾兑年份酒、借年份酒抬高价格等做法，武克钢称自己感到非常痛心。他认为，红酒企业要长线发展，社会责任感的缺位是致命的弱点，这是考验中国葡萄酒企业的道德关。

云南高原葡萄酒公司总经理单树民表示，国外厂家为了保证葡萄酒的品质，所有的资料都公开透明化，而国产葡萄酒的年份酒不但没有规范定义，年份酒生产标准也没有法律规定。

云南红除了发表诚信宣言外，还承诺向市场公布葡萄酒年份表，说明历年葡萄品质、生长气候条件、葡萄酒产量、销售量等信息。

（《华夏酒报》）

●香格里拉推出老树干红

8月18日，在黄浦江上精心布置的“香格里拉号”游轮上，在法国酿酒师安德鲁的浪漫法语中，在全国100多经销商的注目下，香格里拉酒业股份有限公司为精心酿造的“香格里拉老树系列干红葡萄酒”揭开了面纱。

香格里拉酒业股份有限公司是商务部批准成立的外商投资股份制企业，是云南省首批农业产业化经营龙头企业。公司至2005已经建成香格里拉（秦皇岛）葡萄酒公司、昆明灌装厂和香格里拉酿酒厂三个工厂，年生产葡萄酒、青稞干酒能力达2万千升规模，产品销售收入已经进入全国红酒行业前十名。香格里拉酒业推出的老树系列干红葡萄酒是为了顺应葡萄酒行业的发展趋势，打造高端的产品形象。

在我国葡萄酒行业工作50年的著名葡萄酒专家、香格里拉酒业股份有限公司总工程师彭德华告诉记者，目前香格里拉酒业股份有限公司在秦皇岛的卢龙县、山东烟台的蓬莱市和云南的德钦县澜沧江干旱河谷已有自主种植的5 000亩葡萄园。卢龙1986年从法国引进了世界著名的赤霞酿酒葡萄品种，公司从现有的3万亩中选择了最好的2 000亩葡萄园，为生产12年、15年老树葡萄酒提供了保证。30年以上的老树葡萄酒，是从公司合伙伙伴法国波尔多著名酒庄购进的相应树龄的原酒，经精心调配、澄清、冷冻、无菌冷装瓶工艺加工而成。此次推出的香格里拉老树干红葡萄酒共同的特点是色泽靓丽，澄清透明，具有浓郁的酒香与和谐的橡木香，味醇厚、圆润，酒体丰满，回味悠长，展现出了葡萄酒特有的、迷人的魅力。

9月

●第三届全国重点白酒企业总工程师会议在玉溪召开

第三届全国重点白酒企业总工程师会议于2005年9月5日至8日在玉溪举行，全国50多位白酒泰斗云集玉林泉、共商中国白酒技术创新与发展大计。

据介绍，全国重点白酒企业总工程师会议，是由中国酿酒工业协会组织发起的中国白酒业最高权威的技术盛会，其参会成员由全国白酒专家组成员和全国重点白酒企业总工程师组成。

●澜沧江啤酒企业集团公司跻身“云南企业100强”

“云南企业100强”评选于2005年9月8日结束，公布结果：排名前三位的分别是：玉溪红塔集团、云南电网公司、昆明卷烟厂。

云南省企业联合会、云南省企业家协会是此次百强企业评选的“操盘手”，排序是按照国际惯例和中国企业500强排序规则进行的。

云南澜沧江啤酒企业集团有限公司作为唯一的一家酒企名列第44位。

●省质监局就白酒中糖精钠的查处情况召开通报会

自7月下旬以来，我省几家白酒生产企业的产品被抽查，产品经省质检中心无公害食品室检测含微量糖精钠，检验报告以GB2760－1996标准规定的“不得加入”判定产品质量不合格，质监部门对抽查的产品进行了查封。由此引起了我省广大白酒生产企业的不安和恐慌。八月初我省三十余家企业自发召开了讨论会，会后向省质量技术监督局递交了报告，对检验报告提出异议。此事引起了省质技监局的高度重视，省局领导多次开会讨论研究。

9月9日，在省局18楼会议室二十余家企业代表参加了通报会，省质监局常秋玲纪检组长、刘光宇副局长、监督处肖晓明处长、张莹副处长等领导参加了会议。会上各企业代表发表了意见，省质检中心何中石副主任就检验报告的检测方法及判定依据做了解释，肖晓明处长表示今后将国家标准和有关法规严格进行执法监督。常组长提出：今后我省各级质监部门应加强对企业宣传和监督；省质检中心出具的检验报告使用标准正确，对国家强制性标准应坚决执行，考虑到全国及我省白酒业的实际情况，现暂不查处；现各企业对标准的理解还存在很大分歧，行业协会应发挥积极作用，应对企业加强宣传，组织学习，加强行业自律；希望企业与质监部门加强联系、沟通，对今后的工作进行监督。刘副局长说：造成这次事件的起因是各方对现行标准的理解有差异，省质监局对此很重视，已对此事进行了认真调查、了解并广泛征求意见；欢迎各企业、行业多与质检部门联系，对质检工作多提建议；企业应加强学习，加快技术进步，提高产品质量，严格按国家标准组织生产，现省局决定暂不查处，就是给企业时间尽快改进工艺，在新的标准未出台之前使产品达到现行标准规定的要求。

●昆明酒协发出《加强行业自律重视食品质量安全倡议书》

9月15日，昆明酒类行业协会向我省各酒类生产企业发出倡议书，倡议书说：前段时间我省多家企业的产品被抽查，经检测含有微量糖精钠。9月9日，省质量技术监督局组织部分企业召开了质量通报会，省局领导经多次研究讨论，从保护全省酒类行业健康发展的角度出发，决定对此暂不进行查处，同时也对我省酒类行业存在的不良行为提出了严厉的警告和批评。

因此，我们倡议：现国家非常重视食品质量安全工作，本着对广大消费者认真负责的态度，同时也为保护企业自身利益，各酒类生产企业应认真学习国家有关法律法规，熟悉掌握行业内的标准要求，改进生产工艺，加强技术进步，提高产品质量，加强行业自律，严格按国家标准组织生产，为我省的酒类行业健康发展尽职尽责。

●武克钢、刘光汉、李宗城获十大滇商领袖评选提名

滇虹康王杯“创世纪（2001－2005）十大滇商领袖”评选提名名单于2005年9月20日出炉。其中，云南红酒业集团有限公司董事长武克钢、云南澜沧江啤酒企业集团有限公司董事长刘光汉、云南茅粮酒业集团有限公司董事长李宗城出现在提名候选人中。

此次评选设有四大奖项：“创世纪十大领袖滇商”、“创世纪十大风云滇商”、“创世纪十大新锐滇商”、“创世纪十大公益滇商”。

10月

●云南省酒类技术学会即将成立

近日由云南省酿酒科学研究所牵头发起的云南省酒类技术学会已经云南省民政厅同意成立，并于十月下旬召开成立大会暨第一次会员代表大会。

12月

●“云南红”香格里拉产品成国家免检产品

12月9日，国家质检总局在北京公布了2005年度国家免检产品及其生产企业名单，其中有10家黄酒企业、17家葡萄酒企业的产品符合免于质量监督检查的条件，被授予免检资格。我省酒类企业此次获国家免检产品的有云南红酒业集团有限公司（云南红酒庄葡萄酒有限公司）“滇云”750ml、375ml全汁葡萄酒，香格里拉酒业股份有限公司“香格里拉藏秘”、“藏秘”、“香格里拉”、“天籁”750ml/瓶、375ml/瓶。

●香格里拉酒业回应“老树龄酒事件”

民营经济报2005年12月23日《葡萄酒：以“树龄”论英雄?》发表以后，在业界引起了强烈的反响，也有读者向记者反映新的情况。而当事企业香格里拉酒业股份有限公司也对该报道十分重视，公司高层委派品牌部负责人针对报道作出回应。

香格里拉酒业股份有限公司认为记者的报道基本属实，但是可能对企业不够了解，对香格里拉“老树龄”的来源存在一些疑惑。因此，对记者文中提及的一些问题作出回应，并向消费者做出比较详细的澄清说明。

香格里拉酒业股份有限公司称：我公司从未宣传30年、70年老树葡萄酒是在国内葡萄园生产。所有宣传资料和酒标上都注明了原酒是从法国进口的。

一位消费者在电话里对记者说，事实上现在打树龄牌的葡萄酒生产企业不止香格里拉一家。云南红应该是最早推出老树龄酒的，2004年9月，云南红“老树葡萄1968”在昆明上市，终端售价128～200元/瓶，以最早开垦的葡萄园基地种植的葡萄为原料，宣扬“树龄”概念。据悉，这款新品是云南红借助树龄概念推出的高端产品，作为原有的畅销品种云南干红和云南柔红的替代品，云南红老树与另一款替代型产品玫瑰蜜干红目前的销售比例已经占到云南红整体销量的23%。

●云南酒类生产技术交流研讨会在昆举办

12 月 28 日 ~30 日，由昆明酒类行业协会、云南省酒类技术学会在云南省科技管理干部培训中心举办了我省酒类生产技术研讨会。

参加本次研讨会有我国著名白酒专家沈怡方先生、国家酒类产品质量监督检验中心研发部钟杰主任、云南色谱学会理事长刘锦耀教授，以及生产后处理技术、生物工程技术领域的专家学者和我省各骨干酒类生产企业领导及技术负责人共同参加了交流、研讨，并组织了专题讲座，各参会代表进行了广泛交流。

国家酒类产品质量监督检验中心研发部主任、国家白酒专家组成员钟杰以白酒生产质量控制及感官检验的应用，近年来国家白酒质量监督抽查中的质量问题分析为题对各酒企代表作了自己精辟的见解，对国家近期查处各地甜蜜素、糖精钠等事件进行了回顾和剖析，建议企业应加强感官检验。

云南色谱学会理事长刘锦耀教授以白酒气相色谱分析简介为题，为各代表介绍了气相色谱法的基本原理和优点、气相色谱仪器、气相色谱法分析白酒中各种成分，为我省酒企进一步学习、普及了气相色谱法在酒类企业的运用。

中国著名白酒专家沈怡方以开拓创新、振兴云南小曲白酒为题，分析了云南小曲白酒在近现代整个中国白酒发展条件下的历史、现状，对振兴小曲白酒提出了自己的看法。

本次研讨会为提高我省各酒类生产企业的技术水平、加强技术交流、开拓思想、共同进步起到了积极作用，得到了广大酒类企业负责人及技术人员的欢迎和赞许。

二、2006年（1～12月）大事记

1月

●全国酿酒协会秘书长联席会议在瑞丽召开

1月8日，全国各省、市、自治区酿酒协会秘书长2006年联席会议在德宏州瑞丽市隆重召开。中国酿酒工业协会理事长、秘书长王琦、副理事长肖德润、德宏州党政领导李春华、卜金富、杨晓红、龚云麟以及各省、市、自治区酿酒协会的秘书长、会长出席了会议。会议由中国酿酒工业协会副理事长肖德润主持。

会议由中国酿酒工业协会主办、云南省酒类技术学会承办，会议主要总结了2005年酿酒行业的发展情况以及对2006年的行业规划和展望。中国酿酒工业协会秘书长王琦代表中酒协作2005年中国酿酒行业总结报告。

他指出：纵观2005年的中国酒业是进一步稳定发展的一年。在国家宏观经济环境的调控下，中国酒类竞争环境进一步优化，中国酒类行业继续保持繁荣态势，产量与销售额均实现了稳健增长；酒类企业规模化、集团化格局初步形成，报告通过翔实的数据和充分的论述，从多个角度揭示了中国酒类行业现状、特点与竞争格局，并对行业内重点企业的经营战略和竞争力进行了综合评价。

（《云南酒业》）

4月

●云南古铜酒业有限公司在东川正式投产

4月18日，云南古铜酒业有限公司在东川正式投产，昆明市委常委、东川区委书记高德明，东川区委副书记、区长田文等到场祝贺。

就在这次投产庆典上，云南古铜酒业有限公司董事长刘景明发出了一个振聋发聩的声音：云南古铜酒业有限公司的红土映象牌浓香型白酒，填补了云南浓香型白酒的空白。

5月

●我省3名专家受聘2005届国家级白酒评委

由中国酿酒工业协会白酒分会举办的“2005届国家级白酒评酒委员考试选拔会”于2006年5月16日至17日在四川省温江举行，全国29个省、市、自治区95个企业的97名考生参加了考试。根据2006年3月26日白酒分会理事长办公会议纪要精神，2005届国家级白酒评委由考试选拔和聘请特邀评委相结合的原则，一支由107人组成的2005届国家级白酒评委正式组建完毕。中国酿酒工业协会于2006年5月19日以中酒协［2006］22号文正式下发了聘用通知。

王琦秘书长在总结中指出：要更进一步搞

好每年的国家白酒评委年会工作，使国家白酒评委得到更多培训机会，品酒技能不断提升。同时，我们还要广开思路，开拓更加广泛的活动空间。增加多种形式的技术学习、技术交流、技术攻关。使新的一届国家评委这支队伍成为行业的技术中坚，为中国白酒行业的发展作出积极的贡献。通过这次国家级白酒评委的考试，看到了酿酒行业的实力，也看到了酿酒行业的希望。有理由相信，中国酿酒行业的明天会更好！

根据2006年3月26日白酒分会理事长办公会议纪要，2005届国家级白酒评酒委员考试评审委员会决定，我省3人被中国酿酒工业协会聘任为2005届国家级白酒评酒委员，他们分别是云南省水富三乘酒业有限公司的郑洁、云南茅粮酒业集团有限公司的周达海、云南玉林泉酒业有限公司的普必恩。

●云南酒业考察团赴广西考察学习

5月30日由昆明酒类行业协会组织的我省八家生产企业一行17人到广西全州湘山酒厂、桂林三花股份有限公司参观学习活动圆满结束。

在考察学习中，考察团得到了两家酒厂的热情接待，大家向两家酒厂领导、技术骨干请教、询问、学习，对米香型白酒的生产工艺、技术工艺改造、生产管理等各方面获得了许多有益的知识，对帮助我省企业提高产品质量、改进生产工艺、提高生产效率起到了积极作用。对湘山酒厂传统工艺、三花股份有限公司的传统工艺与现代技术相结合的工艺的特点，值得我省酒企深借鉴与学习，参加这次活动的同志都感到受益匪浅。

考察活动结束后，考察团为推动我省白酒行业健康发展出谋划策，共同探讨如何振兴云南酒业。

6月

●我省多家啤酒生产企业积极申报国家免检

我省澜沧江啤酒企业集团有限公司、金星啤酒、大理啤酒等几家骨干啤酒生产企业正在按国家质检总局规定的要求积极申报国家免检产品。

2006年6月，根据国家质检总局《产品免于质督检查管理办法》的规定，2006年对24类产品实施国家免检制度，啤酒是其中之一。国家免检制度是国家质检总局为鼓励企业不断提高产品质量、扶优扶强、引导消费，提高监督抽查有效性，减少重复抽查、减轻企业负担而采取的一项重要措施。近几年实践证明，国家免检制度对提高企业知名度，增强产品市场竞争力，优化产业结构，提高产品质量，维护社会主义市场经济秩序，推动经济社会的发展起到了积极的推动作用。

去年我省的香格里拉酒业股份有限公司、云南红酒业集团有限公司的葡萄酒已荣获国家免检产品。

●我省酒企积极参与第十四届昆交会

第十四届昆交会暨第三届泛珠三角区域经贸合作洽谈会6月6日~12日在云南省昆明国际会展中心举行。本届昆交会参展企业达1 180多家，来自境外的荷兰、法国、韩国、中国台湾、香港等19个国家和地区的200多家企业及国内广东、深圳、江苏、山东、安徽等27个省市参展。

我省部分酒类生产企业，如香格里拉酒业股份有限公司、云南澜沧江啤酒企业集团有限公司、云南易门云之南酒业有限公司，云南茅粮酒业集团有限公司、云南昌宁耈酒酿造有限责任公司、云南沾益福上福葛根酒业有限公司、云南澳中明珠酒业有限公司、云南师宗县五龙裕酒业有限公司等参加了此次昆交会，其他如丘北糖烟酒有限公司的“腻脚酒”、云南高原葡萄酒有限公司的“云南红”等以当地招商局组织单位参展。

纵观本届昆交会，参展的我省酒类企业比往年有所增加，乐观地说云南酒企在一步一步走出大山，走向广大消费群体，他们的共同点在于重在参与，同时也积极寻找新的突破点，寻找更大的商机，希望参与昆交会提高自己的知名度。向更多省内外关心云南酒业的人士介绍自己的产品、品评自己的产品，通过昆交会这一大舞台展示自己，让更多的人士了解自己。

●古铜酒业 10 万元重奖珠峰英雄

为了表达对昆明兄弟金飞彪、金飞豹成功登顶世界第一高峰的敬意，6 月 17 日，云南古铜酒业有限公司董事长刘景明和总经理姜红星向金氏兄弟奖励 10 万元人民币。

刘景明、姜红星表示，金氏兄弟不畏艰险登上地球的最高点，这与云南古铜酒业有限公司正在脚踏实地、以勇往向上的精神向着发展目标奋进相契合，这种不畏艰险、知难而上、百折不挠的坚强精神很值得我们企业学习。特别是在日常的生产经营中，更需要每一位员工向金氏兄弟学习，做一流的企业，一流的品牌。据介绍，云南古铜酒业有限公司有着 40 多年的历史。公司生产的“古铜”牌红土映象浓香型白酒填补了云南浓香型白酒的又一空白。“金氏兄弟的精神催我们奋进。我们将借助东川特区的优惠政策，把‘古铜’牌红土映象浓香型白酒打造成云南知名白酒。”云南古铜酒业有限公司董事长刘景明信心百倍地说。

（《都市时报》）

7 月

●云南澜沧江啤酒集团楚雄公司上半年缴税 388 万元

进入 2006 年，云南澜沧江啤酒企业集团楚雄有限公司全体干部员工紧紧围绕楚雄州委、州政府提出的“建设活力楚雄，打造平安彝州”的指导思想，认真贯彻落实科学的发展观，狠抓安全生产工作，促进了公司各项经济指标健康快速发展。

1 ~6 月份，共生产啤酒 1. 89 万吨，比去年同期增长 52%，实现销售收入 3076 万元，比去年同期增长 72%，上缴各项税金 388 万元，比去年同期增长 131%。

另外，云南澜沧江啤酒企业集团有限公司在楚雄新建的生产线，施工质量精益求精，施工进度紧锣密鼓，目前，已进入设备安装阶段。在此同时，从楚雄等州市县来的一大批员工，正在集团公司总部云县进行培训。

●我省部分酒类骨干企业与中酿协领导座谈

7 月 9 日，中国轻工联合会的相关领导到丽江召开食品管理中心工作会议期间，中酿协领导王延才、王琦、赵建华与我省部分酒企代表进行了座谈，中酿协白酒分会秘书长赵建华向大家介绍了全国酒类发展的相关情况及中酿协最近计划将开展的工作，大家就各企业最关心的许可证、税金、行业标准、市场销售等问题进行了交流、讨论。

●龙润酒业积极开展节能降耗工作

云南龙润酒业有限公司积极响应集团公司关于全面开展节能降耗的号召，在生产的各个环节、各台设备及各项管理制度上，都以节能降耗为重点展开工作。

锅炉车间员工自觉抵制不合格煤的流入使用。提高吨原煤产汽量，节约生产成本。白酒二车间积极开展技术攻关，采用新技术、新工艺来酿制白酒，在相同能耗的基础上，出酒率由原来的 58% ~59% 上升到 60% 以上，白酒产量提高、能耗降低。包装车间泡、洗瓶组大大降低了瓶的耗损，车间统计耗损率由原来的 4% 下降为 2%。

各生产车间经量化考核后，一方面加强了对设备管道的维护与保养，减少设备的跑、冒、滴、漏。物流部加强了对各类储备设备的巡回检查，及时处理储备设施的跑、冒、滴、漏，对进入公司的各种原、材、物料对其称量、计量、测量等各种检测做到精准无误，保证生产顺畅，达到节能降耗的目的。

此外，酒业公司还采取了强化内部量化考核管理办法，把员工的报酬与产量挂钩考核，从而增强了员工的责任心，养成了在工作中厉行节约、杜绝浪费的良好风气，使得公司在节能降耗工作上取得一些成绩。

（赵国亮）

●大理啤酒推出新品“爽麦”啤酒

在对消费者做了大量口味及情感诉求方面调查后，大理啤酒推出了新品“爽麦”啤酒。并投入大量资金，以“地毯式轰炸”的全新产品运作模式，让新品顺利完成市场导入期，目前“爽麦”每日出货量占到云南嘉士伯产量的20%。

“爽麦”是自嘉士伯收购大理啤酒厂后推出的全新啤酒，嘉士伯领先的设备及完美的酿造工艺，加上对昆明市场口味需求及消费水平的深度理解，经过近两年的酝酿，针对不同年龄、不同场所、不同收入近2 000人做了2 000个样本的调研，对他们的口味要求，喝啤酒时诉诸的情感进行了深层次的调研，通过专业调研公司的数据采集及分析，将消费者的诉求转化为技术的诉求，提供了十几种不同口味的啤酒样本，并于今年3月份再次进行大型市场调研，最终成功开发出“爽麦”啤酒。

“爽麦”的上市预示着大理啤酒产品运作模式的全新改变，现在的市场竞争已经不再是产品的竞争，也不是销售团队优劣的竞争，而是贴近消费群体的竞争。“爽麦”开创云南啤酒品牌营销的新模式，再次让消费者感受大理啤酒作为云南第一本土品牌引领行业走向前端的实力。

（《春城晚报》）

●云南“太阳魂”干红葡萄酒2002喜获金奖

7月，云南太阳魂酒业有限公司的普者黑文化酒庄生产的太阳魂干红葡萄酒2002，在第二届亚洲葡萄酒质量评比大赛中荣获金奖，这是该县酒类企业产品获得的最高奖项。

丘北县气候、土壤非常适宜种植葡萄，生产的酿酒葡萄品质优良。2003年，该县与科技、财力实力雄厚的云南太阳魂酒业有限公司达成协议，投资6 900万元，在丘北建设万亩酿酒葡萄种植基地和集生产加工、科研考察、学术交流、旅游观光、休闲娱乐为一体的生态园林文化酒庄。

2005年，6 000余亩酿酒葡萄挂果，第一条葡萄酒生产线完工并投入生产。在生产过程中，该酒庄严格按照国际标准，把好产品优质关，让优质葡萄酿制出优质葡萄酒，第一次参加国际大赛就获得金奖。

（《七都晚刊》）

●易门龙锶源酒业组织第一届火把节

2006年7月18～21日，云南易门龙锶源酒业有限公司第一届火把节在峨山、易门交界处的甸中春漫山庄隆重举行。当地政府部门有关领导及我省酒行业领导应邀亲临现场与大家共度了一个激情、欢乐、祥和的火把节。

火把节本着文化搭台，宣传甸中，推进文化产业与旅游、企业的共同发展，弘扬民族优秀传统文化，充分展示甸中丰富多彩的民族文化成果，推动和促进当地经济、社会各项事业的发展的指导思想，得到了当地政府、各村委会的支持，实现了经济效益和社会效益的双丰收。

本次火把节活动丰富多彩，甸中镇十几个行政村的代表队参加了彝族民间歌舞表演、拔河比赛，共一万余人参加了篝火晚会及其他娱乐活动，龙锶源公司的“九田酒”也首次公开亮相，整个活动充满样和、热烈的气氛。

（《云南酒业》）

●茅粮集团获云县“十五”科技工作先进集体

多年以来，云南茅粮酒业集团有限公司积极投身经济社会建设，在贯彻“科学技术是第一生产力”的实践中，茅粮集团与南京大学，四川大学，江南大学，昆明医学院等国内顶尖学术科研机构联合研制，采用白花木瓜直接发酵，提取木瓜中的齐墩果酸，多种氨基酸和人参甙等丰富的营养成分和药用成分，酿制成口感纯正，色泽鲜艳的司岗里木瓜干纯。2006年7月，茅粮集团被云县县委，县政府评为“十五”科技工作先进集体。

●云南红河光明股份有限公司通过食品市场准入现场核查

7月，云南省质量技术监督局食品安全管理处已受理了云南红河光明股份有限公司的食品生产许可证（啤酒）申请，并派出了核查组到该企业进行现场核查。

云南红河光明股份有限公司（前身为开远光明啤酒厂）于1992年就获得了出口食品卫生注册证书，按《食品市场准入实际细则通则》的要求，仅对其“产品质量检验”一部分进行核查。该公司多年来非常重视产品质量，近年内投资一百余万元资金购置先进的啤酒检验设备，产品质量检验制度、检验记录、报告较规范齐全，顺利通过了现场核查。

8 月

●省质检协会、昆明酒类行业协会拟定联合推广“放心酒”标识

2006 年 8 月，为推动我省酒类行业的健康发展，让广大消费者喝到放心酒，云南省质量检验协会、昆明酒类行业协会充分发挥产品质量检验、质量监督、行业服务的优势，两协会拟定联合推广‘放心酒’标识。

“‘放心酒’质量认可酒产品”激光防伪标识是根据现在酒类生产、销售的实际情况，将酒类产品的质量认可及防伪功能结合起来进行推广的一种防伪标识。该标识首先是对产品质量的认可，对消费者的一种质量承诺，同时又使企业的产品免遭仿冒假冒，达到防伪的目的。不断提高、稳定产品的质量是每一个企业努力追求的目标，长期保持优异的品质是每个企业发展的基础。现云南省质量检验协会和昆明酒类行业协会拟定推出该标识就是为积极鼓励、协助我省各酒类生产企业加强质量控制、提高质量意识、提高产品质量，同时利用先进的数码防伪技术力所能及地保护企业及消费者的合法利益。

目前，针对此项工作，两协会正在积极广泛征求企业意见，并认真准备相关辅助工作。

（《云南酒业》）

●云南茅粮酒专家鉴品会在云县举行

8 月 15 日，由中国酿酒工业协会组织的“云南茅粮酒专家鉴品会”在云县茅粮集团总部进行。由王延才、熊正河、赵建华、梁邦昌、栗永清、沈怡方、高月明、庄名扬组成的专家组受到临沧市政府和茅粮集团的热情接待。

15 日一早，专家组一行参观了茅粮集团白酒厂、司岗里木瓜发酵酒厂。下午，专家研讨及品鉴会正式开始，各位专家给予茅粮酒业积极的鼓励并提出了很好的建议。

16 日上午，云南茅粮酒专家鉴品新闻发布会在云县茅粮集团总部广场隆重召开。农工党中央副主席、全国政协常委、省政协副主席陈勋儒，中国酿酒工业协会专家组，临沧市人民政府副市长杜俊军，云县党委、政府、人大、政协及相关部门的领导，云南省酒类行业的有关领导，众多新闻媒体代表及茅粮集团的高层领导参加了新闻发布会。

专家组代表栗永清宣布了“云南茅粮酒”鉴品结果，鉴品报告称：“云南茅粮 38°白酒清香秀雅、口味柔顺、低而不淡、回甜、香味协和、酒体清净、小曲清香酒风格突出；云南茅粮 52°白酒清香秀雅、口味醇厚、甘洌爽净、余香悠长、酒体清净、小曲清香酒风格突出”。中国酿酒工业协会理事长兼白酒分会理事长王延才为茅粮集团副总、白酒技术总工程师周达海颁发了“国家级白酒评委”证书。

这是我省酒界目前规格最高、影响最大的酒类鉴品活动，多位国家著名专家从全国各地汇集云县茅粮集团，是云南酒界的一次盛会。我省酒类行业近年来正在快速地发展，引起了国家行业管理部门领导及各位专家的商度关注，并得到了他们的支持和帮助。这次“云南茅粮酒专家鉴品会”是我省酒业的逐步融入全国酒行业的重要标志，是我省酒类企业敢于走出云南、走向全国的具体体现，将对云南酒业的发展产生深远的影响。

●我省开展白酒生产许可证换证工作

根据《中华人民共和国工业产品生产许可证管理条例》和《中华人民共和国工业产品生产许可证管理条例实施办法》规定，我省的第一批获得白酒生产许可证的企业共 131 家（2002 年 1 月 31 日发证）将在 2007 年 1 月 30 日到期提前半年内逐步提出换证申请。截止 7 月底，已有四家企业提交了换证申请，省质量技术监督局质检处已根据有关规定派出核查组到这些企业进行卖地核查。

原国家质量技术监督局 1999 年发出 282 号文件要求全国所有白酒生产企业必须办理生产许可证。云南省质量技术监督局根据我省实际于 2000 年底逐步开始组织对我省白酒生产企业申请受理，现场核查等相关工作，到现在已有四百余家白酒企业获得白酒生产许可证。

由于新的《白酒产品生产许可证实施细则》尚未出台，因此企业实地核查办法及产品质，检验等有关审查工作仍按《关于白酒产品生产许可证发证工作有关问题的通知》（质技监局质发［9991282 号］）文件规定执行。

按国家质检总局的统一部署，白酒产品生产许可证管理工作将尽快转到食品质量安全市场准入制度的管理范畴，并将很快出台新的实施细则，生产许可证的编号将按要求重新编排，有效期由原来的五年变为三年。

对于证书逾期仍不提出换证申请的企业，视为该企业自动放弃换证请求，省级许可证管理部门将收回证书，不再受理该企业申请。

●云南政府代表团赴摩尔瓦多考察葡萄酒

8 月 22 日至 26 日，应摩尔多瓦葡萄酒局邀请，云南省省长助理汤黎路率云南省政府代表团对摩尔多瓦进行了友好访问。访问期间，摩尔多瓦总统沃罗宁、总理塔尔列夫、第一副总理格列恰内分别会见了代表团。

代表团与摩尔多瓦经贸部和葡萄酒局领导就加强合作问题交换了意见，与一些大型葡萄酒厂家举行了会见和洽谈，并签署了葡萄酒采购合同和协议。

●云南古铜酒业与省体育局签订战略合作协议

8 月 28 日，云南古铜酒业有限公司与云南省体育局战略合作签约仪式在昆明饭店隆重举行，省、市、东川区、体育局相关领导、云南古铜酒业主要领导、经销商代表、各新闻媒体及昆明酒类行业协会相关人员参加了签约仪式。

古铜酒业在自身发展壮大的同时不忘支持云南体育事业的发展，曾先后冠名赞助第七届全国残运会自行车比赛、中国东川泥石流汽车越野赛、金氏兄弟攀登珠峰活动。为支持云南体育备战第十一届全国运动会，经过云南体育广告公司的牵线搭桥，云南古铜酒业有限公司决定与云南省体育局结为战略合作伙伴，赞助资金 240 万元，冠名云南游泳队为“红土地游泳队”、击剑队为“天下第一樽击剑队”，用于宣传运动队训练比赛经费和为古铜酒业做宣传，希望通过云南优秀运动队树立企业形象。

在签约仪式上，古铜酒业当场对昭通代表队的射击运动员张贤娜、教练员梁文军和昭通市体育局奖励五万元现金，以此表彰打破世界纪录为云南争光的体育健儿。

体企结合，共创双赢。云南古铜酒业有限公司通过和云南体育结为战略合作伙伴，达到双赢的结果，使古铜酒业快速提升企业形象，扩大企业知名度，创建知名品牌，使古铜系列酒的销售全面展开，创造更好的社会效益和经济效益。

●龙锶源酒业“九田酒”面市

在刚刚结束的易门第二届野生食用菌交易会上，云南易门龙锶源酒业有限责任公司的展位引起了消费者的关注，公司在易门高粱酒基础上开发的新产品——“九田酒”正式亮相，精美的包装，独特的口味．引得游人纷纷驻足品尝。

云南易门龙锶源公司的前身是易门所水阁酒厂，创建于 1982 年，已有 24 年的历史，所生产的高粱酒除玉溪外，还远销到红河、临沧、思茅等州市，深受市场青睐。为推动易门酒业快速发展，把易门久负盛名的高粱酒产业做大做强，在政府大力支持下，通过招商引资，引进龙银源公司收购所水河酒厂，实施异地技改扩建。

龙锶源公司自今年 3 月入驻易门后，抓紧实施技改项目的同时，已在原所水阁酒厂率先投入生产，产品注册商标为“九田酒”，首批产品在野生食用菌交易会期间投放市场就吸引了消费者的目光。按照公司既定的发展目标，将在 3 年内达到年产10 000吨白酒的生产能力，建成全省最大的白酒生产基地之一。

●茅粮集团持续开展资助贫困大学生活动

云南茅粮酒业集团有限公司是以临沧酒业为主，集白酒酿造、木瓜发酵酒、野生动物饲养繁殖为主要产业的核心民营企业。在集团公司不断发展壮大的过程中，董事长李宗城一班人并没有忘记家乡父老，没有忘记回报社会。2005 年集团公司重新确立了公司开展公益活动的重点，把工作的重心逐步转到资助贫困大学生完成学业上来，并报经临沧市民政民间组织管理局批准，成立了“临沧市茅粮高等教育基金协会”，建立健全了集团公司对临沧市内贫困大学生实施捐资助学的长效机制，用实际行动，把有限的资金投入到我市的人才培养上，为临沧市成绩优秀但家庭十分困难的部分贫困大学生解决燃眉之急。

茅粮高等教育基金协会于2006年1月成立并试运行。在春节期间，通过电视媒体等形式发布通告，云南茅粮集团第一次以“临沧市茅粮高等教育基金协会”的名义，对临沧市2005级本科以上的部分贫困大学生实施了资助。用25 000元资助贫困大学生9名，其中资助博士生1名5 000元、本科生8名20 000元。

（自应平）

●云南酒业营销策划研讨会在昆召开

云南有好烟、云南有好茶，但云南为何没有一款知名白酒品牌？云南白酒业怎样才能独辟蹊径，找到一条适合自己的突围道路？8月28日，在昆明市的南亚风情园，由云南地道酒业赞助，《新食品》打造的云南酒业营销策划研讨会上，来自国内的多位酒类营销、策划专家，与近150家云南白酒生产企业和经销商一道，共同探讨了云南白酒的现状与出路。

9月

●云南酒企代表赴陕西、山西考察

9月13日，云南酒业考察团一行到在西安举办的全国秋季糖酒交易会参观，与从事包装设计、辅材供应等有关参展企业进行了接触、交流、收集信息。考察团还到以酒类营销策划出色的陕西天驹企业集团参观学习。并与西安力天生物工程有限公司、山西榆次开发区华德净化技术有限公司、杏花村汾酒有限公司等企业进行了交流座谈。通过考察和座谈，开阔了视野，对全国的酒行业现状有了更深的了解。

（方志强）

●云南省计划5年建15个燃料乙醇厂

9月17日燃料乙醇开发会议上，云南农业大学专家提出，云南省可利用丰富的薯类资源生产开发燃料乙醇，在一定程度上替代成品油。

云南农业大学薯类作物研究所的专家郭华春和肖关丽在会上提交了一份名为《云南能源薯类资源优势及其开发利用策略》的论文，并对此进行了深入分析。据两位专家介绍，“十一五”期间，云南省初步构想为，在保山、临沧、德宏、红河建设5至10万吨的酒精厂，以糖蜜和薯类产品为原料，在昆明、楚雄、红河、曲靖、文山等州市新建5至10万吨薯类加工酒精厂，生产薯类酒精，使之既能满足市场对酒类消费的需要，又能满足燃料乙醇的供应需要。

10月

●我省酒企积极参与申报“中国畅销名酒”

商务部决定从2006年起开展“中国畅销名酒”评定活动，并对外发布了“关于开展中国畅销名酒评定活动的通知”及“中国畅销名酒评定申报条件”。据了解，这是我国近年来第一次由国家政府部门举办的畅销名酒活动。

我省的云南易门龙锶源酒业有限公司、云南地道酒业有限公司、云南澜沧江啤酒企业集团有限公司、云南慧丰实业有限公司、云南红酒业有限公司、香格里拉酒业股份有限公司、云南昌宁蕎酒有限责任公司、云南玉林泉酒业有限公司、云南茅粮集团酒业有限公司积极参与了本次“中国畅销名酒”评选活动。

申报条件规定，申报产品品牌为自主品牌，品牌商标第一注册地为中国境内，且该品牌在主要销售市场（国内或国外）已获得商标注册。申报企业符合国家产业、安全、质量、卫生、环保等国家法律法规规定和标准。申报企业无重大侵犯知识产权的违法行为，在近三年（2003年、2004年、2005年）内未出现产品质量、安全事故；获得“全国酒类产品质量安全诚信推荐品牌”称号。

●“2006年中国·保山澜沧江啤酒狂欢节”在保山举办

10月，由云南省文化厅、保山市人民政府主办，中共隆阳区委、区人民政府及云南省澜沧江啤酒企业集团有限公司共同承办的中国·保山澜沧江啤酒狂欢节在保山市隆阳区隆重举行。

出席此次啤酒狂欢节的省级领导和嘉宾有：云南省人大常委会副主任梁公卿，泰国驻昆总领事馆总领事克西·查派文，越南驻昆总领事馆领事黄明甲，省旅游局纪检组长陈祯龙。

2006年中国·保山澜沧江啤酒狂欢节，将利用“啤酒”的融合力和影响力进一步挖掘和弘扬澜沧江流域文化，进一步打造“澜沧江”品牌，并以形象展示、商品促销、文娱活动、竞技游戏为载体，营造热烈火爆、激情狂欢的节日氛围，有效发挥保山工业的带动效应。

●云南同心酒文化有限责任公司艺术团成立

云南同心酒文化有限责任公司艺术团成立新闻发布会今早在云南人家美食城召开。

同心酒是我省傈僳族人民远古流传的一种饮酒形式，也是他们待客的最高礼节。同心酒象征着团结和友谊。过去常用于接待贵客、签约盟誓或结拜兄弟等场合。“两人共饮一盅酒，两人从此一条心”，表达了对朋友、亲人的美好祝福。同心瓶的发明，为我省酒文化的升华起到了一定的推动作用，为各兄弟民族增加了生活的情趣，也是充分挖掘我省特有的民族酒文化，推动我省文化产业、促进经济发展的重要途径。正如云南同心酒文化有限责任公司总经理何谐达先生所言：“我们云南可能没有好酒，但却有最独特的饮酒方式，最独特的酒文化，这就是最好的，这就是世界的”。

●茅粮集团董事长李宗城获殊荣

10月17日，云南省委、省政府在昆明召开全省加快中小企业暨非公有制经济发展大会，茅粮集团董事长李宗城被云南省人民政府授予“云南省中小企业即非公有制经济优秀企业家”荣誉称号。

省委书记白恩培，省委副书记、省长徐荣凯，省委副书记、常务副省长秦光荣，省委副书记李纪恒，省委常委、省委秘书长杨应楠，省人大常委会常务副主任牛绍尧，副省长李新华、刘平，省政协副主席罗黎辉，省检察院检察长李春林等出席大会。云南省委书记白恩培代表省委、省政府，向近年来涌现出的优秀企业家和优强企业，向中小企亚和非公有制企业创业者、从业人员，以及关心支持和帮助中小企业和非公有制经济发展的同志们表示诚挚的慰问和衷心的感谢，并向优秀企业家和优强企业颁奖。

另外，据悉云南茅粮酒业近日将推出高端白酒“云南茅粮”，目标是进军全国市场。该产品分两个品种，低度酒出厂价280元，高度酒出厂价360元。作为小曲清香酒的代表之一，云南茅粮酒的市场发展颇受业界关注。

11月

●牟定鹊喜窝酒业双喜临门

云南牟定正兴集团有限公司于2006年11月被云南省消费者协会评选为云南省第三届工商企业诚信单位，获得云南省消费者协会颁发的荣誉证书。该集团下属的牟定县喜鹊窝酒业有限公司使用的“喜鹊窝”商标经云南省工商行政管理局认定为“云南省著名商标”，已由云南经济日报于2006年11月9日进行商标认定公告。

●同心瓶传承同心酒文化

11月，云南藏族姑娘尼玛拉姆发明的专利“可供双人饮用的饮料容器共饮（赢）同心瓶”，在云南同心酒文化有限责任公司等十余家企业合作支持下，成为同心酒系列产品正式推向市场。

“同心酒”在藏族、怒江等少数民族中流传久远，更是傈僳族待客的最高礼节。“同心瓶”中能同时盛装赤、橙、黄、绿、青、蓝、紫等色彩的酒、饮料，代替喝“同心酒”的碗，可供两人或多人同时饮用，既时尚、卫生，又表示了结为同心之好的承诺理念。

●农业部授予澜沧江集团“新农村建设百强示范企业”称号

11月26日，农业部“推进新农村建设百强示范企业”及“推进新农村建设兴村富民百佳领军人物”表彰大会在北京人民大会堂举行，全国共有124家企业被评选为“推进新农村建设百强示范企业”，云南澜沧江啤酒企业集团荣登红榜。

云南澜沧江啤酒企业集团作为云南省农业产业化重点龙头企业、云南省重点扶持的十户生物加工企业，近年来积极响应党和政府的号召，严守“老老实实做人、实实在在做事”的经营理念，坚持“业系农业、厂系农村、心系农民”的立业宗旨，着力发展“啤酒、白酒、茶产业”三大主导产业，大力发展产业循环经济，在扩大农村富余劳动力就业、促进农民增收、繁荣农村经济、推进新农村建设等方面作出了突出贡献。

●白酒生产许可证审查细则企业宣贯培训班在昆明、大理举行

2006年11月21日，为了进一步加强白酒产品生产许可证管理工作，从生产加工源头把白酒产品质量安全关，受云南省质量技术监督局委托，由省质量检验协会、昆明酒类行业协会共同承办了昆明、大理白酒生产许可证宣贯培训班。2006年11月21日至22日，来自昆明、曲靖、玉溪、文山、思茅、红河、昭通、版纳的150多家白酒生产企业代表在昆明参加了培训。

省局食品安全监管处杨春华处长在开班典礼上做了讲话，提出国家质检总局自2006年10月1日起，将白酒产品纳入食品质量安全市场准入制度管理，2007年1月全省有130多家白酒生产企业的生产许可证即将到期换证，由于国家对白酒生产许可证审查细则提出了新的意见和要求，通过这次培训向企业宣传国家对于白酒生产许可证审查的相关内容。

来自省局食品安全监管处的老师和昆明酒类行业协会秘书长方志强分别对食品质量安全市场准入审查细则和白酒生产许可证审查细则的要求进行了相关知识的讲解。

11月26日至28日，来自滇西大理、丽江、怒江、保山、楚雄、临沧、迪庆、德宏8个州市的白酒生产企业代表在大理参加了培训。参加培训的企业代表学习了《食品生产加工企业质量安全监督管理实施细则（试行）》（国家质检总局79号令）、《食品质量安全市场准入审查通则（2004版）》、《白酒生产许可证审查细则》、《定量包装商品计量监督管理办法》、国家质检总局75号令和《获得食品生产许可证企业年度报告及审查工作管理规定》等法律、法规及规定。

●首届云南酒歌大赛总决赛在昆举行

由云南省文化厅主办，云南省文化馆、昆明东盛广告有限公司承办，以“和谐、自然、传承与发展”为主题的首届云南酒歌大赛总决赛于11月28日下午2：30在昆明艺术职业学院拉开了帷幕。

原云南省文化厅巡视员、云南省民族民间传统文化保护工程专家委员会主任赵自庄，云南民族大学教授杨德望，云南省艺术研究所编审范道桂，云南省歌舞剧院一级演员、著名歌唱家宗庸卓玛，云南省民族艺术研究所副研究员、音乐家吴学源，云南省歌舞剧院副院长、二级作曲家钱康宁，云南省文化馆副馆长倪金奎，云南省文化馆音乐舞蹈戏曲部主任李冰江，云南省文化馆音乐舞蹈戏曲部副主任胡朝琴等大赛组委会特邀的专业评审以及中央、地方近30家媒体和全国商家、文化传播、旅游业界代表近400人，共同观看了决赛。

首届云南酒歌大赛经过省文化厅2年的酝酿，从今年4月开始筹备，6月12日正式启动以来，得到了全省16个州市的积极响应，从6月至10月间，各个州市进行了选拔赛，收集、整理、挖掘出了很多当地最经典和传统的原生态酒歌作品。经过3个多月的层层选拔，最后共有来自16个州市的16支代表队，近二百多名共20个少数民族的参赛选手带着42部酒歌作品参加了全省总决赛的角逐。经过了五个多小时激烈、紧张而精彩的比赛，共评出8个金奖、14个银奖、20个铜奖、6个传承奖和8个最佳组织奖等奖项。

为了让更多的原生态文化爱好者充分体验原生态文化的魅力，11月29日晚颁奖晚会结束之后，在昆明艺术职业学院还举行了规模盛大的酒歌激情狂欢，参赛选手与现场观众一起尽情把酒狂欢，并进行了酒歌擂台、即兴酒歌表演、以酒对歌等互动活动。至此，历时近半年的2006首届云南酒歌大赛完美落幕。

●杨林肥酒荣获“领袖云南·十大历史品牌”称号

2006年12月26日，由新华社《中国名牌》杂志、《生活新报》社、云南民营科技实业家协会联合主办的“领袖云南品牌总评榜”评选结果揭晓，“杨林肥酒”荣获“领袖云南·十大历史品牌”称号。

杨林肥酒始创于清朝光绪六年（公元1880），具有丰厚的历史和人文积淀，是云南酒类知名品牌。其产地杨林为历史上的滇中名镇，其酿造源于明朝云南著名药物学家、诗人兰茂的《滇南本草》。清末，杨林酿酒业主陈鼎设“裕宝号”酿酒作坊，依据兰茂《滇南本草》中的“水酒十八方”，始酿杨林肥酒，至今已有126年历史。1956年，嵩明县政府在合作社的基础上成立了国营云南杨林肥酒厂，扩大了杨林肥酒的生产规模，2004年，龙润集团收购云南杨林肥酒厂，成立云南杨林肥酒有限公司，将杨林肥酒的生产和销售推向了新的高度。

●云南地道酒成为国际民族服饰文化研讨会唯一指定用酒

11月，“地道酒”已经成为即将在昆明举办的国际民族服饰文化研讨会的唯一指定用酒。据该公司品牌总监李猛介绍，地道酒作为云南地域性的产品，一直在寻找机会走出云南，开拓全国市场，甚至是世界市场，国际民族服饰文化研讨会正好给地道酒提供了一个国际性的平台。

“明年年初，公司将新推出墨江紫米酒和清雅经典地道酒两款高档清香型白酒，价格在100多元。此外，在明年的昆交会上将有望与韩国以及我国台湾地区的酒协签订合作协议，把地道酒销往当地。”

●澜沧江酒业打进郑州市场

近日，被称为“滇酒至尊，云南老窖”的澜沧江酒业正式进入河南郑州。此次进驻郑州，澜沧江酒业是以一种健康饮品原生茶饮料为主推产品，此外还有各种香型的白酒，高中低档价格不等，符合中原地区的消费习惯，受到了消费者的青睐。

12月

●云南红之夜新年演出在昆举办

12月30日，“云南红”之夜新年演出——原创芭蕾舞剧《小河淌水》，在昆明国际会展中心云南大剧院正式拉开序幕。这是云南红连续第9年举办这一活动。

这场由俄罗斯国家芭蕾舞团演员穿上云南少数民族服装以芭蕾舞的形式，展现中国云南少数民族优秀传统文化的演出，是一部具有国际性、民族性、产业性的奇作。它的上演，对于加强中俄文化交流，让世界了解云南丰富的民族文化资源，具有深远的意义，同时这也是云南红追求民族性与国际性完美融合的东方葡萄酒文化的完美表现之一。

“云南红”红酒积极倡导时尚、高雅的生活方式。而高雅艺术正是形成和提高个人品位的最佳途径。正如云南红酒业董事长武克刚所言：“本土的一定是世界的，经典音乐带给我们源自灵魂深处的享受，是一种永恒的艺术之美。而云南红将艺术的灵感融汇到每一款产品中，带给消费者的不仅是精良的产品内涵，更有对高尚生活、高雅品位的向往和感受。”

三、2007 年（1～12 月）大事记

1 月

●全省食品质量安全市场准入培训会议在昆明召开

为进一步加强食品质量安全监管，规范食品生产许可行为，严肃行政许可工作纪律，顺利开展相关产品生产许可证受理、审查、发证（换证）工作，2007 年 1 月 9 日至 12 日，全省食品质量安全市场准入培训会议在昆明召开。云南省质监局纪检组长常秋玲、副局长陈百炼出席会议并作了重要讲话，省局质量处、标准化处、监督处、省质检院领导应邀出席了会议。全省各州、市局分管领导和科室负责人以及食品市场准入审查员近 200 人参加了会议。

按照国家质检总局的安排，从 2006 年 9 月 1 日起，将白酒产品纳入食品生产许可证管理并制定了新的审查细则。何中石等 6 名取得国家食品质量安全市场准入师资资格的老师在会议期间分别宣讲了以上产品生产许可证审查细则、细则及市场准入相关法律法规，并就食品市场准入的有关问题与与会同志进行了讨论和答疑。

●云南省最大的米酒生产线在盈江投产

1 月 9 日，云南最大的米酒生产线——云南象都皇酒有限公司米酒生产线在盈江县投产，具备了年产皇酒2 000吨、白酒3 000吨以及配套包装的生产能力。

盈江县云南象都皇酒有限责任公司前身为 20 世纪 50 年代中期数家傣族古传酿酒作坊联合建成的“盈江黄酒厂”，拥有 50 年的酿酒传统工艺。盈江皇酒 1993 年被省政府指定为接待专用酒，开国上将杨成武将军题词赞誉盈江皇酒是“紫糯琼浆妙”，曾先后获得中国国际诗酒节博览会金爵奖、匈牙利名酒博览会菲玛金奖、曼谷国际名酒博览会金奖等。

云南最大的米酒生产线——象都酒厂米酒生产线重新启动，为打造纯香软米酿制的“象都米酒”产品奠定了坚实基础。象都皇酒以纯天然紫糯米、白香糯米为原料，采用傣族传统工艺发酵，长年陈酿而成。经过国家副食品质量监督检验测试中心检验和云南省分析测试所分析测试，象都皇酒富含 20 多种人体必须的氨基酸、多种维生素和有益微量元素。

目前，该公司已系统研发了金桥牌象都皇酒、象都米酒等系列产品共 13 个品种投放市场，窖藏有 15～20 年陈原酒汁 700 余吨，拥有国内黄酒业绝无仅有的原料优势；同时，投资 200 余万元开发的“大盈江土司米”已全面上市，并展现了乐观的市场前景。

（《德宏团结报》）

●云南人自创滇式鸡尾酒

1 月 14 日报道，七彩的云南创造了七彩的本土民族文化。云南人巧用自身特色，创造出了自己的鸡尾酒，为“云酒”的发展另辟蹊径。

云南省第一位高级调酒师昆明大学旅游管理实验室主任田芙蓉表示，云南本土几种特有

的酒不仅颜色好看而且价格实惠，完全可以进入酒吧、夜场，成为时尚男女以及外国游客的“新宠”。在这种想法的带动下，田老师已经自创了“翠湖红鸥”、“滇池日出”等多种以云南自然风光和民族风情为主题的滇式鸡尾酒。

她认为云南的自然和人文风景就是调酒师们的灵感来源。而源源不断来到云南旅游的各国游客完全有可能为“云南制造”的鸡尾酒捧场。

据了解，田芙蓉在去年年末举办了首届云南鸡尾酒调酒大赛。本月末她还将在昆明大学成立一个鸡尾酒文化研究会让更多人了解鸡尾酒文化。

2 月

●2006 年云南十佳名酒榜单揭晓

2 月 9 日，2006 年“云南十佳名酒”榜单揭晓，并公示。经省商务厅批准，由云南省酒类技术学会、云南日报报业集团春城晚报社共同主办的此次云南名酒评选活动，范围涉及白酒、葡萄酒、啤酒、果酒、露酒和黄酒等系列，参评酒品达 45 个之多，邀请了省内外的 29 名国家级评酒委、国家注册高级品酒师参与品评，评选的权威性获得各方肯定。在最终评定过程中，综合参考了参评酒企的生产规模、专家评定、公众意见、市场占有率、生产检测水平等多方因素，最终评选出了云南十佳名酒及入围名单。此次评选得到了来自全省各地民众的广泛关注，群众参评短信投票总量近 15 万票。

通过此次评选，大大提升了云南本土酒企业的品牌知名度，同时提高了云南人喝云南酒的自豪感。省有关部门将借此次评选的成果，启发省内酒企树立品牌、诚信经营的意识，同时面向省内外餐饮企业、省外入滇游客、外出走亲访友的云南人，大力推广云南名酒品牌。

香格里拉酒业股份有限责任公司的香格里拉葡萄干酒；云南高原葡萄酒有限公司的云南红全汁干型葡萄酒；云南澜沧江啤酒企业集团有限公司的云南老窖酒、澜沧江啤酒；云南杨林肥酒有限公司的杨林肥酒（十年陈酿）；云南省水富三乘酒业有限公司的醉明月酒；云南易门云之南食品有限责任公司的大龙口酒；鹤庆县酒厂的鹤庆乾酒；云南茅粮酒业集团有限公司的云南茅粮酒；云南玉林泉酒业有限公司的玉林泉白酒；云南地道酒业有限公司的地道云南酒获“云南十佳名酒”称号。

●澜沧江集团举办新春答谢会

2 月 13 日，云南澜沧江啤酒集团总部彩旗飘扬，这是云南澜沧江啤酒集团举办 2007 年新春答谢会。云县四班子领导，省市直属单位、驻军、县直机关、乡镇主要领导，社区和总部所在地村委负责人出席答谢会。县委副书记、县长宋红临作重要讲话，集团公司董事长刘光汉介绍公司辉煌业绩和近期发展目标，总经理何树林致答谢辞。

3 月

●“太阳魂”梅里冰葡萄酒通过省科学技术厅科技成果鉴定

3 月 2 日，德钦县梅里酒业有限公司研发的“太阳魂”牌梅里冰葡萄酒在昆明通过了省科学技术厅组织的科技成果鉴定。

“太阳魂”梅里冰葡萄酒研制开发是 2003 年云南省科学技术厅省院省校合作项目，由云南德钦县梅里酒业有限公司和山东省酿酒葡萄科学研究所共同承担。本项目利用德钦县独特的气候和地理条件，以梅里酒业在德钦县种植的赤霞珠葡萄和黑美人葡萄为原料，历经三年多的科研攻关，采用梅里雪山低温环境下经驯化的葡萄野生酵母、延时采摘冰葡萄、低温长时间发酵等先进技术，酿造出独具特色、质量优异的冰红葡萄酒，质量水平和部分技术指标超越了国际同类产品，填补了云南冰葡萄酒生产的空白。

●云南地道酒业金马坊前宣誓诚信

昆明地区纪念 3 · 15 活动的开幕式上，全省 40 户诚信企业代表在金马坊庄严宣誓诚信。

云南地道酒业有限公司等 40 家企业在诚信宣誓中表示，要建立企业诚信机制；牢固树立诚信为本的理念，立足科学发展，夯实诚信基础，着力企业自律，促进消费和谐；倡导诚实守信，构筑消费和谐，为促进公平竞争、安全健康、诚信和谐的市场秩序和消费环境作贡献；遵纪守法，诚信经营，不从事违反国家法律法规和行业规范的商品和服务活动，不从事侵害消费者合法权益的商品服务活动；建立消费纠纷和解机制，有效化解消费纠纷，努力构建和谐社会；自觉做诚实守信的倡导者，做和谐社会的维护者，做市场经济的推动者，以一流的绩效回报祖国，回报社会，回报消费者。

云南地道酒业有限公司李猛经理表示：在云南首届十佳名酒评选活动中，地道酒被省商务厅评为“云南十佳名酒”。地道酒业定会严格遵循国家 QS 质量标准，严把质量关，安全生产，创建云酒品牌形象。地道酒业会尽己所能，打造本土滇酒驰名品牌。

●昆明 244 家餐企表态欢迎自带酒水

3 月 15 日，昆明市已有 244 家餐企走在前面，允许消费者自带酒水。值得注意的是，这只是昆明市2 000多家餐企中极小的一部分。

尽管 244 家餐企的举动受到消费者的欢迎，但他们也质疑：允许自带酒水了，菜价会不会上涨呢?

新元酒家一位负责人说：“我们从 1998 年开业就一直允许顾客自带酒水。顾客来酒店消费有自主选择商品和服务的权利，我们不会去强求顾客不要自带酒水。”对于菜价的问题，该负责人表示，尽管允许自带酒水，但绝不意味着他们将提高菜价，补足酒水费带来的损失。

4 月

●酒类流通随附单制度宣贯会在昆明召开

4 月 1 ~3 日，由云南省商务厅组织的云南省酒类流通随附单制度宣贯会在滇池路康怡休闲园召开，来自省内各酒类生产企业、流通企业代表参加了本次宣贯会。会上对随附单领购、使用、管理做了详细的讲解，将于 2007 年 4 月正式起在全省范围内实行《酒类流通随附单制度》，此举必将严格规范酒类流通秩序，促进云南酒类市场的有序发展。

●林苑酒厂在景谷建成投产

4 月 10 日，滇南最大白酒生产企业——林苑酒厂在景谷傣族彝族自治县建成投产。

林苑酒厂是景谷县政府的招商引资项目，总投资1 000多万元，占地面积 17116 平方米。这个酒厂从去年 5 月开始建厂，仅用了 10 个月的时间就完成了近 1 万平方米车间、仓库建设和内外部装修，耗资 700 多万元引进了一批先进的生产及检测设备，并完成了工厂设备安装与员工岗前培训等工作。

这个酒厂建成投产后，可年产各类优质白酒3 000吨，年产值可达6 000多万元，可望成为滇南地区最大的白酒生产企业。为了给今后的发展奠定坚实基础，他们专门聘请了云南省酒类科学研究所权威专家为常年技术指导，力求以高标准、高要求、高品质的企业形象、产品形象进军云南酒类市场。

这个酒厂的酒产品以优质玉米、高粱、荞麦、大米为主要原料，采用现代先进酿造工艺流程，所产基酒都要在陶缸里闭光封存 3 ~6 个月以上。目前，他们已开发生产小曲清香型、米香型等系列酒产品，形成了多系列、多档次的产品结构，可满足不同地区、不同层次的消费需求。同时，他们还编制了《质量管理手册》，建立了产品质量保证体系，以保证所生产产品合格率达到100%。

●“云南省啤酒产业链关键技术研究及其产业化”通过现场查定

4 月 10 ~11 日，受云南省科技厅省院省校科技合作处委托，由昆明酒类行业协会、云南大学生命科学、云南农业大学农学院有关专家组成查定专家组，对由云南省农业科学院生物技术与种植资源研究所、云南省澜沧江啤酒集团保山有限公司、浙江大学和昆明华狮啤酒有限公司等单位共同承担的云南省省院省校科技合作计划项目“云南省啤酒产业链关键技术研究及其产业化”进行现场查定。

查定专家组对照项目任务书，听取了项目组关于技术经济考核指标完成情况汇报，审阅了项目组提供的有关查定资料和证明材料，对现场查定方案及方法进行了讨论和认可，在南华县、大理市、保山隆阳区现场查看了啤酒大麦多点试验及“澳选3号”示范推广；在澜沧江啤酒集团保山公司、楚雄公司查看了无甲醛啤酒酿造工艺设备及生产线、低醇啤酒和小麦啤酒样品及工艺以及各种原始记录等，经过质疑和答辩，认真讨论后，查定专家认为项目组已经完成或超额完成了任务书所规定的各项考核指标，一致同意该项目提交验收专家组验收。

●香格里拉葡萄酒成为中国名酒

4月12日，商务部在北京公布第六届“中国名酒”评选结果，云南“香格里拉”牌葡萄酒成为全国67个“中国名酒”之一。这是滇酒首次与五粮液、茅台、张裕等品牌比肩而站，云南从此结束了没有中国名酒的历史。

从4月12日至4月20日，中央政府门户网站将把这67个“中国名酒”全国公示，到期无异议即表示国家政府评定的“中国名酒”获全国认可。记者看到，67个“中国名酒”都是血统尊贵、声名显赫的大腕，葡萄酒队伍里有张裕、通化、长白山；白酒门派里有五粮液、茅台、杏花村；啤酒阵营里也是青岛、汉斯、金士百等强手林立。省商务厅有关人士告诉记者，这次“中国名酒”竞选可以用硝烟弥漫来形容，全国所有名酒都要经过自愿申报、地方政府初审、行业专家复审、市场购买酒样、理化指标检测、消费者抽样调查、专家品评，再由公证机构公证品评程序和结果、“中国名酒评定委员会”综合评定九个阶段的严格筛选，最后公布出来的就只有这67个了。

“中国名酒”评定始自1989年，至今是第6届，平均每3年评选一次。这是中国酒类行业品牌建设的头等大事，即使此次评选上的品牌3年后也要重新经历“大浪淘沙”，当上“中国名酒”不容易，要保住这个国内、国际市场的最高荣誉也困难，香格里拉带云酒迈出了历史的第一步。

●墨江黄酒研究所揭牌

4月28日，云南蓝血创业有限公司在云南墨江举行云南墨江黄酒研究所揭牌仪式暨墨江地道酒业有限公司开业庆典。

墨江地道酒业有限公司采用品质优良的墨江紫米，开发出了小曲清香型的墨江紫米酒和紫米花雕系列黄酒。为了完善公司的产品研发系统，墨江地道酒业有限公司联合昆明理工大学共同建立了“云南墨江黄酒研究所”，共同打造“墨江紫米花雕”黄酒品牌，实现“东有绍兴，西有墨江”的黄酒品牌战略目标。这标志着云南迈开了打造“墨江紫米花雕”黄酒品牌实质性的一步。

5月

●澜沧江集团楚雄20万吨啤酒生产线投产

5月21日，在长号队、舞狮队开财门表演和阵阵鞭炮声及五彩礼花的映衬下，云南澜沧江啤酒企业集团楚雄20万吨啤酒生产线在南华县成功投产。原云南省人大常委会常务副主任张宝三，云南省民政厅厅长、楚雄彝族自治州原州长夜礼斌，酒协及楚雄州四班子领导、临沧市四班子领导、云县四班子领导以及省级机关相关部门领导、楚雄州各（市）县各部门领导，临沧、云县、普洱、曲靖、沾益等各市县嘉宾代表以及省、州、县金融部门领导，省、州、市、县新闻媒体，澜沧江企业集团各分公司负责人及省内外啤酒经销商代表共1400多人参加了投产庆典。

中共南华县委书记纳云德致热情洋溢的欢迎辞，澜沧江啤酒企业集团董事长刘光汉先生指出，该项目的建成投产，是云南澜沧江啤酒企业集团产业发展的重要里程碑，也是云南啤酒企业发展史上重要的里程碑，标志着云南的啤酒产业从此走上了现代化、规模化的生产发展道路。必将极大地提高云南啤酒参与国内外啤酒竞争的整体实力，必将对澜沧江啤酒产业以及整个云南啤酒产业产生重大而深远的影响，必将为云南啤酒创立知名品牌奠定坚实的基础。

●全省食品生产监管工作会议在昆召开

5月30日，全省质监系统负责食品生产监管的同志及省质检院的有关领导及食品检验负责人汇聚滇池大酒店召开全省食品生产监管工作会。质监局崔守昌副局长、常秋玲纪检组长在百忙中亲临会议，并作了重要讲话，食品安全监管处杨春华处长向大会作了工作报告。对2006年的食品监管工作进行了回顾，介绍了全省食品加工专项整治工作及食品市场准入工作的相关情况，指出了我省食品生产加土环节存在的主要问题，并提出了加强对食品小作坊监管的目标和措施。到目前止，全省共有2 426个企业的2 544个产品获得了食品生产许可证，其中酒类产品为：白酒534家，葡萄酒及果酒5家，啤酒9家，黄酒4家。

崔副局长作了指导讲话，充分肯定了食品安全监管工作的成绩，并要求大家进一步提高认识，切实增强做好食品安全监管工作的使命感、责任感和紧迫感，加强领导，把食品生产监管各项工作任务落到实处。

6月

●云弄峰酒业发出《关于云南酒类行业发展与市场治理的倡议书》

6月25日《云南酒业》刊登了大理州云弄峰酒业有限公司向云南酒企同行发出《关于云南酒类行业发展与市场治理的倡议书》。

倡议书提出：随着现代生物技术和现代生产技术的发展，在现代消费群体的推动下，传统白酒不可避免地要适应现代化的过程。早在1987年，国家“三部一委”对中国白酒提出了“四个转变”的发展方向。即高度酒向低度酒转变，蒸馏酒向发酵酒转变，粮食酒向果酒转变，普通酒向优质酒转变。云南酿酒植物资源极为丰富，酒业企业必须依靠政府给予政策的照顾，具体而言，就是建立在现代生物技术的基础上，利用先进的厂房设备，适合节能降耗具有环保的现代化生物技术的基础上，并制定一套高技术条件下的工艺标准，实现物美价廉、低度、纯净、健康的现代白酒理念。另一方面，提高酒类行业的技术门槛和资金门槛，让那些技术落后、管理低下和作坊式的企业逐步淘汰，为真正有实力、有战略眼光的企业提供广阔的发展空间，促使云南酒类行业做大做强。

几年来，由于民族惯性，地区保护主义及人文的制约，形成了行业秩序混乱，市场秩序令人担忧，质量低劣、假酒屡禁不止，不仅给企业造成发展的困难，同时也给国家财税造成严重流失。尤其是近年来新的生活方式和消费方式的兴起，消费群体对于白酒的评价偏低，信心不足，由于各种各样的误导，包括媒体断章取义，导致消费者对食用酒精和勾兑酒的印象极坏，行业间市场促销比拼不止，管理僵化，同时红酒、啤酒、洋酒抢占市场，内忧外患，层穷不屈，如何把握云南酒业的发展，这个问题是云南酒类企业至关重要的问题。

白酒作为中国五千年文化的浓缩与积淀，作为一种人际关系沟通的媒介，酒类在人们现实生活中依然起着不可替代的作用。目前，云南白酒企业大部分是作坊式，低质低量的企业，由于地方保护、税制不公等因素，不少企业仍在苟延残喘，僵而不死，并且现实的市场上，仍然假酒泛滥，仿冒成灾。在中低端酒市场上，高促销投入，低价格比拼，结果销量上去了，但利润变薄了，产品贬值了。要振兴云南白酒，做好云南白酒文化的可持续发展，不仅需要企业自身做大量的工作，更需要政府权威部门的支持和媒体朋友的帮助。建议由白酒行业协会负责组织打假维权的机构，持有《白酒生产许可证》的企业，规模以上企业每户出资1万元以上，规模以下企业每户出资5千元以上，希望每户企业积极参与打假维权的活动，我们今天的投入，是为了创造明天的更好效益。筹资交协会作为使用经费，报请政府批准，并请政府职能部门协助，打假重点为酒店、餐馆、终端市场等。打假维权的组织机构，利用灵活多样有效的形式，广泛宣传白酒的相关知识，让老百姓明明白白消费，企业要大力倡导诚信之风，克服行业内浮躁之气，提高技术，保持产品质量，要坦诚面对消费者，保证消费者的利益，为云南白酒行业的健康发展奠定基础。

8月

●首届云南酒业博览会隆重开幕

8月10日~12日，以“振兴云南酒业，展示中外名酒精品，促进行业交流，弘扬民族文化”为主题的首届云南酒业博览会在昆明国际会展中心隆重开幕。共吸引省内外100多家酒厂和酒类相关企业参加。

博览会由云南世博集团有限公司、昆明酒类行业协会、昆明国际会展中心有限公司主办。省内80多家企业和省外20多家企业展示了自己的品牌酒。

作为省内首次举办的行业盛会，博览会受到省内众多酒企业的欢迎。云南地道酒业有限公司、云南香格里拉酒业股份有限公司、鹤庆县酒厂、牟定县喜鹊窝酒业有限公司等纷纷组团亮相。同时，四川五粮液、贵州茅台等国内知名品牌也都以盛大的阵容参展。参观者在大饱眼福的同时，还能一饱口福，免费品尝到平时难得一见的好酒。

博览会同期还举办了酒类营销高峰论坛。业内专家、学者、国内知名酒企负责人与云南酒企业面对面，为云南酒业的发展出谋划策，探讨云南酒业发展之道。

●第三届“云南八大小曲酒生产企业”评选揭晓

8月12日，首届云南酒业博览会在昆明国际会展中心隆重闭幕。当天下午，昆明酒类行业协会和《中国酒业》杂志共同举办的第三届“云南八大小曲酒生产企业”评选结果揭晓。

新出炉的“云南八大小曲酒生产企业”是：鹤庆县酒厂、泸西县兰益酿造有限公司、昌宁县耈酒酿造有限公司、云南澜沧江酒业有限公司、大理漾濞雪山清酒厂、易门龙锶源酒业有限责任公司、牟定县喜鹊窝酒业有限公司、云南省江城国庆酒厂。

●《云南小曲白酒》DB53/T092云南省地方标准修订工作启动

随着国家标准体系的不断完善及我省酒类行业的发展，DB53/T092－2001标准中的部分条文、要求已不能适应现在的行业状况。2007年8月，由云南省产品质量监督检验中心和昆明酒类行业协会提出申请报云南省质量技术监督局，着手牵头组织DB53/T092－2001标准的修订工作。

2001年我省发布、实施了第一个白酒产品的地方标准DB53/T092－2001，几年来为规范指导我省小曲白酒生产发挥了积极作用。该项工作预计将于今年年底完成。具体操作方案已基本确定，届时将向我省广大白酒企业征求意见、收集信息、汇聚整理检测数据，以使该标准的修订工作顺利进行。

●龙润酒业新品古滇醇上市

经过近一年时间的研发，云南龙润酒业有限公司研制的新产品“古滇醇”，于2007年8月18日在云南市场上市。另一款新产品“杨林肥酒·本色”也与“古滇醇”同时上市。

“古滇醇”定位为非传统白酒，中档文化酒。“古滇醇”源于《滇南本草》，秉承杨林肥酒传统工艺，是龙润酒业有限公司结合市场消费者的需求，利用云南生物资源优势，借助龙润强大研发能力，传承百年历史，在原脱色杨林肥酒的基础上不断创新，以精益求精的技术开发而来。其独特的酿造工艺及严格的选材方法决定了该酒优良的品质。配料上采用上好高粱、玉米、小麦为原料，通过纯粮固态发酵、蒸馏，提取植物草本精华。酒体醇香，人口甜、净、爽，回味悠长，具有明显区别于传统白酒的清雅醇厚，为云酒中的上等佳酿。

“古滇醇”包装精美、口味独特，酒精度为42度，500ml盒装，外盒颜色为古铜色，是馈赠亲友的上好礼品。

“杨林肥酒·本色”是在龙润酒业鉴于杨林肥酒品牌老化、消费者断层、产品线不够合理的现实基础上研发的新产品。

“杨林肥酒·本色”的新生，将带来的是杨林肥酒百年品牌个性与时代发展有机结合的本色挥洒，推动杨林肥酒产品线的完善和丰富，推动杨林肥酒品牌价值由低档酒向中档酒的转变，改变消费者对杨林肥酒“老方瓶”的品牌记忆，使目标消费群趋于年轻化，完善目标消费群体的连续性。

“杨林肥酒·本色”酒精度为46°，500mL盒装，其精美的包装设计及“回归自然，方显本色”的广告诉求，将会赢得众多青年消费者的青睐。

“杨林肥酒·本色”的上市，是龙润酒业在

研究消费习惯、空间区域、竞争品牌分割的前提下，深度挖掘并满足消费者需求而运作的新品。

●**2007年全国果露酒评酒委员年会在弥勒举行**

2007年8月23日，由中国酿酒工业果露酒分会主办、云南高原葡萄酒业有限公司承办的2007全国果露酒评酒委员年会在云南弥勒县云南红酒庄举行。中国酿酒工业协会秘书长王琦在会上作了重要讲话。王琦说：云南果露酒的品牌很多，资源很丰富，在国内有一定的影响，我们云南的企业应该抓住这个大好机会。

据悉，长期以来，果露酒的行业标准、税收以及市场准入等都存在一定问题，为更加切合实际地解决企业问题，促进行业发展，中国酿酒工业协会果露酒分会多次组织研讨，本次年会就是为了力图把工作落到实处。

此次年会由果露酒分会秘书长王祖明主持，内容包括果露酒评委员进行行业产品质量检评，相关品酒培训，并对云南当地酒类市场进行了考察。

9月

●**香格里拉系列产品入选亚洲品牌500强**

2007年9月，首届亚洲品牌盛典在香港国际会议展览中心举行。国务院国资委研究中心常务副主任李保民，中国人民大学商学院贸易系副主任王亚星教授，美国印第安纳州商学院教授 JohnL. Conant，Christopher Neil MCGrew 等世界各地领导和品牌专家亲临盛会，亚洲500顶级强势品牌星光璀璨，近千名品牌管理精英齐聚香江之畔，百家媒体记者聚焦金紫荆广场，实乃名品荟萃，万众瞩目。

此次品牌的评选活动是从市场表现，发展潜力，质量水平和效益水平四个维度入手，定性指标和定量指标相结合，经过不同权重加权求和得出综合评分，可以看出，本次亚洲品牌500强评价体系的设定，综合考察了企业各方面的能力，更全面体现了企业对品牌的经营推广能力。

香格里拉酒业的成功入选，反映出了我们在品牌建设方面所做出的努力，同时也反映出了云南香格里拉酒业这个品牌在市场上的高度认可度，为以后公司进一步推广该品牌打下了良好的基础，做出了很好的指引。

云南香格里拉酒业股份有限公司凭借独具特色的香格里拉葡萄干酒，青稞干酒（大藏秘）的系列产品，荣幸地从中国全国政协原副主席王文元的手中接过了沉甸甸的“亚洲500最具价值品牌奖”。

●**梅里冰葡萄酒庄落户云南德钦**

9月，由德钦县梅里酒业有限公司筹资建设的梅里冰葡萄酒庄在德钦县开工奠基。集种植、加工生产、科研示范和旅游观光为一体的冰葡萄酒业项目总投资达3 000余万元，项目建成后将填补国内全程自主生产冰葡萄酒的空白。

冰葡萄酒是在特殊自然条件下生产的天然型葡萄酒，是高端葡萄酒中的极品。由于对葡萄种植加工条件的独特要求，目前，全世界只有奥地利、德国和加拿大等国家具有生产条件，冰葡萄酒在国际市场上供不应求，且价格比一般葡萄酒高数倍甚至数十倍。德钦县已有上百年的葡萄种植历史，目前全县种植的3 000亩玫瑰蜜葡萄成为藏秘干红的重要原料。由梅里酒业公司与山东省酿造葡萄酒科学研究所合作开展的梅里冰葡萄酒项目，利用德钦县布村一带特有的海拔、年平均温度、日照时数、有效积温、降雨量等自然条件，采用特有的配方施肥、修剪、延迟采收时间，以及自然冷冻、脱水浓缩、低温发酵等技术，使酿制出的冰葡萄酒天然糖分高，风味浓郁。该项目已在当地小面积试种成功，并于今年3月通过省科技厅鉴定，生产工艺已向国家知识产权局申请发明专利。

由德钦县梅里酒业公司筹资3 000余万元实施的冰葡萄酒业，将建设500亩冰葡萄基地，建设包括酒庄、高原葡萄酒研究所等配套项目。预计项目全部建成后，年产冰葡萄酒可达30万瓶，年产值9 000万元，实现利税可达1 500万元。

●**于荣光成云南澜沧江啤酒代言人**

9月，云南澜沧江啤酒集团与演员于荣光签

约，由其担任旗下啤酒、白酒品牌的形象代言人，为品牌注入更丰富的文化内涵。

澜沧江啤酒集团现拥有5个啤酒厂和8条白酒生产线，年啤酒生产能力40万吨，白酒生产能力5万吨，已成为云南最大的啤酒、白酒生产基地，具备了全面角逐云南市场和周边市场的能力。与以往文质彬彬的形象不同，今后，澜沧江啤酒、白酒将以“天下英雄气，美酒澜沧江”来诠释品牌形象，而于荣光所塑造的众多纯朴豪迈的英雄形象，正好是澜沧江品牌形象的激情演绎。澜沧江啤酒集团有关负责人说，邀请于荣光担任品牌形象代言人旨在向社会和广大消费者表达企业打造滇酒品牌的决心和信心，以一种有别于其他云南酒类企业的方式为澜沧江品牌注入更丰富的文化内涵。

●东川古铜酒喜获HACCP、ISO9001：2000认证

东川古铜酒业有限公司近日分别通过HACCP、ISO9001：2000认证，这意味着古铜酒业将迈上一个新的台阶。

据云南东川古铜酒业有限公司昆明营销中心陆总介绍，古铜酒业至今已有40多年历史，1985年和1989年分别在酒类行业评比中两次获得银爵奖。古铜酒在东川当地是小有名气，有一定的知名度。

经过古铜酒业员工多年来的共同努力，2006年“古铜酒业”获得云南省著名商标。

陆总表示：HACCP、ISO9001：2000认证的通过，将提升古铜酒产品品质，在同类竞争对手中，提高产品质量和市场竞争力，同时古铜酒业内部化管理也将大有提高。

●“云南红”荣获“中国优秀民营科技企业”称号

9月，由中华全国工商业联合会和中国民营科技实业家协会共同主办的“2007年中国优秀民营科技企业、企业家”表彰大会在京开幕，云南省企业云南红酒庄葡萄酒有限公司被评选为“2007年中国优秀民营科技企业”，其董事长武克钢也被授予“中国优秀民营科技企业家”称号。

据悉，本次评选通过对参选企业的经营管理规范及是否同行业或所在省市的代表性企业等指标的评比，同时也对其总收入、总利润、纳税额等经济指标，在近3年来的稳定增长情况下进行考核来综合评定。此外，评选也将开拓能力、创新意识和战略眼光作为一项重要评审标准。

云南红及其掌舵人武克钢凭借其近年来在技术创新、产品创新方面取得的成绩，加上美国得克萨斯太平洋集团的巨额投资增强其资金实力，及其产品老树葡萄系列葡萄酒、高原魂葡萄烈酒等在全国市场上的骄人业绩，一举拿下两个奖项。

10月

●杨林肥酒荣获昆明市“消费者满意企业”称号

由昆明市消费者协会在全市组织开展的第二届“消费者满意企业”评选活动，从2007年3月份开始，经过五个多月，六个阶段的工作，圆满完成了评选活动的各项议程和内容，并于2007年9月19日进行了授牌仪式。云南杨林肥酒有限公司在与昆明市的256家企业一道被昆明市消费者协会授予了“消费者满意企业”称号。

“消费者满意企业”评选是为了抵制假冒伪劣商品，切实为消费者营造一个放心的消费环境，促进企业健康、可持续发展，推动社会主义和谐社会建设。此次“消费者满意企业”评选活动的开展，为杨林肥酒的进一步发展创造了良好契机，同时促进企业严格按标准化要求工作，诚实守信、保证质量，增强服务意识，抓好每一个环节，领悟“细节决定成败”的企业精神，用“良心制酒”来维护消费者的合法权益。

（《云南酒业》）

●“云南清香”将成云酒标志

今后，云南省小曲白酒的香型可能被定义为“云南清香”，其将成为云酒的一大标志。由云南省商务部门、省酒类行业协会等多部门正着手推进《云南小曲白酒》地方标准的修订工作于10月启动。

云南是白酒消费者大省，各类白酒生产企业和小酒坊多达近千家，由于发酵工艺独特，长期以来，绝大多数企业生产的白酒属性及香型没有统一的规定，造成了在执行国家强制性标准过程中的混乱。为此，2001年云南省发布、实施了第一个白酒产品的地方标准——《云南小曲白酒》地方标准，满足了产品的需要。但随着国家标准体系的不断完善及云南省酒类行业的发展，现有标准在香气定义、理化要求等方面已不能准确表达云南小曲白酒的特征，制约了云南白酒业和生产企业的更好发展。

目前，《云南小曲白酒》地方标准修订方案已初步形成。与原有标准相比，新标准突出了健康安全、和谐环保的宗旨，增加了术语和定义、产品分类、分析方法、检验规则和标志、包装、运输等条款，分别规定了云南白酒高度酒和低度酒的感官和理化要求，将云南小曲白酒的香型定义为“云南清香”。

业内人士认为，《云南小曲白酒》地方标准的修订实施，将进一步规范云南白酒行业和白酒企业的生产销售，并提升云南白酒的形象。

12月

●云南小曲白酒新标准亮相

12月8日，由云南省产品质量监督检验中心、云南省标准化协会、昆明酒类行业协会及部分骨干企业组成的DB53/T092－2001《云南小曲白酒》修订项目组在南亚风情园召开了修订研讨会。此次研讨会邀请了云南省质量技术监督局、昆明市质量技术监督局及酒行业相关部门负责人。

研讨会上各位领导、代表对新标准草案进行了热烈地讨论。为使新标准更加准确地反映云南小曲白酒的特征，还将对新标准草案进行认真研究修改。昆明酒类行业协会在征求各方面意见后表示《云南小曲白酒》新标准将尽快完备相关内容，按程序完成审定工作，早日实施发布。

四、2008年（1~12月）大事记

1月

●美国TPG1500万美元入股云南红

近日，全球三大顶级投资机构之一得克萨斯太平洋集团（TPG）的1 500万美金到账云南红酒业集团，这是其在华直接投资的第一单业务。

TPG是全球知名的私人股权投资机构，对一家区域性的二线葡萄酒品牌进行注资，这在国内酒业是第一次。

按照协议，1 500万美金到位后，主要用于基地的扩张。目前云南红在云南弥勒的基地面积近3万亩，还要增加，种苗方面也要引进新的酿酒葡萄，使之成为全世界最大的高原葡萄园。

●昆明酒类行业协会召开工作会议

昆明酒类行业协会工作会议于1月11日至12日召开，来自全省各地州酒类企业及行业有关人士参加了本次会议。

会议由昆明酒类行业协会秘书长方志强主持。他向参会代表介绍了近年来全国的酒类行业状况，代表协会做了《加强协会建设、促进行业发展》的工作报告，工作报告中详细介绍了我省目前酒类行业中的有关情况、协会去年完成的工作及存在的不足，提出了今后开展行业服务工作的方向和目标，并向代表们就2008年协会拟定的主要工作计划进行了说明。

会议邀请了云南省质量技术监督局食品安全监管处蔡猛处长，向代表们介绍了我省关于食品安全整治、酒类生产许可证的（换）发证监管情况，传达了政府部门对各类食品，特别是酒类产品生产加工的管理思路和办法。云南省经济委员会生产力促进中心、中小企业服务中心杜汝清主任介绍了职业技能培训、鉴定的有关政策，并表示将与酒协合作大力开展职业技能培训、鉴定等相关工作，为我省酒类行业培养大量具有专业素质的技术型人才。

云南酒类商品交易中心、昆明雅诗酒业物料有限公司总经理王海涛主讲了酒类品牌战略与渠道建设、包装设计思路，为各企业如何开展新产品，加强市场渠道建设提供了新思路。中国太保云南分公司陈玉凤女士应邀就企业如何加强团队文化建设进行了演讲。

昆明酒类行业协会总工程师张云超针对目前我省白酒生产的实际情况，就如何加强生产管理、关键工艺技术控制向各参会代表做了专题讲座。云南道质监局稽查总队杨惠鸿队长传达了国家质检总局、省局对开展产品质量监督抽查，开展食品安全整理工作的有关政策，对我省酒类行业如何提高产品质量，打造品牌提出了建议。

2月

●我省加强酒类等28大类食品无证查处

工作

日前，云南省质量技术监督局下发了关于组织开展全部28大类食品和食品用塑料包装容器工具等制品无证查处工作的通知。

关于食品加工小作坊在专项整治过程中，已签订食品质量安全承诺书，但证照不全的小作坊，各地质量技术监督部门应在整改过渡期督促业主办理相关证照；各地质量技术监督部门要重点检查小作坊食品质量安全承诺书的遵守情况。关于获证食品生产加工企业，获证企业必须在其食品包装或标识上加贴“QS”标志，没有“QS”标志的，不得出厂；获证企业不得生产其生产许可证未涵盖的食品；生产许可证期满未换证的企业，其食品不得沿用原生产许可证号和标识；已授理生产许可证申请的企业，可以试生产申请范围内的食品，在食品或者包装、说明书标明“试制品”后方可销售，未标明的，禁止出厂。

通知要求，县城（含重点乡镇）以上城镇的大中型超市、商场，所销售的纳入市场准入范围的食品，必须是获证企业生产并加贴“QS”标志的食品。

违反上述规定的，在整改过渡期内责令整改，在严格执法期内按相关法律法规查处，小作坊食品超区域销售的，以销售无证食品论处。

另悉，在这次查处过程中，对于严重违反法律法规的，是小作坊的，要报请当地政府取缔；是获证企业的，要及时上报省局建议吊销生产许可证。为了鼓励销售企业销售获证食品，引导消费者购买获证产品，各州（市）局要将本次查处过程中严格执行或通过整改后严格执行只销售获证食品的大型超市、商场进行统计并于4月10日前上报省局食品出，省局将在云南省主要媒体予以公告。

继白酒、啤酒、葡萄酒和黄酒之后，其他的酒类也已经纳入食品安全准入制度的管理范畴。因此，几乎所有的酒类产品均列入了查处的范围。

●我省一批不合格进口红葡萄酒等被销毁

云南出入境检验检疫局与昆明海关在昆明市沙朗白族乡昆明市垃圾填埋场，对12 000瓶不合格进口红葡萄酒进行了公开销毁。

按照国家质检总局统一部署，云南出入境检验检疫局加大了春节期间进口食品卫生质量安全检验把关和打击假冒伪劣进口食品工作力度。此次销毁的进口不合格食品总货值64 252美元，其中进口红葡萄酒因包装容器（玻璃瓶）封装不严，漏液、瓶塞发霉，不符合我国《葡萄酒卫生标准》的要求。

3月

●《云南小曲清香型白酒》地方标准在昆进行技术审查

3月1日，受云南省质量技术监督局的委托，云南省标准化协会邀请云南大学、云南省标准化研究院、云南省产品质量监督检验中心、云南省保健食品检测站、昆明酒类行业协会、峨山玉林泉酒业有限公司、墨江酒江酒业有限公司、云南省水富三乘醉明月酒业有限责任公司等单位有关专家组成地方标准审查委员会，本着科学、严谨、客观、公正的态度，按照地方标准审定的原则、程序和要求，对云南省《云南小曲清香型白酒》地方标准的各项内容进行了技术审查。

地方标准审查委员会专家组经过充分讨论，形成如下意见：一、云南省《云南小曲清香型白酒》地方标准分别对云南小曲清香型白酒的术语定义、产品分类、质量要求、分析方法、检验规则及产品包装、标志、运输、贮存等作了明确规定。标准制定依据充分、数据可靠，内容翔实、科学，标准体系结构较完整、规范。二、在云南省《云南小曲清香型白酒》地方标准的修订过程中，标准起草小组始终遵循规范性、科学性、先进性、专一性原则，结合云南小曲清香型白酒生产实际，明确了云南小曲清香型白酒的定义，对其产品分级、质量要求作了合理调整。与DB53/T092－2001《云南小曲白酒》相比，该标准具有更强的针对性，能更好地体现云南小曲清香型白酒香气清雅、纯正、自然的独特风格，是规范云南小曲清香型白酒生产，保证和提升云南小曲清香型白酒质量的重要技术依据。三、经审定后的云南省《云南小曲清香型白酒》地方标准，与现行有关国家标准、行业标准、地方标准有机衔接，符合现行有关法律、法规的要求，符合《中华人民共和国标准化法》和《地方标准管理办法》对制定地方标准的有关要求。四、小曲清香型白酒产量占云南白酒产量的80%以上，修订实施云南省《云南小曲清香型白酒》地方标准，对指导云南小曲清香型白酒生产，打造和提升云南小曲清香型白酒品牌，促进云南酒业的健康可持续发展，确保广大消费者食品安全和身体健康，都具有十分重要的意义。五、与会专家原则同意云南省《云南小曲清香型白酒》地方标准通过技术审查，建议作为推荐性地方标准审批发布。希望标准起草小组按照审定会专家提出的修改意见，进一步修改完善，形成标准报批稿，报云南省质量技术监督局审批、编号、发布并贯彻实施。

●云南燃料乙醇产业实施方案启动

备受人们关注的云南省燃料乙醇产业实施方案，已于近日正式启动。3 月 13 日，云南省生物质能行业协会正式挂牌。同日，由云南东佑新能源有限责任公司发起，并联合了省内 5 家燃料乙醇骨干生产企业的云南东佑新能源集团，也宣告成立。

据悉，根据云南省经委制定的《云南省燃料乙醇产业及深加工发展规划》，到 2010 年时，云南省燃料乙醇产量将达 200 万吨，实现工业销售收入1 872亿元；2015 年产量达到 300 万吨，实现销售收入 345. 4 亿元；2020 年达到 400 万吨，实现销售收入 463. 5 亿元。为此，省内各有关部门早已在积极做准备。截至去年，全省的燃料乙醇产能已近 50 万吨，相关前期工作也基本完成。

“今年内，云南省将在昆明、玉溪、曲靖等重点州市启动乙醇汽油的封闭试点工作，我们将把一部分燃料乙醇以 10% 的比例添加到汽油中，以实现节能环保的目标；从长远来看，大部分的燃料乙醇将作为一种重要的化工原料，产生更大的附加值。”云南东佑新能源有限责任公司有关负责人透露。据悉，当国际原油价格高于每桶 60 美元时，用燃料乙醇配制的乙醇汽油就可盈利。如今，国际油价早已越过 100 美元的大关，所以，云南省进行替代添加已具有明显的经济价值和现实意义。

值得关注的是，在云南省经委的指导下，云南省首家新能源集团——云南东佑新能源集团已经亮相。该集团以资本为纽带，联合了云南龙川江生物开发有限公司、元阳县红泰糖业有限公司、云南新蓝景化学工业公司、建水县宏溪经贸有限公司等 5 家企业（以上 5 家企业均为云南省定点的、云南燃料乙醇生产行业骨干企业）。该集团计划在 3 至 5 年时间内，投资近 30 亿元，联合省内更多企业做大做强，并在今年实现 20 万吨的燃料乙醇生产规模，到 2010 年时产能达 100 万吨以上。

●云南酒类企业专业技术职称评定工作启动

本月，昆明酒类行业协会受云南省经济委员会生产力促进中心、中小企业服务中心的委托开展酒类企业专业技术职称评定工作已全面启动，以解决我省各酒企技术人员、管理人员的职称问题。

由于受种种因素的制约，我省酒行业技术一直处于相对落后的状况，且技术也得不到充分的重视。但随着近几年我省酒行业的快速发展、企业技术意识的加强，当前的优势酒类企业，都十分重视科技创新和市场拓展，今后酒类企业的生存与发展，只有依靠现代科技的优势，加快技术创新步伐，开发特色产品才能谋求更大的发展。降低成本、开发新品、调整结构、提高质量无疑是当前酒类企业的首选。

目前，酒类企业专业技术职称评定工作已全面展开，企业纷纷表示此次专业职称评定工作是对我省酒行业技术的肯定、认可和鼓励，他们将积极参与此次评定，不断提高自己的行业素质和技术水平。

据了解，昆明酒类行业协会已举办多次酒类技术培训，为全省酿酒企业培养了一批酒类专业技术人员。

●泸西县兰益酿造有限公司召开 2007 ~ 2008 年度经销商大会

泸西县兰益酿造有限公司 2007～2008 年度经销商大会于 3 月 10～12 在泸西县召开，来自全省各地数十位经销商出席。

泸西县兰益酿造有限公司董事长何永祥先生和总经理杨远先生对兰益酿造的发展历程及未来规划向各参会嘉宾作了通报，希望各位经销商朋友一如既往地支持兰益酿造，支持“兰益松子酒”、“兰益荞酒”；并对 2007 年度销售业绩突出的经销商按照协议进行奖励。在本次经销商大会上经销商共签约销售数千万元。

●澜沧江集团获“临沧市工业发展十强企业”称号

3 月 31 日临沧市人民政府作出决定，授予市内 10 户企业为“临沧市工业发展十强企业”荣誉称号。云南澜沧江啤酒企业集团公司榜上有名。

4 月

●昆明酒类行业协会组织酒企互相观摩学习

4 月 10 日至 11 日，昆明酒类行业协会牵头组织大理漾濞雪山清酒厂一行十多人到峨山县玉林泉酒业有限公司和易门龙锶源酒业有限责任公司现场参观考察，并对酿酒技术中的有关问题进行了商讨，共同探求云南小曲白酒的发展。

云南是生产和消费小曲清香型白酒最典型的省份，“玉林泉”和“九田酒”作为云南小曲清香型白酒的典型代表，以其独特的传统工艺、与众不同的个性魅力和优越的酿酒生态环境吸引了省内外同行的关注。

考察中，昆明酒类行业协会总工程师张云超和大理漾濞雪山清酒厂的厂长杨光华对“玉林泉”和“九田酒”酒独特的传统小曲小罐发酵工艺和内在品质赞叹不已。杨光华厂长表示，协会这次组织酒厂相互观摩学习，在云南酒企中开了一个先河，他希望省内的酒企应该常常互相走动，为推动云南酒业市场的繁荣发展多作贡献。

●昆明酒类行业协会到文山酒企调研

4 月，昆明酒类行业协会秘书长方志强等一行人对文山州白酒骨干企业进行了调研。调研后一致认为，文山酒企正健康、稳步向前迈进，整体发展趋于稳定。

据了解，文山州为我省主要的苗族、壮族聚居区，其白酒消费量较大。目前市场主要以“那榔酒”、“腻脚酒”、“龙欢酒”等地产酒为主，当地酒类生产和消费成良性发展之势。

昆明酒类行业协会一行人分别到云南文山云泉清酒厂、广南那榔酒有限公司、文山龙欢酒厂、云南省丘北糖业烟酒有限责任公司等企业进行了调研，并与企业相关负责人进行了交流，了解了当地酒企今年上半年的产销情况及生产上存在的相关问题等。之后又与文山州质监系统相关领导进行了交流，了解到目前文山州各酒企情况相对稳定，产销两旺，质量也较稳定，企业生产许可证的换证、质量监管等工作均顺利展开。

5 月

●我省普必恩等 3 评委出席 2008 年国家级白酒评委年会

5 月 7 日至 8 日，由中国酿酒工业协会白酒分会组织的“2008 年国家级白酒评酒委员年会”在四川成都顺利举行。我省普必恩、郑洁、周达海三位国家级评委参加了此次会议。

此次会议主要内容有：白酒行业发展形势分析、中国白酒 169 项目阶段性报告、白酒原酒品评、讨论白酒发展形势和白酒标准化建设、对白酒分会的工作意见与建议等。

5 月 8 日上午，140 余名国际级白酒评委齐聚四川省成都市温江区东方幸运城对原酒进行品评。据著名白酒专家、中国酿酒工业协会白酒分会副理事长梁邦昌介绍，此次品评活动是国家级评委首次集体品评原酒，品评范围包括了浓香、酱香、清香等香型，对评委来说也是一次学习和提高的机会。本次原酒品评的样品来自四川、贵州、山西、江苏、云南、内蒙古自治区的 33 家企业，我省玉林泉酒业有限公司代表小曲清香型白酒选送了 4 个原酒样品，并获得专家与国家级评委的一致好评。

●杨林肥酒“创新产品产业化开发”项目评审获得通过

5月9日，杨林肥酒申报的“百年杨林肥酒创新产品产业化开发”项目评审顺利获得通过。

据了解，云南省政府每年均有资金无偿化拨给国家支持或扶持的项目。各相关企业可就本企业“科技创新或特殊产品”项目向各县、市（州）科技局申报，经各专家对所申报项目评审且通过后，即可无偿得到政府的资金支持。

2008年5月9日，应昆明科技创新基金管理中心邀请，昆明酒类行业协会总工程师张云超参与了杨林肥酒厂申报的“百年杨林肥酒创新产品产业化开发”的项目评审活动，该项目经各专家评审商讨后，最终获得通过。

●泸西兰益酿造公司举行昆明经销商见面会

5月10日，泸西兰益酿造责任有限公司邀请昆明酒类行业协会及昆明各经销商一行200多人到泸西参加兰益酒厂举办的“昆明经销商见面会”。

●澜沧江集团2007年销售收入3亿元以上，列啤酒企业第30位

5月14日，中国酿酒工业协会啤酒分会公布了2007年销售收入3亿元以上啤酒企业名录，上榜企业共计31家，我省澜沧江啤酒企业集团有限公司以销售收入3.767 4亿元榜上有名，列第30位。

6月

●云南百余酒企齐聚昆交会

6月6日至6月10日在昆明国际会展中心举办的中国昆明进出口商品交易会（以下简称昆交会）上，云南百余酒企纷纷携酒亮相。

云南澜沧江啤酒企业集团有限公司、云南茅粮酒业集团有限公司、云南地道酒业有限公司、香格里拉股份有限公司、云南易门龙锶源酒业有限公司、鹤庆县酒厂、云南玉林泉酒业有限公司等我省骨干酒企均参加了此次昆交会。

●澜沧江集团产品在第16届昆交会上备受青睐

在为期5天的第16届中国昆明进出口商品交易会上。展位数量创历史之最，参展参会客商规模、层次均高于往届。这次昆交会首次举行了三个国家级论坛，还增了设外经馆。

云南澜沧江啤酒企业集团除参加楚雄、普洱、保山统一展位展出外，还在会展中心第三展馆（农产品馆）设立展位，展出集团生产的啤酒、白酒、普洱茶、红茶、绿茶、原生茶饮料等产品。集团公司新推出的1618煮饭茶以及多种口味的茶饮料成为客商注目焦点。产品展览吸引了大量的国内外客商，产品备受青睐，宾客踊跃购买。

●酒江酒业白恩富出席中国酿酒工业会黄酒分会理事会

6月14日至15日，中国酿酒工业协会黄酒分会三届四次常务理事会（扩大）会议在江苏省张家港市召开，我省墨江酒江酒业有限公司白恩富参加了此次会议。

本次参会代表除中酿协会员单位外，国家发展改革委员会轻工处、中国食品发酵工业研究设计院、江南大学、特劳特（中国）战略定位咨询公司、华夏酒报、中国酒杂志社、新食品杂志社、中国酿酒工业协会等领导部门也出席了此次会议。

会上，黄酒分会理事长傅建伟作了中国酿酒工业协会黄酒分会三届四次常务理事会（扩大）会议工作报告，中国酿酒工业协会张立文介绍了协会的基本情况，充分肯定了黄酒行业取得的成绩，同时要求黄酒行业要认真科学地分析发展中存在的问题，强化员工的良好卫生习惯，提高食品安全卫生管理，加强行业自律，促进行业和谐发展。

国家发展改革委员会轻工处郭翔就黄酒行业如何健康发展提出了意见。本次大会团结和谐，热情洋溢，与会人员畅所欲言，各抒己见，从营销模式、营养保健、品牌建设、科技创新、股份合作等方面就黄酒行业如何又好、又快健康发展提出了合理化的建议和意见。

白恩富认为，我省酒行业受诸多因素制约，

整体行业相对发展缓慢滞后。参加这样的会议不仅能及时准确的了解到我国黄酒行业整体发展情况，还能明确我国黄酒行业未来发展战略及思路。这对指导和带动整个行业的发展将会起到重要作用。会议不仅促进了行业之间的交流，也使得行业之间的资源得到了共享，为我省黄酒行业的发展注入了新鲜的血液。

●我省酒类等共69种产品列入《首批入网产品目录》

为贯彻《国务院关于加强产品质量和食品安全工作的通知》和《国务院办公厅关于印发全国产品质量和食品安全专项整治行动方案的通知》（国办发【2007】57号）关于建立产品质量和食品安全追溯体系和产品质量监管网络的要求，加强重点产品的监管，完善产品标识制度和查验制度，国家质检总局、商务部、国家工商总局决定对纳入工业产品生产许可证和强制性产品认证（CCC）管理的重点产品实施电子监管。规定重点产品生产企业必须在产品包装上使用电子监管码后，方可出厂销售，并要求各有关部门严格按照相关规章制度实施，加强对产品使用电子监管码的监管。

国家质检总局近日已公布《入网产品目录》和实施办法，并强调列入《入网产品目录》的生产企业，在申请生产许可证和强制性产品认证（CCC）时，必须同时办理产品质量电子监管赋码和入网手续。其中白酒、葡萄酒、啤酒、黄酒等共69种产品列入《首批入网产品目录》。我省各酒企应引起重视，积极做好相关准备工作。

7月

●我省酒类行业技术职称首批评定结果新鲜出炉

7月初，我省首批酒类行业技术职称评定结果新鲜出炉，第一批申报职称者已拿到相关职称评定证书，此次获证者有50余人。

受云南省经济委员会生产力促进中心、中小企业服务中心的委托，昆明酒类行业协会自今年2月起即开展酒类企业专业技术职称评定工作，以解决我省各酒企技术人员、管理人员的职称问题。自职称评定工作开展以来，全省各地州酒企纷纷踊跃报名，截至目前已有200多人报名参加职称评定。

此次职称的评定主要是针对工程系列、经济系列、会计系列，申报者可根据自身条件和现状申报相对应的职称，申报者提出申请后填写相关申请表，并将所需材料准备齐全后上报昆明酒类行业协会，昆明酒类行业协会经过初步筛选后，将申请资料上报云南省经济委员会生产力促进中心、中小企业服务中心，由相关专家对所上报材料进行严格的审查、复核后作出相应职称的评定。

●DB53/T92等相关标准宣贯培训会在昆举行

7月8日至16日，由昆明酒类行业协会组织的DB53/T92-2008《云南小曲清香型白酒》等相关标准宣贯培训会在昆明蓝天宾馆举行。云南省质量技术监督局、云南省产品质量监督检验中心相关领导，各州（市）质量技术检测中心质检人员及我省各酒企技术代表等近200多人出席了此次会议。省局标准化处何崇寿处长亲自到会就该标准修订的重要意义及当前全国标准化工作情况作了讲话。

云南省质量技术监督局食品安全监管处陈文军对国家质检总局第102号令《食品标识管理规定》进行了讲解，建议各酒类生产企业实际生产中可将国家质检总局第102号令《食品标识管理规定》与GB10344-2005《预包装饮料酒标签通则》结合使用，强调我省酒类产品标签标识必须严格按照相关规定执行。

云南省产品质量监督检验中心无公害检测室副主任李军明对GB/T10345-2007《白酒分析方法》进行了讲解，并将之与老标准做了详细的对比和总结，指出新标准的改变将会很大程度上降低实验中的各种误差，建议各检测中心及各酒企严格按照新标准执行确保为生产提供更准确、合理的数据和参考指数。另外，李副主任还就当前我省酒类标签标识中存在的问题现场举例为大家做了详细的讲解。

昆明酒类行业协会秘书长方志强代表《云南小曲清香型白酒》标准起草小组对DB53/T92

–2008《云南小曲清香型白酒》的修订原因、过程等进行了详细的讲解。DB53/T92 – 2008《云南小曲清香型白酒》是由云南省产品质量监督检验中心、昆明酒类行业协会牵头联合省内部分骨干白酒生产企业的有关人员等经过近半年时间考察、调研、收据数据、征求意见后对现有标准进行修订的。强调新标准从2008年7月1日起实施。方秘书长还针对GB2757《蒸馏酒及配制酒卫生标准》第2号修改单“杂醇油限量指标被删除”提出了建议。指出“杂醇油”是酿酒原料所含的氨基酸与糖类在发酵过程中经一系列的生化反应而生成的，其构成部分有各自的香气与口味，其总量及各种醇类的含量比例直接左右着白酒的风味，因此白酒中不能没有杂醇油。但是GB2527 –1981《蒸馏酒及配制酒卫生标准》第2号修改单中的“杂醇油限量指标被删除”并不意味着生产企业不用控制杂醇油的含量。因为，过量的杂醇油将导致人头疼、头晕，它在人体内氧化分解的速度较慢，毒性较乙醇强，且随碳数的增加显加剧的趋势。因此，建议各酒类生产企业还是应该具备检验“杂醇油”的能力，且应自行控制杂醇油含量，以使酒体口感协调益人，确保产品质量。

会议还邀请了企业管理咨询专家田红针对当前酒企面临的机遇与挑战进行了讲解，为酒企的管理和发展提出了新思路和新的战略方式。

●“御缸酒”成为唐家山堰塞湖泄洪成功“庆功酒”

7月，由昆明黔台酒业有限公司代理经销的“御缸酒”被指定为唐家山堰塞湖泄洪成功的“庆功酒”。

6月10日19点，汶川地震灾区唐家山堰塞湖泄洪成功，下游绵阳、遂宁两市及数十个城镇转危为安。昆明黔台酒业公司杨亚非总经理，这位昔日的军人急切地拨通电话，怀着激动和敬意向武警水电指挥部的周光奉参谋长表示，要向在唐家山堰塞湖排险战役立下突出战功的武警水电三总队赠送由昆明黔台酒业公司全国总经销的御缸窖酒，同时送去御缸酒企全体员工对奋战堰塞湖工地为民解难的水电勇士们由衷的谢意、敬意，以及庆功之意。

6月13日，带着御缸酒企全体员工醇厚心意和满怀敬意，贴着“大灾大难、大义大勇；化险悬湖、功勋卓著！”以及“御缸酒企全体员工向人民功臣致敬！为英雄的武警水电勇士庆功！”红帖的御缸窖分别发往成都水电三总队和北京水电指挥部。

7月14日，昆明黔台酒业公司杨亚非总经理又率公司全体转业干部携本司全国总经销的价值10万余元的御缸窖酒，到驻滇某集团军政治部，向战斗在唐家山堰塞湖排险工地、并取得辉煌大捷的工兵团、高炮旅表示崇高敬意，用旷世佳酿御缸窖为堰塞功臣们纪念、庆功！

8月

●“九田酒”在中国·云南第四届野生菌交易会上成亮点

8月1日，云南易门龙锶源酒业有限公司生产的“九田”牌系列白酒在中国·云南第四届野生菌交易会上，凭借其优质品质和精美包装吸引了众多参观者眼球，成为此次菌交会的亮点，人们在品尝后纷纷掏钱购买，拉到现场的几十件酒，不一会便销售一空。

易门龙锶源酒业自去年年初便着手于生产工艺监控管理和食品质量安全管理体系的建设，相继成立了质检中心、技术研发中心、水处理中心和环境净化美化工程，在技术创新上迈出了坚实而稳重的一步，酒质清新淡雅，绵甜醇厚，回味悠长怡畅，越来越受到人们的喜爱，越来越得到广大消费者的接纳与认可。

“九田酒”在中国·云南第四届野生食用菌交易会的再次热销，再次成为人们关注的亮点，这不仅是公司所有员工认真做人、认真酿酒的结晶，也是易门龙锶源酒业技术实力与发展水平的见证，相信这支香飘彩云南的“九田酒”今后还将继续走红滇中，走红云南。

●昆明引资在宜良打造啤酒麦芽产业基地

8月，宜良县在农业产业结构调整过程中，通过招商引资的方式，引进浙江知名企业家陈安华在当地投资5 000万元成立云南华润麦芽有限公司，着力将宜良打造成我国南方最大的优质啤麦生产基地。

我国每年对啤麦的年需求量在500万吨左右，而国产啤麦年产仅230万吨，远远不能满足市场需求；而宜良又极具发展啤麦的优势，具有晚播、早熟、高产和烤烟茬口适宜等特点。宜良县立足县域资源优势，按照效益农业、市场农业的要求，决定通过引资做大啤酒麦芽产业。为此，该县相继出台一批优惠政策，鼓励省内外企业在农特产品深加工、现代生物产业等方面进行投资，并可享受相关土地和行政事业性收费的优惠政策。

浙江省知名企业家陈安华在宜良县作了详细考察后，于年初与宜良县达成投资办厂的协议，并于最近在宜良正式成立云南华润麦芽有限公司，兴建目前国内单箱投量最大的萨拉丁箱式麦芽生产线；项目建成投产后，可年产麦芽5万吨，实现年产值1.8亿元，带动农户20万户，增加收入1亿元，进而填补昆明市啤酒酿造企业麦芽供应的空白。为使啤麦形成产业链，该县目前正大面积推广“澳选3号”等12个啤麦新品系，其中啤麦K11和K15经全国麦芽质量检测中心检测，达国家优级啤麦和麦芽标准。

●昆明酒协赴滇西酒企考察

8月26日至8月31日，昆明酒类行业协会相关负责人分别赴大理、丽江、永胜、宁蒗等市县对丽江胜利酒厂、大理云弄峰酒业有限公司等酒企进行了考察、调研。增进了对大理州、丽江市各酒企的了解，并对今后如何更好地开展服务工作进行了交流。

9月

●云南酒企亮相农博会

9月3日至7日，2008第四届昆明国际农业博览会在昆明国际会展中心拉开帷幕，我省30余家酒企在展会上亮相。

此次昆明国际农业博览会共设展位1 000个，云南龙润酒业有限公司、鹤庆县酒厂、云南沾益福上福葛根酒业有限公司、云南熊谷生物工程开发有限公司、昆明市西山区彩莹红果酒厂、石林彝嘉醇酒厂、“醉明月”酒业有限公司、牟定喜鹊窝酒业有限公司等30余家酒企参加了此次农博会。

此届农博会盛况空前，据农博会组委会的统计，截至9月6日农博会现场已经迎客21万多人，在本届农博会的优质农产品评选中，云南龙润酒业有限公司、云南沾益福上福葛根酒业有限公司等共29个项目获得了金奖；石林彝嘉醇等34个产品获得了银奖。

●秦光荣省长等领导参观澜沧江集团

9月6日至7日，云南省山区综合开发现场会在临沧召开，省委副书记、省长秦光荣，副省长孔垂柱，省政协副主席白成亮，省政府秘书长丁绍祥和和其他州市领导400余人参观了位于云县的云南澜沧江啤酒企业集团。

6日上午，秦光荣省长一行在集团公司董事长刘光汉陪同下，参观了集团白酒生产线、普洱茶发酵以及包装车间、绿茶生产线以及茶饮料生产线。刘董向各位领导介绍了公司的发展情况，以及多年来情系“三农”，反哺农业，支持新农村建设的情况。省委省政府领导及州市领导对澜沧江集团几年来的工作给予了肯定和赞扬。

●玉林泉酒业1.5万吨基础白酒二期工程扩建项目奠基

2008年9月13日，云南玉林泉酒业有限公司隆重举行了1.5万吨基础白酒二期工程扩建项目奠基仪式。中国酿酒工业协会白酒分会赵建华秘书长、泰国TCC集团周美珠董事长参加了奠基仪式。

中国酿酒工业协会白酒分会的赵建华、泰国TCC集团周美珠董事长、云南省侨办杨光明主任、玉溪市政府领导及相关部门为玉林泉酒业15000吨基酒生产基地奠基剪彩。

此次1.5万吨基础白酒二期工程扩建项目，总投资约2亿元，项目计划用两年时间完工。完工后玉林泉酒业产能将达到2.5万吨，销售收入12～15亿元，税收上亿元。

10月

●酒类产品列入《产品质量监督抽查实施规范》

为增强产品质量监督抽查工作的科学性、规范性、统一性和透明性，提高服务国民经济和社会发展的有效性，国家质检总局制定了《产品质量监督抽查实施规范（第一批）》，自2008年10月1日起开始实施。

本规范包括食品用塑料包装物及工具、塑料型材等52大类160种产品，共分类为149册。其中，食品大类中包括酒类6种：白酒、啤酒、葡萄酒、黄酒、白兰地、果酒配制酒（露酒）。

●我省9酒企10个品牌被认定为“云南省著名商标”

10月17日，第六届云南省著名商标初审认定工作会上共有206件商标被认定为云南省著名商标，其中新增125件云南省著名商标，重新认定成为云南省著名商标81件，在新增和重新认定的著名商标中，共有10个酒品商标入围。

此次入围的10个酒品商标中，“太阳魂”、“雪山清”、“醉明月”、“阿黑”、“滇秀”、“东方明月”、“深沟沙井”、“阿着底”8个酒品商标均是今年新申请认定的，同属香格里拉酒业有限公司的“香格里拉”及“香格里拉·藏秘”2个酒品商标则是以前已被认定，今年初审被重新认定的。

《云南省著名商标证书》及标志由省工商行政管理机关统一制作，有效期为3年。

11月

●“气相色谱技术培训班”在昆举办

由昆明酒类行业协会、昆明云测科研仪器设备公司联合举办的“气相色谱运用技术培训班”于本月在昆明理工大学测试中心圆满落下帷幕。来自质检系统、药检系统、酿酒、化工等多个行业的学员参加了此次培训。一些国内外知名的分析仪器制造企业，如川仪九厂、北京普析、韩国英麟机器等也派代表参加了这个培训班，并为学员们展示了国内及国外分析、检测用的先进仪器。

经过近半个月学习，各学员完成了“理论学习”到“实际操作”的整个学习过程，并经考试、考核，充分掌握了气相色谱分析的基本理论知识和实际运用技术，为今后顺利开展气相色谱分析工作奠定了良好的基础。

通过这次培训班的举办，为省内各酿酒企业提高分析、化验水平创造了一个进修、学习的平台，也为酒类生产企业提高产品质量、加强质量管理创造了一条新道路。

●云南澜沧江集团开展“情系三农”文化下乡演出活动

10月中旬至11月中旬，云南澜沧江啤酒企业集团派出歌舞团在县委宣传部领导的带领下，深入大寨、茶房、漫湾、忙怀、幸福、涌宝等乡镇开展“情系‘三农’文化下乡慰问演出”活动。通过丰富多彩的歌舞节目，宣传党的十七届三中全会精神，歌颂改革开放三十年来农村取得的巨大成就，把党和政府对农村、农业发展的关注和对农民生活的关心带到了农村，鼓舞农村基层干部和各族群众，艰苦奋斗、自力更生、增收致富、尽快实现建设社会主义新农村的目标。

同时，表达澜沧江集团对全县各族干部群众的感恩之情，感谢他们24年来对澜沧江集团的关怀和支持。

12月

●太阳魂梅里圣地冰酒通过专家认定

12月10日，在国家葡萄酒及白酒、露酒产品质量监督检验中心的主持下，15位国家级葡萄酒评委对太阳魂梅里圣地冰酒进行了品评、认定。

专家一致认为：梅里圣地冰红葡萄酒产于云南高原高海拔、低纬度的澜沧江梅里大峡谷，该酒深宝石红色，有光泽；香气浓郁怡人，具蜜香、果酱、干果及赤霞珠葡萄的特有香气；酒体结构完整，圆润丰满细腻，回味甘甜；是一款圣洁优雅，最具高原特征的、典型性极强的冰红葡萄酒。

太阳魂梅里圣地冰酒是由德钦县梅里酒业生产，梅里酒业是一家专业从事葡萄资源开发和庄园葡萄酒酿造及销售的私营公司。具有德钦葡萄种植区域的独特的物候条件。

公司现在冰葡萄酒生产规模达30万瓶，2009年还将陆续投入进行干型葡萄酒生产及旅游观光接待系统的建设，投资额将达到8 000万元，最终冰葡萄酒的产能将达到50万瓶。

现在，德钦县酿酒葡萄栽培面积已经达到4 000亩，其中公司拥有的冰葡萄基地1 000亩，葡萄产业已经成为当地农业产业结构调整的重要支柱产业。

●2008国家葡萄酒评委年会弥勒举行

12月11至13日，由中国酿酒工业协会葡萄酒分会主办，云南红葡萄酒公司承办的“2008国家葡萄酒评委年会”在云南省弥勒县云南红酒庄顺利举行，来自全国各地葡萄酒企业的葡萄酒国家评委、葡萄酒相关技术人员100余人注册参会，昆明酒类行业协会也应邀参加了此次会议。

云南红葡萄酒公司负责人作为东道主向与会代表发表了热情洋溢的欢迎词。弥勒县副县长向与会代表介绍了弥勒葡萄与葡萄酒产业发展状况；中国酿酒工业协会秘书长、葡萄酒分会理事长王琦就全国葡萄酒行业发展状况进行了介绍，并对当前金融危机可能给葡萄酒行业带来的影响进行了详细分析。参会代表们还就当前各级政府主抓的食品安全问题，结合葡萄酒行业特点进行讨论，总结了葡萄酒产品饮用安全的保障措施，并一致表示：为消费者负责，酿造安全之酒。

与会代表还参观了云南红葡萄酒公司生产车间和葡萄种植基地。并与云南红企业技术人员进行座谈、交流。

●云南酒业首次评定6位高职人员

12月22日，在昆明酒类行业协会的组织下，我省酒行业6位获得高级职称的人员在南庄酒家齐聚欢庆。

此次获得云南省酒行业高级职称的人员共有6位，分别来自不同的4家企业和单位，其中云南龙润酒业有限公司2位、墨江酒江酒业有限公司2位、云南玉林泉酒业有限公司1位、昆明酒类行业协会1位。

2008年年初，受云南省经济委员会生产力促进中心、中小企业服务中心委托开展了酒行业专业技术职称评定工作。职称评定工作自开展至今，得到了我省酒企的大力支持和参与，中级和初级职称已申报评定了三批，共100余人获得了相应的职称证书。

高职的评定非常严格。申报高职者首先必须具备中级职称证书，且从事相关行业工作15年以上，并对云南酒行业或者企业有重大贡献。具备以上条件者方可向专家提出申请，专家对申报材料进行初审后，申报者还必须经过相关培训、考试并通过后方可获得相应高级职称证书。

这次职称的评定对云南酒业是可喜可贺的事情，这不仅是他们的荣誉，也是云南酒业的荣誉；这不仅见证了云南酒业的发展，也让我们更有理由相信，在这群专业技术人员的引领下云南酒业的明天一定会更加美好！

●大理啤酒技改项目投产

12月23日，嘉士伯云南旗下的大理啤酒有限公司技改扩建设备正式投产，该公司啤酒年产量将达到20万吨，产量居云南第一。大啤新生产线的投产，使得嘉士伯中国目前的年产能达到了130万吨左右。若加上大理啤酒的兄弟公司昆明华狮的10万吨产能，嘉士伯云南的产能将直逼嘉士伯在中国的另两个啤酒主产区——新疆、甘肃，而后者的年产能均在30至40万吨左右。

本次年产20万吨技改扩建项目总投资约1.8亿元，其中固定资产超过1.2亿元。项目采用国内外先进的工艺、设备、自动控制系统。同时在环境保护方面更是加大投入，采用国内先进的环保技术，投资570万元，于2008年10月新建投入运行的现代化的污水处理厂，使污水排放量远低于国家行业标准，对保护洱海，综合利用水资源起到重要作用。

该技改扩建项目的建成投产标志着大理啤

酒无论是规模还是科技水准都上了一个新台阶。

嘉士伯云南区主席杨泽彪表示，该项目达产后可新增产值3亿元，为国家实现利税5 000万元，可新增就业岗位200余个。其中销售收入新增23 761万元，利润新增3 560万元，税金新增2081万元，新增出口创汇150万美元。项目的建成，将带动农业（啤酒大麦）、养殖业（酒糟）、物流业、玻璃制品、造纸、印刷等行业的发展。

（孙娅　王磊）

●金星啤酒新生产基地在蒙自动工

12月，金星啤酒在蒙自的年产20万吨的新生产基地开工建设。

●云南首款期酒概念理财产品诞生

12月，云南红酒业集团、中国建设银行云南省分行、国投信托有限公司联手在云南本地金融市场推出期酒概念理财产品——“国投信托·神秘之酿‘认藏消费+投资理财’项目”。

所谓期酒概念理财产品是指在葡萄酒尚处于窖藏期未成熟时以理财产品的方式向投资者发售，在葡萄酒成熟装瓶后，投资者可根据自身喜好，选择直接消费所购葡萄酒，或持有理财产品至到期赎回资金。

在全球金融海啸以及投资环境整体不景气背景下诞生的“国投信托·神秘之酿‘认藏消费+投资理财’项目”，是国内第二单葡萄酒财产受益权信托理财产品。已经超越了单纯意义上的企业融资和藏酒投资收藏，这也是建设银行将企业实物消费同投资理财创新相结合，实现共赢多赢的重要尝试。反映出当前投资向升值稳定、风险较小的另类投资多元化发展。

此次推出的“国投信托·神秘之酿”受益权信托理财产品将主要面向建行的机构客户和高端个人客户发行。云南红酒业集团与国投信托有限公司合作设立信托计划，投资人可通过购买该信托计划对应的财产受益权获得相应投资收益。云南红酒业集团董事局主席武克钢在此间举行的新闻发布会上称，“美酒佳酿惹人醉，而稀有的美酒现在更是成为一种具有分散风险投资价值的商品。”

本次国投信托·神秘之酿受益权信托理财产品发行规模为四千万元，预计年化收益率为百分之六点五，高于同期市场上银行存款利率、国债、银行人民币理财产品等的收益率，投资期限为十八个月。目前，这款理财产品已经全部预售完毕。

【第六编】

各类知名品牌酒

一、白　酒

【“南冲牌”包谷酒】

在云南省境内各地州的大小超市、酒水经营店里都能见到一款黄色包装、净含量360ml、酒度为42°的瓶装酒——“南冲牌”包谷酒。“南冲牌”包谷酒系嵩明杨林酿酒厂精选优质包谷、香稻、红高粱为主要原料，取乌龙山下清醇甘甜的龙潭水，采用传统工艺结合现代化科学技术精心酿制而成。该酒属云南传统的小曲清香型白酒，酒体晶莹剔透、入口醇香、甘甜，深受广大消费者的喜爱。2008年11月，嵩明杨林酿酒厂推出了一款新产品——“新南冲”。“新南冲”是与之前的“南冲牌”包谷酒风格迥然不同的新产品，该酒在包装、酒度、品质等方面都进行了改造和改进。

【古坛香酒】

宜良县蓬莱古坛香酒厂生产的古坛香酒以优质的玉米、高粱、小麦、糯米等为原料，以当地优质山泉水为酿制用水，采用传统的生产工艺，结合现代科学技术进行酿制，再经长期贮存后精心勾兑而成。“古坛香”是该厂最具代表性的产品，该产品属小曲清香型白酒，其酒体丰满，晶莹剔透，清香扑鼻，味醇且甘，回味绵长。不仅得到广大消费者的认可和青睐，也得到了文人墨客、饮酒行家等的盛赞和好评。

“念缸陈”是该酒厂研发的小曲清香型白酒，酒体清亮透明，玉米香纯正、自然。念缸陈酒中酸、甜、苦、辣诸味齐全，醇香是酒的本色，辛辣是酒的本味，甜味赋予酒体绵柔，酸味使酒不寡淡，苦味让酒体丰满，各味相互协调、入口醇和，回味爽净、怡畅，风格突出，别具一番风味。

【醉明月酒】

醉明月酒是云南省水富三乘酒业股份有限公司的产品。

水富县地处金沙江、岷江、赤水河三江流域地带与全国名酒“五粮液”的产地宜宾隔江相望。这里的气候湿润、雨量充沛，土质优良，水源良好，与宜宾的自然条件大体相似，适宜酿酒微生物繁殖生息，是得天独厚酿造名酒的风水宝地。1985年，水富县成立醉明月曲酒厂，全套引进五粮液浓香型酿造工艺技术，生产醉明月酒。实现了当年建厂当年正式出酒。1986年初“醉明月”酒正式投放市场。醉明月酒的主要原料是高粱、大米、小麦、糯米、玉米（包谷），辅料为糠（谷）壳，小麦制成中温曲和高温曲作糖化发酵剂。采用“五粮液”的传统生产工艺和配方，经过原粮粉碎，粮糟混蒸，人窖发酵、恒温蒸馏、分段摘酒、按质贮存、精心勾兑的工艺过程酿制而成。

“醉明月”酒具有窖香馥郁、香味谐调，人

口甘美、落喉净爽、绵甜醇冽、回味绵长、尾味余香等特点，是具有五粮液酒风格的浓香型大曲酒。它以其浓香中略带酱香的风格而赢得消费者欢迎。“醉明月”酒被公认为云南真正的名酒并被看成可与国内一流名酒媲美的云南人自己酿造的五粮浓香型名酒品牌。产品不仅在省内畅销，同时还远销到北京、上海、安徽、浙江、四川、河南等省市。1986年被评为云南省优质产品。1988年，醉明月酒在商业部第三届优质白酒、啤酒评比会上，与国家名酒“剑南春”同时被确定为评酒会标杆酒（标准酒），被评为部优金爵奖。随后，醉明月酒多次荣获省优产品、云南省消费者喜爱商品、云南省放心食品等殊荣。2003年“醉明月”牌商标被评为云南省著名商标。2004年，在云南省白酒评审会上，“醉明月”酒再次被评为优质产品。

“醉明月”酒选料考究，经70天以上的发酵期、开窖和分层起糟、蒸馏取酒、打量水及摊凉、撒曲、入窖、封窖及管窖，最后经土陶坛贮存老熟。

【三乘喜瑞事酒】

三乘喜瑞事酒是云南省水富三乘酒业有限公司的产品。是始终如一地沿袭五粮液传统古法配方和操作工艺，精心酿制的五粮浓香型大曲酒。

水富三乘酒业有限公司地处被专家誉为“美酒金三角”的金沙江、岷江、赤水河三江流域地带，与四川省宜宾一江之隔。三乘酒业有限公司的前身“水富县醉明月曲酒厂”利用与宜宾同水源、同气候及同土址等相同的自然条件，于1985年引进宜宾五粮液酒厂五粮浓香型全套工艺技术，并同时引进五粮液百年老窖泥、老窖糟醅等，在五粮液专家精心指导下建厂。经过反复试验研究，最后试制成功了“醉明月”、“喜瑞事”系列酒。

“喜瑞事”酒以优质高粱、大米、糯米、小麦、玉米为原料，糠壳为辅料，小麦制曲为糖化发酵剂，经原料粉碎、续糟混蒸、泥窖发酵、贮存老熟、勾兑调味等古法传统工艺精心酿制而成。具有窖馥郁、香味谐调、绵甜甘洌、落喉净爽、尾尽余香等特色，自投放市场以来深受广大消费者喜爱。产品在省内畅销，也远销到北京、上海、安徽、浙江、四川、河南等省市。先后荣获省优、部优金爵奖，首届中国食品博览会金奖，云南省放心食品，云南省消费者喜爱商品等殊荣。被列为省政府宴会及外事接待指定用酒。

【云师青酒】

云师清酒是曲靖市进出口（集团）师宗云师青酒厂生产的系列白酒。该厂历经五十年的艰辛，为振兴云南食品工业，创立云南酒类品牌作出了一定的贡献，也是地方财政建设的骨干优势企业。云师清酒以云南得天独厚的生物资源为优势，按民间验方，采用科学方法，结合传统工艺，以四川优质大曲酒、绍兴黄酒为酒基，精选名贵药材开发的科技含量高的保健系列酒。在广交会、成交会和昆交会上多次受到东南亚客商和东欧客商的盛赞，师宗云师青酒厂成为云南省唯一专业性生产保健酒的企业。

云师青酒因具有活血、利尿、强身健体的功效和香气宜人，酒体丰满，酒质肥硕的特点，50年经久不衰。

福寿酒因具有滋阴壮阳，增强人体免疫力之功效和参香浓郁，甜润柔和的特点，13年市场声誉较高。

大补酒因具有益精髓、强筋骨、促进血液循环，安神助眠、健胃消食之功能和药香纯正、回味悠长的特点而备受消费者青睐。

薄荷酒国内独家研制开发，因清凉润喉，甘甜可口，被酒吧、酒店列为进口替代商品，因酒体的特殊性，市场前景看好。

花香型露酒，以科学的方法和工艺，把天然花香融入酒体，让消费者在饮酒时仿佛置身天然大花园，尽享花的芬芳，花香型酒市场前景好。

近年来，产品在国内和国际先后荣获省、部优质产品称号，国内美化生活大奖赛金奖，国际诗酒节金爵奖，香港国际食品博览会金奖，法国巴黎国际名优酒博览会银奖。主要产品被省、市政府列为政府接待用酒。企业也多次受到省、市、县政府的表彰和奖励。被列为全国酒行业明星企业。随着产品科技含量的提升，产品知名度的提高，师宗酒业品牌成为消费者喜爱的保健品牌。

【那榔酒】

那榔酒因产于云南省广南县那榔村而得名。至今已有700多年生产历史。“郎误闯入须尽醉，量难胜酒莫相逢”这是清举人陈龙章对那榔酒的赞誉诗。据说道光皇帝的老师宋湘（广东嘉应州进士，1819年～1820年任广南知府）任广南知府时，道光皇帝怀念老师，准备了老师爱吃的名菜佳肴和泉城名酒赐给宋湘，宋湘知道后上书道光皇帝说：“佳肴名菜臣承接了，广南此处有那榔名酒，京城名酒可免送”，由此，可见那榔酒在当时的兴盛与名气了。

那榔酒酿造十分考究，除了优质的水（深层优质软水，四季恒温，不受干涝季节影响，清澈透亮）及地方特产大白谷和白粒玉米外，还需用多种中草药秘方配成酒曲，采用土坛密封，低温糖化发酵，慢火蒸馏，掐头去尾，分级储存，精心勾兑等传统工艺精制而成。具有晶莹透亮，醇香浓郁，口感柔绵，回味甘甜等特点。

广南那榔酒业有限公司始建于1956年，1998年由国有企业改制成为股份合作制企业，所生产的“那榔酒”多次荣获省、州优质产品奖。那榔酒属地方名特产品，多次荣获省、州优质产品称号，文山国际三七节金奖产品，1992年被授予“中国历史文化名酒称号”。

【腻脚酒】

腻脚酒产于云南省丘北县腻脚彝族乡，因地名而得其名。以优质玉米为原料，取塘蓄雪水，用传统工艺发酵酿造而成的腻脚酒，由于地理位置及气候的特殊性，使其形成“色清亮透明，味甘醇，有余味”的独特风味，在当地有“云南小茅台”之美誉。

2001年经云南白酒品评会专家组品评，经云南省产品质量监督检验中心检验，“腻脚”牌腻脚酒质量优异，荣获专家组颁发的“荣誉证书”。

丘北县糖烟酒有限责任公司是从事文山州名特产品——腻脚酒开发、生产、销售的企业。腻脚酒系列产品年产销量达1 800余吨。公司连续被省、州、县人民政府授予“重合同，守信用企业”，“先进企业”等荣誉称号。

彝家好酒，亦善酿酒；追溯其起源亦是师承祖法，世代相传，其酿造历史可追溯至公元1976年之前，迄今逾200多年的历史。

腻脚酒久负盛名，渊源已久，因地名而得其名。“腻脚”二字为彝族语（语意为黄土地）；腻脚酒注册商标为“腻脚”二字，从其汉语大写字母的缩写“GN”。

腻脚酒以玉米为主要原料，配以特制曲药，取塘蓄雪水，用传统的固态发酵工艺配制而成。经过一定时间陈化，形成其独特风味。自1973年以来曾先后参加云南省酒类评比，在百余种白酒中名列第五，专家的评语是“腻脚酒属酱香型小曲酒，色清亮透明，味甘醇；有余香，无异味。”

经过不断开发研制，腻脚酒已形成多种不同规格，不同口感，不同档次的系列产品，产品先后荣获文山州优质产品称号，文山国际三七节金奖，2001年经云南白酒品评会专家组品评，云南省产品质量监督检验中心检验，质量优异，并荣获专家组、酒行业协会、酿酒科研所颁发的荣誉证书。

【小罐酒】

建水县天波酒厂生产的捷牌小罐酒精品，乃选用当地优质玉米、粳稻为原料，取地下白沙水，采用传统工艺——小土罐（小罐酒由此得名）发酵60天，经两次蒸馏，量质而取，陈酿3年以上，精心包装而制成。酒度为29% vol，入口爽甜，回味悠长，深受广大消费者喜爱。

建水县天波酒厂始建于1994年，该酒厂位于云南省建水县临安镇，建厂十五年来，该厂一直注重产品质量控制，市场占有率也逐渐提高。随着该厂生产工艺、生产技术的提高和产品品种的扩大以及产品质量的稳定，本厂在总结多年酿造经验的基础上，博众家之长，以其自身独特的风格，赢得了广大消费者的赞同和信赖。

【泸西荞酒】

泸西荞酒是泸西县兰益酿造有限公司的产品。泸西荞酒以产于滇东北一带高寒山区的“苦荞”为原料，采用小曲发酵生产工艺精心制作而成。“苦荞”自播种到收割，不施肥，不用农药，是天然的绿色作物。其味微苦、平寒、无毒。含有其他谷物不曾含有的芦丁，并含维生素B、脂肪等人体必须的营养元素。所含蛋白质、核黄素在所有谷物中居首位。因此民间把苦荞作为消炎、健脾胃、防治高血压和毛细血管出血以及防治糖尿病的药用食物。选用优质苦荞酿制的泸西荞酒醇香清雅、酒体柔和、回甜爽口，酒尾略带清苦，颇具独特的苦荞风味。产品包装采用杯装形式，为云南首家独创，有独到之处。

“兰益”牌泸西荞酒曾荣获第六届中国专利新技术新产品博览会金奖。

【阿细跳月酒】

52°75ml口杯阿细跳月，系云南山汇工贸有限公司的优质产品。阿细跳月，清香典雅，不像有些玉米酒香气杂而不典型。该酒的突出特点是入口绵甜，52°的高度酒不爆、不辣，饮一杯阿细跳月，你会感到满口生津，酒质爽净。体现了云南的小曲清香型白酒的特点。

【玉林泉酒】

2005年9月，拥有“泰国酒王”之称的世界500强企业泰国TCC集团全资并购玉林泉，使玉林泉成为中国白酒行业第一家外商独资企业。

TCC集团并购玉林泉酒业有限公司后，企业始终坚持“五个不变”的经营方针，即坚持玉林泉品牌不变、玉林泉品质不变、玉林泉生产工艺不变、玉林泉生产场地不变和纯粮生产不变。坚持“五个不变”，使玉林泉酒的质量在保持稳定的同时，还有所提高。如今，云南玉林泉酒业有限公司还成为参与制定中国小曲白酒国家标准的云南唯一企业。

相传在100多年前，有两位内地酿酒师结伴而行，到达峨山县的玉林泉畔，看到这里山明水秀，地涌玉泉，温度与湿度适宜酿酒微生物的生长发育，是个酿酒的好地方。于是，就在玉林泉畔定居下来，开始酿制玉林泉酒。他们酿造的酒品质纯正，受到消费者的赞誉，名气逐步传开，酿酒作坊也像雨后春笋般多起来。

玉林泉酒始创于清朝中叶，距今已有250多年的历史，民国年间驰名于滇中。玉林泉酒延续云南古老的小曲小罐发酵工艺，精选优质的北方纯花白高粱及天然环保的玉林泉水，精心酿制而成，是云南特有的传统名酒。具有酒液晶莹剔透、香气清香淡雅、口感绵甜醇净、回味怡畅的独特风格。新上市的原浆酒、12年陈酿、20年陈酿这3种中高档次白酒将占到玉林泉总产量的40%，这意味着玉林泉将打破云南省白酒长期处于中低价位的格局，跻身中高档次的行列。

【九田酒】

云南易门龙锶源酒业有限公司生产的九田酒之所以闻名遐迩，除了气候环境适宜，酿造工艺独特，酿酒用的珍稀含锶矿泉水也发挥了关键作用。因为锶是人类健康长寿不可缺少的微量元素，具有软化心脑血管，预防高血压和冠心病，生津壮骨，补充肾气及调节人体代谢平衡等作用。

为了尽量减少白酒中的有害物质，提升云南小曲清香型白酒的品牌和地位，九田人在秉承云南特有的小曲清香型白酒传统工艺的基础上，挖掘技术潜力，开展科技创新。经常组织相关工程技术人员到省外名酒厂学习，认真借鉴名酒厂的酿酒技术和经验，聘请国内知名的白酒酿造专家到厂亲自指导。同时加强了与省外高校和科研机构的合作，采用清洗、初蒸、固态糖化、低温缓慢发酵、程序监控、量质摘酒、分级储存等严格的工艺管理，使整个生产工艺都牢牢控制在监管程序内，酿造出的白酒各项指标都符合国家标准。白酒中的甲醇、杂醇油等有害物质含量控制在国家标准要求的一半以下，远远低于同类白酒的含量，从而形成了自然、柔和、清雅、醇香、绵甜的酒体风格。

九田人倡导健康饮酒新时尚，求真、求实、求新，坚持纯粮酿造，不使用任何添加剂，不盲目追求口感，把消费者的健康放在首位，为消费者负责。使九田酒在省内名声远播，成为中国·城乡小康品牌、中国·首届文化生态博览会指定专用酒，并通过 LSO9001－2000 国际认证。2007 年九田酒业跻身云南八大小曲酒生产企业之列。

【五桂醇酒】

云南新平云新糖业有限责任公司五桂酒业分公司生产的五桂醇酒采用优质高梁、谷子、苦荞为主要原料，配以磨盘山天然山泉水采用传统工艺和现代科学技术相结合酿造而成。具有香幽如兰、入口绵甜、余味悠长，酒后不上头等特点。喜相迎酒以玉米、高粱、谷子为主要原料，采用传统工艺和现代先进的生产工艺相结合，取磨盘山天然优质泉水酿制而成，酒液清澈透明，米香纯正、入口绵甜、回味悠长。磨盘山香泉水，水源取自国家级森林公园磨盘山山麓，其水经白沙渗透，自然清洌甘甜香幽。并采用现代高科技精控设备及先进工艺生产，确保了其天然卓越的品质。

1999 年，“五桂”牌五桂醇在国际（天津）发明、专利及新技术新产品博览会荣获金奖。2001 年，云南新平“五桂醇酒”为云南省政协八届四次会议指定用酒。

【大龙口高粱酒】

大龙口高粱酒是易门“三绝”（白酒、豆豉、野生菌）中的一绝。此酒是易门云之南食品有限责任公司的主要产品，它以东北优质高粱为原料，用出自易门龙泉国家森林公园中富含锶、锂等微量元素的天然矿泉水作为生产用水，采用传统工艺结合现代科技精酿而成，具有清澈剔透、清香淡雅、柔和爽净、回味怡畅，是云南小曲清香型白酒的典型代表之一。

大龙口位于易门县城郊的一个山坳里，这里有一个很宽阔的“龙洞”，洞里洞外有好几个矿泉水出水口，其中有一种水质特好，经国家矿产水源部门检测，含铭、锉等微量元素，锶达到国际天然矿泉水标准 20 世纪 50 年代末期，县里在大龙日建起一座国营酒厂，利用本地的优质高粱和优质矿泉水，生产“大龙日高粱酒”改革开放以来，对酒厂进行了技术改造，酒的产量和质量都有了提高。大龙口高粱酒分大龙清系列产品和南蛮酒系列产品两种。大龙清系列白酒选用优质高粱和传统工艺精酿而成。南蛮酒系列白酒则是易门云之南食品有限责任公司根据市场需求开发的一种具有一定文化内涵的高、低度白酒。它沿袭大龙口酒固态小曲清香发酵技术，结合米香型白酒生产工艺精酿而成。传说，三国时期，诸葛亮征服云南后，在会盟宴，孟获用府中珍藏多年的美酒招待诸葛亮等人，诸葛亮开怀畅饮，慨然说道：“亮遍品中原名酒，皆不如此（酒），南蛮酒，隆中无，蜀亦无……”。此后，“南蛮酒”便成为贡奉朝廷的贡酒。现在的南蛮酒系列是云之南食品有限责任公司根据府内秘方和地方史料，经多方挖掘整理研制而成的，其酒体丰满，晶莹剔透，味淳且甘，回味绵长，别具一番风味。

曾三次荣获云南省优质产品称号，近几年来又三次获得“云南省消费者喜爱产品”称号，2006 年荣获云南省著名商标、2007 年荣获首届“云南十佳名酒”称号。

【福全酒】

福全酒是云南通印福全酒业有限公司的产品。福全酒业有限公司位于通海县里山乡工业园区内，占地30 000多平方米。这里交通便利，气候温和，水质良好，适宜生产优质小曲清香型白酒。该厂引进国内外先进工艺，选用优势高粱，采用传统的“福缘”酒圣秘方工艺和“圣泉”地下清泉生产的福全酒，具有清秀纯净，口感柔和，回味悠长等特点，深受消费者喜爱。

相传很久以前，在一座山脚下有一口叫做圣泉的井，旁边是一棵苍天古树，这棵古树在圣泉的滋养下有了灵性。一天，佛祖云游四方路经此地，看到悟道有成的古树，问道：何为幸福之源？古树随即答道：福、和、康、德、寿。佛祖听了微微一笑，便建议古树到人间四处看看：于是，古树化名“福缘”游遍大江南北，尝尽人间酸甜苦辣。福缘看到在人间健康是福、平安是福、长寿是福、多子是福、甚至吃也是福……好消息谓之福音，好居所谓之福地，好相貌谓之福相，吃到好吃的谓之口福，娶到好老婆是有艳福……福缘终于明白：所有之福均为幸福之源泉。为答谢佛祖对他的点拨及圣泉对他的灵化，并让更多的人得到圣泉的滋养，福缘取圣泉之水酿造美酒，取名“福全酒”。十里八乡的人慕名品尝，无不称奇叫好。从此，“福全酒”在人们心目中留下了深刻的印象，有事喝“福全”成了人们的嗜好和习惯。福全酒与中国传统福文化的有机结合，使得福酒文化得以不断延伸。另一方面，福全酒浓厚的文化底蕴又演绎了福酒文化的文明与进步。

【天溪紫谷酒】

天溪牌紫谷酒是墨江酒江酒业有限公司墨江酒厂的产品。该产品以墨江北回归线地带种植的珍贵紫谷为主要原料，运用现代蒸馏白酒上艺与低度酒酿造技术相结合的独特工艺精心酿制而成。酒质晶莹透明，口味纯正，米香幽雅舒适，入口醇厚浓郁，回味甘爽绵长，具有独特紫米风格。紫谷酒有28°、32°、35°、38°、42°、50°、52°七个产品、天溪紫谷酒系列产品以卓越的品质，上乘的质量，独特的品味，饮后不打头、喉不干等特点，受到广大消费者的欢迎，并被云南省食品协会推荐为“云南省放心食品”。2001年获第六届云南省消费者喜爱商品。2005年、2008年“天溪”连续两届被认定为云南省著名商标。目前，产品销售到省内的思茅、临沧、红河、玉溪、曲靖、大理、楚雄、昆明等9个专州市40多个营销网点和省外的北京、河南、四川、上海、福建、两广等地。

墨江酒厂创建于1974年底，经过30多年的创业，企业不断发展壮大，主要产品有白酒、紫米封缸酒、木瓜酒、橄榄酒等10多个产品，有5个产品获18项国际国内殊荣，其中紫米封缸酒获巴拿马国际金奖，是省名牌产品。

【地道云南酒】

云南地道酒业有限公司生产的地道云南酒，以优质高粱、粳稻、小麦、糯米、玉米为原料，采用混蒸混烧、人工培养老窖、分级贮存等传统工艺制造。经二十年窖藏后具有晶莹发亮、窖香浓郁、入口绵甜爽净、诸味协调、余味悠长等独特风格。

云南地道酒业有限公司于2005年初由云南蓝血创业投资有限公司投资组建，致力于开发“地道云南”系列酒类产品，打造真正代表云南文化内涵的高品质产品，“地道云南”建立起了一条从品牌的名称、酒质到包装，完整、合理的产品线。精心培育的品牌体系获得了各方的认同，深受广大消费者的喜爱。2006年，地道云南被评为“中国首届西部文化产业博览会唯一指定用酒”；2006年末，被评为“国际民族服饰研讨会唯一指定用酒”；连续四届“中国云南墨江北回归线国际双胞胎节暨哈尼太阳节唯一指定用酒”；2007年荣获云南省“十佳名酒”称号，成为云南历史上最年轻的名酒品牌；2007年入围“中国品牌企业”；2008年、2009年第十六届、第十七届“昆交会指定用酒”；

2008获评最具成长性品牌，首届中国（昆明）品牌论坛指定用酒；2009全国企业家活动日指定用酒。

云南地道酒业有限公司承古滇大地之纯善、朴素，倾情酿造“地道云南”浓香白酒系列。品牌将云南的多彩文化注入产品的内涵，以“七彩云南、真诚厚道、好山好水、本真原味、自然生态、真诚好客”的地道云南本色酿云南好酒。公司以“人厚道、酒地道”为企业立命之本，主张做人的耿直厚道、酒品的正宗地道，从而奠定起“地道云南”品牌独具之真诚、亲切的人文形象。

【傣王酒】

普洱市傣王酒厂生产的傣王酒原是产于西双版纳傣家村寨的传统美酒。傣家以竹筒做容器，进贡傣王宫廷。该酒经竹瓤浸泡，不仅使颜色金黄，又使酒度回降，口感平和而不淡，香气与别的白酒不同。

普洱市傣王酒厂成立后，以傣家主食糯谷为主要原料，采用纯净的村寨泉水，继承了传统的酿制方法，结合现代科学技术精心酿制而成的傣王酒，其用料考究，工艺独特。饮后甘美爽冽，饮时加水，更是温馨调畅，回味无穷。傣王酒经浸泡竹膜脱落，形成微量固形物，但不影响食用和身体健康，别具一番风味。长期储存颜色增浓，酒度有减，香气犹存。

【铜锅酒】

铜锅酒是云南大禹食品饮料有限公司与普洱茶乡食品饮料有限公司联合开发的产品。是哀牢山人民喜爱的传统佳酿，也是普洱茶乡各族人民宴席上的必备佳品。哀牢山区人民在得天独厚的自然环境中，沿袭古老传统工艺，采用当地优质糯米、玉米、天然泉水精酿而成，酒味醇香可口，回味悠长。

为了使古老的酿酒工艺能够适应现代化生产，大禹公司总经理毛伟亲自组织科研人员，深入哀牢山的村村寨寨，考察传统酿酒工艺，吸取民间精华；请行业协会酿酒专家深入企业生产一线，现场指导传统技术与现代企业标准及国际化接轨的技术攻关，将云南少数民族古老灿烂的酒文化完美地展现给世人。经过无数次探索、实验和调配，终于生产出了最具云南民族特色的铜锅牌系列酒，该酒酿制方法古朴完美，用料考究，色泽清亮，口感绵甜爽洌，酒度低而不淡，香气浓而不烈。1996年产品投放昆明市场以来，产品保持在年产1 000吨左右，但仍然供不应求。经过不懈努力，铜锅酒在云南省产品质量监督检验中心的历次检测中，均为合格优质产品，并加入了中国质量检验协会315质量网。

铜锅酒生产企业将“纯粮酿造，百年不变”定为企业发展战略。在云南省经贸委、省食品协会组织的“销安全食品，树企业信誉”活动中，铜锅酒业将产品质量保障体系的建立，列为企业发展的头等大事，贯穿生产的全过程。省食品协会对全省的食品工业生产、经营状况进行专家评审，已连续两年给铜锅酒业颁发了《放心食品证书》和“标牌”。

铜锅酒采用出土于哀牢山系江川李家山古滇青铜器鼎盛时期的牛虎铜案图形作为注册商标。

【澜沧江清酒】

澜沧江清酒是云南澜沧江啤酒企业集团有限公司的产品。该集团公司是在党和政府的关怀支持下建立起来的具有全省影响力的地方民营企业。云南澜沧江啤酒企业集团重视质量管理，视质量为企业的生命，企业已通过ISO9001：2000国际质量体系认证。澜沧江牌产品被中国绿色食品发展中心认定为“绿色食品A级产品”，被云南省卫生厅评为“放心食品生产企业”，产品被评为“放心食品”，2003年被授予“云南省名牌产品”、“澜沧江”商标被评为“云南省著名商标。”

澜沧江清酒以高粱、小麦、糯米、大米、玉米（包谷）等五种粮食为原料，以优质软化泉水为酿造用水，通过窖池发酵、蒸馏、陈化、勾兑、过滤等多道工艺历时年余精心配制而成。具有窖香浓郁、绵甜甘洌、香味柔和协调、尾味余长等特点，是浓香型白酒中的珍品。产品销售到全省各地，并逐步走出省门走出国门。

【澜沧江小白酒】

澜沧江小白酒是云南澜沧江啤酒企业集团云县酒业饮料公司的产品。澜沧江小白酒选用上乘的高粱、小麦、糯米、大米为原料，取森林山泉，用云南酿造白酒的传统工艺在海拔2 000多米的澜沧江畔精心酿造而成。该酒香气清雅醇正、口味纯净、清爽柔和，多次被评为“消费者喜爱商品”。澜沧江小白酒喝后口不干，喝多不难过，是云南小曲白酒的典型代表。产品销售覆盖云南全省，深受消费者喜爱。

【澜沧江云南老窖白酒】

采用“五粮浓香型白酒”酿造工艺，在澜沧江畔四季如春、植被茂盛、无工业污染的海拔2 000米的涌宝盆地建设酿酒窖池，选用国内绿色基地出产的优质高粱、大米、小麦、糯米、玉米为原料，利用当地经过绿色认证、水质优良的山泉酿造，经蒸煮、摊凉、加曲、入窖踩实后，用黄泥封严发酵。经过60天发酵后出窖蒸馏取酒，按看花分质接酒，分级储存。然后选用储存期8年以上的基酒，经严格科学检验、品评、勾兑为半成品酒储存半年以上，再灌装而成。该酒执行国家“GB/T10781. 1”《浓香型酒》优级品标准，产品以外观庄重、典雅大方，酒液晶莹剔透、香气悠长、窖香浓郁、陈香优雅、入口甘美、入喉净爽、各味协调为特点。上市后即进入中高档消费市场，荣获“云南十佳名酒”称号，为云南首支浓香型白酒。

【“荞老爷”、“荞麦清”、“杯装哥俩好”白酒】

2008年，澜沧江集团已具有年产白酒10万吨的生产规模，是云南最大的白酒生产销售企业。经过10多年的实践，研发出三款酱清香型白酒产品：50°荞老爷、42°荞麦清、42°杯装哥俩好。

引进“酱香型白酒”生产工艺结合云南传统“小曲清香型白酒”生产工艺，自主研发的具有酱香兼清香型的白酒产品。其生产过程为：以优质糯高粱为原料，用小麦制成的高温大曲做糖化发酵剂，两次投料、高温堆积，再入条石筑成的窖池发酵后，高温流酒，经九次蒸煮、八次发酵，七次取酒生产出基酒。辅以云南传统小曲清香型白酒工艺生产苦荞酒精心勾兑而成的，基酒分别储存达五年或五年以上时间，灌装包装成为产品。特点为酒液晶莹剔透，酱清香气协调，闻香优雅细腻，空杯留香，入口醇厚、绵柔、回味悠长。上市后备受消费者喜爱。

【茅粮白酒】

云南茅粮酒业集团有限公司生产的茅粮白酒，有50°、38°、28°三种。其特点是清亮透明，糟香纯正，清雅，粮香，曲香谐调，口感柔和爽净，醇甜自然舒适，回味悠长，具有小曲清香型白酒独特的陈香陈味风格。产品畅销全省各地。

云南茅粮酒业集团有限公司是云南省临沧地区第一家私营企业集团公司。公司创建于1995年，目前，茅粮集团已逐步形成以酒业为主，集酿造、生物、食品为一体，多业并举、立足云南、面向全国，着眼世界的多元化经营集团公司。

1998年以来，公司连年被临沧地委行署、云县县委和县人民政府授予“先进私营企业”称号，被工商行政管理部门评为“重合同，守信用”先进单位。2001年、2005年、2007年三次荣获“云南八大小曲酒”生产企业荣誉称号。

【茅粮浓香型系列酒】

茅粮浓香型系列酒有52°骄子酒，52°、38°茅粮铂金酒，52°、38°茅粮酒，50°、38°茅粮豪酒，是云南茅粮酒业集团有限公司的产品。

52°骄子酒具有无色清亮透明，窖香浓郁纯正，幽雅协调，醇甜细腻，爽净舒畅，香味协调丰满，回味长，完整等特点，有着浓香型白酒的独特风格。

52°、38°茅粮铂金酒具有清亮透明，窖香浓郁协调，绵柔细腻、醇甜自然，爽净，香味协调丰满，回味长的特点，有着独特的浓香型白酒风格。

52°、38°茅粮酒：清亮透明，窖香，糟香，粮香，诸味协调，回味悠长，绵甜爽净，颇具浓香型白酒风格。

现在，茅粮集团成立了商贸有限公司，并在各地州成立销售公司，茅粮浓香型系列酒已成为省内畅销产品。

【小黑江白酒】

小黑江酒是双江小墨江酒业有限责任公司的产品。该酒以优质的小麦、玉米、高粱等为原料，以优质山泉水为酿制用水，采用传统的生产工艺进行酿制，再经长期贮存后精心勾兑而成。具有窖香浓郁、清香纯正、绵甜爽净的特点，形成了陈酒、窖酒、清酒、蚂蚁酒等系列产品。其主要产品有46%（V/V）、39%（V/V）、32%（V/V）等12个规格品种。

双江小黑江酒业有限责任公司位于双江县城南，该公司的前身为双江民族贸易公司小黑江酒厂，始建于1969年9月。公司主产纯粮酿造的散装白酒、瓶装陈酒、窖酒、清酒、蚂蚁酒等小黑江系列产品。

【耈　酒】

耈酒是保山市昌宁县耈酒酿造有限责任公司的产品。耈酒历史悠久，传说在清朝初年就作为贡品进奉皇宫，康熙皇帝饮后，因其酒香幽雅、口味醇正而即兴赐名“耈酒”。随后又将“耈”字录入了《康熙字典》。耈字的意思“延年、高寿”。长期以来，耈酒生产靠昌宁县彝族苗族的古老传统工艺进行。如今在古老的传统工艺中融进了先进的现代科学技艺，生产规模和产品质量都有明显提高。耈酒生产的主要原料是当地温凉山区的优质玉米和无污染的山泉水。纯粮酿造、古老工艺蒸馏勾兑，故有清香宜人、入口绵甜、口味醇正、自然协调、喝后不上头等特点。风格典雅，独树一帜，实为云南地方小曲清香型名酒珍品。公司主打产品28°耈酒不仅清香优雅、口感圆润、回味悠长，还被美誉为“白酒中的啤酒”，在云南为首创产品，年产量达到2600吨。

耈酒系列产品有普通装高低度酒及礼盒装高低度酒，以满足不同层次、不同口感、不同类型及不同消费群体的需求。普通装高低度酒有50°，38°，28°，其中38°和28°又含250ml、350ml、400ml、500ml瓶装及400ml软包装多种类型；礼盒装高低度酒有38°1×4瓶礼盒装及50°1×2瓶礼盒装。

2001年“耈酒”牌系列酒荣获第七届中国国际食品博览会‘中国名牌产品’称号；2003年度被选为“景城杯”云南省举重比赛指定专用白酒；昌宁县七十周年县庆时被选为接待用酒，受到四方宾客赞扬，2005、2007年昌宁县耈酒酿造有限责任公司获二、三届“云南八大小曲酒生产企业”称号。2007年“耈”牌商标获云南省著名商标荣誉，同时，公司通过了ISO9001质量管理体系认证及HACCP食品安全管理体系认证。

【鹤庆乾酒】

鹤庆乾酒厂生产的“古翔牌”鹤庆乾酒是云南省较为古老、最具民族特色的传统产品之一，始创于明代嘉靖年间。该酒风味古朴、清秀幽雅、药香醇美，酒体丰满、纯净明亮。不仅以窖香浓郁，入口绵甜、甘洌爽净、余味悠长而著称，还有药曲特殊的苦凉口感。其独特之处在于酒坊数代人秘而不宣，传子不传女，一脉单传的酒曲秘方，采用滇藏纯正的当归、肉桂等五十六味珍贵中药材做酒曲，以金沙江流域优质大麦为原料，经蒸煮、发酵精酿而成，闻其香而不见其色，体现了高超的酿酒技艺及独门绝技，从而成为传世不衰的贡品佳酿。至清代乾隆年间，鹤庆乾酒作为贡品，每年都要大批送往皇宫，备受帝王将相的青睐。清咸丰六年（1856 年）鹤庆商帮“兴盛和”商号把酒运销到滇西北和康藏地区，使乾酒名声远扬、誉满四方。1957 年鹤庆县成立酒厂以来，鹤庆乾酒改进了工艺，扩大了生产，产品质量有很大提高，并由过去单一生产 60°乾酒发展为生产 60°、55°、50°等年产达1 500吨，以鹤庆大麦酒、鹤庆春酒、鹤庆当归酒等为代表的系列产品，越来越受消费者欢迎，在一年一度的“大理三月街民族节”上，乾酒成为最受青睐的商品之一。

关于鹤庆乾酒，民间有这样一个传说：一日，县城西门街一户姓古的人家办喜事，席间，主人拿出一坛上等鹤庆酒招待宾客，不想，一群戏耍追逐的顽童不小心将酒坛撞倒，一坛好酒溢洒遍地，将擦碗的许多纸也全浸湿了。这些被酒浸透的席纸，在日照下很快挥发干，变成原来的样子，拿起来一闻，酒香全留在纸上。一位好奇的客人端来一碗冷水，将干后的席纸浸泡在水中，这碗水顿时变为一碗醇酒，酒香四溢，如同坛中倒出一般，全场宾客十分惊奇！此后，凡是鹤庆外出的马帮和远行的客商都带上一些鹤庆酒浸土纸上路，每当想念家乡时，就用冷水泡上土纸，喝起来便是地道的鹤庆醇酒，了解思乡之情和旅途疲惫。由于马帮的交流，使鹤庆酒声名远扬，人们把这种用土纸携带的酒称为“鹤庆乾酒”，并成为云南独特的文化—云南十八怪之一“鹤庆乾酒用纸带”。

今天，鹤庆乾酒有了现代化的交通支持，再也不用倒在土纸上进行携带。然而其独特的酿酒工艺以及神秘的酒曲配方都被完整地继承下来，使以往唯帝王将相方能品尝的美酒，流入了寻常百姓家。2003 年、2007 年“古翔牌”被认定为云南省著名商标，鹤庆乾酒被评为云南省消费者商品，获云南省放心食品证书。

【雪山清酒】

大理漾濞雪山清酒厂生产的雪山清系列优质名酒，这支来自雪山上的清酒，被消费者誉为“漾濞茅台”，其口感和品质深受消费者青睐和喜爱。多次荣获大理州三月街民族街地方产品“金花奖”。

漾濞雪山清酒厂建于 1958 年，位于苍山西坡，距大理市 36 公里，五十余年来，该厂始终坚持“质量第一，信誉第一，用户第一”的经营理念，企业不断发展：

曾荣获大理州“先进企业”；商业系统先进单位；“重合同守信誉”先进企业；“第四届云南省消费者喜爱商品”等殊荣。

2004 年至 2007 年被大理州工商局连续评为“守合同、重信用先进私营企业”；2007 年 8 月被评为“云南八大小曲酒生产企业”；同年 10 月被云南食品协会评为“云南省安全诚信食品企业”。

独特的原料和无污染的生态环境，符合生产“绿色食品”的国际标准。“雪山清”酒系选用优质的大米、玉米、高山苦荞为原料，辅以苍山雪河水和三阳峰清泉酿制而成，其味醇、清香、色清、可口。

苍山三阳峰雪水和清泉水质无污染，清洌透明，杂质少，是少有的优质“水”。而生态农业生产出的大米、玉米、小麦，无污染、营养价值高，对人体有保健作用。

“雪山清荞酒”是以优质的本地苦荞为原料，选用苍山的雪山河水，采用传统工艺和现代的酿酒技术和设备酿制而成的。漾濞苦荞生长于海拔 1800 米高山上。雪山清荞酒使彝族荞酒不仅保持了苦荞富含多种氨基酸和微量元素，利胆健脾，降低胆固醇的特点，而且，其酒清澈透明，味纯甘美，香气幽雅，为高质量的产品赢得了广大市场份额。产品远销昆明，滇东、滇西各地州，深受广大消费者喜爱。

【喜鹊窝酒】

牟定县喜鹊窝酒业有限公司生产的“喜鹊窝”牌喜鹊窝系列白酒起源于明朝末期，至今已有 300 多年的历史，是楚雄彝族自治州历史传统名酒之一。该酒采用天然泉水，以优质大米、高粱、荞籽、包谷、小麦为原料，沿袭传统工艺，结合现代科学技术，精工酿制而成，产品香型为米香型和小曲清香型两类，产品先后获“省级金奖”、“质量信得过产品”、“第五届云南省消费者喜爱商品”、“云南省白酒行业优质产品”和“云南省放心食品”称号，“喜鹊窝”商标被认定为云南省著名商标。

2009年喜鹊窝酒业又推出了3种新产品。“喜鹊窝”荞麦酒是该公司开发的第一款小曲清香型白酒，产品选用优质高粱、荞籽、包谷、小麦为原料，采用传统的固态发酵工艺精心酿制而成，具有小曲白酒固有的风味和口感，产品自投放市场以来便深受消费者的青睐。

“喜鹊窝”块菌酒采用富含多种氨基酸、维生素和蛋白质的野生新鲜黑块菌为原料，选用优质米酒精心泡制而成，产品具有入口甘醇润喉，菌香浓郁，回味持久之特点，长期适量饮用有强身健体之功能。块菌，别名猪拱菌、无粮藤果、隔山撬。是一种纯天然的珍稀名贵食药两用菌类。俗有“黑色金刚石”的美称。

“喜鹊窝”松茸酒采用富含多种氨基酸、维生素和蛋白质的野生鲜松茸为原料，选用优质米酒精心泡制而成，产品具有入口甘醇润喉，菌香浓郁、回味持久之特点，长期适量饮用有强身健体之功能。松茸，学名松口菇，别名松茸、山鸡枞。是一种纯天然的珍稀名贵食用菌类。享有“蘑菇之王”和“菌中之王”的美誉。

【吕合米酒】

“吕合米酒”、“彝人福酒”，是云南楚雄吕合酒厂有限责任公司的主打产品。在清代道光年间时，“楚雄府滴酒”就作为贡酒，被记载在文学名著《镜花缘》中，声名远扬。吕合酒厂在酿酒工艺上传承“楚雄府滴酒”传统。并随着时代的进步和科技力量的壮大，吕合酒厂“去其糟粕，取其精华”，继承和发扬了其传统的工艺，且辅之以现代科学方法调制，用彝州特有的物产酿彝州特有的佳酿，使成酒口感绵甜爽净，酒体丰满，回味悠长。多年来，吕合酒厂生产的商品得到过部级、省、市的优良产品称号。

【彝尊酒】

彝尊酒是云南省禄丰县妥安龙潭酒厂的产品。该酒精选本地苦荞、糯米、包谷、小麦为主要原料，配以白沙山泉水，采用彝族民间传统工艺精心酿造而成，是一种优质小曲清香型白酒。酒体清亮透明，落口清香宜人，饮后不上头。现已形成彝尊酒、小彝妹、阿老表三个品牌八种规格的系列产品。其中，彝尊38°酒荣获云南省第七届消费者喜爱食品称号，产品规格有：大包装：1件450ml/12瓶，酒精度为38°、48°；礼品装：1件500克×3瓶，酒精度48°；1件370ml×12瓶，酒精度为32°、52°；1件125ml×20瓶，酒精度为32°、52°；1件500ml×12瓶，酒精度38°。

彝尊酒的生产用水是白沙山泉水，说起白沙山泉水，至今民间仍然流传着一个动人的故事：从前，有一位游客走到白沙山时，人困马乏，口渴难耐，幸亏在山上遇到一位小龙女，在小龙女的指引下，他在一棵大龙树下找到了泉水，泉水清凉甘甜，饮后精神焕发，以后人们把这山泉水称为龙水。用龙水酿制的美酒，酒体清亮透明，酒味醇正爽洌，深受当地群众喜爱。

彝尊酒的包装典雅大方，展现彝乡特色，是宴请赠友的佳品。

【泸沽湖清酒】

宁蒗彝族自治县泸沽湖酒业有限公司生产的泸沽湖清酒因境内的泸沽湖而得名。相传，有一神女和神鹰相爱，并在人间产下一子，名叫支格阿尔神鹰外出后久久未归。支格阿尔长大后，母亲让他带着珍贵山药制曲酿造的美酒去寻找父亲，支格阿尔离家后也一直杳无音讯，思念丈夫和儿子的神女终日以泪洗面，泪水汇成了泸沽湖。后来，神女在泸沽湖畔制定了女子当家做主的“阿夏走婚制”即母系家庭婚姻，并把制曲酿酒的方法代代相传下来。

如今，泸沽湖清酒已成为泸沽湖酒业有限公司的主打产品。它采用珍贵山药制曲，以玉米、苦荞、小麦和优质高山泉水等为原料，用传统的手工工艺和现代高科技技术精酿而成。酒液清澈透明，甘洌醇香，入口浓郁，酒味纯正芳香，回味香甜，独具风格。泸沽湖清酒各项理化指标均达国家一级标准，整体酒质达到优级标准。

随着生产规模不断扩大，产品质量不断提高，泸沽湖清酒先后荣获了“第九届中国专利新技术产品博览会金奖”、“第六届中国国际食品博览会中国名牌食品”等殊荣。2003年7月，在昆明举行的酒类产品品评会上获得云南省酒类产品“优质奖”。同年11月，被中国中轻产品保障中心审定为“中国消费者放心购物质量可信产品”。

【青稞酒】

青稞酒是迪庆藏族自治州各酒类生产企业生产的主要产品，是藏族群众最喜爱的一种饮料酒。

香格里拉是迪庆州的首府所在地，位于滇西北高原，海拔3 000m以上，古往今来都是云南通往西藏的必经之地，也是普洱茶进藏的“古茶道”重镇。明代嘉靖年间，靠近香格里拉的鹤庆已生产大麦酒，到清代，马帮陆续将鹤庆乾酒驮运到香格里拉等地，销到康藏一带。这样，鹤庆用大麦酿酒的技术，也随鹤庆乾酒逐步传到香格里拉。当时就用本地出产的青稞做原料，以鹤庆大麦酒的工艺技术生产出了适应藏族地区消费者需要的青稞酒。

青稞酒的生产工艺，是在传统的米曲酒生产工艺基础上经过改进的酿酒工艺。采用温水浸泡原料、青稞酒的主要原料青稞的籽粒坚实，内膜壁较厚，采用温水浸泡，有利于膨化。巧用糖化发酵剂、适当增长发酵时间，由于原料、气候和生产工艺的原因，青稞酒发酵的时间比一般小曲酒为长，在发酵阶段产生的酸和脂也就要更高一些，使青稞酒具有深厚的香气和酒味。

青稞酒的酿造用水是来自雪山融化冰雪的泉水，而青稞本身又含有其他一般粮食少有的微量元素，加上工艺上的特别，使青稞酒具有酒液清亮透明、醇香清冽、酒体浑厚、余味爽净的典型风格。

二、啤　酒

【KK 啤酒】

KK 啤酒是昆明华狮啤酒有限公司的主要品牌。目前已形成 8°～12°多品种、多规格、多种包装形式的系列啤酒。由于采用国外优良酵母和先进工艺，通过严格选料和精心酿制已具有典型的国际流行风味，其高度的质量稳定性和清纯的口感给消费者带来了全新感受。2001 年以来在 KK 品牌系列中又开发研制并推出了纯生啤酒、螺旋藻啤酒和小麦啤酒，将最新的科技和经营管理硕果奉献给社会，进一步满足了消费者的需要。

昆明华狮啤酒有限公司位于昆明市郊嵩明县境内的“云南杨林工业开发区”，占地 15 万余平方米，周边生态环境较好，生产用水取自天然熔岩型地下泉水。浙江开开集团公司整体兼并昆明啤酒厂后，于 1998 年 6 月按《中华人民共和国公司法》及有关法规重新组建的啤酒专业生产企业。在装备技术、工艺技术、过程监测与控制技术、产品质量、“三废”治理与环保技术等方面，处于全省行业领先水平，对推动行业技术进步，促进地方经济发展产生了积极和重要的影响，多次受到各级政府的表彰，被誉为东西部经济合作成功企业典范。公司改扩建后，2000 年已形成 5 万吨/年优质啤酒的生产规模，并预留了新增 5 万吨的配套设施和工程基础。由于有选择高起点的引进国内最好的厂家和美、英、法、意等国专业啤酒机电设备制造厂商的先进生产技术装备和设施，具有较高的生产能力和自动化控制水平，完全满足和保证了公司目前的生产能力和产品品质的要求。公司引进了法国最大的啤酒生产企业——DAB 公司的优良酵母菌种和生产工艺，依托集团公司的科技力量和长期对外技术合作的优势，保持与行业技术发展水平的同步，坚持实施高于国家标准的：全工业产品质量内控标准，生产技术和产品质量控制水平处于省内行业先进水平。

1999 年云南全省啤酒产品质量行业统检，KK 啤酒获得总分第一名；2003 年 3 月公司质量管理体系和 KK 啤酒通过 IS09002 国际标准质量认证审核，5 月获得中国方圆标志认证委员会颁发的体系和产品双重认证证书；在全省举办的“群众评选喜爱商品”活动中 KK 啤酒连续荣获 1999 年第五届、2001 年第六届“云南省消费者喜爱商品”称号。

【澜沧江啤酒】

澜沧江啤酒是云南澜沧江啤酒企业集团有限公司的产品，主要品牌有澜沧江矮炮啤酒、澜沧江吉象啤酒、澜沧江金火把啤酒、澜沧江小旋风啤酒、澜沧江普啤等。澜沧江啤酒以泉水作为生产用水，选用优质麦芽、大米和啤酒花精心酿制而成。酒液清亮透明，呈金黄色或浅黄色，泡沫洁白细腻，持久挂杯，口味纯正，醇厚柔和，有明显的酒花香味，爽口、回味延绵，深得消费者青睐。

云南澜沧江啤酒企业集团有限公司是在党和政府关怀支持下发展起来的具有全省影响的地方民营企业。它创建于1985年，经过近20年的艰苦努力，现在已经成为云南最大的跨地区、跨行业的生产企业。产品销售覆盖云南全省，并销往缅甸、泰国等东南亚国家，澜沧江品牌已逐步成为造福人民、造福社会、推动地方经济发展的云南本土民族工业强势品牌。

澜沧江啤酒企业集团有限公司位于云南省西部澜沧江畔的云县，是澜沧江企业的发祥地，也是澜沧粗啤酒的发源地。这里有年产20 000吨的啤酒生产厂，产品主要销往临沧、西双版纳和以缅甸为主的周边国家，除此之外，该集团生产啤酒的公司尚有保山有限公司、思茅有限公司、楚雄有限公司和曲靖有限公司，啤酒年产量已逾20万吨。曲靖有限公司是澜沧江集团2002年收购当地啤酒麦芽厂后重组的法人子公司。年产麦芽10 000吨，是集团公司啤酒生产及其重要的原料生产基地。

云南澜沧江啤酒企业集团重视质量管理，视质量为企业的生命，企业已通过1S0 9001：2000国际质量体系认证。澜沧江牌系列产品被中国绿色食品发展中心认定为“绿色食品A级产品”，被云南省卫生厅评为“放心食品生产企业”，产品被评为“放心食品”，2003年被云南省名牌战略推进委员会授予“云南省名牌产品”，“澜沧江”商标被评为“云南省著名商标”，澜沧江啤酒连续七届获得“消费者最喜爱商品”称号，并荣获“云南十佳名酒”荣誉。

【澜沧江纯生啤酒】

澜沧江纯生啤酒是澜沧江啤酒企业集团有限公司于2007年生产并投放市场的云南第一支纯生啤酒，它的诞生标志着云南啤酒业进入了高档次、高品位、高价位、回归自然和膜过滤技术创新时代，标志着云南啤酒酿造技术划时代的进步。

澜沧江集团不惜重金，关键设备选用当今世界最先进的设备和国内配套设备，采用国际先进酿造工艺等高科技手段，选用优质生态大麦芽、酒花为原料，受到消费者青睐。纯生啤酒生产经过严格的过程控制，实现无菌酿造，杜绝杂菌污染，保证了酵母的纯种发酵，清酒液经过低温无菌膜过滤技术去除酵母菌，再利用无菌灌装机灌装。它不经过巴氏杀菌和高温瞬时灭菌，保持了啤酒原有的香味和发酵时产生的香气，保持了啤酒液的原始风味，纯正、新鲜，没有氧化味，保留了不同程度的酶活性，含有更丰富的氨基酸和可溶蛋白，啤酒营养成分更多，有利于人体健康。

【大理啤酒】

大理啤酒是大理啤酒（集团）有限责任公司（原大理啤酒厂）的产品，采用苍山无污染雪水，配以进口麦芽、啤酒花精心酿制而成。具有口感好，酒液清洁细腻，泡沫挂杯持久等特色，深受广大消费者喜爱。产品覆盖滇西、畅销省内外，享誉东南亚，并同西方啤酒大国丹麦、加拿大、法国、美国的啤酒生产企业有业务往来。

大理啤酒（集团）有限责任公司是国家计委、轻工业部、建设银行总行共同确定的“七·五”期间全国72个啤酒专项项目之一。1992年，集团公司实施了技术改造项目，将年设计生产能力由原来的1万吨改造扩大到3万吨，计划在2010年前将生产规模扩大到30万吨。1997年经国家对外贸易经济合作部批准获得自营进出口权，成为云南省啤酒行业第一家自营进出口生产企业。该集团公司技术力量雄厚，专业配套，产品质量逐年稳步提高。产品先后荣获“大理州民族产品金花奖”、“轻工业部向全国消费者推荐产品”、“省轻工优秀产品”、“省旅游产品一等奖”、“全国明星啤酒”、“乌兰巴托国际金奖”、并多次荣获“云南名牌”产品、“云南省消费者喜爱商品”等殊荣。

三、葡 萄 酒

【云南红】

云南红葡萄酒是云南红酒业集团有限公司的产品，自1998年问世以来，短短几年间，就发展到拥有干红、干白、柔红等五个系列十几个品种的葡萄酒。它以上乘的品质受到消费者青睐，迅速在云南站稳了脚跟，并成为业内知名品牌。云南红葡萄酒选用世界优良酿酒葡萄品种玫瑰蜜、梅鹿辄、赤霞株、法国野等为原料，采用国外先进工艺和进口设备精心酿造而成。酿制过程中，始终坚持每一种葡萄酒只用单一品种的葡萄进行酿制，绝不采用混合品种酿制。因此既保持了品位的整体感，又避免了因葡萄相互调和而产生的分离感。

云南红葡萄酒具有酸涩平衡，酸味果味平衡，人口柔顺、酒体醇厚、丰满完整、富有层次感和结构感等特点，饮后唇齿留香、余味绵长、令人回味无穷。2002年是云南葡萄生长的特优年份，该年生产的葡萄酒品质极佳，比如云南红酒业公司出品的“水晶干白”葡萄酒，每天采摘半径15公里以内带着晨露的葡萄入榨，平均每100颗葡萄仅精选30颗，比欧洲著名干白葡萄酒产区要求还高。其产品香蕴发育良好，具有清新的果香和芬芳的酒香，酒色更加稳定，澄清透亮，呈优美的淡金黄色，口味柔和、新鲜、柔顺、纯正、清爽，完美凸现了“水晶干白”葡萄酒的不俗品质。

云南红酒业集团有限公司是由香港通恒国际投资集团经营的集葡萄种植、酿造和销售、研究开发及葡萄皮籽综合加工于一体的完整产业链和产业化集团。

云南红酒业集团有限公司拥有2万亩优质酿酒葡萄种植基地，所种植的世界知名酿酒葡萄玫瑰蜜、梅鹿辄、赤霞株等都已进入旺盛期。同时拥有年出圃五百万株优良酿酒葡萄种苗基地和依照国际标准在葡萄园区内建立的大型现代化厂房及国际一流的葡萄酒生产设备。目前年生产能力为20 000吨。此外，“云南红”还拥有长江以南最大的橡桶酒窖，是长江以南拥有最大规模酿酒葡萄种植园和葡萄酒厂的葡萄酒业集团公司。

云南红葡萄酒自问世以来，深受消费者欢迎，凭借良好的口碑和市场业绩，被誉为云南继“红塔山”后的又一红。1998年云南红干红葡萄酒经国家葡萄酒、果酒专家评委鉴评，达到了同行业同类产品先进水平，产品质量优秀。2000年8月，云南红干红酒包装荣获第三届中国酒行业装潢大赛“金爵奖”。同年，获得法国巴黎首届中国名茶名酒博览会包装综合“特别奖”。1999年5月，昆明世博会开幕国宴上，江泽民主席与应邀而来的柬埔寨西哈努克亲王及100多个国家的首脑、官员们共同举杯庆贺，饮的就是“云南红”。2000年10月，“云南红”被北京钓鱼台国宾馆指定为国宴用酒。2003年滇云牌云南红干红全汁葡萄酒被云南省名牌战略推进委员会授予“云南名牌产品”。“云南红”除了在省内和国内享有盛名外，产品从1998年起，已经批量出口日本、马来西亚、柬埔寨、越南、新加坡和美国等国家，受到广泛的好评。

【云南印象】

云南印象是印象酒业在云南创建的全新酒业印象。其中的印象干红采用引自法国的赤霞株、梅鹿辄、西拉等世界名种葡萄，采用法国传统的葡萄酒酿制工艺，每年由欧洲著名酿酒大师亲临印象酒庄指导混酿而成该酒呈宝石红，品质上佳，晶亮有光泽，香气优雅纯正，口感丰满，协调醇和，风味卓绝，回味绵长，酒体深具地域特征，它自成一脉的非凡品格，可与世界名酒媲美。该酒最适宜的饮用温度为8～10℃（夏天冰镇后饮用），开瓶后应一次饮完，不宜再长久摆放，否则会因氧化而失去芳香。该酒具有最佳佐餐性，可与任何菜肴配合，最适应与海鲜及浅色肉配佐。

印象干白是以法国名种酿酒葡萄霞多丽、贵人香等为原料采用具有国际先进水平的意大利“嘉尼米德”专利设备和国际先进的葡萄汁澄清分离技术以及低温发酵工艺精心酿制而成的高品质干白葡萄酒。该酒色泽微黄绿，清澈透明似晶体，果香浓郁，酒香怡雅，酒味舒畅爽口，纯正细腻，具有新鲜感，酒体丰满，典型完美。该酒最适宜的饮用温度为8～10℃（夏天冰镇后饮用），开瓶后宜一次饮用完，放久后会因氧化而失去芳香。该酒具有最佳佐餐性，可与任何菜肴配合，最适合与海鲜及浅色肉配佐。

在印象十白葡萄酒中，霞多丽干白葡萄酒的营养成分很高，酒中含有蛋白质、无机盐、微量元素、有机酸、果胶及各种维生素。这些物质都是人体生长发育所需要的，而且能直接被人体吸收利用。霞多丽干白葡萄酒中，酒石酸钾、氯化钾含量也很高，具有利尿作用，可防止水肿和维持体内的酸碱平衡。

【红河红】

红河红是云南红河光明股份公司开远市果酒厂的产品，是开远市果酒厂在长期生产优质酒的基础上，近年来研制生产的一种干红葡萄酒。该酒以优质酿酒葡萄为原料，传统生产工艺和现代科学技术为依托，精心酿制而成，风味卓绝。上市以来，以其醇厚的口感和优异的品质受到了广大消费者的青睐和葡萄酒专家的一致好评。

开远果酒厂是个有近百年悠久历史的老厂，是红河州最早规模生产葡萄酒系列产品的老企业，具有年产葡萄酒3 000吨和各种天然果汁饮料、酱菜3 000吨的生产能力。该厂生产的六果液（杂果酒）已有九十多年的历史，在海内外享有盛誉，著名小说《红岩》和郭沫若先生的《洪波曲》中就多次提到开远的杂果酒。该厂生产的白葡萄酒在多次获得省优产品的基础上，1983年又获国家经贸委优秀新产品金龙奖，1990年再次获得中国妇女儿童营养食品会铜奖。该厂利用云南天然野果生产的石榴汁、酸角汁、山楂汁等绿色饮料也拥有广阔的市场。

【“香格里拉·藏秘”干红】

云南香格里拉酒业股份有限公司在云南德钦的3 000亩葡萄园是目前世界上海拔最高的葡萄园，位于梅里雪山脚下，三江（金沙江、澜沧江、怒江）并流腹地。出产的品种为世界名种葡萄赤霞珠。由于藏区藏民几千年来的习惯是农牧并举，所以区内主要使用农家肥（厩肥），因此生产出来的葡萄鲜果符合国家绿色食品要求。据专家称，2005年山东的葡萄最高糖度为18°，而云南德钦的糖度为21～24°。由于其独特的生态环境，这里出产的葡萄质量上乘，是其他产区不可复制的高原葡萄园，是公司未来推出小产区概念高档葡萄酒的主要产地之一。

云南香格里拉酒业股份有限公司生产的葡萄酒从葡萄的种植、收购、原酒的采购到生产工艺都保持较高的水准。拥有4名国家级葡萄酒评委的强大的技术团队和严格的质量管理体系、HACCP 食品安全体系确保了本公司产品的高品质及稳定性。

自 2002 年起生产葡萄酒，经过几年时间，“香格里拉”已经迅速发展成为国内葡萄酒行业的十大品牌之一，产品销售覆盖全国，在华东华南等葡萄酒消费大省收入强劲增长，该公司葡萄酒已经实现了全国性的铺货，并在福建、广东、浙江、湖南、江苏和云南市场上确立了竞争优势，市场份额进入前五名。特别是在市场容量可达 20 亿元的福建市场，香格里拉已成为排名前三名的品牌。

公司成立以来，利用地处香格里拉的地域优势，深入挖掘 1848 年法国传教士在迪庆茨中教堂建设葡萄园的传奇，广泛深入地进行藏族酒文化和香格里拉品牌的传播。香格里拉这个名字与生俱来的神秘、尊贵、圣洁、时尚的气质，赋予了这种联想，这是其他任何品牌所无法企及的。“一支好酒，来自天籁”、“世界的香格里拉”等精心设计的品牌广告迅速建立了“香格里拉”品牌在全国的知名度，并成功打造了“香格里拉”品牌神秘、尊贵、圣洁、时尚的品牌形象。“香格里拉”荣获亚洲 500 最具价值品牌奖，“香格里拉·藏秘”被评为中国红酒行业十大影响力品牌。

四、果酒、其他酒类

【杨林肥酒】

杨林肥酒是云南龙润酒业有限公司（原杨林肥酒厂）的产品，因酒色碧绿，药香馥郁，常饮使人体健康肥壮，故名肥酒。肥酒生产已有120多年的历史。1914年，曾获得云南省第一次物产品品评会一等奖；以后又获南洋劝业会金奖。

云南龙润酒业有限公司是龙润集团的独资子公司，其前身是始建于1956年的云南杨林肥酒厂，于2004年10月被龙润集团收购，是云南省酒类生产著名企业、省诚信单位，生产销售具有129年历史的杨林肥酒、云南绿酒等系列产品。

杨林肥酒是药香型配制酒，酒液是碧绿或金黄两种色泽、清亮透明、药香与酒香浑然成为一体，自然协调，人口绵甜，药香柔和、清雅、酒味醇厚、余味甘爽，具有药香型配制酒的典型风格。富含葡萄糖、多种维生素、蛋白质、果糖、枣酸等成分，有健脾开胃、调和气血、润肺生津、补中益气等功能和效益。

杨林肥酒以高粱、玉米、大米、小麦酿制的小曲酒为基酒，精选党参、拐枣、陈皮、桂圆、公丁香、云木香、大枣、茴香、肉桂等十余味名贵中药材和蜂蜜、蔗糖为原料，严格按照传统工艺，经分别浸泡，复升提纯、调味勾兑、封缸陈酿等工序精制而成。

杨林肥酒是云南历史名酒，云南十佳名酒，其酿造源于明朝云南著名药物学家、诗人兰茂所著的《滇南本草》。1880年，云南嵩明县杨林镇酿酒业主陈鼎依据《滇南本草》中的“水酒十八方”，创制了杨林肥酒。因品质独特，杨林肥酒一问世，便广受欢迎，畅销不衰。1981年至今一直保持省优质产品称号。

杨林肥酒的生产基地位于昆明市嵩明县杨林镇。杨林自然条件得天独厚，山川秀美，物产丰饶，气候温和湿润；片片平畴沃土，四周青山翠谷连绵，是闻名遐迩的鱼米之乡，自古即为滇中名镇，酿酒历史悠久，酿酒条件优越。

1988年，38°杨林肥酒荣获全国营养食品“熊猫奖”；1989年在商业部举行的全国评酒会上获得优质产品“银爵奖”；1992年获巴黎国际名优质展评会银奖；2000年获中国食品工业协会颁发的“国家质量达标食品”奖牌、证书。

【彩莹红石榴露酒】

昆明西山区彩莹红果酒厂生产的彩莹红石榴露酒，系精选云南优质石榴、玫瑰花为原料，辅以当地白砂山矿泉水，用民族传统生产工艺精酿、调制而成的。此款酒酒度为12% vol，酒体澄清明亮，酒质醇厚，果香、花香浑然天成，口感纯正圆润。不仅顺应了低酒度、健康消费的趋势，也不失时尚、尊贵的风范。

石榴酒中含有山梨醇，还有助于胆汁和胰

腺的分泌，可以助消化。石榴酒的清爽口感，几乎适用于所有美味佳肴配饮，与甜味食品配合则更显默契。其天然纯朴，含多种微量元素、几十种氨基酸以及多种维生素，特别是钙的含量极高，是葡萄酒含钙量的数十倍乃至百倍以上，十一种新的对人体有益的天然钙源，石榴酒中的葡萄糖、果糖和多种氨基酸，能够直接被人体吸收。

现代研究证实，石榴酒具有降低血脂、软化血管、增强心脏活力以及预防癌症的功效，同时对乙型肝炎抗原（HBAG）有较强的抑制作用，据国外研究人员发现本品还具有预防动脉粥样硬化和延缓生命衰老等功效。

石榴酒具有丰富的内涵和美好的风味，饮用后令人愉悦欢快，增加食欲，给人以诗意般的情感享受。

【葛根酒】

云南沾益县福上福葛根酒业有限公司生产的福上福纯葛根酒，采用纯葛根为原料，保存了葛根中的大量总黄酮、氨基酸等人体必需的营养元素，是酒类中极其罕见的一种功能性、凉性营养白酒。国家著名评酒专家认为，“福上福”纯葛根酒具有葛根的本色自然香味，酒气清香淡雅，酒液晶莹剔透，入口清凉柔和，随即回甜；易入喉，不爆口，不打头，不上火等特点。

葛根酒填补了我国无“植物酿制酒”的空白，而且开辟了一条解决因粮食日趋短缺影响酒业兴衰的道路。

近年来，“福上福”葛根酒已畅销到全国许多省区及大中城市，展现了广阔的市场前景，荣获“云南省群众喜爱的环保产品”。公司也获得“放心消费环境承诺单位”、国际3·15消费者权益组委会授予“维权先锋”等荣誉。

【松子酒】

“兰益”牌松子酒是泸西县兰益酿造有限公司的产品，以云南小粒松为主要原料，以高原小麦、苦荞为辅料，加之现代的先进生产技术精酿而成。

云南小粒松子味甘香、小温无毒，含挥发油、蛋白质、胡萝卜素、维生素C及多种氨基酸。具有养心安神、养肝明目、安五脏、滋补润肺之功效。在松子酒的生产过程中，采用了目前国内最新的生物处理技术，使松子经过特殊的“酶分解技术”处理，所含蛋白质转化为多肽和氨基酸而溶于酒中，提高了产品天然营养成分含量，从而使松子原料得到充分利用，是具有一定科技含量的创新绿色饮品。该产品色泽透明、口感丰满柔和、甘香浓郁、余味悠长，具有突出的松子特有的芳香。松子酒包含着松、荞原料所固有的典型风格和食疗成分，是不可多得的绿色饮品，现已获得专利。

兰益酿造有限公司的前身是泸西县酒厂，属国有企业。1998年改制更名为泸西县兰益酒业有限责任公司，2001年公司更名为泸西县兰益酿造有限公司。

公司有一套科学、系统的质量控制体系以充分保证产品质量。生产工艺既保持传统的酿造工艺，又独到而科学地开创出一套新的酶解工艺。可生产、调制出不同风格、不同品种、不同档次的食用白酒和营养型白酒。“兰益”牌松子酒曾获天津（国际）发明专利及新产品、新技术博览会“金奖”。

【六果液】

六果液是开远果酒厂的产品，是在“杂果酒”的配方和工艺的基础上创制成功的传统甜型果酒。杂果酒首创于1914年，至今已有90年的历史，当地酿酒师王宝福利用滇南一带丰富的新鲜水果青梅、山楂、菠萝、石榴、杨梅等酿制而成。其色红润透明、醇和芳香，酸甜适口，回味深长，具有特殊的果酒风味。因酒质优良，在全国一度享有盛名，远销香港及东南亚各地。

1958年，开远果酒厂建成后，在对传统工艺进行改造和提高的基础上，继续生产杂果酒，产量逐年增加，质量也有较大的提高。1978年和1981年先后被评为全滇地方好酒、云南省优质产品。1984年，开远果酒厂在坚持传统工艺的基础上，对杂果酒的配方作了若干调整，减去杨梅，增加葡萄、柑橘、荔枝等，降低酒度，调整糖分，使用现代设施，制成了“六果液”新产品。六果液色泽鲜红清亮，酒体协调，果味浓郁幽雅，酒味醇厚温和，酸甜爽口，余味绵长。既保持了杂果酒的传统风味，又使果香突出养分增多。含有多种维生素、氨基酸及钙、磷、铁等多种有益人体的微量元素，在果酒中别具一格。

六果液酒于1985年再度被评为省优质产品；1988年获首届中国食品博览会银牌奖，1989年被评为商业部优质产品、先后获“银爵奖”、“金爵奖”；1990年获中国妇女儿童营养食品银奖，并被批准为北京亚运、科学大会专用产品；1992年荣获巴黎国际名优酒展评会金奖。产品畅销于北京、上海、广东等20多个省、市、自治区，深受消费者欢迎。

【紫米封缸酒】

紫米封缸酒是墨江酒江酒业有限公司的产品。1985年投产，是一种纯发酵低度甜型黄酒，与浙江绍兴香雪酒和福建龙岩沉缸酒属同类型酒，具有口味香甜、酒质醇厚、酒度低、刺激性小、营养价值高的特点。1986年获云南省优质产品称号，1988年在首届中国食品博览会上又获银牌奖，1989年获商业部优质产品“银爵奖”，1992年在巴黎国际名优酒展评会上获得金奖。

墨江哈尼族自治县属温带、亚热带气候，县城地处北回归线上。独特的地理与气候条件，生长着一种色、香、味独特而又有一定药用价值的紫米（又称黑糯米、紫珍珠、胭脂米、补血米），历史上曾为“贡米”。《本草纲目》称紫米具有滋阴补肾、健脾暖肝、明目活血等作用，因而称之为“药米”。全国粮食品种展评会上，把紫米列为国内的三种“珍稀米种”之一，紫米封缸酒正是选用紫米作为主要原料，采用甜型黄酒的传统工艺，结合当地气候、水质、原料、市场消费习惯等特点，经过多次试验总结研制成功的。

紫米封缸酒的质量标准是：酒精16%～18%，糖分13%～15%，酸度0.5%以下。

紫米封缸酒经封缸贮存，酒液呈琥珀色，清澈透明，香气馥郁芬芳，滋味新鲜醇厚，回味绵长，营养丰富，独具风格。产品除在本省销售外，还销往北京、河北、湖北、江西、广西、广东等省、市、自治区以及美国、加拿大、日本、泰国、缅甸等国家。

【司岗里木瓜酒】

世界第一支木瓜发酵酒——司岗里木瓜酒是在克服了传统工艺用木瓜直接泡制白酒或晒干泡酒，利用效果低的缺点，经高科技发酵工艺，提取木瓜中丰富的具有抗菌的齐墩果酸、多种氨基酸和人参皂甙等营养和药用成分，酿成酸甜可口、色泽鲜艳的红酒，可充分发挥木瓜自身舒筋活血、健脾开胃、舒肝止痛、祛风除湿之功效，是21世纪最理想的绿色果酒之一。

中国是世界上独有的木瓜主产国。这一果酒的酿制开发，就定位了茅粮酒业集团研制出的酒产品，是绝无仅有世界第一支“司岗里”木瓜发酵酒。木瓜生长地一般在海拔2 000米以上温凉交替地带，云县95%属山区，是得天独厚的木瓜生长地。

该酒具有神奇的人体保健功能，明代著名医学家李时珍在《本草纲目》中就有临床研究记载，“木瓜具有舒筋活血，祛风除湿之功效，去子蒸烂，捣烂入蜜与姜作煎，冬月饮之为佳。”“司岗里木瓜发酵酒问世后，欧洲食品研究中心专门进行了科学研究，结论为木瓜含单连量超过葡萄的三倍，单连的作用为软化血管，舒通气脉，养颜抗衰老。近代医学专家对木瓜研究后发现，木瓜中含有3%的七埻果酸，七埻果酸的药用功能为保肝护肝。

该酒蕴含着神秘的佤族历史文化，伴随着古老的佤族文化历史，积淀着写之不尽，道之不完的佤文化体裁。茅粮人研制的木瓜发酵酒，取名于临沧佤族诞生后走出来的“司岗里”，品牌中具有丰富的佤文化内涵，深深反映出了企业品牌文化的奥妙灵魂，“司岗里”品牌的出炉，汇集了中国五千年人类创造优秀酒文化的成果，包容了中国临沧，世界佤乡蓬勃发展的文化历史，丰厚的佤文化品牌，铸造了司岗里木瓜发酵酒无形的核心价值和有形的核心竞争力。

茅粮“司岗里”木瓜发酵酒已成为国际性品牌的果酒，2007 年集团公司上市“司岗里”果酒2 000吨、2008 年上市3 000多吨。到 2015 年，集团公司预计有足够和高质量的“司岗里”果酒投放国内外市场。

【情果红滇橄榄酒】

情果红滇橄榄酒是昆明情果红酒业有限公司和墨江哈尼族自治县酒江酒业有限公司，根据哈尼族民间秘法开发出的具有民族浪漫色彩的滇橄榄酒。

墨江县地处哀牢山脉中段，位于北回归线上，在山林里生长着大量野生水果——滇橄榄。滇橄榄又称余甘子，其味较酸，而余味甘甜爽口。据《滇南本草》记载，余甘子酸甘苦凉，润肺化痰，生津止渴，可用于治疗感冒发热、咳嗽、咽喉肿痛，对腹泻肠炎、高血压症也有疗效。哈尼族群众称滇橄榄为爱情果，此果入口微有酸涩，反复咀嚼而又满嘴生津，回味无穷，正契合了人们的爱情观念。为了保持这种美好的感觉，哈尼族群众就用此果酿成美酒，以永远回味爱情的滋味。墨江酒厂利用这一资源和消费者的习惯与爱好，将野生滇橄榄果制成橄榄酒，仍保持了原果的风格，受到了市场欢迎。

橄榄酒色泽浅黄微绿，清亮透明，果香悦人，酸甜适口。营养丰富，含有锌、铁等微量元素，维生素 C 的含量尤为突出。常饮橄榄酒有舒筋活血，清喉、生津、润肺、解毒之功效。改革开放以来，昆明情果红酒业有限公司与墨江酒江酒业有限公司合作，根据哈尼民间的秘法对橄榄酒作了进一步开发，所生产的情果红滇橄榄酒在规模上有了扩大，质量上有了提高，更加受到消费者青睐。

英国女王及著名科学家钱伟长品尝以后，连声称赞：“好酒，好酒！”1988 年，橄榄酒在首届中国食品博览会上荣获银奖。

【象都皇酒】

象都皇酒是中国云南象都皇酒有限公司的产品。是与浙江绍兴香雪酒相类似的一种纯发酵甜型黄酒。酒液金黄透亮，酒香突出，酒味醇香甘美，入口柔和，鲜甜净爽，酒质醇厚圆润，具有甜型黄酒的典型风格。

按照当地的风格，每当生下一个女儿，就要请人酿下一缸酒，封存于地下，待女儿长大后父母为其定亲时，取出此酒请客，作为女儿的定亲用酒，所以这种酒又称“女儿红”。但是，多年来这种酒只是家酿自食，未形成商品。象都皇酒有限公司的前身盈江黄酒总厂，改革开放以来，在原来“女儿红”酒生产经验的基础上，采用现代酿酒工艺技术设备，经过多次研究试制，于1985 年批量生产象都皇酒。

象都皇酒纯天然自生色泽，发酵自生甜味，口味醇厚，柔和爽口，酒体协调，风味独特，内含20 多种人手必需的氨基酸及多种维生素和有益微量元素，并富含抗癌元素之王——“硒”，营养于分丰富，适合女士及中老年等广大人群饮用，亦可入药或作美食佳肴的调料。

象都皇酒系列产品有佳品（酒度 120。2 年陈）、陈品（酒度 180，5 年陈）、贡品（酒度 220，15 年陈）、珍品（酒度 260，20 年陈）、藏品（酒度 300，30 年陈）。

象都皇酒、糯米香酒先后荣获中国国际诗酒节金爵奖、第三届中国艺术节指定产品、匈牙利名酒博览会菲玛金奖、曼谷国际名酒博览会金奖、中国优质保健品金奖、中国酒文化科技成果一等奖多项国际国内大奖，1992 年象都皇酒在匈牙利国际诗酒节获金奖后，商业部领导为该厂题词：“云南名酒香飘四海，中华文化喜传八方”。

【红瑞百趣柠檬酒】

红瑞百趣柠檬酒是云南红瑞柠檬开发有限公司聚中外酒业专家智慧，最新研制的一种健康系列果酒。

红瑞百趣柠檬酒采用新鲜柠檬果汁经整体低温微生物发酵、长期陈酿而成。低度果酒含50%柠檬果汁，高度果酒则是用发酵好的果酒再经蒸馏精制成柠檬高度烈酒，亦称为柠檬白兰地。酒体呈自然淡黄色、味略酸、性温、酒体协调。

柠檬果汁含有30多种有效营养成分，其中有十多种氨基酸、果酸，天然维生素、矿物质及柠檬苦素。经常使用能健脾、养胃、护肝，利气祛火止咳；亦能有效改善心脑血液循环、降低胆固醇同时有美白养颜、减少皮肤细胞色素沉着，预防坏血病等作用。柠檬苦素还具有抑制肿瘤、抗癌等功效。

红瑞百趣柠檬酒，既保持了柠檬鲜果的天然风味和成分，又最大限度凝聚保留了柠檬果汁的营养和功效，更有利于人体的吸收。

红瑞百趣柠檬酒，聚果酒、白酒、保健酒为一体，针对不同消费者爱好，有高、中、低度三种。

【雕梅酒】

大理州云弄峰酒业有限公司生产的云弄峰品牌雕梅酒，秉承了大理“大理雕梅”工艺，选用大理天然优质青梅为原料，采用微生物发酵技术，严谨的生产工艺酿造，产品保留了梅子含有的葡萄糖酸、琥珀酸、柠檬酸和VC、VA、VE、黄铜、铁、锌、磷、单宁与葡萄糖、果糖、游离糖等营养成分和梅子的天然香味。科学饮用能促进人体新陈代谢、消除疲劳、增强体质、改善血液循环、养颜美容、防止老化的功效。科学饮用能促进身体新陈代谢，增强体质，消除疲劳，改善血液循环，促进肠胃吸收，养颜美容，防止老化的功效。先后获第十届中国专利新技术新产品博览会“金奖”、全国质量信得过产品、全国质量服务消费者满意企业。

据史料记载：“大理雕梅”唐朝人选为贡品。之后，一直被世人奉为上上精品。

【苏浬玛酒】

苏浬玛酒是丽江苏浬玛酒坊有限公司的产品。属低糖、低酒精度、高营养、纯天然的独特传统酒。此酒在滇西北高原三江并流地区的彝、纳西、普米族中广泛流传，如今在摩梭人的喜庆活动、各种重大节日和社会活动中常常在酒中撒上鲜花，载歌载舞，开怀畅饮。苏浬玛酒的酒度为15°。它以滇西北高原无污染的青稞、小麦、苦荞、玉米、高原红米、糯米为原料，以海拔3 000m以上的雪山泉水为酿制用水，加入当地植物根茎秘制的酒曲精酿而成。具有五谷的自然芳香和清新时尚口感。经保健功能检测实验证实，苏浬玛酒含有丰富的氨基酸、有机酸、多种维生素、核酸及多种微量元素，还含有被称为肠胃健康天使的天然双歧因子。常饮此酒，令人感到胃口舒适、食欲振作、睡眠香甜、周身发热、气色红润、光亮有神。

“苏浬玛”为摩梭语，当地人解释为格姆女神的乳汁（像母亲乳汁一样给人以滋养的酒）。关于苏浬玛的由来，当地人有许多动人的传说。相传摩梭人崇拜的格姆女神崇尚自由，她最大的愿望就是获得永葆青春的秘方，泸沽湖畔药山山神送她新鲜的五谷和当地特有的植物根茎，教她用雪山泉水酿造佳酿，她饮用后充满青春活力，并把这个秘方留给受她保护的勤劳善良的摩梭女人。

由于历史和民俗的原因，苏浬玛酒的酿制方式濒临失传，为保留民族文化，避免这一具有独特风格的传统酒失传，“丽江苏浬玛酒坊有限公司”结合先进的生产技术，开发出符合现代健康休闲习惯，适合国际口感的新一代苏浬玛酒。

丽江苏浬玛酒坊有限公司是以开发丽江小凉山地区佳酿苏涅玛酒为主导产品的科技创新型企业。由我国著名歌唱家、全国政协委员关牧村发起创办，并与微生物发酵技术处于全国领先地位的华中农业大学生命科学院结为合作单位厂。现拥有资产4 800万元，年设计生产能力3 000吨。

苏浬玛酒在2001年8月获得中国绿色食品发展中心A级绿色食品认证；在2001年国际食品博览会上，“苏浬玛酒”和“苏浬玛女人酒”分别获得金奖和银奖；在2001年国际绿色食品与人类健康博览会及学术讨论会上荣获“科技创新奖”，2003年苏浬玛酒通过了“有机食品”认证。

【“香格里拉·藏秘”青稞干酒】

远在1848年，一群欧洲探险家来到喜马拉雅山脉，他们在传播福音的同时，寻找传说中的圣地香格里拉。这片广袤的土地接纳了这些异乡人，他们与雪域高原心神默契，穿越高山、湖泊、草甸、沼泽……，终于有一天清澈广远的湖泊仿佛从天而降出现在他们的眼前，水面浮动蔚蓝，波光闪烁，山水灵光尽现。“香格里拉”、“香格里拉”！传教士们欣喜若狂，他们掬起湖水大口大口地喝起来，湖水染湿了衣襟，滋润了心田，传教士们心中充满幸福。从此，他们在这里建盖教堂，潜心传教，与藏民和睦相处。他们带来法国精湛的酿酒技术，不仅在藏区酿造葡萄酒，也与头人贵族一起酿造青稞干酒。一个多世纪过去了，茨中教堂依然屹立，葡萄园的枝头依然硕果累累，葡萄酒依然飘香，青稞干酒的酿造秘密在藏区上层社会世代相传。

“香格里拉·藏秘”青稞干酒是北京金六福酒有限公司控股企业云南香格里拉酒业股份有限公司的产品。云南香格里拉酒业股份有限公司主要生产、销售青稞干酒系列、葡萄干酒系列产品。公司青稞干酒生产基地位于世界自然遗产金沙江、澜沧江、怒江三江并流的国家风景名胜区香格里拉经济开发区。公司从成之之日起就秉承“用心酿美酒，打造中国知名品牌”的方针，建立了一套完整的质量管理体系，已通过国家IS09001和HACCP食品安全控制体系认证。公司的藏秘商标被评为云南省著名商标。公司在云南省迪庆州香格里拉腹地拥有万亩青稞原料基地，采用雪山的源水、高原的青稞，将1848年法国传教士带来的欧洲先进葡萄酿酒技艺与藏族传颂数千年的青稞酿酒技术完美结合起来，酿造了酒质纯净圣洁，风味独特，余味悠长的青稞干酒系列产品。青稞干酒系列产品有青稞干红、青稞干白两种。

“香格里拉·藏秘”青稞干红以海拔2 700m藏区河谷特有的紫红青稞以及欧洲葡萄精华液，配以海拔6 740m雪域源水精心酿制而成。酿酒工艺一脉传承自18世纪法国勃艮第葡萄园区圣维望教会的传教士，与藏区传统的酿酒秘方完美融合，是在藏区上层社会流传近两个世纪的藏秘珍酿。

“香格里拉·藏秘”青稞干红兼具青稞干酒、葡萄干酒的优良质素，酒色呈宝石红色，澄澈透明，具有幽雅、浓郁的酒香，口味醇厚、柔和，酒体丰满，回味绵长。

“香格里拉·藏秘”青稞干白，澄澈金黄，具有幽雅、清新的酒香，口感细腻醇厚，典雅流畅，酒体和谐丰满，既保证了葡萄酒的清秀、滑润、干纯、幽香，又避免了多数葡萄酒易有的酸涩，唇齿之间，回味悠长。

【第七编】

市场与营销

一、酒市概览

全球金融危机下的中国白酒

由美国次贷危机引发的全球金融危机愈演愈烈，中国股市一年缩水近三分之二，经济增长速度开始下行。与此同时CPI高居不下，PPI更是在警戒线之上运行。那么，在全球经济低迷的大环境下，中国白酒行业将面临怎样的挑战？

很多人士认为，中国白酒也将陷入上世纪90年代末的低迷时代，因此忧心忡忡。笔者认为，行业调整和洗牌已经势在必行，但挑战和机遇并存，洗牌之后，中国白酒将建立一个更加健康、更具抗风险性的行业格局，对行业有利，对消费者有利。

宏观环境让一些白酒企业面临出局

粮食、燃料等主要原材料价格不断上涨，使得企业生产和经营成本不断增加；而由于物价上涨、经济不景气，人们消费变得保守。像白酒这种纯消费品，自然被列为限制消费行列。白酒行业将面临2003年以来的首次“成本剧增、需求不振”的双重压力。在这种大环境下，那些依靠销量生存、竞争层次较低的企业将很难长期支撑下去。

经济周期催生新一轮洗牌

从行业发展周期来看，中国白酒自1993年开始兴旺繁荣，到1998年步入下滑、调整期，2003年又全面复苏、上扬。可以说“5年”是一个调整周期。特别是一些区域品牌（如山东、安徽、河北的一些品牌），都是由某一个产品带动的品牌，基本上3年左右是一个品牌（产品）周期。现在周期到了，这些品牌（产品）正在走下坡路，而这些品牌（产品）所支撑的企业也面临着洗牌的危机。

据笔者所知，安徽、河南、山东、河北、陕西、东北等中西北部地区的很多企业由于体制或经营原因，都在“整装待嫁”。

严格的质量监管将淘汰一批企业

“三鹿奶粉事件”的发生，让国家、民众对食品安全风声鹤唳，消费者、卫生部门、质量部门、市场监管部门对食品安全比历史上任何一个时候都高度重视。此次的“三鹿奶粉事件”，将引起所有食品企业的大检查。“阜阳奶粉事件”淘汰了一批劣质奶粉企业，而“三鹿奶粉事件”不仅会再淘汰一批奶粉企业，还会淘汰更多的食品企业，也包括白酒企业。那些靠牺牲产品质量取得价格优势的企业将面临很大冲击，特别是一些大的白酒企业周围的“卫星工厂”、“无烟工厂”将无法生存。

白酒消费习惯和价值功能发生重大改变

随着人们健康消费观念的不断增强，“少喝酒、喝好酒”已经成为普遍共识。自2003年以来，我国白酒产量在相对稳定的同时，白酒销售额却连续保持15%以上的增长速度，这说明白酒消费向高质量、高附加值的品牌集中。

白酒在中国有着几千年的文化基础，但从近几年的营销发展来看，白酒的精神价值在增加，大有超越物理价值的趋势。白酒被赋予了身份、地位、品位、炫耀的象征功能，营销界已经把部分高端白酒纳入到奢侈品的营销范围中。

无论是消费观念趋向理性还是精神价值的提高，都会助推白酒行业的整合。那些长期以来注重文化、注重品牌的企业将会获得更多的发展空间；那些只注重销量、不重视品牌或者没有资源建设品牌的企业将被淘汰。

业外资本将进入白酒行业

每一次经济的震动都会出现资本的分流，由于出口退税的调整以及美元的贬值，很多外销企业经营面临停滞，很多沿海地区的资本面临内流寻找投资方向的问题，而白酒也是他们的选择之一。而且在股市低迷的大背景下，很多资金抽离股市，也面临着投资选择问题。而其他行业资本进入白酒行业也是很多的，如万基集团、金路集团、嘉得莱集团、华泽集团等，预计会有更多资本进入白酒行业，因为许多地方政府都把出售、整改白酒企业作为招商引资的项目来抓。

行业的区域集中和全国集中同步发展

在很多中小企业在为生存挣扎的时候，像五粮液、茅台、泸州老窖等全国性品牌的销量每年都在大幅增长。洋河、汾酒、口子窖、西凤等区域品牌的实力也在不断增强。由此可以看出，白酒销量在向全国性大品牌集中的同时，也在向区域性强势品牌集中，双管齐下，最终会把众多小规模、不健康的企业淘汰出局。

总的来说，这次全球金融危机所带来的全球经济和中国经济的放缓，将加速中国白酒行业的调整和洗牌，挑战与机遇并存，淘汰不可阻挡，行业集中度将越来越高。这将使有思想、有责任感、综合实力强的白酒企业有更大的发展空间，白酒行业将建立更健康、更有序的新格局，对整个白酒市场、对所有的消费者都非常有利。

（《华夏酒报》）

白酒终端市场危机重重

我们的白酒军团正在“终端制胜”的高呼声中大举进入，而笔者此时却要说些“冷言冷语”，这对那些大踏步的亢奋者来讲好比泼了一瓢凉水！其实透过白酒市场“火热”的表面，不难看出我们涉足其间的不少淘金者其实已经浑身乏力，说白酒危机四伏，不是空穴来风，也并非危言耸听！

短期利益的思想危机

虽然市场的竞争已极度白热化，虽然税制的调整、粮食的涨价、《道法》地实施使一些白酒企业的困境好比雪上加霜！但白酒舞台的角逐者并没有因此减少，相反，新进者是不断增多。在“痛并快乐着”的白酒勇士眼中，白酒技术不高、进入门槛低，相比之下，白酒产品的利润还是诱人得多！近几年，白酒市场外行资本不断渗入、白酒新产品有如雨后春笋般涌现出来。可实际上无论城内还是墙外的，真正能捞到“油水”者是屈指可数，更多者象啃鸡肋一样，可谓“吃之乏味、丢之可惜”！

进入白酒产业是好事，因为有点乌烟瘴气的白酒市场的确需要一些新生力量！但不少新进者是急功近利，新品一上市就走高端市场者是趋之若鹜！如果把白酒终端市场比作一根木棍的话！那么，可以用“头重脚轻”来形容现在的状态。从营销角度讲，一个品牌的成功塑造是建立在市场培育的坚实基础之上，要经过产品的导入期、推广、成长期等发展过程方能逐步奠定其牢固的消费根基。一个产品没有一定的品牌基础与成熟的消费环境、实质上是很脆弱的！而今天的某些白酒商人，一开始卖酒就销几百上千元一瓶的，把一些高档餐饮消费场所简直就当成了造钱的工厂！难怪多者是风光了一年半载，便昙花一现般地消失了！有的新手恐怕连行业规律都还没有搞懂就中途夭折了！为什么很多白酒企业“富不过三”，归根到底就是短期利益思想严重，片面追求白酒高端市场所带来的高额利润，而忽视了品牌的基础建设！每每想到的不是去做好每一个行销细节，而只看到了挂在枝头的累累硕果！

表面上看，我们的厂家是在施行通路下沉、缩短流通渠道，但仔细洞察你会发现，他们过度热衷于餐饮高档消费场所和一些大型商场、超市，很少问津于遍布很广的那些便民店之类的小终端。原因很简单，他开发的是高价位的“高档产品”，你消费不起！试想：一个脱离了大众消费群体、缺乏产品美誉度的白酒品牌它能在市场长期立足吗？因而，白酒市场连年增多的高价位产品，从一定角度讲也表现出某些人的“利欲熏心”，其“大捞一把”的美梦只会落个竹篮打水一场空！

如果把白酒品牌推广看作是建造房屋的话！可以说我们今天多数的白酒工匠已没有“万丈高楼平地起”的思想意识，这是很危险的！

极度匮乏的文化危机

很多名酒是经过几百上千年的悠久历史方才积淀出厚重的品牌文化内涵，五粮液也是经过好几代人的奋斗努力才铸就了今天高达269亿的品牌价值。但白酒市场频频出现的很多品牌、对消费者而言几乎都是陌生的面孔，有的仅仅是为产品取一个名字、换一种包装、提升一下价位，就大言不惭地讲自己卖的是文化酒！品牌酒！是为品牌文化内涵增值！且不论高价位是否代表高价值，且问你的产品上市才几天，有几个中国老百姓知道它的大名？品牌的文化价值岂能一个花哨酒名、一个传奇故事、一个高档包装就能表现？在林林总总的的白酒商品中，“穿金戴银”、“称霸呼王”者比比皆是！大部分品牌的文化表现都局限于传统的狭窄方式，喜庆、富贵之类是千篇一律，更多者是虚构传说、捏造历史，让一个个虚伪的故事、华丽的外壳去彰显品牌的文化精髓。纵观超市货架上琳琅满目的酒品，从一些白酒企业的通常表现及传递的信息来看，好像都是给那些富商雅士和办喜事的人造的，好像也只有成功人士才喝酒，凡夫俗子似乎只有靠边站！没有体现出白酒多样化的消费层次。所以，低俗、浅薄的文化表现已是白酒市场的一个营销怪圈；相比之下，庄稼汉、老村长、家常酒等白酒产品倒还创意新颖、构思精巧，能有效引起消费者的心理共鸣！

什么才是文化酒，正如以前我在一篇文章中描述茅台人诠释的那样：“文化的形成是一个历史积累过程，文化酒也不是无源之水，其品牌在其自身领域应带有强烈个性色彩，是唯一、排他和权威的。能够称为文化酒，至少应具有四个特征：其一，历史悠久；其二、工艺独特；其三，对社会经济生活曾产生重大影响；其四，必须是健康酒、生态酒”。

所以，今天的白酒品牌还面临着极度匮乏的文化危机。

如履薄冰的品质危机

“酒嘛，不就是卖个包装”！“酒水不如包装贵”这在消费者心中已是不争的事实！现在的白酒企业在包装的材料、工艺、质地上是越来越讲究，而在产品质量方面却是轻描淡写。如今某些白酒商人所谓实施的“特色营销”、“差异化营销”其实就是“换汤不换药”，白酒业产品“同质化”现象是愈加严重。有些人直言不讳：“酒水的成本一瓶也就3~5元，可要应付进店费、促销费、开瓶费等过高的市场推广费用，我们不得不出此下策”！从众多白酒生产企业来看，作坊型、粗放式生产还大有人在，管理落后、工艺不高、设备陈旧的现象是“涛声依旧”！某些人所谓的“传统工艺、纯粮酿造”纯属子虚乌有、瞎蒙骗人！一些企业无力运用现代技术去创新发展，便在产品包装上做“表面文章”。一些贴牌生产或买断品牌的商家求利心切，不注重产品质量与消费需求、而过度依赖通过广告轰炸建立起来的“泡沫效应”，最终落个壮志未酬身先死！

有人说“白酒技术含量不高，所以便有了今天的大小酒厂味道差不多”！而茅台为什么不能“克隆”，是因为其土壤、水质、原料、工艺灯条件是其他地区的白酒生产难以达到的，所以，今天的白酒品牌如只改头换面、而不充实品质内涵，只能是外强中干、不堪一击！

黔驴技穷的战略危机

现在的白酒市场，不少企业还依然在做“牌子+包装+广告+招商（糖酒会）+终端=市场”的等式营销，没有紧紧围绕消费者的市场需求向办法，而是千方百计地怎样让经销商卖自己的产品。殊不知，没有让顾客利益最大化，如何能实现厂商的“双赢”。今天，多数酒海弄潮儿都使劲往酒店钻，在本就拥挤的餐饮终端市场互相“残杀”，当然无形之中也宠坏了那些酒店老板，什么进店费、促销费、开瓶费是狮子大开口，其实这都是厂家作茧自缚，过多的白酒企业在餐饮终端的“热炒”，不但提高了进入终端市场的门槛，同时也给行业带来了无序竞争，有的企业还通过买断一些消费量大的酒店终端场所来扩大自己的“势力范围”，如此的贿赂营销，不仅是一种非正当竞争行为，更是一种低智商行为！试问：你能把国内整个终端市场都买下吗？令笔者纳闷的是：为什么我们的白酒企业、特别是一些新进者对中低端市场不感兴趣？为何都不愿意去开拓拥有8亿人口的农村市场？当然，有些人会自我解嘲：“这是我的上市策略”！可为什么你的产品总是“红颜薄命”呢？说到底，这不仅反映了我们某些白酒商人短期利益思想严重，同时也表现其在营销战略方面的嫉妒匮乏，有的可以说比作是黔驴技穷，根本没有品牌发展的持续战略。不少是从投资金、买牌子、招人员、建团队到找商家也就那么几个月时间，可打出的广告不是历史悠久、就是名门正宗，真让人啼笑皆非。不少人开发一个新产品就妄称品牌，连起码的产品知名度都没有，更莫讲美誉度，着实令人汗颜！

市场营销不是一个单元素问题，其工艺、技术、管理、资金、人才等每一个环节若做不好，都会影响全局成败，现在众多白酒品牌营销手段不强，从根本上反映出我们的决策者缺乏运筹帷幄的市场战略，没有一个高素质、高能力的执行团队。如今，部分人仍然难摆脱创痛思想的束缚，市场升级和适应能力较弱，多者是跟风赶潮，像在搞“模仿秀”一样！没有一点自己的产品个性与营销特色，依照葫芦画瓢，最终步入别人的后尘。所以，白酒企业现在“凑热闹”、“一窝蜂”式地买牌、贴牌、进终端、走高端，像包装明星一样去卖酒，这只能说明我们某些白酒商人的战略思想薄弱。

应像刀郎那样“卖酒”

刀郎不会卖酒，但刀郎却值得我们卖酒人学习！

2004年，在中国歌坛仿佛一夜之间升起了一颗璀璨的新星，他就是刀郎！一个名不见经传、带着沧桑的普通男人，用他那有点沙哑的喉咙，唱出了一首首脍炙人口、响遍大江南北的动听歌曲。

刀郎的歌曲淳朴、平淡，可就是那平淡无奇的歌曲才自然流露出老百姓需要的真情！刀郎的歌曲没有附庸风雅，刀郎本人更没有像有的明星那样“包装”与“炒作”自己，但刀郎成功了！他那有点怀旧的歌曲深深吸引着每一个人……

“刀郎现象”不仅值得音乐界人士深思，同样也值得我们卖酒人探索！

放眼五花八门的白酒世界，那些琳琅满目的产品与娱乐界形形色色的艺人又何曾不相似！在市场竞争日益激烈的今天，不知有多少想一夜成“星”的卖酒人！平时他们不是紧紧围绕消费者的心理需求在品质上下工夫，而是一门心思地专在“包装”与“广告”上面打主意！“穿金戴银”、“称王呼霸”、“概念炒作”者是不乏其数！

现在，不少的白酒的包装是愈加高档华丽！其宣传更是炒卖作秀！而白酒产品的“同质化”现象却依然如故！如剥开某些白酒靠包装与广告缝接起来的七彩“外衣”，恐怕身上也很难找出平常百姓真正喜爱的东西了！

而刀郎正是凭借他那“平民化”歌曲赢得了众人的青睐！

如今，在我们的白酒军团中，有的打着“名门正宗”、“高档品牌”的旗帜招摇过市，一路唱着什么“价值”、“健康”、“文化”之类的高调，在白酒高端市场是闹得不可开交！他们似乎忘记了平常百姓才是白酒市场的主流消费群体。

于是，不少的白酒“明星”也便成了昙花一现、过眼烟云了！

因而，像刀郎那样“卖酒”，或许我们会活得要好些！

白酒人爬得过高，当然也会跌得最惨！

（中国食品科技网）

商务酒，谁的天下

酒类市场的细分早已成为一种过时的流行，因为市场竞争的催化，各种细分产品陆续来到酒界，男士酒、女士酒、婚宴酒、生日酒等等，甚至高考酒、满月酒都有出现。然而在众多细分中，成长最为茁壮的要数商务酒。

不久前，在广州召开的“首届中国（广东）商务用酒高峰论坛”更将这一细分市场的地位确立出来，而随着此次论坛的举行，一批商务酒的代表品牌也得以确立，名为“商务用酒品牌20强”的品牌也与世人见面。在这20强的品牌中，囊括了白酒、洋酒、红酒、啤酒及黄酒等品牌，这也不难说明商务酒作为细分市场已经成熟，成熟之后的市场自然会吸引更多品牌的进入，所以细分市场原有的区隔优势也就丧失。如此，已经进入商务酒和将要进入商务酒的品牌，谁才能在商务酒领域有所作为，掘金而归，则是所有商务酒品牌需要关心的问题。

商务酒，要厚积而薄发。

据一些媒体单位的报道，早在2002年时，广东省白酒消费额达100亿元，而其中的80%为商务用酒的消费份额，由此也不难看出当前的商务酒恐怕比流行音乐还要流行，香饽饽自然有人争抢，削尖了头向挤进商务酒阵营的品牌蜂拥而至。事实上，商务酒绝非一个称呼的转变就可以让消费者买账，商务酒之所以诱人，那是因为其内在包含了让消费者买账的要素。

首次被评为“商务用酒品牌20强”的品牌中，包括了“茅五剑”、国窖·1573、水井坊、皇家礼炮、马爹利、青岛啤酒、长城葡萄酒、王朝葡萄酒、古越龙山花雕酒等等多个酒中的多个品牌。虽然这些品牌来自不同地区、不同的国度、不同的品类，但是作为商务酒，他们都可以赢得市场的认可。通过对这些品牌的观察和分析，可以发现他们有着许多的共同点。

第一，都拥有一定品牌号召力，在本类产品中均属于强势品牌。在已经涌现出的商务酒强势品牌中，大部分都是成名在先，有的更是有典籍可查询的历史名酒。当他们逐渐进入商务酒范畴后，更是是在潜移默化中成就了“商务酒”的威名。这些品牌大多积淀深厚，或是母品牌或是子品牌都是披着金色外衣进入商务酒范畴，对于商务酒范畴来说，他们生来就是强者。

第二，在酒水质量方面都经得起市场考验。作为成功的商务酒品牌，除了生来手中就攥着金钥匙外，在酒水的质量上都是过硬的产品，或是多年传承的老名酒，或是在技术领域拥有高科技含量的换代产品。这样的产品无论是在继承还是创新上，都有可以征服商务人群的本钱。

第三，在市场运作方面都有独到之处。已经涌现出的一批商务酒品牌，实际他们部分产品也并非为了商务酒而诞生，但是他们走在了前面，他们凭借各自的优势，在商务酒的领域里，都进行了具有各自特色的运作。在运作过程中，或是锁定机关军区、或是锁定地方上的领袖群体、或是锁定广泛的商务群体、或是锁定存在潜在机会的青壮群体，在锁定了各自的目标之后，或是品鉴、或是拍卖、或是联谊、或是体验，又都拿出自己的高招，针对目标人群进行强势突破。可以说，这些首先涌现出的品牌，除了有幸运的成分为，关键就是对于机会的充分把握。

第四，在进入商务酒范畴之前，基本上就是本品类中的佼佼者。成功是不能靠着运气实现的，茅五剑的成功，凝聚了太多的历史机遇和市场运筹，而洋酒、红酒黄酒等品类中商务酒品牌得以涌现，同样是经过来漫长的积淀之后，胜出者才得以登堂入室，在商务酒范畴大放异彩。而那些具有现代要素的品牌，则更是顶着传统势力的压力，才得以显现，纵然如此，夭折与创新之路的品牌已然不胜枚举。难够在商务酒中争得一席之地，想来光凭侥幸，实难成就。

第五，大部分品牌都拥有自己的根据地市场。在已经诞生的20强商务酒品牌中，无论是何种品类，也无论是历史名酒还是新生代产品，在成就他们的商务酒强势地位之前，不少品牌已经是全国畅销的知名品牌，而稍次之的也是区域型的热销品牌。可以说，这些品牌都已经在不同范围上建立了自己的根据地市场，对于商务酒市场的开拓，更是进可攻退可守，

第六，背后有强势的财力支持，可以在市场竞争中坚持持久运作。由于拥有了强势的品牌号召力、产品力，以及牢固的根据地市场，所以这些品牌的背后都想成了相当雄厚的财力支持。商务酒作为酒类市场中一个新的热门，其竞争的惨烈势必将迅速升级。试想，如果欲在这样的市场范畴中寻找自己的立足之地，甚至是建功立业，单纯凭借运气和侥幸则很难实现，能够坚持长线的运作，必将是成功的一个关键。

所以，从诸多方面进行分析之后，也不难得出这样的结论，商务酒确实是众多厂家梦想中的掘金地，但是想要在此地掘金，同样需要许多必要的条件，如果没有坚实的基础，没有持久的韧力，作为一个站位相对较高的商务酒市场来说，想撬动它难度极大。在进入该领域之前，进行品牌自身一个全方位的扫描，是十分有必要的。在笔者看来，商务酒更像是走过了“下里巴人”，经过了市场硝烟之后，而进入的“阳春白雪”的竞技场，参与到这个层次的竞争，硝烟是彩色的，是凭借充实的内在力量进行对抗的。故此，进军商务酒，首要前提是从各方面充实自己，厚积而薄发。

（食品商务网）

高端白酒市场分析

高端白酒涨价向市场传递了一个明确的信号，那就是做大文化、大品牌和大市场已成为中国白酒的前进方向。

今年春节期间，当人们购买名酒五粮液时，惊奇地发现，这款酒业王国的骄子竟然涨价了。1月1日，五粮液集团突然宣布将其产品市场价提高5%，这也意味着五粮液的市场价整体将提高10元左右。

而时隔不久，也就是2月10日，另一家白酒巨头贵州茅台也公开宣布，将旗下产品提价15%。这也意味着茅台酒实际涨价幅度为30～40元/瓶。

两大白酒领头羊的涨价很快在白酒市场上引起了轩然大波，紧接着作为四川"六朵金花"中的另一朵"金花"——剑南春也于最近涨了价（终端零售价每瓶上涨了10元左右）。白酒市场的涨价之风大有愈演愈烈之势。

涨价有因

其实，细心的人们不难发现，自2003年以来，白酒类产品的涨价一直在悄悄进行之中。2005年，中国高档白酒的年消费总量在2万吨左右幅，且每年保持15%的，全国白酒平均每吨售价20 778元，比2004年提高了5.6%，涨价已成必然趋势。

中国食品工业协会白酒分会秘书长马勇认为，白酒高端化趋势日益显著，是引发本轮涨价的重要原因。此次涨价与中国高档酒市场的供求关系有关，特别是这几个品牌的高档酒渐成一种稀缺资源造成了此次白酒涨价。

不过，国都证券则有另一种说法。其认为白酒涨价的根本原因还是跟人们的总体消费水平上升有关。

实证分析表明，高端白酒"价格/收入"比从1990年的25%下降到2005年的8%，这说明高端白酒正由奢侈品向日常消费品过渡。

所以，高端产品价格水平目前仍在可承受范围内。国都证券的分析，为白酒涨价提供了明确消费结构的说法。

当然，白酒行业的复苏不仅仅是产业政策所致，还来源于其内在的发展动力。业内分析人士指出，白酒行业复苏的延续周期将超出市场预期。在去年股指调整过程中，基金等机构对白酒、食品等防御性行业的股票配置较重，第二季度和第三季度更是连续增仓，这也成为高端白酒此次涨价的重要因素。

四大酒系各有隐忧

虽然白酒涨价对企业来说，是提高效益最直接有效的方法。但中国的高端白酒企业却并不像其股价那样高高在上，行业隐忧已然出现。这一点从中国目前四大"酒系"的现状就可见一斑。

首先是川酒。四川省商务厅日前公布的一项统计数据称，2005年四川规模以上酒类企业白酒销售实现利润33，5亿元，比上一年增长7.6%，占全国白酒利润总额45.8%。"五粮液"、"剑南春"已先后提高了"身"价，大有逆势而动之势。

但这并意味着川酒从此高枕无忧，在去年6月举行的四川白酒发展座谈会上，一些专家学者就提出了川酒在发展过程中的诸多问题。除了格局的"散、乱、小"外，还有人才缺乏、过分追求豪华包装、内部市场混乱、成本增加等一系列问题。这也在一定程度上制约了川酒的发展速度。

其次是以茅台为代表的黔酒。国信证券食品饮料行业首席分析师许彪认为，虽然今年初茅台进行了价格提升，但其销量并未受到提价的影响。2006年，预计高度茅台酒的销量将会达到6 100吨左右，低度茅台酒的销量将会达到1 600吨，分别比2005年增长12%和15%。而在此之前，贵州省做出了要在全省创建几个百亿销售大集团的决策，目光首先投向的就是贵州茅台。

不过，虽然茅台集团有一个美好的前景，但其产品主要集中在贵、京、豫、鲁、鄂、津等地区，广东、福建则相对弱势，市场份额甚至无法达到竞争对手的一半。同时终端促销滞后使得其市场份额并不多，这也在很大程度上制约了茅台主导中国酒业的发展。

第三是湘酒。据湖南酒管办负责人刘飞介绍，虽然湖南正规酒生产企业有119家，批发商也达上万家，经销网点50万个，但其全省产量还不及市场消费的1/2，并没有产生规模优势。

此外，曾经是湘酒旗帜的酒鬼酒去年一系列的变动，更使湖南本地产的高端酒大受打击。截至目前，酒鬼酒累计诉讼金额共计25 096万元。尽管新上任的董事长杨波踌躇满志，但这样的累计数字必然决定着酒鬼酒在今年很大程度上要为债务辛苦奔波。

第四是鲁酒。山东省糖酒副食品协会秘书长薛剑锐在接受采访时说，区域市场各自为王，是鲁酒始终没有做大的始作俑者。

据一家山东当地的经销商透露，本地酒的销量占据了当地市场85%左右的份额，而且每个地级市场都是以地产酒为主导品牌。这也造成了以孔府家酒、孔府宴酒，宋河酒为代表的鲁酒始终无法占据市场大份额的主要原因。

除了上述四大酒系外，尽管以水井坊等为代表的皖酒、以汾酒为代表的晋酒也占有一定的市场份额，但都是划江而治，各霸一方，在国际化之路上还要很长一段路要走。

"土洋较量"进行时

据有关资料显示，中国国内主要的洋酒品牌在过去的一年中销售量平均上升30%～50%，有的品牌甚至超过100%。加入WTO后，酒精类饮料的消费已经由原来的饭桌开始向酒吧、迪厅这类的夜店场合发展，而在这类的场合中，洋酒无疑占据了绝对的优势。

越来越多的洋酒品牌把中国市场当作一个重要的潜在市场，甚至称其为"全球最大的烈性酒市场"，并纷纷加大营销力度，这无疑使本来就逐年萎缩的国内白酒市场同时面临来自饮料业和洋品牌的双重压力。这一点从1996年中国白酒产销量801.3万千升下降到2005年的300万千升就可说明。

尽管目前，中国有38 000多家大大小小的白酒生产企业，并拥有近50家万千升级以上超大型现代化酿酒企业集团。但就市场份额来说却难尽如人意，尤其在高端白酒市场的争夺上颓显劣势。

针对这一情况，中国酒业协会副秘书长高寿清的答案是中国的烈性酒应该在不同的国家和文化之下进行重新定位，这样对于占领国际市场有一定的好处。同时优先选择文化和消费特征相近的市场也是目前中国白酒进入国际市场的关键。如此看来，大文化、大品牌和大市场的三者结合是将是中国白酒抗击洋品牌的必然选择。

（《新世纪周刊》）

酒类消费税，白酒行业的欢喜冤家

1994年国家开征消费税，大幅度增加白酒税收，第一次在白酒引起"强震"，媒体评说，此举将使白酒陷入"风霜雪地"。1995年国家又出台广告费税后列支的规定，而且逐年在强化税收的征管力度。当时就有人预言白酒企业"一半要垮掉"。但后来的事实证明了这些人的判断是不准确的，白酒业非但没有因税种增加、税额提高而“一半出局”，相反的是名白酒企业迅速扩张，规模大小不一的酒厂纷纷崛起。

2001年5月，酒类消费税的调整政策又突然降临——调整白酒消费税，对白酒实行从价和从量相结合的复合计税办法。即对现有对粮食酒在维持按出厂价依25%和15%的税率从价征收消费税的基础上，再对每斤白酒按0.5元从量征收一道消费税；同时取消原勾兑生产酒的企业可以扣除购进酒已纳消费税的抵扣政策。业界惊呼：“这是中国白酒历史上最大的‘地震’，5毛钱将吊死‘白酒大汉’，它将使中国白酒业踏上‘不归路’。”

然而白酒业除了2001年被杀得个“措手不及”外，经过2002年“治伤”、“疗养”、调整，2003年的充实、提升、转型，白酒业尤其是名优企业、地方骨干企业和新兴企业似乎正露出“三军过后尽开颜”的迹象。

虽然2003年全国白酒行业主要经济指标信息的统计尚未汇齐、完成，但从2003年1～3季度与2002年1～3季度的主要统计数据的对比，仍可佐证白酒企业已“缓过气，冲出来”。2003年1～3季度全国白酒总产量2 240 684吨，同比去年1～3季度2 221 142吨，比增0.88%；2003年1～3季度全国白酒工业总产值399.31亿元，对比去年同期365.01亿元，比增9.4%。

可以说，我国白酒业在经历了消费税政策调整所带来业绩下滑的痛楚后，白酒业开始峰回路转，已出现值得业界注意的两大变化：一是转向争夺高端市场，力求规避新消费税政策的负面影响，提高产品利润率，这主要表现在加大高档产品的开发和提价两方面；二是力图业外投资，通过产业转型和重组，实现“东边不亮西边亮”。

品牌“集体往高飞”

近一两年，白酒业突然“集体往高飞”，向高档（高价）酒冲击，中小企业也不落后，也是抢上快上高档酒，这是以往所没有过的。为何几年前还是曲高和寡、高处不胜寒的高档白酒市场，如今却是群雄纷争？一言蔽之，高档白酒的丰厚利润与无形中的尊贵形象使然，或简而言之，“要量更要价”和“要市场更要利润”的经营思想驱使。从宏观政策而言，2001年税制大变革，在从量征税和免除抵扣的双向重赋之压下，白酒企业遭遇百年冰霜浸湿，面临一个十分艰巨之择。若谋利润，则必断臂图存，砍掉低端酒；若谋市场，中低档势当成为主力军，则庶几无利可图。于是“生存权高于一切”的思想指导下，往昔追求规模是白酒厂的心中至爱，已变成现在必“往高处飞”，必以谋利润为中心，以图生存，这是税改所逼，实属无奈。就在这“勇敢往高飞”的征途中，不少新老企业由此获得新生，借此赢得经济效益，也树立品牌形象。

目前我国已形成较大规模的高档白酒竞争格局，大概可划成四大阵营：以五粮液、茅台两大老品牌处于第一阵营；以水井坊、酒鬼酒、国窖酒1573等代表的强势品牌处在第二阵营；以西凤酒、舍得酒、大成明窖精品系列、名扬天下、天长地久等为代表的次强势品牌处于第三阵营；第四阵营则是以中小企业为代表的区域品牌，相当部分的厂家都推出自己的高档品牌。这种格局，在今后的税改和激烈市场竞争的影响下，将可能再生变数。

实行转型突围

近两年，五粮液、全兴股份、宁城老窖、沱牌曲酒、河套酒业等白酒企业纷纷向行业外伸出了触角。其中五粮液、全兴股份、沱牌曲酒与高校及科研机构合作，进军生物工程领域，五粮液甚至还想涉足于汽车业，搞得业界沸沸扬扬。河套酒业则看好饮料业，目前该集团正与露露集团联手开发枸杞饮料。

从目前情况看，虽然白酒业的转型初衷与现实的差距还较远，已付诸实施的多元化投资大多收益不大，甚至还出现了亏损，但已令业界看到新世纪曙光。湘酒鬼1997年发行新股融资42 497万元，其中21 830万元计划投资用于并购集团药业公司及开发新产品。到2001年底湘酒鬼控股子公司湖南洞庭药业股份有限公司2001年净利润已有247.2万元。2002年，湘酒鬼出资14 550万元以97%比例控股设立的深圳利新源科技投资有限公司，从事投资兴办科技实业、证券投资、国内商业、物资供销等，虽当年亏损42万元。但这只是短暂的政策性亏损，2003年三季度利新源出现“盘底反弹”，已有不薄之利。

再看其他白酒企业的突围。2001年，沱牌曲酒出资2 400万元与复旦大学合作组建上海复旦沱牌生物技术有限公司，从事医药、生物保健品的研发、销售。年报显示，复旦沱牌2001年利润总额75.02万元。作为2002年业外投资的一大动作，宁城老窖相继与中国人民大学、内蒙古家畜改良站和内蒙古畜牧科学院合作，启动特色肉牛产业化工程，该项目共投入资金10 719万元。由于该项目属于阳光产业，前景看好。

名优白酒涨价“抵税”

就在人们以为今冬白酒可能跟往年一样，平淡无奇时，哪想从第三季度末起，全国酒市突变，风生水起，白酒涨声一片。

时自今年9月24日，白酒龙头老大五粮液在一周内连续第二次对新老包装提价以来，在随后不到一个月的时间里，剑南春则完成了第三次提价，而茅台在10月27日也做出了提价决定。这是多年来白酒市场所罕见的。茅台、五粮液、剑南春三大品牌的市场地位，决定了它们在市场上的一举一动都将牵动着整个高中低档白酒市场的一系列神经。紧接着全国中档白酒也随风而起，山西汾酒、四川全兴、泸州老窖、郎酒等名优酒纷纷看涨，涨幅均在15%以上。从市场上看，这次三巨头提价所带来的连锁效应是巨大，其作用、意义大致可分为三类：一是这几家的二线品牌将获得新的发展空间，不仅在价格定位上找到新空间，在市场销售上也完全可以分食主导品牌原先拥有的部分市场；二是与这几个品牌原价位接近的其他高档酒品牌少了最难应付的竞争对手，市场压力有可能得到缓解，市场提升机会随之增加；三是其他品牌将会跟进价格上扬，特别是全国中低档白酒也将“闻风而动”，“迎风起帆”，借住元旦、春节即将到来之际，抓住此良机，乘势提升自己的价位，掀起全国白酒涨价之牛市。这点对全国白酒厂家尤其是生产中低档白酒企业是最重要。

白酒三巨头连锁涨价，对自2001年5月白酒税改以来，一直处于低迷状态的白酒企业仿佛就是一针强心剂。专家分析说，如果全国白酒厂家很好抓住三巨头涨价之势，同时借双节到来之际，平均每瓶（1斤装，500ml）白酒提0.1~0.3毛钱，1箱提1.5~4元钱，应是水到渠成，问题不大，这大概可弥补2001年税改时规定的“对每斤白酒按0.5元从量征收一道消费税”的损失，从而可大为缓解白酒业长期以来税改重负之下的饥渴，赢得更大生存空间。

税改对企业之反思

在此，并不是为白酒税改拍掌叫好，事实上，至今还有不少白酒企业因此沉沦、掉队了，一些上市白酒公司为此处于“ST”边缘，酒税调整结果之所以事与愿违，全国税收增加无几，但却打伤不少企业。既有客观原由，也有主观方面的因素，这值得业界反思。

从客观方面分析，多年来，不少地方政府为了扶持能够给地方财政提供强劲支撑的白酒企业做大做强，纷纷采取“剜肉补疮”的方式，在减免所得税等方面都给予了大量的优惠政策，如有的企业只需按基数交纳所谓的目标税。这种缺乏全局观念的做法，一旦国家从严执行税收政策，“断奶”后的一些企业受到极大的负面冲击自然在所难免。

从主观方面反思，有的企业不执行国家税收政策，漏税、偷税者有之；以假冒伪劣产品冲击市场者有之，以不正当竞争手段争夺销售终端，扰乱市场秩序者有之。从另一方面看，有的企业原本的经营基础就薄弱，在一定程度上把增收和发展的希望寄托在享受减免税收优惠政策上，盲目扩大生产规模，忽视了搞好内部产品结构的调整，以致缺少市场应变能力和发展后劲，经不起市场经济“寒流”的袭击而“一病不起”。

（《中华工商时报》）

“剩”者为王：未来白酒市场的大变局

一线品牌步步紧逼侵吞地方市场，二线品牌战略迷失错唱空城计

茅台、五粮液、剑南春，中国白酒企业的“殿试三甲”，分食了整个高价酒的市场份额。高端白酒市场销售量不断上升，丰厚的利润回报吸引着二线品牌向高端市场大举进军。沱牌“舍得”酒、衡水老白干的“十八酒坊”、洋河的“蓝色经典”、双沟集团的“珍宝坊”等等，高端白酒市场出现了众多二线淘金者的身影。

据预测：2007 年我国白酒行业的市场份额将继续向高端产品集中，白酒行业销售收入将保持 12% 的平均增速，高端白酒销售额也将继续保持 30% 的年增幅。简单数据的背后，是中国白酒行业发展的怪现状。一方面是一线白酒的地位牢不可破，且还不断向二线中高档白酒侵蚀，瓜分市场份额；另一方面是二线白酒企业门户大开，根基未稳却妄图与龙头企业分食一杯羹。二线地产白酒的盲目跟风，充分反映了整个地产酒业市场战略的缺失和产品定位的盲目。决策失误的背后，是地产酒业的市场份额正逐步萎缩。在未来 2～3 年内，中国白酒业将迎来一次行业洗牌，和啤酒业相似，众多的二线白酒品牌将被一线品牌吞并，从市场上消失。

地产酒业的明天充满阴霾。受自身条件的限制，区域性白酒品牌想要发展成为全国性知名白酒品牌越来越难，品牌知名度低、产品竞争力差、市场区域小、资金实力弱等很多营销要素都远远落后于一线品牌，即使是通过高额的广告支出来拉动，也很难跻身于一线品牌之中。山穷水尽，谁又知这拐角的柳暗花明？地产酒业错过了可以成为一线品牌的最好时机，已经进入了区域为王的时代。认清行业现状，找准市场定位将是地产酒业最明智的做法。任何讳疾忌医、掩耳盗铃的作为都是徒劳。

区域争霸决定地产酒业出路，剩者为王二线品牌即将整合

地产酒业的轻重量级时代，似乎少了一线品牌“膀大腰圆”式的实力，眼中尽是地产酒业的孱弱，却都不肯去掂量那条金腰带的含金量。区域精耕细作，是很多企业不愿直面的问题。战略上得不到重视，战术上自然就有失偏颇。那种简单地以高空轰炸、广告拉动的方式已经远远落后了，营销 3.0 时代对品牌营销提出了更专业化、更战略化的要求，那些妄图通过简单操作这种方式再创造奇迹的企业势必将惨淡收场。

今天，一个二线品牌要做在区域市场为王，也已经不是那么简单轻易的事情了。地产白酒企业能得到当地政府的政策支持和优惠的税收政策以及优化的资源配置，另外，加上较低的劳动力成本和本土文化的认同优势，地产白酒扎根本土市场，看上去似乎有很多的先天优势。但随着中国一线白酒品牌的扩张和附近二线品牌的渗透，大部分地产白酒企业都感受到了这种腹背受敌的压力，日趋激烈的市场争夺和品牌冲击，一些二线白酒企业已经要开始面对生存危机了，他们的区域效应也在日趋降低，那些文化贡献、情感寄托只能是非主流、亚文化的地位，不可能真正因此实现一个地方的经济繁荣和文化复兴。

总体而言，区域性白酒企业已经进入了一

个尴尬的“轻重量级”时代，进不可攻，退不可守。市场规律的作用导致越来越多的白酒品牌向这一层次集中，更加激烈的竞争将逐步拉开，二级市场诸侯割据的局面将有可能形成，在这一轮的封地争夺中，势必会有很大一部分地产白酒被吞并或消亡。剩者为王，能坚持到最后的小部分地产白酒将成为二线品牌的引领者，并逐步缩小与大品牌之间的差距。

战略决策万变不离—突破模式—衍而生万象

区域性品牌在这一轮的地盘争夺、区域扩张的战斗中，如何能确保自己保存下来并有所发展呢？CBCT品牌营销机构认为，关键是在以下四个方面取得突破。

首先，要注重方向突破，确保企业有正确的战略决策。精准的目标市场定位和合理的市场细分，为地产酒业打造强大的差异化优势，规避市场竞争风险。如何在夹缝中求得企业的生存和发展，做到既不自我膨胀，盲目发起冲锋，也不妄自菲薄，降低产品档次和品牌定位，是企业在制定战略方向上必须慎重考虑的问题。素有“鄂酒之王”美称的湖北枝江酒业一直坚持市场细分，在高档酒和低档酒之间找到了自己的产品定位，在中高档白酒市场上取得了巨大成功，2007年将实现销量14亿元，从2002年进入中国白酒前十强至今，每年的实力排名都稳步上升。枝江回避了与五茅剑等龙头企业的竞争，在自己的细分市场和区域市场上高歌猛进，一系列大手笔，将竞争对手攻得无法招架。从湖南市场来看，2007年枝江销售额突破亿元，几个主打产品成为湖南区域市场白酒消费的主导产品之一，未来2～3年内，枝江在湖南的销售将会有更大突破，预计年销量将达到2～3亿元。枝江酒业就是通过建立强势区域品牌的战略，不断扩张区域市场地盘，将区域市场经营的成功经验不断复制，一步一步将自己做成全国性的知名白酒品牌。

其次，CBCT认为，价值突破是地产酒业提升产品价值和品牌形象的必要条件。酒水除了自身的产品价值之外，更多的包含了文化价值、地域价值和历史价值。地产酒业往往只注重了地域价值的附加，这为企业在本地市场的强大提供了便利，与此同时，这也成为制约地产白酒区域扩张的最大障碍。过于浓重的地域特色在开发外地市场的过程中势必遇到当地白酒品牌和消费者的抵制，市场开发和教育成本极高，往往还没有很好的效果。而文化价值和历史价值没有很强的地域色彩，消费者在文化的沟通和接受上是比较大度的，因此，地产白酒加强对文化价值和历史价值的凝练，重视与消费者的情感沟通，势必起到事半功倍的效果。

第三，传播突破。传播突破是白酒企业都能重视并运用的手段，但真正能做好并收到良好效果的企业却不多。很多白酒企业的品牌传播与品牌内涵完全脱离，甚至有些白酒品牌没有品牌内涵，这样的传播策略注定要失败。没有品牌内涵的基石支持，再大的传播力度都只能是赔钱赚吆喝。我们可以从近年来迅速蹿红的浏阳河酒中得到一些启发。浏阳河作为一个区域市场品牌，一直坚持高举高打的推广路线，用湘籍冠军的含金量代言，为自己的品牌加分，利用湖南卫视超女的全国热炒，通过事件行销的手段，轰轰烈烈的为产品造势，提高了产品的知名度和美誉度，树立了品牌的良好形象，带动了全国市场的销售。浏阳河品牌的迅速传播并被消费者认可，其实是深刻领会并运用了品牌3.0理论的精髓，互动营销、娱乐营销、新闻营销等诸多手段的灵活运用，各种媒体的组合推广，包括刷墙广告、海报、车体广告等都可以作为二线区域品牌推广的方法，任何手段和方法的运用，只有依托于品牌内涵和企业战略来传播，整体把控与细节实施相结合，才能真正实现品牌的有效传播。

最后，我们认为，最重要的是模式突破，这样才能促使企业跳出“红海”竞争，创造性开辟蓝海区域。传统的白酒市场模式主要以城市为主，竞争激烈，全国一、二线白酒品牌均重兵囤积，要想轻松突围而出，难度可想而知。区域白酒可以依照自己的产品定位，调整目标市场，渠道下沉，以退为进，对县级市场进行精耕细作，绕开竞争激烈的大、中城市，在低端市场巩固自己的优势地位。国窖1517就是在模式上进行了突破，不再以地级城市、省会城市为主攻，而是以消费需求大、竞争小的县级市场为主要目标市场，以适销对路的产品迅速铺开，在湖南全省各县及乡镇占据了主导地位，为企业找到了一片蓝海。

“轻重量级”的竞争不是王者之争，而是生存之争，这远比一线品牌之间的爱恨情仇更为凶险，更为决绝。二线白酒品牌只能在压力和冲击下进行正确决策和调整，努力在区域市场立足并不断发展，谁能保证自己根据地不被倾吞的同时，又能积极拓展市场疆域，开拓外地市场，谁就能“剩者为王”！

（中国营销传播网）

2010年，白酒行业面临新挑战

挑战一：中青年消费者的理性消费对白酒市场容量的致命打击

白酒行业会持续下滑，直至被其他饮料替代吗？2005年349万吨得总产量和总销量给出了答案。白酒作为其社会性功能意义以及中国几千年的传统依然是其存在和发展的基因。但白酒行业发展会受到诸多因素影响制约。

随着人们生活水平的提高，对健康与品味的要求也越来越高。消费者在消费中考虑更多的是健康以及品质。这种理性消费直接和经济发展水平、消费习惯息息相关。这一点可以从近几年啤酒已经取代白酒成为最主要的含酒精饮料，以广东为代表的红酒市场，以杭州为代表的黄酒市场迅速崛起不无相关。红酒、黄酒向高端延伸无疑直接影响到白酒的市场。笔者认为：未来中国白酒的市场更加偏向于中西部经济相对落后地区，而经济发达的东南部地区在白酒消费中社会性功能消费凸现，“喝少点，喝好点”成为真正的白酒消费趋势，也就是只存在一定的中高端市场份额。从这个层面上考虑：挣有钱人的钱在未来白酒行业不一定是真理。

挑战二：政府的可作为将进一步真正影响到宏观政策对白酒整个行业的发展方向

在很多情况下，国家的宏观政策影响着能够决定一个行业的发展命脉。自20世纪90年代中后期起，国家为了顺应消费潮流以及考虑到资源、环保方面，国家先后制定了计价、计量征税，纯粮固态发酵白酒行业规范等等宏观政策调高进入门槛等方针政策限制高度酒的发展。白酒行业特殊，如果国家的政策真正落实到位的话，白酒企业将至少一半以上面临倒闭。消费者同样很难看到白酒行业的新面孔的出现。正因为如此，中小白酒企业能够偏安一隅，活得有滋有味。

随着中国市场的完全市场化，政府的行为也逐步顺应开放的市场环境。地区封闭主义将逐一改变。政府的可作为将完全改变了目前的白酒割据状况。这也从近几年啤酒市场割据状况被以青岛、华润为代表的行业巨头打破可见端倪。

挑战三：以资本整合为核心的市场竞争让众多以模式复制，低级竞争的“实力”企业无法接招

蛋糕越来越小，肥肉也变成烫手山芋。白酒行业在未来五年中，很难出现新的真正意义上的“黑马”。据有关资源显示，我国现有白酒企业近4万家，但真正具有实力的企业却少之又少。素有中国酒业大王之称的五粮液，其年产量尚不足国内年总产量的百分之三，整个白酒业是一群乌合之众，即便减少8成，仍然有7

千余家。整个白酒行业全面感受到生存的压力。目前，国内白酒企业正面临赢利无方与成长乏力的困惑。

白酒竞争的现状与白酒的发展趋势密切相关。在整体市场需求量下滑的趋势下，白酒产能已出现严重饱和。为了能够生存，各个白酒企业殊死挣扎。这一点可以从近几年白酒企业市场运作中可以看出：白酒企业可谓什么招都能使出。

以安徽口子窖为代表的徽酒“终端为王”的市场操作，以金六福为代表的文化营销，以五粮液为代表的品牌营销，以郎酒为代表的商超营销模式无不在激烈的白酒市场取得了不俗的业绩。“赢在模式”是近五年白酒行业的主旋律。而紧随其后的是竞争层级低端化，跟风策略盛行，白酒行业面临新的发展危机：竞争低级化，模式复制化。

笔者认为：未来五年内，白酒行业的竞争将是建立在以资本为核心的整合营销竞争，更多的区域“实力”企业将在资本大鳄面前败下阵来，白酒行业“比的是实力”更为凸现。

2010 年白酒行业发展“新”格局

受近年宏观政策以及白酒消费者消费行为的影响，国内白酒企业为规避从价、从量复合计征的白酒消费税，纷纷压缩、减产中低档白酒。在目前的税收体制下，白酒企业必然会面临这样一个选择：若谋利，则须断臂图存，砍掉低档酒，“另谋高就”。这其实便为白酒的高端市场或奢侈白酒的兴起铺就了一条必然之道。

有竞争必然有输赢。适者生存的游戏规则在白酒行业更为显著。笔者预测：未来5年内，中国白酒行业将面临一场新的洗牌运动。品牌集中，白酒马太效应已经成为现实。外资与外脑的注入，加剧了这种趋势在未来几年将持续并且凸现。

以茅五剑为代表的一线品牌将更为强势，全国市场一盘棋的战略愈演愈成熟；

以口子窖、宋河、黄鹤楼等为代表的二名酒的复苏及崛起，将会在全国范围内局部市场称雄。

以趵突泉、迎驾贡酒等为代表的区域地产白酒在战略清晰的前提下，精耕细作区域市场，将进一步根深蒂固。

以古井镇、茅台镇为代表的中小招商性企业将迅速洗牌，传统营销思路的企业将被市场残酷淘汰，新型黑马也将在这些企业中诞生。

对于更多的中小白酒企业，如果不抓住这种趋势，确定自己的未来5～10年的发展战略，并根据战略采取适时的营销策略，在遇到强大竞争对手面前，将会迅速退出这场洗牌运动。

（王　建）

低酒精度葡萄酒成为新风尚

根据葡萄酒及烈酒贸易联盟（WSTA）和葡萄酒情报（Wine Intelligence）出版的五月份消费者情报报告：超过1/3的女性（35%）和1/4的男性（27%）认为低酒精度的葡萄酒将会被越来越多的人接受，继而成为一种时尚。59%的英国葡萄酒日常消费者声称在购买之前先看酒精含量，尽管他们中间只有一半的人认为酒精含量是在购买因素中比较重要的因素。另外几个重要的购买因素为：葡萄品种、促销方式、品牌、原产国、产区以及亲朋好友推荐。非常有趣的是，消费者常常认为高酒精含量的酒往往拥有更好品质并且性价比更高。

（中国葡萄酒咨询网）

经济下滑不会影响啤酒消费

根据各个方面的调查，美国经济下滑不会影响啤酒消费。

根据啤酒贸易组织美国啤酒协会（Beer Institute）的数字，虽然美国经济步入低谷，今年6月份，芝加哥的精酿啤酒消费量达到160万桶，而在此之前的一年内，精酿啤酒销量增幅达1.4%，为1990年以来涨幅最大的一年。

葡萄酒和利口酒的销量也表现出增长，不过啤酒仍然是最流行的酒精饮料，占到半数以上的消费市场。“啤酒业以及其他酒精饮料行业似乎对经济萧条具有相当的免疫力。”尼尔森市场调查公司饮料及酒精分部副总裁 NickLake 表示。

经济学家 Donald Freeman 曾于1998年公布了一份报告，对1955年至1994年的啤酒消费情况进行了研究。报告称，“无论以何种方法测试，经济状况对啤酒消费影响不大”。

美国啤酒协会主席 Jeff Becker 表示，经济萧条期，人们多选择在家就餐，推动了非即饮渠道的啤酒消费量。而在外出就餐时，他们往往选择价格低廉的啤酒来代替昂贵的鸡尾酒。

根据尼尔森公司的调查，仅有13%的消费者表示经济下滑对他们的啤酒消费产生了较大影响，而近半消费者表示，经济情况对其啤酒消费没有产生任何影响。调查还显示，在超市及便利店，精酿啤酒和超高端啤酒的销量增幅达两位数。

（糖酒快讯）

2007 保健酒发展态势分析

自劲酒广告进入 CCTV 黄金时段后，保健酒行业进入了高速发展的阶段，经历了十几年的快速发展后，特别是2001年后，每年以平均30%以上的速度在发展，2006年全国保健酒消费总额已经超过60亿元大关。2007年保健酒的发展还将进一步提速。

目前，除了劲酒的超速发展外，致中和等老牌保健酒也在省级卫视投入大量电视广告。椰岛鹿龟酒的股票一路飘红。茅台、五粮液等白酒领头羊，也重资高调进入保健酒行业。修正药业等名牌医药企业也信誓旦旦涉足保健酒行业。新兴保健酒企业在全国糖酒会上轮番大手笔亮相。中国目前保健酒企业数量约为5 000家，每年新增企业数量约为200家。所有迹象表明，保健酒发展即将进入“黄金时段”。

保健酒为何会如此连续多年高速发展？众多企业齐投保健酒行业原因何在？

对此，笔者认为：首先，消费者健康需求理性回归。市场需求决定市场容量。随着我国经济水平不断提高，百姓对健康越来越重视。消费观念的改变，使健康类酒水得到了长足发展。不单是保健酒，黄酒、葡萄酒、果酒等健康类酒，也出现不同程度的增长趋势。十年前，保健酒被消费者当作药酒，没有病是不会喝的。喝保健酒的目的是治疗某种疾病。

如今，消费者对保健酒的期望值回归理性，只是把它当作一种日常养生酒或者是改善体质的酒，这一点在我国东部沿海城市显得尤为明显。以前喝保健酒带有一定隐私性，一般消费者是不乐意在公众场合畅饮的，但现在部分消费者开始转变观念，认为健康就是一种时尚。虽然保健酒还不像葡萄酒那样时尚，但至少消费者不再觉得喝保健酒有损自己的健康形象。保健酒由药酒向养生酒的转变过程，也是保健酒总体容量膨胀的过程。

其次，白酒和保健品行业发展受阻，使许多企业转产保健酒。中国区域白酒企业众多，由于白酒企业同质化过分严重和消费者喝白酒的数量和频次下降，导致众多区域白酒品牌发展举步维艰。保健品行业由于过分夸大宣传，造成了行业萎靡不振。合效策划机构作为中国唯一的专注食品和保健品两大行业的咨询机构，研究发现，保健酒既满足了消费者的饮酒需求，又满足了健康需求，所以保健酒在夹缝中获得重生。众多企业也是抓住了这个商机，纷纷加入保健酒行业，从而加快了保健酒行业的发展。

再次，保健酒利润空间要比普通白酒高得多。保健酒虽然处于高速发展期，但行业仍然处于成长期初级阶段。行业的发展阶段，决定了保健酒的丰厚利润率。这是知名白酒企业、制药企业，甚至外行企业大胆涉足保健酒行业的利益所在。比白酒高出几倍的利润空间，使许多白酒代理商纷纷转行销售保健酒。这使保健酒销售链条的驱动力大大提高。

第四，保健酒是地方酒企走向全国的变通战略。白酒竞争格局，使许多区域白酒的品牌战略目标只能做“地头蛇”。而劲酒、致中和、椰岛、张裕三鞭等中国保健酒龙头企业，大多数还刚刚在局部省份站稳脚跟，还不能完全渗透到中国每一个城市。众多的市场区域等待更多保健酒企业瓜分。因此，许多白酒企业把保健酒当成走向全国的一把利剑。十足全蝎酒是山东某县级白酒公司生产的保健酒，经过合效策划全案策划后，2006 年它成为中国保健酒行业的一匹黑马。《经济导报》评论认为：这是一条“鲁酒复兴的新思路”。

此外，保健酒行业目前的品牌集中度不高，二线品牌格局尚未形成，市场竞争不太激烈，行业进入门槛低等原因，也促使众多企业进入该行业。保健酒行业未来的竞争扑朔迷离，众多企业的加入势必形成新的混战局面。但机遇和风险永远并存，只要战略得当和战术正确，必将有许多新秀在“第五轮财富风波”中脱颖而出。

（中国食品科技网）

探寻保健酒市场的蓝海

市场竞争现状

近年来，保健酒依靠其既是酒又是保健品的双重特性，正迅猛发展。专家预测，到 2010 年，保健酒的市场规模式将达到 130 亿元，越来越多的白酒企业正强势进入保健酒行业，但从行业现状来看，保健酒销量主要还是集中在劲酒、椰岛鹿龟酒、张裕三鞭酒、致中和五加皮、华佗十全大补酒、古岭神酒等少数老牌企业，2006 年度中国劲酒和椰岛的销售占保健酒行业半壁江山，保健酒行业主要还是双雄逐鹿的竞争态势，中国劲酒以 125mL 小瓶装为代表性产品，主攻餐饮市场，跟进者有椰岛海王酒、椰岛鹿龟酒小瓶装、古岭神酒杯装、致中和每日养生酒等；海南椰岛以 500mL×2 二星礼盒装为代表性产品，主攻副食渠道礼品市场，跟进者有致中和五加皮、宁夏红枸杞酒、华佗十全大补酒，以及中国劲酒礼盒装；尽管市场呈现交叉发展，但大多数企业缺乏发展战略，只是作简单式跟进，分一杯羹而已，笔者认为，保健酒市场其实发展空间巨大，存在诸多蓝海市场，还远未到巷战，正在恶战的时候，要想以较小的代价，取得较好的业绩和行业地位，有实力的企业应更多地关注蓝海，开发蓝海！

细分市场，寻找蓝海市场

目前以劲酒为代表的餐饮派，主要着眼于工薪阶层，着眼于中小餐饮店；以椰岛为代表的功能礼品派，主要着眼于老年人群，着眼于节庆礼品市场，兼顾日常自用市场；这两块市场之所以做得具有代表性，相对比较成功，除了依靠企业实力和一定的营销技术以外，就是这两家企业当初开发的是蓝海市场，在市场开发阶段，并没有遇到正面竞争，现在有很多企业在选择进入保健酒市场的时候，扮演的是跟随者和搅局者的角色，必然很难有所作为；李光斗老师有本书叫《插位战略》，我觉得很有道理，现在保健酒行业存在诸多空白市场，新进企业只要找好定位，就能快速成长，就会很快成为行业排头兵。下面我们看看保健酒行业还存在哪些蓝海市场：

（一）从消费者细分，看蓝海市场

椰岛定位于老年人群、家庭自用，劲酒定位中青年人群、餐饮消费，虽然劲酒也涵盖了中年人定位，但由于产品价格及渠道处于市场低端，只覆盖了部分低端中年人群。市场缺少清晰定位于中年白领商务人群、并具有一定文化内涵的保健酒，这部分人事业有成，在外忙于商务应酬，在家是顶梁柱，特别需要保养身体，需要一种与身份相匹配的保健酒。

（二）从产品细分，看蓝海市场

1. 产品诉求差异化

椰岛功能礼品以产品功能和情感诉求为主，把椰酒做成了情感的载体；劲酒倡导 21 世纪喝酒喝健康。这两个行业龙头，一个做足了情感文章，另一个做的是健康饮酒的文章，但我们必须看到保健酒具有保健品和酒的双重属性，在保健上还有足够的文章可做，如：倡导养生，做产品功能细分等，十全养生酒作为一个传统保健酒，能经久不衰，也说明了这一点。

2. 容量包装差异化

目前市场上产品主要以 125mL 和 500mL 为主，特别是 125mL，跟风现象比较严重，因此很容易陷入价格战，容量差异化有助于避开面对面的竞争，劲酒在 125mL 的市场地位，暂时无人能撼动，致中和每日养生酒选择 138mL 装就是一个很好的范例，选择差异化容量，就避开了竞争对手，就选择了轻装上阵。

3. 价格定位差异化

功能礼品市场：椰岛礼品装主打礼盒价格在 70 元左右，这种价格属于中等价位，比较适合于送父母长辈，但作为商务礼品明显价格过低，城市市场缺少 100 和 200 元左右的主打保健酒品牌和礼盒，同时农村礼品市场鱼龙混杂，保健品以假货居多，缺少 30 ~ 50 元左右的主打保健酒品牌和礼盒。

餐饮市场：劲酒及椰酒小瓶装都是定位在 8 ~ 10元左右，渠道以大排档和低档饭店为主，那些注重养生的消费者应该是讲生活品质的，主要集中在中高档酒店，高档酒店除五粮液龙虎酒外，很少有其他保健酒品牌，并且五粮液龙虎酒品牌有余、产品内涵不足，很难成为行业代表性产品；中档餐饮市场，产品档次应略高于目前劲酒的定位，缺少 60 ~ 100 元/斤的商务保健酒（可同比使用大于 125mL 的小包装），这些市场都有机会成就领导品牌。

（三）从渠道细分，看蓝海市场

目前保健酒主要集中在副食流通渠道和中低档餐饮渠道，和酒水营销相比，中高档酒店处于相对空白，酒吧、夜总会等夜场营销几乎处于空白；和保健品相比，缺少医药渠道强势品牌，缺少利用直销渠道；这些渠道和终端的消费者有着相应的消费需求和消费特性，需要相应的产品功能和文化做支撑，目前这些渠道还没有代表性保健酒。

创新营销模式，开发蓝海市场

现行保健酒的营销模式主要分为功能礼品模式和中低档餐饮模式，对于开发蓝海市场，只能借鉴，不可照搬，蓝海市场是诱人的，但往往也是风险最大的，除了要求企业具有一定的实力外，还应保障：

1. 产品具有较强的产品力，要符合目标消费群的口感、功效、心理、价格等方面需求。

2. 具有独特的诉求点，并进行相应的文化传播，打造具有相应文化内涵的强势品牌。

3. 建立合理的分销渠道架构，合理地分配渠道利益，保障各级分销渠道的积极性，保障渠道推力。

4. 建立有效的与目标消费群、购买群沟通的方式，改变目标消费群现有的消费方式，让目标消费群尝试性消费起来。

所谓的蓝海市场，并非从未有企业涉足过，只是这些企业要么实力太小，不足以产生影响力，要么营销能力不足，早已成为先烈，选择了蓝海市场，只是选择了发展方向，真正的成功还需要在坚持整合营销基础上，创新营销表现手法，让其更加有效，只有创造有效营销模式，才有希望成为行业的领导者。

（吴连忠）

酒水经销商分析

笔者在营销实战中接触了一些酒水类经销商，试着对其分类，并加以分析，现整理成文，供有关人士参考。

第一类：国营糖酒公司

国营糖酒公司是商业大户，在历史上曾举足轻重，但随着市场经济的纵深发展，受到私营批发大户的严重挑战，开始走下坡路。

优点：国营集体企业，有历史沿革的从市到县甚至到乡镇的销售通路。

短处：比较保守和僵化，注重经营传统名牌，对新品有抵触情绪。

第二类：酒水企业的营销分公司

这一类经销商自己有酒水生产厂，在做自己产品推广时，同时代理其他品牌酒水。

优点：背倚生产厂，建立销售通路，假如该公司在当地市场是强势品牌，终端客户往往不得不做其推荐的其他品牌酒水。

短处：重视自己产品，对其他品牌不关心，假如是同质产品，基本上不考虑。

第三类：传统批发大户

该类经销商成立时间较长，已走过资本积累的瓶颈时期，手中有几个畅销品牌。

优点：销售通路较健全，多年市场拼杀中树立了信誉。

短处：承接新品谨慎，注重厂家促销力度，对销售政策要求苛刻。

第四类：新兴批发大户

该类经销商往往因某品牌兴旺，刚从二批群落中拼杀出来，有一定资金和实力。

优点：急于寻找新的优质产品和品牌，对厂家要求不是很高，较注重长远效益。

短处：销售通路有待进一步扩大，从业经验和业务人员素质有待提高。

第五类：其他

这一类，鱼龙混杂，有公司多元化经营（包括一些商业企业），从其他行业进入酒水行业；有酒水业内人士主动下岗，利用以前关系网络办公司；有实质是二批，但扯虎皮充大旗错觉成经销大户等。

总的说来，我们寻找经销商不要求最好最大，但求合适，能和厂家共同成长的中上等经销商，所以笔者较倾向于第三类和第四类经销商。当然根据各区域市场特点，灵活处理是不变的原则。

（许　瑞）

金融危机下，云南酒业何去何从

金融风暴席卷全球，各界大受牵连，整个经济市场动荡不安。在美国金融风暴席卷之际，世界经济危机加剧蔓延的情况下我国工业企业能否在风暴中破浪前行呢？地处边疆的云南酒业又该何去何从呢？逆风飞扬，还是被动应对？

2008中国企业五百强之一的五粮液，金融风暴中破浪前行，沿袭着中华民族激扬向上的风貌在逆境中飞扬，依然保持强劲势头，带领酒产业文化前行。

之前很少开展促销活动的张裕、王朝、新天等著名品牌的中高档产品则受全球金融风暴影响，纷纷开始放低身价，开展促销以提升销售额。

经济增长减慢，失业人数剧增，物价上涨，人民消费能力总体下降，酒水类产品销售旺季临近，酒水市场却不容乐观。白酒翘楚五粮液从容应对，而大部分酒企销售业绩则与去年同期相比缩水，不得不采取相关措施应对。云南酒水市场又将面临怎样的困境？应采取什么措施来迎接金融危机的严峻考验？

胡永松：对中国酒业是个机会

中国著名白酒专家胡永松表示，目前席卷全球的金融危机，在各个国家、地区有不同程度的影响。对于中国来说，受影响最大的是出口业，而中国酒水类产品出口的并不多，所以影响并不大。在金融风暴的严峻形势下，政府出台相关政策，扩大内需，促进经济增长，增加中低收入人群的收入。因此，在这样的前提下，酒水类的消费是这样的一个趋势：由于中低收入人群收入的增加，消费能力的提高，对中低端酒的需求也会增大；商务用酒基本持平或略有增加；政府用酒则因招待经费的下降而减少。酒企业应该抓住这次机遇，加强产品质量和安全的管理，维护产品信誉和企业形象。把中低端酒的产品品质做好，这对中国酒业来说也是一个很有利的机会。

方志强：挑战与机遇并存

昆明酒类行业协会秘书长方志强表示，金融危机对出口外向型企业和沿海城市的影响相对大一些。一些企业向多元化发展，如矿业、药业等企业逐渐渗透到酒业中，金融危机对矿产业影响较大，这些酒企的影响则相对较大。投资者对投资环境不信任，消费能力下降，对酒类消费市场也会造成一定不利影响。而云南地处偏远的西南方，金融危机所造成的影响表象不是很明显。主要是因为酒属于持续性消费品，消费需求受客观因素影响较小。目前就云南酒企业来说，应该抓住这次机会，结合自身的优势及特点，巩固、提升产品品牌地位，在“危机”中开辟一条新的发展道路。

张云超：慎重面对

昆明酒类行业协会总工张云超表示，股市大幅下跌，部分出口型企业纷纷关停，失业率上升，国际油价由147美元/桶降至48美元/桶，有色金属如铜、铁跌幅近60%，煤、电等物资下跌速度之快前所未有等，这些陆续报道的新闻好像离我们很远，实则对我们的影响尚未真正到来！

就云南酒企而言，此次金融危机是考验，也是契机，应慎重面对，各酒企可反思并完善自身管理体系及战略发展计划，蓄势待发。我个人认为酒企可采取以下措施来迎接并突破当前的困境：一是慎重考虑扩建等事宜，可适当减少部分产品的产量；二是叫停一些投资大，见效慢的项目，如扩展市场，新品推出项目等等；三是相应的购进部分粮食等物资（以粮食原料为主）；四是尽量减少工业产品，如瓶、盖、纸箱等库存。

关正维：静观市场变化

云南省丘北县糖烟酒有限责任公司关正维表示，金融危机对企业影响比较大，主要表现在市场销量和原材料上涨方面。公司今年销量预计较去年同期相比缩水近1/3。另外，酿酒用原辅料价格不断上涨，企业压力也不小。公司主要以中低端产品为主，价位在20元左右，利润空间本身就很小。酒水旺季来临之际，会静观市场变化，稳步操作，不会采取降价促销，或是通过提价来减轻企业压力，将全方位进行市场调查后具体策划应对金融危机的方法。

何永祥：把服务做到位

泸西兰益酿造有限公司董事长何永祥表示，对于我们矿区的酒行业还是有影响的，但是最大的影响可能到明年下半年才会体现出来。由于经济萧条，消费层面下降，我们的市场销售一定程度缩水，再加上假冒伪劣产品及小酒坊低价位散酒的冲击，市场竞争未能良性发展。在这样的前提下，又是酒水旺季期，我们从两个方面来着手：一方面，要确保市场的稳定，不会因为这些因素而降低产品的价格，把市场搞乱；另一方面，为健康而努力，把服务做到位，特别要加强加深对中端消费人群的服务工作，让消费者发自内心地信赖、拥护“兰益”这个品牌。

陈丽珠：对我们的影响不大

牟定县喜鹊窝酒业有限公司陈总表示，我们一直在关注这个事件，和朋友聊天的时候也经常会提起。可以说从我们目前的情况来看，这场影响全球经济的危机对我们喜鹊窝的影响并不大，但是在激烈的市场竞争中特别是旺季临近之际，还是感到有很大的压力。在稳定楚雄州市场之后，这几年我们一直再做省内外的一些市场，像昆明、大理、曲靖、攀枝花等。下一步，在根据市场竞争激烈的前提下，我们将针对不同消费群体的喜好，开发新的产品。只有不断开发新的产品才能适应市场的竞争。

徐德明：反其道而行自有路

牟定县喜鹊窝酒业有限公司徐经理表示，总的来说，这（金融危机）或多或少对我们还是有一些影响，部分知名企业纷纷采取降价，开展促销等活动提升销售额，我们不会这样做。从我自身的感受来说，这几年也做了很多促销的活动，之后我们总结，通过降价方式做促销，不仅不利于市场的开拓，反而会把市场搞乱，一些经销商和代理商也会对厂家产生依赖性。2008年旺季来临之际，我们初步打算减少促销力度。另外，对于当前酒用原辅料物价上涨，生产成本提高，我们也会对产品的价格做适当的调整。走自己的路，稳扎稳打，在困难面前，不能退缩，还是要迎难而上，把产品的品质和质量提高。只有这样，才能在市场上站住脚，市场才会越做越宽广。

蒋正泰：是“危”更是“机”

“醉明月”董事长蒋正泰表示，金融危机对酒企而言蕴藏着很大的商机，关键看企业怎么去把握。酒水旺季来临之际，我们没有采取更多的促销或者其他措施，一切按照计划稳步进行。“在追求产品质量的道路上，没有最好，只有更好。我们会在产品质量上狠下工夫，多与老百姓和消费者沟通，做真正值得老百姓和消费者信赖的产品。产品质量好，口碑就好，市场自然也就好。”蒋总向本刊记者讲述到。

何勇：对东川影响较大

东川金勇酒业何总表示，先从东川的经济来说，东川的经济结构比较单一，矿产业是唯一的支柱产业。矿业在这次金融危机中受到的影响比较大，矿产业基本停产，整体经济下滑，消费层面下降，这也就直接影响到我们东川的酒水类消费市场。特别是对高端酒的影响，我卖的就是中高端的，所以我心里明白。从眼下的状况看，今年旺季的销售肯定比不上去年，厂家在销售方面也不会有什么大的动作，所以在东川酒水消费黯淡的前景下，我每年都会通过组织举办“年终品鉴会”等活动来促进消费，提高本年度的销售额。今年会更多的花点心思来做。

邵正：消费人群较稳定

云南龙润酒业有限公司总经理邵正表示，这场金融风暴对白酒可能会有一定影响，对我们杨林肥酒基本没有影响。杨林肥酒属于保健酒，我们的消费群体很稳定。随着酒水类产品销售旺季的到来，我们还是会通过一些宣传及有奖销售等活动来适应市场的竞争。

（慧 子 赵 光）

昆明酒市扫描

春城昆明是云南省的政治、经济、文化中心和通信枢纽，是一座历史文化名城和优秀旅游市，也“面向东南亚南亚的国际性商贸城市。全市居住着25个少数民族，人口500余万。

市场主流品牌分析

云南省毗邻四川和贵州这两个有名的产酒大省，似乎在地理位置上给其他省外酒入滇制造了天然屏障。作为省会的昆明市是白酒商家的必争之地，宋河、稻花香、洋河和重庆诗仙大白等各自为主的区域性品牌在昆明市场上徘徊了多年，在川酒和贵酒的强大阵营里感到力不从心，都相继淡出了市场。目前除了北京红星二锅头等几个全国性品牌在市场上趋势可以外，区域性品牌几乎没有市场，基本上形成了川酒和贵酒两个对峙的局面。

川酒领衔市场

作为川酒老大的五粮液在昆明表现不俗，始终稳坐高档市场头把交椅。它旗下的五粮醇和五粮春在市场上也较为走俏。商家将重点放在了流通渠道，终端投入并不大。中秋来临之际，在众多白酒频繁促销的情况下，商家并未做大的促销活动，只是在超市安排了导购小姐。泸州老窖特曲和市场零售价在70元左右，在酒店和商超的销量都很好。金剑南和银剑南在昆明有几个代理商，都有各自的单品。有的走流通，有的走终端，当前表现都不凡。据经销商介绍，金、银剑南在昆明酒店的铺货率占到60%～70%，其中52度的五星银剑南最畅销，终端价格为80多元/瓶。另外，200多元的方盒金剑南和300多元的圆筒金剑南在酒店的销量也可以。在中低档市场上，金六福系列酒炙手可热。流通价10元和28元的一星和三星金六福销量最大。80元左右的“六福人家”和368元左右的“经典08”在酒店销量也不错。中秋前夕，金六福几十个系列酒普遍在超市搞买一赠一的促销活动，消费者反应强烈。

贵酒毫不示弱

在川酒势头强劲的形势下，以国酒茅台为主帅的阵营也不甘示弱。茅台酒仍是当地迎宾、送礼的首选酒品，在高档市场上占据重要地位。其“国色天香”系列酒在昆明运作有一年时间了，在流通和商超所占份额较大。以销售100元以内的五年陈、十年陈等酒为主。“国色天香”在酒店铺货不多，销量有限。而且在宣传和促销投入上都不大，可能还未真正运作市场。另外，小糊涂仙在中高档市场一直备受消费者青睐，在酒店自点率很高。经销商普遍反映，小糊涂仙的良好表现与它多年来的广告宣传是分不开的。同时，它酒质稳定，价格适中，这些都是它在市场上表现不俗的原因。在中低档市场上，贵州酒的趋势与金六福也不相上下，其中有五星青酒、五年；同藏、十年；同藏等多个系列，分52度和38度两种度数。受高档酒的影响，昆明市场低档白酒也多以高度酒好销。

地产酒占据低端

昆明市场上的地产酒种类繁多，占据着一二十元的低档市场。其中，能挑大梁的是澜沧江小白酒，紧随其后的是茅粮酒。此两种酒都是清香型，流通价分别为85元/件和575元/件（一件12瓶）。近些年来，地产酒不甘于只做低档品牌，也在逐渐向中高档市场发展，而且还推出了一些高价酒。但由于多年的低档产品形象和高档名酒的强大影响力，使得地产酒难成气候，其高价酒也很可能会夭折。

外来酒机会分析

昆明市外来人口居多，消费观念开放，品牌意识较强。然而云南当地人消费观念则较为保守，所以川酒和贵酒在市区畅销，在地、州并不占优势。目前昆明市场壁垒森严，终端操作困难，不宜贸然进入。不过，市区以外的消费市场潜力巨大。泸州醇、古井贡等酒正在大力拓展县级市场，外来新品可以效仿。一来避免与名酒正面交锋，二用较少的投入慢慢做大市场。另外，拓市之初在做必要的广告同时应侧重促销，让消费者感到物美价廉。

云南省酒类市场供不应求

2007年年初至今，国家质量监督检验检疫总局大大加强了对食品“QS标志”（即食品质量安全市场准入标志）的监查和管制。强调企业使用“QS标志”，则表明企业承诺其产品经检验合格，符合食品质量安全基本要求。没有“QS标志”的产品，一律不得出厂销售。

随着这一系列相关政策的实施，云南省大部分酒企均积极申请办理“QS标志”。据调查得知：已获得“QS标志”的酒企，其产品较没有“QS标志”的产品易被消费者接受和认可，且其产品经常供不应求。而没有“QS标志”的产品不仅得不到消费者的认可和接受，且根本不能上架销售。

据昆明酒类行业协会相关人士透露，目前云南省部分骨干企业产品市场呈现一片繁荣景象，其产品在市场上供不应求，现有的生产流水线已不能满足市场的需求，酒企均考虑扩建厂房、引进先进的生产流水线以满足市场需求。

本刊记者还了解到，近期，大理鹤庆县酒厂、峨山玉林泉酒业有限公司、云南嵩明杨林酿酒厂、大理漾濞雪山清酒厂、广南那榔酒厂等酒企均已准备扩建厂房、引进先进生产流水线，以扩大生产量满足市场需求。

（慧　子）

昆明洋酒市场：诸神的狂欢

在昆明这个经济并不特别发达的市场，不论一线还是二线洋酒品牌，都享受着“天堂”般的待遇。

在市场份额快速增长的大背景下，用“高速发展”来形容昆明洋酒市场并无丝毫不妥。近两亿元的洋酒市场份额，令洋酒商们无不兴奋……

不过，这个“兴奋”的市场，各洋酒品牌在其中的“表情”也是晦暗明朗，各有不同。

目前，由于夜场规模的不断扩大和数量的不断增多，昆明洋酒市场的竞争更加多元化，也出现了新的局面和新的困惑，那就是核心市场主导品牌“一年几变”，而在一些卖场假洋酒也在横行。

价格覆盖高端市场

是不是还沉浸在圣诞夜狂欢畅饮的尽情挥洒的欢愉中？在越来越频繁的派对中，昆明人的洋酒文化和洋酒意识已在不知不觉中升温！

“洋酒的销售占到总销售的一半。”酒店经理张先生说。在金马广场，这里洋酒与啤酒的消费数量比例为5∶5。除了酒吧之外，夜场、高档酒店随时可见洋酒的身影。

许多人并不喝洋酒，但这并不影响他们对洋酒，尤其是对高端洋酒印象的日益加深。

洋酒，进口酒类的总称。目前在昆明市场上活跃的种类主要有葡萄酒、白兰地、威士忌、伏特加、芝华士、轩尼诗、人头马、黑牌以及啤酒。这些畅销洋酒，市场价从百元到上千元不等。

在百佳超市，该商城专设了洋酒柜台，柜台主要以人头马、马爹利、轩尼诗3大品牌为主，价格在258元到12 000元。洋酒柜台的促销小姐说，随着春节的到来，许多消费者都来购买礼盒包装的洋酒，准备送礼。尤其以尽显奢华、气派的木制礼盒最为好卖。

本报在调查中发现，目前洋酒销售较好的有芝华士、人头马、轩尼诗、马爹利、XO－2、Johnnie Walker（尊尼获加）等世界名牌，它们奉行精品高端路线，活跃在夜场、酒楼和礼品市场。这些洋品牌以其优良原料、纯正口感、品牌形象和精美包装，用惊人的速度迅速“俘获”了昆明消费者。

某五星级酒店，蓝带马爹利标价为1 080元/瓶、芝华士12年480元/瓶、皇家礼炮1 980元/瓶、威雀天尊3 980元/瓶、黑牌480元/瓶、人头马XO 1 280元/瓶、人头马金标7 600元/瓶。

与高档酒店的销售情况不同，洋酒在夜场的价格并没有这么高。在夜场中销量比较好的是芝华士、轩尼诗、伏特加等系列主流产品，价格多在200～400元之间，并附赠有可供冲兑的饮料。

目前昆明市场上，一些大品牌洋酒产品定价基本上都在100元到几千元以上。业内人士王先生说：“洋酒在市场上就是高端酒的代表，如果出现低端产品，无疑会使其‘高端’品牌形象贬值。放弃中低端市场，有利于洋酒集中火力在高端市场上进行全方位的覆盖。”

“跟”出来的繁荣

在昆明，几乎所有的酒店、高档酒楼、夜场都看到洋酒的身影。“现在的年轻人认为喝洋酒比较时尚，那是因为文化氛围烘托得比较好，国外喝洋酒是干喝，不加冰块，但是中国人不太适应这种喝法，都要兑一些饮料。”温莎有关人士称。

8点半值班经理在谈到为何洋酒的市场份额在扩大时认为，首先，洋酒公司市场投入力度非常大。比如，黑方品牌通过赞助F1赛车进入国内市场。另外，他们投入了很多广告。更重要的一点是，洋酒给当地酒吧很高的进场费，远远高于其他酒类的进场费，有的甚至高出10～20倍。

该经理说："正因为较高的进场费，很多酒吧都愿意去销售和推销洋酒，使得人们对洋酒有了更深的认识。"轩尼诗XO云南代理在接受本报采访时表示，轩尼诗XO近几年来的销量一直呈稳步增长的态势，而且也有了一批固定的消费群体。据8点半值班经理称，洋酒的消费者大多集中在中青年高收入人群中，而这些人正是目前昆明最有消费力的一群人，他们也往往引领着消费潮流。

事实上，昆明大部分洋酒消费者的收入，并不足以支撑其每周在夜场的消费，但是他们流行AA制或轮流买单，很好地解决了收入与支出的矛盾，从而带动了洋酒消费。

可以说，年轻人的消费跟风是昆明洋酒热的一个根本诱因，而经销商的跟风，则是昆明洋酒热的主要推动力量。

业内人士余先生称，昆明酒水经销商队伍庞大，但真正实力强大的并不多，对中小型经销商来说，选择什么样的产品，往往依据市场的流行趋势，毕竟他们没有能力去开拓一个新的市场。因此，随着洋酒热潮的来袭，这部分经销商就拼命跟风。由于一些知名洋酒品牌在昆明市场上都有了总代理，因此，这部分经销商只有寻找一些急需拓市的二线产品来做，这直接导致了洋酒在昆明"百家争鸣"。记者在沃尔玛看到，洋酒竟然有100余个品类（种）陈列在货架上。

不过，正因为昆明洋酒市场的突出表现建立在跟风的基础上，因此市场的起伏也很明显。"去年，昆明的洋酒销售额下降了将近30%，虽然这可能有一些客观的原因，比如凌晨2点娱乐场所必须关门的政策，但是也有一些因素不得不考虑。"昆明某夜场经理说。

这个观点也得到了其他夜场的认可，他们认为，像"芝华士十二年事件"被报道出来导致其品牌消费信心受挫，表明消费者对洋酒的品牌忠诚度低。

业内人士王先生分析，洋酒在昆明来势汹汹的背后隐藏着一定的危机，厂商不但要抓住昆明消费者的跟风潮流，更要在这股风过后对市场进行长远规划，培养一种长期的固定的消费习惯。

"假洋酒"暗流汹涌

去酒吧，难免会"玩命"地喝洋酒。"但喝下去的是真是假，吧客们就浑然不知了。"余先生这样说道。

2月6日晚9时。金马碧鸡广场某酒吧。

此前，本报已连续两天晚上在这一地带的大小酒吧里"寻找感觉"。9时20分，首先来到"××酒吧"。人还没落座，酒吧服务员就热情地介绍各类品牌洋酒。

"芝华士380元一套，一瓶酒再送6瓶软饮……"

"听说现在假酒多，你们这儿有没有假的?"

一听此言，服务员停顿了两秒，面带尴尬地回答道："不会的，我们这不会有假的酒，放心好了。"

"那我们怎么知道是不是真的呢，有没有什么凭证可以证明?"对方虽然面露难色，但很快以帮助记者点烟为名支吾过去。

记者在酒吧的大厅看到，芝华士、蓝宝石、杰克·丹尼等都放在每张桌面上，客人们直接叫服务员勾兑、倒酒。

12月28日晚10时。记者前往该地段的另一酒吧。酒酣耳热之际，正准备喝第二瓶芝华士，我们终于发现了"猫腻"。

"感觉很涩口，是不是假酒?"当晚值班经理过来问明情况后，立即很有礼貌地向记者表示歉意，但明确表态说："我们这里的酒绝对不会有问题的，如果你们觉得味道不对，我们可以换。"迅速拿走那瓶酒的同时，服务员马上免费端上一个大果盘。

"事实上，很多消费者就是知道酒有问题，一般也不会和酒吧深究，因为大多数人是抱着'图高兴'的目的去酒吧，只想开心，不想扫兴，而这一心理也往往被商家'巧妙'地利用。”

针对王先生的这一说法，记者随机采访了40位泡吧一族，其中36位表示喝不出来是真酒还是假酒，4位表示遇到假酒就算倒霉，对方赔礼道歉就算了，从没有想过要深究。

“尤其是这几年，假酒太多了。”王先生介绍：“这在酒吧业界早已成为公开的秘密，这些假酒普遍藏身于小酒吧里，有的大酒吧也会卖，非正品货还有不同档次，行内人士都称为‘水货’。”

王先生说，正品的芝华士在昆明的常规进价约165元/瓶，而假冒芝华士一般70元/瓶，更次的35元一瓶。

本报在调查中发现，一些酒吧夜场通常把真酒和假酒混起来卖。“客人刚来的时候，卖的是真酒，客人喝得差不多了，就上假酒，那时候哪里还分得出真假。”王先生说，水货跟行货最大区别在于假冒的工业酒精有浓烈的刺鼻味道并且挥发较快，但一般外行人很难分辨出来。

目前，昆明酒吧内的洋酒有几十个品种，“不畅销的洋酒没有假冒的，老品牌或者进入市场已经一段时间的洋酒都可能遇到假冒的。”余先生说。

（俞 波 郑佳洁）

酒类厂商不能再麻木不仁了

自2008年8月1日起，备受关注的《反垄断法》正式开始实施。其设立的目的主要是预防和制止垄断协议、滥用市场支配地位、经营者集中等垄断行为，保护市场公平竞争，提高经济运行效率，维护消费者利益和社会公共利益。

当前，我国酒类市场竞争秩序混乱，其中部分酒类生产者和经营者，买断酒店、酒家、酒吧等酒类终端消费场所的酒类经营权现象较为普遍，严重违反了公平竞争原则，侵犯了其他酒类企业和广大消费者的合法权益，严重扰乱了正常的市场经济秩序。

经常去酒店吃饭的消费者都会遭遇到这样的情况，大多数酒店只销售少数几种酒，而这几种酒也许并不是自己想要点的。消费者合法的选择权被剥夺的背后是一条隐藏的利益链，而酒水厂商和经销商是始作俑者。酒楼、酒店处于以渠道优势占据稳赚不赔的位置，受侵害的则是无奈的消费者。

《反垄断法》第一章第三条对垄断行为作出了具体的解释：经营者达成垄断协议；经营者滥用市场支配地位；具有或者可能具有排除、限制竞争效果的经营者集中。反观上述酒类行业的竞争行为，与这三项垄断行为恰好“对号”。

《反垄断法》第六条规定，具有市场支配地位的经营者，不得滥用市场支配地位，排除、限制竞争。

由于酒类行业是一个充分竞争的行业，产品供大于求，这也造成了厂商纷纷争夺终端资源，无形中使酒店、酒吧和商超等酒类销售主渠道成为具有市场支配地位的经营者。这些经营者把酒水供应权交给了那些能够缴纳进店费、包店费、促销费、堆头费、赞助费等名目繁多的、不合理费用的厂商，具有明显的排他性，限制了正当竞争，也同样属于违法行为。

一部备受瞩目的我国经济领域的“宪法”，却并没有引起酒类厂商的关注，不正当竞争行为依然大行其道，值得深思。

曾记得，《酒类流通管理办法》实施当初也是这种情形，不但是酒类生产经营者没有引起足够重视，甚至一些地方政府及其职能部门也持观望状态。而后的一个时期，随着执行力度的加大，一些厂商才逐渐认识到这部规章的必要性和重要性，因为其大大改善了酒类市场的竞争秩序，有效地保护了合法酒类企业和广大消费者的利益。

今年，各地酒类厂商因商业贿赂被查出的事件屡见报端，在酒行业掀起了不小的波澜，一些酒类厂商受此影响改变了营销策略，但也着实损失了不少，这也是恰恰没把国家法律放在眼里的结果。因为早在前年开始，国家相关部门就开始加强对市场领域的商业贿赂行为加大了查处力度，一些酒类厂商却认为这与己无关，认为是建筑、医药等行业的事情。

其实，任何一部法律法规的出台，都要经历一个适应和推进的过程，在这个过程中，有预见的企业会及早适度地据此调整经营策略，以适应不断变化的竞争需要，也因此而掌控了竞争的主动。笔者以为，一个行业市场的规范，总是需要一个过程，全面开花—竞争加剧—优胜劣汰—回归理性。

专家曾经指出，《反垄断法》的正式实施，其与《反不正当竞争法》的并用，将有利于酒类行业建立平等竞争的市场环境，从一定程度上扭转大企业挤压小企业生存空间的现状，消除垄断对市场经济造成的破坏；有利于普及竞争理念和竞争文化，提升酒类生产经营者的经营管理水平，促进产业升级；有利于平衡和协调各种利益关系，打破地方保护，实现真正意义上的大市场、大流通。

因此，随着市场经济的进一步深入和法制化进程的加快，各酒类厂商应抛弃侥幸心理，尽快转变经营思路，制定完善而具有竞争力的产品、市场、营销等策略，守法经营，才能确保企业具有持续发展的旺盛生命力。

（《华夏酒报》）

自带酒水，开启“后备箱经济”和“手提袋经济”之门

当“自带酒水”成为一种消费现象的时候，将对白酒市场的未来走势带来诸多不确定性因素，因此也给酒类厂商带了一个课题：都自带酒水了，如何才能开启“后备箱经济”和“手提袋经济”之门？

顾名思义，对酒来说，“后备箱经济”就是为了满足这一消费群体求放心、求安全的消费心理，如何开发有车一族的“后备箱”，如何让这一消费群体的汽车后备箱里装上自己的酒，让他们在到酒店消费的时候随时有“放心酒”喝；“手提袋经济”就是如何开发普通老百姓的消费市场，满足他们到酒店消费的时候为了省钱自带酒水这一需求。

从市场上看，消费者自带的一般是成熟品牌。对于这类品牌来说，消费者只是在销售场所上发生了变化，即不从酒店买，而是选择商超、烟酒店、便利店购买之后带到酒店消费。因此从量上来说，自带酒水对成熟品牌并没有太大影响，反而会促进成熟品牌的渠道净化、稳固销售。针对越来越多的消费者自带酒水这一现象，成熟品牌应该从多个渠道全面发力来巩固自己的优势地位，特别是靠近酒店、迅速崛起的烟酒店。但烟酒店数量众多，发展参差不齐，很多都是小个体户，一般在进价基础上赚几块钱就出售，另外还有假酒等不良现象，所以对这类店的管理难度相当大。成熟品牌要确保市场的健康稳定，各渠道的利润不发生大的变化，烟酒店则是成熟品牌下一步管理的重点。

对区域市场的非成熟品牌来说，自带酒水现象对他们的影响不可小视。因为酒店的门槛并没有降低，各种费用也没有消失，但是酒店的销量已经远不如以前，加上宏观环境限制，类似“开瓶费”等贿赂式营销方式已经难以适应市场要求，使这类品牌走到了一个可怕的十字路口。

针对大企业和机关事业单位发展团购业务曾经是大家热议的一条出路。但这种办法又具

有很强的限制性。因此，新品牌最好的办法是和强势经销商合作。这个“强势”是指有发展团购业务的基础条件。事实证明，这个路子还是可行的。当然，发展团购业务对品牌档次和质量档次要求比较高。

另外，一些品牌也正尝试从婚宴这个特殊渠道切入，来影响整个市场的销售。全兴520就是个案。全兴在经过品牌调整以后全面发力，但怎么切入消费市场成了至关重要的问题。与其他二线品牌相比，全兴没有太大的空间去与对手拼各种费用，而通过全兴的品牌基础，向婚宴市场进军无疑是条捷径。现在全兴520在婚宴市场已经取得了不错的效果，同时商超等渠道也开始全面配合发力。

对于烟酒店渠道的可行性，有关专家指出，烟酒店虽然是人们自带酒水的重要渠道，但到这里买酒的消费者一般不会轻易更换品牌，受推荐的影响也较小。并且烟酒店网点分散，操作不规范。依靠烟酒店启动市场的难度很大。

“后备箱时代”还在继续，“手提袋经济”已经开启，消费者自主消费的时代已经不可阻挡。在这个愈加复杂的营销环境中，白酒厂商们还需要更多的思考。未来的白酒怎样应对自带酒水，通过何种方式才能进入消费主流，这也许是今后白酒界的热点之一。

（佚　名）

二、营销策略

中国白酒品牌发展趋势探析

在中国，没有那个行业像白酒这个行业聚集了几千个品牌并且大多都能够存活，竞争空前激烈，一个品牌倒下去，几十个品牌站起来，而且无论是大品牌还是名不见经传的小品牌，大家都热衷于熟悉各种手法的操作并不遗余力的身体力行。因此，在大大小小的区域内，大小品牌的竞争成了我们中国广袤土地上蔚然壮观的一个景观。

我们始终认为，对于白酒的运作来讲，一定要对当前的市场进行研究来找到竞争的空隙。同时，永远不要忘记对市场的发展趋势做出预测。因为，谁能够领先半步把握住了市场发展的趋势，谁就赢得了市场的先机。

那么，就让我们理性的来分析白酒的发展趋势从而在未来的竞争中赢得主动吧！

一、全国性大品牌和地方性强势品牌之争继续深入，全国性大品牌和地方强势品牌在区域市场的此起彼伏的状态将会长期存在

全国性的大品牌如茅台、五粮液、泸州老窖、汾酒等加快了全国扩张的步伐；另外一个明显的趋势是：以衡水老白干、稻花香、河套老窖为代表的地方性区域品牌崛起的速度加快；全国性的品牌在区域市场上的运作也一改以往粗放经营的手法逐渐以精准的控制渠道的运作手法来运作市场。因此，地方品牌为了保护自己的市场和全国性的品牌将会在区域市场上展开恶战。在这个过程当中，一些品牌会逐渐消亡，而一些地方性强势品牌依靠自己在区域市场上的优势、精准的品牌诉求、先进的营销模式以及强大的执行力还将有崛起的机会。

二、随着消费者需求的变化，消费者将会选择能够满足自己感性需求的产品，品牌的力量的某些特殊的新兴渠道上会弱化

消费者需求的多元化发展，一个品牌一统天下成为一种不可能，甚至一个品牌今后在某个渠道上占有绝对优势的局面都成为一种奢求。由于这种趋势的出现，导致盘中盘理论在操作当中越来越因为费用居高不下拐点迟迟不能出现而成为明日黄花。因此，大品牌也好，小品牌也罢，只要能在某种程度上以差异化的表现来锁定部分消费者占领部分渠道。

对于一些新兴的渠道，白酒将会以一种时尚的面目出现，从而使年轻的消费者暂时忘记品牌而因为给自己带来的利益而消费它。因此，品牌的力量在某些特殊的新兴渠道上会弱化。

三、产品将会在渠道上越来越被细分，某些细分渠道的产品将会在广大的区域内占领细

分渠道而取得可喜的业绩

由于渠道越来越细分以及某些新兴渠道的出现，某些针对细分渠道的产品将会越来越产生强大的生命力。如最近这几年针对军队、老干部等特定群体的白酒；另外，婚宴专供、超市专供等为细分渠道量身定做的产品将依靠在细分渠道的有效占领从而逐渐发展。

某些新兴渠道如名烟名酒店、夜场将成为继终端酒店、团购之后的又一个白酒品牌启动市场的主战场。因而对新兴渠道的占领以及在终端的销售氛围的营造将会成为有效的辅助手段。

四、大的经销商“挟天子以令诸侯”来赢得话语权来控制厂家，而厂家继续在渠道网络的争夺上和经销商若即若离

以金六福为代表的强势经销商的崛起；全国性的名烟名酒连锁店的出现；以及大型的物流配送商的实力变得更加的强大。导致强势经销商逐渐依靠对大范围区域的控制能力从而在与厂家的谈判当中占得主动。因此，对于厂家来讲，其实对这些大经销商是既爱又恨，对终端网络的控制是厂家使出的摆脱经销商软控制的有效手段。

五、以策略性的提价来满足消费者的需求是品牌提升的重要手段

以“茅台”、“五粮液”为代表的名酒不断策略性提价的空前成功，实际上符合了经济发展后的白酒消费上扬的需求，同时也满足了消费者尊贵的需求，因此，从消费者的需求出发，策略性的提价是品牌提升的一种有效的手段。

六、“狼来了”！洋酒逐渐在某些渠道上面显示出的犀利的锋芒，时刻在昭示我们：中洋之争将会愈演愈烈

洋酒在沿海城市依靠在夜场渠道的突破已经堂而皇之的走进了传统渠道，并逐渐走上了寻常百姓家的餐桌，因此，洋酒的锋芒使厂家感受到了强大的威胁，中洋之争将会越来越深入的发展。但是，由于中国白酒品牌在中国传统生活中所居的重要位置和白酒品牌的奋起反击，洋酒想在中国完全的压制中国白酒品牌将会成为不可能实现的梦想。

七、在中国传统文化被用的泛滥的今天，作为白酒品牌，谁能在适当的时候打破这种约定俗成，谁将在以后的竞争当中居于一个比较有利的位置

洋河的“男人的情怀”与消费者的有效互动；水井坊的“高尚生活元素”和高端知识分子的共鸣。代表了白酒品牌核心诉求提炼的一个趋势，那就是：摆脱传统历史文化的束缚，基于消费者的需求提炼现代的元素从而打动消费者是一个发展的方向，谁最先完全打破这种约定俗成，那么谁就会在竞争中居于一个有利的位置。

八、有效的启动核心意见领袖并使核心意见领袖持续的忠诚消费是白酒品牌启动市场的重要手段

核心意见领袖的作用将会愈发的凸显，而在这个过程当中，由于众多的品牌参与对核心意见领袖的运作，逼迫白酒品牌在启动核心意见领袖过程当中以系统的思维、差异化的运作来博得忠诚和持续消费是白酒厂家不得不面对的一个课题。

综上所述，我们认为白酒运作的核心思想应该是：让我们始终从消费者的需求和市场发展的趋势来出发来制订企业战略以及品牌战略，并以系统营销的思维针对不同市场制订精准的策略并顽强的实施。

这，或许是我们的白酒品牌能够持续发展的必须选择。

（郭鸿翔）

打造高档白酒品牌的四大法则

从顾客价值看产品高溢价的根源——感知价值

顾客价值是指：顾客从所购买的产品或服务中获得的全部感知价值与顾客为获得该产品或服务所付出的全部成本之间的权衡关系。

关系式为：

顾客价值＝感知价值－成本

如果顾客价值＝0，则是“物有所值”；

如果顾客价值＞0，则是“物超所值”；

如果顾客价值＜0，则是“物无所值”。

从关系式可以看出，感知价值是产品产生高溢价的根源，感知价值越大，消费者越可以接受高价格，或者说，感知价值越大，消费者对其的预想价格越高。

《大宅门》里最经典的案例：白景齐一包大便典当了2 000两银子。

白景齐：“这可是我们白家的传家之宝，见不得光，我现在是迫不得已，先典当在你这，2 000两银子，一分不少！”

店家第一反应一定是：白家老号的传家之宝一定非常值钱。(预想价格)

店家同意成交，给了白景齐2 000两白银。(接受高价格)

自始至终，消费者（店家）都没有看到产品（“传家宝”）怎么就同意购买了呢？

这说明：感知价值而不是产品的实体价值才是产品高溢价的根源。

那么如何提升酒类品牌感知价值？

第一步：锁定目标消费群的需求。

高端的酒一定吸引高端人群，可是在高端的人群中，又分政界高端人群，商界高端人群，演艺界高端人群，学界高端人群，等等。每一个高端人群的需求既有差异又有不同。有的甚至是“买的人不喝，喝的人不买”所以，必须找到目标消费群的共性和个性，从而提供最恰当的价值，满足目标人群的需求。

问题来了：我们如何找到目标消费群的需求呢？

马斯洛的启示：

马斯洛需求层次论。

马斯洛将人的需求从低到高按塔式结构排列：人的最基本的需求是生理需求，其次是安全需求，第三是社交需求，第四是尊重需求，最高层是自我实现需求。

自我实现的需求是最高层，每个人都各有不同，个性太强，几乎没有共性，所以这个层面选择放弃。

但是以下两个需求：尊重与社交却是高端消费者一定会需要满足的需求，所以我们所提供的核心价值，一定要紧紧围绕尊重和社交带给目标人群的利益进行有的放矢的演绎，只有这样才能触动人心，真正从内心深处打动我们的目标消费者，吸引他们喜欢乃至爱上我们的品牌。

第二步：根据需求制定精准的品牌核心价值。

品牌核心价值，亦即品牌精髓，是品牌的主要利益点，是促使顾客认同、喜欢乃至爱上一个品牌的主要力量，是一切品牌营销活动的原点、起点。品牌核心价值是品牌的灵魂，更是品牌征服消费者心灵的真正武器。品牌核心价值有三个层次，即品牌的功能型核心价值，情感型核心价值和自我表现型核心价值。

功能型核心价值品牌溢价能力较低，以功能型价值为主的品牌多数是大众品牌，如“劲酒”，企业利润主要靠大量忠诚顾客的持续消费的规模效应所获得；情感型品牌的溢价能力相对较高。自我表现型品牌一般价格是同类大众品牌的数倍甚至数十倍。例如：舍得酒（商界精英的酒）“舍得是一种大智慧”。

酒类品牌如果要占位高端，其品牌的核心价值必须定位在自我表现型上面，以满足高端人群“社交与尊重的需求”。

典型案例：舍得酒。

舍得酒是专门为商界高端消费群量身打造的一款高档白酒，这款白酒的目标消费群的显性需求是“社交”，隐性需求是“尊重”，如何将显性与隐性需求平衡起来？做到相互映衬？

从白酒高端市场格局来看：五粮液、茅台两大主品牌处在第一阵营里；以水井坊、百年老店、国窖1573等为代表的强势品牌处在第二阵营里，舍得酒既没有祖宗留下的福庇，又没有强大的品牌积累，如何跻身高端？

分析竞争对手我们不难看出，以上所有高端白酒，几乎都是从年代，历史感，品质、稀缺来入手的，也就是说主要诉求都是集中在产品层面（理性），没有上升到思想层面（感性），而最能深刻演绎思想的法宝就是“文化”。

从需求上来看，社交本身就是人与人思想上的碰撞与吸引，从而产生信任，产生感情。尊重是人与人在交往当中双方或者一方对另一方的态度，真正的尊重来自于认同对方的行为和价值观。这两种需求的满足都可以通过“文化”这个载体传递出来。

同时，对酒文化、品牌文化的挖掘绝不能沉迷留恋于发黄的故纸堆中，更不能拾人牙慧，从年代、文物上做文章，而应该是直接针对目标群体，发掘能够实实在在地触动心灵，令他们产生强烈共鸣的文化作为品牌的灵魂，既要有厚重的历史内涵，更要有强烈的时代精神。

杰信为“舍得”文化内涵演绎的核心价值：

舍得：为了远大的目标，执著追求崇高的理想，舍弃蝇头小利成就伟业，舍弃安逸享乐永夺胜利，舍得是一种大智慧！

这种核心价值，把商界精英在生意场上的成功与无奈的心态剖析的淋漓尽致，并且用一种积极的定义“舍得是一种大智慧！”满足了商界精英内心的尊重需要；同时，巧妙地将生意场的竞争对手与伙伴都归为了同一类人“为了远大的目标，大舍大得的磅礴气概”，满足了商界精英的社交需要。

如此精准的核心价值必然带来丰厚的回报：舍得核心价值实施三个月后，西安回款520万，深圳回款400余万……同年，获得“深圳人民最喜爱的白酒”大奖。

高端酒类品牌核心价值制定原则：

1. 核心价值不能太简单直白

高端酒类品牌的核心价值不能太简单直白，否则会降低品牌的气质，最经典的笑话是：一个男人拿着一束花向一个女孩求婚。

用生物学家的表述就是：一只成年雄性高级动物拿着花的生殖器向一只成年雌性高级动物请求交配。

够自白吧，同样的意思，用这种表述一定会降低美好的联想，造成负面效果。

2. 核心价值要符合目标消费群的审美情趣

“见孩子谈游戏，见青年谈爱情，见老人谈保健”。年龄不同，需求不同，层次不同，审美情趣一定也不同，高端人群的审美与品味一定是希望“即使只看背影，也看得到我的眼光；即使只看背影，也看得到我的人生阅历；即使只看背影，也看得到我真正的品味。”这种超然于世俗的感觉。所以我们在制定品牌核心价值的时候，一定要彻底的洞察消费者内心深处的需求，找到最恰当的价值满足他。

3. 核心价值的背后要有理性支撑点

纵观各种高端酒类品牌，无一例外都有极具说服力的理性支撑点，用以支撑高端人群挑剔的眼光。无论是黄酒白酒红酒啤酒都是如此。杰信在为衡水老白干十八酒坊策划时，找到了最独特的理性支撑点——“桃花曲”，古人云：“曲乃酒之骨”，只有用最好的曲才能酿出最好的酒，“十八酒坊”所用的桃花曲只在桃花盛开的20天左右时间制作；并且，只有在自古就被称为“桃城”、素来出产极品蜜桃的——河北衡水才能制成最高等级的桃花曲。这时的桃花曲已经不是一般酿酒工艺，而是一个非常独特的卖点，它具有神秘感，可以极大地吸引消费者的兴趣，从产品层面塑造品牌的传奇和稀有，从而使得“十八酒坊”顺利跻身高档白酒品牌。

第三步：将品牌核心价值有效落地。

再好的核心价值如果不进行有效的落地，不能广泛传播，一定只是水中月镜中花。

在杰信“舍得酒”案例中，为了使“舍得是一种大智慧”的思想内涵有效传播，杰信不光创意了打动人心的影视平面广告，而且策划了多种与消费者深度沟通互动的方式，让消费者参与进来，润物细无声地打动高端消费群。

1. “舍得·智慧人生”主题有奖征文活动

充分利用现代都市人渴望成功、渴望获得更高社会地位，并勇于奋斗、勇于“舍得”的心理，把更多的受众席卷到了一场关于“舍得与智慧”、“舍得与成功”的大讨论中来。

这一活动果然引起大量战斗在各行各业的社会精英寄来征文，分享自己在成功道路上，真实感人的舍得事迹，一些征文刊登后，引起的反响和回应甚至超出了事先的预想。舍得抓住机会，在媒体对此进行了连续深度的报道，又一次把“舍得”大讨论推向高潮。更让人喜出望外的是，舍得开展的这种富有时代意义、民族精神的大讨论还引起了一些地区的有关政府宣传部门的兴趣，获得了大量的免费媒体资源与支持。

2. “舍得·精英论坛”主题谈话类节目

配合征文活动，为了进一步扩大“舍得大讨论”的影响，针对都市有车族，舍得在一些市场所在地电台的交通频率，冠名相关的谈话类节目，邀请当地知名的精英人士、政府宣传部门领导参加节目，以对话的方式与主持人展开舍得话题，并鼓励听众打进电话，发表各自观点。在这一期间，节目收听率屡创新高，播放时段也因此被放到黄金时段。

3. 精准制导——与各地移动公司合作

利用移动公司拥有的金卡 VIP 用户资源开展公关。合作中，舍得为移动公司提供大量礼品酒，以礼券的形式由移动公司赠送给金卡用户，受到礼券者可凭此到各指定酒楼消费，就可免费获得礼品酒。

活动开展不久就赢得了获赠者的热烈欢迎，纷纷前往酒楼消费礼品酒。为舍得轻松自然地树立了“红木桌、象牙筷、舍得酒相得益彰”的尊贵形象；而由于舍得提供的大量高档、精美的礼品酒，移动公司以免费的金卡用户手册广告位相赠；活动中，舍得还一定程度上掌握了大批潜在消费者的资讯；同时，由于活动为各大酒楼招揽了大批 VIP 客源，又带动了高档酒水消费，此举更是受到了酒楼的鼎力支持，又为舍得的客情关系添了精彩一笔。

这种环环相扣的核心价值落地策略，着实的使“舍得精神”深入人心，杰信也因此案例被评为“2003 策划金凤凰奖”。

第四步：坚持高端战略，切忌“垂直延伸”。

根据拉瓦克于 1996 年所做的研究实验中发现，品牌向上或向下延伸导入市场后，核心品牌的印象深度显示要比导入前来得低。这说明将品牌进行垂直延伸导入市场后，稀释了核心品牌印象的强度，这将降低消费者对核心品牌的喜好度，同时或多或少损及核心品牌名称的资产。

酒类品牌占位高端之后，如果垂直延伸势必只能向下，（因为已经身处高位），这种延伸看起来可以扩大市场份额，提高购买率，但是这是一种饮鸩止渴的短视行为，一定会伤害目标消费群的感情。

如果街头大排档都豪饮“人头马”，如果两个下岗工人一边对瓶吹“芝华士”一边吃花生米，如果“舍得酒”的价格从 688 元降到 88 元，如果这一切都是真的，这些品牌一定会变得平庸无奇，因为这些品牌的忠实消费者会极度郁闷，大大伤害他们的感情。

（翁向东　陈　博）

企业如何运作礼品酒

对于中国的酒业来说，一个无须多谈的事实就是：酒就是礼的代名词之一，酒文化是礼文化的重要组成部分。各种节庆时刻及礼尚往来的沟通中，酒中重要的沟通桥梁，是营造良好沟通氛围的润滑剂。

在酒业竞争愈加激烈的环境中，市场细分

成为酒类企业的必然之路，专注于节庆时刻的礼品酒也应运而生。在诸多的酒类中，白酒是礼尚概念最强的酒类，其次是葡萄酒、黄酒、果酒等其他酒类。

顾名思义，礼品酒就是送礼用的酒，其实不然，细分起来礼品酒有二类，一是专门满足在节日期间流通市场送礼用的单支以上（礼）盒、箱装的酒；二是主要用于非流通市场商务礼尚接待的特殊单支礼盒包装，这种主要是以团购订制为主，此外，中高端的酒也多数成为礼品酒的一部分。而从消费者消费的角度来分也有二类：一是消费的是礼品，看中的是包装和形象价格；二是看中的是酒本身的品牌。

再者，企业切入礼品酒的目的也是有二个，一是确实想在礼品酒市场分一杯羹，另外就是以礼品酒为市场切入点，提升整个品牌的市场机会。

那么，酒类企业如何成功地切入并运作好礼品酒市场呢？笔者以为，在以下几方面的有效推行将有助于企业礼品酒的市场推广。

一、企业要考虑自身定位

企业投资的目的就是为了有所收益，这也是企业战略的选择所在，因为战略决定企业利润的来源。一个企业是否进入礼品酒市场也是企业产品战略的一部分。因此，对于礼品酒的问题，企业首先所想的不应该是如何去做，而是做与否的问题，这是决定企业赢利方向的根本问题。

企业要回答如下问题：是否真的需要做？能否有能力去做等问题。在竞争如此激烈的环境下，企业不可贸然行动，因为，这些问题涉及企业的资源匹配问题。切入礼品酒市场对于一些实力不强的中小酒企来说，不仅仅是多开发一款包装的问题，而是一个企业营销系统的问题。它所占用的企业资源是多方面的，如管理成本、时间成本、资金等，以及对传统产品市场的损失机会成本等。

因此，企业应从实际出发，即企业的产品定位是什么？现有的市场基础在哪里等等。从有利于市场掌控的角度出发，企业开发的礼品酒的定位一定要符合的定位和市场资源，否则如果产品滞销就会产生企业资源的浪费。对于主要走流通的中低端的礼品酒而言，再好的酒都要市场渠道的支撑才有销售机会，这就决定了企业对于渠道的掌控力度要强。

可以试想一下，一个无名的小酒厂出了一款高档的礼品酒而且要走大型商超想趁机捞一笔的成功几率有多大？又能够影响谁去消费？当然了，偶尔也会有一些品牌打包装的擦边球会影响少数盲目的消费者产生冲动购买，但是这些收益与企业的投入之间的差距却往往相差甚远。

二、从礼品酒的概念内涵出发在产品上做足工夫

俗话说，产品是最好的广告。产品也是一切营销的根本。

首先在品质上下工夫。礼品酒首先是一款酒，作为礼品是其的附加值。虽然其多数是在节庆时刻费者居多，但是，其也是品牌的一个组成部分，也应该是品牌积累的一个过程，企业不能把它当成是过眼烟云，不能有不行了再换个牌子等投机的短命做法。切实地从研究区域消费者的“礼”性消费习俗出发，在口感、度数、香型等产品的硬件功夫上扎实运作。

其次，在品牌概念上要下工夫，要让这瓶酒的概念内涵表现成为消费者自己想要说的心里话才能更好地为消费者所接受，所以，要理解中国的礼文化的内涵是包括诸如吉祥如意等美好祝愿在内的概念组成，当然这些概念同样可以细分成为诸多的表现形式。以金六福为例，其通过不同的环境时刻表现，就是为了满足更多的消费需求。

再者，在包装上有所创新突破。基于存在决定意识的科学哲理，一款酒的定位、内涵概念、价格等都要通过包装得以体现。尽管我们不崇尚过度的奢侈包装，但是，包装对于一款礼品酒的销售影响确实是很大的，是仅次的品牌的消费因素，尤其是对于中小品牌来说更是如此。因为买礼品酒的目的在于面子、情义的

深重问题，所以产品形象很重要。以泸州老窖为例，虽然价格不算太高，就是这80～90元的市场价格，如果对于一个新的中小企业的品牌来说，同样的包装水平也许只能卖30元。创新并不意味着奢华，这就要企业从材料上、视觉设计上下工夫。

三、要考虑市场竞争的营销环境

在企业运营的市场环境中，同类产品的市场不可能是个真空地带。从竞争的角度出发，企业就是要另辟蹊径创造出自身产品的差异化竞争优势。

从市场环境出发，企业所要做的礼品酒是抢一块蛋糕还是造一块蛋糕呢？就是要看企业的竞争实力，要看看哪一类礼品酒市场还有市场机会；即使是在同类产品中，也要在产品的品牌名称、价格空间、包装设计组合、包装材质、度数、渠道选择、终端选择、终端陈列方式、广告传播、促销形式（包括促销力度、促销礼品等）等方面树立个性化的竞争优势。

四、渠道推广策略的选择

众所周知，传统意义上的礼品酒的市场季节性很强，也多数是中国传统的文化节日。对于企业来说，铺货率的多少直接影响市场的销售机会，但是，过多的铺货会增加企业的营销成本，因此，对于渠道的选择就更加显得重要。

从投入资源最小化、收益最大化的角度出发，企业要选择是主打局部区域、一条线、还是整个面的市场策略问题。这就要看企业的资金、营销队伍、管理能力、分销能力、产品定位等多方面问题。对于一条线的渠道策略来说就是选择在区域市场中选择某一类渠道作为主要渠道，如烟酒行、社区的便利店、城乡结合部的批发分销店、中等规模的超市等不同类型的终端组合。更加稳妥的方法则是集中优势兵力去进攻能够胜利的市场，如五粮液的金叶神酒，充分利用其烟草渠道的资源，在节庆期间专攻烟酒连锁店，不但避开了大的商超里的正面冲突，同样取得了不菲业绩。

五、终端的执行力度

包括终端的促销力和传播力度两个方面。

由于礼品酒的销售时间集中性等原因，多数礼品酒在大型商超都上了促销。或者是有的没上促销但是促销力度通过终端的陈列提示等同样起到作用，相对来说上促销会更加吸引消费者的注意力。因此，对促销员的培训就极为重要，能否读懂消费者的眼神与亲切的沟通能力是决定一个促销员水平高低的内在关键因素。

曾经笔者在一家大超市里选购葡萄酒，在一大堆的促销员的声音中，只有一个促销员诚恳的声音让笔者决定了选择的目标，原因就在于笔者问了一句“酒瓶盖上为什么要打孔？”而只有她的回答让笔者心动：那是让葡萄酒呼吸的。只此平淡的一句就足矣，比起多数雷同且枯燥无味的什么价格优惠等的促销声音可谓出奇制胜，这就是终端销售的推动力所在。

小　结

综上所述，认清酒的本质，认清礼品的本质，如何满足礼品酒消费的需求所在是做好礼品酒市场的关键所在。从消费机会上和消费理由上的营销博弈上综合考虑，从而制定出相应的基于产品为核心的营销策略。

（中国食品商务网）

白酒业细分的N种分法

将差异放大、放大、再放大，细分、细分、再细分，创造差异力量，激发产品和品牌的隐性价值。

如此一来，白酒的未来五年，将是一个用“细分”命名的时代。

一、竞争还只是刚刚开始

几乎所有白酒人都清楚，白酒市场有两个最为显著的特征：一是市场乱，二是总量大。这种状况使得很多酒厂抱着“东方不亮西方亮、黑了南方有北方”的心态来应对市场变化，最终墨守成规，裹足不前。

但是反过来看，我们却可以看到市场的机会点所在：因为总量大，所以市场能承载较多品牌数量；因为混乱，所以是建立品牌的最佳机会，能在混乱中告诉成长。所以可以这样讲，在白酒市场中，还有许多待开发的潜力市场。

有人认为，这种继续“挖潜”状况至少还要持续二十年，目前白酒企业之间的全面竞争才刚刚开始。只不过，在庞大的市场以及市场的混乱中，我们不仅应该看到机会，还应该看到消费者需求大复杂性和多样性，找准“挖潜”的方向——细分。

二、从“马斯洛理论”看白酒细分

说道细分，白酒行业并不会感到陌生。因为多年来，白酒在产品上保持了香型、酒精度等传统的细分方法。但是在市场操作上，白酒作为传统行业，从业人员的素质参差不齐，匪气和江湖习气严重，营销和品牌运用手法守旧，最严重的是从业人员的“自恋情节”，导致许多白酒企业仍然是现有产品和包装，再寻找消费者。这是典型的本末倒置、脱离市场的做法。有人说，这样持续下去，只有死路一条。正确的做法应该是，回到先锁定目标消费群体再开发产品的轨道杀过你来，完成从“我来也，消费者”到“消费者，我来也”的转变。直接一些说，就是要以满足消费者需求为设计产品的前提。

那么，消费者到底又有哪些需求那？

马斯洛认为，人类的需求分为五个层次，即：生理需求、安全需求、爱与归属的需求、自尊的需求、自我实现的需求。按照这一理论，有人认为消费者对白酒的消费需求分别是：便宜、安全、功能、个性、时尚、虚荣、尊贵、攀比、幻想等。这些需求无疑是复杂、多样的。而要满足消费者这些复杂和多样的需求，旧决定了白酒企业必须以产品细分来适应转摘于中国酒业新闻网。

这样说白酒细分好像很简单，事实上，很多企业并不清楚究竟应该如何打破思维惯性，做到真正有效的细分。这就需要白酒企业借鉴其他行业的营销手法，比如可以从竞争激烈的通讯行业、IT行业、啤酒行业、保健品行业、药品行业来寻找灵感，将市场细分问题化解为产品细分和消费者细分两个问题，根据细分消费者来细分产品，从而达到一种创新。

三、细分的N种可能

按消费者年龄可以细分为：青年专供酒、中年专供酒、老年专供酒等。

按情感细分，认的七情六欲、喜怒哀乐、友情、亲情、爱情皆可以装入酒瓶，因此可以有：友情酒、同学情专供酒、战友情专供酒、姐妹情专供酒、父子情专供酒、母子情专供酒、同事情专供酒。

按消费功能可以细分为：结婚纪念酒、婚宴专供酒、满月用酒、祝寿专供酒、生日专供酒、哀悼用酒等。

按纪念日、重大节日、重大事件可以进一步细分为：2008 奥运专供酒、世博会专供酒、祝贺两会专供酒、花博会专供酒等。

按时节可以进一步细分为：春节专供酒、清明专供酒、冬至专供酒、中秋专供酒、端午节专供酒、国庆节专供酒、元旦专供酒、圣诞专供酒、情人节专供酒等。

按名人可以进一步细分为：杰克？韦尔奇中国之行纪念酒、比尔？盖茨中国执行纪念酒等。

依此类推，还可以按价位、地域等细分。比如几年前金六福推出的“干杯”系列，实际上就是从地域来细分市场。当然，产品细分不是孤立存在的，产品的细分必然带来产品的创新和营销思路、营销手段等的创新。

四、做细分市场的“茅、五、剑”

综合以上所述，白酒高度细分就是针对不同的细分市场和消费群体，赋予白酒产品和品牌以鲜明差异，将差异放大、放大、再放大，细分、细分、再细分，创造差异力量，激发白酒隐性价值，从而使产品和品牌与众不同。

从消费者需求的角度进行产品细分和品牌定位，可以微妙改变强弱之间的力量对比，使强不再那么强、弱不再那么弱。没有哪个品牌强大到无法被挑战，没有哪个企业弱小到不能去竞争。只要做到专属于自己的市场的老大，你就使专属细分市场的“茅、五、剑”。

（舒国华）

中国酒类推广模式转型

长期以来，中国酒业对“投广告”这种推广方式依赖严重，各大电视台黄金时间的广告，酒水在其中都占有重要比重。但随着过度饮酒所引发的危害及消费者对自身健康的关注提高，各国正逐步加大对酒类广告投放的限制力度。未来 10 年内，中国或将禁止在电视上投放酒类广告，酒类企业推广模式面临转型。

一、“投广告”的酒业推广模式面临挑战

中国酒业的推广模式中，毫无疑问，“投广告”在中间扮演者重要角色。这是在专业市场发育不全的情况下所产生的推广模式，也是在计划经济年代行之有效的推广模式。但随着中国经济的转型，粗放型经济增长方式逐步转变为节约型方式，企业在营销中要更加关注客户，以客户为中心，注重客户体验，才能赢得客户信任。而“广告”这种粗放型的营销方式只是单向的信息传递，缺乏有效于客户沟通，因此作用日渐没落，想单纯依靠广告而拓展或巩固自己的市场份额在现今简直是天方夜谭。

同时，过度饮酒所引发的问题日益引起世界各国的强烈关注，过量饮酒引发的交通事故、自杀、犯罪、暴力等事件也一直引发人们的争论。为了减少酒精危害，世界卫生组织建议，最有效的方法就是提高酒税和限制酒类广告。

当前，世界上大多数国家已对酒精广告采取了限制措施和宣传教育。在法国，酒类广告不能上电影、电视和电台，且必须以醒目字体标明“过量饮酒有害健康”和“请酌量消费”等字样。美国联邦通讯委员会规定，啤酒及温和性酒类的广告，其广告片中禁止出现“饮”的镜头；对用蒸馏法酿造而成的烈酒，禁止播放其广告。芬兰、瑞典、乌克兰、肯尼亚等国也纷纷相继出台法规限制酒类广告。

我国目前对酒类广告的限制相对来讲还比较宽松，但是随着中国酒业逐渐与世界接轨，今后国内的酒类广告必将受到愈来愈严格的限制。酒类企业应尽早改变市场推广策略，做差异化营销，开辟酒类营销的“蓝海模式”。

二、"品牌展"是国外酒业的核心推广模式

尽管我国酒类推广模式还是以广告投放为主，而国外酒类营销的主要推广模式却是"专业会展"，尤其是"品牌展"的方式备受青睐。提到国外知名酒产区，基本都与大型酒展相关联，全球最大的波尔多酒展就是如此。

资料显示，国外顶级品牌推广预算分配依次分别为：赞助（包括高尔夫、网球、赛车、公益活动、行业活动等）、品酒会、展会、直销和媒体宣传。以上排名说明：在国外，采用投广告的推广方式比较少用，排名前三的推广方式分别为：赞助、品酒会和展会，而这三项都可以划归到专业会展的范围，专业会展是国外酒类推广的主渠道。

专业会展相对于其他的推广模式来说有着无可比拟的优势。首先，是专业会展的平台作用。专业会展为经销商和目标客户搭建了一个即时交流的商务平台，经销商可以现场将产品的特色及时传递，和目标客户进行现时的定向传播、定向交流，从而在短时间内达成商业合作的目的。其次，是专业会展的体验功能。专业会展既有产品展示，又有产品体验。酒作为一种饮品，不仅要看，更要品尝，才能打动消费者。用直接体验来说服消费者，比任何推广更有得天独厚的说服力，这是其他任何媒体广告无法与之相比的。再者，是专业会展的专业化。专业会展集中吸引了该领域精英企业的核心产品参展，提高了展览的水平和质量，也决定了参展商和参观者的范围。这种专业化的主题和深度比其他的推广模式显得更为技高一筹。

三、从"投广告"到"品牌展"是中国酒业推广模式转型的必经之路

不可否认，在当前中国，广告投放仍旧是酒业推广的核心模式，专业会展在酒类推广方式中还比较弱小，却逐步被引入并发展壮大，而且要成为未来的市场主力。与国际惯例接轨的，集品牌展示、产品体验、信息传播与商务交流功能于一体的酒类"品牌展"将成为酒类广告受限时代品牌推广的重要渠道。在此情势下，中国酿酒工业协会开始培育中国的"酒类品牌展"中国国际酒业博览会 CIADE，旨在帮助国内酒类企业展示形象与提升品牌，为企业搭建一个技术交流和国际贸易的专业平台。

据悉，"中国国际酒业博览会"（CIADE）已连续举办了两届，更是填补了国内酒类"品牌展"的空白。酒博会武涛介绍，2009 中国国际酒业博览会将于 2009 年 7 月举行，致力于将"酒博会"打造成专业化、国际化的酒类品牌大展。酒博会期间还将举行丰富的评酒、发布、研讨、联谊等活动，引导酒类消费"低度化"、"健康化（理性化）"、酒类生产节约化、可循环等行业前沿课题。

大限将至，中国酒业何去何从？或许酒博会 CIADE 能带给你另一种思路。

（中国酿造网）

酒类节日促销之道

各方忙登场，节促一台戏。中秋节就要到了，激烈的市场竞争促使酒类企业施展浑身解数进行节日促销，最大限度完成品牌文化与价值推广的使命。

节日促销与一般的促销意义不同，节日受传统的影响较大，所以更加需要注意节日的各种风俗、礼仪、习惯等特点。如今的酒类促销手段花样繁多，在"乱花渐欲迷人眼"的今天，形势雷同的促销根本无法营造热烈的终端销售气氛，消费者对各种促销手段已经厌倦。对大多数消费者来说，很多人有地域情结，因此钟情于本地酒。酒类的促销手段在某种程度上决定了消费习惯，本地酒之所以红火也是因为打出了“人情牌”，在这种“人情牌”的背后也是基于本地企业对市场的了解、对消费者的分析。因此，要想唱好节日促销这台大戏，在幕后就必须对消费者进行分析，对产品的特性进行发掘，对渠道的要求、价值的诉求进行深度的剖析。

要在节日的市场运作中实现突围，分析并细分市场很重要，简单的促销方式已经无法跟上现在市场的节奏，如何将品牌的内在驱动力进行充分挖掘，让品牌在消费者心中形成先入为主的概念，占领消费者的“心理货架”，是酒类促销要首先考虑的问题。促销就是把产品卖出去，而为谁促销是十分关键的。无论在什么情况下，需要坚持为谁促销的理念，我把产品卖给谁，对于商家来说必须要有一个清醒的头脑，所以，就要通过细分市场来区隔促销活动。比如，通过对农村消费者和城市消费者的不同需求、性格或行为的购买群体进行充分分析，估计到每个细分市场的吸引程度，选择一个或若干个细分市场，并对产品进行定位，保证有效地进入和满足细分市场，制定详细的市场营销组合策略。

由于大多数企业很难同时对各个细分市场的各个产品线发起攻击，这样，企业在进行差异化促销时就可以把可能的促销局限在个别细分市场、个别产品线上。差异化促销要与企业的产品策略良好地结合起来，进行产品细分，用不同价格线上的产品进行促销，避开竞争对手擅长的细分市场或产品线。追求更好未必就是正确的，剑走偏锋或许可以收到意想不到的效果。其实，节日促销的根本目的就是在短时间内迅速提升销量，创造利润，同时不影响到品牌的整体形象，这就要求企业转变促销思路，建立起一种与竞争对手不同的产品，而并不一定是比竞争对手更好的产品。

走差异化促销，说到底就是创新，而这个创新包容了产品的市场方向、渠道创新等，而不是简简单单的在促销方式上玩把戏。那种花拳绣腿式的玩意，中看不中用，反而让促销成了一次“鸡肋”行动，很难在根本上对促销的预期效果有所帮助。突出差异化，细分消费群体，往往可以使品牌异军突起，圈定焦点目标对象，突出消费理念，才能在硝烟弥漫的节日促销大战中辟出一条生存之道。

（《华夏酒报》）

酒水二线品牌如何在强邻下发展壮大

强邻只是相对于小一点的品牌而言，其实在中国目前的酒水竞争格局中，很多所谓的“强邻”品牌表面上风光，实际上活得很艰难，也是处于不进则退的苦日子中，有很多并不比一些偏安一隅的地产酒活得更滋润。作为一个大品牌，它在市场的走势中也有其不可回避的局限：

注重战略布局（有些是自发意识的，有些则是“大品牌病”导致的，不得不为之。）很多战略布局本身就是很可笑的，但是由于大品牌本身的业界关注和高端渠道要求，他们不得不走“高端路线”和一二线城市，这里恰恰又是目前竞争焦点最集中的地方，很多自身并不是太强势的品牌在很多地方实际上也是骑虎难下，举步维艰。

受地方政令所左右，有些事情也不得已而为之，很多大品牌由于历史销量的原因，很多业务人员非常牛气，不好打交道，而这其中的很多人自身并没有什么真本事。这是内功，谁能够练好这一点，也是再崛起的机会之一。

强邻们的固化模式和傲慢也是很难以自见的，加上很多大白酒品牌往往是国有或者国有背景转化而来的，大企业病和国企病很重，机制并不是很灵活的；大品牌不得不往外走，这是做得更大和保持大的必走之路，往外走，通常就免不了以中高端为主力军，实际上这一块的机会市场现在很惨烈。

以上这些因素，这些就给弱邻们留下了很多可以动作的机会：

1. 走“全国二三线的××第一”之路。在中国，没有哪一个白酒品牌强大到无孔不入全部通吃的地步，地方上的强邻们更多的是一些地方强势品牌而已，在很多地方做的并不是很出色，但是为了往全国著名品牌这条道路上去走，不得不定位成“中国××第一酒”，实际上跳进了最激烈最没有胜算的红海中去了，并且周期漫长投入巨大。而目前白酒竞争在消费者的层面上还是在讲究名酒板块和口感的竞争，做不成“中国名酒”，何不做成“中国民酒”第一？划出一个地域圈子来，做成本地区的新老大，这种新思路在最近的几个地产品牌上体现出了威力。这是一个新的风向标，也是酒水“新消费品”，卖点明确。中国白酒的版块化文章还有很大的空间，其实很多地方品牌具有非常好的历史来源和含量，很厚重，远超过一些“火箭式”的腾空而起的“全国著名品牌”，并且很有自己的特色价值。

这需要在酒水质量的风格上有创新和品牌概念的再塑造，在“醇柔净爽甘厚长软”等口感上找准一个下功夫，做出新意，容量上可以推出150克、200克、250克等包装，灵活应对。另外，由于消费档次在提高，品牌意识在增强，新型度数的开发也成了白酒市场未来的一个焦点——“21世纪度数，最绵柔化度数，最净爽度数”等口感和概念，借洋酒在国内成长之势打新型牌、现代牌、档次牌。这一点做好了，可以反过来在一线市场去攻击大品牌。

2. 在二三线市场展开进攻（不过，以老国家名酒为代表的大品牌也开始在重视二三线市场的进攻，在一些地方比如西部某些地区采取甚至是很恶俗的手法），在二三线市场同当地知名的其他畅销地区品牌“硬通货”实现捆绑营销（包括促销和活动），这一点，大品牌轻易不敢去做，也往往不屑于去做，既可以多出一些操作空间出来，又强化了畅销起来的可能性。

3. 大品牌往外走，目前的主流趋势是在中高端上，弱邻品牌可以集中在本区域做好中低端，错开渠道运作。值得注意的是，实际上低档酒也是可以做品牌的，并且可以做成低档酒中的“高档酒和品牌酒”，成为目前不多见的名牌，这一点，有过苗头，但是厂家们还没有引起足够的注意和思考。

4. 小品牌往往是最卖力的一个群体，做好分销商和小终端上的服务工作，打造渠道服务品牌。很多大品牌的营销人员的卡拿要令渠道头痛不已，弱邻们可以为其所不为，从执行力度的贴身化上面要销量，从服务商和渠道力度上“买断”渠道积极性，多在分销商的营销人员和小终端商的利益刺激上下工夫，效果比较明显。

5. 建立在做强才能做大的理念上强化营销人员的专业营销体系和培训，不要认为大品牌就做得多么好，很多大品牌是虚有其名、漏洞很多的，稍微查一下资料、跟同行打听一下就知道很多大品牌的问题也是触目惊心的。练好内功，狠抓基础工作决不是一句空话，同时适当的原始手段甚至恶俗手段也是不可避免的，在中国的传统消费品的竞争上，只要有效果的手段，无论俗与雅，迟早会有人运用，与其等待出现，不如率先采用，因为这个战火是免不了的，就像买店模式一样。

6. 特色促销品的选择，大品牌的活动往往是全国性的，具体到一个区域市场时，灵活性有所不足。很多厂家的促销品很俗很滥，地方特色的促销品用得好，也是很有效的阶段性武器，更长远的做法还是需要品牌特色含量的提炼和传播以及跟促销品的具体结合上。

强邻是相对而言，也是看在规模上的定义上，林子大了，什么鸟就都出来了，大企业病就是这样的。在酒水这个传统行业里，做到规范管理是很难的，一方面是企业的本领可能不够，另一方面是喝酒人的习俗营销和“要求”，再加上卖酒渠道的地缘俗性。在一个具体的区域市场上，有很多本地资源是外来客不具备的，就看你怎么看待行业发展和市场竞争的焦点发展了。弱邻们只是相对而言，有很多小企业可以借助一些稀奇古怪的搞法弄得“大”企业狼狈不堪，无以据守。家乡资源搞好了，恐怕外来客是要投降的，你不见，八年抗战是怎么胜利的吗?!

（赵义祥）

微利时代的厚利多销营销策略

随着市场经济的纵深化发展，中国经济从高速增长期进入了稳步发展期，各行业供过于求的供求矛盾日渐突出。在产品越来越同质化的市场营销大环境下，价格竞争成为最速效的竞争手段，各行业的价格战使行业利润迅速下降甚至是全行业的亏损，比如曾经的彩电行业和啤酒行业。经过近年来在激烈的市场竞争中，市场淘汰机制的作用有效发挥，一些劣势企业被淘汰出局，一些优势企业愈加强大，各行业逐步进入了良性发展的阶段。但高利润时代已经一去不复返，微利时代相续到来。

一般来说，在微利时代，薄利多销成为最普遍的营销策略。然而薄利多销策略必然是企业高成本、低利润的运行，而且企业的市场防御能力很差，如果遇到竞争对手在价格和促销等方面的强势进攻，薄利多销就很快变成了无利多销或无利不销。那么如何在微利时代成功实施厚利多销策略，实现企业利润的倍增之梦呢?

一、提高市场认知力，创新营销理

（一）认识中国市场的新变化。随着中国经济的快速发展和消费者消费水平的不断提升，中国消费市场出现几个新特征：一是消费层次的多元化；二是消费需求的多样化；三是消费导向的品牌化；四是消费行为的主观化；五是消费档次的高档化；六是需求心理的情感化。

以上的变化，让我们认识到消费者的消费需求变化为我们创造出更多的营销机会，尤其是品牌消费时代的到来和高档消费群体的发展（有人说中国将是未来世界最大的奢侈品消费国），为我们实施厚利多销的营销策略提供了可能。

（二）明白消费者凭什么买你的产品。事实上消费者购买一件产品并不是因为它价格低，消费者讲的便宜或实惠指的就是值与不值，也就是说消费者购买的不是价格而是价值。一辆上千万的劳斯来斯虽然如此昂贵，归根结底还是辆汽车而已，用途与普通汽车无太多的差别，但拥有者甚众，甚至还要通过申请和审批才能购买。究其原因还是因为购买者认为它值这么多钱。所以产品不是价格越低越好卖，而且价格越低会给消费者以“便宜无好货，好货不便宜”之感。就如一些企业打价格战，产品价格低于成本价以下，企业为求生存只能在产品质量上做牺牲，最后产品不受消费者欢迎，退出市场，打价格战把自己打死。

（三）掌握消费者真正的品牌消费观念。消费者对品牌产品的忠诚核心是对一个品牌的品质、服务和文化等因素综合在一起的信任。只有品牌产品值得信任，品牌价值越高信任度越高。所以消费者对品牌的消费是基于信任的基础和前提上，产生一种满足和愉悦的感受。就如可口可乐的口感和技术含量与百事可乐的区别并不大，但二者都有非可口不喝或非百事不喝的大批极度忠诚的消费群体，这就是品牌文化的力量。

二、走品牌之路是厚利多销策略的基础和前提

虽然并不是品牌产品都是高价，如国际品牌可口可乐普通塑料瓶装产品也不过3元一瓶，但只有品牌产品才有资格卖高价，只有卖高价才能获厚利。

（一）现有的知名品牌应依托品牌优势推进厚利多销策略。

案例分析：茅台酒面对一些名牌白酒纷纷开发低档产品占领低档市场甚至还收获巨大的策略并未心动和跟进，而是继续维护和加强其国酒、政治酒无人能及的地位，并且逆势而行，近年来果断地几次实施提价策略。这种策略不但没有使茅台酒的销量下降，反而因提价策略使茅台酒的品牌形象和品牌价值进一步提升，企业利税取得大幅度的提高，成为白酒行业厚利多销策略的成功典范。

而古井酒作为知名品牌没有顺势而上向高档酒发展，而是过度地开发低档产品和贴牌产品，严重地影响了其品牌的良好形象，落得今天如此田地，甚至名酒地位不保。

（二）厚利多销策略并不是知名品牌的专利。

案例分析：水井坊作为中国高档高价白酒的领军品牌，在白酒营销史上创造了奇迹，也是厚利多销策略的典范之作。从水井坊的包装上找不到任何一个与全兴有关的信息，但事实上水井坊就是出自全兴，除几个内行人知道，之外没有几个消费者知道这个"秘密"。因此水井坊创造了一个全新的品牌，成为厚利多销策略成功典范。

给消费者一个充分的高价理由。几乎所有的高档消费者并不是盲目的消费，必须给他一个充分的理由，否则想要让他痛快的掏出钱来并不是件容易的事情。

案例分析：国窖 1573 作为泸州老窖的高档品牌的成功运作，其实并没有在品质和口感上过度的宣传，因为品质和口感是高价的前提，这块没有太多的差异化，如果过度宣传也只是让人感到黔驴技穷。国窖 1573 只是专一地大炒特炒国窖历史和文化，树立起物超所值的高档品牌形象，快速建立起了大规模的品牌忠诚消费群体。

（三）创造差异性竞争优势，不可跟风模仿。模仿不能创造差异，也不能创造和保持持久的竞争优势。如国酒茅台将年份酒的概念演绎得出神入话，让茅台酒可以按年份来卖，不同年份不同价格，年份越久价格越高。继茅台之后，一些白酒企业也陆续推出了年份酒，甚至一些企业还不惜做假来欺骗消费者，最终只落得个门前冷落车马稀的结局。

（四）避免厚利不多销的尴尬境地。有效的消费需求规模是厚利多销策略的重要前提，厚利也只是一个相对的概念，高价也只是品牌物有所值，而不是漫天标价。如某名牌白酒企业开发出一瓶上万元的白酒，也想来个厚利多销，虽然大力宣传品质这如何之好，加上绝版发行、数量有限等幌子也没有打动多少消费者的心，因为一瓶白酒上万元，如果真值也只有少数的收藏家会购买，有效需求不足，这个品牌最终只好草草收场。还有某啤酒企业开发出一种在餐饮终端销售 20 元/瓶的高价啤酒，想以高价炒作，实现厚利多销。无奈聪明的消费者知道啤酒就是啤酒，啤酒不是用金子做的，过高的价格并不代表过高的制造成本，而是想把生产和渠道成员盲目的利润追求转嫁于消费者头上而已。一场营销闹剧也一阵风地消失了。

（五）准确的品牌定位策略。特劳特说过，定位就是有所取舍。什么层次消费者都想拥有的品牌肯定会出现危机。比如万宝路在男士香烟上做得非常优势时，开发出女士香烟，导致男士消费群体迅速下降。派克钢笔在高档市场做得非常好之时，开发出低档派克钢笔，很快导致高档市场快速下滑。幸运的是以上两个企业发现问题后立即停止女士香烟和低档钢笔的生产销售，品牌的高档地位才得以保持。想实现厚利多销的品牌，就必须明确地定位于中高档的消费群体，既要厚利多销，还想薄利多销肯定是行不通的。

（六）系统的产品价格策略设计。厚利多销并不是一定要给产品制订超高销售价格，而是基于企业和各渠道成员对利润满意度、基于消费者对价格的认可度和接受度的科学调查与系统评估基础上，设计出的价格体系。从而实现企业愿生产，经销商愿销售，消费者愿购买的良性循环。

（阎治民）

中国酒水营销的“形”与“神”

很多人说，酒水行业是一个落后的行业，营销技术含量不高，充斥着不规范的灰色交易，所以很多人习惯性地以一种看不起，或者居高临下的姿态评说着这个行当的是是非非。但是具有讽刺意味的是：许多号称具有先进营销理念和手法的行外经理人进入酒水行业，却鲜有成功。

七年前，某国际著名企业一批职业经理人入驻郎酒，试图将所谓国际领先营销理念和模式植入这个“老土”的酒水行业，按企业的说法，结果他们失败了；后来，他们又差不多同时进入国内另一家著名的白酒企业，但情况依然很糟糕！回头总结，并不是这些酒水企业没有提供给职业经理们足够的空间，而是职业经理人没有搞懂酒水行业的营销本质！

我们既可以把酒水营销归类为“快消品营销”的一种，也可以说酒水营销是一种最特殊的“快消品”营销。这种近似性和特殊性关系犹如：你既可以把中国革命说成是全世界“共产主义革命”的一部分，也可以说中国革命是全世界“最特殊”的“共产主义革命”。中国依靠的是“农民”而不是“工人”取得了革命胜利。中国革命特殊性源于中国阶层特殊性，即农民占人口大多数，而不是工人。同样，中国白酒依靠的是“意见领袖营销模式”而不是经典的“深度分销模式”取得了成功！中国酒水营销特殊性源于中国饮食方式的特殊性，即中国酒水是作为一种“社交的”、“佐餐”的饮料被消费掉的，而不是被“品着喝”的。

中国是一个以权力为中心的社会。所以，在中国“领导”具有特殊的能量，不论是政府领袖，还是公司的管理层。中国领导特殊能量的直接表现就是在酒桌上“领导讲话”一言九鼎，不仅决定喝什么酒、喝多少、谁喝多甚至以什么规则来喝……只要中国酒桌上排资论辈的文化不变，这种“意见领袖”带动的营销效应就始终起作用，而且是主导作用。国窖1573、红花郎、老白汾……这些经典案例的成功让人们发现了“意见领袖”营销是中国酒水营销的“真谛”，我们终于有机会厘清中国酒水营销的“形”与“神”复杂关系！

营销模式是“形”，消费者需求是“神”。比如“终端盘中盘模式”，即通过对酒店终端买断和独占，借助于“包厢中促销员和服务员对意见领袖的拦截”来实现动销，它是一种基于酒店渠道终端的“形”来达到目标消费者需求的“神”！

现在酒店终端独占成本过高而影响能力降低了，营销的“形”必须改变，所以出现了“消费者盘中盘模式”，这种模式通过“烟酒店常客营销”、“团购营销”、“品鉴会营销”等多种模式复合直接对“核心消费者”做工作，所以酒水营销“形”变得复杂了、多样了，但“神”还是没变。

我们看到，中国酒水营销的特殊性不仅统治了中国传统的白酒，甚至连具有正统“洋文化”的“葡萄酒”和“洋酒”进入中国后也被改造，葡萄酒没有被“小口浪漫地品”而是在包厢被“大口地灌”；洋酒喝的不是“品味、个性和文化”而是体现了“时尚、地位和有钱”！

套用著名的战略专家明茨伯格先生一句话：“战略始于脚下的土壤，不要相信理论、权威和任何传说！”也许只有真正理解了中国酒水行业所根植的中国社会、消费文化才能真正理解中国酒水营销的“形与神”！

（王朝成）

浅谈白酒的民俗文化营销

一、文化营销

文化营销在几年前被各个产品作为一项营销理念被一部分厂家及商家运用到实际的营销工作中去。

从宏观的角度来看文化，我们在20世纪80年代初由日本某电器免费提供的动画片《铁臂阿童木》等一些动画片之中穿插日本电器的广告，至今仍在那个年代长大的孩子心理留下了深深的印记！如果我们分析一下日本人为什么要这么做呢？其实是“项公舞剑，意在沛公”。当时的社会背景，中国刚刚改革开放日本电器如果要单纯做电器的广告的话，让很多经历过那个特殊年代的成年人肯定接受不了。而且当时电视娱乐节目匮乏，于是乎便选择文化先入侵，让大家在轻松愉快的气氛中，接受了其品牌。同时又对中国的下一代有着更为重要的营销战略目的！20世纪80年代中后期从而让日本电器占据了中国市场的大部分天地。

在白酒激烈竞争的今天，我们所说文化营销并不是以上简单的措施。

二、白酒文化营销的定位

定位对于白酒的文化营销来讲是，首先应该做的事，因为这是方向性的问题。基本上可以分为三类，本文着重于后一大类的阐述：

第一类，迎合并满足人们某种潜在心理需要的文化营销。例如：“福文化”：金六福倡导福文化。

第二类，引导消费文化：茶有茶道，酒也应该有相应的酒道。

第三类，民俗文化营销——白酒新文化运动

白酒民俗文化营销概念：就是以其产地浑然天成的民俗文化为出发点，用独特并能为大众所接受的民间文化之“有形”的东西来表现白酒“无形”的品牌文化特色，使产品完美的整合，进而“形神兼备”。通过合理长远的规划，综合运用切实有效的市场推广活动将其逐步传播给消费者，使之成为白酒所独具的文化卖点。

每一个历史名酒都有其自身的文化特点，而这种文化特点是其他酒所不具备的，从而也就合理的避开了，各个白酒品牌间的恶性竞争，例如今天你兑10元的瓶盖费，明天就有对20元的瓶盖费。拉开名酒于小酒厂的距离，让小酒厂无法跟进，进而自己走自己的特色之路。例如：西凤老字号酒——“喝一瓶酒送，一匹马”。

三、白酒民俗文化营销的出发点

可以从白酒当地广为大众所熟悉的某种民俗文化开始，例如：民间工艺品、民俗歌舞、地方小吃等。

四、作好民俗文化的长远规划

民俗文化作为营销的一部分，要做好规划。

第一，民俗文化一般情况下，是相对较零乱的，所以要做好详尽的规划。

第二，是让消费者逐步接受并认可，要切记“细水长流”。

作为初次与消费者接触，所采用的民俗要尽可能地做到以下几点：

1. 此种民俗文化要为广大消费者、为社会所接受，不能为了取悦某种低级需求，而违背基本的社会道德。

2. 消费者大部分都知道，但是只是限于电视等媒体上的接触，并未真正的接触到！

3. 将本地都有那些可以实际操作的民俗文

化的各种信息收集齐全，从中筛选出可以实施的，进行下一步的具体规划。

五、整合资源，创造双赢

名酒一般都伴随着响应悠久的历史文化，旅游在作为一项“绿色产业”都得到了各级政府的大力支持。我们也可以借旅游整合各种有地方特色的东西，将白酒的品牌文化融入当中。

现今我们可以看到餐饮这样一个变化，在西安一些规模大的餐饮店，将原来属于娱乐行业才有的歌舞等等都挪到餐饮店。如：主推“京菜”的餐饮店唱京剧，服务员穿古装等等变化。实际上是通过不同的特色文化，来制造“产品”的差异化。餐饮作为白酒的一个重要的销售渠道，对品牌的塑造和销量的提升有着举足轻重的作用。对于餐饮上述的一些变化，实际上也是整合了一部分原本相对独立的社会资源。白酒能不能将一部分资源与餐饮整合起来，达到双赢呢？答案是可以的。

我们现在以西凤酒为例

1. 背景资料概述：西凤酒位于陕西关中西部的古陈仓——宝鸡，更是民间艺术荟萃之地，素有“炎帝故里”、“佛骨圣地”、“青铜器之都”以及“民间工艺美术之乡”的美誉，民间文化多姿多彩，民间工艺品种类繁多，流传至今的西府社火、大型庙会、木版年画、彩绘泥塑、草编、皮影、焰火等民俗文化古朴淳厚，富有浓郁的地方气息，散发着周秦文化的遗风古韵，闪烁着中华原始文明的奇光异彩。

2. 具体的操作：通过有地方特色的民俗文化在餐饮店的现场表演，将原本离消费者很远的民俗文化传播给消费者，从而达到吸引消费者，引起消费者兴趣，提升白酒品牌和增加餐饮店销售额的目的。

建立一种新型的白酒企业与餐饮店合作双赢模式

(1) 在西安的大型餐饮店进行草编、皮影等专场现场表演。确定表演相关的人员。

(2) 确定进行表演的餐饮：选择西安市30家较大的餐饮店，确定相关事宜。

(3) 对活动的具体实施进行全面的规划。

3. 其他

我们能否与餐饮店、旅游部门、当地政府有关部门合作？共同开发旅游新产品——“民俗文化游”。这样不就把三方各自所需要得到的，很好的结合起来了吗？

六、应该注意的事项

民俗文化营销应该是系统化的一个独立营销体系，当然这个也并不适于所有的白酒。记得小时候曾经看过这样一个童话故事：一头毛驴听到蟋蟀的叫声很好听，很是羡慕。于是毛驴问蟋蟀：“你的叫声很好听，可以告诉我有什么秘密吗？”蟋蟀说：“我每天早上都喝草上的露水。”于是毛驴便喝露水，但是喝完后毛驴撑死了……一个东西对于一个事物来讲，它成功的必要条件，但是对于另外一个事物来讲也许就是毒药……

至此文章写成之时，欣闻羊年生肖邮票为凤翔泥塑羊，对于西凤老字号酒来讲，可以将民俗文化营销更好地在新的一年里更好实施！

（于　熙）

白酒的三种卖法

如今的白酒界，产品同质化、定位同质化、渠道同质化、营销同质化，竞争自然十分激烈。如何在消费者的心智资源里去抢占一个独特的位置，是白酒企业老总们苦苦思考的问题，而如何把销量做上去不让广告投入打了水漂，也是令大小白酒职业经理人伤脑筋的大事。

笔者认为，只要掌握白酒的三种卖法：卖产品、卖口感、卖符号，就能找到通往自由境界的钥匙。

一、卖产品

白酒回归作为“酒”的本质，这是低档白酒的卖法，诸如许多酒类经销商挺进产业链上游而生产的低档（500mL 价格在 10 元以下）白酒。

对于低档白酒，目标消费者最注重的是产品的质量与价格，比如喝了会不会“口干上头”，价格是不是实惠。这个时候“白酒就是白酒”，你去传播“文化、价值、符号”根本就打动不了消费者。

遗憾的是，好多地产低档白酒品牌（价格在5元/瓶左右）陷入了营销误区：有的请形象代言人，有的诉求口感，有的诉求文化，有的诉求符号。川酒的绵竹大曲、徽酒的佳酿系列、东北酒的老村长酒，它们之所以成功就是因为卖的是白酒质量。

老村长酒请范伟做形象代言人的主要功能是在全国打开知名度，利于招商，真正让其畅销的还是其品质：酒质口感柔和、甘甜顺畅、饮后头不痛、口不干。看看老村长酒的广告“粮好，水好，酒才真正好，喝酒，就喝老村长，绝对不忽悠”——卖的还是产品。

二、卖口感

白酒不仅仅是“酒”，更是一种香型、一种众人喜欢的口感——这是中档白酒的卖法。中档白酒的产品质量不再是问题，目标消费者关注的是白酒的价格和口感，也就是说在价格上既让消费者觉得有面子也能让消费者消费得起。

一般来说，中档白酒是酒厂的利润点，走销量是重中之重。对于许多中档白酒品牌来说，一般有两个价格区位即30～50元/瓶和60～120元/瓶，前一个价位适合大众工薪阶层而后一个价位适合中高收入阶层。

从营销的角度来看，不同企业在产品质量、价格设置上没有多大区别，要想与竞品争夺目标客户，主要的手段是口感和促销。所以，在白酒市场上，常常看到各个企业加大对白酒香型的研制，加大促销力度。结果，市场上除酱香、浓香、清香、米香等传统香型外，还研制出了很多香型，诸如馥郁香、芝麻香、药香型等。要知道，决定白酒口感的因素有两个：一是香型，二是酒精度。所以，企业要在竞争中胜出，中档白酒品牌就要关注消费者口感的变化和促销的创新。

笔者以为徽酒的口子窖、高炉家成功于“盘中盘”运作，金六福、小角楼，豫酒的张弓和杜康成功于香型口感，而徽酒的古井淡雅、金种子醉三秋的成功是香型口感与“盘中盘”的有机结合。

三、卖符号

白酒已经超越了“酒”的概念，成为一种身份、地位、品位的象征。一句话，白酒变成了一种符号——这是高档白酒的卖法。

大家试想一下，喝茅台、五粮液、轩尼斯的人群更关注的是酒的质量？口感？还是它代表的符号？答案是显而易见的。因为高档白酒的质量绝对上乘、香型口感都独树一帜，所以目标消费者看中的是它的符号意义。

低档白酒卖产品，中档白酒卖口感，高档白酒卖符号——这就是白酒的三种卖法。笔者以为，白酒品牌最好根据自己的产品档次和定位来决定去“卖什么”以及“如何卖”。实践证明，这是消费者的心智资源对白酒的认识。

（崔德乾）

白酒行业：涨价后如何前行

涨，涨，还是涨，不但刺激着人的视觉还刺激着人的味觉，更考验着人们的腰包。从整个白酒行业来看，涨价已经不是茅五剑国水的几个大佬的游戏了，而是整个行业的集体行为。看看他们的涨价理由，无奈的同时也是市场的正常反应。五粮液是“根据物价上涨原因”顺应了中国物价的大趋势，终端零售38度518元，52度618元，不少地区零售已经超出了这个建议价；国窖是“通过提价控制销量的过快增长、保持高端形象”，听起来好像不是很那么合情，好像又有点合理，用每瓶60元的提价真的就能保持高端形象，剑南春还是始终执行自己“稳步小跑”的价格策略，涨幅40~60元，涨价原因“各种成本上涨，劳资成本提升”，显然剑南春的涨价理由应该是有理有据，朴实无华；茅台的价格也有了不同的提高，只是矛老大显得有低调、高雅。超高端、高端价格不断上扬，金字塔越来越尖，已经是不断发展的事实，要想始终坚挺，价格还会不断攀比，不断上扬。

中档白酒，特别是区域名酒价格也在不断提升，二线名酒涨价幅度更为明显，但是形式并不乐观，日益理性的消费者并不十分买账，对名酒的渴求已经上升到价值取向，价格如何等同于价值是摆在二线名酒要解决和说服消费者的难题。日子最不好过要数中低档白酒了，涨幅很小很小，品牌张力、品牌影响力、资本、渠道全部制约着中低档酒的涨价空间，顺应了流行的话“涨价是找死，不涨价是等死”。

涨价不可取，那中低端白酒只好在自身找问题，在节约成本和营销上做文章了。

挖潜降低成本：一是在采购原料、运营成本上深挖企业自身潜力，提高单位效率和合理的降低运营成本。

第二是要千方百计进行营销创新、减低终端费用，可以采用一下办法：一是顾大局一盘棋。营销政策全国一直，企业应统一投入，不要各自为政。企业的投入往往能够为销售分支机构在进店过程中铺平道路或者摊低进店费用。比如广告、媒介的投入，提高谈判砝码，降低代理商的广告要求支持等。二是花小钱办大事。将有限的费用进行最有效的利用，进店费和促销费缴纳后，要全方面提升投入利用率。三是挤出海绵里的水。许多终端的进店费、促销费往往留有弹性，厂商要充分挖掘这部分弹性，提高谈判能力，有效进行客户服务，最大限度地利用关系营销，能够有效降低终端投入。四是以柔克刚，温柔一刀。用“情感牌”强化渠道管理，最大程度地让渠道中负责主要环节的人员按照厂商的意愿做事。对终端决策层、采购部的经理等必须展开公关，通过适当的方法，巧打“情感牌”，将他们由终端向厂商不断靠拢。五是空间转换，里应外合。这招主要是鼓励企业开发不同的渠道营销，由于厂内费用的攀升，很多工作可以放在售场外进行。六是多条腿走路。企业应转变运作模式，有时可以寻求下线经销商。大部分经销商往往手中持有很多产品销售，而且各自有对付终端的有效方法，将上述终端交由经销商管理控制，能降低风险和成本。

价格调整策略：顺应整个价格涨势的影响，及时快速的适当提价是必须进行的，不管是经销商还是消费者，小幅度的提价也是可以接受的，一味靠价格战，低价占市场，占得市场越大可能越艰难，死的也更快。

产品及时调整：一是调整自己的产品机构，拉开价格区间，确定自己的利润产品，找准自己的占市场产品，肯定自己的竞争产品（淘汰产品），合理的开展市场营销，同时也要考产品升级，要把没有利润或者利润很小的产品迅速升级，开发替代产品。

（食品商务网）

区域白酒品牌塑造是关键

为什么销售了大量的产品，企业却没有收获多少利润？为什么企业在发展时感觉后继乏力……这是最近几年，众多区域性白酒品牌面临的共同困惑。

市场上，区域性白酒品牌被“喝”倒的现象频频发生，消费者在区域性白酒品牌的选择上，其转换速度比以往任何时期都要频繁，致使许多区域性白酒成了短命白酒。其中的因素有很多：市场运作不精细，外来品牌的围剿等。但是，最为关键的还是区域性白酒缺乏品牌影响力，企业在品牌塑造上出现短板所致。

茅、五、剑为什么长盛不衰，因为它们有强烈的品牌意识；茅、五、剑为什么可以肆意扩张，因为它们有强大的品牌支撑。白酒市场的一轮又一轮的洗牌结果，强有力地证明了没有品牌就没有市场的竞争法则。

毫无疑问，企业的竞争力源自于品牌，品牌战略是企业发展的第一战略要素。在目前的市场竞争中，没有属于自己的品牌，企业的商品力就很弱，也就是说没有竞争优势，更不会有高附加值、高额利润。产品附加值低是很多企业只有销量没有利润的根本原因，也是企业发展最大的无奈。

因为附加值低，企业效益低下，缺乏产品研发、管理升级以及市场推广的再投入；由于没有强势的品牌，企业商品的市场竞争力不敌竞争对手，其市场价格自然难以提升，甚至不得不陷入价格战的泥潭，由此带来了更低的附加值，以至于走入低水平竞争的怪圈，形成恶性循环。因此，对企业而言，品牌竞争力的高低决定着企业利润率的大小，也决定着产品市场竞争的成败。

当然，品牌的塑造不是一蹴而就的事。纵观现实中的区域白酒企业，绝大多数都是进退两难，因为进则失去已有的地域情感优势（这也是这些地域名酒最大的竞争力所在）和市场主导地位；退则面临更多的竞争危机，进入一个被动防守、挨打的局面。因此，甘愿做池中之物，盘踞一隅，成为众多区域白酒企业的唯一选择。但是，区域白酒企业不应该就此放弃品牌的塑造。区域性白酒必须要与时俱进、不断创新，冲出地域文化的束缚，解决品牌内涵问题，为打造全国性品牌奠定基础。

现实中，这个问题的解决并不乐观，更多的区域性白酒依旧没有解决好产品的准确定位问题，缺乏差异性和创新要素，定位同质化现象严重；另一方面，企业在营销手段上依旧还是“以不变应万变”，以强势的地缘情感优势作为竞争的法宝，严重忽视品牌推广的战略理念。

可以说，区域性酒企的短命现象是市场中品牌竞争的必然结果。品牌的缺失正成为区域性白酒迅速成长的一块绊脚石。

现在的市场竞争其实已经发展为品牌竞争阶段，没有品牌的竞争是无力的竞争，没有品牌支撑的商品是脆弱的商品，没有品牌根基的市场根本就不是“已占领的市场”。因此，企业要想长盛不衰，必须认识到品牌是企业最珍贵的资产，品牌塑造才是企业发展的关键。

（中国食品产业网）

白酒企业：塑造好你的品牌个性

品牌个性是一个品牌最有价值的东西。然而，各品牌形象雷同，差异化不明显，

抄袭成风，盲目跟进，随意模仿，粗制滥造，缺乏品牌个性，在现今的白酒界司空见惯。系统地由品牌的表层符号传达深入到品牌创建的实质和核心：塑造立体化、生动化的品牌个性，将是品牌个性塑造创建的重中之重。

一、白酒品牌个性很朦胧

中国白酒消费已经进入品牌个性化时代，消费者喝酒深受品牌传达给消费者的个性化特征影响。例如："百年老店"定位时代精英、成功人士，是"高贵、价值"的有效载体，"追求价值，品味文化"的消费者自然趋之若鹜；"金六福"演绎的是"好日子的酒"，"好运、幸福、喜庆"的时候当然要喝"金六福"……为什么这些品牌在消费者心目中产生如此大的消费依赖性呢？只因为它们有着鲜明、独特的品牌个性。纵观白酒业，"玩"个性的品牌充斥着市场，但似乎一时不怎么明白什么是品牌个性。且看，有一种白酒，自诩是"最有个性的酒"，并以"有个性的酒，献给有个性的人"为招徕，可却怎么也看不清晰这种酒到底有什么个性。在河南，笔者还曾见到一种叫"女人酒"的酒，除包装内的酒瓶是女人身体的雕像外，怎么也让人不明白，这酒何以就有"女人"个性？即便如此，就连鼎鼎大名的"中国酒业大王"五粮液，其品牌个性也没有充分彰显出来，尝尽OEM贴牌加工甜头的"五粮液"，曾经一度大张旗鼓延伸诸如"五粮醇"、"五粮春"等全国知名子品牌，但"五粮液"的品牌个性如何体现呢？应该说，目前"五粮液"的品牌个性仍一筹莫展，一会儿是"中国酒业大王"，一会儿是"21世纪的酿酒企业"，迄今让消费者无法说清为什么喜欢"五粮液"的理由，或讲出"五粮液"有什么鲜明、独特个性。

其实，品牌就像一个人——有特殊的文化内涵和精神气质，也有性格，这就是品牌个性。品牌个性是区分品牌的重要依据，最终决定品牌市场地位的是品牌个性，而不是产品（尤其是白酒这类高度同质化产品）间微不足道的差异，没有两个人的个性会完全一样，一百个人就会有一百种性格。与充满"反叛"的苹果牛仔裤相比，利维斯（Levi's）则象征着时尚、轻便、舒适、高雅。

二、破译解码，释义品牌个性

品牌个性就是在品牌定位的基础上，人格化、个性化的品牌形象，就像人一样，品牌可以具有"现代的"、"可爱的"、"时尚的"等特点，它的背后代表了特定的生活方式、价值观念与消费观念，其目的是与消费者建立有利的情感联系，具有个性的品牌不仅仅是某种具有自然属性的物品，而且是一种有生命、有亲近感、生动化的东西。是企业的宝贵财富。

品牌个性的作用体现于，具有合适个性的品牌会让目标消费者感觉它正是适合自己类型的，会愿意同品牌保持良好的关系。在同质市场上，独特的品牌个性也能为企业创造需要的差异特征，从而在许多方面产生真正的价值。首先，它使品牌变得富有情趣、令人难忘；其次，它激发起人们关注品牌的活力和朝气，这对许多品牌都非常有益；第三，品牌个性体现了品牌与消费者的关系，如红颜知己、朋友、伙伴、良师。

在中国白酒市场产品极度同质化的今天，真我本色、与众不同的品牌个性，是赢得消费者从众多同类产品中首要认识、接受、偏好的重要因素；是企业建立市场竞争优势的关键元素；是白酒市场品牌竞争的必然趋势。品牌个

性使品牌可以超越产品而不易被竞争品牌模仿形成区隔，没有个性的品牌只会淹没在品牌的汪洋大海中，这样的品牌是不会具有多少品牌附加值的。

三、凸显品牌个性十二招

那么我们白酒企业在塑造品牌的过程中，怎样才能凸显其品牌的个性呢？我们知道，品牌个性包含四个层面的内涵：

与消费者的沟通中，从标志到形象再到个性，“个性”是最高的层面，品牌个性比品牌更深入一层，形象只是造成认同，个性可以造成崇拜。

为了实现更好的沟通效果，应该将品牌人格化，即思考“如果这个品牌是一个人，它应该是什么样子……（指出其价值观、外观、行为、声音等特征）”。

塑造品牌个性应使之独具一格，令人心动，经久不衰，用核心图案或主题文案能表现出品牌的特定性。

选择能代表品牌个性的象征物。

透过这四个层面的内涵，我们可以提炼出白酒企业塑造品牌个性的十二种主要方法。

产品名称：产品要有一个名字，一个好听、好记，有美好联想，与产品特征联系的名字。在使用方法上可有两种，一是企业所有的产品都使用一个品牌名称，这有利于广告宣传，提升企业形象，尤其是企业名称作为品牌名称，宣传产品就是宣传企业，宣传企业就是宣传产品，如成都水井坊有限公司的“水井坊”系列产品等就是成功的范例。二是企业不同产品使用不同的品牌名称，借此把品质差异较大、档次不同的产品严格区别开来，以便于消费者识别、选购，此种策略在我国当前的白酒业中得以广泛运用，如五粮液集团出品的“五粮神”、“五粮春”、“尖庄”。

产品包装：产品的包装犹如人的衣服，它不仅可以美化产品，同时也是品牌个性的体现。安徽井中集团的“店小二”就是个性化包装取得成功的一个典范。“店小二”在盒型设计上颇下了一番工夫，外形设计成一个小酒铺，正面窗户，店小二热情吆喝跃然纸上，窗户上方“店小二”酒旗随风飘扬。瓶型设计更是匠心独运：一个怀抱酒坛的店小二笑容可掬，外形、包装与品名的和谐统一，使该品牌诙谐、幽默有趣，质朴平凡的品牌个性展露无遗，凸显其品牌宣言。

产品特征：在激烈的市场竞争中，产品同质化现象越来越严重，甚至到了难以区分的地步，因此，品牌的个性树立首先要以企业的产品或服务特征为基础。如果品牌个性是创新的，那么其产品与服务必须具有创新性。例如以“专业创造未来”的四川金剑南营销公司，对其员工实行创新培训，因为其管理层相信，无论普通员工还是管理人员，都可能有好的创意，先后推行了“先广告后产品”和“先找市场后找代理商”的反常规的营销新模式。

价格定位：如果品牌始终坚持高价策略，很可能会在消费者心目中留下高档、富有、略带世故的个性，如国酒“茅台”。相反，如果企业喜欢运用低价策略，它的品牌则会被认为是朴实、节约而略显落伍。对企业来说，经常改变价格策略是塑造品牌个性的大忌。

广告创意及传播：许多成功的品牌都会逐渐通过自身的广告创意和传播，形成自身的个性和独特气质。2002 年，沱牌集团的“舍得”品牌介入市场，就是通过深入调查和研究，将“舍得”哲学高度提炼浓缩为：舍得是一种大智慧。逐渐渗透，并加以大肆渲染“品舍得酒，感悟智慧人生”，这句质朴却意境高远的广告语，正充分表现了舍得品牌“智慧”的定位、个性和气质体系。

消费群体：消费者是指实际使用某一品牌的是什么人。人们一提到劳斯莱斯，自然会联想到它的使用者——有地位、有声望，在某一领域有卓越成就（只有钱还不行），处于金字塔顶尖的人。这在一定程度上强化和再现了劳斯莱斯的个性特征。白酒界亦如此，经常嗜饮二锅头、沱牌曲酒等品牌的是物质消费层次的消费者，泸州老窖、五粮春是功利消费层次消费者商务应酬、朋友聚会常用首选品牌，而五粮神、双沟醉猿则是价值消费层次追求高雅、奢华生活的代名词。

标志符号：标志对品牌个性的影响是强势的，它给消费者以强烈视觉冲击，能够控制消费者的联想。心理学家的一项调查显示，在人们接受到的外界信息中，83%以上的是通过眼睛，11%要借助听觉，3.5%依赖触觉，其余的则源于味觉和嗅觉。视觉符号的重要性可见一斑，鲜明的形象包括易于识别品牌一个或几个标志。企业可以选择自然物来突出自己的品牌，如豹子（茅台集团的“小豹子”品牌），羊（江苏洋河集团）等；也可以根据人物来设计品牌，如赖永初酒业的赖永初人像商标，成吉思汗酒业的成吉思汗人像商标；还有文字或抽象的图案，如五粮液集团、江苏双沟集团的形象徽记；另外口号这种特殊的“标志”也可用于表现一定的个性，如苏酒的“不同凡响，共同分享”。总之，冲击力强的标志能以生动而深刻的方式表达品牌个性，强化品牌个性。

问世时间：品牌诞生的时间也会影响品牌的个性。一般而言，诞生时间较短的品牌富有年轻、时尚、创新的个性，而诞生时间较长的品牌则常常会给人以成熟、老练、稳重的感觉，但也可能会令人觉得过时、守旧。因此，企业需要经常给老品牌注入新鲜元素，以防止个性老化。据悉，前不久，安徽古井集团独家冠名“安徽先生（安徽小姐）大赛”，旨在为历史悠久的古井品牌增添时尚和开放的魅力因子，活化古井品牌。

出生背景：由于历史、经济、文化、地域等不同，每一方水土都有自己的特色。成都水井街酒坊遗址的挖掘，造就了“中国白酒第一坊”水井坊，“国窖·1573”借力生辉于泸州老窖集团的“中国第一窖”，“神州第一洞藏酒”出于赤水河畔的天宝洞，孔府家酒借助于孔子故里曲阜，这些借助“出生背景”之势树立个性的品牌，使人相信它们具有浓厚的中国文化。试想，如果水井坊产自它方异地，则非但不会增强其品牌的个性，反而还会稀释、模糊它的品牌个性。

公共活动：挑起高端白酒大战的水井坊，通过拍卖活动很好地传达了品牌个性。2004年1月19日，水井坊在新疆的美丽华大酒店拍卖了两瓶极品水井坊“世纪典藏”，每瓶参考起拍价为29 999元人民币，犹如天价一般，这一精心策划的拍卖活动经过权威媒体报道，“水井坊”神秘、幽深、高贵的品牌个性牢牢地烙印在消费者的脑海里。

公司领袖：对于大多数企业，尤其是改制后的民营白酒企业而言，领导人往往会将自身的个性转移到企业和品牌上，作为公众人物的领导更是如此。被业界戏称为“乔老爷子”的剑南春集团董事长乔天明，他的厚实、低调、稳健、儒雅、博大的个性形象无疑左右了消费者对剑南春品牌的看法，透过剑南春实施的涨价策略，步步为营，稳打稳扎地提价，柔中寓刚，表现出一股太极高手玩转太极球的味道，无形之中把“乔老爷子”的个性附加在了剑南春品牌上。

品牌代言人：通过这种方式，品牌代言人的品质、个性可以传递到品牌，使品牌在消费者心目中产生代入感。江苏双沟集团也曾隆重邀请我国著名歌唱家蒋大为担纲双沟“牡丹”品牌形象代言人，蒋大为以一曲电影《红牡丹》的主题歌《牡丹之歌》风靡神州大地，牡丹——名花，蒋大为——名人，双沟——名酒，交相辉映，自然融入，烘托出江苏双沟集团“牡丹”品牌的富贵、脱俗、卓尔不群的个性。企业引入形象代言人，能将其个性化和人格特征融入品牌当中，促进品牌的人格和个性化。

（刘松涛）

打造地产白酒关键的20%

中国的酒厂约3.7万家，品牌数十万个，新老接替，层出不穷。但是，赢利及发展顺畅的却不是个普遍现象，其中，地产白酒发展的困境越来越明显。

以2004年为例，全国白酒百强企业中，20家是全国品牌，13家是区域性品牌，地方品牌67家。而前20家企业所占的市场销售比重以近300亿的销量超过了全国总销售收入的50%。面对强势品牌集中度越来越高的市场压力，其他约3.5万家的地方品牌可谓都是在为生存而奋斗，在地方的泥潭中挣扎。

现代市场中，品牌营销、做品牌等等都几乎是现代企业商家做市场的必用手法，因为，让自己的品牌在消费者心理深藏也是为了让自己的品牌更好的生存、发展。但是，从生存的角度出发，品牌似乎要做的事有很多很多。因为一口吃个胖子成为全国品牌的梦想早已破没，留给这些地产白酒的只能是另辟蹊径、一步一个脚印地行进。

依据经济学的帕累托法则，即20/80法则——关键的少数决定普遍的多数。对于一个品牌来说，决定它生存与否的关键则是品牌背后所拥有的独特资源，而这个资源的概念则是多方面的，可以说是涵盖了整个营销价值链。一个企业或一个品牌的成功虽然说是系统营销工程的成功，但是，其中必有至少一个环节是驱动整个营销系统中的闪光点，是推动整个系统优化的催化剂。

企业涵盖在营销价值链中的独特资源优势有效地加以利用就有可能就成为企业成功树立品牌的根据地。所以，企业要去创造、发现、综合利用为自己的带来80%利润的20%品牌根据地——利润的源泉。

根据地之一：品牌定位要占位

先为自己制作一个自我保护的概念屏障。

定位的本质是找到一个可以立足的进入市场的切入点。品牌本身是个概念性的组合体，它的定位则是明确了它的目标。明确目标的本质即是通过何种概念性的传递从而进入目标消费者的大脑深处，影响消费决策。

有一个现象就是：但凡发展的好的地产酒，基本上都是定位鲜明；虽然说有个好的定位不一定能够有好的市场，但是，如果没有好的定位或定位模糊概泛却是很难有好的市场前景的。因为定位直接影响了品牌的传播推广的主题和方向。所以，在现在这个物产丰富、同类产品形象概念包装等同质化严重的市场环境中要想快速吸引并进入消费者的大脑，就要让这个品牌定位的概念在同类产品中与众不同，创造差异化，成为同行中的稀有者，达到另辟蹊径进入消费者的大脑。因此，我们说定位也可以说是占位，形成市场中的在位优势，成为同类产品概念中的“第一”。我们看到的依旧是普遍存在的是地产酒的“XX大曲、佳酿、陈酿、特曲”等大一统的、难以树立品牌个性化的品牌规划。还不如东北小烧、北京二锅头等更易于制造口碑传播。

当中国的白酒刚进入高端浪潮时，2003年白酒大王五粮液就意识到商务用酒的潜力空间，当其他的白酒还在悠抱琵琶半遮面打商务用酒的擦边球时，五粮液的第一款名为金叶神的商务礼宾酒，不仅仅是最先定位商务用酒，品名就叫金叶神商务礼宾酒，可谓是一步到位。

而现在依然很多的地产白酒受观念的局限，定位观念很弱，把市场目标集中在本地区的一亩三分地市场，最终导致的是市场越来越“集中”——越来越小。

品牌定位，一方面也是品牌信心的体现。

根据地之二：品牌规划的主力产品线

地产白酒（对于现在的市场环境）的一个致命弱点就是产品线的规划大而全，因为受到地区的消费水平影响而往往是一个牌子涵盖了所有的消费层次，严重影响了品牌的区域性扩张。

可以说没有一个酒企推出的酒品是一个单一的品种，有从香型上分出产品线，有从度数上，有从包装上，有从子副品牌的延伸上等等；但是，不管如何延伸产品线，对于一个酒企或是一个品牌来说，依然是遵行有趣的帕累托法则，即其大部分（80%）的利润来源于其中的一小部分（20%）的产品。

而对于一个品牌的主打产品而言，同样也是同类其他品牌攻击的主要目标，因此，必须有效地维护主力产品的市场地位。

以安徽的双轮酿酒集团来说，其近五年中每年的利润的80%以上来源于高炉家一个子品牌，而就高炉家这个品牌而言呢，它的主赢利点则在于其中的一款主打产品——43度高炉家，而其他的几款如高炉家传世经典系列、高炉家1988系列、高炉家徽酒王系列等等则从价格定位、市场定位上成为维护高炉家进行市场打拼的助手；而高炉家则因此得以连续四年冠居安徽白酒销量之首。

根据地之三：中心渠道链

渠道，可以说是产品走上市场的必经之路。然而更多的人却容易受到传统的地区总经销商、分销商、批发、消费终端等渠道模式思维的影响，总以为传统的商超就是自己必走的渠道。其实是没有真正理解营销渠道的“渠道无形”的本质。

一个品牌进入市场的渠道可以有很多种，传统渠道只不过是其中的一种而已，此外，对于酒类产品而言还要看产品的定位，是超高端，高端，中高端，还是低端等等；还是礼盒装、单支装等等。假如你的产品是中高端以上的产品，那么你的销售范围就不要把小酒店、小超市、小卖部等低端零售点包括进去。

因此，一个品牌进入市场先用何种渠道要由企业的资源和品牌定位两方面综合考虑决定。可是，现实则是，众多的企业为了最大化的占据市场，提高销量，往往是多管其下，不管是什么渠道都上。当然了，如果企业有雄厚的资金和人才储备也是可以的，可惜满足这样条件的企业却是少之又少。

而往往即使是企业是多种渠道齐头并进，但是，企业依旧是摆脱不了经济学帕累托法则的圈圈——品牌的主要销售来源只有其中的一两个主渠道。

如五粮液的金叶神所依托的烟草渠道；五粮液国壮酒所依托的军队系统；西凤尊酒、宝丰酒、赊店老酒、张弓酒等依托的地方邮政渠道等特通渠道，虽然传统渠道上也有销售，但这些非传统的特通渠道对于品牌的生存发展可谓是功不可没。尽管我们都知道市场的发展都将是走上大流通化，但是，对于很多的品牌来说，眼前的生存是不可能依托大流通市场的漫长利润等待。

根据地之四：主传播推广路线

很多品牌对于传播的最基本理解就是多做广告宣传。不错，品牌的传播是需要广告，广告也是传播过程中的一个重要组成部分。但是，基于一个品牌的定位以及它的资源特性等因素，适合于一个品牌的传播策略总是有所差异。

一个品牌的传播策略的制定要考虑到以下几个因素：产品的市场周期、目标市场，直接影响目标市场的媒介而非传统的大众媒介，产品的定位等等，把握住“影响谁、给谁看”；因为直接最有效地影响目标群体的媒体及传播方式最多不过一二种；否则，大而全的投放策略就只能用“烧钱”来解释。

如对于上述的主要走邮政渠道的品牌，它需要影响的就是邮政系统内的各级员工，那么它首要的就是要在邮政系统内的媒介作为主投放，其他一些区域性的地方媒体则是辅助性的；

而若是对于大众的市场进行区域性的招商，那么酒类行业内的杂志如《新食品》、《糖烟酒周刊》、《中国酒》以及一些财经类媒体如《中国经营报》、《销售与市场》等等就大有裨益。面而若是在某个区域市场铺货率达到一定量时，则可以通过本地的大众媒体如地方电视台、地方报纸、户外广告等。

根据地之五：发现利润区域

对于一个品牌来说，必有其最易生存发展的地方。没有任何一个全国品牌在全国的任何一个地方的销量都是第一。

这与品牌的内涵、个性、品质、品类（浓、酱、清等香型）、营销手法、地区消费水平及消费习惯等等综合因素密切联系，也即对于一个全国品牌来说也不是所有的地区都是其主赢利区域，必有强与弱之分。所以，对于一个急于走出去发展扩大的地产白酒来说，首先要先好一个落脚点。

当然了，这个生存区域并非全是一个地理概念，也可能是一个行业或某类消费场所等。

以安徽的皖酒王为例，其最重要的市场利润来源不是在家乡本地，而是在远隔千里之外的广东市场却可以每年带给它近 4 个亿的销售收入；同样安徽最大的全国性名酒古井贡的主赢利区也不在安徽，包括正在成长的口子窖等。

而安徽销量最大的高炉家酒，虽然已相继不断地进入到其他几个市场，但是没有一个市场能够超越在安徽的市场销量。再比如重庆的诗仙太白酒，则以政府用酒为其开拓了巨大的市场空间。

通过它们，我们发现，并非是所有的区域都是适合一个品牌成长的，尽管白酒文化已渗透到我们的骨子里。企业要因自身资源及优势利于生存发展的市场利润区。

同样，即使是白酒大王五粮液也不是一统天下，比如在云、贵地区，就是国酒茅台的重点市场。

综上所述，发现自身的根据地，才能更好地开展、规划营销推广的市场活动。如果一个品牌能够明确其生存的重要因素所在，通过发现并创造自身发展的根据地，并把它们有机地联系起来，其实就是把握了决定品牌生存的 20% 的核心竞争力，才能够创造更大的区域品牌，品牌的生命线才将会另有一番生机。

（朱玉增）

云南白酒的突围之道

编者按：偏居一隅的云南白酒，企业众而实力弱，品牌多而市场少，长期受到外来品牌的压制，已到了急切需要寻求出路的关键时刻。

云南有好烟、云南有好茶，但云南为何没有一款知名白酒品牌？云南白酒业怎样才能独辟蹊径，找到一条适合自己的突围道路？8 月 28 日，在昆明市的南亚风情园，由云南地道酒业赞助，《新食品》打造的云南酒业营销策划研讨会上，来自国内的多位酒类营销、策划专家，与近 150 家云南白酒生产企业和经销商一道，共同探讨了云南白酒的现状与出路。

现实困局

纵观云南酒类市场，竞争不可谓不激烈。但在硝烟弥漫的酒战中，随处可见五粮液、尖庄、贵州醇、竹叶青等省外品牌，但能浮出水面取得骄人业绩的本地品牌却委实不多。

记者在调查中发现，云南白酒市场主要呈现出两个特点，一是“市场两极分化”，在云南，售价在 10 元左右的瓶装白酒是市场消费的主流，这一部分，基本上是被地产品牌所占领，而中高端市场，本地酒的占有率极少，绝大部分是被来自川、黔的名酒品牌瓜分；二是云南白酒产品风格多样，品牌分散，没有形成一个足以引导全省市场的知名品牌。

事实上，云南酿酒资源也比较丰富，各少数民族曾经酿出过不同风味的酒之佳品，如西双版纳的“竹筒酒”，德宏的“糯米酒”，还有中甸的“青稞酒”、“藏秘酒”，昆明的“杨林肥酒”等，但这些产品却只能在某一个区域市场徘徊，无法扩大辐射半径。

云南省昆明市白酒协会秘书长方志强在研讨会上谈到：“云南目前约有规模不等的400余家白酒酿造企业，基本上是一县一厂甚至一县多厂，尽管云南白酒酿造企业普遍规模小，设备陈旧，技术人才不足，经营管理落后，但大都安于现状，没有走技术化、规模化、注重营销的路子，造成了现在云南省缺乏成规模、上档次的大型龙头企业，更缺乏能在全国叫得响的知名品牌的现实。”

此外，一些业内人士也分析认为，云南少数民族众多，由于地理、历史原因，目前尚未形成占主导地位的主流酒文化。而在酒文化与酿造工艺已相当成熟的川、黔百年老厂生产的驰名品牌前，云南白酒生产企业重复建设增多，且商家缺乏雄厚资金与远见，形不成规模；对市场情况调查不足，盲目上马，造成产品上市打不开销路的局面。各白酒厂家之间缺乏必要的交流与协调，没有大局观念，难以形成统一的力量与省外品牌展开竞争。

作为云南上规模的酒企之一，云南澜沧江啤酒集团进入云南白酒市场已经有十多年的历史，该公司副总经理张峻也坦承：“对于澜沧江来说，啤酒品牌很强势，可白酒的品牌积累还不够。云南目前缺乏领导性的白酒品牌，在品牌提炼和产品推广力度上不够，地域性僵局比较多，这主要是由于云南省特殊的地理条件和市场管理、市场控制不够，另外，品牌的内涵不足也是一大原因。”

突围路径

品牌植入消费者的“心智”。

为了突出“机会营销”的重要性，铁犁还特别举了一个例子：12年前，福建邵武县糖酒公司业务科经理李书滨，首创“品牌总经销”模式，大获成功，这一创举，改变了整个中国酒业；他也是中国的第一个特许经销商。李书滨了解了当时市场的特点，抓住了4个机会，包括：名酒供不应求、消费者的第一次消费升级、创新中国酒业营销模式（特许经销——买断）、五粮液释放品牌张力。“李书滨洞察市场，敢于抓住机会，他是机会营销的赢利者。”铁犁说。

那么，对于云南白酒业来说，机会在哪里呢？铁犁认为，云南白酒市场的消费能力在全国首屈一指，但到现在为止，并没有一个走向全国的品牌，这一点既是云南白酒业发展的瓶颈，也是云南白酒业发展的机会。云南白酒最大优势在于，在高屏蔽的竞争下，企业的生存能力比较强，同时，有特殊的气候环境做支撑，产品质量、酒文化都有基础，“云南酒业要认清一点，决定市场的不是竞争对手，而是自身的实力和消费者。”

方志强则提出，云南白酒企业应该尽快提高从业人员的素质，“云南白酒企业在发展中始终不能打开营销的思路，其根本原因在于对市场的认识不够，专业化的人才太少。”

昆明市洪园颐竹物流（配送）部总经理李云昆说，云南是个旅游大省，地域文化浓厚，云南白酒业要发展就应该把个性的产品和个性的地域文化结合起来，多吸取全国知名品牌的成功经验，拓宽眼界，在小曲清香型的基础上，打造差异化的营销优势。

针对上述不足，如何引导云南白酒业走出困局，成为本次研讨会的核心议题。而在关于云南白酒如何突破困境，加速与全国白酒行业和市场接轨的路径选择上，各位参会人士均发表了各自不同的见解，记者将之归纳，主要有两方面的思路。

直面理性消费时代

剑南御酒负责人李建华在会上谈到，云南酒业要发展必须要了解目前市场发展的趋势与特点，纵观全国酒市，从兼香型代表之一白云边的复兴，西凤年份酒的崛起到洋河蓝色经典的横空出世，都在透露着白酒市场发展的新趋势——白酒理性消费时代已经来临。

具体而言，白酒的理性消费主要体现在消费者对白酒消费需求发生了根本性的转变，即从过去的盲目、跟随、追风的“感性消费”转变为“健康饮酒”的“理性消费”，讲究酒的品质和品位。其次是白酒企业在市场运营上，已经愈来愈注重培育忠诚顾客和增加产品的消费附加值，找准自己的目标消费者，并采取投其所好的营销策略和方法，满足目标消费者的潜在需求。

就市场营销而言，白酒理性消费时代，需要理性的市场思维和策略，建立自己的核心竞争优势，只有如此，赢得市场的机会才大。而要建立核心竞争优势，首先要树立质量领先战略。“产品质量是赢得消费者认可和产生依赖的关键因素，依靠强势压迫式广告或者‘一招鲜’的促销手段，只能在短期内激起消费者的‘冲动’。真正要让消费者长期饮用，还需要过硬的产品质量。

此外，要提炼品牌个性价值和增加产品附加值。白酒作为中国传统文化精髓，在中国有着几千年的历史，白酒不再是简单的‘酒精饮料’，而更多的是建立在核心产品基础上的一种文化的、价值的生活品位，因此给品牌或者产品赋予更多的附加值，尤为重要。”

针对李建华所言，云南古铜酒业有限公司总经理姜红星在会上表示：“云南白酒的生命力来自于文化和产品质量，云南白酒业应该抓住云 南多民族文化的特点，将少数民族文化与当地酒文化结合起来，开发具有本土特色的产品和品牌。”

适时调整营销策略

新食品产业研究所高级研究员铁犁在会上表示，当前的白酒市场营销讲究的是“整合营销”、“机会营销”，包括密切关注消费者的消费需求、消费方式和消费氛围，并通过细腻的营销策略、服务措施，将一个有着个性消费价值的产品或者品牌植入消费者的“心智”。

为了突出“机会营销”的重要性，铁犁还特别举了一个例子：12 年前，福建邵武县糖酒公司业务科经理李书滨，首创“品牌总经销”模式，大获成功，这一创举，改变了整个中国酒业；他也是中国的第一个特许经销商。李书滨了解了当时市场的特点，抓住了 4 个机会，包括：名酒供不应求、消费者的第一次消费升级、创新中国酒业营销模式（特许经销——买断）、五粮液释放品牌张力。“李书滨洞察市场，敢于抓住机会，他是机会营销的赢利者。”铁犁说。

那么，对于云南白酒业来说，机会在哪里呢？铁犁认为，云南白酒市场的消费能力在全国首屈一指，但到现在为止，并没有一个走向全国的品牌，这一点既是云南白酒业发展的瓶颈，也是云南白酒业发展的机会。云南白酒最大优势在于，在高屏蔽的竞争下，企业的生存能力比较强，同时，有特殊的气候环境做支撑，产品质量、酒文化都有基础，“云南酒业要认清一点，决定市场的不是竞争对手，而是自身的实力和消费者。”

方志强则提出，云南白酒企业应该尽快提高从业人员的素质，“云南白酒企业在发展中始终不能打开营销的思路，其根本原因在于对市场的认识不够，专业化的人才太少。”

昆明市洪园颐竹物流（配送）部总经理李云昆说，云南是个旅游大省，地域文化浓厚，云南白酒业要发展就应该把个性的产品和个性的地域文化结合起来，多吸取全国知名品牌的成功经验，拓宽眼界，在小曲清香型的基础上，打造差异化的营销优势。

（余漫漫　薛　礼）

探索渠道的“心灵鸡汤”——破解渠道客户的十大心理

渠道成员有城区的，有乡镇的；有大方的，有小气的；有冲动的，有阴险的；有奸诈的，有厚道的；有不同风俗的，有不同民族的。他们与业务员说的话都是带有目的的，他给你传递的信息都是经过加工过滤的。很多业务员总是说：市场很平静啊，怎么忽然不卖我们的产品了？这里面反映结果是：要么你对市场不敏感，对客户传递的信息没有及时接收；或者你对市场没有判断力，对客户传递的纷乱信息不能鉴别。

一句话，你没能掌握渠道心理。那么，渠道都有哪些心理呢？

追求优惠的心理

商人逐利而为，追求优惠是所有商人最正常、最普遍的心理，但由于中国人的含蓄，没有人会直接给你讲明，他们总是通过一些巧妙的问题来传递这个信号，业务人员要捕捉到这些信号背后的目的。

有客户给你说：近期有个终端要开业，潜力非常大。这是在寻求你的支持。

当客户给你抱怨说：生意难做，如果你的产品是市场上的主导产品，这可是个非常危险的信号。这说明两个问题：可能是想向你要促销；也可能有竞品在与这个客户接触。要从侧面打探一下信息。

当你送货的时候，客户明明可以下五件货，他却只下两件货，想要点优惠。

当你的产品原来有利的堆放位置被竞品抢占了，不要吵，如果不是你长时间没来，肯定是竞品给了客户更多的好处。

顾客追求优惠的心理是永无止境的，也是永远无法满足的，作为业务人员，要学会从容应对：当客户问你要礼品的时候，心理一定要踏实，但表面上一定显得很抱歉，并承诺下次来的时候一定带（记住要兑现），因为你的拜访是有周期的可以有充足的时间准备。送礼品要“多次，少给”，经常去，礼品多的时候一定分开放。不要与老板在礼品的话题上纠缠过多，很快把话题转移到你关心的问题上来。

客户问你要支持的时候，你不能拒绝，你要提出相应的条件（如一次性进多少货，或订个短期销售合同），他不能满足你的条件，自然不会再提要求了。而且这种情况，一定要向领导汇报，在组织内备案，以免他向其他人提相同的问题，回答不一致。

认真关注主要竞品的动向，这从客户的语言里，商品的库存变化和展示变化都能反映出这样的信息。

挑挑毛病的心理

客户总爱拿你的缺点和竞品的优点相比较，要么说你价格高，或者没名气，或者没促销，或者质量差，或者服务跟不上，总能挑出毛病来。这是很多客户应对供应商的策略，即在心理上打击你。

因为和客户的每一单生意或每一次沟通都是一次谈判过程，打击了你的自信心，你才能让步，他就能达到目的。据说沃尔玛最擅此道，一般的供应商前两次约见或拜访都见不到人，第三次见到了，只给几分钟的交流时间，第四次见面，对你的产品、服务狠批一通，最后让你主动让步，增加优惠条件。

对于客户挑毛病，我们要坦然、谦虚，心平气和、不亢不卑，但要把自己的优势和卖点说出来，耐心解释，用我们的优点对比竞品的缺点。学会用“是的，你说的对……不过”句式回答客户。而且你对市场特别是竞品了解越透彻，越容易应对客户的挑剔。

独家销售的心理

很多客户都希望在一定范围内独家销售，特别是县城和乡镇客户。因为商家竞争也很激烈，独家销售可以控制价格和利润。但除非采取分销模式，一般情况供应商都不会让一家客户经销产品的，除非你有足够的实力。

对于客户的这种心理我们首先要讲道理：市场要大家一起做才能做起来，一家独做看似利润高，但没销量。其次，给实力大的客户多一点礼品，采取差别政策。或者先从小户入手铺货，然后采取夸张式促销，造成旺销局面，刺激其他客户要货。更多的时候我们是先让一部分客户销售，放弃一部分，让铺货率达到60% ~70%即可。

从众心理

对于从众心理，我们先找有号召力的客户进货，哪怕条件放宽一点（告诉他只有他有这种待遇，其他客户都不享受，让他保密），然后下货的时候，动静搞大点，让其他客户看到，所谓擒贼先擒王。

设法探寻市场信息的心理

客户打探市场信息的欲望都很强烈，我们的脑子里要装满各种各样的信息，宏观的、微观的，隔三差五给客户透露点“有价值”的信息，让客户信任你，你也能得到你想要的信息，但绝不能传递虚假信息。

有时客户会故意问你：现在有十赠一政策，是吧，某某某说的。千万不要找某某某核实。这是客户担心享受不到优惠政策故意诈你的。有时客户会对你说：张三家生意非常好，一天都送几百件货。这其实想从你口中打探张三的消息，不能当真。

炫耀心理

很多客户都爱在厂方面前表现自己，目的是得到厂方的重视，获得更多优惠。如果关系熟了，他还会和你谈他的小孩，谈他的小狗（包括其他宠物），谈他的爱车，等等他认为得意的事情。这是增加感情、鼓励客户的好时机，一定要附和他的话题，适当地赞美。这样你不仅能销售产品，还能得到朋友。

害怕对门和邻居的心理

有句话说，远亲不如近邻，近邻不如对门。但在商户之间却不是这样，有50%以上的客户与相邻或对门的竞争者不能处好关系，有70%的商户对相邻或对门的竞争者保持警惕和担心，这是激烈的竞争导致的。

因此，我们在商户密集的区域铺货时要注意客户这种微妙的心理和客观的市场形态。在相邻的客户之间铺货一定小心谨慎，防止无意中得罪客户。所以如果客户问你：隔壁批发部要吗？你不能轻易回答：要，也不能轻易回答：没要，而要根据情况判断：如果两家实力相当，则相排斥的概率大，如果两家实力过于悬殊，则跟随的概率大。

如果你不能判断两家的关系，则如下两种回答更合适些：一是“我还没到他家铺货，以你优先”；二是“他说要，我还没给他，先给你，你说咋铺就咋铺”。

一般来说，在一家较有规模的客户铺过以后，不要立即到他的对门那里再铺。当然，这种心理也可为我们利用，如果有客户提出的条件过高，铺不进去货，那我们就在他对门、邻居家铺，而且搞点促销，分他的客源，逼迫就范。

警惕心理

我们总被告知：不要和陌生人说话。客户也是这样，对上们的业务员总是心存戒备。他不了解你的底细，不敢和你打交道，他关心的问题：赚不赚钱，好不好卖，卖不掉怎么办，这些还没有得到答案，所以他与你说话很谨慎，也不会买你的货。

可见即使你回答很完整，他还是没买，为什么呢，因为他不信任你，你走后他可能会对你了解，核实你刚才说的话。也许你下次去他就会买你的货，因为警戒线撤除了。

所以，我们要全面的介绍自己的产品和自己的公司，让客户对你了解，并且敢于承诺，才会消除警惕。而且一定多次铺货，一次性的买与不买都代表不了真实的需求。

拒绝心理

在这样一个买方世界里，客户基本上什么商品都不缺，所以，客户对于推销的第一反应是拒绝（当然也包括上面提到的警惕心理），因此营销上说：推销从拒绝开始，如果客户自然而然地接受，就用不着推销，送货就行了。

对于客户本能的拒绝心理，我们要用利益打动他，“质量好、价格低、大品牌、促销力度大、服务质量好、包退包换”等等，总有几点是我们的优势，也是打动客户的利益点，一定要把优势全部介绍完才行，争取用利益打动顾客，而且一定要找到参照品牌相比较，才更有诱惑力。

拖欠心理

所有渠道成员都一样：只愿进钱，不愿出钱。所以，给渠道送货时，结款很麻烦。第一次打交道，一定先谈好付款方式。

老客户一华夏酒报中国酒业风向标一般要计划好老板在的时候送货，否则会因为老板不在收不到钱，一般来说，下午送货最合适。有时候，老板会说，周转不开，明天再来拿钱。那就要约定好，明天几点钟，在哪里收款。一般不要让客户打欠条（特别在北方，有个潜规则：打了欠条是长期赊欠，不打条是临时赊欠），临走时一定重复收款的时间。

有时候，厂方为了铺货，而客户又不愿付现款，那就在设定铺货政策时设置不同的铺货政策，现款与赊销给予不同的促销，鼓励渠道现款购货。有时为了达到铺货目的，也可以让他付一半款。

结束语

面对形形色色的渠道成员以及他们五花八门的问题，我们发现什么“拜访八步骤”、什么“谈判三部曲”都不好用了。

其实，不是教科书上的方法不好用，而是你没有结合渠道心理灵活运用，就像灭蚊符一样，要放到蚊帐里才好用，而渠道心理就是蚊帐。笔者认为渠道虽然复杂多变，但还是有迹可循的。我们要掌握不同背景、不同性格、不同年龄甚至不同的环境下渠道成员的心理，只有掌握了渠道内心的想法才能灵活应对，这就是渠道的“心灵鸡汤”。

沙家浜里的阿庆嫂能够“垒起七星灶，铜壶煮三江”靠的就是洞察每一位顾客的心理。因此，攻心为上。

（刘传飞）

让产品深入人心

在现在的买方市场中，谁的产品关注度高，谁就能在销售中取得优势。在营销活动中，市场竞争的关键就是一种注意力的竞争，如何使公司的产品脱颖而出，就能创造良好的销售业绩，因此公关的重大任务就是促销公司的产品及如何建立消费者和商家之间的良好关系。

公关营销理论认为，建立、维持、发展各种市场关系是营销的一个重点。市场是很具体的，即活生生的消费者，所以占领市场不光是买你的产品这么简单，而是如何去占领、影响消费者的大脑。现在的市场产品差异化越来越小，你所能做到的，其他企业也不难做到。因此，一定要“工夫在诗外”，除了让消费者认可产品以外，还要赢得消费者的心，那你就是赢家。

有个咖啡店的老板推出了一项独具匠心的促销措施，就是为每位经常光临本店的顾客都配备了一个咖啡杯，而且每个专用杯上都刻上顾客的头像，使之既是一种标记，又是一种纪念品。此法一实施，立即名声大噪，生意越做越旺。而状元坊的一家鞋店则想出让你为自己做一双独一无二的鞋子的噱头，为你准备好鞋子、颜料、画笔、图案，让你亲自在一双白色帆布鞋上用店家提供的画笔来画自己挑中的画。生意额也是直线上升。有一间宾馆，从客人登记的身份证上得知客人的生日，在客人不知情的情况下，为其准备了生日蛋糕，并举行了隆重的生日晚会，其直接的后果就是这位先生走到哪讲到那，成了该宾馆的义务宣传员，随着这位先生的足迹遍及大江南北，更多的顾客都慕名投宿在这家宾馆。

公共关系最佳方案就是善于揣摩和满足顾客的心理，善于沟通企业和顾客之间的感情，用感情来维系促销效果的持续性、长久性。现在不少企业不惜花重金来设计大型促销活动，表面上看热热闹闹，但是活动一结束，消费者也忘了，因为这类同质化的促销没有把握住情感消费时代顾客的心理特征，没有建立起企业与顾客之间长久的情感，消费者在买方市场中已习惯于自我欣赏和需要尊重的心理，这就要求企业不但对自己的传播对象非常了解，而且要非常有针对性地设计，大至活动本身，小至一个电话、一封信函、一张卡片，让企业和商品在促销活动中能加强与消费者的情感沟通，冲淡纯粹的商业买卖关系，增强顾客对企业的信任感、认同感和亲近感。

（翁志轩）

农民消费习惯和消费倾向对酒企的影响

由于历史和现实的种种原因，农民具有比较稳固的消费习惯和比较保守的消费倾向。任何产品进入农村必须关注这种习惯和倾向的影响，酒类产品也不例外。

笔者是从农村走出来的，对农村的情况比较了解，村里的人很多年钟情于一种牌子的酒，不轻易接受另一新牌子，也不轻易放弃一个旧牌子。比如，笔者老家的人在20世纪80年代末至90年代中期，一直喜欢喝沱牌酒，认同这个牌子的价格和口味。

作为酒类企业，无论规模大小，产品渗透农村市场是生存和发展的必然。谁忽视了农村市场，谁就可能失去了未来。打开农村市场需要做的工作很多，但研究农民对酒类的消费习惯和倾向是营销的关键。农民最认可眼见为实的道理，要想叫他们接受你的产品，就要让他们看到你的产品的实用性，少花钱，还得好喝。沱牌酒就是以合适的价位和口味在笔者老家一带占领市场的，以至于家家办事（盖房子、娶媳妇等）都喝沱牌。

农民比较稳固的消费习惯和比较保守的消费倾向，对于新产品来说，无疑增加了进入农村市场的难度。这是因为农民长期经济条件差，经不起上当受骗的折腾，他们必须亲眼见到产品的实际效果才会相信，否则，任你说得天花乱坠也是徒劳。多年来，在农村看到使用化肥一直是“碳氨”、“磷肥”、“尿素”等品种，种植作物也需要有人示范才肯改变种植结构。酒类产品可以借鉴县乡两级政府推广新品种作物的方法，先进行示范。即选有影响力的人和村子来带头试验，让就近的人和村子看到试验效果，再进一步推广。一旦产品被人们接受，就会迅速铺开占领广大市场。

农民的消费习惯和倾向同时又为产品的市

场巩固提供了良好的心理基础，他们对品牌的忠诚度很高，只要不偷工减料降低质量或变相涨价，他们就会很长时间持续消费一种品牌的产品。酒类企业应该注意利用这种特点，让自己的产品更加深入人心。具体运作中，一要注意，口味的更新必须在他们能接受的幅度内，不可变化太大，让他们感觉到不是那种东西了；二要注意价格波动幅度不能大，农民特别在意价格，如果调整不当，让他们感觉到是在宰他们，就会立即翻脸，拂袖而去，永不搭理；三要注意广告促销活动应该适合农村特点，要有亲切感，商业味要淡。

当然，对于较发达地区的城市近郊农村，其消费观念与习惯由于城市文化的强力影响已经改变了，市场开发不能按标准传统农村的方法进行。富裕农村和贫穷农村的差别也会很明显，对于价格、口味、包装、促销手段等方面的敏感度都要注意研究。

（李玉卿）

酒企渠道策略，先观己，后择人

近十几年酒业发展，行业已趋近成熟，各个消费阶层均有多种可供选择的酒品品牌。品牌的百花齐放是酒业繁盛的外在显现，而与不同阶层的品牌相适应的渠道通路也呈现多元化的发展。酒企渠道除去通常的大流通、餐饮、商超、自建终端等，还适应市场潮流出现了邮政、烟酒专卖等全新的渠道模式。

渠道领域，厂商之间选择与被选择，更换与被更换，创新与追随等复杂的商业利益关系中，忠诚的、稳固的、文化认同的、持久的、可持续增值的新的合作模式呼之欲出。

企业与渠道的关联就像谈婚论嫁，门当户对是重要的选择标准。如果品牌成熟，企业实力雄厚，那么企业期待的就是能与渠道强强联合；如果品牌尚未建成，企业实力不足，那么难免产生强势渠道对企业“店大欺客”的现象。在纷繁复杂的酒业竞争中，企业与渠道的稳固关系是持续盈利的先决条件。

成熟型品牌或企业完成了稳定的网络建设；拥有成熟的渠道网络管理模式和相对稳定的厂商情感；能够实现稳定盈利并拥有成熟的配货物流系统；渠道认同厂商的企业理念与品牌文化，能够与其市场活动相配合。市场的变动震荡着企业渠道模式的变化；成熟型品牌或企业仍要寻找更加适宜市场的渠道商业模式实现持续性盈利和发展。

五粮液集团牵头成立“五粮液品牌运营商顾问团”，把握住了市场销售80%的经销商群体当中的20%，把酒业的价格与文化之争转向了价值链的较量。与经销商的关系由商业合作转成了战略联盟，在强化渠道的同时夯实了与经销商的关系，提升了双方共同发展的平台。

发展型品牌或企业完成了原始的网络建设；正在摸索适宜自身发展的渠道管理模式；配货物流、厂商关系磨合都处于完善和发展的状态；经销商忠诚度相对较差，容易受其他厂家政策的诱惑；盈利相对不够稳定，随渠道等多种因素的变化而起伏。此时，企业需要培养忠诚的战略合作伙伴，形成经济利益共同体，保证渠道的稳固发展；或借助强势的渠道，巧妙的完成初期的稳固网络建设。

借助于邮政渠道，宝丰酒、赊店老酒、西凤尊酒、张弓酒等，都实现了当年的良好销售态势。其中西凤尊酒和太白名酒的大众品位太白醇酒，通过邮政物流配送网络在一年之内销售西凤尊酒和太白醇酒11000多件，实现销售收入405.08万元，创同类名酒新种类上市第一年的最佳业绩。在激烈的市场竞争状态下，通过借势于邮政的全国强势网络，两来源华夏酒报大名酒完善了企业的销售渠道，扩大了市场销售份额。

弱势型品牌或企业在资金、品牌等先天因素方面“出身不好”，缺乏资金实力、渠道管理开发能力等。但建立自身的实效渠道并非是“蜀道难，难于上青天”。企业需要审视自身的实力，分析实际情况，在对市场做出分析的前提下，制定适宜企业发展的渠道定位和策略，以“新、奇、特”的策略开拓市场。

消费的成熟与理性已经将消费者细化到多个层次，多个方向；消费者就像市场的导向灯，消费层次的划分让商家不断地挖掘创造新的市场需求。而渠道将会伴随市场需求的不断变化而呈现跟进式的创新和细化。

（张海良）

促销的“全民化”运动

在春节旺季，对于酒水厂家来说，促销时机、促销内容、促销形式等的不同以及促销细节执行的是否到位等，都在一定程度上决定了你的促销投入是否有效，是否达到了最大化的投入产出比？

促销要遵循 5W2H 法则

Why：毋庸置疑，春节促销的目的，是为了扩大销量，最终获得最大化的利益。但这里要注意一个问题，要避免通过促销手段盲目压货，避免出现市场“假脱销”、“真积压”现象。

When：促销时机的选择问题，这里包含两个层面的含义，一是厂家什么时候针对渠道商做促销，二是厂商什么时候对消费者进行促销。

对于各级渠道商的促销，一般情况下要提前1个月左右进行，这个时候，根据市场竞争对手的动向以及市场预测，及时推出促销政策。

Where：一般情况下，在春节期间，需要做促销的场所主要有：人流量大、消费档次高的餐饮酒店、大卖场、社区便利店、农贸市场。

What：要想在春节期间促销出彩，吸引顾客眼球，做什么内容的促销就非常关键。

Who：春节促销要想落到实处，就必须要明确每一件事谁来负责，避免促销虎头蛇尾。这里面同样包括两层意思：对渠道环节的促销执行进行跟踪，以使促销政策、促销资源能够到位和落地。

How：即解决促销具体细节的问题，这里根据促销整体内容，要明确以下几点：促销的时间段：是一次性举行，还是分阶段举行；促销的主题，是感恩、是回馈、是送福、是送喜等，这里的促销主题要与春节进行紧密结合；促销的形式；促销培训，促销要想执行得好，促销活动举办前的培训必不可少。

How much：春节促销要想更有效，费用预算这一环节也不可缺少。费用预算包括3个方面的内容：一是固定费用：举行促销活动的场地费、公关费、宣传物料费等；二是临时追加费用：比如临时招聘的导购员、促销员、宣传员等的费用；三是可变费用：比如助销物料（样品）、奖励等。

促销设计要系统全面

在春节的“流金岁月”里，促销设计除了要遵循5W2H法则外，还要充分地考虑各个渠道环节的促销需求。

经销商：在春节，对于经销商的促销激励，要更多地关注经销商的备货与配送，作为厂家就可以给予经销商以进货奖以及服务奖。

分销商：分销商主要职责就是产品分销、终端开发与维护等，那么，厂家就要对分销商多给予促销品支持以及助销人员支持，通过统一策划与设计的促销品，配备一定人员实施分销，协助分销商做好产品分销或者新网点的开发工作。

终端商：在春节，终端往往起着“跳板”的作用，因此，对终端的促销设计更要倾向于其“最后一公里”的功能。比如，终端物料支持，促销奖品、举行免费品尝及促销活动等，都是他们所热衷与喜欢的。

消费者：对于消费者来讲，在春节，要结合他们的消费与购买特性，设计促销内容，消费者一般都有求名、求新、求廉、求便利、求实等心理，针对不同的顾客群，采取不同形式与内容的促销活动。

只有给予不同的渠道环节以不同的促销方式，资源较多聚焦于渠道末端，促销才能更有针对性，才能收到最大化的效果。

促销要倡导全民动员

春节促销是一项系统工程，不是单纯某一个部门的事情，它需要各部门联动，需要彼此协调与互相支持。

市场部门：要做好节前市场促销等方面的调研，能够根据春节市场趋势，做好促销活动等系统设计，尤其是细节的设计。同时，还要做好促销前的培训等工作。

销售部门：春节促销效果如何，还要看一线的销售人员执行是否有质量，是否能够不折不扣地将各个细节落实到位，能不能根据市场促销结果，及时反馈，以便完善与提高。

物流部门：物流部门是促销工作的协调或中转部门，关键在于能否快捷地将促销物料配送到位，能否将促销的产品配送到位等。

采购部门：促销工作要想坚挺有力，就要看看作为采购部门是否能够按照营销部门的计划按时、保质保量地将促销品、助销物料采购到位，而不是拖销售的后腿。

财务部门：一个促销活动能否执行到底、执行到位，财务部门的资金保障也是至关重要的，我们曾经看到过很多酒企在春节促销活动中，雷声大，雨点小，往往跟促销资金缺位或预算不周全有很大的关系。

春节旺季稍纵即逝，作为酒水厂家只有抓住了促销的要领，把握了促销的技巧，注重促销的内容，狠抓促销的细节，春节促销才能更为有效，才能让厂家赚得盆满钵满。

（崔自三）

剖析酒水经销商的困顿与出路

酒水经销商的10个赢利模式

赢利模式，说白了就是企业赚钱的方法，是一种有规律的方法。它不是那种东一榔头、西一棒槌的游击战术，它能够在一段较长时间内稳定维持，并为企业带来源源不断的利润。

第一模式：产品组合

组合方式是根据客户的需求进行相关产品的组合，提高成套配送能力，使客户得到“一站式服务”，增强对客户的掌控力。

利用不同品类的产品进行组合，彼此互补，以此挤占渠道，与终端建立良好关系。经销商的产品组合幅度越宽，掌控渠道的能力就越强，拥有的资源也就越多。由于公司产品在渠道上进行了“互补”，不但降低了物流成本，而且给下游商家提供了较齐全的货源。

第二模式：多元化规模盈利

经营多元化，就是经销商根据自身实力和能力进行跨行业、跨品类经营产品。规模盈利模式主要依靠的是大进大出的产品分销，经销商通过规模降低经营成本，赚取大量的现金流。占有率、销售量、销售额是实现规模盈利的三大途径。

第三模式：渠道盈利

掌控终端，形成渠道壁垒，建立自营网络，树立品牌形象等等，经销商可通过各种优惠手段、激励等来建立、维持渠道的忠诚。

第四模式：信誉品牌盈利

经销商的信誉度和美誉度是无形资产，信誉源于承诺和服务，表现为信用口碑和经营口碑。

信用口碑是指经销商在某一市场，在长期经营过程中建立起来的资信状况。经营口碑是指经销商的经营能力、配送能力、分销和网络在同行中具有较强的竞争力、领导力等。

第五模式：跟进盈利

与大行业或者大企业的共同利益，主动配合，将强大竞争对手转化为依存伙伴，借船出海，以达到争取利润的第一目标并使企业快速壮大。

第六模式：订货会盈利

利用厂家在渠道上的临时政策，在某区域内，经销商出面组织、召集区域内的二批商和零售商、分销商等参加订货会，通过产品介绍和政策介绍，加上现场抽奖等形式，让参会代表积极订货。

不过，不少经销商对于这类会议的组织尚不熟悉，容易出现偏左（一本正经开大会，总是听组织者在不断讲话，给人有点强行灌输的感觉）或偏右（把促销政策随便一说，整个会议从头到尾就是吃吃喝喝）的现象。

另外，也可以组织走动上门式订货会，通过订货车队、订货工作人员，主动深入各级网点，通过现场讲解产品优势、订货政策、促销支持等吸引客户订货。

第七模式：包销、订制盈利

产品包销是指经销商就一款或几款产品与厂家签订包销协议，限定功能、质量、包装、价格等。虽然经销商承担更多的销量风险，但经销商凭借其对市场以及下游网络的掌控完全可以消解这种风险，从而获取更大的利润。

第八模式：服务盈利

经销商的四个角色：物流（仓储和配送）、融资、服务提供和信息沟通与反馈。经销商的传统角色，是分销链上四个节点的包揽，但今天经销商地位的旁落，很大程度上消退了他在分销链上的底气，为了适应渠道形态的变化，部分经销商开始在节点上收敛，通过将自己的资源优势凝练在某一节点上实现自我盈利的创新。

经销商也可以利用自己掌握的区域信息，代理厂家市场开发、进场谈判、促销活动，从中获利。

第九模式：商商结盟

优秀经销商结盟股份制公司，随着制造商深度分销的深入，在这种“上压下挤，众叛亲离”的形式下，为了防止被“四面合围”，部分经销商在力争为上游制造商提供全面的服务和分销的同时，也开始与下游经销商建立紧密的合作体，帮助他们建立自己的发展计划。

渠道联营体是另外一种模式，通过渠道结盟，改变分销商依赖打价格战、利益不稳定、个人无依托的窘境，很受分销商欢迎。

第十模式：厂商联盟

通过或参股、或控股达到盈利的目的，陕西太白酒业集团就是采取这种方式进行厂商深度合作，区域市场大经销商被吸引为公司的股东，甚至成为董事会成员，最终成为战略联盟关系。

对经销商来说，可以充分利用厂家的资源以及品牌，厂家也愿意给予经销商充分的利润空间与支持，最终在厂商的共同努力下，成功启动和维护区域市场，获得双赢的目的。

美国的两位学者进行了一项研究，以美国的6 000家经销商为研究对象，80%的经销商在3～5年内倒闭，10%在5～15年内倒闭，只有3%左右的保持不败。两位学者选择了18家成功的公司，深入到这些企业研究六年发现，这些企业之所以长盛不衰，最主要的原因是目光远大，主动改变。所以，经销商要立于不败之地，必须要目光远大，主动改变。

（中国酒业新闻网）

订货会切忌喧宾夺主

如今各种各样的订货会层出不穷，各类厂家为了吸引经销商，常常不惜血本，大搞优惠，酒类生产厂家也不例外。今天的酒类生产厂家鲜有产品供不应求的，在激烈竞争的严峻形势下怎么胜出，所有厂家无不费心劳神，处心积虑，挖空心思，花样不断翻新的订货会便成为各个厂家的常规武器。在名胜风景区召开，在繁华都市召开，甚至跑到国外召开。什么免费乘飞机、免费住宾馆、免费餐饮、免费旅游观光等，甚至对经销商曲意逢迎，谄媚讨好，结果大把花钱，收获了了，本来应该是皆大欢喜，却弄成一头欢喜一头忧。

造成这种不良后果的原因是这些厂家忘记了什么是经销商的主体利益，什么是经销商的附加利益。

经销商的主体利益一定是销售产品得来的，而诸如上述的免费等活动则是经销商的附加利益。如果经销商不通过多销售产品而得到足够利益，则必定起到不正当的奖励作用，从而打击努力销售、业绩良好的经销商，进而严重损害厂家的利益。厂家喧宾夺主的做法必然会带来事与愿违的结果。

一个订货会的成功与否，有许多制约因素，但最要害的是厂家提供的产品和相应的政策能够撬动经销商的钱袋。这是吸引和稳定经销商的长期因素，而选择在什么地方召开订货会则是一时之策。所以厂家召开订货会一定要头脑清醒，分清主次。应该承认，经销商在取得主体利益的情况下，会争取更多的附加利益，比如旅游、度假、培训、免费住宿餐饮等等，但是，经销商最看重的是能赚钱、多赚钱，厂家一定要把最大的精力花到产品创新、政策创新上，以尽可能吸引顾客，感动顾客，留住顾客，让其产生依赖。

你的产品比别的厂家让经销商好赚钱，你的政策比别的厂家让经销商多赚钱，经销商自然首选卖你的产品。经销商的主体利益、附加利益、总体利益是你要认真思考和慎重对待的。一时的赔本，带来长期的稳定利益，可以做；一时的赔本导致持续的亏损，决不可取。千万别弄成经销商大吃大喝一番后而去卖别人的产品，你做了冤大头。

（李玉卿）

厂家怎样控制经销商

对于消费品产品来说，具有广泛的消费群体和较大的市场空间以及复杂的销售渠道，厂家和经销商为了各自的利益结合点，自然而然，厂家和经销商的合作链在这个大的环境下就形成了，随之而来的就是一系列的矛盾出现，如何来平衡厂商的关系；如何来解决厂商的关系；如何来满足厂商的关系呢？

一、厂商的目的性

任何一项合作关系的建立，都需要建立在双方共同追求的目的性上面。

1. 对于厂家来说所需要追求的是：

（1）资金：需要借助经销商的资金实力，用于厂家的产品和企业的整个运转

（2）网络：经销商直接面对市场，有当地市场的终端客户资源，厂家可以利用经销商的该资源迅速、最佳化的将产品销售到渠道上面；

（3）人力资源：产品销售量还没有处于绝对稳定的情况下，企业的所有投入都存在负比的状态，包括人力资源的投入，这个时候厂家需要借助经销商的人力资源为厂家工作，创造业绩。

2. 对于经销商来说所追求的是：

（1）企业的运作和利润空间：经销商没有自己的品牌，他的主要任务就是靠代理品牌，借助代理品牌所产生的利润空间让自己生存和发展壮大。

（2）网络的逐渐壮大：需要借助厂家的一系列支持来逐渐发展、壮大网络资源。

（3）减小投入风险：利用厂家的一系列资源减少经销商的直接投入，将一部分的风险转嫁到厂家。

二、经销商的成功才是厂家的

满足经销商的追求：我这里谈到满足经销商的追求点不是一味的满足经销商所提出的任何要求，要将经销商的合理化的要求进行满足，俗话说“要想马儿跑，有想马儿不吃草”怎么可能呢？我们明白经销商最终追求的其实就是两点：自身的发展和利润空间，但是总的来说也就是一点：自身的可持续发展。

那么要想满足这样的两点（或者说是一点），作为厂方，我们需要做的就是围绕此目标来开展工作。

1. 指导、培训经销商：使他的经营思路可以逐渐进步，让他明白怎么样来管理自己的员工，怎么样来管理自己的客户，怎么样来控制费用，怎么样来设计和执行促销等等。

2. 激励经销商：每一个都会有懒惰的时候，经销商同样也是一样，我们需要不断地通过不同的激励机制来提高经销商的信心和激情。

3. 管理经销商：我们伟大的领袖毛主席说过：“世上无完人”。每一个都有可能犯错误，关键在于能不能及时发现错误，并且改正错误。对于经销商来说，我们的管理的目的在于及时发现他的错误，并让他明白自己在犯错误，并及时将错误改正。

我们需要通过以上的方式方法，来使经销商达到自己期望的目的，也既是满足了他们的目的。

三、厂商双赢的局面

以上谈到对经销商的指导、激励和管理，这些工作都需要的是厂家来完成，对经销商的培训就必须有相关的培训计划，根据产品和市场以及经销商的情况因地、因势的制定相应的计划，并且根据厂家的资源情况加以结合；对经销商的激励之前就必须要明白经销商的需求，要让激励起到真正的效果，不要在办公室空想出一个激励计划，但是经销商却没有任何兴趣；

管理经销商他是一个比较难做到的，他需要厂家的管理水平较高的情况下，才能有效地管理好经销商。

（《华夏酒报》）

白酒旺季促销会议十担忧

每逢重大节日（如“五一”劳动节、中秋节、国庆节、元旦、春节等）期间，特别是岁末年初的元旦和春节，众多的白酒企业纷纷出动，和各地经销商共同策划，拿出他们惯用的所谓“杀手锏”——促销会议，以此来吸引消费者（尤指二批商、分销商），刺激消费。的确，促销会议的召开能促使销售任务的完成，但促销会议的过多和泛滥，不免让笔者有些担忧。

担忧一，云起风涌的促销会议导致会后“市场麻痹症”。广大经销商对常年以往的促销会议，形成了一种习惯性的定时购买，平常不进货，专等节日前夕厂家的促销会议，原因是会议期间有许多优惠的政策，还有各种进货奖励，此时不进货还待何时？造成不开促销会议没政策就不买酒，开促销会议有优惠就进货拿酒的暂时性市场推动的恶性循环。

担忧二，偷工减料“夹生饭”式促销会议为窜货、冲货提供了肥沃的土壤和充足的阳光、空气。一些经销商并没有真正把厂家给予的促销费用落到实处，如有的把会议餐桌用酒调换成比厂家所审批用酒价格要低的；有的减少餐桌数量和降低菜的质量和档次；更有甚者抱侥幸心理，干脆根本不开会议，就把促销费用私自据为己有，来减少产品进货及销售成本。

担忧三，部分促销会议费用项目不具体、不明确，不便于厂家的核查。有的经销商提交给厂家审批的会议费用项目模糊，如：条幅300元/条，没注明什么材料、规格、字样、悬挂地点；价值1万元的奖品，没写明什么样的奖品、数量、质量等。白酒企业的有关领导对这类促销会议费用申报要谨慎审批，增强防范意识，维护好市场秩序。

担忧四，白酒企业之间互打“促销会议牌”，竞相压价是白酒市场无序竞争的导火线。白酒销售旺季期间，促销会议此起彼伏，一个接着一个，白酒企业争先恐后召开会议，生怕被别的厂家抢走了客户。有时候，会出现同一天有好几个白酒企业同时召开会议的情况，各级分销商在各白酒企业的“会海”中奔走，货比三家不吃亏，看哪个厂家的价格低、政策好、奖励多，就进哪个厂家的货。你追我赶的促销会议最终成为白酒界相互残杀的引爆器。

担忧五，过多的促销会议，给消费者的感觉就好像你们白酒卖不掉似的，有损白酒企业的品牌形象。促销会议期间的种种让利、降价和奖励，有时会给消费者一种你这白酒产品本来就只值这么多钱的感觉，要么就是你这产品老化了，把它们低价抛售以加快资金周转。

担忧六，促销会议为经销商压货库存埋下了隐患。在白酒企业审批的促销会议费用报告中，往往给经销商限定了时间和明确了任务，并规定在一定期限内必须完成相应的任务才能报销会议费用，否则费用不予报销或者按相应比例报销。如有的厂家在年底规定：“12月10日至12月31日必须完成100万，否则不予报销会议费用”，这就迫使经销商打款进货为完成既定的年度销售目标任务而奋斗；有的经销商即使完不成既定的目标任务，但为了在厂家面前有个说法以便报销相关费用，也要硬着头皮、咬紧牙关打款、开票、购酒，不管酒有没有卖掉、能不能卖掉，先放到仓库堆起来再说；有的白酒企业为了争取“开门红”，在春节前夕也制定与之相类似的政策，其结果也是大同小异。

担忧七，一部分新近开发的市场，其代理

商在会议期间对新产品加价过高，价超所值。这种追求短期效益的行为，不利于市场的培育和长期发展，会议期间通过高差价代理商获得了高额利润，过后马上换产品或重找新的品牌合作伙伴，结果祸及的是白酒厂家的长远利益和声誉。

担忧八，部分市场的代理商急于求成。在通路没有精耕细作、网络不稳定等基础工作没有落实到位的情况下，采用谎报实情欺骗厂家的方法，争取到费用召开促销会议，结果本来是想烧干饭吃的却烧成了稀饭，不但白酒厂家的资金被白白浪费了，而且给白酒品牌造成了负面效应，不利于该市场的今后市场运作。

担忧九，有的代理商把开促销会议与销售折扣、折让、厂家奖励等同起来。简单地认为：我打款开票多少酒，你白酒厂家就按比例给我多少费用，至于我怎么开支怎样花，那是我的事情，你厂家管不着。导致厂商工作思路相冲突，不利于厂商深入沟通和长久合作。

担忧十，有的代理商在促销会议上，进行暗箱操作。会议进入高潮开展摸奖活动时，人为控制中奖人员的名单，这有失公平的行为伤害了一部分分销商的感情，一定程度上挫伤了分销商的积极性。

（刘松涛）

啤酒企业的“符号学视角”

近段时间，啤酒涨价的呼声愈来愈高，受生产成本等因素影响，啤酒涨价的风潮愈演愈烈。但是，啤酒涨价给啤酒企业带来了什么？啤酒涨价后，啤酒企业尤其是中小啤酒企业果真面临发展的春天吗？

啤酒行业的涨价风潮持续下去，必将引起一场行业洗牌。事实上，中国啤酒企业的品牌建设并不尽如人意。

酿酒行业“十五”计划和2015年规划明确指出，积极扶植民族啤酒工业和民族啤酒品牌，提倡中国人喝中国啤酒、中国啤酒企业生产自己的品牌，力争到2015年形成2～3个在世界上有影响力的国际名牌。虽然，在品牌建设的道路上，中国啤酒业可谓各显其能，“青岛啤酒”也蜚声海外。

但是，“一花独放不是春”，中国现今500多家啤酒企业的上千种品牌还大多身藏闺中，有的则是昙花一现。

那么，中国的啤酒品牌建设之路如何走？笔者从符号学的视角，来解读中国的啤酒品牌建设中存在的普遍性问题。

品牌现状：良莠不齐，重视程度不够

自1900年，俄国人在中国建立第一座啤酒厂至今，中国的啤酒工业已经有100多年的历史。当然，中国啤酒企业的品牌建设也取得了一定的成绩，出现了“青岛”、“燕京”、“雪花”这样知名的啤酒品牌。但是，他们的总产量还不到全国啤酒总产量的三分之一。中国啤酒品牌的现状的确令人忧思，500多家啤酒企业，上千种品牌，甚至连一些年生产能力在10万千升以下的中小啤酒企业也有几十个啤酒品牌。

目前，中国比较知名的啤酒品牌有“青岛”、“燕京”、“雪花”、“珠江”、“蓝带”、“金星”、“蓝剑”、“惠泉”、“金威”、“汉斯”、“生力”、“活力”、“蓝牌”、“圣泉”等。笔者曾经私下采访过河南省一家年产量一万多千升的私营啤酒企业的老总，问他对啤酒品牌的看法。他说，他们那个地方的老百姓喝啤酒，只认价格，不认品牌，根本不懂什么是品牌。酒厂生产的啤酒在他们所在的县乡市场占有率达80%以上。到了夏季，产品更是供不应求，他认为没有必要做什么品牌建设。笔者敢说，像这样的啤酒企业，中国肯定还有很多。

品牌建设：缺乏稳定性

品牌不是等同于一个注册的商标或名称，它是凭借企业与消费者之间建立的稳固而可靠的关系存在的。这种关系，通过长时间培育，在消费者生活中占据了稳固的地位，地位的高与低取决于品牌的一致性行为。品牌的一致性，会在消费者大脑中留下清晰的印记，这是消费者做出购买行为的基础，也是建立品牌与消费者之间良好关系的基础。

营销大师菲利普·科特勒曾说："一个成功的品牌，应该在品牌和消费者之间创造一种'爱'，设计一个持续、一致并具有情感价值的故事是最重要的，而不少中国啤酒的品牌建设相对缺乏感情和爱。"

事实上，中国的啤酒企业在品牌建设上存在着一些误区，最明显的就是品牌缺乏稳定性和一致性。根据笔者调查，在品牌的稳定性上，做得最好的是"青岛"和"燕京"。就拿标签来说，标签对于啤酒就是一件漂亮的服饰，是品牌传播的利器。

不知大家是否注意到，"青岛"啤酒的标签上的"青岛啤酒"和"燕京"啤酒的标签上的"燕京啤酒"四个字的字体、字号从来没有更改过，在消费者的心目中已经深入人心。

但是，许多啤酒品牌在这一点上做得都不理想。今年用这种标签，明年用那种标签，年年都在搞标签设计，还美其名曰"新产品开发"。

品牌缺乏稳定性和一致性还体现在广告用语上。为什么"今年过节不收礼啊，收礼只收脑白金，脑白金"这句广告词能够成为妇孺皆知的"口头禅"，就是因为它几年如一日不停地进行宣传。这样的广告语能够成为"口头禅"，成为流行文化的一部分，这一点非常值得啤酒企业借鉴。另外，啤酒企业要尽量节能降耗，同时，工艺的稳定性也很重要，工艺决定口味。口味的稳定是一种无形的品牌，也是建立品牌一致性的重要砝码。

符号学视觉角：品牌建设的救命稻草

实际上，啤酒的科技含量不算太高，我国一些大型啤酒企业产品同国外的一些著名啤酒企业生产的啤酒之间无论从感官还是理化指标方面，差距可谓是微乎其微。

啤酒的消费是一种普遍的大众消费，著名学者让·鲍德里亚对大众消费的理解是这样的：消费不仅仅是一般意义上的物质实践，一个物品绝不是被当作一种单一意义上的消费对象，作为需要的满足，它不过是消费的前提而已。并不是消费本身要成为消费的对象，而是把物当作一种符号，符号的意义在于建立差异，通过符号把符号所代表的东西区别开来。

符号就是物本身，形式就是功能。因此，人们消费的不是商品及其所蕴涵的价值，而是符号。

当今社会是一个品牌消费的时代，而品牌从某种意义上，就是一种符号。啤酒品牌的一些表征物如商标、标签、啤酒广告语等等更是一种符号。

看看我们手头的一些报纸杂志的封面上的报名或刊名，它们的"字体"大都是固定不变的。再看看北京许多大街上一些百年老店招牌上的字，也是固定不变的。这其实就是一种企业文化，企业文化是品牌建设的动力和保障。

当今社会已经进入到后现代社会，符号消费的时代已经来临。企业当然要花大力气创造出定位明确，适合自己的品牌特色，并能取悦和打动消费者的广告语，然后反复宣传，而不要轻易改变。有的啤酒企业，自己企业的职工也说不上来企业有多少品牌，品牌杂乱无章，有的企业则是为了打啤酒的价格大战而"开发"众多副品牌，这对于啤酒品牌的建设都是无利的。

（张保国）

女性酒定位探析

市场上本无女性酒的区别概念，酒也本无男女之分，只因竞争发展激烈的原因，一些酒企另辟蹊径开发了女性酒这一细分市场，锁定单一明确的女性目标消费群体，成就了另一种酒的生存方式。

女性酒本身就是一个细分定位，但仍是一个很宽泛的概念。为什么呢？因为，传统白酒即意味着是男性酒，充满火爆和刚性；而虽白酒种类无数但并非每种白酒都适合所有的男性的偏好，因为，有品味、档次、香型口感、度数等因素的影响。

女性酒也不例外，从女性的角度出发，女性的年龄、收入、身体状态、工作环境、生活环境等因素也是女性对于酒的选择的影响，而酒的度数、口感、价格等对女性也有所影响；所以，想从女性消费中获得市场利润，并非一句是女性酒就足以获取芳心，因此，如何真正认识女性酒的本质所在并准确定位满足女性目标市场的消费需求，才是指导女性酒走上消费热点的关键所在。

那么，女性酒该如何定位呢？

首先，要正确认识营销定位的本质。定位，作为一种营销指导的工具，其旨在为产品在市场中找到一个可以生存发展的位置空间。作为进入酒类市场的定位，其本质是一种切入市场的方法，而这一切入点是以给予目标消费群有效的接受理由为前提的；因此，寻找到有效的目标群体并提出充分的接受理由极为重要。

其次，正确认识女性。一个不争的事实是：女性是感性的，其情感是细腻的。对于每一个女性来说，健康和美貌无不是内心所求。这也就是为什么如此多的女性美容化妆品、保健品、服装等让女性心动神仪而省吃俭用为之倾情的原因所在，因为，爱美是女人的天性。女性，生活在听觉与视觉的感受中，这就是女性。

因此，依据营销的定位指导理论，女性酒的定位要充公考虑好以下几方面：

其一，从目标消费者的需求角度。

首先，锁定哪一类女性才是真正女性酒的最大目标消费的主流消费群体，从中心切入，而不是遍地开花，这也是进入市场的突破口之一。

其次，关注女性的自身需求，因为女性是女性酒的最终消费者。如上所述，健康和美貌是女性最为关心的强烈需求，因此，在品牌概念及内涵上要表现出并满足女性的独特需求性，体现十足的关爱与呵护。

再次，关注女性的消费酒的时刻，通常的餐饮消费女性是不喝酒的，而女性消费酒的最大场合却又是在餐饮时赢得，如聚会、舞会、迪厅、酒吧等。

最后，要考虑男性的品牌心理需求。为什么呢？一般女性消费酒是在和谁？——男性，而女性消费酒的理由是什么？基本上没有，最多是为了应付；因为，对于传统的酒类消费，女性更多的是被动消费，所以，某种程度上说，女性酒是在创造一个新的市场。

因此，女性酒定位不应单纯的考虑女性，还更应考虑到酒类的主动购买者——男性，所以，要给男性一个选择的理由，因为，在更多的情况下，男性是酒类的主动购买执行者，那么，女性酒又该如何打动主动消费的男性而被消费呢？

所以，要满足女性对于女性酒的认可，就要有包括其品牌名称上的女性化，如芝瑶酒，而“劲酒”首先名称就让女性悄然走开；内涵概念上的女性化；包装特色上的女性化；品质口感上的柔性化等。

如以鲜姜酿造的果蔬“将就”酒及宁夏红枸杞酒，在营养概念的基础上，以女性的广告形象表现就是在向女性发出了表白：女士可以喝的酒。而其他的白酒类以女性做形象宣传的目的则多是为了吸引眼球。

其二，从产品本身出发。

作为女性酒而言，必须有女性特有的特点，在于传统的酒类相比中，不能在传统的基础上通过改名、换包装、降度、增甜等简单方法，因为这种做法并不是女性对于酒类消费的根本需求，和同类的其他酒无太大区别。

除了酗酒者外，女性对于酒的消费基本上都是被动的，所以，产品的品质上要有所增值，尤其是对于酒精度在 20 度以上的女性定位酒，要通过其他营销方法如产品功能性等化解掉高酒精度的烈性酒感觉。

所以，女性酒产品首先就不应是烈性酒，不管是白酒、啤酒、还是果露酒等，产品的度数都不应高于同类酒，尤其对于白酒而言；而对于果露酒则强调其功能性化解其中的药味。

这也是为什么一些定位女性酒的酒品无法形成女性忠诚的循环消费的原因所在，即只强调了营养保健，忽略了口感这一重要因素，而口感的因素对于女性的影响则是相对明显的。

其三，从竞争的角度。

女性酒的细分化。女性酒在市场中本身代表一类酒，而其本身又融于酒中，它也可以是白酒、啤酒、黄酒、保健酒、果露酒等酒中的一种，因为其中的白酒并不是男人的专利，只是现代市场中更趋附于向营养保健的果露酒等。所以，针对目标女性以更加细分化更具差异化的形象概念形成产品的独特个性竞争力。

所以，作为女性酒定位，必须要考虑到竞争的一面。因为这其中既有和同类酒的竞争，更有和其他类别酒的竞争，如和啤酒、黄酒、超低度白酒等，以及其他饮品如酸奶、果味汽水、果汁饮料、可乐等各种饮料。

到底一款女性酒在一个区域市场中要主打什么样的品牌概念？走什么样的营销模式呢？所以，从竞争的角度，要考虑竞争品牌的定位及推广传播表现，不能简单地走别人的老路并避免走入营销误区，要从品牌的规划、价格体系、渠道策略选择、终端建设到促销推广等营销体系的组成部分都应从整体的市场环境加以考虑，发现市场空间，寻找创新的切入点，满足目标市场需求。

上述从定位的理论原则的三个方面对女性酒做以阐述，而在实践中，女性酒的定位还可以通过把定位细分化的方式来达到全面诠释的效果，如通过品类定位、价格定位、渠道定位传播定位等在品质的目标优化认可的基础上，寻找到走进女性世界的芝麻之门——市场的突破口。

（朱玉增）

让女性找到喝啤酒的理由

——女性啤酒消费市场销售突围方略

随着经济的不断发展、女性地位的日益提高，我国女性饮酒的人数正在不断上升，而这首选当是“液体面包”之称的啤酒。竞争的日益激烈，使生活节奏加快、工作压力增大，更多的职业女性会选择饮用啤酒作为缓解压力、释放紧张情绪的方式。

根据一项调查显示，近三年来，中国各大城市中时常有饮酒行为的女性人数，正在以每年 22% 的速度递增，各种国产的、进口的专门针对女性的酒类品种目前已达到几十种。可以预期，我国女性将是我国啤酒未来一个主要新增点。

因此面对可以预见的商机与前景，我国啤酒企业要努力洞察社会变革给女性带来的影响，了解当代女性的生活态度、工作动机和价值观念，研究妇女的生活方式和购买行为，为妇女设计未来的饮酒消费空间和消费模式。

寻找女性喝啤酒的理由

现代人对女性饮酒的偏见至今仍根深蒂固，而这种思想也深深影响女性喝酒价值取向与行为，加上“饮酒伤身”的传统看法，绝大多数现代女性还是远离酒，因此要说服女性喝酒，自觉加入饮酒行列，必须找到让女性喝酒的理由与支点：

1. 适量饮用啤酒有益健康。

2. 饮用啤酒是女性解放的象征，是一种自立自由、时尚现代、追求美满生活的标志。

3. 女性可通过喝啤酒的举止给个人魅力增添神秘的色彩和诱人的光环。

4. 最重要的一点是让喝啤酒有助美容成为女性一种共识。

在细分差异化之下创建特色女性啤酒

市场细分就是指针对女性，按照她们的欲望与需求把一个总体市场划分成若干个具有共同特征的子市场的过程，并在差异化之下开发特色产品，树立女性系列啤酒品牌，进行市场突破：

20岁左右群：特征是不甚酒量、怕啤酒苦涩，可采用啤酒花、果汁、白糖等天然原料酿制而成的低度饮料酒，如香蕉啤酒、柠檬啤酒、菠萝啤酒、香橙啤酒等多种水果口味等；

25岁以上群：特征是不甚酒力但又需应酬的在职女性，可采用特殊工艺酿制而成的低酒精含量或完全不含酒精的啤酒，让产品啤酒风味依旧，适宜商务用酒、低度及无醇啤酒；

30岁左右群：特征是渐进后女人时代，需要养颜保持体型，可采用一些不含酒精、热值也低、氨基酸成分齐全的原料制成啤酒，可长期饮用既无酒精中毒之虑，也无发胖之忧，如低糖、无糖啤酒，“瘦啤酒”等；

中老年群：特征是进入更年期身体渐弱，需要营养保健强身壮体，可采用特殊酿造工艺，添加菊花、薄荷、竹叶、金银花、人参等中药材配制成的滋补型营养保健啤酒，如菜汁啤酒、蜂蜜啤酒、芦荟啤酒、珍珠啤酒、人参虫草啤酒等。

设计最有效的饮酒环境

调查发现，在柔和的灯光下，伴有悠扬的音乐，加上美景良辰，此时女性消费者最容易放松戒备打开心扉，就可能产生喝啤酒的欲望与行为，因此营造一个浪漫的梳理心情的气氛与环境非常重要，而所有消费环境中最好就是夜场。夜场作为娱乐、休闲的主要场所，是啤酒的主要消费终端，尤其是迪厅、KTV、酒吧、夜总会的消费者，无论男女，啤酒的消费率几乎接近100%，而且女性消费者此时最能放松心情无拘无束超常发挥。

所以如何将女色引入夜场，是女性饮酒的一个突破，策略如下：

1. 设计男女派对的机会，由男带女发生饮酒行为。

2. 创造一个让女性消费者逃逸现实生活、发泄情绪、张扬思想的空间氛围，让女性消费者自我沉醉，自我奖赏。

3. 举行更多的让女性参与的现场竞饮比赛与促销活动。

另外，各种美容美发中心、女性社交休闲场所、女性健身中心等新渠道场所也能开辟女性饮酒消费新环境，也能小有收获。

从产品命名、外观、概念全面突围

女性消费者消费动机具有冲动性和灵活性，很多时候她们会凭直觉和外观形象来选择商品并迅速作出购买消费的决定，即兴购买。此外，女性购买心理极其不稳定，爱追求时尚潮流。因此要征服女性消费者，必须在啤酒产品的命名和外观设计上别具一格，吻合女性需求，若此，点购率、消费率往往比较高。这点来自墨西哥的科罗娜啤酒应算是最成功，无论是从命名（名似女名）还是外观包装（瓶表晶莹剔透，瓶身修长秀美）都能脱颖而出，成为在夜场最受中国女性青睐的啤酒。

再者，啤酒企业创立特色女性啤酒，针对女性消费者这一特殊的目标市场时，可配以概念营销策略，以独特概念营造视觉、听觉的冲击力：

1. 全面宣传饮酒与健康之间的关系，启动“酒的适量消费”新概念。

2. 宣扬酒文化在人际关系发展方面的积极功能，说服不喝啤酒的女性消费者喝啤酒。

3. 进行情感营销，设计拟人化情感化的啤酒，如“母女啤酒、父女啤酒、情侣啤酒”等。

从纵向横向扩展女性消费机会，增加女性消费啤酒的认可度。

以网络为重点媒介吸引女性消费者

据统计，现代女性使用互联网的指数远远高于电视、平面、电台等传统媒体，网络媒体对于女性消费的影响日益深刻，因此面对有限行销资源，网络应成啤酒企业推广女性啤酒、引导女性饮酒的锐利工具。

没有做不到，就怕想不到，女性啤酒，“市”在人为。

（吴勇毅）

老大之争：昆明红酒等待破解最后悬念

在丰田将超越通用，成为全球最大汽车公司之时，昆明红酒市场并没有提前结束“云南红”王朝。

一专业市场调查公司提供的统计显示，2006 年，“云南红”在昆明的销售总量 26 万件，约 0.95 亿元。这虽比“云南红”自称的 1.2 亿少了 2000 多万，但其仍然稳坐在昆明红酒市场的头把交椅上。

根据市场调查公司提供的数字，2006 年，“王朝”全年销售约 800 万，“长城”约 400 万，“张裕”约 500 万。“‘香格里拉’和‘印象’的数字我们没统计，但有一点可以明确，那就是与‘云南红’相差甚远。”调查公司称。

幕后是价格的较量

红酒在昆明的上桌率已经达到 70%，几乎无红酒不成宴，可见红酒已经成为昆明的消费新宠。

“随着红酒市场的急剧膨胀，现在昆明的酒市场已悄然形成了‘内外对垒’的格局。”在百佳超市，促销小姐说，滇产红酒奋力狙击省外的挑战，经过几年的激烈搏杀，昆明红酒市场已进入一个相对平静的“盘整期”，从“产品消费”步入“品牌消费”阶段。

张裕、长城、王朝“老三大”处于二线品牌地位，占据了昆明市区酒楼餐饮红酒 20% 的市场份额，云南红、印象、香格里拉三大滇产红酒优处一线品牌地位，占据了 70% 以上的市场份额，而三线品牌则属于业内人士涂先生比喻的“土八路”。

昆明红酒市场到底有多少个品牌？100 多个！这些品牌的价格多是从 10 多元起步，到 200 元以上。红酒在婚庆、宴会市场渐成主流。

目前在昆明婚庆酒席上，红酒凭借其时尚、品位的特点打败了婚庆白酒的市场地位。得到地盘后，红酒内部的竞争急速加剧，厂商开始通过产品差异化、渠道多元化来寻求市场空白，争取更多的市场份额。

“进入昆明来，‘印象’的销售量一直处于上升势头，2006 年的销售额已超过上年。”虽未透露出具体数据，但这位印象品牌经销商却说，红酒消费升幅加大，主要的原因是消费者普遍认为红酒比其他酒更健康、更有品位。所以，一般的喜庆活动、宴会、夜场总少不了红酒。“另外，源自国外的高品位红酒也吸引了不少消费者。”

“红酒是一种文化，也是一种时尚，红酒还是现代国际商务中的‘情感调剂品’，是饮用者与时俱进、与国际发展同步的‘新潮’象征。”涂先生说，对于红酒作为“社会地位的标签”的特点，更是让其在商务宴会上的受宠程度与白酒有一拼。红酒是情调的代表物，更符合“爱”的内涵，适合婚宴等喜庆场合。

“昆明红酒价格带的形成有着深层次的原因。”长城代理商向本报透露说，终端竞争激烈，通过产品更新提高价格，直接提升市场上红酒的操作空间。

昆明是一个红酒消费比较成熟的市场，以前红酒主流价位集中在40元左右，但随着竞争加剧以及终端费用的大幅提升，这个价位的产品留给商家的可操作利润空间已经太小，甚至出现了“卖一瓶赔一瓶”的尴尬局面。

很多品牌想通过提价来改变这种局面，但是因为成熟产品的价格比较透明，直接提价容易给市场带来不良影响，通过产品更新来提升价位成了比较流行的做法。

“成熟品牌巩固市场地位，借助价位提升拉大与其他品牌的价差。”涂先生说，由于价格门槛不高，成熟品牌的产品无法体现优势，再加上一些终端比拼，利润严重缩水。

“成熟品牌为了打造一个较高的价格门槛，拉开档次，把价位在七八十元的产品作为了重点，从而巩固自己的优势地位。”

涂先生说：“受进口酒刺激和红酒的全球化采购趋势影响，价位竞争自然升级。”

随着本报调查发现，以前昆明超高端红酒市场缺乏国产强势产品，超高端市场被进口酒牢牢占据。正如涂先生所说，受红酒全球化采购趋势的影响，进入昆明市场的进口红酒越来越多。国产红酒通过推出自有品牌和进口原汁等形式加入到红酒的全球化采购中来，价位也实现了自然而然的提高。

（喻　波）

酒包装发展与市场竞争

过去几年间，酒行业的竞争充满硝烟，白酒纷纷变革突围，红酒血腥拼杀寻找增长，黄酒、啤酒从扩张到加速扩张，保健酒稳中有升，洋酒谋划进一步入侵。酒行业今后的竞争将逐渐向深度洗牌转化，进入一场品质、品牌、包装的较量战。“狭路思变，变则通无限”，行业竞争加剧要求企业必须开发满足市场需求，迎合消费者心理的酒包装。业内专家分析，2005年是酒包装发展的拐点”。

拐点一：材料环保，创新加速

酒包装的突破和发展很大程度上取决于包装材料的创新和升级。业内人士感叹，在包装材料日新月异的今天，中国酒包装对新包装材料的选用是最快最多的。但是，由于过去非理性的选用、甚至滥用，造成中国酒包装没有因此而提升多少。今年，酒包装最大的改进将是利于环保的包装材料被广泛地开发使用，并且有意识地降低材料成本，这主要源于众企业逐渐认识到高档包装不等于高档材料的简单堆积。此外，玻璃、陶瓷容器的工艺逐步简单化、艺术观赏性增强，就如电影常通过增加艺术细节体现大气，而不是简单地依靠大制作和工艺技巧；外包装、内衬材料的实用性、环保性增强，外包装材料向无覆膜转化，内衬材料向环保“蛋壳”、瓦楞纸等过渡。

拐点二：元素整合进程加快

目前，中国酒包装从形式到内容都非常相似，导致此问题的原因在于设计师对设计元素缺乏整合、创造，局限于简单拷贝业内现有资源，缺乏对业外资源的借鉴。从当年的“铜雕风格”、“瓦楞纸风格”、“古钱币、中国结装饰风格”到“鼻烟壶技艺”、“中国剪纸风格”、“古典园林风格”、“川西民居风格”的逐渐引入并相继获得成功来看，2005年中国的酒包装将会越来越多的借鉴和吸收历史、人文、地域、民俗等各种业外资源中的优秀素材进行整合。此外，随着对酒包装现有的一些优秀元素进行细腻性地二次创造，将会“变异”出更多的表现形式和内容。成都丙火设计公司今年开发的泸州醇酒包装借鉴了很多酒包装的设计元素，通过细腻的制作手法，对细节元素进行深加工，超凡脱俗地打造出一派高档、地道的川酒形象。

拐点三：还原文化本色

文化深植于每个消费者的心里，可以与消费者引起强烈共鸣，促进销售。法国的葡萄酒酒、俄罗斯的伏特加、德国的啤酒、日本的清酒都已代表一个国家、民族的文化，成为了一种文化的象征载体，这与其独具文化内涵的酒包装密不可分。在中国，湘酒鬼、今世缘于上世纪末率先引入文化营销，在业内掀起一股热潮，但遗憾的是后来众多企业相继步入捏造一段历史、编造一个故事，并简单体现在包装上等偏离文化营销的误区。回顾近年的中国酒包装，吉祥汾酒（2002中国文化金奖）、板城烧锅（2001、2003世界之星）、水井坊、锦上添花（2004世界之星）、和酒才初步将文化内涵表现出来。龙兆曙、陈小明认为，文化营销是酒类营销的趋势之一，但真正领会并体现于包装却很困难。中国拥有悠久的历史和深厚的文化，将其与酒文化、企业文化通过包装共同表现出来，会使营销事半功倍。现在，企业和设计师都已经意识到文化在酒包装中的意义，文化特色在今后将会更加突出体现。

拐点四：力求简约冲刺视觉

著名品牌大师马克·戈贝（Marc Gobe）（世界十大品牌形象创意公司——“D/G国际”总裁、首席执行官兼执行创意指导）在他最新中文著作《情感品牌》一书中提到：包装就是一部半秒钟的商业广告。它必须立即发挥作用，引起您的注意，或者建立起您对于一种产品的亲密感情。好的包装就是一个无声的“促销员”，即在消费者与产品接触的半秒钟里，就会吸引住消费者，达到促销的目的。因此，在群雄纷争的市场中，为了便于形象传播，势必要求采用简约的包装设计，以达到冲刺消费者视觉的效果。中粮绍兴酒有限公司的孔乙己十二年陈花雕酒包装，以简洁的色调组合、流畅的瓶身线条，主题突出地体现了产品诉求。整个包装中简洁的白色背景，经典的黑色字体，舒缓的水墨线条，趣味的红色图标，映射出企业与设计师的热情，呈现出扣人心弦、引人入胜的意境。

拐点五：挖掘趣味性观赏亮点

“烟台长城”的瓶标设计中，趣味性地使用烫金海岸线标志和框式结构，配以简单明了的背景色彩、图案，十分惹眼，使其在众多葡萄酒包装中脱颖而出。蒋子翔认为，酒包装的观赏亮点，可以让产品在平淡中生色，平凡中增加了它的趣味性，所谓“画龙点睛”。趣味性的观赏亮点必须符合产品的内涵，文化的内涵，满足消费者的欣赏品味，才会为整个包装增添色彩，吸引消费者的眼球。蒋子翔锦上添花系列包装上中国园林风格的镂空窗格，焦宏林书香门第系列包装中的古典扇面设计，陈小林水井坊设计中的中国传统鼻烟壶技艺，都表现了浓郁的传统文化气息，趣味性地传达出产品传统而现代的品牌思想，稳重、华贵、经典的品牌诉求，作为观赏亮点，使整个包装跃然生辉。

此外，酒类企业与包装企业间有效沟通平台的搭建，也将是酒包装发展的重要环节。

（中国产业包装网）

白酒包装应跟上市场步伐

一、白酒包装的现状

白酒是中国的传统酒，属世界六大蒸馏酒之一。据可靠记载，白酒距今有1千多年的历史。而现在在中国，白酒是人们生活中不可缺少的大众饮品。我国的白酒包装经过近二十年的历程，走出了一条自己的路，在设计风格和材料工艺的应用上都有很大的突破，很多著名品牌都有了自己较完整的理念和形象。同时，白酒消费市场现在也正处于一个关键时期，销量逐年萎缩。不科学饮酒、伪劣白酒等危害健康的原因，使新时代的青年越来越倾向于红酒和果酒。

二、白酒包装如何提高竞争力

白酒需要什么样的包装？这确实是个值得动一番脑筋的问题。为什么？因为白酒的包装适当与否将直接影响它的认知率、铺货率直至市场占有率，这绝对不是夸大其词。如果一个厂家生产的新品牌价位在50元左右，假如该产品采用很高档的瓷瓶包装，外边再加上锦盒，说句良心话，作为消费者谁都不会去买这样的酒，因为消费者心里有杆秤呀，一瓶白酒才50元，而包装成本差不多占去一半，那么，白酒的品质肯定大打折扣，是买酒还是买包装？当然，最终会放弃选择这个有“水分”的品牌。

现在的白酒包装已不是单纯意义上的包装，其所发挥的作用已变得十分宽广，而这种作用中用于销售和招商的分量日益加重，包装和经营结合的重要性已经被许多厂商所看中。

三、白酒包装设计

白酒作为最纯粹、最富民族性的产业，产品之间的同质化趋势使得必须从视觉形象、文化营销等方面寻求竞争力。在这种情况下，作为首当其冲的包装设计因其独特性和不可替代性扮演着重要角色。包装通过文化来标新立异，吸引消费者注意力。越具有个性化、地域性、民族性、人性化的产品包装，越具有竞争力。白酒包装设计领域，需要我们用无限的设计思维、强烈的民族责任感、时代的紧迫感和对生活的美好愿望去努力创立自己的民族包装设计体系。

随着白酒行业的发展，白酒的包装设计已从纯粹、简单的产品设计，发展到市场、企业、营销三个坐标共表现的品牌信息设计。在白酒日趋同质化的今天，白酒的包装也就成了彰显个性的重要手段之一。这就势必要求白酒包装设计的各种元素在使用上要推陈出新。（中国酒网）

酒外包装创新策略

以竞争对手为镜可以正衣冠——研究竞争对手的包装策略

提高酒品竞争力的另一方面就是确定竞争方位。对于产品的包装，仅仅知己是远远不够的，还要掌握竞争对手的包装策略、包装现状和创新动向。包装有两面性，对于消费者，它是鲜花与赞美诗；对于竞争对手，却是杀手锏。常见的包装策略误区是：第一，只注重研究竞品的内在质量、风味口感，忽视包装竞争和促销；第二，即使关注对手的包装策略，也只是停留在模仿阶段。包装忌讳模仿，仿者必死。

如何选择包装策略切入点，扬长避短，趋利避害呢？

一是分析对手的类型。二是对手品牌的价值、对我方直接构成威胁的主要酒品的生命周期。三是对手主体酒的风格风味特点以及内外包装设计设置所反映的对于消费者和竞争对手的策略特征。四是主要竞争对手的主要品牌及其包装策略所形成的竞争态势及对我方的影响。

好花还须金叶衬——把握住价值规律

酒品定价的主要依据是成本和需求，而包装成本价值的确定依据则是主体产品酒的价值以及供求关系。要获得长期稳定的市场占有率和收益率，确定一个相对合理的包装与主体酒品的比值系数及变化幅度是至关重要的。包装匹配酒，毕竟是从属关系，包装表演得再精彩终归配角。比值系数及其变动幅度、供求关系是确定包装价值策略应遵循的原则。违背这一原则，包装价值严重背离主体产品酒的价值，会对品牌价值构成伤害，最终被消费者抛弃。消费者的利益要得到切实保证，就必须从包装的价值上下工夫。

包装的价值确定策略可以从以下几个方面入手：一是以主体酒成本为依托。高档高附加值，低档低附加值，不能悬殊太远。二是以竞品品牌包装价值的总体水平为参考。三是以目标市场消费者的实际购买力和品牌价值为标准。四是以产品质量为支撑，高质量的酒可以大大提高产品的附加值，这是确定包装价值以及产品售价的重要因素。五是酒文化的含量。这是可以感知的，要凭操作者的感悟和灵性。六是酒盒内的奖品价值更应参照比值系数相关因素设定。

冬穿绸缎夏穿纱——适应酒品的生命周期

酒类产品同质性强，竞争过度，加之酒业科技进步、消费者观念的变化，酒类产品的生命周期大为缩短，而尤以中小企业为甚。面对消费者，酒品要变幻各种笑靥姿态和芳心，通过设置奖品改进包装来促使寿命的延长；另一方面，包装要积极地适应市场竞争的恶劣环境，寻找生存空间。这对包装提出了苛刻的要求：物竞天择，适者生存。不同的竞争环境，不同的生命周期，包装策略大不相同。包装的图案、文字、标识、造型、说明、设计等创意均应围绕某一品种的生命周期展开。

开发期：包装务求一个快字。兵贵神速，应快速切入节假日市场。节假日把酒类营销的时间、地点、内容进一步浓缩了，市场之计在于节。酒类营销有明显的时尚色调，所以商机不可错过，否则瞬间便成明日黄花。如果包装设计和印制交由包装商印制，须争分夺秒，尽快交付。

引入期：标新立异。包装的功能、包装的组成切入目标市场要快要准更要新。参与设计的人员应由包装工程师、营销专家、美术设计师，特别应邀请酒文化的专家和一部分革新型的消费者组成。决不能闭门造车，脱离市场想当然。引入期产品的包装未曾与消费者谋面，第一印象至关重要，所以，包装设计要有刺激性、爆炸性、诱惑力。既要有浓郁古典的文化气息，又要有新潮流行的色调。这个新字不仅如此，还要对竞品包装有针对性、压制性。

成长期：重在完善。把产品包装分为几个生命周期，并非每个周期都要变幻一种包装。成功的包装要尽可能完善其功能，以吸引更多的消费者。包装变动频率过大，有可能失去老的顾客，得不偿失。一旦扎下根来的新品有些不尽如人意之处不要轻易重新设计，应采取过渡的办法，适当修整。成长期的包装需要维护和关爱，因为包装的更换易于遭受竞品的侵害，失去早期消费者。

成熟期：此时，销售增长率趋于稳定，多数消费者乐于用我方酒品，针对该产品的竞争状况十分剧烈。包装所担纲的竞争功能不是减弱了，而急需加强。我方酒品如日中天，却也成为众矢之的。假冒品纷至沓来，严重损害我品牌形象；竞品频频对我发动攻击，窜货乱价泛滥成灾。因此，包装在突出防伪功能的同时，应强化对竞品的防御功能。现实的策略是：一是以攻为守。毕竟我方产品处于主动地位，控制着市场的主要份额，可以对主要竞品展开决战。以我包装设计、组成的优势直指竞品包装的弱项。二是让利。通过对包装成本的合理下降，调低酒品售价，争取更多的消费者。三是多品牌。增加产品线的长度宽度。质量不改变的情况下，不同包装会有良好效果。四是提高奖品档次，加大促销力度。

衰退期：设法返老还童并为新品出世提供过渡条件。转变策略更新换代是包装的主题。这时我仍有一些坚定执著的品牌忠诚者，针对我方该品牌的竞争已经弱化，利用这一时机实现转变。对现有包装不适应市场环境的功能、设计、组成进行重新改良改进，变换竞争对手、竞争方位，改善竞争环境，使其新生。如果新生的可能和价值不大，应果断淘汰。

上对花轿嫁对郎——导入不同需求

包装促销功能表现在催促、诱导消费者即时购买。企业信息、产品信息、营销信息明确传达给消费者，到消费者决定购买的时间很短。分解过程大致如下：唤起注意，引发兴趣，启导欲望，付诸行动。

消费者不可能连篇累牍地阅读有关企业和产品的信息或者一一品尝之后再作定夺，所以，中层包装的设计对于刚结识的消费者尤为重要。如何在竞品的“喧嚣”之中牢牢锁定消费者，设计创意除了具备鹤立鸡群的夺人之处外，与不同消费者沟通，满足各自需要是关键。首先，要建立自己的包装概念——包装与酒品、消费者的关系。要明确最有利的诉求位置，争取点头率、回头率，必须做到实体定位与心理定位以及两者的统一。

实体定位。包装的设计、组成、文化含量、功能、成本、与主体酒的成本比值、与售价的比值等等因素所构成的实体因素应与消费者的不同类型组合成对应的象限，以求准确定位。

（中国食品产业网）

白酒企业纷纷缔结“经销商同盟”

经销商之于酒厂，在古时就是将酒香带出幽深酒巷的行走吆喝者。在号称终端制胜的现代白酒市场，经销商对于酒厂的作用更是不言而喻。

“在销售上，老窖走过弯路。”现任销售总监，已经在证券彭丹雪曾在其报告中这样说，泸州老窖2006年的定向增发，其主要目的并非为了投资，而是为了加强与经销商的关系。公司该次增发主要选择了分布在华北、华东和华南的大区域经销商，参与增发的10名特定投资者，其中8名经销商的销售收入分别占据公司2005年和2006年上半年销售收入的9%和14%。增发将经销商和老窖牢牢地捆绑在一起。2007年上半年，泸州老窖营业收入12.94亿，同比增长27.58%；高档酒收入8.18亿，同比增长32.91%。业绩如此，经销商应该功不可没。

不知道是不是受泸州老窖的影响，“建立利益共同体”也成为今年竞争力也悄然滑落。不知不觉中，茅台已经悄然坐回老大的位置。2006年，五粮液净利润足足比茅台少了3个亿，利润总额和净利润更是分别下降了5.92%和4.43%。

新帅上任，五粮液也在致力于改善形象。据了解，公司聘请了29位品牌经销商作为顾问，分析人士认为这将有助于双方间的沟通和理解。对于经销商经营价差政策，公司管理经营层强调，坚持和经销商贯彻“看长远”原则，不会调整利润空间，但公司依靠年终返利以平衡商家利益。

所谓成也经销商，败也经销商，这个定律对于绝大多数白酒生产企业可能都适用。众多的中小经销商们，单打独斗跟名酒企业较劲，那是胳膊拧不过大腿，怕就怕揭竿而起，一呼百应。酒厂想同经销商结成同盟，自然也在情理之中了。

目前酒厂的目光紧紧盯在高端酒上，因为面对越来越高的税收负担，它已经无可争议地成为利润的最主要来源。关键是，如果经销商并不能从名酒中赚到钱的话，谁会饿着肚子跟你结成同盟？

（钟 彩）

区域强势白酒品牌市场突围法则

何谓区域强势品牌？它区别于其他类型白酒企业的主要是两个指标：一是区域性，它的市场主要集中在某一或者几个特定省份、特定市场；第二是它具有三高特征。即在特定的区域具有相对较高的知名度、市场占有率以及品牌影响力，换句话说它是当地经济的支柱企业、龙头企业、利税大户；安徽的迎驾贡酒、文王贡酒、高炉家酒；湖北的黄鹤楼酒；江苏的双沟大曲，山东的趵突泉、扳倒井；四川小角楼、江口醇酒；内蒙古骆驼酒；陕西太白酒；河南仰韶、宝丰酒、张弓酒；河北板城烧锅酒等。他们在所在区域，无论是品牌影响力，还是市场覆盖率绝对是龙头老大。是当地人引以为豪的标杆企业，也是当地政府形象的外在标志获得了上至政府，下至消费者的厚爱。

区域强势品牌，市场突围的四大营销症结

区域强势品牌是近十年中国白酒发展的中坚力量。自20世纪90年代中后期，中国白酒在经历最为萧条时期后，以体制转换为契机，逐步走向市场。率先进行市场化的区域酒类企业迅速脱颖而出，走向区域强势品牌之路。涌现出如迎驾贡酒、趵突泉酒、江口醇酒等一些强势代表。

区域强势品牌在寻求市场突围。我们可以看到，除了鲁酒在经历历史性的教训后，集体收缩战线外。各主要区域强势品牌均在寻找市场突围之道。高炉家借势陈道明高调宣布向外拓展；陕酒西风、太白也是试图走出陕西；鄂酒枝江、白云边更是在积极尝试市场突围；河南宋河已经尝试到了拓展阻力……在区域强势品牌今天辉煌的背后，缺或多或少隐藏着很多“固有弊病”，已经影响到了企业持续市场突围。

一是企业战略迷失。区域强势品牌都在面临做大还是做强的战略选择问题。做大需要规模，做强需要品牌。最好的规模来自于多元化发展；在整个中国白酒行业处于稳中下滑大趋势下，多元化被很多白酒企业，尤其是强势白酒企业降低风险、做大规模的最好选择。多元化必要造成资源，尤其是资金以及人力的分散，这与竞争极其激烈的白酒行业来说，又是最大的风险所在。口子窖单一化战略使其从区域强势品牌一举成为中国名酒，首次进入中国白酒百强前十，稻花香也是循口子窖之路迅速做大。而我们也看到了很多区域强势品牌试图多元化来达到企业战略做大做强的目标。区域强势品牌首要的问题是在下一阶段清晰自己的营销战略，才能够在战略路径以及战术目标上有所突围。

二是长期的品牌内涵积淀的困顿。过去成功的经验有时候缺成为企业继续发展的绊脚石。“文王贡酒”，虽然“自家酿造”，但依然改变以正一品文王贡酒为主导产品结构偏低的制约；虽然枝江大曲“越来越好”，离我们也“越来越近”，但同样是很难改变其在消费者心目中中低档品牌的心志；太白酒、小角楼等也是一样。我们看到，几乎所有的强势品牌都在试图推出中高端产品来提升自己的品牌形象。当然，从企业利润以及品牌形象上，推出高端产品无可而非。但是，从营销战略层面上，我们要清晰几点：第一，推出高端产品成功的机会成本有多大，企业到底能够支撑与否，我们看到很多企业推出高端产品不成功，最终将企业拖垮；第二，我们为什么不做大做强中低档品牌呢。毕竟高端市场的容量有限，同时，改变消费者固有的品牌认知是极其困难的。

三是外部竞争对手的腹背打击。区域强势品牌正面临着双层夹击，一方面来自于一线品牌的打击。茅、五、剑、泸州老窖、郎酒等一线品牌通过延伸产品线、转换营销模式发展迅速，全线产品迅速在全国市场铺开，在消费者追求品牌化消费的今天，无疑会给区域品牌以致命打击；而区域强势品牌还受到来自于“更地产”的三线品牌的打压。因为小区域地产品牌一方面受到来自于政府的地方保护，同时来自于消费者对地产品牌的青睐。典型的如山东市场，各个县级市场都有数个知名的区域小品牌，外来即使是强势品牌也很难撼动其市场地位。河北栾城县的味道府酒业，仅仅在当地销售额便达到了近 3 000 万，占到整个县级市场的 80% 左右。

四是区域强势品牌向外拓展受阻的困惑。区域强势品牌最大的困惑就是如何进行有效的区域市场拓展。白酒作为文化性的产品，地产本身是一个很好的消费理由。而区域强势品牌走出自家市场之外，进入其他市场便成了“四不像”，即不是全国知名品牌，也不是地产品牌。消费者便没有了“理由”消费它。譬如，安徽的消费者并不认为枝江大曲是名牌，也不认为西凤酒是好酒，虽然他们在各自区域内是强势品牌。区域强势品牌向外拓展市场首要的就是解决品牌和当地消费者有机结合问题。我们看到了很多区域强势品牌或通过品牌嫁接，或通过营销模式创新取得了区域市场拓展的问题。我们看到当皖酒在广东为王的时候，徽酒军团中的强势品牌纷纷尾随皖酒王；当迎驾贡酒在南京市场初显效益的时候，徽酒军团蜂拥而至。目前区域强势品牌在区域市场拓展中基本上是采取跟风策略，而没有如口子窖那样的系统的“等高线市场”策略结合品牌当地化策略。因此，区域市场拓展对于强势品牌来说，不成功则成仁。宋河在 2005 年投入数千万广告冲击河北市场，并没有取得预期的市场效益；陕西太白酒试图走出陕西，山东扳倒井全线收缩市场，主攻山东本土市场等，都在一定程度上说明区域强势品牌区域市场拓展“无招”问题。

区域强势品牌，市场突围的“一个核心”

品牌亲民化。这是所有区域强势品牌突围市场失败最为致命的要害。白酒和其他品类不同，它需要深厚的消费“理由”。尤其是对区域性白酒来说，如何拉进和目标市场消费者的距离，加深品牌的亲和力，实现品牌的好感，带动产品的销售是我们必须要清晰的主要问题。口子窖通过“吃武昌鱼，和口子窖”，将口子窖融于武汉消费者；枝江大曲通过“XX 越来越好，我们越来越近”拉进与外地市场消费者的距离。当然，他们在这方面做得还不够到位，而我们更多的区域强势品牌都是硬生生的，试图通过非品牌的方式强加给外地消费者，我想在选择日益多元化的今天，估计消费者不会买单。

寻找品牌嫁接的元素，实施品牌亲民化策略。品牌一定不是高高在上的，而是能够和消费者近距离沟通的。肯德基、麦当劳等国际品牌在进入中国后，都能够顺应中国区域消费者的需要，研发新产品，挖掘新概念，他们的亲民化策略是值得我们区域强势品牌好好学习的。

区域强势品牌，市场突围的“二大战略原则”

战略决定出路。区域强势品牌寻求市场突围，首要的就是找准营销症结后解决好战略法则问题。只有清晰区域市场突围的战略，我们才能选择适合自己的战略路径。区域强势品牌寻求市场突围必须要清晰两大原则。

第一，区域强势品牌突围市场要坚持“顾此不能失彼”原则。区域强势品牌最大的危险来自于“顾此失彼”。集中企业全部的资源试图寻求市场突围，而忽视了对本埠市场的巩固与维护，甚至将本埠市场拱手让给竞争对手。我们要清晰地认知，本埠市场一旦稍有放松，便成了竞争对手的“机会性市场”。

第二，内功大于外功原则。区域强势品牌在寻求市场突围之前，一定要对自己的企业内功进行系统梳理。企业资源、企业人力、企业管理体系等是否能够支撑市场拓展的需要；而不能够仅仅依靠外部的市场机会的诱惑以及外资的注入，就采取冲动性措施。笔者服务的陕西太白酒就清晰自己的人力资源不足以支撑市场突围，所以苦练内功，强化管理等，再寻求陕西市场突围。

区域强势品牌，市场突围的“三种战略路径”

机会性路线。这是目前中国白酒区域强势品牌最为常用的市场突围路径。通过对全国市场进行深入的调研、分析，找准机会性市场进行突围。这里所谓的“机会”有几个层面内涵。一是市场的机会，譬如目标市场没有强势地产品牌，一线名酒的非重点市场，这就是巨大的市场机会点，在白酒竞争激烈的今天，这种机会变得越来越小；二是市场切入的机会，譬如安徽市场某种程度上就是“媒介机会性”市场；山西市场基本上是“资源机会性”市场。机会本身大小之分，譬如目前中国区域强势品牌突围市场基本上首先选择的是竞争白热化的省会城市市场，希望通过“盘中盘”带动整个大区域市场。事实上，中国更大的“机会”在于竞争不够充分的三、四线县级市场。

歼灭战路线。区域强势品牌一定还是区域性的，因此在寻求市场突围的时候，可以根据自身资源状况，有选择、有步骤地进行市场突围，采取歼灭战方针。一地一地的突破，这样一方面能够最大可能地降低企业自身的风险，同时也可以提高市场突围的成功率。在企业自身内功没有修炼到位的情况下，试图通过“大市场”的方针是不明智的。宋河突围华北市场失手就是营销策略的失误。

大一统路线。大一统路线需要企业有清晰的全国化思维以及全国化的管理体系以及品牌自身的无区域性等。典型代表是小糊涂仙以及安徽金坛子酒。其通过对全国市场的缜密调研，确定了全国市场一盘棋策略，以大一统策略成功拓展全国市场。当然，小糊涂仙的迅速衰弱说明，这种路线需要对企业后期市场管理以及独特的、无地域性的品牌基因诉求的要求很高。这对大部分区域强势品牌来说是一个巨大的考验。

（中国管理传播网）

清香型白酒的外拓之路

印象中的清香型白酒典型代表当属山西的汾酒，就是在现在，去到山西也是被浓浓的汾酒清香包围着。在汾酒的主战场山西，光一个杏花村酒厂每年在山西市场捞走的就是近 20 个亿。另一个大众熟知的清香型酒代表就是北京的二锅头了，据称其销量已经连续五年坐稳全国清香型白酒厂老大的地位，二锅头的 125ml 装小支酒可是卖遍全国啊。

在浓香一统天下的今天，清香型白酒的阵地除了历史上固有的山西、新疆部分地区以及北京市场外，稍有亮色的恐怕就是近两年汾酒在河南取得的战绩，其余均不足为道。其实，随着消费的日趋多元化，浓香的一统天下早已经被打破，茅台、郎酒近两年的快速崛起就是酱香型白酒卖遍全国的启示；黄酒从江浙走向全国也印证了消费选择多元化时代的真正到来；清香型白酒的外拓之路，从地方走向全国也完全没有理由做不到，更何况汾老大历史上曾经红遍全国市场的战绩也说明了全国民众对清香型白酒并没有什么特别的抵触情绪。

那么，清香型白酒的外拓之路究竟如何走？

一、战略先行

首先要搞清楚究竟是打全国市场还是打局部市场歼灭战？一般来说，白酒行业中目前真正能够开打全国市场的品牌少之又少，一是企业的实力不够，没有办法支撑强大的费用投入；二是打市场的人才跟不上，短时间内组建的队伍因为磨合及对企业文化的融入程度有限，很难发挥出其大部分潜能；有鉴于此，清香型白酒在做战略规划时一定要根据自身企业的实际情况确定市场发展的重点，最好是拿下一个、巩固一个。

当然，如果觉得自身的品牌力十足，开打全国市场也未尝不可，那么一些茅、五、剑的拓市方式也是可以借鉴的，更多的是依靠经销商力量做市场。这方面笔者认为做得好的可能要数泸州老窖，其攻打市场时先重点导入某一款主流产品，待主流产品起来后，其他打着泸州旗号的系列产品就会蜂拥而入，快速瓜分市场，这个时期的泸州就会收缩战线，战场的主力冲锋部队就已经变成经销商了，因为受市场和利润吸引，逼得经销商不得不想办法主推自己经销的产品。需要注意的是，市场高度成熟后的市场维护以及可持续发展问题倒是要重点研究和关注的。

汾酒的山西市场打法，二锅头的全国市场打法都有其历史原因，目前的清香型白酒打市场有两个选择：一是到那些有清香型白酒消费习惯的地区重点运作，这个时候看的就是品牌和市场运作能力了；二是重点培育尚未形成消费习惯的重点市场的消费者，由教育做起，最终形成持续的市场发展，这种方式最主要的就是要避免先驱变成先烈，防止其他后续跟进者哄抢自己培育起来的市场；

二、领导带动

清香型白酒做外地市场时借鉴一下目前黄酒的操作手法以及高档白酒的操作手法还是很有帮助的。大规模的市场开发对许多尚没有清香型消费习惯的地区来说，收效并不大或者市场的推进速度很难快速跟上，这种大规模的前期投入就会打水漂。如果由意见领袖入手，前期树立清香型白酒高高在上的形象，由部分领导先期带动消费，虽然市场的启动速度慢些，销量也不是很大，但这种模式既保证了经销商的利润，也保证了厂家的利润，市场风险也很小。黄酒这两年的全国市场推广很大程度上是在推广这种模式，借用江浙商人遍布全国的影响，由小部分人入手掀起了黄酒市场局部热潮。

笔者目前所在的市场有个经销商接手全国某著名黄酒品牌时采用的就是这种打法，牢牢锁定所在市场部分高端人群，形成指定消费，最终成为领导圈的流行酒，占据了想要的市场份额，也获得了良好的利润。

三、打健康牌

茅台酒的健康牌虽然屡屡招致行业人士诟病，但通过近几年的强化宣传愣是让消费者宁信其有，尤其是高端消费人群，天天与酒精打交道，更是寻求一种心里慰藉，希望自己“酒精”考验的身体能够平安无事。

清香型白酒其实拥有这种天然的宣传由头，在高端消费人群的推广方面可以更容易得到对方的信任和尝试。“清香美酒好入喉，领导都喝不上头。借问此酒何处售，众人皆指香满楼”。某县城经销商代理了一款国内著名清香白酒的某系列产品，为了让消费者形成记忆点，他就编了这么首顺口溜在县城的领导层中宣讲，最后还成了酒桌上的谈资和酒的代名词。香满楼是他的店名，也成了县城最出名的售酒点。

四、重视品鉴

清香型白酒的主销区域毕竟有限，在消费者未能真正了解酒的品质之前，其接受的畅快性是很令人质疑的。品鉴分两种情况，如果我们只做领导层，那么对核心领导层的赠饮工作一定要持之以恒，不断制造让他带动消费的理由，接受我们的赠饮并进而转化成自点；另一种情况是我们想打大众市场的话，就更要生产出一批专用小瓶赠饮酒，大量投放市场，通过在目标酒店、社区、商超开展的持续不断的赠饮活动引发消费者的尝试兴趣，培育消费者的消费依赖。

大规模的品鉴活动除了造势和凝聚人气外，其实也是最节约市场投入费用的一种方式。清香型白酒借用这种模式拓市可以缩短与消费者的隔阂和距离，快速赢得目标消费人群的认可。

五、先做小市场

清香型白酒做市场受口感方面的限制，改变消费者的消费习惯工作比较难做，业务员又要立即出业绩的话，最好先从县级市场开刀做起。县级市场虽然整体规模较小，但确实投入较小，市场启动速度较快。以广告投放为例，大城市的广告投放其效果滞后性在9个月后才能检测到广告效果；地级城市大概在6个月后才能够检测到广告效果；而县级市场打广告快的话一个星期就能够检测到广告效果，三个月就能够引导消费者的消费习惯。所以先选择县级市场做，业务员的心里承受压力会小些。

先做小市场还可以为业务人员积累市场拓展经验，为业务员提供一些可供借鉴的实操手段。但小市场的经验不能够全部往大城市以及地级城市复制，否则会适得其反，因达不到效果而怀疑自己小市场的运作模式。这就是通常说的“杀鸡用牛刀可以，杀牛用鸡刀就不行了”的道理。

六、借势

目前的名酒复苏也给到清香型白酒一个很好的借势机会。清香型白酒曾经在白酒香型细分中占据四分之一的版块，历史上可供炒作的由头很多，清香型的白酒文化也很源远流长，可资借用的资源十分丰富。从一个点突破，无限放大该点的优势是清香型白酒拓市时可重点考虑的策略。不一定像常规白酒那样买店、上促销、大规模的广告支持等整合营销手段上齐，甚至反其道而行都是可供借鉴的方式。

“喝杯白酒，交个朋友”能够在湖南大行其道，“白酒现在流行喝清香”也未尝就不能成为年轻人的时尚。从白酒远古的历史回到年轻人的餐桌上或者正是清香型白酒肩负的历史使命，而一个与时尚结缘的白酒种类其生生不息的活力才能够得到最大限度的彰显。

清香型白酒的市场拓展需要我们开动脑筋另辟蹊径，进入市场后对消费者的把握和透彻研究才能够帮助我们找到真正的拓市方向，从这个意义上说，本文的撰写也只是为大家提供几个小小的建议而已，不能算是找到颠覆市场的魔方。

（唐江华）

撬动清香型白酒崛起的杠杆

清香型白酒的复兴已经初露端倪，或者像激进派说的那样：清香型白酒的复兴只是个时间问题。笔者也深信清香型白酒的未来，但更深信找到支点才能缩短这个漫长的过程，究竟撬动清香型白酒崛起的杠杆是什么呢？

杠杆一：香型重塑

事实上，清香型白酒深刻吸取了20世纪60年代以来的技术推广普及后，一直在新工艺的研发和技术创新上做得远远不够，技术水平的升级除了引进一些先进的设备外，在制曲、发酵、酿造、勾调等工艺流程上很少有重大的科研成果，导致清香酒的工艺水平在新时期提高缓慢的惨痛教训，为了能够重振清香型白酒，这些企业开始了卧薪尝胆之路。

首先，在技术方面取得了大的突破。主要表现在制曲、发酵、酿造、勾调等技术方面，这些技术方面的突破使得清香型白酒的酒水微生物及微量元素更加科学、丰富，这种深度的挖掘与研究，使清香型白酒的酒水数据分析更加科学、规范、翔实，同时酿造工艺随着设备和相关配套设备的发展也取得了较大的突破。2004年以来，以汾酒为代表的清香型白酒多次举办清香型白酒的技术论坛，组织各方面的专家进行技术攻关，取得了实质性的进展，让清香型白酒具备了与浓香、酱香“香”分天下的可能。

其次，清香型白酒的口感在消费研究实践中得到创新。2004年，国家发展和改革委员会发布75号公告，批准包括“老白干香型”在内的170项行业标准，并于2005年6月1日起实施。“老白干香型”的脱颖而出，在中国白酒界引起巨大反响，而其最早的倡导发起者正是衡水老白干酿酒集团。借衡水老白干酿酒集团总工程师张志民的话说，此香型是在传统清香型白酒的基础上作出的新突破，既是传承又是提升，是清香型白酒发展史上的一个分水岭。

衡水老白干营销总公司市场部经理葛运献则强调：“清香型仍是老白干香型的母体香型，不仅做到了传统清香型白酒的清雅纯正，也做到了口感淡雅爽冽，符合新时期的消费潮流。”从此，衡水老白干有了一张差异化的特殊牌，形成了衡水老白干的产品竞争力。

更为重要的是，老白干香型也开启了清香型白酒的技术拐点，促使更多的清香型白酒企业突破传统清香，寻找自己的独特个性。如：北京红星二锅头更加强调二锅头工艺特色，2006年，“红星”被商务部酒类流通管理办公室和中国酿酒工业协会正式认定为“中国白酒清香型（二锅头工艺）代表酒”。

以老白干香型取得国家标准认证为标志，实质上也是对清香型白酒口感创新突破的例证，因为老白干香型的母体是清香型是毋庸置疑的，但老白干的香型确实印证了传统清香型白酒口感的缺陷：一向以低度酒为主导消费群的清香型白酒，在彰显绵软、淡雅中缺少白酒自身应具备的“甘冽”，这既是清香型白酒自身的特性，但某种意义上也是一个致命的弱点，毕竟清香型也是隶属于白酒的范畴。

近两年，清香型白酒逐步开始走向高度，大部分企业惯性认为只是对度数的需求改变，而忽略了市消费者对酒水口感需求的改变。立足于“打造清香型白酒第二品牌”的晋派酒经过认真的消费研究和市场分析，尤其是通过山西的大同、晋城、长治及阳泉市场的消费研究，得出了另外一个结论：清香型白酒必须在保持自身香型的基础上，对口感进行创新，其依据是消费者口感需求的明显变化，传统的绵软、柔和、淡雅很难满足消费者的口感变化，必须对清香型白酒进行口感整合，在传统口感的基础上，逐步凸现酒水口感的“甘冽、纯正”。晋派酒经过近一年的产品口感测验，其大胆创新口感普遍为消费者所称赞。

同时，这也印证了另一个消费事实，就是白酒消费多元化，由于传统清香型白酒口感固守多年，没有取得突破致使消费者大胆的选择了其他香型的白酒，如清香型白酒为主导的山西，近年来浓香型白酒也开始迅速增展，甚至在局部市场浓香型白酒超过了清香型白酒的消费比率。

第三，清香型白酒在全国的“呐喊”声起。事实上，缺少“呐喊”的声音也是清香型白酒兴而复衰的主要原因之一。20世纪70年代，清香型白酒企业之间的技术交流与合作基本停滞，远不如浓香型企业之间的技术交流。过去和省内外的一些酒厂打交道时，经常听对方提及自己的工艺水平是哪个大酒厂派人过来指导的，或自己的产品风格的形成是哪个著名企业的调酒师帮助实现的。但却从来没有听说过清香型酒厂之间的这种故事。也曾听一些技术人员说过，20世纪90年代以前，清香型酒厂之间还有一个松散的技术协作体，定期或不定期的召开技术研讨会，交流各企业间的技术创新情况，后来慢慢的技术协作体便成了空架子。

与此相反的是，20世纪70年代以来，浓香型各企业间广泛的技术交流和技术指导，且在香型的舆论上加大了力度，在很大程度上促进了浓香产品风格的成型，推动了浓香型白酒工艺的普及和提升，也成就了今天的“浓香天下”。

近几年，清香型白酒的技术交流频繁，社会舆论声音强劲，尤其是关于清香型白酒的战略复兴的话题，如清香型白酒与浓香、酱香“三分天下”的历史性机遇到来；清香型白酒肯定会成为中国白酒香型的“三驾马车”；甚至出现，白酒业 globrand. com 赢在“后清香时代”的呐喊。这些强势的论调再加上清香型白酒快速增长的市场份额，使得清香型白酒明显升温，且促进了清香回暖步伐。

杠杆二：战略突围

清香型白酒衰退的另一个主要原因可以归结为战略层面的衰退，很长的时期内，清香型白酒只蜷缩在一定的区域市场内，没有走出去的战略目标更没有走出去的战略行为。以山西为例，汾酒的消费量占山西省白酒总消费量的70%以上，这在全国也肯定是绝无仅有的特例。但某种意义上，这种市场份额的取得肯定是固守加“猛打”的结果，这种接近垄断的结果导致了另一个结果，就是“大树底下不长草”。

更可怕的结果是清香型白酒的产业群体无法形成，一个没有群体的产业最终是没有前途的，因为一枝独秀不是春。

近五年来，以汾酒为代表的清香型白酒企业提出了“大营销”战略，整合营销资源，放眼全国。在这种清香型白酒整体战略突围的大背景下，清香型白酒企业纷纷开始构建战略，力图全国。

首先是长期盘踞于河北市场的衡水老白干，同样不甘于做区域市场的霸主，确立了进军省外市场路线，有针对性地开发了高、中、低产品，推出了高于母品牌产品价位的十八酒坊，并以128元、180元的6年、9年为主打，同时对母品牌进行创新，推出淡雅衡水老白干、衡水老白干年份酒等产品。从已经开发的山东、江苏到新设立的东三省大区，以及正在启动的广东、新疆等省区，都是其扩张的重点。

其次是北京牛栏山二锅头采取跟进策略，一方面以“正宗二锅头，地道北京味”为诉求的黄瓷瓶牛栏山高档酒冲击北京高端市场，一方面以中低端产品撬开了江苏、山西、内蒙古等省外市场。同时，全国一些原产清香型的白酒企业起死回生，助推着清香型白酒市场的整体上升。湖北的石花酒厂产能达到了年产5 000吨的规模，成为全国第二大清香型白酒生产企业，被喻为“北有杏花，南有石花”；远在彩云之南的小曲清香型白酒的典型代表云南峨山玉林泉酒业有限公司，于2005年9月被泰国TCC集团全资并购后，产量增幅达到了30%，销售量增加了20%。

再次是振作起来的清香型白酒企业，如河南的宝丰、山西的汾阳王和晋派、北京牛栏山，这些企业以清香型白酒的整体复兴为契机，重塑企业战略，整合资源，借助社会资源和地方产业政策，明确战略计划与步骤，加大营销体系和营销团队建设，大力度推进市场开发和运作，这些企业的迅速突破，形成了由点到面的清香型白酒大网，推动了清香系白酒的整体前进。

（赵昱聿　杨文华）

到客户心灵深处去招商

一次广告轰炸就能换来上亿的招商回款，一次展览宣传就可以赢得上百个订单，想起那段激情燃烧的招商岁月，相信很多企业都为之倾倒。然而，再回转头来看看现在的自己，招商手段好像是成了被滥用的抗生素，越来越起不到应有的作用。

市场环境已不同往日，招商工作如何才能做到与时俱进呢？

一、招商突围，从打开商户心灵的防线开始

企业招商与经销商选择品牌其实是一个博弈的过程，看多了一些同行的成败得失以后，经销商选择品牌就和女孩子钓金龟婿一样，在选择的期望中不断痛苦：大款当然好，但已经名草有主了，想沾也沾不上，新出来的所谓钻石王老五又有可能是属于假冒伪劣类型的，一不小心就会赔了夫人又折兵。当然，不管怎么样，终归还是要嫁人的——只要嫁人的条件比较合适将就点也得嫁。所以，无论是招商还是结婚，你所开出的筹码是关键，如果经销商觉得筹码所带来的利益不够，招商自然也就难以达到预想的效果，因为，对于很多经销商来说，无所谓品牌或产品忠诚，忠诚是只不过是因为受到的诱惑不够或者是背叛所得的利益太少。

那么，如何才能让你开出的筹码突破经销商心灵的防线呢？

1. 利益对接，引着客户的需求走

传说松下幸之助有一次在一家餐厅招待客人，一行六个人都点了牛排。等六个人都吃完主餐，松下让助理去请烹调牛排的主厨过来，助理注意到，松下的牛排只吃了一半，心想一会的场面可能会很尴尬。

主厨过来了，显得很紧张，因为他知道请自己的客人来头很大。“是不是牛排有什么问题？”主厨紧张地问。“烹调牛排，对你已不成问题，”松下说，“但是我只能吃一半。原因不在于厨艺，牛排真的很好吃，你是位非常出色的厨师，但我已80岁了，胃口大不如前。”

不是你的牛排做得不好，而是松下的胃口已经改变，现在，经销商的胃口同样也有了很大的改变，以前看到一个招商广告就想尝试，但如今，我们来看看经销商的希望吧：

产品概念扣人心弦、产品卖点提炼精确、产品的功能支撑点过硬、产品价格具有极大的市场竞争力、赠品和礼品有吸引力、终端促销策划方案生动实效、区域市场启动方案引人入胜、解决串货的方案有力度、此外媒体广告支持政策、对经销商团队的专业知识及销售技能辅导培训也要落到实处。这么大的胃口，你的筹码里面包含了有多少呢？如果没那么多的筹码那又该怎么做呢？

曾记得某品牌的经销商强烈要求公司要请明星做代言上央视打广告，面对上百万资金有可能打水漂的风险，这个品牌的老总找到了我，经过我一个《打造区域第一品牌》课程的培训，经销商们对品牌的运作有了全新的改变，一些准备“反水”的经销商私下里跟笔者说：“公司在推广方面让我们很不满意，本来明年准备换个品牌做了，但刘老师的培训给了我们很大的信心，就继续再做一年试试吧”。现在，大半年过去了，不知道这个经销商还有没有换品牌的想法，但我要说的是，经销商的需求并非是一成不变的，如果你能有更好的方案带给他，他当然也乐意按照你的思路去走，这样一来，他们心灵的防线不就被你轻易突破了吗？

2. 亮点诱惑，拿出你的真功夫

经销商选择新品牌，有产品与营销方面的亮点固然很重要，但是，更重要的是除了利润如何以外，你的利润能维持多久、你能提供什么样的保障，如果只是花拳绣腿而没有真本领，经销商也很难下定决心和你共同开辟“第二战

场”。

现在很多企业的招商手册上面都有“经销商培训支持”，但前去招商的人除了吃喝吹以外，在终端运营、导购技巧等方面一塌糊涂，同时除了一本产品简介和招商手册以外，那些能让客户感兴趣的内训照片、请实战营销专家培训的实录光盘却一张也没有。这样只通过一本画册吹出来的美好未来，能让经销商放心吗？

所以，当双能太阳能不吹销售政策而是踏踏实实给经销商培训《经销商利润增长的九项修炼》时，这番真功很快就得到了广大经销商的认同，招商效果变得非常显著。

二、招商提速，锦上添花不如雪中送炭

曾有一则这样的故事：

魏文王问名医扁鹊说：“你们家兄弟三人，都精于医术，到底哪一位医术最好呢？”扁鹊回答说：“大哥最好，二哥次之，我最差。”

文王再问：“那么为什么你最出名呢？”

扁鹊答说：“我大哥治病，是治病于病情发作之前。由于一般人不知道他事先能铲除病因，所以他的名气无法传出去，只有我们家里的人才知道。我二哥治病，是治病于病情刚刚发作之时。一般人以为他只能治轻微的小病，所以他只在我们的村子里才小有名气。而我扁鹊治病，是治病于病情严重之时。一般人看见的都是我在经脉上穿针管来放血、在皮肤上敷药等大手术，所以他们以为我的医术最高明，因此名气响遍全国。”

招商也是如此，在经销商经营顺利和“经营之脉”不通两个不同的时候前去洽谈效果肯定是不一样的，很多企业都喜欢找当地做得最大的经销商谈招商，但效果却低得可怜。因为，很多经销商做其他的太阳能品牌做得很大，选择他们当然也能很快在短时间内起量，但他也和那些病情发作之前的人一样，对你能给他带来的好处产生不了较深的感受，所以对你的招商政策也就找不到应有的感觉，同时他操作几个品牌并不一定就比一心做品牌专卖的人强。而那些在经营过程中已经受伤较深准备换个品牌东山再起的经销商，你给他送上具有实操性的营销策略和招商政策，当然就有可能让他们找到与“救世主”再次握手的感觉。

就如笔者本文所讲的培训后私聊的那几个经销商，如果当时企业未请笔者给他们做那次培训，相信一些人已经转头其他品牌的怀抱了。但需要强调的是，这些经销商能有这样的想法，其他没有老师帮他们指点迷津的经销商难道就没有准备换品牌的想法吗？如果在他们这种想法很强烈的时候，送上他所需要的筹码，招商成功的几率是不是会提高很多呢？

因此，招商提升，得从两个方面入手，一是找受了点伤的经销商，给他们及时送上灵丹妙药，二是去努力发现经销商们内在的隐患，然后把你的智慧之刀捅进去，让他深深地感受到明天将会发生的痛苦，最后再给他们解药。

现在，有很多相关行业的对明天的出路准备重新规划的能人都在着手准备未来的发展道路，做设计、做施工、做维修的精英们也在为代理哪个品牌而费尽心机，如果你能及时伸出援助之手，相信会有一定的收获。

三、商招捷径，在传统的西装上戴上一朵花

传统的招商主要是借助四种方式进行，一是广告招商，二是展会招商，三是拜访招商，四是现场参观邀请招商，这些招商套路大家都知道，但使用的频率越高，经销商的“抗药性”也就越强，那么如何才能在这四个大的招商套路上通过创新从而提升招商工作的实效性呢？

有人在行业产品的博览会上不搞产品展示而是讲解营销实操技巧，结果经销商说就要跟那个讲营销的企业合作，也有人通过编制很有煽动力的招商手册而大大的打动了经销商的芳心，还有些人更厉害，发动现有的经销商介绍其他区域的朋友做同一个品牌，等等这些都值得我们学习。

而与此相反，一些企业的招商不但还在继续走着“寻常路”，而且就连走路所用的鞋也准备得不充分。有的企业做广告招商，老是想一粒沙子投进大海里就能掀起一朵浪花，到专业

期刊上投上一两期就不了了之，结果也只能不了了之。有的企业能拿出几十万做展会的装修却舍不得花点钱请人做个活动的策划，最搞笑的是，有很多经销商打电话问笔者的培训课程有没有写成书或做成光盘出版发行，但笔者所培训的那些企业却没想到把培训现场做成实录的光盘去增强招商的力量。

其实，在产品和营销同质化的今天，招商就像穿衣服一样，穿西装是因为出席正式场合的需要，不穿就与环境不相容，但大家都穿西装的时候，自己也就很难在人群中脱颖而出，但是，如果你有胸前佩戴了一朵鲜花呢？

招商捷径，可以穿着传统的鞋但不走寻常的路！

（刘孝明）

白酒企业与经销商合作的五点建议

合效策划作为一家实战、快速提升企业销售业绩的营销策划机构，同多家白酒企业深入接触后，了解到白酒企业对经销商的管理与合作存在许多问题，导致部分品牌白酒的外部市场发展与开拓缓慢不前。合效策划建议通过五个方面加强经销商的管理。

第一方面，针对经销商开展系统性的培训，让经销商了解企业。

现阶段多数白酒的经销商，还是停留在销售卖货的阶段。合效策划在许多白酒企业召开的经销商会议中发现，企业与经销商的互动沟通管理不规范，内容不贴切。建议企业能通过定期的厂商会议，加强经销商对企业的发展规划、品牌建设、战略发展与目标等方面的了解。制定企业销售内刊及其他形式的传播形式，让经销商能够更多的了解企业。

许多经销商虽然通过多年市场的摸爬滚打，但是对先进营销方式了解较少，渴望能够得到相关的知识及专业的指导与培训。建议在厂商会议上，加强经销商专业的培训与指导，让经销商了先进的营销知识及人员管理等相关知识。

第二方面，根据市场制定不同市场销售方案，加强市场方案的指导与跟踪。

通常白酒的招商或订货会后，市场的销售与管理都是经销商的事情。部分厂家提供一些政策，往往让经销商又爱又恨。爱的是厂家还有支持，恨的是高空广告轰炸与地面的终端促销不能形成呼应，自己的品牌与当地的白酒进行肉搏战时，常常是高射炮打蚊子——用处不大。合效策划建议酒厂针对不同的市场制定不同方案，在品牌发展到不同阶段要有相应的政策，让经销商感到市场政策的贴切性。同时，利用市场的指导跟踪形成对市场有效的控制，对经销商实施有效的过程管理，形成一个供销、市场、宣传、计划、部署的良性循环。

第三方面，新产品开发加强品牌的管理。

许多经销商在市场操作多年，通常拥有厂家品牌买断产品，对市场有绝对控制权与操作权。但是酒厂对厂家品牌的推广与开发，往往失去了品牌有效控制力。市场表现为高价低质的白酒频频出现，严重影响到品牌的生命线。合效策划建议在厂家品牌买断产品的开发上，应该注入新品牌结构管理，制定合理的市场开发策略。根据区域市场的具体情况，制定合理的产品线及开发策略。在弱化买断品种主品牌宣传的同时，增加子品牌的塑造。加强子品牌产品的渠道规划、促销及广告策略制定。例如五粮液王者风范酒与茅台迎宾酒的开发与管理。

第四方面，选择合适经销商，加强人文关怀。

外部市场的开发费用比较高，企业必须集中优势资源进行外部市场的开发。选择优势经销商进行深入合作。

在选择经销商深入合作意向之前，企业必

须要了解经销商的基本内容：一是该经销商是否具有强烈经营该品牌的意愿，是否寻求长期合作。二是该经销商在当地的社会资源是否优越。三是经营的白酒品牌是否有较大的市场冲突。四是市场的流通网络与酒店网络是否健全。五是流动资金、车辆配送与人员结构情况是否合理。以上五项均达到酒厂评定优良标准的经销商，酒厂可以进行区域市场保护，开发为重点战略意向伙伴。在此基础上进行该区域市场深入的、长期的市场投入，并且集中优势资源开发，做到该区域白酒品牌的前三强。

在加强市场战略合作的同时，可以为经销商建立一个“家庭成员”档案，进行人性化管理，让每个经销商感到是酒厂的家庭成员，做一些厂商互动类的活动。如：在每个经销商过生日时，送上厂长亲笔签名的贺礼。

第五方面，新经销商开发，从严要求。

许多白酒经销商对市场开发谈不上策略与方向，常常是经销商好坏直接影响到市场的好坏，成为白酒企业的通病。追其根源，是厂家在最初选择经销商时就没有制定严格的标准。选择白酒经销商达到市场配送与资金基本要求的情况下，一定要注意市场的长期性与经销商的可培养性。市场的长期性与可培养性决定经销商的销售意识与市场见解。如蒙牛的口号是：让经销商与企业一同成长。白酒厂家是否能够得到一定的启发。

白酒企业在寻求发展的道路上，合效建议加强以上五个方面的工作，同时建立与培养一支真正懂市场与会做市场的销售团队。使企业真正利于不败之地。

（韩亮　李昂）

营销培训：形式与内容同等重要

一位在培训行业很有名气的老师在一次交流中告诉笔者，他曾经介绍过一个在KA卖场有着较深研究的专业人士到一家企业做培训，为此，该企业里里外外还为此次培训张罗了好多天，可谓做足了准备，但令人想不到的是，这次讲课的效果却没有像原来期望的那样精彩，原本看好的老师，学员却评价一般，为什么会出现这样的情况呢？后来与客户交流了解得知，这次推荐的老师虽然有思路，但不善于“表现”，培训的形式太过于单调，学员反映这是讲课，而是一次“念”课：整场培训内容，几乎都是这位老师“念稿”念出来的，因此，面对这种比“填鸭”还“填鸭”的授课方式，学员在下边如坐针毡，听课味如嚼蜡，效果当然不理想，而企业也深感失望。

营销培训是一门艺术，尤其是当前培训课程普遍要求实战的情况下，要想把死的营销内容，尤其是操作细节讲的活灵活现，让学员听得津津有味，确实较有难度。因此，这就要求作为营销培训，授课的形式、技巧与内容同等重要，好的内容，没有好的培训形式，将难以调动学员的学习参与积极性，从而使培训效果大打折扣，而有好的形式，没有好的内容，将本末倒置，效果同样也达不到。

培训内容是首要的。营销培训，内容当然首当其冲。尤其是当前企业越来越追去实战性培训的情况下，授课的内容最为关键。为什么前几年很火的成功学逐渐失宠，往往跟“华而不实”，难以落地有关，这种培训类似“雷声大，雨点小”，或者“现场激动”，“回去盲动”，“最后不动”，让培训失去了现实意义。因此，营销培训，内容是第一位的，也是核心的。企业要求的营销培训，现在都较注重过程、方法、细节，因此，作为讲师，首先要将内容按照企业的要求进行设计，内容可以根据学员的层次等进行不同的安排，比如，高层可以讲授战略与管理层面，或者领导力、管理力方面的，而中层、基层，则更注重战术与执行细节，因此，一场好的培训课程，首先要合理安排内容，如果面对基层营销人员，大讲特讲营销战略制定与组织设计，那就不合时宜，同样，面对营销中高层，去大讲特讲开发市场的步骤、方法与技巧，同样，也是搞错了对象。因此，作为一个优秀的培训讲师，针对不同的培训对象设计不同的培训内容，将非常重要。

形式是同等重要的。有好的培训内容，就像做饭有了好的原料，但能否做得好吃，还必须讲究做菜的“佐料”、“辅料”等，否则，原料再好，没有好的“佐料”调理，同样会让人感觉没有味道，因此，培训内容的“好花”，还需要形式的“绿叶”映衬，否则，将使内容因为缺少好的表现形式，而让人难以接受、消化和吸收。作为培训师，除了要有丰富多彩的培训内容外，还需要一套比较适用于学员的培训形式。比如，我们平常应用较多的案例、头脑风暴、讨论、故事、游戏等，就能很好地对学员的主观能动性进行调动。当然，光有这些好的表现形式还是不够的，还需要因人施用，比如，面对企业高层这个层次的学员，年龄相对较大，应该以讲授为主，互动内容应该适当少些，但对于基层人员，年纪轻，思维活跃，应该互动内容多些。这样的话，我们培训才能够因人施教，才能更好地有针对性地去培训学员，否则，不管学员的层次，一味地按照自己的模式讲，无异于“盲人骑瞎马，夜半临深池”，出力而不讨好，以致事倍功半，起不到应有的效果。

因此，对于培训来讲，形式与内容是同等重要的。忽略内容，一味追求形式，无异于舍本逐末，而一味注重内容，而忽视形式，犹如红花而无绿叶衬，而显得单薄、无趣，只有两个方面都兼顾了，培训才能浑然一体，才能起到最大化的培训效果，才能更受学员的欢迎，从而才能达到最终共赢的结果。

（崔自三）

寻找啤酒经销商的出路

记得曾经听过这样一个故事，有一个年轻人，一直很自卑，做什么事情都没有自信，所以一事无成，他一直希望改变自己的命运，有一天，他打听到一个成功人士来到他所在的城市，于是这个年轻人非常迫切的求见了这个成功人士，并向这个成功人士述说了他面临的情况，听完了他的话，成功人士叫这个年轻人伸出他的左手，问他，你在你的手掌上找到你的爱情线、生命线、事业线了吗？年轻人说“找到了”，“那么，现在请你将手掌握成拳头”，成功人士说，这个年轻人按要求握起了自己的拳头，“现在，你看到什么？”这位成功人士又问，年轻人想了很久，很迷惘的抬起头，说“只看到我的拳头”，这时，这个成功人士说，“在你的掌心，有你的爱情、生命、事业，命脉运就在自己的手中”，于是这个年轻人恍然大悟。

对于中国啤酒经销商来说，命运却往往掌握在别人的手中。整个中国啤酒类产业的发展趋势已经很明显了，就是整合，啤酒产业走的路。啤酒经销商的网络根本无法与制造业对抗。现阶段的啤酒经销商只能是整个价值链条上的配角。而配角的出路和生存空间是由主角决定的。

目前，中国的啤酒经销商面临着极难逾越的三个鸿沟：

一、经营利润太低

啤酒经销商营业额可能很高，但是经营的纯利非常低；面对日益扩大的各种销售费用，厂家给的好像不错的7个点、8个点政策，实际落在流通商手中的也就那么一点毛毛雨；自营终端的，还要进场费、长期以及各种不定期费用，有点钱就被抽空了，流动资金肯定很少。自营终端的经销商一年到头下来留在手里的盈利是应收账款和库存资金两大部分。在东部发达地区，经销商的经营模式已经处于转型过程中，对资金的需求量是很大的。每当在旺季打款或者看上好的终端的时候，货款和买店费就成了悬在经销商头上的紧箍咒，所以经销商在一年到头的绝大多数时间里生意是不温不火的。一年心跳一次的时候就是进入旺季的时候穷家举债，这个时候无论地狱还是天堂，对于经销商都是至关重要的，因为他必须下注。跟赌博一样，赢了就赢了，赢了一年下来也只是赚到了点年终奖励，如果销售任务没有完成，一年下来就算做了义务搬运工了。笔者曾经服务过的一些啤酒企业经销商很多都反映了这个问题，一年到头累死累活，全都是做义工了。

二、啤酒经销商产品单一，经营风险大

啤酒经销商通常经营的产品都比较单一，像青岛、雪花、珠江等品牌的大多数经销商专营这一个品牌的啤酒，经销商与啤酒生产企业紧密的联系在一起，对于啤酒生产企业来说，这是个非常好的一种经营方式，只有这样，经销商才可以把全部的资金、人员、车辆、仓库、精力全部用到这个品牌上来。但是对于经销商来说，把鸡蛋放在一个篮子里面，风险是非常大的。厂家与经销商的关系永远都是利用与被利用的关系，基于特定的环境下互相利用，相互博弈。当厂家发现经销商达不到企业发展的要求的时候，双方关系破裂就为期不远了。纵观中国快速消费品市场的发展，有几个企业不是踩着众多经销商的肩膀快速成长的？

三、没有稳定的销售网络

所有的人都知道对于厂家来说，经销商最大的优势就是自己的销售网络，我为什么会说啤酒经销商会没有自己稳定的销售网络呢？这是由产品的特性所决定的，啤酒的主要销售渠道在餐饮渠道，通常餐饮渠道销量占整体销量的五成以上，有的经销商餐饮渠道销量占比甚至于达到七成以上，现阶段餐饮渠道主要靠买场和费用支持，而这些费用大多是由啤酒生产企业支付，于是，经销商的网络建设就进入了一个恶性循环，企业有钱投入就可以买场，可以建立销售网络；企业没有钱投入，经销商自己的资金有限，没有太多钱可以投入到渠道建议中，餐饮场所经营者都信奉“有奶便是娘”，哪天你没有费用了，那我就找一个有奶的娘了，于是纷纷投入到别人的怀抱里去了，这些餐馆一天之内就会换上其他品牌的产品进行销售。这样的销售网络是极不稳定的，根本都谈不上是经销商自己的网络，在这种情况下，如果突然有一天，啤酒生产企业告诉经销商，这个品牌不给你做了，那你还有什么条件去代理别的品牌和产品呢？

经销商的问题都已经很清楚了，但是怎么样才能走出这些困境，很多经销商都已经考虑很长时间了，到底应该怎么走，他们也都是很疑惑的。其实对于啤酒经销商来说，既可以在行业进行转型，也可以跳开行业的约束，借鉴别的行业的运作经验，寻找一个适合自己发展的模式。在这个过程中也有些经销商已经成功转型，拥有了足以和企业直接对话的实力。以下我们就简单介绍一下几种经销商的发展方向：

（一）从经销商变为供应商

中国市场现代零售业发展越来越快，国际、国内、地方的卖场几年之内就开满了中国的大小城市，现代零售业态已经成为极其重要的一个渠道，而且大多数卖场都实现了当地采购，这就为当地的经销商带来了转变的机会。笔者曾在江苏、浙江见过多个区域经销商，他们经销了几个主打的强势品牌，产品线非常丰满，笔者去当地卖场调研的时候看到他的几个产品就已经占了卖场好几排货架。这种经销商通过产品的丰富，降低与零售系统的单位经营成本，同时提升了自己与零售系统的话语权，于是他们的经营相当的稳定。如果已经在与零售系统合作的经销商，可以考虑向这个方面转型；

（二）从经销商变为一个物流平台

对于啤酒经销商来说，在日常经营活动中作用最大的就是物流配送，那么，我们的经销商是不是可以将自己变成一个强大的物流平台呢？不考虑经营，只赚取少量的配送费。其实这个方向也有一些经销商做了，而且还做得非常好。广州华新就是这样一个经销商，他是珠江啤酒广州经销商，同时经销商的产品超过200个，年营业额超过40亿，他们有非常强大的配送服务，甚至于每台配送车都安装了GPS全球定位系统，以确保物流配送的准确。在生产企业对市场进行精细化运作的今天，经销商成为纯物流商已经成为可能，这也是市场精细化分工的一种表现，企业自己进行市场运作，经销商变为一个物流承包商；

（三）经销商联盟

因为经销商在与企业合作过程中基本上处于弱势的地位，那么为了获取更多的资源，获得更佳的谈判地位，拥有更多选择的机会，啤酒经销商还可以进行联合，在某一个较大的区域形成一种松散的联盟，建立商会进行内部统筹协调和对外的谈判。笔者在浙江的时候就曾经见识过这样一种类似的联盟，金龙鱼食用油在浙江的三个大经销商联合起来对外洽谈合作，因为他们三家几乎拥有了浙江全部的销售网络，于是他们获得了更大的利润空间和更好的合作条件。对于啤酒经销商而言，建立这种联盟是整合资源一个有效的方法，而且当这种联盟成为一种常态时，可以成立一个经股份公司，进行真正公司化的市场运作；

（四）自有品牌

酒行业中自有品牌最为成功的应该算是金六福了，从一个经销商开始到建立金六福品牌，找五粮液进行OEM生产，短短几年间将金六福产品做到了年销售额20亿以上，这是一个非常成功的案例。但是这个对于啤酒来说会有一定的难度，因为白酒品牌集中度不高，各地方品牌众多，利润也较高，一个新品牌进入市场还是会有一定的操作空间的。但是啤酒的利润较低，而且品牌集中度较高，对于自有品牌运用具有相当大的难度，但是结合上述所说的经销商联盟，则成功的可能性会非常的大。

其实厂商之间永远是一种利益和实力博弈的关系，往往是空间看起来很大，但实际执行起来却问题重重，博弈力量的主导一方不是经销商，最终关键力量还是各方面的可利用的资源。

经销商无论向哪个方向转型，都面临自身实力与力量弱小的尴尬局面，这造成了经销商探寻高利润道路的风险极高，从现实中很多失败的实例可以看到经销商转型很多是半途而废的。所以啤酒经销商一定得根据自己的资金、网络、物流、人员等资源状况，结合外部的竞争条件，选择自己的转型之路。

（中国酒文化网）

未来酒类厂商共赢的五种新模式

作为酒类行业，理想的厂商合作模式，一定是建立在双方共赢基础之上的。忽略任何一方的利益，厂商关系都将会变得非常脆弱，甚至不堪一击。其实，不论是泰山生力源采用的经销商入股模式也好，还是洋河采用的1+1模式也罢，他们都是厂商共赢模式的有益探索。实际上，在厂商的“磕磕绊绊”、亦步亦趋的合作关系中，双方只有高举共赢的大旗，才能促进厂商关系的持续、稳定发展，没有共赢，营销价值链的有序、有效传递将是一句空话。因此，研究新形势下，酒类企业与经销商的共赢之道，对于指导厂商关系，将显得尤其关键和必要。在厂商双方的合作当中，以下五种厂商共赢新模式可以探讨与参考。

模式一：组建销售公司

厂商共同组建区域销售公司，是酒类企业以及经销商联手打造共赢平台的一种较好的方式。通过这种方式，其目的就是促使厂商双方实施深度合作，提高管理、盈利能力及水平，同时可以解决诸多的诸如窜货、倒货等市场运作困惑与难题。

那么，如何来组建厂商双方共有的销售公司呢？

1. 厂商双方共同出资，注册组建“股份制”公司。至于双方资金投入及分红比例，可以根据销售公司运作需要合理设定。比如5∶5，或6∶4等，组建区域销售公司最大的好处是让厂商双方都能够参与到市场建设当中来，对于厂家来说，可以借此表明对该区域市场的重视以及对该区域市场打造的信心；其次，对于经销商来说，可以增强其对于市场的经营以及投入意识，促使其将市场真正地看作自己的市场，从而可以有效避免短视、短期行为，促使市场健康、稳定发展。

2. 销售公司当以区域市场的精细化运作为核心，不断扩大市场的盈利能力。组建的销售公司，应该以深度分销、区域市场规范化管理等作为工作重心，通过厂商双方对市场的共同投入，共同管理，促进市场的可持续增长。比如，某酒企与经销商通过组建销售公司，实现了区域市场的公司化管理与运作，通过设置适合市场需要的组织架构、营销流程、管理制度，制定科学的区域市场营销策略规划等，保障区域市场的一盘棋运作，从而可以实现渠道的深度分销与精耕，最终达到市场最大限度的渠道覆盖，实现市场的规模效应，以及产品占有率、利润率最大化的战略目的。

厂商组建区域销售公司的好处是：

1. 可以避免市场运作的“一面热”现象。促使双方重视，全身心地投入到市场建设当中去，从而调动和配置优质资源，对市场形成良好的推动效果。

2. 可以合理规避扰乱市场秩序的行为。比如，针对市场顽症的窜货、倒货、低价倾销等，通过组建区域销售公司，增设相应市场监管部门，细化管理，实施过程监控，可以防患于未然，有效地预防市场上的“出轨”行为。

通过组建区域销售公司，作为酒类厂商就可以进一步加大对市场及渠道的掌控权，不断扩大市场份额和产品利润率，进而能够按照先期投入产出约定，进行利益分配，最终让厂商双方都能最大限度获益。

模式二：打造区域物流商

专业决定出路与格局。随着市场分工的日益精细化，专业人做专业事，资源共享、优势互补，将在酒类产品运作当中越来越重要。因此，作为酒企厂商双方，通过借助现有经销商的物流配送平台，打造跨区域的物流配送商，将对于厂商双方共赢有着非同寻常的意义。它一方面可以弥补厂商双方日益缩水的利润水准，同时，借助经销商的配送力量，有助于企业整合和优化运力资源，提高产品配送速度，有利于厂商双方更好地参与市场竞争，有效地打击和挤压竞争对手。

打造区域物流配送商需要遵循以下步骤：

1. 要有条件地甄选优质经销商。在这方面，则主要考察其对企业的忠诚度，以及是否遵守市场纪律，其物流配送能力如何。只有有企图心，实力雄厚，同时又遵守游戏规则的经销商，才是合适的区域物流商的培养和选拔人选。

2. 合理确定区域物流配送商的再定位。他们除了要做好自己所辖的市场外，还要将周边区域的产品配送到位，这就要求，作为经销商要有统筹能力和管理意识，会运用现代物流信息和手段，来运作整个区域市场，从而既能发挥经销商的积极性，又能达到厂家“借力使力不费力”的目的。

3. 互惠互利，厂家要给予经销商一定的补贴及奖励。通过对成为区域物流配送商的经销商的考核、评定，对他们给予不超出行业及企业标准的物流配送费用，对于表现优异的，还可以通过明奖、暗扣的方式，给予额外奖励，借此激发经销商的参与热情，不断地增强其盈利能力。

打造区域物流商的共赢之处是：

1. 减缓厂家的物流压力，有效降低物流成本。通过物流分包给经销商，可以解除厂家平时尤其是旺季的物流配送压力，减少由于旺季而带来的物流费用上升，有效避免由于运力不足而导致的断货、缺货等隐性损失。

2. 可以增加经销商的合理收入，弥补由于市场残酷竞争而带来的利润不足等市场难题。通过补贴物流费用，以及年终的奖励或反扣，可以激发经销商销售以及配送的积极性，从而扩大赢利范围，提升经销商对于厂家的依赖度、忠诚度，促使经销商资源聚焦，全身心地投入到产品的销售当中来。

3. 有效规避中途窜货、倒货问题。由于区域物流配送责任到人，因此，可以有效地控制市场倒货、窜货等令人头痛的问题，即使倒货窜货现象发生了，也可以货查源头，让扰乱市场秩序的行为及时得到扼制和查处。

通过共同打造区域物流配送商，厂家可以开源节流，有效降低物流配送费用；作为经销商则可以广开财源，挣取更多的产品利润及物流收益，促使双方能够更好地控制市场和下游渠道商，从而一箭双雕，共同双赢。

模式三：创办联营分厂

通过酒类厂商联手，共同在经销商所在地创办分厂，转变经销商单一角色定位，变单一经销厂家的产品，为销售“我们”的产品，可以让厂商“上下同欲”，共同抱团“打天下”，从而风险同担，利益均沾，起到共赢的良好效果，当然，在当地OEM也是比较可行的一种共赢模式。

创办联营分厂需具备的条件：

1. 产品在当地有一定的成熟度。只有通过将产品做成熟，让市场做大、做强，厂商才有机会联合办厂，降低运营成本，不断扩大盈利空间。因此，通过鼓励经销商加大市场拓展力度，不断地对市场进行高密度、高强度的渗透，为争取创办分厂创造条件。

2. 所在市场及其周边区域销量能够支撑该厂。以建立的该样板市场为核心，辐射和影响周边区域市场，以该区域的整体销量能够支撑该分厂运营为基准，否则，作为厂商所担负风险相对较大，共赢的保障相对降低。

3. 双方共同出资、共同管理。创办的分厂，一定要双方共同出资，双方共同对分厂进行财务、人员、物资、物流、采购等方面的管理，提高经销商企业化运作的意识，完成从一个单纯的经销商到经销商、制造商双重角色的转变。

4. 如果是OEM贴牌，则厂家要与生产厂严格约定，避免经销商“釜底抽薪”，“过河拆桥”，同时，也要加大对各级渠道商的监控力度，防止“挂羊头卖狗肉”。

创办联营分厂的共赢点是：

1. 集中厂家及经销商资源，可以实现对区域市场的集中爆破。这种合作方式可以促使双方破釜沉舟，同仇敌忾，齐心协力地做好市场。

2. 经销商向制造商的转变，可以提升经销商素质，有利于市场的全面提升。经销商的这种蜕变，有助于产品结构、市场结构、渠道结构的调整和完善，促使经销商转变经营观念，销售更多的赢利产品，提升经销商运作市场的高度，从而同心同德，拥有共同的市场愿景与开拓市场的冲动。

3. 可以让经销商担当分厂销售总经理，从而可以人力互补，增强对方的责任心。对于厂家来讲，不仅可以节省一个销售总经理的费用，而且，还借此可以让经销商提升预算、核算以及成本意识，提高赢利观念，较好地实现企业自身的使命。

4. 通过OEM贴牌的方式，可以实现另外一种意义上的“建厂”，它不仅可以节省办厂所需的巨额投入，更好地规避市场风险，而且，也方便灵活，更有助于市场的方向性、针对性运作。

比如，江苏某酒厂联合其“根据地”夏邑市场的经销商利用购并当地一小酒厂的方式，实现联合办厂，通过产品本地化生产、人员本土化使用，服务、配送及时快捷、规范等，有效地节省了运营成本，不仅扩大了市场销售份额，而且还同时增大了彼此的盈利空间，双方均受益匪浅。

通过组建分厂或就地贴牌生产，可以有力地对酒类厂商双方进行“捆绑”，可以增强对市场的反应速度，提高运作效率，促使市场的灵活运作及完善市场回馈反应机制，让市场持续高速发展。

模式四：成就“区域王”

成就“区域王”，其实质就是成为酒类厂家某一或多个品类产品的区域经销商，或者说某区域的独家代理商。但这个区域概念，往往范围较大，不是单一的某个市场，它一般是地级区域概念，甚至是省级、或跨省运作。成就“区域王”，既是产品细分、市场细分，市场专业化发展趋势的必然要求，也是厂商走向共赢的必然之路。

成就“区域王”一般要遵循如下步骤：

1. 要求经销商，一定要先把自己的“一亩三分地”做好。只有做好了自己的市场，才有条件去向厂家争取更多的区域与市场。而做好自己市场的同时，就可以从一个侧面提升运营市场的能力，为运作更大的区域打下基础。

2. 合理制定区域目标，不断地加压驱动，让销售业绩不断提升。成就“区域王”，是对对方的一种更高的要求，通过对对方制定更高的目标要求，对区域目标不断地予以提升修正，从而激发经销商潜能，更好地提升销售业绩。

3. 不断地激励经销商成为“区域王”。“区域王”的出现，不仅可以增大其赢利能力，让其在所属的“领地”精耕细作，而且，对于厂家来讲，可以通过不断地区域授权，来获取稳定、持久获利，让双方各取所需。

成就“区域王”必须达到的条件：

1. 经销商具有“分割一方”，成为“诸侯”的条件。比如，具备充足的配送车辆、合适数量的营销人员、厂方对于“区域王”的管控措施等。

2. 厂家的产品具有一定的“分割性”。作为厂家研发力量强大，能够合理开发出不同层次、不同规格、不同品类的符合市场需求的产品，它可以是多品牌运作，也可以多品类运作，也可以分渠道、分品类运作，通过品牌、品类差异，实现区域联销，但要不至于出现大规模窜货、倒货等现象。

3. 厂商双方要有长久操作市场的战略眼光。成就“区域王”，可以“助跑”厂家和经销商，但必须双方要有一种合作默契，要有一种长期合作、持续对市场投入的长远打算，因此，厂商双方必须在互惠互利的前提下，“授权受控”，对经销商实施有效管理。

通过成就区域王，经销商可以垄断区域品类销售，从而可以获得最大化的销售利润，而厂家通过开发适合区域的产品品类，下达高于一般市场的销售指标，也可以实现“规模”效益，提高获取产品利润的稳定性，以及单品盈利能力，从而可以像五粮液运作金六福品牌一样，实现厂商的最大化赢利。

模式五：合伙人制

合伙人制，也是厂商能够达到共赢的一种方式，这种方式最大的特点，就是通过不断地发展经销商为“合伙人”，最大限度地“笼络”经销商，激发经销商销售的积极性，从而让经销商在增加产品销售利润来源的同时，让企业也能够从中获利。

合伙人制的操作手法有如下几点：

1. 按照企业制定的标准，将销售额达到要求的经销商发展成为企业的“合伙人”，该“合伙人”不同于企业的股东，只是一种“名衔”，但它可以享受企业规定的一定比例的年终分红，企业补贴等相关待遇，从而让经销商把企业当成自己的企业，让其感觉到自己是企业的一个分子，充分地发挥其“主人翁”的使命感、责任感。

2. 另层意义上的经销商“员工化”。合伙人制，其实就是将经销商变相“员工化”，通过对经销商按照销量要求，给予其“员工”甚至股东般的待遇，增强经销商对企业的凝聚力、向心力，从而激发经销商斗志，达到激励经销商的目的。

采取合伙人制要注意以下几点：

1. 合伙人制的标准要制定合理科学。达到“合伙人”的标准，可以考核销售量，销售额，产品结构，经销年限、忠诚度等，通过软硬指标双向考核，将对企业贡献大的经销商发展成为企业的“合伙人”，按照财务预算，给予一定的年终盈利分成。

2. 合伙人制要定期修订考核标准。比如，在企业规模不大时，可以主要从市场销售量方面来评判，在企业发展到一定阶段后，就可以从占有率、覆盖率、终端建设、盈利水平等有利于持续增加业绩方面对经销商进行考量。

3. “合伙人制”一定要兑现。即能够按照制度规定，将对经销商的各种奖励、分红等一分不差地予以兑现，同时加大宣传力度，激发更多的经销商参与到争取进入“合伙人”队伍当中来，从整体上提升市场规模与销量。

比如，某酒企制定了凡经销商年销售额达到1 000万元的，就可以成为企业的一级合伙人，可以享受企业年利润10%中的5%的分红比例，从而激发了众多经销商争当企业“合伙人”的热潮，企业的销售量大幅攀升，厂商双方都收到较大的收益。

通过“合伙人制”，可以有效地“同化”经销商，有助于强化厂家对市场的控制，从而通过一起打拼市场，一起共享利益的方式，让“大河”、“小河”都能充溢、满盈。

其实，在酒类厂商合作当中，赢利模式也是不一而足的。作为企业，可以根据自身的情况，尤其是自己的市场情况，来合理地选择厂商共赢模式。既可以向上发展，也可以向下渗透，但不论采取哪种方式，作为厂商都一定要明确一点，那就是厂商双方彼此是一种“鱼水”关系，是“一条绳上的蚂蚱”，双方只有和谐共处，抱着共赢的理念来处理彼此间的关系，才能求同存异，共同达到双赢的最终目的。

（崔自三）

酒企如何开好订货会

对于糖酒企业，每年的春、秋两季是招商的旺季，尤其是秋季更甚，于是开展订货会或参加订货会就成了糖酒企业秋季的一大工作重点。可以说订货会的成功与否，一定程度上决定了一年销售工作的好坏，所以订货会应该作为企业一项重要策划来做，并且在执行上要深入细致。

实际上有些企业订货会效果不明显的原因就是不拿订货会作为一项策划活动去做，对于订货会策划的起因、借势、造势、活动内容、细节、安排等方面没有特别的创意，造成订货会流于形式，成为招待会。订货会看似简单的程序，实际蕴含着很多的窍门，比如有些老厂家每年都开订货会，每年都是同样的例会，领导讲大话、产品无新意、酒宴醉一片，最后，签单的还是那些关系户，所以这样的订货会不做也罢。

现在糖酒企业的竞争，不仅仅在终端上，订货会也是体验谁更高明的时候，要想一个订货会成功，首先要看市场大环境，竞争对手是什么样的状况，有没有什么行动，自己在市场上的位置如何，自己的优势在哪里，需要从哪里作为切入点，才能很好地吸引客户的参与，举办一个什么样的订货会更合适。在这时，企业可以用SWOT分析法，进行一个周密的分析，从中找到最有价值的线索。

就像当年的赤水河酒和金士力酒一样，虽然都是新品牌，但各自都把自己的资源优势充分地挖掘了出来，结合了自己的特点，“活宝邓建国金盆洗手”以及以健康产业起家的金士力

"健康白酒"的炒作，都在一定程度上，成为订货会的一大看点。大量的造势，使得经销商广泛参与，不管结果如何，当年经销商的订货量还是很可观的，可以说这两家的全国巡回招商相当成功。

在一个订货会中，除前期的活动主题策划外，在操作中的各个环节把握上，也是要相当考究的。比如前期的客户的邀请，选择什么样的客户，怎样邀请，邀请人的职位，邀请客户的落实等等都是很关键的，我们经常看到很多企业只关注邀请企业的量，不注重客户的针对性，很多客户实际上就不是我们的目标客户，有些来的不是业务员，就是文员，这些人怎么能决定订货呢，这种传达也是有偏差的。还有些只重视发出去多少邀请函，不注重邀请客户的落实情况，造成订货会组织资源的浪费和订货会的非正常进行。

甚至邀请函的制作也是要下点工夫的，我们经常看到的邀请函是市场上买到的格式化请帖，对于一些新客户而言，并不能了解订货会的真实信息和规模，客户参与的积极性就会降低。我们曾经在一次订货会，自己设计制作邀请函，做成八开大小，其中介绍了订货会的主要内容和销售政策支持，真实传达了订货会的信息，效果很好。

实际上，订货会的前期最主要的是要准备充分，一是宣传要明确到位；二是活动安排衔接要周密；三是人员分工要明确，培训要到位；四是客户基本资料要了解；五是物料、样品等准备要完善；六是合同等文本准备充足；七是政策设计要严谨和可操作性；八是一些细节要考虑进去；九是一些突发因素要想好补救措施；十是各部门协调一致。这些工作都细致做了，订货会也就成了一半。

酒企业为什么要举行订货会？实际上大规模的、封闭式的订货会形式是一种很好的营销模式，所以订货会的召开过程的把控很关键。比如会场怎么安排，布置的风格是什么样的，主持人的串场，合同的适时签订等等都会对订货会有所影响。

我们曾在主持人上做了一次尝试，效果不错，选用两个主持人，一个用标准的中文，一个用纯正的英语进行主持，一下子就把会议的格调提升了起来，再加上会场的渲染，直接突出了产品的高档和厂家的眼光，使客户大开眼界，取得了信任。所以说各种各样的订货会虽然有些泛滥，但结合自身情况做些创新，就能给客户眼前一亮的感觉，从而增加客户的好感和信心，这一点是订货会中至关重要的。

在订货会上要特别注意几点：第一，会场布置的风格、产品的摆放要人性化、鲜明化；第二，会场音响、灯光等设备的正常使用；第三，会议流程和过程监控要有条不紊；第四，漏洞和突发事件的危机处理；第五，主持人对会议过程的了解和把握；第六，所发布销售政策的明确解释；第七，与客户的适时沟通和疑问解释；第八，及时签订订货协议。

实际订货会上经常出现的问题是会议流程不协调，因为每一次会议都是不能预演的，所以会出现各种突发因素。比如有一次会议，因为参会人多，坐在后排的人听起来很费劲，以至于会议下来几乎什么也没听见，就是这么一个小小的缺误，会让客户对企业的形象大打折扣。所以我们不能只关注大的方面，而忘了小的细节。

订货会后，更是企业及时整理、总结和跟进的时候，一些老客户或者决定进货的客户现场就会签订协议，对于这些客户，要及时地沟通，做好货物的准备、发货、具体支持等工作，更好地服务于客户，以免造成懈怠客户。还有一些有意向的客户或者没有达成共识的客户，要分析他们的需求和没有签订协议的原因，及时拜访和谈判，争取订货会获得最大成果。

其实，订货会的形式可以很多，只要想在短期内把产品推向市场，并有足够多的客户可以选择，都可以举办不同规模的订货会。曾经我们做了几个订货会影响较好，一厂家为了重点开拓陕西市场，在招募到总经销商后，联合总经销商进行了一场联合招商会，一则显示厂家运作区域市场的决心和魄力，二则对总经销商是一次全心的支持和投人，给经销商极大的信心。所以很短时间内，区域布局完成，分销商的实力也很不错。

还有一个买断商，专门在春节前举行一场针对零售商的订货会，直接让利于零售商，并设置了多档进货量的奖励政策，零售商可以根据自己的实力和消化能力选择一档进货政策，这样对零售商没有多大资金压力，还有很大诱惑力，所以场面很是火暴，整个春节市场上都能看到他的货。

因此，订货会也是糖酒企业成功的一招，运用好订货会，定会事半功倍，收获颇丰。

（丁　一）

三、成功之路

把白酒卖成牌子的经销商

董茂欣，1959年11月生，出生6个月不幸患小儿麻痹症导致残疾，高中毕业后因找工作不顺等原因曾服安眠药，自杀未遂却终于悟出“自己活着不容易，父母养育自己更不容易”的人生道理，从而开始了自信的生活。1982年结婚后，即开始经商，2000年进入酒行业，推销葡萄酒，3年后又悟出了“同样是累，与其给别人打工，不如给自己打工”的创业之道，结果成为一名“巴国老”酒的经销商。

2007年11月22日，《华夏酒报》记者来到吉林市酒类管理办公室，提出采访该市经销商典型，酒管办主任张伟和负责酒管稽查的王贵普处长，脱口而出一个女经销商的名字——董茂欣。王处长说，吉林市有个叫“巴国老”的川酒就是董茂欣做的，就是这么一个名不见经传的白酒，董茂欣硬是在不到5年的时间内就做到了江城白酒第一销量。人品、酒品、产品都经受了时间的考验，最终成为了江城的一个品牌。

江城有女初长成

回想起卖葡萄酒的三年，董茂欣笑着说：“选择卖葡萄酒，是因为当时葡萄酒确实赚钱，因为全国都认东北的葡萄酒。选择广东，不仅仅是因为广东我没有去过，更因为别的省份让别人都占了。我到广东的时候，老总还千嘱咐、万叮咛，能不能马上回款不重要，重要的是别让人给骗了。”

“结果是不但没有让广东人给骗了，我还很快回款了，最多时，一笔就是60万。”董茂欣灿烂的笑容中透出了争强好胜的一面。

2003年，成都糖酒会，董茂欣带着一位会“喝酒”的朋友来选酒。为什么要选白酒回吉林市做？董说，白酒好比是经销商的银行，没有保质期，还能保值，投到市场好比是往市场贷款，经营有方自然有赚头。

选大牌子，自己手中没有多少钱，更没有成熟的通路，选没有名气的牌子，质量能否保证，市场如何操作？董茂欣边在糖酒会上转悠边思索着。

说起“巴国老”酒，可能没有多少人知道这个牌子的生产商周进刚，但说起四川的基酒厂，西北、东北的很多白酒企业，甚至大品牌却都知道。就在这届糖酒会上，周进刚也终于下决心，在专业生产基酒的同时，注册、生产自己的“巴国老”酒，并首次到糖酒会上招商。

当时，董茂欣和周进刚的心里都没有底，一个担心招商不成功，一个担心酒到手了卖不出去。但董的那位会“喝酒”的朋友却积极建议她认定这个入口有点甜味，肯定能经得住东北人喝的“巴国老”酒。所以，当两个人走到一起的时候，彼此坚定了信心。

15 万元的货很快发到了吉林市，已经做完市场调查的董茂欣，出手就是狠招。在选择餐饮铺货的同时，她评估、选择了两家吉林市能卖火中档白酒的酒楼，签订了包店协议。8 万元，每家酒楼一台车，此举让吉林市的经销商对这位年轻的同行刮目相看。

天有不测风云，“巴国老”酒刚在吉林上市销售的时候，却遇上了“非典”。差劲的时候，一天卖不上一件，好的时候也就能卖四、五箱。董茂欣嘴上不说，心里直上火，“50 万，自己全部的家底都投到酒上了。”董感慨地说。

2004 年，公司赚了几万块，在吉林市投了两块路牌广告、4 台车体广告，董茂欣要放手一搏，已经在某葡萄酒企业做省级经理的弟弟心疼姐姐，索性辞职帮着姐姐管理市场。2005 年，隆德在市内的路牌广告增加到 5 块，车体广告增加到 6 台；2006 年，董茂欣利用春节前后的两个月，举手就投放了近 30 万的电视和报纸广告。

到 2006 年底，经过整整 3 年的市场培育，“巴国老”酒真的让董茂欣做成了一个品牌。因为厂家把整个东北和西北、华北部分市场的开发权都交给了董茂欣，现在，隆德酒业的销量几乎占到了厂家全部销量的 40%。

我以“真”心换“金”心

“其实，也没有什么更好的招数，放眼长远，敢于进行市场和广告投入，是做成品牌的关键。”董茂欣说。当然了，仅仅靠投入还是不够的，隆德更有一个懂市场管理和销售的优秀团队。

在吉林市的酒圈子里，隆德对员工的“严”是出了名的。这种“严”是因为管理者自身的洞察入微。

一位业务员雨后回公司向经理仔细汇报了跑店的数量，结果被罚了 200 元。经理说，跑十几家店肯定要冒雨，你的裤腿怎么没湿？业务员脸红了。

还有一位业务员连续三天销量下滑，结果被罚了 300 元，头两天经理说他在家睡懒觉，他不承认。第三天上午，被经理堵在了家门口。

在吉林市的酒圈子里，隆德对员工的“爱”同样出名。吉林百货大楼的一位经理，一看到董茂欣走进百货大楼采购结婚用品，就知道她公司有员工要办喜事了。

公司上上下下 50 人，销售部占了一半多，年轻人多是刚从学校毕业的学生，大学生就有 6 位，对不在本地的员工，春一季、冬一季的全身内衣，董茂欣一直买到现在；对于家中有困难的员工，她更是没得说。一位刚入职不到半个月的员工，家中春耕买不了化肥，老父亲跑到公司找儿子想办法，董茂欣掏出1 000元塞到老人的手里。

去年末，隆德向员工兑现奖金，其中有八位业绩突出的从董茂欣手中接过了公司代缴的社会保险金收据。董茂欣说，留住人，更要留住心，仅仅靠钱也不行，还要有大“爱”。这种“爱”的表现之一，是她吸纳了 16 名下岗职工，年龄最小的 38 岁，最大的 53 岁，有的做司机，有的做后勤。

投入需要胆识，团队需要活力，但要把一个产品做成一个品牌，更需要厂商无间的合作。董茂欣说，因为是底价操作，市场所有的投入都是自已掏，而厂家从最初的几款产品，到现在的几十款产品，都快五年了，原材料虽然一直在涨，但厂家始终没有涨一分钱，周进刚的默默支持坚定了自己做品牌的信心。

去年的客户答谢会，周进刚特意赶来并从东北请来了著名的白酒专家讲白酒品鉴和白酒健康的知识，没想到专家讲课最后变成专家营销，答谢会变成了订货会，一次订出了几千件货。

董茂欣从厂家拿到的价格是最低的，所以，也有不少北方的新经销商找到厂家，要求高于她的价格发货，但每次厂家都把她的电话号码告诉去四川的人，让他们回来找她做，厂家的信任，让董茂欣没有理由不把“巴国老”做成品牌。到 2007 年，已经掌控1 000多家各类餐饮、400 多家超市和名烟名酒店的隆德公司，渠道中还是只有“巴国老”酒这个牌子。

“但品牌和渠道的威力已经显现了，‘巴国老’新推出的‘冬虫夏草’酒才两个月，我们就铺进了500多家餐饮店，现在每天出货20多件，相当于‘巴国老’2004年上半年的销售水平”。董茂欣说。

（中国食品科技网）

经销商“玩转”区域市场

在四川乐山酒水界，罗彬是个名人。当地最畅销的五粮液、蓝剑啤酒、统一鲜橙多、娃哈哈等品牌的产品，都是罗彬的通嘉糖酒贸易有限责任公司在代理。在这个小小的三级市场，通嘉公司一年的酒水销售额超过8 000万元。

管理公司化

罗彬认为，很多经销商做不大的原因在于没有做到公司化管理。有些经销商即使注册了公司，但员工主要是亲戚朋友，这为管理增加了难度。因此，罗彬的通嘉公司里，除财务是他的妻子外，其他部门全部是外聘人员。

实现人员全部外聘后，罗彬在厂家的帮助和指导下，为公司建立了一系列制度，包括会计制度、业务管理制度、员工绩效考核制度等。同时，他严格执行这些制度，尤其在涉及自身时都以身作则。“注册公司、制定制度都很简单，关键在于让老板的思维、行为也公司化起来。”罗彬认为。

先做事，后要钱

罗彬说，厂商与经销商的关系不是复杂的博弈关系，双方应该是相互依存、相互信赖的关系。“没有好的厂家，经销商生意不可能做得好；没有好的经销商，厂家的市场开发也很费劲。”

在他看来，厂商的销售代表和经销商博弈，千方百计地压任务、压库存、追回款；经销商拖厂商的货款、拼命要政策、串货，这都不是明智的做法。

作为经销商，罗彬认为：“政策还是应该要的，但要讲究方法。”他举例子说，四川人夏天喜欢露天喝夜啤酒，每一席的外面都用半人高的屏风围起来。他发现从来没人在屏风上做过广告，于是就自己垫了两万多元，在乐山几十个餐饮店的屏风做了蓝剑啤酒的产品广告。广告做好后，他请蓝剑啤酒的领导到市场上走了一圈，结果厂商感到非常满意，不但回去就把广告费用报销了，还把这个经验在四川省全面推广。

“有效果的市场费用，厂家都是愿意投入的。他们之所以对经销商的费用卡得紧，是因为他们不知道经销商把钱拿去干什么了。”罗彬说，“有的经销商要费用又哭又闹，我和他们不一样，我先做事，让他们看到了，费用自然会给我。”不过，如果是比较大的市场投入，他通常要先做方案给厂商，让他们知道他要做哪些事情、怎样做、效果会怎样。

“回款、串货也是一样。”罗彬说，“经销商靠卖货挣钱，不是靠占压货款挣钱；串货虽然能暂时上量，但把产品打死了，等于自己摔了饭碗。这么简单的事情，很多经销商想不明白，还是要去干，占点小便宜还洋洋得意。”他认为，只有积极回款、遵守渠道制度，市场做细做实，才能树立品牌。

当通嘉商贸发展了一定规模的二级渠道商之后，罗彬在挑选合作厂商时，也不单以渠道政策好坏、利差大小为标准，还将厂家实力、合作理念等因素纳入选择上游合作伙伴的标准中。

做下游客户的“靠山”

二级渠道是经销商发展的根本动力。因此，罗彬认为，经销商要树立自身品牌，在选择产品、制定政策时就不能只考虑自己的利益，还要维护下游渠道利益、提高他们的盈利能力，要成为下游批发商的“靠山”。

“厂家为什么要给经销商做培训？因为只有经销商能力提高了，市场才能做得更好、更大；同样的道理，经销商要想生意越做越大，就必须让他们的下游渠道学会怎样更好地做生意。”罗彬说。

通嘉公司每月都开渠道业务培训会，专门培训下游渠道商的市场运作能力，解决他们提出的市场问题。罗彬会利用这些机会讲解自己对市场的看法和思路，有时他还请厂商的区域经理来传授业务技巧，有时则请渠道商互相交流经验。

罗彬还要求公司的业务员每次下市场时都要指点渠道如何做好陈列、市场开发、终端维护等。

他还借鉴了厂商召开代理商会议的做法，每年都召开一次渠道商会议，总结当年业绩、阐述未来计划，并表彰在销量、陈列、传播等方面表现突出及进步迅速的渠道伙伴。

罗彬自豪地说，在旺季的时候，如果他的公司周转资金紧张，他的渠道商甚至会提前打款给他去进货。

（中国糖酒招商网）

解析云南红的成功之道

当今中国葡萄酒行业，除了张裕、长城、王朝等几个“老”品牌仍称霸江山外，“云南红”凭借独特的市场营销策略，在短短的五年里占滇、克黔、进两广、平四川、入湖南，进而凭“钓鱼台国宴用酒”欲挥师北上，迅速成为业内知名品牌。在葡萄酒大战的枪声中诞生成长起来的云南红，靠什么脱颖而出？

一见钟情：浪漫、传奇、时尚的独特风情

葡萄酒大打肉搏战，第一步是吸引消费者注意，其关键是用有审美价值的记忆亮点作为支撑。在广告表现中，不论是本土品牌还是千里而来的舶来品，都喜欢带上浓浓的欧风：绅士淑女、暧昧眼神、法式庄园，实在让消费者记忆模糊。云南红则依靠独特的地域文化，穿上了风情文化的盛装，走出自己的个性。

云南红的 LOGO 之一是独具特色的云南重彩画。该画派被称为“具有中国情愫的现代艺术”，由著名画家丁绍光先生在 20 世纪 60 年代开创，以线描和重彩为特色，在国内外享有盛誉。凭借强烈的民族风情，消费者很容易识别出产品，并且对这种艺术感很强的标识产生浓厚的兴趣。另外，丁先生在世界各地都出版了画集，画派本身就以极高的知名度为市场推广打下了基石。

1998 年秋全国糖酒展销会，刚上市的“云南红”打扮得婀娜多姿。有人来问：“云南红”是哪家公司设计的？有人丢弃了大量广告画页，却带走了“云南红”的资料，甚至在“云南红”展厅里留影。连展销会上的专业人士都倾慕不已，更不用说普通的消费者。

云南红的高原风情和边城情调不容忽视，可更重要的是在把握特色的同时尽力营造符合目标顾客的文化背景。目前的市场上，葡萄酒消费基本上还是以社交功能为主，即商务宴请、个人团聚和礼品，消费人群也主要是公司职员等经济基础较好的顾客，他们普遍受过良好的教育，无论是对西方文化或是传统文化都有敏感的嗅觉。云南红牢牢抓住了这一点，强调所

选用的葡萄是二百年前种下的法国酿酒名种"Rose Honey"，在法国已绝种，却在高原红土上生长良好；并一再突出该酒由法国波尔多地区的著名专家和国内大师共同掌门；另外，在广告宣传中"圣经"、"旨意"、"纳西"、"丽江"等词同台现身，似乎东西文化、古老现代都由葡萄酒来传承衔接，打造出浪漫、传奇又不失时尚的独特内涵，让消费者一见钟情。

再见倾心：精心策划的推广渠道

一般的葡萄酒商多在电视、报纸等媒体上投放广告，确实，这些大众媒介的消费者到达率最大，千人成本也较低。但是由于电视和报纸是一种无偿媒介，受众的接受意识非常薄弱，对产品的进一步理解也相对较差。而事实上，"理解"是决定消费者是否购买产品的关键。另外，电视是受众极为广泛的媒介，对于收视者的经济状况，个人喜好并无明确划分，无法准确到达目标顾客。

初期在电视屏幕上常出现的云南红，现更喜欢频频在具有"小资"情调的杂志上露脸，如地域性强的《大观周刊》和全国知名的《新周刊》等媒体，仅2003年163期的《新周刊》上就分别有插页和封二共5版广告，其版面之大，色彩之突出，让读者不可能忽略。

相对于电视来说，杂志是一个经过细分的媒介。一般来说，具有相同兴趣或生活方式的人才会主动购买并阅读一种或几种相对固定的杂志。较易获得杂志的定位与产品诉求的一致性，可根据需要有针对性的发布广告。另外，相对于白送的东西——电视提供的资讯，花钱购买东西的人一定会珍惜他花钱购买的东西——杂志。因为杂志是个人购买媒介，读者会反复地仔细阅读，可以精彩演绎目标对象传播，"理解"的效果因此得以大大提高。

除了精心选择传播媒介外，云南红巧妙的"嵌入式广告"也值得一提。

同样是在613期的《新周刊》上，有一篇漫画叫"云南新十八怪"，其中一怪叫"品牌见红就不败"，云南带"红"字的知名品牌有很多，红河、红塔山等等，但漫画上唯一出现的文字却是"云南红"，其中的奥妙不言自明；在99'世界园艺博览会、柬埔寨国宴、中国企业家论坛首届弥勒论坛等会议上，总少不了云南红的影子；很多媒体上介绍红酒知识的"wine club"的背景用的是云南红的LOGO——重彩版画；还有比这更巧妙的，昆明有家文化人或沙龙爱好者喜欢聚集的"上河会馆"，它集酒吧、饭馆、画廊和文化沙龙为一身，被很多人津津乐道。与此同时，他们还常常大力推荐那儿的一道名吃——"云南红气锅鸡"。无独有偶，在昆明著名的"翠湖边上"，"云南红炖排骨"已经成为一道经典名菜。

就这样，云南红凭借精心选择的传播渠道和内容，似曾无意的"相逢"，让企业心目中的"上帝"不能不"再见倾心"。

三见定情：提升商品附加值的独特体验

有人说，21世纪是体验经济的时代。消费和服务不再只是机械的交易过程，消费场所成为了剧场，体验为卖方提升了商品和服务的附加值，更培养了顾客忠诚。但，前提是——你要为买方带来趣味、知识和值得回忆的消费体验。

让我们来看看云南红参加的部分公益活动：

1999年与云南省棋类协会共同组建了"云南红围棋队"

2000年起每年向昆明市鸟类协会捐款；同年在昆明举办《施特劳斯家族作品音乐会》、赞助中国昆明国际花卉节闭幕式。

2001年在昆明举办俄罗斯国家剧院芭蕾舞团芭蕾舞剧《胡桃夹子》、《茶花女》；同年在云南德钦县举办香格里拉德钦弦子节。

2002年赞助中国首届舞蹈节"荷花奖"决赛及颁奖典礼，举办首届"云南红杯艺术摄影大赛"及"云南红杯艺术摄影展"，成立"云南红助困教育基金"，进行义卖用于资助贫困大学生。

从高雅的西方的音乐会、芭蕾舞到有浓郁云南特色的民间艺术，从棋牌到摄影，从环保到教育，云南红在有文化联系的范围内处处涉足。试想，在结束美妙高雅的音乐会后，你是不是也愿意品味一下“一支红酒，可以是一个快乐王国的”云南红呢。看似白花银子的公益活动，其实在消费者心中打造出一个有社会责任感的企业形象，而这些点点印象，让消费者买单时有更大的满足，认为自己“买对了”。

酒庄酒作为高档红酒顶级的象征，是中国葡萄酒高端攻略的必由之路。百年老将张裕不惜投资6 000万元建立了中国第一个专业化的葡萄酒庄园，却因其酒庄酒的整桶定购直销模式在业内备受质疑。与此同时，云南红却在品牌延伸上开始了“体验”的尝试，将“美酒”、“美食”和“美景”三合一。

云南红的万亩优质葡萄园位于距春城昆明一个半小时车程的弥勒县，交通便利。无际红土上是米灰色的葡萄架格出的绿色藤条，朴素的房舍和古朴的木桶酒窖使酒庄充满诗情画意。利用优美的自然资源，加上当地独有的民族风情、人文底蕴、特色食品，这里成为了国内第一家作为旅游项目开发的酒庄。酒庄旅游不在景，游客在进行这种别具风格的旅行时，是会把酒庄和红酒作为回忆的一部分牢牢印在脑海中的，没准还会把难忘行程告诉亲朋好友——我在云南红的酒庄，这里美极了；当离开酒庄、人在“天涯”时，要再次感受到葡萄园美景，享受红酒温泉浴的方法只有一个——喝云南红。

就这样，消费者完成了从记住商品名称到购买产品并产生顾客忠诚的全过程，对产品“三见定情”，而其中的每一次“感情升华”都在商家的“无意”邂逅下悄悄进行。

（《华夏酒报》）

云南红营销“三板斧”

20 世纪 90 年代中期，云南葡萄酒市场是长城和王朝的天下。长城占了云南葡萄酒市场 70% 左右的份额，王朝也占有差不多 20% 的份额，它们占据了高档酒的主流市场。然而就是在这样一个竞争高度集中的市场，经过短短 5 年的浴血拼杀，“云南红”取得了云南省 70% 的市场份额。云南红所到之处，其缔造的红酒文化也在一定程度上影响并改变当地人的酒类消费观念。

如今，云南红已是昆明绝对第一品牌，成都、重庆、福建等市场的前三强品牌。“云南红”到底在营销方面有哪些过人之处？它靠的是文化营销、事件营销和新闻营销这“三板斧”。

第一板斧：文化营销

加入 WTO 后，市场竞争已从单纯的口感、质量、价格之争升级到品牌、文化之争的高层次竞争，营销战略也逐渐转移到以人为本的文化营销。

云南红酒业有限公司解析文化就是“我为什么是我”，张扬个性，强调特性就是文化。中国红酒学外国的多些，但并不是照搬，而是结合中国文化特点创造自己的文化营销。张裕有 100 多年历史，长城、王朝都有悠长的渊源，而云南红据查有 215 年历史。

在营销上，云南红大打文化牌，以悠久厚重的历史文化和绚丽多彩的现代文化为背景，把物质技术上的奇迹和人性的需要平衡起来，使自身产品具有文化上的感染力。既让消费者闻得“云南红”之声，更使消费者体会到“云南红”之魂。让中国红酒同样有自己的历史，有自己的血，有自己的肉，中国红酒同样有自己的沉淀和自己的积累这一观念深入人心。这是其在云南地区取得巨大成功的重要因素。

第二板斧：事件营销

“云南红”借势进行事件营销，及时抓住广受关注的社会新闻、事件以及效应等，结合云南红企业或产品在传播上欲达到之目的而展开的一系列相关活动。

学术界长期以来有一个传统理论，认为长江以南不能种植优质酿酒葡萄，然而，云南红的董事长武克刚多年的经历使他具有自己的独特市场判断，他认为只要借势得当，便可以扭转不利局势。

此时，一个机会出现了，第六届全国暨首届海峡两岸葡萄酒酿酒企业的经理研讨会刚好决定在昆明举行，这是有史以来首次在长江以南召开的权威性葡萄学术研讨会。来自全国各省区和台湾地区的300多名葡萄种植、酿酒专家和厂长经理云聚春城。为此，武克刚欲借此扬名，力邀张裕、长城、王朝等全国名牌葡萄酒酿酒企业的老总们进入云南，让来访者亲眼目睹。

在其报告中，武克刚以详尽的数据引证当中国葡萄带上的葡萄还刚刚挂果正在经历雨水和虫害侵袭的季节时，云南的万亩葡萄已成熟，世界上最早成熟的酿酒葡萄在云南；世界上当年最早上市的葡萄酒在云南；世界海拔最高，纬度最低的优质葡萄园在云南。中国300位葡萄种植专家、企业家第一次正视神秘的云南高原。

在这次会上，来自全国的30余种名贵葡萄参与角逐，云南红集团参评的玫瑰蜜、藤稔、京秀、无核白鸡心等5种葡萄品种，被评为全国葡萄优质产品，位居全国前列。事后，武克刚的报告便成了云南红的“身份护身符”。

第三板斧：新闻营销

“云南红”自诞生始，就非常重视新闻营销，云南红把宣传渗透进了社会生活的每一个细节中。

“云南红”坚持将品牌宣传与营销宣传分开进行，打破传统产品宣传中急于求成、立竿见影的传统行为，使“云南红”成为高原绿色世界中引人注目的一大文化景观。云南红在《春城晚报》、地方电视台进行轰炸式的广告宣传，并且组织大量的文化活动，如世界名曲欣赏会、交响音乐会。

利用社会上有价值、影响面广的新闻，不失时宜的将其与自己的品牌联系在一起，来达到借力发力的传播效果。在这点上，云南红借助新闻事件做营销推广的作法堪称国内典范。比如：2000年，四川成都的“五元电影票”成了当时所有媒体追逐的新闻热点，五元票价执行之初，成都所有的影院观览者爆满，一个蕴藏的商机立即被“云南红”发现，“云南红”借助“五元电影票”的社会新闻进行新闻营销：一方面通过买断电影播映前一分钟的广告发布，使广告迅速传播，一方面又和影院联合促销，凡购买当日电影票者，一律可以获得优惠。“云南红”在短时间内就成了当地的热销产品。

此外，糖酒会是中国酒业的第一大会，商家云集，自然是当时最大的新闻热点，“云南红”特别借助媒体新闻热点进行宣传。1998年秋全国糖酒展销会，“云南红”打扮得妖娆夺目。广东人来问：“云南红”是哪家公司设计的？许多人丢弃了大量广告画页，却带走了“云南红”的广告画页，许多人纷纷在“云南红”展厅里留影。“云南红”首创使用的铁花装饰帖，已被大江南北的红酒厂商们纷纷仿效使用。

（吴月华）

众手托起"云南红"

——写在"滇云牌"云南红河系列获"中国名牌"殊荣之际

"什么叫好酒？就是嘴巴喜欢，身体健康。"武克钢一语道破中国红酒的"天机"。"云南红"创造出了中国红酒新概念，为中国消费者寻找到一个喝红酒的理由。"云南红"搅动起红酒市场的激情，"云南红"成为中国红酒界一支备受注目的新军。有专家称，"云南红"的市场观念简直就是"魔教"理论。

"云南红"以沉稳的商业理性，以善缘的市场效益，步入良性运转的佳境。与中国几大红酒企业的投入产出比率相比较，"云南红"投入一亿元资金，就达到了同行投入五六亿元甚至更多资金形成的生产规模，人均创利税率居全国数百家红酒企业之首。

"云南红"的爆破力和杀伤力使中国红酒界震惊。许多国内外的著名酒公司的老总们来看"云南红"，被"云南红"净资产的增值速度所振奋。

"云南红"犹如一只海燕，在红酒大战已来临的暴风雨中勇敢搏击……

风浪无惧，建立坚固市场网络

"云南红"何以在红酒市场如鱼得水？最重要的是建立起了中国红酒最坚固的市场网络。

云南红独创了一套真正的"云南红"网络体系：把每一瓶酒送到消费者的面前，组织面对面的营销。在八年的拼打中，"云南红"沿着长江、珠江一路飘红，吸引两江流域诸省的经销商，广建营销网络。每建立一个市场，"云南红"都要邀请经销商到云南葡萄基地实地考察后，再签合同。各地营销人员都要定期安排到"云南红"基地劳动，真正理解"云南红"品质的内涵。志同道合者留，同床异梦者走，从而建成了独具特色的"云南红"的营销网络。

在8年的拼打中，"云南红"不拘一格聚人才，从全国各地网络种植、酿酒、企划、营销人才，形成了一支忠诚于"云南红"品牌、时刻与国际市场接轨的人才队伍。不一定要用'空际兵'、'海龟派'（海归），也不一定会用'上鳖'（当地人）啊什么的，关键是对云南红品牌文化的认同，这是云南红这么快起来的一个重要原因。

市场不言败。几年来，一群在市场竞争中锻炼出来的年轻经理们，个个骁勇善战，敢打硬仗恶战，北出巴蜀，点将成渝，直逼黔桂，东进浙闽，兵临岭南……攻城略地，坚守阵地。为"云南红"立下了汗马功劳。"云南红"成熟了，市场风高浪急，握于手掌之间；竞争刀光剑影，化于筹谋之中。正是他们，在南方大城市与中外红酒品牌短兵相接，强占市场，培养起上千万忠诚于"云南红"的消费者，开拓并坚守住了全国市场。

云南是"云南红"的市场大本营，"云南红"的第一瓶酒就是在云南市场亮相的。几年来，由云南红酒业公司控股、职工占股的云南红恒升酒业营销公司，在总经理杨坚的统领下，用专业人做专业事打天下，从人性化管理到项目分级管理，应用现代管理方式，创建起了令人羡慕的强势营销网络，始终占据着云南红酒70%的市场份额。

福建是中国红酒的兵家必争之地，几大红酒品牌竞争激烈，三年前，"云南红"销量在福建市场明显下滑，公司副总林雨怀着身孕，受命危难，接过危机四伏的福建盘子，大刀阔斧调整人员、起用了一批福建营销人才，建立起独特的营销网络，在强手林立的市场上，与"敌"过招。"云南红"从红土高原走进东海之滨，林雨让西南大山秘神文化与东海抗风浪文化结缘，实现了山与海的拥抱，新招迭出令人叫绝，使"云南红"在福建止跌回升，直冲亿元销售大关，创造出营销奇迹。

几大红酒品牌的营销人员惊呼："云南红"的怪招，我们玩不来，也挡不住。

"云南红"高举品牌之旗，吸引四方营销人才，跟着"云南红"，一起成长的第一梯队人才打开了市场局面，从其他品牌"跳槽"而来的第二梯队人才开疆拓土，来自金融投资领域的第三梯队人才构建着"云南红"的资本市场，凭借着红土高原的资源优势，名牌产品的市场信誉和技术、财务、营销、经营管理人才组成的强势阵容，"云南红"决胜千里、制胜市物。

特立独行，高举诚信旗帜

葡萄酒酒水小新闻多。愈演愈烈的中国红酒大战，使红酒市场变得异常脆弱。近两年来，"洋垃圾"事件，山葡萄兑水事件，"半汁酒"事件，"排挤"事件和一系列的"假年份酒"、"酒庄酒"事件……新闻迭出，红酒企业相互攻击，媒体火上浇油，今天十问这个企业，明天八问那个企业。"云南红"也受到了质疑，云南有没有葡萄？酒是不是罐装的？

2004 年，国家决定取消半汁葡萄酒。在此之前，半汁葡萄酒大量涌现引起的混乱，背后还是诚信问题。

中国红酒在"狼"来之前自乱阵脚，在汹涌波涛中随波逐流，市场表现令人担忧。红酒混战引发了一次次诚信危机，影响着中国红酒的市场信誉和消费者信心。

呼唤诚信企业，市场期盼诚信。"云南红"挺身而出，勇敢地维护着中国红酒的信誉，顽强地高举起诚信大旗。

2004 年秋天，全国葡萄酒行业年会在云南举行，来自全国的红酒专家、红酒企业云集云南，共商中国红酒发展大计。"云南红"董事长武克钢在会上发言，他深刻地剖析了中国红酒业发展中存在的诚信问题，鲜明地提出了解决中国红酒市场恶性竞争的道德问题。

武克钢说，令人气馁的是，诚信问题频频发生，万吨以上的红酒企业没有几家敢理直气壮地拍着胸脯说："我就是不搞灌装，我就是按我标签上所说的，是哪年的酒就是哪年的酒。"外界不知道，消费者一时不知道，所以可以获得一些眼前的利益，但最后损害的是整个行业。难道我们自己的企业家、酿酒师不懂什么叫"庄园酒"什么叫"年份酒"？什么叫"罐装酒"？我们扪心自问，你的标签上标的是年份酒吗？你说的"庄园酒"是真正的"庄园酒"吗？你可以蒙一时，能蒙永远吗？揭露出来十问八问怎么回答？

"云南红"坚守着诚信的信念，当着全国数百红酒企业厂长经理的面说：八年来，"云南红"用的全部是云南高原葡萄原汁，做的都是真酒，从不掺一滴水。"云南红"从不卖一斤灌装酒，如果有谁发现"云南红"掺水、或者用了灌装酒，"云南红"将全部家业奉送。"云南红"敢公开每年的红酒产量，从不夸大产量、减张声势。"云南红"如实交纳每年的税金，从不瞒报、偷漏一笔税款，不隐瞒一个财务数字。

2001 年，"云南红"订单纷至沓来，全年订货量有三分之一的缺口，有人建议，购进灌装酒弥补缺口，公司仅此可获利四五千万元。武克钢坚决不干："外国灌装酒大多是垃圾酒，云南红装这样的酒去卖，害了消费者砸了云南红的牌子。"在随后的几年里，"云南红"出现过几次市场缺口，都抵御住了上千万元利润的诱惑，坚决不装一瓶灌装酒。武克钢坦荡地说："云南红走到今天，不算做得大，也不算做得最好，但一定是做得最真的酒。"

"云南红自己变得透明了，因为市场迫使我们透明。我们冒不起任何风险，作为整个企业来说，应该庆幸没有追逐眼前的小利益，要做百年企业的话，是注重未来三百个亿的概念"。武克钢把目光放得更高远。

诚信的聚光灯，紧紧追射着云南红

2008 年 7 月，全国百家新闻媒体云集"云南红"酒庄，采访"云南红"的诚信宣言。记者们提出了一个个问题：你讲诚信，别人不诚信怎么办？你坚持诚信，会不会感到孤独？你说你诚信，怎么来证实？……

武克钢坦率直言，中国的红酒消费刚刚开

始，怎样把“饼”做大？有的企业想一口吞下这个“饼”，短期行为带来的无序竞争，对消费者、对市场都没有益处。有的甚至采取欺诈行为，害了消费者，也害了自己。我们要做葡萄酒，而葡萄酒本身的修炼与茶道、舞蹈、中国武功一样是有德有品的，只有把人品、德品修好了，才有可能把酒品修好。企业走得正，品牌才有诚信。诚信不仅仅是道德问题，也是一个商业原则。红酒企业要敢于举起诚信的旗帜，共同努力把中国红酒做成诚信大产业，这是我们对社会的责任感、对中国红酒发展的信心。

几年来，“云南红”以诚信为本，特立独行，付出了沉重的代价，但武克钢从不言悔。

武克钢：呼唤工商文明

诚信的根基是什么？工商文明。武克钢再次把“火”引到自己身上。云南红的掌门人武克钢是一个有几分传奇、有几分争议的人。他当过兵、当过知青一、当过工人、当过工程师。1984 年，33 岁的武克钢成为深圳蛇口区的副区长，仕途光明，他却成为中国第一批公派的中美高层交流的访问学者，到美国学习和教课。四年后，武克钢已在学术界、商界颇具知名度，他却要当“海归派”，来到香港、踏上云南，最终选择当了一个企业家。他是一个香港投资人，却又是一个坚定的社会主义者。他身份是个资本投资人，却是个有 30 多年党龄的老党员；也许，正是这种特殊的经历和身份，造就了武克钢交游甚广而特立独行，信念坚定而不拘一格，思维深邃而语言锋利，嬉笑怒骂、敢爱敢恨集于一体的鲜明性格。

作为云南政协委员，武克钢在政协会上对云南的投资环境经常提出尖锐而恳切的批评；而在云南省的对外招商会上，他又现身说法，大讲云南的投资优势，热心张罗投资项目。他参与提交省政协会议的一份关于发展非公经济的提案，受到了省政府的高度重视，在省政府随后出台的发展非公经济的决定文件中，采纳了许多建设性意见。

武克钢有时对有的职能部门行政方式不习惯、不服气，就当面嚷嚷，而在全国企业家的峰会上，有的企业家感叹：“恐怕没有未向官员塞过钱的企业?”会上为此响起一阵掌声时，武克钢站起来为官员说话：“我们企业就从未向官员塞过钱，也没有官员来索过贿。要相信，大多数干部是清白的”。

武克钢“小气”，会为一张超标准的公关费发票用大发雷霆；武克钢“大方”，他到一个山区去踏青，看见村子里贫穷的景象，就当即拨款，把村里饮水、教育等问题解决了。一些有背景的人来拉赞助，要摊派。武克钢硬邦邦甩出话：“我来投资办厂时，政府明确只有交税义务”。一分也不给。而自 1999 年起，“云南红”每年都要主动赞助 10 万元，制作专用食物，喂养海鸥，整整持续了 6 年。每年暑假，一批香港教授专家学者，都会到云南开办培训班．传授科技知识。“云南红”决意在数年内，赞助弥勒县乡镇创办图书馆，目前已达 4 个。近几年来，“云南红”支持希望小学、修桥铺路，赞助的公益事业费已达数百万元。

近 8 年来，“云南红”每年元旦、春节都邀请国外著名歌剧、芭蕾舞剧、乐团到云南，举办“云南红之夜”新年、新春晚会，打造成为云南省新年、春节品牌晚会。

武克钢是一个办企业的高手，在万军之中，取了“中国名牌”桂冠，然而，他骨子里还是一个经济学家。他种葡萄是为了办企业，而撰写的《云南北回归线高原优良葡萄适种区形成的理论探讨》，却载入了中国红酒理论研讨的史册。武克钢本质上是一个社会学家。中国著名经济学家孙冶芳的这位外孙，时刻关注着中国市场经济发展的大走势，中国经济社会的和谐发展，探寻中国工商文明发展的希望之光，研究经济社会理论的创新方向。

2007 年秋天，在中国著名企业家聚会上，武克钢发表了《中国呼唤工商文明兼论企业家的社会责任》的长篇演讲．以崭新的理沦视角，诠释了世界工商文明兴起的历史价值、中华民族在工商文明大潮中沉浮的政治经济根源、三中全会开启中国工商文明新纪元的巨大功绩，提出了企业家在推进工商文明过程中的社会责任。武克钢以犀利的语锋，谈古论今，振聋发聩，这篇演讲激起了强烈反响，不胫而走，许多大学、研究机构纷纷邀请他去作演讲。《中国呼唤工商文明》被列入中国经济社会研究思想库。

性格决定命运。武克钢信念如山，注定要为社会鼓与呼，要走一条艰难人生路。

2008年8月初秋，在“云南红”一年一度的篝火晚会上，已迈进天命之年的董事长武克钢，望着熊熊火焰感慨地说：“50年后，‘云南红’的篝火还这么旺，那才真正是我们希望的篝火!”

“云南红”点燃了一把“火”，也点燃万亩葡萄园的希望，点燃了万户农民心中的希望。

“奋斗8年，创的名牌还不够大，兴的产业还不够强，一方百姓还不够富，云南红要走的路还很长很长”。武克钢关注着的，是“云南红”的未来之路。

20年前，东风农场的职工们用红沙石塑一起了一座雕像，三代人托举起一篮葡萄，期盼着远方。此时，在这座雕像近旁的万亩葡萄园中，“云南红”又用汉白玉雕成一座葡萄女神，用红色的花岗岩，塑起一座巨型雕像，一群年青人在民族风情的映衬中，托举起的，依然是梦牵魂绕的葡萄。两座雕像反映着两个时代，却体现同一个主题：一代接一代托举起葡萄，托举起百年品牌。

是的，举起中国名牌，“云南红”又在新的起点，顽强地朝前迈去……

（张长虹　周保昌）

用文化铸造品牌灵魂

——香格里拉酒业的品牌之路

什么是品牌？简单讲，品牌就是商标、牌子、烙印。世界著名的广告和品牌策略大师大卫·奥格威对品牌的内涵与实质作了精辟的描述：“品牌是一种错综复杂的象征，它是品牌属性、名称、包装、价格、历史声誉、广告方式的无形总和。品牌同时也因消费者对其使用的印象，以及自身的经验有所界定而有一定的差异性。”在现代企业的发展过程中，品牌已经成为企业赢得顾客忠诚和推动企业的价值取向，求得长期生存与发展的关键。要提高企业的核心竞争力，首先是要建设卓越的品牌。对企业而言，品牌，不再是一个简单的名字、述语、标识、符号或图案，而是赢得竞争的无形利器。

回顾香格里拉酒业五年的品牌建设历程，既有经验、教训，也有对未来品牌建设的思考。

一、一个经典传奇，演绎“香格里拉”的崛起

香格里拉品牌创意的灵感触发点源于英国作家詹姆斯·希尔顿《消失的地平线》，作者在小说中描述了香格里拉这个雪域高原的神奇故事。自此，“香格里拉”一词横空出世，成为世界上最迷人的词汇。1997年9月14日，云南省政府向全世界宣布，香格里拉就在迪庆。香格里拉酒业果断抓住这一契机，确定把打造“香格里拉”品牌作为公司品牌建设的目标。

五年来，公司在品牌建设上做了大量工作。一是成功将“香格里拉”注册为公司商号。二是成功注册了“香格里拉”、“藏秘”、“天籁”等系列商标。“香格里拉”商标的注册成功为打造“香格里拉”这一核心品牌奠定了坚实基础。三是利用地处香格里拉的地域优势，深入挖掘藏族酒文化和100多年前法国传教士在迪庆茨中教堂建设葡萄园的传奇，广泛进行藏族酒文化和香格里拉文化的传播，在中央电视台、凤凰卫视、湖南卫视等电视和杂志、报纸、路牌等媒体大力度投播广告和进行软文宣传。“一支好酒，来自天籁”的广告词深入人心。四是通过赞助全国和省级人大、政协会议等系列活动，扩大了产品知名度。五是精心进行产品包装设计，独特的藏文化和现代包装特点得到了广大消费者的认同。六是通过申报专利等，保护公司的知识产权，提高企业知名度。青稞干酒制备技术获得了国家专利和云南科技进步三等奖；青稞干酒和雪山大礼盒包装获得了国家外观设计专利；“藏秘”商标已成为云南省著名商标；“藏秘”牌青稞干酒为云南省名牌产品；企业被评为云南农业产业经营化龙头企业和食品生产放心企业。

五年来，特别是新华联集团控股香格里拉酒业以来，公司依托金六福企业的营销网络优势，通过精心策划，不断强化和完善品牌管理，销售市场进一步拓展，公司产品产量、销售收入、利税实现了快速增长，香格里拉酒业迅速成为国内一个知名的红酒企业。

二、重新进行品牌定位，用美学打造香格里拉品牌

成大事者，必借大势。香格里拉成立之初，品牌依托的产品是一支世界独创的青稞干酒，品牌的构建是依托在有2000多年历史的藏族青稞酒文化上。“藏秘”牌青稞干酒上市后，优质的产品、悠久的藏族酒文化使这一品牌迅速得到了消费者的认同。

时至今日，通过五年的耕耘和努力，公司的产品已发展成葡萄酒和青稞酒两个系列。随着云南迪庆香格里拉酿酒厂的扩建、香格里拉（秦皇岛）葡萄酒有限公司的建成，特别是香格里拉核心商标的注册成功，重新进行品牌的定位就十分必要。从2004年下半年开始，我们对公司的品牌进行了重新定位。基本的思路是：青稞干酒沿用原来的品牌定位，以“大藏秘”重新赋予品牌新的内涵。葡萄酒启用“香格里拉”新的LOGO，争取在三年内把“香格里拉”打造成中国葡萄酒知名品牌。

今年以来，我们对产品的包装进行了全面更新。对广告进行了重新设计。市场整合推广方案的重点放在以美学的概念来打造“香格里拉”品牌。理由是：随着中国GDP高速增长，一大批有知识、有见识、有胆识的新兴中产阶级正在形成。同时，商品的包装、风格、感觉等感性因素被以越来越高的价格出售，美的东西开始值钱。中国社会审美消费时代已来临！在中国，红酒被多数人视为奢侈品，既是属于“享受”的商品，当然应当站在审美消费的前列。

纵观中国市场之红酒，谁最有资格谈审美？只有香格里拉。香格里拉这个名字与生俱来的神秘、高贵、圣洁、美丽、纯净的气质赋予了这种联想，这是其他品牌所没有的。

香格里拉如何借审美消费之势？我们的思考是将香格里拉定位为中国第一支具有审美内涵的红酒。在广告中透着美的气质。在卖场营造具有时代气息的审美体验环境。在推广中抓住、制造美的事件和话题。为摆脱原来藏秘的品牌形象。前期品牌口号定为：源自波尔多的老树葡萄酒。导入期重点打“老树”的概念。摆脱行业内部分公司在市场上推出不实“年份酒”造成整个行业尴尬的局面。以高档的老树葡萄酒，树立香格里拉高端产品形象。品牌策略的第二步，通过走美学营销路线，针对一群潜在“香格里拉”消费者，塑造一支高档的“香格里拉红酒”。在全国各地大中型城市的酒吧、咖啡厅、宾馆、大型商超，在高级杂志、电视、楼宇电视等媒体上，在音乐会、画展、经济论坛等高雅活动中，刮起一股“香格里拉”美的旋风。8月18日我们成功在上海“香格里拉”号邮轮举行了“香格里拉老树干红葡萄酒发布会”，收到了较好的效果。

三、强化品牌管理工作，赢得消费者的厚爱

社会的发展，使提高品牌的核心竞争力转向以满足客户需求程度为归宿。持续保持品牌的增值不像改进产品质量、降低成本和分销推广那样简单。只有通过严格的品牌管理，才能提升品牌的核心竞争力。世界著名品牌专家乔治·布尔（George·Bull）说“良好管理的品牌将继续生存下去，只有那些管理不善的品牌才

会消失”。品牌管理的实质就是要努力维系消费者和产品之间的关系。只有拥有品牌才能拥有消费者。品牌管理的最终目标是为了使企业的品牌得以延续和持久。满足消费者需求和维系消费者关系的能力是衡量企业品牌竞争力的一项重要指标。

香格里拉品牌管理的策略是创造品牌、拥有品牌、培育著名品牌。通过培养、塑造一个感性的、高档的、富有个性色彩的品牌形象，传播香格里拉企业的酒文化，让经销商和消费者充分理解品牌的内涵和诚信经营的企业文化，赢得消费者的信任和尊重，从而建立起长期、稳定的消费群体。

四、品牌和营销的创新才能建立品牌的竞争力

优质的产品为品牌成功奠定了基础。这些年来，我们强化企业内部管理，企业进行了ISO9001:2000和HACCP食品安全认证，已申报国家质量免检。但要确保消费者对品牌的忠诚，仅靠产品力是不够的，还需要在品牌及营销策略上不断地推陈出新。创新是建立品牌竞争力的关键。现代传媒为产品的推广提供了条件。青稞干酒从上市开始就充分利用了现代传媒的传播优势。2000年我公司的广告就在凤凰卫视《凤凰早班车》栏目投播。同年10月60秒广告在CCTV－1开播，并全程赞助CCTV－2《开心辞典》栏目。从此，尊贵典雅、卓尔不凡的广告形象连年出现在全国各地卫视及国内知名杂志等媒体上。在广告的强力拉动下，青稞干酒产品迅速风靡全国，品牌形象得到了进一步的提升。在强力推出广告的同时，新颖、时尚的设计、新型包装材料和工艺的采用，使公司的产品具有较强的视觉冲击力。藏文化在酒标上的率先使用，使香格里拉·藏秘品牌独树一帜，将众多追随者抛在后面。

2008年老树干红葡萄酒的广告投播，独树一帜。为今后大力发展葡萄酒开了一个好头。

几年来，在进行品牌宣传的同时，人性化的销售策略有效提升了品牌的资产价值。公司根据不同地方的消费特点，制订不同的销售方针和策略。“好酒与好朋友分享”、“香格里拉旅游”、“一支酒等待一个人”等系列活动，有力地拉动了产品的销售，同时也大大提升了品牌的无形资产价值。

五、用文化铸造品牌灵魂

香格里拉品牌植根于深厚的藏文化和香格里拉文化之中。“世界的香格里拉”，神秘、独特的藏文化和香格里拉世外桃源、伊甸园的形象令人向往。从品牌的字形设计到广告上梅里雪山背景的选择，从《消失的地平线》到《香格里拉口味之旅》，无不是品牌的诠释。纯净的雪山源水、高原青稞，中国海拔最高、最好的葡萄园，法国传教士带来的欧洲先进葡萄酿酒技艺，世界最先进的酿造设备，中国一流的葡萄酒酿酒专家，完整的质量管理和食品生产安全体系和“用心酿美酒，诚信铸品牌”的理念为香格里拉品牌未来的发展奠定了基础。

六、打造香格里拉核心品牌，必须继续加强市场营销，加大品牌投入

培育企业核心品牌，是提高企业核心竞争力的一项长期工作。要使企业长盛不衰，依赖强势品牌获取超额利润和保持长期竞争优势的关键就在于强化企业品牌建设，精心进行品牌策划，加强市场营销工作。只有这样才能把企业品牌做成百年品牌。

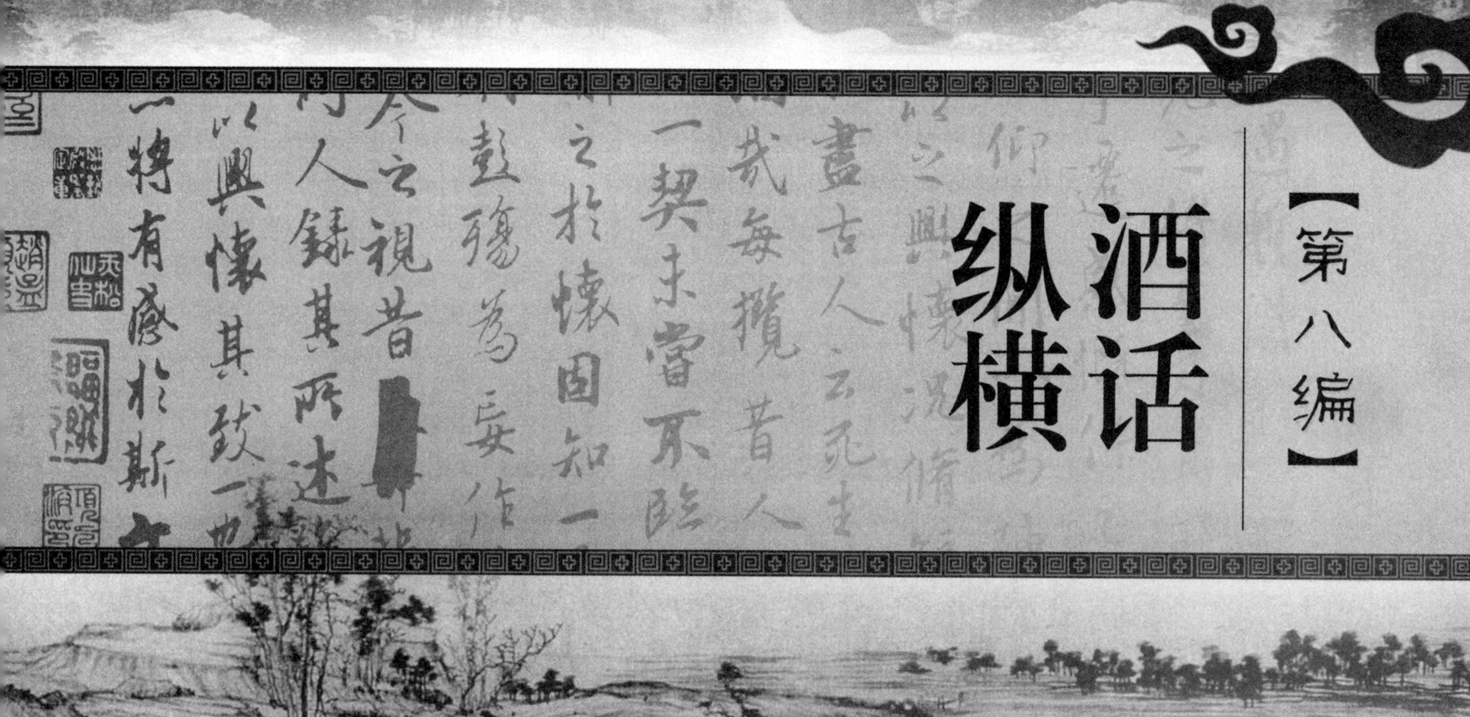

【第八编】酒话纵横

一、酒 之 源

中国酒的起源与发展

早在远古时代，中华先民们就已掌握了以谷物为原料，以“蘖”为糖化剂酿造甜酒“醴”以及用曲作糖化剂造酒“蘖作醴”的技术。使我国成为世界上最早用曲酿酒的国家。由于有醴、酒等诸多品种的产生和酿酒大师仪狄、杜康等的出现，为中国酒的发展奠定了基础。

曲蘖的发明促进了酒曲复式发酵酿酒法的诞生。在酿酒原料上，除了水果，还有稻谷、粟、秫等原料；并在原料的精细、水质的优化、酿器的清洁、火候的适当和发酵过程的掌握等方面产生了酒的酿制工艺。

到了周代，已设置了专门的机构负责酿酒。

这些专门机构设有酒正、酒人、大酋等官职和专职酒匠，从管理到酿造技术均已相当发达。酒成为帝王将相、文武百官的享乐品。商纣王帝辛开设肉林酒池，令男女3 000人裸逐于肉林，牛饮于酒池，好酒淫乐无度，最后导致商朝的覆灭。1959年，在发掘山东泰安大汶口村南的“大汶口文化”遗址时出土了陶制酒器——尊、斝、盉等，表明从开始酿酒、饮酒，到有专用的酿酒、饮酒器具，经过了相当长的历程。

到了秦汉时期，国家的统一，经济的发展，促进了酿酒业的发展。特别是到了汉代，农业生产技术的进步，水利设施的改善，粮食的增收，促使酿酒业迅速发展。制曲业的兴盛与曲种类的增多，酿出的酒的风格就大不一样。东汉许慎的《说文》记有曲的名称达10种之多。北魏贾思勰的《齐民要术》有专卷记述造曲酿酒，其中介绍造曲方法达12种。这时我国的酒曲无论是品种还是技术，均已达到了较为成熟的境地。

当时，社会上群聚饮酒之风日盛，酗酒豪饮成为时尚。汉文帝曾下令禁酒。到汉武帝时，为了增加政府财政收入又除禁酒令，群饮之风又如故。汉代的酒文化迅速发展，酒在人们日常生活中占有相当重要的地了，酒对人们的社会心理和思想意识产生了深刻的影响。公元前195年汉高祖刘邦率兵击败叛军，西归途经故乡沛（今江苏沛县）时，邀集乡亲父老和旧友子弟宴饮，还招来120多个少年儿童唱歌助兴。当饮酒至酣时，刘邦亲自击筑奏乐，放声高歌：“大风起兮云飞扬，威加海内兮归故乡，安得猛士兮守四方！”他边歌边舞，慷慨伤怀，泪下数行。

秦汉以后，我国酿酒技术不断进步，酿酒工艺理论得到迅速发展，产生了许多酒专著。如（汉）崔浩的《食经》、（三国魏）曹操的《上九酿法奏》、（北魏）贾思勰的《齐民要术》、（南朝宋）佚名的《酒录》等；酒的专著有《酒令》、《酒诫》等。这时，新丰酒、兰陵美酒等名优酒开始出现；黄酒、果酒、药酒、葡萄酒等酒品种也都有了发展。从东汉末年到魏晋南北朝时期，酒业大兴，酒文化得到了进一步发展，酒逐渐成为文学艺术的主题。产生了以酒为题的诗词歌赋。他们借酒抒发对人生的感悟，对社会的忧思，对历史的慨叹，从而大大拓展了酒文化的内涵。

唐、宋两代是我国黄酒酿造技术发展最辉煌的时期。经过数千年的实践，酿酒工艺技术得到了升华，形成了酿造理论。

唐朝时，新丰酒、剑南春酒、荔枝酒、金陵春酒的酒味醇浓，品质优异已名扬华夏。在《古今图书集成》的《酒乘·酒篇名》中收录的酿酒专著有：李琎的《甘露经》、《酒谱》，宋志的《酒录》、《白酒方》、《四时酒要方》、《秘修藏酿方》，王绩的《酒经》、《酒谱》，胡节还的《醉乡小略》、《白酒方》，刘炫的《酒孝经》、《贞元饮略》，侯台的《酒肆》等。唐代李白、杜甫、白居易、杜牧等酒文化名人辈出，使中国酒文化进入了灿烂的黄金时期。

到了宋代，名酒品类增多。现今的江苏省境内当时就有金陵瓶酒、秦淮春酒、苏州小瓶酒、木兰堂酒、白云泉酒、百桃酒、清心堂酒、徐州寿泉酒、常州金斗泉酒、高邮五加皮酒、泗州酥酒等。（张能臣《名酒记》）这些名酒，有的以酿法精致得名，有的以水质优美盛名于世。因而宋代酿酒技术文献不仅数量多，而且内容丰富，具有较高的理论水平。其中，朱肱的《北山酒经》一书，介绍酒的制法就有13种之多。在我国古代酿酒历史上，是一部学术水平最高、最具权威性、最具指导价值的酿酒专著。

在宋代处于萌芽时期的蒸馏烧酒，从元代开始迅速发展，占领了北方大部分市场，成为人们的主要饮用酒。这时名酒品类更多。宫廷用酒有马乳酒、太禧白酒、石冻春等；还出现了许多以产地命名的名酒，宋柏的《酒小史》中列有高邮五加皮、处州金盘露、山西太原酒、成都剑南春、关中桑落酒等。忽思慧的《饮膳正要》、韩奕的《易牙遗意》、朱德润的《轧赖机酒赋》、周权的《葡萄酒》等就出自这一时代。

明末清初，酿酒业更为发达，河南、淮安一带成了我国大曲的主要生产墓地。烧酒基本上取代了黄酒。在江苏洪泽湖畔出现了以宿迁、泗洪、泗阳为中心的酿酒都会。其中又以泗阳县洋河镇最为繁华。据有关史料记载，这个仅仅五六平方公里的小镇就曾有9个省的巨商在这里设立会馆，专营酒业。最繁盛时期竟有15家糟坊。明代诗人邹缉的诗“白洋河下春水碧，白洋河中多沽客”，生动地描绘了洋河镇酒文化发达的景象。乾隆皇帝二下江南时，曾亲笔题“洋河大曲酒味香醇，真佳酒也”，使洋河大曲的名声更盛。

明清时期的酒文献主要有：元怀山人的《酒史》、徐炬的《酒谱》、佚名的《墨俄小录》、宋应星的《天工开物》、袁宏道的《觞政》、李时珍的《本草纲目》卷二十五、夏树芳的《酒颠》、沈沈的《酒概》、周履靖的《青莲觞咏》、顾炎武的《日知录·酒禁》、田艺蘅的《醉乡律令》、黄周星的《酒部汇考》、俞敦培的《酒令丛抄》、周亮工的《闽小记》、梁章钜的《浪迹丛读、续读、三读》、佚名的《调鼎集》等。

民国时期机械化酿酒工厂的建立，酿酒科学研究的兴起与酿酒技术的改进，使酿酒科技得到较快发展。

新中国成立以后，由于政府实行鼓励发展名酒的政策，吸收西方先进的酿酒技术，从而促进了酿酒工业的发展。中国名酒随之如雨后春笋般涌现，名酒种类不断增加，使我国酒苑百花争艳，春色满园。啤酒、白兰地酒、威士忌酒、伏特加酒及日本的清酒等外国名酒也在我国立足生根；竹叶青酒、五加皮酒，琳琅满目，各具特色。我国酿酒业进入了空前的繁荣时期。历史悠久的酿酒名镇江苏泗阳县洋河镇，由于盛产洋河大曲闻名海内外，1986年该镇有大小酒厂33家，成为远近闻名的名酒之乡。

改革开放以后，酿酒业得到了更快的发展，为中国酒文化注入了新的活力。近年来，酒文化名城绍兴、酒城泸州、即墨、天津、西安等地多次举办酒文化节，融旅游观光、贸易、文化、技术交流于一体，极大地推动了当地经济和文化的发展。

追寻中国酒文化的渊源

都说中国酒文化博大精深、源远流长，可是，如果问到什么是“酒文化”，人们可能会茫然而不知所答。正是为了追寻这样一个答案，我用了十余年的时间，风雨兼程，来去匆匆，寻流溯源，穷原竟委，走遍了祖国大地……

譬如说蒸馏白酒是中国酿酒业的骄傲，诸如浓香、酱香、清香、米香、兼香……香型各异，特色纷呈，在世界蒸馏酒界独树一帜，独领风骚。然而，蒸馏酒究竟有几多历史，究竟哪里才是最早出现蒸馏酒的国度？有人告诉我说，用蒸馏技术酿酒的历史不超过数百年；也有人以金代铜烧锅为实物，肯定中国有蒸馏酒要早于西方，距今也有不下于700多年的历史；还有人引经据典，认为宋代或者唐代可能已经出现蒸馏酒等等。然而，追寻蒸馏酒源头的关键是，应该找到具有相应构造的蒸馏器具——没有蒸馏器，何来蒸馏酒？于是，我有幸看到了现今世界上已知的最早的、而且制作非常精致实用的蒸馏器——汉代青铜蒸馏器。这台蒸馏器虽然用途较多，但可以用来蒸馏出较高浓度的酒液来，却是不容置疑的。站在这台青铜器面前，我的自豪的情怀油然而生：风靡世界酿酒业的蒸馏酒，原来起源于公元1世纪的中国！

再譬如说中国传统酿酒技术。现代酿酒技术尽管采用了现代化机械生产，但酿造的基本工艺仍然沿袭传统。这套运用了不知多少年代的酿造工艺在操作上稍有闪失，就可能使整个酿造程序归于失败，这说明现代科技至今仍然难以取代传统工艺的某些优势。我追寻传统技术的源流，发觉现代酿造工艺流程虽然各有区别，但在关键程序上显示出一脉相承的源流关系。于是，我看到了明代《天工开物》，看到了宋代《北山酒经》，看到了晋代《齐民要术》等等科学著述，而《礼记》中“大酋监之，毋有差贷”这醒目的八个大字，正是告诫着人们，周代“六必”才是中国传统酿造技术绵延不绝的一脉长流的源头，是古往今来，中国酿酒人世世代代所遵循的金科玉律！然而，在“六必”形成规范的历史背景中，我又看到了商代酿酒作坊的忙碌，看到了大汶口人对“酒神”的虔诚膜拜，也看到了仰韶人将盛放着“明水”的祭器摆在祭坛之上……

当然，我更多的是关注考古的新发现，特别是酒液的出土发现更使我精神振奋。要知道，埋在地下数百上千年的文物能够保存至今已属不易，而能够经历上百成千年不致发挥渗漏的酒液保存至今，更属凤毛麟角般的稀罕。辽宁凌川发现150年前的清代酒，已使人意外惊喜；河北平山发现两壶战国时期的酒液，更是轰动世界；山东滕州发掘出土商周时代的酒液，也是举世瞩目；至于在全国各地出土的大批酒器中发现酒液残迹的事例，竟数不胜数！相比于酒液，酒器的发现或许要更广泛，因而也更多，几乎全国各地都有出土发现。酒器是酒的载体，是酒的历史见证物，也是酒文化的凝固的艺术再现。人们可能看不到当年的酒是什么样的，却可以通过酒器窥见酒文化的壮美的历史辉煌。在各地的博物馆里，我有幸浏览了大量酒器，诸如玉器、兽角器、金银器、瓷器、青铜器、陶器……其洋洋洒洒，涵盖了中华民族数千年的物质文明和精神文明。我还看到了一件虽是碎片复原而极富原始本色的粗砂红陶杯，其考古年代距今约7 400多年。也许，看到这件陶杯的人会不以为然，可是又有谁会想象得到，正是从这件简陋的杯器开始，才有了精美绝伦的黑陶蛋壳杯，有了修长优美的二里头铜爵，有了富丽堂皇的盛唐金银器，也就有了现今的茅台的土陶酒瓶、湘西的麻袋扎口陶酒瓶等等。

说到底，酒本身就是一种神奇，也许还没有别的东西能够像它那样对历史，对文化，对社会产生过如此深刻的影响。然而，酒毕竟是人的创造物，也只有在人的钟爱与发挥中，酒才得以在历史上展现自己的独有魅力。中国历史上的酒人可谓多矣！酿造以仪狄为祖，酒礼以周公为始，饮德以刘伶为首，诗酒以太白为尊等等，大概都算得上“前无古人，后无来者”，却因为饮酒之风始于没有文字记载的时代，以至烟灭了或许是比仪狄、周公更伟大的人物。对于这样的历史缺陷和遗憾，我们已经没有必要过多流连，因为展现在我们面前的是中国酒文化历史上最为鼎盛的时代，我们开发了以酒乡为名、以酒人为名的一系列名酒，如茅台酒、泸州老窖、剑南春、双沟酒、宝丰酒、汝阳杜康、孔府家酒、湘泉酒、凌川酒、高沟酒等，尽可以为中国酒文化谱写最新最美的篇章和图画，这当然是对古人事业的最好的继承和弘扬。

在我追寻酒的源流的经历中，在全国各地遇到了许多志同道合的朋友，他们与我心同此心，都在探索着中国酒文化的历史，在思考着如何创建新时代酒文化的辉煌。正是这些热爱中国酒文化的朋友们，以各种各样的努力和推动，将中国酒文化提高到新的历史水平上，展现了众多历史源流汇聚于海口的澎湃与壮观，促进中国酒文化走向世界，走向更加灿烂的明天……

水——酒——酒文化

1915年巴拿马世博会上一瓶碎了的茅台酒让国人扬眉吐气，美美地回味了近百年。酒，已有几千年历史，是人类的一大创举，柴米油盐酱醋茶，酒在其上。酒，有祛寒益身之功效，是美化生活的物品，也可以治病防病，衍生出的果汁酒、啤酒、药酒、补酒等以及酒器酒具酒饰酒佐，壮大了酒的家族。作为人类文明结晶的酒，不仅是人们的生活必需品，也是五色民族认同的名片，是人与人交往、沟通的最好手段。酒，丰富了生活，更创造了灿烂的酒文化。酒文化是文化百花园中的一朵奇葩，芳香独特，“葡萄美酒夜光杯”的景色，“斗酒诗百篇”的激情，“借酒消愁愁更愁”的比喻，“对酒当歌，人生几何?”的洒脱，“莫使金樽空对月”的气概，“酒逢知己千杯少”的喜悦，“绿酒一杯歌一遍”的心情，“酒不醉人人自醉”的意境，“醉翁之意不在酒”的妙喻，“今朝有酒今朝醉”的无奈，“牧童遥指杏花村”的悲伤，“红酥手，黄滕酒”的苦痛，“一醉方休”的痛快，《祝酒歌》的豪放，《酒神曲》的粗犷——千百年来多少文人墨客饮酒吟诵，借酒明志，留下佳作无数；酒也给了多少英雄豪杰不凡的壮举，赐予文化浓厚的生活气息，曹操煮酒论英雄，李白举杯邀明月，辛弃疾醉里挑灯看剑，苏东坡把酒问青天，李清照浓睡不消残酒——历史与文化给了酒全新的诠释，酒文化源远流长，根深叶茂。

有酒的地方就有酒文化，地域风光，人文景观，民情风俗，劳动追求，皆为酒文化提供了丰富的创作源泉。电影《红高粱》国际得金奖，酒不仅是不可替代的道具，更是韵味无穷的酒文化杰作。酒文化之所以成为文化园中的一朵耀眼花朵，在于紧紧抓住了文眼，一个喜字和一个醉字。喜派生出吉祥欢庆氛围。酒会酒令交杯酒，满月开业祝寿酒，谢师寄名壮行酒，真可谓无酒不成宴，无酒庆不烈；醉更是酒的精华，“灌夫骂座”，“贵妃醉酒”，汉高祖醉斩白蛇，女词人“沉醉不知归路”，白先勇写《牡丹亭》满纸醉语，黄公望“酒不醉，不能画”，武松十八碗酒醉上景阳冈，武术中有醉拳，词牌有“醉花阴”、“酒泉子”，酒还有雅俗共享之魅力，从绿林好汉的大块吃肉，大碗喝酒到红楼丽人的猜谜酒令，一杯泯恩怨，醉生梦死，唯有杜康，酒在中国古代诗词中更是占有一席之地，酒区别于其他生活品的一个因素，是它的政治性，古有饮酒结盟，越王勾践“革醪劳师”，楚霸王项羽的鸿门宴，战国时“鲁酒薄而邯郸围”，宋太祖的“杯酒释兵权”，还附生出有蒙汗酒，毒酒——许慎在他的《说文解字》里说过，酒既可制造吉利，又可制造凶光。正可谓“酒外乾坤大，壶中日月长”。酒演绎了人间多少恩恩怨怨、经典故事，千年绝唱。酒的历史和酒文化还将伴随着人类历史不断地演绎，不断地丰富，创造出更加辉煌的明天。

酒标：浓缩的酿酒发展史

随着近年来邮币卡的持续低迷，各种纸标的收藏却异常活跃起来，酒标作为一种内涵丰富的融绘画、书法、文学及设计、制作工艺为一体的酒的形象标志，从而具有一定的收藏和欣赏价值。人们在收藏酒标的过程中，既能感受到博大精深的传统文化和艺术之美，汲取很多有益的知识，又能以此作为一项稳妥的日渐增值的投资项目。

酒标即酒的商标，它好像一个人的身份证，标明一款酒的基本信息，与其他商标一样具有功能性，是酒厂的产品声誉，也是消费者选择不同层次类别的向导。同时，酒标的收藏亦被看作是买酒、好酒与藏酒者的象征。而酒标的变革沿革，更是如实地记录了酿酒业发展的历史，以及酿酒企业的产生与发展。

不同地区的酒标，以不同的内容和形式，反映了不同的人文特质和审美风尚。中国酒文化传统深远，酒厂很多，而且酒的种类复杂，因此酒标也多姿多彩。有些运用中国文学名著和神话历史故事，如四川红楼梦酒厂的“十二金钗”系列酒标、山西汾酒的《牧羊图》酒标、江西南昌酒厂的“白干”牌酒标；有些表现地方特色，从北京天安门到湖南岳[illegible]山，从万里长城到武汉黄鹤楼，从山西杏花村到江苏洋河八双沟，从四川宜宾到上海七宝；而有些则成为艺术家的创作领地，楷、草、隶、篆体的传统书法艺术给酒标增辉不少……这些风格各异的酒标，无不显露出各自的特色、风格和流派。

其他国家的酒标也各具特色，如意大利、西班牙、葡萄牙等国的酒标，结构布局从总体上来看，十分注重对称和谐，其图案多以国王、骑士、古城堡、教堂等为主，这些国家的酒标，多数采用烫金涂塑印刷，从神秘和庄重的风格我们可以窥见出欧洲国家中世纪的历史；又如英国酒标，造型方正，图案端庄典雅，凸显绅士风度；德国制造啤酒的历史悠久，这从似门钓啤标上就可以看出来，比如印有描绘早年酿造啤酒工艺的铜版面，就体现了日耳曼民族传统工艺之渊源。

世界各地的红酒酒标的传统设计，是以酒庄的古典建筑构成酒标的主要画面。法国波尔多的很多酒庄都是采用这个风格的酒标。很多酒标图案设计匠心独具，甚至不乏著名艺术家的作品。法国波尔多“五大”酒庄之一的Mouton Rothschild酒庄，1924年，为了纪念酒庄开始自己装瓶葡萄酒，酒庄年轻的主人菲利浦男爵请来当时著名的招贴画家让・卡吕，为该年的葡萄酒设计一幅全新的标签，由此开创了葡萄酒标签艺术化设计的先河。1945年，法国解放，世界恢复和平。可巧这个年份的Mouton又是葡萄酒中的极品。男爵有感而发，委托青年画家菲利普．朱俐昂绘制了一幅以“V”二战中胜利的象征为主体的作品，用作当年的酒标，把这传奇年份的佳酿献给这伟大的胜利之年。从此之后，便成为惯例，他每年都邀请不同的艺术家为酒庄设计一幅绘画作品，作为酒标的上半部分。

前后有超现实艺术少习币达利、绘画巨擘毕加索、波普艺术家安迪·沃霍尔等为 Mou－ton 设计了酒标，最新 2004 年份的酒标更是采用了英国查尔斯王子的一幅水彩画作品。自然作为报酬，Mouton 酒庄还会特选当年年份的 5 箱葡萄酒和 5 箱老年份的葡萄酒作为笔资。

欣赏美酒的同时，还能够欣赏到如此之多的艺术作品不失为一件快事。在方寸之间对酒汁种种细腻的描述，我们竟然可以看到一个如此丰富的大千世界。酒标收藏更是一种语言，透过经年累积的小小纸片，诉说着收藏者细密丰富的精神世界和斑斓多姿的人间沧桑。

收藏酒标可以以向酒厂写信求索、朋友间互相交流等方式，还可以到这些消费和使用酒的地方去搜集。当然一些早期的酒标因为时代久远也只好花钱购买，特别是有“文革”、“语录”的那种酒标现在收藏有一定的难度，其市价也偏高。收藏外国酒标要特别注意酒标上所标明的年份。拿法国白兰地来说，人们经常会在“人头马”、“轩尼诗”、“拿破仑”等名酒的商标上，看到“VO”、“X0”等字样，这是每瓶酒储存时间的缩写。就储存时间的标志字样，法国白兰地有如下几种：一星★（5 年）、二星★★（10 年）、三星（★★★15 年）、VO（15 年以上）、VSO（20 年以上）、VSOP（25 年以上）、FOP（30 年以上）、XO（40 年以上）、Extra（50 年以上）。储存时间越长的酒越稀少，这种稀少的酒不仅自身价值高，其酒瓶和酒标也同样具有很高的观赏和收藏价值。因此，在收翻这样的高档酒标时，不要从酒瓶上把酒标浸泡下来收藏，最好连酒瓶也一起收藏。

（何　京）

二、酒之论

论酒道

何为酒道？顾名思义，酒道即为饮酒之道，喝酒的道德观及对酒、饮酒的看法。

有人说，酒是万恶之源。改革开放三十年来，我国的国民经济得到了巨大的发展，人民的经济、文化生活发生了翻天覆地的变化。我国的饮料酒产量从解放初期的十几万千升到现在的近四千万千升，各品牌酒种如百花齐放。国家富强、人民安居乐业，而“万恶之源”的酒也在迅猛增长，这是不是太可怕了？看来在这世上“恶”实在太多，可怕得很。

在遥远辽阔的草原，在广袤的青藏高原，在云南的少数民族村村寨寨，酒是人们生产生活中不可缺少的物品，是人们合家团聚，歌唱美好生活的圣物。当你有意无意间走到那里，怀着忐忑不安的心情身临其境的时候，你似乎并没有感到“恶”，你看到的是憨厚的笑脸和热情，感到的是朴实无华的真情和善意，让你感慨万千，流连忘返。看来“恶”不在酒，而在人的心。

我从滴酒不沾到对酒颇有好感，似乎也成了一个好酒之徒。的确，酒是现在生活和工作中的人与人之间沟通的重要媒介，与朋友们聚会喝酒时常遇到这样的事：许多人还没开始喝酒便反复强调，本人不会喝酒，或我酒量不好，这其实是一种强烈的戒备意识，让人一听便十分不快，其实大可不必扫兴。尊重别人，随意饮之，自然而大方；还有些人，以劝酒为乐，以各种理由和手段强迫别人干杯，直至别人酒醉失态便感到无比的愉快和自豪，并大声呼喊：你们看，这个人一喝酒就不行了吧！这种人“小人之心”由此可见；还有一类人，整天几乎都是在醉意朦胧中，逢酒必醉，甚至借酒滋事，似已不能思考，如行尸走肉般，其存在只是一个负担，毫无意义可言。

前几年我国著名的白酒专家曾祖训受邀来云南讲课时说：“喝酒是一件乐事，就是要追求那种二麻麻的感觉。”我想所谓“二麻麻的感觉”既是一种有点飘飘然，而头脑又是十分的清醒，思维变得兴奋又敏锐，似醉非醉的状态，不亦乐乎！根据自己的酒量和心情自然地去喝，让疲惫的身心得到放松，在轻松自然的状态下相互交流，加深友谊，确实是一件乐事。喝酒的故事太多，在席间的表现，其心境和性格，大概可判断一二。人说“喝酒见人心”不可全信，但确是有一定的道理。

在现实生活中，因酒而造成的问题和危害太多太多。酒本身是圣洁的，而许多人却利用酒而达到自己的险恶用心，其实往往自己也深受其害。酒是神奇之物，如果你怀有驾驭它的目的，那你就错了。俗话说：“聪明反被聪明误”就是这个道理，自不必多言。

酒已经太多地被人类社会所误解、憎恶，

然而它从不解释，在人类发展的历史进程中不断陈酿，散发出迷人的智慧和芬芳。人们因酒而造成的危害让我们痛心和不安。前几年，著名专家沈怡方先生呼吁人们控制自己的理智和行为，减少酒精的危害，提议各酒企特别是名优企业根据实际情况逐步设立酒道馆，提倡健康饮酒，高雅品酒，以酒论道，被人们亲切地称之为“酒道先生”。从目前酒类消费的现状和企业的实际利益来看，我认为这种方式很难实施，喝酒是需要特定的氛围的。安静地喝酒，特别是高度酒，现在看来的确是件很难的事，但沈老为我国酒行业奋斗一生，他崇高的道德观，对酒行业敏锐的洞察力，务实的科学态度，值得大家钦佩和尊重。

这些年想来也喝了不少酒，惊奇地发现许多次饮酒之后，内心却异常平静。可以抛弃日常生活工作中纷繁复杂的干扰，而对自己的行为和观点进行认真的反思。因此对酒会产生一种莫名的感激之情。感恩于世间给予的一切，平静安详地接受世间所有存在之万物，无论是否能够理解而思想却渐渐地清晰起来。

喝酒其表，酒道于心。

（方志强）

酒的社会功能与生产消费

酒虽然不是人们日常生活的必需品，但却是人们日常生活的必备品。作为社会细胞的家庭可以不喝酒，但不能不用酒。因为酒这种特殊商品在我们的社会生活中无处不在：从日常生活的生老病死、女嫁男娶、迎宾宴客、感恩谢师、走亲访友、节日欢聚到国家大事的政治（宋太祖赵匡胤“杯酒释兵权”）、军事（“鲁酒薄而邯郸围”）、外交（周总理日内瓦会议巧用茅台发展外交和结盟、建交等）、礼仪（国宴迎宾、祝捷庆功）以及商务活动的签约仪式、迎来送往都离不开酒。也正因为如此，酒才从诞生以来的几千年里绵延不绝，长盛不衰。是什么使酒在我们的社会生活中几乎无处不在？又有什么样的神奇功能渗透了我们的社会生活呢？

所谓酒的社会功能，即酒对社会发挥的作用。有哪些作用呢？《左传·庄公二十年》中把酒的社会功能概括为“酒以成礼”。清代著名书法家包世臣在《吴安四种》卷二十六中写到：“古之用酒有三，以成礼、以养老、以养病”。古人把酒的社会功能归纳为“成礼、养老（保健）、养病（医药）”三大社会功能。笔者认为酒的社会功能有5个：交际礼仪功能、医药保健功能、刺激功能、娱乐功能和危害作用。

一、酒的交际礼仪功能

“礼仪”是我国古代社会行为规范（荀子：“人无礼则不生，事无礼则不成，国无礼则不宁”——转引自《辉煌的世界酒文化》303页邱佩初的《酒与中国社会生活》）、宗法制度和由于风俗习惯而形成的为大家所共同遵守的仪式；“交际”，就是人与人之间的往来接触。我国古人造酒，首先是用于祭祀，即古人所说的“饮惟祀”，其次才是养老、养病、奉宾，而不是日用常食。因为在生产力低下、粮食匮乏的上古时代，酒是统治者、达官贵族、富商们享用的奢侈品，不是一般百姓所能饮用到的。统治者认为：“国之大事，在祀与戎”。“祀”就是祭祀，“戎”就是战争。祭祀活动中，酒作为美好、珍贵、稀少的东西，首先要奉献给上天、神明和祖先享用，祈求他们保佑战争的胜利。战争决定一个部落或国家的生死存亡，出征的勇士，在出发之前，用酒来激励斗志，战争胜利后用酒来祝捷庆功。酒与国家大事的关系由此可见一斑。除祭祀之外，“吉、宾、嘉、军、凶”五礼也必须用酒，因此有“无酒不成礼”、

"百礼之会，非酒不行"之说。"礼"作为人们社会行为的规范、宗法制度，在酒的饮用中体现的就是"酒礼"。酒礼对人们饮酒行为的规范是：第一，严格掌握饮酒的时间。只能在天子、诸侯、加冕、成婚、举丧、祭祀或其他喜庆大典时才能饮；第二，严格遵循规定的顺序。必须遵循先天、地、鬼（祖）、神，后长、幼、尊、卑的顺序；第三，严格控制饮酒数量。就是饮酒最多的也不超过三爵，三爵之后即应"斯斯而退"，不能过量；第四，必须服从酒官统一指挥。不在酒官的指挥下擅自行动就是违礼，为礼所不容。酒礼体现了当时统治者"以礼节和"的治国之道，即以必要的行为规范和宗法制度来调节、维护人与人之间关系的和睦、社会关系的和谐。从这点上说，"礼"对我们今天构建和谐社会是有借鉴意义的。"礼"作为古代社会的行为规范和宗法制度是为了维护当时的统治阶级的利益服务的。随着社会的进步与发展，酒与礼的关系大大淡化，酒礼的社会功能也大大降低，但其交际功能却大大提高。尤其是社会主义市场经济体制的建立，使人与人之间的接触、交往更加频繁，联系更加密切，利益相关度更大。因为人"就现实性来说，它是一切社会关系的总和"（马克思语）。人要在现代生活中生存、发展，就要不断与社会中的各种人发生关系、打交道，以解决各自需要解决的问题，这就是社会交际。酒作为礼的延续（酒是美好、珍贵的象征物，用于交际中的宴请表示对对方的尊重、祝福和真诚）就成了社会交际的媒介、沟通人际关系的纽带和蕴成友谊的桥梁。我们生活中的迎宾宴客、亲友欢聚、祝捷庆功、感恩谢师、签约定盟、婚丧嫁娶等就是酒的交际功能的具体体现。

二、酒的医药保健功能

我国中医素有"医药源于酒"和"医食同源"的说法。这两者一是充饥的，一是治病的，怎么会搅在一起呢？

在人类农业、医学的开创时期，人们对医、药、酒、食的认识是无法仔细区分的。传说中的"神农尝百草"首先是人类为了生存，在大自然中寻找和辨识可食之物——食物；其次是当人们身体不适、痛苦或受伤时为了生存下去也要在大自然中寻找和辨识解除痛苦、康复身体之物——药物。经过漫长岁月的苦苦探索，甚至付出了生命的代价，人类终于能够辨识出了食物和药物，也认识到有些食物具有食、药两用的性质。这其中自然也包括了天然发酵水果酒的食、药两用功能。除此之外，人们喝了酒以后，还因酒精的刺激作用使人感到欣快、有飘飘欲仙之感，被称为"天之美禄"。酒就以这样的双重角色走进了人类的生活之中。这就是"医药源于酒"、"医食同源"的来历。除此之外，酒与医药的关系还可以从繁体字的"醫"字中体现出来。"医"本作"醫"，从"医"，从"殳"，从"酉"。 "医"表示外部创伤，"殳"表示按摩、热敷、针灸等手段治疗的内科疾病；"酉"本为盛酒之器，与酒义通，表示酒是内服药。"醫"字的构造就充分说明了酒与医药的关系，故而《说文》解释医字本义时说"医之性然得酒而使"。说："酒，百药之长"。因为"夫酒者谷蘖之精，和神养气，性唯剽悍，功甚变通。能宣利肠胃，善引药势"（《圣蕙方》"药酒篇"）。在酒中加入各种中药材，借助酒"善引药势"的特殊作用，使酒变"食"为药，用以治疗疾病。我国古代各种医药典籍中的"药酒"就是利用酒作萃取剂提取药中的药用成分来治病的。如果在酒中加入的药材是具有强身健体、营养滋补作用的，酒就成了延年益寿的保健品。像汉武帝用来招待西王母的珍贵的"延寿丹泉酒"（唐代诗人曹唐诗《汉武帝于宫中宴西王母》）。何况我们经常饮用的白酒、啤酒、黄酒、葡萄酒等本身就含有各种对人体有益的营养、保健成分：白酒中的不饱和脂肪酸；啤酒、黄酒中的蛋白质、氨基酸；葡萄酒中的维生素、花青素等成分都是对人体健康十分有益的。正因为如此，自古以来人们总把"酒"与"寿"联系在一起。如我国最早的文学作品《诗经》中《豳风·七月》就有"为此春酒，以介眉寿"的说法。东汉的王充在《论衡》"自序"中也说：长寿之道在于"养气自守，适食饮酒”。而喜欢饮酒的汉武帝刘彻、元世祖忽必烈、清高宗弘历都分别活到了71岁、80岁、89岁。古人说“人生七十古来稀”，在缺医少药、生活水平不高的古代，七十岁已是高寿。从科学的道理上说，适量饮酒能加快血液循环促进新陈代谢，增强免疫力，刺激唾液的分泌，提高消化能力。这对于那些新陈代谢缓慢、血液循环减弱、免疫力与消化能力降低的老人，尤其如此。

三、酒的刺激功能

酒中的主要成分是乙醇，俗名酒精。人饮用后会促进血液循环，使血流加快，血管扩张，心跳加快，刺激神经中枢，使人精神亢奋。这就是酒的刺激功能。刺激功能的强弱会产生不同的刺激效应：刺激适度，产生正效应。对人体、对他人、对社会有益；刺激过度，产生负效应，对身体、对他人、对社会有害。

适量饮用，刺激适度，酒产生的是正效应。这时酒是人的才能、智慧、勇气、谋略的催化剂。它激发我们的潜能，成就我们的事业，对社会起到积极的作用。

“李白斗酒诗百篇”，说的就是酒对具有文学才能之人创作灵感的激发和产生文学作品的关系。对大诗人李白而言，酒的刺激会使似醉非醉、飘飘欲仙的他产生创作灵感、创作冲动而文思泉涌。很多想象奇特、构思精巧、佳词丽句的优美诗篇就是在这醉意朦胧中产生的。像李白这样借酒的刺激写出旷世名篇的大诗人、文学家如杜甫、白居易、陶渊明、苏东坡、陆游等。被称为“草圣”的大书法家张旭，“书圣”的王羲之，大画家吴道子、钱选、唐伯虎、郑板桥等都是喜欢酒后作书、作画而佳作频出。他们都用他们的不朽作品为丰富我国的文学艺术宝库作出了卓越的贡献。

“醉斩白蛇起义”而成为皇帝的汉高祖刘邦、借醉酒“陈桥兵变”龙袍加身的宋太祖赵匡胤、“酒酣气益震”刺杀秦始皇的荆轲、景阳冈“酒醉打老虎”的武松，这些历史上真实的故事，说明酒能增加人的勇气、胆略，激发人的潜能，做出匡扶正义、除害除恶等惊天动地的事情和改天换地、推动历史前进的伟业。

过量饮用，刺激过度，酒产生负效应。这时酒对人的神经产生麻醉作用，使人丧失理智，行为失控，对自己身体健康、对他人、社会产生有害影响。这个问题留在后面讨论。

四、酒的娱乐功能

娱乐就是借助某种事物给人们带来欢乐。酒的娱乐功能就是借助酒的刺激使人精神亢奋和在饮酒过程中开展各种活动使人们更加欢乐、开心的作用。即古人所谓的“酒以成欢”。还形象地把酒叫做“欢伯”、“忘忧物”。当代著名诗人艾青说：“它是欢乐的精灵，哪里有喜庆，哪里就有它光临”。凡是有酒的场合都是欢声笑语、其乐融融。如庆功、祝捷、贺喜、迎宾、宴客、欢聚、婚礼……都离不开酒，也离不开欢乐。没有酒的刺激，人们的情绪就激发不起来，欢乐气氛也调动不起来。而有了酒，就会有很多劝酒助兴的娱乐活动如猜拳、行令、吟诗、作赋等，把酒宴中的欢乐气氛推向高潮。西汉的邹阳在他的《酒赋》中说饮酒的功能是“庶民以为欢，君子以为礼”。广大人民群众饮酒的目的当然不是“为礼”而是“为欢”，就是以酒助兴，充分享受饮酒给他们并不轻松的生活带来的欢乐、情趣。因为酒不仅是生活中的某种需要，更重要的是一门生活的艺术，它不仅可以“饮”，而且“饮法”繁多，饮酒中的娱乐活动更多，使平凡的生活流光溢彩。有人会说，酒的“消愁、解忧”也是娱乐吗？我认为是的，消愁、解忧难道不是寻求欢乐吗？你能一天到晚愁眉苦脸面对朋友、家人、上级、同事吗？

生活就是酒，酸、甜、苦、辣都有。笑对人生、品味生活、进退有据、宠辱不惊才是良好的处世心态。让这似水如火的神奇液体为我们美好的生活带来更多的欢乐、带来更多的友情、更多的成功。

五、酒的危害作用

酒的危害功能就是过量饮酒后，因酒精对人大脑的麻醉作用（醉酒），发生胡言乱语、行为失控，造成对自己、对他人、对社会有害的作用。上面我们说了酒的有益功能，说了酒对人、对社会的好处。但是，世界上的任何事物都是一分为二、有利有弊的。水能载舟，亦能覆舟；药可以治病，过量会产生副作用，对人身体健康不利；食盐对人不可缺少，多了会引起高血压。这就是事物对人有利、有害、适量有益、过量有害的例证。酒也不例外。

1. 过量饮酒（酗酒）对人的身体健康有害

我国明代大医学家李时珍在《本草纲目》中写到："少饮和血行气，醒神御风，消愁遣兴，痛饮则伤神耗血，损胃无精，生痰动火"。《饮食正要》中也有："酒味甘平，大热有毒，主行药势、杂为邪、通血脉、展肠胃、清忧愁，少饮为佳，多饮则伤神损寿、易人本性、其毒甚也。饮酒过度，丧生之源"的论述。说明古人很早就知道了过量饮酒对人健康的危害。据现代医学证明，长期过量饮酒可造成对人体肝脏、神经系统、内分泌系统的影响，甚至有害，这是必须引起注意的。

2. 过量饮酒带来社会问题

所谓社会问题，是指因酗酒闹事使家庭、社会不得安宁，使周围人群遭受其干扰伤害等。据徐嘉生、马静承《饮酒与健康》一书载："日益严重的酗酒现象，已造成西欧各国暴力行为和犯罪活动不断增加；比利时首都布鲁塞尔的一位监狱负责人说，该狱中 80% 左右的犯人与酗酒犯罪有关"。《华夏酒报》1990 年 5 月 8 日第三版载：美国"因酗酒造成的事故是工伤事故的 1/5，交通事故的 1/3，空难事故的 1/10"。《酿酒》1991 年第一期"浅议禁酒"文章述："墨西哥 73% 的交通事故，57% 的自杀案，82% 的离婚案，80% 的凶杀案和酗酒有关"。我国因酗酒引起的家庭暴力、打架斗殴、交通事故也时有报道。只不过没有国外的多而已。显然，这是不利于我们建设社会主义和谐社会的。

3. 过量饮酒易造成酒祸、酒过、酒失

饮酒过量，当人体血液中的酒精达到一定浓度时，就会使大脑皮质受到抑制，下级中枢神经失去控制，人就表现得兴高采烈，手舞足蹈，口若悬河，滔滔不绝，但其识别力、注意力、记忆力、洞察力与自控力都变得很差。这时该说的、不该说的、敢说的、不敢说的、能说的、不能说的开口就说；该做的、不该做的、敢做的、不敢做的、能做的、不能做的什么都做。失言、失礼、失德之事就在此时发生，使自己人际关系、亲情友情、本职工作、社会秩序、自身形象受到影响，甚至伤人害己，造成无法弥补的严重后果。

六、趋利避害，科学用酒

酒对人、对社会有益而被"爱酒"的人尊为"天之美禄"、"生命之水"、"天禄大夫"、"欢伯"、"忘忧物"……酒也因为对人、对社会有害而被"恶酒"的人骂为"液体砒霜"、"百病之源"、"死亡之水"、"黄汤"、"马尿"……

这显然不是唯物主义和客观的态度。正确的态度是：我们不能因酒有有益功能成为"爱酒"、"好酒贪杯"的理由；也不能因酒有有害一面成为"恶酒"、"滴酒不沾"的口实。我们探讨酒的社会功能是让大家对生活中无处不在的酒有一个全面的认识，对酒的社会功能有一个客观的评价，对酒的生产、消费有一个正确的态度，从而趋利避害，科学用酒。怎么做呢？我认为必须从酒的生产、流通、管理、消费四个环节抓起。

一是生产环节要在重视经济效益的同时更要重视社会效益，严格按照国家的产业导向、产业政策调整产品结构，做好"四个转化"。即"普通酒向优质酒转化；粮食酒向水果酒转化；高度酒向低度酒转化；蒸馏酒向发酵酒转化"。这"四个转化"是解决我国人多地少的矛盾，解决广大农村农民增收的问题，也是从节约粮食的角度，保护人们身体健康的角度来考虑的。从党中央提出的建立和谐社会的角度讲，"四个转化”无疑具有新的时代意义和更为深刻的内涵。

二是流通环节要严格规范进货管道，诚信经营，杜绝“假、冒、伪、劣”。销售商要与持有生产许可证的国家名优酒厂、省部级地方名优酒厂，具有相当规模、生产设备完善、质量检测设备先进、手续齐全的、质量有保证的大酒厂签订购销合同。不卖假货、劣货，协助厂家打击假、冒、伪、劣产品，诚信经营。

三是管理环节的行政管理部门要严格执法，切实保护消费者的合法权益。按照国家有关的法律、法规依法办事。做到有法必依，执法必严，违法必究。严厉打击制假、售假的违法行为，严防“假、冒、伪、劣”商品流入市场，保护消费者的合法权益。

四是消费环节的消费者要做到以下几点：

①喝真酒、喝好酒、喝名优酒。认清品牌和有“QS”标志、生产许可证编号的、在信誉好的大超市、大商场、专卖店出售的真酒、好酒、名优酒。

②适量饮酒。以“微醉”为度，这是饮酒的最佳境界。适量之饮酒能使人精神振奋，心情愉快，领略酒中乐趣，得到高雅的享受。

③科学饮酒。喝酒时不抽烟，空腹不喝酒，喝酒时不喝含有二氧化碳的饮料，有病时少饮或不饮酒，新婚前后和孕妇不宜喝酒，饮酒时不要吃医生规定不能吃的药物等。

④讲究酒德。圣人孔子在《论语乡党》中说：“惟酒无量，不及乱”。是说每个人的酒量是不一样的，只要不喝醉，不胡言乱语就可以了。饮酒的目的是沟通和交流感情、增加欢乐气氛、使人心情舒畅和睦相处。正如古人所说：“古之饮酒也，足以通气合好而已矣”（《晏子春秋内篇谏上》）。如果喝得酩酊大醉而胡言乱语、行为不检得罪亲友、影响正常的工作、生活，就是失度了。如果因酗酒而扰乱社会治安、出现交通事故、伤及他人就是违法了。为了避免上述事情的发生，我们要讲究酒德。什么是酒德呢？古人讲“无逾酒礼便是酒德”。我们说“适量、科学、文明饮酒就是酒德”。中国是生产、消费酒的大国，但因酗酒而造成的犯罪没有西方国家多，其原因之一就是中华民族是一个讲究酒礼、酒德的国家。

本文从探讨酒的社会功能出发，试图说明酒既有益又有害，从而让社会对酒有一个正确的认识。由此希望酒的生产者、销售者、管理者、消费者明确各自的社会责任、职业道德，做好自己应做的工作，把酒的生产、销售、管理、消费纳入正规的渠道和范围，做到趋利避害，健康发展。只有这样，饮酒才能既得到高雅文明的享受和酒中乐趣，又使人精神愉快、身体健康。对家庭、对事业、对密切人际关系、建立和谐社会起到积极的作用。

酒是人类物质文明的产物与标志之一，饮酒又是精神文明的表征与反映。生活因酒生色，酒使生活多彩。人类离不开酒，美好的生活更离不开酒。让我们为亲情友情，身体健康，干杯！为事业有成，多作贡献干杯！为建立和谐社会，为祖国的繁荣昌盛，干杯！

（崔　利）

酒道馆，中国白酒文化的突破

由著名白酒专家沈怡方先生首先倡导的“中国酒道文化”，在白酒界引起了很大反响。这是沈怡方先生借鉴“茶道”而创新的一个中国白酒文化的新观念。

这里的“道”引申为一种礼仪、形式和方法。“茶道”，是一种以茶为媒的生活礼仪，也被认为是修身养性的一种方式，它通过沏茶、赏茶、饮茶，增进友谊，美心修德，学习礼法，是很有益的一种和美仪式。“茶道”是茶文化的精髓，“茶道”精神是茶文化的核心，是茶文化的灵魂。喝茶能静心、静神，有助于陶冶情操、去除杂念，这与提倡“清静、恬澹”的东方哲学思想很合拍，也符合佛道儒的“内省修行”思想。

中国酒文化源远流长，有着丰厚的历史渊源和历史积淀，博大精深，包含了很多内容。要用一个名词、一个概念对其进行概括的话，“酒道”是最恰当的，也是最精准的。这两个字，既有高度的概括和综合，又有中华传统古文化的韵味。

“酒道”，应该也是酒文化的核心，其包含的内容应该是广泛而博大的。“酒道”是以酒为媒，通过品酒、赏酒来表现一定的礼节、人品、意境、美学观点和精神思想的一种饮酒艺术。它是酒文化与精神的结合。“酒道”还是以酒为媒，增进感情，抒发情怀的渠道。

“酒道”的场所，就是“酒道馆”，是展示和弘扬酒文化的“道场”。那里既是一个文化场所，也应该是一个品酒、饮酒的饮食场所。在“酒道馆”，可以品酒、品艺术，也可以小酌慢饮，放松心情，缓解压力。在“酒道馆”，可以约上三五知己小聚，也可以谈谈生意，论论感情，在高山流水的音乐背景下，在一整套细斟慢饮的服务仪式下，给人一种文雅、轻松、自然的氛围享受。“酒道馆”应区别于饭店。饭店以品赏美食为主，佐以酒品；“酒道馆”以品尝美酒为主，佐以小菜。

中国酒文化的起源应早于茶文化。然而酒文化流传至今，其祭祀、壮军威、仙风道古的一面，已渐行渐远。在酒从奢侈品降为生活必需品的同时，其精神的、感情的、礼仪的功能在扩大。需求决定着发展，因此，我们现代的生活，需要一种酒文化的新观念。“酒道”文化便应运而生。“酒道馆”是满足人们品酒、饮酒的物质、精神、文化需求的新事物，应该大力促使其创新和发展。

在中国酒文化的传承中，既流传下来许多的精华，也夹杂着一些糟粕。比如没完没了的劝酒风气，比如“大口饮酒，大块吃肉”的不健康饮酒方式，再比如酒场上的大声喧哗，吆五吓六，醉醺醺地东倒西歪。这些都是和现代文明礼仪、现代健康观念格格不入的，既给中国白酒带来了不好的形象，又给优秀的传统白酒产业带来了负面影响。

随着洋酒的流入，西方文化的冲击，引进的是一种更时尚化的饮酒观念。健康饮酒、文明饮酒已成为现代人的新理念。有调查发现，如今30岁以下的年轻人，喝白酒的比例很少。在许多新兴的饮酒场所比如夜场、酒吧或其他娱乐场所都难以找到白酒的踪迹。这些现象，对白酒界是一个冲击，也是一个警示。

白酒不能躺在历史上吃老本，不能只在史书上找依据挖古人，也不能只在古老传统上做文章，应该以文化创新、产品创新跟上现代和时尚的脚步。白酒界应该有一种远见，培养未来的消费者，否则便真有可能走向“夕阳”。未来的消费者——年轻人的消费习惯培养，一是要适应，二是要引导。适应是要顺应其时尚现代的饮酒方式；引导是要靠文化吸引和熏陶。因此，创办“酒道馆”应该是解决上述危机的一剂良方。

世界是多彩的，文化也是多样性的，饮酒和酒文化的体验更是精彩纷呈。年轻人需要激情和动感时去喝啤酒，需要浪漫时去喝洋酒。我们不可能回到从前，把饮酒的消费人群从啤酒、洋酒中拉回来，继承和发扬才是我们的使命和责任。

因此，传统的中国酒文化既要传承，又要与时俱进。白酒不但要在产品上创新，还要在文化上创新。文化的创新不是要我们去模仿西洋的“绅士风度”，也不是去效法野性奔放的“西部牛仔”，而是在中华传统文化的基础上，宣扬一种“君子之道”、“儒家风范”。“酒道馆”就是以一种文明、时尚的方式，去宣扬、布道、传承灿烂的中华传统文化。中国白酒，有着深厚的文化底蕴，传承着中华民族的历史文化，饱含着民族的感情，已经融入了中国人的血液。让中国人在中华文化的熏陶下喝中国酒，是天经地义的。“酒道馆”使年轻人有品赏中国白酒、体验中华文化的场所，使中年人有一个品酒、论道、休闲放松的会馆，成为老年人休闲雅趣的乐园。

（吕　浩）

品酒的技巧

之所以我叫他“技巧”，原因是，你可以很容易学到他，但是需要更多的经验来熟练和掌握。用不了30分钟，谁都可以学得有模有样，与专家无异，但是专家可以从中得到更多的信息，而一些初学者则比较困难。掌握了技巧，剩下的只是时间和经验的问题。

品酒，不是喝酒，不是简单地喝下去，而是需要调动一切感官来感觉，听觉，视觉，嗅觉，味觉，触觉……最初我们都会更集中在视觉嗅觉和味觉方面，所以，拿到一杯酒，她就像瀑布一样在调动我们的感觉，从上到下，眼睛，鼻子，口，喉咙。

◇看：是看酒的颜色，光泽，清澈程度。可以通过观察，了解如下一些线索，酒的年龄，健康程度（望闻问切，像中医!），产地的气候，葡萄的品种等等。有模有样，像专家的方法是，将酒杯倾斜45度，观察酒中心一个呈鸭蛋圆形部分的颜色，注意反光的情况，边缘部分有个向下月牙状的部分，称作边缘（rim），能够找到一些关于酒年龄，陈酿情况，酒精度数的线索。那个近乎无色透明的弯边由于酒精挥发的表面张力改变，越高就说明酒精度数越高，当然这是在有比较的情况下。加强型的葡萄酒比如Port（波特酒）这个部分可能并不比一些普通的葡萄酒来得宽些，所以，这种东西我都叫他“线索”，所有的线索连在一起，才有轮廓。

◇闻：闻酒是非常关键的一个步骤，一个机敏的鼻子会非常有帮助。感谢上帝所有人的鼻子都非常的机敏，只是有待开发。我能在酒中闻出黑醋栗（Cassis）的味道，有些人不能，那是因为他们根本不知道这种玩意是什么味。我能闻出梨的味道，有人不能，只是他们不会对这种味道在脑子里有印象。平时多注意一些东西的气味，自然会锻炼出敏感的嗅觉，这就是为什么品酒经常让一个人的嗅觉和味觉变得灵敏的原因。所以闻酒的时候要尽量在记忆里追寻与其相似的气味，不一定非要用很专业的气味描述方法，尽量用自己熟悉的。闻酒的技巧很简单，摇动酒杯，将鼻子靠近，吸气。不同的人也许有不同的习惯，我的习惯是在酒杯的不同位置各短吸几下，酒杯口下部，酒杯口中间，酒杯口里面……有人喜欢直接将鼻子探到酒杯里深吸，都是可以，习惯不同而已。

◇尝：品尝的关键是让酒在口里多停留一会儿，有模有样的做法是吸口气，搅动搅动，像是在咀嚼一样。口腔内的感觉实际上要比鼻子上的感觉复杂，虽然，鼻子能辨别200多种不同的酒的香气，而舌头只能辨别苦、甜、酸、咸四种味道，但是总的来说，需要关注的方面却更多，包括，酒的味道，味觉，在口中的气味，嗅觉，酒对口腔形成的触觉，等等。

大概有超过900个形容词来形容酒的不同特性，经常用到的也有200多个。我们尽可以用自己喜欢的形容词来形容，即使学会那些繁复无趣的词汇，希望大家也不要丢掉最个性化的评论。另外每次品酒有个记录的确是个好习惯。

（中国经济网）

三鹿事件对酿酒企业的启示

河北三鹿婴幼儿奶粉因含有三聚氰胺，导致部分婴儿食用后患上泌尿结石的重大安全事故发生后，引起了社会的广泛关注。中国质检总局日前公布，全国共有包括蒙牛、伊利在内的22家企业69批次检出含量不同的三聚氰胺。消息公布后，举国震惊，进而引发消费者对整个奶制品业的不信任，出现了史无前例的奶粉危机。

笔者一方面在为出现这样的悲剧而痛心，一方面不禁又对其他食品行业的经营感到担忧，大家会不会因为奶粉事件而影响到对其他食品的消费信心呢？譬如酿酒行业。中国自古以来，酒文化就比较丰富，并传承至今，酒已不仅是一种文化，更是一种生活方式，渗透在我们的日常生活中。酒类的安全，也是消费者非常关注的，笔者觉得酿酒企业可深刻总结三鹿奶粉事件，从中汲取教训，防患于未然。

一是酿酒企业要把产品质量摆在第一位。食品安全问题，不管大小，都是和生命息息相关的大事，企业必须牢记这一点，要有社会责任心和遵循行业道德，并在生产实践中以这个为标准，严格落实。近年来，关于假酒在市场销售的问题也不少见，这种损人利己的做法不仅为人所不齿，更是对生命的不尊重。在这一点上，中国现代高端白酒的代表水井坊做得比较好，水井坊的质量是唯一达到“双国标”的，即国家标准和国际标准，并且已经拿到通行证。

二是酿酒企业要不留检测死角。此次三鹿奶粉事件中，有一个问题就是以前的检测标准中没有对三聚氰胺检测这一项，从而被一些唯利是图的不法分子钻了空子，以致酿成不可挽回的后果。对此，酿酒企业应从中汲取教训，以对企业负责、对消费者负责的态度，加强检测手段和措施，主动扩大检测面，不留检测死角，严把各个环节的质量关。

三是酿酒企业要用心维护自己的品牌形象。一个企业的品牌不是一天两天就可以树立的，而是通过长期以来的积累以及消费者的肯定才能树立的，而品牌已成为当前市场竞争中最重要的无形资本。企业应用心维护品牌形象，注重道德信誉，诚信经营，在宣传中也要本着实事求是的态度，不要夸夸其谈或搞虚假宣传，这样才能在激烈的市场角逐中赢得地位，从而促进企业发展。

（中国酒业新闻网）

漫谈白酒

白酒是食品中嗜好性的硬（含酒精）饮料，是蒸馏烈性酒种。过去称烧酒、老白干，产生历史晚于饮料酒中的发酵酒。1973年在河北青龙县发掘出土文物铜制蒸酒器，经考古学家鉴定，其历史下限不晚于金大定年间（公元1161～1190年）。这是迄今为止关于白酒产生历史最可靠的史料，说明白酒比13世纪由阿拉伯传入欧洲蒸馏术而产生的伏特加、威士忌、白兰地等蒸馏烈性酒早半个到一个世纪。明代李时珍《本草纲目》又载：“烧酒非古法，元时（公元1279～1368年）始创。”说明元时在市场上已见有蒸馏烈性酒销售。

由上述出土文物蒸酒器来看，……后来人们发现高粱所制白酒，饮用效果优于其他谷物原料。由此可见，并不是高粱非制白酒不成，同时也证明高粱白酒的起始生产地在黄河中下游一带。清朝初期，高粱白酒进入发展阶段。乾隆初期，朝廷拟对白酒采取禁酒措施，经在朝九卿议论，因影响到国家的财政税收和农业下脚料（糠麸皮壳）的出路问题，决定由河南地区控制两麦（大小麦）曲进行试点。历史档案记载，当两麦成熟时期，山西曲商（即经营酿酒业的商户）到河南当地收购大小麦进行踩曲、制曲、贮曲，而后行销全国各地。试点工作因各地农业情况不一，逐渐不了了之，酒政也改为重税私酿公卖。

……

黄酒与白酒这两个民族传统性的酒种，在产品风味上表现着醇厚、丰满、完整、香馥，主要系多种微生物菌种共酵所致，与国外只单纯用微生物菌种酵母有很大不同。回顾以前白酒工业的试点，由秦含章老先生（秦老年入耄耋，但尚健康，思维敏捷）所领导的汾酒试点，首由汾酒所用大麦豌豆大曲中搜索、分离、培养、鉴定其微生物菌种起始，是独具慧眼、抓着特点的创举，其功伟哉！以后经引用在山西忻县六曲香的酿制中，所用微生物菌种十余种，其深化实践，由中国酒杂志2004年6期王元太同志一文内，可窥见其成果显然。

白酒生产中要使用大量的农业下脚料即糠麸皮壳等物，因系固态加工，不能利用水来稀释淀粉（即糖分）进行发酵，且可使这些农业下脚料经发酵加工软化，充当牲畜粗饲料，在物尽其用上相当独特。周恒刚老先生（周老已经仙逝，享年87岁）在世时，曾提到白酒发酵的界面问题，其所指就是微生物菌种在大量糠麸皮壳滋润间隙中的生理状态。为什么在微生物培植上有深层与浅盘培养的不同，但提出后未能深入研讨，实为憾事。

白酒是蒸馏烈性酒种，与其他蒸馏烈性酒又不同，因蒸酒的方式是采取单式隔水蒸馏，而国外蒸馏烈性酒是采取单式抱水蒸馏，水和蒸汽与物料的隔水、抱水不一样，所获得的馏分有很大的区别，如隔水蒸酒最后的酒尾很短，可以断然掐酒，且馏分中高沸点物较多，除酯类、酸类外，尤其表现在醇类中四碳丁醇与五碳戊醇即A/B比上，分母大于分子数值。米香型白酒为什么后味微感不够爽怡，系五碳戊醇较多所致。所以在白酒产品卫生标准上，卫生部门确定将大米原料的白酒杂醇油指标放宽。究其因不在原料，或米香型白酒其蒸酒方式多为半液态，有抱水蒸馏因素所致。

……

白酒茅型及泸型，其芳香成分，已充分了解，为来自细菌发酵，即使汾型、凤型也不排除细菌发酵的存在，因白酒的加工为开放式多微生物菌种共酵。为此，针对白酒加工的独特，有必要进行以下诸项的科技探讨工作，从而使白酒工业走向规范化、现代化生产的道路。

一、揭示多菌共酵的机理，找出多菌种中有效菌种并进行单株培育，同时明确其机理所在。

二、揭示不同白酒类型细菌发酵的形成与原因，探讨其于发酵过程中的机理。

三、研究隔水蒸酒的独特性质，展示其不同阶段馏分的不同成分，表述出原料酒醅同时蒸酒又蒸料的热能利用，以及由原料中获取芳香的机理。

四、研究白酒的陈酿过程中物质成分的变化，探讨白酒陈酿成熟多因素原因和成熟结果的标志。

五、研究固态发酵的特征所在，找出最佳使用填充物料条件，及与产品产量、质量的关系，进一步探讨使用农业下脚料的最佳经济价值和技术。

六、根据白酒原料选择广泛，研究高产农作物谷类的玉米为原料，生产出优质白酒或名白酒的工艺技术途径。

七、在揭示固态发酵特点基础上，进一步研究液态法白酒深化科技工作，使目前固液结合的液态法白酒加工技术，更上一层楼。

八、在获有固态法的工艺技术成果基础上，研究减除手工操作的可能性，并摸索规模化、现代化生产的途径。

九、通过以上科技探讨，除可初步揭示白酒酿造的特点外，还可为白酒今后走上现代化生产奠定基础。

另一点在人文方面因尚缺乏全行业的共识，

许多具有自称自赞的讹传，不实之词，尚未离开手工业范畴的玄学成分，要加以扭转，避免伪造历史，流毒今后。

……

我已经退休多年，但见到有些不太妥的提法，我本着实事求是的态度说出肤浅的看法，以利于酒业的可持续、健康发展。

（辛海庭）

白酒小常识

一、品评白酒的好处与方法

白酒价值有三：一是饮用，喜庆应酬，亲友饮宴；二是收藏和馈赠；三是品尝，品味、品评即品酒。酒文化，其实体现在后两种价值中，而能真正体现白酒价值的其实是后者，即品酒。

为什么呢？因为白酒的真正风韵和全部滋味只有在轻闻细品中才能体味得到。人的舌头各部分是有分工则重的，如舌尖对甜敏感，两侧对酸敏感，舌后部对苦涩敏感，而整个口腔和喉头对辛辣都敏感。所以你干杯，一杯酒猛倒入口入喉，就会感到又冲又辣（质量不好的酒则又苦又涩）。如果你先闻再浅啜，让它在舌中滋润和匀，那么白酒的甜、绵、软、净、香你都能尝受到，得到一种享受，这叫科学、文明饮酒。

品酒的好处和方法：简单地讲一是享受，体味酒的全部滋味风韵；二是调节，悠闲雅趣，怡情舒畅。以前说借酒浇愁即用饮酒来排遣，这是消极的，若以品来舒缓就是一种积极的调节。还要指出，品酒即使再多，也不易醉人，因为酒入体内最终被转化（H_2O 和 CO_2），这种转化速度是恒定的，一般的品酒进量与这种转化速度（能力）相适应，不会积聚过多的酒精未被转化就大量进入血液、肝、脑，所以不会醉，不伤身体，这也是科学用酒。品酒的方法：以太吉酒为例，先举杯轻闻，静静地吸闻，让幽雅的太吉香韵悠然进入腔腑，能令你舒畅愉悦，如此反复数次，你就兴致盎然。

然后，轻啜一小口（2 毫升），让它先落在舌尖上停 1 ~2 秒，此时，太吉百年酒的甜绵显现，再把舌头轻触颚，让酒液渗润全舌，并转几回，太吉百年酒之醇厚爽滑就弥漫口腔，既不冲又不辣，酒体协调干净，真是别有一番好滋味。

最后，把口腔中的余酒慢慢咽入喉中，你会感到太吉百年酒顺口顺喉，一脉而下，过一阵，又从喉内回出一种芳香，这叫入如一脉，出如一线。

中国人很看重饮食文化，欧美人则看重品酒文化。你到他们那里，会斟一小杯酒给你，在轻摇慢啜中交谈相叙，情趣盎然！

二、怎样喝酒才不会醉

1. 不要空腹饮酒。因为空腹时酒精吸收快，人容易喝醉。而且空腹喝酒对肠胃道伤害大，容易引起胃出血、胃溃疡。最好的预防方法就是在喝酒之前，先行食用油质食物，如肥肉、蹄膀等。或饮用牛奶，利用食物中脂肪不易消化的特性来保护胃部，以防止酒精渗透胃壁。不要空腹饮酒，这是饮酒不醉的主要诀窍，因为这样可以使乙醇在体内吸收时间延长。

2. 不要和碳酸饮料如可乐、汽水等一起喝，这类饮料中的成分能加快身体吸收酒精。

3. 至于在饮酒之后，能够尽量饮用热汤，尤其是用姜丝炖的鱼汤，特别具有解酒效果。

4. 由于酒精对肝脏的伤害较大，喝酒的时候应该多吃绿叶蔬菜，其中的抗氧化剂和维生素可保护肝脏。还可以吃一些豆制品，其中的卵磷脂有保护肝脏的作用。

5. 民间流行喝浓茶解酒的说法没有什么科

学根据，茶叶中的茶多酚有一定的保肝作用，但浓茶中的茶碱可使血管收缩，血压上升，反而会加剧头疼。因此酒醉后可以喝点淡茶，最好不要喝浓茶。如果有人身不由己喝得太多，可以事后吃一些水果，或者喝一些果汁，因为水果和果汁中的酸性成分可以中和酒精。很多人酒后往往不吃饭，这样危害更大，应吃一些容易消化的食物，比如来一碗面条就非常好。

6. 宜慢不宜快。饮酒后5分钟乙醇就可以进入血液，30～120分钟时血中乙醇浓度可达到顶峰。饮酒快则血中乙醇浓度升高得也快，很快就会出现醉酒状态。若慢慢饮入，体内可以有充分的时间把乙醇分解掉，乙醇的产生量就少，不易喝醉。

7. 食饮结合。饮酒时，吃什么东西最不易醉？以吃猪肝最好。这不仅是因为其营养丰富，而且因为猪肝可提高机体对乙醇的解毒能力。常饮酒的人会造成体内维生素B的丢失，而猪肝又是维生素B最丰富的食物，故吃煮猪肝或炒猪肝是很理想的伴酒菜。

8. 甜点加水果。饮酒后立即吃些甜点心和水果可以保持不醉状态。俗话说“酒后吃甜柿子酒味会消失”，这话不错。甜柿子之类的水果含有大量的果糖，可以使乙醇氧化、加快速度分解代谢掉，甜点心也有大体相仿的效果。

9. 预防酒醉性胃炎和脱水症，可饮用加砂糖或蜂蜜的牛奶，即可促进乙醇分解，又能保护胃黏膜。由于脱水会使盐分丢失，可适量饮些淡盐水或补液盐。而且根据一些经验，饮酒前或餐中服用一片阿司匹林似乎有一定解酒作用。这可能是阿司匹林中的水杨酸和乙醇在肠中结合酯类物质而代谢掉的缘故。

10. 在喝酒前泡一杯开水喝下再喝酒，酒精可解，所以人不会醉。也可先喝杯酸奶、牛奶或豆汁。

三、宿醉对策

所谓宿醉，是指喝酒过量，造成第二天早上头痛、胃部不适等症状。这是因为大量饮酒后，肝细胞无法将有害物质乙醛全部处理，而造成急性中毒症状。宿醉时，肝脏会囤积脂肪，胃肠易患酒精性急性胃炎，自律神经平衡失调引起心跳加速，血液中水分与电解质平衡失调等，影响遍及全身。当遇到宿醉情况时，可采用以下几种方式尽早使身体恢复。

1. 最好能用睡觉休息的方法来解决，充足的休息可助你快些恢复。

2. 喝酒后来个热水浴可以促进血液循环，帮助新陈代谢，使酒精和汗水一起排出。不过有高血压、心脏血管疾病患者，酒后沐浴要小心中风，宜先稍作休息。

3. 酒精使体内的细胞脱水。在睡前，补充大量的水，醒后再补充一次，有助缓解脱水引起的不适。

4. 多喝果汁或蜂蜜柠檬汁，既补充水分，另外果汁含有果糖，它可加速酒精的代谢，同时能减缓恶心症状。

5. 吃一顿营养均衡的正餐，能补充各种流失的必备营养素，但要吃得清淡些，不吃油炸或脂肪食物。

6. 喝完第一杯后，要过三十分钟再喝第二杯，如果想再喝第三杯的话，一定要等上一个钟头。但为了你的身体着想，尽量不要伸手拿第四杯了。

7. 喝酒时别忘了加冰块。

8. 空腹、疲倦或洗澡时，还是暂时别喝为宜。

9. 吃药后绝对不要喝酒，特别是在服过安眠药、镇静剂、感冒药之后，更是绝对不能喝酒！

四、劣质酒的危害性及识别方法

酒的主要成分是酒精，化学名叫乙醇。乙醇进入人体，能产生多方面的破坏作用。

1. 血液中的乙醇浓度达到0.05%时，酒精的作用开始显露，出现兴奋和欣快感；当血中乙醇浓度得到0.1%时，人就会失去自制能力；如达到0.2%时，人已经到了酩酊大醉的地步；达到0.4%时，人就可失去知觉，昏迷不醒，甚至有生命危险。

2. 酒精对人的损害，最重要的是中枢神经系统。它使神经系统从兴奋到高度的抑制，严重地破坏神经系统的正常功能。过量的饮酒就是损害肝脏。慢性酒精中毒，则可导致酒精性肝硬化。

3. 此外慢性酒精中毒，对身体还有多方面的损害。如导致多发性神经炎、心肌病变、脑病变、造血功能障碍、胰腺炎、胃炎和溃疡病等，还可使高血压病的发病率升高。还有人注意到，长期大量饮酒，能危害生殖细胞，导致后代的视力底下。常饮酒的人喉癌及消化道癌发病率明显增加。

4. 喝劣质酒，它的甲醛有可能是超标的，过量饮用会导致眼睛失明、酒精中毒等。如何识别？酒的识别不是很容易讲清楚。一般从外观上看酒质是否透明、有无杂质；从包装看是否粗糙等。建议最好还是买知名厂家出品的酒，至少品质能得到好的保证。

识别劣质酒的方法：

1. 取一滴酒置于手心中，然后使两手心接触摸摩擦稍许，酒生热后发出的气味清香，则为上等酒：若气味发甜，则为中等酒；若气味臭苦，必为劣酒无疑。

2. 将酒瓶倒置，察看瓶中酒花的变化。若酒花密集上翻且立即消失，并有明显的不均匀分布，酒液混浊，即为劣质酒：若酒花分布均匀，上翻密度间隙明显，且缓慢消失，酒液清澈，则为优质酒。

3. 取食用油一滴，置于酒中，若发现油在酒中不规则扩散，下沉速度变化明显，则为劣质酒，若发现油在酒中较规则和均匀下沉，则为优质酒。

4. 除了以上说的查看酒的透明度和包装之外，还可以通过气味来识别，一般劣质酒所用酒精的味道特别刺激，难闻。对脑神经也有危害，长期喝劣质酒使人体过多吸收酒精造成肝组织坏死——肝硬化肝水肿，大脑神经组织遭到破坏，最终致人死亡。

5. 劣质酒无单位名称，无单位地址，无联系方式，酒精度数不符合国家标准浓度，液体浑浊，识别的方式有很多，相信你也知道不少。

（云南酒业网）

对名优白酒的感官赏析

中国名优酒纷繁众多，因其发酵气候环境、发酵容器及储存容器、生产工艺的不同，口感千差万别，风格各异。但是不管其香型如何变化，它们共同的特点是：绵、甜、净、爽。名优酒名在品质，贵在风格。作为一名评酒员如何准确把握好它们的质量特征，塑造白酒的完美风格，进而实现为消费者服务的宗旨，是大家很关心的事情，现就个人的一点品酒体会总结如下，供大家参考。

白酒传统品评讲究色、香、味、格的把握，我认为应该对其进一步细化研究，进行特性辨识，个性化把握，从色泽、香气、绵柔、醇甜、净爽、协调、后味、异杂味（或缺陷）、风格、个性十个方面来把握比较全面科学。

一、色泽

白酒顾名思义，要求无色清亮透明，无沉淀，无悬浮物，不失光。可从以下几个方面来辨识：

无色清亮透明，微黄清亮透明，黄色稍重，失光或有浅淡的异色，具有悬浮物，混浊，沉淀，有较重的异色。

二、香气

香气非常重要，一般情况下，香气好的酒，口感也好。香要馥郁幽雅悦人，香气纯正，各类有益香气要相互协调，完美统一，各不露头。比如，糟香，曲香，粮香，陈香，酯香，窖香，酱香，焦香，果香，蜜香等协调统一。纯正就要求不能带异香，不能带泥臭，油腻，糠味，烂糟味等不良气味，幽雅则要求香气舒缓，不能太过、太冲。悦人就要求香气的舒适与美感享受，使人有心旷神怡的感觉。馥郁香气要复合程度高，以主体香为主，复合浓郁，自然协调，不能在香上出现喧宾夺主，更不能有某种香过头。

可从以下几个方面来辨识：

1. 香气浓郁纯正，幽雅，协调；2. 香气浓；3. 有本品香气；4. 香气不明显；5. 有明显异杂香。

三、绵柔

绵柔舒顺是判定酒质好坏的重要标志之一。强调绵柔感就要求酒体绵而不薄，醇厚而不粘，细腻醇和，不粗糙，不爆辣，不浓烈。现代消费非常讲究这一点。

对绵柔的把握可从以下几个方面来辨识：

1. 绵柔醇厚细腻；2. 绵柔醇和；3. 醇和；4. 糙辣。

四、醇甜

醇甜是白酒的共性，但甜度要自然舒适，不可过腻，甜度太大或过小都是不合适的。对甜味的把握可从以下几个方面来辨识：

1. 醇甜自然舒适；2. 甜度稍大；3. 甜度过大；4. 酸味露头。

五、爽净

爽净是所有白酒的重要感官指标，消费者非常注重这一点，他们要求喝到嘴里不但绵柔醇甜而且爽口干净，下咽后有舒畅之感。可从以下几个方面来辨识：

1. 爽净舒畅；2. 较爽净；3. 不爽净。

六、协调

前面说到香的协调，这里指的是味的协调以及香与味的协调。众所周知，白酒的香味成分达300余种，各香味必须围绕着一个主题烘托，才能成为好酒。可从以下几个方面来辨识：

1. 香味协调；2. 香味较协调；3. 香味欠协调；4. 香味不协调。

七、后味

好酒的后味要求余香悠长，给人以回味和留恋之感，让人喝了有难舍之意，又能产生还想喝的欲望，这就要求香味要绵长悦人，不能有缺陷，不能后苦，不能涩口。可从以下几个方面来辨识：

1. 后味悠长；2. 后味较长；2. 后味短淡；4. 微苦；5. 苦涩。

八、异杂味

鉴别白酒很重要的指标就是鉴别有无缺陷，无缺陷或无明显缺陷的酒为好酒；有缺陷或缺陷重的酒为差酒。因此，作为一名合格的品酒员指出酒的缺陷，并加以改进是一项非常重要的能力。可从以下几个方面来辨识：

1. 无明显异杂味，2. 稍有泥腥味，3. 稍有辅料味，4. 有明显的霉味或其他杂味。

九、风格

通过综合色香味的综合判定，确定该酒属于哪种香型，典型性强与否。风格可从以下几个方面来辨识：

1. 风格典型突出，2. 风格明显，3. 风格一般。

十、个性

每种产品要有自家的风格特征，突出自己

的个性特点。可从以下几个方面来辨识：

1. 个性悦人突出；2. 个性明显可以接受；3. 个性不明显；4. 难以接受。

针对以上论述，现对各香型白酒主要个性赏析如下：

酱香型白酒品评：1. 带有馥郁的高温曲香味，酱香、焦香、果香（酯香）、糊香配合协调，以酱香为主，焦香、糊香为辅，且不显露，相互烘托。而差酒则焦香、糊香显露。2. 该酒的酸度较高，口味微酸，细腻悠长。差酒则粗糙，味不够长。3. 空杯留香长，香气优雅。差酒则空杯就差些。

浓香型白酒品评：1. 从香气上首先辨别流派，川派窖香浓郁，带陈香味；江淮派则窖香淡雅，粮糟香突出。2. 辨别是单粮香气还是多粮香气。单粮酒香味较单一，多粮酒香味醇厚馥郁。3. 好酒绵甜自然舒畅，差酒不是甜味过头就是甜味不突出。4. 好酒香味协调自然，酿造复合香味好，而新工艺白酒浮香明显，酿造复合香味差，有外加香味，后味也刺激感明显。5. 辨识白酒中的异杂味，主要是泥臭味、糠杂味等。

清香型白酒品评：1. 清雅的酿造香气，又类似花的香气，细闻有陈香，没有任何杂香；差酒则带明显的糟糠味。2. 入口绵柔舒顺，不刺激，口味特别净爽；差酒则不自然，且粗糙。3. 尝过几口以后，甜味渐渐地显露出来。

米香型白酒品评：1. 闻香有蜜雅的气味，香有点闷。2. 口味比较短，但很净爽。3. 好酒带类似极淡极淡的白兰地味道，后味怡畅。差酒则带酒精气味，后味比较刺激。

凤型酒的品评：1. 闻香以醇香为主，有轻微的类似豌豆蒸熟的香，清香味中带淡淡的窖香味。2. 入口有香气往上蹿的感觉，有挺拔感。

兼香型白酒的品评：1. 酱浓协调，2. 口味细腻悠长。3. 各类香味复合统一，口味典雅。4. 不像浓香型白酒那样娇艳，也不像酱香型白酒那样显酸，窖香淡雅适中，酱香复合感舒适。口味柔顺细腻甘爽。集浓酱之长，品质高雅。

芝麻香型白酒的品评：1. 闻香以清香加酱香为主，有明显的焦香味。2. 口味醇厚丰满，焦香突出，新品带类似焙炒的芝麻香味。3. 口味中略带浓香型白酒中的窖香及醇甜感。

药香型白酒的品评：1. 香气中带类似霉味及药香和糟香，丁酸乙酯味明显。2. 入口丰满醇厚，稍带丁酸味。3. 复合香浓郁，味长。

特型白酒的品评：1. 糟香、窖香及陈香一体，香气馥郁。2. 口味柔和，醇甜，有黏稠感。3. 口味中带类似庚酸乙酯的味道。

豉香型白酒的品评：1. 闻香有类似油哈喇味，细闻带蜜雅的味道。2. 醇滑柔和，味特别长。3. 饮后余甘，清爽怡人。

老白干型白酒的品评：1. 闻香有醇香及醛类物质的香气，细闻有类似枣香。2. 入口香扩，味甘。3. 味均衡贯一，无异杂味。

总之，品酒也是一种良好的享受，有的酒清爽宜人，有的浊而郁闷；有的粗犷豪放，有的细腻含蓄。品一种好酒，忽如进入雨后清新的幽林，全身爽快精神；又如偶遇彩虹斑斓，思想驰骋激越。白酒，甘如蜜，冽如火，品质迥异，风格万千；有的如少女脉脉含情，有的若猛男刚烈不羁；有的如诗如画，有的如相伴知音；好酒可以与之静静对话，将思绪徜徉在人神之间……

以上是本人多年来对各类名优白酒的一点体会，不免带有一定的主观色彩，每人可结合实际慢慢体味，总结出自己的一套品酒办法来，不断服务于消费者，满足社会需求。

（张锋国）

白酒企业文化的焦点

白酒在中国的历史进程中，一直伴随着文学、艺术的不断发展，文人墨客的喜怒哀乐，演绎成东方文化一颗璀璨的明珠。白酒在中国人含蓄的情感里，一直是庆祝、发泄、祭祀、表达尊崇的载体，因此，五千年的白酒文明，就融入各个地域，各种香型、各种风格的酒香中。可以说，白酒发展的每一个时期，都蕴涵着文化的信息，传播着特有的民族、时代风情。白酒行业是一个特种行业，白酒企业的企业文化建设必须在酽酽的酒文化基础上进行挖掘，以形成独特的、具有现代特征又兼容历史文化、品质文化、消费文化、管理文化的企业文化。

因为中国白酒的发展史铭刻着清晰的文化艺术，因此白酒企业本身就更需要强而有力的企业文化来推进（这是企业管理的要求，因为企业文化是企业管理的最高形态）。我们力图从白酒的商品特性以及立足于白酒特有的历史特征、人文特征、社会特征来阐明白酒企业文化建设的焦点。

一、历史性是白酒企业文化的资本

“杏花村”“茅台”“大全烧坊”“泸州老窖”都有着悠久的历史，它们都曾经在特定的历史时期和特殊的人物发生了关系，留下了美丽的传说和经典的酒事。因此，历史文化成为白酒的地域价值或者品牌价值中的重要组成部分。

凡是在国际上有知名度的企业（含品牌）无不有悠久的历史——这是强势品牌的基本要素。因此，在白酒企业文化建设中，必须有高瞻远瞩，用历史的内涵，文化的基因不断地塑造我们的企业及品牌；只有这样我们的白酒企业及品牌才会越来越有厚度。当然，并不是所有的企业，所有的白酒品牌都拥有历史资本，因此在不具备历史文化或者历史文化的价值不足以承载起一个企业、一个品牌的时候，我们要尽量避免“东施效颦”。比如，目前白酒市场上充斥的大量历史文化名酒就是套用历史、剽窃历史的“伪文化”。他们借助一个典故、一首诗歌就号称历史文化——其实，历史文化只是他们欺骗经销商、欺骗消费者的漂亮外衣。

围绕历史性塑造的企业文化对消费者有极强的号召力。“水井坊”的成功在很大意义上说是企业文化历史性的成功。——当然，对历史性的挖掘和把握必须通过系统细致的规划，才能让历史在传播中爆发，产生巨大的能量。

二、人文性是白酒企业文化的精髓

第一，由于白酒是一种情绪化的商品，她是精致生活的体现，此消费人群的主体具备蕴致的文化内涵，即使是低端的消费者也有极强地对文化的崇拜性（即使是目不识丁的村夫，在酒桌上也会吟哦“何以解忧，唯有杜康”。），因此白酒的企业文化必须具有丰富的文化基因。因此文化是考虑人文性的首要。

第二，白酒的企业文化须考虑白酒人力资源的人性化。由于白酒是精致生活类消耗品，她对人的心理性、身份性、场合性、实惠性都需要完备地考虑。只有这样才能尽量地让白酒品牌贴近消费者，因此白酒的企业文化必须富有较多的人性化，这样才有可能吸引此类人群。人力资源的人性化主要体现在对销售人员服务的表现、对经销商、网络成员的人文支持以及和目标市场地域文化、人情的融合上。

第三，白酒无论工艺创新还是CI设计、产品设计、品牌形象设计等都得考虑消费者适应性、喜好度、风俗习惯等等。

三、品质性是白酒企业文化的商标

由于白酒是一种奢侈消费品，这样对于消

费者的切身感受就是来自于品质的优异，因此，品质性是白酒企业文化塑造的关键焦点。

随着白酒酿造工艺的不断进步，“陈酿”“不上头”“口不干”等等原有的优越品质的标志已经日渐成为白酒品质的基本要求——更丰满的口感，更香醇的味道，更少的有害物质甲醇的含量，更具个性的酒体特征等成为优越品质的新标准。消费者依照自己对白酒品质的判断来选择品牌，来确定是否购买。因此，让品质成为商标就具有十分重要的战略意义——泸州老窖、剑南春等知名白酒企业莫不如此，把品质当作企业的生命，把消费者的评价作为衡量品质唯一标准，不断创新，致力于提高产品的品质，不断提高企业的核心竞争力。

由于中国市场的特殊情况，对品质的追求除了企业本身的工艺创新，产量限制以及原材料的严格控制外，还体现在对营销品质的管理上。比如，致力于市场的规范管理，致力于企业电子信息化建设，致力于对假冒伪劣产品的打击上——这些措施，都是为了保证品质性的完整和不受侵害。

四、时尚性是白酒企业文化的内涵

酒和时尚有什么关系？很多人一定会发这样的疑问。我们知道，白酒不可以用来解渴，是用来表达情感、表现品位、点缀美好生活的奢侈品，因此我们必须充分地研究消费者关心的热点事件，了解时尚的基础与方向，不断地改进我们的企业战略以及品牌战略，使之不断地适应潮流，成为消费者身边的一个朋友，无论是他幸福、快乐、忧愁、郁闷，都可以和酒倾诉，和酒共享。当然，时尚性中包含着强烈的美学因素——只有美的东西，才能激起人们享受的欲望。

鉴于白酒的文化性与时尚性，因此，无论是白酒品牌的 CF 带、包材、包装、海报等 CI 系统都必须有风韵的时尚性。这样才能让白酒具备崭新的社会特征，和时装、美食共同来美化人的生活，给消费者带来极致的享受。时尚性不仅仅是追求表面工夫，更为关键的是本身必须具备的内涵。白酒企业如不具备时尚的内涵以和社会人群产生密切的关联，犹如人失去灵魂；没有灵魂的产品和企业是没有生命力的。因此，白酒企业必须摈弃陈旧、自大、老化的形象观，用时尚来设计、来运营。从白酒品牌终端的表现上说，时尚更具有实际意义。

以上的分析充分地说明白酒企业必须更多地用历史的资本，文化的头脑，艺术的眼光、人文的双手来推动企业的发展，使白酒企业具备现代企业鲜明的特征，使白酒品牌在历史价值、人文特征、品质特征以及和消费者的联系方面具备强大的沟通力量，这是白酒企业的发展方向，更是锻造百年品牌的基础。

（何足奇）

杯酒释“杯”权

大“荞”小“荞”之辨似兄似弟，非兄非弟。“甜荞酒”杯高，“小荞酒”杯矮：“甜”杯大，“小”杯小。

“大乔、小乔”虽同为乔国老之女，但此“大荞、小荞”却并非“一母所生”。

一场欢宴中，两杯几乎一模一样的杯装酒被亮在桌面之上。一番猜测之后，气氛一下子凝固起来。

亮酒者为泸西县兰益酿造有限公司负责人。据称，杯装酒是其引以为自豪的“奇特”发明。

借此奇特之酒，兰益占据了云南杯装松子酒、荞酒的绝大部分“天下”，今年的销售额有望突破3500万。

但没曾想，种种脱胎于兰益杯酒的“克隆酒”哄然上市。在昆明，在曲靖，在宣威，兰益因此时常接到电话：“你们怎么做起了假酒？”

“这是一些常喝兰益酒的客户。他们发现杯装酒的味道怎么不一样了？以前卖38元，怎么现在又卖成25元呢？”兰益营销总监杨远说，他（她）们有一种被骗的感觉。

其实，细看之下。一为小荞酒，一为甜荞酒；一为兰益酿造，一为明华酿造。

“半路杀出的程咬金”明华究为何“物”？其酒杯上标示大致为，云南嵩明的一家酒厂。

瓶装酒是常见，杯装酒为少有。两种杯酒同争市场本也无可厚非，但杯酒的专利却在兰益一边。

“兰益本分地遵守游戏规则，不要这些不道德的竞争。”杨远深有感触兄弟阋于墙，恐滇酒之优，“不在颛臾，而在萧墙之内也”。

滇酒的互搏在杨远的心中，云南是一块“高原瑰宝”，包谷酒、荞酒、松子酒就是其自身的“大优势”。但云南酒业为何难以拼杀出一条血路，走出省，走到全国甚至更远？

“云南的白酒业经常是自家打自家，我们自己要团结起来。古人云，欲除外必先安内。”

云南酒业有一种“怪相”：很少有发展起来的酒企联合起来维护自身空间，以保持自己的利润差价。

“内耗，造成成本攀升，致使空间有限，如何能走出去？”

因为滇酒的自我相互搏杀，“价格守不出来，再加上不良竞争，一低价，整个行业价格立马被拉下来，利润愈来愈薄。”

所有酒企都想做品牌，但树欲静而风不止，酒企多了，品牌多了，“再加政府、行业的不重视，大家游戏的法律、道德底线当然会被一次次突破。”

“这样，做酒会很累。没办法，只有挺住才能成功。”

杨远无奈但只得强颜，因为生存才是最大的“底线”。

据兰益董助称，兰益一年要生产几百万件杯装酒，因目前杯子等原材料的涨价，酒价本来应涨。

“但不能涨，因为有外包装酒的‘克隆’。”

杯酒释“权”

孰真孰假，孰原孰仿？兰益有准备而“应战”，公司拿出了一份“实用新型专利证书”，其中包含了“撕裂防伪杯盖”与“锥度酒杯杯样图”。

今年年初，专利申请受理通知书已下达给兰益。它包括“申请号（200730108642.4）”与使用该外观设计的产品名称：包装杯（酒）”。

国家知识产权局的认定一览无遗。

兰益委托的专利代理人赵云称，兰益杯型已申请专利，专利号已下，它将保护兰益的外观不受侵犯。

“一般，以外观论，只要相同或相近就属侵权，与杯子大小无关。”赵云解释。

据称，兰益一并曾将专利证书寄给了明华。后来，其负责人还找过赵云。赵云将两种杯型进行了仔细测量，至少倾斜度基本相差不大，已精确到小数点上了。

“当时，他们表示，我们要想办法改一下。”

记者以此咨询了云南省知识产权局法制处的相关负责人。他表示，看外观是否侵权，不能以实物（酒杯）论，而应以专利申请的“杯样图”主视图、辅视图细察。

“如要确认侵权，公司可走司法或行政程序，向昆明知识产权局申请或起诉至法院。”

一旦侵权成立，“克隆酒”将会被法令停止生产、销售、使用和被销毁等。

据杨远介绍，但这种相似杯型酒并没有“改过”，市场上仍常见。

为此，兰益已向中端（宾馆酒店）及其他客户广发了通知。大致内容为：市场上有另一种仿杯装酒，要注意兰益酒与其他酒的区别。

“兰益本无意于将此‘升级’至官司，怕只怕‘赢了官司，输了生意’。但也保留要打官司的‘底线’”。

“杯酒人生，兰益酿造。”兰益试图通过营销宣传，广撒公司的“名牌战略思想”。

“兰益被迫加大了促销力度，被迫加大了新杯型的开发力度。”

“被迫”的背后是滇酒业的无奈，有时，一种伤害可能会是致命一击。

（《云南酒业》）

真假名白酒识别方法

一、真品名酒识别方法

1. 品牌商标表面光洁度好，色彩均匀，做工精细。

2. 品牌名字的字体匀称，字迹清楚，套印准确，线条清晰流畅，无断裂，字体及线条边缘光挺不毛，整体字形清楚。

3. 商标上的公司名称、地址以及净含量、原料、喷码等小字部分，用墨匀称，非常清晰。

4. 标记采用激光防伪的，在不同方向光源照射下，明亮清晰，色彩会随之改变；标记采用防伪纸的，不能撕下。

5. 其他识别方法，可到酒管部门咨询。

二、假名白酒识别方法

1. 看商标。瓶装假冒名白酒商标表面光洁度差，色彩暗淡，油墨不均，纸张及做工都显粗糙。

2. 辨字体。假酒商标上的品牌、公司名称、地址以及净含量、原料、喷码等字体部分，绝大多数用墨不匀，粗细厚薄不均，字迹较模糊，或大或小，线条套印不准确，边缘不光挺，轮廓不清楚，线条往往有断裂现象。此外，还要从字体的细微差别上识别仿冒酒。如“丰各酒”仿冒丰谷酒；“玉粮液”，仿冒五粮液；“玉粮春”、“丑粮春”仿冒五粮春；“茅谷”酒仿冒茅台酒，“金舆”、“全典”仿冒全兴系列酒等。

3. 识标记。采用激光防伪标记的，明显粗糙，在不同方向光源照射下，颜色不会改变；瓶盖边粘贴了防伪纸的，能大块撕下或全部撕下。

4. 听声音。无论何种假冒名酒，瓶盖全都是假的。即使回收真品瓶盖，也只能用胶水粘崩裂环后方能装人假酒，但开启瓶盖时，声音沉闷甚至没有声音。

白酒“纯粮”标志您认识吗？

一段时间以来，媒体上发布了部分名酒产品获得“纯粮固态发酵白酒专用标志”的消息。由于纯粮固态发酵白酒在市场上的比例越来越低，而传统名酒只有经过纯粮固态发酵等生产方式才能产生，但普通消费者缺乏足够的识别能力。所以，采用标志牌的做法，推广“纯粮固态发酵白酒专用标志”，这样既可以保护市场销售的传统名酒，又增加了更多的科学内涵和质量安全措施。

为了帮助消费者对酒类产品有直接明了的识别，在林林总总的酒品中准确地选择优质的纯粮酒，请记住上面的“纯粮固态发酵白酒专用标志”。

（王业民）

白酒并非存放时间越长越好

常言道：“无酒不成席。”遇到节庆之际，喝酒是中国绝大多数家庭的必然选择。中国酿酒工业协会副理事长兼秘书长王琦在接受记者采访时提醒消费者，在选购酒类产品时，最好选择知名企业生产的知名品牌产品，知名企业以独特的工艺、先进的技术、雄厚的资金作为后盾，在历史、资源、技术、资本上都占有很大优势。消费者还应阅读酒标，酒标是了解每瓶酒的最直接途径。酒标内容一般包括产地、品种、年份以及装瓶地、分级、酒精含量、甜度、配料等资料，相当于一瓶酒的身份证，消费者可以通过酒标轻易地找到自己需要的酒类产品。低度白酒最好选购生产日期在近两年以内的产品。

2006年11月，国家质检总局公布了对白酒质量抽查结果，共抽查了17个省、自治区、直辖市100家企业生产的100种产品，产品抽样合格率为80%。抽查中发现的主要质量问题是：个别产品总酯含量低，导致酒味不浓；有部分产品酒精度未达到标签明示值的要求，其中有1种三花酒白酒标签明示为26度，而实测值仅为13.1度；有个别产品已酸乙酯含量不符合国家标准要求；个别产品感官指标不符合国家标准要求；有部分产品标签不规范，主要是未标注产品质量等级、产品名称不规范、未标明生产日期等。

据国家质检总局有关专家介绍，酒精度又叫酒度，它是白酒的一个重要理化指标，是指在20℃时，100毫升白酒中含有乙醇（酒精）的毫升数，即体积（容量）的百分数，生产企业在标签上应向消费者加以明示。总酯是白酒产品中所有酯类芳香物的总和，也是形成白酒香气的具有特别重要作用的一种香味成分。不同香型的白酒中各种酯类的量比关系各不相同。总酯含量的多少与酒的品质高低有关，若含量太低，则酒味较淡。总酸是指白酒中含有的有机酸，其绝大部分为挥发酸，总酸具有香气，是白酒中的呈香、呈味物质，起到调味作用。已酸乙酯是浓香型白酒的主体香气成分，其含量高低影响白酒的风格。优质浓香型白酒的特点是已酸乙酯香气突出，而且口味纯正，绵甜干净。固形物是指白酒在100℃～105℃时将乙醇、水分等挥发性物质蒸干后的残留物。固形物含量的多少是蒸馏酒的特征性检测指标，在国家标准中作了上限要求。杂醇油是指甲醇、乙醇以外的高级醇类，包括正丙醇、异丙醇、正丁醇等。杂醇油对人体有麻醉作用，长期饮用杂醇油较多的白酒，能引起头痛等症状。

白酒按香型可分类为浓香型、清香型、米香型、酱香型、兼香型白酒，此外还有凤香型、特香型、芝麻香型和豉香型白酒等。按生产工艺则可分类为固态法白酒和液态法白酒。液态法白酒一般没有固态法白酒那么好的香气和口感。消费者把酒瓶拿在手中，慢慢地倒置过来对光观察瓶的底部，如果有下沉的物质或有云雾状现象，说明酒中杂质较多。如果没有悬浮物，不失光，不浑浊，说明酒的质量比较好。判断酒的度数可用摇晃的方法，摇动酒瓶后如果出现小米粒到高粱米粒大的酒花，堆花时间在15秒钟左右，酒的度数大约是53至55度；如果酒花有高粱米粒大小，堆花时间在7秒钟左右，酒的度数约为57至60度；如果酒花有高粱米粒到玉米粒大小，堆花时间在3秒钟左右，酒的度数约为65度。

白酒一般没有保质期，但这并不意味着酒存放的时间越长越好，普通香型的白酒到5年以后，口味变淡，香味会减弱；酱香型陈酒是好酒；而存放多年的浓香酒是否是好酒目前还无定论，存在着较大的争议。近几年，低度白酒在存放一段时间后（通常需一年或更久，因酒而异）出现的酯类物质水解，并导致口味寡淡的问题已逐步成为白酒行业关注的焦点。因此，在购买低度白酒时，最好应选择两年以内的白酒。

认证标识是酒类"身份证"

一手拿着塔牌酒，一手是客家黄酒的林女士站在华润万家犯难了："想给父亲买黄酒，但不知道买哪个牌子?"

稍许思忖后的林女士最后放下了客家黄酒，指着塔牌包装上说："这瓶酒的认证标识多，就买这个了。"

记者凑近一看，"中国名牌"、"QS"、"中华老字号"、"国家免检产品"、"国家地理标志保护产品"多达六种认证标识打在塔牌的包装上，格外抢眼。

近年来，酒类认证标识越来越多，正逐渐成为消费者选择美酒的重要依据。然而，像林女士这样，以认证标识为标准买酒的消费者并不多。通过记者调查，仅有三成消费者表示会看标识，七成消费者未留意认证标识。

认证标识"抢眼"酒类包装

走进任何一家酒类卖场，都能在酒类包装上寻找到各种认证标识。

在景田岁宝百货，记者拿起一瓶金威啤酒，在包装上看到了"绿色食品"、"QS"、"中国名牌"三个认证标识。作为百年品牌青岛啤酒更将"中国驰名商标"、"中国名牌"、"中华老字号"、"QS"认证等众多标识揽入怀中，可谓更胜一筹。

记者发现，在所有酒种中，具有保健功能的酒，认证标识最多。除劲酒有六种标识外，椰岛鹿龟酒上则分别有"中国名牌"、"保健食品"、"中国驰名商标"、"GMP 认证"等四种认证。

七成消费者未留意认证标识

如此多的认证标识，它们所代表的意思是什么？消费者是否留意它们？记者就此在商场超市进行了一次随机调查。

"很少看包装上的认证标识，尤其在大超市，买酒一般就只是看品牌。"正在购买啤酒的曾先生的观点具有代表性，大多数消费者买酒只认品牌，口碑好就会购买，并不会过多的关注认证标识，也不清楚各种认证标识的意义。

"什么是认证标识？不清楚。"两位正欲离开梅林天虹的先生匆忙地告诉记者。事实上，在记者调查的 15 位消费者中，还有 2 位和他们一样不知道什么是酒类产品认证标识。

"会看认证标识，一般而言，没有 QS 认证的我不会买，同类产品对比时，认证标识也是我选择购买的标准之一。"像林小姐这样会比较认证标识的消费者只占三成。

如何让认证引导消费？

"酒类行业的认证越来越多，这说明这个市场正在朝更规范的方向发展。"深圳市酒类办主任姚羽中鸿告诉记者。

一方面，各项认证标识的出台，说明职能部门对酒类等食品高度重视，从安全角度提高门槛，确保食品安全。另一方面，也要求消费者提高安全意识，能正确识别所消费产品的权威认证标识。

然而，针对目前消费者普遍不能主动认知认证标识，更不了解认证标识的意义的现状，如何让消费者认知这些认证、引导其消费？这就是政府相关职能部门、企业以及媒体和消费者共同的责任。

“政府、企业与媒体应加大宣传力度，引导消费者理性消费。同时，消费者自身也应适应形势发展的要求，购买商品时主动识别权威标识，做到科学安全消费。”姚羽中鸿表示。

（赵丽芳）

两百元以下的葡萄酒不值得陈年

中国有句老话“酒是陈的香”。说的是中国传统白酒和黄酒经过长时间的陈放会变得醇厚香浓。那么对于欧洲传统的葡萄酒，此理是否适用呢？早些年，进口葡萄酒的背标签上常有“保质期”的标注，10 年 15 年不等。由此也发生过很多过了“保质期”的笑话。葡萄酒与陈年也给不少初涉酒坛的酒友带来诸多困惑。

葡萄酒陈年可以更加成熟

葡萄酒能不能陈年？是不是越陈越好？讲到葡萄酒与陈年的关系，还需要从葡萄酒陈年的概念和目的说起。简而言之，葡萄酒陈年是指发酵完成后葡萄酒在橡木桶中或装瓶后在酒瓶中陈放，让酒继续发展成熟的过程。人常说葡萄酒是有生命的，这也是因为当葡萄或葡萄汁发酵成葡萄酒后，会有一个发展变化的过程。常描述为：浅龄期－发展期－成熟期－巅峰期－退化期－垂老期。不同品种、品质的葡萄酒在不同时段表现出的风味特点有别，经历每个阶段的时间和时长不同。对于上品葡萄酒，这个变化过程会表现得更为明显。通常情况下，葡萄酒在成熟和巅峰状态下能最充分展现其魅力，令品尝者更多领略它的风韵。所以说，陈年的目的其实就是让葡萄酒经历发展而达到其最佳饮用时段——成熟和巅峰期。

值得陈年的葡萄酒不多

虽说葡萄酒都有发展变化的过程。但是谈到陈年，一般特指需要更长时间陈放，葡萄酒才能达到复合、完美境界，进入成熟状态。因此，并非所有的葡萄酒都需要经历陈年。如适宜年轻时饮用，以领略其清新、爽口的大多数干白和桃红葡萄酒；赶在每年丰收年酿制、上市并品饮，以感受当年年份风貌的博若莱新酒；在上市时其酒质已处在很开放的成熟适饮期的日常餐酒；等等。另外，也并非所有的葡萄酒都有陈年的能力，经历长时间的陈放会有明显的品质提升和风味变化。如绝大多数日常饮用的葡萄酒，结构简单、酒质中庸、骨架单薄。陈年就如同太上老君的丹炉，不仅无法成就火眼金睛，使酒质变得更丰腴美妙，反化为乌有，退化为平淡无味之饮。也可理解为，这些葡萄酒其从浅龄到垂老的发展过程很短，等待与陈放反会让其错过最适饮的时期。因此，真正需要和具有陈年潜质的葡萄酒仅仅是为数极少的族群。

气候、品种、工艺决定能否陈年

哪些葡萄酒有此真金之身呢？影响一款葡萄酒陈年潜质的因素包括：葡萄品种、葡萄品质以及葡萄酒品质和种类。葡萄品种是个关键要素。红葡萄酒中，用 Cabernet Sauvignon、Syrah、Tempranillo、Nibiolo 等富含单宁的葡萄酿出的酒，比较能够陈年。而 Gamay、Zinfandel 等品种，相对不太能陈年，再好的酒放个五六年也就差不多到极限了。像前面提到的 Beaujolais 新酒，Gamay 葡萄、当年采摘、当年酿制、当年上市、当年开瓶饮用，连年都不要隔。葡萄品质与当地气候、土壤、培育、种植，以及年份有关。其中年份是不定因素，较难控制。如果当年气候条件好，没有意外天灾或病虫害，该年葡萄品质就会好于他年。相同品种的葡萄，好年份因品质更佳，所酿之酒更能陈年。同是波尔多 Medoc 的酒，1992、1993 年因气候不好，即便是名庄的酒，陈个七八年，也就到其巅峰了，再存也无益于品质。

前两个更多是先天的，客观的因素。最后的葡萄酒品质和种类，更多是后天的和主观的。主要涉及生产者，除了葡萄来源和品质外，与处理手法、酿制技艺等有关。因为，酒的花香与果香在年轻时更浓重，随着陈年而递减，并演绎出深层的咖啡、熏香、烤肉、皮革等酒香。为迎合偏爱果香花香味重葡萄酒的人的口味，酒厂会在酿造时采用相应处理手法，酿出更适宜年轻时饮用的酒。如许多典型的美国酒。葡萄酒品种方面，虽说多数白葡萄酒不需也少具陈年能力，但是精品的晚收、贵腐和冰酒等甜型葡萄酒，因其葡萄充分成熟、糖分高、酒质浓郁、酸度亮丽，而具有很好的陈年发展的潜力，并会随时间而演绎出更为芬芳丰盈的韵味。

（《华夏酒报》）

温度有波动，葡萄酒不宜放在冰箱储存

葡萄酒保存与温度、湿度、光线和振动有关，葡萄酒在瓶中也是一个陈年的过程，葡萄酒的保存自然而然就关系到葡萄酒在瓶中陈年的质量。葡萄酒的保存一般要注意的几个方面是：温度、湿度、光线和振动。

第一个最关键的因素就是温度，葡萄酒最佳的保存温度应该是 13℃左右，曾经有学者作过专门的分析，认为理想温度是 12.8℃，这有一点太绝对化了。加州大学化学系教授 AlexanderJ. Pardell 曾经做过试验研究，如果以 13℃作为基准，如果温度上升到 17℃，酒的成熟速度会是原来的 1.2 ~ 1.5 倍，如果温度增加到 23℃，成熟速度将变成 2 ~ 8 倍，温度升高到 32℃，成熟速度将变为 4 ~ 56 倍。当然成熟速度的变化也和酿酒所用葡萄品种，和酿造法不同而不同。另外，温度最好要保持恒定，变化很大的温度，对酒的伤害也是很大的。

有人也许会问，温度稍微高一点，酒的成熟速度快，这样需要比较长时间成熟的酒，不是很快就可以喝了吗？其实，成熟速度快，会让酒的风味比较粗糙，而且有时会发生过分氧化让酒变质的可能。

湿度的影响主要作用于软木塞，湿度一般认为在 60% ~ 70% 是比较合适的，湿度太低，软布塞会变得干燥，影响密封效果，让更多的空气与酒接触，加速酒的氧化，导致酒变质。即使酒没有变质，干燥的软木塞在开瓶的时候很容易断裂甚至碎掉，那时就免不了有很多木屑掉到酒里，这可是有点令人讨厌的事情。如果湿度过高有时也不好，软木塞容易发霉，而且，在酒窖里的话，还容易滋生一种甲虫，这种像虱子大小的甲虫会把软木塞咬坏。

光线中的紫外线对酒的损害也是很大的，因此想要长期保存的葡萄酒应该尽量放到避光的地方。虽然葡萄酒的墨绿色瓶子能够遮挡一部分紫外线，但毕竟不能完全防止紫外线的侵害。紫外线也是加速酒的氧化过程的罪魁祸首之一。

振动对酒的损害纯粹是物理性的，葡萄酒装在瓶中，其变化是一个缓慢的过程，振动会让葡萄酒加速成熟，当然结果也是让酒变得粗糙。所以应该放到远离振动的地方，而且不要经常地搬动。

由以上几点可以看出来，保存葡萄酒最好的地方就是酒窖，有一定的深度可以保证恒温，避光，远离振动源，当然如果温度不合适，可以安装调温设备。但是，恐怕一般人都没有这个条件自己挖一个地窖。

第二个选择就是电子酒柜。这和普通的冰箱不同。普通的冰箱的控温设备是将温度降到一定温度以下比如2、3度，然后，等温度升到6、7度左右的时候再启动。这样有几个不好的地方，第一个是温度有波动，而且也太低。第二个就是冰箱这种大幅度的温度波动，在冷凝器表面会结霜，即使冰箱里面没有除湿设备，也会因为这个让湿度大大降低。第三个问题是一般的冰箱一般不具有抗震设计，因此启动的时候会有振动。专业的电子酒柜是恒温恒湿而且避震的，但是价格也非常的贵。比如最专业级的EuroCave牌的酒柜，装50瓶酒的最小的一种也需要900块美金。国内只有海尔制作酒柜，但是只有恒温，没有恒湿，避震方面恐怕也不行，不过如果自己做一些小小的改进，问题还好解决。其他还有没有性能价格比高的酒柜了？我还没看到过，有谁知道，大家分享一下信息，好东西要和大家分享嘛！

最后要说的是酒瓶的摆放了。大家都知道葡萄酒要横放，其实，瓶口向上倾斜15度也是可以的。我个人认为，瓶口向下的摆放方法并不可取，尤其是需要储存比较长的时间的红酒。原因就是红酒存放时间长了，就会有沉淀，平放或者瓶口向上略微倾斜，沉淀就会聚集在瓶自底部，而如果瓶口向下倾斜，那沉淀就会聚集在瓶口处，时间长了还会粘在那里，倒酒的时候，会连沉淀一起倒入酒杯。因此，我个人觉得不太可取。

品酒师发现葡萄酒更适宜在海中储存

据法新社报道，一组品酒师日前在法国西部的圣马洛品尝了4种在海水中储存长达一年的红葡萄酒和白葡萄酒。这些品酒师说，在海水里储存过的葡萄酒与在地面上储存的葡萄酒相比，有更明显的植物芳香味。

品酒师说，海洋是天然的酒窖，而且海水中没有紫外线；10米深处的海水水温稳定，常年保持在9℃～12℃之间。

葡萄酒的分级

特级葡萄酒的特点是色泽为深红略带棕色，有浓郁的酒香，一般都在橡木桶中存放过一段时间，有细致的橡木气息，味醇厚协调，酒体肥硕，回味悠长，具有独特的典型风格。优级葡萄酒的质量稍次，不一定在橡木桶中储存过，有的往酒中加了点橡木素，使酒具有酒香与橡木香，优级葡萄酒各种成分应是平衡的，味协调舒顺是其主要的特点。佐餐酒的色、香、味都次于优质酒，味清爽协调，有的酒具有浓郁的品种香气、酒体瘦弱，口味淡薄。

各种葡萄酒在葡萄酒总量中所占的比例，就像一个金字塔一样，特级酒在尖端，比例很小（≤10%），优级酒稍多（≤15%），大众消费的佐餐酒比例最大（≥75%）。特级酒是酒中珍品，价格最高，包装也特别精致，售价是佐餐酒的数十倍甚至数百倍，优级酒则为佐餐价格的数倍或数十倍。

在佐餐酒中，有的具有特殊的香气，这种香气，大多数消费者并不喜欢，但也有部分消费者喜欢它，酒的口感淡薄，酒味不协调。有的厂家明知他们的产品是一般佐餐酒，却大力宣扬其土生土长、不加外购的原酒和进口酒、本地灌装等，把其混同于优级酒中，其价格甚至超出了优级酒的水平，在中国葡萄酒消费者知识贫乏、难以辨别酒质优劣的今天，这样的酒还有一定市场，随着国内外优质葡萄酒对市场的冲击，消费者葡萄酒知识的逐渐丰富，这类酒如不降低到相应的价位，其市场占有率会越来越少。

（彭德华）

专家教你选葡萄酒

选葡萄酒首先是观察。消费者选购葡萄酒时，应先看葡萄酒的标签标注内容是否齐全、准确，包括产品名称、酒精度和国家执行标准。另外看葡萄酒的颜色，因为颜色能显示出葡萄酒的品种和年份。高品质的酒通过一种完美的色泽显示它的特性，细小的结晶物不影响酒的质量，但如有絮状悬浮物就表明酒的品质欠佳。最好用无色的、郁金香花型的玻璃高脚酒杯看葡萄酒的颜色，最多倒入量为杯子的三分之一。再转动玻璃杯中的酒，观察留在杯壁上的酒滴，酒的糖度和酒精度越高，酒滴越明显。

其次是闻味。葡萄酒是一种发酵产品，可以通过闻味来分辨葡萄酒品质的好坏。在看完葡萄酒的色泽之后，慢慢地转动杯中的酒，闻它的香气。鲜酿酒的特性主要由新鲜的果香味来表现，纷繁复杂的香味是名牌酒引为骄傲的主要因素。葡萄酒在8℃～18℃时，能充分表现其香味。生长在不同土地的葡萄，所酿成的酒拥有特殊的香味，比如雷斯蕾有一种石油的味道，陈酿香槟酒有咖啡味，在橡木桶内存放过的红酒则散发出食用调料的香味。

第三是品尝。优质葡萄酒的口感应该是舒畅愉悦、余味绵长，在购买时可以适当品尝。在品尝葡萄酒时，如果酒中的酸度太低会感觉口味平淡、呆板，太高则感觉口味不易接受。葡萄酒特殊的个性是通过均衡酸度、酒精度、合成香味和葡萄鞣酸来体现的，过度的鞣酸含量反映出苦涩的感觉，而恰当的酸度除了能出色表现葡萄酒的果香外，还能使香味持久。

专家教你辨冰酒

真正的加拿大冰酒由于制作工艺十分讲究，价格比较昂贵。因此，目前市场上不少冰酒是在国内包装的，甚至是假酒并非真正的冰酒。对于价位过低的冰酒，专家提醒消费者一定要格外小心，辨清真伪。

1. 真正的加拿大冰酒味道很香并且有回甘的感觉，目前市场中出现的假加拿大冰酒由于口味比较甜，符合中国消费者的习惯，这恐怕也是目前假加拿大冰酒在市场上占有一席之地的原因。

2. 原装进口的加拿大冰酒称为 Icewine，酒瓶口下方标有 VQA 字样；德国和奥地利的冰酒称为 Eiswein。

3. 一瓶 375 毫升的加拿大冰酒在我国的批发价通常能达到 350 元至 420 元，零售价更高。也就是说，低于一定价格的冰酒或许就难保证是纯正的加拿大冰酒了。

“年份酒”酒龄有些离谱

现在很多白酒、葡萄酒外包装上都标有“八年陈酿”、“十年陈酿”、“1992年”等字样，但这些白酒、葡萄酒真有这么大‘酒龄’么？近日，不少市民来电表示了疑惑。记者随后调查发现，市场上有近四成酒水打出“年份”牌，标有“×年陈酿”标志的酒要比不标的贵好几倍。市质监局和工商部门表示，对于白酒的年份标注国家还没出台具体标准，而由国家制定的“葡萄酒年份标注标准”到2008年1月1日起才正式实施。

在香港中路上的佳世客酒水专柜，一瓶标有“1573”字样的白酒引起了很多市民注意，“这酒有434年‘酒龄’，是用明代万历年间窖藏下来的酒引酿造而成”，工作人员介绍说，该品牌一款60度白酒每瓶卖价要超过1 000元。但记者注意到，在该白酒的外包装上，写有“2002年原产地标记注册”，显然，如果从生产年份上来算，这瓶白酒至多才过了5个“生日”。“哪有400多年的陈酿酒，这纯粹是酒厂为了促销搞出的噱头”，不少顾客表示，促销人员把该白酒品牌名称的历史年份故意与酒的酿制时间混同，忽悠消费者。

四成酒打出“年份”牌

在香港中路家乐福超市酒水专柜，记者发现柜台上很多白酒、葡萄酒外包装上都标有“十年陈酿”、“1992年”等年份标志。“‘年份酒’是窖藏酒，口感好，喝起来有独特的窖藏香味”，工作人员拿出一瓶标有“十年陈酿”标志的白酒推荐说，但在酒的外包装说明中，记者找不到该酒含有陈酿原酒的百分比。

记者注意到，商场柜台上四成以上的白酒标有3年到10年不等的“陈酿”标志，与没有“年份”的酒相比，这些酒价格高50至200多元不等。而那些葡萄酒则多标有“1992年”、“2001年”等标志，年份越早，价格也越高。记者发现，“年份酒”在商场里所占的比例到了四成以上。

“年份酒”卖的多是概念

“‘年份酒’只是一种概念，并不是指酒的酿造工艺”，琅琊台集团股份有限公司销售部经理杨中军说，近几年国内不少白酒都打出“年份酒”招牌，价格也都很高，但实际上这类“年份酒”不过是用一两年的白酒加上少量“陈酒”勾兑成的，“陈酒占的比例有多大，只有生产商自己明白，标几年也由生产商说了算”，杨经理说。

“葡萄酒标注的年份是指葡萄采摘年份，并不代表酒的酿制时间”，青岛东尼酿酒有限公司生产厂长李厂长说，葡萄酒刮起标注“年份”风是从2004年开始，但凡葡萄酒品牌都纷纷标出“1991”、“1992”等年份，这纯粹是冲着‘年份酒’的市场卖点来的，“国内葡萄酒生产厂家1992年正处于举步维艰的阶段，哪会存下那么多窖藏基酒？”

目前国家没有相应标准

“年份酒的真伪在生产环节凭技术手段没法检测，年份酒品质完全要靠生产者的诚信来决定”，市质监稽查局王处长介绍说，年份酒的品质如何，消费者还是要凭自己的经验谨慎购买。“目前国家对白酒的年份标注还没有具体的检测和管理标准，而由国家制定并将强制执行的‘葡萄酒年份标注标准’2008年1月1日才正式实施”，崂山工商分局消保科李科长说。据了解，随着白酒、葡萄酒销售进入旺季，市质监部门和工商部门将联手对市场上“年份酒”进行规范。

（食品商务网）

适宜各类人群饮用的黄酒

2006年6月，国家质检总局公布了对黄酒产品的质量监督抽查结果，共抽查了上海、江苏、浙江、安徽、福建等5个省、直辖市49家企业生产的49种产品，合格45种，抽样合格率为91.8%。此次抽查中发现的主要质量问题包括：超范围使用甜味剂，总酸不符合国家标准要求，氨基酸态氮、非糖固形物等主要质量指标不符合国家标准的要求，标签标注不规范等。

国家质检总局有关专家指出，黄酒是我国的特产，其中以浙江绍兴酒为代表的麦曲稻米酒是黄酒历史最悠久、最有代表性的产品；山东即墨老酒是北方粟米黄酒的典型代表；福建龙岩沉缸酒、福建老酒是红曲稻米黄酒的典型代表。黄酒酒精度一般为8%~20%，很适应当今人们由于生活水平提高而对饮料酒品质的要求，适于各类人群饮用。黄酒饮法有多种多样，冬天宜热饮，放在热水中烫热或隔火加热后饮用，会使黄酒变得温和柔顺，更能享受到黄酒的醇香，驱寒暖身的效果也更佳。黄酒属于发酵酒，国家强制性标准《食品添加剂使用卫生标准》中明确规定，发酵酒中不得添加甜味剂。黄酒中添加甜味剂，会影响酒的真实属性，混淆黄酒的品质。

黄酒根据其含糖量的高低分为以下4种类型：一是干黄酒，“干”表示酒中的含糖量少，总糖含量低于或等于15克/升，口味醇和、鲜爽、无异味。二是半干黄酒，“半干”表示酒中的糖分还未全部发酵成酒精，还保留了一些糖分。在生产上，这种酒的加水量较低，相当于在配料时增加了饭量，总糖含量在15至40克/升，因此又称为“加饭酒”。我国大多数高档黄酒，口味醇厚、柔和、鲜爽、无异味，均属此种类型。三是半甜黄酒，这种酒采用的工艺独特，是用成品黄酒代水，加入到发酵醪中，使糖化发酵的开始之际，发酵醪中的酒精浓度就达到较高的水平，在一定程度上抑制了酵母菌的生长速度，由于酵母菌数量较少，使发酵醪中产生的糖分不能转化成酒精，因此成品酒中的糖分较高。该酒总糖含量在40.1至100克/升，口味醇厚、鲜甜爽口，酒体协调，无异味。四是甜黄酒，一般采用淋饭操作法，拌入酒药，当糖化至一定程度时，加入40%~50%浓度的米白酒或糟烧酒，以抑制微生物的糖化发酵作用，总糖含量高于100克/升，口味鲜甜、醇厚，酒体协调，无异味。

黄酒酒精含量适中，味香浓郁，富含氨基酸等呈味物质，一般家庭主妇在烹调鱼肉时，习惯加一些黄酒以解腥味，这时可挑选总糖低于15.0克/升的黄酒。这类酒价格便宜，用于烹调经济实惠，又能达到目的。以糯米为原料的酒质量较好。平时饮用时，可选择绍兴加饭酒等用糯米配制的黄酒。甜黄酒适宜不善饮酒的人饮用，也可作为宴会的餐后酒。挑选黄酒时，注意观察酒液应呈黄褐色或红褐色，清亮透明，允许有少量沉淀。如果酒液已混浊，色泽变得很深，可能是贮放时间过长，氧化所致；也可能感染了杂菌已变质，不宜购买。黄酒的酒精含量虽然低，但也不能贪杯。否则，也会引起酒精中毒。

好啤酒泡沫时间应持续3~5分钟

2006年8月，国家质检总局公布的一份质量监督抽查结果显示，啤酒产品的抽样合格率为89%，有8家企业的啤酒产品质量问题突出。不合格产品的主要质量问题包括：使用非“B”、瓶和捆扎包装问题突出，原麦汁浓度达不到国家标准要求，个别产品双乙酰含量超标。

啤酒是低酒度、低糖度、富有营养的保健性饮料，但它仍然含有一定的酒精量。根据有关专家计算，每人每天摄入乙醇的安全量为每公斤体重1克。据此测算，一个50公斤体重的人一天可饮用酒精含量4度的啤酒625毫升，即1瓶啤酒为宜。从市场上购买啤酒，可从以下几个方面鉴别其质量的优劣：我国生产的啤酒多数是黄啤酒，呈淡黄色，以色淡为佳，色深为次；酒体光洁鲜亮，酒液无混浊、无沉淀、无悬浮物；泡沫洁白、细腻、均匀，入杯后应占容积的1/3或1/2，持续3至5分钟才见到杯中酒液，当泡沫消失时，杯壁上应挂有花边样泡沫和滞留物，开瓶泡沫突涌的啤酒不能视为好啤酒；味道香气纯正，酒花香、麦芽香突出，口味醇厚、新鲜、爽口，二氧化碳气足，入口有清凉感。

（云南酒业）

三、酒与民族

中国是一个拥有悠久历史与五千年辉煌文明的国家，同时，中国又是一个拥有着56个民族兄弟姐妹的多民族国家。几千年来的征战、沟通、交流，促进了56个民族的大融合，使56个民族能共享中华大家园的一片蓝天。

酒，是中华文明的最好见证与最好的朋友。自杜康造酒始，在我们汉族的历史上，便翻开了崭新的一页。从此，大至国之祭典，小至亲朋好友家宴、个人独酌，中国的历史总是与酒同在。多少骄纵一时的英雄豪杰、千古风流的文人骚客，都把酒引为知己，留下不朽的佳作，为中国的酒文化抹上了浓厚的色彩。而我们的56个民族的酒俗与文化，我们却知之甚少。为了扩大我们对各民族酒文化的了解，促进民族间的交流与沟通，本鉴将有关报刊刊少数民族酒文化的文章收录如下，使各族的酒文化都能在此得到交流。

少数民族与酒的起源

粮食是酿酒的主要原料。小麦在中国是天山南麓的古代民族最先种植的；大麦是青藏高原的古代民族培育出来的；稻谷是长江下游的古代民族（“东夷”中的一部分）最早种植的；高梁最早产生于中国西南的数民族地区，宋代以后才开始在中原地区种植；青稞是青藏高原的古代民族培育出来的。《史记·大宛列传》记安息国，说“安息在大月氏西可数千里。其俗土著，耕田，田稻麦，葡萄酒。”《史记·大传》又说：“宛左右以葡萄为酒，富人藏酒至万余石，久者数十岁不败。俗嗜酒，马嗜菌稽。”可见当时当地酿酒业之发达。《汉书·西域传》载，张骞出使西域后，武帝与西域和亲，公主嫁乌孙国主昆莫，公主“至其国，自治宫室居，岁时一再与昆莫会，置酒饮食，以币帛赐王左右人。”乌孙族最初活动在祁连、敦煌间，汉文帝后元三年（公元前161年）左右西迁今伊犁河和伊塞克湖一带。南北朝时迁葱岭北，辽代以后渐与邻族融合，近代哈萨克族中尚有乌孙部落。《左传．庄公二十一年》载：“王与之酒泉”，杜预注：“周邑”。《水经注·河水二》：“又东入塞，过敦煌、酒泉、张掖郡南。”注：“酒泉，其水甘若酒味也。”世若无酒，不会以酒喻之，说明当时酒在民间生活中已很普遍。酒泉地区当时是少数民族地区。

葡萄是西汉张骞出使西域带回内地后，才开始在国内广泛引种的。葡萄酒的酿制法，于唐太宗时由西域传入长安。后人传说来自西域高昌国。高昌在唐代的辖地西包库车，东抵哈密东境，北越天山，南接于闻，几乎囊括今日的整个新疆地区。高昌国是今维吾尔族的先祖回鹘人的一支西迁建。《南部新书·丙卷》记载，唐延“收马乳葡萄种于苑，并得酒法仍自损益之，造酒成绿色，芳香酷烈，味兼醍醐，长安始识其味也。”晋张华《博物志》称“西域有葡萄酒，积年败。彼俗云：可十年饮之，醉弥月乃解。”《隋书》和旧、新《唐书》都说西域高昌国盛产葡萄酒。当时汉族人中，只有与西域毗连的凉州（今甘肃西部）才仿造葡萄酒。北宋末年朱翼中所著的《北山酒经》中所说的葡萄酒，只是以葡萄酒酿造法为工艺，以粮食为主料，以葡萄和杏仁为辅助香料制成的酒。直到明代，纯粹的葡萄酒才在内地广泛酿造。

烧酒原本是阿拉伯人创造的，元代经西域民族地区传入中原，成为中国人传统的主要的烈性饮料。

奶酒又称乳酒，是中国北方蒙古、哈萨克等牧业（过去主要是游牧）民族的传统饮料，以马、牛、羊的乳汁发酵加工而成。自然发酵而成的奶酒度数不高，不易醉；以蒸馏法制成的奶酒浓度高，酒劲大。《鲁不鲁乞东游记》中记载的奶酒制法是：把奶倒入一只大皮囊里，然后用根特制的棒开始搅拌，这种棒的下端像人头那样粗大，是挖空了的。当他们很快地搅拌时，马乳开始发生气泡，像新酿葡萄酒一样，并且变酸和发酵。继续搅拌，提取出奶油，当它有辣味时，就可以当酒喝了。奶酒最初产生于古代北方游牧民族。他们以皮囊盛奶，在游牧颠簸的过程中乳汁变酸发酵成奶酒，被牧民发现而利用和进一步加工，流传至今。据《史记. 匈奴传》称，“其攻占，斩首虏赐一壶酒”，可见当时酒在匈奴人的生活中己普遍应用。匈奴人饮的酒，除汉王朝送的以外，主要是乳酒。《匈奴列传》说，汉文帝时，中行说投降匈奴，向单于献计，要他摒弃汉王朝送的酒食，“以示不如湩之便美也”。就是乳汁。蒙古人饮用马奶酒的记载，最早见于《蒙古秘史》，该书说成吉思汗第十一代先祖布旦察尔，曾在通戈格河畔游牧的一个部落中饮用过类似于马奶酒的“额速克”。《马可波罗游记》中也有“鞑靼人饮马乳，其色类白葡萄酒，而其味佳，其名曰‘忽迷思’”的记述。“忽迷思”即马奶酒。清·基城主人《出塞集·塞外竹枝词》注说，蒙古人“以马乳酿酒，每饮必烂醉而后已。”可见马奶酒不仅多，而且好喝，否则不可能“每饮必烂醉”。据实践和科学研究证明，马奶酒确有丰富的营养成分，不仅能促进人体的新陈代谢、补肾活血、助消化，而且对胃病、气管炎、神经衰弱和肺结核等疾病有明显疗效。在元代，马奶酒已成为宫廷国宴的饮料，至现代，蒙古族男女老幼皆喜饮马奶酒。用酒曲酿酒的技术，最早产生于中国。法国人利用酒曲生产酒精，已是公元十九世纪末的事了。他们过去造酒，是利用麦芽淀粉糖化的方法。中国人用酒曲造酒比欧洲人早3000多年，这当然与中国悠久的农业文明史有关。但是以麦酿酒，却出现较晚。《唐书. 党项羌传》载，党项人求大麦酿以为酒，是中国北方有麦酒最初记载。

总的来说，中国55个少数民族中，没有不饮酒的，只是饮酒者在民族人口中占的比例、饮酒场合的多少及耗酒量的大小不同而已。换言之，各民族都有自己的酒文化，且从总体总上呈现出丰富多彩的特点。

中国人的传统节日酒俗

千百年的历史长河中，人们为了生存、生活和生产的需要，必然要互相交往。互相交往的结果，就产生一些约定俗成的礼节和风尚，这种礼节和风尚就是风俗。一年之中，节日很多，这些节日一般都要办酒席，都有酒俗。

春节

春节是中华民族一年当中最重要的节日，俗称过大年。礼天地、祭神鬼、祀祖宗等活动都要放在春节期间进行。因为有这一系列活动，所以旧时民间的喜庆活动，往往从农历的腊月二十起，一起延续到第二年正月十五元宵节，时间长达几乎一个月。春节活动有三个高潮，就是送灶、岁守、元宵，酒是万万少不了的。

送灶

“送灶”日一般是农历腊月二十三日。灶神爷据说是玉帝派驻凡间的一个神，负责监督全家的所作所为，掌管全家的吉凶祸福，每年到腊月二十三日要回天庭向玉帝陈奏这户人家的情况，所以家家户户在这一天送他上天，同时祈求灶神上天，同时祈求灶神上天言好事，下界保平安。送灶神前，先要祭灶神，主人在灶神爷面前放上供品时鲜水果，麦芽糖，酒等。糖是为了粘住灶神爷的口，免得他多开口，言多必失；酒是为了使他醉，同样是为了免得多舌。然后点上香烛，祈祷一番，就算祭祀已毕。接着是送灶，将灶神爷像从灶上恭恭敬敬地取下，放入事先扎好的竹马纸轿上，再由家中的小男上孩双手捧到天井里，燃上一蓬火，使之上天。焚化时，要以酒酹地，以示恭敬。送灶完毕，祭过的酒、水果、糖才能全家人享用。

守岁

除夕之夜（又称大年夜）的年夜饭是一年中最后一餐，也是最丰盛的一餐饭。年夜饭非常郑重，无论时间多晚，必须全家人到齐才可进晚餐。只要有一人不到，年龄最长辈分最高的必定不肯入席，于是年夜饭就不能开席，小辈们即使饥肠辘辘也不敢先吃。年夜饭边喝边谈，有的还敬酒猜拳行令，其乐融融。吃的时间一般都较长，吃到后半夜以至拂晓时分的人家，并不鲜见。除夕夜是旧岁之末新岁之首。这一夜不睡，当然称作守岁就名副其实。喝酒守岁，这酒就称守岁酒。

元宵

元宵节也称上元节、灯节，指农历正月十五。从汉代起就有元宵燃灯、观灯的习惯。这天大街小巷处处挂满各种兔子灯、龙灯、走马灯……亮如白昼，到处是欢颜笑语，喜气洋洋。这天，各家各户习惯吃元宵，元宵又称汤圆，取团团圆圆之意。至此春节活动结束。

清明

清明为踏青扫墓节日，现在都在公历的四月四日或五日。扫墓，俗称上坟，届时须带酒菜、香烛、供品，至墓前整齐放好酒菜供品，点燃香烛，小辈们叩首祷告，还要在坟上除草培土。带去的酒菜供品一般都在祭祖后送给坟亲享用，这就叫吃上坟酒。

端午

每年农历五月初五为端午节。端午节在民间有饮“雄黄酒”的习俗。因雄黄为矿物，含有毒的硫化砷成分，泡在酒中饮用，易使人中毒。如今经科学宣传，饮此酒的人逐渐少了。端午节还要用雄黄在小孩额头上画一个王字，挂上香囊意在避邪。此外，民间还有赛龙舟、吃粽子、悬菖蒲等习俗。

中秋

农历八月十五俗称中秋节。中秋这天，人们照例要准备月饼、水果，在晚上还要拜月、赏月。拜月历来是妇女们的事，不拜月的男人们，则坐在一边，饮酒赏月，谈天说地。看到天上月圆，难免会引发起对无法回家来的亲人的思念，或者自己无法回家与亲人的团聚的思念。

冬至

冬至节一般在公历十二月二十一或二十二日，从冬至起一年中最冷的数九寒天开始了，人们一般都在冬至这天举办祭祖活动，这一天的酒称冬至酒。冬至酒除置备三牲莱蔬，还须备纸钱寒衣。在民间甚至有“冬至大如年”的谚语，充分说明人们对冬至节的重视。冬至要祭祖，有条件人家张挂出祖先遗像，后辈以长幼为序依次跪拜，称拜冬。祭毕，将纸做寒衣及纸钱毕恭毕敬捧到院子里，点火焚化，这一切做完，全家人才可坐下来享用冬至酒。

繁富绮丽的中国少数民族酒具

我国酒文化源远流长，酒具也由青铜、漆器、瓷器等慢慢发展而来，成为酒文化中一颗璀璨的明珠。“酒好无好杯，好酒难生辉”是彝族民间谚语，也是各少数民族普遍认同的酒文化观念之一。少数民族民间酒具的制作与运用是繁富绮丽的少数民族酒文化的构成要素之一。少数民族民间酒具有大竹制酒具、石制酒具、兽骨酒具、金属酒具、玻璃酒具等。制作就地取材，造型因材、因地、因文化而异，具有浓郁的地域特色和民族特色。各具特色的酒具不仅表现了各民族利用自然与改造自然的能力、水平和特色，而且体现出各民族对生存环境的认知以及审美情趣等精神文化的特质。

一、木制酒具

藏族、蒙古族、彝族、门巴族、哈尼族、怒族、傈僳族、独龙族、景颇族、基诺族、阿昌族等都有制作和使用木制酒具的习俗。一般选择树龄较长、木纹细腻、木质坚硬的核桃木、冬瓜木、楸木、椿木和各种栗木。根据各自的文化习惯和所需酒具的容量，截取原木放置在阴凉干燥处，晾干至透心后，去皮、挖空，再削制修整、打磨光滑即可。还有的木碗、木杯是用树根挖制而成，经削制打磨后，树根须茎纹理清晰可见，天然成趣，有条件者，再漆上土制朱漆，光鉴悦目、注酒入碗大杯，清冽的酒液在碗（杯）底色的衬映下呈亮丽的琥珀色。这样的酒具既是实用器物，又是具有观赏价值的工艺品。

1. 那戛勒

高山族人的传统饮酒器具有木碗、木瓢、木杯、联杯、竹筒、椰碗、木勺、陶坛、陶杯最为普遍，尤其值得一提的是台湾高山族排湾人的“那戛勒”（又称“联杯”）是一种别具特色的木制饮酒器具。“那戛勒”的两端有柄可供持执，其中有剜刻的容器两个。柄部刻有人头、两头蛇等纹饰。连杯的杯多为八角形、方形，每个可盛酒约600毫升。全器最长可达90厘米左右，供两人合饮。两人合饮时，一人以左手，另一人以右手，各持一端同饮，以表示诚挚的友谊。主人邀请客人同饮，则表示对客人的敬意。两个部落会盟或联姻，必用那戛勒饮酒为誓。

2. 上下酒杯

在西南大、小凉山的彝族聚居区，曾有使用“上下酒杯”的习俗。酒杯用木制作，为上下相连、大小完全一样的两只酒杯。下杯完全由黑漆涂刷，上杯则在黑漆上又施以彩绘。20世纪50年代以前，主奴共同饮酒时，奴隶主使用上杯，奴隶使用下杯。酒杯的使用反映了彝族奴隶社会的社会等级差异。

3. 竹筒竹杯

中医是世界竹类资源最为丰富的地区之一和现代分布中心之一，是在竹海中成长与发展的少数民族，自然与竹有着不解之缘。竹筒盛美酒、做杯饮好酒是珞巴族、傣族、景颇族、阿昌族、彝族、傈僳族、怒族、独龙族等民族重要的生活内容之一，而竹筒酒、竹根酒等酒类都是因盛器为竹而得名。

竹酒筒是一种集盛具、饮具为一体的酒具。以竹筒盛酒，酒中渗透了丝丝缕缕的竹的芬芳清香，别有一番风味。

最普通的竹酒筒是单节酒筒。选择竹林中已成材的竹子，根据容量大小的需求，截取其中一节，保持两端的竹节完好无损，锯截为两段，一段较长，作为竹酒壶，是盛器；一段较短，稍微挖长1厘米左右长的内壁，作为酒壶的盖子，再在酒壶门的外壁也凿去1厘米左右长的壁，酒筒的两段即可紧密套合。饮用时，拧开筒盖反置为杯，倒入美酒即可开怀畅饮。为便于携带，可在竹筒上勒一凹槽，在凹槽处系上绳索，即可系在腰际或挎在肩上。这种竹酒筒在南方少数民族聚居区随处可见，景颇山寨称之为“皮吞”，是居家或外出田猎必备的器物。

滇西傈僳族、怒族使用的竹节酒壶与竹酒筒相比，要复杂得多。竹节酒壶取材于山野中自然弯曲的竹子，一般是截取三节为一段，较粗的一端为壶，保留底部竹节的完整无损；上端的竹节凿孔，以装酒和倒酒；较细的一端用刀削成斜口，作为酒壶的“流”（壶嘴）；中间弯曲的竹节，把两侧壁挖弃，唯剩项背梁作为酒壶的把柄。这种竹节酒壶浑然天成，美观大方，经久耐用。竹弯扭曲折，已难为材，而民族兄弟却能因材致用，这反映了许多民族中“再不好的东西也会有一点好处，再无用的东西也会有一点用处”的辩证思想观念。制作与运用竹节酒壶的过程，是诸少数民族在成长过程中“模拟自然物造型的痕迹和直接利用自然物的遗风”。

竹酒杯有筒制、根制两种。筒制竹酒杯多取山中坚硬的金竹制作，方法十分简单。取一节竹筒，一截为二，每节竹筒可形成两只酒杯，酒杯的高矮可视需要而截取。有种竹、护竹传统的民族都有制作和使用竹筒酒杯的习俗。独龙族使用的竹筒酒杯稍显复杂而独具特色。他们在竹杯之外缠以藤条泡制的双耳，以便于端持饮用，称“双耳竹节酒杯”。在独龙江流域的独龙族群众中，这种双耳竹节酒杯几乎家家必有，已成为这个民族区别于其他民族的重要文化质点之一。

竹根酒杯极富生活情趣和艺术韵味。滇南、滇西的许多世居民族都能制作和使用竹根酒杯。他们将埋在地下竹根挖出晾干，把侧根、须根削去，再把主根挖空为容器，将外部打磨光亮即可。依据竹子主根的自然长势制成的这种竹根酒杯富于山野之趣；同时，其外部的侧根、须根被削弃后，杯壁上留下若干呈同心圆状的疤痕。这种一连串的同心圆错落有致地排列在酒杯外壁，自然装饰了酒杯，使整只酒杯拙朴可爱，展示了自然天成的民族民间艺术的特色。滇西峡谷中的傈僳族、怒族、独龙族都善于制作并喜爱使用这种竹根酒杯。

4. 院种植葫芦的传统习俗

少数民族种植和使用葫芦的历史已十分久远，并相当普遍。葫芦成熟后，掏空子瓤，在细茎处系上绸带或绳索，即可用于盛装子种、火药等贵重物品，但更多的是外出耕作、打猎、走亲访友时用于盛酒。由于外形美观、体积小而容量大，携带使用方便，彝族、苗族、傈僳族、傣族、景颇族等群众都喜欢制作和利用酒葫芦。葫芦罐是少数民族社会中较为常见的酒具之一。拉祜族苦聪人不但用葫芦盛装酒，也用剖开的葫芦敬酒。

5. 董棕壶

董棕壶出于滇西怒江、澜沧江、独龙江流域峡谷地带。当地少数民族有用董棕树制作酒壶的习俗。其中，尤以独龙族最善制作和喜爱使用。早在本世纪初，独龙人制作的董棕酒壶已引起山外人的极大兴趣，备受商旅欢迎。董棕壶有如下记述：“董棕竹酒壶，尤为奇异特产。其形与普通竹筒同样，唯是特具有一自生之颈，粗处不及筒身六分之一，颈后且留有手柄，极便携带，看着也很可爱”。至今，董棕壶在滇西地区的独龙族群众中仍有使用。

6. 桦皮杯

鄂温克人制作桦皮杯是一种传统手工艺，桦皮杯为四方形，用方块桦皮折缝而成，多为盛酒用。亦有圆桶形桦皮杯，需另外上底，还可缝上把手，并刻绘上花纹。圆形器皿与底的接头处不易密缝，常用松脂粘接，以防渗漏。鄂温克族人结婚的时候，主婚人用桦皮杯斟满两杯酒，交由新郎新娘泼在火里，表示对火神的尊敬，接着再向双方父母敬酒。

二、兽骨、兽角、兽皮酒具

各族群众有用动物角具制作酒类的传统习俗。明清之际，滇中、滇东北彝族撒弥支系“其人面目多黑，男子椎髻，青布裹头，衣褐披毯，白布束胫，着革履，腰短刃。俗嗜酒，以角为杯……”可见，以动物角具方杯是十分普通的，而且不但民间使用，上层社会也流行，可谓雅俗共赏。牛角杯因其容量大，滇东北地区的彝族群众还兼以为壶。在哀牢山区，彝族的牛角酒、苗族的羊角酒是贵客临门时必敬的一杯酒。由于牛角杯和羊角杯都是自然利用，不加雕饰，其圆口尖底的造型，使客人接过酒杯后，不一饮而尽就无法放下酒杯，这真是“人不劝酒杯自劝”。鄂温克族传统炊餐用具别具特色，鹿角做成的酒盅是其常用的酒具，鹿角酒盅正与鄂温克族作为游牧民族的生存方式相一致。

被喻为高原之宝的牦牛是青藏高原酒具的主要原材料来源。牦牛的皮制作的皮囊便是就地取材的范例，这种酒具的形制据说是从西亚沙漠地区传来的、因其便利性得到了牧民的认可，从而接受并沿用至今。还有用野牦牛的角制作的角质酒壶，由于野牦牛非常凶悍，用它的角制作酒壶来彰显男子的力量与勇气。马挂壶是从蒙古地区流传进来的酒壶形式，其形制是从皮囊演变而来的，民间称其为扁壶。其中很大一部分金属制扁壶至今还沿用古老的压模法制作。器壁上的图纹各异，青蛙的造型尤其精致。这些不易破损且携带方便的酒具，为马背上牧民的游落生活提供便利。

三、石制酒具

白族的主要聚居地滇西大理，“苍山韵风月，奇山吐云烟”。点苍山所产的大理石又称点苍石，举世闻名。点苍石因石质温润细腻，给人以清新凉爽的感觉，古人又称之为“寒水石”。唐代西川节度使李德裕因醉后见到大理石顿觉清醒，故又称其为“醒酒石”。这是酒与大理石结缘的最早文献记载。

大理石色彩瑰丽，纹饰神奇，山松云水，宛然天成。明人徐霞客称云南大理石图饰“云皆能活，水如有声”；以大理石制作的酒壶、酒碗、酒杯，是少数民族酒文化的又一奇观。彩色大理石酒具，丹霞暮范，山色树影，诱人遐思；水墨大理石酒具，远山近水，虚实相间，清新宜人；而以洁白的大理石制作的酒杯“苍山雪玉杯”则白润如玉，光彩照人。

大理石酒具是馈赠亲朋好友的贵重礼品，使用大理石酒具，水光山色，聚于杯中，把酒临风，有风月入怀、云烟在胸的感觉，使得大理石酒具呈现出独到的韵味。

四、陶制酒具

少数民族地区早在3000多年前即已能制作和使用陶器了，陶制罐、瓶、壶用作酒具历史悠久。明清以来，铸陶业日趋发展，许多陶窖都以精致美观、实用大方的陶器而远近知名，如滇西大理赵州的瓦罐、丽江坝和永胜县的土坛、昆明灰土窖的瓦罐都是上好的贮酒器。饮用酒具中，滇南建水五色彩陶“制作精巧，无物不备”，1915年曾在巴拿马国际博览会上获奖，建国后一度与江苏宜兴陶、广西钦州陶、四川荣昌陶并列为全国四大名陶，而“声如磬、明如水、亮如镜”的建水陶制酒具也成为酒具的上品。

藏族的酿酒器具“朋咱”（酒甑）为陶器，相传由唐朝文成公主传进西藏。此物高约60厘米。甑底用于盛水；中安甑蓖，用以装盛青稞；甑口安放天锅，内注冷水；天锅下设漏斗。粮食久经蒸煮，经漏斗而蒸馏为酒。

怒族有着悠久的制陶历史，从原始时就开始烧制陶器，这些陶器配套成各种系列产品，其中有系列的熬酒工具，有发酵罐、大甑子、冷水锅、接酒器（吊在大甑子中接蒸馏水的罐子）、堵酒镶、酒杯、酒瓶等，除长筒形甑子、水桶外，它们的形状一般为粗而矮、平口、有盖、薄皮。外观即有精巧之美，又有拙雅之美，就如制作他们的怒族人一样憨厚淳朴。

五、瓷制酒具

唐宋以后，广西制瓷业发展较快，这时期的酒器以瓷器为最多。梅瓶便是其中一种。梅瓶之得名来源于民国时期许之衡所撰《饮流斋说瓷》，该书云“口径之小，仅与梅之瘦骨相称，故名梅瓶也。”这一定名与它当初的功用并不相符。在宋明两朝梅瓶均为酒器，是当时“经宴”上特用的酒瓶，又被谓之“经瓶”。宋代皇帝设讲经制度，定期请大学士等熟悉四书五经的官员任讲官，每年二月至端午节，八月至冬至为讲经期，择单日为皇帝讲经。讲经结束后，皇帝总要设宴款待执行讲官及其他官员，在宴会上用以装酒的瓶子就是这种梅瓶。新中国成立以来，桂林尧山靖江王陵出土了300多件梅瓶，其中一件青花双龙戏珠高腰带盖梅瓶出土时内装滋补药酒，有三只乳鼠浸泡其中，被称为“乳鼠酒”，说明在明代，梅瓶作为酒器仍盛行于皇家王府内，桂林有“梅瓶甲天下”的称号，梅瓶也是广西古代酒器中一颗灿烂的明珠。

六、金属酒具

1. 金银酒具

金银酒具在新中国成立以前多为少数民族贵族和土司头人所用，而且大多用于祭祀、大型宴会等活动。蒙古族、彝族、纳西族等民族举行祭天大典时，用金银酒具，以示富有，亦示虔诚。日常生活中，普通少数民族群众能使用金银酒器者极少，它是一种身份等级的标志。普通群众也偶有珍藏金银酒器者，但只在祭祖先等重大活动中才使用。

2. 铜酒具

少数民族的青铜文化较为发达，因而铜制酒具有着悠久的历史，出土文物中已发现为数不少的青铜酒具。明清以来，民间已普遍使用铜制酒具、茶具。其中，以云南东川的斑铜、红铜酒具最具特色，实用美观，是闻名遐迩的、具有鉴赏价值的工艺品。广西武鸣县出土的铜卣是专门用来盛酒的器物。这种铜卣有提梁、有盖，器体显椭圆形，下有圆足，重达10千克。它通体以云雷纹为主，饰三重花纹，盖面和腹部是浮雕式的兽面纹，盂的边沿、颈部、足部以及提梁上饰有蝉与夔的图案组合。全器构图严整，刻镂精细，充分显示了古代无名匠师的聪明才智。兽面纹的神秘和恐怖，是奴隶时代奴隶主权威在酒器上的反映。1971年，在广西恭城县秧家村出土了一件春秋晚期盛酒器——蛇戏蛙纹铜尊。这件酒器小巧玲珑，高只有16.81厘米。造型上跟中原地区同时代的铜尊完全相似。但尊身花纹十分特别，肩部和腹部有一层精细的雷纹作底纹，上面铸以半浮雕式蛇戏青蛙的图案。古代南方多蛇，也是人们畏惧之物，青蛙则为古代南方少数民族所崇拜，蛙蛇相戏的纹饰是百越文化的一个重要特征。

3. 锡酒具

云南红河哈尼族彝族自治州的个旧是著名的锡都，锡制工艺品已有上千年的历史，苏州出土的宋代周璃墓中，就有精致的云南锡制饮具大陪葬品。晚清以来，云南锡制酒具已走上宴席，走进了寻常百姓家。锡酒具晶莹典雅，造型优美，防潮保温，耐酸抗碱。

广西壮族特色酒文化

一、广西壮族酿酒的历史

1. 酿酒的历史

广西壮族先民很早就开始了与酒为伴的历史。早在西周时，居住在桂东南的郁人就向西周王朝进贡了一种可以用来煮水和黑黍酿酒的草药郁金香，周朝廷把这种酒名为“郁塑”，专供迎宾与敬神用。近年来恭城县出土的春秋时期青铜酒器，平乐、武鸣出土的战国时期酒器也证明广西地区具有悠久的酿酒、饮酒历史。

广西先民之所以较早地“选择”了酒，大概有以下三个原因：一是地理和气候环境恶劣，人们需要以酒御瘴。广西古时的气候是“天气炎热，地气卑湿，结为瘴疠，为害不小。有形者如云霞，如浓雾，无形者，如腥风四射，或异香袭人。若晓行不饮酒，触之疾必发……寻常医药，不能效也”。二是广西酿酒原料丰富。广西陆地大部分处于亚热带，最冷月平均气温也在6℃以上，桂南全年无霜，年降水量在1 500毫米左右。这样的气候条件，有利于野生植物的生长。同时有人认为广西地区也是人类稻作农业的发源地之一，如果这一观点得到进一步证实，无疑为广西先民酿酒饮酒的历史找到了新的证据。三是地理和气候条件也有利于谷物的发酵。在古代酿酒技艺尚不发达的条件下，广西得天独厚的气候对严格要求温度的酿酒行业来说，其作用不言而喻。

2. 酿酒的技艺

广西古代的酒多为米酒，但也有用其他原料经特殊方法酿制而成的酒品。“蔗酒”是具有代表性的一种，它的制法如下：“蔗园人喷水于经绞之蔗渣，再绞取淡汁，入酒饼和米酒槽。酿之成酒，名为‘甜酒’。色黄味甜，然必藏之，经年乃可饮，否则眩闷。”此外还有“梨叶槽酒”，其制法也颇为特殊：其制法于立春一旬之内，摘取嫩绿之野梨叶（俗称乌梨）去粗蒂，搓软而浸入甜酒中，至四分秧时，调以开水食之，清甘可口，并能消暑解毒。久存不生虫，不变味。

二、广西壮族特色的民间酒

广西境内共有壮、苗、瑶、侗、彝、毛南、仫佬等11个少数民族，他们在广西这片土地上世代繁衍，几乎都养成了酿酒、饮酒，甚至嗜酒的习惯。例如在龙胜等地的壮族家里，家家设有酒库，有熬酒房。他们所饮之酒除一小部分购于圩市外，大部分皆为自家酿制，民间酿酒兴盛也是广西从古至今酒业的一大特点。各地所酿之酒皆戏称“土茅台”，度数不高，但酒性持久，醉后不易苏醒。

1. 墨米酒

墨米酒是东兰壮民的传统佳酿。它是用当地珍贵特产墨米为主要原料，采用壮族的传统酿酒工艺酿制而成。此酒保留了墨米的独特营养价值，有滋身补肾，利络活血的功效，而且味道甘洌甜美。当地有句俗语称：

“得吃墨米饭，三日嘴还香；得吃墨米酒，连杯也想咬。”

2. 水酒

水酒是龙胜壮族喜爱的酒品，又叫“糯米酒”。它是用当地特产的糯米酿造而成的。制时把发酵后的糯米与水按1:1的比例混合后，装入坛内密封，置于阴凉处三四天即可饮用。如长年存放则成为陈年水酒。

3. 鸡胆酒

鸡胆酒用新鲜鸡胆汁冲入酒中即成，一只鸡胆冲2两左右水酒，酒多则淡，酒少则苦；兑制合适的苦中带甜，品之余香悠长。

4. 鸡杂酒

鸡杂酒是用煮熟的鸡杂剪碎，放入酒中，斟入酒即成。饮用时要一饮而尽，鸡杂留在口中细细咀嚼品味，鲜美可口。

5. 猪肝酒

猪肝酒是用新鲜猪肝切薄片，放入酒中约七八分钟后，猪肝变白，即可食用，鲜脆可口，酒味醇香。壮族用自酿水酒，分别配以鸡胆、鸡杂、猪肝等，统称酒肴。

三、广西壮族特色的酒文化

1. 关于酒的传说

古代广西酒有两种替代品，一为槟榔，一为椰子。关于槟榔代酒的记载颇多，清朝谢启昆《广西通志》载："故尝谓槟榔之攻有四：一曰醒能使之醉，盖每食之，熏然颊赤，若饮酒然。"东坡所谓："江潮登颊槟榔醉者是也。"椰子能当酒用也有一则神奇的传说。据说是昔日林邑王与越王有宿怨，林邑王便暗中派了一名刺客去刺杀越王，刺客成功得手之后便把越王的头挂在树上，不久，越王之头竟化为树上之果实，即为椰子。林邑王非常气恼，下令人们把这个奇怪的果实割下剖开，当作酒器，但却发现果实中的浆汁甜美如酒。原来越王是在醉倒时被刺的，所以他脑中之浆才香醇如是。

桂林三花是广西比较有名的壮乡酒，关于它也有美丽的传说。在今天桂林国家级景区七星公园内，有一座形似酒壶的"酒壶山"。传说过去的酒壶山是能出酒的，桂林人常去取酒招待远来的客人。后来，有一个贪心的县官派人把酒壶山的壶嘴凿大了一点，想得到更多美酒。但是酒壶山从此却再也不出酒了。县官就拿桂林当地的酿酒师出气，要求他们酿出与原来酒壶山味道一样的仙酒来。其中年纪最长、威望最高的那位酒师可被急坏了。一天两位叫花子到老酒师家讨饭，酒师的三女儿三花姑娘热情地招待了他们，给了他们好酒好菜享用。两位叫花子为了答谢恩情，便传给了三花姑娘一句酿酒的秘诀："头花香，二花冲，三蒸三熬香又浓。"结果三花姑娘依据此法酿出了与九壶山味道一样的仙酒。人们为纪念最早酿出此酒的三花姑娘，故谓之"三花酒"。

广西革命老区百色地区流传着酿"长寿酒"的传说。传说每年农历七月初七是天上仙子与爱人相见的日子，因此头天晚上她们便会下到人间的小河小溪里沐浴，直到寅卯之时再飞回天宫，此时河溪也被称为了"天水"，格外清甜甘洌。于是当地人就在七月初七这天早晨争先恐后去河边挑水，到天亮时，通往河边的小路被挑水人打湿得就像刚下过雨一样。传说用此"天水"酿成的酒可以延年益寿、长命百岁。

2. 关于酒令

酒令是历史上人们对古代酒礼的变革，丰富与发展。远在周朝人们已在宴会上设置"酒政"，它是汲取殷商因酒池肉林而亡国的教训，对人们的饮酒加以限制的规制。到汉唐，监酒官员多叫"酒令"、"觥禄使"、"律事"等。这些官员最早的职责是监督饮者严格执行酒礼（包括饮酒的时间、顺序、数量及举止等等）。后来酒政逐渐湮没，监酒官员成为维系宴会的象征性设置，强人多饮的词令游戏也在酒席上盛行起来，一切都朝着反向发展，制约饮酒变为强人多饮。这样一来，酒令一词就逐渐由职官演变为娱乐，发生了质的变化。

近代广西地区盛行猜拳（又称猜码、拇战等）。它一般为两人对擂，也可多人对垒，各人用手指比划出一个数目，同时口中报一个数，手指比划的数目与口报的数目都不一样，如果一个人口报之数等于两人手指数之和，则为赢家，输者罚酒。由于猜码简单易行，甚得广大人民群众的喜爱，不少划拳令辞也编得既寓意深刻，又韵味十足。如桂林有一则令辞是这样：独秀峰，两江口，三里店，四望山，五仙桥，六合圩，七星岩，八角塘，九娘庙，乌石街。此令每句不但蕴藏一数目，还将桂林地名巧妙的嵌入其中，可谓煞费苦心，令人饶有兴趣。

3. 关于解酒之术

酒是美味，很多人都喜欢饮酒，但饮酒过度也会危害身体甚至丧失生命。所以人们在饮醉后常常需要"解酒"。广西人民在古代就掌握了一些解酒的方法。史籍上记载了几种解酒的水果：一为槟榔，槟榔是广西先民最喜欢的食物之一，它的作用颇为奇特，普通人食用它会产生喝醉酒一样的感觉，但醉酒之人食之则使之气息顺畅，酒状顿消。另一种荔枝、甘蔗。荔枝本为清素之果品，荔枝肉嫩滑爽口，味则甘甜、清香，酒醉之人吃了荔枝有退酒之功效；甘蔗是广西地区的主要特产之一，甘蔗水分多、味道甜美，也有退酒之功效。

四、广西壮族多彩的酒俗

1. 婚聘仪式上的酒礼俗

在广西壮族中，酒是聘礼的重要部分。《武鸣县志》（民国四年铅印本）载："壮族婚聘不重财，唯用槟榔，猪酒遍分亲族。"米酒是壮族订婚中必不可少的礼品。酒礼品的多与少也体现出了男方家庭的宽裕程度。而且在整个婚聘仪式全过程中，酒是连接亲家朋友间的最好物品。广西隆林壮族青年男女在缔结婚姻关系前有"要八字"的说法。当男方需要女方的"八字"进行"合命"时，女方则要置办"八字酒"，本家的亲眷都要参加，席上所用皆由男方提供。届时，男家请媒人赴女家，女家先祭祖，然后在祭祖的供桌上摆上八碗酒，由媒人一个个的端起酒碗寻八字。媒人每端起一碗酒就必须把其中的酒喝尽，直到寻到"八字"为止。

广西巴马、东兰、大化、都安山区壮民有以酒歌娶亲的传统习俗。迎亲之日，女方在自己的堂屋前摆上 12 碗酒，当男方人员到达后，其中的"青年才俊"就会心领神会的站出来即兴演唱，每唱一首，撤去一只酒碗，直到撤完，男方人员才能进屋入座。第二日晨，女家又会在新娘屋前摆上 12 碗酒，要求与男方接亲人员中的青年对歌。对歌中，男方赢一场，则撤去酒碗一只，直到撤完，就可以进屋迎娶新娘了。正因为有了酒与歌，壮家人的婚宴显得特别热闹，也只有酒和歌，才能抒发他们内心幸福的感觉。

酒在婚聘仪式上的广泛使用，大概是因为人们认为酒是美好的事物，既能联络亲家之间的感情，也能让参加婚礼的亲朋好友热热闹闹地给婚礼添加喜庆的气氛。所以人们都希望把心中美好的祝愿倾注在清纯的液体上献给新人、献给亲朋好友、也献给自己。

2. 满月酒习俗

满月酒一般定在小孩出生后的第三天或半个月后或整月后举行。届时，小孩的娘舅家将携带酒、米和小孩的用品（如小孩衣帽，银制寿星等）前来赴宴贺喜，并以此形式宣布新婚夫妇增添了新成员，建立了小孩与亲友们的人际关系。

3. 饮酒习俗

（1）壮族的交臂酒

此酒俗很有特色，在酒席上绝对不允许出现自斟自饮的情况发生，必须是你敬我喝，我敬你喝，有时甚至把酒递到别人嘴边，非要一饮而尽方能作罢。交臂酒体现了壮族人民相互尊重，相互援助的、和谐的人际关系。喝干了别人敬上的酒，就领了别人的一份情。原来是陌生的人现在则成了朋友，原先就是朋友的现在则更加亲密了。广西大新县壮族人家待客时，主人先给客人和自己斟杯酒，主客共饮"交臂酒"后，客人才能随意餐饮。壮族唱酒歌敬酒，歌词甚美："锡壶装酒白涟涟，酒到面前你莫嫌。我有真心敬贵客，敬你好比敬神仙。锡壶装酒白瓷杯，酒到面前你莫推。酒虽不好人情酿，你是神仙饮半杯。"

交臂酒又称"串杯"，在这种宴会上人们并不是用酒杯饮酒，而是用一只只大匙羹。人们饮时就将匙羹伸入早已准备好的酒碗或坛中，舀酒饮用。宴会上必须是你敬我喝，我敬你喝，而且要数量相等，你敬我多少，我也回敬你多少，不能推脱少喝，否则敬酒人会不高兴，认为你不尊重他。宴会开始时，主人会先敬每位客人一杯，表示欢迎，客人也须回敬一杯表示答谢。此后席上则自由敬酒与回敬，谁不喝，席上众人就会群起攻之，直到喝酒下肚为止，有时还要罚酒数匙。酒到半酣，人们才停下酒匙，开始吃菜，权当"中场休息"。不一会儿，交臂酒又继续进行。这时，人们通常兴头正足，有的人便会找席上比较"特殊"的人物进行敬酒。这种"特殊"人物一般是新婚之人、路途最远的客人、最亲的亲戚等，敬者待对方喝下酒后还要说些吉祥话，如遇新人则可以说"早生贵子"，遇长辈则说"福禄长寿"等等。交臂酒完结后，酒席上下依次自舀自饮，直至酒坛里滴酒不剩。此时全席上下一遍谈笑风生，兴高采烈，有的人醉得半步难行。

（2）其他饮酒习俗

独酌酒：自家蒸出的米单酒、王米酒，香醇爽口。平时家翁一人独饮，不求饮醉，适量而行，独酌过程，繁杂家事，如何解决，借酒打开思路，一旦畅通，酒之功也。

夫妻酒：有的壮家，早晚就餐，夫妻对饮，杯来杯往，边饮边聊，大至脱贫致富奔小康，拆除平房建楼房，小至盐油柴米酱醋茶，借酒引路，一旦决策，优哉乐哉！这类“夫妻酒”在大新县宝圩、芦山、堪圩、三湖等乡村尤为盛行。

敬宾酒：有朋自远方来，不亦乐乎？坐下就餐，盛情款待，全家男女老少都要向贵宾轮流敬一匙羹酒，表示敬意，倘若来宾不会饮酒，匙羹送到嘴边，舌头舔一点为领情。

穿杯酒：逢年过节，朋友相聚，坐下饮酒，几大碗酒，置于桌上，轮流敬酒，一人一杯，周而复始，称之为“穿杯”，穿杯酒是一对一的，礼尚往来，表示敬意，“穿杯酒”也有人称之为“交臂酒”的。

消愁酒：家人能饮酒的若有什么幽怨心事，不便在餐桌上饮酒，便把一壶酒置于床底，晚上入睡前饮几大口酒，借此安然入睡，忘掉忧愁，再想办法解决困扰。

猜码酒：婚嫁喜事，新居落成，老人大寿，小孩百日，备下酒席，宴请宾客，大家相聚，饮酒猜码，互相作乐，心情舒畅。猜码有一对一的，谁输谁饮，心甘情愿，不能推托，也有分边的，几双筷子，两边人马轮流猜码，倘若那一边全赢，拿下几双筷子，作为赢方，输方则每人各饮一杯酒，再重新起头，餐桌上再次响起此起彼落的猜码声，十分热闹。

五、广西壮族酒文化的特征

在广西的壮族人家里，几乎家家户户都掌握了酿酒的技术，他们以家庭为单位自酿、自饮或待客，家庭有无米酒及米酒质量的好坏，这是衡量一家之妇能力的主要标准。酒对于广西壮族人民来说，既是人们消遣、狂欢的借助物，也是人际关系的润滑剂与促进剂。

广西酒文化具有历史性、地域性、民族性、特殊性，主要体现在以下几点：

1. 历史性。壮族酒文化历史年代久远，有历史悠久的生动神话传说和从历史上流传下来的民间饮酒习俗等，都使得壮族酒文化源远流长。

2. 地域性。首先，广西壮族人民多数生活在经济落后的大石山区，环境条件恶劣，交通不便，造成了与外面世界联系不通畅。因此，为了酿酒、饮酒，以便有酒待客，壮族家家有酒库与熬酒房，民间酿酒业发达。其次，广西动植物酒业发达。在古时，“瑞露酒”之得名便与“露酒”（果酒）有关。尽管宋时的“瑞露”或许已不再是果酒，其他“昭州酒”、“莲酒”、“桑寄生”则是清一色的动植物酒；今日广西梧州产的三蛇酒、蛤蚧酒远销海外，北海东园家西、都安野生葡萄酒等也屡获大奖。

3. 民族性。以上前文提到的壮族交臂酒、壮族民间婚聘仪式上的酒礼俗、还有酒席上的猜码、酒歌等都具有浓厚的民族特色。

4. 特殊性。这主要体现在广西壮族酿造工艺简单而高效。壮族民间的酿酒工艺有的至今仍被借鉴或直接运用，如全州湘山酒厂至今仍用陶缸发酵酿酒原料。

彝族酒文化

彝族因为地界的影响，分为峨边彝族、弥勒彝族、西昌彝族等。这些彝民们，由于受到不同地区和经济、文化的影响，从而也衍生出了不同的酒文化。今天，我们就来讲讲不同地区的彝族同胞们的酒文化有何不同。

峨边彝族自治县隶属乐山市，地处四川盆

地西南凉山州东北部，与凉山系同一山脉，同一地质条件，自然条件十分相似，称为小凉山。彝族喜欢饮酒，峨边彝族当然也不例外，彝家有酒谚："所木拉九以，诺木支几以"，意思是"汉区以茶为敬，彝区以酒为尊"。在峨边彝家，酒是迎宾待客、过节、婚礼、丧葬、探亲访友，毕摩祭祀等活动的必备礼物。"酒坦置放如红岩，敬酒穿梭如蜜蜂"，"花杯像鹊鸣，黑杯像鸦叫，白杯如蝶舞"，这是对彝族酒席的充分描写。酒在彝族山寨是最为重要的特色饮品。

峨边彝族婚礼以酒联姻，社交以酒作桥梁，祭祀以酒请神、祭典，"德古"以酒解除纠纷，来宾以酒款待……同样的美酒，功用却各不相同。有平民农牧酒，请人帮忙酒；家族内部酒，和睦团结酒；亲戚朋友酒，相互问候酒；纠纷调解酒，"德古"长者酒；青年小伙酒，英勇善战酒；女儿姑娘酒，能工巧手酒；迎宾待客酒，吉祥如意酒等等，而泡水酒一般只用于婚嫁、喜事方面，它是峨边彝族的吉祥之酒。

一、泡水酒的属性

泡水酒以玉米、小麦、高粱、荞子为原料，炒熟磨烂，加水蒸熟，然后倒出，待温度适当时加酒曲搅拌，置木桶或坛罐中，酒便慢慢酿出。它是以谷物为原料，经过蒸料，拌以麦曲、米曲或酒药，进行糖化和发酵酿制而成的酒，而且酒度一般为 15 度左右，所以属于黄酒。当前黄酒的种类繁多，黄酒家族的成员不断扩大，品种琳琅满目，黄酒的名称更是丰富多彩。按黄酒的含糖量来分，泡水酒属于甜黄酒，可以常年生产；按酿造方法对黄酒分类时的称呼分类，泡水酒属于摊饭酒。

二、泡水酒的饮法

彝族酒的礼俗丰富多彩，不同的民族、相同民族在不同地区的民俗都有差别。但他们都体现了一个共同特征即热情好客、崇尚真诚、团结友好的精神特征。彝族是个十分好客的民族，峨边彝族也不例外。而酒在其中占有极大的作用。逢年过节、探亲访友、路遇知己，都必须准备丰盛美酒和肉食，畅饮一番。泡水酒是峨边彝族不可缺少的酒，而泡水酒的喝法主要有以下两种：

1. 转转酒

这是峨边彝族流传下来的饮酒习俗，所谓"转转酒"，就是饮酒时不分场合地点，也没有宾客之分，大家都席地而坐，围成一个一个的圆圈，一杯酒从一个人手中依次传到另一人手中，各饮一口，依次饮用，所以称作"转转酒"。在峨边彝族地区你经常可以看到，田边、路旁、街道、集市，三五人团团围坐，中间是一把酒壶和一个盛酒的土碗，众人按一定的方向传递着酒壶或酒碗，饮着酒，说着话，直到酒尽壶空。每当新年到来的时候，彝族家家都会酿制泡水酒，彝家人会成群结队的挨家拜年，每到一家都会围坐着喝转转酒，评价哪家的泡水酒做得最好。如果有哪家婚嫁，亲戚、邻居也会帮着做泡水酒。等到婚嫁那天，大家都会聚到一起，喝着转转酒，唱歌、跳舞直到天亮。

2. 杆杆酒

峨边彝族同胞家家有酒，户户会酿泡水酒。在喜庆日子或者是招待宾客的时候，他们会抬出一坛泡水酒，人们围坐在酒坛周围，每人手握一根竹管或芦管，斜插入酒坛，从其中吸吮酒汁，称之为杆杆酒。杆杆酒共贮于一坛内，几人各执杆杆酒竿一支，伸入同一坛内吮吸，握竿动作、咂饮程序、对饮量等，都有一定规矩。杆杆酒也由吸饮工具而得名。峨边彝族的杆杆酒一般都为泡水酒，酒度低，酒味醇香浓甜，老少皆宜，而且一年四季都适合饮用。一坛大的杆杆酒可以喝好几天。彝族逢年过节共饮时，除同享杆杆酒的美味外，饮酒时的气氛及其独特的饮酒方式，可以加强人与人之间的感情交流。

三、峨边彝族泡水酒的价值及其开发的可行性

从营养价值上来看，峨边彝族的泡水酒含有对人体有益的 17 种氨基酸和多种微量元素，营养丰富。喝起来口感醉正、清凉甘甜、风味

独特，是酒文化中的一朵奇葩。

据调查，从市场角度来看，泡水酒的需求量仅西部地区就约为5 000吨/年，而且酿制泡水酒量消耗大量粮食。峨边彝族所产的粮食，除了维持口粮外，所剩粮食就不多，特别是退耕还林后，粮食就更少了，几乎没有多余的粮食来酿制泡水酒，而且自家酿制酒费时又费力，所以他们大多愿意买酿制好的酒，特别是在招待来访的朋友或节庆日、婚丧时他们就会需要买大量的泡水酒来喝，所以市场需求量大。但是目前，泡水酒的产量不够高，市场占有率较低，而且还有大量的人对之了解甚少，商品化程度相当有限，因此，应该以市场为导向，用现代科技改造，使泡水酒快速走向市场，并不断提高市场占有率，扩大生产规模。

从附加值来看，在宣传扩大泡水酒的同时，应生产加工与泡水酒匹配的彝族酒器。彝族的酒器独具本民族特色，外观精美，不仅可以作为酒器还可以当做工艺品，有收藏价值。

从地理位置上来看，峨边彝族自治县地处四川盆地西南凉山州东北部，东接沐川县，西连凉山彝族自治州甘洛县，南邻马边彝族自治州的美姑县，这里有纯天然的酿造原料、纯正的制作工艺。

从交通上来看，峨边县地处大渡河畔的成昆线旁，为大凉山通向成都的门户，距峨眉山60公里，乐山大佛80公里，到省会成都200公里。公路、铁路、河运贯穿全县，交通地理位置优越。

从旅游上来看，彝族被称为“火”一样的民族，如果说火把节是他们“火”一样的性格的直露，那么“酒”就是这把“火”的助燃剂。因“酒以成欢，酒以忘忧”的作用。把彝族这一好客文化作为旅游项目来开发，对于保护其当地社区传统文化、促进当地旅游业的发展有极为重要的意义。文化是旅游的灵魂，旅游是文化外在的价值的体现。没有文化的旅游一定缺乏生命力、缺乏潜在力和长远利益。峨边泡水酒文化，是民族风情的重要组成部分，而且具有较强的观赏和参与性，是一项开发潜力较高的民族文化资源。目前峨边彝族自治县正在大打文化旅游大牌，与泡水酒开发相结合，应该会有双赢的效果。

从某种意义上来看，可以说峨边是泡水酒的“故乡”。从以上几个方面来看，峨边彝族泡水酒的开发有一定程度的可行性。峨边的泡水酒大多数都是自给自足。目前峨边县正在拟建一条生产2 000吨酿造泡水酒的生产线，总投资654万元。所以，峨边的泡水酒开发还需要引进大量的资金和技术设备，还处于起步阶段，进一步发展还需要一个漫长的历程。但愿峨边彝族的泡水酒有着美好的未来。

从酒具来看，云南古代先民饮酒的历史已经非常久远。云南彝族作为一个古老的世居民族，拥有源远流长、独具魅力的酒文化。而云南弥勒县的彝族其酒文化之深厚更是无可非议的，因为在弥勒阿细人（彝族的一个支系）古老的创世史诗《阿细的先基》中就有“有酒不想肉，有肉就想酒”的诗句，可见阿细人好酒的程度。弥勒是一个多民族聚居的县，在4 004平方公里的土地上，居住着汉、彝、傣、苗、回等民族，其中仅彝族就有阿细、阿哲、阿乌、撒尼、大黑彝、小黑彝、大白彝、小白彝8个之系，在长期的劳动生活中，各民族创造和积累了丰富多彩的民族文化。俗话说“汉人贵在茶，彝人贵在酒”，弥勒彝族就是这么一个喜酒、好酒、爱酒的古老的民族。酒，作为劳动成果的再加工产品，在生产力低下、劳动产品十分有限的时代，是一种绝对的奢侈食品，因而成为彝族宗教祭祖祭祀敬神中最重要的祭品，成为节日聚会待客宴席中必不可少的饮品，成为婚恋生葬的人生历程中必备的礼品。酒在欢庆节日、振奋精神、和谐关系、传播信息、征战婚聘等社会生活中起着不可或缺的作用，在彝族社会更是如此，即使是在既无大喜大悲的平静日子里，相互邀约喝上几杯也是最平常不过的事情。彝族饮酒方式还很有特色，分别有“转转酒”、“交杯酒”等饮法，其间还要伴以猜拳酒令、酒歌、酒舞和相关的艺术。弥勒彝族支系众多，各有特点，但爱喝酒、爱唱酒歌是共性。在其香甜的美酒和古老悠扬的酒歌中你能深刻体会到彝家那浓浓的酒文化。

四、酒之酿

弥勒彝族的酒不仅有糯米酒、高粱酒、小米酒、甘蔗渣酒、苦荞酒、甜荞酒、大麦酒、苞谷酒和用苞谷大麦苦荞等按一定比例酿成的五谷酒；可以医治疾病的泡酒；还有麻栗子酒、红薯酒和包谷面（有的拌上少量的大米）焐的甜白酒。写在羊皮纸上的阿细《颂经》中说："吃的十二样，喝的十二样。这甘美的酒，拿来祭祖先；这清冽的酒，拿来敬诸神。"这里的"喝"就是"喝酒"。

现在弥勒彝家最普遍，但又最古老、最有特色的酒应该还是用包谷面焐的甜白酒。甜白酒实质上是在粮食中的淀粉完全糖化，而酒化过程即将开始时形成的水酒，甘甜可口，只隐约透出酒的醇香，是老幼皆宜的饮料。水酒，即发酵酒，用黍、稷、麦、稻等为原料加酒曲经糖化、酒化直接发酵而成，汁和滓同时食用，即古人所说的"醪"。水酒是我国少数民族酒中品种最多、饮用最为普遍的一类。由于地区不同，叫法也存在差异，有的就叫米酒，四川地区则叫醪糟，而有的少数民族地区，发酵酒又称为白酒，并按发酵程度的不同，分为甜白酒和辣酒两类。弥勒地区彝族的甜白酒过去主要原料是包谷面。现在用水蒸透后，控在无水的盆、桶、簸箕等容具中，待其凉透，淋少许凉开水，撒上甜酒曲，搅拌均匀，又置入不会透气的篾箩中并封口后放置在温暖干燥处。过去一般放置在灶房的火塘边或者是干燥的楼上。地上先铺上稻草，再铺上蓑衣，最后铺新鲜的鸡嗉子枝叶再支上装着米面的簸箕，上面再覆盖一些鸡嗉子枝叶，最后用草席包围用棕绳捆紧以保证保温不漏气，以免酒醒不了就焐不熟。等过几天有浓郁香甜的酒味透出来，才解开草席让甜白酒出箩。一般夏季是1~2天；冬天约需3~5天。甜白酒出箩后装入高大而口小的陶罐中，塞上塞子并密封以供一年四季饮用。过去生活困难物资不丰富，塞子是稻草编的圆柱体，最后用灰制成的稀糊裹紧罐塞，以避免透气，现在也有用密封性能更好的塑料纸封口的。贮存时间越长，酒味越是醇厚，酒劲越加绵长。"彝家老酒"，就是这类长期贮藏的水酒。积年贮藏的水酒，取出后酒香扑鼻，糟与汁已完全分离。糟浮酒面，已薄如蝉翼；酒液清澈亮丽，略呈黄褐色。饮用时醇香爽口，饮用后神清气爽，其酒劲悠然绵长，善饮者也常常不胜其力。甜白酒具有很高的营养价值，是彝族待客的佳品。可以直接饮食，也有加凉水饮用，或者加糖煮沸食用，还可以和鸡蛋或者是云南的粑粑（年糕）一起煮着吃，既可以当营养早点也可以是美味夜宵。时至今日，每逢佳节良辰，尤其是在春节前和办喜事之时，泡米蒸饭焐甜白酒仍是弥勒地区阿细人、阿哲人或者大黑彝等彝族最要紧的节前准备工作之一。

五、酒之歌

酒与各少数民族的日常生活是密不可分的。有酒就有歌，将酒歌（也伴有舞的）引入酒席劝饮、助兴、祝福，是云南少数民族酒文化的一道独特景观，喝酒听酒歌能感受到他们各具特色的民族风俗。在彝族聚居区往往是一家喜庆，举寨欢腾，因为彝家有客必有酒宴，有宴就有酒歌。喝酒唱歌已经成为人们日常生活和节庆活动中不可缺少的礼俗。可以说酒酿歌来，歌唱酒。弥勒彝族正是用最古老、最简朴、最优美的酒歌诠释民族酒文化。

歌舞劝酒拥有悠久的历史，最早的文字记载见于唐人徐云虔所著的《南诏录》："吹瓢笙，笙四管，酒至客前，以笙推盏劝酒。"其后，宋人欧阳修所纂的《新唐书·南诏（上）》一字不动地收录了这一段文字，少数民族歌舞劝酒的礼俗堂而皇之地步入了正史。歌舞劝酒的习俗，尤其盛行于彝族社会中，只是"以笙推盏"的劝酒形式不常见，至今多演变为捧杯敬酒、以歌（有的也伴舞）劝饮。彝族好酒，但喝的是一种豪气、爽气。阿细人的神话传说很直观地告诫后人：喝酒不是坏事，只要有自控能力再依次往下敬酒劝酒。

酒歌的类型是多样的，按不同的标准分类则如下：从篇幅上看有长歌、短歌；从传承角度看有传统歌、即兴歌；从时序和内涵看有古歌、近歌、现歌，亦即有讲历史（人、事）故事的歌，讲思想、感情和万事万物的歌等等，应有尽有。简单地说，酒歌可以分为广义的酒歌和狭义的酒歌。广义的酒歌，与少数民族的社会生活、风俗民情有密切联系，大部分都是在祭祀、迎亲、祝婚、祝寿、祝贺新房落成等庆典喜宴上演唱的，演唱的内容十分丰富。狭义的酒歌，是在饮酒时互相敬酒、劝酒时演唱的歌，一般有《酒令歌》（民间叫划拳歌）和《敬酒歌》两种。在弥勒的8个彝族支系是各有各的酒歌，就阿细人的酒歌，内容就五花八门。阿细人早期的酒歌是毕摩唱的经词，是献给神灵的酒经。在"阿细府祭贺"的祭祀活动中，毕摩不仅在开始要唱酒歌，在即将结束时也要唱酒歌，赞美酒的纯美、赞美酒的飘香。现在，弥勒彝族有敬神唱的酒歌，有祭P－Z火唱的酒歌，有为新婚夫妇祝福的酒歌，有迎接贵宾唱的酒歌，有亲朋好友相聚唱的酒歌，有自娱自乐的酒歌，老人中还流传有歌唱创世、忆苦思甜的酒歌……大凡节庆之时，好客的彝族同胞们就用酒祭祖敬神敬贵宾唱酒歌。

如今，彝族的日常生活中仍然飘荡着优美动听的酒歌。农事节庆唱酒歌，表达了缅怀先祖、祈祷丰收的情感；婚嫁唱酒歌，盟誓了白头偕老、忠贞不渝的爱情；丧葬唱酒歌，表述了后人的忠孝之心；宴席唱酒歌，寻求了人生礼趣；离别唱酒歌，倾诉了壮士一去不复返的悲壮情怀。总之，有酒无歌不成礼，离开了酒和酒歌，民俗活动便无所依托。酒歌这一永恒的旋律唱出了彝族热情好客的民族个性；酒歌这一古老的诗歌唱出了浓郁深厚的民族酒文化之精髓。歌舞劝酒，融合民族民间艺术、民俗风情、酒文化观念为一体，曾受到民族学、民俗学、文化学等领域的关注。

彝族的心就像酒一样透明，彝族的血就像酒一样浓烈，彝族的性格就像酒一样火辣，所以彝族喜酒爱酒贵酒也唱酒。在彝家，有了酒，便有歌，酒与歌总要结伴而行。从古到今，弥勒彝族的喜、怒、哀、乐都藏在酒歌中，或浑厚、或高亢、或甜美、或纯净的酒歌，表达的是一种祝福、思念、赞美、叙旧以及客人对主人的谢意，体现的是一种友善往来的好客文化，追求的是一种美好和谐的幸福生活。因此，彝族喝酒，品尝的不是单纯的一种液体，更是对民族文化的一种追求与品味。

漫谈藏族酒俗

生活在雪域高原的藏族是一个能歌善舞的民族，他们生性豪爽、热情好客，与酒有着一种天然的缘分。谚语常称"羊见柳，藏见酒"，可见藏族爱喝酒是出于天性。

藏族古代饮的酒种类较多。据敦煌出土的古藏文写卷《苯教丧葬仪轨》载，吐蕃早期所饮的酒有米酒、小麦酒、葡萄酒、蜂蜜酒和青稞酒等。随着唐蕃联姻而发展起来的汉藏文化交流，使藏族掌握了内地传人的复式发酵酿酒法，仿内地黄酒酿制的青稞酒得到了藏族的普遍喜爱，从而成为藏族的传统饮料。

一、青稞酒——藏族酒文化的标志

藏族爱饮酒，但是不酗酒，喝酒的多为男人，他们认为饮酒是男人血性的代表。现在饮酒的种类比较多了，啤酒白酒红酒都有，但是青稞酒仍然占藏族酒类中较大的比重，大多数的藏族都喜欢喝青稞酒。青稞酒藏语叫做"羌"，以生长在高原寒冷的青稞为原料，其色泽橙黄，味道酸甜，酒精成分很低，类似啤酒。青稞酒的酿造方法和过程也比较特殊：首先把青稞洗净，注意不能让青稞在水里洗的时间过长，然后倒进锅里，放入多于青稞容量三分之二的水煮。当锅中的水已被青稞吸收完了，火就不能烧得过旺，边煮边用木棍上下翻动青稞，以便锅中的青稞全部熟透，并随时用手指捏一下青稞粒儿，如还捏不烂，再加上一点水继续煮。等到八成熟时，把锅拿下来，晾上20～30分钟的时间，这时锅中的水已被青稞吸收干了，趁青稞温热时，在已铺好的干净布上摊开，然后就在上面撒匀酒曲。撒曲时，如果青稞太烫，则会使青稞酒变苦，如果太凉了，青稞就发酵不好。撒完酒曲之后，再把青稞酒装在锅里，用棉被等保暖的东西包起来放好。在夏天，两夜之后就发酵，冬天则三天以后才发酵。如果温度适宜，一般只过一夜就会闻到酒味儿。假如一天后还没有闻到酒味儿，就说明发酵时温度不够，应在一个瓶子中装上开水，放在锅上的东西，要使已经发酵的青稞冷却。这样才能使青稞酒更甜。然后把它装入过滤青稞酒的陶制容器中。如果要马上用酒，就要加水，等泡4个小时后就可以过滤。如果不急用，就把锅口和滤嘴封起来，需要时随即可以加水。头一锅水应加到比发酵青稞高两寸，第二、第三锅应加到和发酵青稞一样高。封上锅口的酒，劲儿大。

二、饮酒风俗——藏族酒文化的风景线

藏族人民好客，向来客献哈达和酒是最尊贵的礼节。使用青稞酒招待客人时，先在酒杯中倒满酒，端到客人面前，这时，客人要用双手接过酒杯，然后一手拿杯，另一手的中指伸进杯子，轻蘸一下，以拇指和中指朝天一弹，意思是敬天神，接下来，再来第二下、第三下，分别敬地、敬佛。这种传统习惯是提醒人们酒的来历与天、地、佛的慷慨恩赐分不开，故在享用酒之前，要先敬神灵。在迎接客人时主人除用手蘸酒弹三下外，还要在五谷斗里抓一点青稞，向空中抛撒三次。

藏族人民在敬酒、喝酒时也有不少规矩。在逢年过节等喜庆日子饮酒时，如有条件，应采用银制的酒壶、酒杯。此外应在壶嘴上和杯口边上粘一小点酥油，这叫“嘎尔坚”，意思是洁白的装饰。

在喝酒时，其约定风俗是：先喝一口，主人马上倒酒斟满杯子，再喝第二口，再斟满，接着喝第三口，然后再斟满。往后，就得把满杯酒一口喝干了。这样做，主人才觉得客人看得起他，客人喝得越多，主人就越高兴，说明主人的酒酿得好。藏民族敬酒时，对男客一般用大杯或大碗，对女客则用小杯或小碗。另外，主人招待完饭菜之后，要给每个客人逐个儿敬一大碗酒，只要是能喝酒的客人都不能谢绝喝这碗酒，否则，主人会罚你两大碗。饭后饮的这杯酒，叫做“饭后银碗酒”。按理说，敬这碗酒时，应该需要一个银制的大酒碗，但一般也可用漂亮的大瓷碗代替。

四川嘉绒的藏族较特别，平时对进屋的客人先敬一壶酒，随即将食物用盘奉上，一客一份。阿坝黑水地区的藏族，凡见熟人从门前经过，必请进屋内敬一碗酒。如客人坚持不进屋，主人要把酒拿到路边请客人喝，以示慰劳。

“喝咂酒”在藏区东部许多地方都盛行，尤以黑水人“喝咂酒”最讲究。每遇年节和家中有大事要请人“喝咂酒”时，先由主人烧开一大铜锅水，放在火塘边保温；再将一坛酿好的未加过水的酒放在客位的火塘边，插入两根细竹管。客人到齐后，先请其中最年长的坐于酒坛前，领头诵经，用手指蘸点酒拨洒向四方；然后，请另一位年长者与他同坐在一起，各含一根竹管吸饮。这时主人在旁边慢慢地将一瓢开水从上渗入酒坛。开水经过发酵的酒粮渗到坛底，便成了酒。竹管插在坛底，故能只饮到酒而不会吸进糟。二人饮完后，以年龄顺序另请二人到坛边吸饮，主人继续向坛内冲开水。一般情况下，每二人饮完一瓢水即离开，换上别人。这样依次轮流下去，最后连两三岁的小孩也要去喝上几口。轮完一遍，又从头开始，直至一坛酒淡而无味后，才又换上一坛。每个与会的人不论有无急事，都必须喝过三次后才能离去，否则就是很不礼貌的行为。

藏族最豪放的饮酒则是在跳锅庄的时候。

村寨的青年男女围成一圈，圈中设小桌，放上几坛青稞酒；男女两队轮流领唱，翩翩起舞，并不时去圈中喝上一碗酒。跳到高兴处，饮酒者更是纷至沓来。酒助舞兴，歌借酒力，通宵达旦尽兴方休。

婚丧用酒——藏族酒文化的体现

酒在藏族婚仪中有重要的作用。在青海安多藏区，提亲时必带去“雅叙西仓”（提亲酒）。女方如若允婚，则须邀请村里长者和媒人一起喝“订婚酒”。一旦饮了此酒，便算正式订婚，不能再许嫁他人。结婚之时，更要准备大量的青稞酒以宴飨送亲者和来宾。迎亲者则要在途中设“迎亲酒”。新娘离娘家前要喝“辞家酒”。婚宴中主客尽兴同饮“庆婚酒”，高唱酒歌，跳舞，欢腾通宵达旦，一直要热闹三天。其间新娘要向宾客轮流敬酒。

因为佛教的影响，藏族对丧葬不甚铺张，死对于佛教徒仅是转人来生的开始或“解脱”，故亦不特别悲伤。藏族社会早期信仰苯教，苯教认为人死后魂会脱离其原躯体，需要用一种降魂的办法使“魂尸相合”。在这种降魂仪式中，许多地方都要用酒。降魂仪式开始后要献上一瓢“招魂酒”，招请灵魂来降。在降魂过程中要作“献三瓢酒”仪式。在“尸与魂相合”时还要献上三次“相合酒”。现代藏族丧葬中也要用到酒；进行天葬时，死者家要给天葬职业者喝酒。在嘉绒藏族的丧事中要“奠酒请神”；丧礼结束时丧家和舅舅家要一起喝“咂酒”，对唱酒歌，追述死者生平，表达对死者赞颂和惋惜之情。

酒歌——藏族酒文化之魂

“会说话就会唱歌，会走路就会跳舞”，能歌善舞的藏民族喝酒也有自己的民族特点。“酒不离歌，歌不离酒”无论在到那个地方，只要是藏民在喝酒一定少不了高亢嘹亮的歌声。酒歌一般是在敬酒的时候即兴歌唱，有固定的调子但是没有固定的歌词，敬酒者在刚开始时声音并不大，到后面调子越来越高声音也就越来越高亢嘹亮。嘹亮的歌声表达了良好的祝愿。酒歌内容非常丰富，主要包括祝福、赞美、歌颂等形式。在甘孜地区比较流行的一首酒歌是这样唱的：“闪亮的酒杯高举起哟，这酒中斟满了情和意。祝愿朋友吉祥如意，祝愿朋友一帆风顺，欢聚的时刻虽然是这样的短暂，友谊的花朵却开在我们的心里，幸福的回忆却留在我们的心里。”

爱酒之因——藏族酒文化经久不衰之源

喝酒作为在藏族同胞的一种民俗事项历久不衰，除了酒本身所具有的刺激性和麻醉性这些自然因素外，还有其社会根源。一是藏族地处高原地带，历史上交通不方便，生产力低下。艰辛繁重的体力劳动和日常文化生活的单调枯燥，促使人们借酒力“兴奋神经”，以增强劳动的耐力。劳动结束后需要借酒消除疲劳，娱乐休息的调理身心；二是高原地区一年大部分时间都比较寒冷，冷了喝口酒暖暖身体也是藏族同胞爱喝酒的原因之一。人们相信酒能驱寒，尤其是天寒地冻的时候除了喝酥油茶，喝酒就是人们的最好选择了；三是在佛教“苦谛”思想的影响下，适应了低层次的需求心理，使人们把“有肉吃，有酒喝”视为理想的生活境界来追求。尽管平时的生活过得比较清苦，可一旦遇到节庆，举行宗教仪式，便会尽其可能，倾其所有。正是由于这种社会根源才使得藏族酒文化不断流传发展下去。

漫谈傣族酒文化

傣族，同源于古代的“百越”。远古傣族的先民就生息在云南、广西的大部分地区。如今主要分布在云南省西南部靠边境的弧形地带。西双版纳傣族自治州、德宏傣族景颇族自治州以及孟连傣族拉祜族佤族自治县、耿马傣族佤族自治县、新平彝族傣族自治县、元江哈尼族彝族傣族自治县、金平苗族瑶族傣族自治县、景谷傣族彝族自治县、双江拉祜族佤族布朗族傣族自治县，是傣族人口比较集中的地区。傣族人口分布除两个自治州聚居区域较大外，大多呈大分散小聚居格局。云南的傣族虽有居住内地和边疆之别，水傣、旱傣之分，但在饮食习俗方面却大同小异，都喜食糯米饭，擅长酿制美酒，这与他们世代沿袭的生产方式和饮食习惯有关。

傣族居住地处于云贵高原的西端，属横断山脉南段的滇西高山峡谷区。傣族地区山川秀丽，资源丰富，到处是绮丽迷人的热带和亚热带风光。茂密的原始森林分布广泛，是天然的“植物王国”和“动物王国”。在江河之畔，有许多富饶美丽的坝子（当地汉语叫“坝子”，傣语叫“勐”），地势低矮，海拔一般在500～1 300米之间，傣族人民就世代聚居在这里。村寨临江河湖畔，翠竹成林，景色清幽，气候炎热，雨量充沛，全年无四季之分，只有明显的干季和湿季。土地肥沃，灌溉便利，宜于种植水稻和多种经济作物，因此，傣族是最早栽培稻谷和最早进行犁耕的民族。现在德宏一带“芒市谷子遮放米”是远近闻名的，西双版纳更有“滇南谷仓”的美称。西双版纳的勐遮坝是全州最大的坝子，现有8万多亩水田，1992年经国务院批准，被列为云南省第一批西南农业综合开发之一，是国家级的商品粮基地。

傣族地区有着明秀绮丽的边地风光，源远流长的文化传统，得天独厚的自然资源。在悠久的历史发展过程中，勤劳聪明的傣族人民用特有的原料做出了风味独特的傣味佳肴。傣族地区山美、水美、人也美，然而更有美人酿制的美酒。

一、悠久的酿酒史

如水般的傣族与水有着不解之缘，傣家多傍水而居，水是他们的圣洁之物，对水有一种虔诚的感情，著名的“泼水节”就是傣家庆祝新年的祈福礼节。可以说，傣族是水的民族，水是傣族的血液。在千百年的历史中，聪明的傣族人家用勤劳的双手栽种了优质的大米，并且用圣洁的水酿制了甜美芳香的美酒。傣族聚居地区气候炎热，喜欢喝二三十度的低度酒。傣家喝酒并非图驱寒保暖，也不想喝得酩酊大醉。所以，傣族的酒，喝的是香甜的味道，品的是悠久的文化，得到的是一种安逸、享受与保健。

傣族先民酿酒的历史十分悠久。当傣族还处于部落时代的“国家”——乘象国，象都皇酒就成傣族先民们祭祀活动、节日喜庆、部落战争中鼓舞士气必不可少的佳酿。这早在司马迁的《史记》中就有记载“滇池以西千余里，有乘象国”。乘象国就是如今的德宏傣族景颇族自治州地区。德宏是傣族先民“乘象国”都城的遗址犹存。据说，在古麓川王国时期，象都皇酒就作为贡品供古代国王和宫廷享用。“象都皇酒”则得名于此；在明永历十三年（公元1656年）正月，南逃的南明历皇帝途径德宏盈江品尝当地土司敬贡的美酒，这位头戴皇冠、身着黄袍的落魄皇帝对傣族民族酿制的酒赞不绝口。“象都皇酒”以此得名。原本民间饮用的酒逐渐成为历代帝王、贵族享用的“宫廷酒”。

如今，傣族远古部落时代的国家已经消亡，而古老神秘的傣族酿酒工艺仍在延续。在德宏州的盈江县，鹿血酒、黄酒、糯米香酒、藤篾器具是世人都公认的四大品牌，其中，酒类就占去了大品牌。这足以证明，数百年来盈江傣族人民酒文化的传承产生的巨大作用。采用盈江优质紫米、白香糯米、小红米酿制的象都皇酒和象都米酒，仍保留着傣族世界远古时代的芬芳，见证着傣族酒文化的历史。20世纪90年代初传颂已久的盈江黄酒荣获国际诗酒节博览会金爵奖、第三届中国艺术节指定产品、匈牙利名酒博览会菲玛金奖、曼谷国际名酒博览会金奖、中国优质保健酒金奖等多项国际国内大奖。作为稻作文化附生的佳酿，富有傣家人清醇气息，用盈江优质米酿制的美味系列酒类的出现，成为象城盈江外宣的特殊馈品，为宣传傣族驯象、役象耕田文化、诗酒文化填充了厚实的内涵。

二、多样的傣族佳酿

1. 象都皇酒

象都皇酒原名盈江黄酒，选用盈江特产紫糯米、白香糯米、小红米为主要原料，经传统工艺与现代科技相结合精工酿制而成。象都皇酒系列产品有佳品（酒度为12度，2年陈）、陈品（酒度为18度5年陈、3年陈）、贡品（酒度为22度，15年陈）、珍品（酒度为26度，20年陈），藏品皇象都皇酒纯天然自生色泽，发酵自生甜味，口味醇厚，柔和爽口，酒体协调，风味独特，内含20多种人体必需的氨基酸及多种维生素和有益微量元素，并富含抗癌元素之王——硒，营养十分丰富，适合女士及中老年等广大人群饮用，有“艺绝之首”、“液体蛋糕”、“中国的XO”之美称。

2. 象都米酒

象都米酒采用盈江优质糯米精工酿造的米香型白酒，象都米酒分别为50度、39度、32度及糯米香50度、盈江醇32度，无色清亮透明，米香纯正清雅，悠香宜人，绵甜爽洌，口味悠长，是米香型白酒中的精品。

3. 堆花酒

傣族男子皆善酿酒，全用谷米酿制，一般度数不高，味香甜。也有度数较高的，如西双版纳迦旋寨出产的一种糯米酒，含酒精成分在60度以上，酒味香醇，倾入杯中，能起泡沫，久久不散，称为堆花酒，远近驰名，被誉为“十二版纳”之佳酿。

4. 竹筒酒

版纳竹酒以云南西双版纳特产紫米、糯玉米为主要原料，经土坛发酵、小锅蒸馏的民间传统工艺、用山泉水精酿而成。1999年以来，这个沿袭傣酒民间传统工艺，又融入现代科技的“版纳酒系列”品牌的白酒逐渐在州内市场受到青睐，连续4年被指定为“边交会”和泼水节唯一待客白酒。“版纳酒”走进了高档宴席、饭馆餐桌、傣家烧烤店、寻常百姓的家中，成为傣乡的名牌酒。版纳竹酒采用版纳原始森林中金竹做容器，无污染，据《本草纲目》和《中华医药大辞典》所论，金竹具有很高的药用价值：清热解毒、润肺益气、化痰凉血、止痛活血、治烦热呕吐等功效，长期饮用能强身健体，版纳竹酒因制作独特，竹筒灌装，使酒的香味和竹筒内无污染竹衣和竹膜自然混合，酒味更加清奇浓郁，饮后满口留香，回味无穷。酒经过筒浸泡，酒色逐渐变为琥珀色，口感柔和，竹香纯正，饮后入口干，不上头，加冰味更好。存放时间越长，酒度和净含量略有降低，但酒质愈佳，回味悠长，为天然的绿色饮品。版纳竹筒酒是集七种云南之傣族、白族、彝族、苗族、布依族、景颇族古老竹筒酿酒工艺之精华，按现代“营养保健”科学配方，经鲜竹汁渗糖化料酒，辅之少数民族文什艺术绘画的高档礼品酒。

5. 小锅烧酒

德宏州的傣族群众民风民俗别具一格，他们的美味美食种类繁多，尤其是傣族百姓传统酿制的小锅烧酒更是独具特色，令人回味无穷。傣族老百姓自家酿酒已是多年的传统习惯，他们将糯米蒸成饭，然后倒摊到箕笆上面晾凉，撒上做好的酒曲，搅拌均匀后置入陶罐里，封上口子进行发酵，一般需要12~15天时间，打开盖子，观察如果坛内渗出诸多水分，品尝一下有苦辣的感觉，而米饭软而不稀，说明发酵已经成熟，就可以进行烧酒了。

传统的烧酒方法：就着平常用的锅灶，在

平底锅里放上酒水酒渣，在上面压上一口盛冷水的锅子，两锅之间用泥巴糊严，还要在平底锅的上端凿个小洞，插入竹管，长长地伸出来。然后就是加火了，开始用猛火，接近沸腾时，便改为中火，因为此时火力太大酒会出现糊焦味儿。加火大概1~2小时，就见酒从竹管里淌出来了。这时还要减小火力，以缓和均匀的柴火催烧酒水。在正常情况下，5千克的酒糟需七八个小时基本出完酒。刚出时酒的度数高，最后出的酒劲差。如果是拿到街上卖，就要头酒；尾酒自家留着喝。如果不售卖，就将两样兑到一块儿，这是最常见的傣家烧酒，酒度在30度左右。

三、奇特的傣族酒俗

1. 咂酒

傣族的嗜好品有酒、烟、槟榔、茶等。几乎各地傣族都有这些嗜好，只是嗜好的程度稍有差异。在傣族居住的地区，酒已成为宴客必备之物。而喝“竹管酒”（也就是咂酒之俗）是傣族一种起源于明代的古老而流行的风俗。逢年过节，傣族群众在一起饮酒取乐，他们将一大陶罐酒置于空地中心，然后一部分男女团团围住，用根约一米五长的细竹管伸入罐内吸饮；另一部分人则在一头欢歌起舞，为之助兴。两部分人边舞边饮，相互交替，反复循环，十分热闹。傣族群众认为，这样饮酒象征着全寨的团结和睦。近现代以来，饮酒更是普遍嗜好，男子早晚两餐多喜饮酒少许，遇有节庆宴会，必痛饮尽醉而后快，且饮酒不限于吃饭时，凡跳舞、唱歌、游乐，必皆以酒随身，边饮边歌舞。所饮之酒系家庭自酿。

2. 击鼓饮酒

傣族击鼓而饮的习俗起源较早。《隋书地理志》中已有记载：“自岭以南二十余郡……铸锅为鼓，初成，悬于庭中，置酒以招同类。”其后，《蛮书校注》称：“弥诺国、弥臣国……王出即乘象，百姓皆楼居，机婆罗笼。男少女多，俗好音乐，楼两头置鼓，饮酒即击，男女携手楼中，舞蹈为乐。”这表明，隋唐之际，滇西少数民族社会普遍流行击鼓饮酒的习俗，这与铜鼓、木鼓在其社会中的特殊地位有密切的联系。现在，击鼓饮酒的习俗在傣族、景颇族、侗族等民族隆重的庆典和宗教祭祖活动中仍有击鼓的行为，其主要目的是“招同类”，烘托氛围，与从前击鼓而饮，饮则击鼓已不是同一意义上的活动。

（原载《名酒世界》张嘤、顾雁芳/文）

哈尼族酒文化

酒有“美之羹禄”之说，传说天神莫咪（哈尼族传说中的天神）把酒赐给哈尼族后，酒文化就盛传开了。哈尼族节日祭祀要喝酒，婚丧喜事要喝酒，亲朋相聚要喝酒，劳累、伤心也要喝酒。“酒”成了给人们带来欢乐及消愁解闷的“良药”，并形成内容丰富的“酒文化”风俗。

一、敬客酒

哈尼族不仅勤劳智慧，而且热情好客。无论是本民族的客人或其他民族的客人，一旦到家里，主人都热情欢迎，盛情接待。给客人敬烟敬茶，并用家中最好的美食招待客人。

在哈尼人的心目中，最为尊贵的客人是舅舅，他们认为“世上天最大，人中舅最大”，最为尊敬的客人是寨中年岁最大的老人及其他民族结拜的“干亲家”（有人亲家、牛亲家、马亲家）；此外就是三亲六戚、三朋四友。

平日里，舅舅、寨中长者及“干亲家”到来，不得杀鸡款待，把家中有的腊肉、野味干巴都端上桌，把香喷的焖锅酒提出来，热情地给客人倒酒、搛菜，请客人喝，请客人吃。喝到高兴时，主人开始向客人敬酒，并边敬边唱“敬酒歌”：

第一杯酒，敬你尊贵的舅舅，这杯香喷的焖锅酒，喝了这杯美酒，祝好运永远与你相伴随。夺，阿巴夺！第二杯酒，敬你尊贵的寨中长者这杯香喷的焖锅酒，我的祝愿在里头，喝了这杯美酒，祝你健康人长寿。夺，阿巴夺，第三杯酒，请干亲家把酒端在手，这杯香喷的焖锅酒，我的情意在里头，喝下这杯美酒，祝亲家吉祥万事美。夺，阿巴夺！

节日里，特别是过“十月年”，哈尼族还有宴请三亲六戚、三朋四友的习俗。在过年的时间里，凡进家的都是客，主人都会盛情款待，都会请他坐下喝酒。所以，汉族、傣族、彝族的好酒人，都借这个良机，约着伙伴到哈尼族寨子熟悉的人家里过年、喝酒。

年节里，除了吃美味佳肴外，最热闹的就是敬酒了。有喝转杯的，有相互干杯的，但主要还是主人的敬酒。通过敬酒，对客人作美好的祝福，但这种敬酒不再唱“酒歌”，只是用美好的语言来表达主人的心愿。

哈尼族敬酒，一般只敬三杯，在哈尼人的观念里，“三”是吉利的数，美好的数。更主要的是，哈尼人认为“三杯”最适合、适中，喝三杯能舒筋活血，精神抖擞，有益身体健康。喝多了，喝醉了不仅损人身体，还会招来横祸。所以，淳朴、善良的哈尼人，宁愿食客高兴，宁愿食客健康。三杯过后，主人不再敬酒，愿喝者继续喝，不愿喝者就吃饭吃菜，主人绝不会有意将客人灌醉。

二、贺婚酒

成亲，哈尼族认为是一个人一生中的大事。所以三亲六戚，三朋四友都要来恭贺，来喝“喜酒”，哈尼婚宴上，新郎提着酒壶，新娘用筛子端着酒杯，依次给宴席桌上的客人们叩拜、敬喜酒。客人们接过喜酒后祝贺道：“祝你们夫妻美满！”“祝你们夫妻和睦相亲！”“祝你们夫妻多子多女！”“祝你们夫妻勤劳持家！”然后将早已准备好的赐银放进筛子后便举杯而干。赐银象征着新婚夫妻向人们讨“福”，可多可少，但一定要赐给。这时，主人家请来的歌手唱起了娓娓动听的“贺婚歌”。

今天是属牛的吉祥日，今天是新婚的好日子，主人家摆满了新婚的酒席，大家欢欢喜喜坐在一起。快吃吧，夹一筷蕨蕨菜，吃了可以开山种地；快吃吧，夹一筷野灰菜，吃了可以撵山打猎；快吃吧，夹一筷树花菜，吃了可以万事如意；快吃吧，夹一筷土锅菜，吃了才不会把祖先忘记。这些山茅野菜，是祖先传下的吉祥菜；这些山茅野菜，是新郎新娘的美意招待。快喝吧，喝一口荞酿酒，喝了可以勤脚快手，快喝吧，喝一口谷酿酒，喝了可以年年丰收；快喝吧，喝一口果酿酒，喝了可以长命百岁；快喝吧，喝一口高粱酒，喝了可以使生活美如醉。做新娘的姑娘啊，快张开你的笑脸，做新郎的伙子啊，快把酒壶提手上，用清清秀秀的手，向客人们敬酒，用欢欢喜喜的笑，向客人们拜谢。收下吧，收下客人们的祝福，收下吧，收下客人们的赐银，祝你们心像山泉一样清澈，祝你们像红叶一样红透，祝你们生女像花一样美。新郎新娘哎，吉祥伴着你们到白头。

随着歌声，新郎新娘向歌手叩拜，表示谢谢歌手的美意祝贺。同时再次向客人们叩拜，敬请客人们吃吉祥菜。客人们领了情，都争着分享桌上的吉祥菜，边吃边“萨，萨，萨”（好，好，好）地欢呼着。

在婚宴上，新娘要当众吃下新郎亲手递送的一碗半生饭，表示自己与新郎成婚，就像这碗半生饭当熟饭来吃，心甘情意，天塌地陷不变心。新娘也要把从娘家带来的一块圆粑粑递给新郎吃，表示愿与新郎团圆相依，永不分离。

三、祭鼓酒

“祭鼓酒”，哈尼人又称“换牛皮鼓酒”。是饮酒、歌舞、吟诵祭词一体的祭祀活动。

滇南哀牢山，素称民族歌舞之乡。在漫长的历史岁月中，居住在这里的哈尼族人民，用自己的聪颖才智创造了多姿多彩的哈尼族歌舞，兴起了饮“天之美禄”的“酒文化”。“歌舞”和“酒文化”是哈尼人民生活中不可缺少的一部分。人们从小就受“酒”和“歌舞”的熏陶，培养了浓厚的兴趣。他们认为，不会饮酒和歌舞的人，是人生的一大憾事。所以，在这块富饶神奇的土地上，哈尼族歌舞和酒文化得以千秋万代的绵延下来了。

最能突出本民族精神的就是跳“牛皮鼓舞”和喝“祭鼓酒”了。自古以来，哈尼族人民对牛皮鼓十分尊敬、崇拜，把牛皮鼓的响声当作吉祥的佳音、胜利的福音。因为，它在民族生死存亡的时刻立过大功。

雄浑、豪壮、粗犷、具有浓郁的古朴风味和民族风味的牛皮大鼓舞代代相传。经过一代一代地演变和发展，更加别具风采。其舞姿忽而像猛虎腾跃，表示哈尼人的英武、强悍；忽而像老熊嬉戏，表示哈尼人的极度欢乐；忽而像雄鹰展翅，表示哈尼人的不屈不挠；忽而挥舞武器四方拼杀；表示作战的激烈；忽而将武器高举，表示战斗的胜利。舞姿变化无穷，千姿百态，是哈尼族原始舞蹈的典型。

牛皮鼓已被哈尼人当作尊敬的鼓，神圣的鼓。所以，牛皮鼓只能在祭龙和过年这两个隆重节日才能擂击。祭龙擂击，表示人们用鼓声来扬善驱邪：过年擂击，表示人们用鼓声来表达丰收的喜悦和欢度新年的快乐。

为了让后代子孙继承先民的传统，皮鼓不管好坏，要一年换一次。换皮鼓不能随便，必须择吉日于百花盛开的三月，使换的鼓象征美好。换鼓地点要选在整个寨子的中心（即风水最好的地方)，使换的鼓象征着吉祥。

换鼓皮须杀牛，此牛必须是四脚、两耳和两角整齐，体肥膘壮，毛色光洁的黄牛。杀前，人们恭恭敬敬地祭献黄牛，用椎栗树叶铺在地上，松树尖叶插在地上，然后摆上祭品。主祭者要向黄牛祈祷：“牛啊，从今后，这个寨子归你管了，求你给寨子带来福音，带来吉祥，让人们有吃有穿、无灾无难、太平安康。”祈祷毕，从牛耳朵根拔一撮毛放在椎栗叶上，以表示牛听进了祈祷，愿为人们造福。

每家都要来一个男人参加喝“祭鼓酒”，同时也是来参加“蒙鼓皮”的盛典。蒙鼓皮时，人们要不断高呼：“坏的快滚开，好的进鼓来！”边喊边手舞足蹈，忽而像作揖迎吉祥，忽而像作战驱赶恶魔，忽而伸臂向四方旋转，忽而将两手慢慢合拢置于鼓内，示意将天下的福气撷来放入鼓中。

鼓皮蒙好后，人们尽情地吃喝，直到把一条牛肉吃完，把带来的酒喝光。吃饱喝足，把鼓抬到有威望的贝玛家存放。

当晚，全寨子的男人都要到管牛皮鼓的贝玛家门前，尽情地唱歌跳舞，直唱到跳得筋疲力尽，才停下来到管鼓的贝玛家再次喝“祭鼓酒”，吃“祭鼓饭”，用来作来年粮食丰收、生活美好的象征。有首“祭鼓酒歌”是这样唱的：

喝下吉祥的“祭鼓酒”，一生百病不会有；喝下神圣的“祭鼓酒”，驱贫除穷变富有；喝下甘美的“祭鼓酒”，哈尼山寨格外美！

四、长街宴酒

“长街宴”是哈尼族团结和睦的酒宴；是喜悦欢乐的酒宴；是驱邪迎吉祥的酒宴；是幸福安康的酒宴。酒宴将祭祀、歌舞、祭词融合为一体，充分表达了哈尼人民团结的心愿，显现了哈尼族和睦相亲的民族气质；表示了哈尼人的聪明才智及酒文化盛行的动人场面。

提起“长街宴”哈尼族还有个古老的传说：古时候，哈尼族居住的山寨，突然出现人瘟、畜瘟、庄稼瘟，害得哈尼人无法生存下去了。萨莫、叶莫看了十分着急，各持一把棕扇，从天宫来到哈尼山寨。他们到树皇将扇一扇，村里的瘟疫扇跑了，从此村里无瘟无难，太平安康；他们到田野一扇，害庄稼的瘟神被扇跑了，从此庄稼长势喜人，五谷丰登。为了感谢萨莫、叶莫的大恩，每年正月初三至初五（是他们帮助哈尼人驱尽瘟疫的日子)，哈尼人就要摆起长街宴祭献他们，求其保佑安康。成年男子们每天都端着自己家里的佳肴、米酒，成群结队地聚在一个广场上，把酒菜沿广场直摆成长长的宴席，举行规模宏大的“长街宴”活动。“长街宴”活动只限于男子参加，由德高望重的老人主持。老人喝得更加尽兴。他们每喝一口都要先敬无形的山神，并抒发他们希望山神赐吉祥、赐丰收的心愿。酒喝得越多，话就越多，赞美山神就赞美得越多。直到把酒、食喝光、吃光才高兴地离山而归。

五、丧葬酒

哈尼族的丧葬活动独具一格，是以哭、唱、跳的形式来祭奠死者。如果死者是寿高者，他们认为死者的灵魂已成了“神”，祭祀活动就是祭神活动，所以，祭祀要更加隆重，更加热闹。

为了使死者（神）感到高兴，感到家人和寨子里的人对他的无限崇敬和虔诚，在祭祀时，不满足于哭、唱、吟诵祭词，随着感情的宣泄，也就手之舞之，足之蹈之，使祭祀气氛更加隆重。久而久之，成了宗教活动不可缺少的内容，成了独具特色、自成体系的原始宗教舞蹈。如“打莫搓”，意为死亡的老者跳舞，源于古代的娱乐活动。先是围绕着死者的灵柩击掌顿足，亦歌亦舞，动作简单，不断反复，彻夜不止。这是贝玛围绕着灵柩跳的“小莫搓”。后来发展为在死者家门外的空地上跳舞，再后来发展为在死者寨中宽敞的场地上跳舞，哈尼人称“大莫拼”，人人均可参加跳。发展到现代，凡节日或喜庆日都要“打莫搓”。这种舞蹈，从产生的动因、服务的目的、表演的环境看，无疑属于原始宗教范畴，然而，他们以欢乐、和睦、团结互助为具体主题的特征，舞蹈动律、节奏和旋律又明显地同原始宗教不同，成为独立的、完整意义上的非宗教娱乐性舞蹈。这种舞蹈，情调是向上的，情绪是欢乐的，节奏是明快的，色彩是明丽和谐的。

伴随舞蹈的是祭酒活动，早上要祭早酒，中午要祭午酒，晚上要祭晚酒。哈尼人认为，“酒”是哈尼人的饮食之首，也是神的饮食之首，“无酒不祭祀”成了哈尼人祭祀的规矩。他们认为，没有酒的祭祀是假祭祀，神不喜欢，为不得罪神，祭祀活动都必须有酒。再从参加祭祀的人来说，祭祀活动后他们要欢悦，没有酒的美食，使他们难以欢悦。所以，凡祭祀前哈尼人都要烤焖锅酒，在哈尼人的心目中，焖锅酒是最好的酒，美酒敬神，神高兴；美酒敬人，人皆大喜。人们借酒兴唱歌跳舞，借酒兴歌颂神，借酒兴海阔天空，宣泄满腹的喜悦，借酒兴加深三亲六戚的和睦、亲情。

在丧葬祭祀期间，一凡有唱挽歌的地方，就有美酒摆桌上，贝玛和老者们有酒相伴，可以从早唱到晚，可以喝几天几夜；丧葬席上有酒相伴，就有食者祝福的欢声，饮酒的笑语；丧家的三亲六戚有酒相伴，就能消除心中的痛苦、忧愁，就能使心灵得到安慰。

“一醉解千愁！”哈尼人信了这句真言。

出殡时，将灵柩送至坟山的途中，沿途有三亲六戚用小篾桌摆的祭品，有酒、茶、火腿、腊肉。他们将酒、茶泼向灵柩，以示将酒食送给死者，让他带着去。贝玛沿途唱着送葬歌：

寿高死去的老人啊，莫把天怪莫把地怪。你就像坐在风口上，大风把你刮走了；你就像坐在水口处，大水把你冲走了。今天把你送到新家，那是风水最好的地方。哈尼人由于祭祀多、节日多、结友会亲朋多，所以饮酒也就多。凡事久而久之就成为传统，就成为习俗。哈尼族的“酒文化”激励着哈尼人奋发向上，创造自己的美好生活。有了好生活，才有酒喝，才有美食，才有甜蜜和欢乐。

纳西族酒文化漫谈

纳西族是一个有着悠久历史，璀璨文化的民族。据文史记载，2000年前纳西族人民就生活在云南和四川交界的金沙江流域。纳西族由南下的古羌人与当地土著居民结合而形成，与汉代的“牦牛夷”，晋代的“摩沙夷”，唐代的“摩些夷”部落有渊源关系。晋代的《华阳国志》记载，在东汉末年（公元2世纪左右），纳西族的先民“摩沙夷”就活动在丽江周围的地区。在唐代，摩些诏首领曾在今天的云南宾川县建立过越析诏奴隶主政权，成为当时的六诏之一。在中央王朝的支持下，明代的纳西族木氏土司曾盛极一时。清代实行改土归流政策，使纳西族地区向封建地主制转化，与内地的交往更为密切。特别是13世纪中叶元朝起，纳西族木氏土司统治丽江地区长达22代470年，经济文化获得较快发展。

根据2000年的最新人口普查统计，纳西族有30余万人，主要分布在滇、川、藏交界的横断山脉和金沙江‘N’字大湾一带地区，甚中绝大部分在云南省，共有26.6万人。丽江纳西族自治县是主要聚居地，有18.5万人，占该县总人口的58%，占全国纳西族总人口的三分之二。纳西族讲纳西语，属汉藏语系藏缅语族彝语支，分东、西两种方言。以金沙江为界，西部约20万人，东部又分为三个部分。

一、纳西族酒文化

纳西族有着丰富的饮食文化，明末时，我国的大旅行家徐霞客去云南游览时，在丽江受到了纳西族土司木公的盛情款待，摆出的民族菜肴竟有80味之多。其中“木府家酒”为徐霞客所钟爱。“木府家酒”是纳西族独创的水酒，是以优质大米为原料，经过水泡、蒸熟、发酵、榨酒、装缸等一系列工序后方才饮用。此酒绵和醇香、甘美爽口，据说徐霞客常常因为饮此酒而醉卧丽江。

纳西族的饮食在古代以肉奶制品为主，鲜有粮食、蔬菜，正如（白狼歌）中所言“食肉衣皮，不见盐谷。”后来，农业生产不断发展，为纳西族的饮食文化提供了谷物、蔬菜。据史书记载，古代纳西族以游牧生活为主，喜欢饮酒。东巴经书《耳子命（饮食的来历）》，是一部农业生产劳动的颂歌，长诗的第一部分就描写了种麦、酿酒的全过程，说明纳西族在很早的古代就会酿酒。纳西族现代常饮的酒有白酒、水酒、窨酒，尤其以窨酒出名，曾获中国首届黄酒节二等奖，全国旅游饮品优质奖。窨酒曾是云南省涉外饭店宾馆上柜的品牌酒，其风格尤其受日本人推崇；英国女王伊丽莎白访问昆明时，曾在宴席上连干三杯，赞誉有加。一般去丽江的游客，都以品尝丽江窨酒为乐事。

纳西族窨酒有个有趣的故事。据说，清代顺治十五年（1658年）明桂王朱由榔（永历帝）被吴三桂逐出昆明仓皇逃至下关时，又遭吴三桂追兵袭击，扈从人员多数被冲散。有个姓杨的侍卫小官与随驾队伍失去联系，只身星夜逃走，越走越远，不觉到了鹤庆县地界，接着又进入丽江，最后在离丽江县城二十多里的荒僻山村江洼村落脚，隐姓埋名，靠干体力活度日。此人勤快朴实，也会一些手艺，很快与村里的人混熟了。村里人都喜欢称他为杨先生，没过多久他就与村上一个纳西族姑娘相爱了，约定腊日成亲。姑娘的父母待他甚好，村上的乡亲们也很尊敬他，使他感到无比温暖。他为了对姑娘和乡亲们有所表示，打算在成亲之日给乡亲们献上一份礼物，于是他自然就想到了他最拿手的酿酒手艺。他原是浙江绍兴人，家里会酿黄酒，他在桂王府中也担当过掌管酿黄酒的职务。来到江洼村，他看到这里盛产大米，山上又有做酒曲的药草，觉得可以酿出好酒来，但这里的乡亲只习惯酿水泡甜酒，味道差多了，他决定亲手酿出一种好酒来作为礼物。成亲之日，远近宾客都来了，酒席开始时，他就从地窖里抬出几坛酒来，庄重地倒出几杯，先敬岳父母，后敬新娘，再一一敬客。大家喝了这种色香味俱全的好酒后称赞不已，举杯共祝新婚夫妇恩爱到白头。但是大家都不知道这叫什么酒，他说："就叫窨酒吧。"从此，窨酒就逐渐传开，名声越来越大，喝窨酒成了纳西族地区吉祥喜酒的习俗。

清末民初之后，古城大研镇已有专门生产经营窨酒的酒家，出名的有新华街的杨大妈家、双石桥的和大妈家、兴仁街的李大妈家、关门口的黄大妈家。民国时期，有不少外国人在丽江成为窨酒的忠实顾客。例如国际工会组织驻丽江负责人彼得等。新中国成立后，窨酒因耗粮大、周期长，成本高而停止了生产。党的十一届三中全会以后，这一传统产品得到恢复，并得到各省、地、县领导的重视和支持，窨酒生产得到迅速发展。

二、纳西族酒

1. 窨酒

窨酒是丽江纳西族的传统饮料酒，也是滇西丽江市玉龙纳西族自治县的名酒。窨：音"荫"，其意思是藏在窖中。窨酒颜色为橙黄色，透出琥珀光泽，洁净透明，入口绵甜、味道醇香甘甜。陈年之酒粘若清胶，饮之不易醉，醉则一二日不醒。丽江纳西族人民勤劳好客，每逢娶亲嫁女或者迎宾宴友时，就会用窨酒款待客人，因其酒非常珍贵，多是一杯为限。过去有的小康之家孩子出世后，父母特意替他酿下窨酒封于地下，等孩子长大订婚时作为订婚礼酒。

窨酒是用大麦、小麦、高粱三种粮食作原料，以特制的酒药、玉龙山下的泉水，特殊的工艺长时间酿制而成。具体的制作方法是：大麦、小麦各占百分之二十，高粱百分之六十，煮熟、焖黄，然后摊凉加酒药装箱糖化，再分装入瓦缸，封存60天，然后过滤去糟，将汁液再分装入瓦缸密封沉淀，时间最短为一年，越长越好。制作出来的窨酒颜色如琥珀般透明，味似鲜蜜甘醇，清香宜人，舒适爽口。窨酒含酒精20度，葡萄糖15%、多种氨茎酸和维生素及脂酸化合物，有良好的滋补作用。

"窨酒"之"窨"字，有两个意思，一是指地下室，二是指窖藏，也还有使窖藏物在长时间窖藏中起变化，生成特有香型和风味的意思。窨酒不是蒸馏的酿制酒，属于黄酒类，但它不是江浙一带的黄酒，不论原料、工艺、风格等都和江浙黄酒有很大的差别，而与纳西族"茨日"（又称日硕)、"定日"、"铸日"等民间饮料酒一脉相承，只是加工程度有所差异而已。窨酒虽然属于黄酒，营养和糖度高，但是没有一般甜型黄酒的黏稠感，当酒液触及嘴唇时，糖、酒、各种味道恰到好处，甘而不腻，柔而不烈。佐桩时，无论男士女士，酒量高下，都能调剂众口，开胃进食。

2. 水酒

水酒是水泡甜酒的简称，也是纳西族人民喜欢喝的一种酒。这种酒既有白酒的醇味，也有米酒的香甜，是纳西族在节日、喜庆或宾客临门时用来招待客人的一种比较古老的饮料。这种饮料在边远山区和永宁一带的纳西族地区至今仍很流行。水酒是用大麦或玉米作原料酿制而成的。制作时，首先将大麦或玉米淘洗干净，置于锅里蒸煮，待大麦快成熟时取出摊凉后，按一定比例拌上酒曲，装入大布袋里让其发酵。两三天后布袋里的大麦就会散发出清香的酒味来。此时，将已发酵的大麦装入大坛子里密封起来。酿制完成后，开封时要注入适量清水。等三四个小时后，就可以倒出来饮用了。有的则将发酵过的大麦装坛子时，顺便插一根空心的细竹管（即缸吸管），在取水酒时用嘴一咂，使竹管充满酒后，就会自然流出来。这种用缸吸管取水酒的方法，在纳西族明代（饮春会）一诗中就有了记载。诗中写道："官家春会与民同，土酿鹅芊节节通。"这说明了纳西族饮用水酒的习俗早在明代已经很盛行了。后来随着社会经济的发展，纳西族聚居的一些城镇里由于受到汉族的影响，酿酒技术大多改用汉法。

3. 其他酒

纳西族民间酿制的酒还有白酒，即蒸馏酒。做这种酒，除了发酵之外，还必须对甜酒进行蒸馏提取。梅子酒也是纳西族民间酿制的一种酒，其制作方法是洗净青梅子并加工好之后放入大麦酒中，加上少量食糖进行长时间地浸泡。待酒呈金黄色后再开启饮用。其味道酸甜醇香，可起到润喉、舒胃健脾的作用。

三、酒与纳西族的传统节日

纳西族的节日非常多，一年中几乎月月都有节日，这些节日与农事节令及宗教信仰紧密相关，说明了它渊源于古代的季节及祭祀。随着社会的发展，对外交往的频繁，这些节日也吸收了其他民族的习俗，由于各地纳西族内部文化环境的差异，因而时令与节日习俗也有些差异。

据乾隆《丽江府志》记载，丽江地区纳西族一年中的节令及习俗主要有生春、春节、清明节、五月端午节、火把节、中秋节、“三月龙王庙会”、“七月骡马会”等。不少节日如春节、清明节、端午节、中秋节等均与当地汉族大致相同，春节是最大的传统节日，并且伴有许多祭祀活动。其中立春的时候纳西族人民要以，“饼酒”馈遗。正月初二，亲戚家要互相拜年，拜年时首先要带酒、三个饵饫、一块牲畜臀部厚肉等。拜时要给长者敬一杯酒，长者要夸酒好、人好、年好，用好话相互鼓励，亲戚间相互请客。五月端午节要喝雄黄酒，吃甜包子等。

由于纳西族的人民都非常喜欢饮酒，所以在平时的饮食和节日里都要饮酒，酒贯穿着纳西族人民的饮食和节日。野餐是纳西族的一种饮食习惯，在20世纪40年代，俄国人彼得在他所著的《被遗忘的王国》一书中就描述了纳西族野餐的情景：“妇女们篮子里背着火锅和各种美味佳肴……喇嘛寺前的草地上坐满了进行野桩的人家。”纳西族的野餐可以分为劳动型和娱乐型两种：劳动型野餐主要是为了方便劳动，节省时间和开支，所以饮食比较简单，人们上山或到田间劳动时，带上一些粑粑、馒头，佐以豆豉、卤腐、咸菜或红糖、核桃之类，也有人带燕麦炒面用凉水冲米酒合吃。食品花样最多的野餐是清明节，这天家家都备有油炸糯米粑，还有糯米面掺和鲜菌香叶的食物。油炸的还有粉皮、绿豆粉皮、麦粉皮、油香等。煎的有豆腐、凉粉、米灌肠、酥鱼。煮的有凉火腿、香肠、鸡蛋、鹌鹑蛋、排骨、瘦肉、猪头骨、什锦火锅、沙糕等各种糕点，另外还有纳西族人民喜欢的水酒或者窨酒作为野餐的饮料。待扫墓祭奠祖先完毕后，全家老幼围坐在青草地上、松树下、摆开食品全家野餐。

纳西族新生的子女满月时，要喝“满月酒”，要先吃一席米酒煮荷包蛋后再吃饭菜。

景颇族酒文化

云南的景颇族，是一个勤劳淳朴、待客热情的民族，主要聚居于滇西南一带。景颇族的男女老少都爱喝酒，形成了独具特色的“酒文化”。

景颇族人喝的酒，是家家户户都会自制的水酒，它度数不高，近于啤酒，其味醇香、清凉可口。水酒的制作工艺简单，只需把大米淘洗干净，用甑蒸熟后再晾干，然后拌上酒药，用芭蕉叶包好后放上几天，待闻到有浓烈的酒香味后，再把它放入土罐中密封保存，过上十来天后，再加上凉开水，就成水酒了。关于水酒，还有这么一个传说，古时候，有个叫木吉锐纯的妇女，与其子阿崩娃分居于恩梅开江两岸，由于江桥折断，阿崩娃每天都要走很远的路才能见到母亲，吃到母亲的乳汁。有一天，他请求母亲给他想个断奶的办法，木吉锐纯就给了他一包酒药，教他制水酒的方法。阿崩娃依母所言果然制出了水酒，从此以水酒当乳。水酒也就世代相传。

景颇人，无论上街赶集，串亲访友，还是婚丧节庆，每个人的挎包里总放着一个小巧精致的竹制“特勒”（酒筒），凡知己相逢，熟人见面，客人来访，都会拿出“特勒”互相交换饮用。先接到“特勒”者斟出一杯酒来，首先敬给传递者，然后双方对饮。若还有第三者、第四者在场，则传递者又会把酒依次敬给他们，然后彼此共饮。酒，成为一种联络感情必不可少的佳酿，又是一种以礼相待的美味。景颇人认为，不用酒待客是一种极不礼貌地行为。

景颇人喝酒也有讲究，熟人相见要相互敬酒，但不是接过酒来一仰脖子来个“一口闷”，而是要倒回对方的酒筒里一点后才喝，这是一种礼仪，表示敬重对方，而主人也认为这是看得起自己。婚丧节庆的酒宴上，主人也不给客人敬酒，而是把酒筒交给席上的长者，请长者代表自己给大家敬上一巡酒，喝完这巡酒后才能自己随意喝，但最后酒筒里还要留下一点，表示一种吉祥：年年有余。有时候，大家在一起共饮一杯酒，要让年纪大的长者先喝，先喝的人喝一口后，用手揩一下自己喝过的地方，然后再传给别人，这是喝的“同心酒”，表示彼此之间一条心。

景颇人对外来的无论相识与否的客人都异常尊敬，他们认为，凡能够来到景颇山寨的人，都是看得起景颇人的。所以，凡在村口或寨中遇到外来客人，他们都异常高兴，总是笑脸相迎，礼貌相邀，把客人请到家里，拿出水酒，端上美味，和客人来个一醉方休。

布依族酒文化

布依族主要聚居于贵州省黔南、黔西南两个布依族苗族自治州及贵州、云南、四川省的部分地区。布依族是我国少数民族人口较多的民族之一，总人口250多万，其中以贵州的布依族人口最多，占全国布依族人口的97%。布依族人热情好客，民风淳朴。酒在布依族人日常生活中扮演着重要的角色，布依族人喜欢饮酒，酒不仅是布依族家庭的日常必备品，更是他们在节日盛宴时、待客时必不可少的佳品。

一、布依族酒的分类与酿制方法

布依族人不但喜爱饮酒，而且也善于酿酒，布依族人酿酒有着悠久的历史。布依族人饮用的一般多是自己酿制的酒，白酒多用包谷（玉米）、高粱、麦子或大米酿制而成。根据酿酒程序的不同，布依族的酒品分为糯米酒、刺梨酒、白烧酒等类型。

1. 糯米酒

布依族的糯米酒是用自产的糯米和自制的酒曲酿制而成的。首先，将糯米洗净，然后清水浸泡5小时左右，过滤，放于甑子蒸熟后，倒在大簸箕上散开，待凉至摄氏10度左右，放入酒曲搅拌均匀，然后放进缸里压紧、压平，并在中间刨成一个小窝凼，再将缸口盖严密封，24小时（俗称对时）后即可开盖，此时的酒称为糯米甜酒。这种甜酒基本上是妇女们自食和招待女客的。再过一周，酒糟变辣，加进泉水浸泡两天，然后倒入大灶的锅里，用木制酒甑罩上，木甑的顶部放一口大锅，锅内加水，生火将酒糟煮沸，酒液从笕槽里流出入酒坛，便成了度数较低、醇香、可口、补肾健胃的糯米酒。

2. 刺梨酒

布依人家酿造的刺梨酒已有三百多年的历史，布依语称刺梨酒为“坛而扛”。清代乾隆年间，布依族的祖先把野果刺梨摘回家中与粮同煮，多天后发酵，散发芳香。后来，经过世人摸索，酿造出了刺梨酒。贵阳市花溪区布依族酿制的刺梨酒更是驰名中外。刺梨酒主要有刺梨米酒和刺梨烧窨酒两种类型。

（1）刺梨米酒。每年农历6~8月采集刺梨果，将其晒干或烘干，待到9月造酒。其实刺梨米酒是由糯米甜酒和刺梨混合发酵而成的。制酒时，先将糯米酿制成的甜酒酿放砂锅里煎干成茶红色，与蜜蜂糖相似，装在土碗里备用。再将酿制好的米酒装在坛子里，根据酒的多少，放适当煎过的甜酒酿至其中。再把木甑蒸过的刺梨用粽片包好放入酒中浸泡，密封坛口，并封密一月以上即成。浸泡的时间越长，味道就越好。这种低度的刺梨米酒约12度左右，不易醉人，酒液呈黄色，喷香可口。

（2）刺梨烧窨酒，布依语叫“闹暴”。用糯米甜酒与浸泡的刺梨液汁均匀混合，装入坛内，然后把坛子放进火塘，坛口上放置一个装有凉水的小蒸钵，用谷壳把坛子盖上，然后点燃火，让烟火慢慢熏烧，待十天或半月后，从火塘中取出而成。这种酒味美醇香，略带甜味。该酒呈酱油色，饮食该酒既能充饥又能健胃，还是强身健体的保健佳品。

二、布依族的酒俗

布依族是一个喜酒好客的民族，他们常用酒来表达自己的好客、无私、友好、热情的品质，因此，酒也成为了布依族多姿多彩的民族文化的载体。布依族在很多传统民俗活动中都会用酒来传递某种信息，表达某种感情，如拦路酒、鸡头酒、交杯酒、转转酒、讨八字酒等等。

1. 拦路酒

除苗族、水族以外，拦路酒也是布依族欢迎客人的一种酒俗。在进布依族村寨必经之路上，由主方备酒恭候于路中，客至，先以酒歌劝酒，表示出主人对客人的欢迎，客人饮后方得进寨，有的主客双方还需对歌，然后才能饮酒“过关”。而进入村寨后，如客人初次来到布依人家，主人会敬上一杯“茶”，此“茶”实为米酒。如果客人将酒误认为茶一口喝进嘴里，务必将酒喝下肚；而不能将酒吐出，否则被认为不礼貌。如果客人知道“茶”中玄机，就可以恭敬的双手接过“茶”来，慢慢品尝，细细享用。在布依族的习俗里，这是布依族待客真诚的表现，客人喝下的酒越多，就象征着“长吃常有”，主人就越是高兴。

2. 鸡头酒

黔西南的布依族有喝鸡头酒的习俗。当贵宾前来布依族家中做客，主人总会杀鸡备酒招待客人，此时的鸡头又称为“凤凰头”。入席后，主人向贵宾双手奉上“凤凰头”，客人接过后，先饮酒一杯，再把“凤凰头”依次对着其他人，表示大家共同举杯，一饮而尽。这样的习俗表现出布依族对客人的尊重与敬仰。

3. 交杯酒

在贵州的布依族地区，交杯酒也是一种颇具特色的酒俗。交杯酒有三种形式：一种是二人各持一杯，相互同时递到对方嘴边，并同时饮下；另外一种是主客各自举杯与对方持杯的手臂相勾，再将自己手中的酒同时饮下。这两种多是主人对客人敬酒时所行的酒俗，取交杯即“交情”、“交心”之意。还有一种是在集体的酒宴中，众人围坐，各持一碗同时顺同一方向举起至相邻客人嘴边，再同时饮尽，取“心心相印，肝胆相照”之意。

4. 转转酒

布依族世代依山傍水聚族而居，一般是十几户或几十户为一寨，也有上百户至几百户的。贵州布依族的转转酒是同一村寨，以家为单位轮流邀请外来客人喝酒的习俗。贵州的布依族有“一家来客全寨亲”的说法，所以这种转转酒在布依族村寨尤为盛行，谁家来了客人，这家的亲戚、邻居以及全寨各家都要轮流转到，否则视为不合群。这样的礼俗体现了布依人热情好客的传统美德。

5. 讨八字酒

讨八字酒盛行于黔西南布依族婚俗中。主要是指布依族男女青年经过恋爱、说媒后，双方父母已无异议，就要择出婚期。在订婚期前，男方家的媒人要到姑娘家来讨姑娘八字，女方家要在堂屋中的神案前摆上八碗便当酒（即家酿米酒），并将姑娘的年庚生辰八字写在一张纸上，压在其中一碗酒的下面，这时，主持人就请媒人去揭姑娘八字，媒人只能凭直觉去找，当揭起一碗若没有姑娘的八字时，媒人就将酒一饮而尽，然后再揭，直至揭出八字为止，方能带回与男方八字合在一起，由阴阳先生推算出良辰吉日作为选定的婚期。

三、布依族的酒歌

对于一个善于酿酒、喜好喝酒的民族，一定少不了精彩的酒歌，布依族也是如此。俗话说“无酒不成席、无歌不成敬”，布依族人在热情待客、豪爽饮酒之余，也一定会奉上优美婉转的酒歌来助兴。

酒歌作为布依族音乐活动中最为活跃的一种歌唱体裁，内容非常丰富，多为即兴内容，包括诸如开天辟地、日月星辰、民族起源、历史、山川草木、生产生活，乃至对村寨及对主人的称赞等。从唱场合来划分，又包括了迎客歌、敬酒歌、婚庆歌、节庆歌等。

1. 迎客歌

迎客酒就是娶嫁迎亲或逢年过节，客人来到时，主人要在大门口摆上一张桌子，桌上放酒壶和碗，客人一到，主人便在碗里斟酒，双手端起，唱迎客歌为客人献酒，如：“凤凰飞落刺笆林，鲤鱼到浅水滩，今天贵客到我家，不成招待太简慢，献上一碗淡淡水，只望客人多包涵”。客人若是能者，就以歌答道：“画眉飞上梧桐树，小虾游到大海里，今天来到富贵府，主人殷勤真好客，只因我的口福薄，这碗仙酒不敢诀。”如此对答几个回合以后，双方不分胜负，最后客人饮一口酒，就进到堂屋里。若是客人不会唱歌，主人每唱一首，客人就要喝一口酒，一直要唱七首或九首，客人也就要喝七口或九口酒以后才能罢休。

2. 敬酒歌

唱敬酒歌的方式是，先由主人端起一碗酒，向客人们边敬边唱。开场歌的内容大都是些客气词句。比如主人家的酒肉明明是摆了满桌，主人却谦逊地唱道：“昨晚灯花爆，今早喜鹊叫，都说要有客，贵客真来到……本想杀头猪，猪崽瘦壳壳；田里去捉鸭，鸭被鹰叼啄；棚里去捉鸡，鸡被野猫拖；溏里去捞鱼，鱼被水獭捉……贵客到我家，实在简慢多。”

唱完，敬每个客人喝一口酒。客人们也一一举起斟满米酒的碗来唱歌答谢，内容多为感谢主人家的殷勤，祝寨邻平安、庄稼丰收、牛马成群等。如“喝酒唱酒歌，你唱我来和；祝愿主人家，岁岁好生活……祝愿寨邻里，和睦享安乐；祝愿牛马壮，祝愿羊满坡……主人真殷勤，让我坐上座，敬我猪腰肝，敬我鸡脑壳……多谢呀多谢，主人麻烦多，我们转回去，定把美名说。”一人唱一首，唱完后，大家各饮一口酒，要是谁不会唱，就“罚”饮三杯。在酒席间，主人要请善歌的姑娘或中年妇女来向客人敬酒。她们有的拎着酒壶，有的端着放碗的方盘，来到客人身旁，先斟上一碗酒，再唱起“敬酒歌”：“客人远道来，实在是辛苦，没有鸡鸭鱼招待，喝碗淡水当鱼肉”。若客人能歌，就以歌回答道：“八仙桌子四角方，鸡鸭鱼肉摆中央，山珍海味样样有，多谢主家热心肠。”就这样主人一首，客人一首，从古至今，天南地北，内容无所不包，有问必答。当然，要是唱的时间久了，回答时不一定对题，只要能对出一首就行，这样就免罚喝酒。要是不会唱敬酒歌，姑娘们每唱一首，就被“罚”喝一口酒。真是妙趣横生，给整个酒席增添了欢乐气氛。

3. 婚庆歌

布依族婚庆仪式中的酒歌分为 13 个部分，它们分别是《开朝门歌》、《安桌歌》、《板凳歌》、《筷子歌》、《解壶歌》、《斟酒歌》、《敬酒歌》、《赞美歌》、《做客歌》、《栽花歌》、《盘花歌》、《答谢歌》、《留新媳妇歌》等等。

比如婚礼上，歌手要把所有礼品一件件唱完以迎合主人的心意和对新婚夫妇的赞美，还要对前来祝贺的亲友表示恭维，他们首先开声唱道：乌冬喂！（意为：呵亲友们勒！）然后才唱出优美动人的歌句。

“我乡走到你乡村，来到你乡做客人，走到主家朝门下，敬请主家开财门，左手开门金鸡叫，右手开门凤凰鸣，主家发财万万春。”这就是一首布依族婚庆时把新娘送上夫家时，送亲者对着新郎家高唱的酒歌《开朝门歌》。歌毕，新郎家门户大开，贺喜庆婚的主客人按辈序入座酒席。酒桌要斜摆着，桌上只摆筷子两对、酒杯两个、汤匙两把和一只空酒壶，桌底下放着架成十字的两把长凳。“木在山上一排排，鲁班师傅去砍来，砍来解得千千万，砍来解得万万千，长的做板凳，短的做桌心，桌不正不坐，请主人重安过，安桌已毕，红喜大吉。”这是送亲客人唱的《安桌歌》。主人家听完《安桌歌》赶紧把斜摆着的桌子放正，将桌底下的凳子抬走，变成有桌无板凳。“板凳原来四只脚，走到贵府把桌圆，板凳原来摆四面，摆在桌下无人见，高盘满碗都摆好，只有板凳还未安。”在客人的《板凳歌》吟唱后，主人摆齐四把板凳。但餐桌上还是无酒无菜。客人这时就该唱《筷子歌》和《解壶歌》了：“多谢亲家多谢亲，请把筷子拿来分，请把筷子拿来散，双双筷子散客人，一双筷子梭罗木，二双筷子象牙骨。八个神仙都散过，八仙过海显其能。”唱完《筷子歌》，主人就得把桌上餐具摆全，酒菜上桌。“金壶瓶来银壶瓶，一半金来一半银，要上南京请师傅，要上北京请匠人，两路师傅齐来到，这把酒壶打得成，上头打起菠萝善，下面打起凤凰身，前头打起仙鹤颈，两边打起月钓型，里面装的是何物，乃是糯米酒一瓶，打开酒壶十里香，喝酒不忘老杜康，左手斟来敬朋友，右手斟来敬兄长。”《解壶歌》和《斟酒歌》连着唱，唱着唱着，主客就可一边互相敬酒一边无拘无束地自斟自饮。在酒宴进入高潮时，主人站起来高唱《敬酒歌》“一杯酒，味不香，不是糯米是高粱，高粱烤酒淡淡味，只因味淡接得长。”客人就要回唱对主人家的《赞美歌》和《做客歌》。诸如“月亮在云层中穿进穿出，堂屋里亮灿灿燃着喜烛，院坝中娃娃崽嘻哈打笑，接新娘办喜事老少庆祝，表姐们送新人来到寨上，表姐妹亲相爱情深意长，按规矩我们要对酒当歌，与亲戚热闹一场。”

4. 节庆歌

在布依族传统的宴客节庆之日，山寨中的家家户户都会兴高采烈地参加各种聚会活动，活动中不仅要推举出最好的男女歌手来唱贺丰年、祝福村寨，还要与前来祝贺的亲友们摆擂赛歌。

这些酒歌以即兴编唱见长，歌手们根据所见景物，根据自己平常积累的对歌词，即兴编出唱词，既能够体现对客人的欢迎与尊敬，又能展示村寨人们欢乐祥和的生活氛围。

佤族水酒“布来隆”

佤族人口35万多人，主要聚居在云南省西南部的西盟、沧源、孟连、耿马等县。佤族地区处于澜沧江和怒江之间，怒山山脉南段地带；山峦重叠，平坝极少，被称为佤山。山区气候比较复杂，盛产经济林木，密林深处栖息着象、虎、豹、熊、鹿、麂、野猪等珍贵野生动物。佤族自称“阿佤”，是周秦时期“百佤”的一支。清代有“嘎剌”、“哈佤”、“卡佤”等不同之称。新中国成立后，统称佤族，意为“住在山的人”。佤族有自己的语言，过去长期用木刻和实物记载，20世纪50年代创造了佤族文字。

佤族以从事农业为主，喜欢酒、嚼槟榔。嚼槟榔使许多人染成黑齿赤唇，以此为美。饮酒的酒具多用竹筒，凡节庆、婚丧、待客、议事时，都要按传统礼仪敬酒，因而有“无酒不成礼”之说。佤族能歌善舞。常见的舞蹈有“圆圈舞”、“春碓舞”等。“圆圈舞”不分男女老少，舞者手拉手，边唱边跳，气氛十分热烈。

一、水酒“布来隆”

佤族生活中的主要酒种为水酒，滇西阿佤山区的佤族称水酒为“布来隆”。最好的“布来隆”是用小白米为原料酿制的。此外，大米、玉米、小麦、大麦、高粱、粟、稗都可以用来酿造。

佤族酿造“布来隆”的方法和傈僳族“拉酒”的制作过程基本相同，并不是很复杂。首先是做酒饭，将原料炒黄蒸熟后晾冷，拌上适量酒药，用野芭蕉叶捂在竹箩或其他容器里，放置于火塘旁或太阳下发酵。经四五天发酵有酒香喷出再将其放进酒坛或用瓦罐之类的容器密封贮藏，等晾干后，置于阴凉处。需要酒时，将晾干储存的酒饭按需求量取出，装入酒罐内，加上凉开水后，均匀搅拌，泡上10小时左右，即成水酒。这也正是佤族把酿制水酒称为“泡酒”的原因。佤族一般在头天泡上酒，次日饮用。饮用时，用准备好的细竹弯管插入酒罐里，把酒汁从底部吸出，使酒糟与酒液自然分开。泡出的水酒以乳白色或金黄色最佳。佤族民间把水酒制作得好与否作为家庭妇女巧与笨的标志，做丈夫的往往以其妻子善制作水酒而荣耀。在现当代许多民族中，从事酿酒劳动的人是妇女，佤族将酒的起源列入创世神话，佤族是向蜜蜂学会酿酒技术的，而第一位能酿酒的人是佤族社会的女首领牙董。在佤族婚礼上，老人祝福新婚夫妇“愿你们生女煮酒；愿你们生男种地”，表明尚未出生即已明确分工，女性酿酒的劳动必然性已经确定。当“布来隆”酿成之后，在家中自己饮用时，吸出的酒可装在碗内，如需野外劳作时喝，则让酒流入葫芦内以便携带。

二、“布来隆”的饮用方法

佤族饮用水酒的方法很独特，这种饮用方法是水酒特有的饮用方法，佤族称为咂酒，古代称为“打甏”；以咂酒法饮用的酒都是水酒。咂酒有冷咂、热咂之分。所谓的“咂”即搬出酒坛，借助竹管、藤管、芦苇秆等管状物把酒从容器中吸入杯、碗中饮用或直接吸入口中；因选用吸管的不同，咂酒又称竹管酒、藤管酒等。热咂酒是把水酒放在锅里加热或者直接把酒坛架在火上，边加热边饮用。咂酒是一插到底，一边饮用，一边加入冷开水，使坛内或锅内的酒液保持在相同的水平，直到酒味全都丧失。这种饮酒方法在西南各民族中也曾长期盛行，是待客的最高礼节。

以竹、藤、芦苇等直接吸饮的咂酒法缺乏卫生保障，有碍健康。一些民族已逐渐弃置不用，而有的民族至今仍完整地保留着这一饮酒方法，有的则采取折中的方式，将酒“咂”出，盛入杯、碗中再分配饮用。

三、佤族酒与礼节

佤族是一个好酒的民族，酒是佤族待客首要的、起码的礼节。在佤族的社会生活中，酒具有广泛的用途和特殊的意义，酒被视为上乘礼品。如佤族民谚所说：“酒礼重如牛”。无论是节日聚会、娶亲嫁女，还是祭祀送葬、立柱建房都要饮酒。佤族的饮酒形式很多，有迎接酒、送客酒、定亲酒、出嫁酒、结婚酒、分娩祝酒、节日助兴酒、祭祀鬼神酒、送葬酒等等。

1. 敬酒礼节

佤族敬酒讲究年龄大小，先敬老人，后敬年轻人。敬酒人将酒杯递给客人时，客人一般都要双手接酒杯，然后很有礼貌地回敬敬酒者。敬酒者若推辞不了，可以先抿一口，再把酒杯里的酒加满又敬客人。客人一般不能拒绝敬酒，拒绝敬酒认为是不礼貌的。客人能否喝酒，都要很客气地接过酒杯，先抿一口后转敬给年长者，等年长者喝完，再负责把酒杯交给敬酒者。这样，大家就会把你视为懂礼貌的人。

2. 婚事礼节

佤族办事离不开酒，他们常把酒作为好礼品，表示“酒到意到”。男青年求婚去说亲，带的礼品就是酒，如果女方家收下男方带去的酒，就表示答应亲事，大家可以喝定亲酒；如果女方家推却不能喝礼酒，将礼酒（求婚酒）原封不动地让来者带回家，则暗示不同意这门亲事。

佤族在订婚后男方要向女方家行“都帕”礼，即送三次酒。第一次送“百来惹”，即氏族酒，为6瓶烧酒和芭蕉、茶叶等，请女方父亲氏族的男性掌家人共饮，说明他们已经同意将本氏族的姑娘稼给外氏族，将来万一发生什么纠纷，他们会主动来帮助解决；第二次送“百米盂”，即邻居酒，也为6瓶烧酒，请村寨邻居前来喝酒，成为亲事的旁证人；第三次送“百来报西歪”，即开门酒，也为6瓶烧酒，请姑娘的母亲留在枕边，于晚间悄悄地饮用，并为女儿向神灵祈祷，祝她未来幸福美满。“都帕”礼的程序虽然复杂，但酒是其最为主要的构成部分，可见酒在佤族婚礼过程中的重要地位。到了结婚时男方家送给女方家的礼物中，酒也是必不可少的。

3. 待客礼节

佤族人豪爽好客，迎接客人以酒当礼，认为无酒不成礼。佤族待客敬酒礼节多样，一种是敬酒由主人首先自饮一口，以打消客人的各种戒意，然后依次递给客人饮。敬给客人的酒，客人一定要喝，而且要尽力喝干，以表示心地坦诚，否则被认为对主人不敬；另一种礼节是主客均蹲在地上，主人用右手把酒递给客人，客人用右手接过后先倒在地上一点或右手把酒弹在地上一点，意为敬酒，然后主人和客人一起喝干。佤族民间有不知心，不善良者不敬酒的习惯；每逢儿子出门，客人主人还要打“送亲礼”，即给亲人或客人敬酒，届时主人用葫芦等盛酒器盛满酒，先喝一口，然后送到客人或远离的亲人嘴边，客人需要喝到葫芦见底，以表示亲情、友谊永远不忘。

佤族人在“咂酒”中饮酒时，用竹管插入酒坛轻轻吸入口中；敬酒时主人先饮一口，一来是先饮，二是打消客人的各种顾虑，然后递给客人自饮。客人应当尽量多饮，以示对主人的尊敬。另外其他的待客饮酒礼节与土家族相似。探亲访友，酒就是厚礼。若有喜事邀请好朋友光临，酒是邀请书。有事需要他人帮忙时，送去的酒就是实物通知书。

4. 酒与节日

酒与各民族的节日密切相关，年岁丰稔，群众举杯同庆，悲苦哀痛，追念先辈，以酒抒怀；驱邪逐煞除秽，借酒助威。佤族节庆待客都少不了喝水酒，待客时多以葫芦作壶，以竹节作酒杯，斟满敬客。在佤族的佳节良宵中，在宽阔的场坝上置盛满水酒的桶或大罐，其间插上竹管若干根，人们环绕着酒坛轻歌曼舞，渴了，凑近酒坛对着竹管喝一口，清清喉咙再唱；累了凑近酒桶吸口气，振振精神又跳；气氛极为欢快热烈。贵客临场则欢迎加入歌舞，一曲舞罢，众人簇拥宾客到酒坛，主持者执管相邀，客人插管，众人才插管入坛，同饮共欢。

5. 酒与祭祀

由于生产力发展水平的限制，对频繁发生的各种自然灾害缺乏抵御能力，人们在付出辛勤劳动的同时，不得不求助与之生产相关的神灵的保佑，因此，生产性祭祀就成为少数民族祭祀文化的重要内容。酒作为劳动成果的再加工产品，在生产力低下、劳动产品十分有限的时代，是一种绝对的奢侈食品，成为生产性祭祀中最重要的敬神祭品。佤族传统的祭祀习俗充满辛辣的酒气。

除此之外，酒在佤族民事纠纷中也占据着重要的地位。佤族发生纠纷时，也不需向调解的头人支付任何费用，要在约定的时间地点请头人喝水酒，头人边喝水酒边调解，按照民族习惯法，酒喝完，话说完，调解也就生效了；在由官府主持的审判中，酒成为诉讼费的必不可少的构成部分之物。如果群众之间发生民事纠纷，理亏一方需求得对方原谅时，要先送酒给对方赔礼道歉，若对方喝下酒就表示对方原谅了，至少能大事化小，小事化了；反之则表示不原谅。如果纠纷双方之间不好解决而需请人调解，要送酒给出面调解人。

另外，有事相帮是佤族传统道德中的主要表现。村寨里任何一家婚丧嫁娶、生孩子、生病等，全寨人都前来帮忙、探视，送酒、米、钱等之类的东西。客人若遇到这一类的事，一般也可根据自己的条件而定，买1斤酒或给主人几元钱，以表示自己的一点心意。

四、酒菜禁忌

佤族也有许多敬酒禁忌。在阿佤山区，递酒给阿佤人时，双手要前伸，手心向上，绝不能手心向下。大拇指与四指分开，否则对方会以为递酒人在借酒出手捏死他。现这种心态已消失，但敬酒、递酒时手心向上的习俗仍保留着。饮酒时，主人将酒淋几滴在地上，先喝一口，才递给客人。客人双手接碗，以一饮而尽、碗无余沥为对主人的尊重；如果确实不会喝也要抿上一口，再三向主人致歉，并由其他人向主人解释才行。

佤族的菜中，以鸡为贵，用鸡制作的各种菜肴是招待客人的佳品。招待客人的鸡，不能用白羽毛的，否则视为对客人的不礼貌，以后主客关系会逐渐淡漠，客人就不会再来。鸡头也要给最年长者吃，小辈不能抢着吃。年长者一般都要用鸡头看卦，从鸡卦中看客人以后是否还会再来。吃饭时，佤族忌讳饭粒掉在地上。若掉了，一般都要拣起来，不能用脚踩，也不能扫进火塘里。佤族接待客人时，总想让客人喜欢和高兴，客人喜欢，主人更高兴；客人吃得越多，主人越满意，被认为是看得起他，尊重他；若客人过多拒绝主人的盛情，主人有时反而认为客人看不起他；这充分体现了佤族人直爽、热情、好客的民族性格。

佤族另外的禁忌还有不能骑马进寨，须在寨门口下马；忌别人摸头和耳朵；忌送人辣椒和鸡蛋；忌任意进入木鼓房；忌讳送给少女装饰品；忌讳客人在家里坐妇女坐的鼓墩或数钞票；若门前放一木杆，说明家里有病人，忌外人进入等等。

同时，过去很多少数民族对饮酒缺乏清醒理智，现在已有很多少数民族中的有识之士对酗酒的危害有着独到的认识，他们不断地告诫那些嗜酒如命者不要不顾一切地酗酒。佤族民间故事《金野猫》讲述了一个因酗酒而害己害人的故事：年轻的王子帅军勇敢地战胜了来自乌云的妖魔八团，族人为自己有这样英勇顽强的王子而自豪万分。可是，就在族人为他举行的庆功宴会上，他一连喝了三碗米酒，自豪的红晕涌上脸上，他觉得眼前的百姓渐渐变小，自己的身子越来越大。在随后而来的与妖魔的战斗中，他无法像以前一样机智勇敢，被妖魔打败，百姓也因此遭殃。这是用故事劝诫人们不可酗酒。

（《名酒世界》沙优亮/文）

【第九编】

酒类企业名录

一、部分酒类企业简介

云南龙润酒业有限公司

龙润集团是一家集药业、酒业、茶业、医院、教育、地产、药品经营、文化传播、担保公司等多板块运作的国际化企业。

云南龙润酒业有限公司是龙润集团的独资子公司，其前身是始建于1956年的云南杨林肥酒厂，于2004年10月被龙润集团收购，2005年，龙润酒业按照“食品卫生法”要求，对企业厂房、设备、环境进行改造和员工培训，使其年生产能力达到5000吨，年灌装能力达10000吨。

云南龙润酒业有限公司是云南省酒类生产著名企业、省诚信单位，生产、销售具有128年历史的杨林肥酒、云南绿酒系列产品。其生产基地位于闻名遐迩的鱼米之乡昆明市嵩明县杨林镇，酿酒历史悠久，酿酒条件优越。从成立伊始，云南龙润酒业有限公司就备受关注，可谓是中国酒行业中闪闪夺目的后起之秀。

一、杨林肥酒，绿色养身

1. 杨林肥酒的文化溯源

中国数千年的酒文化博大精深，绿酒的酒文化也源远流长，史料有记载的关于绿酒的文献最早可上溯至西晋。据史书所记，早在1 700年前的西晋时期，绿酒就已是皇室珍品。晋人陶渊明诗曰：“清歌散新声，绿酒开芳颜。”南北朝的南梁武帝萧衍曾赋诗云：“碧玉奉金杯，绿酒助花色。”绿酒作为当时的高档消费，一直是贵族生活文化的组成部分。绿酒是中国数千年酒文化中一颗耀眼的明珠，千百年来，无数的文人墨客对绿酒给予了浓墨重彩的抒写，留下了大量的绿酒诗词。这些诗词或借酒抒情、或对酒感悟、或安详闲适、或郁郁寡欢，读罢让人无限遐想，产生对绿酒的向往。

杨林肥酒是中国现存唯一一支绿酒，其参照的“水酒十八方”，是在明朝初年形成的。药物学家、诗人兰茂生活的明代，绿酒的制作方式还未失传，饮用绿酒仍是一种社会生活，其著作《滇南本草》中的“水酒十八方”即为绿酒的一种酿制方法。

1880年（清末），杨林镇人陈鼎，经过长期的实践，不断总结前人的经验，开始建厂生产颇具养身文化的杨林肥酒，由此，一支绝世新绿在云南大地上神奇诞生，这是上天与人类的千年约定，西晋时皇室杯中的绿液浆，于此刻完美呈现。杨林肥酒，千年酒事的奇观，神秘绿酒的传奇回归……

2. 杨林肥酒独一无二的原因

杨林肥酒产于滇中历史名镇杨林，该地具有得天独厚的酿酒条件，且杨林肥酒的酿造工艺源自古方，传承百年，这就是杨林肥酒独一无二的原因。

第一，该地土壤多为富含红壤、黄壤、铁红壤，pH 值在 4.5 ~ 7 之间，是上等玉米、高粱、小麦、糯米的天然产地。而阳光对应的土质、山地、丘陵、坡度、山泉水……是最适合优质酒原料生长的嗜酸性土壤，也恰恰是杨林肥酒阔叶竹等原料作物最适宜生产的家园。

第二，杨林镇地处北纬 25℃，年平均温度 19℃ ~27℃，太阳活动大于或等于 8℃，格外适合清香型白酒或配制酒的发酵和酿造。

第三，杨林肥酒无论是发酵用、还是贮酒用都采用古老的土罐密封，每一个罐都历经百年，罐体自然生香，一旦出现裂纹必须经技艺高超的工艺师进行精心修补，每只造价可能不足 50 元，但每只罐体维护费用却高达 300 ~ 400 元。可谓是万坛百年土罐地下生香。

第四，云南杨林肥酒有限公司对于粮食的种植管理有一整套严格的标准：播种之前，集天然有机肥为土壤营养成分来源，播种之后，不喷农药、不施化合肥，真正做到酿酒原料来源绿色、无公害。丰收时，杨林肥酒采购人员从来不搞一刀切，而是以成熟度、金黄度、糖度、饱满度为标准，成熟一块，收割一块。

第五，一百多年来杨林肥酒对酿造原料的严苛选择始终如一，并不断改善，日臻完美。以自酿纯粮小曲白酒为基酒，浸泡党参、拐枣、陈皮、等 10 余味名贵中草药和蜂蜜为原料精心陈酿而成。经化验鉴定，杨林肥酒内含有葡萄糖、蛋白质酵素、维生素 A、维生素 C、果糖、枣酸、精油等成分。经昆明龙润天然药物研究所，云南省药物研究所实验证实，适量饮用杨林肥酒，有养胃、润肺、健脾、促进新陈代谢、降血脂等功效。

第六，杨林肥酒的耀世翡翠色泽，完美传承了 100 多年前的传统工艺，精选豌豆尖、青竹叶、小茴香等绿色植物以现代技术萃取而成，属于原生态植物绿色，自然清新，楚楚动人。人酿造了酒，酒教化了人。杨林肥酒，酒与人的萍水相逢，人与酒的生死之交。

第七，养身，是杨林肥酒的健康特质。杨林肥酒以药食同用的药材入酒，但又不是药酒，酒融药之质，药借酒之力，然后成“肥”之实。健康养身。在讲求品质，追求健康的现代消费观念里，“杨林肥酒，绿色养身”正被越来越多的消费者认同。

二、杨林肥酒，成就非凡

在一百多年的历史里，随着社会的变化，经济文化的发展以及杨林肥酒自身的发展创新，杨林肥酒也不断地谱写着辉煌的诗篇：

杨林肥酒曾经杨林驿道入京进贡，参加 1914 年云南省第一次物产品评会并荣获一等奖，替茶马古道马帮驱寒解乏，为出征将士壮行庆功……

1992 年参加’92 巴黎国际名优酒展评会并荣获国际银奖，2003 年、2006 年“杨林肥酒”连续被评为云南省著名商标，更荣获“领袖云南・十大历史品牌”和“云南十佳名酒”的称号，2008 年 3 月荣获“消费者喜爱的云南食品”等称号……

杨林肥酒以不同的方式融入并影响人们的社会文化生活，而社会和消费者也以不同的方式和荣誉给予杨林肥酒肯定。

2004 年，龙润集团收购杨林肥酒以后，按照董事局主席焦家良博士提出的“让传统结合现代，把文化融入健康”的理念，利用云南的生物资源优势及自身强大的研发能力，先后推出老友情、燃情、八年陈酿、十年陈酿、云南绿等中高端产品；2007 年又推出本色、古滇醇等杨林肥酒系列新品，产品一经上市，就受到广大消费者的喜爱。同时，龙润集团依托自身在资金、管理、新产品研发、市场营销方面的优势和先进理念，做实云南市场，与许多著名的经销商建立了长期战略合作关系，为杨林肥酒的市场销售提供了完善的网络体系支持。此外，龙润集团还将杨林肥酒的销售网络延伸至了山东、河南、贵州和青海等地，将杨林肥酒推向全国。

云南澜沧江啤酒企业（集团）有限公司

云南澜沧江啤酒企业集团诞生于改革开放初期的1985年1月，是由云县的机关干部、共产党员刘光汉“下海”领办的乡镇民营企业。24年来，集团党委书记、董事长刘光汉和领导班子高举建设中国特色社会主义伟大旗帜，贯彻落实科学发展观，率领员工解放思想，改革创新，与时俱进。艰苦奋斗，攻坚克难，开拓前进，企业由小到大，由弱变强，成为云南具有相当实力的食品生产销售企业。目前，集团下辖楚雄啤酒有限公司、保山啤酒有限公司、普洱啤酒有限公司和云县酒业公司、曲靖珠江源麦芽有限公司、临沧澜沧江茶业有限公司、澜沧江旅游公司等10个子公司和20多个销售分公司、经营部和办事处，生产经营啤酒、白酒、茶叶三大产业。2008年底，全集团员工达6 000多人，总资产15.6亿元，当年销售收入7亿多元，上缴税收6 000多万元，成为云南省跨州市生产经营的企业集团。

澜沧江集团创业初期，以生产经营饮料为主。1990年建成云县啤酒厂。1998年建成保山啤酒厂。2001年，收购濒临破产的思茅南亚啤酒厂，技改扩建后，年生产能力从1.8万吨增加到4万吨。2003年，收购停产两年多的楚雄德力高啤酒厂，技改后生产能力从2万吨扩大到5万吨。2007年5月在楚雄州南华县建成20万吨生产线的啤酒厂，生产出云南第一支纯生啤酒。在扩大啤酒生产规模的同时，在云县建成白酒生产基地，拥有8条现代化灌装生产线，在15个乡镇建成8个酒基厂，拥有窖池1 200口，研发生产出浓香型的云南老窖白酒。从2008年起又引进酱香型白酒生产工艺技术，结合传统的云南小曲清香型白酒技术，研发生产出酱清香型白酒。

澜沧江集团从创立那天起，就将“业系农业，厂系农村，心系农民”的理念写在自己的旗帜上，吸收农村富余劳动力就业，帮助农民增收致富，全力投入社会主义新农村建设。在酒业获得长足发展的基础上，从2004年以来，投入巨资，建立茶叶原料基地和加工基地。仅2006年，就投资120万元，在茶房乡等地种植高优茶园2 100亩。公司茶叶基地面积达20多万亩，同时与县内外140多个茶叶初制厂签订了加工合同，利益共享。引进国内外先进设备，建成大型原生茶加工厂。其中，国内首家采用不锈钢发酵池渥堆发酵工艺，生产原生普洱茶，年生产能力达5 500吨；引进印度全套CTC红碎茶生产线，年生产能力达1 000吨；引进日本高智能全自动绿茶生产线，年生产能力达1 500吨。2006年4月，建成年生产能力达10万吨的原生茶饮料生产线，设备采用美国、德国、意大利、日本、法国等国制造的当代最先进设备，为世界首条集成采用的低温超声波逆流提汁、膜冷除菌、无菌冷灌装技术等高新技术集成创新应用的茶饮料工业生产线。中国工程院院士、中国茶叶学会名誉理事长陈宗懋题词称：“澜沧江原生茶设备技术质量堪称世界一流”。茶叶产业带动了县内外60多万农民的增收。

至2008年底，澜沧江集团生产规模达到啤酒40万吨、白酒10万吨、茶叶8 000吨、茶饮料10万吨、麦芽1万吨，成为云南啤酒、白酒生产销售的最大厂家。生产啤酒品种30多个、白酒品种30多个。2008年，成立地产公司参与县城防洪通道项目建设，并着手云县20万吨啤酒生产技改扩建项目前期工作。

澜沧江集团坚持“以质量立业”原则，搞好质量管理。诚信经营赢得国内外客商和消费者称赞。企业通过了ISO9001:2000国际质量体系认证，以及QS质量安全认证。澜沧江系列产品被中国绿色食品发展中心认定为“绿色食品”，被省有关部门评为“放心食品企业”，产品被评为“放心食品”。2003年系列产品被评为“云南省名牌产品”，“澜沧江”商标被评为云南省著名商标。澜沧江啤酒坚持传统啤酒工艺，原料采用优质大麦芽和高档啤酒花，添加少量大米，不用淀粉和糖类等辅料。保持了优良质量水平。澜沧江白酒都用纯粮酿造，8个酒基厂生产的原酒供应充足，严禁使用酒精勾兑。澜沧江啤酒和云南老窖白酒被评为“云南十佳名酒”，连续多年获“消费者喜爱的云南食品”称号。

24年来，澜沧江集团积极投入社会扶贫、赈灾、慈善和教育等民生事业资金达3 200多万元，受到社会广泛称赞。

办学习型企业、文化企业、诚信企业，是澜沧江集团24年来始终坚持的发展方向。按照刘光汉董事长倡导的“老老实实做人，实实在在做事”的理念，抓好职工教育，培养骨干队伍，提高政治业务素质，把职工队伍打造成为一支特别能战斗的优秀团队。办好澜沧江歌舞团，宣传企业和产品，展示形象，扩大知名度，促进生产经营开展。24年中，塑造了“敢为人先，艰苦奋斗，求实敬业，团结和谐、科学发展，争创一流”的企业精神；“以人为本，诚信服务，科学决策，民主管理”的管理原则；“严谨求实、快速高效”的工作作风；“质量第一，品牌立业，服务至上”的经营理念。

集团公司多次受到各级党委、政府的表彰奖励。仅“十五”以来，刘光汉董事长被“首届中国经济财富论坛组委会”推荐为“中国优秀企业家”，被中国酿酒协会评为“杰出民营企业家”，被云南省委、省政府授予“云南省优秀乡镇企业家”，“云南省扶贫开发先进个人”，“云南省优秀中国特色社会主义建设者”，“云南省100名优秀中小（非公）企业家”，“云南省优秀共产党员”，“临沧市劳动模范”等称号，被评为临沧市创业一等奖，2007年获“云南省道德模范”称号，2009年获“云南省非公企业公益之星”称号。集团被农业部乡镇企业局、中国乡镇企业协会授予新农村建设“百强示范企业”称号，被国家旅游局批准为“全国工业旅游示范点”，省政府授予农业产业化经营“优秀龙头企业”、“云南省100户优强中小（非公）企业”称号。被评为云南省百户优强工业企业、云南省农产品出口先进企业、云南省社会扶贫先进企业、云南省创新型非公有制企业。

“艰难困苦，玉汝于成”。24年的风雨兼程，24年拼搏奋斗，澜沧江啤酒集团在刘光汉董事长率领下，从澜沧江畔的大山中走出来，一步一步地走向云南，走向中国，走向世界，创造了辉煌灿烂的业绩。

24年后又是一个新的起点，更加美好的前程在召唤。全体澜沧江人将沿着党的十七大指引的道路，继续坚定不移地坚持解放思想，坚定不移地推进改革开放，坚定不移地贯彻落实科学发展观，努力把澜沧江集团的事业做强做大，为经济社会发展和实现小康社会目标作出贡献。

主要出产澜沧江啤酒、澜沧江纯生啤酒外，近年，该公司又推出了澜沧江云南老窖白酒及澜沧江酱清香型“荞老爷”、“荞麦清”及“杯装哥俩好”白酒、澜沧江清香型白酒等几款新产品。

一、澜沧江云南老窖白酒

采用“五粮浓香型白酒”酿造工艺，在澜沧江畔四季如春、植被茂盛、无工业污染的海拔2 000米的涌宝盆地建设酿酒窖池，选用国内绿色基地出产的优质高粱、大米、小麦、糯米、玉米为原料，利用当地经过绿色认证、水质优良的山泉酿造，经蒸煮、摊凉、加曲、入窖踩实后，用黄泥封严发酵。经过60天发酵后出窖蒸馏取酒，按看花分质接酒，分级储存。然后选用储存期8年以上的基酒，经严格科学检验、品评、勾兑为半成品酒储存半年以上，再灌装而成。该酒执行国家“GB/T10781.1”《浓香型酒》优级品标准，产品以外观庄重、典雅大方，酒液晶莹剔透、香气悠长、窖香浓郁、陈香优雅、入口甘美、入喉净爽、各味协调为特点。上市后即进入中高档消费市场，荣获“云南十佳名酒”称号，为云南首支浓香型白酒。

二、澜沧江酱清香型“荞老爷”、“荞麦清”、“杯装哥俩好”白酒

经过10多年的实践，研发出三款酱清香型白酒产品：50°荞老爷、42°荞麦清、42°杯装哥俩好。

引进“酱香型白酒”生产工艺结合云南传统“小曲清香型白酒”生产工艺，自主研发的具有酱香兼清香型的白酒产品。其生产过程为：以优质糯高粱为原料，用小麦制成的高温大曲做糖化发酵剂，两次投料、高温堆积，再入条石筑成的窖池发酵后，高温流酒，经九次蒸煮、八次发酵，七次取酒生产出基酒。辅以云南传统小曲清香型白酒工艺生产苦荞酒精心勾兑而成的，基酒分别储存达5年或5年以上时间，灌装包装成为产品。特点为酒液晶莹剔透，酱清香气协调，闻香优雅细腻，空杯留香，入口醇厚、绵柔、回味悠长。上市后备受消费者喜爱。

三、澜沧江清香型白酒

采用云南传统小曲白酒生产工艺，以澜沧江畔高山岩隙泉水为酿酒用水，原料取绿色基地土产的玉米、高粱、大麦、荞麦、小麦等，经整料清洗、浸泡、蒸煮、小坛发酵、蒸馏酿出基酒。基酒储存于土坛1年之后，选用不同风格的基酒组合勾兑，经检验、品评成为半成品酒。半成品酒储存半年后进行灌装、包装成为成品。酒体清亮透明，无悬浮物杂质沉淀，具有自然的复合粮食香，醇香清雅、纯正、协调、爽净、回味怡畅特点。产品畅销于省内外和东南亚国家市场。

（杨明远）

四、云南澜沧江啤酒企业集团下属公司

云南澜沧江啤酒企业集团有限公司总部
地址：云南省临沧市云县草皮街148号
邮编：675803
电话：0883－3212452（办公室）
传真：0883－3219519
网址：http：www.ynbeer.com
邮箱：http：//mail.lcr.cn/
销售电话：0883－3212108

云南澜沧江啤酒企业集团保山啤酒有限公司
地址：云南省保山市隆阳区永昌镇下和平路
邮编：678000
电话：0875－2206720
传真：0875－2206316
销售电话：0875－2206619

云南澜沧江啤酒企业集团普洱啤酒有限公司
地址：云南省普洱市思茅区翠塔路39号
邮编：665000
电话：0879－2203077
传真：0879－2203077
销售电话：0879－2201198

云南澜沧江啤酒企业集团楚雄啤酒有限公司
地址：云南省楚雄州南华县桂花井
邮编：675200
电话：0878－7219188
传真：0878－7219199

云南澜沧江啤酒企业集团曲靖啤酒麦芽有限公司
地址：云南省曲靖市沾益县西平镇环城路262号
邮编：655031
电话：0874－3028177
传真：0874－3023777

云南澜沧江啤酒企业集团云县酒业公司
地址：云南省云县草皮街148号
邮编：675803
电话：0883－3212508、3223217

传真：0883－3219519

云南临沧澜沧江茶业有限公司
地址：云南省临沧市云县爱华镇老鹳窝
邮编：675800
电话：0883－3223499
传真：0883－3223488

大理苍山大酒坊有限公司

大理苍山大酒坊有限公司（简称苍山大酒坊）为白酒生产的专业公司，公司注册资金200万元。

苍山大酒坊是云南省为数不多的园林式工厂之一。公司硬件设施起点较高，技术力量雄厚，水资源条件较好，地理区位优越，充分具备生产中、高档酒的各方面条件。

苍山大酒坊生产的“苍洱春”牌系列白酒选用高粱、大麦、小麦、大米、玉米等多粮混合蒸煮发酵，吸纳了多粮酒的优点，具备爽口带甜味、口感纯正、回味怡畅、主体清香突出，总体感觉较好的风格，具有：1. 绝对的纯粮酿造，不含半点食用酒精；2. 有纯正的粮食酒香味，而不是香料的香味；3. 储存时间长，有较好的陈香味；4. 喝后在体内缓慢产生热量，浑身充满热热乎乎的舒服感；5. 挥发较快，酒意存留时间短；6. 刺激性较小，即便过饮，不出现头刺痛、胃不适、浑身乏力现象，次日饮酒症状全无，精神饱满等特点，真正体现了“好喝，不打头”的品质。

苍山大酒坊遵循诚信是立人之本，也是立企之本，坚持“以人为本，用做事业的心态做企业，致力于做强企业，做精、做优产品，创造优质知名品牌的方针”，以优质、超值的酒品回馈社会。

苍山大酒坊坐落在风景绮丽的省级AA风景名胜区——大理苍山西坡漾濞石门关，背靠苍山，右傍石门河，四周清山环抱，山涧溪流淙淙，空气清新怡人，负氧离子浓度高，微生物群落独特，是理想的白酒生产之地。生产用水源自于大理苍山最高峰马龙峰的雪水，水质清澈透明，甘洌爽甜，经化验最适合酿酒。

苍山大酒坊紧邻大理——漾濞二级公路，距大理市25km，到大理市只需25分钟的时间，到昆明只需4小时的时间。

苍山大酒坊十分重视品牌建设，建立了统一的VI（视觉识别系统），使公司的整个生产、经营活动进入到一个更高的层次，形成企业固有的企业形象；不断挖掘和引入大理元素，“苍山大酒坊——酒缸里的风、花、雪、月”给苍山大酒坊赋予了大理最具代表性的人文、历史、地理、景观的文化内涵，注入了文化生命的活力；“苍洱春”——苍山洱海的春天，一个春字，把苍山洱海有机、生动地联系在一起，“苍洱春”白酒高贵、鲜活、生动、有灵气的品牌形象得到了较好的体现。

苍山大酒坊十分重视产品的包装，通过独特上档次的包装实现了商品的使用价值和产品价值的统一。

苍山大酒坊现有一定数量的优质库存原酒，所生产的新酒全部储存在地下养酒房进行陈化，以提高附加值。

苍山大酒坊现诚招“苍洱春”牌白酒代理商、合作伙伴，有意者请与我公司联系。

联系人：苏荣钧（总经理）
联系电话：13908720639
传真：0872－7529099　邮编；672500
电邮：srj639@yahoo.com.cn
QQ：1047893164
公司地址：云南省大理州漾濞县石门关

易门县龙泉酒厂

易门县龙泉酒厂是易门县重点骨干企业之一，始建于1952年，距今已有52年历史。历经半个多世纪的风雨历程，现已经发展成为我省较具规模的白酒（原酒）生产基地。工厂占地面积十余亩，地处著名易门“滇中水城”，龙泉河畔，这里水资源丰富，水质优良，环境优越，常年平均气温18℃，湿度56%，交通便捷，高速公路直达我厂，厂区距闻名于世的国家“AAAA”级龙泉森林公园1 000余米，得天独厚的自然条件，酿就了“龙泉高粱酒”独特的风格。

易门县龙泉酒厂总投资1 500万元，年设计生产力达2 000余吨，产值1 300余万元，拥有传统（固态）酿酒生产线15条及各种检测化验设备、设施齐全，同时配备专用白酒运输槽车，现有在职员工100余人，各种专业技术人员31人，占员工总人数30%，我厂设备先进，技术力量雄厚，产品质量稳定可靠，曾承担过云南省重点科研项目“龙泉窖酒”的研制，及玉溪市星火计划“龙泉大曲”推广开发，获得云南省科技厅表彰奖励，并命名为“省级科技先进企业”。

易门县龙泉酒厂注重产品质量投入的同时，加大员工教育培训力度，建立、健全了一整套完善的内部质量管理控制体系和质量手册，完成了锅炉车间、酿造车间、发酵车间、成品库等技改扩建，使产品产量及产品质量不断提高，所有产品的感官及理化指标均达到DB53/T92－2008标准一级品要求，2000年1月，经国家质量技术监督检验检疫总局考核，在我省首批获得《全国工业产品（白酒）生产许可证》，到目前为止，我厂做到所有产品批批检验，建立了出厂产品取样封存制度，最大程度地维护了厂商利益，加之我厂生产的产品质优价廉，受到了省内外知名白酒生产企业好评。我厂生产的龙泉“50% vol散装纯高粱（基）酒”产品产销率达95%，呈现出良好的发展势态和广阔的市场空间。

热忱欢迎各大白酒厂商光临我厂。

我们将以优质的产品、周到的服务和良好的信誉期待您的到来。

易门县龙泉酒厂

地址：云南省玉溪市易门县龙泉镇樱花路6号

电话：0877－496198

联系人：李荣堂　张　仲

手机：13887788066（李荣堂）

　　　13887788076（张　仲）

Email：ymlqjc4961968@ sina. com

弥勒中以则酒厂

弥勒中以则酒厂于1984年就建厂投产，至今已有25个年头，是历史悠久的酿酒企业。该厂厂区占地面积15亩余，坐落在弥勒县县城南郊7公里处的中以则村，现有在职职工15人，其中专业技术人员3人；酿酒设备齐全，其中窖池就有20个，产品年产量达300吨以上，是弥勒县主要的散装白酒酿造生产基地。这里植被茂密、土壤肥沃、渗水性强，地下水、地表水通过层层过滤与循环，形成了清醇甘洌的矿泉水，为酿酒提供了得天独厚的水源。

弥勒中以则酒厂以优质的小麦、玉米为原料，以当地优质地下水为酿造用水，采用传统的小曲白酒酿造工艺，结合现代科学技术进行酿造，再经长期贮存后而成。产品以散装包谷酒、散装小麦酒为主，其中，“一江春”酒更是深受当地消费者的喜爱和青睐。

弥勒中以则酒厂所生产的“一江春”酒采用优质玉米为主要原料，经40℃以下10天窖池发酵，秉承纯粮酿造，配以优质地下泉水，使用独特的喷蒸工艺精酿而成。该酒酒体丰满、晶莹剔透、具有香幽如兰、入口绵甜、余味悠长、饮后不上头等特点。其优质的品质和可靠的质量赢得当地广大消费者的信赖和拥护。

厂址：弥勒县弥东镇中以则村

电话：0873－6331915　13987306638

联系人：姜先生

建水县天波酒厂

建水县天波酒厂位于云南省建水县临安镇，始建于1994年，酒厂占地面积2 380平方米，建筑面积1 519平方米，年产总值280万元。

本厂产品以白酒为主，主要有捷牌小罐酒、罐罐香酒、喜相逢酒等品种。其中，捷牌小罐酒精品，乃选用当地优质玉米、粳稻为原料，取地下白沙水，采用传统工艺——小土罐（小罐酒由此得名）发酵60天，经两次蒸馏，量质而取，陈酿3年以上，精心包装而制成。酒度为29% vol，入口爽甜，回味悠长，深受广大消费者喜爱。

本厂从建厂至今，一直注重产品质量控制，产品自问世以来，深受广大消费者的青睐，市场占有率也逐渐提高。随着该厂生产工艺、生产技术的提高和产品品种的扩大以及产品质量的稳定，本厂在总结多年酿造经验的基础上，博众家之长，以其自身独特的风格，赢得了广大消费者的赞同和信赖。

宜良雄蜂酒业有限公司

宜良雄蜂酒业有限公司（原为宜良青沙泉瓶酒厂），始建于1993年3月，坐落于风景秀丽的昆明市宜良县境内，占地6 800多平方米，现有在职员工101人。面临昆石高速公路，背靠南昆铁路沿线，交通便利。青沙泉水是云南较独特的水源，甘甜爽口、回味悠长。

多年来，在董事长张体和的带领下，在政府和社会各阶层人士的关心支持下，通过全体员工艰苦的努力，已将公司建设成为固定资产上千万元，具备万吨生产能力，年产千余吨，产值近千万元，能较大规模生产各种果露酒、配制酒、白酒和饮料的专业化酒类生产的龙头骨干企业。

公司科技力量雄厚，生产设备先进，企业管理规范化，产品种类繁多，质量稳定。“滇秀”系列产品，有纯包谷酒、大米酒、荞米酒、雄蜂白酒、雄蜂一坛、松子酒、荞酒、金谷酒、滇粮酒、精品老滇土酒等，畅销云南全省各地，远销东南亚周边国家，深受广大消费者的青睐。其中，于2003年4月26日研制成功的主导产品“滇雄”蜂蛹酒，自上市以来，已远销北京、广州、上海、澳门等地，在社会上享有崇高的声誉，2005年12月出口美国洛杉矶。

公司于2002年获得了酒类工业生产许可

证，2008年获得食品生产许可证，公司生产的"滇秀"牌系列酒在省、市、县及全国各类酒业产品评比中多次获得大奖。1999年被评为昆明"'99世界园艺博览会"名特优产品；1996年蜂蛹酒获得"第三届中国新科技精品博览会金奖"；1999年被评为宜良县纳税先进企业；2001年被评为昆明市先进企业；2003年被评为诚信经营——无假货示范企业；被省市两级评为2004~2005年度、2006~2007年度"守合同重信用"企业；2008年被宜良县表彰为连续十五年以上"重合同守信用"先进企业荣誉称号；2007年被云南省食品协会授予"云南省安全诚信食品企业"称号；"滇秀"商标于2008年11月被认定为"云南省著名商标"；董事长张体和2005年被评为昆明市先进企业家。

公司生产的各类产品符合《中华人民共和国标准化法》计量标准。2000年被评为昆明市计量工作先进企业。每年经省、市、县强制性检定，我公司生产的产品全部达到产品标准和卫生标准。2002年被评为云南省执行标准的先进企业；2005年10月被选为云南省酒类技术协会"常务会员单位"。

公司树立以人为本、依据诚信务实、顾客至上、持续发展的宗旨，注重本行业发展的动向，经常对员工进行质量意识和业务培训，对生产工艺和设备不断改进，企业按照GB/T19001-2008标准建立、实施、保持质量管理体系，系统地识别、管理、控制本厂小曲白酒、蜂蛹酒加工和服务活动。质量为先，信息为主，服务至诚，持续以100%合格产品交付顾客和服务社会。

厂址：云南省宜良县北古城镇火车北站西侧
邮　编：652112
法人代表：张体和
联系人：吕志刚
电　话：(0871) 7513818
传　真：(0871) 7513818

宜良县蓬莱古坛香酒厂

宜良县蓬莱古坛香酒厂，以优质的玉米、高粱、小麦、糯米等为原料，以优质山泉水为酿制用水，采用传统的生产工艺，结合现代科学技术进行酿制，再经长期贮存后精心勾兑生产古坛香、念缸陈、天长帝酒、再整一瓶白酒等系列产品。

宜良县蓬莱古坛香酒厂地处素有"滇中粮仓"之称的宜良县。酒厂依山傍水而建，贾龙河四季清水长流，对面是宝洪山，山涧溪水门前潺潺流淌，浇灌着万亩良田，自然环境得天独厚。

"古坛香"是宜良县蓬莱古坛香酒厂目前市场主打的一款产品，属小曲清香型白酒。其酒体丰满，晶莹剔透，清香扑鼻，味淳且甘，回味绵长。文人墨客，饮酒行家饮后盛赞："开坛千君醉，上桌十里香"；"宜邑老酒坊，自然古坛香"。

"念缸陈"属小曲清香型白酒，酒体清亮透明，玉米香纯正、自然。醇香是酒的本色，辛辣是酒的本味，甜味赋予酒体绵柔，酸味使酒不寡淡，苦味让酒体丰满，念缸陈酒中酸、甜、苦、辣诸味齐全、相互协调、入口醇和，回味爽净、怡畅，风格突出，别具一番风味。

古坛香系列酒甘甜醇和，清、正、净、长，让人饮后心情怡畅，让成功人士充分感悟社会和人生。

巍山县庙街酒业有限责任公司

巍山县庙街酒业有限责任公司是正规化、规模化的一家从事白酒、果酒开发生产销售的专业化企业。公司成立于1999年，位于云南省大理州巍山县庙街镇，距县城9公里处。有国家级风景区巍宝山及中国历史文化名城巍山古城旅游景点。该县土壤肥沃，气候温和，是出产优质粮、果资源的特产区。本公司正是依靠这得天独厚的自然条件，进行工业化酿造生产。目前公司拥有固定员工52人，其中管理人员8人，工程技术人员6人，营销人员10人，公司固定资产300多万元，已形成年酿造生产小曲清香型白酒系列产品500多吨，果露酒100多吨的生产规模。

公司创建以来，不断引进新技术，投入新设备，采用新工艺，同时还长期与云南省酿酒科学研究所、四川食品研究院保持密切联系。通过严格管理，使产品质量不断提高，通过国家“QS”认证审核，均达到国家验收标准。过硬的产品质量，极具竞争力的价格、优质的服务，客户已遍及各地、州、县，产品及服务受到广大客户、消费者的一致肯定，树立了“宏福”、“南诏古都”白酒、果酒系列产品的良好品牌形象，赢得了广大客户的好评。

云南省丘北县糖烟酒有限责任公司

云南省丘北县糖烟酒有限责任公司是从事丘北腻脚酒生产、加工、开发、销售的企业。腻脚酒系列产品经过50多年的发展，产品从包装、质量、口感等等都有了很大的提高。产品销售不断上升、销售区域不断扩大、产品知名度得到提升，在市场上得到了消费者的认可。公司经过50余年的艰苦创业，规模日趋扩大，公司拥有固定资产1 000余万元，员工60余人，年实现销售收入近千万元，上缴税利百万元。公司连年被省、州、县人民政府授予“重合同守信用企业”、“先进企业”，文山州“执行标准先进企业”、云南省“执行标准先进企业”、文山州“纳税大户”等荣誉称号。

腻脚酒产于云南省丘北县腻脚村，因地名而得其名。腻脚酒迄今已有200多年的历史，可谓世代相传、源远流长。该酒以优质玉米为原料，配以特制曲药、取塘蓄雪水，采用传统的固态发酵工艺精心酿造而成，经过一定时期的贮存、自然陈化、形成“色清亮透明、味甘醇、有余香、无异味”，在当地被誉为“小茅台”。

腻脚酒经过公司50余年的开发、生产，已成功迈向规模化、自动化。公司拥有占地5亩的大型生产基地及烤酒车间8间。引进先进的专业设备，日灌装能力为1万余瓶，储酒能力1千余吨。相应建立先进的检验设备，高薪聘请国家级品酒师严把产品质量关。多年来，腻脚酒质量不断提高，自1973年以来曾先后参加云南省酒类评比，在百余种白酒中名列第五。1989年获文山州优质产品称号，2001年参加全省白酒品评会经专家品评，腻脚酒质量优异，荣获专家组颁发的“荣誉证书”。2004年再次参加云南省白酒评比，腻脚酒系列产品被评为“优质产品”。经云南省放心食品推荐委员会云南省食品协会审定，腻脚酒系列产品被推荐为2004~2005年度第一批放心食品。

云南省水富三乘酒业有限公司醉明月酒厂

一、醉明月酒厂的历史沿革

醉明月酒厂的前身是水富县醉明月曲酒厂，1985年由水富县政府出资引进宜宾五粮液酒厂全套“五粮液”生产技术及老窖泥、糟醅等原辅料，并由五粮液酒厂培训生产技术人员，建成了云南省唯一与宜宾五粮液酒厂同一水源、同一区域、同一气候条件、同一工艺生产五粮浓香型白酒的企业。1998年由几家股东合资在原醉明月曲酒厂基础上组建云南省水富三乘酒业有限公司。

二、醉明月酒厂的现状及优势

目前醉明月酒厂占地16亩，有配套的酿酒、制曲、包装、勾兑等车间和库房，有比较完善的检测化验设备和成熟的白酒勾兑技术及相应的办公设施，年产原浆酒（酒度70°以上）近500吨。醉明月系列白酒目前主要在昭通地区销售，经过努力，醉明月白酒在昭通市白酒市场占有相当的份额。2003年，醉明月酒厂向国家缴纳税款40.5万元；2004年纳税60.1万元；2005年公司跃上了一个台阶，纳税额100万元；2006年纳税额130万余元。

醉明月酒厂主要产品“醉明月”系列白酒，以其优良的品质受到消费者的喜爱，多次获得各种荣誉。1988年在广州举行的第三届中国商业部优质白酒、啤酒评比会上，在全国名酒如林的92个优质产品中，“醉明月”一枝独秀与已评为国家名酒的“剑南春”同时确定为参评酒的标杆酒，荣获中商部金爵奖。同年底“醉明月”又荣获首届中国食品博览会金奖，一举成为云南省赢得两块国家级金牌并同时被确定为省政府宴会及外事接待指定用酒。近年来，“醉明月”白酒多次被评为“云南省消费者喜爱商品”、“云南省放心食品”。2003年，“醉明月”被评定为“云南省著名商标”，2004年再次夺得云南省白酒品评会金奖第一名，被赞誉为“云南第一酒”。同年，“醉明月”酒被昭通市政府确定为外事接待专用酒。

醉明月酒厂产品能够获得这些荣誉，首先是因为醉明月酒厂独特的地域优势。该公司地处滇东北最北端，四川盆地西南部边缘，金沙江、岷江、赤水河三江流域地带，背倚乌蒙雪山。此处独特的水源、土壤及气候条件自古就成为得天独厚酿造名酒的风水宝地。专家们称这里的空气、水分、土壤里的微生物群的比例是最适宜于酿造五粮浓香型美酒，其独特的地理环境及气候条件具有不可复制性。其次，醉明月酒厂拥有较为雄厚技术优势。1985年，醉明月曲酒厂全套引进其五粮液浓香型酿造工艺技术，由五粮液酒厂负责提供老窖泥、糟醅、老窖黄水、曲药等，并负责培训制曲、酿酒、勾兑、化验、包装等全部生产环节的工人及技术人员。公司改制后进一步加大了技术投入，目前拥有通过国家职业资格认证的高级白酒酿造工、高级食品检验工、高级储存勾兑工15人，国家注册品酒师1人，国家注册高级品酒师3人，云南省白酒评委3人。2006年5月，醉明月酒厂国家注册高级品酒师郑洁通过了中国酿酒工业协会组织的2005届国家级白酒评酒委员考试，以优异的成绩成为107名国家级白酒评委的一员。

三、醉明月酒厂的展望

我公司凭借自身优势，目前已开始快速发展。在水富县委、县政府的统一安排下，醉明月酒厂将作为向家坝水库移民后期扶持工程进行搬迁，搬迁后土地面积增加至一百亩，为公司发展提供了较大的空间。同时，醉明月酒厂也能够为解决移民就业和带动移民安置地相关产业发展作出贡献。在省、市相关部门的支持下，醉明月酒厂现已购入价值一百余万元的全自动包装生产线及配套的3～5个不锈钢酒储罐，每个酒罐的储酒能力为一百吨，全自动包装生产线生产能力为6 000瓶／小时。

醉明月酒厂2007年以来陆续在昆明及省内各地州推出7个新产品，包括从光瓶低档浓香型、清香型白酒到高档、超高档的浓香型白酒等系列。此七款产品的品质、口感对比目前市场同类产品有较大优势。七款新产品的外观设计新颖独特，相继进入市场后，深受消费者的青睐。

联系电话：（水富）0870－8637441

（昆明）0871－3995899

厂址：云南省水富县振兴南路1号

昆明销售部：昆明市日新中路（十里长街）新省委三号楼一层

二、云南省酒类企业名录

（一）云南省白酒生产企业名单（部分）

昆明市

序号	企业名称	企业法人或负责人	生产场点地址	联系电话	邮政编码
1	云南杨林肥酒有限公司	焦家良	嵩明县杨林镇小东山	0871－797103	651701
2	昆明龙门酒业有限责任公司	韩渝昆	昆明市盘龙区鼓楼路75号	0871－5192240	650051
3	云南省嘉丽泽酒厂	李保荣	嵩明县嘉丽泽农场	0871－7974713	651707
4	昆明市官渡区跑马山酿酒厂	李　德	跑马山塔密村	0871－7354158	650213
5	昆明市盘江源天然保健品厂	孙健民	嵩明县阿子营街	0871－7952099	651711
6	昆明市斯乐酒厂	王琼芳	宜良县匡远镇江头村（昆石公路江头）	13888551538	652100
7	昆明昆阳上水井酿酒厂	张贵诚	昆阳农场二队	0871－7896098	650600
8	昆明市梁源民族酿酒厂	蒋云军	西山区下普坪村	0871－8420139	650100
9	昆明市板扎酒厂	李玉海	云南省昆明市官渡区六甲乡金家办事处梁家村	0871－4570827	650100
10	昆明市官渡区太平跃达酒厂	张绍富	昆明市官渡区龙马村四组	13888311088	650228
11	昆明尊龙酒业有限公司	杨光辉	呈贡县斗南镇乌龙村	13078714903	650500
12	云南海嘎小锅酒厂	王应佺	寻甸县河口乡海嘎村	13608879457	655201
13	云南嵩明杨林酿酒厂	辛国荣	嵩明县杨林镇南冲村	13987643401	651701

续 表

序号	企业名称	企业法人或负责人	生产场点地址	联系电话	邮政编码
14	昆明市晓东酒厂	李升	昆明市官渡区小板桥晓东村69号、昆明市官渡区小板桥镇中闸村七甲一组	0871－7267281	650217
15	昆明市碧鸡酒厂	罗丽	碧鸡镇苏家村；昆明市西山区碧鸡镇长坡村1号	0871－5623496	650041
16	昆明市官渡区跑马山荣丰酿酒厂	叶云	昆明市官渡区跑马山	13888622832	650213
17	宜良县五眼泉酒厂	孙立波	宜良县苗圃北侧	0871－7596999	652100
18	石林县黑龙潭酒厂	杨培金	石林县鹿阜镇黑龙潭水库	0871－7799888	652200
19	昆明市官渡区红粮春酒厂	张永富	小板桥镇云溪村林家围	0871－4585255	650000
20	昆明市西山区神州峰酒厂	宋相全	前卫镇孙家湾20号	0871－8893828	650228
21	晋宁县国辉振兴酒厂	杨琨	晋宁县宝峰镇韩家营	13577141629	650600
22	安宁螳川源酒业经贸有限公司	刘心忠	安宁市八街镇小营工区	0871－8710816	650306
23	呈贡月潭酿酒厂	花瑾	呈贡县大渔乡月角村	0871－7431717 13888385181	650503
24	昆明仙台山茯苓酒厂	钟菊美	禄劝屏山镇崇德乡	13708465866	651501
25	昆明市海源寺陇川筒酒厂	吴会云	富民县大营镇大营上村	0871－8831187	650400
26	宜良雄蜂酒业有限公司	张体和	宜良县北古城镇火车北站	13577165781	652112
27	宜良县蓬莱古坛香酒厂	李国松	宜良匡远镇永丰村	13888339087	652100
28	宜良老蒿地酒业有限公司	李海	宜良县竹山乡团山村	13608863181	652100
29	昆明市寻甸县金所青龙酒厂	代菊珍	昆明市寻甸县金所乡草海子村委会新龙村	13508714497	655204
30	宜良县老古城酒厂	张体平	宜良县北古城镇下河营村	13888702098	652112
31	昆明呈贡滇红酿酒厂	苏明华	呈贡县马金铺乡化城	13908711472 13888801031	650503
32	石林彝嘉醇酒厂	王建平	石林县圭山镇海邑	13312541600	652204
33	昆明市官渡区滇池酒厂	张建	云南省昆明市官渡区矣六乡五腊村	13888509168	650200
34	昆明市官渡区太平跃达酒厂	张绍富	昆明市官渡区龙马村四组	13888311088	650228
35	昆明星海果酒食品有限公司	先虹吉	昆明市官渡区矣六乡云龙村	13888725537	652000
36	昆明伽隆工贸有限责任公司	刘来	昆明市盘龙区花渔沟小哨村	13888017774	650200

续 表

序号	企业名称	企业法人或负责人	生产场点地址	联系电话	邮政编码
37	云南宜良九乡酒业有限公司	张祥	宜良县狗街镇骆家营村	0871-7599929	652100
38	云南嵩明杨林开发区明华酿酒厂	余成锁	杨林开发区	13888806908	650000
39	昆明市西山醇安酒厂	张平	富民县大营镇大营上村	13888709199	650400
40	云南古铜酒业有限公司	刘景明	东川区铜都镇石羊村	0871-2151656	654100
41	昆明野象谷生物工程开发有限公司	梁彦博	安宁市昆畹公路35公里北	0871-8784350	650300
42	昆明市宜良西红花酒业有限公司	尹俊强	云南省宜良县匡远镇温泉路34号	0871-7524625	652100
43	昆明香誉德工贸有限公司	李跃丽	官渡区阿拉乡恨虎箐	0871-7210509	650208
44	云南省种羊场鑫瑞酒厂	彭洪福	寻甸县金所镇种羊场	13187423888	
45	昆明梅子井酒业有限公司		西山区碧鸡镇富善办事处西化村72号		

昭通市

序号	企业名称	企业法人或负责人	生产场点地址	联系电话	邮政编码
1	昭通市龙泉酒厂	何青	昭阳区龙泉路501号	13908707838	657000
2	昭通市葡泉酒业有限责任公司	马玉聪	昭通市昭阳区旧圃镇（葡萄井）	13618705999	657000
3	镇雄县凤翅有限责任公司	吴焕伦	镇雄县乌峰镇高山三道沟	0870-3128046	657200
4	威信县羊藿酒业有限责任公司	罗林娣	威信县城长征路91号	0870-6124879	657900
5	鲁甸县腾池园有限责任公司荞酒厂	董瑞武	鲁甸县茨院乡沿闸村	13508705008	657100
6	盐津雪峰食品开发有限公司	钟友方	云南省昭通市盐津县盐井镇新建街37号	13887024181	657500
7	云南省水富三乘酒业有限公司	蒋正泰	水富县振兴南路1号	0870-8637441	657800
8	昭通市昭阳区滇北大山包酿造食品厂	王云飞	昭阳区蒙泉乡荷花12社	13638869009	
9	茂林燕麦酒厂	吴春生	永善县茂林镇街上	13508709568	657307

曲靖市

序号	企业名称	企业法人或负责人	生产场点地址	联系电话	邮政编码
1	云南师宗县五龙裕酒业有限公司	李　芳	丹凤文华村	0874－5768818	655700
2	云南曲靖交通运输集团公司宣威酒厂	尹正昆	宣威市双龙街道办事处鲍屯村9号	0874－7123567	655400
3	曲靖市进出口（集团）师宗云师青酒厂	刘学文	云青路5号	13330573996	655700
4	宣威市云益实业有限公司	杜绍进	宣威市普立乡	0874－7882476	655406
5	罗平县老厂老乡酒厂	梁光会	罗雄镇观音街	0874－8216379	655800
6	会泽县唐公酒业	计漫江	会泽县待补镇	0874－5661041	654200
7	云南省雄业酒厂	邱光雄	云南省曲靖市开发区瑞和西路	0874－8963888	655000
8	沾益县益源酒业有限责任公司	张四学	沾益县盘江镇河西村委会大古城村	13987489033	655337
9	陆良县三岔河孟获醇酒厂	高红俊	陆良县三岔河镇太平一社	13708746590	655611
10	宣威市青源酒厂	候开华	宣威市青茨沟	13988928501	655400
11	罗平县老厂虎山酒厂	张小实	罗平县老厂乡老厂村	13769556442	655814
12	云南陆良国康天然生物资源开发有限公司	郭国康	马街朱家堡	13887486859	655605
13	罗平县民族特色经贸有限公司	吴跃国	罗平县云贵路双洞	13769799772	655800
14	沾益县福上葛根酒业有限公司	孙成权	沾益县盘江镇花山十里铺丰华村	13887162257	655338
15	云南鑫凤农畜牧开发有限责任公司	杨国生	富源县竹园镇乐乌村委会下色水村	13888993517	655507
16	云南则黑酒业有限责任公司	尹必武	云南省曲靖市富源县营上镇小牛街	13408799888	655503
17	云南会泽铜乡食品酒业有限公司	聂开林	会泽县金钟镇马武村刘家大地	13987403776	654200
18	罗平县老厂酒业有限责任公司	姚　舰	老厂乡	13312624386	655800
19	陆良县活水酒厂	李富昌	陆良县活水乡活水村103号	13577465737	655604

文山壮族苗族自治州

序号	企业名称	企业法人或负责人	生产场点地址	联系电话	邮政编码
1	广南县曙光空山永珍酒厂	林永华	广南县曙光乡空山街70号	13887545900	663309
2	麻栗坡县老山清酒厂	刘丕敬	麻栗镇牛滚塘村	13887531558	663600
3	文山康蜜尔酒厂	李绍宽	文山县攀枝花镇三角塘村	13887687568	663000
4	马关天然动物驯养基地	陈光辉	马关县马白镇浪桥	13118760456	663700
5	麻栗坡县马街酿酒厂	李代祥	麻栗坡县马街乡老街	13577605999	663611
6	马关县山车小锅酒厂	孙小江	马关县山车盐塘村民委吉利可村	0876－7381599	663700
7	国家陆良华侨实业总公司酒厂	张海书	云南省陆良县华侨农场	13987065707	663215
8	砚山县民丰酒业有限责任公司	杨跃平	砚山县盘龙乡河湾村	13577631878	663108
9	云南丘北普者黑酒业有限责任公司	胡建堂	丘北县八道哨街上	13987065707	663215
10	广南那榔酒业有限公司	梁永明	广南县莲城镇南秀社区南秀路1号	0876－5150579	663300
11	文山县云泉清酒厂	覃加喜	文山县螺峰路州糖果厂内	0876－2191502	66300
12	云南省丘北县糖烟酒有限责任公司	赵兴志	丘北县锦屏镇彩云路5号	0876－4121686	663200
13	云南汽车车轮厂文山龙欢酒厂	赵学显	文山县开花镇新平坝	0876－262330	663000

红河哈尼族彝族自治州

序号	企业名称	企业法人或负责人	生产场点地址	联系电话	邮政编码
1	云南省小龙潭矿务局蒙自草坝葡萄酒厂	李建明	草坝农场	13887355475	
2	云南省蒙自县酒厂	蒋正昆	蒙自县东郊	0873－3691296	661100
3	个旧市雄庆酒厂	高凤仙	个旧市大屯团山	0873－2831999	661000

续 表

序号	企业名称	企业法人或负责人	生产场点地址	联系电话	邮政编码
4	个旧市大屯狮龙酒厂	周发如	个旧市大屯镇庙坡新村41号	13769368159	661000
5	开远市楷林食品工业有限责任公司	周爱民	开远市卧龙谷	13769370123	661600
6	泸西县乐泉酿酒厂	毛彦英	泸西县三河镇乐业村	13312662522	652400
7	建水县天波酒厂	赖秀兰	建水县临安镇陈官村县第五中学旁	13649601966	654300
8	云南慧丰实业有限公司	林家梁	元阳县新街镇阿花寨85号	0873－5621789	662416
9	蒙自红河府酒酒厂	杨文章	蒙自县草坝镇前进村	15987354289	661101
10	云南个旧市卡房土锅酒厂	黄小国云	个旧市卡房镇卡房街	13887320611	661005
11	云南土师酒业有限公司	何秀连	建水县南庄镇罗家坡村委会狮子口坡98号	0873－7668998	654300
12	泸西县庐纯酒厂	朱有才	阿庐大街	0873－6652595	652400
13	云南锡业集团有限责任公司老虎山酒厂	陈永双	蒙自雨过铺	0873－3104579	661402
14	弥勒县中以则酒厂	缪应琼	云南省红河州弥勒县弥阳镇中以则村委会中上村227号	13987306638	652300
15	弥勒县五谷王酒厂	杨华荣	弥阳镇菜子哨	13887582365	652300
16	云南省开远市云龙工贸有限责任公司	毛兴昌	开远市小龙潭平桥	0873－734608	661601
17	泸西县兰益酿造有限公司	何永祥	中枢镇东新路12号	0873－662165	652400
18	云南禄丰妥安龙潭酒厂	翁庆文	禄丰县妥安乡羊毛岭村委会羊毛岭村	13987325451	661300
19	云南省红河县红河酒业有限公司	艾狄	红河县迤萨镇安邦路83号	0873－4626677	654400
20	云南省弥勒县弥勒福酒业有限公司	刘祥明	弥勒县弥阳镇菜籽哨	0873－6132786	652300
21	蒙自草坝丹清酒厂	李丹清	蒙自县草坝镇小落就	13887301620	661100
22	蒙自瑞峰酒厂	刘志华	蒙自县空师二普营	13887315115	661100
23	个旧市卡房镇土罐酒酒厂	陈三女仔	个旧市卡房镇前进矿粮管所仓库	13769304968	661000
24	红河砣扎扎酒业有限公司	张俊	泸西县舞街铺镇舞街铺市场	13987356590	652401
25	个旧市青龙山酒厂	朱梅云	个旧市大屯新坝村	13987313479	661000

续 表

序号	企业名称	企业法人或负责人	生产场点地址	联系电话	邮政编码
26	河口瑶族自治县粮油购销有限责任公司	曾国书	河口县乔头乡	13987325451	661300
27	云南芳泽食品有限公司	陈金兰	云南省红河哈尼族彝族自治州泸西县石－泸公路入口左侧	0873－5923666	652400
28	云南山汇工贸有限公司		云南省红河哈尼族彝族自治州弥勒县巡检司镇发电厂内		
29	元阳县沙拉托酒厂	李文忠	元阳县沙拉托乡沙拉托街	13887322808	
30	红河县哈尼焖锅酒厂		红河县迤萨镇红旗山		
31	元阳县粮源酒厂	刘润林	新街镇粮油加工厂	0873－6748075	662416

玉溪市

序号	企业名称	企业法人或负责人	生产场点地址	联系电话	邮政编码
1	云南云子酒业有限责任公司	夏富成	玉溪市新平县戛洒镇戛洒大道	0877－7391061	653405
2	云南易门大龙口酒业有限公司	贺万贵	易门县龙泉镇桂花路15号	0877－4962669	651100
3	易门龙锶源酒业有限责任公司	肖天洪	易门县龙泉镇三元宫	0877－4863626	651100
4	易门六街汇泉酒厂	张学全	易门县六街镇柏树村委会柏树上村	0877－4951828	651107
5	易门县龙泉酒厂	李荣堂	易门县龙泉镇樱花路6号	0877－4961968	651100
6	云南省玉溪市玉泉酒厂	周兴	玉溪市红塔区大营街	0877－2771609	653103
7	大营街宏达酒厂	曾冬牙	红塔区大营街镇师旗工业区	13988444274	653103
8	红塔区斗牛嘴天然泉水酒厂	毛学礼	春和镇斗牛嘴	0877－2041159	653100
9	玉溪市红塔区东泉酒厂	颜存珍	北城镇东前冯井10组	0877－2087307	653101
10	玉溪市红塔区农资有限责任公司龙源清酒厂	孙永平	红塔区北城镇梅园下庄子	0877－2094136	653101
11	元江县因远万红酒厂	关万红	因远镇北泽村	0877－6550008	653303
12	云南再峰（集团）湖泉酒业有限责任公司	吴再峰	澄江县龙街镇十里亭村	13987703905	652500

续 表

序号	企业名称	企业法人或负责人	生产场点地址	联系电话	邮政编码
13	元江县因远镇北泽高学林酒厂	高学林	元江县因远镇北泽村	0877－6550090	653303
14	玉溪市洛河果酒厂	李跃忠	红塔区洛河乡洛河3社	0877－2778025	653104
15	江川宏冠生物食品有限公司	徐祖堂	江川县江城镇龙街	0877－8098389 13508776969	652605
16	华宁县王当树酒厂	王明硕	华宁县宁州镇西家冲	0877－5015024	652800
17	元江县华丰经贸有限公司	林家梁	元江县甘庄华侨农场	13987792515	653308
18	元江县澧江镇小白田酒厂	曾晓明	元江县澧江镇小白田村	13987746638	653300
19	澄江县龙街镇萝卜村酒厂	施丽江	龙街镇忠窑村委会萝卜村	13987768207	652500
20	澄江地道酒业有限责任公司	曹林峰	澄江县仙湖路东5号	13987705072	652500
21	易门县超达酒业有限公司	张开超	易门县六街镇老昆易公路旁	13887730477	651107
22	云南新平云新糖业有限责任公司五桂酒业分公司	张宝云	云南省玉溪市新平县桂山镇上古城	0877－7772918	653400
23	元江县西门路小锅酒厂	廖小文	元江县农科所	13508771110	653300
24	江川龙凤果酒厂	郭春凤	云南省玉溪市江川县雄关乡	13887775184	652603
25	通海县德盛酒厂	廖兴伟	通海县四街镇大营村	13094305402	652702
26	新平县戛洒镇棉花河酒厂	姚开华	玉溪市新平县戛洒镇公路边（恩水岔路旁）	0877－7990143	653405
27	云南玉林泉酒业有限公司	周美珠	云南省玉溪市峨山县双江镇玉林村	13908896540	653200
28	云南泷井酒业集团有限公司	陈俊林	通海县四街镇十街龙潭沟		
29	云南通印福全酒业有限公司	祁家云	云南省通海县里山工业园区	13577782977	652700
30	江川县安化酒厂	李学坤		13887783258	
31	元江县甘庄鸿源酒厂		元江县甘庄农场红新三队	13987711266	
32	易门龙泉广源酒厂	武丽梅	易门县象山路108号	13887737028	
33	通海县二街东兴酒厂	郭有无	通海县四街镇二街村二组	1337221987	652700
34	通海县二街双龙酒厂	祁学忠	通海县四街镇二街村一组	13887753107	652700

续 表

序号	企业名称	企业法人或负责人	生产场点地址	联系电话	邮政编码
35	通海东泉酒厂	郭优显	通海县四街镇二街村二组	13508877270	652700
36	通海县大梨酒厂	周家强	通海县九街镇大梨村六组	13988411327	652700
37	通海县二街兴隆酒厂	黄垂生	通海县四街镇二街村三组	13987740215	652700
38	高大山泉酒厂	普传有	通海县高大乡普从村五组	13088651089	652700

普洱市

序号	企业名称	企业法人或负责人	生产场点地址	联系电话	邮政编码
1	云南省江城县国庆酒厂	陈建华	江城县国庆乡么等村	13608793106	665905
2	景谷傣族彝族自治县大营山酒业有限责任公司	毛尚陆	景谷县威远镇大营路石油公司基地	13769991277	666400
3	普洱哈尼族彝族自治县茶乡食品饮料有限公司	宋兴才	宁洱镇新塘村	13987975554	665100
4	景谷三合酒业有限公司	温元森	景谷县城西郊	0879－5117999	666400
5	孟连县兴业酿酒有限责任公司	宋先进	孟连县城西路61号	13769089789	665800
6	思茅市林苑酒厂	鲁永明	景谷县威远镇大营路110号	0879－5118809	666400
7	普洱开兴酿酒总厂	罗开兴	宁洱县宁洱镇凤阳大松树	0879－3202091	665100
8	景东彝族自治县银生元酒厂	李开文	景东彝族自治县河东街163号	13578187977	676200
9	普洱市永德酿酒厂	李永德	普洱市思茅区北郊	0879－2200170	665000
10	孟连谷子酒厂	徐年生	孟连县孟西路老林业局内	0879－8722481	665800
11	澜沧拉祜山酒厂	谢小	澜沧果脯厂	0879－7226349	665600
12	江城县牛洛河酒厂	孙伟	江城勐烈东路67号	0879－3722448	665900
13	景谷傣族彝族自治县民乐镇大富那景谷清酒厂	罗开凤	景谷民乐镇大富那	0879－5331628	666409
14	普洱市思茅区春梅酒厂	梅金福	普洱市工业园区普洱茶加工科技园	0879－2310488	66500

续 表

序号	企业名称	企业法人或负责人	生产场点地址	联系电话	邮政编码
15	江城县望三国酒厂	龚欠如	江城县勐烈镇桥头	0879－3724877	665900
16	江城县福芳酒厂	何绍伟	江城县国庆乡老白寨	0879－3721022	665900
17	景谷傣族彝族自治县大营酒业有限责任公司	李云相	景谷傣族彝族自治县桥头新村21号	0879－5220389	666400
18	云南思茅北归咖啡有限公司	邓剑平	普洱市思茅区振兴北路6号	0879－2121177	665000
19	景谷傣族彝族自治县大有为食品有限公司	杨元富	景谷县林纸路109号	0879－5111213	666400
20	普洱市思茅区弘顺酒厂	陈大连	普洱市思茅区南屏镇工业园区	13987930194	665000
21	普洱市思茅区云丰酒厂	曾四仕	普洱市思茅区木乃河工业园区	0879－2305809	665000
22	孟连县恒通酿酒厂	刘武林	孟连县娜允镇景吭村委会出租房	13987995418	665800
23	景谷正兴镇先明酿酒厂	鲁先明	景谷正兴镇街子	13759002435	666407
24	宁洱德安乡兴福酒厂	周新福	宁洱县德安乡文化村滑石板	13769995818	665107
25	普洱市思茅区绿珠酒厂	刘小安	普洱市思茅区南屏镇清水河	0879－6878338	665000
26	景谷傣族彝族自治县厚地实业有限公司	刘明刚	景谷县城北郊	0879－5226899	666400
27	普洱市思茅区玉屏山酒厂	杨龙秀	思茅老龙箐	0879－2300466	665000
28	普洱市傣王酒厂	雷川云	思茅区南屏镇曼昔坝	13887988170	665000
29	景东彝族自治县无量酒业小门坎酒厂	朱天强	景东彝族自治县景福乡勐片村小门坎街	13759465282	676212
30	墨江地道酒业有限公司	俞为民	云南省墨江县联珠镇桂香村	0879－4230959	654800
31	墨江酒江酒业有限公司	李忠富	云南省墨江县上菜园113号	0879－4232361	654800

西双版纳傣族自治州

序号	企业名称	企业法人或负责人	生产场点地址	联系电话	邮政编码
1	西双版纳勐海县鹏程米酒厂	彭臣	勐海象山佛双路142号	0691－5180518	666200
2	西双版纳达兴酒厂	张小兰	景洪市嘎洒镇邮电局旁	0691－2141769	666100
3	西双版纳酒业有限责任公司	吴　忠	景洪市景洪西路46号	13988157998	666100

临沧市

序号	企业名称	企业法人或负责人	生产场点地址	联系电话	邮政编码
1	凤庆县清泉酒业有限公司	陈清泉	凤庆县大寺大河街	13988341648	675900
2	临沧市临翔区南美拉祜王酒厂	肖炳华	临翔区南美拉祜族乡竹笆山	0883－2121208	677000
3	镇康县凤尾泉酿酒厂	周介新	凤尾镇边防大队	15974905428	677700
4	沧源佤族自治县南腊下酒厂	余志伟	沧源县南腊下寨	13988347899	677403
5	镇康县勐堆大岔河酒厂	曾金龙	镇康县勐堆乡大岔河	13708830958	677700
6	双江小黑江酒业有限责任公司	彭臣	双江勐勐镇（国道214线2820公里旁）	0883－7624998	677300
7	沧源佤族自治县勐省镇酒厂	段维天	沧源县勐省镇永康村	0883－7511298	677408
8	永德县冬利酒厂	王冬	永德县德党镇粮管所内	0883－5214469	677600
9	如利金旺民族酿酒厂	傅宇霞	耿马县县委门口原安全局内耿马县耿孟公路九公里处	0883－6127280	677500
10	镇康县民族贸易有限责任公司小水井酒厂	刘海军	凤尾镇小水井	0883－6621161	677700
11	耿马酒泉酒厂	孙可生	耿马供销社化肥仓库	0883－6464399	677500
12	沧源县南腊上酒厂	肖炳华	沧源县勐镇帕良	0883－7127166	677400

续 表

序号	企业名称	企业法人或负责人	生产场点地址	联系电话	邮政编码
13	耿马傣族佤族自治县福荣酒厂	李文仓	耿马县福荣山	0883－6519999	677506
14	云县家盟茶叶酒业有限责任公司	刘伟良	云南省临沧市云县茶房乡桥街	0883－3850505	675808
15	云南茅粮酒业集团有限公司	李宗城	云县爱华镇小渡口	0883－3223086	675803
16	云南澜沧江啤酒企业（集团）有限公司云县酒业饮料分公司	杨　勇	云南省澜沧江市云县爱华镇草皮街社区老鹳窝	13987034988	675800

德宏傣族景颇族自治州

序号	企业名称	企业法人或负责人	生产场点地址	联系电话	邮政编码
1	云南国瑞酒业有限公司	邹铁桥	陇川县城子镇（原民族小学）	0692－7183888	678701
2	陇川县鑫盛酒业有限公司	李增强	陇川县拉影	0692－7988315	678700
3	潞西市遮放贡米酒厂	王加勇	潞西市遮放粮油分公司内	13988264304	678411
4	瑞丽市彩云南酒业有限公司	赵纯吴	瑞丽市经济合作区金滇路 2 号	0692－4152092	678600
5	德宏州芒市傣家醇有限责任公司	张海	芒市团结大街北段 96 号	13578247210	678400
6	瑞丽市黄阳酒业	黄彩伟	瑞丽市姐勒林科所	0692－4902222	678600
7	梁河县帮钙酒厂	曹春叶	德宏州梁河县勐养镇帮钙村	0692－6242469	679207
8	潞西市竹筒酒厂	李开林	潞西市轩岗乡轩蚌村	13320452439	678400
9	云南象都皇酒有限公司	瞿东平	盈江县弄璋镇弄璋街	0692－8988611	679308
10	瑞丽瑞丽江酒业有限公司	金保平	瑞丽市瑞宏路中段	13908829668	678600

保山市

序号	企业名称	企业法人或负责人	生产场点地址	联系电话	邮政编码
1	保山市永昌益友酿酒厂	杨新华	保山市隆阳区瓦窑镇瓦窑街	13987531213	678001
2	隆阳区九里香酒厂	徐建军	保山市隆阳区汉庄镇沙瓦线九公里处右侧	13708752777	678000
3	腾冲县粮油贸易总公司酒厂	朱晓平	腾冲县腾越镇天成社区 雰虹小区45号	0875－5191299	679100
4	腾冲县和顺大庄酒厂	蔡汉兴	腾冲县和顺镇大庄村	0875－5150116	679100
5	昌宁县耈酒酿造有限责任公司	杨永忠	昌宁县耈街乡耈街村	13577500213	678113
6	腾冲县龙口酒厂	黄生朝	保山市腾冲县曲石乡箐桥村	13987573878	679105
7	腾冲县酒业饮料公司	杨增艳	腾越镇文星社区城北小区27号	0875－5152182	679100
8	保山瓦岗泉酒业有限公司	陆明强	保山市隆阳区瓦渡乡瓦渡村		
9	保山市隆阳区文华工贸有限公司	赵文华	西邑乡永信集镇	15887504099	678016
10	云南保山天天药业有限责任公司酿酒分公司	林国朝	保山市隆阳区东门办事处兰柳村	0875－2136978	678000
11	腾冲县杜鹃王酒厂	刘绍武	腾冲县界头乡永胜村	13987548438	679106
12	龙陵县龙山阿昌情土锅酒厂	赵兴册	龙陵县龙山镇芒麦村	0875－6842186	678300
13	施甸小甑酒业有限责任公司	李云萍	云南省保山市施甸县甸阳镇三棵松	0875－8127488	678200
14	龙陵县龙江永根酒厂	李永根	龙陵县龙江弄岗村	0875－6830227	678311
15	腾冲县鸿承坊	李祖荫	腾冲县腾越镇观音塘社区军民小区9号	0875－5190788	679100
16	云南滇国食品有限公司	杜加相	隆阳区河图镇山脚村三号库	0875－2215718	67800
17	保山市高黎祖业酒业有限公司	牛犇	保山市隆阳区芒宽乡烫习村	13368855755	678000
18	腾冲县玉泉清酒厂	张春永	腾冲县腾越镇秀峰社区吉昌小区216号	0875－5166719	679100
19	昌宁县耈乡醇酿造开发有限责任公司	戴红军	昌宁县耈街乡耈街村	0875－7814388	678113
20	昌宁县田园镇刘家酒厂	刘燕孙	昌宁田园镇达丙红星煤矿生活区	0875－7186628	678100

续　表

序号	企业名称	企业法人或负责人	生产场点地址	联系电话	邮政编码
21	昌宁县田园镇玉米田酒厂	于彦平	云南省昌宁县田园镇达丙村小河边社	0875－7185498	678101
22	云南水谷酒业有限公司	张如明	昌宁县耈街乡耈街村平街村民小组	13987590029	678113
23	隆阳区田家酒厂	张正春	保山市隆阳区杨柳乡杨柳街、河图镇化美村胡光寨	13529543466	678000

大理白族自治州

序号	企业名称	企业法人或负责人	生产场点地址	联系电话	邮政编码
1	巍山县南诏宴酒业有限责任公司	陈晓云	巍山县庙街镇捷达路27号	0872－633009	672403
2	巍山县彝族回族自治县南诏镇东外酒厂	宗师荣	巍山县南诏镇环城东路	0872－612037	672400
3	鹤庆县酒厂	杨金林	鹤庆县西龙潭	0872－4133264	671500
4	大理南诏御酒实业总公司	杨锡雄	宾川县鸡足山镇上沧村	0872－7351888	671600
5	巍山县庙街酒业有限责任公司	王宏	巍山县庙街镇捷达路	0872－6330448	672403
6	大理市雪泉酒厂	杨作琦	大理市洱河北路3号	13320559517	671000
7	巍山彝族回族自治县金和酿酒厂	李金和	巍山县南诏镇巍城东路64号	0872－6121843	672400
8	大理州云弄峰酒业有限责任公司	苏源	大理市上关镇沙坪村	0872－5382136	671012
9	大理漾濞雪山清酒厂	杨光华	苍山西镇博南路143号	0872－7520203	672500
10	大理苍山大酒坊有限公司	苏荣钧	漾濞县苍山西镇石门关	13908720639	672500
11	鹤庆县西邑镇阿旭酒厂	杨伟江	云南省大理州鹤庆县西邑镇	13987282867	671507
12	大理自然风食品工业有限责任公司	秦峻霄	大理市上关镇沙坪民族街	13608720589	671012
13	永胜汇源绿色食品有限公司龙泉酒厂	施四宝	鹤庆县西邑镇西邑街	13608821489	671507
14	祥云县万花溪酒厂	刘加华	祥云县祥城镇茨坪村	13577201446	672100
15	大理市川舟酒厂	彭元信	大理市喜洲镇沙村村委会三社	13987200919	671004

续 表

序号	企业名称	企业法人或负责人	生产场点地址	联系电话	邮政编码
16	剑川县景贤工贸有限责任公司	董建芳	金华镇景德巷1号	13887206568	671300
17	云龙县山泉酒厂	杨梅花	云龙县检槽乡检槽村	13987285751	672703
18	祥云县家锋酒厂		云南省大理市祥云区东山乡		
19	祥云县政光酿酒厂		祥云县东山乡干海村五社		

楚雄彝族自治州

序号	企业名称	企业法人或负责人	生产场点地址	联系电话	邮政编码
1	楚雄彝源彝药科技开发有限公司彝之神酒厂	杨本沛	楚雄市东瓜镇（楚雄医药高等专科学校旁）	13987075391	675000
2	楚雄市盛源酒业饮料厂	赵忠贵	楚雄市吕合镇钱粮村委会新房村	13769263999	675009
3	云南楚雄吕合酒厂有限责任公司	马骏	楚雄市吕合镇清源哨	13330566066	675009
4	牟定县喜鹊窝酒业有限公司	王正堂	牟定县新甸乡喜鹊窝	0878－5216588	675500
5	姚安县人和酒业有限公司	胡起	姚安县栋川镇景贤路桂花井	0878－5713538	675300
6	南华沐华工贸有限公司	李日东	南华县龙川镇蟠龙马鞍山		
7	楚雄市树苴乡发嘎酒厂	郭万才	楚雄市树苴乡发嘎	13577846912	675018
8	楚雄市二街土沄酒厂	李加寿	楚雄市鹿城镇龙江社区白沙冲村23号	15987242086	675000
9	楚雄花果山酒厂	邹生风	楚雄开发区团结北路65号	0878－6111868	675000
10	云南省第四公路桥梁工程公司白龙酒厂	刘荣忠	楚雄市白龙新村	13987811618	675000
11	姚安县腾达食品有限公司	赵德成	姚安县栋川镇西教场9号	0878－5711910	675300
12	南华县沙桥正莽酒厂	余国贤	南华县沙桥镇沙桥	0878－7381040	675201
13	云南省姚安莽酒厂	沈绍华	姚安县前场镇新街	13987820959	675304
14	永仁直却承禹酒厂	罗承禹	永仁县永定镇小旱坝44号	13908785301	651400

续 表

序号	企业名称	企业法人或负责人	生产场点地址	联系电话	邮政编码
15	楚雄市葡泉酒厂	李家华	楚雄市子午镇云龙街	0878－3801437	675011
16	云南省仁兴饲养场酒曲厂	文云卫	禄丰县仁兴镇大坪坝	0878－4861123	651205
17	楚雄市子午供销社有限责任公司纯粮酒厂	张水芬	楚雄市子午镇子午街 295 号	0878－3805299	675012
18	楚雄市李俊紫溪酒厂	李俊	楚雄市东华镇本东村委会上棚门村	13577814860	675000
19	姚安县兴善寺酒厂	李金平	姚安县弥兴镇上屯村	13095352493	675300
20	云南大姚妙峰酒厂	张琦	大姚县仓街殷连	0878－6381218	675404
21	云南省永仁县永桥酒厂	唐斌	永仁县永定镇环城西路 89 号	0878－6711398	651400

丽江市

序号	企业名称	企业法人或负责人	生产场点地址	联系电话	邮政编码
1	云南省宁蒗彝族自治县泸沽湖酒业有限公司	杨金龙	宁蒗县大兴镇岔河路 125 号	0888－5529888	674300
2	宁蒗县滇星荞品有限责任公司	肖树生	宁蒗县大兴镇环山路 25 号	13988842082	674300
3	玉龙县民治酒厂	和文武	玉龙县黄山镇五台民治村	13988872274	674100
4	丽江市古城区三江酒厂	杨金生	丽江市古城区林业工程公司旁	13170772218	674100
5	宁蒗彝族自治县泸沽窖酒厂	吴明发	云南省宁蒗彝族自治县大兴镇岔河社区	0888－5521166	674300
6	云南永胜绿地源植物开发有限公司她留酒厂	冯晓春	永胜县永北镇南华办事处	0888－6522361	674200
7	丽江永生酿酒厂	肖昌	永胜县期纳镇右所村	13708825141	674203
8	永胜县明清酒厂	杨明清	永胜县永北镇文化办事处张家园村	13988836804	674200
9	永胜县永北镇鹏忠酒厂	杨鹏忠	永胜县永北镇南华办事处柳家村	13988807971	674200
10	丽江市古城区七河汝群酒厂	和汝群	丽江市古城区七河五峰村委会	0888－5368086	674100
11	丽江市古城区华恒物资有限公司玉兰食品厂	秦志华	南郊	13578382535	674100

续 表

序号	企业名称	企业法人或负责人	生产场点地址	联系电话	邮政编码
12	丽江市林老爷酒业有限公司	王立东	丽江市古城区香格里大道	13988829347	674100
13	丽江胜利酒业有限责任公司	尹江明		0888－5123167	674100
14	玉龙县老君山农场有限公司	华霖飞	鲁甸行政村	0888－5169871	674119
15	丽江泸沽湖苏浬玛酒坊有限公司	关牧村	古城区清溪村	13988876429	674100
16	永胜桃园糖业有限责任公司	杨振国	永胜县涛源乡	13578342341	674205
17	丽江市古城区五峰大麦酒厂		丽江市古城区七河乡五峰行政村		
18	玉龙县石鼓大新养殖厂		玉龙县石鼓镇保丰乐村		

迪庆藏族自治州

序号	企业名称	企业法人或负责人	生产场点地址	联系电话	邮政编码
1	云南香格里拉县康巴新民酒业有限责任公司	赵新民	香格里拉县金江镇车轴村	0887－8810039	674403
2	其宗青稞酒厂	格茸此里	维西县塔城镇其宗村徐卡社	0887－8625580	674509
3	香格里拉县康生资源有限责任公司	王彬文	香格里拉县建塘环东路	0887－8222465	674400
4	香格里拉县茂昌商行	孙秀全	香格里拉县城建塘镇金龙社区达拉廊174号	0887－8224766	674400
5	香格里拉县青稞老窖酒厂	蔡银生	香格里拉县古城金龙街	0887－8227883	674400
6	香格里拉酒业股份有限公司	路 通	云南省迪庆州香格里拉经济开发区松园片区	0871－7278248	674400

怒江傈僳族自治州

序号	企业名称	企业法人或负责人	生产场点地址	联系电话	邮政编码
1	福贡县复兴酒厂	和彩	福贡县上帕街63号	13988664513	673400
2	兰坪县马道子酒业有限责任公司	罗长林	兰坪县啦井镇啦井街	0886－3286019	671408
3	泸水县千齐王酒业有限责任公司	尹建国	小沙坝513号	0886－3629547	673100
4	泸水县祖杰酒业有限公司	黄发根	上江蛮蚌	0886－3631591	673202
5	兰坪县啦井镇紫兴五味子饮品加工厂	赵紫毅	兰坪县啦井镇	13988609398	671400
6	啦井国珍酒厂	罗菊庆	兰坪县啦井镇啦井街	0886－3286059	671400
7	泸水县白水河酒厂	吴员志	上江乡蛮蚌	13577196181	673200
8	兰坪小金龙酒厂	黄新华	兰坪县金顶镇金凤金甲邑村	13988600518	673400
9	泸水县同泰实业有限责任公司	陈　敏	泸水县老窝乡老窝街	13320441116	673200

（二）云南省葡萄酒生产企业名单（部分）

序号	企业名称	企业法人或负责人	生产场点地址	联系电话	邮政编码
1	云南高原葡萄酒有限公司	武克钢	云南省弥勒县云南红酒庄	0871－7282828	650224
2	云南茅粮酒业集团司岗里酒厂	李宗城	云南省临沧市云县爱华镇小渡口	0883－3221688	675800
3	开远市果酒厂	苏惠武	开远市西山路4号	0873－7140961	661000
4	云南红河神泉葡萄酒有限责任公司	祝旗	云南省弥勒县新哨镇	0873－6381067	652301
5	昆明绿缘酒庄		晋宁县宝峰镇宝峰村下铁锁	0871－7845699	
6	云南太阳魂酒业有限公司	杨华峰	丘北县普者黑景区内、德钦县云岭乡	0876－4681666	
7	云南红瑞柠檬开发有限公司	韦菁菁	瑞丽市合作区金滇路北侧	0692－4150339	
8	香格里拉酒业股份有限公司	舒世平	云南省迪庆州香格里拉经济开发区松园片区、昆明国家经济技术开发区云天化工业区	0871－7270099	650217
9	昆明思曼源酒业有限公司		昆明市西山区海口镇青鱼村	0871－4583556	

（三）云南省啤酒生产企业名单（部分）

序号	企业名称	企业法人或负责人	生产场点地址	联系电话	邮政编码
1	云南红河光明股份有限公司	王玲	云南省开远市西南路120号	0873－6762336	661600
2	蒙自云星啤酒厂	林国官	蒙自县东村东郊	0873－3691699	661100
3	红河啤酒有限公司	王玲	开远市西南路120号	13988019983	661600
4	昆明金星啤酒有限公司	乔自强	昆明市官渡区小板桥镇雨龙村永中路169号	0871－7360987	650200
5	云南澜沧江啤酒企业（集团）楚雄有限公司	姜月亭	南华县城东郊桂花井、南华县龙川镇龙坪北路	0878－7219188	675200
6	云南澜沧江啤酒企业（集团）普洱啤酒有限责任公司	刘伟	普洱市思茅区北郊	0879－2203077	665000
7	云南澜沧江啤酒企业（集团）有限公司	刘光汉	云南省云县爱华镇草皮街148号	0883－3212452	675803
8	云南省澜沧江啤酒集团保山有限公司	段庆	保山市隆阳区和平路79号	0875－2206326	678000
9	云南德宏泉力啤酒有限公司	石磊	畹町曼满口岸	0692－5156088	678500
10	昆明华狮啤酒有限公司	王克勤	昆明市嵩明县杨林工业开发区	0871－7973435	651700
11	大理啤酒有限公司	王克勤	大理市下关嘉士伯大道6号	0872－2209204	671000
12	云南澜沧江啤酒企业（集团）曲靖有限公司		曲靖市沾益县西平镇环城路262号	0874－3028177	655031

（四）云南省黄酒生产企业名单（部分）

序号	企业名称	企业法人或负责人	生产场点地址	联系电话	邮政编码
1	昆明市友生酿造厂		昆明市北郊一农场内	0871－5813876	
2	墨江酒江酒业有限公司	李忠亮	墨江县上莱园113号	0879－4232361	
3	昆明市官渡区永胜酿造厂		官渡区六甲乡上五甲村268号	0871－7321035	

续 表

序号	企业名称	企业法人或负责人	生产场点地址	联系电话	邮政编码
4	墨江地道酒业有限公司	杨坚	墨江县联珠镇桂香村	0879－4230959	
5	昆明市官渡区来福调料厂		官渡区阿拉乡小石坝村	0871－732303	
6	云南象都皇酒有限公司	瞿东平	盈江县弄璋镇弄璋街	0692－8988611	
7	香格里拉酒业股份有限公司		云南省迪庆州香格里拉经济开发区松园片区、昆明国家经济技术开发区云天化工业区	0871－7270099	

（五）云南省其他酒（配制酒）生产企业名单（部分）

序号	企业名称	企业法人或负责人	生产场点地址	联系电话	邮政编码
1	弥勒县东风自酿葡萄酒酒坊		弥勒县东风八队	13908738506	
2	昆明瑞事临酒业有限公司		云南省昆阳农场	13888151777	
3	昆明雄蜂酒业有限公司		宜良县北古城镇火车北站	0871－7515225	
4	云南杨林肥酒有限公司		嵩明县杨林镇小东山	0871－7971034	
5	云南澜沧江啤酒企业（集团）有限公司云县酒业饮料分公司		云南省云县爱华镇皮草街社区老鹳窝	13987034988	
6	云南省玉溪市玉泉酒厂		玉溪市红塔区大营街	0877－2771609	
7	云南易门东君养生配制酒业有限公司		云南易门桂花路15号	0877－4963669	
8	昆明市官渡区滇河酒厂		昆明市官渡区六甲乡叶家村	13078750515	
9	宜良雄蜂酒业有限公司		宜良县北古城镇火车站	0871－7513818	
10	云南大理洱宝实业有限公司		洱源县茈碧湖畔	0872－5125208	
11	昆明市西山区彩莹红果酒厂		西山区团结乡白眉村委会章白村52号	13518711196	
12	云南玫瑰庄园酒业有限责任公司		建水县临安镇东林路355号	0873－7621397	
13	云南大围山酒业有限公司		屏边县玉屏镇卫国路32号	0873－3221376	

续 表

序号	企业名称	企业法人或负责人	生产场点地址	联系电话	邮政编码
14	屏边县和泰滇宝酒业有限责任公司		屏边县玉屏镇建设路36号	13977326961	
15	昆明野象谷生物工程开发有限公司		安宁市昆畹公路35公里北	0871－8784350	
16	昆明市金味食品厂		昆明市新闻路延长线21号	0871－4183983	
17	云南通海云曲坊甜白酒食品有限公司		通海县河西镇曲陀关	13987739599	
18	大理州云弄峰酒业有限责任公司		大理市上关镇沙坪村	0872－5382136	
19	昆明市官渡区锦裕峰商贸有限责任公司		昆明市官渡区关上前街6号	13888095656	
20	云南锦桥食品科技有限公司		师宗县丹凤镇大同工业园区	0874－5056173	
21	昆明尊龙酒业有限公司		呈贡县斗南镇乌龙村	13078714903	
22	云南宏斌绿色食品有限公司		江川县大街镇上头营村	0877－8031858	
23	瑞丽市彩云南药业有限公司		瑞丽市金滇路（经济合作区）	0692－4152589	
24	昆明市板扎酒厂		云南省昆明市官渡区六甲乡金家办事处梁家村	0871－4570827	
25	昆明市盘江源天然保健品厂		嵩明县阿子营街	0871－7952099	
26	大理天滋实业有限责任公司		洱源县右所镇经济开发区	0872－5334847	
27	临沧兴业酸蚂蚁产品开发综合加工厂		临沧市临翔区旗山小区V－19幢	13988306182	
28	墨江酒江酒业有限公司		墨江县上菜园113号	0879－4232361	
29	云南茅粮酒业集团司岗里酒厂		云县爱华镇小渡口	0883－3221688	
30	开远市果酒厂		开远市西山路4号	0873－7140961	
31	泸西今天乐生物开发营销有限公司		泸西县环城东路179号	13508737829	
32	云南威龙酒业有限公司		宣威市板桥镇板桥村委会龙海花园	1357736718	
33	景谷三合酒业有限公司		景谷县城西郊	0879－5117999	
34	云南澄江滇雄酒业有限公司		澄江龙街镇高西村委会小官庄村旁	13887745768	
35	云南土师酒业有限公司		建水县南庄镇罗家坡村委会狮子口坡98号	0873－7668998	

续 表

序号	企业名称	企业法人或负责人	生产场点地址	联系电话	邮政编码
36	云南高原葡萄酒有限公司		云南省弥勒县云南红酒庄	0871－7282828	
37	昆明海源寺陇川竹筒酒厂		富民县大营镇大营上村	0871－8831187	
38	寻甸天浩酒业有限公司		昆明市寻甸县塘子镇塘子村委会小官山	0871－2791266	
39	晋宁县国辉振兴酒厂		晋宁县宝峰镇韩家营	13577141629	
40	大理自然风食品工业有限责任公司		大理市上关镇沙坪民族街	13608720589	
41	云南红瑞柠檬开发有限公司		瑞丽市合作区金滇路北侧	0692－4150339	
42	昆明全府生物酒制作有限公司		昆明市官渡区六甲乡六甲村7组	13108870389	
43	通海县河西镇曲陀关小古井甜白酒厂		河西镇曲陀关九组	13094304040	
44	通海县凤鸣食品厂		河西镇曲陀关	13388890039	
45	通海县明珠食品厂		河西镇曲陀关	13987768702	
46	安宁螳川源酒业经贸有限公司		安宁市八街镇小营工区	0871－8710816	
47	曲靖开发区多依河果酒厂		西苑小区	13887402803	
48	澜沧闲聊古茶庄		澜沧环城西路杞开祥家出租房	13987093971	
49	云南知味园食品有限责任公司		云南省文山县东山经济开发区	0876－2628168	
50	普洱市思茅区春梅酒厂		普洱市工业园区普洱茶加工科技园	0879－2310488	
51	昆明仙台山茯苓酒厂		禄劝屏山镇崇德	13708465866	
52	沾益县龙源生态农业综合开发有限公司		沾益县盘江乡松林村委会南门村	0874－3088186	
53	嵩明杨林星宇酒曲厂		杨林开发区	13888526648	
54	云南丘北普者黑酒业有限责任公司		丘北县八道哨街上	13987065707	
55	云南陆良国康天然生物资源开发有限公司		马街朱家堡	13887486859	
56	宜良县蓬莱古坛香酒厂		宜良县匡远镇永丰村	13888339087	
57	腾冲县和顺大庄酒厂		腾冲县和顺镇大庄村	0875－5150116	

续 表

序号	企业名称	企业法人或负责人	生产场点地址	联系电话	邮政编码
58	云南省屏边县德龙酒厂		屏边县文化路	0873－3223866	
59	通海县曲陀关马刨井甜白酒厂		河西镇曲陀关	13987752283	
60	云南大理瑞鹤药业有限公司		大理市七里桥观音堂河南	0872－2684068	
61	弥勒县东风龙缘酒庄		弥勒县东风农场东风加油站旁	13987388389	
62	云南思茅北归咖啡有限公司		普洱市思茅区振兴北路6号	0879－2121777	
63	昆明市官渡区凯迪果酒饮料厂		昆明市官渡区官渡镇龙马村四组	0871－4572328	
64	泸西县兰益酿造有限公司		泸西县东新路12号	087－36621650	
65	弥勒县东风庄园葡萄酒业有限公司		弥勒县东风农场七队	138875883619	
66	云南无墨斋酒业有限公司		安宁市太平镇妥乐村	0871－6426733	
67	昆明雅布鲁生物技术有限公司		西山区团结乡小墨雨村	15911540164	
68	祥云县泡神果品厂		祥云县下庄镇下庄街	13170638764	
69	丽江市木老爷酒业有限公司		丽江市古城区香格里大道	1388829347	
70	云南永胜绿地源植物开发有限公司她留酒厂		永胜县永北镇南华办事处	0888－6522361	
71	昆明市西山醇安酒厂		富民县大营镇大营上村	13888709199	
72	南华县咪依噜天然食品开发有限责任公司		南华县龙川镇龙泉东路	0878－7211968	
73	昆明思曼源酒业有限公司		昆明市西山区海口镇青鱼村	0871－4583556	
74	楚雄州盛祥商贸有限公司楚雄望江楼野菌园食品加工厂		楚雄州蚕种场北边蚕检室	13908788037	
75	昆明市官渡区太平跃达酒厂		昆明市官渡区龙马村四组	13888311088	
76	畹町大地春酒业有限责任公司		畹江路37号	13808781188	
77	云南太阳魂酒业有限公司		丘北县普者黑景区内	0876－4681666	
78	昆明伽隆工贸有限责任公司		昆明市盘龙区花渔沟小哨村	13888017774	
79	景东彝族自治县银生元酒厂		景东彝族自治县河东街163号	13578187977	

续 表

序号	企业名称	企业法人或负责人	生产场点地址	联系电话	邮政编码
80	昆明旺吉丰食品有限公司		官渡区关上办事处双凤社区宏德村81号	13099918998	
81	弥勒米轨时光葡萄酒庄		弥勒县东风农场明以侧	0873－6331269	
82	普洱市永德酿酒厂		普洱市思茅区北郊	0879－2200170	
83	南华县宏怡野生菌开发有限公司		南华县龙川镇龙泉东路大秋树	0878－7222159	
84	云南楚雄吕合酒厂有限责任公司		楚雄市吕合镇清源哨	3877038	
85	如利金旺民族酿酒厂		耿马县委门口原安全局内	0883－6127280	
86	呈贡月潭酿酒厂		度假区大渔乡月角村	13888385181	

（六）酒类经销商名单（部分）

单位名称	地　址	电话
昆明全成达经贸有限公司	云南省安宁市百花东路11号剑南春专卖店	0871－8784552 13708472227
安宁钥帆酒类中心	云南省安宁市宝兴花园28号	0878－8781056 13888499297
安宁鑫汇酒业	云南省安宁市温泉镇农贸市场9、10号	13518738148
保山市宏盛经营部	云南省保山市隆阳区永昌商贸园2－6栋	0875－2141006
泸州老窖祥瑞经营部	云南省保山市南四环中段	0871－5702859
腾冲康鑫经营部	云南省保山市腾冲县腾原镇齐虹小区县粮食局18号	13987515878
保山市宏盛经营部	云南省保山市永昌商贸园	13577517020
楚雄市洪鑫大商汇酒水行	云南省楚雄市开发区刘家小区朝阳街77号	13908783482
楚雄市大和商贸	云南省楚雄市开发区饮食文化街永安居委会一楼39号	13987850836
楚雄开发区亚雪副食销售部	云南省楚雄市开发区永安路5号	13908782990
大理市茫涌副食	云南省大理市大丽路老北站对面	0872－6910651

续 表

单位名称	地 址	电话
大理同德利商贸有限公司	云南省大理市经济开发区锦云路	13708640159
大理市恒和商贸有限公司	云南省大理市下关巍山路462号	13987240769
大理泉源商贸有限公司	云南省大理市下关文化路94号（火柴厂内）	0872－2110487 13808767623
大理隆瑞华商行	云南省大理市中民广场Aa1－5（红花郎专卖点）	0872－2198719 13708640159
大理漾濞雪山清源酒厂	云南省大理自治州漾濞县环城路3号	0872－7520203
东川金勇酒业	云南省东川区白云街老干部活动中心一楼国窖专卖店	13908808567
云南省个旧市香格里拉酒行	云南省个旧市金湖西路火车站一号大院2幢1单元301	0873－2142575 13035904062
红河建水东方酒行	云南省红河州建水县灶金寺街41号	13508735005
红河开远广府商行	云南省红河州开远市建民路68号广府商行	13987354368
西双版纳路易酒业有限公司	云南省景洪市漫昕小寨对面金色王朝旁	13988166110
西双版纳学林酒业有限公司	云南省景洪市勐龙路3号	13187973999
云南龙禧酒业有限公司	云南省昆明滇池路三公里	0871－4614999 13759132325
昆明市北琪商贸有限公司	云南省昆明市白龙新区645幢底层商网21－22号	0871－5647273 13577066398
昆明国窖酒业销售有限公司	云南省昆明市白云路470号金色年华A座20楼2008号	0871－5702859 13888391573
昆明嘉悦经贸有限公司	云南省昆明市宝善街华尔贝大厦27楼C2	0871－3152229 13987667863
昆明飞天商务酒北辰店	云南省昆明市北辰大道35号	0871－6568129 13888267838
昆明天隆润糖烟酒有限公司	云南省昆明市北京路447号新和汇商城6楼	0871－3135968
昆明鼎鑫源商贸有限责任公司	云南省昆明市北京路延长线（金星立交桥旁）景秀花园A座10楼1004	0871－5748480 13908749241
昆明广和商贸有限公司	云南省昆明市北京路延长线颐高数码B座9－E	0871－5749966 13518788388
昆明筑佳商贸有限公司	云南省昆明市春晓花园G－601	0871－4593073
昆明市福满森商贸有限公司	云南省昆明市滇池路隆居花园2栋2单元102室	0871－4644483 13608857772
云南龙禧酒业有限公司	云南省昆明市滇池路新龙门4楼	0871－4614999 13759132325

续 表

单位名称	地 址	电话
云南云勋酒业有限公司	云南省昆明市滇池路阳光花园昊苑商铺 82－83	0871－4638907 13908864428
云南海睿生物科技开发有限公司	云南省昆明市滇池路怡康温泉新村 16 幢 2 单元 102 室	0871－4633315 13908773327
昆明瑞增达商贸公司	云南省昆明市东风东路 123 号（泸州老窖）	13888945188
昆明国酒茅台专卖店	云南省昆明市东寺街云辰花园一号铺面	0871－4186118 13108891089
富民县正明批发部	云南省昆明市富民县农贸路 60 号	0871－8814548 13769166811
云南登鸿贸易有限公司	云南省昆明市关南路玫瑰湾一期商业五幢 1－3 层 W508 号	0871－8891712
昆明锦原春商贸有限公司	云南省昆明市关上汇溪大厦 A 座 7 楼 725	0871－8013299 13708881787
昆明益兴德酒业有限公司	云南省昆明市关上中路华谊花园商铺	0871－7153998
昆明蓝翼经贸有限公司	云南省昆明市官渡区民航路 10 号 4 栋 1 单元 701	0871－3551234
昆明柒特尔经贸公司	云南省昆明市官渡区日新双凤东路水映长岛小区 18 栋 1 单元 301	0871－7283023
昆明仁商经贸有限公司	云南省昆明市国贸路君悦兰庭 2 单元 15 楼 B3	0871－7168838
昆明宏泰副食经营部	云南省昆明市和风园小区	0871－4606186 13888806546
昆明洪园颐竹物流配送部	云南省昆明市黄土坡昆沙路新 50 号	13708421480
昆明聚和荣经贸有限公司	云南省昆明市江东花园	13888026848
昆明茂祥源商贸有限公司	云南省昆明市金星小区华富园 4 幢 2 单元 101	0871－8126209 13888260117 汪小姐
昆明蓝云通商贸有限公司	云南省昆明市近华浦路土堆村 106 号	0871－8236649
昆明中贤贸易有限公司	云南省昆明市经济开发区云大西路新广丰食品批发市场 C1－10－11 号	0871－7270933 13678709003
云南和谐酒业有限公司	云南省昆明市经济开发区云大西路新广丰食品批发市场 C 区 1 幢－3－4 号	0871－7275368 13887459900
昆明民合商贸有限公司	云南省昆明市南屏街 4 号国托大厦 B 座 2901	13888299127
昆明小康商贸有限公司	云南省昆明市南三环日新中路滇池境界临街 5－1 号	0871－4644680 13629618148
昆明万海达经贸有限公司	云南省昆明市前卫镇沈家沟 83 号	0871－4579121
云南金六福酒业有限公司	云南省昆明市青年路 389 号志远大厦 4 楼 I－J 座	0871－3169126 13888649964

续 表

单位名称	地　址	电话
昆明市升力酒业有限公司	云南省昆明市人民东路398号金马源温泉花园3－4－201	0871－3365866
云南大洋糖酒有限公司	云南省昆明市时代风华2期多层12幢16号6楼	0871－4588734
昆明和聚鑫商贸有限公司	云南省昆明市时代年华小区芳华苑1幢4单元301室	0871－4585185 13308809582
云南恒升酒业有限公司	云南省昆明市世博园博园世家1幢	0871－5018788
云南若兰经贸有限公司	云南省昆明市吴井路183号广发苑1701室	0871－3570061 13508712338
昆明进贤阁商贸有限公司	云南省昆明市吴井路304号（福景花园二楼）	0871－8123723 13033345012
昆明晔昕和强商贸有限公司	云南省昆明市学府路628号	0871－6471298
昆明森利酒类经营部	云南省昆明市亚龙小区8－7号商铺	0871－4605993 13888467016
昆明尊荣盛商贸有限公司	云南省昆明市正大电子城泰源新居8幢3单元202	0871－8354997 15877931389
丽江市长城商行	云南省丽江市新大街云岭宾馆旁	13038612618
蒙自诚成副食经营部	云南省蒙自县文翠小区瑞云街49号	0873－3728961
普洱宏华酒业（五粮液专卖店）	云南省普洱市思茅区世纪广场明礼港80号	0879－2145888 13769966678
曲靖浩海经营部	云南省曲靖市金牛食品城	0874－3218849 13577350588
曲靖正源糖酒	云南省曲靖市金牛食品城122号	0874—3211088 13887412215
曲靖鑫盛商贸有限公司	云南省曲靖市金牛食品城123号	13094315867
曲靖宏秀商行	云南省曲靖市金牛食品城126号	0874－3211818
曲靖市荣红商行	云南省曲靖市金牛食品城131号	0874－3219169 13466093399
曲靖创益商行	云南省曲靖市金牛食品城50号	0874－9252288 13988910873
曲靖市红运酒业	云南省曲靖市金牛食品批发市场58号	0874－6163386
曲靖市凯旋酒行	云南省曲靖市金牛小区85号	0874－6150676 13769851088
曲靖嘉汇批发部	云南省曲靖市南宁北路283号	0874－3290239 0874－3290239
曲靖市隆玲酒业	云南省曲靖市麒麟区前北路69号	874－3124766 15887979666

续 表

单位名称	地 址	电话
曲靖市瑞达酒行	云南省曲靖市麒麟区前北路 71 号	13732760555
曲靖市丽达经营部	云南省曲靖市麒麟西路古城巷区园林处办公楼四楼	0874－3310688 13577373808
师宗盛超经营部	云南省曲靖市师宗县河湾子小区 78 号	0874－5750539
曲靖巅峰商行	云南省曲靖市西苑小区一期 37 栋 187 号	0874－3413603 13987666886
文山县鹏飞营销商行	云南省文山县秀峰路 13 号州国土资源局 1 楼	0876－2185698
宜良县潘氏酒行	云南省宜良县环城西路 31 号	13888031047
宜良马辉酒业销售有限公司	云南省宜良县水果街中段农行旁	0871－7521789 13608811939
玉溪广积源贸易商行	云南省玉溪市红塔区彩虹路彩虹电子商贸城 3 排（栋）5 号	0877－2014802 13170650455
玉溪市云港商贸有限公司	云南省玉溪市红塔区玉带路 15 号	0877－2039290 13908779237
昭通绥江七八九商行	云南省昭通市绥江县金江街泸州老窖总经销	0870－7624988
曲靖金华酒业	曲靖市金牛食品城 120 号	0874－3210702
曲靖市俊龙经营部	曲靖市金牛食品城	13312631617

注：本书所列名单排名不分先后。

云南省标准化协会

秘书长何崇寿

云南省科学技术协会授予“2003、2004、2005年度目标管理优秀学会二等奖”照片

云南省标准化协会（Yunnan association for standardization）于1979年6月10日经“云南省科协（79）云科协字第011号文《关于同意成立云南省标准化协会的通知》”批复成立，由云南省民政厅民间组织管理局登记发证的社团组织，云南省质量技术监督局是本协会的业务主管单位，协会接受其业务指导和监督管理。

协会是由相关科研机构、大专院校，企、事业单位从事或热爱标准化事业的单位或个人自愿结成，具有标准化学术性、专业性的全省性非营利性社会组织，是标准化行政主管部门联系企业和标准化工作者的纽带和发展标准化事业的助手。协会的宗旨是：团结和组织标准化工作者，遵守宪法、法律、法规和国家政策，遵守社会道德风尚，以经济建设为中心，加强全省标准化法律法规、新知识、新信息、新技术的宣传普及应用和推广；围绕质量技术监督“规范市场、扶优治劣、引导消费、服务企业”的工作方针，在标准化领域开展多种形式的技术协作、咨询服务活动，促进我省标准化事业的发展。协会的业务范围是：开展标准化学术活动；开发标准信息资源，面向社会开展标准咨询服务；普及标准化知识；培训标准化工作人员；接受委托参与质量技术监督部门组织的各项标准化工作；积极向有关部门反映标准化工作者的意见和建议；组织会员积极参加标准的制定、修订、技术审查和宣传贯彻活动；关心和维护标准化工作者的利益，举办为标准化工作者服务的各种活动；塑造、宣传会员单位在标准化领域的形象，积极为会员单位的名牌产品、认证产品、优质合格产品进行推荐和宣传；推荐奖励标准化优秀学术论文和优秀科普作品，表彰协会活动积极分子。

30多年来，协会建立了由各行各业专家共90余人组成的专家库，在充分发挥专家的标准化技术优势、人才密集优势的基础上，积极配合承担标准化行政主管部门委托的各种标准化技术工作，宣传标准化法律法规及标准化基础知识和标准的宣贯培训；参与企业标准和地方标准的制定和技术审查工作；为采标企业提供国际标准信息，指导企业开展采标工作；帮助企业建立企业标准化管理体系，创建标准化良好行为企业等技术咨询服务工作。

协会长期以来认真按照《社会团体登记管理条例》、《云南省标准化协会章程》及国家的相关法律法规开展各项工作，连续三年荣获云南省科学技术协会“2003、2004、2005年度目标管理优秀学会二等奖”。今后，协会在云南省民政厅民间组织管理局、云南省质量技术监督局，云南省科学技术协会的正确领导和监督下，将进一步认真贯彻落实党和政府为我国经济体制改革和经济社会可持续发展制定的方针政策，继续努力发挥社会中介组织的桥梁和纽带作用，围绕政府、企业、市场和消费者对标准化工作的需求，把协会建成名副其实的政府联系企业的桥梁和纽带，真正成为政府喜爱，企业拥护的中介组织。

地　　址：云南省昆明市东风东路76号省质监大厦1007室
邮　　编：650041
电子邮箱：YNBZHXH @ 126.com
电话及传真：0871-3120649

上海市计算技术研究所

SHANGHAI INSTITUTE OF COMPUTING TECHNOLOGY

技术指标

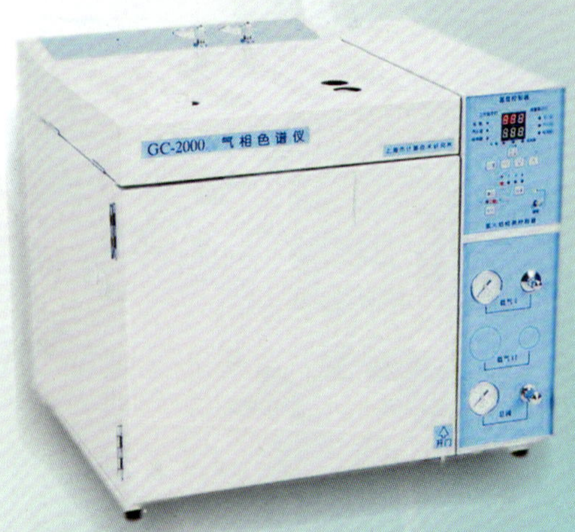

1.温度控制范围

* 柱箱温度：室温上7℃ -350℃，精度± 0.1 ℃
* 进样器温度：室温上15℃-350℃，精度±0.1℃
* 检测器温度：室温上15 ℃ -350 ℃，精±0.1℃

2.FID （火焰离子化检测器）

* 检测限：≤2 × 10 -11 g/s(nC16)
* 噪声：≤ 10μV
* 漂移：≤100μV /30min

GC-2000A型白酒专用气相色谱仪

ISO9001

GC-2000A型白酒专用气相色谱仪性能可靠实用，外型设计美观，操作简单方便，是白酒行业生产和质量检验的必备分析仪器，为白酒分析首选产品。我所从事色谱分析仪器、色谱工作站及数据处理机的技术和产品研发、生产、销售已有20余年历史，拥有雄厚色谱分析仪的研发队伍以及化学应用技术服务队伍，其产品广泛应用于国内工矿、食品检验、科研、高校等单位。

分析成分：白酒中乙醛、甲醇、乙酸乙酯、正丙醇、仲丁醇、乙缩醛、异丁醇、正丁醇、丁酸乙酯、异戊醇、乳酸乙酯、已酸乙酯等成份；食用酒精、工业乙醇中甲醇、乙醛、乙酸乙酯等杂质成份。

酒样谱图

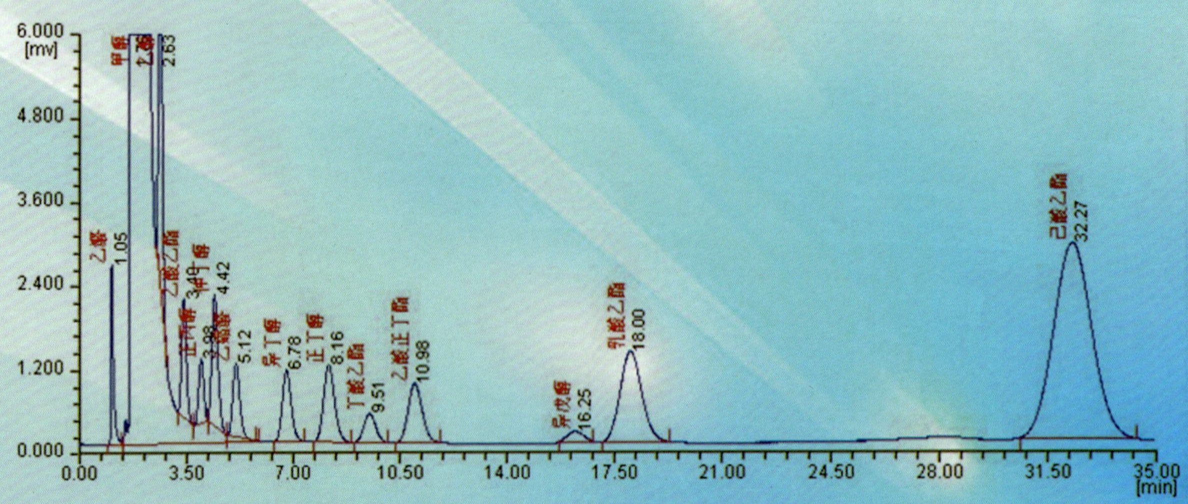

地址：上海市愚园路546号

电话：021-52390128*816

网址：www.gc-sict.cn

开户银行：农行静安区静安寺支行

联系人：郭 群

传真：021-62128346

邮箱：g.q54321@163.com

银行账号：033018-00801010482

云南著名商标

乾酒的传说

以粮为纲　鹤庆乾酒

相传，鹤庆坝古代是一片汪洋的海子，印度僧人牟伽陀路过鹤庆，先治服了为患的蝌蚪龙，后疏通海水现出了鹤庆坝。后人感谢牟伽陀，称他为祖师，千百年来流传着祖师开辟鹤庆的事迹……

富饶美丽的鹤庆坝，在勤劳智慧的劳动人民的辛勤耕耘下成为物阜民丰的鱼米之乡，并创造引进了酿酒技术，酿出著称于世的玉液琼浆鹤庆酒。民间多有“自古美酒出鹤庆”的说法……

一日，县城西门街一户姓古的人家办喜事，席间，主人拿出一坛上等的鹤庆酒招待宾客，不想一群戏耍追逐的玩童不小心将酒坛撞倒，一坛好酒溢洒遍地，将搽玩的许多席纸也全浸湿了。这些被酒浸透的席纸在日照下很快挥发干变成原来的样子，拿来一闻，酒香全留在纸上。一位好奇的客人端来一碗冷水，将干后的席纸浸泡在水中，这碗水顿时变为一碗醇酒，酒香四溢，如同坛中倒出一般，全场宾客十分惊奇！

此后，凡是鹤庆外出的马帮和远行的客商，都带上一些用鹤庆酒浸泡晾干的土纸上路，每当想念家乡时，就用冷水泡上土纸，喝起来便是地道的鹤庆醇酒，以解思乡之情和旅途的疲惫。由于马帮的交流，使鹤庆酒声明远扬，人们把这种用土纸携带的酒称为“鹤庆乾酒”，并成为云南独特的文化，云南十八怪“鹤庆乾酒用纸带”之一。

“鹤庆乾酒”经过千百年的弘扬和发展，早已名扬四海，尤其其独特的酿酒方式，更令后人惊叹。至明嘉靖年间，“鹤庆乾酒”就做为当地贡品，每年均大批的送往皇宫，备受帝王将相的青睐。

今天，“鹤庆乾酒”得到了更好的发扬，由于有了现代化的交通支持，“鹤庆乾酒”再也不用倒在土纸上进行携带，然而其独特的酿酒工艺以及神秘的酒曲配方，被完整的继承下来，使这以往为帝王将相方能品尝的美酒流入了寻常百姓家。

鹤庆乾酒有限公司鹤庆酒厂出品

厂址：鹤庆县云鹤镇西龙潭

电话：0872-4133264

图书在版编目（CIP）数据

云南酒业鉴. 2005～2008 / 昆明酒类行业协会编著.
昆明：云南人民出版社，2009
ISBN 978-7-222-06267-2

Ⅰ. 云… Ⅱ. 昆… Ⅲ. 酿酒工业－云南省－2005～2008－年鉴 Ⅳ. F426.82－54

中国版本图书馆CIP数据核字（2009）第220680号

责任编辑：王　梅　李景霞　王　燕　王比湘

特约编辑：陈朝华　谢学军　王睿韬　周　颖

装帧设计：王睿韬

责任印制：段金华

书　名	云南酒业鉴（2005–2008）
作　者	昆明酒类行业协会　编著
出　版	云南出版集团公司　云南人民出版社
发　行	云南人民出版社
社　址	昆明市环城西路609号
邮　编	650034
网　址	www.ynpph.com.cn
E-mail	rmszbs@public.km.yn.cn
开　本	889×1194　1/16
印　张	39.25
字　数	1000千
版　次	2009年12月第1版第1次印刷
排　版	昆明印捷印务有限公司
印　刷	云南福保东陆印刷股份有限公司
书　号	ISBN 978-7-222-06267-2
定　价	199.00元